I0803302

חומש קורן • עדן

The Koren Eden Shabbat Ḥumash

נוסח אשכנז • Nusaḥ Ashkenaz

KOREN JERUSALEM

THE MAGERMAN EDITION

חמישה חומשי תורה וסידור לשבת
קורן • עדן

THE KOREN EDEN SHABBAT ḤUMASH

TORAH · HAFTAROT · SIDDUR FOR SHABBAT

NUSAḤ ASHKENAZ

טוב
להדות
לד׳
ולזמר
לשמך
עליון

KOREN PUBLISHERS JERUSALEM

וְשִׁנַּנְתָּם לְבָנֶיךָ

Dedicated to my wife,
Debra צביה אהובה
and our children,
Elijah Matthew מנחם מנדל
Zachary Noah יצחק אבנר
Sydney Rachel אלקה שיינה
Lexie Belle רחל לאה

In celebration
of our joint and individual journeys
toward a better understanding of Torah
and our relationship to Hashem.

David Magerman

The Koren Eden Shabbat Ḥumash
Nusaḥ Ashkenaz
First Edition, 2024

Koren Publishers Jerusalem Ltd.
POB 4044, Jerusalem 9104001, ISRAEL
POB 8531, New Milford, CT 06776, USA

www.korenpub.com

Koren Tanakh Font © 1962, 2024 Koren Publishers Jerusalem Ltd.
Koren Siddur Font and text design © 1981, 2024 Koren Publishers Jerusalem Ltd.
Koren Tanakh translation:
The Magerman Edition of the Koren Tanakh, © 2020, 2024 Koren Publishers Jerusalem Ltd.

Considerable research and expense have gone into the creation of this publication. Unauthorized copying may be considered *geneivat da'at* and breach of copyright law. No part of this publication (content or design, including use of the Koren fonts) may be reproduced, stored in a retrieval system or transmitted in any form or by any means electronic, mechanical, photocopying or otherwise, without the prior written permission of the publisher, except in the case of brief quotations embedded in critical articles or reviews.

Personal Size, Hardcover, ISBN 978-965-7812-24-2
Compact Size, Paperback, ISBN 978-965-7812-94-5
Compact Size, Flexible Cover, ISBN 978-965-7812-95-2

Printed in PRC

EHA01

CONTENTS

Parasha · Haftara

PREFACE

"One generation will praise Your works to the next…"

We are pleased to introduce *The Koren Eden Shabbat Ḥumash,* a combined Ḥumash and Siddur for Shabbat. We are particularly delighted to offer this volume, because it provides Jews around the world – for the first time – with an English translation to the Ḥumash and *haftarot* along with English instructions of the popular all-Hebrew Shabbat Ḥumash, first published by Koren Publishers Jerusalem in 1982.

We must acknowledge the leadership and sheer brilliance of Rabbi Lord Jonathan Sacks *zt"l* whose magnificent translation of the Torah forms the basis of this volume.

We are also pleased to extend our gratitude to David and Debra Magerman who graciously sponsored this work. We know it will be used for generations, in the immediate and far future.

We thank our colleagues at Koren, including Rabbi Avishai Magence, Caryn Meltz, Esther Be'er, and Eliyahu Misgav, as well as Esther Shafier and Avraham Glebstein.

The Koren Eden Shabbat Ḥumash combines the Ḥumash text from *The Koren Tanakh,* first published in Israel in 1962, and renowned for its textual accuracy and legibility, and Shabbat *tefillot* from *The Koren Siddur,* introduced in 1981 with a unique graphic layout to elucidate the prayers' underlying meanings.

We hope this new edition of a Koren classic will enhance the experience of Shabbat for Jews everywhere.

Matthew Miller, Publisher
Jerusalem 5774 (2024)

בראשית

BERESHIT / GENESIS

1 1 2 When God began creating heaven and earth, the earth was void BERESHIT
and desolate, there was darkness on the face of the deep, and the
3 spirit of God moved over the waters. God said, "Let there be light."
4 And there was light. God saw the light: it was good; and God
5 separated the light from the darkness. And God called the light
"day," and the darkness He called "night." There was evening, and
there was morning – one day.
6 Then God said, "Let an expanse stretch through the water; let
7 it separate water from water." So God made the expanse, and it
separated the water beneath the expanse from the water above.
8 And so it was. God called the expanse "heavens." There was
evening, and there was morning – a second day.
9 Then God said, "Let the water beneath the heavens be gathered to
10 one place, and let dry ground appear." And so it was. God called
the dry ground "earth," and the gathered waters He called "seas."
11 And God saw: it was good. Then God said, "Let the earth produce
vegetation: seed-bearing plants and trees of all the kinds on earth
12 that grow seed-bearing fruit." And so it was. The earth produced
vegetation: plants bearing seeds, each of its kind, and trees bearing
13 fruit containing seeds, each of its kind. And God saw: it was good.
There was evening, and there was morning – a third day.
14 Then God said, "Let there be lights in the heavens' expanse to
separate day from night and to serve for signs and seasons, days
15 and years. They shall be lights in the heavens' expanse, shining
16 upon the earth." And so it was. God made the two great lights – the
greater light to rule by day and the lesser light to rule by night –
17 and the stars. God set them in the heavens' expanse to shine upon
18 the earth, to rule by day and by night and to separate light from
19 darkness. And God saw that it was good. There was evening, and
there was morning – a fourth day.
20 Then God said, "Let the water teem with swarms of living
creatures, and let birds fly over the earth across the heavens'

א א ב בְּרֵאשִׁ֖ית בָּרָ֣א אֱלֹהִ֑ים אֵ֥ת הַשָּׁמַ֖יִם וְאֵ֥ת הָאָֽרֶץ׃ וְהָאָ֗רֶץ הָיְתָ֥ה א
תֹ֙הוּ֙ וָבֹ֔הוּ וְחֹ֖שֶׁךְ עַל־פְּנֵ֣י תְה֑וֹם וְר֣וּחַ אֱלֹהִ֔ים מְרַחֶ֖פֶת עַל־פְּנֵ֥י
ג ד הַמָּֽיִם׃ וַיֹּ֥אמֶר אֱלֹהִ֖ים יְהִ֣י א֑וֹר וַֽיְהִי־אֽוֹר׃ וַיַּ֧רְא אֱלֹהִ֛ים אֶת־
ה הָא֖וֹר כִּי־ט֑וֹב וַיַּבְדֵּ֣ל אֱלֹהִ֔ים בֵּ֥ין הָא֖וֹר וּבֵ֥ין הַחֹֽשֶׁךְ׃ וַיִּקְרָ֨א
אֱלֹהִ֤ים ׀ לָאוֹר֙ י֔וֹם וְלַחֹ֖שֶׁךְ קָ֣רָא לָ֑יְלָה וַֽיְהִי־עֶ֥רֶב וַֽיְהִי־בֹ֖קֶר
י֥וֹם אֶחָֽד׃
ו וַיֹּ֣אמֶר אֱלֹהִ֔ים יְהִ֥י רָקִ֖יעַ בְּת֣וֹךְ הַמָּ֑יִם וִיהִ֣י מַבְדִּ֔יל בֵּ֥ין מַ֖יִם
ז לָמָֽיִם׃ וַיַּ֣עַשׂ אֱלֹהִים֮ אֶת־הָרָקִיעַ֒ וַיַּבְדֵּ֗ל בֵּ֤ין הַמַּ֙יִם֙ אֲשֶׁר֙ מִתַּ֣חַת
ח לָרָקִ֔יעַ וּבֵ֣ין הַמַּ֔יִם אֲשֶׁ֖ר מֵעַ֣ל לָרָקִ֑יעַ וַֽיְהִי־כֵֽן׃ וַיִּקְרָ֧א אֱלֹהִ֛ים
לָֽרָקִ֖יעַ שָׁמָ֑יִם וַֽיְהִי־עֶ֥רֶב וַֽיְהִי־בֹ֖קֶר י֥וֹם שֵׁנִֽי׃
ט וַיֹּ֣אמֶר אֱלֹהִ֗ים יִקָּו֨וּ הַמַּ֜יִם מִתַּ֤חַת הַשָּׁמַ֙יִם֙ אֶל־מָק֣וֹם אֶחָ֔ד
י וְתֵרָאֶ֖ה הַיַּבָּשָׁ֑ה וַֽיְהִי־כֵֽן׃ וַיִּקְרָ֨א אֱלֹהִ֤ים ׀ לַיַּבָּשָׁה֙ אֶ֔רֶץ וּלְמִקְוֵ֥ה
יא הַמַּ֖יִם קָרָ֣א יַמִּ֑ים וַיַּ֥רְא אֱלֹהִ֖ים כִּי־טֽוֹב׃ וַיֹּ֣אמֶר אֱלֹהִ֗ים תַּֽדְשֵׁ֤א
הָאָ֙רֶץ֙ דֶּ֔שֶׁא עֵ֚שֶׂב מַזְרִ֣יעַ זֶ֔רַע עֵ֣ץ פְּרִ֞י עֹ֤שֶׂה פְּרִי֙ לְמִינ֔וֹ אֲשֶׁ֥ר
יב זַרְעוֹ־ב֖וֹ עַל־הָאָ֑רֶץ וַֽיְהִי־כֵֽן׃ וַתּוֹצֵ֨א הָאָ֜רֶץ דֶּ֠שֶׁא עֵ֣שֶׂב מַזְרִ֤יעַ
זֶ֙רַע֙ לְמִינֵ֔הוּ וְעֵ֧ץ עֹֽשֶׂה־פְּרִ֛י אֲשֶׁ֥ר זַרְעוֹ־ב֖וֹ לְמִינֵ֑הוּ וַיַּ֥רְא אֱלֹהִ֖ים
יג כִּי־טֽוֹב׃ וַֽיְהִי־עֶ֥רֶב וַֽיְהִי־בֹ֖קֶר י֥וֹם שְׁלִישִֽׁי׃
יד וַיֹּ֣אמֶר אֱלֹהִ֗ים יְהִ֤י מְאֹרֹת֙ בִּרְקִ֣יעַ הַשָּׁמַ֔יִם לְהַבְדִּ֕יל בֵּ֥ין הַיּ֖וֹם וּבֵ֣ין
טו הַלָּ֑יְלָה וְהָי֤וּ לְאֹתֹת֙ וּלְמ֣וֹעֲדִ֔ים וּלְיָמִ֖ים וְשָׁנִֽים׃ וְהָי֤וּ לִמְאוֹרֹת֙
טז בִּרְקִ֣יעַ הַשָּׁמַ֔יִם לְהָאִ֖יר עַל־הָאָ֑רֶץ וַֽיְהִי־כֵֽן׃ וַיַּ֣עַשׂ אֱלֹהִ֔ים
אֶת־שְׁנֵ֥י הַמְּאֹרֹ֖ת הַגְּדֹלִ֑ים אֶת־הַמָּא֤וֹר הַגָּדֹל֙ לְמֶמְשֶׁ֣לֶת הַיּ֔וֹם
יז וְאֶת־הַמָּא֤וֹר הַקָּטֹן֙ לְמֶמְשֶׁ֣לֶת הַלַּ֔יְלָה וְאֵ֖ת הַכּוֹכָבִֽים׃ וַיִּתֵּ֥ן
יח אֹתָ֛ם אֱלֹהִ֖ים בִּרְקִ֣יעַ הַשָּׁמָ֑יִם לְהָאִ֖יר עַל־הָאָֽרֶץ׃ וְלִמְשֹׁל֙ בַּיּ֣וֹם
וּבַלַּ֔יְלָה וּֽלֲהַבְדִּ֔יל בֵּ֥ין הָא֖וֹר וּבֵ֣ין הַחֹ֑שֶׁךְ וַיַּ֥רְא אֱלֹהִ֖ים כִּי־טֽוֹב׃
יט וַֽיְהִי־עֶ֥רֶב וַֽיְהִי־בֹ֖קֶר י֥וֹם רְבִיעִֽי׃
כ וַיֹּ֣אמֶר אֱלֹהִ֔ים יִשְׁרְצ֣וּ הַמַּ֔יִם שֶׁ֖רֶץ נֶ֣פֶשׁ חַיָּ֑ה וְעוֹף֙ יְעוֹפֵ֣ף עַל־

21 expanse." So God created the great sea creatures, and all the kinds
of crawling, living things that swarm in the water, and all the kinds
22 of winged, flying creatures. And God saw that it was good. God
blessed them, saying: "Be fertile and multiply and fill the waters
23 of the seas, and let flying creatures multiply on earth." There was
evening, and there was morning – a fifth day.
24 Then God said, "Let the land produce every kind of living thing:
all the different species of cattle, crawling things and wild animals
25 of the earth." And so it was. God made the different kinds of wild
animals of the earth, and cattle, and all the species of creature that
26 creep upon land. And God saw that it was good. Then God said,
"Let us make humankind in our image, our likeness, that they may
rule over the fish of the sea and the flying creatures of the heavens,
the cattle and all the earth, and every living creature that moves
27 upon the earth." So God created humankind in His image: in the
image of God He created him; male and female He created them.
28 God blessed them, saying, "Be fertile and multiply. Fill the earth
and subdue it. Rule over the fish of the sea, and the flying creatures
of the heavens, and every living thing that moves upon the earth."
29 Then God said, "I give you all these seed-bearing plants on the
face of the earth and every tree with seed-bearing fruit. They shall
30 be yours to eat. And to all the beasts of the earth and birds of the
heavens and everything that crawls over the earth and has within
it living spirit – I give every green plant for food." And so it was.
31 Then God saw all that He had made: and it was very good. There
was evening, and there was morning – the sixth day.
2 1 So the heavens and the earth were finished, and all their vast array.
2 On the seventh day God finished the work that He had done,
and on the seventh day He rested from all the work that He had
3 done. God blessed the seventh day and sanctified it, because on
it He rested from all His work, from all that God had created and
done.

4 This is the story of the heavens and the earth when they were SHEINI
5 created, on the day the Lord God made earth and heaven. No

כא הָאָרֶץ עַל־פְּנֵי רְקִיעַ הַשָּׁמָיִם: וַיִּבְרָא אֱלֹהִים אֶת־הַתַּנִּינִם
הַגְּדֹלִים וְאֵת כָּל־נֶפֶשׁ הַחַיָּה ׀ הָרֹמֶשֶׂת אֲשֶׁר שָׁרְצוּ הַמַּיִם
כב לְמִינֵהֶם וְאֵת כָּל־עוֹף כָּנָף לְמִינֵהוּ וַיַּרְא אֱלֹהִים כִּי־טוֹב: וַיְבָרֶךְ
אֹתָם אֱלֹהִים לֵאמֹר פְּרוּ וּרְבוּ וּמִלְאוּ אֶת־הַמַּיִם בַּיַּמִּים וְהָעוֹף
כג יִרֶב בָּאָרֶץ: וַיְהִי־עֶרֶב וַיְהִי־בֹקֶר יוֹם חֲמִישִׁי:
כד וַיֹּאמֶר אֱלֹהִים תּוֹצֵא הָאָרֶץ נֶפֶשׁ חַיָּה לְמִינָהּ בְּהֵמָה וָרֶמֶשׂ
כה וְחַיְתוֹ־אֶרֶץ לְמִינָהּ וַיְהִי־כֵן: וַיַּעַשׂ אֱלֹהִים אֶת־חַיַּת הָאָרֶץ
לְמִינָהּ וְאֶת־הַבְּהֵמָה לְמִינָהּ וְאֵת כָּל־רֶמֶשׂ הָאֲדָמָה לְמִינֵהוּ
כו וַיַּרְא אֱלֹהִים כִּי־טוֹב: וַיֹּאמֶר אֱלֹהִים נַעֲשֶׂה אָדָם בְּצַלְמֵנוּ
כִּדְמוּתֵנוּ וְיִרְדּוּ בִדְגַת הַיָּם וּבְעוֹף הַשָּׁמַיִם וּבַבְּהֵמָה וּבְכָל־הָאָרֶץ
כז וּבְכָל־הָרֶמֶשׂ הָרֹמֵשׂ עַל־הָאָרֶץ: וַיִּבְרָא אֱלֹהִים ׀ אֶת־הָאָדָם
כח בְּצַלְמוֹ בְּצֶלֶם אֱלֹהִים בָּרָא אֹתוֹ זָכָר וּנְקֵבָה בָּרָא אֹתָם: וַיְבָרֶךְ
אֹתָם אֱלֹהִים וַיֹּאמֶר לָהֶם אֱלֹהִים פְּרוּ וּרְבוּ וּמִלְאוּ אֶת־הָאָרֶץ
וְכִבְשֻׁהָ וּרְדוּ בִּדְגַת הַיָּם וּבְעוֹף הַשָּׁמַיִם וּבְכָל־חַיָּה הָרֹמֶשֶׂת עַל־
כט הָאָרֶץ: וַיֹּאמֶר אֱלֹהִים הִנֵּה נָתַתִּי לָכֶם אֶת־כָּל־עֵשֶׂב ׀ זֹרֵעַ זֶרַע
אֲשֶׁר עַל־פְּנֵי כָל־הָאָרֶץ וְאֶת־כָּל־הָעֵץ אֲשֶׁר־בּוֹ פְרִי־עֵץ זֹרֵעַ
ל זָרַע לָכֶם יִהְיֶה לְאָכְלָה: וּלְכָל־חַיַּת הָאָרֶץ וּלְכָל־עוֹף הַשָּׁמַיִם
וּלְכֹל ׀ רוֹמֵשׂ עַל־הָאָרֶץ אֲשֶׁר־בּוֹ נֶפֶשׁ חַיָּה אֶת־כָּל־יֶרֶק עֵשֶׂב
לא לְאָכְלָה וַיְהִי־כֵן: וַיַּרְא אֱלֹהִים אֶת־כָּל־אֲשֶׁר עָשָׂה וְהִנֵּה־טוֹב
מְאֹד וַיְהִי־עֶרֶב וַיְהִי־בֹקֶר יוֹם הַשִּׁשִּׁי:
ב א ב וַיְכֻלּוּ הַשָּׁמַיִם וְהָאָרֶץ וְכָל־צְבָאָם: וַיְכַל אֱלֹהִים בַּיּוֹם הַשְּׁבִיעִי
מְלַאכְתּוֹ אֲשֶׁר עָשָׂה וַיִּשְׁבֹּת בַּיּוֹם הַשְּׁבִיעִי מִכָּל־מְלַאכְתּוֹ
ג אֲשֶׁר עָשָׂה: וַיְבָרֶךְ אֱלֹהִים אֶת־יוֹם הַשְּׁבִיעִי וַיְקַדֵּשׁ אֹתוֹ כִּי
בוֹ שָׁבַת מִכָּל־מְלַאכְתּוֹ אֲשֶׁר־בָּרָא אֱלֹהִים לַעֲשׂוֹת:
ד אֵלֶּה תוֹלְדוֹת הַשָּׁמַיִם וְהָאָרֶץ בְּהִבָּרְאָם בְּיוֹם עֲשׂוֹת יְהוָה ב שני
ה אֱלֹהִים אֶרֶץ וְשָׁמָיִם: וְכֹל ׀ שִׂיחַ הַשָּׂדֶה טֶרֶם יִהְיֶה בָאָרֶץ וְכָל־

shrub of the field yet grew on earth, and no plant had yet sprouted,
for the LORD God had not yet brought rain upon the earth, and
6 there was no one to work the land. A mist would rise up from
7 the earth and water all the face of the land. Then the LORD God
formed man from the dust of the land[1] and breathed the breath of
8 life into his nostrils, and the man became a living being. The LORD
God planted a garden in Eden, in the east, and there he put the
9 man He had formed. And from the land, the LORD God caused
all kinds of trees to grow, pleasant to look at and good to eat from,
and the Tree of Life stood in the middle of the garden, and the
10 Tree of Knowledge of good and evil. A river flows from Eden to
water this garden, and from there divides into four headwaters.
11 The name of the first is Pishon. It surrounds the land of Ḥavila,
12 where there is gold. And the gold of that land is good; bdellium
13 and rock crystal are there also. The name of the second river is
14 Giḥon; it is the one that surrounds the land of Kush. The name of
the third river is the Tigris, and it flows to the east of Assyria. The
15 fourth river is the Euphrates. The LORD God took the man and
16 placed him in the Garden of Eden to work it and safeguard it. And
the LORD God commanded the man: "You are free to eat from any
17 tree in the garden. But the Tree of Knowledge of good and evil –
you may not eat from that, for on the day you eat of it, you shall
18 die." Then the LORD God said, "It is not good for man to be alone.
19 I will make a fitting partner for him." The LORD God formed all
the wild animals, and all the birds of the heavens, out of the land.
He brought them to the man to see what he would call them, and
20 whatever he called each living thing, that became its name. So the SHELISHI
man gave names to all the animals, the birds of the heavens, and
all the wild creatures. But he found no fitting partner for himself.
21 Then the LORD God made the man fall into a deep sleep, and
while he was sleeping He took one of his ribs and closed the
22 flesh in its place. And the LORD God built the rib He had taken
23 from the man into a woman. He brought her to the man. And the
man said: "This, at last is bone of my bones and flesh of my flesh.

עֵשֶׂב הַשָּׂדֶה טֶרֶם יִצְמָח כִּי לֹא הִמְטִיר יְהוָה אֱלֹהִים עַל־הָאָרֶץ
ו וְאָדָם אַיִן לַעֲבֹד אֶת־הָאֲדָמָה: וְאֵד יַעֲלֶה מִן־הָאָרֶץ וְהִשְׁקָה
ז אֶת־כָּל־פְּנֵי הָאֲדָמָה: וַיִּיצֶר יְהוָה אֱלֹהִים אֶת־הָאָדָם עָפָר מִן־
ח הָאֲדָמָה וַיִּפַּח בְּאַפָּיו נִשְׁמַת חַיִּים וַיְהִי הָאָדָם לְנֶפֶשׁ חַיָּה: וַיִּטַּע
יְהוָה אֱלֹהִים גַּן בְּעֵדֶן מִקֶּדֶם וַיָּשֶׂם שָׁם אֶת־הָאָדָם אֲשֶׁר יָצָר:
ט וַיַּצְמַח יְהוָה אֱלֹהִים מִן־הָאֲדָמָה כָּל־עֵץ נֶחְמָד לְמַרְאֶה וְטוֹב
י לְמַאֲכָל וְעֵץ הַחַיִּים בְּתוֹךְ הַגָּן וְעֵץ הַדַּעַת טוֹב וָרָע: וְנָהָר יֹצֵא
מֵעֵדֶן לְהַשְׁקוֹת אֶת־הַגָּן וּמִשָּׁם יִפָּרֵד וְהָיָה לְאַרְבָּעָה רָאשִׁים:
יא שֵׁם הָאֶחָד פִּישׁוֹן הוּא הַסֹּבֵב אֵת כָּל־אֶרֶץ הַחֲוִילָה אֲשֶׁר־שָׁם
יב יג הַזָּהָב: וּזֲהַב הָאָרֶץ הַהִוא טוֹב שָׁם הַבְּדֹלַח וְאֶבֶן הַשֹּׁהַם: וְשֵׁם־
יד הַנָּהָר הַשֵּׁנִי גִּיחוֹן הוּא הַסּוֹבֵב אֵת כָּל־אֶרֶץ כּוּשׁ: וְשֵׁם הַנָּהָר
הַשְּׁלִישִׁי חִדֶּקֶל הוּא הַהֹלֵךְ קִדְמַת אַשּׁוּר וְהַנָּהָר הָרְבִיעִי הוּא
טו פְרָת: וַיִּקַּח יְהוָה אֱלֹהִים אֶת־הָאָדָם וַיַּנִּחֵהוּ בְגַן־עֵדֶן לְעָבְדָהּ
טז וּלְשָׁמְרָהּ: וַיְצַו יְהוָה אֱלֹהִים עַל־הָאָדָם לֵאמֹר מִכֹּל עֵץ־הַגָּן
יז אָכֹל תֹּאכֵל: וּמֵעֵץ הַדַּעַת טוֹב וָרָע לֹא תֹאכַל מִמֶּנּוּ כִּי בְּיוֹם
יח אֲכָלְךָ מִמֶּנּוּ מוֹת תָּמוּת: וַיֹּאמֶר יְהוָה אֱלֹהִים לֹא־טוֹב הֱיוֹת
יט הָאָדָם לְבַדּוֹ אֶעֱשֶׂה־לּוֹ עֵזֶר כְּנֶגְדּוֹ: וַיִּצֶר יְהוָה אֱלֹהִים מִן־
הָאֲדָמָה כָּל־חַיַּת הַשָּׂדֶה וְאֵת כָּל־עוֹף הַשָּׁמַיִם וַיָּבֵא אֶל־הָאָדָם
לִרְאוֹת מַה־יִּקְרָא־לוֹ וְכֹל אֲשֶׁר יִקְרָא־לוֹ הָאָדָם נֶפֶשׁ חַיָּה הוּא
כ שְׁמוֹ: וַיִּקְרָא הָאָדָם שֵׁמוֹת לְכָל־הַבְּהֵמָה וּלְעוֹף הַשָּׁמַיִם וּלְכֹל שלישי
כא חַיַּת הַשָּׂדֶה וּלְאָדָם לֹא־מָצָא עֵזֶר כְּנֶגְדּוֹ: וַיַּפֵּל יְהוָה אֱלֹהִים ׀
תַּרְדֵּמָה עַל־הָאָדָם וַיִּישָׁן וַיִּקַּח אַחַת מִצַּלְעֹתָיו וַיִּסְגֹּר בָּשָׂר
כב תַּחְתֶּנָּה: וַיִּבֶן יְהוָה אֱלֹהִים ׀ אֶת־הַצֵּלָע אֲשֶׁר־לָקַח מִן־הָאָדָם
כג לְאִשָּׁה וַיְבִאֶהָ אֶל־הָאָדָם: וַיֹּאמֶר הָאָדָם זֹאת הַפַּעַם עֶצֶם

1 The Hebrew *adam* (man) resonates with *adama* (land).

This shall be called Woman, for from Man was this one taken."[2]
24 That is why a man leaves his father and mother and cleaves to his
25 wife and they become one flesh. The man and his wife were both
3 1 naked, but they were not ashamed. The serpent was the slyest of all
the wild animals the LORD God had made. "Did God say," it asked
the woman, "that you must not eat from any tree in the garden?"
2 The woman told the serpent, "We may eat the fruit of the trees in
3 the garden, but God did say, 'You must not eat fruit from the tree
in the middle of the garden, and you must not touch it, or you
4 5 will die.'" But the serpent told the woman, "You will not die; God
knows that on the day you eat from it your eyes will be opened,
6 and you will be like God, knowing good and evil." The woman saw
that the tree was ripe for eating, enticing to the eyes, and desirable
too for granting insight. She took some of its fruit and ate, and
7 she gave some to her husband and he too ate. The eyes of both
of them were opened, and they realized that they were naked. So
they sewed fig leaves together and made coverings for themselves.
8 They heard the sound of the LORD God walking in the garden in
the cool of the day, and the man and his wife hid from the LORD
9 God among the trees of the garden. The LORD God called to the
10 man: "Where are you?" He answered, "I heard Your voice in the
garden, and I was afraid, because I was naked. So I hid." "Who told
11 you," God asked, "that you were naked? Have you eaten from the
12 tree from which I commanded you not to eat?" The man said, "The
woman You put here with me – she gave me fruit from the tree
13 and I ate." Then the LORD God said to the woman, "What is this
you have done?" The woman said, "The serpent beguiled me and
14 I ate." And the LORD God said to the serpent, "Because you have
done this, you are accursed more than all the animals and all wild
beasts. You will creep on your belly and dust will you eat all the
15 days of your life. I will plant hostility between you and the woman,
between your children and hers. And man will strike your head,
16 and you will strike his heel." To the woman He said,
"I will make your pain in pregnancy searingly great; in sorrow will

מֵעַצָמַי וּבָשָׂר מִבְּשָׂרִי לְזֹאת יִקָּרֵא אִשָּׁה כִּי מֵאִישׁ לֻקֳחָה־
כד זֹּאת: עַל־כֵּן יַעֲזָב־אִישׁ אֶת־אָבִיו וְאֶת־אִמּוֹ וְדָבַק בְּאִשְׁתּוֹ
כה וְהָיוּ לְבָשָׂר אֶחָד: וַיִּהְיוּ שְׁנֵיהֶם עֲרוּמִּים הָאָדָם וְאִשְׁתּוֹ וְלֹא
ג א יִתְבֹּשָׁשׁוּ: וְהַנָּחָשׁ הָיָה עָרוּם מִכֹּל חַיַּת הַשָּׂדֶה אֲשֶׁר עָשָׂה
יְהוָה אֱלֹהִים וַיֹּאמֶר אֶל־הָאִשָּׁה אַף כִּי־אָמַר אֱלֹהִים לֹא תֹאכְלוּ
ב מִכֹּל עֵץ הַגָּן: וַתֹּאמֶר הָאִשָּׁה אֶל־הַנָּחָשׁ מִפְּרִי עֵץ־הַגָּן נֹאכֵל:
ג וּמִפְּרִי הָעֵץ אֲשֶׁר בְּתוֹךְ־הַגָּן אָמַר אֱלֹהִים לֹא תֹאכְלוּ מִמֶּנּוּ
ד וְלֹא תִגְּעוּ בּוֹ פֶּן תְּמֻתוּן: וַיֹּאמֶר הַנָּחָשׁ אֶל־הָאִשָּׁה לֹא־מוֹת
ה תְּמֻתוּן: כִּי יֹדֵעַ אֱלֹהִים כִּי בְּיוֹם אֲכָלְכֶם מִמֶּנּוּ וְנִפְקְחוּ עֵינֵיכֶם
ו וִהְיִיתֶם כֵּאלֹהִים יֹדְעֵי טוֹב וָרָע: וַתֵּרֶא הָאִשָּׁה כִּי טוֹב הָעֵץ
לְמַאֲכָל וְכִי תַאֲוָה־הוּא לָעֵינַיִם וְנֶחְמָד הָעֵץ לְהַשְׂכִּיל וַתִּקַּח
ז מִפִּרְיוֹ וַתֹּאכַל וַתִּתֵּן גַּם־לְאִישָׁהּ עִמָּהּ וַיֹּאכַל: וַתִּפָּקַחְנָה עֵינֵי
שְׁנֵיהֶם וַיֵּדְעוּ כִּי עֵירֻמִּם הֵם וַיִּתְפְּרוּ עֲלֵה תְאֵנָה וַיַּעֲשׂוּ לָהֶם
ח חֲגֹרֹת: וַיִּשְׁמְעוּ אֶת־קוֹל יְהוָה אֱלֹהִים מִתְהַלֵּךְ בַּגָּן לְרוּחַ
הַיּוֹם וַיִּתְחַבֵּא הָאָדָם וְאִשְׁתּוֹ מִפְּנֵי יְהוָה אֱלֹהִים בְּתוֹךְ עֵץ
ט י הַגָּן: וַיִּקְרָא יְהוָה אֱלֹהִים אֶל־הָאָדָם וַיֹּאמֶר לוֹ אַיֶּכָּה: וַיֹּאמֶר
יא אֶת־קֹלְךָ שָׁמַעְתִּי בַּגָּן וָאִירָא כִּי־עֵירֹם אָנֹכִי וָאֵחָבֵא: וַיֹּאמֶר
מִי הִגִּיד לְךָ כִּי עֵירֹם אָתָּה הֲמִן־הָעֵץ אֲשֶׁר צִוִּיתִיךָ לְבִלְתִּי
יב אֲכָל־מִמֶּנּוּ אָכָלְתָּ: וַיֹּאמֶר הָאָדָם הָאִשָּׁה אֲשֶׁר נָתַתָּה עִמָּדִי
יג הִוא נָתְנָה־לִּי מִן־הָעֵץ וָאֹכֵל: וַיֹּאמֶר יְהוָה אֱלֹהִים לָאִשָּׁה מַה־
יד זֹּאת עָשִׂית וַתֹּאמֶר הָאִשָּׁה הַנָּחָשׁ הִשִּׁיאַנִי וָאֹכֵל: וַיֹּאמֶר יְהוָה
אֱלֹהִים ׀ אֶל־הַנָּחָשׁ כִּי עָשִׂיתָ זֹּאת אָרוּר אַתָּה מִכָּל־הַבְּהֵמָה
וּמִכֹּל חַיַּת הַשָּׂדֶה עַל־גְּחֹנְךָ תֵלֵךְ וְעָפָר תֹּאכַל כָּל־יְמֵי חַיֶּיךָ:
טו וְאֵיבָה ׀ אָשִׁית בֵּינְךָ וּבֵין הָאִשָּׁה וּבֵין זַרְעֲךָ וּבֵין זַרְעָהּ הוּא
טז יְשׁוּפְךָ רֹאשׁ וְאַתָּה תְּשׁוּפֶנּוּ עָקֵב: אֶל־הָאִשָּׁה אָמַר

2 *Isha* (woman) resonates with *ish* (man).

you bear children. You will long for your husband, but he will rule
17 over you." To Adam[3] He said, "Because you listened to
your wife and ate of the tree from which I commanded you not to
eat – cursed will be the land on your account. By painful toil you
18 will eat from it all the days of your life. It will sprout thorns and
19 thistles for you, and you shall eat plants of the field. By the sweat of
your brow will you eat bread until you return to the land, for from
there you were taken. You are dust, and you will return to dust."
20 Then the man named his wife Ḥava, for she would become the
21 mother of all life.[4] Then the LORD God made garments of skins
for Adam and his wife and clothed them.
22 The LORD God then said, "Now that man has become like one of REVI'I
us, knowing good and evil, he must not be allowed to reach out
his hand and take also from the Tree of Life, eat, and live forever."
23 So the LORD God sent him away from the Garden of Eden to
24 work the land from which he had been taken. He drove out the
man, and east of the Garden of Eden He placed the cherubim
and the flaming, whirling sword to guard the way to the Tree of
4 1 Life. The man knew[5] his wife Ḥava, and she conceived
and gave birth to Kayin. She said, "With the LORD's help I have
2 made a man."[6] Later, she gave birth to his brother Hevel.[7] Hevel
3 became a shepherd, while Kayin was a worker of the land. Time
passed, and Kayin brought fruit of the land as an offering to
4 the LORD. Hevel too brought an offering: fat portions from the
firstborn of his flock. The LORD looked favorably on Hevel and
5 his offering, but upon Kayin and his offering He did not look with
6 favor. Kayin became very angry, and his face downcast. The LORD
said to Kayin, "Why are you angry; why is your face downcast? If
7 you act well, will you not be uplifted? If you fail to act well, sin is
crouching at the door; it longs to have you, but you must rule over
8 it." Then Kayin said to his brother Hevel[8] – and when they were in

---

6 The name Kayin resonates with *kaniti* (I have made).

7 *Hevel* means "breath" and carries connotations of transience.

8 It is not specified what Kayin told Hevel.

הַרְבָּה אַרְבֶּה עִצְּבוֹנֵךְ וְהֵרֹנֵךְ בְּעֶצֶב תֵּלְדִי בָנִים וְאֶל־אִישֵׁךְ
יז תְּשׁוּקָתֵךְ וְהוּא יִמְשָׁל־בָּךְ׃ וּלְאָדָם אָמַר כִּי שָׁמַעְתָּ
לְקוֹל אִשְׁתֶּךָ וַתֹּאכַל מִן־הָעֵץ אֲשֶׁר צִוִּיתִיךָ לֵאמֹר לֹא תֹאכַל
מִמֶּנּוּ אֲרוּרָה הָאֲדָמָה בַּעֲבוּרֶךָ בְּעִצָּבוֹן תֹּאכְלֶנָּה כֹּל יְמֵי חַיֶּיךָ׃
יח יט וְקוֹץ וְדַרְדַּר תַּצְמִיחַ לָךְ וְאָכַלְתָּ אֶת־עֵשֶׂב הַשָּׂדֶה׃ בְּזֵעַת אַפֶּיךָ
תֹּאכַל לֶחֶם עַד שׁוּבְךָ אֶל־הָאֲדָמָה כִּי מִמֶּנָּה לֻקָּחְתָּ כִּי־עָפָר
כ אַתָּה וְאֶל־עָפָר תָּשׁוּב׃ וַיִּקְרָא הָאָדָם שֵׁם אִשְׁתּוֹ חַוָּה כִּי הִוא
כא הָיְתָה אֵם כָּל־חָי׃ וַיַּעַשׂ יהוה אֱלֹהִים לְאָדָם וּלְאִשְׁתּוֹ כָּתְנוֹת
עוֹר וַיַּלְבִּשֵׁם׃
רביעי ג כב וַיֹּאמֶר ׀ יהוה אֱלֹהִים הֵן הָאָדָם הָיָה כְּאַחַד מִמֶּנּוּ לָדַעַת טוֹב
וָרָע וְעַתָּה ׀ פֶּן־יִשְׁלַח יָדוֹ וְלָקַח גַּם מֵעֵץ הַחַיִּים וְאָכַל וָחַי
כג לְעֹלָם׃ וַיְשַׁלְּחֵהוּ יהוה אֱלֹהִים מִגַּן־עֵדֶן לַעֲבֹד אֶת־הָאֲדָמָה
כד אֲשֶׁר לֻקַּח מִשָּׁם׃ וַיְגָרֶשׁ אֶת־הָאָדָם וַיַּשְׁכֵּן מִקֶּדֶם לְגַן־עֵדֶן
אֶת־הַכְּרֻבִים וְאֵת לַהַט הַחֶרֶב הַמִּתְהַפֶּכֶת לִשְׁמֹר אֶת־דֶּרֶךְ
ד א עֵץ הַחַיִּים׃ וְהָאָדָם יָדַע אֶת־חַוָּה אִשְׁתּוֹ וַתַּהַר
ב וַתֵּלֶד אֶת־קַיִן וַתֹּאמֶר קָנִיתִי אִישׁ אֶת־יהוה׃ וַתֹּסֶף לָלֶדֶת
אֶת־אָחִיו אֶת־הָבֶל וַיְהִי־הֶבֶל רֹעֵה צֹאן וְקַיִן הָיָה עֹבֵד אֲדָמָה׃
ג ד וַיְהִי מִקֵּץ יָמִים וַיָּבֵא קַיִן מִפְּרִי הָאֲדָמָה מִנְחָה לַיהוה׃ וְהֶבֶל
הֵבִיא גַם־הוּא מִבְּכֹרוֹת צֹאנוֹ וּמֵחֶלְבֵהֶן וַיִּשַׁע יהוה אֶל־הֶבֶל
ה וְאֶל־מִנְחָתוֹ׃ וְאֶל־קַיִן וְאֶל־מִנְחָתוֹ לֹא שָׁעָה וַיִּחַר לְקַיִן מְאֹד
ו וַיִּפְּלוּ פָּנָיו׃ וַיֹּאמֶר יהוה אֶל־קָיִן לָמָּה חָרָה לָךְ וְלָמָּה נָפְלוּ
ז פָנֶיךָ׃ הֲלוֹא אִם־תֵּיטִיב שְׂאֵת וְאִם לֹא תֵיטִיב לַפֶּתַח חַטָּאת
ח רֹבֵץ וְאֵלֶיךָ תְּשׁוּקָתוֹ וְאַתָּה תִּמְשָׁל־בּוֹ׃ וַיֹּאמֶר קַיִן אֶל־הֶבֶל

3 The Hebrew *adam* can be read, depending on usage, as a common noun (man; cf. 2:7) or as a proper name.

4 The name Ḥava resonates with *ḥai* (life).

5 A euphemism for sexual relations.

the field, Kayin rose up against his brother Hevel and killed him.
9 The Lord asked Kayin, "Where is your brother, Hevel?" "I do
10 not know," he said. "Am I my brother's keeper?" He said, "What
is it you have done? The voice of your brother's blood cries out to
11 Me from the land! Now you are cursed, more so than the land[9]
that has opened its mouth to receive your brother's blood from
12 your hand. When you work the land, it will no longer grant you its
13 powers. You will be a fugitive wanderer over the land." Kayin said
14 to the Lord, "My sin is more than I can bear. You have banished
me today from the face of the land, and from Your face too I
will be hidden. I will be a fugitive wanderer over the land, and
15 whoever finds me will kill me." The Lord said to him, "Whoever
then kills Kayin will suffer vengeance seven times over." Then the
Lord put a mark on Kayin so that none who found him would
16 kill him. So Kayin departed from the Lord's presence and lived
17 in the land of Nod,[10] east of Eden. Kayin knew his wife, and she
conceived and gave birth to Ḥanokh. He built a city, naming it
18 Ḥanokh after his son. Ḥanokh had a son Irad, and Irad had a son
Meḥuyael. Meḥiyael had a son Metushael, and Metushael had a
19 son Lemekh. Lemekh married two women, one named Ada and ḤAMISHI
20 the other Tzila. Ada gave birth to Yaval. He was the ancestor of
21 those who live in tents and raise livestock. His brother's name was
Yuval. He was the ancestor of all those who play the lyre and the
22 pipe. Tzila, too, had a son, Tuval-Kayin, who forged all kinds of
23 bronze and iron tools. Tuval-Kayin's sister was Naama. Lemekh
said to his wives: "Ada and Tzila, listen to my voice; wives of
Lemekh, heed my words. I killed a man for wounding me, killed
24 a boy for bruising me. If Kayin will be avenged seven times, then
25 Lemekh, seventy-seven." Adam knew his wife again, and she gave
birth to a son and named him Shet, "because God has granted[11]
26 me another child in place of Hevel," for Kayin had killed him. And
Shet too had a son, and named him Enosh. That was when people
5 1 began to pray in the name of the Lord. This is the book SHISHI

11 The name Shet resonates with *shat* (granted).

אָחִיו וַיְהִי בִּהְיוֹתָם בַּשָּׂדֶה וַיָּקׇם קַיִן אֶל־הֶבֶל אָחִיו וַיַּהַרְגֵהוּ׃
ט וַיֹּאמֶר יהוה אֶל־קַיִן אֵי הֶבֶל אָחִיךָ וַיֹּאמֶר לֹא יָדַעְתִּי הֲשֹׁמֵר
י אָחִי אָנֹכִי׃ וַיֹּאמֶר מֶה עָשִׂיתָ קוֹל דְּמֵי אָחִיךָ צֹעֲקִים אֵלַי מִן־
יא הָאֲדָמָה׃ וְעַתָּה אָרוּר אָתָּה מִן־הָאֲדָמָה אֲשֶׁר פָּצְתָה אֶת־פִּיהָ
יב לָקַחַת אֶת־דְּמֵי אָחִיךָ מִיָּדֶךָ׃ כִּי תַעֲבֹד אֶת־הָאֲדָמָה לֹא־תֹסֵף
יג תֵּת־כֹּחָהּ לָךְ נָע וָנָד תִּהְיֶה בָאָרֶץ׃ וַיֹּאמֶר קַיִן אֶל־יהוה גָּדוֹל
יד עֲוֺנִי מִנְּשֹׂא׃ הֵן גֵּרַשְׁתָּ אֹתִי הַיּוֹם מֵעַל פְּנֵי הָאֲדָמָה וּמִפָּנֶיךָ
טו אֶסָּתֵר וְהָיִיתִי נָע וָנָד בָּאָרֶץ וְהָיָה כׇל־מֹצְאִי יַהַרְגֵנִי׃ וַיֹּאמֶר
לוֹ יהוה לָכֵן כׇּל־הֹרֵג קַיִן שִׁבְעָתַיִם יֻקָּם וַיָּשֶׂם יהוה לְקַיִן אוֹת
טז לְבִלְתִּי הַכּוֹת־אֹתוֹ כׇּל־מֹצְאוֹ׃ וַיֵּצֵא קַיִן מִלִּפְנֵי יהוה וַיֵּשֶׁב
יז בְּאֶרֶץ־נוֹד קִדְמַת־עֵדֶן׃ וַיֵּדַע קַיִן אֶת־אִשְׁתּוֹ וַתַּהַר וַתֵּלֶד
אֶת־חֲנוֹךְ וַיְהִי בֹּנֶה עִיר וַיִּקְרָא שֵׁם הָעִיר כְּשֵׁם בְּנוֹ חֲנוֹךְ׃
יח וַיִּוָּלֵד לַחֲנוֹךְ אֶת־עִירָד וְעִירָד יָלַד אֶת־מְחוּיָאֵל וּמְחִיָּיאֵל יָלַד
יט אֶת־מְתוּשָׁאֵל וּמְתוּשָׁאֵל יָלַד אֶת־לָמֶךְ׃ וַיִּקַּח־לוֹ לֶמֶךְ שְׁתֵּי חמישי
כ נָשִׁים שֵׁם הָאַחַת עָדָה וְשֵׁם הַשֵּׁנִית צִלָּה׃ וַתֵּלֶד עָדָה אֶת־יָבָל
כא הוּא הָיָה אֲבִי יֹשֵׁב אֹהֶל וּמִקְנֶה׃ וְשֵׁם אָחִיו יוּבָל הוּא הָיָה
כב אֲבִי כׇּל־תֹּפֵשׂ כִּנּוֹר וְעוּגָב׃ וְצִלָּה גַם־הִוא יָלְדָה אֶת־תּוּבַל קַיִן
כג לֹטֵשׁ כׇּל־חֹרֵשׁ נְחֹשֶׁת וּבַרְזֶל וַאֲחוֹת תּוּבַל־קַיִן נַעֲמָה׃ וַיֹּאמֶר
לֶמֶךְ לְנָשָׁיו עָדָה וְצִלָּה שְׁמַעַן קוֹלִי נְשֵׁי לֶמֶךְ הַאְזֵנָּה אִמְרָתִי
כד כִּי אִישׁ הָרַגְתִּי לְפִצְעִי וְיֶלֶד לְחַבֻּרָתִי׃ כִּי שִׁבְעָתַיִם יֻקַּם־קָיִן
כה וְלֶמֶךְ שִׁבְעִים וְשִׁבְעָה׃ וַיֵּדַע אָדָם עוֹד אֶת־אִשְׁתּוֹ וַתֵּלֶד בֵּן
וַתִּקְרָא אֶת־שְׁמוֹ שֵׁת כִּי שָׁת־לִי אֱלֹהִים זֶרַע אַחֵר תַּחַת הֶבֶל
כו כִּי הֲרָגוֹ קָיִן׃ וּלְשֵׁת גַּם־הוּא יֻלַּד־בֵּן וַיִּקְרָא אֶת־שְׁמוֹ אֱנוֹשׁ
ה א אָז הוּחַל לִקְרֹא בְּשֵׁם יהוה׃ זֶה סֵפֶר תּוֹלְדֹת ד ששי

9 Cf. 3:17.
10 "Land of Nod" bears the simultaneous meaning "land of wandering."

of Adam's descendants: On the day God created humankind, He
2 made them in the likeness of God. Male and female He created
them, and on the day they were created, He blessed them and
3 called them Humankind.[12] Adam lived one hundred and thirty
years and then had a son in his own likeness and image, and
4 named him Shet. After Shet was born, Adam lived eight hundred
5 years and had other sons and daughters. Altogether Adam lived
6 nine hundred and thirty years, and then he died. Shet
7 lived one hundred and five years and then had a son, Enosh.
After Enosh was born, Shet lived eight hundred and seven years
8 and had other sons and daughters. Altogether, Shet lived nine
9 hundred and twelve years, and then he died. Enosh lived
10 ninety years and then had a son, Keinan. After Keinan was born,
Enosh lived eight hundred and fifteen years and had other sons
11 and daughters. Altogether, Enosh lived nine hundred and five
12 years, and then he died. Keinan lived seventy years and
13 had a son, Mahalalel. After Mahalalel was born, Keinan lived
eight hundred and forty years and had other sons and daughters.
14 Altogether, Keinan lived nine hundred and ten years, and then
15 he died. Mahalalel lived sixty-five years and had a son,
16 Yered. After Yered was born, Mahalalel lived eight hundred
17 and thirty years and had other sons and daughters. Altogether,
Mahalalel lived eight hundred and ninety-five years, and then
18 he died. Yered lived one hundred and sixty-two
19 years and had a son, Ḥanokh. After Ḥanokh was born, Yered
lived eight hundred years and had other sons and daughters.
20 Altogether, Yered lived nine hundred and sixty-two years, and
21 then he died. Ḥanokh lived sixty-five years and had
22 a son, Metushelaḥ. Ḥanokh walked faithfully with God for three
hundred years after Metushelaḥ was born, and had other sons
23 and daughters. Altogether, Ḥanokh lived for three hundred and

12 Hebrew *adam*.

ב אָדָם בְּיוֹם בְּרֹא אֱלֹהִים אָדָם בִּדְמוּת אֱלֹהִים עָשָׂה אֹתוֹ׃ זָכָר
וּנְקֵבָה בְּרָאָם וַיְבָרֶךְ אֹתָם וַיִּקְרָא אֶת־שְׁמָם אָדָם בְּיוֹם הִבָּרְאָם׃
ג וַיְחִי אָדָם שְׁלֹשִׁים וּמְאַת שָׁנָה וַיּוֹלֶד בִּדְמוּתוֹ כְּצַלְמוֹ וַיִּקְרָא
ד אֶת־שְׁמוֹ שֵׁת׃ וַיִּהְיוּ יְמֵי־אָדָם אַחֲרֵי הוֹלִידוֹ אֶת־שֵׁת שְׁמֹנֶה
ה מֵאֹת שָׁנָה וַיּוֹלֶד בָּנִים וּבָנוֹת׃ וַיִּהְיוּ כָּל־יְמֵי אָדָם אֲשֶׁר־חַי
ו תְּשַׁע מֵאוֹת שָׁנָה וּשְׁלֹשִׁים שָׁנָה וַיָּמֹת׃ וַיְחִי־שֵׁת
ז חָמֵשׁ שָׁנִים וּמְאַת שָׁנָה וַיּוֹלֶד אֶת־אֱנוֹשׁ׃ וַיְחִי־שֵׁת אַחֲרֵי
הוֹלִידוֹ אֶת־אֱנוֹשׁ שֶׁבַע שָׁנִים וּשְׁמֹנֶה מֵאוֹת שָׁנָה וַיּוֹלֶד בָּנִים
ח וּבָנוֹת׃ וַיִּהְיוּ כָּל־יְמֵי־שֵׁת שְׁתֵּים עֶשְׂרֵה שָׁנָה וּתְשַׁע מֵאוֹת שָׁנָה
ט י וַיָּמֹת׃ וַיְחִי אֱנוֹשׁ תִּשְׁעִים שָׁנָה וַיּוֹלֶד אֶת־קֵינָן׃ וַיְחִי
אֱנוֹשׁ אַחֲרֵי הוֹלִידוֹ אֶת־קֵינָן חֲמֵשׁ עֶשְׂרֵה שָׁנָה וּשְׁמֹנֶה מֵאוֹת
יא שָׁנָה וַיּוֹלֶד בָּנִים וּבָנוֹת׃ וַיִּהְיוּ כָּל־יְמֵי אֱנוֹשׁ חָמֵשׁ שָׁנִים וּתְשַׁע
יב מֵאוֹת שָׁנָה וַיָּמֹת׃ וַיְחִי קֵינָן שִׁבְעִים שָׁנָה וַיּוֹלֶד
יג אֶת־מַהֲלַלְאֵל׃ וַיְחִי קֵינָן אַחֲרֵי הוֹלִידוֹ אֶת־מַהֲלַלְאֵל אַרְבָּעִים
יד שָׁנָה וּשְׁמֹנֶה מֵאוֹת שָׁנָה וַיּוֹלֶד בָּנִים וּבָנוֹת׃ וַיִּהְיוּ כָּל־יְמֵי קֵינָן
טו עֶשֶׂר שָׁנִים וּתְשַׁע מֵאוֹת שָׁנָה וַיָּמֹת׃ וַיְחִי מַהֲלַלְאֵל
טז חָמֵשׁ שָׁנִים וְשִׁשִּׁים שָׁנָה וַיּוֹלֶד אֶת־יָרֶד׃ וַיְחִי מַהֲלַלְאֵל אַחֲרֵי
הוֹלִידוֹ אֶת־יֶרֶד שְׁלֹשִׁים שָׁנָה וּשְׁמֹנֶה מֵאוֹת שָׁנָה וַיּוֹלֶד בָּנִים
יז וּבָנוֹת׃ וַיִּהְיוּ כָּל־יְמֵי מַהֲלַלְאֵל חָמֵשׁ וְתִשְׁעִים שָׁנָה וּשְׁמֹנֶה
יח מֵאוֹת שָׁנָה וַיָּמֹת׃ וַיְחִי־יֶרֶד שְׁתַּיִם וְשִׁשִּׁים שָׁנָה
יט וּמְאַת שָׁנָה וַיּוֹלֶד אֶת־חֲנוֹךְ׃ וַיְחִי־יֶרֶד אַחֲרֵי הוֹלִידוֹ אֶת־
כ חֲנוֹךְ שְׁמֹנֶה מֵאוֹת שָׁנָה וַיּוֹלֶד בָּנִים וּבָנוֹת׃ וַיִּהְיוּ כָּל־יְמֵי־יֶרֶד
כא שְׁתַּיִם וְשִׁשִּׁים שָׁנָה וּתְשַׁע מֵאוֹת שָׁנָה וַיָּמֹת׃ וַיְחִי
כב חֲנוֹךְ חָמֵשׁ וְשִׁשִּׁים שָׁנָה וַיּוֹלֶד אֶת־מְתוּשָׁלַח׃ וַיִּתְהַלֵּךְ חֲנוֹךְ
אֶת־הָאֱלֹהִים אַחֲרֵי הוֹלִידוֹ אֶת־מְתוּשֶׁלַח שְׁלֹשׁ מֵאוֹת
כג שָׁנָה וַיּוֹלֶד בָּנִים וּבָנוֹת׃ וַיְהִי כָּל־יְמֵי חֲנוֹךְ חָמֵשׁ וְשִׁשִּׁים שָׁנָה

24 sixty-five years. Ḥanokh walked faithfully with God and then
25 he was no more, for God took him. Metushelaḥ lived SHEVI'I
one hundred and eighty-seven years and had a son, Lemekh.
26 After Lemekh was born, Metushelaḥ lived seven hundred and
27 eighty-two years and had other sons and daughters. Altogether,
Metushelaḥ lived nine hundred and sixty-nine years, and then
28 he died. Lemekh lived one hundred and eighty-two
29 years and had a son. He named him Noaḥ, saying, "This one will
bring us comfort[13] after all our labor and the sorrow of our hands
30 on the land the LORD has cursed." After Noaḥ was born, Lemekh
lived five hundred and ninety-five years and had other sons and
31 daughters. Altogether, Lemekh lived seven hundred and seventy-
32 seven years, and then he died. After Noaḥ was five
hundred years old, Noaḥ had three sons: Shem, Ḥam, and Yefet.
6 1 Humans began to multiply on earth, and daughters were born to
2 them. When the sons of God[14] saw that the daughters of man were
lovely, they began to take whomever they chose to be wives to
3 them. Then the LORD said, "My spirit will not forever judge man;
he is of flesh. His life shall be but one hundred and twenty years."
4 In those days the Nefilim[15] were on earth, and later also, for the
sons of God had gone to the daughters of man and had children
with them. These were the heroes of old, men of legends.
5 The LORD saw how great man's wickedness was upon the earth, MAFTIR
6 and that his thoughts constantly inclined toward evil. Then the
LORD regretted that He had made man on earth, and His heart was
7 touched with sorrow. The LORD said, "I will erase My creation,
humankind, from the face of the land – man, even animals and
creeping things, even birds of the heavens – for I regret having
8 made them." But Noaḥ found favor in the LORD's sight.
9 This is the story of Noaḥ. Noaḥ was a righteous man, a person of NOAḤ
10 integrity in his generation; Noaḥ walked with God. And Noaḥ

---

13 *Noaḥ* resonates with *yenaḥamenu* (will bring us comfort).

14 Opinions vary regarding the meaning and proper translation of this phrase.

15 Apparently giants (see Num. 13:33).

כד וּשְׁלֹשׁ מֵאוֹת שָׁנָה: וַיִּתְהַלֵּךְ חֲנוֹךְ אֶת־הָאֱלֹהִים וְאֵינֶנּוּ כִּי־
כה לָקַח אֹתוֹ אֱלֹהִים: וַיְחִי מְתוּשֶׁלַח שֶׁבַע וּשְׁמֹנִים שביעי
כו שָׁנָה וּמְאַת שָׁנָה וַיּוֹלֶד אֶת־לָמֶךְ: וַיְחִי מְתוּשֶׁלַח אַחֲרֵי הוֹלִידוֹ
אֶת־לֶמֶךְ שְׁתַּיִם וּשְׁמוֹנִים שָׁנָה וּשְׁבַע מֵאוֹת שָׁנָה וַיּוֹלֶד בָּנִים
כז וּבָנוֹת: וַיִּהְיוּ כָּל־יְמֵי מְתוּשֶׁלַח תֵּשַׁע וְשִׁשִּׁים שָׁנָה וּתְשַׁע
כח מֵאוֹת שָׁנָה וַיָּמֹת: וַיְחִי־לֶמֶךְ שְׁתַּיִם וּשְׁמֹנִים שָׁנָה
כט וּמְאַת שָׁנָה וַיּוֹלֶד בֵּן: וַיִּקְרָא אֶת־שְׁמוֹ נֹחַ לֵאמֹר זֶה יְנַחֲמֵנוּ
מִמַּעֲשֵׂנוּ וּמֵעִצְּבוֹן יָדֵינוּ מִן־הָאֲדָמָה אֲשֶׁר אֵרְרָהּ יְהוָה:
ל וַיְחִי־לֶמֶךְ אַחֲרֵי הוֹלִידוֹ אֶת־נֹחַ חָמֵשׁ וְתִשְׁעִים שָׁנָה וַחֲמֵשׁ
לא מֵאֹת שָׁנָה וַיּוֹלֶד בָּנִים וּבָנוֹת: וַיְהִי כָּל־יְמֵי־לֶמֶךְ שֶׁבַע וְשִׁבְעִים
לב שָׁנָה וּשְׁבַע מֵאוֹת שָׁנָה וַיָּמֹת: וַיְהִי־נֹחַ בֶּן־חֲמֵשׁ
ו א מֵאוֹת שָׁנָה וַיּוֹלֶד נֹחַ אֶת־שֵׁם אֶת־חָם וְאֶת־יָפֶת: וַיְהִי כִּי־
ב הֵחֵל הָאָדָם לָרֹב עַל־פְּנֵי הָאֲדָמָה וּבָנוֹת יֻלְּדוּ לָהֶם: וַיִּרְאוּ
בְנֵי־הָאֱלֹהִים אֶת־בְּנוֹת הָאָדָם כִּי טֹבֹת הֵנָּה וַיִּקְחוּ לָהֶם נָשִׁים
ג מִכֹּל אֲשֶׁר בָּחָרוּ: וַיֹּאמֶר יְהוָה לֹא־יָדוֹן רוּחִי בָאָדָם לְעֹלָם
ד בְּשַׁגַּם הוּא בָשָׂר וְהָיוּ יָמָיו מֵאָה וְעֶשְׂרִים שָׁנָה: הַנְּפִלִים הָיוּ
בָאָרֶץ בַּיָּמִים הָהֵם וְגַם אַחֲרֵי־כֵן אֲשֶׁר יָבֹאוּ בְּנֵי הָאֱלֹהִים
אֶל־בְּנוֹת הָאָדָם וְיָלְדוּ לָהֶם הֵמָּה הַגִּבֹּרִים אֲשֶׁר מֵעוֹלָם אַנְשֵׁי
הַשֵּׁם:
ה וַיַּרְא יְהוָה כִּי רַבָּה רָעַת הָאָדָם בָּאָרֶץ וְכָל־יֵצֶר מַחְשְׁבֹת לִבּוֹ רַק מפטיר
ו רַע כָּל־הַיּוֹם: וַיִּנָּחֶם יְהוָה כִּי־עָשָׂה אֶת־הָאָדָם בָּאָרֶץ וַיִּתְעַצֵּב
ז אֶל־לִבּוֹ: וַיֹּאמֶר יְהוָה אֶמְחֶה אֶת־הָאָדָם אֲשֶׁר־בָּרָאתִי מֵעַל
פְּנֵי הָאֲדָמָה מֵאָדָם עַד־בְּהֵמָה עַד־רֶמֶשׂ וְעַד־עוֹף הַשָּׁמָיִם
ח כִּי נִחַמְתִּי כִּי עֲשִׂיתִם: וְנֹחַ מָצָא חֵן בְּעֵינֵי יְהוָה:
ט אֵלֶּה תּוֹלְדֹת נֹחַ נֹחַ אִישׁ צַדִּיק תָּמִים הָיָה בְּדֹרֹתָיו אֶת־ ה נח
י הָאֱלֹהִים הִתְהַלֶּךְ־נֹחַ: וַיּוֹלֶד נֹחַ שְׁלֹשָׁה בָנִים אֶת־שֵׁם אֶת־חָם

11 had three sons: Shem, Ḥam, and Yefet. The earth had become
12 corrupt in God's sight, full of violence. And when God saw how
corrupt the earth had become, all flesh corrupting its ways upon
13 the earth, God said to Noaḥ, "The end of all flesh has
come before Me, for the earth is full of violence because of them.
14 I am about to destroy them, along with all the earth. So make
yourself an ark of cypress wood. Make it with compartments
15 and coat it in pitch inside and out. This is how you shall make it:
the ark shall be three hundred cubits long, fifty cubits wide, and
16 thirty cubits high. Make a window for the ark, and taper the latter
to within a cubit of the top.[16] Put a door in the side of the ark and
17 make lower, middle, and upper decks. And I – I am about to bring
floodwaters over the earth to destroy all flesh that has within it the
18 breath of life under the heavens. Everything on earth will die. But
I will establish My covenant with you, and you will enter the ark –
19 you, your sons, your wife, and your sons' wives with you. And you
shall take two of each living creature, male and female, into the ark
20 to keep alive with you. Of every kind of bird, animal, and wild
21 beast, bring two to keep alive. As for you, take all the food to be
22 eaten and store it: it will be for food for you and for them." Noaḥ
7 1 did so: all that God commanded him, he fulfilled. Then the LORD SHEINI
said to Noaḥ, "Enter the ark, you and all your household, for I have
2 seen you alone to be righteous before Me in this generation. Take
seven and seven of every pure animal, seven pairs, and two of every
3 animal that is not pure, of each kind a pair. Also take seven pairs
of each kind of bird, male and female, to keep their kind alive
4 across the earth. For in seven days' time I will send rain on the
earth for forty days and forty nights, and I will wipe from the face
5 of the earth every living creature I have made." Noaḥ did all that
6 the LORD commanded him. Noaḥ was six hundred years old when
7 the floodwaters came upon the earth. Noaḥ, with his sons, his

---

16 That is, the ark should slant upward, becoming narrower as it approaches the top.

יא וְאֶת־יָפֶת׃ וַתִּשָּׁחֵת הָאָרֶץ לִפְנֵי הָאֱלֹהִים וַתִּמָּלֵא הָאָרֶץ חָמָס׃
יב וַיַּרְא אֱלֹהִים אֶת־הָאָרֶץ וְהִנֵּה נִשְׁחָתָה כִּי־הִשְׁחִית כָּל־בָּשָׂר
יג אֶת־דַּרְכּוֹ עַל־הָאָרֶץ׃ וַיֹּאמֶר אֱלֹהִים לְנֹחַ קֵץ כָּל־
בָּשָׂר בָּא לְפָנַי כִּי־מָלְאָה הָאָרֶץ חָמָס מִפְּנֵיהֶם וְהִנְנִי מַשְׁחִיתָם
יד אֶת־הָאָרֶץ׃ עֲשֵׂה לְךָ תֵּבַת עֲצֵי־גֹפֶר קִנִּים תַּעֲשֶׂה אֶת־הַתֵּבָה
טו וְכָפַרְתָּ אֹתָהּ מִבַּיִת וּמִחוּץ בַּכֹּפֶר׃ וְזֶה אֲשֶׁר תַּעֲשֶׂה אֹתָהּ שְׁלֹשׁ
מֵאוֹת אַמָּה אֹרֶךְ הַתֵּבָה חֲמִשִּׁים אַמָּה רָחְבָּהּ וּשְׁלֹשִׁים אַמָּה
טז קוֹמָתָהּ׃ צֹהַר ׀ תַּעֲשֶׂה לַתֵּבָה וְאֶל־אַמָּה תְּכַלֶּנָּה מִלְמַעְלָה
וּפֶתַח הַתֵּבָה בְּצִדָּהּ תָּשִׂים תַּחְתִּיִּם שְׁנִיִּם וּשְׁלִשִׁים תַּעֲשֶׂהָ׃
יז וַאֲנִי הִנְנִי מֵבִיא אֶת־הַמַּבּוּל מַיִם עַל־הָאָרֶץ לְשַׁחֵת כָּל־בָּשָׂר
אֲשֶׁר־בּוֹ רוּחַ חַיִּים מִתַּחַת הַשָּׁמָיִם כֹּל אֲשֶׁר־בָּאָרֶץ יִגְוָע׃
יח וַהֲקִמֹתִי אֶת־בְּרִיתִי אִתָּךְ וּבָאתָ אֶל־הַתֵּבָה אַתָּה וּבָנֶיךָ וְאִשְׁתְּךָ
יט וּנְשֵׁי־בָנֶיךָ אִתָּךְ׃ וּמִכָּל־הָחַי מִכָּל־בָּשָׂר שְׁנַיִם מִכֹּל תָּבִיא אֶל־
כ הַתֵּבָה לְהַחֲיֹת אִתָּךְ זָכָר וּנְקֵבָה יִהְיוּ׃ מֵהָעוֹף לְמִינֵהוּ וּמִן־
הַבְּהֵמָה לְמִינָהּ מִכֹּל רֶמֶשׂ הָאֲדָמָה לְמִינֵהוּ שְׁנַיִם מִכֹּל יָבֹאוּ
כא אֵלֶיךָ לְהַחֲיוֹת׃ וְאַתָּה קַח־לְךָ מִכָּל־מַאֲכָל אֲשֶׁר יֵאָכֵל וְאָסַפְתָּ
כב אֵלֶיךָ וְהָיָה לְךָ וְלָהֶם לְאָכְלָה׃ וַיַּעַשׂ נֹחַ כְּכֹל אֲשֶׁר צִוָּה אֹתוֹ
ז א אֱלֹהִים כֵּן עָשָׂה׃ וַיֹּאמֶר יהוה לְנֹחַ בֹּא־אַתָּה וְכָל־בֵּיתְךָ אֶל־ שני
ב הַתֵּבָה כִּי־אֹתְךָ רָאִיתִי צַדִּיק לְפָנַי בַּדּוֹר הַזֶּה׃ מִכֹּל ׀ הַבְּהֵמָה
הַטְּהוֹרָה תִּקַּח־לְךָ שִׁבְעָה שִׁבְעָה אִישׁ וְאִשְׁתּוֹ וּמִן־הַבְּהֵמָה
ג אֲשֶׁר לֹא טְהֹרָה הִוא שְׁנַיִם אִישׁ וְאִשְׁתּוֹ׃ גַּם מֵעוֹף הַשָּׁמַיִם
ד שִׁבְעָה שִׁבְעָה זָכָר וּנְקֵבָה לְחַיּוֹת זֶרַע עַל־פְּנֵי כָל־הָאָרֶץ׃ כִּי
לְיָמִים עוֹד שִׁבְעָה אָנֹכִי מַמְטִיר עַל־הָאָרֶץ אַרְבָּעִים יוֹם
וְאַרְבָּעִים לָיְלָה וּמָחִיתִי אֶת־כָּל־הַיְקוּם אֲשֶׁר עָשִׂיתִי מֵעַל פְּנֵי
ה ו הָאֲדָמָה׃ וַיַּעַשׂ נֹחַ כְּכֹל אֲשֶׁר־צִוָּהוּ יהוה׃ וְנֹחַ בֶּן־שֵׁשׁ מֵאוֹת
ז שָׁנָה וְהַמַּבּוּל הָיָה מַיִם עַל־הָאָרֶץ׃ וַיָּבֹא נֹחַ וּבָנָיו וְאִשְׁתּוֹ

wife, and his sons' wives, came into the ark to escape the waters
8 of the flood. The pure animals, the animals that were not pure, the
9 birds, and all that walked the earth came two by two to Noaḥ into
10 the ark, male and female, as God had commanded Noaḥ. Thus,
11 after seven days the floodwaters came upon the earth. In the six
hundredth year of Noaḥ's life, in the second month, on the
seventeenth of the month – on that day, all the wellsprings of the
12 great deep burst, and heavens' floodgates opened. The rain fell on
13 the earth for forty days and forty nights. On that very day, Noaḥ,
his sons, Shem, Ḥam, and Yefet, Noaḥ's wife, and his sons' three
14 wives entered the ark. With them came every kind of wild beast,
every kind of animal, every creeping, crawling creature of the land,
every kind of flying creature, every bird, and each winged thing.
15 They came to Noaḥ, to the ark, two by two, of all flesh that had
16 within it the breath of life. They came, male and female of all flesh,
17 as God had commanded him. Then the LORD shut him in. For SHELISHI
forty days the flood came upon the earth. The waters swelled,
18 lifting the ark so that it rose above the land. The waters surged,
swelling enormously on the earth, and the ark began to drift on
19 the surface of the water. The waters surged ever more, until all the
20 high mountains beneath all the heavens were covered. Fifteen
cubits above them the waters surged as the mountains were
21 covered. All flesh that moved upon the earth perished – birds,
animals, wild beasts, and all the creatures that swarm on the earth,
22 and all humankind. Everything on dry land that had breath of life
23 in its nostrils died. Every living thing on the face of the earth was
wiped out: from humans to animals, from creeping creatures to
winged birds of the heavens, all were wiped from the earth. Only
24 Noaḥ and those with him in the ark survived. For one hundred
8 1 fifty days, the waters surged over the earth. Then God remembered
Noaḥ and all the wild beasts and animals with him in the ark.
God sent a wind over the earth, and the waters began to subside.

ח וּנְשֵׁי־בָנָיו אִתּוֹ אֶל־הַתֵּבָה מִפְּנֵי מֵי הַמַּבּוּל: מִן־הַבְּהֵמָה
הַטְּהוֹרָה וּמִן־הַבְּהֵמָה אֲשֶׁר אֵינֶנָּה טְהֹרָה וּמִן־הָעוֹף וְכֹל
ט אֲשֶׁר־רֹמֵשׂ עַל־הָאֲדָמָה: שְׁנַיִם שְׁנַיִם בָּאוּ אֶל־נֹחַ אֶל־הַתֵּבָה
י זָכָר וּנְקֵבָה כַּאֲשֶׁר צִוָּה אֱלֹהִים אֶת־נֹחַ: וַיְהִי לְשִׁבְעַת הַיָּמִים
יא וּמֵי הַמַּבּוּל הָיוּ עַל־הָאָרֶץ: בִּשְׁנַת שֵׁשׁ־מֵאוֹת שָׁנָה לְחַיֵּי־נֹחַ
בַּחֹדֶשׁ הַשֵּׁנִי בְּשִׁבְעָה־עָשָׂר יוֹם לַחֹדֶשׁ בַּיּוֹם הַזֶּה נִבְקְעוּ כָּל־
יב מַעְיְנוֹת תְּהוֹם רַבָּה וַאֲרֻבֹּת הַשָּׁמַיִם נִפְתָּחוּ: וַיְהִי הַגֶּשֶׁם עַל־
יג הָאָרֶץ אַרְבָּעִים יוֹם וְאַרְבָּעִים לָיְלָה: בְּעֶצֶם הַיּוֹם הַזֶּה בָּא נֹחַ
וְשֵׁם־וְחָם וָיֶפֶת בְּנֵי־נֹחַ וְאֵשֶׁת נֹחַ וּשְׁלֹשֶׁת נְשֵׁי־בָנָיו אִתָּם
יד אֶל־הַתֵּבָה: הֵמָּה וְכָל־הַחַיָּה לְמִינָהּ וְכָל־הַבְּהֵמָה לְמִינָהּ וְכָל־
הָרֶמֶשׂ הָרֹמֵשׂ עַל־הָאָרֶץ לְמִינֵהוּ וְכָל־הָעוֹף לְמִינֵהוּ כֹּל צִפּוֹר
טו כָּל־כָּנָף: וַיָּבֹאוּ אֶל־נֹחַ אֶל־הַתֵּבָה שְׁנַיִם שְׁנַיִם מִכָּל־הַבָּשָׂר
טז אֲשֶׁר־בּוֹ רוּחַ חַיִּים: וְהַבָּאִים זָכָר וּנְקֵבָה מִכָּל־בָּשָׂר בָּאוּ כַּאֲשֶׁר
יז צִוָּה אֹתוֹ אֱלֹהִים וַיִּסְגֹּר יהוה בַּעֲדוֹ: וַיְהִי הַמַּבּוּל אַרְבָּעִים יוֹם שלישי
עַל־הָאָרֶץ וַיִּרְבּוּ הַמַּיִם וַיִּשְׂאוּ אֶת־הַתֵּבָה וַתָּרָם מֵעַל הָאָרֶץ:
יח וַיִּגְבְּרוּ הַמַּיִם וַיִּרְבּוּ מְאֹד עַל־הָאָרֶץ וַתֵּלֶךְ הַתֵּבָה עַל־פְּנֵי הַמָּיִם:
יט וְהַמַּיִם גָּבְרוּ מְאֹד מְאֹד עַל־הָאָרֶץ וַיְכֻסּוּ כָּל־הֶהָרִים הַגְּבֹהִים
כ אֲשֶׁר־תַּחַת כָּל־הַשָּׁמָיִם: חֲמֵשׁ עֶשְׂרֵה אַמָּה מִלְמַעְלָה גָּבְרוּ
כא הַמָּיִם וַיְכֻסּוּ הֶהָרִים: וַיִּגְוַע כָּל־בָּשָׂר ׀ הָרֹמֵשׂ עַל־הָאָרֶץ בָּעוֹף
וּבַבְּהֵמָה וּבַחַיָּה וּבְכָל־הַשֶּׁרֶץ הַשֹּׁרֵץ עַל־הָאָרֶץ וְכֹל הָאָדָם:
כב כֹּל אֲשֶׁר נִשְׁמַת־רוּחַ חַיִּים בְּאַפָּיו מִכֹּל אֲשֶׁר בֶּחָרָבָה מֵתוּ:
כג וַיִּמַח אֶת־כָּל־הַיְקוּם ׀ אֲשֶׁר ׀ עַל־פְּנֵי הָאֲדָמָה מֵאָדָם עַד־בְּהֵמָה
עַד־רֶמֶשׂ וְעַד־עוֹף הַשָּׁמַיִם וַיִּמָּחוּ מִן־הָאָרֶץ וַיִּשָּׁאֶר אַךְ־נֹחַ
כד וַאֲשֶׁר אִתּוֹ בַּתֵּבָה: וַיִּגְבְּרוּ הַמַּיִם עַל־הָאָרֶץ חֲמִשִּׁים וּמְאַת
ח א יוֹם: וַיִּזְכֹּר אֱלֹהִים אֶת־נֹחַ וְאֵת כָּל־הַחַיָּה וְאֶת־כָּל־הַבְּהֵמָה ו
אֲשֶׁר אִתּוֹ בַּתֵּבָה וַיַּעֲבֵר אֱלֹהִים רוּחַ עַל־הָאָרֶץ וַיָּשֹׁכּוּ הַמָּיִם:

2 The wellsprings of the deep and heavens' floodgates closed, and
3 the heavens' rains were reined in. The water steadily receded from
the earth, and by the end of one hundred fifty days, the water had
4 abated. In the seventh month, on the seventeenth day of the
5 month, the ark came to rest on the mountains of Ararat. The water
continued to abate until the tenth month, and on the first day of
6 the tenth month, the mountaintops became visible. After forty
7 days Noaḥ opened the window he had made in the ark and sent
a raven forth. It flew to and fro until the water on the earth had
8 dried. After that he sent forth a dove to see whether the water had
9 subsided from the face of the land. But the dove found no resting
place to plant its foot, and so it returned to him, to the ark, for
water still covered the face of the earth completely. He reached
10 out his hand and brought the dove back to him, into the ark. Then
he waited another seven days, and again he sent the dove forth
11 from the ark. The dove came back to him in the evening – and in
its beak was a freshly picked olive leaf. Noaḥ knew then that the
12 water had subsided from the earth. He waited another seven days
and again sent forth the dove – and it returned to him no more.
13 So it was that, by the first day of the first month of Noaḥ's six
hundred and first year, the water on the earth dried up. Noaḥ
removed the covering of the ark and saw that the face of the land
14 was dry. By the twenty-seventh day of the second month, the earth
15 16 had dried completely. Then God said to Noaḥ, "Leave REVI'I
the ark – you, and your wife, your sons, and your sons' wives with
17 you. And every living thing with you – birds, animals, and all wild
beasts that walk the earth – bring them out with you. Let them
18 swarm again on the earth and be fertile and multiply upon it." So
19 Noaḥ came out with his sons, his wife, and his sons' wives. Every
beast, creeping thing, winged creature, everything that creeps
20 across the earth, emerged from the ark by families. Then Noaḥ
built an altar to the LORD and, taking of each of the kinds of pure
21 animals and pure birds, sacrificed burnt offerings on the altar. The
LORD smelled the fragrant aroma and said in His heart, "Never

ב וַיִּסָּכְרוּ מַעְיְנֹת תְּהוֹם וַאֲרֻבֹּת הַשָּׁמָיִם וַיִּכָּלֵא הַגֶּשֶׁם מִן־הַשָּׁמָיִם׃
ג וַיָּשֻׁבוּ הַמַּיִם מֵעַל הָאָרֶץ הָלוֹךְ וָשׁוֹב וַיַּחְסְרוּ הַמַּיִם מִקְצֵה
ד חֲמִשִּׁים וּמְאַת יוֹם׃ וַתָּנַח הַתֵּבָה בַּחֹדֶשׁ הַשְּׁבִיעִי בְּשִׁבְעָה־
ה עָשָׂר יוֹם לַחֹדֶשׁ עַל הָרֵי אֲרָרָט׃ וְהַמַּיִם הָיוּ הָלוֹךְ וְחָסוֹר עַד
הַחֹדֶשׁ הָעֲשִׂירִי בָּעֲשִׂירִי בְּאֶחָד לַחֹדֶשׁ נִרְאוּ רָאשֵׁי הֶהָרִים׃
ו וַיְהִי מִקֵּץ אַרְבָּעִים יוֹם וַיִּפְתַּח נֹחַ אֶת־חַלּוֹן הַתֵּבָה אֲשֶׁר עָשָׂה׃
ז וַיְשַׁלַּח אֶת־הָעֹרֵב וַיֵּצֵא יָצוֹא וָשׁוֹב עַד־יְבֹשֶׁת הַמַּיִם מֵעַל
ח הָאָרֶץ׃ וַיְשַׁלַּח אֶת־הַיּוֹנָה מֵאִתּוֹ לִרְאוֹת הֲקַלּוּ הַמַּיִם מֵעַל
ט פְּנֵי הָאֲדָמָה׃ וְלֹא־מָצְאָה הַיּוֹנָה מָנוֹחַ לְכַף־רַגְלָהּ וַתָּשָׁב אֵלָיו
אֶל־הַתֵּבָה כִּי־מַיִם עַל־פְּנֵי כָל־הָאָרֶץ וַיִּשְׁלַח יָדוֹ וַיִּקָּחֶהָ וַיָּבֵא
י אֹתָהּ אֵלָיו אֶל־הַתֵּבָה׃ וַיָּחֶל עוֹד שִׁבְעַת יָמִים אֲחֵרִים וַיֹּסֶף
יא שַׁלַּח אֶת־הַיּוֹנָה מִן־הַתֵּבָה׃ וַתָּבֹא אֵלָיו הַיּוֹנָה לְעֵת עֶרֶב וְהִנֵּה
יב עֲלֵה־זַיִת טָרָף בְּפִיהָ וַיֵּדַע נֹחַ כִּי־קַלּוּ הַמַּיִם מֵעַל הָאָרֶץ׃ וַיִּיָּחֶל
עוֹד שִׁבְעַת יָמִים אֲחֵרִים וַיְשַׁלַּח אֶת־הַיּוֹנָה וְלֹא־יָסְפָה שׁוּב־
יג אֵלָיו עוֹד׃ וַיְהִי בְּאַחַת וְשֵׁשׁ־מֵאוֹת שָׁנָה בָּרִאשׁוֹן בְּאֶחָד לַחֹדֶשׁ
חָרְבוּ הַמַּיִם מֵעַל הָאָרֶץ וַיָּסַר נֹחַ אֶת־מִכְסֵה הַתֵּבָה וַיַּרְא
יד וְהִנֵּה חָרְבוּ פְּנֵי הָאֲדָמָה׃ וּבַחֹדֶשׁ הַשֵּׁנִי בְּשִׁבְעָה וְעֶשְׂרִים יוֹם
טו לַחֹדֶשׁ יָבְשָׁה הָאָרֶץ׃ וַיְדַבֵּר אֱלֹהִים אֶל־נֹחַ לֵאמֹר׃ ז רביעי
טז יז צֵא מִן־הַתֵּבָה אַתָּה וְאִשְׁתְּךָ וּבָנֶיךָ וּנְשֵׁי־בָנֶיךָ אִתָּךְ׃ כָּל־הַחַיָּה
אֲשֶׁר־אִתְּךָ מִכָּל־בָּשָׂר בָּעוֹף וּבַבְּהֵמָה וּבְכָל־הָרֶמֶשׂ הָרֹמֵשׂ
עַל־הָאָרֶץ הוצא אִתָּךְ וְשָׁרְצוּ בָאָרֶץ וּפָרוּ וְרָבוּ עַל־הָאָרֶץ׃ הַיְצֵא
יח יט וַיֵּצֵא־נֹחַ וּבָנָיו וְאִשְׁתּוֹ וּנְשֵׁי־בָנָיו אִתּוֹ׃ כָּל־הַחַיָּה כָּל־הָרֶמֶשׂ
וְכָל־הָעוֹף כֹּל רוֹמֵשׂ עַל־הָאָרֶץ לְמִשְׁפְּחֹתֵיהֶם יָצְאוּ מִן־הַתֵּבָה׃
כ וַיִּבֶן נֹחַ מִזְבֵּחַ לַיהוה וַיִּקַּח מִכֹּל ׀ הַבְּהֵמָה הַטְּהֹרָה וּמִכֹּל הָעוֹף
כא הַטָּהֹר וַיַּעַל עֹלֹת בַּמִּזְבֵּחַ׃ וַיָּרַח יהוה אֶת־רֵיחַ הַנִּיחֹחַ וַיֹּאמֶר
יהוה אֶל־לִבּוֹ לֹא־אֹסִף לְקַלֵּל עוֹד אֶת־הָאֲדָמָה בַּעֲבוּר הָאָדָם

again will I curse the land because of man;[17] the devisings of the
human heart are evil from its youth. And never again will I destroy
22 all life as I have done. As long as earth and time endure – sowing
time and harvest, cold and heat, summer, winter, day, and night
9 1 will not cease." Then God blessed Noaḥ and his sons, saying to
2 them, "Be fertile, multiply, fill the earth. Fear and dread of you
shall fall upon all beasts of the earth, upon all winged creatures of
the heavens, upon all that creeps upon the land and all fish of the
3 sea. Into your hand they are given. Every moving thing that lives
4 shall be food for you; I allow them all to you, like green plants. But
5 flesh with its lifeblood still in it you may not eat. And for your own
lifeblood I will demand account; I will demand it from every wild
beast. For human life I will demand account, of every man toward
6 his fellow man: One who sheds the blood of man – by man shall
7 his blood be shed, for in God's image man was made. As for you,
be fertile and multiply, abound on earth and become many on
8 it." Then God said to Noaḥ and to his sons with him: ḤAMISHI
9 "I – I am about to establish My covenant with you and your
10 descendants after you, and with every living creature that is with
you – the birds, the animals, and all the wild beasts of earth that
are with you, everything that left the ark, every living creature on
11 earth. I will establish My covenant with you, that never again may
all life be destroyed by the waters of a flood; never again will there
12 be a flood to destroy the earth." God said, "This is the sign of the
covenant I am making between Me and you – and every living
13 creature with you – for all generations to come. I have laid down
My bow in the clouds to be the sign of the covenant between Me
14 and the earth. Whenever I bring clouds over the earth and the
15 rainbow appears in the clouds, I will remember My covenant that
binds Me and you and every living creature of all flesh so that
16 never again will the waters become a flood to destroy all life. The
rainbow will be there in the cloud, and I will see it, remembering
the eternal covenant between God and every living creature, all
17 flesh upon the earth." So said God to Noaḥ: "This is the sign of the

כִּי יֵצֶר לֵב הָאָדָם רַע מִנְּעֻרָיו וְלֹא־אֹסִף עוֹד לְהַכּוֹת אֶת־כָּל־חַי
כב כַּאֲשֶׁר עָשִׂיתִי: עֹד כָּל־יְמֵי הָאָרֶץ זֶרַע וְקָצִיר וְקֹר וָחֹם וְקַיִץ
ט א וָחֹרֶף וְיוֹם וָלַיְלָה לֹא יִשְׁבֹּתוּ: וַיְבָרֶךְ אֱלֹהִים אֶת־נֹחַ וְאֶת־
ב בָּנָיו וַיֹּאמֶר לָהֶם פְּרוּ וּרְבוּ וּמִלְאוּ אֶת־הָאָרֶץ: וּמוֹרַאֲכֶם וְחִתְּכֶם
יִהְיֶה עַל כָּל־חַיַּת הָאָרֶץ וְעַל כָּל־עוֹף הַשָּׁמָיִם בְּכֹל אֲשֶׁר תִּרְמֹשׂ
ג הָאֲדָמָה וּבְכָל־דְּגֵי הַיָּם בְּיֶדְכֶם נִתָּנוּ: כָּל־רֶמֶשׂ אֲשֶׁר הוּא־
ד חַי לָכֶם יִהְיֶה לְאָכְלָה כְּיֶרֶק עֵשֶׂב נָתַתִּי לָכֶם אֶת־כֹּל: אַךְ־בָּשָׂר
ה בְּנַפְשׁוֹ דָמוֹ לֹא תֹאכֵלוּ: וְאַךְ אֶת־דִּמְכֶם לְנַפְשֹׁתֵיכֶם אֶדְרֹשׁ
מִיַּד כָּל־חַיָּה אֶדְרְשֶׁנּוּ וּמִיַּד הָאָדָם מִיַּד אִישׁ אָחִיו אֶדְרֹשׁ
ו אֶת־נֶפֶשׁ הָאָדָם: שֹׁפֵךְ דַּם הָאָדָם בָּאָדָם דָּמוֹ יִשָּׁפֵךְ כִּי בְּצֶלֶם
ז אֱלֹהִים עָשָׂה אֶת־הָאָדָם: וְאַתֶּם פְּרוּ וּרְבוּ שִׁרְצוּ בָאָרֶץ וּרְבוּ־
ח בָהּ: וַיֹּאמֶר אֱלֹהִים אֶל־נֹחַ וְאֶל־בָּנָיו אִתּוֹ לֵאמֹר: חמישי
ט וַאֲנִי הִנְנִי מֵקִים אֶת־בְּרִיתִי אִתְּכֶם וְאֶת־זַרְעֲכֶם אַחֲרֵיכֶם:
י וְאֵת כָּל־נֶפֶשׁ הַחַיָּה אֲשֶׁר אִתְּכֶם בָּעוֹף בַּבְּהֵמָה וּבְכָל־חַיַּת
יא הָאָרֶץ אִתְּכֶם מִכֹּל יֹצְאֵי הַתֵּבָה לְכֹל חַיַּת הָאָרֶץ: וַהֲקִמֹתִי
אֶת־בְּרִיתִי אִתְּכֶם וְלֹא־יִכָּרֵת כָּל־בָּשָׂר עוֹד מִמֵּי הַמַּבּוּל וְלֹא־
יב יִהְיֶה עוֹד מַבּוּל לְשַׁחֵת הָאָרֶץ: וַיֹּאמֶר אֱלֹהִים זֹאת אוֹת־
הַבְּרִית אֲשֶׁר־אֲנִי נֹתֵן בֵּינִי וּבֵינֵיכֶם וּבֵין כָּל־נֶפֶשׁ חַיָּה אֲשֶׁר
יג אִתְּכֶם לְדֹרֹת עוֹלָם: אֶת־קַשְׁתִּי נָתַתִּי בֶּעָנָן וְהָיְתָה לְאוֹת בְּרִית
יד בֵּינִי וּבֵין הָאָרֶץ: וְהָיָה בְּעַנְנִי עָנָן עַל־הָאָרֶץ וְנִרְאֲתָה הַקֶּשֶׁת
טו בֶּעָנָן: וְזָכַרְתִּי אֶת־בְּרִיתִי אֲשֶׁר בֵּינִי וּבֵינֵיכֶם וּבֵין כָּל־נֶפֶשׁ
חַיָּה בְּכָל־בָּשָׂר וְלֹא־יִהְיֶה עוֹד הַמַּיִם לְמַבּוּל לְשַׁחֵת כָּל־בָּשָׂר:
טז וְהָיְתָה הַקֶּשֶׁת בֶּעָנָן וּרְאִיתִיהָ לִזְכֹּר בְּרִית עוֹלָם בֵּין אֱלֹהִים
יז וּבֵין כָּל־נֶפֶשׁ חַיָּה בְּכָל־בָּשָׂר אֲשֶׁר עַל־הָאָרֶץ: וַיֹּאמֶר אֱלֹהִים

17 Cf. 3:17, 5:29.

covenant that I have established between Me and all flesh that is
on earth."
18 Noaḥ's sons who came out from the ark were Shem, Ḥam, and SHISHI
19 Yefet. Ḥam was the father of Kenaan.[18] These three were Noaḥ's
20 sons; and from them all the world branched out. Noaḥ began to
21 be a man of the land, and he planted a vineyard. He drank some
22 of the wine, became drunk, and lay uncovered in his tent. Ḥam,
father of Kenaan, saw his father's nakedness and told his two
23 brothers who were outside. Shem and Yefet then took a cloak
and put it over both their shoulders. They walked backward and
covered their father's nakedness, averting their faces so as not to
24 see the nakedness of their father. Noaḥ woke from his wine and
25 realized what his youngest son had done to him. He said, "Cursed
26 be Kenaan! The lowest of slaves shall he be to his brothers." Then
he said, "Blessed be the Lord, God of Shem; Kenaan shall be his
27 slave. May God enlarge Yefet, and let him dwell in the tents of
28 Shem; Kenaan shall be his slave." After the flood Noaḥ lived three
29 hundred and fifty years. Noaḥ lived a total of nine hundred and
fifty years, and he died.
10 1 These are the descendants of Noaḥ's sons, Shem, Ḥam, and
2 Yefet; after the flood, children were born to them.[19] Yefet's sons
were Gomer, Magog, Madai, Yavan, Tuval, Meshekh, and Tiras.
3 4 Gomer's sons were Ashkenaz, Rifat, and Togarma. Yavan's sons
5 were Elisha, Tarshish, Kitim, and Dodanim. From these the
seagoing nations spread out to their territories, each with its own
6 language, by their clans and their nations. Ḥam's sons were Kush,
7 Mitzrayim,[20] Put, and Kenaan. Kush's sons were Seva, Ḥavila,
Savta, Raama, and Savtekha. Raama's sons were Sheva and Dedan.
8 Kush was the father of Nimrod, the first mighty warrior on earth.
9 He was a mighty hunter before the Lord, which is why people
10 still say, "Like Nimrod, a mighty hunter before the Lord." His
kingdom began with Babylon, Erekh, Akad, and Kalneh in the

---

20 In this translation, Ḥam's son is rendered "Mitzrayim," while the nation is called "Egypt"; see introduction.

אֶל־נֹחַ זֹאת אוֹת־הַבְּרִית אֲשֶׁר הֲקִמֹתִי בֵּינִי וּבֵין כָּל־בָּשָׂר
אֲשֶׁר עַל־הָאָרֶץ׃
יח וַיִּהְיוּ בְנֵי־נֹחַ הַיֹּצְאִים מִן־הַתֵּבָה שֵׁם וְחָם וָיָפֶת וְחָם הוּא אֲבִי ח ששי
יט כ כְנָעַן׃ שְׁלֹשָׁה אֵלֶּה בְּנֵי־נֹחַ וּמֵאֵלֶּה נָפְצָה כָל־הָאָרֶץ׃ וַיָּחֶל נֹחַ
כא אִישׁ הָאֲדָמָה וַיִּטַּע כָּרֶם׃ וַיֵּשְׁתְּ מִן־הַיַּיִן וַיִּשְׁכָּר וַיִּתְגַּל בְּתוֹךְ
כב אָהֳלֹה׃ וַיַּרְא חָם אֲבִי כְנַעַן אֵת עֶרְוַת אָבִיו וַיַּגֵּד לִשְׁנֵי־אֶחָיו
כג בַּחוּץ׃ וַיִּקַּח שֵׁם וָיֶפֶת אֶת־הַשִּׂמְלָה וַיָּשִׂימוּ עַל־שְׁכֶם שְׁנֵיהֶם
וַיֵּלְכוּ אֲחֹרַנִּית וַיְכַסּוּ אֵת עֶרְוַת אֲבִיהֶם וּפְנֵיהֶם אֲחֹרַנִּית וְעֶרְוַת
כד אֲבִיהֶם לֹא רָאוּ׃ וַיִּיקֶץ נֹחַ מִיֵּינוֹ וַיֵּדַע אֵת אֲשֶׁר־עָשָׂה לוֹ בְּנוֹ
כה כו הַקָּטָן׃ וַיֹּאמֶר אָרוּר כְּנָעַן עֶבֶד עֲבָדִים יִהְיֶה לְאֶחָיו׃ וַיֹּאמֶר
כז בָּרוּךְ יְהוָה אֱלֹהֵי שֵׁם וִיהִי כְנַעַן עֶבֶד לָמוֹ׃ יַפְתְּ אֱלֹהִים לְיֶפֶת
כח וְיִשְׁכֹּן בְּאָהֳלֵי־שֵׁם וִיהִי כְנַעַן עֶבֶד לָמוֹ׃ וַיְחִי־נֹחַ אַחַר הַמַּבּוּל
כט שְׁלֹשׁ מֵאוֹת שָׁנָה וַחֲמִשִּׁים שָׁנָה׃ וַיְהִי כָּל־יְמֵי־נֹחַ תְּשַׁע מֵאוֹת
שָׁנָה וַחֲמִשִּׁים שָׁנָה וַיָּמֹת׃
י א וְאֵלֶּה תּוֹלְדֹת בְּנֵי־נֹחַ שֵׁם חָם וָיָפֶת וַיִּוָּלְדוּ לָהֶם בָּנִים אַחַר
ב הַמַּבּוּל׃ בְּנֵי יֶפֶת גֹּמֶר וּמָגוֹג וּמָדַי וְיָוָן וְתֻבָל וּמֶשֶׁךְ וְתִירָס׃
ג ד וּבְנֵי גֹּמֶר אַשְׁכְּנַז וְרִיפַת וְתֹגַרְמָה׃ וּבְנֵי יָוָן אֱלִישָׁה וְתַרְשִׁישׁ
ה כִּתִּים וְדֹדָנִים׃ מֵאֵלֶּה נִפְרְדוּ אִיֵּי הַגּוֹיִם בְּאַרְצֹתָם אִישׁ לִלְשֹׁנוֹ
ו ז לְמִשְׁפְּחֹתָם בְּגוֹיֵהֶם׃ וּבְנֵי חָם כּוּשׁ וּמִצְרַיִם וּפוּט וּכְנָעַן׃ וּבְנֵי
כוּשׁ סְבָא וַחֲוִילָה וְסַבְתָּה וְרַעְמָה וְסַבְתְּכָא וּבְנֵי רַעְמָה שְׁבָא
ח וּדְדָן׃ וְכוּשׁ יָלַד אֶת־נִמְרֹד הוּא הֵחֵל לִהְיוֹת גִּבֹּר בָּאָרֶץ׃
ט הוּא־הָיָה גִבֹּר־צַיִד לִפְנֵי יְהוָה עַל־כֵּן יֵאָמַר כְּנִמְרֹד גִּבּוֹר צַיִד
י לִפְנֵי יְהוָה׃ וַתְּהִי רֵאשִׁית מַמְלַכְתּוֹ בָּבֶל וְאֶרֶךְ וְאַכַּד וְכַלְנֵה

18 The ancestor of the Canaanites, whose land would ultimately be given to Israel, descendants of Shem.

19 The following are the eponymous ancestors of various nations.

11 land of Shinar. From that land, Ashur went out and built Nineveh,
12 Reḥovot Ir, Kalaḥ, and Resen between Nineveh and Kalaḥ; that is
13 the great city. Mitzrayim fathered the Ludim, Anamim, Lehavim
14 and Naftuḥim, Patrusim, Kasluḥim – from whom the Philistines
15 descended – and the Kaftorim. Kenaan fathered Tzidon,
16 his firstborn, and Ḥet, and the Jebusites, Amorites, and Girgashites,
17 18 the Hivites, Arkites, and Sinites, the Arvadites, Zemarites, and
19 Hamatites. Later, the Canaanite families were dispersed. The
Canaanite borders were from Sidon toward Gerar near Aza, and
20 toward Sedom, Amora, Adma, and Tzevoyim, near Lasha. These
were the descendants of Ḥam, by their clans and their languages,
21 with their lands and their nations. Sons were also born
to Shem. The older brother of Yefet, he was the ancestor of all
22 the sons of Ever. Shem's sons were Elam, Ashur, Arpakhshad,
23 Lud, and Aram. Aram's sons were Utz, Ḥul, Geter, and Mash.
24 Arpakhshad was the father of Shelaḥ, and Shelaḥ was the father of
25 Ever. To Ever, two sons were born. One was named Peleg, for in
his time the earth was divided.[21] His brother was named Yoktan.
26 Yoktan was the father of Almodad, Shelef, Ḥatzarmavet, Yeraḥ,
27, 28 29 Hadoram, Uzal, Dikla, Oval, Avimael, Sheva, Ofir, Ḥavila, and
30 Yovav; all these were Yoktan's sons. Their settlements extended
31 from Mesha toward Sefar, in the eastern hill country. These were
the descendants of Shem, by their clans and their languages, with
32 their lands and their nations. These, then, are the clans of the
sons of Noaḥ, by their lines, in their nations. And from these, the
nations spread out across the earth after the flood.

11 1 The whole world spoke the same language, the same words. And SHEVI'I
2 as the people migrated from the east they found a valley in the
3 land of Shinar and settled there. They said to each other, "Come,
let us make bricks, let us bake them thoroughly." They used bricks
4 for stone and tar for mortar. And they said, "Come, let us build
ourselves a city and a tower that reaches the heavens, and make

21 Peleg evokes the Hebrew *niflega* (divided). This is often understood to refer to the dispersion recounted in 11:1–9.

יא בָּאָרֶץ שִׁנְעָר: מִן־הָאָרֶץ הַהִוא יָצָא אַשּׁוּר וַיִּבֶן אֶת־נִינְוֵה
יב וְאֶת־רְחֹבֹת עִיר וְאֶת־כָּלַח: וְאֶת־רֶסֶן בֵּין נִינְוֵה וּבֵין כָּלַח הִוא
יג הָעִיר הַגְּדֹלָה: וּמִצְרַיִם יָלַד אֶת־לוּדִים וְאֶת־עֲנָמִים וְאֶת־
יד לְהָבִים וְאֶת־נַפְתֻּחִים: וְאֶת־פַּתְרֻסִים וְאֶת־כַּסְלֻחִים אֲשֶׁר יָצְאוּ
טו מִשָּׁם פְּלִשְׁתִּים וְאֶת־כַּפְתֹּרִים: וּכְנַעַן יָלַד אֶת־צִידֹן
טז יז בְּכֹרוֹ וְאֶת־חֵת: וְאֶת־הַיְבוּסִי וְאֶת־הָאֱמֹרִי וְאֵת הַגִּרְגָּשִׁי: וְאֶת־
יח הַחִוִּי וְאֶת־הַעַרְקִי וְאֶת־הַסִּינִי: וְאֶת־הָאַרְוָדִי וְאֶת־הַצְּמָרִי
יט וְאֶת־הַחֲמָתִי וְאַחַר נָפֹצוּ מִשְׁפְּחוֹת הַכְּנַעֲנִי: וַיְהִי גְּבוּל הַכְּנַעֲנִי
מִצִּידֹן בֹּאֲכָה גְרָרָה עַד־עַזָּה בֹּאֲכָה סְדֹמָה וַעֲמֹרָה וְאַדְמָה
כ וּצְבֹיִם עַד־לָשַׁע: אֵלֶּה בְנֵי־חָם לְמִשְׁפְּחֹתָם לִלְשֹׁנֹתָם בְּאַרְצֹתָם
כא בְּגוֹיֵהֶם: וּלְשֵׁם יֻלַּד גַּם־הוּא אֲבִי כָּל־בְּנֵי־עֵבֶר אֲחִי
כב יֶפֶת הַגָּדוֹל: בְּנֵי שֵׁם עֵילָם וְאַשּׁוּר וְאַרְפַּכְשַׁד וְלוּד וַאֲרָם:
כג כד וּבְנֵי אֲרָם עוּץ וְחוּל וְגֶתֶר וָמַשׁ: וְאַרְפַּכְשַׁד יָלַד אֶת־שָׁלַח
כה וְשֶׁלַח יָלַד אֶת־עֵבֶר: וּלְעֵבֶר יֻלַּד שְׁנֵי בָנִים שֵׁם הָאֶחָד פֶּלֶג כִּי
כו בְיָמָיו נִפְלְגָה הָאָרֶץ וְשֵׁם אָחִיו יָקְטָן: וְיָקְטָן יָלַד אֶת־אַלְמוֹדָד
כז וְאֶת־שָׁלֶף וְאֶת־חֲצַרְמָוֶת וְאֶת־יָרַח: וְאֶת־הֲדוֹרָם וְאֶת־אוּזָל
כח כט וְאֶת־דִּקְלָה: וְאֶת־עוֹבָל וְאֶת־אֲבִימָאֵל וְאֶת־שְׁבָא: וְאֶת־אוֹפִר
ל וְאֶת־חֲוִילָה וְאֶת־יוֹבָב כָּל־אֵלֶּה בְּנֵי יָקְטָן: וַיְהִי מוֹשָׁבָם מִמֵּשָׁא
לא בֹּאֲכָה סְפָרָה הַר הַקֶּדֶם: אֵלֶּה בְנֵי־שֵׁם לְמִשְׁפְּחֹתָם לִלְשֹׁנֹתָם
לב בְּאַרְצֹתָם לְגוֹיֵהֶם: אֵלֶּה מִשְׁפְּחֹת בְּנֵי־נֹחַ לְתוֹלְדֹתָם בְּגוֹיֵהֶם
וּמֵאֵלֶּה נִפְרְדוּ הַגּוֹיִם בָּאָרֶץ אַחַר הַמַּבּוּל:

יא א ב וַיְהִי כָל־הָאָרֶץ שָׂפָה אֶחָת וּדְבָרִים אֲחָדִים: וַיְהִי בְּנָסְעָם מִקֶּדֶם ט שביעי
ג וַיִּמְצְאוּ בִקְעָה בְּאֶרֶץ שִׁנְעָר וַיֵּשְׁבוּ שָׁם: וַיֹּאמְרוּ אִישׁ אֶל־
רֵעֵהוּ הָבָה נִלְבְּנָה לְבֵנִים וְנִשְׂרְפָה לִשְׂרֵפָה וַתְּהִי לָהֶם הַלְּבֵנָה
ד לְאָבֶן וְהַחֵמָר הָיָה לָהֶם לַחֹמֶר: וַיֹּאמְרוּ הָבָה | נִבְנֶה־לָּנוּ
עִיר וּמִגְדָּל וְרֹאשׁוֹ בַשָּׁמַיִם וְנַעֲשֶׂה־לָּנוּ שֵׁם פֶּן־נָפוּץ עַל־פְּנֵי

a name for ourselves. Otherwise we will be scattered across the
5 face of the earth." But the LORD came down to see the city and the
6 tower being built by the children of men. The LORD said, "If, as
one people with one language, they have begun to do this, nothing
7 they plan to do will be impossible for them. Let us go down and
confuse their language so that one will not understand the speech
8 of another." From there the LORD scattered them all over the
9 earth, and they abandoned the building of the city. That is why
it was called Bavel, because it was there that the LORD confused[22]
the language of all the earth; and from there the LORD scattered
them all across the face of the earth.
10 These are the descendants of Shem. When Shem was one hundred
years old, he had a son, Arpakhshad, two years after the flood.
11 After Arpakhshad was born, Shem lived five hundred years and
12 had other sons and daughters. When Arpakhshad was
13 thirty-five years old, he had a son, Shelaḥ. After Shelaḥ was born,
Arpakhshad lived four hundred and three years and had other
14 sons and daughters. When Shelaḥ was thirty years old,
15 he had a son, Ever. After Ever was born, Shelaḥ lived four hundred
16 and three years and had other sons and daughters. Ever
17 lived thirty-four years and then had a son, Peleg. After Peleg was
born, Ever lived four hundred and thirty years and had other sons
18 and daughters. Peleg lived thirty years and then had a
19 son, Reu. After Reu was born, Peleg lived two hundred and nine
20 years and had other sons and daughters. Reu lived
21 thirty-two years and then had a son, Serug. After Serug was born,
Reu lived two hundred and seven years and had other sons and
22 daughters. Serug lived thirty years and then had a son,
23 Naḥor. After Naḥor was born, Serug lived two hundred years and
24 had other sons and daughters. Naḥor lived twenty-nine
25 years and then had a son, Teraḥ. After Teraḥ was born, Naḥor
lived one hundred and nineteen years and had other sons and

22 The name Bavel (Babylon) resonates with *balal* (confused).

ה כָּל־הָאָרֶץ׃ וַיֵּרֶד יְהוָה לִרְאֹת אֶת־הָעִיר וְאֶת־הַמִּגְדָּל אֲשֶׁר בָּנוּ
ו בְּנֵי הָאָדָם׃ וַיֹּאמֶר יְהוָה הֵן עַם אֶחָד וְשָׂפָה אַחַת לְכֻלָּם וְזֶה
הַחִלָּם לַעֲשׂוֹת וְעַתָּה לֹא־יִבָּצֵר מֵהֶם כֹּל אֲשֶׁר יָזְמוּ לַעֲשׂוֹת׃
ז הָבָה נֵרְדָה וְנָבְלָה שָׁם שְׂפָתָם אֲשֶׁר לֹא יִשְׁמְעוּ אִישׁ שְׂפַת
ח רֵעֵהוּ׃ וַיָּפֶץ יְהוָה אֹתָם מִשָּׁם עַל־פְּנֵי כָל־הָאָרֶץ וַיַּחְדְּלוּ לִבְנֹת
ט הָעִיר׃ עַל־כֵּן קָרָא שְׁמָהּ בָּבֶל כִּי־שָׁם בָּלַל יְהוָה שְׂפַת כָּל־
הָאָרֶץ וּמִשָּׁם הֱפִיצָם יְהוָה עַל־פְּנֵי כָּל־הָאָרֶץ׃
י אֵלֶּה תּוֹלְדֹת שֵׁם שֵׁם בֶּן־מְאַת שָׁנָה וַיּוֹלֶד אֶת־אַרְפַּכְשָׁד
יא שְׁנָתַיִם אַחַר הַמַּבּוּל׃ וַיְחִי־שֵׁם אַחֲרֵי הוֹלִידוֹ אֶת־אַרְפַּכְשָׁד
יב חֲמֵשׁ מֵאוֹת שָׁנָה וַיּוֹלֶד בָּנִים וּבָנוֹת׃ וְאַרְפַּכְשַׁד
יג חַי חָמֵשׁ וּשְׁלֹשִׁים שָׁנָה וַיּוֹלֶד אֶת־שָׁלַח׃ וַיְחִי אַרְפַּכְשַׁד
אַחֲרֵי הוֹלִידוֹ אֶת־שֶׁלַח שָׁלֹשׁ שָׁנִים וְאַרְבַּע מֵאוֹת שָׁנָה
יד וַיּוֹלֶד בָּנִים וּבָנוֹת׃ וְשֶׁלַח חַי שְׁלֹשִׁים שָׁנָה וַיּוֹלֶד
טו אֶת־עֵבֶר׃ וַיְחִי־שֶׁלַח אַחֲרֵי הוֹלִידוֹ אֶת־עֵבֶר שָׁלֹשׁ שָׁנִים
טז וְאַרְבַּע מֵאוֹת שָׁנָה וַיּוֹלֶד בָּנִים וּבָנוֹת׃ וַיְחִי־
יז עֵבֶר אַרְבַּע וּשְׁלֹשִׁים שָׁנָה וַיּוֹלֶד אֶת־פָּלֶג׃ וַיְחִי־עֵבֶר אַחֲרֵי
הוֹלִידוֹ אֶת־פֶּלֶג שְׁלֹשִׁים שָׁנָה וְאַרְבַּע מֵאוֹת שָׁנָה וַיּוֹלֶד בָּנִים
יח וּבָנוֹת׃ וַיְחִי־פֶלֶג שְׁלֹשִׁים שָׁנָה וַיּוֹלֶד אֶת־רְעוּ׃
יט וַיְחִי־פֶלֶג אַחֲרֵי הוֹלִידוֹ אֶת־רְעוּ תֵּשַׁע שָׁנִים וּמָאתַיִם שָׁנָה
כ וַיּוֹלֶד בָּנִים וּבָנוֹת׃ וַיְחִי רְעוּ שְׁתַּיִם וּשְׁלֹשִׁים שָׁנָה
כא וַיּוֹלֶד אֶת־שְׂרוּג׃ וַיְחִי רְעוּ אַחֲרֵי הוֹלִידוֹ אֶת־שְׂרוּג שֶׁבַע
כב שָׁנִים וּמָאתַיִם שָׁנָה וַיּוֹלֶד בָּנִים וּבָנוֹת׃ וַיְחִי שְׂרוּג
כג שְׁלֹשִׁים שָׁנָה וַיּוֹלֶד אֶת־נָחוֹר׃ וַיְחִי שְׂרוּג אַחֲרֵי הוֹלִידוֹ
כד אֶת־נָחוֹר מָאתַיִם שָׁנָה וַיּוֹלֶד בָּנִים וּבָנוֹת׃ וַיְחִי
כה נָחוֹר תֵּשַׁע וְעֶשְׂרִים שָׁנָה וַיּוֹלֶד אֶת־תָּרַח׃ וַיְחִי נָחוֹר אַחֲרֵי
הוֹלִידוֹ אֶת־תֶּרַח תְּשַׁע־עֶשְׂרֵה שָׁנָה וּמְאַת שָׁנָה וַיּוֹלֶד בָּנִים

26 daughters. Teraḥ lived seventy years and fathered Avram,
27 Naḥor, and Haran. These are the descendants of Teraḥ. Teraḥ was
the father of Avram, Naḥor, and Haran, and Haran had a son,
28 Lot. While his father Teraḥ was still alive, Haran died in the land
29 of his birth, Ur Kasdim. Avram and Naḥor married; the name of MAFTIR
Avram's wife was Sarai, and the name of Naḥor's wife was Milka.
30 She was the daughter of Haran, father of Milka and Yiska. And
31 Sarai was barren – she had no child. Teraḥ took his son Avram,
and his grandson Lot, son of Haran, and his daughter-in-law Sarai,
his son Avram's wife, and together they set out from Ur Kasdim
to go to the land of Canaan. But when they arrived at Ḥaran, they
32 settled there. Teraḥ lived two hundred and five years, and he died
in Ḥaran.

12 1 The LORD said to Avram, "Go – from your land, your birthplace, LEKH LEKHA
2 and your father's house – to the land that I will show you. I will
make you a great nation, and I will bless you and make your name
3 great. You will become a blessing. And I will bless those who bless
you, and those who curse you I will curse. And through you, all
4 the families of the earth will be blessed." So Avram went, as the
LORD had told him, and with him went Lot. Avram was seventy-
5 five years old when he left Ḥaran. Avram took Sarai his wife, and
Lot his nephew, and all the wealth they had acquired and the
people they had gathered in Ḥaran. They set out to go to the land
6 of Canaan, and they entered the land of Canaan. Avram traveled
through the land to the region of Shekhem, to the Oak of Moreh.
7 The Canaanites were then in the land. Then the LORD appeared to
Avram and said, "To your descendants I will give this land." There
8 he built an altar to the LORD, who had appeared to him. And from
there he moved on to the hills east of Beit El, and pitched his tent
with Beit El to the west and Ai to the east. There he built an altar
9 to the LORD and called on the name of the LORD. Then Avram
journeyed on, traveling toward the Negev.

10 There was a famine in the land. Avram went down to Egypt to
stay there for a while because the famine in the land was severe.

כו וּבָנוֹת׃ וַיְחִי־תֶרַח שִׁבְעִים שָׁנָה וַיּוֹלֶד אֶת־אַבְרָם
כז אֶת־נָחוֹר וְאֶת־הָרָן׃ וְאֵלֶּה תּוֹלְדֹת תֶּרַח תֶּרַח הוֹלִיד אֶת־
כח אַבְרָם אֶת־נָחוֹר וְאֶת־הָרָן וְהָרָן הוֹלִיד אֶת־לוֹט׃ וַיָּמָת הָרָן
כט עַל־פְּנֵי תֶּרַח אָבִיו בְּאֶרֶץ מוֹלַדְתּוֹ בְּאוּר כַּשְׂדִּים׃ וַיִּקַּח אַבְרָם מפטיר
וְנָחוֹר לָהֶם נָשִׁים שֵׁם אֵשֶׁת־אַבְרָם שָׂרָי וְשֵׁם אֵשֶׁת־נָחוֹר מִלְכָּה
ל בַּת־הָרָן אֲבִי־מִלְכָּה וַאֲבִי יִסְכָּה׃ וַתְּהִי שָׂרַי עֲקָרָה אֵין לָהּ
לא וָלָד׃ וַיִּקַּח תֶּרַח אֶת־אַבְרָם בְּנוֹ וְאֶת־לוֹט בֶּן־הָרָן בֶּן־בְּנוֹ וְאֵת
שָׂרַי כַּלָּתוֹ אֵשֶׁת אַבְרָם בְּנוֹ וַיֵּצְאוּ אִתָּם מֵאוּר כַּשְׂדִּים לָלֶכֶת
לב אַרְצָה כְּנַעַן וַיָּבֹאוּ עַד־חָרָן וַיֵּשְׁבוּ שָׁם׃ וַיִּהְיוּ יְמֵי־תֶרַח חָמֵשׁ
שָׁנִים וּמָאתַיִם שָׁנָה וַיָּמָת תֶּרַח בְּחָרָן׃
יב א וַיֹּאמֶר יהוה אֶל־אַבְרָם לֶךְ־לְךָ מֵאַרְצְךָ וּמִמּוֹלַדְתְּךָ וּמִבֵּית י לך לך
ב אָבִיךָ אֶל־הָאָרֶץ אֲשֶׁר אַרְאֶךָּ׃ וְאֶעֶשְׂךָ לְגוֹי גָּדוֹל וַאֲבָרֶכְךָ
ג וַאֲגַדְּלָה שְׁמֶךָ וֶהְיֵה בְּרָכָה׃ וַאֲבָרְכָה מְבָרְכֶיךָ וּמְקַלֶּלְךָ אָאֹר
ד וְנִבְרְכוּ בְךָ כֹּל מִשְׁפְּחֹת הָאֲדָמָה׃ וַיֵּלֶךְ אַבְרָם כַּאֲשֶׁר דִּבֶּר
אֵלָיו יהוה וַיֵּלֶךְ אִתּוֹ לוֹט וְאַבְרָם בֶּן־חָמֵשׁ שָׁנִים וְשִׁבְעִים
ה שָׁנָה בְּצֵאתוֹ מֵחָרָן׃ וַיִּקַּח אַבְרָם אֶת־שָׂרַי אִשְׁתּוֹ וְאֶת־לוֹט
בֶּן־אָחִיו וְאֶת־כָּל־רְכוּשָׁם אֲשֶׁר רָכָשׁוּ וְאֶת־הַנֶּפֶשׁ אֲשֶׁר־עָשׂוּ
ו בְחָרָן וַיֵּצְאוּ לָלֶכֶת אַרְצָה כְּנַעַן וַיָּבֹאוּ אַרְצָה כְּנָעַן׃ וַיַּעֲבֹר
אַבְרָם בָּאָרֶץ עַד מְקוֹם שְׁכֶם עַד אֵלוֹן מוֹרֶה וְהַכְּנַעֲנִי אָז
ז בָּאָרֶץ׃ וַיֵּרָא יהוה אֶל־אַבְרָם וַיֹּאמֶר לְזַרְעֲךָ אֶתֵּן אֶת־הָאָרֶץ
ח הַזֹּאת וַיִּבֶן שָׁם מִזְבֵּחַ לַיהוה הַנִּרְאֶה אֵלָיו׃ וַיַּעְתֵּק מִשָּׁם הָהָרָה
מִקֶּדֶם לְבֵית־אֵל וַיֵּט אָהֳלֹה בֵּית־אֵל מִיָּם וְהָעַי מִקֶּדֶם וַיִּבֶן־
ט שָׁם מִזְבֵּחַ לַיהוה וַיִּקְרָא בְּשֵׁם יהוה׃ וַיִּסַּע אַבְרָם הָלוֹךְ וְנָסוֹעַ
הַנֶּגְבָּה׃
י וַיְהִי רָעָב בָּאָרֶץ וַיֵּרֶד אַבְרָם מִצְרַיְמָה לָגוּר שָׁם כִּי־כָבֵד הָרָעָב

11 And as his arrival in Egypt drew close, he said to Sarai his wife,
12 "I know what a beautiful woman you are. When the Egyptians
see you, they will say, 'She is his wife'; they will kill me and keep
13 you alive. Please, say you are my sister. Then I will be treated well
14 for your sake, and because of you my life will be spared." When SHEINI
Avram came to Egypt, the Egyptians saw the woman, saw that
15 she was very beautiful indeed. And when Pharaoh's officials saw
her, they praised her to Pharaoh, and the woman was taken into
16 Pharaoh's palace. He treated Avram well for her sake: he acquired
flocks, herds, donkeys, male and female servants, she-donkeys,
17 and camels. But the LORD struck Pharaoh and his household
18 with terrible afflictions because of Avram's wife Sarai. Pharaoh
summoned Avram and said, "What have you done to me? Why
19 did you not tell me she was your wife? Why did you say 'She is my
sister,' so that I took her as a wife? Now – here is your wife. Take
20 her. Go." Pharaoh gave orders to his men about him, and they
sent him on his way, together with his wife and all that he had.
13 1 Then Avram went up from Egypt to the Negev with his wife and
2 all he had, and with him went Lot. And Avram had become very
3 wealthy in cattle, silver, and gold. From the Negev he continued
on his journey to Beit El, to the site between Beit El and Ai where
4 his tent had previously been, and where he had first made an altar.
5 There Avram called on the name of the LORD. Lot, who went with SHELISHI
6 Avram, had flocks, herds, and tents as well, and the land could not
support them living together; so many were their possessions that
7 they were unable to live side by side. A dispute broke out between
Avram's herdsmen and those of Lot; and the Canaanites and the
8 Perizzites were then too living in the land. Avram said to Lot,
"Please, let there be no friction between me and you, and between
9 my herdsmen and yours, for we are brothers. The whole land lies
before you; please separate yourself from me. If you go to the left,
I will go to the right; if you go to the right, I will go to the left."
10 Lot raised his eyes and saw that the whole plain of the Jordan up
to Tzoar was well watered. It was like the garden of the LORD, like

יא בָּאָרֶץ׃ וַיְהִי כַּאֲשֶׁר הִקְרִיב לָבוֹא מִצְרָיְמָה וַיֹּאמֶר אֶל־שָׂרַי
יב אִשְׁתּוֹ הִנֵּה־נָא יָדַעְתִּי כִּי אִשָּׁה יְפַת־מַרְאֶה אָתְּ׃ וְהָיָה כִּי־יִרְאוּ
יג אֹתָךְ הַמִּצְרִים וְאָמְרוּ אִשְׁתּוֹ זֹאת וְהָרְגוּ אֹתִי וְאֹתָךְ יְחַיּוּ׃ אִמְרִי־
נָא אֲחֹתִי אָתְּ לְמַעַן יִיטַב־לִי בַעֲבוּרֵךְ וְחָיְתָה נַפְשִׁי בִּגְלָלֵךְ׃
יד וַיְהִי כְּבוֹא אַבְרָם מִצְרָיְמָה וַיִּרְאוּ הַמִּצְרִים אֶת־הָאִשָּׁה כִּי־יָפָה שני
טו הִוא מְאֹד׃ וַיִּרְאוּ אֹתָהּ שָׂרֵי פַרְעֹה וַיְהַלְלוּ אֹתָהּ אֶל־פַּרְעֹה
טז וַתֻּקַּח הָאִשָּׁה בֵּית פַּרְעֹה׃ וּלְאַבְרָם הֵיטִיב בַּעֲבוּרָהּ וַיְהִי־לוֹ
יז צֹאן־וּבָקָר וַחֲמֹרִים וַעֲבָדִים וּשְׁפָחֹת וַאֲתֹנֹת וּגְמַלִּים׃ וַיְנַגַּע
יהוה ׀ אֶת־פַּרְעֹה נְגָעִים גְּדֹלִים וְאֶת־בֵּיתוֹ עַל־דְּבַר שָׂרַי אֵשֶׁת
יח אַבְרָם׃ וַיִּקְרָא פַרְעֹה לְאַבְרָם וַיֹּאמֶר מַה־זֹּאת עָשִׂיתָ לִּי לָמָּה
יט לֹא־הִגַּדְתָּ לִּי כִּי אִשְׁתְּךָ הִוא׃ לָמָה אָמַרְתָּ אֲחֹתִי הִוא וָאֶקַּח
כ אֹתָהּ לִי לְאִשָּׁה וְעַתָּה הִנֵּה אִשְׁתְּךָ קַח וָלֵךְ׃ וַיְצַו עָלָיו פַּרְעֹה
יג א אֲנָשִׁים וַיְשַׁלְּחוּ אֹתוֹ וְאֶת־אִשְׁתּוֹ וְאֶת־כָּל־אֲשֶׁר־לוֹ׃ וַיַּעַל
אַבְרָם מִמִּצְרַיִם הוּא וְאִשְׁתּוֹ וְכָל־אֲשֶׁר־לוֹ וְלוֹט עִמּוֹ הַנֶּגְבָּה׃
ב ג וְאַבְרָם כָּבֵד מְאֹד בַּמִּקְנֶה בַּכֶּסֶף וּבַזָּהָב׃ וַיֵּלֶךְ לְמַסָּעָיו מִנֶּגֶב
וְעַד־בֵּית־אֵל עַד־הַמָּקוֹם אֲשֶׁר־הָיָה שָׁם אָהֳלֹה בַּתְּחִלָּה בֵּין
ד בֵּית־אֵל וּבֵין הָעָי׃ אֶל־מְקוֹם הַמִּזְבֵּחַ אֲשֶׁר־עָשָׂה שָׁם בָּרִאשֹׁנָה
ה וַיִּקְרָא שָׁם אַבְרָם בְּשֵׁם יהוה׃ וְגַם־לְלוֹט הַהֹלֵךְ אֶת־אַבְרָם שלישי
ו הָיָה צֹאן־וּבָקָר וְאֹהָלִים׃ וְלֹא־נָשָׂא אֹתָם הָאָרֶץ לָשֶׁבֶת יַחְדָּו
ז כִּי־הָיָה רְכוּשָׁם רָב וְלֹא יָכְלוּ לָשֶׁבֶת יַחְדָּו׃ וַיְהִי־רִיב בֵּין רֹעֵי
מִקְנֵה־אַבְרָם וּבֵין רֹעֵי מִקְנֵה־לוֹט וְהַכְּנַעֲנִי וְהַפְּרִזִּי אָז יֹשֵׁב
ח בָּאָרֶץ׃ וַיֹּאמֶר אַבְרָם אֶל־לוֹט אַל־נָא תְהִי מְרִיבָה בֵּינִי וּבֵינֶךָ
ט וּבֵין רֹעַי וּבֵין רֹעֶיךָ כִּי־אֲנָשִׁים אַחִים אֲנָחְנוּ׃ הֲלֹא כָל־הָאָרֶץ
לְפָנֶיךָ הִפָּרֶד נָא מֵעָלָי אִם־הַשְּׂמֹאל וְאֵימִנָה וְאִם־הַיָּמִין
י וְאַשְׂמְאִילָה׃ וַיִּשָּׂא־לוֹט אֶת־עֵינָיו וַיַּרְא אֶת־כָּל־כִּכַּר הַיַּרְדֵּן
כִּי כֻלָּהּ מַשְׁקֶה לִפְנֵי ׀ שַׁחֵת יהוה אֶת־סְדֹם וְאֶת־עֲמֹרָה כְּגַן־

the land of Egypt; this was before the LORD destroyed Sedom and
11 Amora.[23] So Lot chose for himself the entire plain of the Jordan.
12 He traveled eastward, and the two men separated. Avram settled
in the land of Canaan while Lot settled in the cities of the plain,
13 pitching his tent near Sedom. But the people of Sedom were evil,
14 great sinners against the LORD. After Lot had separated from him,
the LORD said to Avram, "Raise your eyes and look around from
15 where you are to the north, south, east, and west. All the land you
16 see I will give to you and your descendants forever. I will make
your descendants like the dust of the earth: if anyone could count
17 the dust of the earth, then could your descendants be counted. Get
up and walk through the length and breadth of the land, for to
18 you shall I give it." So Avram took his tent and came to settle by the
Oaks of Mamre, in Ḥevron. There he built an altar to the LORD.
14 1 In the days of Amrafel, king of Shinar, Aryokh, king of Elasar, REVI'I
2 Kedorlaomer, king of Eilam, and Tidal, king of Goyim, they all
waged war against Bera, king of Sedom, Birsha, king of Amora,
Shinav, king of Adma, and Shemever, king of Tzevoyim, and the
3 king of Bela – that is, Tzoar. These had all come together in Siddim
4 Valley – now the Dead Sea; for twelve years they had served Kedor-
5 laomer, but in the thirteenth year they had rebelled. In the four-
teenth year Kedorlaomer and his allied kings came and defeated
the Refaim in Ashterot Karnayim, the Zuzim in Ham, the Eimim
6 in Shaveh Kiryatayim,[24] and the Horites in the hill country of Se'ir
7 as far as Eil Paran by the wilderness. Then they swung back and
came to Ein Mishpat – that is, Kadesh – conquering the whole
territory of the Amalekites, as well as the Amorites living in
8 Ḥatzetzon Tamar. Then the kings of Sedom, Amora, Adma,
Tzevoyim, and Bela – that is, Tzoar – marched out and drew up
9 their battle lines in Siddim Valley against Kedorlaomer, king of
Eilam, Tidal, king of Goyim, Amrafel, king of Shinar, and Aryokh,
10 king of Elasar: four kings battling five. The Siddim Valley was

23 See chapter 19.

24 Concerning these peoples, see Deuteronomy 2:10–11, 20.

יא יְהוָה כְּאֶרֶץ מִצְרַיִם בֹּאֲכָה צֹעַר: וַיִּבְחַר־לוֹ לוֹט אֵת כָּל־כִּכַּר
יב הַיַּרְדֵּן וַיִּסַּע לוֹט מִקֶּדֶם וַיִּפָּרְדוּ אִישׁ מֵעַל אָחִיו: אַבְרָם יָשַׁב
יג בְּאֶרֶץ־כְּנָעַן וְלוֹט יָשַׁב בְּעָרֵי הַכִּכָּר וַיֶּאֱהַל עַד־סְדֹם: וְאַנְשֵׁי
יד סְדֹם רָעִים וְחַטָּאִים לַיהוָה מְאֹד: וַיהוָה אָמַר אֶל־אַבְרָם אַחֲרֵי
הִפָּרֶד־לוֹט מֵעִמּוֹ שָׂא־נָא עֵינֶיךָ וּרְאֵה מִן־הַמָּקוֹם אֲשֶׁר־אַתָּה
טו שָׁם צָפֹנָה וָנֶגְבָּה וָקֵדְמָה וָיָמָּה: כִּי אֶת־כָּל־הָאָרֶץ אֲשֶׁר־אַתָּה
טז רֹאֶה לְךָ אֶתְּנֶנָּה וּלְזַרְעֲךָ עַד־עוֹלָם: וְשַׂמְתִּי אֶת־זַרְעֲךָ כַּעֲפַר
הָאָרֶץ אֲשֶׁר ׀ אִם־יוּכַל אִישׁ לִמְנוֹת אֶת־עֲפַר הָאָרֶץ גַּם־זַרְעֲךָ
יז יִמָּנֶה: קוּם הִתְהַלֵּךְ בָּאָרֶץ לְאָרְכָּהּ וּלְרָחְבָּהּ כִּי לְךָ אֶתְּנֶנָּה:
יח וַיֶּאֱהַל אַבְרָם וַיָּבֹא וַיֵּשֶׁב בְּאֵלֹנֵי מַמְרֵא אֲשֶׁר בְּחֶבְרוֹן וַיִּבֶן־
שָׁם מִזְבֵּחַ לַיהוָה:

יד א וַיְהִי בִּימֵי אַמְרָפֶל מֶלֶךְ־שִׁנְעָר אַרְיוֹךְ מֶלֶךְ אֶלָּסָר כְּדָרְלָעֹמֶר יא רביעי
ב מֶלֶךְ עֵילָם וְתִדְעָל מֶלֶךְ גּוֹיִם: עָשׂוּ מִלְחָמָה אֶת־בֶּרַע מֶלֶךְ
סְדֹם וְאֶת־בִּרְשַׁע מֶלֶךְ עֲמֹרָה שִׁנְאָב ׀ מֶלֶךְ אַדְמָה וְשֶׁמְאֵבֶר
ג מֶלֶךְ צביים וּמֶלֶךְ בֶּלַע הִיא־צֹעַר: כָּל־אֵלֶּה חָבְרוּ אֶל־עֵמֶק צְבוֹיִם
ד הַשִּׂדִּים הוּא יָם הַמֶּלַח: שְׁתֵּים עֶשְׂרֵה שָׁנָה עָבְדוּ אֶת־כְּדָרְלָעֹמֶר
ה וּשְׁלֹשׁ־עֶשְׂרֵה שָׁנָה מָרָדוּ: וּבְאַרְבַּע עֶשְׂרֵה שָׁנָה בָּא כְדָרְלָעֹמֶר
וְהַמְּלָכִים אֲשֶׁר אִתּוֹ וַיַּכּוּ אֶת־רְפָאִים בְּעַשְׁתְּרֹת קַרְנַיִם וְאֶת־
ו הַזּוּזִים בְּהָם וְאֵת הָאֵימִים בְּשָׁוֵה קִרְיָתָיִם: וְאֶת־הַחֹרִי בְּהַרְרָם
ז שֵׂעִיר עַד אֵיל פָּארָן אֲשֶׁר עַל־הַמִּדְבָּר: וַיָּשֻׁבוּ וַיָּבֹאוּ אֶל־עֵין
מִשְׁפָּט הִוא קָדֵשׁ וַיַּכּוּ אֶת־כָּל־שְׂדֵה הָעֲמָלֵקִי וְגַם אֶת־הָאֱמֹרִי
ח הַיֹּשֵׁב בְּחַצְצֹן תָּמָר: וַיֵּצֵא מֶלֶךְ־סְדֹם וּמֶלֶךְ עֲמֹרָה וּמֶלֶךְ אַדְמָה
וּמֶלֶךְ צביים וּמֶלֶךְ בֶּלַע הִוא־צֹעַר וַיַּעַרְכוּ אִתָּם מִלְחָמָה צְבוֹיִם
ט בְּעֵמֶק הַשִּׂדִּים: אֵת כְּדָרְלָעֹמֶר מֶלֶךְ עֵילָם וְתִדְעָל מֶלֶךְ גּוֹיִם
וְאַמְרָפֶל מֶלֶךְ שִׁנְעָר וְאַרְיוֹךְ מֶלֶךְ אֶלָּסָר אַרְבָּעָה מְלָכִים אֶת־
י הַחֲמִשָּׁה: וְעֵמֶק הַשִּׂדִּים בֶּאֱרֹת בֶּאֱרֹת חֵמָר וַיָּנֻסוּ מֶלֶךְ־סְדֹם

riddled with tar pits, and when the kings of Sedom and Amora
tried to flee, they fell into them. The others fled to the mountains.
11 The victors seized all the possessions of Sedom and Amora and
12 all the food, and they left, taking with them – since he had been
13 living in Sedom – Avram's nephew, Lot, and his possessions. A
fugitive came and reported this to Avram the Hebrew, who was
then living near the Oaks of Mamre the Amorite, a kinsman of
14 Avram's allies, Eshkol and Aner. When Avram heard that his own
kinsman had been taken captive, he marshaled the three hundred
eighteen trained men born in his household, and went in pursuit
15 as far as Dan. He divided his forces against the captors at night
and defeated them, pursuing them to Ḥova, north of Damascus.
16 He recovered all the plunder, as well as his kinsman Lot and his
17 possessions, the women, and the other survivors as well. When
he returned from defeating Kedorlaomer and the kings with him,
the king of Sedom came out to greet him at Shaveh Valley – that
18 is, the Valley of the King. And Malki Tzedek, king of Shalem,
19 offered bread and wine. He was a priest of God Most High, and
he blessed Avram, saying: "Blessed be Avram by God Most High,
20 Maker of heaven and earth, and blessed be God Most High who
delivered your foes into your hand." Then Avram gave him a tenth
21 of everything. And the king of Sedom said to Avram, "Give me ḤAMISHI
22 the people, and keep the possessions for yourself." But Avram said
to the king of Sedom, "I raise my hand in oath to the LORD, God
Most High, Maker of heaven and earth, that I will not accept
23 anything of yours, not even a thread or a shoe strap, so that you
24 never shall say, 'I made Avram rich.' I will accept nothing but what
my young men have eaten and the share that belongs to the men
who went with me – Aner, Eshkol, and Mamre; let them have their
15 1 share." After these events the word of the LORD came to
Avram in a vision, saying: "Do not be afraid, Avram. I am your
2 shield. Your reward shall be very great." But Avram said, "My Lord
GOD, what will You have given me if I remain childless, and the
one who will take charge of my household is Eliezer of Damascus?"[25]

יא וַעֲמֹרָה וַיִּפְּלוּ־שָׁמָּה וְהַנִּשְׁאָרִים הֶרָה נָּסוּ: וַיִּקְחוּ אֶת־כָּל־רְכֻשׁ
יב סְדֹם וַעֲמֹרָה וְאֶת־כָּל־אָכְלָם וַיֵּלֵכוּ: וַיִּקְחוּ אֶת־לוֹט וְאֶת־רְכֻשׁוֹ
יג בֶּן־אֲחִי אַבְרָם וַיֵּלֵכוּ וְהוּא יֹשֵׁב בִּסְדֹם: וַיָּבֹא הַפָּלִיט וַיַּגֵּד
לְאַבְרָם הָעִבְרִי וְהוּא שֹׁכֵן בְּאֵלֹנֵי מַמְרֵא הָאֱמֹרִי אֲחִי אֶשְׁכֹּל
יד וַאֲחִי עָנֵר וְהֵם בַּעֲלֵי בְרִית־אַבְרָם: וַיִּשְׁמַע אַבְרָם כִּי נִשְׁבָּה
אָחִיו וַיָּרֶק אֶת־חֲנִיכָיו יְלִידֵי בֵיתוֹ שְׁמֹנָה עָשָׂר וּשְׁלֹשׁ מֵאוֹת
טו וַיִּרְדֹּף עַד־דָּן: וַיֵּחָלֵק עֲלֵיהֶם ׀ לַיְלָה הוּא וַעֲבָדָיו וַיַּכֵּם וַיִּרְדְּפֵם
טז עַד־חוֹבָה אֲשֶׁר מִשְּׂמֹאל לְדַמָּשֶׂק: וַיָּשֶׁב אֵת כָּל־הָרְכֻשׁ וְגַם
יז אֶת־לוֹט אָחִיו וּרְכֻשׁוֹ הֵשִׁיב וְגַם אֶת־הַנָּשִׁים וְאֶת־הָעָם: וַיֵּצֵא
מֶלֶךְ־סְדֹם לִקְרָאתוֹ אַחֲרֵי שׁוּבוֹ מֵהַכּוֹת אֶת־כְּדָרְלָעֹמֶר וְאֶת־
יח הַמְּלָכִים אֲשֶׁר אִתּוֹ אֶל־עֵמֶק שָׁוֵה הוּא עֵמֶק הַמֶּלֶךְ: וּמַלְכִּי־
יט צֶדֶק מֶלֶךְ שָׁלֵם הוֹצִיא לֶחֶם וָיָיִן וְהוּא כֹהֵן לְאֵל עֶלְיוֹן: וַיְבָרְכֵהוּ
כ וַיֹּאמַר בָּרוּךְ אַבְרָם לְאֵל עֶלְיוֹן קֹנֵה שָׁמַיִם וָאָרֶץ: וּבָרוּךְ אֵל
כא עֶלְיוֹן אֲשֶׁר־מִגֵּן צָרֶיךָ בְּיָדֶךָ וַיִּתֶּן־לוֹ מַעֲשֵׂר מִכֹּל: וַיֹּאמֶר מֶלֶךְ־ חמישי
כב סְדֹם אֶל־אַבְרָם תֶּן־לִי הַנֶּפֶשׁ וְהָרְכֻשׁ קַח־לָךְ: וַיֹּאמֶר אַבְרָם
אֶל־מֶלֶךְ סְדֹם הֲרִמֹתִי יָדִי אֶל־יהוה אֵל עֶלְיוֹן קֹנֵה שָׁמַיִם
כג וָאָרֶץ: אִם־מִחוּט וְעַד שְׂרוֹךְ־נַעַל וְאִם־אֶקַּח מִכָּל־אֲשֶׁר־לָךְ
כד וְלֹא תֹאמַר אֲנִי הֶעֱשַׁרְתִּי אֶת־אַבְרָם: בִּלְעָדַי רַק אֲשֶׁר אָכְלוּ
הַנְּעָרִים וְחֵלֶק הָאֲנָשִׁים אֲשֶׁר הָלְכוּ אִתִּי עָנֵר אֶשְׁכֹּל וּמַמְרֵא
טו א הֵם יִקְחוּ חֶלְקָם: אַחַר ׀ הַדְּבָרִים הָאֵלֶּה הָיָה דְבַר־ יב
יהוה אֶל־אַבְרָם בַּמַּחֲזֶה לֵאמֹר אַל־תִּירָא אַבְרָם אָנֹכִי מָגֵן
ב לָךְ שְׂכָרְךָ הַרְבֵּה מְאֹד: וַיֹּאמֶר אַבְרָם אֲדֹנָי יֱהֹוִה מַה־תִּתֶּן־
לִי וְאָנֹכִי הוֹלֵךְ עֲרִירִי וּבֶן־מֶשֶׁק בֵּיתִי הוּא דַּמֶּשֶׂק אֱלִיעֶזֶר:

25 Eliezer is understood to have been a prominent servant of Avram.

3 Avram said, "You have given me no children. A man of my house-
4 hold will be my heir." Then the word of the LORD came to him:
"That man will not be your heir; one who comes forth from
5 your own loins will be your heir." He took him outside and said,
"Look at the heavens and count the stars – if indeed you can count
them." He said to him, "That is how your descendants will be."
6 And because Avram put his trust in the LORD, He reckoned it to
7 him as righteousness.[26] And He told him, "I am the LORD who SHISHI
brought you out from Ur Kasdim to give you this land to possess
8 it." And he said, "My Lord GOD, how shall I know that I will
9 possess it?" And He said to him, "Take for me a three-year-old
heifer, and a three-year-old goat, and a three-year-old ram, and a
10 turtledove, and a young pigeon." And he took all these and cut
them in two and put each half opposite its other half, but the birds
11 he did not cut.[27] Birds of prey descended on the carcasses, but
12 Avram drove them away. And so it was that, as the sun went down,
a deep sleep fell upon Avram and a deep, dark dread came upon
13 him. And God said to Avram, "Know with certainty that your
descendants will be migrants in a land not their own, and there
14 they will be enslaved and oppressed for four hundred years. But
I will bring judgment on the nation they will serve, and afterward
15 they will go free with great wealth. As for you, you will join your
16 ancestors in peace; you will be buried in ripe old age. And the
fourth generation will return here, for the guilt of the Amorites is
17 not yet resolved."[28] And when the sun set and it was very dark, a
smoking furnace appeared and a blazing torch passed between
18 these pieces. On that day the LORD made a covenant with Avram:
"To your descendants I will give this land, from the River of
19 Egypt to the great river Euphrates, the land of the Kenites, the
20 Kenizzites, the Kadmonites, the Hittites, the Perizzites, the
21 Refaim, the Amorites, the Canaanites, the Girgashites, and the
16 1 Jebusites." Sarai, Avraham's wife, had borne him no
children; but she had an Egyptian maidservant named Hagar.

ג וַיֹּאמֶר אַבְרָם הֵן לִי לֹא נָתַתָּה זָרַע וְהִנֵּה בֶן־בֵּיתִי יוֹרֵשׁ אֹתִי:
ד וְהִנֵּה דְבַר־יהוה אֵלָיו לֵאמֹר לֹא יִירָשְׁךָ זֶה כִּי־אִם אֲשֶׁר יֵצֵא
ה מִמֵּעֶיךָ הוּא יִירָשֶׁךָ: וַיּוֹצֵא אֹתוֹ הַחוּצָה וַיֹּאמֶר הַבֶּט־נָא
הַשָּׁמַיְמָה וּסְפֹר הַכּוֹכָבִים אִם־תּוּכַל לִסְפֹּר אֹתָם וַיֹּאמֶר לוֹ כֹּה
ו ז יִהְיֶה זַרְעֶךָ: וְהֶאֱמִן בַּיהוה וַיַּחְשְׁבֶהָ לּוֹ צְדָקָה: וַיֹּאמֶר אֵלָיו ששי
אֲנִי יהוה אֲשֶׁר הוֹצֵאתִיךָ מֵאוּר כַּשְׂדִּים לָתֶת לְךָ אֶת־הָאָרֶץ
ח הַזֹּאת לְרִשְׁתָּהּ: וַיֹּאמַר אֲדֹנָי יֱהוִה בַּמָּה אֵדַע כִּי אִירָשֶׁנָּה:
ט וַיֹּאמֶר אֵלָיו קְחָה לִי עֶגְלָה מְשֻׁלֶּשֶׁת וְעֵז מְשֻׁלֶּשֶׁת וְאַיִל מְשֻׁלָּשׁ
י וְתֹר וְגוֹזָל: וַיִּקַּח־לוֹ אֶת־כָּל־אֵלֶּה וַיְבַתֵּר אֹתָם בַּתָּוֶךְ וַיִּתֵּן
יא אִישׁ־בִּתְרוֹ לִקְרַאת רֵעֵהוּ וְאֶת־הַצִּפֹּר לֹא בָתָר: וַיֵּרֶד הָעַיִט
יב עַל־הַפְּגָרִים וַיַּשֵּׁב אֹתָם אַבְרָם: וַיְהִי הַשֶּׁמֶשׁ לָבוֹא וְתַרְדֵּמָה
יג נָפְלָה עַל־אַבְרָם וְהִנֵּה אֵימָה חֲשֵׁכָה גְדֹלָה נֹפֶלֶת עָלָיו: וַיֹּאמֶר
לְאַבְרָם יָדֹעַ תֵּדַע כִּי־גֵר | יִהְיֶה זַרְעֲךָ בְּאֶרֶץ לֹא לָהֶם וַעֲבָדוּם
יד וְעִנּוּ אֹתָם אַרְבַּע מֵאוֹת שָׁנָה: וְגַם אֶת־הַגּוֹי אֲשֶׁר יַעֲבֹדוּ דָּן
טו אָנֹכִי וְאַחֲרֵי־כֵן יֵצְאוּ בִּרְכֻשׁ גָּדוֹל: וְאַתָּה תָּבוֹא אֶל־אֲבֹתֶיךָ
טז בְּשָׁלוֹם תִּקָּבֵר בְּשֵׂיבָה טוֹבָה: וְדוֹר רְבִיעִי יָשׁוּבוּ הֵנָּה כִּי לֹא־
יז שָׁלֵם עֲוֹן הָאֱמֹרִי עַד־הֵנָּה: וַיְהִי הַשֶּׁמֶשׁ בָּאָה וַעֲלָטָה הָיָה
יח וְהִנֵּה תַנּוּר עָשָׁן וְלַפִּיד אֵשׁ אֲשֶׁר עָבַר בֵּין הַגְּזָרִים הָאֵלֶּה: בַּיּוֹם
הַהוּא כָּרַת יהוה אֶת־אַבְרָם בְּרִית לֵאמֹר לְזַרְעֲךָ נָתַתִּי אֶת־
יט הָאָרֶץ הַזֹּאת מִנְּהַר מִצְרַיִם עַד־הַנָּהָר הַגָּדֹל נְהַר־פְּרָת: אֶת־
כ הַקֵּינִי וְאֶת־הַקְּנִזִּי וְאֵת הַקַּדְמֹנִי: וְאֶת־הַחִתִּי וְאֶת־הַפְּרִזִּי וְאֶת־
כא הָרְפָאִים: וְאֶת־הָאֱמֹרִי וְאֶת־הַכְּנַעֲנִי וְאֶת־הַגִּרְגָּשִׁי וְאֶת־
טז א הַיְבוּסִי: וְשָׂרַי אֵשֶׁת אַבְרָם לֹא יָלְדָה לוֹ וְלָהּ שִׁפְחָה יג

26 Alternatively, Avram recognized the righteousness of God.

27 This was a covenant ceremony (cf., e.g., Jer. 34:18).

28 The accumulated guilt of the inhabitants of Canaan does not yet warrant their displacement.

2 Sarai said to Avram, "The LORD has kept me from having children.
Come now to my maid. Perhaps through her I might build a
3 family." And Avram listened to Sarai. So it was that, after living in
Canaan for ten years, Avram's wife Sarai took Hagar, her Egyptian
maidservant, and gave her to her husband Avram to be his wife.
4 He came to Hagar and she conceived. And when she realized that
she was pregnant, she began to look upon her mistress with
5 contempt. Sarai said to Avram, "The abuse I suffer is your fault. I
laid my servant in your arms and now that she knows she is
pregnant, she looks upon me with contempt. Let the LORD judge
6 between me and you!" Avram said to Sarai, "Your maid is in your
own hands. Do with her whatever you think best." Sarai treated
7 her harshly – and Hagar ran away from her. An angel of the LORD
found her near a spring of water in the desert, the spring by the
8 road to Shur. He said, "Hagar, maidservant of Sarai, where have
you come from and where are you going?" She said, "I am running
9 away from my mistress Sarai." The angel of the LORD said to her,
10 "Go back to your mistress; submit yourself under her hand." And
the angel of the LORD added: "I will greatly multiply your
11 descendants; they will be too many to count." Said the angel of
the LORD: "You are pregnant and will give birth to a son. You shall
12 name him Yishmael, for the LORD has heard your affliction.[29] He
will become a wild donkey of a man; his hand will be against every-
one, and everyone's hand against him. He will live up against all
13 his brothers." She gave a name to the LORD who had spoken to
her: "You are the God who sees me," for she said: "Have I not here
14 seen Him who sees me?" That is why the well is called Be'er Laḥai
15 Ro'i.[30] It is still there between Kadesh and Bered. So Hagar bore
Avram a son, and Avram gave the name Yishmael to the son that
16 she had borne. Avram was eighty-six years old when Hagar bore
17 1 him Yishmael. When Avram was ninety-nine years
old, the LORD appeared to him and said, "I am El Shaddai. Walk
2 before Me in integrity, and I will establish My covenant between
3 Me and you, and make you exceedingly numerous." Avram fell

ב מִצְרִית וּשְׁמָהּ הָגָר: וַתֹּאמֶר שָׂרַי אֶל־אַבְרָם הִנֵּה־נָא עֲצָרַנִי
יהוה מִלֶּדֶת בֹּא־נָא אֶל־שִׁפְחָתִי אוּלַי אִבָּנֶה מִמֶּנָּה וַיִּשְׁמַע
ג אַבְרָם לְקוֹל שָׂרָי: וַתִּקַּח שָׂרַי | אֵשֶׁת אַבְרָם אֶת־הָגָר הַמִּצְרִית
שִׁפְחָתָהּ מִקֵּץ עֶשֶׂר שָׁנִים לְשֶׁבֶת אַבְרָם בְּאֶרֶץ כְּנָעַן וַתִּתֵּן
ד אֹתָהּ לְאַבְרָם אִישָׁהּ לוֹ לְאִשָּׁה: וַיָּבֹא אֶל־הָגָר וַתַּהַר וַתֵּרֶא כִּי
ה הָרָתָה וַתֵּקַל גְּבִרְתָּהּ בְּעֵינֶיהָ: וַתֹּאמֶר שָׂרַי אֶל־אַבְרָם חֲמָסִי
עָלֶיךָ אָנֹכִי נָתַתִּי שִׁפְחָתִי בְּחֵיקֶךָ וַתֵּרֶא כִּי הָרָתָה וָאֵקַל בְּעֵינֶיהָ
ו יִשְׁפֹּט יהוה בֵּינִי וּבֵינֶיךָ: וַיֹּאמֶר אַבְרָם אֶל־שָׂרַי הִנֵּה שִׁפְחָתֵךְ
בְּיָדֵךְ עֲשִׂי־לָהּ הַטּוֹב בְּעֵינָיִךְ וַתְּעַנֶּהָ שָׂרַי וַתִּבְרַח מִפָּנֶיהָ:
ז וַיִּמְצָאָהּ מַלְאַךְ יהוה עַל־עֵין הַמַּיִם בַּמִּדְבָּר עַל־הָעַיִן בְּדֶרֶךְ
ח שׁוּר: וַיֹּאמַר הָגָר שִׁפְחַת שָׂרַי אֵי־מִזֶּה בָאת וְאָנָה תֵלֵכִי וַתֹּאמֶר
ט מִפְּנֵי שָׂרַי גְּבִרְתִּי אָנֹכִי בֹּרַחַת: וַיֹּאמֶר לָהּ מַלְאַךְ יהוה שׁוּבִי
י אֶל־גְּבִרְתֵּךְ וְהִתְעַנִּי תַּחַת יָדֶיהָ: וַיֹּאמֶר לָהּ מַלְאַךְ יהוה הַרְבָּה
יא אַרְבֶּה אֶת־זַרְעֵךְ וְלֹא יִסָּפֵר מֵרֹב: וַיֹּאמֶר לָהּ מַלְאַךְ יהוה הִנָּךְ
הָרָה וְיֹלַדְתְּ בֵּן וְקָרָאת שְׁמוֹ יִשְׁמָעֵאל כִּי־שָׁמַע יהוה אֶל־עָנְיֵךְ:
יב וְהוּא יִהְיֶה פֶּרֶא אָדָם יָדוֹ בַכֹּל וְיַד כֹּל בּוֹ וְעַל־פְּנֵי כָל־אֶחָיו
יג יִשְׁכֹּן: וַתִּקְרָא שֵׁם־יהוה הַדֹּבֵר אֵלֶיהָ אַתָּה אֵל רֳאִי כִּי אָמְרָה
יד הֲגַם הֲלֹם רָאִיתִי אַחֲרֵי רֹאִי: עַל־כֵּן קָרָא לַבְּאֵר בְּאֵר לַחַי רֹאִי
טו הִנֵּה בֵין־קָדֵשׁ וּבֵין בָּרֶד: וַתֵּלֶד הָגָר לְאַבְרָם בֵּן וַיִּקְרָא אַבְרָם
טז שֶׁם־בְּנוֹ אֲשֶׁר־יָלְדָה הָגָר יִשְׁמָעֵאל: וְאַבְרָם בֶּן־שְׁמֹנִים שָׁנָה
יז א וְשֵׁשׁ שָׁנִים בְּלֶדֶת־הָגָר אֶת־יִשְׁמָעֵאל לְאַבְרָם: וַיְהִי יד
אַבְרָם בֶּן־תִּשְׁעִים שָׁנָה וְתֵשַׁע שָׁנִים וַיֵּרָא יהוה אֶל־אַבְרָם
ב וַיֹּאמֶר אֵלָיו אֲנִי־אֵל שַׁדַּי הִתְהַלֵּךְ לְפָנַי וֶהְיֵה תָמִים: וְאֶתְּנָה
ג בְרִיתִי בֵּינִי וּבֵינֶךָ וְאַרְבֶּה אוֹתְךָ בִּמְאֹד מְאֹד: וַיִּפֹּל אַבְרָם עַל־

29 The name Yishmael means "God hears."
30 Meaning "Well of the Living One Who Sees Me."

4 facedown. And God said to him, "As for Me – this is My covenant
5 with you: you shall be father to a multitude of nations. No longer
shall you be called Avram. Your name will be Avraham, for I have
6 made you father to a multitude of nations.[31] I will make you
exceptionally fertile, I will turn you into nations; kings will
7 come from you. I will establish My covenant between Me and you SHEVI'I
and your descendants after you throughout the generations: an
eternal covenant. I will be God to you and your descendants after
8 you, and I will give you and your descendants after you the land
where you now live as strangers, the whole land of Canaan, an
9 everlasting possession, and I will be their God." Then God said to
Avraham, "As for you, you shall keep My covenant, you and your
10 descendants after you throughout their generations. This is My
covenant, kept between Me and you and your descendants after
11 you: every male among you shall be circumcised. You must
circumcise the flesh of your foreskin – this shall be the sign of the
12 covenant between Me and you. Throughout the generations,
every male among you shall be circumcised at the age of eight
days, including the slave born in your household, including one
13 acquired from a stranger not descended from you. All must be
circumcised – those born in your household, those acquired with
your money – and My covenant in your flesh will be a covenant
14 everlasting. Any uncircumcised male, whose foreskin has not been
circumcised, shall be severed from his people; he has broken My
15 covenant." God then said to Avraham, "As for Sarai your
wife, you shall no longer call her Sarai. Her name will be Sara.[32]
16 I will bless her and give you a son by her. I will bless her so that
she shall birth nations; kings of peoples shall descend from her."
17 Avraham fell on his face and laughed. "Can a hundred-year-old
man become a father?" he said to himself. "Can Sara, at ninety,
18 bear a child?" To God Avraham said, "If only Yishmael might live
19 before you!" God said, "Nonetheless, Sara your wife will bear you
a son, and you shall name him Yitzḥak.[33] I will establish My
covenant with him as an everlasting covenant for his descendants

ד פָּנָיו וַיְדַבֵּר אִתּוֹ אֱלֹהִים לֵאמֹר: אֲנִי הִנֵּה בְרִיתִי אִתָּךְ וְהָיִיתָ
ה לְאַב הֲמוֹן גּוֹיִם: וְלֹא־יִקָּרֵא עוֹד אֶת־שִׁמְךָ אַבְרָם וְהָיָה שִׁמְךָ
ו אַבְרָהָם כִּי אַב־הֲמוֹן גּוֹיִם נְתַתִּיךָ: וְהִפְרֵתִי אֹתְךָ בִּמְאֹד מְאֹד
ז וּנְתַתִּיךָ לְגוֹיִם וּמְלָכִים מִמְּךָ יֵצֵאוּ: וַהֲקִמֹתִי אֶת־בְּרִיתִי בֵּינִי שביעי
וּבֵינֶךָ וּבֵין זַרְעֲךָ אַחֲרֶיךָ לְדֹרֹתָם לִבְרִית עוֹלָם לִהְיוֹת לְךָ
ח לֵאלֹהִים וּלְזַרְעֲךָ אַחֲרֶיךָ: וְנָתַתִּי לְךָ וּלְזַרְעֲךָ אַחֲרֶיךָ אֵת ׀ אֶרֶץ
מְגֻרֶיךָ אֵת כׇּל־אֶרֶץ כְּנַעַן לַאֲחֻזַּת עוֹלָם וְהָיִיתִי לָהֶם לֵאלֹהִים:
ט וַיֹּאמֶר אֱלֹהִים אֶל־אַבְרָהָם וְאַתָּה אֶת־בְּרִיתִי תִשְׁמֹר אַתָּה
י וְזַרְעֲךָ אַחֲרֶיךָ לְדֹרֹתָם: זֹאת בְּרִיתִי אֲשֶׁר תִּשְׁמְרוּ בֵּינִי וּבֵינֵיכֶם
יא וּבֵין זַרְעֲךָ אַחֲרֶיךָ הִמּוֹל לָכֶם כׇּל־זָכָר: וּנְמַלְתֶּם אֵת בְּשַׂר
יב עׇרְלַתְכֶם וְהָיָה לְאוֹת בְּרִית בֵּינִי וּבֵינֵיכֶם: וּבֶן־שְׁמֹנַת יָמִים
יִמּוֹל לָכֶם כׇּל־זָכָר לְדֹרֹתֵיכֶם יְלִיד בָּיִת וּמִקְנַת־כֶּסֶף מִכֹּל בֶּן־
יג נֵכָר אֲשֶׁר לֹא מִזַּרְעֲךָ הוּא: הִמּוֹל ׀ יִמּוֹל יְלִיד בֵּיתְךָ וּמִקְנַת
יד כַּסְפֶּךָ וְהָיְתָה בְרִיתִי בִּבְשַׂרְכֶם לִבְרִית עוֹלָם: וְעָרֵל ׀ זָכָר אֲשֶׁר
לֹא־יִמּוֹל אֶת־בְּשַׂר עׇרְלָתוֹ וְנִכְרְתָה הַנֶּפֶשׁ הַהִוא מֵעַמֶּיהָ
טו אֶת־בְּרִיתִי הֵפַר: וַיֹּאמֶר אֱלֹהִים אֶל־אַבְרָהָם שָׂרַי
טז אִשְׁתְּךָ לֹא־תִקְרָא אֶת־שְׁמָהּ שָׂרָי כִּי שָׂרָה שְׁמָהּ: וּבֵרַכְתִּי
אֹתָהּ וְגַם נָתַתִּי מִמֶּנָּה לְךָ בֵּן וּבֵרַכְתִּיהָ וְהָיְתָה לְגוֹיִם מַלְכֵי
יז עַמִּים מִמֶּנָּה יִהְיוּ: וַיִּפֹּל אַבְרָהָם עַל־פָּנָיו וַיִּצְחָק וַיֹּאמֶר בְּלִבּוֹ
הַלְּבֶן מֵאָה־שָׁנָה יִוָּלֵד וְאִם־שָׂרָה הֲבַת־תִּשְׁעִים שָׁנָה תֵּלֵד:
יח יט וַיֹּאמֶר אַבְרָהָם אֶל־הָאֱלֹהִים לוּ יִשְׁמָעֵאל יִחְיֶה לְפָנֶיךָ: וַיֹּאמֶר
אֱלֹהִים אֲבָל שָׂרָה אִשְׁתְּךָ יֹלֶדֶת לְךָ בֵּן וְקָרָאתָ אֶת־שְׁמוֹ
יִצְחָק וַהֲקִמֹתִי אֶת־בְּרִיתִי אִתּוֹ לִבְרִית עוֹלָם לְזַרְעוֹ אַחֲרָיו:

31 The name Avraham resonates with *av hamon* (father of a multitude).

32 Meaning "noblewoman."

33 The name Yitzḥak derives from the verb *vayitzḥak* (to laugh), referring to Avraham's mirth in verse 17.

20 after him. As for Yishmael – I have heard you.[34] I will bless him
and make him fertile and multiply him exceedingly. He will
become father of twelve princes, and I will make of him a great
21 nation. But I will establish My covenant[35] with Yitzḥak, whom
22 Sara will bear to you this time next year." When He finished
23 speaking with him, God went up from Avraham. On that very day,
Avraham took his son Yishmael, along with all those born in his
house or acquired with money, every male in Avraham's house-
hold, and circumcised the flesh of their foreskins as God had
24 instructed him. Avraham was ninety-nine years old when he was MAFTIR
25 26 circumcised, and his son Yishmael was thirteen. That very day,
27 Avraham and his son Yishmael were circumcised; and all the men
of his household, whether home-born or acquired from strangers,
were circumcised together with him.
18 1 The LORD appeared to him by the Oaks of Mamre as he was sitting VAYERA
2 at the entrance to his tent in the heat of the day. Avraham looked
up and saw three men standing nearby. The moment he saw them,
he ran from the opening of his tent to greet them, and bowed
3 down low to the ground. He said, "My lord, if I have found favor
4 in your sight, please do not pass your servant by. Let a little water
be brought so that you can wash your feet and rest under the tree.
5 Since you are passing by your servant, let me bring a morsel of
bread so that you can be refreshed before you go on your way."
6 They replied. "Do just as you say." Avraham rushed to Sara in the
tent and said, "Hurry – three *se'a*[36] of fine flour; knead it and bake
7 bread." Avraham himself ran to the herd and took a tender choice
8 calf and gave it to the young man, who hurried to prepare it. He
brought curds and milk and the calf that had been prepared, and
set them before them, standing by them as they ate, under the tree.
9 They asked him, "Where is your wife Sara?" "There, in the tent,"
10 he replied. Then one of them said, "I will return to you this time

35 The covenant affirming that Avraham's progeny will take possession of the land of Canaan.

36 See note on 1 Kings 18:32.

כ וּלְיִשְׁמָעֵאל שְׁמַעְתִּיךָ הִנֵּה ׀ בֵּרַכְתִּי אֹתוֹ וְהִפְרֵיתִי אֹתוֹ וְהִרְבֵּיתִי
אֹתוֹ בִּמְאֹד מְאֹד שְׁנֵים־עָשָׂר נְשִׂיאִם יוֹלִיד וּנְתַתִּיו לְגוֹי גָּדוֹל׃
כא וְאֶת־בְּרִיתִי אָקִים אֶת־יִצְחָק אֲשֶׁר תֵּלֵד לְךָ שָׂרָה לַמּוֹעֵד הַזֶּה
כב בַּשָּׁנָה הָאַחֶרֶת׃ וַיְכַל לְדַבֵּר אִתּוֹ וַיַּעַל אֱלֹהִים מֵעַל אַבְרָהָם׃
כג וַיִּקַּח אַבְרָהָם אֶת־יִשְׁמָעֵאל בְּנוֹ וְאֵת כָּל־יְלִידֵי בֵיתוֹ וְאֵת
כָּל־מִקְנַת כַּסְפּוֹ כָּל־זָכָר בְּאַנְשֵׁי בֵּית אַבְרָהָם וַיָּמָל אֶת־בְּשַׂר
כד עָרְלָתָם בְּעֶצֶם הַיּוֹם הַזֶּה כַּאֲשֶׁר דִּבֶּר אִתּוֹ אֱלֹהִים׃ וְאַבְרָהָם מפטיר
כה בֶּן־תִּשְׁעִים וָתֵשַׁע שָׁנָה בְּהִמֹּלוֹ בְּשַׂר עָרְלָתוֹ׃ וְיִשְׁמָעֵאל בְּנוֹ
כו בֶּן־שְׁלֹשׁ עֶשְׂרֵה שָׁנָה בְּהִמֹּלוֹ אֵת בְּשַׂר עָרְלָתוֹ׃ בְּעֶצֶם הַיּוֹם
כז הַזֶּה נִמּוֹל אַבְרָהָם וְיִשְׁמָעֵאל בְּנוֹ׃ וְכָל־אַנְשֵׁי בֵיתוֹ יְלִיד בָּיִת
וּמִקְנַת־כֶּסֶף מֵאֵת בֶּן־נֵכָר נִמֹּלוּ אִתּוֹ׃
יח א וַיֵּרָא אֵלָיו יְהוָה בְּאֵלֹנֵי מַמְרֵא וְהוּא יֹשֵׁב פֶּתַח־הָאֹהֶל כְּחֹם טו וירא
ב הַיּוֹם׃ וַיִּשָּׂא עֵינָיו וַיַּרְא וְהִנֵּה שְׁלֹשָׁה אֲנָשִׁים נִצָּבִים עָלָיו וַיַּרְא
ג וַיָּרָץ לִקְרָאתָם מִפֶּתַח הָאֹהֶל וַיִּשְׁתַּחוּ אָרְצָה׃ וַיֹּאמַר אֲדֹנָי
ד אִם־נָא מָצָאתִי חֵן בְּעֵינֶיךָ אַל־נָא תַעֲבֹר מֵעַל עַבְדֶּךָ׃ יֻקַּח־נָא
ה מְעַט־מַיִם וְרַחֲצוּ רַגְלֵיכֶם וְהִשָּׁעֲנוּ תַּחַת הָעֵץ׃ וְאֶקְחָה פַת־לֶחֶם
וְסַעֲדוּ לִבְּכֶם אַחַר תַּעֲבֹרוּ כִּי־עַל־כֵּן עֲבַרְתֶּם עַל־עַבְדְּכֶם
ו וַיֹּאמְרוּ כֵּן תַּעֲשֶׂה כַּאֲשֶׁר דִּבַּרְתָּ׃ וַיְמַהֵר אַבְרָהָם הָאֹהֱלָה אֶל־
שָׂרָה וַיֹּאמֶר מַהֲרִי שְׁלֹשׁ סְאִים קֶמַח סֹלֶת לוּשִׁי וַעֲשִׂי עֻגוֹת׃
ז וְאֶל־הַבָּקָר רָץ אַבְרָהָם וַיִּקַּח בֶּן־בָּקָר רַךְ וָטוֹב וַיִּתֵּן אֶל־הַנַּעַר
ח וַיְמַהֵר לַעֲשׂוֹת אֹתוֹ׃ וַיִּקַּח חֶמְאָה וְחָלָב וּבֶן־הַבָּקָר אֲשֶׁר עָשָׂה
ט וַיִּתֵּן לִפְנֵיהֶם וְהוּא עֹמֵד עֲלֵיהֶם תַּחַת הָעֵץ וַיֹּאכֵלוּ׃ וַיֹּאמְרוּ
י אֵלָיו אַיֵּה שָׂרָה אִשְׁתֶּךָ וַיֹּאמֶר הִנֵּה בָאֹהֶל׃ וַיֹּאמֶר שׁוֹב אָשׁוּב
אֵלֶיךָ כָּעֵת חַיָּה וְהִנֵּה־בֵן לְשָׂרָה אִשְׁתֶּךָ וְשָׂרָה שֹׁמַעַת פֶּתַח

34 The name Yishmael means "God hears" (cf. 16:10).

next year, and your wife Sara will have a son." Sara was listening
11 at the opening of the tent behind him. Avraham and Sara were
already old, advanced in years; the way of women no longer visited
12 Sara. So Sara laughed to herself, saying, "Now that I am worn out,
13 can I have this pleasure? With my lord an old man?" Then the
LORD said to Avraham, "Why did Sara laugh and say, 'Can I really
14 have a child, now that I am old?' Is anything beyond the LORD's
powers? At the due time next year I will return to you, and Sara
15 will have a son." Sara, because she was afraid, denied it: "I did not SHEINI
16 laugh," she said. But He said, "Not so. You laughed." The men got
up to leave and looked down toward Sedom. Avraham accom-
17 panied them to see them on their way. The LORD said, "Shall I
18 hide from Avraham what I am about to do? Avraham is about to
become a great and mighty nation, and through him all the nations
19 on earth will be blessed. For I have chosen him so that he may
direct his children and his household after him to keep the way of
the LORD by doing what is right and just, that the LORD may bring
20 about for Avraham what He spoke of for him." Then the LORD
said, "The outcry against Sedom and Amora is great, and their
21 sin is very grave. I shall go down now and see if they have really
done as much as the outcry that has reached Me. If not, I will
22 know." The men turned from there and went toward Sedom, while
23 Avraham still stood before the LORD. Then Avraham stepped
forward and said: "Would You really sweep away the righteous
24 with the wicked? What if there are fifty righteous people in the
city? Would You really sweep it away and not spare the place for
25 the sake of the fifty righteous people in it? Far be it from You to
do such a thing – to kill the righteous with the wicked, treating
the righteous like the wicked. Far be it from You! Shall the judge
26 of all the earth not do justice?" The LORD said, "If I find fifty
righteous people in the city of Sedom, I will spare the whole place
27 for their sake." Then Avraham spoke up again and said, "Now that
I have dared to speak to the Lord, though I am mere dust and
28 ashes, what if the righteous are five less than fifty? Will You destroy

יא הָאֹהֶל וְהוּא אַחֲרָיו׃ וְאַבְרָהָם וְשָׂרָה זְקֵנִים בָּאִים בַּיָּמִים חָדַל
יב לִהְיוֹת לְשָׂרָה אֹרַח כַּנָּשִׁים׃ וַתִּצְחַק שָׂרָה בְּקִרְבָּהּ לֵאמֹר אַחֲרֵי
יג בְלֹתִי הָיְתָה־לִּי עֶדְנָה וַאדֹנִי זָקֵן׃ וַיֹּאמֶר יְהוָה אֶל־אַבְרָהָם
לָמָּה זֶּה צָחֲקָה שָׂרָה לֵאמֹר הַאַף אֻמְנָם אֵלֵד וַאֲנִי זָקַנְתִּי׃
יד הֲיִפָּלֵא מֵיְהוָה דָּבָר לַמּוֹעֵד אָשׁוּב אֵלֶיךָ כָּעֵת חַיָּה וּלְשָׂרָה בֵן׃
טו וַתְּכַחֵשׁ שָׂרָה ׀ לֵאמֹר לֹא צָחַקְתִּי כִּי ׀ יָרֵאָה וַיֹּאמֶר ׀ לֹא כִּי שני
טז צָחָקְתְּ׃ וַיָּקֻמוּ מִשָּׁם הָאֲנָשִׁים וַיַּשְׁקִפוּ עַל־פְּנֵי סְדֹם וְאַבְרָהָם
יז הֹלֵךְ עִמָּם לְשַׁלְּחָם׃ וַיהוָה אָמָר הַמְכַסֶּה אֲנִי מֵאַבְרָהָם אֲשֶׁר
יח אֲנִי עֹשֶׂה׃ וְאַבְרָהָם הָיוֹ יִהְיֶה לְגוֹי גָּדוֹל וְעָצוּם וְנִבְרְכוּ־בוֹ כֹּל
יט גּוֹיֵי הָאָרֶץ׃ כִּי יְדַעְתִּיו לְמַעַן אֲשֶׁר יְצַוֶּה אֶת־בָּנָיו וְאֶת־בֵּיתוֹ
אַחֲרָיו וְשָׁמְרוּ דֶּרֶךְ יְהוָה לַעֲשׂוֹת צְדָקָה וּמִשְׁפָּט לְמַעַן הָבִיא
כ יְהוָה עַל־אַבְרָהָם אֵת אֲשֶׁר־דִּבֶּר עָלָיו׃ וַיֹּאמֶר יְהוָה זַעֲקַת
כא סְדֹם וַעֲמֹרָה כִּי־רָבָּה וְחַטָּאתָם כִּי כָבְדָה מְאֹד׃ אֵרֲדָה־נָּא
וְאֶרְאֶה הַכְּצַעֲקָתָהּ הַבָּאָה אֵלַי עָשׂוּ ׀ כָּלָה וְאִם־לֹא אֵדָעָה׃
כב וַיִּפְנוּ מִשָּׁם הָאֲנָשִׁים וַיֵּלְכוּ סְדֹמָה וְאַבְרָהָם עוֹדֶנּוּ עֹמֵד לִפְנֵי
כג כד יְהוָה׃ וַיִּגַּשׁ אַבְרָהָם וַיֹּאמַר הַאַף תִּסְפֶּה צַדִּיק עִם־רָשָׁע׃ אוּלַי
יֵשׁ חֲמִשִּׁים צַדִּיקִם בְּתוֹךְ הָעִיר הַאַף תִּסְפֶּה וְלֹא־תִשָּׂא לַמָּקוֹם
כה לְמַעַן חֲמִשִּׁים הַצַּדִּיקִם אֲשֶׁר בְּקִרְבָּהּ׃ חָלִלָה לְּךָ מֵעֲשֹׂת ׀
כַּדָּבָר הַזֶּה לְהָמִית צַדִּיק עִם־רָשָׁע וְהָיָה כַצַּדִּיק כָּרָשָׁע חָלִלָה
כו לָּךְ הֲשֹׁפֵט כָּל־הָאָרֶץ לֹא יַעֲשֶׂה מִשְׁפָּט׃ וַיֹּאמֶר יְהוָה אִם־
אֶמְצָא בִסְדֹם חֲמִשִּׁים צַדִּיקִם בְּתוֹךְ הָעִיר וְנָשָׂאתִי לְכָל־הַמָּקוֹם
כז בַּעֲבוּרָם׃ וַיַּעַן אַבְרָהָם וַיֹּאמַר הִנֵּה־נָא הוֹאַלְתִּי לְדַבֵּר אֶל־אֲדֹנָי
כח וְאָנֹכִי עָפָר וָאֵפֶר׃ אוּלַי יַחְסְרוּן חֲמִשִּׁים הַצַּדִּיקִם חֲמִשָּׁה
הֲתַשְׁחִית בַּחֲמִשָּׁה אֶת־כָּל־הָעִיר וַיֹּאמֶר לֹא אַשְׁחִית אִם־

the whole city for the lack of five people?" He said, "If I find forty-
29 five there, I will not destroy it." He spoke to Him yet again, saying,
"What if only forty are found there?" He said, "I will refrain for
30 the sake of the forty." Then he said, "Please, may the Lord not be
angry, but let me speak. What if only thirty are found there?" He
31 answered, "I will refrain if I find thirty there." "Now that I have
dared to speak to the Lord," he said, "what if only twenty are found
there?" He said, "I will not destroy, for the sake of the twenty."
32 Then he said, "Please, may the Lord not be angry, but let me speak
just once more. What if only ten are found there?" He said, "I will
33 not destroy, for the sake of the ten." When the LORD had finished
speaking with Avraham, He left. And Avraham went back to his
19 1 place. The two angels arrived at Sedom in the evening, while Lot SHELISHI
was sitting in the city gate. Lot saw them, and rose to greet them,
2 bowing with his face to the ground. He said, "Please, my lords,
turn aside to your servant's house, stay the night, wash your feet,
and then go on your way early in the morning." "No," they said,
3 "we will spend the night in the square." But he was so insistent that
they followed him to his house and came in. He made a feast for
4 them and baked unleavened bread, and they ate. They had not yet
gone to bed when all the townsmen, the men of Sedom – young
and old, all the people from every quarter – surrounded the house.
5 They called to Lot, "Where are the men who came to you tonight?
6 Bring them out to us so that we may know them."[37] Lot went out
7 to speak to them, shutting the door behind him, and said, "My
8 brothers, please do not do this evil. I have two daughters who have
never known a man. Let me bring them out to you; you may do
what you like with them. But do not do anything to these men,
9 for they have come under the protection of my roof." "Get out of
our way," they replied. "This fellow came here as a migrant and
now he is setting himself up as a judge! We will treat you worse
than them." They pressed hard against Lot and moved forward to
10 break down the door. But the men inside reached out and pulled
11 Lot back into the house and shut the door behind him. Then they

כט אֶמְצָא שָׁם אַרְבָּעִים וַחֲמִשָּׁה׃ וַיֹּסֶף עוֹד לְדַבֵּר אֵלָיו וַיֹּאמַר
אוּלַי יִמָּצְאוּן שָׁם אַרְבָּעִים וַיֹּאמֶר לֹא אֶעֱשֶׂה בַּעֲבוּר הָאַרְבָּעִים׃
ל וַיֹּאמֶר אַל־נָא יִחַר לַאדֹנָי וַאֲדַבֵּרָה אוּלַי יִמָּצְאוּן שָׁם שְׁלֹשִׁים
לא וַיֹּאמֶר לֹא אֶעֱשֶׂה אִם־אֶמְצָא שָׁם שְׁלֹשִׁים׃ וַיֹּאמֶר הִנֵּה־נָא
הוֹאַלְתִּי לְדַבֵּר אֶל־אֲדֹנָי אוּלַי יִמָּצְאוּן שָׁם עֶשְׂרִים וַיֹּאמֶר לֹא
לב אַשְׁחִית בַּעֲבוּר הָעֶשְׂרִים׃ וַיֹּאמֶר אַל־נָא יִחַר לַאדֹנָי וַאֲדַבְּרָה
אַךְ־הַפַּעַם אוּלַי יִמָּצְאוּן שָׁם עֲשָׂרָה וַיֹּאמֶר לֹא אַשְׁחִית בַּעֲבוּר
לג הָעֲשָׂרָה׃ וַיֵּלֶךְ יהוה כַּאֲשֶׁר כִּלָּה לְדַבֵּר אֶל־אַבְרָהָם וְאַבְרָהָם
יט א שָׁב לִמְקֹמוֹ׃ וַיָּבֹאוּ שְׁנֵי הַמַּלְאָכִים סְדֹמָה בָּעֶרֶב וְלוֹט יֹשֵׁב טז שלישי
בְּשַׁעַר־סְדֹם וַיַּרְא־לוֹט וַיָּקָם לִקְרָאתָם וַיִּשְׁתַּחוּ אַפַּיִם אָרְצָה׃
ב וַיֹּאמֶר הִנֶּה נָּא־אֲדֹנַי סוּרוּ נָא אֶל־בֵּית עַבְדְּכֶם וְלִינוּ וְרַחֲצוּ
רַגְלֵיכֶם וְהִשְׁכַּמְתֶּם וַהֲלַכְתֶּם לְדַרְכְּכֶם וַיֹּאמְרוּ לֹּא כִּי בָרְחוֹב
ג נָלִין׃ וַיִּפְצַר־בָּם מְאֹד וַיָּסֻרוּ אֵלָיו וַיָּבֹאוּ אֶל־בֵּיתוֹ וַיַּעַשׂ לָהֶם
ד מִשְׁתֶּה וּמַצּוֹת אָפָה וַיֹּאכֵלוּ׃ טֶרֶם יִשְׁכָּבוּ וְאַנְשֵׁי הָעִיר אַנְשֵׁי
ה סְדֹם נָסַבּוּ עַל־הַבַּיִת מִנַּעַר וְעַד־זָקֵן כָּל־הָעָם מִקָּצֶה׃ וַיִּקְרְאוּ
אֶל־לוֹט וַיֹּאמְרוּ לוֹ אַיֵּה הָאֲנָשִׁים אֲשֶׁר־בָּאוּ אֵלֶיךָ הַלָּיְלָה
ו הוֹצִיאֵם אֵלֵינוּ וְנֵדְעָה אֹתָם׃ וַיֵּצֵא אֲלֵהֶם לוֹט הַפֶּתְחָה וְהַדֶּלֶת
ז ח סָגַר אַחֲרָיו׃ וַיֹּאמַר אַל־נָא אַחַי תָּרֵעוּ׃ הִנֵּה־נָא לִי שְׁתֵּי בָנוֹת
אֲשֶׁר לֹא־יָדְעוּ אִישׁ אוֹצִיאָה־נָּא אֶתְהֶן אֲלֵיכֶם וַעֲשׂוּ לָהֶן כַּטּוֹב
בְּעֵינֵיכֶם רַק לָאֲנָשִׁים הָאֵל אַל־תַּעֲשׂוּ דָבָר כִּי־עַל־כֵּן בָּאוּ בְּצֵל
ט קֹרָתִי׃ וַיֹּאמְרוּ ׀ גֶּשׁ־הָלְאָה וַיֹּאמְרוּ הָאֶחָד בָּא־לָגוּר וַיִּשְׁפֹּט
שָׁפוֹט עַתָּה נָרַע לְךָ מֵהֶם וַיִּפְצְרוּ בָאִישׁ בְּלוֹט מְאֹד וַיִּגְּשׁוּ
י לִשְׁבֹּר הַדָּלֶת׃ וַיִּשְׁלְחוּ הָאֲנָשִׁים אֶת־יָדָם וַיָּבִיאוּ אֶת־לוֹט
יא אֲלֵיהֶם הַבָּיְתָה וְאֶת־הַדֶּלֶת סָגָרוּ׃ וְאֶת־הָאֲנָשִׁים אֲשֶׁר־פֶּתַח

37 That is, violate them.

struck the men at the door, young and old, with blindness so that
12 they wore themselves out trying in vain to find the door. The
visitors said to Lot, "Who else do you have here – children-in-law,
sons, daughters, or anyone else in the city? Bring them out of here,
13 because we are about to destroy this place. So great is the outcry
against them before the LORD that He has sent us to destroy it."
14 Lot went out and spoke to his sons-in-law, the men who were
betrothed to his daughters, and told them, "Get up and leave this
place: the LORD is about to destroy the city!" But his sons-in-law
15 thought him laughable. As dawn was breaking, the angels hurried
Lot. "Get up," they said. "Take your wife and your two daughters
16 here, or you will be swept away amid the city's sin." Still he hesi-
tated. So the men seized him, his wife, and his two daughters by
the hand and led them safely outside the city, for the LORD had
17 mercy upon him. As soon as they had brought them out, one said,
"Run for your life. Do not look back. Do not stop anywhere in the
18 plain. Flee to the mountains or you will be swept away." But Lot
19 said to them, "No, my lords, please. Your servant has found favor
in your eyes, and you have done me great kindness in saving my
life. But I cannot flee to the mountains; the disaster would over-
20 take me, and I would die.[38] There is a town here close enough for
refuge. It is small. Let me flee there – is it not small? – so that I
21 might survive." "Very well," he said, "I will grant this request also; REVI'I
22 I will not overthrow the town of which you speak. But hurry. Flee
there, because I cannot do anything until you reach it." That is why
23 the town is called Tzoar.[39] By the time Lot reached Tzoar, the sun
24 had risen over the land. Then the LORD rained down sulfur and
fire on Sedom and Amora. Out of the heavens it came from the
25 LORD. He overthrew those cities, and the whole plain, and all the
26 cities' inhabitants, and the vegetation on the land. But Lot's wife
27 looked back – and she was turned into a pillar of salt. Avraham
rose early the next morning and returned to the place where he

39 Tzoar resonates with *mitzar* (small) in verse 20.

הַבַּיִת הִכּוּ בַּסַּנְוֵרִים מִקָּטֹן וְעַד־גָּדוֹל וַיִּלְאוּ לִמְצֹא הַפָּתַח׃
יב וַיֹּאמְרוּ הָאֲנָשִׁים אֶל־לוֹט עֹד מִי־לְךָ פֹה חָתָן וּבָנֶיךָ וּבְנֹתֶיךָ
יג וְכֹל אֲשֶׁר־לְךָ בָּעִיר הוֹצֵא מִן־הַמָּקוֹם׃ כִּי־מַשְׁחִתִים אֲנַחְנוּ
אֶת־הַמָּקוֹם הַזֶּה כִּי־גָדְלָה צַעֲקָתָם אֶת־פְּנֵי יהוה וַיְשַׁלְּחֵנוּ
יד יהוה לְשַׁחֲתָהּ׃ וַיֵּצֵא לוֹט וַיְדַבֵּר ׀ אֶל־חֲתָנָיו ׀ לֹקְחֵי בְנֹתָיו
וַיֹּאמֶר קוּמוּ צְּאוּ מִן־הַמָּקוֹם הַזֶּה כִּי־מַשְׁחִית יהוה אֶת־הָעִיר
טו וַיְהִי כִמְצַחֵק בְּעֵינֵי חֲתָנָיו׃ וּכְמוֹ הַשַּׁחַר עָלָה וַיָּאִיצוּ הַמַּלְאָכִים
בְּלוֹט לֵאמֹר קוּם קַח אֶת־אִשְׁתְּךָ וְאֶת־שְׁתֵּי בְנֹתֶיךָ הַנִּמְצָאֹת
טז פֶּן־תִּסָּפֶה בַּעֲוֺן הָעִיר׃ וַיִּתְמַהְמָהּ ׀ וַיַּחֲזִיקוּ הָאֲנָשִׁים בְּיָדוֹ
וּבְיַד־אִשְׁתּוֹ וּבְיַד שְׁתֵּי בְנֹתָיו בְּחֶמְלַת יהוה עָלָיו וַיֹּצִאֻהוּ וַיַּנִּחֻהוּ
יז מִחוּץ לָעִיר׃ וַיְהִי כְהוֹצִיאָם אֹתָם הַחוּצָה וַיֹּאמֶר הִמָּלֵט עַל־
נַפְשֶׁךָ אַל־תַּבִּיט אַחֲרֶיךָ וְאַל־תַּעֲמֹד בְּכָל־הַכִּכָּר הָהָרָה הִמָּלֵט
יח יט פֶּן־תִּסָּפֶה׃ וַיֹּאמֶר לוֹט אֲלֵהֶם אַל־נָא אֲדֹנָי׃ הִנֵּה־נָא מָצָא
עַבְדְּךָ חֵן בְּעֵינֶיךָ וַתַּגְדֵּל חַסְדְּךָ אֲשֶׁר עָשִׂיתָ עִמָּדִי לְהַחֲיוֹת
אֶת־נַפְשִׁי וְאָנֹכִי לֹא אוּכַל לְהִמָּלֵט הָהָרָה פֶּן־תִּדְבָּקַנִי הָרָעָה
כ וָמַתִּי׃ הִנֵּה־נָא הָעִיר הַזֹּאת קְרֹבָה לָנוּס שָׁמָּה וְהִוא מִצְעָר
כא אִמָּלְטָה נָּא שָׁמָּה הֲלֹא מִצְעָר הִוא וּתְחִי נַפְשִׁי׃ וַיֹּאמֶר אֵלָיו רביעי
הִנֵּה נָשָׂאתִי פָנֶיךָ גַּם לַדָּבָר הַזֶּה לְבִלְתִּי הָפְכִּי אֶת־הָעִיר אֲשֶׁר
כב דִּבַּרְתָּ׃ מַהֵר הִמָּלֵט שָׁמָּה כִּי לֹא אוּכַל לַעֲשׂוֹת דָּבָר עַד־בֹּאֲךָ
כג שָׁמָּה עַל־כֵּן קָרָא שֵׁם־הָעִיר צוֹעַר׃ הַשֶּׁמֶשׁ יָצָא עַל־הָאָרֶץ
כד וְלוֹט בָּא צֹעֲרָה׃ וַיהוה הִמְטִיר עַל־סְדֹם וְעַל־עֲמֹרָה גָּפְרִית
כה וָאֵשׁ מֵאֵת יהוה מִן־הַשָּׁמָיִם׃ וַיַּהֲפֹךְ אֶת־הֶעָרִים הָאֵל וְאֵת
כו כָּל־הַכִּכָּר וְאֵת כָּל־יֹשְׁבֵי הֶעָרִים וְצֶמַח הָאֲדָמָה׃ וַתַּבֵּט אִשְׁתּוֹ
כז מֵאַחֲרָיו וַתְּהִי נְצִיב מֶלַח׃ וַיַּשְׁכֵּם אַבְרָהָם בַּבֹּקֶר אֶל־הַמָּקוֹם

38 Lot does not regard the mountains as a safe haven from the impending source of destruction.

28 had stood before the Lord. He looked down toward Sedom and
Amora and all the land of the plain, and he saw thick smoke rising
29 from the land like smoke from a kiln. So it was, that when God
destroyed the cities of the plain, He remembered Avraham and
brought Lot out of the overthrow that overturned the cities where
30 Lot had lived. Lot went up from Tzoar and settled in the hills
together with his two daughters because he was afraid to stay in
31 Tzoar. He and his two daughters settled in a cave. The elder said
to the younger, "Our father is old, and there is no man left on earth
32 to come to us in the normal way of the world. Let us get our father
drunk with wine and then sleep with him, so that we may raise a
33 new generation through our father." That night they gave their
father wine to drink. Then the elder daughter went in and slept
with him. He was unaware when she lay down and when she arose.
34 The next day, the elder said to the younger, "Last night I slept with
my father. Let us get him to drink wine again tonight, then you
go in and sleep with him. So may we preserve our family line
35 through our father." So that night they got their father to drink
wine again, and the younger went and slept with him. And he was
36 unaware when she lay down and when she arose. And so both of
37 Lot's daughters became pregnant by their father. The elder had a
son, whom she named Moav.[40] He is the ancestor of the Moabites
38 of today. The younger also had a son, whom she named Ben Ami.[41]
20 1 And he is the ancestor of the Amonites of today. Avraham
then journeyed on to the Negev region, settling between Kadesh
2 and Shur. For a while he lived as a stranger in Gerar. There
Avraham said of his wife Sara, "She is my sister." Avimelekh, king
3 of Gerar, sent for Sara and took her as his own. But God came to
Avimelekh in a dream one night and told him, "You will die
because of the woman you have taken. She is already married."
4 Avimelekh had not gone near her, so he said, "Lord, would You
5 destroy an innocent nation? Did he not tell me, 'She is my sister'?
Did she not say, 'He is my brother'? I have acted from an innocent
6 heart, with clean hands." Then, in the dream, God said to him, "I

כח אֲשֶׁר־עָמַד שָׁם אֶת־פְּנֵי יהוה: וַיַּשְׁקֵף עַל־פְּנֵי סְדֹם וַעֲמֹרָה
וְעַל כָּל־פְּנֵי אֶרֶץ הַכִּכָּר וַיַּרְא וְהִנֵּה עָלָה קִיטֹר הָאָרֶץ כְּקִיטֹר
כט הַכִּבְשָׁן: וַיְהִי בְּשַׁחֵת אֱלֹהִים אֶת־עָרֵי הַכִּכָּר וַיִּזְכֹּר אֱלֹהִים
אֶת־אַבְרָהָם וַיְשַׁלַּח אֶת־לוֹט מִתּוֹךְ הַהֲפֵכָה בַּהֲפֹךְ אֶת־הֶעָרִים
ל אֲשֶׁר־יָשַׁב בָּהֵן לוֹט: וַיַּעַל לוֹט מִצּוֹעַר וַיֵּשֶׁב בָּהָר וּשְׁתֵּי בְנֹתָיו
עִמּוֹ כִּי יָרֵא לָשֶׁבֶת בְּצוֹעַר וַיֵּשֶׁב בַּמְּעָרָה הוּא וּשְׁתֵּי בְנֹתָיו:
לא וַתֹּאמֶר הַבְּכִירָה אֶל־הַצְּעִירָה אָבִינוּ זָקֵן וְאִישׁ אֵין בָּאָרֶץ לָבוֹא
לב עָלֵינוּ כְּדֶרֶךְ כָּל־הָאָרֶץ: לְכָה נַשְׁקֶה אֶת־אָבִינוּ יַיִן וְנִשְׁכְּבָה
לג עִמּוֹ וּנְחַיֶּה מֵאָבִינוּ זָרַע: וַתַּשְׁקֶיןָ אֶת־אֲבִיהֶן יַיִן בַּלַּיְלָה הוּא
וַתָּבֹא הַבְּכִירָה וַתִּשְׁכַּב אֶת־אָבִיהָ וְלֹא־יָדַע בְּשִׁכְבָהּ וּבְקוּמָהּ:
לד וַיְהִי מִמָּחֳרָת וַתֹּאמֶר הַבְּכִירָה אֶל־הַצְּעִירָה הֵן־שָׁכַבְתִּי אֶמֶשׁ
אֶת־אָבִי נַשְׁקֶנּוּ יַיִן גַּם־הַלַּיְלָה וּבֹאִי שִׁכְבִי עִמּוֹ וּנְחַיֶּה מֵאָבִינוּ
לה זָרַע: וַתַּשְׁקֶיןָ גַּם בַּלַּיְלָה הַהוּא אֶת־אֲבִיהֶן יָיִן וַתָּקָם הַצְּעִירָה
לו וַתִּשְׁכַּב עִמּוֹ וְלֹא־יָדַע בְּשִׁכְבָהּ וּבְקֻמָהּ: וַתַּהֲרֶיןָ שְׁתֵּי בְנוֹת־לוֹט
לז מֵאֲבִיהֶן: וַתֵּלֶד הַבְּכִירָה בֵּן וַתִּקְרָא שְׁמוֹ מוֹאָב הוּא אֲבִי־מוֹאָב
לח עַד־הַיּוֹם: וְהַצְּעִירָה גַם־הִוא יָלְדָה בֵּן וַתִּקְרָא שְׁמוֹ בֶּן־עַמִּי
כ א הוּא אֲבִי בְנֵי־עַמּוֹן עַד־הַיּוֹם: וַיִּסַּע מִשָּׁם אַבְרָהָם יז
ב אַרְצָה הַנֶּגֶב וַיֵּשֶׁב בֵּין־קָדֵשׁ וּבֵין שׁוּר וַיָּגָר בִּגְרָר: וַיֹּאמֶר
אַבְרָהָם אֶל־שָׂרָה אִשְׁתּוֹ אֲחֹתִי הִוא וַיִּשְׁלַח אֲבִימֶלֶךְ מֶלֶךְ
ג גְּרָר וַיִּקַּח אֶת־שָׂרָה: וַיָּבֹא אֱלֹהִים אֶל־אֲבִימֶלֶךְ בַּחֲלוֹם הַלָּיְלָה
וַיֹּאמֶר לוֹ הִנְּךָ מֵת עַל־הָאִשָּׁה אֲשֶׁר־לָקַחְתָּ וְהִוא בְּעֻלַת בָּעַל:
ד וַאֲבִימֶלֶךְ לֹא קָרַב אֵלֶיהָ וַיֹּאמַר אֲדֹנָי הֲגוֹי גַּם־צַדִּיק תַּהֲרֹג:
ה הֲלֹא הוּא אָמַר־לִי אֲחֹתִי הִוא וְהִיא־גַם־הִוא אָמְרָה אָחִי הוּא
ו בְּתָם־לְבָבִי וּבְנִקְיֹן כַּפַּי עָשִׂיתִי זֹאת: וַיֹּאמֶר אֵלָיו הָאֱלֹהִים

40 The name Moav resonates with *me'av* (from father).

41 Literally "son of my kin."

too knew that you acted from an innocent heart, and so I kept you
from sinning against Me. That is why I did not let you touch her.
7 But now, give back the man's wife. He is a prophet. He will pray
for you and you will live. But if you do not give her back, know
8 that you and all your people are to die." Early the next morning,
Avimelekh summoned all his servants and told them all this – they
9 were very afraid. Then Avimelekh summoned Avraham and said,
"What have you done to us? What wrong have I done you? Why
have you brought such onerous guilt upon me and my kingdom?
10 You have done to me that which should never be done. What were
you thinking of," asked Avimelekh, "that you did such a thing?"
11 Avraham replied, "I thought, 'There is no fear of God in this place.
12 They will kill me because of my wife.' Besides, she really is my
sister. She is the daughter of my father though not of my mother,
13 and she became my wife. When God made me wander from my
father's house, I said to her, 'Do me this kindness: wherever we
14 go, say of me, "He is my brother."'" Avimelekh gave Avraham
sheep, cattle, and male and female slaves, and returned his wife
15 Sara to him. Avimelekh said, "Here is my land. Live wherever you
16 wish." To Sara he said, "I am giving your brother a thousand pieces
of silver. This will allay the suspicions of everyone who is with you.
17 You are fully vindicated." Then Avraham prayed to God, and God
healed Avimelekh, his wife, and his female slaves so they could
18 again have children, for the Lord had prevented all the women
in Avimelekh's household from bearing children, because of Sara,
21 1 Avraham's wife. The Lord remembered Sara as He
2 had said He would, and acted for Sara as He had promised. Sara
became pregnant and bore a son to Avraham in his old age at the
3 very time God had promised. Avraham named his newborn
4 son, whom Sara had borne him, Yitzḥak. And when Yitzḥak his
son was eight days old, Avraham circumcised him as God had
5 commanded. Avraham was one hundred years old when his son HAMISHI

בַּחֲלֹם גַּם אָנֹכִי יָדַעְתִּי כִּי בְתָם־לְבָבְךָ עָשִׂיתָ זֹּאת וָאֶחְשֹׂךְ
ז גַּם־אָנֹכִי אוֹתְךָ מֵחֲטוֹ־לִי עַל־כֵּן לֹא־נְתַתִּיךָ לִנְגֹּעַ אֵלֶיהָ: וְעַתָּה
הָשֵׁב אֵשֶׁת־הָאִישׁ כִּי־נָבִיא הוּא וְיִתְפַּלֵּל בַּעַדְךָ וֶחְיֵה וְאִם־
ח אֵינְךָ מֵשִׁיב דַּע כִּי־מוֹת תָּמוּת אַתָּה וְכָל־אֲשֶׁר־לָךְ: וַיַּשְׁכֵּם
אֲבִימֶלֶךְ בַּבֹּקֶר וַיִּקְרָא לְכָל־עֲבָדָיו וַיְדַבֵּר אֶת־כָּל־הַדְּבָרִים
ט הָאֵלֶּה בְּאָזְנֵיהֶם וַיִּירְאוּ הָאֲנָשִׁים מְאֹד: וַיִּקְרָא אֲבִימֶלֶךְ
לְאַבְרָהָם וַיֹּאמֶר לוֹ מֶה־עָשִׂיתָ לָּנוּ וּמֶה־חָטָאתִי לָךְ כִּי־הֵבֵאתָ
עָלַי וְעַל־מַמְלַכְתִּי חֲטָאָה גְדֹלָה מַעֲשִׂים אֲשֶׁר לֹא־יֵעָשׂוּ עָשִׂיתָ
י עִמָּדִי: וַיֹּאמֶר אֲבִימֶלֶךְ אֶל־אַבְרָהָם מָה רָאִיתָ כִּי עָשִׂיתָ אֶת־
יא הַדָּבָר הַזֶּה: וַיֹּאמֶר אַבְרָהָם כִּי אָמַרְתִּי רַק אֵין־יִרְאַת אֱלֹהִים
יב בַּמָּקוֹם הַזֶּה וַהֲרָגוּנִי עַל־דְּבַר אִשְׁתִּי: וְגַם־אָמְנָה אֲחֹתִי בַת־אָבִי
יג הִוא אַךְ לֹא בַת־אִמִּי וַתְּהִי־לִי לְאִשָּׁה: וַיְהִי כַּאֲשֶׁר הִתְעוּ אֹתִי
אֱלֹהִים מִבֵּית אָבִי וָאֹמַר לָהּ זֶה חַסְדֵּךְ אֲשֶׁר תַּעֲשִׂי עִמָּדִי אֶל
יד כָּל־הַמָּקוֹם אֲשֶׁר נָבוֹא שָׁמָּה אִמְרִי־לִי אָחִי הוּא: וַיִּקַּח אֲבִימֶלֶךְ
צֹאן וּבָקָר וַעֲבָדִים וּשְׁפָחֹת וַיִּתֵּן לְאַבְרָהָם וַיָּשֶׁב לוֹ אֵת שָׂרָה
טו אִשְׁתּוֹ: וַיֹּאמֶר אֲבִימֶלֶךְ הִנֵּה אַרְצִי לְפָנֶיךָ בַּטּוֹב בְּעֵינֶיךָ שֵׁב:
טז וּלְשָׂרָה אָמַר הִנֵּה נָתַתִּי אֶלֶף כֶּסֶף לְאָחִיךְ הִנֵּה הוּא־לָךְ כְּסוּת
יז עֵינַיִם לְכֹל אֲשֶׁר אִתָּךְ וְאֵת כֹּל וְנֹכָחַת: וַיִּתְפַּלֵּל אַבְרָהָם אֶל־
הָאֱלֹהִים וַיִּרְפָּא אֱלֹהִים אֶת־אֲבִימֶלֶךְ וְאֶת־אִשְׁתּוֹ וְאַמְהֹתָיו
יח וַיֵּלֵדוּ: כִּי־עָצֹר עָצַר יְהוָה בְּעַד כָּל־רֶחֶם לְבֵית אֲבִימֶלֶךְ עַל־
כא א דְּבַר שָׂרָה אֵשֶׁת אַבְרָהָם: וַיהוָה פָּקַד אֶת־שָׂרָה יח
ב כַּאֲשֶׁר אָמָר וַיַּעַשׂ יְהוָה לְשָׂרָה כַּאֲשֶׁר דִּבֵּר: וַתַּהַר וַתֵּלֶד שָׂרָה
ג לְאַבְרָהָם בֵּן לִזְקֻנָיו לַמּוֹעֵד אֲשֶׁר־דִּבֶּר אֹתוֹ אֱלֹהִים: וַיִּקְרָא
אַבְרָהָם אֶת־שֶׁם־בְּנוֹ הַנּוֹלַד־לוֹ אֲשֶׁר־יָלְדָה־לּוֹ שָׂרָה יִצְחָק:
ד וַיָּמָל אַבְרָהָם אֶת־יִצְחָק בְּנוֹ בֶּן־שְׁמֹנַת יָמִים כַּאֲשֶׁר צִוָּה אֹתוֹ
ה אֱלֹהִים: וְאַבְרָהָם בֶּן־מְאַת שָׁנָה בְּהִוָּלֶד לוֹ אֵת יִצְחָק בְּנוֹ: חמישי

6 Yitzḥak was born to him. Sara said, "God has brought me laughter;
7 all those who hear will laugh with me."[42] Then she said, "Who
would have told Avraham, 'Sara will nurse children'? Yet I have
8 borne a son in his old age." The child grew and was weaned; on
9 the day Yitzḥak was weaned, Avraham held a great feast. But Sara
saw the son whom Hagar the Egyptian had borne Avraham
10 mocking.[43] She said to Avraham, "Drive out that slave woman and
her son, for the son of that slave woman must not share the
11 inheritance with my son, with Yitzḥak." This distressed Avraham
12 greatly because of his son. But God told Avraham, "Do not be
distressed about the boy or about your slave. Listen to whatever
Sara tells you, because it is through Yitzḥak that your descendants
13 will be reckoned. But I will make the slave's son too into a nation,
14 because he is your child." Early the next morning Avraham took
bread and a skin of water and gave them to Hagar. He placed them
on her shoulder, and together with the child, he sent her away. She
15 went wandering in the Be'er Sheva desert. When the water in the
skin was all gone, she cast the child away under one of the bushes
16 and went and sat down at a distance, about a bowshot away, saying,
"I cannot watch the child die." Sitting there, at a distance, she raised
17 her voice and wept. God heard the boy crying, and an angel of
God called to Hagar from the heavens and said to her, "Hagar, what
is wrong? Fear not. God has heard the boy's cry there, where he is.
18 Go, raise up the boy and take him by the hand, for I will make of
19 him a great nation." Then God opened her eyes and she saw a well
of water. She went and filled the skin with water and gave the boy
20 to drink. God was with the boy as he grew. He lived in the desert
21 and became an expert with the bow. In the Paran desert he lived,
and his mother took him a wife from Egypt.
22 At that time, Avimelekh and Pikhol, commander of his troops, SHISHI
23 said to Avraham, "God is with you in all you do. Now swear to

42 The name Yitzḥak derives from the verb denoting laughter (cf. 17:17–19, 18:12–14).

43 Hebrew *metzaḥek* – again bearing a connection to the name Yitzḥak.

ו וַתֹּאמֶר שָׂרָה צְחֹק עָשָׂה לִי אֱלֹהִים כׇּל־הַשֹּׁמֵעַ יִצְחַק־לִי:
ז וַתֹּאמֶר מִי מִלֵּל לְאַבְרָהָם הֵינִיקָה בָנִים שָׂרָה כִּי־יָלַדְתִּי בֵן
ח לִזְקֻנָיו: וַיִּגְדַּל הַיֶּלֶד וַיִּגָּמַל וַיַּעַשׂ אַבְרָהָם מִשְׁתֶּה גָדוֹל בְּיוֹם
ט הִגָּמֵל אֶת־יִצְחָק: וַתֵּרֶא שָׂרָה אֶת־בֶּן־הָגָר הַמִּצְרִית אֲשֶׁר־
י יָלְדָה לְאַבְרָהָם מְצַחֵק: וַתֹּאמֶר לְאַבְרָהָם גָּרֵשׁ הָאָמָה הַזֹּאת
וְאֶת־בְּנָהּ כִּי לֹא יִירַשׁ בֶּן־הָאָמָה הַזֹּאת עִם־בְּנִי עִם־יִצְחָק:
יא יב וַיֵּרַע הַדָּבָר מְאֹד בְּעֵינֵי אַבְרָהָם עַל אוֹדֹת בְּנוֹ: וַיֹּאמֶר אֱלֹהִים
אֶל־אַבְרָהָם אַל־יֵרַע בְּעֵינֶיךָ עַל־הַנַּעַר וְעַל־אֲמָתֶךָ כֹּל אֲשֶׁר
יג תֹּאמַר אֵלֶיךָ שָׂרָה שְׁמַע בְּקֹלָהּ כִּי בְיִצְחָק יִקָּרֵא לְךָ זָרַע: וְגַם
יד אֶת־בֶּן־הָאָמָה לְגוֹי אֲשִׂימֶנּוּ כִּי זַרְעֲךָ הוּא: וַיַּשְׁכֵּם אַבְרָהָם ׀
בַּבֹּקֶר וַיִּקַּח־לֶחֶם וְחֵמַת מַיִם וַיִּתֵּן אֶל־הָגָר שָׂם עַל־שִׁכְמָהּ
טו וְאֶת־הַיֶּלֶד וַיְשַׁלְּחֶהָ וַתֵּלֶךְ וַתֵּתַע בְּמִדְבַּר בְּאֵר שָׁבַע: וַיִּכְלוּ
טז הַמַּיִם מִן־הַחֵמֶת וַתַּשְׁלֵךְ אֶת־הַיֶּלֶד תַּחַת אַחַד הַשִּׂיחִם: וַתֵּלֶךְ
וַתֵּשֶׁב לָהּ מִנֶּגֶד הַרְחֵק כִּמְטַחֲוֵי קֶשֶׁת כִּי אָמְרָה אַל־אֶרְאֶה
יז בְּמוֹת הַיָּלֶד וַתֵּשֶׁב מִנֶּגֶד וַתִּשָּׂא אֶת־קֹלָהּ וַתֵּבְךְּ: וַיִּשְׁמַע
אֱלֹהִים אֶת־קוֹל הַנַּעַר וַיִּקְרָא מַלְאַךְ אֱלֹהִים ׀ אֶל־הָגָר מִן־
הַשָּׁמַיִם וַיֹּאמֶר לָהּ מַה־לָּךְ הָגָר אַל־תִּירְאִי כִּי־שָׁמַע אֱלֹהִים
יח אֶל־קוֹל הַנַּעַר בַּאֲשֶׁר הוּא־שָׁם: קוּמִי שְׂאִי אֶת־הַנַּעַר וְהַחֲזִיקִי
יט אֶת־יָדֵךְ בּוֹ כִּי־לְגוֹי גָּדוֹל אֲשִׂימֶנּוּ: וַיִּפְקַח אֱלֹהִים אֶת־עֵינֶיהָ
וַתֵּרֶא בְּאֵר מָיִם וַתֵּלֶךְ וַתְּמַלֵּא אֶת־הַחֵמֶת מַיִם וַתַּשְׁקְ אֶת־
כ הַנָּעַר: וַיְהִי אֱלֹהִים אֶת־הַנַּעַר וַיִּגְדָּל וַיֵּשֶׁב בַּמִּדְבָּר וַיְהִי רֹבֶה
כא קַשָּׁת: וַיֵּשֶׁב בְּמִדְבַּר פָּארָן וַתִּקַּח־לוֹ אִמּוֹ אִשָּׁה מֵאֶרֶץ
מִצְרָיִם:
כב וַיְהִי בָּעֵת הַהִוא וַיֹּאמֶר אֲבִימֶלֶךְ וּפִיכֹל שַׂר־צְבָאוֹ אֶל־אַבְרָהָם ששי
כג לֵאמֹר אֱלֹהִים עִמְּךָ בְּכֹל אֲשֶׁר־אַתָּה עֹשֶׂה: וְעַתָּה הִשָּׁבְעָה

me here before God that you will not deal falsely with me or with
my children or grandchildren. Show me and the land where you
have lived as a stranger the same kindness I have shown to you."[44]
24 25 Avraham said, "I swear." Then Avraham rebuked Avimelekh for the
26 well of water that Avimelekh's servants had seized. But Avimelekh
said, "I do not know who has done this. You did not tell me; I had
27 not heard about it until today." Avraham then brought sheep and
cattle and gave them to Avimelekh, and the two of them forged
28 a covenant. Avraham set apart seven ewe lambs from the flock.
29 Avimelekh asked him, "What is the meaning of these seven ewe
30 lambs you have set apart?" He replied, "Accept these seven lambs
31 from me as testimony that I dug this well." That is why that place is
32 called Be'er Sheva, because there the two men swore an oath.[45] Thus
they made a pact at Be'er Sheva. And then Avimelekh and Pikhol,
commander of his troops, returned to the land of the Philistines.
33 Avraham planted a tamarisk tree in Be'er Sheva, and there he called
34 on the name of the Lord, the Everlasting God. Avraham stayed
on in the land of the Philistines for many days.
22 1 After these things, God tested Avraham. "Avraham!" He said. SHEVI'I
2 And Avraham replied, "Here I am." Then God said, "Take your
son, your only one, the one whom you love – Yitzḥak – and go to
the land of Moria. There, offer him up as a burnt offering on one
3 of the mountains, the one that I will show you." Early the next
morning Avraham rose and saddled his donkey. With him he took
two of his young men and Yitzḥak his son. He cut wood for the
offering and set out toward the place of which God had told him.
4 On the third day Avraham looked up and, in the distance, he saw
5 the place. He told his young men, "Stay here with the donkey. I
and the boy will go there and worship. Then we will come back
6 to you." Avraham took the wood for the offering and placed it
on Yitzḥak his son. He himself took the fire and the knife. The
7 two of them walked together. Then Yitzḥak said to his father,

---

44 See 20:14–16.

45 The name Be'er Sheva resonates with both *sheva* (seven) and *nishbe'u* (swore).

לִי בֵּאלֹהִים הֵנָּה אִם־תִּשְׁקֹר לִי וּלְנִינִי וּלְנֶכְדִּי כַּחֶסֶד אֲשֶׁר־
כד עָשִׂיתִי עִמְּךָ תַּעֲשֶׂה עִמָּדִי וְעִם־הָאָרֶץ אֲשֶׁר־גַּרְתָּה בָּהּ׃ וַיֹּאמֶר
כה אַבְרָהָם אָנֹכִי אִשָּׁבֵעַ׃ וְהוֹכִחַ אַבְרָהָם אֶת־אֲבִימֶלֶךְ עַל־אֹדוֹת
כו בְּאֵר הַמַּיִם אֲשֶׁר גָּזְלוּ עַבְדֵי אֲבִימֶלֶךְ׃ וַיֹּאמֶר אֲבִימֶלֶךְ לֹא
יָדַעְתִּי מִי עָשָׂה אֶת־הַדָּבָר הַזֶּה וְגַם־אַתָּה לֹא־הִגַּדְתָּ לִּי וְגַם
כז אָנֹכִי לֹא שָׁמַעְתִּי בִּלְתִּי הַיּוֹם׃ וַיִּקַּח אַבְרָהָם צֹאן וּבָקָר וַיִּתֵּן
כח לַאֲבִימֶלֶךְ וַיִּכְרְתוּ שְׁנֵיהֶם בְּרִית׃ וַיַּצֵּב אַבְרָהָם אֶת־שֶׁבַע
כט כִּבְשֹׂת הַצֹּאן לְבַדְּהֶן׃ וַיֹּאמֶר אֲבִימֶלֶךְ אֶל־אַבְרָהָם מָה הֵנָּה
ל שֶׁבַע כְּבָשֹׂת הָאֵלֶּה אֲשֶׁר הִצַּבְתָּ לְבַדָּנָה׃ וַיֹּאמֶר כִּי אֶת־שֶׁבַע
כְּבָשֹׂת תִּקַּח מִיָּדִי בַּעֲבוּר תִּהְיֶה־לִּי לְעֵדָה כִּי חָפַרְתִּי אֶת־
לא הַבְּאֵר הַזֹּאת׃ עַל־כֵּן קָרָא לַמָּקוֹם הַהוּא בְּאֵר שָׁבַע כִּי שָׁם
לב נִשְׁבְּעוּ שְׁנֵיהֶם׃ וַיִּכְרְתוּ בְרִית בִּבְאֵר שָׁבַע וַיָּקָם אֲבִימֶלֶךְ וּפִיכֹל
לג שַׂר־צְבָאוֹ וַיָּשֻׁבוּ אֶל־אֶרֶץ פְּלִשְׁתִּים׃ וַיִּטַּע אֶשֶׁל בִּבְאֵר שָׁבַע
לד וַיִּקְרָא־שָׁם בְּשֵׁם יהוה אֵל עוֹלָם׃ וַיָּגָר אַבְרָהָם בְּאֶרֶץ פְּלִשְׁתִּים
יָמִים רַבִּים׃

כב א וַיְהִי אַחַר הַדְּבָרִים הָאֵלֶּה וְהָאֱלֹהִים נִסָּה אֶת־אַבְרָהָם וַיֹּאמֶר יט שביעי
ב אֵלָיו אַבְרָהָם וַיֹּאמֶר הִנֵּנִי׃ וַיֹּאמֶר קַח־נָא אֶת־בִּנְךָ אֶת־יְחִידְךָ
אֲשֶׁר־אָהַבְתָּ אֶת־יִצְחָק וְלֶךְ־לְךָ אֶל־אֶרֶץ הַמֹּרִיָּה וְהַעֲלֵהוּ
ג שָׁם לְעֹלָה עַל אַחַד הֶהָרִים אֲשֶׁר אֹמַר אֵלֶיךָ׃ וַיַּשְׁכֵּם אַבְרָהָם
בַּבֹּקֶר וַיַּחֲבֹשׁ אֶת־חֲמֹרוֹ וַיִּקַּח אֶת־שְׁנֵי נְעָרָיו אִתּוֹ וְאֵת יִצְחָק
בְּנוֹ וַיְבַקַּע עֲצֵי עֹלָה וַיָּקָם וַיֵּלֶךְ אֶל־הַמָּקוֹם אֲשֶׁר־אָמַר־לוֹ
ד הָאֱלֹהִים׃ בַּיּוֹם הַשְּׁלִישִׁי וַיִּשָּׂא אַבְרָהָם אֶת־עֵינָיו וַיַּרְא אֶת־
ה הַמָּקוֹם מֵרָחֹק׃ וַיֹּאמֶר אַבְרָהָם אֶל־נְעָרָיו שְׁבוּ־לָכֶם פֹּה עִם־
הַחֲמוֹר וַאֲנִי וְהַנַּעַר נֵלְכָה עַד־כֹּה וְנִשְׁתַּחֲוֶה וְנָשׁוּבָה אֲלֵיכֶם׃
ו וַיִּקַּח אַבְרָהָם אֶת־עֲצֵי הָעֹלָה וַיָּשֶׂם עַל־יִצְחָק בְּנוֹ וַיִּקַּח בְּיָדוֹ
ז אֶת־הָאֵשׁ וְאֶת־הַמַּאֲכֶלֶת וַיֵּלְכוּ שְׁנֵיהֶם יַחְדָּו׃ וַיֹּאמֶר יִצְחָק

Avraham, "Father?" Avraham said, "Here I am, my son." Yitzḥak
said, "Here is the fire and the wood, but where is the lamb for the
8 burnt offering?" And Avraham replied, "God will see to a lamb for
9 an offering, my son." The two of them walked on together. They
came to the place of which God had spoken. There Avraham built
an altar and arranged the wood. Then he bound Yitzḥak his son
10 and laid him on the altar on top of the wood. Avraham reached
11 out his hand and took hold of the knife to slay his son. But an
angel of the Lord called out to him from the heavens, "Avraham!
12 Avraham!" He said, "Here I am." "Do not lift your hand against the
boy; do nothing to him, for now I know that you fear God: for you
13 have not withheld from Me your son, your only one." Avraham
looked up and saw a ram caught in a thicket by its horns. Avraham
went, took hold of the ram, and offered it up as a burnt offering in
14 place of his son. And Avraham named the place The Lord Will
See.[46] To this day it is said, "On the mountain of the Lord, He
15 will be seen." Then the angel of the Lord called to Avraham from
16 the heavens a second time and said, "By My own Self I swear, says
the Lord, that because you have done this and have not withheld
17 your son, your only one, I will bless you greatly and make your
descendants as many as the stars of the heavens, as the sand on the
18 seashore. Your descendants will possess their enemies' gate,[47] and
through your descendants will all nations of the earth be blessed,
19 because you have listened to My voice." Avraham returned to his
young men, and together they set out and went to Be'er Sheva,
and Avraham stayed on in Be'er Sheva.
20 Some time later, Avraham was told, "Milka too has had children MAFTIR
21 with your brother Naḥor: Utz, his firstborn, his brother Buz,
22 Kemuel, father of Aram, Kesed, Ḥazo, Pildash, Yidlaf, and Betuel."
23 Betuel had a daughter Rivka. Milka bore these eight sons to
24 Avraham's brother Naḥor. His concubine, named Reuma, also
had children: Tevaḥ, Gaḥam, Taḥash, and Maakha.

46 Cf. verse 8: "God will see to a lamb for an offering."

47 That is, their cities.

אֶל־אַבְרָהָם אָבִיו וַיֹּאמֶר אָבִי וַיֹּאמֶר הִנֶּנִּי בְנִי וַיֹּאמֶר הִנֵּה הָאֵשׁ
ח וְהָעֵצִים וְאַיֵּה הַשֶּׂה לְעֹלָה׃ וַיֹּאמֶר אַבְרָהָם אֱלֹהִים יִרְאֶה־לּוֹ
ט הַשֶּׂה לְעֹלָה בְּנִי וַיֵּלְכוּ שְׁנֵיהֶם יַחְדָּו׃ וַיָּבֹאוּ אֶל־הַמָּקוֹם אֲשֶׁר
אָמַר־לוֹ הָאֱלֹהִים וַיִּבֶן שָׁם אַבְרָהָם אֶת־הַמִּזְבֵּחַ וַיַּעֲרֹךְ אֶת־
הָעֵצִים וַיַּעֲקֹד אֶת־יִצְחָק בְּנוֹ וַיָּשֶׂם אֹתוֹ עַל־הַמִּזְבֵּחַ מִמַּעַל
י לָעֵצִים׃ וַיִּשְׁלַח אַבְרָהָם אֶת־יָדוֹ וַיִּקַּח אֶת־הַמַּאֲכֶלֶת לִשְׁחֹט
יא אֶת־בְּנוֹ׃ וַיִּקְרָא אֵלָיו מַלְאַךְ יהוה מִן־הַשָּׁמַיִם וַיֹּאמֶר אַבְרָהָם ׀
יב אַבְרָהָם וַיֹּאמֶר הִנֵּנִי׃ וַיֹּאמֶר אַל־תִּשְׁלַח יָדְךָ אֶל־הַנַּעַר וְאַל־
תַּעַשׂ לוֹ מְאוּמָה כִּי ׀ עַתָּה יָדַעְתִּי כִּי־יְרֵא אֱלֹהִים אַתָּה וְלֹא
יג חָשַׂכְתָּ אֶת־בִּנְךָ אֶת־יְחִידְךָ מִמֶּנִּי׃ וַיִּשָּׂא אַבְרָהָם אֶת־עֵינָיו
וַיַּרְא וְהִנֵּה־אַיִל אַחַר נֶאֱחַז בַּסְּבַךְ בְּקַרְנָיו וַיֵּלֶךְ אַבְרָהָם וַיִּקַּח
יד אֶת־הָאַיִל וַיַּעֲלֵהוּ לְעֹלָה תַּחַת בְּנוֹ׃ וַיִּקְרָא אַבְרָהָם שֵׁם־
הַמָּקוֹם הַהוּא יהוה ׀ יִרְאֶה אֲשֶׁר יֵאָמֵר הַיּוֹם בְּהַר יהוה יֵרָאֶה׃
טו טז וַיִּקְרָא מַלְאַךְ יהוה אֶל־אַבְרָהָם שֵׁנִית מִן־הַשָּׁמָיִם׃ וַיֹּאמֶר בִּי
נִשְׁבַּעְתִּי נְאֻם־יהוה כִּי יַעַן אֲשֶׁר עָשִׂיתָ אֶת־הַדָּבָר הַזֶּה וְלֹא
יז חָשַׂכְתָּ אֶת־בִּנְךָ אֶת־יְחִידֶךָ׃ כִּי־בָרֵךְ אֲבָרֶכְךָ וְהַרְבָּה אַרְבֶּה
אֶת־זַרְעֲךָ כְּכוֹכְבֵי הַשָּׁמַיִם וְכַחוֹל אֲשֶׁר עַל־שְׂפַת הַיָּם וְיִרַשׁ
יח זַרְעֲךָ אֵת שַׁעַר אֹיְבָיו׃ וְהִתְבָּרְכוּ בְזַרְעֲךָ כֹּל גּוֹיֵי הָאָרֶץ עֵקֶב
יט אֲשֶׁר שָׁמַעְתָּ בְּקֹלִי׃ וַיָּשָׁב אַבְרָהָם אֶל־נְעָרָיו וַיָּקֻמוּ וַיֵּלְכוּ יַחְדָּו
אֶל־בְּאֵר שָׁבַע וַיֵּשֶׁב אַבְרָהָם בִּבְאֵר שָׁבַע׃
כ וַיְהִי אַחֲרֵי הַדְּבָרִים הָאֵלֶּה וַיֻּגַּד לְאַבְרָהָם לֵאמֹר הִנֵּה יָלְדָה מפטיר
כא מִלְכָּה גַם־הִוא בָּנִים לְנָחוֹר אָחִיךָ׃ אֶת־עוּץ בְּכֹרוֹ וְאֶת־בּוּז
כב אָחִיו וְאֶת־קְמוּאֵל אֲבִי אֲרָם׃ וְאֶת־כֶּשֶׂד וְאֶת־חֲזוֹ וְאֶת־פִּלְדָּשׁ
כג וְאֶת־יִדְלָף וְאֵת בְּתוּאֵל׃ וּבְתוּאֵל יָלַד אֶת־רִבְקָה שְׁמֹנָה אֵלֶּה
כד יָלְדָה מִלְכָּה לְנָחוֹר אֲחִי אַבְרָהָם׃ וּפִילַגְשׁוֹ וּשְׁמָהּ רְאוּמָה וַתֵּלֶד
גַּם־הִוא אֶת־טֶבַח וְאֶת־גַּחַם וְאֶת־תַּחַשׁ וְאֶת־מַעֲכָה׃

23 1 Sara's lifetime – the years of Sara's life – were one hundred and ḤAYEI SARA
2 twenty-seven. Sara died in Kiryat Arba – that is, Ḥevron – in the
land of Canaan. And Avraham came to mourn for Sara and to
3 weep for her. Then Avraham rose from beside his dead and spoke
4 to the Hittites. He said, "I am a migrant and a visitor among you.
5 Sell me a burial site here so that I can bury my dead." The Hittites
6 answered Avraham, "Hear us, my lord. You are a prince of God in
our midst. Bury your dead in the choicest of our tombs. None of
7 us will refuse you his tomb to bury your dead." Avraham rose and
8 bowed down to the Hittites, the people of the land, and said to
them, "If you are willing to allow me to bury the dead that lies
before me, then hear me and intercede on my behalf with Efron
9 son of Tzoḥar. Let him sell me the cave of Makhpela that he owns,
at the edge of his field. Ask him to sell it to me at the full price as
10 a burial site in your midst." Efron was sitting among the Hittites.
Efron the Hittite answered Avraham in the hearing of all the
11 Hittites who had come to the city gate. He said, "No, my lord, hear
me. I give you the field and I give you the cave that is in it. In the
12 presence of my people, I give it to you. Bury your dead." Avraham
13 bowed down again before the people of the land and said to Efron
in their hearing, "Please, would that you would hear me. I give you
the money for the field. Take it from me so that I can bury my dead
14 15 there." Efron answered Avraham and said to him, "My lord, hear
me. A piece of land worth four hundred silver shekel – what is that
16 between you and me? Bury your dead." Avraham heard Efron.[48]
He weighed out for him the price he had mentioned in the Hittites'
hearing: four hundred silver shekel at the merchants' standard
17 rate. So Efron's field in Makhpela near Mamre – the field, its cave, SHEINI
18 and all the trees within the field's borders – passed to Avraham as
his possession, in the presence of all the Hittites who had come
19 to the city gate. Avraham then buried Sara his wife in the cave in
the field of Makhpela near Mamre – that is, Ḥevron – in the land

48 Avraham discerned Efron's real intention: that he be paid the specified amount.

כג א וַיִּהְיוּ חַיֵּי שָׂרָה מֵאָה שָׁנָה וְעֶשְׂרִים שָׁנָה וְשֶׁבַע שָׁנִים שְׁנֵי חַיֵּי חיי שרה
ב שָׂרָה׃ וַתָּמָת שָׂרָה בְּקִרְיַת אַרְבַּע הִוא חֶבְרוֹן בְּאֶרֶץ כְּנָעַן וַיָּבֹא
ג אַבְרָהָם לִסְפֹּד לְשָׂרָה וְלִבְכֹּתָהּ׃ וַיָּקָם אַבְרָהָם מֵעַל פְּנֵי מֵתוֹ
ד וַיְדַבֵּר אֶל־בְּנֵי־חֵת לֵאמֹר׃ גֵּר־וְתוֹשָׁב אָנֹכִי עִמָּכֶם תְּנוּ לִי
ה אֲחֻזַּת־קֶבֶר עִמָּכֶם וְאֶקְבְּרָה מֵתִי מִלְּפָנָי׃ וַיַּעֲנוּ בְנֵי־חֵת אֶת־
ו אַבְרָהָם לֵאמֹר לוֹ׃ שְׁמָעֵנוּ ׀ אֲדֹנִי נְשִׂיא אֱלֹהִים אַתָּה בְּתוֹכֵנוּ
בְּמִבְחַר קְבָרֵינוּ קְבֹר אֶת־מֵתֶךָ אִישׁ מִמֶּנּוּ אֶת־קִבְרוֹ לֹא־יִכְלֶה
ז מִמְּךָ מִקְּבֹר מֵתֶךָ׃ וַיָּקָם אַבְרָהָם וַיִּשְׁתַּחוּ לְעַם־הָאָרֶץ לִבְנֵי־
ח חֵת׃ וַיְדַבֵּר אִתָּם לֵאמֹר אִם־יֵשׁ אֶת־נַפְשְׁכֶם לִקְבֹּר אֶת־מֵתִי
ט מִלְּפָנַי שְׁמָעוּנִי וּפִגְעוּ־לִי בְּעֶפְרוֹן בֶּן־צֹחַר׃ וְיִתֶּן־לִי אֶת־מְעָרַת
הַמַּכְפֵּלָה אֲשֶׁר־לוֹ אֲשֶׁר בִּקְצֵה שָׂדֵהוּ בְּכֶסֶף מָלֵא יִתְּנֶנָּה לִּי
י בְּתוֹכְכֶם לַאֲחֻזַּת־קָבֶר׃ וְעֶפְרוֹן יֹשֵׁב בְּתוֹךְ בְּנֵי־חֵת וַיַּעַן עֶפְרוֹן
הַחִתִּי אֶת־אַבְרָהָם בְּאָזְנֵי בְנֵי־חֵת לְכֹל בָּאֵי שַׁעַר־עִירוֹ לֵאמֹר׃
יא לֹא־אֲדֹנִי שְׁמָעֵנִי הַשָּׂדֶה נָתַתִּי לָךְ וְהַמְּעָרָה אֲשֶׁר־בּוֹ לְךָ נְתַתִּיהָ
יב לְעֵינֵי בְנֵי־עַמִּי נְתַתִּיהָ לָּךְ קְבֹר מֵתֶךָ׃ וַיִּשְׁתַּחוּ אַבְרָהָם לִפְנֵי
יג עַם־הָאָרֶץ׃ וַיְדַבֵּר אֶל־עֶפְרוֹן בְּאָזְנֵי עַם־הָאָרֶץ לֵאמֹר אַךְ
אִם־אַתָּה לוּ שְׁמָעֵנִי נָתַתִּי כֶּסֶף הַשָּׂדֶה קַח מִמֶּנִּי וְאֶקְבְּרָה
יד טו אֶת־מֵתִי שָׁמָּה׃ וַיַּעַן עֶפְרוֹן אֶת־אַבְרָהָם לֵאמֹר לוֹ׃ אֲדֹנִי שְׁמָעֵנִי
אֶרֶץ אַרְבַּע מֵאֹת שֶׁקֶל־כֶּסֶף בֵּינִי וּבֵינְךָ מַה־הִוא וְאֶת־מֵתְךָ
טז קְבֹר׃ וַיִּשְׁמַע אַבְרָהָם אֶל־עֶפְרוֹן וַיִּשְׁקֹל אַבְרָהָם לְעֶפְרֹן
אֶת־הַכֶּסֶף אֲשֶׁר דִּבֶּר בְּאָזְנֵי בְנֵי־חֵת אַרְבַּע מֵאוֹת שֶׁקֶל כֶּסֶף
יז עֹבֵר לַסֹּחֵר׃ וַיָּקָם ׀ שְׂדֵה עֶפְרוֹן אֲשֶׁר בַּמַּכְפֵּלָה אֲשֶׁר לִפְנֵי שני
מַמְרֵא הַשָּׂדֶה וְהַמְּעָרָה אֲשֶׁר־בּוֹ וְכָל־הָעֵץ אֲשֶׁר בַּשָּׂדֶה אֲשֶׁר
יח בְּכָל־גְּבֻלוֹ סָבִיב׃ לְאַבְרָהָם לְמִקְנָה לְעֵינֵי בְנֵי־חֵת בְּכֹל בָּאֵי
יט שַׁעַר־עִירוֹ׃ וְאַחֲרֵי־כֵן קָבַר אַבְרָהָם אֶת־שָׂרָה אִשְׁתּוֹ אֶל־
מְעָרַת שְׂדֵה הַמַּכְפֵּלָה עַל־פְּנֵי מַמְרֵא הִוא חֶבְרוֹן בְּאֶרֶץ כְּנָעַן׃

20 of Canaan. Thus the field and its cave passed from the Hittites to
24 1 Avraham as a burial site. Avraham was old, advanced in
2 years, and the Lord had blessed him in all things. And Avraham
said to the senior servant of his household, who was in charge of
3 all he had, "Place your hand under my thigh.[49] I want you to swear
by the Lord, God of heaven and earth, that you will not take a
wife for my son from among the daughters of the Canaanites
4 among whom I live. Instead, go to my land and birthplace, and
5 there find a wife for Yitzḥak my son." The servant asked, "What if
the woman does not want to come back with me to this land? Shall
6 I bring your son back to the land from which you came?" Avraham
7 said to him, "Be sure not to take my son back there. The Lord,
God of the heavens, took me from my father's house and from the
land of my birth. He spoke to me and swore to me, 'To your
descendants I will give this land.' He will send His angel before
8 you, and there you will find a wife for my son. But if the woman
does not want to come back with you, then you will be released
9 from this oath to me. Just do not take my son back there." So the
servant placed his hand under his master Avraham's thigh and
10 swore this by an oath to him. The servant then took ten of his SHELISHI
master's camels, laden with all his master's bounty, and set out to
11 Aram Naharayim, to the city of Naḥor. By the well outside the city,
he had the camels kneel. It was evening, the time when the women
12 came out to draw water. "Lord, God of my master Avraham,"
he said, "please, grant me success today and show kindness to
13 my master Avraham. I am standing here by the spring and the
14 daughters of the townspeople are coming out to draw water. If I
say to a young woman, 'Please lower your jar so that I can drink,'
and she replies, 'Drink, and I will water your camels also,' let her
be the one You have chosen for Your servant Yitzḥak. By this I will
15 know that You have shown kindness to my master." Before he had
even finished speaking, Rivka, daughter of Betuel son of Milka,
the wife of Avraham's brother Naḥor, came out with her jar on her

49 An act sometimes performed in conjunction with an oath.

כ וַיָּקָם הַשָּׂדֶה וְהַמְּעָרָה אֲשֶׁר־בּוֹ לְאַבְרָהָם לַאֲחֻזַּת־קָבֶר מֵאֵת
כד א בְּנֵי־חֵת: וְאַבְרָהָם זָקֵן בָּא בַּיָּמִים וַיהוָה בֵּרַךְ אֶת־ כ
ב אַבְרָהָם בַּכֹּל: וַיֹּאמֶר אַבְרָהָם אֶל־עַבְדּוֹ זְקַן בֵּיתוֹ הַמֹּשֵׁל
ג בְּכָל־אֲשֶׁר־לוֹ שִׂים־נָא יָדְךָ תַּחַת יְרֵכִי: וְאַשְׁבִּיעֲךָ בַּיהוָה אֱלֹהֵי
הַשָּׁמַיִם וֵאלֹהֵי הָאָרֶץ אֲשֶׁר לֹא־תִקַּח אִשָּׁה לִבְנִי מִבְּנוֹת
ד הַכְּנַעֲנִי אֲשֶׁר אָנֹכִי יוֹשֵׁב בְּקִרְבּוֹ: כִּי אֶל־אַרְצִי וְאֶל־מוֹלַדְתִּי
ה תֵּלֵךְ וְלָקַחְתָּ אִשָּׁה לִבְנִי לְיִצְחָק: וַיֹּאמֶר אֵלָיו הָעֶבֶד אוּלַי
לֹא־תֹאבֶה הָאִשָּׁה לָלֶכֶת אַחֲרַי אֶל־הָאָרֶץ הַזֹּאת הֶהָשֵׁב
ו אָשִׁיב אֶת־בִּנְךָ אֶל־הָאָרֶץ אֲשֶׁר־יָצָאתָ מִשָּׁם: וַיֹּאמֶר אֵלָיו
ז אַבְרָהָם הִשָּׁמֶר לְךָ פֶּן־תָּשִׁיב אֶת־בְּנִי שָׁמָּה: יְהוָה ׀ אֱלֹהֵי
הַשָּׁמַיִם אֲשֶׁר לְקָחַנִי מִבֵּית אָבִי וּמֵאֶרֶץ מוֹלַדְתִּי וַאֲשֶׁר דִּבֶּר־
לִי וַאֲשֶׁר נִשְׁבַּע־לִי לֵאמֹר לְזַרְעֲךָ אֶתֵּן אֶת־הָאָרֶץ הַזֹּאת הוּא
ח יִשְׁלַח מַלְאָכוֹ לְפָנֶיךָ וְלָקַחְתָּ אִשָּׁה לִבְנִי מִשָּׁם: וְאִם־לֹא תֹאבֶה
הָאִשָּׁה לָלֶכֶת אַחֲרֶיךָ וְנִקִּיתָ מִשְּׁבֻעָתִי זֹאת רַק אֶת־בְּנִי לֹא
ט תָשֵׁב שָׁמָּה: וַיָּשֶׂם הָעֶבֶד אֶת־יָדוֹ תַּחַת יֶרֶךְ אַבְרָהָם אֲדֹנָיו
י וַיִּשָּׁבַע לוֹ עַל־הַדָּבָר הַזֶּה: וַיִּקַּח הָעֶבֶד עֲשָׂרָה גְמַלִּים מִגְּמַלֵּי שלישי
אֲדֹנָיו וַיֵּלֶךְ וְכָל־טוּב אֲדֹנָיו בְּיָדוֹ וַיָּקָם וַיֵּלֶךְ אֶל־אֲרַם נַהֲרַיִם
יא אֶל־עִיר נָחוֹר: וַיַּבְרֵךְ הַגְּמַלִּים מִחוּץ לָעִיר אֶל־בְּאֵר הַמָּיִם
יב לְעֵת עֶרֶב לְעֵת צֵאת הַשֹּׁאֲבֹת: וַיֹּאמַר ׀ יְהוָה אֱלֹהֵי אֲדֹנִי
אַבְרָהָם הַקְרֵה־נָא לְפָנַי הַיּוֹם וַעֲשֵׂה־חֶסֶד עִם אֲדֹנִי אַבְרָהָם:
יג הִנֵּה אָנֹכִי נִצָּב עַל־עֵין הַמָּיִם וּבְנוֹת אַנְשֵׁי הָעִיר יֹצְאֹת לִשְׁאֹב
יד מָיִם: וְהָיָה הַנַּעֲרָ אֲשֶׁר אֹמַר אֵלֶיהָ הַטִּי־נָא כַדֵּךְ וְאֶשְׁתֶּה
וְאָמְרָה שְׁתֵה וְגַם־גְּמַלֶּיךָ אַשְׁקֶה אֹתָהּ הֹכַחְתָּ לְעַבְדְּךָ לְיִצְחָק
טו וּבָהּ אֵדַע כִּי־עָשִׂיתָ חֶסֶד עִם־אֲדֹנִי: וַיְהִי־הוּא טֶרֶם כִּלָּה לְדַבֵּר
וְהִנֵּה רִבְקָה יֹצֵאת אֲשֶׁר יֻלְּדָה לִבְתוּאֵל בֶּן־מִלְכָּה אֵשֶׁת נָחוֹר

16 shoulder. The young woman was very beautiful, a virgin whom
no man had known. She went down to the spring, filled her jar,
17 and came up. The servant ran to meet her and said, "Please let me
18 sip a little water from your jar." She said, "Drink, my lord," and
19 quickly lowered her jar to her hand and let him drink. When she
had let him drink his fill, she said, "I will draw water for your
20 camels, too, until they have had enough to drink." Quickly she
emptied her jar into the trough and ran back to the well to draw
21 more water; she drew for all his camels. The man stood gazing at
her, silently wondering whether the LORD had made his journey
22 successful. When the camels had finished drinking, the man took
a gold ring weighing a half shekel and two gold bracelets for her
23 arms weighing ten shekel, and he asked, "Whose daughter are
you? Please tell me, is there room in your father's house for us to
24 spend the night?" She answered him, "I am the daughter of Betuel,
25 the son Milka bore to Naḥor." She added, "We have plenty of straw
26 and fodder, as well as room for you to spend the night." The man
27 bowed low, prostrating himself to the LORD. He said, "Blessed be REVI'I
the LORD, God of my master Avraham, who has not withheld
His kindness and faithfulness from my master. As for me – the
LORD has guided me on the way to the house of my master's close
28 family." The young woman ran and told all this to her mother's
29 household. Rivka had a brother named Lavan; he ran outside to
30 the man at the spring. He had seen the ring, and the bracelets on
his sister's arms, and had heard his sister Rivka tell what the man
had said to her. He came up to the man who was still standing by
31 the camels at the spring, and said, "Come. The LORD bless you!
Why are you standing outside? I have made room in the house
32 and prepared a place for the camels." So the man entered the
house, the camels were unloaded, straw and fodder were brought
for the camels, and water was brought for him and his men to
33 wash their feet. Food was set before him to eat, but he said, "I will
not eat until I have said what I have to say." "Speak, then," said
34 35 Lavan. "I am Avraham's servant," he said. "The LORD has blessed

טז אָחִי אַבְרָהָם וְכַדָּהּ עַל־שִׁכְמָהּ: וְהַנַּעֲרָ טֹבַת מַרְאֶה מְאֹד
יז בְּתוּלָה וְאִישׁ לֹא יְדָעָהּ וַתֵּרֶד הָעַיְנָה וַתְּמַלֵּא כַדָּהּ וַתָּעַל: וַיָּרָץ
הָעֶבֶד לִקְרָאתָהּ וַיֹּאמֶר הַגְמִיאִינִי נָא מְעַט־מַיִם מִכַּדֵּךְ:
יח וַתֹּאמֶר שְׁתֵה אֲדֹנִי וַתְּמַהֵר וַתֹּרֶד כַּדָּהּ עַל־יָדָהּ וַתַּשְׁקֵהוּ:
יט וַתְּכַל לְהַשְׁקֹתוֹ וַתֹּאמֶר גַּם לִגְמַלֶּיךָ אֶשְׁאָב עַד אִם־כִּלּוּ
כ לִשְׁתֹּת: וַתְּמַהֵר וַתְּעַר כַּדָּהּ אֶל־הַשֹּׁקֶת וַתָּרָץ עוֹד אֶל־הַבְּאֵר
כא לִשְׁאֹב וַתִּשְׁאַב לְכָל־גְּמַלָּיו: וְהָאִישׁ מִשְׁתָּאֵה לָהּ מַחֲרִישׁ
כב לָדַעַת הַהִצְלִיחַ יהוה דַּרְכּוֹ אִם־לֹא: וַיְהִי כַּאֲשֶׁר כִּלּוּ הַגְּמַלִּים
לִשְׁתּוֹת וַיִּקַּח הָאִישׁ נֶזֶם זָהָב בֶּקַע מִשְׁקָלוֹ וּשְׁנֵי צְמִידִים עַל־
כג יָדֶיהָ עֲשָׂרָה זָהָב מִשְׁקָלָם: וַיֹּאמֶר בַּת־מִי אַתְּ הַגִּידִי נָא לִי
כד הֲיֵשׁ בֵּית־אָבִיךְ מָקוֹם לָנוּ לָלִין: וַתֹּאמֶר אֵלָיו בַּת־בְּתוּאֵל
כה אָנֹכִי בֶּן־מִלְכָּה אֲשֶׁר יָלְדָה לְנָחוֹר: וַתֹּאמֶר אֵלָיו גַּם־תֶּבֶן גַּם־
כו מִסְפּוֹא רַב עִמָּנוּ גַּם־מָקוֹם לָלוּן: וַיִּקֹּד הָאִישׁ וַיִּשְׁתַּחוּ לַיהוה:
כז וַיֹּאמֶר בָּרוּךְ יהוה אֱלֹהֵי אֲדֹנִי אַבְרָהָם אֲשֶׁר לֹא־עָזַב חַסְדּוֹ רביעי
כח וַאֲמִתּוֹ מֵעִם אֲדֹנִי אָנֹכִי בַּדֶּרֶךְ נָחַנִי יהוה בֵּית אֲחֵי אֲדֹנִי: וַתָּרָץ
כט הַנַּעֲרָ וַתַּגֵּד לְבֵית אִמָּהּ כַּדְּבָרִים הָאֵלֶּה: וּלְרִבְקָה אָח וּשְׁמוֹ
ל לָבָן וַיָּרָץ לָבָן אֶל־הָאִישׁ הַחוּצָה אֶל־הָעָיִן: וַיְהִי ׀ כִּרְאֹת אֶת־
הַנֶּזֶם וְאֶת־הַצְּמִדִים עַל־יְדֵי אֲחֹתוֹ וּכְשָׁמְעוֹ אֶת־דִּבְרֵי רִבְקָה
אֲחֹתוֹ לֵאמֹר כֹּה־דִבֶּר אֵלַי הָאִישׁ וַיָּבֹא אֶל־הָאִישׁ וְהִנֵּה עֹמֵד
לא עַל־הַגְּמַלִּים עַל־הָעָיִן: וַיֹּאמֶר בּוֹא בְּרוּךְ יהוה לָמָּה תַעֲמֹד
לב בַּחוּץ וְאָנֹכִי פִּנִּיתִי הַבַּיִת וּמָקוֹם לַגְּמַלִּים: וַיָּבֹא הָאִישׁ הַבַּיְתָה
וַיְפַתַּח הַגְּמַלִּים וַיִּתֵּן תֶּבֶן וּמִסְפּוֹא לַגְּמַלִּים וּמַיִם לִרְחֹץ רַגְלָיו
לג וְרַגְלֵי הָאֲנָשִׁים אֲשֶׁר אִתּוֹ: ויישם לְפָנָיו לֶאֱכֹל וַיֹּאמֶר לֹא אֹכַל וַיּוּשַׂם
לד עַד אִם־דִּבַּרְתִּי דְּבָרָי וַיֹּאמֶר דַּבֵּר: וַיֹּאמַר עֶבֶד אַבְרָהָם אָנֹכִי:
לה וַיהוה בֵּרַךְ אֶת־אֲדֹנִי מְאֹד וַיִּגְדָּל וַיִּתֶּן־לוֹ צֹאן וּבָקָר וְכֶסֶף וְזָהָב

my master greatly, and he has prospered. He has given him sheep
and cattle, silver and gold, male and female servants, camels and
36 donkeys. My master's wife Sara bore my master a son in her old
37 age, and he committed to his son all that is his. My master made
me swear, saying, 'You must not take a wife for my son from
among the daughters of the Canaanites in whose land I live.
38 Instead you must go to my father's house and family and there find
39 a wife for my son.' I asked my master, 'What if the woman does
40 not want to come back with me?' He answered, 'The LORD before
whom I have walked will send His angel with you to make your
journey a success, so that you may find a wife for my son from my
41 family and father's house. You are released from this vow only if
you come to my family and they refuse to give her to you. Then
42 you are released from my vow.' Today, when I came to the spring,
I said, 'LORD, God of my master Avraham, if You will, please grant
43 success to this journey on which I have come. I am standing here
by a spring of water. The woman who comes out to draw water, to
44 whom I say, "Please let me sip a little water from your jar," and
who says to me, "Drink, and I will also draw for your camels" – let
45 her be the one the LORD has chosen for my master's son.' Before
I had even finished speaking to myself, Rivka came out with her
jar on her shoulder. She went down to the spring and drew water,
46 and I asked her, 'Please, let me drink.' She immediately lowered
her jar and said, 'Drink, and I will also water your camels.' So I
47 drank, and she gave the camels water too. I asked her, 'Whose
daughter are you?' She said, 'The daughter of Betuel son of Naḥor,
whom Milka bore to him.' So I placed a ring on her nose and
48 bracelets on her arms. I bowed low and prostrated myself to the
LORD, and blessed the LORD, God of my master Avraham, who
led me on the right way to take the daughter of my master's brother
49 for his son. Now, if you are willing to show kindness and faithful-
ness to my master, tell me; and if not, tell me that, so that I may
50 move on, right or left." Lavan and Betuel answered, "This is surely
from the LORD: there is nothing for us to say to you, bad or good.

לו וַעֲבָדִם וּשְׁפָחֹת וּגְמַלִּים וַחֲמֹרִים: וַתֵּלֶד שָׂרָה אֵשֶׁת אֲדֹנִי בֵן
לז לַאדֹנִי אַחֲרֵי זִקְנָתָהּ וַיִּתֶּן־לוֹ אֶת־כָּל־אֲשֶׁר־לוֹ: וַיַּשְׁבִּעֵנִי אֲדֹנִי
לֵאמֹר לֹא־תִקַּח אִשָּׁה לִבְנִי מִבְּנוֹת הַכְּנַעֲנִי אֲשֶׁר אָנֹכִי יֹשֵׁב
לח בְּאַרְצוֹ: אִם־לֹא אֶל־בֵּית־אָבִי תֵּלֵךְ וְאֶל־מִשְׁפַּחְתִּי וְלָקַחְתָּ
לט מ אִשָּׁה לִבְנִי: וָאֹמַר אֶל־אֲדֹנִי אֻלַי לֹא־תֵלֵךְ הָאִשָּׁה אַחֲרָי: וַיֹּאמֶר
אֵלָי יְהוָה אֲשֶׁר־הִתְהַלַּכְתִּי לְפָנָיו יִשְׁלַח מַלְאָכוֹ אִתָּךְ וְהִצְלִיחַ
מא דַּרְכֶּךָ וְלָקַחְתָּ אִשָּׁה לִבְנִי מִמִּשְׁפַּחְתִּי וּמִבֵּית אָבִי: אָז תִּנָּקֶה
מֵאָלָתִי כִּי תָבוֹא אֶל־מִשְׁפַּחְתִּי וְאִם־לֹא יִתְּנוּ לָךְ וְהָיִיתָ נָקִי
מב מֵאָלָתִי: וָאָבֹא הַיּוֹם אֶל־הָעָיִן וָאֹמַר יְהוָה אֱלֹהֵי אֲדֹנִי אַבְרָהָם כא
מג אִם־יֶשְׁךָ־נָּא מַצְלִיחַ דַּרְכִּי אֲשֶׁר אָנֹכִי הֹלֵךְ עָלֶיהָ: הִנֵּה אָנֹכִי
נִצָּב עַל־עֵין הַמָּיִם וְהָיָה הָעַלְמָה הַיֹּצֵאת לִשְׁאֹב וְאָמַרְתִּי אֵלֶיהָ
מד הַשְׁקִינִי־נָא מְעַט־מַיִם מִכַּדֵּךְ: וְאָמְרָה אֵלַי גַּם־אַתָּה שְׁתֵה וְגַם
מה לִגְמַלֶּיךָ אֶשְׁאָב הִוא הָאִשָּׁה אֲשֶׁר־הֹכִיחַ יְהוָה לְבֶן־אֲדֹנִי: אֲנִי
טֶרֶם אֲכַלֶּה לְדַבֵּר אֶל־לִבִּי וְהִנֵּה רִבְקָה יֹצֵאת וְכַדָּהּ עַל־שִׁכְמָהּ
מו וַתֵּרֶד הָעַיְנָה וַתִּשְׁאָב וָאֹמַר אֵלֶיהָ הַשְׁקִינִי נָא: וַתְּמַהֵר וַתּוֹרֶד
כַּדָּהּ מֵעָלֶיהָ וַתֹּאמֶר שְׁתֵה וְגַם־גְּמַלֶּיךָ אַשְׁקֶה וָאֵשְׁתְּ וְגַם
מז הַגְּמַלִּים הִשְׁקָתָה: וָאֶשְׁאַל אֹתָהּ וָאֹמַר בַּת־מִי אַתְּ וַתֹּאמֶר
בַּת־בְּתוּאֵל בֶּן־נָחוֹר אֲשֶׁר יָלְדָה־לּוֹ מִלְכָּה וָאָשִׂם הַנֶּזֶם עַל־
מח אַפָּהּ וְהַצְּמִידִים עַל־יָדֶיהָ: וָאֶקֹּד וָאֶשְׁתַּחֲוֶה לַיהוָה וָאֲבָרֵךְ
אֶת־יְהוָה אֱלֹהֵי אֲדֹנִי אַבְרָהָם אֲשֶׁר הִנְחַנִי בְּדֶרֶךְ אֱמֶת לָקַחַת
מט אֶת־בַּת־אֲחִי אֲדֹנִי לִבְנוֹ: וְעַתָּה אִם־יֶשְׁכֶם עֹשִׂים חֶסֶד וֶאֱמֶת
אֶת־אֲדֹנִי הַגִּידוּ לִי וְאִם־לֹא הַגִּידוּ לִי וְאֶפְנֶה עַל־יָמִין אוֹ עַל־
נ שְׂמֹאל: וַיַּעַן לָבָן וּבְתוּאֵל וַיֹּאמְרוּ מֵיְהוָה יָצָא הַדָּבָר לֹא נוּכַל

51 Here is Rivka in front of you. Take her; go. Let her be the wife of
52 your master's son, as the LORD has spoken." When Avraham's
servant heard these words, he bowed down to the ground before
53 the LORD. The servant brought out gold and silver jewelry and ḤAMISHI
clothes and gave them to Rivka. He also gave costly gifts to her
54 brother and her mother. Then he and his men ate and drank and
spent the night there. When they got up the next morning he said,
55 "Send me on my way to my master." But her brother and her
mother replied, "Let the young woman stay with us a year or ten
56 months. Then she may go." "Do not delay me," he said, "now that
the LORD has made my journey a success. Let me leave so that I
57 may go back to my master." They replied, "Let us call the young
58 woman and ask her." So they called Rivka and asked her, "Will
59 you go with this man?" She replied, "I will." So they sent their
sister Rivka on her way, together with her nurse and Avraham's
60 servant and his men. They blessed Rivka and said to her, "Our
sister, may you grow into thousands of myriads, and may your
61 descendants possess their enemies' gates." Then Rivka set off with
her maids, riding on camels and following the man. The servant
62 took Rivka and went. Yitzḥak was just coming back from the
direction of Be'er Laḥai Ro'i, for he was then living in the Negev.
63 He had gone out in the field toward evening to meditate. Looking
64 up, he saw – there were camels approaching. Rivka too looked
65 up – and saw Yitzḥak. She jumped down from the camel and
asked the servant, "Who is that man walking in the field toward
us?" The servant replied, "That is my master." And she took her
66 veil and covered herself. The servant told Yitzḥak all he had done.
67 And Yitzḥak brought her into the tent of his mother Sara. He took
Rivka as his wife, and he loved her. And Yitzḥak was comforted
after his mother's death.

25 1 2 Avraham took another wife, whose name was Ketura. She bore SHISHI
him Zimran, Yokshan, Medan, Midyan, Yishbak, and Shuaḥ;
3 Yokshan was the father of Sheva and Dedan. The sons of Dedan
4 were Ashurim, Letushim, and Leumim. The sons of Midyan were

נא דַּבֵּ֥ר אֵלֶ֖יךָ רַ֥ע אוֹ־טֽוֹב׃ הִנֵּֽה־רִבְקָ֥ה לְפָנֶ֖יךָ קַ֣ח וָלֵ֑ךְ וּתְהִ֤י אִשָּׁה֙
נב לְבֶן־אֲדֹנֶ֔יךָ כַּאֲשֶׁ֖ר דִּבֶּ֥ר יְהוָֽה׃ וַיְהִ֕י כַּאֲשֶׁ֥ר שָׁמַ֛ע עֶ֥בֶד אַבְרָהָ֖ם
נג אֶת־דִּבְרֵיהֶ֑ם וַיִּשְׁתַּ֥חוּ אַ֖רְצָה לַֽיהוָֽה׃ וַיּוֹצֵ֨א הָעֶ֜בֶד כְּלֵי־כֶ֨סֶף חמישי
וּכְלֵ֤י זָהָב֙ וּבְגָדִ֔ים וַיִּתֵּ֖ן לְרִבְקָ֑ה וּמִ֨גְדָּנֹ֔ת נָתַ֥ן לְאָחִ֖יהָ וּלְאִמָּֽהּ׃
נד וַיֹּאכְל֣וּ וַיִּשְׁתּ֗וּ ה֛וּא וְהָאֲנָשִׁ֥ים אֲשֶׁר־עִמּ֖וֹ וַיָּלִ֑ינוּ וַיָּק֣וּמוּ בַבֹּ֔קֶר
נה וַיֹּ֖אמֶר שַׁלְּחֻ֥נִי לַֽאדֹנִֽי׃ וַיֹּ֤אמֶר אָחִ֙יהָ֙ וְאִמָּ֔הּ תֵּשֵׁ֨ב הַנַּעֲרָ֥ אִתָּ֛נוּ
נו יָמִ֖ים א֣וֹ עָשׂ֑וֹר אַחַ֖ר תֵּלֵֽךְ׃ וַיֹּ֤אמֶר אֲלֵהֶם֙ אַל־תְּאַחֲר֣וּ אֹתִ֔י
נז וַֽיהוָ֖ה הִצְלִ֣יחַ דַּרְכִּ֑י שַׁלְּח֕וּנִי וְאֵלְכָ֖ה לַֽאדֹנִֽי׃ וַיֹּאמְר֖וּ נִקְרָ֣א לַֽנַּעֲרָ֑
נח וְנִשְׁאֲלָ֖ה אֶת־פִּֽיהָ׃ וַיִּקְרְא֤וּ לְרִבְקָה֙ וַיֹּאמְר֣וּ אֵלֶ֔יהָ הֲתֵלְכִ֖י עִם־
נט הָאִ֣ישׁ הַזֶּ֑ה וַתֹּ֖אמֶר אֵלֵֽךְ׃ וַֽיְשַׁלְּח֛וּ אֶת־רִבְקָ֥ה אֲחֹתָ֖ם וְאֶת־
ס מֵנִקְתָּ֑הּ וְאֶת־עֶ֥בֶד אַבְרָהָ֖ם וְאֶת־אֲנָשָֽׁיו׃ וַיְבָרְכ֤וּ אֶת־רִבְקָה֙
וַיֹּ֣אמְרוּ לָ֔הּ אֲחֹתֵ֕נוּ אַ֥תְּ הֲיִ֖י לְאַלְפֵ֣י רְבָבָ֑ה וְיִירַ֣שׁ זַרְעֵ֔ךְ אֵ֖ת
סא שַׁ֥עַר שֹׂנְאָֽיו׃ וַתָּ֨קָם רִבְקָ֜ה וְנַעֲרֹתֶ֗יהָ וַתִּרְכַּ֙בְנָה֙ עַל־הַגְּמַלִּ֔ים
סב וַתֵּלַ֖כְנָה אַחֲרֵ֣י הָאִ֑ישׁ וַיִּקַּ֥ח הָעֶ֛בֶד אֶת־רִבְקָ֖ה וַיֵּלַֽךְ׃ וְיִצְחָק֙ בָּ֣א
סג מִבּ֔וֹא בְּאֵ֖ר לַחַ֣י רֹאִ֑י וְה֥וּא יוֹשֵׁ֖ב בְּאֶ֥רֶץ הַנֶּֽגֶב׃ וַיֵּצֵ֥א יִצְחָ֛ק
לָשׂ֥וּחַ בַּשָּׂדֶ֖ה לִפְנ֣וֹת עָ֑רֶב וַיִּשָּׂ֤א עֵינָיו֙ וַיַּ֔רְא וְהִנֵּ֥ה גְמַלִּ֖ים בָּאִֽים׃
סד וַתִּשָּׂ֤א רִבְקָה֙ אֶת־עֵינֶ֔יהָ וַתֵּ֖רֶא אֶת־יִצְחָ֑ק וַתִּפֹּ֖ל מֵעַ֥ל הַגָּמָֽל׃
סה וַתֹּ֣אמֶר אֶל־הָעֶ֗בֶד מִֽי־הָאִ֤ישׁ הַלָּזֶה֙ הַהֹלֵ֤ךְ בַּשָּׂדֶה֙ לִקְרָאתֵ֔נוּ
סו וַיֹּ֥אמֶר הָעֶ֖בֶד ה֣וּא אֲדֹנִ֑י וַתִּקַּ֥ח הַצָּעִ֖יף וַתִּתְכָּֽס׃ וַיְסַפֵּ֥ר הָעֶ֖בֶד
סז לְיִצְחָ֑ק אֵ֥ת כָּל־הַדְּבָרִ֖ים אֲשֶׁ֥ר עָשָֽׂה׃ וַיְבִאֶ֣הָ יִצְחָ֗ק הָאֹ֙הֱלָה֙
שָׂרָ֣ה אִמּ֔וֹ וַיִּקַּ֧ח אֶת־רִבְקָ֛ה וַתְּהִי־ל֥וֹ לְאִשָּׁ֖ה וַיֶּאֱהָבֶ֑הָ וַיִּנָּחֵ֥ם
יִצְחָ֖ק אַחֲרֵ֥י אִמּֽוֹ׃
כה א ב וַיֹּ֧סֶף אַבְרָהָ֛ם וַיִּקַּ֥ח אִשָּׁ֖ה וּשְׁמָ֥הּ קְטוּרָֽה׃ וַתֵּ֣לֶד ל֗וֹ אֶת־זִמְרָן֙ כב ששי
וְאֶת־יָקְשָׁ֔ן וְאֶת־מְדָ֖ן וְאֶת־מִדְיָ֑ן וְאֶת־יִשְׁבָּ֖ק וְאֶת־שֽׁוּחַ׃
ג וְיָקְשָׁ֣ן יָלַ֔ד אֶת־שְׁבָ֖א וְאֶת־דְּדָ֑ן וּבְנֵ֣י דְדָ֔ן הָי֛וּ אַשּׁוּרִ֥ם וּלְטוּשִׁ֖ם
ד וּלְאֻמִּֽים׃ וּבְנֵ֣י מִדְיָ֗ן עֵיפָ֤ה וָעֵ֙פֶר֙ וַחֲנֹ֔ךְ וַאֲבִידָ֖ע וְאֶלְדָּעָ֑ה כָּל־

Eifa, Efer, Ḥanokh, Avida, and Eldaa; all these were descendants
5 6 of Ketura. Avraham left all that was his to Yitzḥak – while he was
still living he gave gifts to the sons of his concubines and sent them
7 eastward, away from his son Yitzḥak, to the land of the East. These
are the days, the years of Avraham's life: he lived one hundred and
8 seventy-five years. Avraham breathed his last and died in his ripe
9 old age, aged and satisfied, and was gathered to his people. His
sons, Yitzḥak and Yishmael, buried him in the cave of Makhpela,
10 near Mamre, in the field of Efron son of Tzoḥar the Hittite – the
field Avraham had bought from the Hittites. There Avraham was
11 buried with Sara his wife. After Avraham's death, God blessed
Yitzḥak his son, who was then living near Be'er Laḥai Ro'i.
12 These are the descendants of Avraham's son Yishmael, whom Sara's SHEVI'I
13 maidservant, Hagar the Egyptian, bore to Avraham. The names
of Yishmael's sons, in the order of their birth, are: Nevayot –
14 Yishmael's firstborn, Kedar, Adbe'el, Mivsam, Mishma, Duma,
15 16 Massa, Ḥadad, Teima, Yetur, Nafish, and Kedma. These were MAFTIR
Yishmael's sons, and these are their names by their villages and
17 encampments: twelve princes and their tribes. These were the
years of Yishmael's life: he lived one hundred and thirty-seven
years. He breathed his last and died, and was gathered to his people.
18 The Ishmaelites dwelt from Ḥavila to Shur, up against Egypt, all
the way to Assyria, settling up against all their brothers.
19 This is the story of Yitzḥak, son of Avraham: Avraham was Yitzḥak's TOLEDOT
20 father. When Yitzḥak was forty he married Rivka, daughter of
Betuel the Aramean of Padan Aram, sister of Lavan the Aramean.
21 And Yitzḥak pleaded with the LORD on behalf of his wife, for
she was childless. The LORD granted his plea and Rivka became
22 pregnant. But the children clashed within her. She said, "If this
is so, why am I living?" So she went to inquire of the LORD.
23 The LORD said to her, "Two nations are inside your womb; two
peoples are to part from you. People will overpower people, and

ה ו אֵלֶּה בְּנֵי קְטוּרָה: וַיִּתֵּן אַבְרָהָם אֶת־כָּל־אֲשֶׁר־לוֹ לְיִצְחָק: וְלִבְנֵי
הַפִּילַגְשִׁים אֲשֶׁר לְאַבְרָהָם נָתַן אַבְרָהָם מַתָּנֹת וַיְשַׁלְּחֵם מֵעַל
ז יִצְחָק בְּנוֹ בְּעוֹדֶנּוּ חַי קֵדְמָה אֶל־אֶרֶץ קֶדֶם: וְאֵלֶּה יְמֵי שְׁנֵי־
חַיֵּי אַבְרָהָם אֲשֶׁר־חָי מְאַת שָׁנָה וְשִׁבְעִים שָׁנָה וְחָמֵשׁ שָׁנִים:
ח וַיִּגְוַע וַיָּמָת אַבְרָהָם בְּשֵׂיבָה טוֹבָה זָקֵן וְשָׂבֵעַ וַיֵּאָסֶף אֶל־עַמָּיו:
ט וַיִּקְבְּרוּ אֹתוֹ יִצְחָק וְיִשְׁמָעֵאל בָּנָיו אֶל־מְעָרַת הַמַּכְפֵּלָה אֶל־
י שְׂדֵה עֶפְרֹן בֶּן־צֹחַר הַחִתִּי אֲשֶׁר עַל־פְּנֵי מַמְרֵא: הַשָּׂדֶה אֲשֶׁר־
קָנָה אַבְרָהָם מֵאֵת בְּנֵי־חֵת שָׁמָּה קֻבַּר אַבְרָהָם וְשָׂרָה אִשְׁתּוֹ:
יא וַיְהִי אַחֲרֵי מוֹת אַבְרָהָם וַיְבָרֶךְ אֱלֹהִים אֶת־יִצְחָק בְּנוֹ וַיֵּשֶׁב
יִצְחָק עִם־בְּאֵר לַחַי רֹאִי:
יב וְאֵלֶּה תֹּלְדֹת יִשְׁמָעֵאל בֶּן־אַבְרָהָם אֲשֶׁר יָלְדָה הָגָר הַמִּצְרִית שביעי
יג שִׁפְחַת שָׂרָה לְאַבְרָהָם: וְאֵלֶּה שְׁמוֹת בְּנֵי יִשְׁמָעֵאל בִּשְׁמֹתָם
לְתוֹלְדֹתָם בְּכֹר יִשְׁמָעֵאל נְבָיֹת וְקֵדָר וְאַדְבְּאֵל וּמִבְשָׂם:
יד טו וּמִשְׁמָע וְדוּמָה וּמַשָּׂא: חֲדַד וְתֵימָא יְטוּר נָפִישׁ וָקֵדְמָה:
טז אֵלֶּה הֵם בְּנֵי יִשְׁמָעֵאל וְאֵלֶּה שְׁמֹתָם בְּחַצְרֵיהֶם וּבְטִירֹתָם מפטיר
יז שְׁנֵים־עָשָׂר נְשִׂיאִם לְאֻמֹּתָם: וְאֵלֶּה שְׁנֵי חַיֵּי יִשְׁמָעֵאל מְאַת
שָׁנָה וּשְׁלֹשִׁים שָׁנָה וְשֶׁבַע שָׁנִים וַיִּגְוַע וַיָּמָת וַיֵּאָסֶף אֶל־עַמָּיו:
יח וַיִּשְׁכְּנוּ מֵחֲוִילָה עַד־שׁוּר אֲשֶׁר עַל־פְּנֵי מִצְרַיִם בֹּאֲכָה אַשּׁוּרָה
עַל־פְּנֵי כָל־אֶחָיו נָפָל:

תולדת כג

יט וְאֵלֶּה תּוֹלְדֹת יִצְחָק בֶּן־אַבְרָהָם אַבְרָהָם הוֹלִיד אֶת־יִצְחָק:
כ וַיְהִי יִצְחָק בֶּן־אַרְבָּעִים שָׁנָה בְּקַחְתּוֹ אֶת־רִבְקָה בַּת־בְּתוּאֵל
כא הָאֲרַמִּי מִפַּדַּן אֲרָם אֲחוֹת לָבָן הָאֲרַמִּי לוֹ לְאִשָּׁה: וַיֶּעְתַּר
יִצְחָק לַיהוָה לְנֹכַח אִשְׁתּוֹ כִּי עֲקָרָה הִוא וַיֵּעָתֶר לוֹ יְהוָה וַתַּהַר
כב רִבְקָה אִשְׁתּוֹ: וַיִּתְרֹצְצוּ הַבָּנִים בְּקִרְבָּהּ וַתֹּאמֶר אִם־כֵּן לָמָּה
כג זֶּה אָנֹכִי וַתֵּלֶךְ לִדְרֹשׁ אֶת־יְהוָה: וַיֹּאמֶר יְהוָה לָהּ שְׁנֵי גיים גוים
בְּבִטְנֵךְ וּשְׁנֵי לְאֻמִּים מִמֵּעַיִךְ יִפָּרֵדוּ וּלְאֹם מִלְאֹם יֶאֱמָץ וְרַב

24 the greater shall the younger serve."[50] When the time came for
25 her to give birth, there were twins in her womb. The first came
out red. His whole body was like a hairy cloak, so they named
26 him Esav.[51] Then his brother emerged, his hand grasping Esav's
heel, so he named him Yaakov.[52] Yitzḥak was sixty years old when
27 they were born. The boys grew up. Esav became a skilled hunter,
a man of the field, while Yaakov was an innocent man who stayed
28 among the tents. Yitzḥak loved Esav because he ate of his game,
29 but Rivka loved Yaakov. Once when Yaakov was cooking a stew,
30 Esav came in exhausted from the field. He said to Yaakov, "Let
me gulp down some of that red stuff. I am starved!" – that is how
31 he came to be named Edom.[53] Yaakov said, "First sell me your
32 birthright." And Esav said, "Look, I am about to die. What use
33 to me is a birthright?" But Yaakov said, "Swear to me first." So
34 he swore, and sold Yaakov his birthright. Yaakov then gave Esav
bread and lentil stew. He ate, drank, got up, and left. Thus – Esav
disdained his birthright.

26 1 Another famine afflicted the land, apart from the earlier famine
in Avraham's days, and Yitzḥak went to Avimelekh, king of the
2 Philistines, in Gerar. The LORD had appeared to him: "Do not go
3 down to Egypt," He had said. "Stay in the land I tell you of. Bide
in this land and I will be with you and bless you, for I am going to
give all these lands to you and your descendants, fulfilling the oath
4 I swore to Avraham your father. I will make your descendants as
many as the stars of the heavens, and I will give them all these
lands. All the nations of the earth will bless themselves by your
5 descendants, because Avraham listened to My voice and kept
6 My charge: My commandments, My statutes, and My laws." So SHEINI
7 Yitzḥak now settled in Gerar. The men of the place inquired
after his wife; "She is my sister," he said. He was terrified to say
"She is my wife." "The men of the place might kill me for Rivka,"

52 The name Yaakov resonates with *akev* (heel).

53 The name Edom resonates with *adom* (red) here, as well as with *admoni* (red) in verse 25.

כד כה יַעֲבֹד צָעִיר׃ וַיִּמְלְאוּ יָמֶיהָ לָלֶדֶת וְהִנֵּה תוֹמִם בְּבִטְנָהּ׃ וַיֵּצֵא
כו הָרִאשׁוֹן אַדְמוֹנִי כֻּלּוֹ כְּאַדֶּרֶת שֵׂעָר וַיִּקְרְאוּ שְׁמוֹ עֵשָׂו׃ וְאַחֲרֵי־
כֵן יָצָא אָחִיו וְיָדוֹ אֹחֶזֶת בַּעֲקֵב עֵשָׂו וַיִּקְרָא שְׁמוֹ יַעֲקֹב וְיִצְחָק
כז בֶּן־שִׁשִּׁים שָׁנָה בְּלֶדֶת אֹתָם׃ וַיִּגְדְּלוּ הַנְּעָרִים וַיְהִי עֵשָׂו אִישׁ
כח יֹדֵעַ צַיִד אִישׁ שָׂדֶה וְיַעֲקֹב אִישׁ תָּם יֹשֵׁב אֹהָלִים׃ וַיֶּאֱהַב יִצְחָק
כט אֶת־עֵשָׂו כִּי־צַיִד בְּפִיו וְרִבְקָה אֹהֶבֶת אֶת־יַעֲקֹב׃ וַיָּזֶד יַעֲקֹב
ל נָזִיד וַיָּבֹא עֵשָׂו מִן־הַשָּׂדֶה וְהוּא עָיֵף׃ וַיֹּאמֶר עֵשָׂו אֶל־יַעֲקֹב
הַלְעִיטֵנִי נָא מִן־הָאָדֹם הָאָדֹם הַזֶּה כִּי עָיֵף אָנֹכִי עַל־כֵּן קָרָא־
לא לב שְׁמוֹ אֱדוֹם׃ וַיֹּאמֶר יַעֲקֹב מִכְרָה כַיּוֹם אֶת־בְּכֹרָתְךָ לִי׃ וַיֹּאמֶר
לג עֵשָׂו הִנֵּה אָנֹכִי הוֹלֵךְ לָמוּת וְלָמָּה־זֶּה לִי בְּכֹרָה׃ וַיֹּאמֶר יַעֲקֹב
לד הִשָּׁבְעָה לִּי כַּיּוֹם וַיִּשָּׁבַע לוֹ וַיִּמְכֹּר אֶת־בְּכֹרָתוֹ לְיַעֲקֹב׃ וְיַעֲקֹב
נָתַן לְעֵשָׂו לֶחֶם וּנְזִיד עֲדָשִׁים וַיֹּאכַל וַיֵּשְׁתְּ וַיָּקָם וַיֵּלַךְ וַיִּבֶז עֵשָׂו
אֶת־הַבְּכֹרָה׃

כו א וַיְהִי רָעָב בָּאָרֶץ מִלְּבַד הָרָעָב הָרִאשׁוֹן אֲשֶׁר הָיָה בִּימֵי אַבְרָהָם
ב וַיֵּלֶךְ יִצְחָק אֶל־אֲבִימֶלֶךְ מֶלֶךְ־פְּלִשְׁתִּים גְּרָרָה׃ וַיֵּרָא אֵלָיו יְהוָה
ג וַיֹּאמֶר אַל־תֵּרֵד מִצְרָיְמָה שְׁכֹן בָּאָרֶץ אֲשֶׁר אֹמַר אֵלֶיךָ׃ גּוּר
בָּאָרֶץ הַזֹּאת וְאֶהְיֶה עִמְּךָ וַאֲבָרְכֶךָּ כִּי־לְךָ וּלְזַרְעֲךָ אֶתֵּן אֶת־
כָּל־הָאֲרָצֹת הָאֵל וַהֲקִמֹתִי אֶת־הַשְּׁבֻעָה אֲשֶׁר נִשְׁבַּעְתִּי
ד לְאַבְרָהָם אָבִיךָ׃ וְהִרְבֵּיתִי אֶת־זַרְעֲךָ כְּכוֹכְבֵי הַשָּׁמַיִם וְנָתַתִּי
לְזַרְעֲךָ אֵת כָּל־הָאֲרָצֹת הָאֵל וְהִתְבָּרְכוּ בְזַרְעֲךָ כֹּל גּוֹיֵי הָאָרֶץ׃
ה עֵקֶב אֲשֶׁר־שָׁמַע אַבְרָהָם בְּקֹלִי וַיִּשְׁמֹר מִשְׁמַרְתִּי מִצְוֺתַי חֻקּוֹתַי
ו ז וְתוֹרֹתָי׃ וַיֵּשֶׁב יִצְחָק בִּגְרָר׃ וַיִּשְׁאֲלוּ אַנְשֵׁי הַמָּקוֹם לְאִשְׁתּוֹ שני
וַיֹּאמֶר אֲחֹתִי הִוא כִּי יָרֵא לֵאמֹר אִשְׁתִּי פֶּן־יַהַרְגֻנִי אַנְשֵׁי הַמָּקוֹם

50 The ambiguity as to who will serve whom reflects the Hebrew.

51 The name Esav may bear the sense of "covered" or "concealed" (cf. Ob. 1:6). The word *se'ar* (hair) resonates with Se'ir, the land inhabited by Esav's descendants.

8 he thought, "she is so beautiful." When he had already been there
for some time, Avimelekh, king of the Philistines, looked down
from a window and saw Yitzḥak enjoying himself with his wife
9 Rivka. Avimelekh summoned Yitzḥak. "She is your wife," he said.
"Why did you say, 'She is my sister'?" Yitzḥak replied, "I thought
10 I might die because of her." "What is this you have done to us?"
said Avimelekh. "One of the people might have slept with your
11 wife, and you would have brought guilt upon us." Avimelekh then
issued an order to all the people: "Whoever touches this man or
12 his wife shall be put to death." Yitzḥak planted crops in that land,
and that year he reaped a hundredfold because the Lord had
13 blessed him. The man became rich; he prospered more and more SHELISHI
14 until he became very wealthy. He had flocks and herds and a large
15 retinue of servants, and the Philistines envied him. So the
Philistines stopped up all the wells that his father's servants had
dug in the time of his father Avraham, filling them with earth.
16 Avimelekh said to Yitzḥak, "Move away from us. You have become
17 much too powerful for us." So Yitzḥak left and camped in the
18 valley of Gerar and settled there. And he reopened the wells that
had been dug in the time of his father Avraham, which the
Philistines had stopped up after Avraham died, and gave them the
19 same names his father had given them. Yitzḥak's servants dug in
20 the valley and discovered a well of fresh water, but the shepherds
of Gerar quarreled with Yitzḥak's shepherds, claiming that the
water was theirs. So he called the well Esek,[54] because they
21 contended with him there. They dug another well, and there was
22 a quarrel about that too; so he called it Sitna.[55] He moved on from
there and dug another well, and this time they did not quarrel over
it; so he named this one Reḥovot.[56] "Now the Lord has given us
23 space," he said, "and we will flourish in the land." From there he REVI'I
24 went up to Be'er Sheva. That night the Lord appeared to him and
said, "I am the God of your father Avraham. Do not be afraid, for
I am with you. I will bless you and multiply your descendants for

56 Meaning "wide spaces."

ח עַל־רִבְקָה כִּי־טוֹבַת מַרְאֶה הִוא: וַיְהִי כִּי־אָרְכוּ־לוֹ שָׁם הַיָּמִים
וַיַּשְׁקֵף אֲבִימֶלֶךְ מֶלֶךְ פְּלִשְׁתִּים בְּעַד הַחַלּוֹן וַיַּרְא וְהִנֵּה יִצְחָק
ט מְצַחֵק אֵת רִבְקָה אִשְׁתּוֹ: וַיִּקְרָא אֲבִימֶלֶךְ לְיִצְחָק וַיֹּאמֶר אַךְ
הִנֵּה אִשְׁתְּךָ הִוא וְאֵיךְ אָמַרְתָּ אֲחֹתִי הִוא וַיֹּאמֶר אֵלָיו יִצְחָק
י כִּי אָמַרְתִּי פֶּן־אָמוּת עָלֶיהָ: וַיֹּאמֶר אֲבִימֶלֶךְ מַה־זֹּאת עָשִׂיתָ
לָּנוּ כִּמְעַט שָׁכַב אַחַד הָעָם אֶת־אִשְׁתֶּךָ וְהֵבֵאתָ עָלֵינוּ אָשָׁם:
יא וַיְצַו אֲבִימֶלֶךְ אֶת־כָּל־הָעָם לֵאמֹר הַנֹּגֵעַ בָּאִישׁ הַזֶּה וּבְאִשְׁתּוֹ
יב מוֹת יוּמָת: וַיִּזְרַע יִצְחָק בָּאָרֶץ הַהִוא וַיִּמְצָא בַּשָּׁנָה הַהִוא מֵאָה
יג שְׁעָרִים וַיְבָרְכֵהוּ יְהוָה: וַיִּגְדַּל הָאִישׁ וַיֵּלֶךְ הָלוֹךְ וְגָדֵל עַד כִּי־ שלישי
יד גָדַל מְאֹד: וַיְהִי־לוֹ מִקְנֵה־צֹאן וּמִקְנֵה בָקָר וַעֲבֻדָּה רַבָּה
טו וַיְקַנְאוּ אֹתוֹ פְּלִשְׁתִּים: וְכָל־הַבְּאֵרֹת אֲשֶׁר חָפְרוּ עַבְדֵי אָבִיו
טז בִּימֵי אַבְרָהָם אָבִיו סִתְּמוּם פְּלִשְׁתִּים וַיְמַלְאוּם עָפָר: וַיֹּאמֶר
יז אֲבִימֶלֶךְ אֶל־יִצְחָק לֵךְ מֵעִמָּנוּ כִּי־עָצַמְתָּ מִמֶּנּוּ מְאֹד: וַיֵּלֶךְ
יח מִשָּׁם יִצְחָק וַיִּחַן בְּנַחַל־גְּרָר וַיֵּשֶׁב שָׁם: וַיָּשָׁב יִצְחָק וַיַּחְפֹּר ׀
אֶת־בְּאֵרֹת הַמַּיִם אֲשֶׁר חָפְרוּ בִּימֵי אַבְרָהָם אָבִיו וַיְסַתְּמוּם
פְּלִשְׁתִּים אַחֲרֵי מוֹת אַבְרָהָם וַיִּקְרָא לָהֶן שֵׁמוֹת כַּשֵּׁמֹת אֲשֶׁר־
יט קָרָא לָהֶן אָבִיו: וַיַּחְפְּרוּ עַבְדֵי־יִצְחָק בַּנָּחַל וַיִּמְצְאוּ־שָׁם בְּאֵר
כ מַיִם חַיִּים: וַיָּרִיבוּ רֹעֵי גְרָר עִם־רֹעֵי יִצְחָק לֵאמֹר לָנוּ הַמָּיִם
כא וַיִּקְרָא שֵׁם־הַבְּאֵר עֵשֶׂק כִּי הִתְעַשְּׂקוּ עִמּוֹ: וַיַּחְפְּרוּ בְּאֵר אַחֶרֶת
כב וַיָּרִיבוּ גַּם־עָלֶיהָ וַיִּקְרָא שְׁמָהּ שִׂטְנָה: וַיַּעְתֵּק מִשָּׁם וַיַּחְפֹּר בְּאֵר
אַחֶרֶת וְלֹא רָבוּ עָלֶיהָ וַיִּקְרָא שְׁמָהּ רְחֹבוֹת וַיֹּאמֶר כִּי־עַתָּה
כג כד הִרְחִיב יְהוָה לָנוּ וּפָרִינוּ בָאָרֶץ: וַיַּעַל מִשָּׁם בְּאֵר שָׁבַע: וַיֵּרָא רביעי
אֵלָיו יְהוָה בַּלַּיְלָה הַהוּא וַיֹּאמֶר אָנֹכִי אֱלֹהֵי אַבְרָהָם אָבִיךָ
אַל־תִּירָא כִּי־אִתְּךָ אָנֹכִי וּבֵרַכְתִּיךָ וְהִרְבֵּיתִי אֶת־זַרְעֲךָ בַּעֲבוּר

54 Meaning "contention."
55 Meaning "hostility."

25 the sake of Avraham My servant." Yitzḥak built an altar there and
called on the name of the Lord. There he pitched his tent, and
26 there his servants dug a well. Avimelekh came to him from Gerar,
with Aḥuzat his advisor and Pikhol the commander of his troops.
27 Yitzḥak said to them, "Why have you come to me? You hate me;
28 you sent me away from you." They said, "We have seen clearly that
the Lord is with you, so we say: Let there be a pact between you
29 and us. Let us make a covenant with you that you will do us no
harm, just as we did not touch you, just as we have done you
nothing but good and we sent you on your way in peace. And
30 now – the Lord bless you." Yitzḥak made them a feast, and they ḤAMISHI
31 ate and drank. Early in the morning they rose and exchanged
oaths, and Yitzḥak sent them on their way. They parted from him
32 in peace. That day, Yitzḥak's servants came and told him about the
33 well that they had dug; they said, "We have found water." He
named it Shiva,[57] which is why the town is called Be'er Sheva to
34 this day.[58] When Esav was forty years old, he
married Yehudit daughter of Be'eri the Hittite, and Basmat
35 daughter of Eilon the Hittite. These were a source of bitter sorrow
27 1 to Yitzḥak and Rivka. When Yitzḥak had grown old,
when his eyes had grown so dim that he could not see, he
summoned his elder son Esav. "My son," he said. Esav replied,
2 "Here I am." He said, "I am old, and I do not know when I will die.
3 So now, take your weapons, your quiver and bow, and go out into
4 the field and hunt me some game. Then make me delicious food,
prepared in the way that I love, and bring it to me to eat so that my
5 soul may bless you before I die." When Yitzḥak was speaking to
Esav his son, Rivka was listening. Esav went out into the field to
6 hunt game to bring back. And Rivka said to her son Yaakov, "I
7 overheard your father say to your brother Esav, 'Fetch me some
game and make me delicious food so that I may eat and give you
8 my blessing before the Lord before I die.' Now, my son, listen
9 carefully to my instructions. Go to the flock and bring me two

58 Be'er denotes a well, and Sheva resonates with Shiva and *vayishave'u*.

כה אַבְרָהָם עַבְדִּי: וַיִּבֶן שָׁם מִזְבֵּחַ וַיִּקְרָא בְּשֵׁם יְהוָה וַיֶּט־שָׁם
כו אָהֳלוֹ וַיִּכְרוּ־שָׁם עַבְדֵי־יִצְחָק בְּאֵר: וַאֲבִימֶלֶךְ הָלַךְ אֵלָיו מִגְּרָר
כז וַאֲחֻזַּת מֵרֵעֵהוּ וּפִיכֹל שַׂר־צְבָאוֹ: וַיֹּאמֶר אֲלֵהֶם יִצְחָק מַדּוּעַ
כח בָּאתֶם אֵלָי וְאַתֶּם שְׂנֵאתֶם אֹתִי וַתְּשַׁלְּחוּנִי מֵאִתְּכֶם: וַיֹּאמְרוּ
רָאוֹ רָאִינוּ כִּי־הָיָה יְהוָה | עִמָּךְ וַנֹּאמֶר תְּהִי נָא אָלָה בֵּינוֹתֵינוּ
כט בֵּינֵינוּ וּבֵינֶךָ וְנִכְרְתָה בְרִית עִמָּךְ: אִם־תַּעֲשֵׂה עִמָּנוּ רָעָה כַּאֲשֶׁר
לֹא נְגַעֲנוּךָ וְכַאֲשֶׁר עָשִׂינוּ עִמְּךָ רַק־טוֹב וַנְּשַׁלֵּחֲךָ בְּשָׁלוֹם
ל אַתָּה עַתָּה בְּרוּךְ יְהוָה: וַיַּעַשׂ לָהֶם מִשְׁתֶּה וַיֹּאכְלוּ וַיִּשְׁתּוּ: חמישי
לא וַיַּשְׁכִּימוּ בַבֹּקֶר וַיִּשָּׁבְעוּ אִישׁ לְאָחִיו וַיְשַׁלְּחֵם יִצְחָק וַיֵּלְכוּ מֵאִתּוֹ
לב בְּשָׁלוֹם: וַיְהִי | בַּיּוֹם הַהוּא וַיָּבֹאוּ עַבְדֵי יִצְחָק וַיַּגִּדוּ לוֹ עַל־אֹדוֹת
לג הַבְּאֵר אֲשֶׁר חָפָרוּ וַיֹּאמְרוּ לוֹ מָצָאנוּ מָיִם: וַיִּקְרָא אֹתָהּ שִׁבְעָה
לד עַל־כֵּן שֵׁם־הָעִיר בְּאֵר שֶׁבַע עַד הַיּוֹם הַזֶּה: וַיְהִי
עֵשָׂו בֶּן־אַרְבָּעִים שָׁנָה וַיִּקַּח אִשָּׁה אֶת־יְהוּדִית בַּת־בְּאֵרִי
לה הַחִתִּי וְאֶת־בָּשְׂמַת בַּת־אֵילֹן הַחִתִּי: וַתִּהְיֶיןָ מֹרַת רוּחַ לְיִצְחָק
כז א וּלְרִבְקָה: וַיְהִי כִּי־זָקֵן יִצְחָק וַתִּכְהֶיןָ עֵינָיו מֵרְאֹת כד
וַיִּקְרָא אֶת־עֵשָׂו | בְּנוֹ הַגָּדֹל וַיֹּאמֶר אֵלָיו בְּנִי וַיֹּאמֶר אֵלָיו הִנֵּנִי:
ב ג וַיֹּאמֶר הִנֵּה־נָא זָקַנְתִּי לֹא יָדַעְתִּי יוֹם מוֹתִי: וְעַתָּה שָׂא־נָא
ד כֵלֶיךָ תֶּלְיְךָ וְקַשְׁתֶּךָ וְצֵא הַשָּׂדֶה וְצוּדָה לִּי צידה: וַעֲשֵׂה־לִי צַיִד
מַטְעַמִּים כַּאֲשֶׁר אָהַבְתִּי וְהָבִיאָה לִּי וְאֹכֵלָה בַּעֲבוּר תְּבָרֶכְךָ
ה נַפְשִׁי בְּטֶרֶם אָמוּת: וְרִבְקָה שֹׁמַעַת בְּדַבֵּר יִצְחָק אֶל־עֵשָׂו בְּנוֹ
ו וַיֵּלֶךְ עֵשָׂו הַשָּׂדֶה לָצוּד צַיִד לְהָבִיא: וְרִבְקָה אָמְרָה אֶל־יַעֲקֹב
בְּנָהּ לֵאמֹר הִנֵּה שָׁמַעְתִּי אֶת־אָבִיךָ מְדַבֵּר אֶל־עֵשָׂו אָחִיךָ
ז לֵאמֹר: הָבִיאָה לִּי צַיִד וַעֲשֵׂה־לִי מַטְעַמִּים וְאֹכֵלָה וַאֲבָרֶכְכָה
ח לִפְנֵי יְהוָה לִפְנֵי מוֹתִי: וְעַתָּה בְנִי שְׁמַע בְּקֹלִי לַאֲשֶׁר אֲנִי מְצַוָּה
ט אֹתָךְ: לֶךְ־נָא אֶל־הַצֹּאן וְקַח־לִי מִשָּׁם שְׁנֵי גְּדָיֵי עִזִּים טֹבִים

57 The name Shiva resonates with *vayishave'u* (exchanged oaths) in verse 31.

choice young goats. I will make them into delicious food, in the
10 way he loves. Then take it to your father to eat so that he may give
11 you his blessing before he dies." Yaakov said to Rivka his mother,
12 "My brother Esav is hairy, but I have smooth skin. What if my
father touches me? I will look to him like a fraud and bring upon
13 myself not a blessing but a curse." But his mother replied, "Your
curse will be on me, my son. Do as I say. Go; fetch them for me."
14 So he went, took the goats, and brought them to his mother, and
his mother prepared delicious food in the way his father loved.
15 Then Rivka took her elder son Esav's best clothes, which were
with her in the house, and put them on Yaakov, her younger son.
16 She put the goatskins on his hands and the smooth part of his
17 neck. She then handed her son Yaakov the delicious food and
18 bread that she had prepared. He went in to his father; "My father,"
he said. His father replied, "Here I am. Who are you, my son?"
19 Yaakov said to his father, "I am Esav your firstborn. I have done as
you asked. Please sit up and eat some of my game so that your soul
20 may bless me." Yitzḥak asked his son, "How did you find it so
quickly, my son?" He replied, "The Lord your God brought it
21 about for me." Then Yitzḥak said to Yaakov, "Come close and let
me feel you, my son, to know – are you really my son Esav?"
22 Yaakov came close to Yitzḥak his father, who felt him and said,
"The voice is the voice of Yaakov, but the hands are the hands of
23 Esav." He did not recognize him, because his hands were hairy like
24 those of his brother Esav. And he blessed him. "Are you really my
25 son Esav?" he asked. He replied, "I am." "Then serve me and let
me eat some of my son's game so that my soul may bless you."
He served him food and he ate, he brought him wine and he
26 drank. Then Yaakov's father Yitzḥak said to him, "Come close and
27 kiss me, my son." So he came close and kissed him, and Yitzḥak
smelled the smell of his clothes and blessed him, saying: "The
28 smell of my son is the smell of a field the Lord has blessed. God SHISHI
endow you with dew of heaven, the cream of the land, much grain
29 and wine. May peoples serve you; may nations bow down to you.

י וְאֶעֱשֶׂ֨ה אֹתָ֧ם מַטְעַמִּ֛ים לְאָבִ֖יךָ כַּאֲשֶׁ֥ר אָהֵֽב׃ וְהֵבֵאתָ֥ לְאָבִ֖יךָ
יא וְאָכָ֑ל בַּעֲבֻ֛ר אֲשֶׁ֥ר יְבָרֶכְךָ֖ לִפְנֵ֥י מוֹתֽוֹ׃ וַיֹּ֣אמֶר יַעֲקֹ֔ב אֶל־רִבְקָ֖ה
יב אִמּ֑וֹ הֵ֚ן עֵשָׂ֣ו אָחִ֔י אִ֥ישׁ שָׂעִ֖ר וְאָנֹכִ֥י אִ֥ישׁ חָלָֽק׃ אוּלַ֤י יְמֻשֵּׁ֙נִי֙
אָבִ֔י וְהָיִ֥יתִי בְעֵינָ֖יו כִּמְתַעְתֵּ֑עַ וְהֵבֵאתִ֥י עָלַ֛י קְלָלָ֖ה וְלֹ֥א בְרָכָֽה׃
יג וַתֹּ֤אמֶר לוֹ֙ אִמּ֔וֹ עָלַ֥י קִלְלָתְךָ֖ בְּנִ֑י אַ֛ךְ שְׁמַ֥ע בְּקֹלִ֖י וְלֵ֥ךְ קַֽח־לִֽי׃
יד וַיֵּ֙לֶךְ֙ וַיִּקַּ֔ח וַיָּבֵ֖א לְאִמּ֑וֹ וַתַּ֤עַשׂ אִמּוֹ֙ מַטְעַמִּ֔ים כַּאֲשֶׁ֖ר אָהֵ֥ב אָבִֽיו׃
טו וַתִּקַּ֣ח רִ֠בְקָה אֶת־בִּגְדֵ֨י עֵשָׂ֜ו בְּנָ֤הּ הַגָּדֹל֙ הַחֲמֻדֹ֔ת אֲשֶׁ֥ר אִתָּ֖הּ
טז בַּבָּ֑יִת וַתַּלְבֵּ֥שׁ אֶֽת־יַעֲקֹ֖ב בְּנָ֥הּ הַקָּטָֽן׃ וְאֵ֗ת עֹרֹת֙ גְּדָיֵ֣י הָֽעִזִּ֔ים
יז הִלְבִּ֖ישָׁה עַל־יָדָ֑יו וְעַ֖ל חֶלְקַ֥ת צַוָּארָֽיו׃ וַתִּתֵּ֧ן אֶת־הַמַּטְעַמִּ֛ים
יח וְאֶת־הַלֶּ֖חֶם אֲשֶׁ֣ר עָשָׂ֑תָה בְּיַ֖ד יַעֲקֹ֥ב בְּנָֽהּ׃ וַיָּבֹ֥א אֶל־אָבִ֖יו וַיֹּ֣אמֶר
יט אָבִ֑י וַיֹּ֣אמֶר הִנֶּ֔נִּי מִ֥י אַתָּ֖ה בְּנִֽי׃ וַיֹּ֨אמֶר יַעֲקֹ֜ב אֶל־אָבִ֗יו אָנֹכִי֙
עֵשָׂ֣ו בְּכֹרֶ֔ךָ עָשִׂ֕יתִי כַּאֲשֶׁ֥ר דִּבַּ֖רְתָּ אֵלָ֑י קֽוּם־נָ֣א שְׁבָ֗ה וְאָכְלָה֙
כ מִצֵּידִ֔י בַּעֲב֖וּר תְּבָרְכַ֥נִּי נַפְשֶֽׁךָ׃ וַיֹּ֤אמֶר יִצְחָק֙ אֶל־בְּנ֔וֹ מַה־זֶּ֛ה
כא מִהַ֥רְתָּ לִמְצֹ֖א בְּנִ֑י וַיֹּ֕אמֶר כִּ֥י הִקְרָ֛ה יְהוָ֥ה אֱלֹהֶ֖יךָ לְפָנָֽי׃ וַיֹּ֤אמֶר
יִצְחָק֙ אֶֽל־יַעֲקֹ֔ב גְּשָׁה־נָּ֥א וַאֲמֻֽשְׁךָ֖ בְּנִ֑י הַֽאַתָּ֥ה זֶ֛ה בְּנִ֥י עֵשָׂ֖ו אִם־
כב לֹֽא׃ וַיִּגַּ֥שׁ יַעֲקֹ֛ב אֶל־יִצְחָ֥ק אָבִ֖יו וַיְמֻשֵּׁ֑הוּ וַיֹּ֗אמֶר הַקֹּל֙ ק֣וֹל יַעֲקֹ֔ב
כג וְהַיָּדַ֖יִם יְדֵ֥י עֵשָֽׂו׃ וְלֹ֣א הִכִּיר֔וֹ כִּֽי־הָי֣וּ יָדָ֗יו כִּידֵ֛י עֵשָׂ֥ו אָחִ֖יו שְׂעִרֹ֑ת
כד כה וַֽיְבָרְכֵֽהוּ׃ וַיֹּ֕אמֶר אַתָּ֥ה זֶ֖ה בְּנִ֣י עֵשָׂ֑ו וַיֹּ֖אמֶר אָֽנִי׃ וַיֹּ֗אמֶר הַגִּ֤שָׁה
לִּי֙ וְאֹֽכְלָה֙ מִצֵּ֣יד בְּנִ֔י לְמַ֥עַן תְּבָֽרֶכְךָ֖ נַפְשִׁ֑י וַיַּגֶּשׁ־לוֹ֙ וַיֹּאכַ֔ל וַיָּ֧בֵא
כו ל֛וֹ יַ֖יִן וַיֵּֽשְׁתְּ׃ וַיֹּ֥אמֶר אֵלָ֖יו יִצְחָ֣ק אָבִ֑יו גְּשָׁה־נָּ֥א וּשְׁקָה־לִּ֖י בְּנִֽי׃
כז וַיִּגַּשׁ֙ וַיִּשַּׁק־ל֔וֹ וַיָּ֛רַח אֶת־רֵ֥יחַ בְּגָדָ֖יו וַֽיְבָרְכֵ֑הוּ וַיֹּ֗אמֶר רְאֵה֙ רֵ֣יחַ
כח בְּנִ֔י כְּרֵ֣יחַ שָׂדֶ֔ה אֲשֶׁ֥ר בֵּרֲכ֖וֹ יְהוָֽה׃ וְיִֽתֶּן־לְךָ֙ הָאֱלֹהִ֔ים מִטַּל֙ כה ששי
כט הַשָּׁמַ֔יִם וּמִשְׁמַנֵּ֖י הָאָ֑רֶץ וְרֹ֥ב דָּגָ֖ן וְתִירֹֽשׁ׃ יַֽעַבְד֣וּךָ עַמִּ֗ים וְיִֽשְׁתַּחֲו

Be lord over your brothers, and may your mother's sons bow
down to you. A curse on those who curse you; on those who bless
30 you, blessing." Yitzḥak had finished blessing Yaakov, and Yaakov
had just left his father Yitzḥak, when his brother Esav came back
31 from the hunt. He too had prepared delicious food and brought
it to his father. And he said to his father, "Let my father sit up and
32 eat some of his son's game so that your soul may bless me." "Who
are you?" asked his father Yitzḥak. "I am your son, your firstborn,
33 Esav," he replied. Yitzḥak was seized with a violent fit of trembling.
"Who then was it that hunted game and brought it to me? I ate it
all before you came, and I blessed him – and he will be blessed."
34 When Esav heard his father's words, he burst into a loud and bitter
35 cry. He said to his father, "Bless me, me too, my father!" "Your
36 brother came in deceit and took your blessing," he replied. Esav
said, "Is he not rightly named Yaakov? Twice he has supplanted
me.[59] He took my birthright and now he has taken my blessing."
37 And then, "Do you not have any blessing left for me?" Yitzḥak
answered Esav, "I have made him lord over you and given him all
his brothers as servants. I have endowed him with grain and wine.
38 What then can I do for you, my son?" Esav said to his father, "Have
you only one blessing, father? Bless me, me too, my father!" And
39 Esav wept aloud. His father Yitzḥak answered him and said: "Of
the cream of the land your home shall be, of the dew of heaven
40 above. By your sword you will live, and your brother you will
serve; but when you break loose, you will throw off his yoke from
41 your neck." Esav resented Yaakov because of the blessing his
father had given him. "The days of mourning for my father are
approaching," he said to himself, "and then I will kill my brother
42 Yaakov." When Rivka was told what her elder son Esav had said,
she summoned her younger son Yaakov and said, "Your brother
43 Esav is consoling himself with the thought of killing you. Now,
my son, listen to me. Flee at once to my brother Lavan in Ḥaran.
44 45 Stay with him a while, until your brother's rage subsides. When
your brother is no longer angry with you and has forgotten what

לְךָ לְאֻמִּים הֱוֵה גְבִיר לְאַחֶיךָ וְיִשְׁתַּחֲוּוּ לְךָ בְּנֵי אִמֶּךָ אֹרְרֶיךָ
ל אָרוּר וּמְבָרְכֶיךָ בָּרוּךְ׃ וַיְהִי כַּאֲשֶׁר כִּלָּה יִצְחָק לְבָרֵךְ אֶת־יַעֲקֹב
וַיְהִי אַךְ יָצֹא יָצָא יַעֲקֹב מֵאֵת פְּנֵי יִצְחָק אָבִיו וְעֵשָׂו אָחִיו בָּא
לא מִצֵּידוֹ׃ וַיַּעַשׂ גַּם־הוּא מַטְעַמִּים וַיָּבֵא לְאָבִיו וַיֹּאמֶר לְאָבִיו יָקֻם
לב אָבִי וְיֹאכַל מִצֵּיד בְּנוֹ בַּעֲבֻר תְּבָרְכַנִּי נַפְשֶׁךָ׃ וַיֹּאמֶר לוֹ יִצְחָק
לג אָבִיו מִי־אָתָּה וַיֹּאמֶר אֲנִי בִּנְךָ בְכֹרְךָ עֵשָׂו׃ וַיֶּחֱרַד יִצְחָק חֲרָדָה
גְּדֹלָה עַד־מְאֹד וַיֹּאמֶר מִי־אֵפוֹא הוּא הַצָּד־צַיִד וַיָּבֵא לִי וָאֹכַל
לד מִכֹּל בְּטֶרֶם תָּבוֹא וָאֲבָרְכֵהוּ גַּם־בָּרוּךְ יִהְיֶה׃ כִּשְׁמֹעַ עֵשָׂו אֶת־
דִּבְרֵי אָבִיו וַיִּצְעַק צְעָקָה גְּדֹלָה וּמָרָה עַד־מְאֹד וַיֹּאמֶר לְאָבִיו
לה בָּרְכֵנִי גַם־אָנִי אָבִי׃ וַיֹּאמֶר בָּא אָחִיךָ בְּמִרְמָה וַיִּקַּח בִּרְכָתֶךָ׃
לו וַיֹּאמֶר הֲכִי קָרָא שְׁמוֹ יַעֲקֹב וַיַּעְקְבֵנִי זֶה פַעֲמַיִם אֶת־בְּכֹרָתִי
לָקָח וְהִנֵּה עַתָּה לָקַח בִּרְכָתִי וַיֹּאמַר הֲלֹא־אָצַלְתָּ לִּי בְּרָכָה׃
לז וַיַּעַן יִצְחָק וַיֹּאמֶר לְעֵשָׂו הֵן גְּבִיר שַׂמְתִּיו לָךְ וְאֶת־כָּל־אֶחָיו
נָתַתִּי לוֹ לַעֲבָדִים וְדָגָן וְתִירֹשׁ סְמַכְתִּיו וּלְכָה אֵפוֹא מָה אֶעֱשֶׂה
לח בְּנִי׃ וַיֹּאמֶר עֵשָׂו אֶל־אָבִיו הַבְרָכָה אַחַת הִוא־לְךָ אָבִי בָּרְכֵנִי
לט גַם־אָנִי אָבִי וַיִּשָּׂא עֵשָׂו קֹלוֹ וַיֵּבְךְּ׃ וַיַּעַן יִצְחָק אָבִיו וַיֹּאמֶר אֵלָיו
מ הִנֵּה מִשְׁמַנֵּי הָאָרֶץ יִהְיֶה מוֹשָׁבֶךָ וּמִטַּל הַשָּׁמַיִם מֵעָל׃ וְעַל־
חַרְבְּךָ תִחְיֶה וְאֶת־אָחִיךָ תַּעֲבֹד וְהָיָה כַּאֲשֶׁר תָּרִיד וּפָרַקְתָּ עֻלּוֹ
מא מֵעַל צַוָּארֶךָ׃ וַיִּשְׂטֹם עֵשָׂו אֶת־יַעֲקֹב עַל־הַבְּרָכָה אֲשֶׁר בֵּרְכוֹ
אָבִיו וַיֹּאמֶר עֵשָׂו בְּלִבּוֹ יִקְרְבוּ יְמֵי אֵבֶל אָבִי וְאַהַרְגָה אֶת־יַעֲקֹב
מב אָחִי׃ וַיֻּגַּד לְרִבְקָה אֶת־דִּבְרֵי עֵשָׂו בְּנָהּ הַגָּדֹל וַתִּשְׁלַח וַתִּקְרָא
לְיַעֲקֹב בְּנָהּ הַקָּטָן וַתֹּאמֶר אֵלָיו הִנֵּה עֵשָׂו אָחִיךָ מִתְנַחֵם לְךָ
מג לְהָרְגֶךָ׃ וְעַתָּה בְנִי שְׁמַע בְּקֹלִי וְקוּם בְּרַח־לְךָ אֶל־לָבָן אָחִי
מד חָרָנָה׃ וְיָשַׁבְתָּ עִמּוֹ יָמִים אֲחָדִים עַד אֲשֶׁר־תָּשׁוּב חֲמַת אָחִיךָ׃
מה עַד־שׁוּב אַף־אָחִיךָ מִמְּךָ וְשָׁכַח אֵת אֲשֶׁר־עָשִׂיתָ לּוֹ וְשָׁלַחְתִּי

59 Hebrew *vayakeveni,* resonating with the name Yaakov.

you did to him, I will send word to you to come back. Why should
46 I lose you both in one day?" Rivka then said to Yitzḥak, "I loathe
my life because of these Hittite women. If Yaakov marries a Hittite
woman like them, one of the women of the land, why should I go
28 1 on living?" So Yitzḥak called Yaakov to him. He blessed him and
2 charged him: "You are not to marry a Canaanite woman. Go at
once to Padan Aram, to the house of your mother's father Betuel,
3 and there marry a daughter of your mother's brother Lavan. May
El Shaddai bless you, make you fertile, and multiply you so that
4 you become a community of peoples. May He grant Avraham's
blessing to you and your descendants, that you may possess the
land where you live as a stranger, which God gave to Avraham."
5 Then Yitzḥak sent Yaakov on his way. He went toward Padan SHEVI'I
Aram, to Lavan son of Betuel the Aramean, brother of Rivka,
6 Yaakov and Esav's mother. Esav learned that Yitzḥak had blessed
Yaakov and sent him to Padan Aram to find a wife, and that when
he blessed him, he commanded him not to marry a Canaanite
7 woman, and that Yaakov had obeyed his father and mother and MAFTIR
8 had gone to Padan Aram. Esav realized then that the Canaanite
9 women displeased his father Yitzḥak. So Esav went to Yishmael
and took Maḥalat, daughter of Avraham's son Yishmael, a sister of
10 Nevayot, to be his wife, with his other wives. Yaakov left VAYETZE
11 Be'er Sheva and journeyed toward Ḥaran. In time he chanced
upon a certain place and decided to spend the night there, because
the sun had set. He took some stones of the place and put them
12 under his head, and in that place lay down to sleep. And he
dreamed: He saw a ladder set upon the ground, whose top reached
13 the heavens. On it, angels of God went up and came down. The
Lord stood over him there and said, "I am the Lord, the God of
Avraham your father, and the God of Yitzḥak. The land on which
14 you lie I will give to you and your descendants. Your descendants
shall be like the dust of the earth, and you will spread out to the
west, the east, the north, and the south. Through you and your
15 descendants, all the families of the earth will be blessed. I am with

מו וּלְקַחְתִּיךָ מִשָּׁם לָמָה אֶשְׁכַּל גַּם־שְׁנֵיכֶם יוֹם אֶחָד: וַתֹּאמֶר
רִבְקָה אֶל־יִצְחָק קַצְתִּי בְחַיַּי מִפְּנֵי בְּנוֹת חֵת אִם־לֹקֵחַ יַעֲקֹב
כח א אִשָּׁה מִבְּנוֹת־חֵת כָּאֵלֶּה מִבְּנוֹת הָאָרֶץ לָמָּה לִּי חַיִּים: וַיִּקְרָא
יִצְחָק אֶל־יַעֲקֹב וַיְבָרֶךְ אֹתוֹ וַיְצַוֵּהוּ וַיֹּאמֶר לוֹ לֹא־תִקַּח אִשָּׁה
ב מִבְּנוֹת כְּנָעַן: קוּם לֵךְ פַּדֶּנָה אֲרָם בֵּיתָה בְתוּאֵל אֲבִי אִמֶּךָ
ג וְקַח־לְךָ מִשָּׁם אִשָּׁה מִבְּנוֹת לָבָן אֲחִי אִמֶּךָ: וְאֵל שַׁדַּי יְבָרֵךְ
ד אֹתְךָ וְיַפְרְךָ וְיַרְבֶּךָ וְהָיִיתָ לִקְהַל עַמִּים: וְיִתֶּן־לְךָ אֶת־בִּרְכַּת
אַבְרָהָם לְךָ וּלְזַרְעֲךָ אִתָּךְ לְרִשְׁתְּךָ אֶת־אֶרֶץ מְגֻרֶיךָ אֲשֶׁר־נָתַן
ה אֱלֹהִים לְאַבְרָהָם: וַיִּשְׁלַח יִצְחָק אֶת־יַעֲקֹב וַיֵּלֶךְ פַּדֶּנָה אֲרָם שביעי
ו אֶל־לָבָן בֶּן־בְּתוּאֵל הָאֲרַמִּי אֲחִי רִבְקָה אֵם יַעֲקֹב וְעֵשָׂו: וַיַּרְא
עֵשָׂו כִּי־בֵרַךְ יִצְחָק אֶת־יַעֲקֹב וְשִׁלַּח אֹתוֹ פַּדֶּנָה אֲרָם לָקַחַת־
לוֹ מִשָּׁם אִשָּׁה בְּבָרְכוֹ אֹתוֹ וַיְצַו עָלָיו לֵאמֹר לֹא־תִקַּח אִשָּׁה
ז מִבְּנוֹת כְּנָעַן: וַיִּשְׁמַע יַעֲקֹב אֶל־אָבִיו וְאֶל־אִמּוֹ וַיֵּלֶךְ פַּדֶּנָה מפטיר
ח ט אֲרָם: וַיַּרְא עֵשָׂו כִּי רָעוֹת בְּנוֹת כְּנָעַן בְּעֵינֵי יִצְחָק אָבִיו: וַיֵּלֶךְ
עֵשָׂו אֶל־יִשְׁמָעֵאל וַיִּקַּח אֶת־מָחֲלַת ׀ בַּת־יִשְׁמָעֵאל בֶּן־אַבְרָהָם
י אֲחוֹת נְבָיוֹת עַל־נָשָׁיו לוֹ לְאִשָּׁה: וַיֵּצֵא יַעֲקֹב מִבְּאֵר כו ויצא
יא שָׁבַע וַיֵּלֶךְ חָרָנָה: וַיִּפְגַּע בַּמָּקוֹם וַיָּלֶן שָׁם כִּי־בָא הַשֶּׁמֶשׁ וַיִּקַּח
יב מֵאַבְנֵי הַמָּקוֹם וַיָּשֶׂם מְרַאֲשֹׁתָיו וַיִּשְׁכַּב בַּמָּקוֹם הַהוּא: וַיַּחֲלֹם
וְהִנֵּה סֻלָּם מֻצָּב אַרְצָה וְרֹאשׁוֹ מַגִּיעַ הַשָּׁמָיְמָה וְהִנֵּה מַלְאֲכֵי
יג אֱלֹהִים עֹלִים וְיֹרְדִים בּוֹ: וְהִנֵּה יהוה נִצָּב עָלָיו וַיֹּאמַר אֲנִי יהוה
אֱלֹהֵי אַבְרָהָם אָבִיךָ וֵאלֹהֵי יִצְחָק הָאָרֶץ אֲשֶׁר אַתָּה שֹׁכֵב
יד עָלֶיהָ לְךָ אֶתְּנֶנָּה וּלְזַרְעֶךָ: וְהָיָה זַרְעֲךָ כַּעֲפַר הָאָרֶץ וּפָרַצְתָּ
יָמָּה וָקֵדְמָה וְצָפֹנָה וָנֶגְבָּה וְנִבְרְכוּ בְךָ כָּל־מִשְׁפְּחֹת הָאֲדָמָה
טו וּבְזַרְעֶךָ: וְהִנֵּה אָנֹכִי עִמָּךְ וּשְׁמַרְתִּיךָ בְּכֹל אֲשֶׁר־תֵּלֵךְ וַהֲשִׁבֹתִיךָ

you. I will protect you wherever you go and I will bring you back
to this land, for I will not leave you until I have done what I have
16 spoken of to you." Then Yaakov awoke from his sleep and said,
17 "Truly, the LORD is in this place – and I did not know it!" He was
afraid and said, "How full of awe is this place! This is none other
18 than the House of God, and this the gate of the heavens!" Yaakov
rose early the next morning, took the stone he had placed under
19 his head, set it up as a pillar, and poured oil on top of it. He named
20 the place Beit El;[60] the town was originally called Luz. Yaakov
then made a vow. "If God will be with me," he said, "protecting
me on this journey I am taking, giving me bread to eat and clothes
21 to wear, and if I return in peace to my father's house, then the
22 LORD will be my God. This stone I set up as a pillar will become
a house of God, and of all that You give me I will dedicate a tenth
29 1 to You." Yaakov began traveling again and came to the land of the SHEINI
2 people of the East. There he saw a well in a field. Three flocks of
sheep were lying beside it because this was the well from which
the flocks were watered. The top of it was covered with a large
3 stone. When all the flocks were gathered there, the stone would
be rolled from the mouth of the well and the sheep watered. The
4 stone would then be put back in place on top of the well. Yaakov
asked the shepherds, "Brothers, where are you from?" "We are
5 from Ḥaran," they replied. He asked, "Do you know Lavan son of
6 Naḥor?" "We know him," they said. He asked, "Is he well?" "He is
well," they said, "and look, here is his daughter Raḥel coming with
7 the sheep." "Look," he said, "it is still broad daylight. It is not yet
time to gather in the animals. Water the flocks and take them back
8 to pasture." But they said, "We cannot do that until all the flocks
are gathered and the stone is rolled from the top of the well. Only
9 then can we water the flocks." While he was still talking with them,
10 Raḥel came with her father's sheep; she was a shepherdess. When
Yaakov saw Raḥel, daughter of his mother's brother Lavan, with
Lavan's sheep, he stepped forward, rolled the stone from the top

60 Meaning "House of God."

אֶל־הָאֲדָמָה הַזֹּאת כִּי לֹא אֶעֱזָבְךָ עַד אֲשֶׁר אִם־עָשִׂיתִי אֵת
טז אֲשֶׁר־דִּבַּרְתִּי לָךְ: וַיִּיקַץ יַעֲקֹב מִשְּׁנָתוֹ וַיֹּאמֶר אָכֵן יֵשׁ יְהוָה
יז בַּמָּקוֹם הַזֶּה וְאָנֹכִי לֹא יָדָעְתִּי: וַיִּירָא וַיֹּאמַר מַה־נּוֹרָא הַמָּקוֹם
יח הַזֶּה אֵין זֶה כִּי אִם־בֵּית אֱלֹהִים וְזֶה שַׁעַר הַשָּׁמָיִם: וַיַּשְׁכֵּם
יַעֲקֹב בַּבֹּקֶר וַיִּקַּח אֶת־הָאֶבֶן אֲשֶׁר־שָׂם מְרַאֲשֹׁתָיו וַיָּשֶׂם אֹתָהּ
יט מַצֵּבָה וַיִּצֹק שֶׁמֶן עַל־רֹאשָׁהּ: וַיִּקְרָא אֶת־שֵׁם־הַמָּקוֹם הַהוּא
כ בֵּית־אֵל וְאוּלָם לוּז שֵׁם־הָעִיר לָרִאשֹׁנָה: וַיִּדַּר יַעֲקֹב נֶדֶר לֵאמֹר
אִם־יִהְיֶה אֱלֹהִים עִמָּדִי וּשְׁמָרַנִי בַּדֶּרֶךְ הַזֶּה אֲשֶׁר אָנֹכִי הוֹלֵךְ
כא וְנָתַן־לִי לֶחֶם לֶאֱכֹל וּבֶגֶד לִלְבֹּשׁ: וְשַׁבְתִּי בְשָׁלוֹם אֶל־בֵּית אָבִי
כב וְהָיָה יְהוָה לִי לֵאלֹהִים: וְהָאֶבֶן הַזֹּאת אֲשֶׁר־שַׂמְתִּי מַצֵּבָה
כט א יִהְיֶה בֵּית אֱלֹהִים וְכֹל אֲשֶׁר תִּתֶּן־לִי עַשֵּׂר אֲעַשְּׂרֶנּוּ לָךְ: וַיִּשָּׂא שני
ב יַעֲקֹב רַגְלָיו וַיֵּלֶךְ אַרְצָה בְנֵי־קֶדֶם: וַיַּרְא וְהִנֵּה בְאֵר בַּשָּׂדֶה
וְהִנֵּה־שָׁם שְׁלֹשָׁה עֶדְרֵי־צֹאן רֹבְצִים עָלֶיהָ כִּי מִן־הַבְּאֵר הַהִוא
ג יַשְׁקוּ הָעֲדָרִים וְהָאֶבֶן גְּדֹלָה עַל־פִּי הַבְּאֵר: וְנֶאֶסְפוּ־שָׁמָּה
כָל־הָעֲדָרִים וְגָלֲלוּ אֶת־הָאֶבֶן מֵעַל פִּי הַבְּאֵר וְהִשְׁקוּ אֶת־
ד הַצֹּאן וְהֵשִׁיבוּ אֶת־הָאֶבֶן עַל־פִּי הַבְּאֵר לִמְקֹמָהּ: וַיֹּאמֶר לָהֶם
ה יַעֲקֹב אַחַי מֵאַיִן אַתֶּם וַיֹּאמְרוּ מֵחָרָן אֲנָחְנוּ: וַיֹּאמֶר לָהֶם
ו הַיְדַעְתֶּם אֶת־לָבָן בֶּן־נָחוֹר וַיֹּאמְרוּ יָדָעְנוּ: וַיֹּאמֶר לָהֶם הֲשָׁלוֹם
ז לוֹ וַיֹּאמְרוּ שָׁלוֹם וְהִנֵּה רָחֵל בִּתּוֹ בָּאָה עִם־הַצֹּאן: וַיֹּאמֶר הֵן
עוֹד הַיּוֹם גָּדוֹל לֹא־עֵת הֵאָסֵף הַמִּקְנֶה הַשְׁקוּ הַצֹּאן וּלְכוּ
ח רְעוּ: וַיֹּאמְרוּ לֹא נוּכַל עַד אֲשֶׁר יֵאָסְפוּ כָּל־הָעֲדָרִים וְגָלֲלוּ
ט אֶת־הָאֶבֶן מֵעַל פִּי הַבְּאֵר וְהִשְׁקִינוּ הַצֹּאן: עוֹדֶנּוּ מְדַבֵּר עִמָּם
י וְרָחֵל ׀ בָּאָה עִם־הַצֹּאן אֲשֶׁר לְאָבִיהָ כִּי רֹעָה הִוא: וַיְהִי
כַּאֲשֶׁר רָאָה יַעֲקֹב אֶת־רָחֵל בַּת־לָבָן אֲחִי אִמּוֹ וְאֶת־צֹאן לָבָן
אֲחִי אִמּוֹ וַיִּגַּשׁ יַעֲקֹב וַיָּגֶל אֶת־הָאֶבֶן מֵעַל פִּי הַבְּאֵר וַיַּשְׁקְ

11 of the well, and watered his uncle's sheep. And Yaakov kissed
12 Raḥel – and wept aloud. And Yaakov told Raḥel that he was
related to her father: he was Rivka's son. She ran to tell her father.
13 When Lavan heard the news about Yaakov, his sister's son, he ran
to meet him. He embraced and kissed him and brought him to his
14 house. Yaakov told Lavan all that had happened. Lavan said to
him, "You are truly of my own bones, my own flesh." And Yaakov
15 stayed with him for a month. Then Lavan said to him, "If you are
my brother, does that mean you should work for me for nothing?
16 Tell me what your hire should be." Lavan had two daughters. The
17 elder was called Leah and the younger Raḥel. Leah had sensitive
18 eyes; Raḥel was beautiful and lovely. And Yaakov was in love with SHELISHI
Raḥel, so he said, "I will work for you seven years for your younger
19 daughter Raḥel." Lavan replied, "Better that I give her to you than
20 to some other man. Stay on with me." So Yaakov worked for Raḥel
seven years. But so great was his love for her that they seemed to
21 him but a few days. Then Yaakov said to Lavan, "Give me my
22 wife – my time is done, let me come to her." So Lavan brought
23 together all the local people and made a feast. In the evening he
took his daughter Leah and brought her in to him, and he came
24 to her. Lavan also gave his servant Zilpa to his daughter Leah as
25 her maid. Then came morning – and it was Leah. Yaakov said to
Lavan, "What is this you have done to me? I served you for Raḥel,
26 did I not? Why did you deceive me?" Lavan said, "This is not done
in our country – to marry off the younger before the firstborn.
27 Wait until the bridal week of this one is over and then we will give
you the other one also, in return for your serving me another seven
28 years." Yaakov did so. He completed Leah's bridal week; then
29 Lavan gave him his daughter Raḥel as a wife. Lavan gave his
30 servant Bilha to his daughter Raḥel as her maid. And Yaakov came
also to Raḥel; and he loved Raḥel more than Leah. And he served
31 him for another seven years. When the LORD saw that Leah was
32 unloved, He opened her womb, but Raḥel was barren. Leah
became pregnant and had a son. She named him Reuven, saying,

יא אֶת־צֹאן לָבָן אֲחִי אִמּוֹ: וַיִּשַּׁק יַעֲקֹב לְרָחֵל וַיִּשָּׂא אֶת־קֹלוֹ וַיֵּבְךְּ:
יב וַיַּגֵּד יַעֲקֹב לְרָחֵל כִּי אֲחִי אָבִיהָ הוּא וְכִי בֶן־רִבְקָה הוּא וַתָּרָץ
יג וַתַּגֵּד לְאָבִיהָ: וַיְהִי כִשְׁמֹעַ לָבָן אֶת־שֵׁמַע ׀ יַעֲקֹב בֶּן־אֲחֹתוֹ
וַיָּרָץ לִקְרָאתוֹ וַיְחַבֶּק־לוֹ וַיְנַשֶּׁק־לוֹ וַיְבִיאֵהוּ אֶל־בֵּיתוֹ וַיְסַפֵּר
יד לְלָבָן אֵת כָּל־הַדְּבָרִים הָאֵלֶּה: וַיֹּאמֶר לוֹ לָבָן אַךְ עַצְמִי וּבְשָׂרִי
טו אָתָּה וַיֵּשֶׁב עִמּוֹ חֹדֶשׁ יָמִים: וַיֹּאמֶר לָבָן לְיַעֲקֹב הֲכִי־אָחִי אַתָּה
טז וַעֲבַדְתַּנִי חִנָּם הַגִּידָה לִּי מַה־מַּשְׂכֻּרְתֶּךָ: וּלְלָבָן שְׁתֵּי בָנוֹת שֵׁם
יז הַגְּדֹלָה לֵאָה וְשֵׁם הַקְּטַנָּה רָחֵל: וְעֵינֵי לֵאָה רַכּוֹת וְרָחֵל הָיְתָה
יח יְפַת־תֹּאַר וִיפַת מַרְאֶה: וַיֶּאֱהַב יַעֲקֹב אֶת־רָחֵל וַיֹּאמֶר אֶעֱבָדְךָ שלישי
יט שֶׁבַע שָׁנִים בְּרָחֵל בִּתְּךָ הַקְּטַנָּה: וַיֹּאמֶר לָבָן טוֹב תִּתִּי אֹתָהּ
כ לָךְ מִתִּתִּי אֹתָהּ לְאִישׁ אַחֵר שְׁבָה עִמָּדִי: וַיַּעֲבֹד יַעֲקֹב בְּרָחֵל
כא שֶׁבַע שָׁנִים וַיִּהְיוּ בְעֵינָיו כְּיָמִים אֲחָדִים בְּאַהֲבָתוֹ אֹתָהּ: וַיֹּאמֶר
יַעֲקֹב אֶל־לָבָן הָבָה אֶת־אִשְׁתִּי כִּי מָלְאוּ יָמָי וְאָבוֹאָה אֵלֶיהָ:
כב כג וַיֶּאֱסֹף לָבָן אֶת־כָּל־אַנְשֵׁי הַמָּקוֹם וַיַּעַשׂ מִשְׁתֶּה: וַיְהִי בָעֶרֶב
כד וַיִּקַּח אֶת־לֵאָה בִתּוֹ וַיָּבֵא אֹתָהּ אֵלָיו וַיָּבֹא אֵלֶיהָ: וַיִּתֵּן לָבָן
כה לָהּ אֶת־זִלְפָּה שִׁפְחָתוֹ לְלֵאָה בִתּוֹ שִׁפְחָה: וַיְהִי בַבֹּקֶר וְהִנֵּה־
הִוא לֵאָה וַיֹּאמֶר אֶל־לָבָן מַה־זֹּאת עָשִׂיתָ לִּי הֲלֹא בְרָחֵל
כו עָבַדְתִּי עִמָּךְ וְלָמָּה רִמִּיתָנִי: וַיֹּאמֶר לָבָן לֹא־יֵעָשֶׂה כֵן בִּמְקוֹמֵנוּ
כז לָתֵת הַצְּעִירָה לִפְנֵי הַבְּכִירָה: מַלֵּא שְׁבֻעַ זֹאת וְנִתְּנָה לְךָ גַּם־
אֶת־זֹאת בַּעֲבֹדָה אֲשֶׁר תַּעֲבֹד עִמָּדִי עוֹד שֶׁבַע־שָׁנִים אֲחֵרוֹת:
כח וַיַּעַשׂ יַעֲקֹב כֵּן וַיְמַלֵּא שְׁבֻעַ זֹאת וַיִּתֶּן־לוֹ אֶת־רָחֵל בִּתּוֹ לוֹ
כט לְאִשָּׁה: וַיִּתֵּן לָבָן לְרָחֵל בִּתּוֹ אֶת־בִּלְהָה שִׁפְחָתוֹ לָהּ לְשִׁפְחָה:
ל וַיָּבֹא גַּם אֶל־רָחֵל וַיֶּאֱהַב גַּם־אֶת־רָחֵל מִלֵּאָה וַיַּעֲבֹד עִמּוֹ
לא עוֹד שֶׁבַע־שָׁנִים אֲחֵרוֹת: וַיַּרְא יהוה כִּי־שְׂנוּאָה לֵאָה וַיִּפְתַּח כז
לב אֶת־רַחְמָהּ וְרָחֵל עֲקָרָה: וַתַּהַר לֵאָה וַתֵּלֶד בֵּן וַתִּקְרָא שְׁמוֹ

"The Lord has seen my affliction. Now my husband will love
33 me."[61] She became pregnant again and had a son. She said, "The
Lord has heard that I am unloved, so He has given me this son
34 also," and she named him Shimon.[62] She became pregnant again
and had a son and said, "Now that I have borne him three sons,
my husband will walk with me." That is why he was named Levi.[63]
35 She became pregnant again and had a son. She said, "This time I
will praise the Lord," so she named him Yehuda.[64] Then she
30 1 ceased having children. Aware that she had borne Yaakov no
children, Raḥel became envious of her sister. To Yaakov she said,
2 "Give me children! If not, let me die!" Yaakov grew angry with
Raḥel, and said, "Am I in place of God, who has kept you from
3 having children?" "Here is Bilha my slave," she said. "Come to her.
Let her give birth on my knees[65] so that I too can build a family
4 through her." So she gave him her maid Bilha as a wife. Yaakov
5 came to her, and she became pregnant and bore Yaakov a son.
6 Then Raḥel said, "God has vindicated me. He has listened to my
7 voice and given me a son." So she named him Dan.[66] Bilha, Raḥel's
8 maid, became pregnant again and bore Yaakov a second son. And
Raḥel said, "I have struggled hard with my sister and I have won."
9 So she named him Naftali.[67] Leah realized that she was no longer
having children, so she took her maid Zilpa and gave her to Yaakov
10 11 as a wife. And Leah's maid Zilpa bore Yaakov a son. Leah said,
12 "Good fortune has come!" So she named him Gad.[68] Then Zilpa,
13 Leah's maid, bore Yaakov a second son. Leah said, "How blessed
I am; young girls will call me blessed." So she named him Asher.[69]
14 During the wheat harvest, Reuven went for a walk and found REVI'I
mandrakes in the field. He brought them to his mother Leah.
Raḥel said to Leah, "Please give me some of your son's man-
15 drakes." She replied, "Is it not enough that you have taken away

66 The name Dan resonates with *dananni* (has vindicated me).

67 The name Naftali resonates with *niftalti* (I have struggled hard).

68 *Gad* is the word used to denote "good fortune."

69 The name Asher resonates with *be'oshri* (how blessed I am).

רְאוּבֵן כִּי אָמְרָה כִּי־רָאָה יהוה בְּעָנְיִי כִּי עַתָּה יֶאֱהָבַנִי אִישִׁי׃
לג וַתַּהַר עוֹד וַתֵּלֶד בֵּן וַתֹּאמֶר כִּי־שָׁמַע יהוה כִּי־שְׂנוּאָה אָנֹכִי
לד וַיִּתֶּן־לִי גַּם־אֶת־זֶה וַתִּקְרָא שְׁמוֹ שִׁמְעוֹן׃ וַתַּהַר עוֹד וַתֵּלֶד בֵּן
וַתֹּאמֶר עַתָּה הַפַּעַם יִלָּוֶה אִישִׁי אֵלַי כִּי־יָלַדְתִּי לוֹ שְׁלֹשָׁה בָנִים
לה עַל־כֵּן קָרָא־שְׁמוֹ לֵוִי׃ וַתַּהַר עוֹד וַתֵּלֶד בֵּן וַתֹּאמֶר הַפַּעַם אוֹדֶה
ל א אֶת־יהוה עַל־כֵּן קָרְאָה שְׁמוֹ יְהוּדָה וַתַּעֲמֹד מִלֶּדֶת׃ וַתֵּרֶא
רָחֵל כִּי לֹא יָלְדָה לְיַעֲקֹב וַתְּקַנֵּא רָחֵל בַּאֲחֹתָהּ וַתֹּאמֶר אֶל־
ב יַעֲקֹב הָבָה־לִּי בָנִים וְאִם־אַיִן מֵתָה אָנֹכִי׃ וַיִּחַר־אַף יַעֲקֹב בְּרָחֵל
ג וַיֹּאמֶר הֲתַחַת אֱלֹהִים אָנֹכִי אֲשֶׁר־מָנַע מִמֵּךְ פְּרִי־בָטֶן׃ וַתֹּאמֶר
הִנֵּה אֲמָתִי בִלְהָה בֹּא אֵלֶיהָ וְתֵלֵד עַל־בִּרְכַּי וְאִבָּנֶה גַם־אָנֹכִי
ד מִמֶּנָּה׃ וַתִּתֶּן־לוֹ אֶת־בִּלְהָה שִׁפְחָתָהּ לְאִשָּׁה וַיָּבֹא אֵלֶיהָ יַעֲקֹב׃
ה ו וַתַּהַר בִּלְהָה וַתֵּלֶד לְיַעֲקֹב בֵּן׃ וַתֹּאמֶר רָחֵל דָּנַנִּי אֱלֹהִים וְגַם
ז שָׁמַע בְּקֹלִי וַיִּתֶּן־לִי בֵּן עַל־כֵּן קָרְאָה שְׁמוֹ דָּן׃ וַתַּהַר עוֹד וַתֵּלֶד
ח בִּלְהָה שִׁפְחַת רָחֵל בֵּן שֵׁנִי לְיַעֲקֹב׃ וַתֹּאמֶר רָחֵל נַפְתּוּלֵי
אֱלֹהִים ׀ נִפְתַּלְתִּי עִם־אֲחֹתִי גַּם־יָכֹלְתִּי וַתִּקְרָא שְׁמוֹ נַפְתָּלִי׃
ט וַתֵּרֶא לֵאָה כִּי עָמְדָה מִלֶּדֶת וַתִּקַּח אֶת־זִלְפָּה שִׁפְחָתָהּ וַתִּתֵּן
י אֹתָהּ לְיַעֲקֹב לְאִשָּׁה׃ וַתֵּלֶד זִלְפָּה שִׁפְחַת לֵאָה לְיַעֲקֹב בֵּן׃
יא יב וַתֹּאמֶר לֵאָה בגד וַתִּקְרָא אֶת־שְׁמוֹ גָּד׃ וַתֵּלֶד זִלְפָּה שִׁפְחַת בָּא גָד
יג לֵאָה בֵּן שֵׁנִי לְיַעֲקֹב׃ וַתֹּאמֶר לֵאָה בְּאָשְׁרִי כִּי אִשְּׁרוּנִי בָּנוֹת
יד וַתִּקְרָא אֶת־שְׁמוֹ אָשֵׁר׃ וַיֵּלֶךְ רְאוּבֵן בִּימֵי קְצִיר־חִטִּים וַיִּמְצָא רביעי
דוּדָאִים בַּשָּׂדֶה וַיָּבֵא אֹתָם אֶל־לֵאָה אִמּוֹ וַתֹּאמֶר רָחֵל אֶל־
טו לֵאָה תְּנִי־נָא לִי מִדּוּדָאֵי בְּנֵךְ׃ וַתֹּאמֶר לָהּ הַמְעַט קַחְתֵּךְ

61 The name Reuven resonates with *raa* (has seen) and *ben* (son).
62 The name Shimon resonates with *shama* (has heard).
63 The name Levi resonates with *yillaveh* (will walk with).
64 The name Yehuda resonates with *odeh* (I will praise).
65 Meaning "I will raise the child as my own."

my husband? Now you want to take my son's mandrakes too!"
"Very well," said Raḥel. "Let him sleep with you tonight in ex-
16 change for your son's mandrakes." When Yaakov came back from
the field that evening, Leah went out to meet him and said, "You
are to come to me, for I have hired you with my son's mandrakes."
17 So that night he slept with her. God listened to Leah, and she
18 became pregnant and bore Yaakov a fifth son. Leah said, "God has
rewarded me for giving my maid to my husband," so she named
19 him Yissakhar.[70] Leah became pregnant again and bore Yaakov a
20 sixth son. "God has given me a precious gift," said Leah. "This time
my husband will honor me, for I have borne him six sons," so she
21 named him Zevulun.[71] Later she gave birth to a daughter and
22 named her Dina. Then God remembered Raḥel and listened to
23 her and enabled her to conceive. She became pregnant and gave
24 birth to a son. She said, "God has taken away my shame," and she
named him Yosef, saying, "May the LORD grant me another son
25 also."[72] After Raḥel had given birth to Yosef, Yaakov said to Lavan,
26 "Release me to go home to my own land. Give me my wives and
my children for whom I have worked for you, and let me go. You
27 know very well how much work I have done for you." But Lavan
said to him, "If you will allow me to say so, I have learned by
divination that it is because of you that the LORD has blessed me."
28 29 He added, "Name your hire and I will pay it." Yaakov said, "You HAMISHI
know well how I have worked for you and how your livestock have
30 fared under my care. You had little before I came, but it has swelled
into much. The LORD has blessed you wherever I have been. Now,
31 when can I do likewise for my own household?" Lavan asked,
"What shall I give you?" Yaakov replied, "Do not give me anything.
If you do this one thing for me, I will continue to shepherd and
32 guard your flocks. Let me go through all your flocks today and
remove every speckled or spotted sheep, every dark-colored lamb,
33 and every spotted or speckled goat. They shall be my hire. Let my

---

72 *Yosef* is the word used by Raḥel to denote "grant." The name also resonates with *asaf* (has taken away, v. 23).

אֶת־אִישִׁי וְלָקַחַת גַּם אֶת־דּוּדָאֵי בְּנִי וַתֹּאמֶר רָחֵל לָכֵן יִשְׁכַּב
טז עִמָּךְ הַלַּיְלָה תַּחַת דּוּדָאֵי בְנֵךְ: וַיָּבֹא יַעֲקֹב מִן־הַשָּׂדֶה בָּעֶרֶב
וַתֵּצֵא לֵאָה לִקְרָאתוֹ וַתֹּאמֶר אֵלַי תָּבוֹא כִּי שָׂכֹר שְׂכַרְתִּיךָ
יז בְּדוּדָאֵי בְּנִי וַיִּשְׁכַּב עִמָּהּ בַּלַּיְלָה הוּא: וַיִּשְׁמַע אֱלֹהִים אֶל־לֵאָה
יח וַתַּהַר וַתֵּלֶד לְיַעֲקֹב בֵּן חֲמִישִׁי: וַתֹּאמֶר לֵאָה נָתַן אֱלֹהִים שְׂכָרִי
יט אֲשֶׁר־נָתַתִּי שִׁפְחָתִי לְאִישִׁי וַתִּקְרָא שְׁמוֹ יִשָּׂשכָר: וַתַּהַר עוֹד
כ לֵאָה וַתֵּלֶד בֵּן־שִׁשִּׁי לְיַעֲקֹב: וַתֹּאמֶר לֵאָה זְבָדַנִי אֱלֹהִים ׀ אֹתִי
זֵבֶד טוֹב הַפַּעַם יִזְבְּלֵנִי אִישִׁי כִּי־יָלַדְתִּי לוֹ שִׁשָּׁה בָנִים וַתִּקְרָא
כא אֶת־שְׁמוֹ זְבֻלוּן: וְאַחַר יָלְדָה בַּת וַתִּקְרָא אֶת־שְׁמָהּ דִּינָה:
כב וַיִּזְכֹּר אֱלֹהִים אֶת־רָחֵל וַיִּשְׁמַע אֵלֶיהָ אֱלֹהִים וַיִּפְתַּח אֶת־ כח
כג רַחְמָהּ: וַתַּהַר וַתֵּלֶד בֵּן וַתֹּאמֶר אָסַף אֱלֹהִים אֶת־חֶרְפָּתִי:
כד כה וַתִּקְרָא אֶת־שְׁמוֹ יוֹסֵף לֵאמֹר יֹסֵף יהוה לִי בֵּן אַחֵר: וַיְהִי כַּאֲשֶׁר
יָלְדָה רָחֵל אֶת־יוֹסֵף וַיֹּאמֶר יַעֲקֹב אֶל־לָבָן שַׁלְּחֵנִי וְאֵלְכָה אֶל־
כו מְקוֹמִי וּלְאַרְצִי: תְּנָה אֶת־נָשַׁי וְאֶת־יְלָדַי אֲשֶׁר עָבַדְתִּי אֹתְךָ
כז בָּהֵן וְאֵלֵכָה כִּי אַתָּה יָדַעְתָּ אֶת־עֲבֹדָתִי אֲשֶׁר עֲבַדְתִּיךָ: וַיֹּאמֶר
אֵלָיו לָבָן אִם־נָא מָצָאתִי חֵן בְּעֵינֶיךָ נִחַשְׁתִּי וַיְבָרְכֵנִי יהוה
כח כט בִּגְלָלֶךָ: וַיֹּאמַר נָקְבָה שְׂכָרְךָ עָלַי וְאֶתֵּנָה: וַיֹּאמֶר אֵלָיו אַתָּה חמישי
ל יָדַעְתָּ אֵת אֲשֶׁר עֲבַדְתִּיךָ וְאֵת אֲשֶׁר־הָיָה מִקְנְךָ אִתִּי: כִּי מְעַט
אֲשֶׁר־הָיָה לְךָ לְפָנַי וַיִּפְרֹץ לָרֹב וַיְבָרֶךְ יהוה אֹתְךָ לְרַגְלִי וְעַתָּה
לא מָתַי אֶעֱשֶׂה גַם־אָנֹכִי לְבֵיתִי: וַיֹּאמֶר מָה אֶתֶּן־לָךְ וַיֹּאמֶר יַעֲקֹב
לֹא־תִתֶּן־לִי מְאוּמָה אִם־תַּעֲשֶׂה־לִּי הַדָּבָר הַזֶּה אָשׁוּבָה אֶרְעֶה
לב צֹאנְךָ אֶשְׁמֹר: אֶעֱבֹר בְּכָל־צֹאנְךָ הַיּוֹם הָסֵר מִשָּׁם כָּל־שֶׂה ׀
נָקֹד וְטָלוּא וְכָל־שֶׂה־חוּם בַּכְּשָׂבִים וְטָלוּא וְנָקֹד בָּעִזִּים וְהָיָה
לג שְׂכָרִי: וְעָנְתָה־בִּי צִדְקָתִי בְּיוֹם מָחָר כִּי־תָבוֹא עַל־שְׂכָרִי לְפָנֶיךָ

70 The name Yissakhar resonates with *natan sekhari* (has rewarded me).

71 The name Zevulun resonates with *zeved* (gift) and *yizbeleni* (will honor me).

honesty testify for me in the future, whenever you come to check
the wages you have paid me. Any goat not speckled or spotted or
any lamb not dark colored in my possession shall be considered
34 35 stolen." Lavan said, "Agreed. Let it be as you have said." That day
Lavan removed the streaked or spotted goats, all the speckled or
spotted female goats – every one that had a trace of white – and
every dark-colored lamb. These he placed in the care of his sons.
36 Then he put a three-day-journey's distance between him and
37 Yaakov. Yaakov tended the rest of Lavan's flock. Yaakov took fresh
shoots of poplar, almond, and plane trees and peeled white strips
38 in them, exposing the white of the shoots. Then he set the peeled
shoots in all the water troughs so that they would be in front of
the flocks when they came to drink. They would mate when they
39 came to drink, and since they mated by the shoots, they bore
40 streaked, speckled, and spotted young.[73] Yaakov set apart the
young of the flock, and he made the others belonging to Lavan
face the streaked and dark-colored animals. Thus he bred separate
flocks for himself, and he did not let them breed with Lavan's
41 flocks. Whenever the stronger animals were mating, Yaakov
would place the shoots in the troughs facing them so that they
42 mated facing the shoots. But the weaker animals he did not put
there, so the weaker went to Lavan and the stronger to Yaakov.
43 Thus the man's wealth swelled into a fortune. He had large flocks,
31 1 female and male servants, camels and donkeys. Yaakov heard that
Lavan's sons were saying, "Yaakov has taken everything our father
owned; of what belonged to our father, he has made all these
2 riches." And Yaakov saw that Lavan's manner toward him was not
3 what it had been. The Lord said to Yaakov, "Go back to the land
4 of your fathers where you were born; I will be with you." So Yaakov
sent word to Raḥel and Leah to come out to the field where his
5 flock was. He said to them, "I see that your father's manner toward
me is not what it used to be. But the God of my father has been
6 with me. You well know how I have worked for your father with
7 all my strength. Your father cheated me, changing my wages ten

כֹּל אֲשֶׁר־אֵינֶנּוּ נָקֹד וְטָלוּא בָּעִזִּים וְחוּם בַּכְּשָׂבִים גָּנוּב הוּא
לד לה אִתִּי׃ וַיֹּאמֶר לָבָן הֵן לוּ יְהִי כִדְבָרֶךָ׃ וַיָּסַר בַּיּוֹם הַהוּא אֶת־
הַתְּיָשִׁים הָעֲקֻדִּים וְהַטְּלֻאִים וְאֵת כָּל־הָעִזִּים הַנְּקֻדּוֹת וְהַטְּלֻאֹת
לו כֹּל אֲשֶׁר־לָבָן בּוֹ וְכָל־חוּם בַּכְּשָׂבִים וַיִּתֵּן בְּיַד־בָּנָיו׃ וַיָּשֶׂם דֶּרֶךְ
שְׁלֹשֶׁת יָמִים בֵּינוֹ וּבֵין יַעֲקֹב וְיַעֲקֹב רֹעֶה אֶת־צֹאן לָבָן הַנּוֹתָרֹת׃
לז וַיִּקַּח־לוֹ יַעֲקֹב מַקַּל לִבְנֶה לַח וְלוּז וְעַרְמוֹן וַיְפַצֵּל בָּהֵן פְּצָלוֹת
לח לְבָנוֹת מַחְשֹׂף הַלָּבָן אֲשֶׁר עַל־הַמַּקְלוֹת׃ וַיַּצֵּג אֶת־הַמַּקְלוֹת
אֲשֶׁר פִּצֵּל בָּרְהָטִים בְּשִׁקֲתוֹת הַמָּיִם אֲשֶׁר תָּבֹאןָ הַצֹּאן לִשְׁתּוֹת
לט לְנֹכַח הַצֹּאן וַיֵּחַמְנָה בְּבֹאָן לִשְׁתּוֹת׃ וַיֶּחֱמוּ הַצֹּאן אֶל־הַמַּקְלוֹת
מ וַתֵּלַדְןָ הַצֹּאן עֲקֻדִּים נְקֻדִּים וּטְלֻאִים׃ וְהַכְּשָׂבִים הִפְרִיד יַעֲקֹב
וַיִּתֵּן פְּנֵי הַצֹּאן אֶל־עָקֹד וְכָל־חוּם בְּצֹאן לָבָן וַיָּשֶׁת לוֹ עֲדָרִים
מא לְבַדּוֹ וְלֹא שָׁתָם עַל־צֹאן לָבָן׃ וְהָיָה בְּכָל־יַחֵם הַצֹּאן הַמְקֻשָּׁרוֹת
וְשָׂם יַעֲקֹב אֶת־הַמַּקְלוֹת לְעֵינֵי הַצֹּאן בָּרְהָטִים לְיַחְמֵנָּה
מב בַּמַּקְלוֹת׃ וּבְהַעֲטִיף הַצֹּאן לֹא יָשִׂים וְהָיָה הָעֲטֻפִים לְלָבָן
מג וְהַקְּשֻׁרִים לְיַעֲקֹב׃ וַיִּפְרֹץ הָאִישׁ מְאֹד מְאֹד וַיְהִי־לוֹ צֹאן רַבּוֹת
לא א וּשְׁפָחוֹת וַעֲבָדִים וּגְמַלִּים וַחֲמֹרִים׃ וַיִּשְׁמַע אֶת־דִּבְרֵי בְנֵי־לָבָן
לֵאמֹר לָקַח יַעֲקֹב אֵת כָּל־אֲשֶׁר לְאָבִינוּ וּמֵאֲשֶׁר לְאָבִינוּ עָשָׂה
ב אֵת כָּל־הַכָּבֹד הַזֶּה׃ וַיַּרְא יַעֲקֹב אֶת־פְּנֵי לָבָן וְהִנֵּה אֵינֶנּוּ עִמּוֹ
ג כִּתְמוֹל שִׁלְשׁוֹם׃ וַיֹּאמֶר יהוה אֶל־יַעֲקֹב שׁוּב אֶל־אֶרֶץ אֲבוֹתֶיךָ כט
ד וּלְמוֹלַדְתֶּךָ וְאֶהְיֶה עִמָּךְ׃ וַיִּשְׁלַח יַעֲקֹב וַיִּקְרָא לְרָחֵל וּלְלֵאָה
ה הַשָּׂדֶה אֶל־צֹאנוֹ׃ וַיֹּאמֶר לָהֶן רֹאֶה אָנֹכִי אֶת־פְּנֵי אֲבִיכֶן כִּי־
ו אֵינֶנּוּ אֵלַי כִּתְמֹל שִׁלְשֹׁם וֵאלֹהֵי אָבִי הָיָה עִמָּדִי׃ וְאַתֵּנָה יְדַעְתֶּן
ז כִּי בְּכָל־כֹּחִי עָבַדְתִּי אֶת־אֲבִיכֶן׃ וַאֲבִיכֶן הֵתֶל בִּי וְהֶחֱלִף אֶת־

73 The animals produced offspring that exhibited the designs seen during the mating process.

8 times, but God has not let him harm me. If he said, 'The speckled
animals shall be your hire,' then all the flock would give birth to
speckled young. If he said, 'The streaked animals shall be your
9 hire,' then all the flock would give birth to streaked young. God
10 has taken your father's livestock and given it to me. Once, during
the breeding season, I had a dream: I saw that the rams mounting
11 the flock were streaked, speckled, or spotted. And in the dream
12 an angel of God said to me, 'Yaakov.' I replied, 'Here I am.' He said,
'Look up and see that all the rams mounting the flock are streaked,
speckled, or spotted, for I have seen all that Lavan is doing to you.
13 I am the God of Beit El, where you anointed a pillar and made a
vow to Me. Now – leave this land at once and return to the land
14 where you were born.'" Raḥel and Leah answered him, "Do we
15 still have a share in the inheritance of our father's estate? He treats
16 us like strangers. He has sold us and spent the money. All the
wealth that God has taken from our father belongs to us and our
17 children. So do whatever God has told you." So Yaakov put his SHISHI
18 children and wives on camels and drove all the livestock and
wealth he had accumulated – the livestock he had acquired in
Padan Aram – heading for his father Yitzḥak in the land of Canaan.
19 Meanwhile, when Lavan had gone to shear his sheep, Raḥel had
20 stolen her father's household gods. Yaakov deceived Lavan the
21 Aramean by not telling him that he was running away. He fled with
all he had, crossed the Euphrates, and headed for the hill country
22 of Gilad. On the third day, Lavan was told that Yaakov had fled.
23 Taking his kinsmen with him, he pursued him for seven days,
24 catching up with him in the hill country of Gilad. That night God
came to Lavan the Aramean in a dream and said to him, "Take care
25 not to say anything to Yaakov for good or for bad." When Lavan
overtook him, Yaakov had pitched his tent in the hill country,
and Lavan and his kinsmen too encamped in the hill country of
26 Gilad. Lavan said to Yaakov, "What have you done? You have
deceived me, and carried off my daughters like captives of the

ח מַשְׂכֻּרְתִּי עֲשֶׂרֶת מֹנִים וְלֹא־נְתָנוֹ אֱלֹהִים לְהָרַע עִמָּדִי: אִם־כֹּה
יֹאמַר נְקֻדִּים יִהְיֶה שְׂכָרֶךָ וְיָלְדוּ כָל־הַצֹּאן נְקֻדִּים וְאִם־כֹּה יֹאמַר
ט עֲקֻדִּים יִהְיֶה שְׂכָרֶךָ וְיָלְדוּ כָל־הַצֹּאן עֲקֻדִּים: וַיַּצֵּל אֱלֹהִים
י אֶת־מִקְנֵה אֲבִיכֶם וַיִּתֶּן־לִי: וַיְהִי בְּעֵת יַחֵם הַצֹּאן וָאֶשָּׂא עֵינַי
וָאֵרֶא בַּחֲלוֹם וְהִנֵּה הָעַתֻּדִים הָעֹלִים עַל־הַצֹּאן עֲקֻדִּים נְקֻדִּים
יא וּבְרֻדִּים: וַיֹּאמֶר אֵלַי מַלְאַךְ הָאֱלֹהִים בַּחֲלוֹם יַעֲקֹב וָאֹמַר הִנֵּנִי:
יב וַיֹּאמֶר שָׂא־נָא עֵינֶיךָ וּרְאֵה כָּל־הָעַתֻּדִים הָעֹלִים עַל־הַצֹּאן
עֲקֻדִּים נְקֻדִּים וּבְרֻדִּים כִּי רָאִיתִי אֵת כָּל־אֲשֶׁר לָבָן עֹשֶׂה לָּךְ:
יג אָנֹכִי הָאֵל בֵּית־אֵל אֲשֶׁר מָשַׁחְתָּ שָּׁם מַצֵּבָה אֲשֶׁר נָדַרְתָּ לִּי
שָׁם נֶדֶר עַתָּה קוּם צֵא מִן־הָאָרֶץ הַזֹּאת וְשׁוּב אֶל־אֶרֶץ
יד מוֹלַדְתֶּךָ: וַתַּעַן רָחֵל וְלֵאָה וַתֹּאמַרְנָה לוֹ הַעוֹד לָנוּ חֵלֶק וְנַחֲלָה
טו בְּבֵית אָבִינוּ: הֲלוֹא נָכְרִיּוֹת נֶחְשַׁבְנוּ לוֹ כִּי מְכָרָנוּ וַיֹּאכַל גַּם־
טז אָכוֹל אֶת־כַּסְפֵּנוּ: כִּי כָל־הָעֹשֶׁר אֲשֶׁר הִצִּיל אֱלֹהִים מֵאָבִינוּ
לָנוּ הוּא וּלְבָנֵינוּ וְעַתָּה כֹּל אֲשֶׁר אָמַר אֱלֹהִים אֵלֶיךָ עֲשֵׂה:
יז יח וַיָּקָם יַעֲקֹב וַיִּשָּׂא אֶת־בָּנָיו וְאֶת־נָשָׁיו עַל־הַגְּמַלִּים: וַיִּנְהַג אֶת־ ששי
כָּל־מִקְנֵהוּ וְאֶת־כָּל־רְכֻשׁוֹ אֲשֶׁר רָכָשׁ מִקְנֵה קִנְיָנוֹ אֲשֶׁר רָכַשׁ
יט בְּפַדַּן אֲרָם לָבוֹא אֶל־יִצְחָק אָבִיו אַרְצָה כְּנָעַן: וְלָבָן הָלַךְ לִגְזֹז
כ אֶת־צֹאנוֹ וַתִּגְנֹב רָחֵל אֶת־הַתְּרָפִים אֲשֶׁר לְאָבִיהָ: וַיִּגְנֹב יַעֲקֹב
כא אֶת־לֵב לָבָן הָאֲרַמִּי עַל־בְּלִי הִגִּיד לוֹ כִּי בֹרֵחַ הוּא: וַיִּבְרַח הוּא
וְכָל־אֲשֶׁר־לוֹ וַיָּקָם וַיַּעֲבֹר אֶת־הַנָּהָר וַיָּשֶׂם אֶת־פָּנָיו הַר הַגִּלְעָד:
כב כג וַיֻּגַּד לְלָבָן בַּיּוֹם הַשְּׁלִישִׁי כִּי בָרַח יַעֲקֹב: וַיִּקַּח אֶת־אֶחָיו עִמּוֹ
כד וַיִּרְדֹּף אַחֲרָיו דֶּרֶךְ שִׁבְעַת יָמִים וַיַּדְבֵּק אֹתוֹ בְּהַר הַגִּלְעָד: וַיָּבֹא
אֱלֹהִים אֶל־לָבָן הָאֲרַמִּי בַּחֲלֹם הַלָּיְלָה וַיֹּאמֶר לוֹ הִשָּׁמֶר לְךָ
כה פֶּן־תְּדַבֵּר עִם־יַעֲקֹב מִטּוֹב עַד־רָע: וַיַּשֵּׂג לָבָן אֶת־יַעֲקֹב וְיַעֲקֹב
כו תָּקַע אֶת־אָהֳלוֹ בָּהָר וְלָבָן תָּקַע אֶת־אֶחָיו בְּהַר הַגִּלְעָד: וַיֹּאמֶר
לָבָן לְיַעֲקֹב מֶה עָשִׂיתָ וַתִּגְנֹב אֶת־לְבָבִי וַתְּנַהֵג אֶת־בְּנֹתַי

27 sword. Why did you leave secretly? Why did you deceive me by
not telling me? I would have sent you off with celebration and
28 song, with tambourines and harps. You did not even let me kiss
my grandchildren and daughters goodbye. You have behaved
29 foolishly. I have the power to harm you, but last night your father's
God spoke to me and said, 'Take care not to say anything to
30 Yaakov for good or for bad.' I realize you left because you longed
so much for your father's house. But why did you steal my gods?"
31 Yaakov answered Lavan, saying, "I was afraid; I thought you would
32 take your daughters away from me by force. But if you find your
gods with anyone here, they shall not live. In the presence of our
kinsmen, see if there is anything of yours here, and take it." Yaakov
33 did not know that Raḥel was the one who had stolen them. So
Lavan went into Yaakov's tent, Leah's tent, and the tents of the two
female slaves, but found nothing. Leaving Leah's tent, he entered
34 Raḥel's. But Raḥel had taken the household gods and put them
inside a camel cushion, and was sitting on them; and Lavan
35 rummaged through the tent but found nothing. She said to her
father, "Do not be angry, my lord, but I cannot get up for you, for
the way of women is with me now." So he searched but did not
36 find his household gods. Yaakov became indignant and confronted
Lavan. "What is my crime?" he asked Lavan. "What wrong did I
37 do that you come chasing after me? You have rummaged through
all my possessions. What have you found that belongs to your
house? Put it here in front of my kinsmen and yours and let them
38 decide between the two of us! For the twenty years I was with
you, your sheep and goats did not miscarry. Not once did I take a
39 ram from your flock as food. I never brought you an animal torn
by wild beasts. I bore the loss myself. Whether it was stolen by day
40 or by night you demanded payment from me. By day I was ravaged
by the heat; at night by the freezing cold. Sleep fled from my eyes.
41 Twenty years I spent working in your household – fourteen for
your two daughters and six for your flock – and ten times you
42 changed my wages. Had the God of my father – the God of

כז כִּשְׁבֻיוֹת חָרֶב: לָמָּה נַחְבֵּאתָ לִבְרֹחַ וַתִּגְנֹב אֹתִי וְלֹא־הִגַּדְתָּ לִּי
כח וָאֲשַׁלֵּחֲךָ בְּשִׂמְחָה וּבְשִׁרִים בְּתֹף וּבְכִנּוֹר: וְלֹא נְטַשְׁתַּנִי לְנַשֵּׁק
כט לְבָנַי וְלִבְנֹתָי עַתָּה הִסְכַּלְתָּ עֲשׂוֹ: יֶשׁ־לְאֵל יָדִי לַעֲשׂוֹת עִמָּכֶם
רָע וֵאלֹהֵי אֲבִיכֶם אֶמֶשׁ ׀ אָמַר אֵלַי לֵאמֹר הִשָּׁמֶר לְךָ מִדַּבֵּר
ל עִם־יַעֲקֹב מִטּוֹב עַד־רָע: וְעַתָּה הָלֹךְ הָלַכְתָּ כִּי־נִכְסֹף נִכְסַפְתָּה
לא לְבֵית אָבִיךָ לָמָּה גָנַבְתָּ אֶת־אֱלֹהָי: וַיַּעַן יַעֲקֹב וַיֹּאמֶר לְלָבָן כִּי
לב יָרֵאתִי כִּי אָמַרְתִּי פֶּן־תִּגְזֹל אֶת־בְּנוֹתֶיךָ מֵעִמִּי: עִם אֲשֶׁר תִּמְצָא
אֶת־אֱלֹהֶיךָ לֹא יִחְיֶה נֶגֶד אַחֵינוּ הַכֶּר־לְךָ מָה עִמָּדִי וְקַח־לָךְ
לג וְלֹא־יָדַע יַעֲקֹב כִּי רָחֵל גְּנָבָתַם: וַיָּבֹא לָבָן בְּאֹהֶל־יַעֲקֹב ׀
וּבְאֹהֶל לֵאָה וּבְאֹהֶל שְׁתֵּי הָאֲמָהֹת וְלֹא מָצָא וַיֵּצֵא מֵאֹהֶל
לד לֵאָה וַיָּבֹא בְּאֹהֶל רָחֵל: וְרָחֵל לָקְחָה אֶת־הַתְּרָפִים וַתְּשִׂמֵם
בְּכַר הַגָּמָל וַתֵּשֶׁב עֲלֵיהֶם וַיְמַשֵּׁשׁ לָבָן אֶת־כָּל־הָאֹהֶל וְלֹא
לה מָצָא: וַתֹּאמֶר אֶל־אָבִיהָ אַל־יִחַר בְּעֵינֵי אֲדֹנִי כִּי לוֹא אוּכַל
לָקוּם מִפָּנֶיךָ כִּי־דֶרֶךְ נָשִׁים לִי וַיְחַפֵּשׂ וְלֹא מָצָא אֶת־הַתְּרָפִים:
לו וַיִּחַר לְיַעֲקֹב וַיָּרֶב בְּלָבָן וַיַּעַן יַעֲקֹב וַיֹּאמֶר לְלָבָן מַה־פִּשְׁעִי מַה
לז חַטָּאתִי כִּי דָלַקְתָּ אַחֲרָי: כִּי־מִשַּׁשְׁתָּ אֶת־כָּל־כֵּלַי מַה־מָּצָאתָ
לח מִכֹּל כְּלֵי־בֵיתֶךָ שִׂים כֹּה נֶגֶד אַחַי וְאַחֶיךָ וְיוֹכִיחוּ בֵּין שְׁנֵינוּ: זֶה
עֶשְׂרִים שָׁנָה אָנֹכִי עִמָּךְ רְחֵלֶיךָ וְעִזֶּיךָ לֹא שִׁכֵּלוּ וְאֵילֵי צֹאנְךָ
לט לֹא אָכָלְתִּי: טְרֵפָה לֹא־הֵבֵאתִי אֵלֶיךָ אָנֹכִי אֲחַטֶּנָּה מִיָּדִי
מ תְּבַקְשֶׁנָּה גְּנֻבְתִי יוֹם וּגְנֻבְתִי לָיְלָה: הָיִיתִי בַיּוֹם אֲכָלַנִי חֹרֶב
מא וְקֶרַח בַּלָּיְלָה וַתִּדַּד שְׁנָתִי מֵעֵינָי: זֶה־לִּי עֶשְׂרִים שָׁנָה בְּבֵיתֶךָ
עֲבַדְתִּיךָ אַרְבַּע־עֶשְׂרֵה שָׁנָה בִּשְׁתֵּי בְנֹתֶיךָ וְשֵׁשׁ שָׁנִים בְּצֹאנֶךָ
מב וַתַּחֲלֵף אֶת־מַשְׂכֻּרְתִּי עֲשֶׂרֶת מֹנִים: לוּלֵי אֱלֹהֵי אָבִי אֱלֹהֵי

Avraham, the Fear of Yitzḥak – not been with me, you would have
sent me away empty-handed. But God saw my plight and the toil
43 of my hands, and He rebuked you last night." Then Lavan spoke SHEVI'I
up and said to Yaakov, "The daughters are my daughters. The
children are my children. The flocks are my flocks. All that you see
is mine. But what can I do now about my daughters or the children
44 they have borne? Come now, let us make a covenant, you and I,
45 and let it be a witness between us." So Yaakov took a stone and set
46 it up as a pillar. Yaakov said to his kinsmen, "Gather stones." They
took stones and made a mound, and there by the mound they ate.
47 Lavan called it Yegar Sahaduta, while Yaakov called it Galed.[74]
48 Lavan said, "This mound is a witness between me and you this
49 day." That is why it is called Galed. It is also called Mitzpa because
he said, "May the Lord keep watch between me and you when
50 we are out of each other's sight.[75] If you mistreat my daughters or
take other wives besides my daughters, even though no one else
is present, remember that God is the witness between me and
51 you." Lavan said to Yaakov, "Here is the mound and here is the
52 pillar I have set up between us. This mound is a witness, and the
pillar is a witness, that I will not go past this mound on your side
and that you will not go past this mound and pillar on my side
53 with intent to do harm. May the God of Avraham, the god of
Naḥor, and the god of their father be our judge." Yaakov swore
54 by the Fear of his father Yitzḥak. He offered a sacrifice on the hill
and invited his kinsmen to break bread. And they ate and spent
55 the night upon that hill. Lavan rose early the next morning. He MAFTIR
kissed his grandchildren and daughters goodbye and blessed
32 1 them. Lavan then left to return home. Yaakov continued on his
2 way – and angels of God encountered him. When he saw them,
Yaakov said, "This is God's own camp," and he named the place
Maḥanayim.[76]

3 Yaakov sent messengers ahead of him to his brother Esav in the VAYISHLAḤ
4 land of Se'ir, the country of Edom. He instructed them, "Say the
following to my lord Esav: 'Your servant Yaakov says, "I have been

אַבְרָהָם וּפַחַד יִצְחָק הָיָה לִי כִּי עַתָּה רֵיקָם שִׁלַּחְתָּנִי אֶת־עָנְיִי
מג וְאֶת־יְגִיעַ כַּפַּי רָאָה אֱלֹהִים וַיּוֹכַח אָמֶשׁ: וַיַּעַן לָבָן וַיֹּאמֶר אֶל־ שביעי
יַעֲקֹב הַבָּנוֹת בְּנֹתַי וְהַבָּנִים בָּנַי וְהַצֹּאן צֹאנִי וְכֹל אֲשֶׁר־אַתָּה
רֹאֶה לִי הוּא וְלִבְנֹתַי מָה־אֶעֱשֶׂה לָאֵלֶּה הַיּוֹם אוֹ לִבְנֵיהֶן אֲשֶׁר
מד יָלָדוּ: וְעַתָּה לְכָה נִכְרְתָה בְרִית אֲנִי וָאָתָּה וְהָיָה לְעֵד בֵּינִי
מה מו וּבֵינֶךָ: וַיִּקַּח יַעֲקֹב אָבֶן וַיְרִימֶהָ מַצֵּבָה: וַיֹּאמֶר יַעֲקֹב לְאֶחָיו
לִקְטוּ אֲבָנִים וַיִּקְחוּ אֲבָנִים וַיַּעֲשׂוּ־גָל וַיֹּאכְלוּ שָׁם עַל־הַגָּל:
מז מח וַיִּקְרָא־לוֹ לָבָן יְגַר שָׂהֲדוּתָא וְיַעֲקֹב קָרָא לוֹ גַּלְעֵד: וַיֹּאמֶר לָבָן
מט הַגַּל הַזֶּה עֵד בֵּינִי וּבֵינְךָ הַיּוֹם עַל־כֵּן קָרָא־שְׁמוֹ גַּלְעֵד: וְהַמִּצְפָּה
נ אֲשֶׁר אָמַר יִצֶף יְהוָה בֵּינִי וּבֵינֶךָ כִּי נִסָּתֵר אִישׁ מֵרֵעֵהוּ: אִם־
תְּעַנֶּה אֶת־בְּנֹתַי וְאִם־תִּקַּח נָשִׁים עַל־בְּנֹתַי אֵין אִישׁ עִמָּנוּ רְאֵה
נא אֱלֹהִים עֵד בֵּינִי וּבֵינֶךָ: וַיֹּאמֶר לָבָן לְיַעֲקֹב הִנֵּה ׀ הַגַּל הַזֶּה וְהִנֵּה
נב הַמַּצֵּבָה אֲשֶׁר יָרִיתִי בֵּינִי וּבֵינֶךָ: עֵד הַגַּל הַזֶּה וְעֵדָה הַמַּצֵּבָה
אִם־אָנִי לֹא־אֶעֱבֹר אֵלֶיךָ אֶת־הַגַּל הַזֶּה וְאִם־אַתָּה לֹא־תַעֲבֹר
נג אֵלַי אֶת־הַגַּל הַזֶּה וְאֶת־הַמַּצֵּבָה הַזֹּאת לְרָעָה: אֱלֹהֵי אַבְרָהָם
וֵאלֹהֵי נָחוֹר יִשְׁפְּטוּ בֵינֵינוּ אֱלֹהֵי אֲבִיהֶם וַיִּשָּׁבַע יַעֲקֹב בְּפַחַד
נד אָבִיו יִצְחָק: וַיִּזְבַּח יַעֲקֹב זֶבַח בָּהָר וַיִּקְרָא לְאֶחָיו לֶאֱכָל־לָחֶם
נה וַיֹּאכְלוּ לֶחֶם וַיָּלִינוּ בָּהָר: וַיַּשְׁכֵּם לָבָן בַּבֹּקֶר וַיְנַשֵּׁק לְבָנָיו מפטיר
לב א וְלִבְנוֹתָיו וַיְבָרֶךְ אֶתְהֶם וַיֵּלֶךְ וַיָּשָׁב לָבָן לִמְקֹמוֹ: וְיַעֲקֹב הָלַךְ
ב לְדַרְכּוֹ וַיִּפְגְּעוּ־בוֹ מַלְאֲכֵי אֱלֹהִים: וַיֹּאמֶר יַעֲקֹב כַּאֲשֶׁר רָאָם
מַחֲנֵה אֱלֹהִים זֶה וַיִּקְרָא שֵׁם־הַמָּקוֹם הַהוּא מַחֲנָיִם:
ל וישלח
ג וַיִּשְׁלַח יַעֲקֹב מַלְאָכִים לְפָנָיו אֶל־עֵשָׂו אָחִיו אַרְצָה שֵׂעִיר שְׂדֵה
ד אֱדוֹם: וַיְצַו אֹתָם לֵאמֹר כֹּה תֹאמְרוּן לַאדֹנִי לְעֵשָׂו כֹּה אָמַר

74 Both names mean "mound of testimony," the former in Aramaic, the latter in Hebrew (cf. also the name Gilad in v. 25).

75 The name Mitzpa derives from the same root as *yitzef* (keep watch).

76 Literally "two camps."

5 staying with Lavan; until now I have remained there. And I have
acquired cattle, donkeys, sheep, and male and female servants. I
am sending this message to my lord to find favor in your eyes.'""
6 And when the messengers returned to Yaakov, they said, "We
came to your brother Esav. He is on his way to meet you, and with
7 him, four hundred men." Yaakov was acutely afraid and distressed.
He divided the people with him into two camps,[77] along with the
8 flocks, the cattle, and the camels. "If Esav comes and attacks one
9 camp," he thought, "the other camp may still survive." Then
Yaakov prayed, "God of my father Avraham and God of my father
Yitzḥak, LORD, You who said to me, 'Go back to the land where
10 you were born and I will deal well with you,' I am unworthy of all
the kindnesses and the faithfulness that You have bestowed upon
Your servant. When I crossed the Jordan I had only my staff, and
11 now I have become two camps. Rescue me, I pray, from my
brother's hand, from the hand of Esav. I am afraid he will come
12 and kill us all, mothers and children alike. Yet You said, 'I will deal
well with you and make your descendants countless, like the sand
13 of the sea.'" He spent the night there. Then, from what he had at SHEINI
14 hand, he selected a gift for his brother Esav: two hundred female
15 goats, twenty male goats, two hundred ewes, twenty rams, thirty
milk camels and their young, forty cows, ten bulls, twenty female
16 donkeys, and ten male donkeys. He put them in the care of his
servants, each herd by itself, and he told the servants, "Go on
17 ahead of me. Keep a space between the herds." He instructed the
first, "When my brother Esav meets you and asks, 'To whom do
you belong? Where are you going? Who owns all these animals
18 ahead of you?' you must say, 'They belong to your servant Yaakov;
they are a gift sent to my lord Esav – and he is coming behind us.'"
19 He likewise instructed the second and third and all the others who
followed the herds, "You shall say the same thing to Esav when
20 you meet him. Also say, 'Your servant Yaakov is coming behind
us.'" He thought, "I will pacify him with these gifts I am sending

77 Cf. previous note.

ה עַבְדְּךָ֣ יַעֲקֹ֔ב עִם־לָבָ֣ן גַּ֔רְתִּי וָאֵחַ֖ר עַד־עָֽתָּה׃ וַֽיְהִי־לִי֙ שׁ֣וֹר וַחֲמ֔וֹר
צֹ֥אן וְעֶ֖בֶד וְשִׁפְחָ֑ה וָֽאֶשְׁלְחָה֙ לְהַגִּ֣יד לַֽאדֹנִ֔י לִמְצֹא־חֵ֖ן
ו בְּעֵינֶֽיךָ׃ וַיָּשֻׁ֙בוּ֙ הַמַּלְאָכִ֔ים אֶֽל־יַעֲקֹ֖ב לֵאמֹ֑ר בָּ֤אנוּ אֶל־אָחִ֙יךָ֙
ז אֶל־עֵשָׂ֔ו וְגַם֙ הֹלֵ֣ךְ לִקְרָֽאתְךָ֔ וְאַרְבַּע־מֵא֥וֹת אִ֖ישׁ עִמּֽוֹ׃ וַיִּירָ֧א
יַעֲקֹ֛ב מְאֹ֖ד וַיֵּ֣צֶר ל֑וֹ וַיַּ֜חַץ אֶת־הָעָ֣ם אֲשֶׁר־אִתּ֗וֹ וְאֶת־הַצֹּ֧אן
ח וְאֶת־הַבָּקָ֛ר וְהַגְּמַלִּ֖ים לִשְׁנֵ֥י מַחֲנֽוֹת׃ וַיֹּ֗אמֶר אִם־יָב֥וֹא עֵשָׂ֛ו
אֶל־הַמַּחֲנֶ֥ה הָאַחַ֖ת וְהִכָּ֑הוּ וְהָיָ֛ה הַמַּחֲנֶ֥ה הַנִּשְׁאָ֖ר לִפְלֵיטָֽה׃
ט וַיֹּאמֶר֮ יַעֲקֹב֒ אֱלֹהֵי֙ אָבִ֣י אַבְרָהָ֔ם וֵאלֹהֵ֖י אָבִ֣י יִצְחָ֑ק יְהוָ֞ה הָאֹמֵ֣ר
י אֵלַ֗י שׁ֧וּב לְאַרְצְךָ֛ וּלְמוֹלַדְתְּךָ֖ וְאֵיטִ֥יבָה עִמָּֽךְ׃ קָטֹ֜נְתִּי מִכֹּ֣ל
הַחֲסָדִים֙ וּמִכָּל־הָ֣אֱמֶ֔ת אֲשֶׁ֥ר עָשִׂ֖יתָ אֶת־עַבְדֶּ֑ךָ כִּ֣י בְמַקְלִ֗י
יא עָבַ֙רְתִּי֙ אֶת־הַיַּרְדֵּ֣ן הַזֶּ֔ה וְעַתָּ֥ה הָיִ֖יתִי לִשְׁנֵ֥י מַחֲנֽוֹת׃ הַצִּילֵ֥נִי נָ֛א
מִיַּ֥ד אָחִ֖י מִיַּ֣ד עֵשָׂ֑ו כִּֽי־יָרֵ֤א אָנֹכִי֙ אֹת֔וֹ פֶּן־יָב֣וֹא וְהִכַּ֔נִי אֵ֖ם עַל־
יב בָּנִֽים׃ וְאַתָּ֣ה אָמַ֔רְתָּ הֵיטֵ֥ב אֵיטִ֖יב עִמָּ֑ךְ וְשַׂמְתִּ֤י אֶת־זַרְעֲךָ֙ כְּח֣וֹל
יג הַיָּ֔ם אֲשֶׁ֥ר לֹא־יִסָּפֵ֖ר מֵרֹֽב׃ וַיָּ֥לֶן שָׁ֖ם בַּלַּ֣יְלָה הַה֑וּא וַיִּקַּ֞ח מִן־הַבָּ֥א שני
יד בְיָד֛וֹ מִנְחָ֖ה לְעֵשָׂ֥ו אָחִֽיו׃ עִזִּ֣ים מָאתַ֔יִם וּתְיָשִׁ֖ים עֶשְׂרִ֑ים רְחֵלִ֥ים
טו מָאתַ֖יִם וְאֵילִ֥ים עֶשְׂרִֽים׃ גְּמַלִּ֧ים מֵינִיק֛וֹת וּבְנֵיהֶ֖ם שְׁלֹשִׁ֑ים פָּר֤וֹת
טז אַרְבָּעִים֙ וּפָרִ֣ים עֲשָׂרָ֔ה אֲתֹנֹ֣ת עֶשְׂרִ֔ים וַעְיָרִ֖ם עֲשָׂרָֽה׃ וַיִּתֵּן֙
בְּיַד־עֲבָדָ֔יו עֵ֥דֶר עֵ֖דֶר לְבַדּ֑וֹ וַיֹּ֤אמֶר אֶל־עֲבָדָיו֙ עִבְר֣וּ לְפָנַ֔י וְרֶ֣וַח
יז תָּשִׂ֔ימוּ בֵּ֥ין עֵ֖דֶר וּבֵ֥ין עֵֽדֶר׃ וַיְצַ֥ו אֶת־הָרִאשׁ֖וֹן לֵאמֹ֑ר כִּ֣י יִֽפְגָשְׁךָ֞
עֵשָׂ֣ו אָחִ֗י וּשְׁאֵֽלְךָ֙ לֵאמֹ֔ר לְמִי־אַ֙תָּה֙ וְאָ֣נָה תֵלֵ֔ךְ וּלְמִ֖י אֵ֥לֶּה
יח לְפָנֶֽיךָ׃ וְאָמַרְתָּ֙ לְעַבְדְּךָ֣ לְיַעֲקֹ֔ב מִנְחָ֥ה הִוא֙ שְׁלוּחָ֔ה לַאדֹנִ֖י
יט לְעֵשָׂ֑ו וְהִנֵּ֥ה גַם־ה֖וּא אַחֲרֵֽינוּ׃ וַיְצַ֞ו גַּ֣ם אֶת־הַשֵּׁנִ֗י גַּ֚ם אֶת־
הַשְּׁלִישִׁ֔י גַּ֚ם אֶת־כָּל־הַהֹ֣לְכִ֔ים אַחֲרֵ֥י הָעֲדָרִ֖ים לֵאמֹ֑ר כַּדָּבָ֤ר
כ הַזֶּה֙ תְּדַבְּר֣וּן אֶל־עֵשָׂ֔ו בְּמֹצַאֲכֶ֖ם אֹתֽוֹ׃ וַאֲמַרְתֶּ֕ם גַּ֗ם הִנֵּ֛ה עַבְדְּךָ֥
יַעֲקֹ֖ב אַחֲרֵ֑ינוּ כִּֽי־אָמַ֞ר אֲכַפְּרָ֣ה פָנָ֗יו בַּמִּנְחָה֙ הַהֹלֶ֣כֶת לְפָנָ֔י

21 on ahead. Then I will face him. Perhaps he will accept me." So the
gifts went on ahead of him, while he remained in the camp that
22 night. That night Yaakov got up and took his two wives, two
maidservants, and eleven sons and crossed the ford of the Yabok.
23 He took them and crossed the stream with them and then brought
24 across all that he had. And Yaakov was left alone. And a man
25 wrestled with him until dawn. When he saw that he could not
overpower him, the man wrenched Yaakov's hip in its socket so
that the socket of Yaakov's hip was strained as he wrestled with
26 the man. "Let me go," said the man, "for dawn is breaking." But he
27 replied, "I will not let you go unless you bless me." "What is your
28 name?" asked the man. "Yaakov," he replied. "No longer will your
name be Yaakov, but Yisrael," said the man, "for you have struggled
29 with God and with men and have prevailed."[78] Yaakov asked,
"Please tell me your name." But he said, "Why do you ask my
30 name?" and he blessed him there.[79] Yaakov named the place SHELISHI
Peniel, "for I have seen God face-to-face and yet my life has been
31 spared."[80] The sun was rising on him as he moved on from Penuel,
32 limping on his thigh. That is why, to this day, the Israelites do not
eat the sciatic nerve by the hip socket: because he wrenched
33 1 Yaakov's hip socket at the sciatic nerve. Yaakov looked up – and
saw Esav coming with his four hundred men. So he divided the
2 children among Leah, Raḥel, and the two maidservants. He put
the maidservants and their children first, Leah and her children
3 behind, and Raḥel and Yosef at the rear. And he went ahead of
them, bowing down to the ground seven times until he came close
4 to his brother. Esav ran to meet him and embraced him. He threw
5 his arms around his neck and kissed him, and they wept. Esav
looked up and saw the women and children. He asked, "Who are
these with you?" Yaakov answered, "They are the children God
6 has graciously given your servant." Then the maidservants and REVI'I
their children came forward and bowed down. Leah and her

80 The first part of the name Peniel resonates with *panim* (face). The ending "el" is a reference to God.

כא וְאַחֲרֵי־כֵן אֶרְאֶה פָנָיו אוּלַי יִשָּׂא פָנָי׃ וַתַּעֲבֹר הַמִּנְחָה עַל־פָּנָיו
כב וְהוּא לָן בַּלַּיְלָה־הַהוּא בַּמַּחֲנֶה׃ וַיָּקָם ׀ בַּלַּיְלָה הוּא וַיִּקַּח אֶת־
שְׁתֵּי נָשָׁיו וְאֶת־שְׁתֵּי שִׁפְחֹתָיו וְאֶת־אַחַד עָשָׂר יְלָדָיו וַיַּעֲבֹר אֵת
כג מַעֲבַר יַבֹּק׃ וַיִּקָּחֵם וַיַּעֲבִרֵם אֶת־הַנָּחַל וַיַּעֲבֵר אֶת־אֲשֶׁר־לוֹ׃
כד כה וַיִּוָּתֵר יַעֲקֹב לְבַדּוֹ וַיֵּאָבֵק אִישׁ עִמּוֹ עַד עֲלוֹת הַשָּׁחַר׃ וַיַּרְא כִּי
לֹא יָכֹל לוֹ וַיִּגַּע בְּכַף־יְרֵכוֹ וַתֵּקַע כַּף־יֶרֶךְ יַעֲקֹב בְּהֵאָבְקוֹ עִמּוֹ׃
כו וַיֹּאמֶר שַׁלְּחֵנִי כִּי עָלָה הַשָּׁחַר וַיֹּאמֶר לֹא אֲשַׁלֵּחֲךָ כִּי אִם־
כז כח בֵּרַכְתָּנִי׃ וַיֹּאמֶר אֵלָיו מַה־שְּׁמֶךָ וַיֹּאמֶר יַעֲקֹב׃ וַיֹּאמֶר לֹא יַעֲקֹב
יֵאָמֵר עוֹד שִׁמְךָ כִּי אִם־יִשְׂרָאֵל כִּי־שָׂרִיתָ עִם־אֱלֹהִים וְעִם־
כט אֲנָשִׁים וַתּוּכָל׃ וַיִּשְׁאַל יַעֲקֹב וַיֹּאמֶר הַגִּידָה־נָּא שְׁמֶךָ וַיֹּאמֶר
ל לָמָּה זֶּה תִּשְׁאַל לִשְׁמִי וַיְבָרֶךְ אֹתוֹ שָׁם׃ וַיִּקְרָא יַעֲקֹב שֵׁם שלישי
הַמָּקוֹם פְּנִיאֵל כִּי־רָאִיתִי אֱלֹהִים פָּנִים אֶל־פָּנִים וַתִּנָּצֵל נַפְשִׁי׃
לא וַיִּזְרַח־לוֹ הַשֶּׁמֶשׁ כַּאֲשֶׁר עָבַר אֶת־פְּנוּאֵל וְהוּא צֹלֵעַ עַל־יְרֵכוֹ׃
לב עַל־כֵּן לֹא־יֹאכְלוּ בְנֵי־יִשְׂרָאֵל אֶת־גִּיד הַנָּשֶׁה אֲשֶׁר עַל־כַּף
לג א הַיָּרֵךְ עַד הַיּוֹם הַזֶּה כִּי נָגַע בְּכַף־יֶרֶךְ יַעֲקֹב בְּגִיד הַנָּשֶׁה׃ וַיִּשָּׂא
יַעֲקֹב עֵינָיו וַיַּרְא וְהִנֵּה עֵשָׂו בָּא וְעִמּוֹ אַרְבַּע מֵאוֹת אִישׁ וַיַּחַץ
ב אֶת־הַיְלָדִים עַל־לֵאָה וְעַל־רָחֵל וְעַל שְׁתֵּי הַשְּׁפָחוֹת׃ וַיָּשֶׂם
אֶת־הַשְּׁפָחוֹת וְאֶת־יַלְדֵיהֶן רִאשֹׁנָה וְאֶת־לֵאָה וִילָדֶיהָ אַחֲרֹנִים
ג וְאֶת־רָחֵל וְאֶת־יוֹסֵף אַחֲרֹנִים׃ וְהוּא עָבַר לִפְנֵיהֶם וַיִּשְׁתַּחוּ
ד אַרְצָה שֶׁבַע פְּעָמִים עַד־גִּשְׁתּוֹ עַד־אָחִיו׃ וַיָּרָץ עֵשָׂו לִקְרָאתוֹ
ה וַיְחַבְּקֵהוּ וַיִּפֹּל עַל־צַוָּארָו וַיִּשָּׁקֵהוּ וַיִּבְכּוּ׃ וַיִּשָּׂא אֶת־עֵינָיו וַיַּרְא
אֶת־הַנָּשִׁים וְאֶת־הַיְלָדִים וַיֹּאמֶר מִי־אֵלֶּה לָּךְ וַיֹּאמַר הַיְלָדִים
ו אֲשֶׁר־חָנַן אֱלֹהִים אֶת־עַבְדֶּךָ׃ וַתִּגַּשְׁןָ הַשְּׁפָחוֹת הֵנָּה וְיַלְדֵיהֶן רביעי

78 The first part of the name Yisrael resonates with *sarita* (you have struggled). The ending "el" is a divine name.

79 This response implies that the "man" is an angel; cf. Judges 13:18.

children came forward and bowed down. And last, Yosef and
8 Raḥel approached and bowed down. Esav asked, "What did you
mean by all the procession that I met before?" He said, "To find
9 favor in your eyes, my lord." But Esav said, "I have plenty, my
10 brother. Let what is yours remain yours." "No, please," said Yaakov.
"If I have found favor in your eyes, accept this gift from me, for
seeing your face is like seeing the face of God, and you have
11 shown me favor. Please accept my blessing that was brought to
you, for God has been gracious to me, and I have everything."
12 Yaakov pressed him, and he accepted. Then Esav said, "Let us be
13 on our way. I will go beside you." But Yaakov said, "My lord knows
that the children are fragile, and I must care for the nursing
sheep and cattle. If they are driven hard even for one day, all the
14 flocks will die. Let my lord go on ahead of his servant, and I will
go slowly at the pace of the livestock before me and the pace of
15 the children until I come to my lord in Se'ir." Esav said, "Let me
leave some of my people with you." "Why do that?" he said. "Just
16 let me find favor in the eyes of my lord." So that day Esav started
17 back on his way to Se'ir, and Yaakov journeyed on to Sukkot.
There he built himself a house and made huts for his livestock;
18 that is why he named the place Sukkot.[81] Thus Yaakov,
having come from Padan Aram, arrived safely at the town of
Shekhem in Canaan, and he set up camp within sight of the
19 town. He bought the plot of ground where he pitched his tent
from the sons of Ḥamor, father of Shekhem, for one hundred
20 *kesita*[82] of silver. There he erected an altar and named it El Elohei
34 1 Yisrael.[83] Dina, the daughter whom Leah had borne to ḤAMISHI
2 Yaakov, went out to see the daughters of the land. When Shekhem
son of Ḥamor the Hivite, prince of the land, saw her, he took hold
3 of her, lay with her, and violated her. He became deeply drawn to
Dina, Yaakov's daughter, and, in love with the young woman, he
4 spoke to her heart. Shekhem said to his father Ḥamor, "Take this
5 girl as a wife for me." When Yaakov heard that he had defiled his

83 Meaning "God, the God of Yisrael."

ז וַתִּשְׁתַּחֲוֶיןָ: וַתִּגַּשׁ גַּם־לֵאָה וִילָדֶיהָ וַיִּשְׁתַּחֲווּ וְאַחַר נִגַּשׁ יוֹסֵף
ח וְרָחֵל וַיִּשְׁתַּחֲווּ: וַיֹּאמֶר מִי לְךָ כָּל־הַמַּחֲנֶה הַזֶּה אֲשֶׁר פָּגָשְׁתִּי
ט וַיֹּאמֶר לִמְצֹא־חֵן בְּעֵינֵי אֲדֹנִי: וַיֹּאמֶר עֵשָׂו יֶשׁ־לִי רָב אָחִי יְהִי
י לְךָ אֲשֶׁר־לָךְ: וַיֹּאמֶר יַעֲקֹב אַל־נָא אִם־נָא מָצָאתִי חֵן בְּעֵינֶיךָ
וְלָקַחְתָּ מִנְחָתִי מִיָּדִי כִּי עַל־כֵּן רָאִיתִי פָנֶיךָ כִּרְאֹת פְּנֵי אֱלֹהִים
יא וַתִּרְצֵנִי: קַח־נָא אֶת־בִּרְכָתִי אֲשֶׁר הֻבָאת לָךְ כִּי־חַנַּנִי אֱלֹהִים
יב וְכִי יֶשׁ־לִי־כֹל וַיִּפְצַר־בּוֹ וַיִּקָּח: וַיֹּאמֶר נִסְעָה וְנֵלֵכָה וְאֵלְכָה
יג לְנֶגְדֶּךָ: וַיֹּאמֶר אֵלָיו אֲדֹנִי יֹדֵעַ כִּי־הַיְלָדִים רַכִּים וְהַצֹּאן וְהַבָּקָר
יד עָלוֹת עָלָי וּדְפָקוּם יוֹם אֶחָד וָמֵתוּ כָּל־הַצֹּאן: יַעֲבָר־נָא אֲדֹנִי
לִפְנֵי עַבְדּוֹ וַאֲנִי אֶתְנָהֲלָה לְאִטִּי לְרֶגֶל הַמְּלָאכָה אֲשֶׁר־לְפָנַי
טו וּלְרֶגֶל הַיְלָדִים עַד אֲשֶׁר־אָבֹא אֶל־אֲדֹנִי שֵׂעִירָה: וַיֹּאמֶר עֵשָׂו
אַצִּיגָה־נָּא עִמְּךָ מִן־הָעָם אֲשֶׁר אִתִּי וַיֹּאמֶר לָמָּה זֶּה אֶמְצָא־חֵן
טז יז בְּעֵינֵי אֲדֹנִי: וַיָּשָׁב בַּיּוֹם הַהוּא עֵשָׂו לְדַרְכּוֹ שֵׂעִירָה: וְיַעֲקֹב נָסַע
סֻכֹּתָה וַיִּבֶן לוֹ בָּיִת וּלְמִקְנֵהוּ עָשָׂה סֻכֹּת עַל־כֵּן קָרָא שֵׁם־
יח הַמָּקוֹם סֻכּוֹת: וַיָּבֹא יַעֲקֹב שָׁלֵם עִיר שְׁכֶם אֲשֶׁר לא
יט בְּאֶרֶץ כְּנַעַן בְּבֹאוֹ מִפַּדַּן אֲרָם וַיִּחַן אֶת־פְּנֵי הָעִיר: וַיִּקֶן אֶת־
חֶלְקַת הַשָּׂדֶה אֲשֶׁר נָטָה־שָׁם אָהֳלוֹ מִיַּד בְּנֵי־חֲמוֹר אֲבִי שְׁכֶם
כ בְּמֵאָה קְשִׂיטָה: וַיַּצֶּב־שָׁם מִזְבֵּחַ וַיִּקְרָא־לוֹ אֵל אֱלֹהֵי
לד א יִשְׂרָאֵל: וַתֵּצֵא דִינָה בַּת־לֵאָה אֲשֶׁר יָלְדָה לְיַעֲקֹב חמישי
ב לִרְאוֹת בִּבְנוֹת הָאָרֶץ: וַיַּרְא אֹתָהּ שְׁכֶם בֶּן־חֲמוֹר הַחִוִּי נְשִׂיא
ג הָאָרֶץ וַיִּקַּח אֹתָהּ וַיִּשְׁכַּב אֹתָהּ וַיְעַנֶּהָ: וַתִּדְבַּק נַפְשׁוֹ בְּדִינָה
ד בַּת־יַעֲקֹב וַיֶּאֱהַב אֶת־הַנַּעֲרָ וַיְדַבֵּר עַל־לֵב הַנַּעֲרָ: וַיֹּאמֶר שְׁכֶם
אֶל־חֲמוֹר אָבִיו לֵאמֹר קַח־לִי אֶת־הַיַּלְדָּה הַזֹּאת לְאִשָּׁה:
ה וְיַעֲקֹב שָׁמַע כִּי טִמֵּא אֶת־דִּינָה בִתּוֹ וּבָנָיו הָיוּ אֶת־מִקְנֵהוּ

81 Meaning "huts."

82 Apparently a unit of silver.

daughter Dina, his sons were in the field with his livestock, and so
6 he stayed silent until they came home. Shekhem's father Ḥamor
7 came to Yaakov to speak with him. Meanwhile, Yaakov's sons,
having heard what had happened, came back from the field. They
were shocked and furious, for Shekhem had committed an outrage
in Israel by sleeping with Yaakov's daughter. Such a thing cannot
8 be done! But Ḥamor spoke with them and said, "My son Shekhem
has his heart set upon your daughter. Please give her to him as his
9 wife. Intermarry with us. Give us your daughters and take our
10 daughters for yourselves. Settle with us. The land is open to you.
11 Live here, trade here, acquire property here." Then Shekhem said
to Dina's father and brothers, "Let me but find favor in your eyes
12 and I will give whatever you ask. Set the bridal price and gifts as
high as you like. I will give whatever you ask of me; only give me
13 the young woman as my wife." Yaakov's sons responded to
Shekhem and his father Ḥamor, and they spoke deceptively: he
14 had, after all, defiled their sister Dina. They told them, "We cannot
do this. To give our sister to an uncircumcised man would be a
15 disgrace to us. Only on one condition will we agree with you: If
16 you become like us, circumcising all your males, then we will give
you our daughters and take your daughters for ourselves. We will
17 live with you and become one people. If you do not agree to be
18 circumcised, we will take our daughter and go." Their words
19 gratified Ḥamor and his son Shekhem. The young man, the most
honored of his father's family, lost no time in doing it, because he
20 longed for Yaakov's daughter. Ḥamor and his son Shekhem came
21 to the town gate and spoke to their fellow townsmen. "These
people are friendly toward us," they said. "Let them live in the land
and trade in it. We have space enough for them. We can marry
22 their daughters and they can marry ours. But only on one
condition will they agree to dwell with us as one people. Every
23 male among us must be circumcised as they are. Will not their
livestock, property, and all their animals be ours? Let us, then,
24 agree to their terms and let them settle among us." All the people

ו בַּשָּׂדֶה וְהֶחֱרִשׁ יַעֲקֹב עַד־בֹּאָם: וַיֵּצֵא חֲמוֹר אֲבִי־שְׁכֶם אֶל־
ז יַעֲקֹב לְדַבֵּר אִתּוֹ: וּבְנֵי יַעֲקֹב בָּאוּ מִן־הַשָּׂדֶה כְּשָׁמְעָם וַיִּתְעַצְּבוּ
הָאֲנָשִׁים וַיִּחַר לָהֶם מְאֹד כִּי נְבָלָה עָשָׂה בְיִשְׂרָאֵל לִשְׁכַּב אֶת־
ח בַּת־יַעֲקֹב וְכֵן לֹא יֵעָשֶׂה: וַיְדַבֵּר חֲמוֹר אִתָּם לֵאמֹר שְׁכֶם בְּנִי
ט חָשְׁקָה נַפְשׁוֹ בְּבִתְּכֶם תְּנוּ נָא אֹתָהּ לוֹ לְאִשָּׁה: וְהִתְחַתְּנוּ אֹתָנוּ
י בְּנֹתֵיכֶם תִּתְּנוּ־לָנוּ וְאֶת־בְּנֹתֵינוּ תִּקְחוּ לָכֶם: וְאִתָּנוּ תֵּשֵׁבוּ
יא וְהָאָרֶץ תִּהְיֶה לִפְנֵיכֶם שְׁבוּ וּסְחָרוּהָ וְהֵאָחֲזוּ בָּהּ: וַיֹּאמֶר שְׁכֶם
אֶל־אָבִיהָ וְאֶל־אַחֶיהָ אֶמְצָא־חֵן בְּעֵינֵיכֶם וַאֲשֶׁר תֹּאמְרוּ אֵלַי
יב אֶתֵּן: הַרְבּוּ עָלַי מְאֹד מֹהַר וּמַתָּן וְאֶתְּנָה כַּאֲשֶׁר תֹּאמְרוּ אֵלָי
יג וּתְנוּ־לִי אֶת־הַנַּעַר לְאִשָּׁה: וַיַּעֲנוּ בְנֵי־יַעֲקֹב אֶת־שְׁכֶם וְאֶת־
חֲמוֹר אָבִיו בְּמִרְמָה וַיְדַבֵּרוּ אֲשֶׁר טִמֵּא אֵת דִּינָה אֲחֹתָם:
יד וַיֹּאמְרוּ אֲלֵיהֶם לֹא נוּכַל לַעֲשׂוֹת הַדָּבָר הַזֶּה לָתֵת אֶת־אֲחֹתֵנוּ
טו לְאִישׁ אֲשֶׁר־לוֹ עָרְלָה כִּי־חֶרְפָּה הִוא לָנוּ: אַךְ־בְּזֹאת נֵאוֹת
טז לָכֶם אִם תִּהְיוּ כָמֹנוּ לְהִמֹּל לָכֶם כָּל־זָכָר: וְנָתַנּוּ אֶת־בְּנֹתֵינוּ
לָכֶם וְאֶת־בְּנֹתֵיכֶם נִקַּח־לָנוּ וְיָשַׁבְנוּ אִתְּכֶם וְהָיִינוּ לְעַם אֶחָד:
יז וְאִם־לֹא תִשְׁמְעוּ אֵלֵינוּ לְהִמּוֹל וְלָקַחְנוּ אֶת־בִּתֵּנוּ וְהָלָכְנוּ:
יח יט וַיִּיטְבוּ דִבְרֵיהֶם בְּעֵינֵי חֲמוֹר וּבְעֵינֵי שְׁכֶם בֶּן־חֲמוֹר: וְלֹא־אֵחַר
הַנַּעַר לַעֲשׂוֹת הַדָּבָר כִּי חָפֵץ בְּבַת־יַעֲקֹב וְהוּא נִכְבָּד מִכֹּל בֵּית
כ אָבִיו: וַיָּבֹא חֲמוֹר וּשְׁכֶם בְּנוֹ אֶל־שַׁעַר עִירָם וַיְדַבְּרוּ אֶל־אַנְשֵׁי
כא עִירָם לֵאמֹר: הָאֲנָשִׁים הָאֵלֶּה שְׁלֵמִים הֵם אִתָּנוּ וְיֵשְׁבוּ בָאָרֶץ
וְיִסְחֲרוּ אֹתָהּ וְהָאָרֶץ הִנֵּה רַחֲבַת־יָדַיִם לִפְנֵיהֶם אֶת־בְּנֹתָם
כב נִקַּח־לָנוּ לְנָשִׁים וְאֶת־בְּנֹתֵינוּ נִתֵּן לָהֶם: אַךְ־בְּזֹאת יֵאֹתוּ לָנוּ
הָאֲנָשִׁים לָשֶׁבֶת אִתָּנוּ לִהְיוֹת לְעַם אֶחָד בְּהִמּוֹל לָנוּ כָּל־זָכָר
כג כַּאֲשֶׁר הֵם נִמֹּלִים: מִקְנֵהֶם וְקִנְיָנָם וְכָל־בְּהֶמְתָּם הֲלוֹא לָנוּ הֵם
כד אַךְ נֵאוֹתָה לָהֶם וְיֵשְׁבוּ אִתָּנוּ: וַיִּשְׁמְעוּ אֶל־חֲמוֹר וְאֶל־שְׁכֶם

who went out by the town gate listened to Ḥamor and his son
Shekhem, and all the males who went out by the town gate were
25 circumcised. On the third day, when the people were weak from
pain, two of Yaakov's sons, Shimon and Levi, Dina's brothers, took
their swords, entered the unsuspecting town, and killed every
26 single male. They killed Ḥamor and his son Shekhem by the
27 sword, took Dina from Shekhem's house and left. Yaakov's sons
came upon the dead and plundered the town that had defiled their
28 sister. They took their flocks, their cattle, their donkeys, and
29 everything else of theirs in the town and out in the field. Their
wealth, their children, and their women they took captive and
30 looted, and all that was in the houses. Yaakov said to Shimon and
Levi, "You have brought trouble upon me – you have made me
odious to the inhabitants of the land, the Canaanites and Perizzites.
I am few in number, and if they join forces and attack me, I and
31 my household will be destroyed." But they said, "Should our sister
be treated like a whore?"

35 1 God said to Yaakov, "Arise, go up to Beit El. Stay there, and there
build an altar to God, who appeared to you as you fled your
2 brother Esav." Yaakov told his household and everyone with him,
"Be rid of the alien gods you have with you. Purify yourselves
3 and change your clothes. Then come, let us go up to Beit El, and
there I will make an altar to God, who answered me in my time of
4 trouble and who has been with me wherever I have gone." They
gave Yaakov all the alien gods they had, and even the rings in their
ears,[84] and Yaakov buried them under a terebinth near Shekhem.
5 As they set out, the terror of God fell on the surrounding towns so
6 that no one pursued Yaakov's sons. Yaakov and all the people with
7 him came to Luz – that is, Beit El – in the land of Canaan. There
he built an altar and called the place El Beit El,[85] because it was
there that God had revealed Himself to him as he fled his brother.
8 Devora, Rivka's nurse, died and was buried under the oak outside
Beit El. And so it was named Oak of Weeping.

85 Literally "God, the House of God."

בְּנוֹ כָּל־יֹצְאֵי שַׁעַר עִירוֹ וַיִּמֹּלוּ כָּל־זָכָר כָּל־יֹצְאֵי שַׁעַר עִירוֹ:
כה וַיְהִי בַיּוֹם הַשְּׁלִישִׁי בִּהְיוֹתָם כֹּאֲבִים וַיִּקְחוּ שְׁנֵי־בְנֵי־יַעֲקֹב
שִׁמְעוֹן וְלֵוִי אֲחֵי דִינָה אִישׁ חַרְבּוֹ וַיָּבֹאוּ עַל־הָעִיר בֶּטַח וַיַּהַרְגוּ
כו כָּל־זָכָר: וְאֶת־חֲמוֹר וְאֶת־שְׁכֶם בְּנוֹ הָרְגוּ לְפִי־חָרֶב וַיִּקְחוּ אֶת־
כז דִּינָה מִבֵּית שְׁכֶם וַיֵּצֵאוּ: בְּנֵי יַעֲקֹב בָּאוּ עַל־הַחֲלָלִים וַיָּבֹזּוּ
כח הָעִיר אֲשֶׁר טִמְּאוּ אֲחוֹתָם: אֶת־צֹאנָם וְאֶת־בְּקָרָם וְאֶת־
כט חֲמֹרֵיהֶם וְאֵת אֲשֶׁר־בָּעִיר וְאֶת־אֲשֶׁר בַּשָּׂדֶה לָקָחוּ: וְאֶת־
כָּל־חֵילָם וְאֶת־כָּל־טַפָּם וְאֶת־נְשֵׁיהֶם שָׁבוּ וַיָּבֹזּוּ וְאֵת כָּל־
ל אֲשֶׁר בַּבָּיִת: וַיֹּאמֶר יַעֲקֹב אֶל־שִׁמְעוֹן וְאֶל־לֵוִי עֲכַרְתֶּם אֹתִי
לְהַבְאִישֵׁנִי בְּיֹשֵׁב הָאָרֶץ בַּכְּנַעֲנִי וּבַפְּרִזִּי וַאֲנִי מְתֵי מִסְפָּר
לא וְנֶאֶסְפוּ עָלַי וְהִכּוּנִי וְנִשְׁמַדְתִּי אֲנִי וּבֵיתִי: וַיֹּאמְרוּ הַכְזוֹנָה יַעֲשֶׂה
אֶת־אֲחוֹתֵנוּ:

לה א וַיֹּאמֶר אֱלֹהִים אֶל־יַעֲקֹב קוּם עֲלֵה בֵית־אֵל וְשֶׁב־שָׁם וַעֲשֵׂה־
ב שָׁם מִזְבֵּחַ לָאֵל הַנִּרְאֶה אֵלֶיךָ בְּבָרְחֲךָ מִפְּנֵי עֵשָׂו אָחִיךָ: וַיֹּאמֶר
יַעֲקֹב אֶל־בֵּיתוֹ וְאֶל כָּל־אֲשֶׁר עִמּוֹ הָסִרוּ אֶת־אֱלֹהֵי הַנֵּכָר אֲשֶׁר
ג בְּתֹכְכֶם וְהִטַּהֲרוּ וְהַחֲלִיפוּ שִׂמְלֹתֵיכֶם: וְנָקוּמָה וְנַעֲלֶה בֵּית־אֵל
וְאֶעֱשֶׂה־שָּׁם מִזְבֵּחַ לָאֵל הָעֹנֶה אֹתִי בְּיוֹם צָרָתִי וַיְהִי עִמָּדִי
ד בַּדֶּרֶךְ אֲשֶׁר הָלָכְתִּי: וַיִּתְּנוּ אֶל־יַעֲקֹב אֵת כָּל־אֱלֹהֵי הַנֵּכָר אֲשֶׁר
בְּיָדָם וְאֶת־הַנְּזָמִים אֲשֶׁר בְּאָזְנֵיהֶם וַיִּטְמֹן אֹתָם יַעֲקֹב תַּחַת
ה הָאֵלָה אֲשֶׁר עִם־שְׁכֶם: וַיִּסָּעוּ וַיְהִי ׀ חִתַּת אֱלֹהִים עַל־הֶעָרִים
ו אֲשֶׁר סְבִיבוֹתֵיהֶם וְלֹא רָדְפוּ אַחֲרֵי בְּנֵי יַעֲקֹב: וַיָּבֹא יַעֲקֹב לוּזָה
ז אֲשֶׁר בְּאֶרֶץ כְּנַעַן הִוא בֵּית־אֵל הוּא וְכָל־הָעָם אֲשֶׁר־עִמּוֹ: וַיִּבֶן
שָׁם מִזְבֵּחַ וַיִּקְרָא לַמָּקוֹם אֵל בֵּית־אֵל כִּי שָׁם נִגְלוּ אֵלָיו הָאֱלֹהִים
ח בְּבָרְחוֹ מִפְּנֵי אָחִיו: וַתָּמָת דְּבֹרָה מֵינֶקֶת רִבְקָה וַתִּקָּבֵר מִתַּחַת
לְבֵית־אֵל תַּחַת הָאַלּוֹן וַיִּקְרָא שְׁמוֹ אַלּוֹן בָּכוּת:

84 Earrings may have been associated with idol worship (cf. Ex. 32:2–4).

9 After Yaakov had returned from Padan Aram God appeared to him
10 again and blessed him. God said to him, "Your name is Yaakov;
no longer shall you be called Yaakov; Yisrael shall be your name."
11 Thus He named him Yisrael. God said to him: "I am El Shaddai. Be
fertile and multiply. A nation, a community of nations will come to
12 be from you. Of your loins, kings shall come forth. The land I gave SHISHI
to Avraham and Yitzḥak I surely give to you; to your descendants
13 after you I will give the land." God went up from him at the place
14 where He had spoken with him. Yaakov set up a stone pillar at
the place where God had talked with him, and on it he offered a
15 libation and poured oil. And Yaakov named the place where God
16 had spoken to him Beit El.[86] From Beit El they moved on. While
they were still some distance from Efrat, Raḥel began to give birth;
17 her labor pains were intense. When her labor was at its worst, the
18 midwife said to her, "Don't be afraid. You have another son." But
she was dying. With her last breath, she named him Ben Oni;[87] but
19 his father called him Binyamin.[88] So Raḥel died and was buried
20 on the road to Efrat – that is, Beit Leḥem. Yaakov erected a pillar
21 at her grave. To this day, that pillar marks Raḥel's grave. Yisrael
22 traveled on, pitching his tent beyond Migdal Eder. While Yisrael
was staying in that region, Reuven went and lay with his father's
concubine Bilha. And Yisrael heard –[89]
23 Yaakov had twelve sons. The sons of Leah were Reuven, Yaakov's
24 firstborn, Shimon, Levi, Yehuda, Yissakhar, and Zevulun. The
25 sons of Raḥel were Yosef and Binyamin. The sons of Raḥel's maid
26 Bilha were Dan and Naftali. The sons of Leah's maid Zilpa were
Gad and Asher. These were the sons of Yaakov, born to him in
27 Padan Aram. Yaakov came home to his father Yitzḥak at Mamre,
near Kiryat Arba – that is, Ḥevron – where Avraham and Yitzḥak
28 had lived as strangers. Yitzḥak lived one hundred and eighty
29 years. Then he breathed his last, and died, and was gathered to

88 Meaning "son of the right side." The right side signifies strength.

89 A break appears here in the middle of the verse, implying that the ensuing passage bears a connection to the present one.

ט וַיֵּרָא אֱלֹהִים אֶל־יַעֲקֹב עוֹד בְּבֹאוֹ מִפַּדַּן אֲרָם וַיְבָרֶךְ אֹתוֹ׃ לב
י וַיֹּאמֶר־לוֹ אֱלֹהִים שִׁמְךָ יַעֲקֹב לֹא־יִקָּרֵא שִׁמְךָ עוֹד יַעֲקֹב כִּי
יא אִם־יִשְׂרָאֵל יִהְיֶה שְׁמֶךָ וַיִּקְרָא אֶת־שְׁמוֹ יִשְׂרָאֵל׃ וַיֹּאמֶר לוֹ
אֱלֹהִים אֲנִי אֵל שַׁדַּי פְּרֵה וּרְבֵה גּוֹי וּקְהַל גּוֹיִם יִהְיֶה מִמֶּךָּ
יב וּמְלָכִים מֵחֲלָצֶיךָ יֵצֵאוּ׃ וְאֶת־הָאָרֶץ אֲשֶׁר נָתַתִּי לְאַבְרָהָם ששי
יג וּלְיִצְחָק לְךָ אֶתְּנֶנָּה וּלְזַרְעֲךָ אַחֲרֶיךָ אֶתֵּן אֶת־הָאָרֶץ׃ וַיַּעַל
יד מֵעָלָיו אֱלֹהִים בַּמָּקוֹם אֲשֶׁר־דִּבֶּר אִתּוֹ׃ וַיַּצֵּב יַעֲקֹב מַצֵּבָה
בַּמָּקוֹם אֲשֶׁר־דִּבֶּר אִתּוֹ מַצֶּבֶת אָבֶן וַיַּסֵּךְ עָלֶיהָ נֶסֶךְ וַיִּצֹק
טו עָלֶיהָ שָׁמֶן׃ וַיִּקְרָא יַעֲקֹב אֶת־שֵׁם הַמָּקוֹם אֲשֶׁר דִּבֶּר אִתּוֹ שָׁם
טז אֱלֹהִים בֵּית־אֵל׃ וַיִּסְעוּ מִבֵּית אֵל וַיְהִי־עוֹד כִּבְרַת־הָאָרֶץ לָבוֹא
יז אֶפְרָתָה וַתֵּלֶד רָחֵל וַתְּקַשׁ בְּלִדְתָּהּ׃ וַיְהִי בְהַקְשֹׁתָהּ בְּלִדְתָּהּ
יח וַתֹּאמֶר לָהּ הַמְיַלֶּדֶת אַל־תִּירְאִי כִּי־גַם־זֶה לָךְ בֵּן׃ וַיְהִי בְּצֵאת
נַפְשָׁהּ כִּי מֵתָה וַתִּקְרָא שְׁמוֹ בֶּן־אוֹנִי וְאָבִיו קָרָא־לוֹ בִנְיָמִין׃
יט כ וַתָּמָת רָחֵל וַתִּקָּבֵר בְּדֶרֶךְ אֶפְרָתָה הִוא בֵּית לָחֶם׃ וַיַּצֵּב יַעֲקֹב
כא מַצֵּבָה עַל־קְבֻרָתָהּ הִוא מַצֶּבֶת קְבֻרַת־רָחֵל עַד־הַיּוֹם׃ וַיִּסַּע
כב יִשְׂרָאֵל וַיֵּט אָהֳלֹה מֵהָלְאָה לְמִגְדַּל־עֵדֶר׃ וַיְהִי בִּשְׁכֹּן יִשְׂרָאֵל
בָּאָרֶץ הַהִוא וַיֵּלֶךְ רְאוּבֵן וַיִּשְׁכַּב אֶת־בִּלְהָה פִּילֶגֶשׁ אָבִיו וַיִּשְׁמַע
יִשְׂרָאֵל

כג וַיִּהְיוּ בְנֵי־יַעֲקֹב שְׁנֵים עָשָׂר׃ בְּנֵי לֵאָה בְּכוֹר יַעֲקֹב רְאוּבֵן וְשִׁמְעוֹן
כד כה וְלֵוִי וִיהוּדָה וְיִשָּׂשכָר וּזְבֻלוּן׃ בְּנֵי רָחֵל יוֹסֵף וּבִנְיָמִן׃ וּבְנֵי בִלְהָה
כו שִׁפְחַת רָחֵל דָּן וְנַפְתָּלִי׃ וּבְנֵי זִלְפָּה שִׁפְחַת לֵאָה גָּד וְאָשֵׁר אֵלֶּה
כז בְּנֵי יַעֲקֹב אֲשֶׁר יֻלַּד־לוֹ בְּפַדַּן אֲרָם׃ וַיָּבֹא יַעֲקֹב אֶל־יִצְחָק
אָבִיו מַמְרֵא קִרְיַת הָאַרְבַּע הִוא חֶבְרוֹן אֲשֶׁר־גָּר־שָׁם אַבְרָהָם
כח כט וְיִצְחָק׃ וַיִּהְיוּ יְמֵי יִצְחָק מְאַת שָׁנָה וּשְׁמֹנִים שָׁנָה׃ וַיִּגְוַע יִצְחָק

86 Meaning "House of God."
87 Meaning "son of my sorrow," but it may also denote "son of my strength."

his people, aged, satisfied with his years. His sons Esav and Yaakov
buried him.
36 1 2 These are the descendants of Esav – that is, Edom. Esav took wives
from among the daughters of Canaan: Ada daughter of Eilon
the Hittite, and Oholivama daughter of Ana, granddaughter of
3 Tzivon the Hivite – and also Basmat, daughter of Yishmael and
4 sister of Nevayot. Ada bore Elifaz to Esav, and Basmat bore Reuel.
5 Oholivama bore Yeush, Yalam, and Koraḥ. These were the sons
6 of Esav, born in the land of Canaan. Esav took his wives, sons
and daughters, and all the members of his household, together
with his livestock, his other animals, and all the possessions he
had acquired in Canaan, and he moved to another region, away
7 from his brother Yaakov, for their possessions were too great for
them to remain together; because of all their livestock, the land
8 where they were living could not support them both. So Esav
9 settled in the hill country of Se'ir. Esav is Edom. These, then,
are the descendants of Esav, ancestor of the Edomites, in the hill
10 country of Se'ir. These are the names of Esav's sons: Elifaz, son
11 of Esav's wife Ada, and Reuel, son of Esav's wife Basmat. The
sons of Elifaz were Teiman, Omar, Tzefo, Gatam, and Kenaz.
12 Timna, a concubine of Esav's son Elifaz, bore him Amalek. These
13 are the descendants of Esav's wife Ada. The sons of Reuel were
Naḥat, Zeraḥ, Shama, and Miza. These were the descendants of
14 Esav's wife Basmat. The sons of Oholivama, daughter of Ana and
granddaughter of Tzivon, Esav's wife, whom she bore to Esav,
15 were Yeush, Yalam, and Koraḥ. These were the tribal chiefs among
Esav's descendants. The sons of Elifaz, Esav's firstborn, were the
16 chiefs Teiman, Omar, Tzefo, Kenaz, Koraḥ, Gatam, and Amalek.
These were the chiefs descended from Elifaz in Edom; they were
17 grandsons of Ada. The sons of Esav's son Reuel were the chiefs
Naḥat, Zeraḥ, Shama, and Miza. These were the chiefs descended
from Reuel in Edom; they were grandsons of Esav's wife Basmat.
18 The sons of Esav's wife Oholivama were the chiefs Yeush, Yalam,
and Koraḥ. These were the chiefs descended from Esav's wife

וַיָּמָת וַיֵּאָסֶף אֶל־עַמָּיו זָקֵן וּשְׂבַע יָמִים וַיִּקְבְּרוּ אֹתוֹ עֵשָׂו וְיַעֲקֹב
בָּנָיו׃
לו א ב וְאֵלֶּה תֹּלְדוֹת עֵשָׂו הוּא אֱדוֹם׃ עֵשָׂו לָקַח אֶת־נָשָׁיו מִבְּנוֹת
כְּנָעַן אֶת־עָדָה בַּת־אֵילוֹן הַחִתִּי וְאֶת־אָהֳלִיבָמָה בַּת־עֲנָה בַּת־
ג ד צִבְעוֹן הַחִוִּי׃ וְאֶת־בָּשְׂמַת בַּת־יִשְׁמָעֵאל אֲחוֹת נְבָיוֹת׃ וַתֵּלֶד
ה עָדָה לְעֵשָׂו אֶת־אֱלִיפָז וּבָשְׂמַת יָלְדָה אֶת־רְעוּאֵל׃ וְאָהֳלִיבָמָה
יָלְדָה אֶת־יעיש וְאֶת־יַעְלָם וְאֶת־קֹרַח אֵלֶּה בְּנֵי עֵשָׂו אֲשֶׁר יְעוּשׁ
ו יֻלְּדוּ־לוֹ בְּאֶרֶץ כְּנָעַן׃ וַיִּקַּח עֵשָׂו אֶת־נָשָׁיו וְאֶת־בָּנָיו וְאֶת־בְּנֹתָיו
וְאֶת־כָּל־נַפְשׁוֹת בֵּיתוֹ וְאֶת־מִקְנֵהוּ וְאֶת־כָּל־בְּהֶמְתּוֹ וְאֵת כָּל־
קִנְיָנוֹ אֲשֶׁר רָכַשׁ בְּאֶרֶץ כְּנָעַן וַיֵּלֶךְ אֶל־אֶרֶץ מִפְּנֵי יַעֲקֹב אָחִיו׃
ז כִּי־הָיָה רְכוּשָׁם רָב מִשֶּׁבֶת יַחְדָּו וְלֹא יָכְלָה אֶרֶץ מְגוּרֵיהֶם
ח לָשֵׂאת אֹתָם מִפְּנֵי מִקְנֵיהֶם׃ וַיֵּשֶׁב עֵשָׂו בְּהַר שֵׂעִיר עֵשָׂו הוּא
ט י אֱדוֹם׃ וְאֵלֶּה תֹּלְדוֹת עֵשָׂו אֲבִי אֱדוֹם בְּהַר שֵׂעִיר׃ אֵלֶּה שְׁמוֹת
בְּנֵי־עֵשָׂו אֱלִיפַז בֶּן־עָדָה אֵשֶׁת עֵשָׂו רְעוּאֵל בֶּן־בָּשְׂמַת אֵשֶׁת
יא יב עֵשָׂו׃ וַיִּהְיוּ בְּנֵי אֱלִיפָז תֵּימָן אוֹמָר צְפוֹ וְגַעְתָּם וּקְנַז׃ וְתִמְנַע ׀
הָיְתָה פִילֶגֶשׁ לֶאֱלִיפַז בֶּן־עֵשָׂו וַתֵּלֶד לֶאֱלִיפַז אֶת־עֲמָלֵק אֵלֶּה
יג בְּנֵי עָדָה אֵשֶׁת עֵשָׂו׃ וְאֵלֶּה בְּנֵי רְעוּאֵל נַחַת וָזֶרַח שַׁמָּה וּמִזָּה
יד אֵלֶּה הָיוּ בְּנֵי בָשְׂמַת אֵשֶׁת עֵשָׂו׃ וְאֵלֶּה הָיוּ בְּנֵי אָהֳלִיבָמָה בַת־
עֲנָה בַּת־צִבְעוֹן אֵשֶׁת עֵשָׂו וַתֵּלֶד לְעֵשָׂו אֶת־יעיש וְאֶת־יַעְלָם יְעוּשׁ
טו וְאֶת־קֹרַח׃ אֵלֶּה אַלּוּפֵי בְנֵי־עֵשָׂו בְּנֵי אֱלִיפַז בְּכוֹר עֵשָׂו אַלּוּף
טז תֵּימָן אַלּוּף אוֹמָר אַלּוּף צְפוֹ אַלּוּף קְנַז׃ אַלּוּף־קֹרַח אַלּוּף גַּעְתָּם
אַלּוּף עֲמָלֵק אֵלֶּה אַלּוּפֵי אֱלִיפַז בְּאֶרֶץ אֱדוֹם אֵלֶּה בְּנֵי עָדָה׃
יז וְאֵלֶּה בְּנֵי רְעוּאֵל בֶּן־עֵשָׂו אַלּוּף נַחַת אַלּוּף זֶרַח אַלּוּף שַׁמָּה
אַלּוּף מִזָּה אֵלֶּה אַלּוּפֵי רְעוּאֵל בְּאֶרֶץ אֱדוֹם אֵלֶּה בְּנֵי בָשְׂמַת
יח אֵשֶׁת עֵשָׂו׃ וְאֵלֶּה בְּנֵי אָהֳלִיבָמָה אֵשֶׁת עֵשָׂו אַלּוּף יְעוּשׁ אַלּוּף
יַעְלָם אַלּוּף קֹרַח אֵלֶּה אַלּוּפֵי אָהֳלִיבָמָה בַּת־עֲנָה אֵשֶׁת עֵשָׂו׃

19 Oholivama daughter of Ana. These were the sons of Esav – that is,
20 Edom – and these were their chiefs. These are the sons SHEVI'I
of Se'ir the Horite who were settled in the land: Lotan, Shoval,
21 Tzivon, Ana, Dishon, Etzer, and Dishan. These were the chiefs
22 of the Horites, descendants of Se'ir in the land of Edom. Lotan's
23 sons were Ḥori and Heimam. Timna was Lotan's sister. Shoval's
24 sons were Alvan, Manaḥat, Eival, Shefo, and Onam. Tzivon's sons
were Aya and Ana. This is the Ana who discovered hot springs
in the desert while pasturing the donkeys of his father Tzivon.
25 Ana's children were Dishon and Oholivama daughter of Ana.
26 27 Dishon's sons were Ḥemdan, Eshban, Yitran, and Keran. Etzer's
28 sons were Bilhan, Zaavan, and Akan. Dishan's sons were Utz and
29 Aran. These were the tribal chiefs of the Horites: chiefs Lotan,
30 Shoval, Tzivon, Ana, Dishon, Etzer, and Dishan. These were the
Horite chiefs by their divisions in the land of Se'ir.
31 These were the kings who reigned in Edom before any king reigned
32 over the Israelites. Bela son of Beor became king in Edom. His city
33 was named Dinhava. When Bela died, Yovav son of Zeraḥ from
34 Botzra succeeded him as king. When Yovav died, Ḥusham from
35 the land of the Temanites succeeded him as king. When Ḥusham
died, Hadad son of Bedad, who defeated Midyan in the country
36 of Moav, succeeded him as king. His city was named Avit. When
37 Hadad died, Samla from Masreka succeeded him as king. When
Samla died, Sha'ul from Reḥovot HaNahar succeeded him as king.
38 When Sha'ul died, Baal Ḥanan son of Akhbor succeeded him as
39 king. When Baal Ḥanan son of Akhbor died, Hadar succeeded
him as king. His city was named Pa'u, and his wife's name was
40 Meheitavel, daughter of Matred, daughter of Mei Zahav. These MAFTIR
were the chiefs descended from Esav, by their clans, localities,
41 and names: the chiefs Timna, Alva, Yetet, Oholivama, Ela, Pinon,
42 43 Kenaz, Teiman, Mivtzar, Magdiel, and Iram. These were the chiefs
of Edom – of Esav, ancestor of the Edomites – each with their own
settlements in the land that they held.

יט כ אֵ֥לֶּה בְנֵי־עֵשָׂ֛ו וְאֵ֥לֶּה אַלּוּפֵיהֶ֖ם ה֥וּא אֱדֽוֹם׃ אֵ֣לֶּה שביעי
כא בְנֵי־שֵׂעִיר֙ הַחֹרִ֔י יֹשְׁבֵ֖י הָאָ֑רֶץ לוֹטָ֥ן וְשׁוֹבָ֖ל וְצִבְע֥וֹן וַעֲנָֽה׃ וְדִשׁ֥וֹן
כב וְאֵ֖צֶר וְדִישָׁ֑ן אֵ֜לֶּה אַלּוּפֵ֧י הַחֹרִ֛י בְּנֵ֥י שֵׂעִ֖יר בְּאֶ֥רֶץ אֱדֽוֹם׃ וַיִּהְי֥וּ
כג בְנֵי־לוֹטָ֖ן חֹרִ֣י וְהֵימָ֑ם וַאֲח֥וֹת לוֹטָ֖ן תִּמְנָֽע׃ וְאֵ֙לֶּה֙ בְּנֵ֣י שׁוֹבָ֔ל
כד עַלְוָ֥ן וּמָנַ֖חַת וְעֵיבָ֑ל שְׁפ֖וֹ וְאוֹנָֽם׃ וְאֵ֥לֶּה בְנֵֽי־צִבְע֖וֹן וְאַיָּ֣ה וַעֲנָ֑ה
ה֣וּא עֲנָ֗ה אֲשֶׁ֨ר מָצָ֤א אֶת־הַיֵּמִם֙ בַּמִּדְבָּ֔ר בִּרְעֹת֥וֹ אֶת־הַחֲמֹרִ֖ים
כה כו לְצִבְע֥וֹן אָבִֽיו׃ וְאֵ֥לֶּה בְנֵי־עֲנָ֖ה דִּשֹׁ֑ן וְאָהֳלִֽיבָמָ֖ה בַּת־עֲנָֽה׃ וְאֵ֖לֶּה
כז בְּנֵ֣י דִישָׁ֑ן חֶמְדָּ֥ן וְאֶשְׁבָּ֖ן וְיִתְרָ֥ן וּכְרָֽן׃ אֵ֖לֶּה בְּנֵי־אֵ֑צֶר בִּלְהָ֥ן וְזַעֲוָ֖ן
כח כט וַעֲקָֽן׃ אֵ֥לֶּה בְנֵי־דִישָׁ֖ן ע֥וּץ וַאֲרָֽן׃ אֵ֖לֶּה אַלּוּפֵ֣י הַחֹרִ֑י אַלּ֤וּף לוֹטָן֙
ל אַלּ֣וּף שׁוֹבָ֔ל אַלּ֥וּף צִבְע֖וֹן אַלּ֥וּף עֲנָֽה׃ אַלּ֥וּף דִּשֹׁ֛ן אַלּ֥וּף אֵ֖צֶר
אַלּ֣וּף דִּישָׁ֑ן אֵ֣לֶּה אַלּוּפֵ֧י הַחֹרִ֛י לְאַלֻּפֵיהֶ֖ם בְּאֶ֥רֶץ שֵׂעִֽיר׃
לא וְאֵ֙לֶּה֙ הַמְּלָכִ֔ים אֲשֶׁ֥ר מָלְכ֖וּ בְּאֶ֣רֶץ אֱד֑וֹם לִפְנֵ֥י מְלָךְ־מֶ֖לֶךְ לִבְנֵ֥י
לב לג יִשְׂרָאֵֽל׃ וַיִּמְלֹ֣ךְ בֶּֽאֱד֔וֹם בֶּ֖לַע בֶּן־בְּע֑וֹר וְשֵׁ֥ם עִיר֖וֹ דִּנְהָֽבָה׃ וַיָּ֖מָת
לד בָּ֑לַע וַיִּמְלֹ֣ךְ תַּחְתָּ֔יו יוֹבָ֥ב בֶּן־זֶ֖רַח מִבָּצְרָֽה׃ וַיָּ֖מָת יוֹבָ֑ב וַיִּמְלֹ֣ךְ
לה תַּחְתָּ֔יו חֻשָׁ֖ם מֵאֶ֥רֶץ הַתֵּימָנִֽי׃ וַיָּ֖מָת חֻשָׁ֑ם וַיִּמְלֹ֨ךְ תַּחְתָּ֜יו הֲדַ֣ד
לו בֶּן־בְּדַ֗ד הַמַּכֶּ֤ה אֶת־מִדְיָן֙ בִּשְׂדֵ֣ה מוֹאָ֔ב וְשֵׁ֥ם עִיר֖וֹ עֲוִֽית׃ וַיָּ֖מָת
לז הֲדָ֑ד וַיִּמְלֹ֣ךְ תַּחְתָּ֔יו שַׂמְלָ֖ה מִמַּשְׂרֵקָֽה׃ וַיָּ֖מָת שַׂמְלָ֑ה וַיִּמְלֹ֣ךְ
לח תַּחְתָּ֔יו שָׁא֖וּל מֵרְחֹב֥וֹת הַנָּהָֽר׃ וַיָּ֖מָת שָׁא֑וּל וַיִּמְלֹ֣ךְ תַּחְתָּ֔יו בַּ֥עַל
לט חָנָ֖ן בֶּן־עַכְבּֽוֹר׃ וַיָּ֜מָת בַּ֣עַל חָנָ֣ן בֶּן־עַכְבּ֗וֹר וַיִּמְלֹ֣ךְ תַּחְתָּיו֮ הֲדַר֒
וְשֵׁ֥ם עִיר֖וֹ פָּ֑עוּ וְשֵׁ֣ם אִשְׁתּ֞וֹ מְהֵֽיטַבְאֵ֛ל בַּת־מַטְרֵ֔ד בַּ֖ת מֵ֥י זָהָֽב׃
מ וְאֵ֙לֶּה֙ שְׁמ֞וֹת אַלּוּפֵ֤י עֵשָׂו֙ לְמִשְׁפְּחֹתָ֔ם לִמְקֹמֹתָ֖ם בִּשְׁמֹתָ֑ם אַלּ֥וּף מפטיר
מא תִּמְנָ֛ע אַלּ֥וּף עַלְוָ֖ה אַלּ֥וּף יְתֵֽת׃ אַלּ֧וּף אָהֳלִֽיבָמָ֛ה אַלּ֥וּף אֵלָ֖ה
מב מג אַלּ֥וּף פִּינֹֽן׃ אַלּ֥וּף קְנַ֛ז אַלּ֥וּף תֵּימָ֖ן אַלּ֥וּף מִבְצָֽר׃ אַלּ֥וּף מַגְדִּיאֵ֖ל
אַלּ֣וּף עִירָ֑ם אֵ֣לֶּה ׀ אַלּוּפֵ֣י אֱד֗וֹם לְמֹשְׁבֹתָם֙ בְּאֶ֣רֶץ אֲחֻזָּתָ֔ם ה֥וּא
עֵשָׂ֖ו אֲבִ֥י אֱדֽוֹם׃

37 1 Yaakov settled where his father had lived as a stranger, in the land VAYESHEV
2 of Canaan. This is the story of Yaakov. Yosef, seventeen years old,
was shepherding the flock with his brothers, an assistant to the
sons of his father's wives Bilha and Zilpa. And Yosef brought his
3 father bad reports of them. Now, Yisrael loved Yosef more than all
his other sons, for he was a child of his old age; he made him an
4 ornately colored robe. But when his brothers saw that their father
loved him more than any of them, they hated him and could not
5 say a peaceful word to him. Then Yosef had a dream, and when
6 he told it to his brothers, they hated him still more. "Listen to
7 this dream I had," he said. "We were binding sheaves in the field
when my sheaf rose and stood upright and your sheaves gathered
8 around mine and bowed down to it." His brothers said to him,
"Do you mean to be king over us? Do you mean to rule over us?"
Then they hated him even more for his dreams and for what he
9 said. Then he had another dream and told it to his brothers. "I had
another dream," he said. "This time, the sun, moon, and eleven
10 stars were bowing down to me." When he told his father as well
as his brothers, his father rebuked him and said, "What kind of
dream is this that you have had? Shall we really come, I and your
mother and your brothers, to bow to the ground before you?"
11 His brothers were jealous of him; but his father kept the matter in
12 mind. When his brothers had gone to pasture their father's flock SHEINI
13 near Shekhem, Yisrael said to Yosef, "Come, your brothers are
pasturing the flocks near Shekhem; I will send you to them." Yosef
14 said, "Here I am." He said to him, "Go and see how your brothers
and the flocks are doing, and bring me back word," and he sent
him from the Ḥevron Valley, from where he walked to Shekhem.
15 A man found him wandering lost among the fields and asked
16 him, "What are you looking for?" He replied, "I'm looking for my
brothers. Can you tell me where they are pasturing the sheep?"
17 "They have moved on from here," said the man. "I heard them say,
'Let us go to Dotan.'" So Yosef went after his brothers and found
18 them at Dotan. They saw him in the distance, and by the time

לז א ב וַיֵּשֶׁב יַעֲקֹב בְּאֶרֶץ מְגוּרֵי אָבִיו בְּאֶרֶץ כְּנָעַן: אֵלֶּה ׀ תֹּלְדוֹת לג וישב
יַעֲקֹב יוֹסֵף בֶּן־שְׁבַע־עֶשְׂרֵה שָׁנָה הָיָה רֹעֶה אֶת־אֶחָיו בַּצֹּאן
וְהוּא נַעַר אֶת־בְּנֵי בִלְהָה וְאֶת־בְּנֵי זִלְפָּה נְשֵׁי אָבִיו וַיָּבֵא יוֹסֵף
ג אֶת־דִּבָּתָם רָעָה אֶל־אֲבִיהֶם: וְיִשְׂרָאֵל אָהַב אֶת־יוֹסֵף מִכָּל־בָּנָיו
ד כִּי־בֶן־זְקֻנִים הוּא לוֹ וְעָשָׂה לוֹ כְּתֹנֶת פַּסִּים: וַיִּרְאוּ אֶחָיו כִּי־אֹתוֹ
אָהַב אֲבִיהֶם מִכָּל־אֶחָיו וַיִּשְׂנְאוּ אֹתוֹ וְלֹא יָכְלוּ דַּבְּרוֹ לְשָׁלֹם:
ה ו וַיַּחֲלֹם יוֹסֵף חֲלוֹם וַיַּגֵּד לְאֶחָיו וַיּוֹסִפוּ עוֹד שְׂנֹא אֹתוֹ: וַיֹּאמֶר
ז אֲלֵיהֶם שִׁמְעוּ־נָא הַחֲלוֹם הַזֶּה אֲשֶׁר חָלָמְתִּי: וְהִנֵּה אֲנַחְנוּ
מְאַלְּמִים אֲלֻמִּים בְּתוֹךְ הַשָּׂדֶה וְהִנֵּה קָמָה אֲלֻמָּתִי וְגַם־נִצָּבָה
ח וְהִנֵּה תְסֻבֶּינָה אֲלֻמֹּתֵיכֶם וַתִּשְׁתַּחֲוֶיןָ לַאֲלֻמָּתִי: וַיֹּאמְרוּ לוֹ אֶחָיו
הֲמָלֹךְ תִּמְלֹךְ עָלֵינוּ אִם־מָשׁוֹל תִּמְשֹׁל בָּנוּ וַיּוֹסִפוּ עוֹד שְׂנֹא
ט אֹתוֹ עַל־חֲלֹמֹתָיו וְעַל־דְּבָרָיו: וַיַּחֲלֹם עוֹד חֲלוֹם אַחֵר וַיְסַפֵּר
אֹתוֹ לְאֶחָיו וַיֹּאמֶר הִנֵּה חָלַמְתִּי חֲלוֹם עוֹד וְהִנֵּה הַשֶּׁמֶשׁ וְהַיָּרֵחַ
י וְאַחַד עָשָׂר כּוֹכָבִים מִשְׁתַּחֲוִים לִי: וַיְסַפֵּר אֶל־אָבִיו וְאֶל־אֶחָיו
וַיִּגְעַר־בּוֹ אָבִיו וַיֹּאמֶר לוֹ מָה הַחֲלוֹם הַזֶּה אֲשֶׁר חָלָמְתָּ הֲבוֹא
יא נָבוֹא אֲנִי וְאִמְּךָ וְאַחֶיךָ לְהִשְׁתַּחֲוֺת לְךָ אָרְצָה: וַיְקַנְאוּ־בוֹ אֶחָיו
יב וְאָבִיו שָׁמַר אֶת־הַדָּבָר: וַיֵּלְכוּ אֶחָיו לִרְעוֹת אֶת־צֹאן אֲבִיהֶם שני
יג בִּשְׁכֶם: וַיֹּאמֶר יִשְׂרָאֵל אֶל־יוֹסֵף הֲלוֹא אַחֶיךָ רֹעִים בִּשְׁכֶם
יד לְכָה וְאֶשְׁלָחֲךָ אֲלֵיהֶם וַיֹּאמֶר לוֹ הִנֵּנִי: וַיֹּאמֶר לוֹ לֶךְ־נָא רְאֵה
אֶת־שְׁלוֹם אַחֶיךָ וְאֶת־שְׁלוֹם הַצֹּאן וַהֲשִׁבֵנִי דָּבָר וַיִּשְׁלָחֵהוּ
טו מֵעֵמֶק חֶבְרוֹן וַיָּבֹא שְׁכֶמָה: וַיִּמְצָאֵהוּ אִישׁ וְהִנֵּה תֹעֶה בַּשָּׂדֶה
טז וַיִּשְׁאָלֵהוּ הָאִישׁ לֵאמֹר מַה־תְּבַקֵּשׁ: וַיֹּאמֶר אֶת־אַחַי אָנֹכִי
יז מְבַקֵּשׁ הַגִּידָה־נָּא לִי אֵיפֹה הֵם רֹעִים: וַיֹּאמֶר הָאִישׁ נָסְעוּ מִזֶּה
כִּי שָׁמַעְתִּי אֹמְרִים נֵלְכָה דֹּתָיְנָה וַיֵּלֶךְ יוֹסֵף אַחַר אֶחָיו וַיִּמְצָאֵם
יח בְּדֹתָן: וַיִּרְאוּ אֹתוֹ מֵרָחֹק וּבְטֶרֶם יִקְרַב אֲלֵיהֶם וַיִּתְנַכְּלוּ אֹתוֹ

19 he reached them, they had plotted to kill him. "Here comes the
20 dreamer!" they said to one another. "Now let us kill him and throw
him into one of the pits – we can say that a wild animal ate him –
21 then we shall see what will come of his dreams!" When Reuven
heard this, he tried to save him from them. "Let us not kill him," he
22 said. "Do not shed blood," said Reuven. "Throw him into this pit
in the desert, but do not lay hands on him." His plan was to rescue
23 him and bring him back to his father. So when Yosef came to his SHELISHI
brothers, they stripped him of his robe, the ornately colored robe
24 he was wearing, and they took him and threw him into the pit. The
25 pit was empty; there was no water in it. And they sat down and ate
their meal. Looking up, they saw a caravan of Ishmaelites coming
from Gilad, their camels laden with spices, balm, and myrrh, to
26 be taken to Egypt. Yehuda said to his brothers, "What do we gain
27 by killing our brother and covering his blood? Let's sell him to
the Ishmaelites and not harm him with our own hands. After all,
he is our brother, our own flesh and blood." His brothers agreed.
28 Some Midianite traders passed by and they pulled Yosef up out of
the pit, and they sold him to the Ishmaelites for twenty pieces of
29 silver. They then brought Yosef to Egypt. Reuven returned to the
30 pit – and Yosef was not there. He tore his clothes, went back to his
brothers, and said, "The boy is gone, and I – where can I turn?"
31 They took Yosef's robe, slaughtered a goat, and dipped the robe
32 in the blood. They had the ornately colored robe brought to their
father, and they said, "We found this. Try to identify it. Is it your
33 son's robe or not?" He recognized it and said, "It is my son's robe!
A wild animal must have eaten him! Yosef has been torn limb from
34 limb!" Yaakov tore his clothes, put sackcloth on his loins, and
35 mourned for his son for many days. All his sons and daughters
tried to comfort him, but he refused to be comforted and said, "I
will go down to Sheol[90] mourning for my son." His father wept for
36 him. Meanwhile, the Medanites had sold him in Egypt to Potifar,
one of Pharaoh's officials, captain of the guard.

90 The netherworld.

יט לַהֲמִיתוֹ: וַיֹּאמְרוּ אִישׁ אֶל־אָחִיו הִנֵּה בַּעַל הַחֲלֹמוֹת הַלָּזֶה
כ בָּא: וְעַתָּה ׀ לְכוּ וְנַהַרְגֵהוּ וְנַשְׁלִכֵהוּ בְּאַחַד הַבֹּרוֹת וְאָמַרְנוּ
כא חַיָּה רָעָה אֲכָלָתְהוּ וְנִרְאֶה מַה־יִּהְיוּ חֲלֹמֹתָיו: וַיִּשְׁמַע רְאוּבֵן
כב וַיַּצִּלֵהוּ מִיָּדָם וַיֹּאמֶר לֹא נַכֶּנּוּ נָפֶשׁ: וַיֹּאמֶר אֲלֵהֶם ׀ רְאוּבֵן
אַל־תִּשְׁפְּכוּ־דָם הַשְׁלִיכוּ אֹתוֹ אֶל־הַבּוֹר הַזֶּה אֲשֶׁר בַּמִּדְבָּר
וְיָד אַל־תִּשְׁלְחוּ־בוֹ לְמַעַן הַצִּיל אֹתוֹ מִיָּדָם לַהֲשִׁיבוֹ אֶל־אָבִיו:
כג וַיְהִי כַּאֲשֶׁר־בָּא יוֹסֵף אֶל־אֶחָיו וַיַּפְשִׁיטוּ אֶת־יוֹסֵף אֶת־כֻּתָּנְתּוֹ שלישי
כד אֶת־כְּתֹנֶת הַפַּסִּים אֲשֶׁר עָלָיו: וַיִּקָּחֻהוּ וַיַּשְׁלִכוּ אֹתוֹ הַבֹּרָה
כה וְהַבּוֹר רֵק אֵין בּוֹ מָיִם: וַיֵּשְׁבוּ לֶאֱכָל־לֶחֶם וַיִּשְׂאוּ עֵינֵיהֶם וַיִּרְאוּ
וְהִנֵּה אֹרְחַת יִשְׁמְעֵאלִים בָּאָה מִגִּלְעָד וּגְמַלֵּיהֶם נֹשְׂאִים נְכֹאת
כו וּצְרִי וָלֹט הוֹלְכִים לְהוֹרִיד מִצְרָיְמָה: וַיֹּאמֶר יְהוּדָה אֶל־אֶחָיו
כז מַה־בֶּצַע כִּי נַהֲרֹג אֶת־אָחִינוּ וְכִסִּינוּ אֶת־דָּמוֹ: לְכוּ וְנִמְכְּרֶנּוּ
לַיִּשְׁמְעֵאלִים וְיָדֵנוּ אַל־תְּהִי־בוֹ כִּי־אָחִינוּ בְשָׂרֵנוּ הוּא וַיִּשְׁמְעוּ
כח אֶחָיו: וַיַּעַבְרוּ אֲנָשִׁים מִדְיָנִים סֹחֲרִים וַיִּמְשְׁכוּ וַיַּעֲלוּ אֶת־יוֹסֵף
מִן־הַבּוֹר וַיִּמְכְּרוּ אֶת־יוֹסֵף לַיִּשְׁמְעֵאלִים בְּעֶשְׂרִים כָּסֶף וַיָּבִיאוּ
כט אֶת־יוֹסֵף מִצְרָיְמָה: וַיָּשָׁב רְאוּבֵן אֶל־הַבּוֹר וְהִנֵּה אֵין־יוֹסֵף
ל בַּבּוֹר וַיִּקְרַע אֶת־בְּגָדָיו: וַיָּשָׁב אֶל־אֶחָיו וַיֹּאמַר הַיֶּלֶד אֵינֶנּוּ
לא וַאֲנִי אָנָה אֲנִי־בָא: וַיִּקְחוּ אֶת־כְּתֹנֶת יוֹסֵף וַיִּשְׁחֲטוּ שְׂעִיר עִזִּים
לב וַיִּטְבְּלוּ אֶת־הַכֻּתֹּנֶת בַּדָּם: וַיְשַׁלְּחוּ אֶת־כְּתֹנֶת הַפַּסִּים וַיָּבִיאוּ
אֶל־אֲבִיהֶם וַיֹּאמְרוּ זֹאת מָצָאנוּ הַכֶּר־נָא הַכְּתֹנֶת בִּנְךָ הִוא
לג אִם־לֹא: וַיַּכִּירָהּ וַיֹּאמֶר כְּתֹנֶת בְּנִי חַיָּה רָעָה אֲכָלָתְהוּ טָרֹף
לד טֹרַף יוֹסֵף: וַיִּקְרַע יַעֲקֹב שִׂמְלֹתָיו וַיָּשֶׂם שַׂק בְּמָתְנָיו וַיִּתְאַבֵּל
לה עַל־בְּנוֹ יָמִים רַבִּים: וַיָּקֻמוּ כָל־בָּנָיו וְכָל־בְּנֹתָיו לְנַחֲמוֹ וַיְמָאֵן
לְהִתְנַחֵם וַיֹּאמֶר כִּי־אֵרֵד אֶל־בְּנִי אָבֵל שְׁאֹלָה וַיֵּבְךְּ אֹתוֹ
לו אָבִיו: וְהַמְּדָנִים מָכְרוּ אֹתוֹ אֶל־מִצְרָיִם לְפוֹטִיפַר סְרִיס פַּרְעֹה
שַׂר הַטַּבָּחִים:

38 1 Around that time, Yehuda left his brothers and camped near an REVI'I
2 Adulamite named Ḥira. There, Yehuda met the daughter of Shua,
3 a Canaanite, and he married her and came to her. She became
4 pregnant and had a son, whom he named Er. She became pregnant
5 again and had another son, and she named him Onan. She had
yet another son and named him Shela; Yehuda was in Keziv when
6 she gave birth to him. Yehuda took a wife for his firstborn, Er;
7 her name was Tamar. But Er, Yehuda's firstborn, was wicked in
8 the Lord's sight, and the Lord took his life. Yehuda then said to
Onan, "Go in to your brother's wife and fulfill your duty as her
9 brother-in-law.[91] Provide children for your brother." But Onan
knew that the children would not be considered his. Whenever
he came to his brother's wife, he let his seed go to waste on the
10 ground so as not to have children in his brother's name. What
he did was wicked in the Lord's sight, and so He took his life
11 also. Then Yehuda said to his daughter-in-law Tamar, "Live as a
widow in your father's house until my son Shela grows up" – for
he thought he too might die like his brothers. So Tamar went
12 to live in her father's house. A long time passed, and Yehuda's
wife, Shua's daughter, died. When he had completed his time of
mourning, he and his neighbor Ḥira the Adulamite went to join
13 his sheepshearers in Timna. Tamar was told, "Your father-in-law is
14 going to Timna to shear his sheep." And she took off her widow's
clothes and covered herself with a veil. Disguised, she sat at the
entrance to Einayim on the road to Timna, for she had seen that
Shela was now grown up and yet she had not been given to him as
15 a wife. Yehuda saw her and thought she was a prostitute, because
16 she had covered her face. Not realizing that she was his daughter-
in-law, he turned aside to her on the road and said, "Come, let me
sleep with you." She said, "What will you give me to sleep with
17 you?" He said, "I will send you a young goat from my flock." "Only
if you give me something as a pledge until you send it," she said.
18 "What pledge should I give you?" he asked. She answered, "Your
seal and cord, and the staff in your hand." He gave them to her

לח א וַיְהִי בָּעֵת הַהִוא וַיֵּרֶד יְהוּדָה מֵאֵת אֶחָיו וַיֵּט עַד־אִישׁ עֲדֻלָּמִי לד רביעי
ב וּשְׁמוֹ חִירָה׃ וַיַּרְא־שָׁם יְהוּדָה בַּת־אִישׁ כְּנַעֲנִי וּשְׁמוֹ שׁוּעַ וַיִּקָּחֶהָ
ג ד וַיָּבֹא אֵלֶיהָ׃ וַתַּהַר וַתֵּלֶד בֵּן וַיִּקְרָא אֶת־שְׁמוֹ עֵר׃ וַתַּהַר עוֹד
ה וַתֵּלֶד בֵּן וַתִּקְרָא אֶת־שְׁמוֹ אוֹנָן׃ וַתֹּסֶף עוֹד וַתֵּלֶד בֵּן וַתִּקְרָא
ו אֶת־שְׁמוֹ שֵׁלָה וְהָיָה בִכְזִיב בְּלִדְתָּהּ אֹתוֹ׃ וַיִּקַּח יְהוּדָה אִשָּׁה
ז לְעֵר בְּכוֹרוֹ וּשְׁמָהּ תָּמָר׃ וַיְהִי עֵר בְּכוֹר יְהוּדָה רַע בְּעֵינֵי יְהוָה
ח וַיְמִתֵהוּ יְהוָה׃ וַיֹּאמֶר יְהוּדָה לְאוֹנָן בֹּא אֶל־אֵשֶׁת אָחִיךָ וְיַבֵּם
ט אֹתָהּ וְהָקֵם זֶרַע לְאָחִיךָ׃ וַיֵּדַע אוֹנָן כִּי לֹּא לוֹ יִהְיֶה הַזָּרַע
וְהָיָה אִם־בָּא אֶל־אֵשֶׁת אָחִיו וְשִׁחֵת אַרְצָה לְבִלְתִּי נְתָן־
י זֶרַע לְאָחִיו׃ וַיֵּרַע בְּעֵינֵי יְהוָה אֲשֶׁר עָשָׂה וַיָּמֶת גַּם־אֹתוֹ׃
יא וַיֹּאמֶר יְהוּדָה לְתָמָר כַּלָּתוֹ שְׁבִי אַלְמָנָה בֵית־אָבִיךְ עַד־יִגְדַּל
שֵׁלָה בְנִי כִּי אָמַר פֶּן־יָמוּת גַּם־הוּא כְּאֶחָיו וַתֵּלֶךְ תָּמָר וַתֵּשֶׁב
יב בֵּית אָבִיהָ׃ וַיִּרְבּוּ הַיָּמִים וַתָּמָת בַּת־שׁוּעַ אֵשֶׁת־יְהוּדָה וַיִּנָּחֶם
יְהוּדָה וַיַּעַל עַל־גֹּזְזֵי צֹאנוֹ הוּא וְחִירָה רֵעֵהוּ הָעֲדֻלָּמִי תִּמְנָתָה׃
יג יד וַיֻּגַּד לְתָמָר לֵאמֹר הִנֵּה חָמִיךְ עֹלֶה תִמְנָתָה לָגֹז צֹאנוֹ׃ וַתָּסַר
בִּגְדֵי אַלְמְנוּתָהּ מֵעָלֶיהָ וַתְּכַס בַּצָּעִיף וַתִּתְעַלָּף וַתֵּשֶׁב בְּפֶתַח
עֵינַיִם אֲשֶׁר עַל־דֶּרֶךְ תִּמְנָתָה כִּי רָאֲתָה כִּי־גָדַל שֵׁלָה וְהִוא
טו לֹא־נִתְּנָה לוֹ לְאִשָּׁה׃ וַיִּרְאֶהָ יְהוּדָה וַיַּחְשְׁבֶהָ לְזוֹנָה כִּי כִסְּתָה
טז פָּנֶיהָ׃ וַיֵּט אֵלֶיהָ אֶל־הַדֶּרֶךְ וַיֹּאמֶר הָבָה נָּא אָבוֹא אֵלַיִךְ כִּי
לֹא יָדַע כִּי כַלָּתוֹ הִוא וַתֹּאמֶר מַה־תִּתֶּן־לִּי כִּי תָבוֹא אֵלָי׃
יז וַיֹּאמֶר אָנֹכִי אֲשַׁלַּח גְּדִי־עִזִּים מִן־הַצֹּאן וַתֹּאמֶר אִם־תִּתֵּן
יח עֵרָבוֹן עַד שָׁלְחֶךָ׃ וַיֹּאמַר מָה הָעֵרָבוֹן אֲשֶׁר אֶתֶּן־לָּךְ וַתֹּאמֶר
חֹתָמְךָ וּפְתִילֶךָ וּמַטְּךָ אֲשֶׁר בְּיָדֶךָ וַיִּתֶּן־לָהּ וַיָּבֹא אֵלֶיהָ וַתַּהַר

91 On levirate marriage, see Deuteronomy 25:5–10.

19 and went in to her – and she became pregnant by him. She got up
and left, removed her veil, and put on her widow's clothes again.
20 And Yehuda sent the young goat by his neighbor the Adulamite,
to recover the pledge from the woman, but he could not find her.
21 He asked the local men, "Where is the cult prostitute,[92] the one
by the roadside at Einayim?" They said, "No cult prostitute has
22 been here." So he went back to Yehuda and said, "I could not find
her. Besides, the local men said that there was no cult prostitute
23 there." Yehuda said, "Let her keep what she has or we will become
a laughingstock. I tried to send her this young goat, but you could
24 not find her." About three months later, Yehuda was told, "Your
daughter-in-law Tamar has behaved as a loose woman; in fact she
has become pregnant by her harlotry." "Take her out and let her
25 be burned," Yehuda said. As she was being brought out, she sent
her father-in-law a message: "I am pregnant by the man to whom
these belong." She added, "Please identify to whom this seal and
26 cord and staff belong." Yehuda recognized them and said, "She is
more righteous than I. It was because I did not give her to Shela my
27 son." He did not know her intimately again. When the time came
28 for her to give birth, there were twins in her womb. As she was
in labor one child put out a hand, so the midwife took a crimson
29 thread and tied it to his wrist, saying, "This one came out first." But
he pulled his hand back and then his brother came out. She said,
30 "How you have burst through!" So he was named Peretz.[93] Then
his brother came out with the crimson thread on his wrist. He
39 1 was named Zeraḥ.[94] Meanwhile, Yosef had been brought ḤAMISHI
down to Egypt. Potifar, an Egyptian, one of Pharaoh's officials
and captain of the guard, had bought him from the Ishmaelites
2 who had brought him there. The LORD was with Yosef, and he
became a successful man. He lived in the house of his Egyptian
3 master. And his master saw that the LORD was with him and that
4 the LORD granted him success in all he did; Yosef found favor
in his eyes and became his personal attendant. Potifar put him
in charge of his household, giving him responsibility for all he

יט לוֹ: וַתָּקָם וַתֵּלֶךְ וַתָּסַר צְעִיפָהּ מֵעָלֶיהָ וַתִּלְבַּשׁ בִּגְדֵי אַלְמְנוּתָהּ:
כ וַיִּשְׁלַח יְהוּדָה אֶת־גְּדִי הָעִזִּים בְּיַד רֵעֵהוּ הָעֲדֻלָּמִי לָקַחַת
כא הָעֵרָבוֹן מִיַּד הָאִשָּׁה וְלֹא מְצָאָהּ: וַיִּשְׁאַל אֶת־אַנְשֵׁי מְקֹמָהּ
לֵאמֹר אַיֵּה הַקְּדֵשָׁה הִוא בָעֵינַיִם עַל־הַדָּרֶךְ וַיֹּאמְרוּ לֹא־הָיְתָה
כב בָזֶה קְדֵשָׁה: וַיָּשָׁב אֶל־יְהוּדָה וַיֹּאמֶר לֹא מְצָאתִיהָ וְגַם אַנְשֵׁי
כג הַמָּקוֹם אָמְרוּ לֹא־הָיְתָה בָזֶה קְדֵשָׁה: וַיֹּאמֶר יְהוּדָה תִּקַּח־לָהּ
כד פֶּן נִהְיֶה לָבוּז הִנֵּה שָׁלַחְתִּי הַגְּדִי הַזֶּה וְאַתָּה לֹא מְצָאתָהּ: וַיְהִי ׀
כְּמִשְׁלֹשׁ חֳדָשִׁים וַיֻּגַּד לִיהוּדָה לֵאמֹר זָנְתָה תָּמָר כַּלָּתֶךָ וְגַם
כה הִנֵּה הָרָה לִזְנוּנִים וַיֹּאמֶר יְהוּדָה הוֹצִיאוּהָ וְתִשָּׂרֵף: הִוא מוּצֵאת
וְהִיא שָׁלְחָה אֶל־חָמִיהָ לֵאמֹר לְאִישׁ אֲשֶׁר־אֵלֶּה לּוֹ אָנֹכִי הָרָה
וַתֹּאמֶר הַכֶּר־נָא לְמִי הַחֹתֶמֶת וְהַפְּתִילִים וְהַמַּטֶּה הָאֵלֶּה:
כו וַיַּכֵּר יְהוּדָה וַיֹּאמֶר צָדְקָה מִמֶּנִּי כִּי־עַל־כֵּן לֹא־נְתַתִּיהָ לְשֵׁלָה
כז בְנִי וְלֹא־יָסַף עוֹד לְדַעְתָּהּ: וַיְהִי בְּעֵת לִדְתָּהּ וְהִנֵּה תְאוֹמִים
כח בְּבִטְנָהּ: וַיְהִי בְלִדְתָּהּ וַיִּתֶּן־יָד וַתִּקַּח הַמְיַלֶּדֶת וַתִּקְשֹׁר עַל־יָדוֹ
כט שָׁנִי לֵאמֹר זֶה יָצָא רִאשֹׁנָה: וַיְהִי ׀ כְּמֵשִׁיב יָדוֹ וְהִנֵּה יָצָא אָחִיו
ל וַתֹּאמֶר מַה־פָּרַצְתָּ עָלֶיךָ פָּרֶץ וַיִּקְרָא שְׁמוֹ פָּרֶץ: וְאַחַר יָצָא
לט א אָחִיו אֲשֶׁר עַל־יָדוֹ הַשָּׁנִי וַיִּקְרָא שְׁמוֹ זָרַח: וְיוֹסֵף לה חמישי
הוּרַד מִצְרָיְמָה וַיִּקְנֵהוּ פּוֹטִיפַר סְרִיס פַּרְעֹה שַׂר הַטַּבָּחִים אִישׁ
ב מִצְרִי מִיַּד הַיִּשְׁמְעֵאלִים אֲשֶׁר הוֹרִדֻהוּ שָׁמָּה: וַיְהִי יְהוָה אֶת־
ג יוֹסֵף וַיְהִי אִישׁ מַצְלִיחַ וַיְהִי בְּבֵית אֲדֹנָיו הַמִּצְרִי: וַיַּרְא אֲדֹנָיו
ד כִּי יְהוָה אִתּוֹ וְכֹל אֲשֶׁר־הוּא עֹשֶׂה יְהוָה מַצְלִיחַ בְּיָדוֹ: וַיִּמְצָא
יוֹסֵף חֵן בְּעֵינָיו וַיְשָׁרֶת אֹתוֹ וַיַּפְקִדֵהוּ עַל־בֵּיתוֹ וְכָל־יֶשׁ־לוֹ נָתַן

---

92 A type of prostitute associated with religious worship.

93 Meaning "bursting through."

94 The term *zeraḥ* means "shining," an apparent reference to the color of the thread.

5 owned. From the moment he put him in charge of his household
and all he owned, the LORD blessed the Egyptian because of Yosef.
6 The LORD's blessing was in all he owned, in house and field. And
so he left all he had in Yosef's hands and, with him there, he had
no concern for anything but the food he ate.[95] Now, Yosef was well
7 built and handsome, and after a while, his master's wife cast her SHISHI
8 eyes on Yosef. "Lie with me," she said. But he refused. "With me
here," he told her, "my master does not concern himself with the
running of the house; he has entrusted me with all that he owns.
9 No one in this house has greater authority than I. He has withheld
nothing from me except you, because you are his wife. How could
10 I do so great a wrong? It would be a sin against God!" And though
she spoke to Yosef day after day, he would not consent to lie with
11 her or be with her. One day he came into the house to do his work
12 and none of the other servants were there. She caught him by
his cloak and said, "Lie with me!" He ran away from her and fled
13 outside. When she saw that he had left his cloak in her hand and
14 had run out of the house, she called out to her servants and said to
them, "Look! He brought us a Hebrew to mock[96] us! He came to
15 me to lie with me, but I screamed. And when he heard me scream
16 and cry for help, he left his cloak with me and ran outside." She
17 kept his cloak beside her until his master came home. Then she
told him the same story: "The Hebrew slave you brought us came
18 to me to mock me. I screamed and called for help, and he left his
19 cloak with me and ran outside." When his master heard the story
his wife told him – "This is what your servant did to me!" – he
20 was incensed. Yosef's master had him put in prison, where the
21 king's prisoners were confined. He remained there in prison. But
the LORD was with Yosef and showed him kindness, granting him
22 favor in the eyes of the prison warden. The warden put Yosef in
charge of all the prisoners in the jail. Everything done there was

---

95 Possibly a euphemism for his wife (cf. v. 9).

96 This verb (*letzaḥek*) can have sexual connotations (cf., e.g., v. 17, 21:9, 26:8; Ex. 32:6).

ה בְּיָדוֹ: וַיְהִי מֵאָז הִפְקִיד אֹתוֹ בְּבֵיתוֹ וְעַל כָּל־אֲשֶׁר יֶשׁ־לוֹ וַיְבָרֶךְ
יְהוָה אֶת־בֵּית הַמִּצְרִי בִּגְלַל יוֹסֵף וַיְהִי בִּרְכַּת יְהוָה בְּכָל־אֲשֶׁר
ו יֶשׁ־לוֹ בַּבַּיִת וּבַשָּׂדֶה: וַיַּעֲזֹב כָּל־אֲשֶׁר־לוֹ בְּיַד־יוֹסֵף וְלֹא־יָדַע
אִתּוֹ מְאוּמָה כִּי אִם־הַלֶּחֶם אֲשֶׁר־הוּא אוֹכֵל וַיְהִי יוֹסֵף יְפֵה־תֹאַר
ז וִיפֵה מַרְאֶה: וַיְהִי אַחַר הַדְּבָרִים הָאֵלֶּה וַתִּשָּׂא אֵשֶׁת־אֲדֹנָיו ששי
ח אֶת־עֵינֶיהָ אֶל־יוֹסֵף וַתֹּאמֶר שִׁכְבָה עִמִּי: וַיְמָאֵן ׀ וַיֹּאמֶר אֶל־
אֵשֶׁת אֲדֹנָיו הֵן אֲדֹנִי לֹא־יָדַע אִתִּי מַה־בַּבָּיִת וְכֹל אֲשֶׁר־יֶשׁ־
ט לוֹ נָתַן בְּיָדִי: אֵינֶנּוּ גָדוֹל בַּבַּיִת הַזֶּה מִמֶּנִּי וְלֹא־חָשַׂךְ מִמֶּנִּי
מְאוּמָה כִּי אִם־אוֹתָךְ בַּאֲשֶׁר אַתְּ־אִשְׁתּוֹ וְאֵיךְ אֶעֱשֶׂה הָרָעָה
י הַגְּדֹלָה הַזֹּאת וְחָטָאתִי לֵאלֹהִים: וַיְהִי כְּדַבְּרָהּ אֶל־יוֹסֵף יוֹם ׀
יא יוֹם וְלֹא־שָׁמַע אֵלֶיהָ לִשְׁכַּב אֶצְלָהּ לִהְיוֹת עִמָּהּ: וַיְהִי כְּהַיּוֹם
הַזֶּה וַיָּבֹא הַבַּיְתָה לַעֲשׂוֹת מְלַאכְתּוֹ וְאֵין אִישׁ מֵאַנְשֵׁי הַבַּיִת
יב שָׁם בַּבָּיִת: וַתִּתְפְּשֵׂהוּ בְּבִגְדוֹ לֵאמֹר שִׁכְבָה עִמִּי וַיַּעֲזֹב בִּגְדוֹ
יג בְּיָדָהּ וַיָּנָס וַיֵּצֵא הַחוּצָה: וַיְהִי כִּרְאוֹתָהּ כִּי־עָזַב בִּגְדוֹ בְּיָדָהּ
יד וַיָּנָס הַחוּצָה: וַתִּקְרָא לְאַנְשֵׁי בֵיתָהּ וַתֹּאמֶר לָהֶם לֵאמֹר רְאוּ
הֵבִיא לָנוּ אִישׁ עִבְרִי לְצַחֶק בָּנוּ בָּא אֵלַי לִשְׁכַּב עִמִּי וָאֶקְרָא
טו בְּקוֹל גָּדוֹל: וַיְהִי כְשָׁמְעוֹ כִּי־הֲרִימֹתִי קוֹלִי וָאֶקְרָא וַיַּעֲזֹב בִּגְדוֹ
טז אֶצְלִי וַיָּנָס וַיֵּצֵא הַחוּצָה: וַתַּנַּח בִּגְדוֹ אֶצְלָהּ עַד־בּוֹא אֲדֹנָיו
יז אֶל־בֵּיתוֹ: וַתְּדַבֵּר אֵלָיו כַּדְּבָרִים הָאֵלֶּה לֵאמֹר בָּא אֵלַי הָעֶבֶד
יח הָעִבְרִי אֲשֶׁר־הֵבֵאתָ לָּנוּ לְצַחֶק בִּי: וַיְהִי כַּהֲרִימִי קוֹלִי וָאֶקְרָא
יט וַיַּעֲזֹב בִּגְדוֹ אֶצְלִי וַיָּנָס הַחוּצָה: וַיְהִי כִשְׁמֹעַ אֲדֹנָיו אֶת־דִּבְרֵי
אִשְׁתּוֹ אֲשֶׁר דִּבְּרָה אֵלָיו לֵאמֹר כַּדְּבָרִים הָאֵלֶּה עָשָׂה לִי עַבְדֶּךָ
כ וַיִּחַר אַפּוֹ: וַיִּקַּח אֲדֹנֵי יוֹסֵף אֹתוֹ וַיִּתְּנֵהוּ אֶל־בֵּית הַסֹּהַר מְקוֹם
כא אֲשֶׁר־אסורי הַמֶּלֶךְ אֲסוּרִים וַיְהִי־שָׁם בְּבֵית הַסֹּהַר: וַיְהִי יְהוָה אֲסִירֵי
כב אֶת־יוֹסֵף וַיֵּט אֵלָיו חָסֶד וַיִּתֵּן חִנּוֹ בְּעֵינֵי שַׂר בֵּית־הַסֹּהַר: וַיִּתֵּן
שַׂר בֵּית־הַסֹּהַר בְּיַד־יוֹסֵף אֵת כָּל־הָאֲסִירִם אֲשֶׁר בְּבֵית הַסֹּהַר

23 under his direction. The warden did not need to pay attention to
anything he had entrusted to him, because the LORD was with
him, giving him success in all he did.
40 1 Some time later, the Egyptian king's cupbearer and baker gave SHEVI'I
2 offense to their master, the king of Egypt. Pharaoh was angry with
3 the two officials, his chief cupbearer, and his chief baker, and he
placed them in custody in the house of the captain of the guard,
4 in the very place where Yosef was confined. The captain of the
guard assigned them to Yosef and it was he who attended them.
5 When they had been in custody for some time, the two of them –
the imprisoned cupbearer and baker of the king of Egypt – each
had a dream on the same night, each dream seeming to carry its
6 own meaning. When Yosef came to them the next morning, he
7 saw that they were both distressed. He asked Pharaoh's officials
who were in custody with him in his master's house, "Why are
8 you looking so troubled today?" "We both had dreams," they
told him, "but there is no one to interpret them." Yosef replied,
9 "Interpretation belongs to God. Tell me your dreams." So the chief
cupbearer told his dream to Yosef and said to him, "In my dream
10 I saw a vine in front of me. The vine had three branches. As soon
as it budded, it blossomed, and its clusters ripened into grapes.
11 Pharaoh's cup was in my hand; I took the grapes and squeezed
12 them into Pharaoh's cup, and I placed the cup in his hand." "This
is what it means," Yosef said. "The three branches are three days.
13 In three days Pharaoh will lift your head and restore you to your
position. You will place Pharaoh's cup in his hand again, as you
14 did when you were his cupbearer. When it goes well with you,
remember me and do me this kindness: mention me to Pharaoh
15 so as to free me from this place. The truth is that I was kidnapped
from the land of the Hebrews. Here too, I have done nothing to
16 deserve being placed in this pit." The chief baker saw that he had
given a favorable interpretation, so he said to Yosef, "I too had a
17 dream. There were three baskets of white bread on my head. In

כג וְאֵת כׇּל־אֲשֶׁר עֹשִׂים שָׁם הוּא הָיָה עֹשֶׂה: אֵין ׀ שַׂר בֵּית־הַסֹּהַר
רֹאֶה אֶת־כׇּל־מְאוּמָה בְּיָדוֹ בַּאֲשֶׁר יְהוָה אִתּוֹ וַאֲשֶׁר־הוּא עֹשֶׂה
יְהוָה מַצְלִיחַ:
מ א וַיְהִי אַחַר הַדְּבָרִים הָאֵלֶּה חָטְאוּ מַשְׁקֵה מֶלֶךְ־מִצְרַיִם וְהָאֹפֶה שביעי
ב לַאֲדֹנֵיהֶם לְמֶלֶךְ מִצְרָיִם: וַיִּקְצֹף פַּרְעֹה עַל שְׁנֵי סָרִיסָיו עַל
ג שַׂר הַמַּשְׁקִים וְעַל שַׂר הָאוֹפִים: וַיִּתֵּן אֹתָם בְּמִשְׁמַר בֵּית שַׂר
ד הַטַּבָּחִים אֶל־בֵּית הַסֹּהַר מְקוֹם אֲשֶׁר יוֹסֵף אָסוּר שָׁם: וַיִּפְקֹד
שַׂר הַטַּבָּחִים אֶת־יוֹסֵף אִתָּם וַיְשָׁרֶת אֹתָם וַיִּהְיוּ יָמִים בְּמִשְׁמָר:
ה וַיַּחַלְמוּ חֲלוֹם שְׁנֵיהֶם אִישׁ חֲלֹמוֹ בְּלַיְלָה אֶחָד אִישׁ כְּפִתְרוֹן
חֲלֹמוֹ הַמַּשְׁקֶה וְהָאֹפֶה אֲשֶׁר לְמֶלֶךְ מִצְרַיִם אֲשֶׁר אֲסוּרִים
ו בְּבֵית הַסֹּהַר: וַיָּבֹא אֲלֵיהֶם יוֹסֵף בַּבֹּקֶר וַיַּרְא אֹתָם וְהִנָּם זֹעֲפִים:
ז וַיִּשְׁאַל אֶת־סְרִיסֵי פַרְעֹה אֲשֶׁר אִתּוֹ בְמִשְׁמַר בֵּית אֲדֹנָיו לֵאמֹר
ח מַדּוּעַ פְּנֵיכֶם רָעִים הַיּוֹם: וַיֹּאמְרוּ אֵלָיו חֲלוֹם חָלַמְנוּ וּפֹתֵר אֵין
אֹתוֹ וַיֹּאמֶר אֲלֵהֶם יוֹסֵף הֲלוֹא לֵאלֹהִים פִּתְרֹנִים סַפְּרוּ־נָא
ט לִי: וַיְסַפֵּר שַׂר־הַמַּשְׁקִים אֶת־חֲלֹמוֹ לְיוֹסֵף וַיֹּאמֶר לוֹ בַּחֲלוֹמִי
י וְהִנֵּה־גֶפֶן לְפָנָי: וּבַגֶּפֶן שְׁלֹשָׁה שָׂרִיגִם וְהִוא כְפֹרַחַת עָלְתָה
יא נִצָּהּ הִבְשִׁילוּ אַשְׁכְּלֹתֶיהָ עֲנָבִים: וְכוֹס פַּרְעֹה בְּיָדִי וָאֶקַּח אֶת־
הָעֲנָבִים וָאֶשְׂחַט אֹתָם אֶל־כּוֹס פַּרְעֹה וָאֶתֵּן אֶת־הַכּוֹס עַל־כַּף
יב פַּרְעֹה: וַיֹּאמֶר לוֹ יוֹסֵף זֶה פִּתְרֹנוֹ שְׁלֹשֶׁת הַשָּׂרִגִים שְׁלֹשֶׁת יָמִים
יג הֵם: בְּעוֹד ׀ שְׁלֹשֶׁת יָמִים יִשָּׂא פַרְעֹה אֶת־רֹאשֶׁךָ וַהֲשִׁיבְךָ
עַל־כַּנֶּךָ וְנָתַתָּ כוֹס־פַּרְעֹה בְּיָדוֹ כַּמִּשְׁפָּט הָרִאשׁוֹן אֲשֶׁר הָיִיתָ
יד מַשְׁקֵהוּ: כִּי אִם־זְכַרְתַּנִי אִתְּךָ כַּאֲשֶׁר יִיטַב לָךְ וְעָשִׂיתָ־נָּא עִמָּדִי
טו חָסֶד וְהִזְכַּרְתַּנִי אֶל־פַּרְעֹה וְהוֹצֵאתַנִי מִן־הַבַּיִת הַזֶּה: כִּי־גֻנֹּב
גֻּנַּבְתִּי מֵאֶרֶץ הָעִבְרִים וְגַם־פֹּה לֹא־עָשִׂיתִי מְאוּמָה כִּי־שָׂמוּ
טז אֹתִי בַּבּוֹר: וַיַּרְא שַׂר־הָאֹפִים כִּי טוֹב פָּתָר וַיֹּאמֶר אֶל־יוֹסֵף
יז אַף־אֲנִי בַּחֲלוֹמִי וְהִנֵּה שְׁלֹשָׁה סַלֵּי חֹרִי עַל־רֹאשִׁי: וּבַסַּל

the top basket were all sorts of baked food that Pharaoh eats, but
18 birds were eating them out of the basket above my head." "This
is what it means," Yosef said. "The three baskets are three days.
19 In three days Pharaoh will lift your head from your body; he will
20 hang you from a stake, and birds will eat your flesh." The third day MAFTIR
was Pharaoh's birthday. He made a feast for all his servants, and
from among them he singled out his chief cupbearer and chief
21 baker. He restored the chief cupbearer to his position so that, as
22 before, he placed the cup in Pharaoh's hand. But he hung up the
23 chief baker, as Yosef had predicted. Still, the chief cupbearer did
not remember Yosef; he forgot him.
41 1 Two years passed. Then Pharaoh had a dream: he was standing by MIKETZ
2 the Nile when seven handsome, healthy cows came up out of the
3 river and grazed among the reeds. Then seven other cows came
up from the river after them, ugly and gaunt, and stood beside
4 them by the riverbank. The ugly, gaunt cows ate up the seven
5 handsome, healthy cows. Pharaoh awoke. Falling back to sleep, he
had a second dream: he saw seven ears of grain, ripe and robust,
6 growing on a single stalk. Suddenly, seven other ears sprouted
7 after them, thin and scorched by the east wind. The thin ears
swallowed up the seven ripe, full ears. Pharaoh awoke – and
8 realized it had been a dream. In the morning his mind was
troubled, so he sent for all the magicians and sages of Egypt.
Pharaoh told them his dream, but no one could offer an interpre-
9 tation that satisfied him. Then the chief cupbearer said to Pharaoh,
10 "I must recall my sins today. Once, Pharaoh was angry with his
servants and placed me and the chief baker in custody in the house
11 of the captain of the guard. One night he and I each had a dream,
12 and each dream seemed to have its own meaning. With us was a
young Hebrew, a slave of the captain of the guard. We told him
our dreams and he interpreted them for us, telling each of us the

הָעֶלְיוֹן מִכֹּל מַאֲכַל פַּרְעֹה מַעֲשֵׂה אֹפֶה וְהָעוֹף אֹכֵל אֹתָם מִן־
יח הַסַּל מֵעַל רֹאשִׁי: וַיַּעַן יוֹסֵף וַיֹּאמֶר זֶה פִּתְרֹנוֹ שְׁלֹשֶׁת הַסַּלִּים
יט שְׁלֹשֶׁת יָמִים הֵם: בְּעוֹד ׀ שְׁלֹשֶׁת יָמִים יִשָּׂא פַרְעֹה אֶת־רֹאשְׁךָ
מֵעָלֶיךָ וְתָלָה אוֹתְךָ עַל־עֵץ וְאָכַל הָעוֹף אֶת־בְּשָׂרְךָ מֵעָלֶיךָ:
כ וַיְהִי ׀ בַּיּוֹם הַשְּׁלִישִׁי יוֹם הֻלֶּדֶת אֶת־פַּרְעֹה וַיַּעַשׂ מִשְׁתֶּה לְכָל־ מפטיר
עֲבָדָיו וַיִּשָּׂא אֶת־רֹאשׁ ׀ שַׂר הַמַּשְׁקִים וְאֶת־רֹאשׁ שַׂר הָאֹפִים
כא בְּתוֹךְ עֲבָדָיו: וַיָּשֶׁב אֶת־שַׂר הַמַּשְׁקִים עַל־מַשְׁקֵהוּ וַיִּתֵּן הַכּוֹס
כב עַל־כַּף פַּרְעֹה: וְאֵת שַׂר הָאֹפִים תָּלָה כַּאֲשֶׁר פָּתַר לָהֶם יוֹסֵף:
כג וְלֹא־זָכַר שַׂר־הַמַּשְׁקִים אֶת־יוֹסֵף וַיִּשְׁכָּחֵהוּ:
מא א וַיְהִי מִקֵּץ שְׁנָתַיִם יָמִים וּפַרְעֹה חֹלֵם וְהִנֵּה עֹמֵד עַל־הַיְאֹר: לו מקץ
ב וְהִנֵּה מִן־הַיְאֹר עֹלֹת שֶׁבַע פָּרוֹת יְפוֹת מַרְאֶה וּבְרִיאֹת בָּשָׂר
ג וַתִּרְעֶינָה בָּאָחוּ: וְהִנֵּה שֶׁבַע פָּרוֹת אֲחֵרוֹת עֹלוֹת אַחֲרֵיהֶן מִן־
הַיְאֹר רָעוֹת מַרְאֶה וְדַקּוֹת בָּשָׂר וַתַּעֲמֹדְנָה אֵצֶל הַפָּרוֹת
ד עַל־שְׂפַת הַיְאֹר: וַתֹּאכַלְנָה הַפָּרוֹת רָעוֹת הַמַּרְאֶה וְדַקֹּת
הַבָּשָׂר אֵת שֶׁבַע הַפָּרוֹת יְפֹת הַמַּרְאֶה וְהַבְּרִיאֹת וַיִּיקַץ
ה פַּרְעֹה: וַיִּישָׁן וַיַּחֲלֹם שֵׁנִית וְהִנֵּה ׀ שֶׁבַע שִׁבֳּלִים עֹלוֹת בְּקָנֶה
ו אֶחָד בְּרִיאוֹת וְטֹבוֹת: וְהִנֵּה שֶׁבַע שִׁבֳּלִים דַּקּוֹת וּשְׁדוּפֹת קָדִים
ז צֹמְחוֹת אַחֲרֵיהֶן: וַתִּבְלַעְנָה הַשִּׁבֳּלִים הַדַּקּוֹת אֵת שֶׁבַע
ח הַשִּׁבֳּלִים הַבְּרִיאוֹת וְהַמְּלֵאוֹת וַיִּיקַץ פַּרְעֹה וְהִנֵּה חֲלוֹם: וַיְהִי
בַבֹּקֶר וַתִּפָּעֶם רוּחוֹ וַיִּשְׁלַח וַיִּקְרָא אֶת־כָּל־חַרְטֻמֵּי מִצְרַיִם
וְאֶת־כָּל־חֲכָמֶיהָ וַיְסַפֵּר פַּרְעֹה לָהֶם אֶת־חֲלֹמוֹ וְאֵין־פּוֹתֵר
ט אוֹתָם לְפַרְעֹה: וַיְדַבֵּר שַׂר הַמַּשְׁקִים אֶת־פַּרְעֹה לֵאמֹר אֶת־
י חֲטָאַי אֲנִי מַזְכִּיר הַיּוֹם: פַּרְעֹה קָצַף עַל־עֲבָדָיו וַיִּתֵּן אֹתִי
יא בְּמִשְׁמַר בֵּית שַׂר הַטַּבָּחִים אֹתִי וְאֵת שַׂר הָאֹפִים: וַנַּחַלְמָה
יב חֲלוֹם בְּלַיְלָה אֶחָד אֲנִי וָהוּא אִישׁ כְּפִתְרוֹן חֲלֹמוֹ חָלָמְנוּ: וְשָׁם
אִתָּנוּ נַעַר עִבְרִי עֶבֶד לְשַׂר הַטַּבָּחִים וַנְּסַפֶּר־לוֹ וַיִּפְתָּר־לָנוּ

13 meaning of his dream. Things turned out exactly as he interpreted
them to us. I was restored to my position, and the baker was hung
14 up." So Pharaoh sent for Yosef. He was rushed from the dungeon,
had his hair cut, changed his clothes, and came before Pharaoh.
15 Pharaoh said to Yosef, "I had a dream and no one can interpret it; SHEINI
16 I have heard that when you hear a dream you can interpret it." "Not
I," replied Yosef to Pharaoh. "God will give Pharaoh the answer
17 that he needs." Pharaoh told Yosef: "In my dream, I was standing
18 by the bank of the Nile when seven handsome, healthy cows came
19 up out of the river and grazed among the reeds. Then after them
came seven other cows, scrawny, very sickly, and thin – I never
20 saw such sickly cows in all Egypt. Then the thin, sickly cows ate
21 up the first seven healthy cows. But when they had eaten them
you could not tell that they had eaten them, for they still looked
22 as bad as before. Then I awoke. In my dream I then saw seven ears
23 of grain, ripe and full, growing on a single stalk. Suddenly, seven
other ears sprouted after them, shriveled, thin, and scorched by
24 the east wind, and the thin ears swallowed the seven good ears. I
25 told this to the magicians, but none could explain it to me." Yosef
said to Pharaoh, "The two dreams of Pharaoh are one and the
26 same. God has told Pharaoh what He is about to do. The seven
good cows are seven years, and so too the seven good ears are
27 seven years. It is one and the same dream. The seven thin, sickly
cows that came up after them are seven years, as are the seven
empty ears scorched by the east wind. They are seven years of
28 famine. It is as I have told Pharaoh: God has shown Pharaoh what
29 He is about to do. Seven years are coming when there will be great
30 abundance throughout the land of Egypt. But after them will
come seven years of famine, when all the abundance in Egypt will
31 be forgotten. Famine will ravage the land. So devastating will the
famine be that no one in the land will know anything of abundance

יג אֶת־חֲלֹמֹתֵינוּ אִישׁ כַּחֲלֹמוֹ פָּתָר׃ וַיְהִי כַּאֲשֶׁר פָּתַר־לָנוּ כֵּן הָיָה
יד אֹתִי הֵשִׁיב עַל־כַּנִּי וְאֹתוֹ תָלָה׃ וַיִּשְׁלַח פַּרְעֹה וַיִּקְרָא אֶת־יוֹסֵף
וַיְרִיצֻהוּ מִן־הַבּוֹר וַיְגַלַּח וַיְחַלֵּף שִׂמְלֹתָיו וַיָּבֹא אֶל־פַּרְעֹה׃
טו וַיֹּאמֶר פַּרְעֹה אֶל־יוֹסֵף חֲלוֹם חָלַמְתִּי וּפֹתֵר אֵין אֹתוֹ וַאֲנִי שני
טז שָׁמַעְתִּי עָלֶיךָ לֵאמֹר תִּשְׁמַע חֲלוֹם לִפְתֹּר אֹתוֹ׃ וַיַּעַן יוֹסֵף אֶת־
יז פַּרְעֹה לֵאמֹר בִּלְעָדָי אֱלֹהִים יַעֲנֶה אֶת־שְׁלוֹם פַּרְעֹה׃ וַיְדַבֵּר
יח פַּרְעֹה אֶל־יוֹסֵף בַּחֲלֹמִי הִנְנִי עֹמֵד עַל־שְׂפַת הַיְאֹר׃ וְהִנֵּה מִן־
הַיְאֹר עֹלֹת שֶׁבַע פָּרוֹת בְּרִיאוֹת בָּשָׂר וִיפֹת תֹּאַר וַתִּרְעֶינָה
יט בָּאָחוּ׃ וְהִנֵּה שֶׁבַע פָּרוֹת אֲחֵרוֹת עֹלוֹת אַחֲרֵיהֶן דַּלּוֹת וְרָעוֹת
תֹּאַר מְאֹד וְרַקּוֹת בָּשָׂר לֹא־רָאִיתִי כָהֵנָּה בְּכָל־אֶרֶץ מִצְרַיִם
כ לָרֹעַ׃ וַתֹּאכַלְנָה הַפָּרוֹת הָרַקּוֹת וְהָרָעוֹת אֵת שֶׁבַע הַפָּרוֹת
כא הָרִאשֹׁנוֹת הַבְּרִיאֹת׃ וַתָּבֹאנָה אֶל־קִרְבֶּנָה וְלֹא נוֹדַע כִּי־בָאוּ
כב אֶל־קִרְבֶּנָה וּמַרְאֵיהֶן רַע כַּאֲשֶׁר בַּתְּחִלָּה וָאִיקָץ׃ וָאֵרֶא בַּחֲלֹמִי
כג וְהִנֵּה ׀ שֶׁבַע שִׁבֳּלִים עֹלֹת בְּקָנֶה אֶחָד מְלֵאֹת וְטֹבוֹת׃ וְהִנֵּה
שֶׁבַע שִׁבֳּלִים צְנֻמוֹת דַּקּוֹת שְׁדֻפוֹת קָדִים צֹמְחוֹת אַחֲרֵיהֶם׃
כד וַתִּבְלַעְןָ הַשִּׁבֳּלִים הַדַּקֹּת אֵת שֶׁבַע הַשִּׁבֳּלִים הַטֹּבוֹת וָאֹמַר
כה אֶל־הַחַרְטֻמִּים וְאֵין מַגִּיד לִי׃ וַיֹּאמֶר יוֹסֵף אֶל־פַּרְעֹה חֲלוֹם
כו פַּרְעֹה אֶחָד הוּא אֵת אֲשֶׁר הָאֱלֹהִים עֹשֶׂה הִגִּיד לְפַרְעֹה׃ שֶׁבַע
פָּרֹת הַטֹּבֹת שֶׁבַע שָׁנִים הֵנָּה וְשֶׁבַע הַשִּׁבֳּלִים הַטֹּבֹת שֶׁבַע
כז שָׁנִים הֵנָּה חֲלוֹם אֶחָד הוּא׃ וְשֶׁבַע הַפָּרוֹת הָרַקּוֹת וְהָרָעֹת
הָעֹלֹת אַחֲרֵיהֶן שֶׁבַע שָׁנִים הֵנָּה וְשֶׁבַע הַשִּׁבֳּלִים הָרֵקוֹת
כח שְׁדֻפוֹת הַקָּדִים יִהְיוּ שֶׁבַע שְׁנֵי רָעָב׃ הוּא הַדָּבָר אֲשֶׁר דִּבַּרְתִּי
כט אֶל־פַּרְעֹה אֲשֶׁר הָאֱלֹהִים עֹשֶׂה הֶרְאָה אֶת־פַּרְעֹה׃ הִנֵּה שֶׁבַע
ל שָׁנִים בָּאוֹת שָׂבָע גָּדוֹל בְּכָל־אֶרֶץ מִצְרָיִם׃ וְקָמוּ שֶׁבַע שְׁנֵי רָעָב
אַחֲרֵיהֶן וְנִשְׁכַּח כָּל־הַשָּׂבָע בְּאֶרֶץ מִצְרָיִם וְכִלָּה הָרָעָב אֶת־
לא הָאָרֶץ׃ וְלֹא־יִוָּדַע הַשָּׂבָע בָּאָרֶץ מִפְּנֵי הָרָעָב הַהוּא אַחֲרֵי־כֵן

32 anymore. As for Pharaoh having the same dream twice, this means
that the matter has already been decided by God, and He is soon
33 to bring it about. So now let Pharaoh seek out an astute, wise man
34 and set him over the land of Egypt. Let Pharaoh appoint overseers
across the land and take a fifth of Egypt's harvest during the seven
35 years of abundance. Let them gather all that food in these coming
good years, storing the grain under Pharaoh's aegis so that there
36 is food under guard in all the cities. The food should be held in
reserve for the land when the seven years of famine come to Egypt,
37 so that the country is not ruined by the famine." The plan seemed
38 good to Pharaoh and all his officials. Pharaoh said to them, "Could
we find another like him, a man who has within him the spirit of
39 God?" So Pharaoh said to Yosef, "Since God has made all this SHELISHI
known to you, there can be no one else as astute or as wise as you.
40 You shall be in charge of my court, and by your command shall
all my people be directed. Only the throne itself will make me
41 greater than you." Then Pharaoh said to Yosef, "I hereby place you
42 in charge of all the land of Egypt." Pharaoh removed his signet
ring from his hand and placed it on Yosef's. He had him robed in
garments of the finest linen, and placed a gold chain around his
43 neck. He had him ride in the chariot of his second-in-command,
and ahead of him people proclaimed, "*Avrekh*."[97] Thus was he
44 given authority over all Egypt. Pharaoh told Yosef, "I am Pharaoh,
but without your consent no one will lift hand or foot in all Egypt."
45 And Pharaoh gave Yosef the name Tzafenat Paneaḥ[98] and gave
him Asnat, daughter of Potifera, priest of On, as his wife. Thus
46 Yosef went out to oversee Egypt. When he entered the service
of Pharaoh, king of Egypt, Yosef was thirty years old. Leaving
Pharaoh's presence, Yosef traveled throughout the land of Egypt.
47 During the seven years of plenty the land produced in profusion.
48 He gathered all the grain produced during the seven years of
plenty in Egypt and stored it in the cities. In each city he stored

98 Possibly "interpreter of secrets," or in Egyptian related to a word meaning "life."

לב כִּי־כָבֵד הוּא מְאֹד׃ וְעַל הִשָּׁנוֹת הַחֲלוֹם אֶל־פַּרְעֹה פַּעֲמָיִם
לג כִּי־נָכוֹן הַדָּבָר מֵעִם הָאֱלֹהִים וּמְמַהֵר הָאֱלֹהִים לַעֲשֹׂתוֹ׃ וְעַתָּה
לד יֵרֶא פַרְעֹה אִישׁ נָבוֹן וְחָכָם וִישִׁיתֵהוּ עַל־אֶרֶץ מִצְרָיִם׃ יַעֲשֶׂה
פַרְעֹה וְיַפְקֵד פְּקִדִים עַל־הָאָרֶץ וְחִמֵּשׁ אֶת־אֶרֶץ מִצְרַיִם בְּשֶׁבַע
לה שְׁנֵי הַשָּׂבָע׃ וְיִקְבְּצוּ אֶת־כָּל־אֹכֶל הַשָּׁנִים הַטֹּבֹת הַבָּאֹת הָאֵלֶּה
לו וְיִצְבְּרוּ־בָר תַּחַת יַד־פַּרְעֹה אֹכֶל בֶּעָרִים וְשָׁמָרוּ׃ וְהָיָה הָאֹכֶל
לְפִקָּדוֹן לָאָרֶץ לְשֶׁבַע שְׁנֵי הָרָעָב אֲשֶׁר תִּהְיֶיןָ בְּאֶרֶץ מִצְרָיִם
לז וְלֹא־תִכָּרֵת הָאָרֶץ בָּרָעָב׃ וַיִּיטַב הַדָּבָר בְּעֵינֵי פַרְעֹה וּבְעֵינֵי
לח כָּל־עֲבָדָיו׃ וַיֹּאמֶר פַּרְעֹה אֶל־עֲבָדָיו הֲנִמְצָא כָזֶה אִישׁ אֲשֶׁר לז
לט רוּחַ אֱלֹהִים בּוֹ׃ וַיֹּאמֶר פַּרְעֹה אֶל־יוֹסֵף אַחֲרֵי הוֹדִיעַ אֱלֹהִים שלישי
מ אוֹתְךָ אֶת־כָּל־זֹאת אֵין־נָבוֹן וְחָכָם כָּמוֹךָ׃ אַתָּה תִּהְיֶה עַל־בֵּיתִי
מא וְעַל־פִּיךָ יִשַּׁק כָּל־עַמִּי רַק הַכִּסֵּא אֶגְדַּל מִמֶּךָּ׃ וַיֹּאמֶר פַּרְעֹה
מב אֶל־יוֹסֵף רְאֵה נָתַתִּי אֹתְךָ עַל כָּל־אֶרֶץ מִצְרָיִם׃ וַיָּסַר פַּרְעֹה
אֶת־טַבַּעְתּוֹ מֵעַל יָדוֹ וַיִּתֵּן אֹתָהּ עַל־יַד יוֹסֵף וַיַּלְבֵּשׁ אֹתוֹ בִּגְדֵי־
מג שֵׁשׁ וַיָּשֶׂם רְבִד הַזָּהָב עַל־צַוָּארוֹ׃ וַיַּרְכֵּב אֹתוֹ בְּמִרְכֶּבֶת הַמִּשְׁנֶה
אֲשֶׁר־לוֹ וַיִּקְרְאוּ לְפָנָיו אַבְרֵךְ וְנָתוֹן אֹתוֹ עַל כָּל־אֶרֶץ מִצְרָיִם׃
מד וַיֹּאמֶר פַּרְעֹה אֶל־יוֹסֵף אֲנִי פַרְעֹה וּבִלְעָדֶיךָ לֹא־יָרִים אִישׁ
מה אֶת־יָדוֹ וְאֶת־רַגְלוֹ בְּכָל־אֶרֶץ מִצְרָיִם׃ וַיִּקְרָא פַרְעֹה שֵׁם־יוֹסֵף
צָפְנַת פַּעְנֵחַ וַיִּתֶּן־לוֹ אֶת־אָסְנַת בַּת־פּוֹטִי פֶרַע כֹּהֵן אֹן לְאִשָּׁה
מו וַיֵּצֵא יוֹסֵף עַל־אֶרֶץ מִצְרָיִם׃ וְיוֹסֵף בֶּן־שְׁלֹשִׁים שָׁנָה בְּעָמְדוֹ
לִפְנֵי פַּרְעֹה מֶלֶךְ־מִצְרָיִם וַיֵּצֵא יוֹסֵף מִלִּפְנֵי פַרְעֹה וַיַּעֲבֹר
מז בְּכָל־אֶרֶץ מִצְרָיִם׃ וַתַּעַשׂ הָאָרֶץ בְּשֶׁבַע שְׁנֵי הַשָּׂבָע לִקְמָצִים׃
מח וַיִּקְבֹּץ אֶת־כָּל־אֹכֶל ׀ שֶׁבַע שָׁנִים אֲשֶׁר הָיוּ בְּאֶרֶץ מִצְרַיִם
וַיִּתֶּן־אֹכֶל בֶּעָרִים אֹכֶל שְׂדֵה־הָעִיר אֲשֶׁר סְבִיבֹתֶיהָ נָתַן בְּתוֹכָהּ׃

97 Possibly meaning "bow" or "kneel," or in Egyptian "make way."

49 the grain grown in the surrounding fields. Yosef stored so much
grain that it was like the sand of the sea. They had to stop keeping
50 records because it was beyond measure. Before the years of famine
came, two sons were born to Yosef by Asnat daughter of Potifera,
51 priest of On. Yosef named his firstborn Menashe, saying, "God
has made me forget all my troubles and all my father's family."[99]
52 The second son he named Efrayim, saying, "God has made me
53 fruitful in the land of my affliction."[100] The seven years of REVI'I
54 abundance in Egypt came to an end, and the seven years of famine
began, just as Yosef had said they would. There was famine in all
55 the other lands, but throughout Egypt there was food. When all
Egypt began to feel the famine, the people cried to Pharaoh for
food. Pharaoh told all the Egyptians, "Go to Yosef. Whatever he
56 tells you – do." The famine spread over the entire country. Yosef
then opened all the storehouses and sold grain to the Egyptians,
57 for the famine was worsening throughout Egypt. People from all
over the region came to Egypt to buy grain from Yosef, because
42 1 all across the land the famine was devastating. Knowing that there
was grain in Egypt, Yaakov said to his sons, "Why do you keep
2 looking at one another?" He said, "I have heard that there is grain
in Egypt. Go down there and buy some for us so that we may live
3 and not die." So ten of Yosef's brothers went down to buy grain in
4 Egypt. But Yaakov did not send Yosef's brother Binyamin with
5 them, for he was afraid that harm might come to him. So Yisrael's
sons were among those who came to buy grain, the famine having
6 reached as far as the land of Canaan. Yosef was the governor of the
land; it was he who dispensed food to all its people. When Yosef's
brothers arrived, they bowed down to him, their faces to the
7 ground. Yosef recognized his brothers as soon as he saw them,
but he acted like a stranger and spoke harshly to them. "Where
have you come from?" he asked. They replied, "From the land of
8 Canaan – to buy food." Yosef recognized his brothers, but they did
9 not recognize him. Then Yosef remembered the dreams he had
dreamed about them. "You are spies!" he said. "You have come to

מט וַיִּצְבֹּר יוֹסֵף בַּר כְּחוֹל הַיָּם הַרְבֵּה מְאֹד עַד כִּי־חָדַל לִסְפֹּר כִּי־
נ אֵין מִסְפָּר: וּלְיוֹסֵף יֻלַּד שְׁנֵי בָנִים בְּטֶרֶם תָּבוֹא שְׁנַת הָרָעָב
נא אֲשֶׁר יָלְדָה־לּוֹ אָסְנַת בַּת־פּוֹטִי פֶרַע כֹּהֵן אוֹן: וַיִּקְרָא יוֹסֵף
אֶת־שֵׁם הַבְּכוֹר מְנַשֶּׁה כִּי־נַשַּׁנִי אֱלֹהִים אֶת־כָּל־עֲמָלִי וְאֵת
נב כָּל־בֵּית אָבִי: וְאֵת שֵׁם הַשֵּׁנִי קָרָא אֶפְרָיִם כִּי־הִפְרַנִי אֱלֹהִים
נג בְּאֶרֶץ עָנְיִי: וַתִּכְלֶינָה שֶׁבַע שְׁנֵי הַשָּׂבָע אֲשֶׁר הָיָה בְּאֶרֶץ רביעי
נד מִצְרָיִם: וַתְּחִלֶּינָה שֶׁבַע שְׁנֵי הָרָעָב לָבוֹא כַּאֲשֶׁר אָמַר יוֹסֵף
נה וַיְהִי רָעָב בְּכָל־הָאֲרָצוֹת וּבְכָל־אֶרֶץ מִצְרַיִם הָיָה לָחֶם: וַתִּרְעַב
כָּל־אֶרֶץ מִצְרַיִם וַיִּצְעַק הָעָם אֶל־פַּרְעֹה לַלָּחֶם וַיֹּאמֶר פַּרְעֹה
נו לְכָל־מִצְרַיִם לְכוּ אֶל־יוֹסֵף אֲשֶׁר־יֹאמַר לָכֶם תַּעֲשׂוּ: וְהָרָעָב
הָיָה עַל כָּל־פְּנֵי הָאָרֶץ וַיִּפְתַּח יוֹסֵף אֶת־כָּל־אֲשֶׁר בָּהֶם וַיִּשְׁבֹּר
נז לְמִצְרַיִם וַיֶּחֱזַק הָרָעָב בְּאֶרֶץ מִצְרָיִם: וְכָל־הָאָרֶץ בָּאוּ מִצְרַיְמָה
מב א לִשְׁבֹּר אֶל־יוֹסֵף כִּי־חָזַק הָרָעָב בְּכָל־הָאָרֶץ: וַיַּרְא יַעֲקֹב כִּי
ב יֶשׁ־שֶׁבֶר בְּמִצְרָיִם וַיֹּאמֶר יַעֲקֹב לְבָנָיו לָמָּה תִּתְרָאוּ: וַיֹּאמֶר
הִנֵּה שָׁמַעְתִּי כִּי יֶשׁ־שֶׁבֶר בְּמִצְרָיִם רְדוּ־שָׁמָּה וְשִׁבְרוּ־לָנוּ מִשָּׁם
ג וְנִחְיֶה וְלֹא נָמוּת: וַיֵּרְדוּ אֲחֵי־יוֹסֵף עֲשָׂרָה לִשְׁבֹּר בָּר מִמִּצְרָיִם:
ד וְאֶת־בִּנְיָמִין אֲחִי יוֹסֵף לֹא־שָׁלַח יַעֲקֹב אֶת־אֶחָיו כִּי אָמַר פֶּן־
ה יִקְרָאֶנּוּ אָסוֹן: וַיָּבֹאוּ בְּנֵי יִשְׂרָאֵל לִשְׁבֹּר בְּתוֹךְ הַבָּאִים כִּי־הָיָה
ו הָרָעָב בְּאֶרֶץ כְּנָעַן: וְיוֹסֵף הוּא הַשַּׁלִּיט עַל־הָאָרֶץ הוּא
הַמַּשְׁבִּיר לְכָל־עַם הָאָרֶץ וַיָּבֹאוּ אֲחֵי יוֹסֵף וַיִּשְׁתַּחֲווּ־לוֹ אַפַּיִם
ז אָרְצָה: וַיַּרְא יוֹסֵף אֶת־אֶחָיו וַיַּכִּרֵם וַיִּתְנַכֵּר אֲלֵיהֶם וַיְדַבֵּר אִתָּם
קָשׁוֹת וַיֹּאמֶר אֲלֵהֶם מֵאַיִן בָּאתֶם וַיֹּאמְרוּ מֵאֶרֶץ כְּנַעַן לִשְׁבָּר־
ח ט אֹכֶל: וַיַּכֵּר יוֹסֵף אֶת־אֶחָיו וְהֵם לֹא הִכִּרֻהוּ: וַיִּזְכֹּר יוֹסֵף אֵת
הַחֲלֹמוֹת אֲשֶׁר חָלַם לָהֶם וַיֹּאמֶר אֲלֵהֶם מְרַגְּלִים אַתֶּם לִרְאוֹת

99 The name Menashe resonates with *nashani* (made me forget).
100 The name Efrayim resonates with *hifrani* (made me fruitful).

10 see where our land is exposed." "No, my lord," they said. "Your
11 servants have come to buy food. We all are sons of the same man.
12 We are honest men. Your servants are not spies." "Lies," he said.
13 "You have come to see where our land is exposed." "We were once
twelve brothers," they replied, "sons of one man in Canaan. The
14 youngest is now with our father, and one is gone." But Yosef said,
15 "It is as I said to you – you are spies. This is how you will be tested.
By Pharaoh's life, you will not leave this place unless your youngest
16 brother comes here. Let one of you go and fetch your brother. The
rest of you will remain confined here. This will test whether or not
you are telling the truth. If not, by Pharaoh's life, you are spies."
17 18 He had them placed in custody for three days. On the third day,
Yosef said to them, "If you do this you will live, for I am a God-
19 fearing man. If you are honest, let one of your brothers stay here HAMISHI
in prison while the rest of you go and take back grain for your
20 starving households. Then bring your youngest brother to me so
that your words can be verified and you will not die." They agreed.
21 And they said to one another, "We are guilty, guilty because of
what we did to our brother. We saw his suffering when he pleaded
with us but we did not listen. That is why this trouble has come
22 upon us." Then Reuven spoke up: "Did I not tell you not to sin
against the boy? But you would not listen. Now comes the
23 reckoning for his blood." They did not realize that Yosef could
24 understand them, for a translator stood between them. And Yosef
turned away from them and wept. Then he turned back to them
and spoke again. He had Shimon taken from them and placed in
25 chains before their eyes. Yosef gave orders to fill their bags with
grain and put each man's money back in his sack. They were to be
26 given provisions for the journey. After this was done for them,
27 they loaded their grain on their donkeys and left. As one of them
was opening his sack to feed his donkey at the place where they
stopped for the night, he saw his money right there at the top of
28 his pack. "My money has been returned!" he told his brothers.
"There it is in my pack!" Their hearts sank. Trembling, they turned

י אֶת־עֶרְוַת הָאָרֶץ בָּאתֶם: וַיֹּאמְרוּ אֵלָיו לֹא אֲדֹנִי וַעֲבָדֶיךָ בָּאוּ
יא לִשְׁבָּר־אֹכֶל: כֻּלָּנוּ בְּנֵי אִישׁ־אֶחָד נָחְנוּ כֵּנִים אֲנַחְנוּ לֹא־הָיוּ
יב עֲבָדֶיךָ מְרַגְּלִים: וַיֹּאמֶר אֲלֵהֶם לֹא כִּי־עֶרְוַת הָאָרֶץ בָּאתֶם
יג לִרְאוֹת: וַיֹּאמְרוּ שְׁנֵים עָשָׂר עֲבָדֶיךָ אַחִים ׀ אֲנַחְנוּ בְּנֵי אִישׁ־
אֶחָד בְּאֶרֶץ כְּנָעַן וְהִנֵּה הַקָּטֹן אֶת־אָבִינוּ הַיּוֹם וְהָאֶחָד אֵינֶנּוּ:
יד וַיֹּאמֶר אֲלֵהֶם יוֹסֵף הוּא אֲשֶׁר דִּבַּרְתִּי אֲלֵכֶם לֵאמֹר מְרַגְּלִים
טו אַתֶּם: בְּזֹאת תִּבָּחֵנוּ חֵי פַרְעֹה אִם־תֵּצְאוּ מִזֶּה כִּי אִם־בְּבוֹא
טז אֲחִיכֶם הַקָּטֹן הֵנָּה: שִׁלְחוּ מִכֶּם אֶחָד וְיִקַּח אֶת־אֲחִיכֶם וְאַתֶּם
הֵאָסְרוּ וְיִבָּחֲנוּ דִּבְרֵיכֶם הַאֱמֶת אִתְּכֶם וְאִם־לֹא חֵי פַרְעֹה כִּי
יז יח מְרַגְּלִים אַתֶּם: וַיֶּאֱסֹף אֹתָם אֶל־מִשְׁמָר שְׁלֹשֶׁת יָמִים: וַיֹּאמֶר לח
אֲלֵהֶם יוֹסֵף בַּיּוֹם הַשְּׁלִישִׁי זֹאת עֲשׂוּ וִחְיוּ אֶת־הָאֱלֹהִים אֲנִי
יט יָרֵא: אִם־כֵּנִים אַתֶּם אֲחִיכֶם אֶחָד יֵאָסֵר בְּבֵית מִשְׁמַרְכֶם וְאַתֶּם חמישי
כ לְכוּ הָבִיאוּ שֶׁבֶר רַעֲבוֹן בָּתֵּיכֶם: וְאֶת־אֲחִיכֶם הַקָּטֹן תָּבִיאוּ
כא אֵלַי וְיֵאָמְנוּ דִבְרֵיכֶם וְלֹא תָמוּתוּ וַיַּעֲשׂוּ־כֵן: וַיֹּאמְרוּ אִישׁ אֶל־
אָחִיו אֲבָל אֲשֵׁמִים ׀ אֲנַחְנוּ עַל־אָחִינוּ אֲשֶׁר רָאִינוּ צָרַת נַפְשׁוֹ
בְּהִתְחַנְנוֹ אֵלֵינוּ וְלֹא שָׁמָעְנוּ עַל־כֵּן בָּאָה אֵלֵינוּ הַצָּרָה הַזֹּאת:
כב וַיַּעַן רְאוּבֵן אֹתָם לֵאמֹר הֲלוֹא אָמַרְתִּי אֲלֵיכֶם ׀ לֵאמֹר אַל־
כג תֶּחֶטְאוּ בַיֶּלֶד וְלֹא שְׁמַעְתֶּם וְגַם־דָּמוֹ הִנֵּה נִדְרָשׁ: וְהֵם לֹא
כד יָדְעוּ כִּי שֹׁמֵעַ יוֹסֵף כִּי הַמֵּלִיץ בֵּינֹתָם: וַיִּסֹּב מֵעֲלֵיהֶם וַיֵּבְךְּ וַיָּשָׁב
אֲלֵהֶם וַיְדַבֵּר אֲלֵהֶם וַיִּקַּח מֵאִתָּם אֶת־שִׁמְעוֹן וַיֶּאֱסֹר אֹתוֹ
כה לְעֵינֵיהֶם: וַיְצַו יוֹסֵף וַיְמַלְאוּ אֶת־כְּלֵיהֶם בָּר וּלְהָשִׁיב כַּסְפֵּיהֶם
כו אִישׁ אֶל־שַׂקּוֹ וְלָתֵת לָהֶם צֵדָה לַדָּרֶךְ וַיַּעַשׂ לָהֶם כֵּן: וַיִּשְׂאוּ
כז אֶת־שִׁבְרָם עַל־חֲמֹרֵיהֶם וַיֵּלְכוּ מִשָּׁם: וַיִּפְתַּח הָאֶחָד אֶת־שַׂקּוֹ
לָתֵת מִסְפּוֹא לַחֲמֹרוֹ בַּמָּלוֹן וַיַּרְא אֶת־כַּסְפּוֹ וְהִנֵּה־הוּא בְּפִי
כח אַמְתַּחְתּוֹ: וַיֹּאמֶר אֶל־אֶחָיו הוּשַׁב כַּסְפִּי וְגַם הִנֵּה בְאַמְתַּחְתִּי
וַיֵּצֵא לִבָּם וַיֶּחֶרְדוּ אִישׁ אֶל־אָחִיו לֵאמֹר מַה־זֹּאת עָשָׂה אֱלֹהִים

to one another, saying, "What is this that God has done to
29 us?" When they came to their father Yaakov in the land of Canaan,
30 they told him all that had happened to them. They said, "The man
who is the lord of the land spoke to us harshly. He accused us of
31 spying on the land. We said to him, 'We are honest men; we are
32 not spies. We were twelve brothers, sons of the same father. One
33 is gone, and the youngest is now with our father in Canaan.' Then
the man who is lord of the land said to us, 'This is how I will know
that you are honest men. Leave one of your brothers with me, take
34 something for your starving households, and go. Then bring your
youngest brother to me. Then I will know that you are not spies
but honest men. And then I will give you back your brother, and
35 you can trade in the land.'" They began emptying their sacks, and
there in each one's sack was his money bag. When they and their
36 father saw the money bags, they were afraid. Their father Yaakov
said to them, "You have taken my children away from me. Yosef is
gone. Shimon is gone. Now you want to take Binyamin? All this I
37 must suffer!" Reuven said to his father, "You may kill my two sons
if I do not bring him back to you; entrust him to my care and I will
38 bring him back to you." "My son will not go down with you," said
Yaakov. "His brother is dead, and he is all I have left. If any harm
comes to him on the way, you will bring down my gray head in
43 1 grief to Sheol." The famine in the land continued to be severe.
2 When they had eaten all the grain they had brought from Egypt,
their father said to them, "Go back and buy us some more food."
3 But Yehuda said to him, "The man warned us, 'Do not appear
4 before me unless your brother is with you.' If you agree to send
5 our brother with us, we will go and buy you food. But if you will
not send him, we cannot go. The man told us, 'Do not appear
6 before me unless your brother is with you.'" Yisrael said, "Why
did you bring this trouble on me by telling the man you had
7 another brother?" They replied, "The man kept asking about us
and our family: 'Is your father still alive?' he asked. 'Do you have
a brother?' We simply answered his questions. How could we

כט לָנוּ: וַיָּבֹאוּ אֶל־יַעֲקֹב אֲבִיהֶם אַרְצָה כְּנָעַן וַיַּגִּידוּ לוֹ אֵת כָּל־
ל הַקֹּרֹת אֹתָם לֵאמֹר: דִּבֶּר הָאִישׁ אֲדֹנֵי הָאָרֶץ אִתָּנוּ קָשׁוֹת וַיִּתֵּן
לא אֹתָנוּ כִּמְרַגְּלִים אֶת־הָאָרֶץ: וַנֹּאמֶר אֵלָיו כֵּנִים אֲנָחְנוּ לֹא הָיִינוּ
לב מְרַגְּלִים: שְׁנֵים־עָשָׂר אֲנַחְנוּ אַחִים בְּנֵי אָבִינוּ הָאֶחָד אֵינֶנּוּ
לג וְהַקָּטֹן הַיּוֹם אֶת־אָבִינוּ בְּאֶרֶץ כְּנָעַן: וַיֹּאמֶר אֵלֵינוּ הָאִישׁ אֲדֹנֵי
הָאָרֶץ בְּזֹאת אֵדַע כִּי כֵנִים אַתֶּם אֲחִיכֶם הָאֶחָד הַנִּיחוּ אִתִּי
לד וְאֶת־רַעֲבוֹן בָּתֵּיכֶם קְחוּ וָלֵכוּ: וְהָבִיאוּ אֶת־אֲחִיכֶם הַקָּטֹן אֵלַי
וְאֵדְעָה כִּי לֹא מְרַגְּלִים אַתֶּם כִּי כֵנִים אַתֶּם אֶת־אֲחִיכֶם אֶתֵּן
לה לָכֶם וְאֶת־הָאָרֶץ תִּסְחָרוּ: וַיְהִי הֵם מְרִיקִים שַׂקֵּיהֶם וְהִנֵּה־אִישׁ
צְרוֹר־כַּסְפּוֹ בְּשַׂקּוֹ וַיִּרְאוּ אֶת־צְרֹרוֹת כַּסְפֵּיהֶם הֵמָּה וַאֲבִיהֶם
לו וַיִּירָאוּ: וַיֹּאמֶר אֲלֵהֶם יַעֲקֹב אֲבִיהֶם אֹתִי שִׁכַּלְתֶּם יוֹסֵף אֵינֶנּוּ
לז וְשִׁמְעוֹן אֵינֶנּוּ וְאֶת־בִּנְיָמִן תִּקָּחוּ עָלַי הָיוּ כֻלָּנָה: וַיֹּאמֶר רְאוּבֵן
אֶל־אָבִיו לֵאמֹר אֶת־שְׁנֵי בָנַי תָּמִית אִם־לֹא אֲבִיאֶנּוּ אֵלֶיךָ תְּנָה
לח אֹתוֹ עַל־יָדִי וַאֲנִי אֲשִׁיבֶנּוּ אֵלֶיךָ: וַיֹּאמֶר לֹא־יֵרֵד בְּנִי עִמָּכֶם
כִּי־אָחִיו מֵת וְהוּא לְבַדּוֹ נִשְׁאָר וּקְרָאָהוּ אָסוֹן בַּדֶּרֶךְ אֲשֶׁר
מג א תֵּלְכוּ־בָהּ וְהוֹרַדְתֶּם אֶת־שֵׂיבָתִי בְּיָגוֹן שְׁאוֹלָה: וְהָרָעָב כָּבֵד
ב בָּאָרֶץ: וַיְהִי כַּאֲשֶׁר כִּלּוּ לֶאֱכֹל אֶת־הַשֶּׁבֶר אֲשֶׁר הֵבִיאוּ מִמִּצְרָיִם
ג וַיֹּאמֶר אֲלֵיהֶם אֲבִיהֶם שֻׁבוּ שִׁבְרוּ־לָנוּ מְעַט־אֹכֶל: וַיֹּאמֶר אֵלָיו
יְהוּדָה לֵאמֹר הָעֵד הֵעִד בָּנוּ הָאִישׁ לֵאמֹר לֹא־תִרְאוּ פָנַי בִּלְתִּי
ד אֲחִיכֶם אִתְּכֶם: אִם־יֶשְׁךָ מְשַׁלֵּחַ אֶת־אָחִינוּ אִתָּנוּ נֵרְדָה
ה וְנִשְׁבְּרָה לְךָ אֹכֶל: וְאִם־אֵינְךָ מְשַׁלֵּחַ לֹא נֵרֵד כִּי־הָאִישׁ אָמַר
ו אֵלֵינוּ לֹא־תִרְאוּ פָנַי בִּלְתִּי אֲחִיכֶם אִתְּכֶם: וַיֹּאמֶר יִשְׂרָאֵל לָמָה
ז הֲרֵעֹתֶם לִי לְהַגִּיד לָאִישׁ הַעוֹד לָכֶם אָח: וַיֹּאמְרוּ שָׁאוֹל שָׁאַל־
הָאִישׁ לָנוּ וּלְמוֹלַדְתֵּנוּ לֵאמֹר הַעוֹד אֲבִיכֶם חַי הֲיֵשׁ לָכֶם אָח
וַנַּגֶּד־לוֹ עַל־פִּי הַדְּבָרִים הָאֵלֶּה הֲיָדוֹעַ נֵדַע כִּי יֹאמַר הוֹרִידוּ

8 know that he would say, 'Bring your brother here'?" And Yehuda
said to his father Yisrael, "Send the boy with me. Let us be on our
9 way so that we, you, and our children may live and not die. I myself
am the guarantee for his safety: you may hold me personally
responsible. If I do not bring him back and set him before you,
10 I will have sinned against you for all time. We could have been
11 there and back twice if we had not hesitated so long." And then
their father Yisrael said to them, "If that is how it must be, then do
this. Take some of the best produce of the land in your bags, and
bring them to the man as a gift – a little balm and a little honey,
12 some spices and myrrh, pistachio nuts and almonds. Take with
you double the money. Return the money that was put back
13 into your sacks. Perhaps it was a mistake. And take your brother.
14 Go back to the man at once. May El Shaddai grant you mercy
before the man, that he may send your other brother forth to you,
and Binyamin. And as for me, if I am to be bereaved, I will be
15 bereaved." So the men took the gift and double the money and set
out with Binyamin. They went to Egypt and presented themselves
16 to Yosef. When Yosef saw Binyamin with them, he said to his SHISHI
house steward, "Take these men to my house. Slaughter an animal
17 and prepare a meal, for they will dine with me at noon." The man
18 did as Yosef said and brought them to Yosef's house. The men were
frightened that they were being brought to Yosef's house. They
said, "We have been brought here because of the money that was
put back in our sacks the first time. He wants to attack us, seize us
19 as slaves, and take our donkeys." So they went up to Yosef's steward
20 and spoke to him at the entrance to the house. "If you please, my
21 lord," they said, "we came here once before to buy food. But at the
place where we stopped for the night, we opened our bags and
each of us found his money, in its exact weight, in the mouth of
22 his bag. So we have brought it back with us. We have also brought
additional money to buy food. We do not know who put our
23 money in our bags." He replied, "All is well. Do not be afraid. Your
God, the God of your father, must have placed a hidden gift in

ח אֶת־אֲחִיכֶם: וַיֹּאמֶר יְהוּדָה אֶל־יִשְׂרָאֵל אָבִיו שִׁלְחָה הַנַּעַר
אִתִּי וְנָקוּמָה וְנֵלֵכָה וְנִחְיֶה וְלֹא נָמוּת גַּם־אֲנַחְנוּ גַם־אַתָּה גַּם־
ט טַפֵּנוּ: אָנֹכִי אֶעֶרְבֶנּוּ מִיָּדִי תְּבַקְשֶׁנּוּ אִם־לֹא הֲבִיאֹתִיו אֵלֶיךָ
י וְהִצַּגְתִּיו לְפָנֶיךָ וְחָטָאתִי לְךָ כָּל־הַיָּמִים: כִּי לוּלֵא הִתְמַהְמָהְנוּ
יא כִּי־עַתָּה שַׁבְנוּ זֶה פַעֲמָיִם: וַיֹּאמֶר אֲלֵהֶם יִשְׂרָאֵל אֲבִיהֶם אִם־
כֵּן ׀ אֵפוֹא זֹאת עֲשׂוּ קְחוּ מִזִּמְרַת הָאָרֶץ בִּכְלֵיכֶם וְהוֹרִידוּ לָאִישׁ
יב מִנְחָה מְעַט צֳרִי וּמְעַט דְּבַשׁ נְכֹאת וָלֹט בָּטְנִים וּשְׁקֵדִים: וְכֶסֶף
מִשְׁנֶה קְחוּ בְיֶדְכֶם וְאֶת־הַכֶּסֶף הַמּוּשָׁב בְּפִי אַמְתְּחֹתֵיכֶם תָּשִׁיבוּ
יג בְיֶדְכֶם אוּלַי מִשְׁגֶּה הוּא: וְאֶת־אֲחִיכֶם קָחוּ וְקוּמוּ שׁוּבוּ אֶל־
יד הָאִישׁ: וְאֵל שַׁדַּי יִתֵּן לָכֶם רַחֲמִים לִפְנֵי הָאִישׁ וְשִׁלַּח לָכֶם לט
אֶת־אֲחִיכֶם אַחֵר וְאֶת־בִּנְיָמִין וַאֲנִי כַּאֲשֶׁר שָׁכֹלְתִּי שָׁכָלְתִּי:
טו וַיִּקְחוּ הָאֲנָשִׁים אֶת־הַמִּנְחָה הַזֹּאת וּמִשְׁנֶה־כֶּסֶף לָקְחוּ בְיָדָם
טז וְאֶת־בִּנְיָמִן וַיָּקֻמוּ וַיֵּרְדוּ מִצְרַיִם וַיַּעַמְדוּ לִפְנֵי יוֹסֵף: וַיַּרְא יוֹסֵף ששי
אִתָּם אֶת־בִּנְיָמִין וַיֹּאמֶר לַאֲשֶׁר עַל־בֵּיתוֹ הָבֵא אֶת־הָאֲנָשִׁים
הַבָּיְתָה וּטְבֹחַ טֶבַח וְהָכֵן כִּי אִתִּי יֹאכְלוּ הָאֲנָשִׁים בַּצָּהֳרָיִם:
יז וַיַּעַשׂ הָאִישׁ כַּאֲשֶׁר אָמַר יוֹסֵף וַיָּבֵא הָאִישׁ אֶת־הָאֲנָשִׁים בֵּיתָה
יח יוֹסֵף: וַיִּירְאוּ הָאֲנָשִׁים כִּי הוּבְאוּ בֵּית יוֹסֵף וַיֹּאמְרוּ עַל־דְּבַר
הַכֶּסֶף הַשָּׁב בְּאַמְתְּחֹתֵינוּ בַּתְּחִלָּה אֲנַחְנוּ מוּבָאִים לְהִתְגֹּלֵל
עָלֵינוּ וּלְהִתְנַפֵּל עָלֵינוּ וְלָקַחַת אֹתָנוּ לַעֲבָדִים וְאֶת־חֲמֹרֵינוּ:
יט וַיִּגְּשׁוּ אֶל־הָאִישׁ אֲשֶׁר עַל־בֵּית יוֹסֵף וַיְדַבְּרוּ אֵלָיו פֶּתַח הַבָּיִת:
כ כא וַיֹּאמְרוּ בִּי אֲדֹנִי יָרֹד יָרַדְנוּ בַּתְּחִלָּה לִשְׁבָּר־אֹכֶל: וַיְהִי כִּי־בָאנוּ
אֶל־הַמָּלוֹן וַנִּפְתְּחָה אֶת־אַמְתְּחֹתֵינוּ וְהִנֵּה כֶסֶף־אִישׁ בְּפִי
כב אַמְתַּחְתּוֹ כַּסְפֵּנוּ בְּמִשְׁקָלוֹ וַנָּשֶׁב אֹתוֹ בְּיָדֵנוּ: וְכֶסֶף אַחֵר הוֹרַדְנוּ
בְיָדֵנוּ לִשְׁבָּר־אֹכֶל לֹא יָדַעְנוּ מִי־שָׂם כַּסְפֵּנוּ בְּאַמְתְּחֹתֵינוּ:
כג וַיֹּאמֶר שָׁלוֹם לָכֶם אַל־תִּירָאוּ אֱלֹהֵיכֶם וֵאלֹהֵי אֲבִיכֶם נָתַן לָכֶם
מַטְמוֹן בְּאַמְתְּחֹתֵיכֶם כַּסְפְּכֶם בָּא אֵלָי וַיּוֹצֵא אֲלֵהֶם אֶת־

your bags. I received the money you paid." Then he brought
24 Shimon out to them. He brought the brothers into Yosef's house,
gave them water to bathe their feet, and had fodder brought for
25 their donkeys. They set out their gifts in preparation for Yosef's
arrival at noon, because they had heard that they were going to eat
26 there. When Yosef entered the house, they presented him with
the gifts they had brought and bowed low to the ground before
27 him. He asked them how they were. Then he asked, "How is the
28 elderly father about whom you spoke? Is he still alive?" They said,
"Your servant our father is alive and well." They bowed down and
29 prostrated themselves. Then he looked up and saw his brother
Binyamin, his mother's son, and asked, "Is this your youngest
brother, the one you mentioned to me?" And he said, "God be
30 gracious to you, my son." At that, he hurried out, for he was over- SHEVI'I
come with feeling toward his brother and was on the verge of tears.
31 He went into a private room and there he wept. He washed his
face and came out, controlling himself. "Serve the food," he said.
32 They served him apart, them apart, and the Egyptians who ate
with him apart, for the Egyptians could not eat with Hebrews,
33 since to Egyptians that was considered abhorrent. Seated by his
direction in order of age, oldest to youngest, they looked at one
34 another in amazement. He sent them portions from his table,
giving Binyamin five times as much as anyone else. And they
44 1 drank and grew merry with him. Then Yosef instructed his steward,
"Fill the men's bags with as much food as they can carry, and put
2 each one's money in the mouth of his bag. Then put my chalice –
the silver chalice – in the mouth of the youngest one's bag, along
3 with the money for his grain." He did as Yosef told him. As
morning showed its first light, the men were sent on their way with
4 their donkeys. They had not gone far from the city when Yosef
said to his steward, "Go after the men at once. When you catch up
with them, say to them, 'Why have you repaid good with evil?
5 Is it not from this that my master drinks and that he uses for
6 divination? It is a wicked thing you have done.'" He caught up with

כד שמעון: ויבא האיש את־האנשים ביתה יוסף ויתן־מים וירחצו
כה רגליהם ויתן מספוא לחמריהם: ויכינו את־המנחה עד־בוא
כו יוסף בצהרים כי שמעו כי־שם יאכלו לחם: ויבא יוסף הביתה
ויביאו לו את־המנחה אשר־בידם הביתה וישתחוו־לו ארצה:
כז וישאל להם לשלום ויאמר השלום אביכם הזקן אשר אמרתם
כח העודנו חי: ויאמרו שלום לעבדך לאבינו עודנו חי ויקדו
כט וישתחו: וישא עיניו וירא את־בנימין אחיו בן־אמו ויאמר
הזה אחיכם הקטן אשר אמרתם אלי ויאמר אלהים יחנך
ל בני: וימהר יוסף כי־נכמרו רחמיו אל־אחיו ויבקש לבכות שביעי
לא ויבא החדרה ויבך שמה: וירחץ פניו ויצא ויתאפק ויאמר
לב שימו לחם: וישימו לו לבדו ולהם לבדם ולמצרים האכלים
אתו לבדם כי לא יוכלון המצרים לאכל את־העברים לחם
לג כי־תועבה הוא למצרים: וישבו לפניו הבכר כבכרתו והצעיר
לד כצערתו ויתמהו האנשים איש אל־רעהו: וישא משאת מאת
פניו אלהם ותרב משאת בנימן ממשאת כלם חמש ידות
מד א וישתו וישכרו עמו: ויצו את־אשר על־ביתו לאמר מלא את־
אמתחת האנשים אכל כאשר יוכלון שאת ושים כסף־איש
ב בפי אמתחתו: ואת־גביעי גביע הכסף תשים בפי אמתחת
ג הקטן ואת כסף שברו ויעש כדבר יוסף אשר דבר: הבקר
ד אור והאנשים שלחו המה וחמריהם: הם יצאו את־העיר לא
הרחיקו ויוסף אמר לאשר על־ביתו קום רדף אחרי האנשים
והשגתם ואמרת אלהם למה שלמתם רעה תחת טובה:
ה הלוא זה אשר ישתה אדני בו והוא נחש ינחש בו הרעתם
ו אשר עשיתם: וישגם וידבר אלהם את־הדברים האלה:

7 them and repeated those words to them. But they said to him,
"How can my lord say such things? Heaven forbid that we should
8 do such a thing! Look, we brought back to you from Canaan the
money we found in the mouths of our bags. Why would we steal
9 silver or gold from your master's house? If any of your servants is
found with it, he shall die, and the rest of us will become my lord's
10 slaves." "Let it be as you say," he replied, "but only the one with
whom it is found shall be my slave. The rest of you can go free."
11 Each of them quickly lowered his bag to the ground, and each
12 opened his bag. He searched, beginning with the oldest and ending
13 with the youngest. The chalice was found in Binyamin's bag. The
brothers tore their clothes. Each loaded his donkey again, and they
14 returned to the city. Yehuda and his brothers came to Yosef's MAFTIR
house – he was still there – and they threw themselves on the
15 ground before him. Yosef said to them, "What is this thing you
have done? Do you not know that a man like me can find out the
16 truth by divination?" Yehuda replied, "What can we say to my
lord? What can we speak? How can we prove our innocence? God
has uncovered your servants' guilt! We are now my lord's slaves –
we and the one in whose possession the chalice was found."
17 "Heaven forbid that I should do such a thing," he said. "The man
in whose possession the chalice was found will become my slave.
18 As for the rest of you, go back to your father in peace." But VAYIGASH
Yehuda stepped forward to him. "If you please, my lord," he said,
"let your servant speak a word in my lord's hearing. Do not be
19 angry with me, you who are the equal of Pharaoh. My lord asked
20 his servants, 'Do you have a father or a brother?' And we told my
lord, 'We have an elderly father and there is a young son, a child
of his old age. When his brother died, he was the only one of his
21 mother's sons left, and his father loves him.' Then you said to your
22 servants, 'Bring him to me that I may set eyes on him.' But we said
to my lord, 'The boy cannot leave his father. If he left him, his
23 father would die.' Then you told your servants, 'Unless your
youngest brother comes with you, you shall not see my face

ז וַיֹּאמְרוּ אֵלָיו לָמָּה יְדַבֵּר אֲדֹנִי כַּדְּבָרִים הָאֵלֶּה חָלִילָה לַעֲבָדֶיךָ
ח מֵעֲשׂוֹת כַּדָּבָר הַזֶּה׃ הֵן כֶּסֶף אֲשֶׁר מָצָאנוּ בְּפִי אַמְתְּחֹתֵינוּ
הֱשִׁיבֹנוּ אֵלֶיךָ מֵאֶרֶץ כְּנָעַן וְאֵיךְ נִגְנֹב מִבֵּית אֲדֹנֶיךָ כֶּסֶף אוֹ
ט זָהָב׃ אֲשֶׁר יִמָּצֵא אִתּוֹ מֵעֲבָדֶיךָ וָמֵת וְגַם־אֲנַחְנוּ נִהְיֶה לַאדֹנִי
י לַעֲבָדִים׃ וַיֹּאמֶר גַּם־עַתָּה כְדִבְרֵיכֶם כֶּן־הוּא אֲשֶׁר יִמָּצֵא
יא אִתּוֹ יִהְיֶה־לִּי עָבֶד וְאַתֶּם תִּהְיוּ נְקִיִּם׃ וַיְמַהֲרוּ וַיּוֹרִדוּ אִישׁ אֶת־
יב אַמְתַּחְתּוֹ אָרְצָה וַיִּפְתְּחוּ אִישׁ אַמְתַּחְתּוֹ׃ וַיְחַפֵּשׂ בַּגָּדוֹל הֵחֵל
יג וּבַקָּטֹן כִּלָּה וַיִּמָּצֵא הַגָּבִיעַ בְּאַמְתַּחַת בִּנְיָמִן׃ וַיִּקְרְעוּ שִׂמְלֹתָם
יד וַיַּעֲמֹס אִישׁ עַל־חֲמֹרוֹ וַיָּשֻׁבוּ הָעִירָה׃ וַיָּבֹא יְהוּדָה וְאֶחָיו בֵּיתָה מפטיר
טו יוֹסֵף וְהוּא עוֹדֶנּוּ שָׁם וַיִּפְּלוּ לְפָנָיו אָרְצָה׃ וַיֹּאמֶר לָהֶם יוֹסֵף
מָה־הַמַּעֲשֶׂה הַזֶּה אֲשֶׁר עֲשִׂיתֶם הֲלוֹא יְדַעְתֶּם כִּי־נַחֵשׁ יְנַחֵשׁ
טז אִישׁ אֲשֶׁר כָּמֹנִי׃ וַיֹּאמֶר יְהוּדָה מַה־נֹּאמַר לַאדֹנִי מַה־נְּדַבֵּר
וּמַה־נִּצְטַדָּק הָאֱלֹהִים מָצָא אֶת־עֲוֺן עֲבָדֶיךָ הִנֶּנּוּ עֲבָדִים לַאדֹנִי
יז גַּם־אֲנַחְנוּ גַּם אֲשֶׁר־נִמְצָא הַגָּבִיעַ בְּיָדוֹ׃ וַיֹּאמֶר חָלִילָה לִּי
מֵעֲשׂוֹת זֹאת הָאִישׁ אֲשֶׁר נִמְצָא הַגָּבִיעַ בְּיָדוֹ הוּא יִהְיֶה־לִּי
יח עָבֶד וְאַתֶּם עֲלוּ לְשָׁלוֹם אֶל־אֲבִיכֶם׃ וַיִּגַּשׁ אֵלָיו מ ויגש
יְהוּדָה וַיֹּאמֶר בִּי אֲדֹנִי יְדַבֶּר־נָא עַבְדְּךָ דָבָר בְּאָזְנֵי אֲדֹנִי וְאַל־
יט יִחַר אַפְּךָ בְּעַבְדֶּךָ כִּי כָמוֹךָ כְּפַרְעֹה׃ אֲדֹנִי שָׁאַל אֶת־עֲבָדָיו
כ לֵאמֹר הֲיֵשׁ־לָכֶם אָב אוֹ־אָח׃ וַנֹּאמֶר אֶל־אֲדֹנִי יֶשׁ־לָנוּ אָב זָקֵן
וְיֶלֶד זְקֻנִים קָטָן וְאָחִיו מֵת וַיִּוָּתֵר הוּא לְבַדּוֹ לְאִמּוֹ וְאָבִיו
כא אֲהֵבוֹ׃ וַתֹּאמֶר אֶל־עֲבָדֶיךָ הוֹרִדֻהוּ אֵלָי וְאָשִׂימָה עֵינִי עָלָיו׃
כב וַנֹּאמֶר אֶל־אֲדֹנִי לֹא־יוּכַל הַנַּעַר לַעֲזֹב אֶת־אָבִיו וְעָזַב אֶת־אָבִיו
כג וָמֵת׃ וַתֹּאמֶר אֶל־עֲבָדֶיךָ אִם־לֹא יֵרֵד אֲחִיכֶם הַקָּטֹן אִתְּכֶם

24 again.' When we went back to your servant my father, we told him
25 what my lord had said. Then our father said, 'Go back and buy a
26 little more food.' We said, 'We cannot go. We can go only if our
youngest brother is with us. If he is not with us, we cannot see the
27 man's face.' Then your servant, my father, said to us, 'You know
28 that my wife bore me two sons. One is gone from me, and I said,
29 "He must have been torn to pieces." I have not seen him since. If
you take this one from me and harm befalls him, you will bring
30 down my gray head in grief to Sheol.' So now, if the boy is not with
us when I go back to your servant my father, so bound together
31 are their lives that when he sees that the boy is not with us, he will SHEINI
die. Your servants will have brought down the gray head of your
32 servant, our father, in grief to Sheol. Your servant offered himself
to my father as a guarantee for the boy. I said, 'If I do not bring him
33 back to you, I will have sinned against my father for all time.' So,
please, let your servant stay as my lord's slave in place of the boy,
34 and let the boy go back with his brothers. For how can I go back
to my father if the boy is not with me? I could not bear to see the
45 1 misery that would overwhelm my father!" Yosef could no longer
control himself in the company of all his attendants. He cried out,
"Have everyone leave my presence!" So no one else was with Yosef
2 when he revealed himself to his brothers. He wept so loudly that
the Egyptians could hear him, and the news reached Pharaoh's
3 palace. Yosef said to his brothers, "I am Yosef. Is my father really
still alive?" His brothers were so bewildered at his presence that
4 they could not answer him. "Come close to me, please," said Yosef
to his brothers. They came close, and he said, "I am your brother
5 Yosef, whom you sold into Egypt. And now, do not be distressed
or angry with yourselves that you sold me here, for God sent me
6 ahead of you to save lives. For two years now there has been
famine in the land, and for another five years there will be no
7 plowing or reaping. So God sent me ahead of you to ensure your
survival in the land, and to save your lives by a great deliverance.
8 So then, it was not you who sent me here, but God. He has made SHELISHI

כד לֹא תֹסִפוּן לִרְאוֹת פָּנָי: וַיְהִי כִּי עָלִינוּ אֶל־עַבְדְּךָ אָבִי וַנַּגֶּד־לוֹ
כה אֵת דִּבְרֵי אֲדֹנִי: וַיֹּאמֶר אָבִינוּ שֻׁבוּ שִׁבְרוּ־לָנוּ מְעַט־אֹכֶל:
כו וַנֹּאמֶר לֹא נוּכַל לָרֶדֶת אִם־יֵשׁ אָחִינוּ הַקָּטֹן אִתָּנוּ וְיָרַדְנוּ כִּי־
כז לֹא נוּכַל לִרְאוֹת פְּנֵי הָאִישׁ וְאָחִינוּ הַקָּטֹן אֵינֶנּוּ אִתָּנוּ: וַיֹּאמֶר
כח עַבְדְּךָ אָבִי אֵלֵינוּ אַתֶּם יְדַעְתֶּם כִּי שְׁנַיִם יָלְדָה־לִּי אִשְׁתִּי: וַיֵּצֵא
הָאֶחָד מֵאִתִּי וָאֹמַר אַךְ טָרֹף טֹרָף וְלֹא רְאִיתִיו עַד־הֵנָּה:
כט וּלְקַחְתֶּם גַּם־אֶת־זֶה מֵעִם פָּנַי וְקָרָהוּ אָסוֹן וְהוֹרַדְתֶּם אֶת־
ל שֵׂיבָתִי בְּרָעָה שְׁאֹלָה: וְעַתָּה כְּבֹאִי אֶל־עַבְדְּךָ אָבִי וְהַנַּעַר
לא אֵינֶנּוּ אִתָּנוּ וְנַפְשׁוֹ קְשׁוּרָה בְנַפְשׁוֹ: וְהָיָה כִּרְאוֹתוֹ כִּי־אֵין הַנַּעַר שני
לב וָמֵת וְהוֹרִידוּ עֲבָדֶיךָ אֶת־שֵׂיבַת עַבְדְּךָ אָבִינוּ בְּיָגוֹן שְׁאֹלָה: כִּי
עַבְדְּךָ עָרַב אֶת־הַנַּעַר מֵעִם אָבִי לֵאמֹר אִם־לֹא אֲבִיאֶנּוּ אֵלֶיךָ
לג וְחָטָאתִי לְאָבִי כָּל־הַיָּמִים: וְעַתָּה יֵשֶׁב־נָא עַבְדְּךָ תַּחַת הַנַּעַר
לד עֶבֶד לַאדֹנִי וְהַנַּעַר יַעַל עִם־אֶחָיו: כִּי־אֵיךְ אֶעֱלֶה אֶל־אָבִי
מה א וְהַנַּעַר אֵינֶנּוּ אִתִּי פֶּן אֶרְאֶה בָרָע אֲשֶׁר יִמְצָא אֶת־אָבִי: וְלֹא־
יָכֹל יוֹסֵף לְהִתְאַפֵּק לְכֹל הַנִּצָּבִים עָלָיו וַיִּקְרָא הוֹצִיאוּ כָל־אִישׁ
ב מֵעָלָי וְלֹא־עָמַד אִישׁ אִתּוֹ בְּהִתְוַדַּע יוֹסֵף אֶל־אֶחָיו: וַיִּתֵּן אֶת־
ג קֹלוֹ בִּבְכִי וַיִּשְׁמְעוּ מִצְרַיִם וַיִּשְׁמַע בֵּית פַּרְעֹה: וַיֹּאמֶר יוֹסֵף
אֶל־אֶחָיו אֲנִי יוֹסֵף הַעוֹד אָבִי חָי וְלֹא־יָכְלוּ אֶחָיו לַעֲנוֹת אֹתוֹ
ד כִּי נִבְהֲלוּ מִפָּנָיו: וַיֹּאמֶר יוֹסֵף אֶל־אֶחָיו גְּשׁוּ־נָא אֵלַי וַיִּגָּשׁוּ
ה וַיֹּאמֶר אֲנִי יוֹסֵף אֲחִיכֶם אֲשֶׁר־מְכַרְתֶּם אֹתִי מִצְרָיְמָה: וְעַתָּה ׀
אַל־תֵּעָצְבוּ וְאַל־יִחַר בְּעֵינֵיכֶם כִּי־מְכַרְתֶּם אֹתִי הֵנָּה כִּי לְמִחְיָה
ו שְׁלָחַנִי אֱלֹהִים לִפְנֵיכֶם: כִּי־זֶה שְׁנָתַיִם הָרָעָב בְּקֶרֶב הָאָרֶץ
ז וְעוֹד חָמֵשׁ שָׁנִים אֲשֶׁר אֵין־חָרִישׁ וְקָצִיר: וַיִּשְׁלָחֵנִי אֱלֹהִים
לִפְנֵיכֶם לָשׂוּם לָכֶם שְׁאֵרִית בָּאָרֶץ וּלְהַחֲיוֹת לָכֶם לִפְלֵיטָה
ח גְּדֹלָה: וְעַתָּה לֹא־אַתֶּם שְׁלַחְתֶּם אֹתִי הֵנָּה כִּי הָאֱלֹהִים וַיְשִׂימֵנִי שלישי
לְאָב לְפַרְעֹה וּלְאָדוֹן לְכָל־בֵּיתוֹ וּמֹשֵׁל בְּכָל־אֶרֶץ מִצְרָיִם:

me a father to Pharaoh, lord of his whole household and ruler of
9 all Egypt. Hurry back to my father and tell him, 'This is what your
son Yosef says: God has made me lord of all Egypt. Come down
10 to me without delay. You may live in the region of Goshen where
you will be close to me, you, your children, and your grandchildren,
11 your flocks and herds and all that is yours. I will provide for you
there, for there are still five years of famine to come. Otherwise
you, your household, and all who belong to you will be destitute.'
12 You and my brother Binyamin can see with your own eyes that it
13 is I who am speaking to you. Tell my father about all the honor
accorded to me in Egypt and about everything you have seen.
14 Hurry now – bring my father here." Then he threw his arms around
his brother Binyamin's neck and wept, and Binyamin wept on his
15 neck; he kissed all his brothers and wept over them. Only after
16 that could his brothers speak to him. When the news reached
Pharaoh's palace that Yosef's brothers had come, Pharaoh and his
17 officials were gratified. Pharaoh said to Yosef, "Tell your brothers,
18 'Do this: Load your animals and go back to Canaan. Bring your
father and your families and come to me. I will give you the best
19 of the land of Egypt; you shall live off the cream of the land. You REVI'I
are also instructed to do this: Take wagons from Egypt for your
20 children and wives. Bring your father and come. Do not trouble
yourselves about your belongings, for the best of all Egypt will be
21 yours.'" Yisrael's sons did so. Yosef gave them wagons as Pharaoh
22 had ordered, and gave them provisions for the journey. To each
he gave new clothes, but to Binyamin he gave three hundred pieces
23 of silver and five sets of clothes. To his father he sent the following:
ten donkeys loaded with the best things of Egypt and ten female
donkeys loaded with grain, bread, and food for his father's journey.
24 He sent his brothers on their way; and as they were leaving, he
25 said to them, "Do not quarrel on the way." So they went up out of
26 Egypt and came to their father Yaakov in Canaan. They told him,
"Yosef is still alive; in fact, he is ruler over all Egypt." His heart
27 stood still; he did not believe them. But when they told him

ט מַהֲרוּ וַעֲלוּ אֶל־אָבִי וַאֲמַרְתֶּם אֵלָיו כֹּה אָמַר בִּנְךָ יוֹסֵף שָׂמַנִי
י אֱלֹהִים לְאָדוֹן לְכָל־מִצְרָיִם רְדָה אֵלַי אַל־תַּעֲמֹד: וְיָשַׁבְתָּ
בְאֶרֶץ־גֹּשֶׁן וְהָיִיתָ קָרוֹב אֵלַי אַתָּה וּבָנֶיךָ וּבְנֵי בָנֶיךָ וְצֹאנְךָ
יא וּבְקָרְךָ וְכָל־אֲשֶׁר־לָךְ: וְכִלְכַּלְתִּי אֹתְךָ שָׁם כִּי־עוֹד חָמֵשׁ שָׁנִים
יב רָעָב פֶּן־תִּוָּרֵשׁ אַתָּה וּבֵיתְךָ וְכָל־אֲשֶׁר־לָךְ: וְהִנֵּה עֵינֵיכֶם רֹאוֹת
יג וְעֵינֵי אָחִי בִנְיָמִין כִּי־פִי הַמְדַבֵּר אֲלֵיכֶם: וְהִגַּדְתֶּם לְאָבִי אֶת־
כָּל־כְּבוֹדִי בְּמִצְרַיִם וְאֵת כָּל־אֲשֶׁר רְאִיתֶם וּמִהַרְתֶּם וְהוֹרַדְתֶּם
יד אֶת־אָבִי הֵנָּה: וַיִּפֹּל עַל־צַוְּארֵי בִנְיָמִן־אָחִיו וַיֵּבְךְּ וּבִנְיָמִן בָּכָה
טו עַל־צַוָּארָיו: וַיְנַשֵּׁק לְכָל־אֶחָיו וַיֵּבְךְּ עֲלֵהֶם וְאַחֲרֵי כֵן דִּבְּרוּ אֶחָיו
טז אִתּוֹ: וְהַקֹּל נִשְׁמַע בֵּית פַּרְעֹה לֵאמֹר בָּאוּ אֲחֵי יוֹסֵף וַיִּיטַב
יז בְּעֵינֵי פַרְעֹה וּבְעֵינֵי עֲבָדָיו: וַיֹּאמֶר פַּרְעֹה אֶל־יוֹסֵף אֱמֹר אֶל־
אַחֶיךָ זֹאת עֲשׂוּ טַעֲנוּ אֶת־בְּעִירְכֶם וּלְכוּ־בֹאוּ אַרְצָה כְּנָעַן:
יח וּקְחוּ אֶת־אֲבִיכֶם וְאֶת־בָּתֵּיכֶם וּבֹאוּ אֵלָי וְאֶתְּנָה לָכֶם אֶת־טוּב
יט אֶרֶץ מִצְרַיִם וְאִכְלוּ אֶת־חֵלֶב הָאָרֶץ: וְאַתָּה צֻוֵּיתָה זֹאת עֲשׂוּ רביעי
קְחוּ־לָכֶם מֵאֶרֶץ מִצְרַיִם עֲגָלוֹת לְטַפְּכֶם וְלִנְשֵׁיכֶם וּנְשָׂאתֶם
כ אֶת־אֲבִיכֶם וּבָאתֶם: וְעֵינְכֶם אַל־תָּחֹס עַל־כְּלֵיכֶם כִּי־טוּב כָּל־
כא אֶרֶץ מִצְרַיִם לָכֶם הוּא: וַיַּעֲשׂוּ־כֵן בְּנֵי יִשְׂרָאֵל וַיִּתֵּן לָהֶם יוֹסֵף
כב עֲגָלוֹת עַל־פִּי פַרְעֹה וַיִּתֵּן לָהֶם צֵדָה לַדָּרֶךְ: לְכֻלָּם נָתַן לָאִישׁ
חֲלִפוֹת שְׂמָלֹת וּלְבִנְיָמִן נָתַן שְׁלֹשׁ מֵאוֹת כֶּסֶף וְחָמֵשׁ חֲלִפֹת
כג שְׂמָלֹת: וּלְאָבִיו שָׁלַח כְּזֹאת עֲשָׂרָה חֲמֹרִים נֹשְׂאִים מִטּוּב
מִצְרָיִם וְעֶשֶׂר אֲתֹנֹת נֹשְׂאֹת בָּר וָלֶחֶם וּמָזוֹן לְאָבִיו לַדָּרֶךְ:
כד כה וַיְשַׁלַּח אֶת־אֶחָיו וַיֵּלֵכוּ וַיֹּאמֶר אֲלֵהֶם אַל־תִּרְגְּזוּ בַּדָּרֶךְ: וַיַּעֲלוּ
כו מִמִּצְרָיִם וַיָּבֹאוּ אֶרֶץ כְּנַעַן אֶל־יַעֲקֹב אֲבִיהֶם: וַיַּגִּדוּ לוֹ לֵאמֹר
עוֹד יוֹסֵף חַי וְכִי־הוּא מֹשֵׁל בְּכָל־אֶרֶץ מִצְרָיִם וַיָּפָג לִבּוֹ כִּי
כז לֹא־הֶאֱמִין לָהֶם: וַיְדַבְּרוּ אֵלָיו אֵת כָּל־דִּבְרֵי יוֹסֵף אֲשֶׁר דִּבֶּר

everything Yosef had said to them, and when he saw the wagons
that Yosef had sent to carry him back, Yaakov's spirit was filled
28 with new life. Yisrael said, "It is enough: Yosef my son is still alive. ḤAMISHI
46 1 I must go and see him before I die." So Yisrael set out with all he
had. When he reached Be'er Sheva, he offered up sacrifices to the
2 God of his father Yitzḥak. And God spoke to Yisrael in a night
3 vision: "Yaakov, Yaakov." He replied, "Here I am." "I am God, the
God of your father," He said. "Do not be afraid to go down to
4 Egypt, for there I will make of you a great nation. I Myself will go
down to Egypt with you, and I Myself will also bring you back;
5 and Yosef's hand will close your eyes." Then Yaakov left Be'er
Sheva. Yisrael's sons took their father Yaakov and their children
6 and wives in the wagons that Pharaoh had sent to carry him. They
took their livestock and all the possessions they had acquired in
7 Canaan. So Yaakov and all his descendants came to Egypt. He
brought with him to Egypt his sons and grandsons, daughters and
8 granddaughters, and all his descendants. These are the
names of the children of Israel – Yaakov and his descendants –
9 who came to Egypt: Reuven, Yaakov's firstborn, and Reuven's
10 sons, Ḥanokh, Palu, Ḥetzron, and Karmi. Shimon's sons were
Yemuel, Yamin, Ohad, Yakhin, Tzoḥar, and Sha'ul, son of the
11 Canaanite woman. Levi's sons were Gershon, Kehat, and Merari.
12 Yehuda's sons were Er, Onan, Shela, Peretz, and Zeraḥ – but Er
and Onan had died in Canaan.[101] Peretz's sons were Ḥetzron and
13 Ḥamul. Yissakhar's sons were Tola, Puva, Yov, and Shimron.
14 15 Zevulun's sons were Sered, Elon, and Yaḥliel. These were the sons
whom Leah bore to Yaakov in Padan Aram, besides his daughter
16 Dina. In all, male and female, they numbered thirty-three. Gad's
sons were Tzifyon, Ḥagi, Shuni, Etzbon, Eri, Arodi, and Areli.
17 Asher's sons were Yimna, Yishva, Yishvi, and Beria. Their sister
18 was Seraḥ. Beria's sons were Ḥever and Malkiel. These were the
children of Zilpa, whom Lavan had given to his daughter Leah;
19 these she bore to Yaakov – sixteen in all. The sons of Yaakov's wife
20 Raḥel were Yosef and Binyamin. In Egypt Menashe and Efrayim

אלהים וירא את־העגלות אשר־שלח יוסף לשאת אתו ותחי
כח רוח יעקב אביהם: ויאמר ישראל רב עוד־יוסף בני חי אלכה חמישי
מו א ואראנו בטרם אמות: ויסע ישראל וכל־אשר־לו ויבא בארה
ב שבע ויזבח זבחים לאלהי אביו יצחק: ויאמר אלהים ׀
לישראל במראת הלילה ויאמר יעקב ׀ יעקב ויאמר הנני:
ג ויאמר אנכי האל אלהי אביך אל־תירא מרדה מצרימה כי־
ד לגוי גדול אשימך שם: אנכי ארד עמך מצרימה ואנכי אעלך
ה גם־עלה ויוסף ישית ידו על־עיניך: ויקם יעקב מבאר שבע
וישאו בני־ישראל את־יעקב אביהם ואת־טפם ואת־נשיהם
ו בעגלות אשר־שלח פרעה לשאת אתו: ויקחו את־מקניהם
ואת־רכושם אשר רכשו בארץ כנען ויבאו מצרימה יעקב
ז וכל־זרעו אתו: בניו ובני בניו אתו בנתיו ובנות בניו וכל־זרעו
ח הביא אתו מצרימה: ואלה שמות בני־ישראל
ט הבאים מצרימה יעקב ובניו בכר יעקב ראובן: ובני ראובן
י חנוך ופלוא וחצרן וכרמי: ובני שמעון ימואל וימין ואהד ויכין
יא יב וצחר ושאול בן־הכנענית: ובני לוי גרשון קהת ומררי: ובני
יהודה ער ואונן ושלה ופרץ וזרח וימת ער ואונן בארץ כנען
יג ויהיו בני־פרץ חצרן וחמול: ובני יששכר תולע ופוה ויוב
יד טו ושמרן: ובני זבלון סרד ואלון ויחלאל: אלה ׀ בני לאה אשר
ילדה ליעקב בפדן ארם ואת דינה בתו כל־נפש בניו ובנותיו
טז שלשים ושלש: ובני גד צפיון וחגי שוני ואצבן ערי וארודי
יז ואראלי: ובני אשר ימנה וישוה וישוי ובריעה ושרח אחתם
יח ובני בריעה חבר ומלכיאל: אלה בני זלפה אשר־נתן לבן
יט ללאה בתו ותלד את־אלה ליעקב שש עשרה נפש: בני רחל
כ אשת יעקב יוסף ובנימן: ויולד ליוסף בארץ מצרים אשר

101 See 38:7–10.

were born to Yosef; Asnat, daughter of Potifera priest of On, bore
21 them to him. Binyamin's sons were Bela, Bekher, Ashbel, Gera,
22 Naaman, Eḥi, Rosh, Mupim, Ḥupim, and Ard. These are the
23 children Raḥel bore to Yaakov – fourteen in all. Dan's son was
24 Ḥushim. Naftali's sons were Yaḥtze'el, Guni, Yetzer, and Shilem.
25 These were the sons born to Yaakov by Bilha, whom Lavan had
26 given to his daughter Raḥel – seven in all. So the number of people
who came to Egypt with Yaakov – his direct descendants, not
27 including his sons' wives – were sixty-six in all. Yosef's sons, born
to him in Egypt, were two in number. Thus the total number of
28 Yaakov's family who came to Egypt was seventy. He sent SHISHI
Yehuda ahead of him to Yosef to show him the way to Goshen.
29 When they came to the region of Goshen, Yosef harnessed his
chariot and rode to Goshen to greet his father Yisrael. He presented
himself to him, threw his arms around his neck, and wept on his
30 shoulder for a long time. "Now I can die," said Yisrael to Yosef. "I
31 have seen your face! You are still alive!" Yosef said to his brothers
and his father's household, "I will go and speak to Pharaoh. I will
tell him, 'My brothers and my father's household have come to
32 me from Canaan. The men are shepherds. They tend livestock.
33 They have brought their sheep and cattle and all they have.' When
34 Pharaoh summons you and asks, 'What is your occupation?' you
should say, 'We and our fathers have tended livestock all our
lives.' Then you will be allowed to settle in the region of Goshen,
47 1 because the Egyptians abominate all who keep sheep."[102] So Yosef
went and told Pharaoh. He said, "My father and brothers, togeth-
er with their flocks, herds, and all they have, have come from
2 Canaan and are now in the region of Goshen." He chose five of
3 his brothers and presented them to Pharaoh. Pharaoh asked the
brothers, "What is your occupation?" They replied, "Your servants
4 are shepherds, as our fathers were before." And they said to
Pharaoh, "We have come to stay for a while in your land because
the famine is severe in Canaan and there is no pasture for your

יָֽלְדָה־לּוֹ אָֽסְנַת בַּת־פּוֹטִי פֶרַע כֹּהֵן אֹן אֶת־מְנַשֶּׁה וְאֶת־אֶפְרָיִם׃
כא וּבְנֵי בִנְיָמִן בֶּלַע וָבֶכֶר וְאַשְׁבֵּל גֵּרָא וְנַעֲמָן אֵחִי וָרֹאשׁ מֻפִּים
כב וְחֻפִּים וָאָרְדְּ׃ אֵלֶּה בְּנֵי רָחֵל אֲשֶׁר יֻלַּד לְיַעֲקֹב כָּל־נֶפֶשׁ אַרְבָּעָה
כג כד עָשָׂר׃ וּבְנֵי־דָן חֻשִׁים׃ וּבְנֵי נַפְתָּלִי יַחְצְאֵל וְגוּנִי וְיֵצֶר וְשִׁלֵּם׃
כה אֵלֶּה בְּנֵי בִלְהָה אֲשֶׁר־נָתַן לָבָן לְרָחֵל בִּתּוֹ וַתֵּלֶד אֶת־אֵלֶּה
כו לְיַעֲקֹב כָּל־נֶפֶשׁ שִׁבְעָה׃ כָּל־הַנֶּפֶשׁ הַבָּאָה לְיַעֲקֹב מִצְרַיְמָה
כז יֹצְאֵי יְרֵכוֹ מִלְּבַד נְשֵׁי בְנֵי־יַעֲקֹב כָּל־נֶפֶשׁ שִׁשִּׁים וָשֵׁשׁ׃ וּבְנֵי
יוֹסֵף אֲשֶׁר־יֻלַּד־לוֹ בְמִצְרַיִם נֶפֶשׁ שְׁנָיִם כָּל־הַנֶּפֶשׁ לְבֵית־יַעֲקֹב
כח הַבָּאָה מִצְרַיְמָה שִׁבְעִים׃ וְאֶת־יְהוּדָה שָׁלַח לְפָנָיו מא ששי
כט אֶל־יוֹסֵף לְהוֹרֹת לְפָנָיו גֹּשְׁנָה וַיָּבֹאוּ אַרְצָה גֹּשֶׁן׃ וַיֶּאְסֹר יוֹסֵף
מֶרְכַּבְתּוֹ וַיַּעַל לִקְרַאת־יִשְׂרָאֵל אָבִיו גֹּשְׁנָה וַיֵּרָא אֵלָיו וַיִּפֹּל
ל עַל־צַוָּארָיו וַיֵּבְךְּ עַל־צַוָּארָיו עוֹד׃ וַיֹּאמֶר יִשְׂרָאֵל אֶל־יוֹסֵף
לא אָמוּתָה הַפָּעַם אַחֲרֵי רְאוֹתִי אֶת־פָּנֶיךָ כִּי עוֹדְךָ חָי׃ וַיֹּאמֶר יוֹסֵף
אֶל־אֶחָיו וְאֶל־בֵּית אָבִיו אֶעֱלֶה וְאַגִּידָה לְפַרְעֹה וְאֹמְרָה אֵלָיו
לב אַחַי וּבֵית־אָבִי אֲשֶׁר בְּאֶרֶץ־כְּנַעַן בָּאוּ אֵלָי׃ וְהָאֲנָשִׁים רֹעֵי צֹאן
כִּי־אַנְשֵׁי מִקְנֶה הָיוּ וְצֹאנָם וּבְקָרָם וְכָל־אֲשֶׁר לָהֶם הֵבִיאוּ׃
לג לד וְהָיָה כִּי־יִקְרָא לָכֶם פַּרְעֹה וְאָמַר מַה־מַּעֲשֵׂיכֶם׃ וַאֲמַרְתֶּם אַנְשֵׁי
מִקְנֶה הָיוּ עֲבָדֶיךָ מִנְּעוּרֵינוּ וְעַד־עַתָּה גַּם־אֲנַחְנוּ גַּם־אֲבֹתֵינוּ
בַּעֲבוּר תֵּשְׁבוּ בְּאֶרֶץ גֹּשֶׁן כִּי־תוֹעֲבַת מִצְרַיִם כָּל־רֹעֵה צֹאן׃
מז א וַיָּבֹא יוֹסֵף וַיַּגֵּד לְפַרְעֹה וַיֹּאמֶר אָבִי וְאַחַי וְצֹאנָם וּבְקָרָם וְכָל־
ב אֲשֶׁר לָהֶם בָּאוּ מֵאֶרֶץ כְּנָעַן וְהִנָּם בְּאֶרֶץ גֹּשֶׁן׃ וּמִקְצֵה אֶחָיו
ג לָקַח חֲמִשָּׁה אֲנָשִׁים וַיַּצִּגֵם לִפְנֵי פַרְעֹה׃ וַיֹּאמֶר פַּרְעֹה אֶל־אֶחָיו
מַה־מַּעֲשֵׂיכֶם וַיֹּאמְרוּ אֶל־פַּרְעֹה רֹעֵה צֹאן עֲבָדֶיךָ גַּם־אֲנַחְנוּ
ד גַּם־אֲבוֹתֵינוּ׃ וַיֹּאמְרוּ אֶל־פַּרְעֹה לָגוּר בָּאָרֶץ בָּאנוּ כִּי־אֵין

102 In other words, because of this consideration, Pharaoh will agree to have you live in a peripheral location such as Goshen.

servants' flocks. Please, then, let your servants settle in the region
5 of Goshen." Pharaoh said to Yosef, "Your father and brothers have
6 come to you. The land of Egypt is open before you. Settle your
father and brothers in the best part of the land. Let them live in
the region of Goshen, and if there are able men among them,
7 you may give them charge of my own livestock." Then Yosef
brought his father Yaakov and presented him before Pharaoh.
8 Yaakov blessed Pharaoh, and Pharaoh asked Yaakov, "How old are
9 you?" Yaakov said to Pharaoh, "The years of my wandering are one
hundred and thirty. Few and hard have been the years of my life,
and I have not reached the age my fathers reached in their own
10 11 wanderings." Yaakov blessed Pharaoh and left his presence. Yosef SHEVI'I
settled his father and brothers, giving them holdings in the best
part of Egypt, in the region of Ramesses,[103] as Pharaoh had
12 instructed. And Yosef provided his father, his brothers, and all his
father's household with food, befitting the numbers of their
13 dependents. And there was no food across the land, because the
famine was so severe. Egypt and Canaan languished because of
14 the famine. Yosef collected all the money that was to be found in
Egypt and Canaan in payment for the grain the people were
15 buying, and he brought it into Pharaoh's palace. When the money
in Egypt and Canaan was gone, all the Egyptians came to Yosef,
saying, "Give us food. Why should we die before your eyes just
16 because there is no more money left?" "Bring your livestock," said
Yosef, "and I will sell you food in exchange for your livestock since
17 there is no more money left." So they brought their livestock to
Yosef, and he gave them food in exchange for horses, sheep, cattle,
and donkeys. He supplied them with food that year in exchange
18 for all their livestock. That year passed, and they came to him the
following year and said, "We cannot hide from my lord that the
money is gone and the livestock belongs to you. There is nothing
19 left for my lord except our bodies and our land. Why should we
and our land die before your eyes? Acquire us and our land in

103 Ramesses evidently comprised all or part of Goshen.

מִרְעֶה לַצֹּאן אֲשֶׁר לַעֲבָדֶיךָ כִּי־כָבֵד הָרָעָב בְּאֶרֶץ כְּנָעַן וְעַתָּה
ה יֵשְׁבוּ־נָא עֲבָדֶיךָ בְּאֶרֶץ גֹּשֶׁן׃ וַיֹּאמֶר פַּרְעֹה אֶל־יוֹסֵף לֵאמֹר
ו אָבִיךָ וְאַחֶיךָ בָּאוּ אֵלֶיךָ׃ אֶרֶץ מִצְרַיִם לְפָנֶיךָ הִוא בְּמֵיטַב הָאָרֶץ
הוֹשֵׁב אֶת־אָבִיךָ וְאֶת־אַחֶיךָ יֵשְׁבוּ בְּאֶרֶץ גֹּשֶׁן וְאִם־יָדַעְתָּ וְיֶשׁ־
ז בָּם אַנְשֵׁי־חַיִל וְשַׂמְתָּם שָׂרֵי מִקְנֶה עַל־אֲשֶׁר־לִי׃ וַיָּבֵא יוֹסֵף
אֶת־יַעֲקֹב אָבִיו וַיַּעֲמִדֵהוּ לִפְנֵי פַרְעֹה וַיְבָרֶךְ יַעֲקֹב אֶת־פַּרְעֹה׃
ח ט וַיֹּאמֶר פַּרְעֹה אֶל־יַעֲקֹב כַּמָּה יְמֵי שְׁנֵי חַיֶּיךָ׃ וַיֹּאמֶר יַעֲקֹב אֶל־
פַּרְעֹה יְמֵי שְׁנֵי מְגוּרַי שְׁלֹשִׁים וּמְאַת שָׁנָה מְעַט וְרָעִים הָיוּ יְמֵי
שְׁנֵי חַיַּי וְלֹא הִשִּׂיגוּ אֶת־יְמֵי שְׁנֵי חַיֵּי אֲבֹתַי בִּימֵי מְגוּרֵיהֶם׃
יא וַיְבָרֶךְ יַעֲקֹב אֶת־פַּרְעֹה וַיֵּצֵא מִלִּפְנֵי פַרְעֹה׃ וַיּוֹשֵׁב יוֹסֵף אֶת־ שביעי
אָבִיו וְאֶת־אֶחָיו וַיִּתֵּן לָהֶם אֲחֻזָּה בְּאֶרֶץ מִצְרַיִם בְּמֵיטַב הָאָרֶץ
יב בְּאֶרֶץ רַעְמְסֵס כַּאֲשֶׁר צִוָּה פַרְעֹה׃ וַיְכַלְכֵּל יוֹסֵף אֶת־אָבִיו
יג וְאֶת־אֶחָיו וְאֵת כָּל־בֵּית אָבִיו לֶחֶם לְפִי הַטָּף׃ וְלֶחֶם אֵין בְּכָל־
הָאָרֶץ כִּי־כָבֵד הָרָעָב מְאֹד וַתֵּלַהּ אֶרֶץ מִצְרַיִם וְאֶרֶץ כְּנַעַן
יד מִפְּנֵי הָרָעָב׃ וַיְלַקֵּט יוֹסֵף אֶת־כָּל־הַכֶּסֶף הַנִּמְצָא בְאֶרֶץ־מִצְרַיִם
וּבְאֶרֶץ כְּנַעַן בַּשֶּׁבֶר אֲשֶׁר־הֵם שֹׁבְרִים וַיָּבֵא יוֹסֵף אֶת־הַכֶּסֶף
טו בֵּיתָה פַרְעֹה׃ וַיִּתֹּם הַכֶּסֶף מֵאֶרֶץ מִצְרַיִם וּמֵאֶרֶץ כְּנַעַן וַיָּבֹאוּ
כָל־מִצְרַיִם אֶל־יוֹסֵף לֵאמֹר הָבָה־לָּנוּ לֶחֶם וְלָמָּה נָמוּת נֶגְדֶּךָ
טז כִּי אָפֵס כָּסֶף׃ וַיֹּאמֶר יוֹסֵף הָבוּ מִקְנֵיכֶם וְאֶתְּנָה לָכֶם בְּמִקְנֵיכֶם
יז אִם־אָפֵס כָּסֶף׃ וַיָּבִיאוּ אֶת־מִקְנֵיהֶם אֶל־יוֹסֵף וַיִּתֵּן לָהֶם יוֹסֵף
לֶחֶם בַּסּוּסִים וּבְמִקְנֵה הַצֹּאן וּבְמִקְנֵה הַבָּקָר וּבַחֲמֹרִים וַיְנַהֲלֵם
יח בַּלֶּחֶם בְּכָל־מִקְנֵהֶם בַּשָּׁנָה הַהִוא׃ וַתִּתֹּם הַשָּׁנָה הַהִוא וַיָּבֹאוּ
אֵלָיו בַּשָּׁנָה הַשֵּׁנִית וַיֹּאמְרוּ לוֹ לֹא־נְכַחֵד מֵאֲדֹנִי כִּי אִם־תַּם
הַכֶּסֶף וּמִקְנֵה הַבְּהֵמָה אֶל־אֲדֹנִי לֹא נִשְׁאַר לִפְנֵי אֲדֹנִי בִּלְתִּי
יט אִם־גְּוִיָּתֵנוּ וְאַדְמָתֵנוּ׃ לָמָּה נָמוּת לְעֵינֶיךָ גַּם־אֲנַחְנוּ גַּם־
אַדְמָתֵנוּ קְנֵה־אֹתָנוּ וְאֶת־אַדְמָתֵנוּ בַּלָּחֶם וְנִהְיֶה אֲנַחְנוּ

exchange for food, and we with our land will be slaves to Pharaoh.
Give us seed so that we can live and not die and so that the land
20 does not become desolate." Thus Yosef acquired all the land of
Egypt for Pharaoh. Each Egyptian sold his field, because the
famine had become too much for them. So the land became
21 Pharaoh's. As for the people, he transferred them town by town
22 from one end of Egypt to the other.[104] The only land he did not
acquire was that of the priests, because they received an allotment
of food from Pharaoh; they were able to live on the allotment that
23 Pharaoh gave them, and so they did not sell their land. Yosef said
to the people, "Today I have acquired you and your land for
24 Pharaoh. Here is seed for you to sow the land. When the harvest
comes, give one-fifth to Pharaoh. Four-fifths shall be yours as seed
for your fields and as food for you, your households, and your
25 children." "You have saved our lives," they said. "May we find favor MAFTIR
26 in the eyes of my lord – we shall be slaves to Pharaoh." So Yosef
made it a law, as it is to this day, governing land in Egypt, that one-
fifth of all produce belongs to Pharaoh. Only the land of the priests
27 did not become Pharaoh's. Thus Yisrael settled in the land of Egypt,
in the region of Goshen. They acquired holdings in it and were
28 fertile and greatly increased in number. Yaakov lived in Egypt for VAYEḤI
seventeen years; the years of his life were one hundred and forty-
29 seven. As the time of his death drew near, he summoned his son
Yosef and said to him, "If I have found favor in your eyes, place your
hand under my thigh[105] and promise to deal kindly and truly with
30 me: do not bury me in Egypt. Let me lie with my fathers. Carry
me from Egypt and bury me where they are buried." "I will do as
31 you say," he replied. Yaakov said, "Swear to me," and Yosef swore.
Then, at the head of the bed, Yisrael bowed.
48 1 Some time later, Yosef was told, "Your father is ill." He brought
2 with him his two sons, Menashe and Efrayim. And when Yaakov
was told, "Your son Yosef has come to see you," Yisrael summoned
3 his strength and sat up in the bed. Yaakov said to Yosef, "El Shaddai

105 Sometimes performed in conjunction with an oath (cf. 24:2).

וְאַדְמָתֵנוּ עֲבָדִים לְפַרְעֹה וְתֶן־זֶרַע וְנִחְיֶה וְלֹא נָמוּת וְהָאֲדָמָה
כ לֹא תֵשָׁם׃ וַיִּקֶן יוֹסֵף אֶת־כָּל־אַדְמַת מִצְרַיִם לְפַרְעֹה כִּי־מָכְרוּ
מִצְרַיִם אִישׁ שָׂדֵהוּ כִּי־חָזַק עֲלֵהֶם הָרָעָב וַתְּהִי הָאָרֶץ לְפַרְעֹה׃
כא וְאֶת־הָעָם הֶעֱבִיר אֹתוֹ לֶעָרִים מִקְצֵה גְבוּל־מִצְרַיִם וְעַד־קָצֵהוּ׃
כב רַק אַדְמַת הַכֹּהֲנִים לֹא קָנָה כִּי חֹק לַכֹּהֲנִים מֵאֵת פַּרְעֹה וְאָכְלוּ
אֶת־חֻקָּם אֲשֶׁר נָתַן לָהֶם פַּרְעֹה עַל־כֵּן לֹא מָכְרוּ אֶת־אַדְמָתָם׃
כג וַיֹּאמֶר יוֹסֵף אֶל־הָעָם הֵן קָנִיתִי אֶתְכֶם הַיּוֹם וְאֶת־אַדְמַתְכֶם
כד לְפַרְעֹה הֵא־לָכֶם זֶרַע וּזְרַעְתֶּם אֶת־הָאֲדָמָה׃ וְהָיָה בַּתְּבוּאֹת
וּנְתַתֶּם חֲמִישִׁית לְפַרְעֹה וְאַרְבַּע הַיָּדֹת יִהְיֶה לָכֶם לְזֶרַע הַשָּׂדֶה
כה וּלְאָכְלְכֶם וְלַאֲשֶׁר בְּבָתֵּיכֶם וְלֶאֱכֹל לְטַפְּכֶם׃ וַיֹּאמְרוּ הֶחֱיִתָנוּ מפטיר
כו נִמְצָא־חֵן בְּעֵינֵי אֲדֹנִי וְהָיִינוּ עֲבָדִים לְפַרְעֹה׃ וַיָּשֶׂם אֹתָהּ יוֹסֵף
לְחֹק עַד־הַיּוֹם הַזֶּה עַל־אַדְמַת מִצְרַיִם לְפַרְעֹה לַחֹמֶשׁ רַק
כז אַדְמַת הַכֹּהֲנִים לְבַדָּם לֹא הָיְתָה לְפַרְעֹה׃ וַיֵּשֶׁב יִשְׂרָאֵל בְּאֶרֶץ
כח מִצְרַיִם בְּאֶרֶץ גֹּשֶׁן וַיֵּאָחֲזוּ בָהּ וַיִּפְרוּ וַיִּרְבּוּ מְאֹד׃ וַיְחִי יַעֲקֹב ויחי
בְּאֶרֶץ מִצְרַיִם שְׁבַע עֶשְׂרֵה שָׁנָה וַיְהִי יְמֵי־יַעֲקֹב שְׁנֵי חַיָּיו שֶׁבַע
כט שָׁנִים וְאַרְבָּעִים וּמְאַת שָׁנָה׃ וַיִּקְרְבוּ יְמֵי־יִשְׂרָאֵל לָמוּת וַיִּקְרָא ׀
לִבְנוֹ לְיוֹסֵף וַיֹּאמֶר לוֹ אִם־נָא מָצָאתִי חֵן בְּעֵינֶיךָ שִׂים־נָא יָדְךָ
תַּחַת יְרֵכִי וְעָשִׂיתָ עִמָּדִי חֶסֶד וֶאֱמֶת אַל־נָא תִקְבְּרֵנִי בְּמִצְרָיִם׃
ל וְשָׁכַבְתִּי עִם־אֲבֹתַי וּנְשָׂאתַנִי מִמִּצְרַיִם וּקְבַרְתַּנִי בִּקְבֻרָתָם
לא וַיֹּאמַר אָנֹכִי אֶעֱשֶׂה כִדְבָרֶךָ׃ וַיֹּאמֶר הִשָּׁבְעָה לִי וַיִּשָּׁבַע לוֹ
וַיִּשְׁתַּחוּ יִשְׂרָאֵל עַל־רֹאשׁ הַמִּטָּה׃
מח א וַיְהִי אַחֲרֵי הַדְּבָרִים הָאֵלֶּה וַיֹּאמֶר לְיוֹסֵף הִנֵּה אָבִיךָ חֹלֶה וַיִּקַּח מב
ב אֶת־שְׁנֵי בָנָיו עִמּוֹ אֶת־מְנַשֶּׁה וְאֶת־אֶפְרָיִם׃ וַיַּגֵּד לְיַעֲקֹב וַיֹּאמֶר
הִנֵּה בִּנְךָ יוֹסֵף בָּא אֵלֶיךָ וַיִּתְחַזֵּק יִשְׂרָאֵל וַיֵּשֶׁב עַל־הַמִּטָּה׃
ג וַיֹּאמֶר יַעֲקֹב אֶל־יוֹסֵף אֵל שַׁדַּי נִרְאָה־אֵלַי בְּלוּז בְּאֶרֶץ כְּנָעַן

104 To help ensure that the people would not try to reclaim their land.

4 appeared to me in Luz in the land of Canaan. He blessed me and
said to me, 'I will make you fruitful and increase your numbers.
I will make you a community of peoples, and I will give this land
5 to your descendants as an everlasting possession.' Now, the two
sons who were born to you in Egypt before I came here shall
be considered mine: Efrayim and Menashe will be like Reuven
6 and Shimon to me. Any child born to you after shall be yours;
in any inheritance they will be reckoned under the names of
7 their brothers.[106] For I – as I was returning from Padan, Raḥel
died beside me in Canaan while we were still on the way, a short
distance from Efrat. And I buried her there beside the road to
8 Efrat – that is, Beit Leḥem." Then Yisrael looked at Yosef's sons
9 and said, "Who are these?" Yosef told his father, "They are my
sons God has given me here." "Please bring them to me," Yaakov
10 said, "so that I can bless them." Yisrael's eyes were heavy with age SHEINI
and he could not see. So Yosef brought them close to him, and he
11 kissed and embraced them. Yisrael said to Yosef, "I never expected
to see you again, and now God has shown me your children as
12 well." Yosef then took them from between his knees and bowed
13 low, his face to the ground. Yosef took both of them, Efrayim on
his right to Yisrael's left, and Menashe on his left to Yisrael's right,
14 and brought them close. Yisrael reached out his right hand and
put it on Efrayim's head, even though he was the younger. And,
crossing his hands, he put his left hand on Menashe's head even
15 though he was the firstborn. He blessed Yosef and said, "God
before whom my fathers walked – Avraham and Yitzḥak – God
16 who has been my shepherd all my life to now, the angel who has
delivered me from all harm, may He bless the boys. Through them
may my name be recalled, and the names of my fathers, Avraham
17 and Yitzḥak. May they grow to a multitude upon the land." When SHELISHI
Yosef saw that his father had placed his right hand on Efrayim's
head, he was displeased. He took hold of his father's hand to move
18 it from Efrayim's head to Menashe's head. Yosef said to his father,
"Not so, father. This is the firstborn. Put your right hand on his

ד וַיְבָרֶךְ אֹתִי: וַיֹּאמֶר אֵלַי הִנְנִי מַפְרְךָ וְהִרְבִּיתִךָ וּנְתַתִּיךָ לִקְהַל
עַמִּים וְנָתַתִּי אֶת־הָאָרֶץ הַזֹּאת לְזַרְעֲךָ אַחֲרֶיךָ אֲחֻזַּת עוֹלָם:
ה וְעַתָּה שְׁנֵי־בָנֶיךָ הַנּוֹלָדִים לְךָ בְּאֶרֶץ מִצְרַיִם עַד־בֹּאִי אֵלֶיךָ
מִצְרַיְמָה לִי־הֵם אֶפְרַיִם וּמְנַשֶּׁה כִּרְאוּבֵן וְשִׁמְעוֹן יִהְיוּ־לִי:
ו וּמוֹלַדְתְּךָ אֲשֶׁר־הוֹלַדְתָּ אַחֲרֵיהֶם לְךָ יִהְיוּ עַל שֵׁם אֲחֵיהֶם
ז יִקָּרְאוּ בְּנַחֲלָתָם: וַאֲנִי | בְּבֹאִי מִפַּדָּן מֵתָה עָלַי רָחֵל בְּאֶרֶץ
כְּנַעַן בַּדֶּרֶךְ בְּעוֹד כִּבְרַת־אֶרֶץ לָבֹא אֶפְרָתָה וָאֶקְבְּרֶהָ שָּׁם
ח בְּדֶרֶךְ אֶפְרָת הִוא בֵּית לָחֶם: וַיַּרְא יִשְׂרָאֵל אֶת־בְּנֵי יוֹסֵף וַיֹּאמֶר
ט מִי־אֵלֶּה: וַיֹּאמֶר יוֹסֵף אֶל־אָבִיו בָּנַי הֵם אֲשֶׁר־נָתַן־לִי אֱלֹהִים
י בָּזֶה וַיֹּאמַר קָחֶם־נָא אֵלַי וַאֲבָרְכֵם: וְעֵינֵי יִשְׂרָאֵל כָּבְדוּ מִזֹּקֶן שני
לֹא יוּכַל לִרְאוֹת וַיַּגֵּשׁ אֹתָם אֵלָיו וַיִּשַּׁק לָהֶם וַיְחַבֵּק לָהֶם:
יא וַיֹּאמֶר יִשְׂרָאֵל אֶל־יוֹסֵף רְאֹה פָנֶיךָ לֹא פִלָּלְתִּי וְהִנֵּה הֶרְאָה
יב אֹתִי אֱלֹהִים גַּם אֶת־זַרְעֶךָ: וַיּוֹצֵא יוֹסֵף אֹתָם מֵעִם בִּרְכָּיו
יג וַיִּשְׁתַּחוּ לְאַפָּיו אָרְצָה: וַיִּקַּח יוֹסֵף אֶת־שְׁנֵיהֶם אֶת־אֶפְרַיִם
בִּימִינוֹ מִשְּׂמֹאל יִשְׂרָאֵל וְאֶת־מְנַשֶּׁה בִשְׂמֹאלוֹ מִימִין יִשְׂרָאֵל
יד וַיַּגֵּשׁ אֵלָיו: וַיִּשְׁלַח יִשְׂרָאֵל אֶת־יְמִינוֹ וַיָּשֶׁת עַל־רֹאשׁ אֶפְרַיִם
וְהוּא הַצָּעִיר וְאֶת־שְׂמֹאלוֹ עַל־רֹאשׁ מְנַשֶּׁה שִׂכֵּל אֶת־יָדָיו כִּי
טו מְנַשֶּׁה הַבְּכוֹר: וַיְבָרֶךְ אֶת־יוֹסֵף וַיֹּאמַר הָאֱלֹהִים אֲשֶׁר הִתְהַלְּכוּ
אֲבֹתַי לְפָנָיו אַבְרָהָם וְיִצְחָק הָאֱלֹהִים הָרֹעֶה אֹתִי מֵעוֹדִי עַד־
טז הַיּוֹם הַזֶּה: הַמַּלְאָךְ הַגֹּאֵל אֹתִי מִכָּל־רָע יְבָרֵךְ אֶת־הַנְּעָרִים
וְיִקָּרֵא בָהֶם שְׁמִי וְשֵׁם אֲבֹתַי אַבְרָהָם וְיִצְחָק וְיִדְגּוּ לָרֹב בְּקֶרֶב
יז הָאָרֶץ: וַיַּרְא יוֹסֵף כִּי־יָשִׁית אָבִיו יַד־יְמִינוֹ עַל־רֹאשׁ אֶפְרַיִם שלישי
וַיֵּרַע בְּעֵינָיו וַיִּתְמֹךְ יַד־אָבִיו לְהָסִיר אֹתָהּ מֵעַל רֹאשׁ־אֶפְרַיִם
יח עַל־רֹאשׁ מְנַשֶּׁה: וַיֹּאמֶר יוֹסֵף אֶל־אָבִיו לֹא־כֵן אָבִי כִּי־זֶה הַבְּכֹר

106 Descendants of Yosef through any other sons would thus be incorporated into the tribes of Efrayim and Menashe.

19 head." But his father refused: "I know, my son, I know. He too will
be a people, and he too will become great, but his younger brother
will become even greater, and his descendants will become an
20 abundance of nations." On that day, he blessed them: "By you
shall Israel bless,[107] saying: May God make you like Efrayim and
21 Menashe." He put Efrayim before Menashe. Then Yisrael said to
Yosef, "I am about to die, but God will be with you and will bring
22 you back to the land of your fathers. And to you I give one portion
more than your brothers, which I took from the Amorites by my
sword and my bow."

49 1 Then Yaakov called for his sons and said, "Gather together so that I REVI'I
2 can tell you what will happen to you in the days to come. Assemble
3 and listen, Yaakov's sons. Listen to your father Yisrael. Reuven,
you are my firstborn, my strength, first fruit of my manhood,
4 excelling in rank, excelling in power. Unstable as water, you shall
not excel, for you went up onto your father's bed and defiled it –
went up onto my couch.[108]
5 Shimon and Levi are brothers; weapons of violence their wares.[109]
6 Let me never join their council, nor my honor be of their assembly.
For in their anger they killed men; at their whim they hamstrung
7 oxen. Cursed be their anger, for it is most fierce, and their fury,
for it is most cruel. I will divide them up in Yaakov, and scatter
them in Israel.[110]
8 Yehuda, your brothers shall praise you. Your hand will be on the
9 neck of your foes. To you will your father's sons bow.[111] Yehuda is
a lion's cub. From the prey, my son, you have risen. Like a lion he
10 crouches, lies down, like a lioness; who dares to rouse him? The
scepter shall not pass from Yehuda, nor the staff from between
his feet, so that tribute will come to him and the homage of
11 nations be his. He tethers his donkey to vines, to the vine bough
his donkey's colt; he washes his clothes in wine, his robe in the

111 The tribe of Yehuda would later give rise to King David and his dynasty.

יט שִׂים יְמִינְךָ עַל־רֹאשׁוֹ: וַיְמָאֵן אָבִיו וַיֹּאמֶר יָדַעְתִּי בְנִי יָדַעְתִּי
גַּם־הוּא יִהְיֶה־לְּעָם וְגַם־הוּא יִגְדָּל וְאוּלָם אָחִיו הַקָּטֹן יִגְדַּל
כ מִמֶּנּוּ וְזַרְעוֹ יִהְיֶה מְלֹא־הַגּוֹיִם: וַיְבָרְכֵם בַּיּוֹם הַהוּא לֵאמוֹר בְּךָ
יְבָרֵךְ יִשְׂרָאֵל לֵאמֹר יְשִׂמְךָ אֱלֹהִים כְּאֶפְרַיִם וְכִמְנַשֶּׁה וַיָּשֶׂם
כא אֶת־אֶפְרַיִם לִפְנֵי מְנַשֶּׁה: וַיֹּאמֶר יִשְׂרָאֵל אֶל־יוֹסֵף הִנֵּה אָנֹכִי
מֵת וְהָיָה אֱלֹהִים עִמָּכֶם וְהֵשִׁיב אֶתְכֶם אֶל־אֶרֶץ אֲבֹתֵיכֶם:
כב וַאֲנִי נָתַתִּי לְךָ שְׁכֶם אַחַד עַל־אַחֶיךָ אֲשֶׁר לָקַחְתִּי מִיַּד הָאֱמֹרִי
בְּחַרְבִּי וּבְקַשְׁתִּי:
מט א וַיִּקְרָא יַעֲקֹב אֶל־בָּנָיו וַיֹּאמֶר הֵאָסְפוּ וְאַגִּידָה לָכֶם אֵת אֲשֶׁר־ מג רביעי
ב יִקְרָא אֶתְכֶם בְּאַחֲרִית הַיָּמִים: הִקָּבְצוּ וְשִׁמְעוּ בְּנֵי יַעֲקֹב וְשִׁמְעוּ
ג אֶל־יִשְׂרָאֵל אֲבִיכֶם: רְאוּבֵן בְּכֹרִי אַתָּה כֹּחִי וְרֵאשִׁית אוֹנִי יֶתֶר
ד שְׂאֵת וְיֶתֶר עָז: פַּחַז כַּמַּיִם אַל־תּוֹתַר כִּי עָלִיתָ מִשְׁכְּבֵי אָבִיךָ
אָז חִלַּלְתָּ יְצוּעִי עָלָה:
ה ו שִׁמְעוֹן וְלֵוִי אַחִים כְּלֵי חָמָס מְכֵרֹתֵיהֶם: בְּסֹדָם אַל־תָּבֹא
נַפְשִׁי בִּקְהָלָם אַל־תֵּחַד כְּבֹדִי כִּי בְאַפָּם הָרְגוּ אִישׁ וּבִרְצֹנָם
ז עִקְּרוּ־שׁוֹר: אָרוּר אַפָּם כִּי עָז וְעֶבְרָתָם כִּי קָשָׁתָה אֲחַלְּקֵם
בְּיַעֲקֹב וַאֲפִיצֵם בְּיִשְׂרָאֵל:
ח יְהוּדָה אַתָּה יוֹדוּךָ אַחֶיךָ יָדְךָ בְּעֹרֶף אֹיְבֶיךָ יִשְׁתַּחֲווּ לְךָ בְּנֵי
ט אָבִיךָ: גּוּר אַרְיֵה יְהוּדָה מִטֶּרֶף בְּנִי עָלִיתָ כָּרַע רָבַץ כְּאַרְיֵה
י וּכְלָבִיא מִי יְקִימֶנּוּ: לֹא־יָסוּר שֵׁבֶט מִיהוּדָה וּמְחֹקֵק מִבֵּין
יא רַגְלָיו עַד כִּי־יָבֹא שִׁילֹה וְלוֹ יִקְּהַת עַמִּים: אֹסְרִי לַגֶּפֶן עִירֹה
וְלַשֹּׂרֵקָה בְּנִי אֲתֹנוֹ כִּבֵּס בַּיַּיִן לְבֻשׁוֹ וּבְדַם־עֲנָבִים סוּתֹה:

107 When the Israelites offer blessings, they will invoke Efrayim and Menashe.

108 See 35:22.

109 See 34:25–26.

110 Neither tribe would receive a contiguous portion of territory in the land of Israel.

12 blood of grapes.[112] His eyes are darker than wine, and his teeth
whiter than milk.[113]
13 Zevulun will live by the seashore; he will be a haven for ships. To
Sidon his border will reach.
14 Yissakhar is a strong-boned donkey, lying down among the sheep
15 pens. Seeing how good is his resting place, and how pleasant is the
land, he will bend his shoulder to the load, and work like a slave in
16 harness. Dan will seek justice[114] for his people as one of
17 Israel's tribes. Dan: a snake by the roadside, a viper upon the path
18 that bites the horse's heel, so that its rider falls backward.[115] I wait
19 for Your salvation, LORD. Gad will be raided by raiders, ḤAMISHI
20 but he then will raid at their heels.[116] From Asher will
21 come rich food, he will proffer the king's delights. Naftali
22 is a deer set free, bearing loveliest fawns. Yosef is a fruit-
ful vine, a fruitful vine by a spring, whose branches spread over a
23 wall. Archers attacked him with bitterness, shot at him, harassed
24 him. But his bow stopped steady, and his arms held firm because
of the hand of the Mighty One of Yaakov, the Shepherd, Yisrael's
25 Rock, because of the God of your father who will help you, because
of Shaddai who will bless you with blessings of heaven above,
blessings of the deep that lies under, blessings of breast and of
26 womb. May your father's blessing surpass even the blessings of my
forebears – to the bounds of the everlasting hills. May they rest on
the head of Yosef, on the brow of the elect of his brothers.
27 Binyamin is a ravening wolf, devouring prey in the morning, and SHISHI
28 by evening dividing the plunder." All these are the twelve tribes of
Israel, and this is what their father said to them when he blessed
29 them, giving each his particular blessing. Then he gave them
instruction, saying, "I am about to be gathered to my people. Bury
me with my fathers in the cave in the field of Efron the Hittite,
30 the cave in the field of Makhpela near Mamre in Canaan, which
Avraham bought, together with the field, from Efron the Hittite as

116 The phrase *gedud yegudenu* (will be raided by raiders) and the word *yagud* (will raid) play on the name Gad.

יב חַכְלִילִי עֵינַיִם מִיָּיִן וּלְבֶן־שִׁנַּיִם מֵחָלָב׃
יג זְבוּלֻן לְחוֹף יַמִּים יִשְׁכֹּן וְהוּא לְחוֹף אֳנִיֹּת וְיַרְכָתוֹ עַל־צִידֹן׃
יד טו יִשָּׂשכָר חֲמֹר גָּרֶם רֹבֵץ בֵּין הַמִּשְׁפְּתָיִם׃ וַיַּרְא מְנֻחָה כִּי
טוֹב וְאֶת־הָאָרֶץ כִּי נָעֵמָה וַיֵּט שִׁכְמוֹ לִסְבֹּל וַיְהִי לְמַס־
טז יז עֹבֵד׃ דָּן יָדִין עַמּוֹ כְּאַחַד שִׁבְטֵי יִשְׂרָאֵל׃ יְהִי־
דָן נָחָשׁ עֲלֵי־דֶרֶךְ שְׁפִיפֹן עֲלֵי־אֹרַח הַנֹּשֵׁךְ עִקְּבֵי־סוּס וַיִּפֹּל
יח יט רֹכְבוֹ אָחוֹר׃ לִישׁוּעָתְךָ קִוִּיתִי יהוה׃ גָּד גְּדוּד יְגוּדֶנּוּ חמישי
כ וְהוּא יָגֻד עָקֵב׃ מֵאָשֵׁר שְׁמֵנָה לַחְמוֹ וְהוּא יִתֵּן
כא מַעֲדַנֵּי־מֶלֶךְ׃ נַפְתָּלִי אַיָּלָה שְׁלֻחָה הַנֹּתֵן אִמְרֵי־
כב שָׁפֶר׃ בֵּן פֹּרָת יוֹסֵף בֵּן פֹּרָת עֲלֵי־עָיִן בָּנוֹת צָעֲדָה
כג כד עֲלֵי־שׁוּר׃ וַיְמָרְרֻהוּ וָרֹבּוּ וַיִּשְׂטְמֻהוּ בַּעֲלֵי חִצִּים׃ וַתֵּשֶׁב
בְּאֵיתָן קַשְׁתּוֹ וַיָּפֹזּוּ זְרֹעֵי יָדָיו מִידֵי אֲבִיר יַעֲקֹב מִשָּׁם רֹעֶה אֶבֶן
כה יִשְׂרָאֵל׃ מֵאֵל אָבִיךָ וְיַעְזְרֶךָּ וְאֵת שַׁדַּי וִיבָרְכֶךָּ בִּרְכֹת שָׁמַיִם
כו מֵעָל בִּרְכֹת תְּהוֹם רֹבֶצֶת תָּחַת בִּרְכֹת שָׁדַיִם וָרָחַם׃ בִּרְכֹת
אָבִיךָ גָּבְרוּ עַל־בִּרְכֹת הוֹרַי עַד־תַּאֲוַת גִּבְעֹת עוֹלָם תִּהְיֶיןָ
לְרֹאשׁ יוֹסֵף וּלְקָדְקֹד נְזִיר אֶחָיו׃
כז כח בִּנְיָמִין זְאֵב יִטְרָף בַּבֹּקֶר יֹאכַל עַד וְלָעֶרֶב יְחַלֵּק שָׁלָל׃ כָּל־אֵלֶּה ששי
שִׁבְטֵי יִשְׂרָאֵל שְׁנֵים עָשָׂר וְזֹאת אֲשֶׁר־דִּבֶּר לָהֶם אֲבִיהֶם וַיְבָרֶךְ
כט אוֹתָם אִישׁ אֲשֶׁר כְּבִרְכָתוֹ בֵּרַךְ אֹתָם׃ וַיְצַו אוֹתָם וַיֹּאמֶר אֲלֵהֶם
אֲנִי נֶאֱסָף אֶל־עַמִּי קִבְרוּ אֹתִי אֶל־אֲבֹתָי אֶל־הַמְּעָרָה אֲשֶׁר
ל בִּשְׂדֵה עֶפְרוֹן הַחִתִּי׃ בַּמְּעָרָה אֲשֶׁר בִּשְׂדֵה הַמַּכְפֵּלָה אֲשֶׁר־
עַל־פְּנֵי מַמְרֵא בְּאֶרֶץ כְּנָעַן אֲשֶׁר קָנָה אַבְרָהָם אֶת־הַשָּׂדֶה

112 These images suggest luxuriant wealth.
113 From the abundance of wine and milk.
114 The word *yadin* (seek justice) plays on the name Dan.
115 This image suggests a type of military prowess.

31 a burial place.[117] There Avraham and his wife Sara are buried, there
Yitzḥak and his wife Rivka are buried, and there I buried Leah.
32 The field and the cave in it were bought from the Hittites." There
33 Yaakov finished instructing his sons. And he drew his feet back
onto the bed, breathed his last, and was gathered to his people.
50 1 Yosef fell on his father's face and wept over him and kissed him.
2 Then Yosef instructed his servants the physicians to embalm his
3 father. So the physicians embalmed Yisrael. It took them forty
days; that was the time required for embalming. The Egyptians
4 mourned him for seventy days. When the period of mourning
was over, Yosef spoke to Pharaoh's court: "If I have found favor in
5 your eyes, please speak to Pharaoh on my behalf. Tell him, 'My
father made me swear an oath, saying, "I am about to die. Bury me
in the grave I prepared for myself in the land of Canaan." Now let
6 me go up and bury my father; then I will return.'" Pharaoh said,
7 "Go and bury your father as he had you swear." So Yosef went up
to bury his father. With him went all Pharaoh's officials, the elders
8 of his palace, and all the other elders of Egypt, together with all
Yosef's household, his brothers, and his father's household. They
9 left only their children and flocks and herds in Goshen. With
them too went a chariot brigade and horsemen; it was a very large
10 retinue. When they reached the threshing floor of Atad, beyond
the Jordan, they held a great and solemn lamentation, and Yosef
11 observed a seven-day period of mourning for his father. When
the Canaanites who lived there saw the mourning at the threshing
12 floor of Atad they said, "Egypt is in deep mourning here"; that
is why the place beyond the Jordan was called Avel Mitzrayim.[118]
13 So his sons did as he had instructed them. They carried him to
Canaan and buried him in the cave of the field of Makhpela, near
Mamre, which Avraham had bought as a burial site from Efron the
14 Hittite. After burying his father, Yosef returned to Egypt together
with his brothers and all those who had accompanied him to his
15 father's burial. When Yosef's brothers knew that their father was

118 Meaning "mourning of Egypt."

לא מֵאֵת עֶפְרֹן הַחִתִּי לַאֲחֻזַּת־קָבֶר׃ שָׁמָּה קָבְרוּ אֶת־אַבְרָהָם וְאֵת
שָׂרָה אִשְׁתּוֹ שָׁמָּה קָבְרוּ אֶת־יִצְחָק וְאֵת רִבְקָה אִשְׁתּוֹ וְשָׁמָּה
לב קָבַרְתִּי אֶת־לֵאָה׃ מִקְנֵה הַשָּׂדֶה וְהַמְּעָרָה אֲשֶׁר־בּוֹ מֵאֵת בְּנֵי־
לג חֵת׃ וַיְכַל יַעֲקֹב לְצַוֹּת אֶת־בָּנָיו וַיֶּאֱסֹף רַגְלָיו אֶל־הַמִּטָּה וַיִּגְוַע
נ א וַיֵּאָסֶף אֶל־עַמָּיו׃ וַיִּפֹּל יוֹסֵף עַל־פְּנֵי אָבִיו וַיֵּבְךְּ עָלָיו וַיִּשַּׁק־לוֹ׃
ב וַיְצַו יוֹסֵף אֶת־עֲבָדָיו אֶת־הָרֹפְאִים לַחֲנֹט אֶת־אָבִיו וַיַּחַנְטוּ
ג הָרֹפְאִים אֶת־יִשְׂרָאֵל׃ וַיִּמְלְאוּ־לוֹ אַרְבָּעִים יוֹם כִּי כֵּן יִמְלְאוּ
ד יְמֵי הַחֲנֻטִים וַיִּבְכּוּ אֹתוֹ מִצְרַיִם שִׁבְעִים יוֹם׃ וַיַּעַבְרוּ יְמֵי בְכִיתוֹ
וַיְדַבֵּר יוֹסֵף אֶל־בֵּית פַּרְעֹה לֵאמֹר אִם־נָא מָצָאתִי חֵן בְּעֵינֵיכֶם
ה דַּבְּרוּ־נָא בְּאָזְנֵי פַרְעֹה לֵאמֹר׃ אָבִי הִשְׁבִּיעַנִי לֵאמֹר הִנֵּה אָנֹכִי
מֵת בְּקִבְרִי אֲשֶׁר כָּרִיתִי לִי בְּאֶרֶץ כְּנַעַן שָׁמָּה תִּקְבְּרֵנִי וְעַתָּה
ו אֶעֱלֶה־נָּא וְאֶקְבְּרָה אֶת־אָבִי וְאָשׁוּבָה׃ וַיֹּאמֶר פַּרְעֹה עֲלֵה
ז וּקְבֹר אֶת־אָבִיךָ כַּאֲשֶׁר הִשְׁבִּיעֶךָ׃ וַיַּעַל יוֹסֵף לִקְבֹּר אֶת־אָבִיו
וַיַּעֲלוּ אִתּוֹ כָּל־עַבְדֵי פַרְעֹה זִקְנֵי בֵיתוֹ וְכֹל זִקְנֵי אֶרֶץ־מִצְרָיִם׃
ח וְכֹל בֵּית יוֹסֵף וְאֶחָיו וּבֵית אָבִיו רַק טַפָּם וְצֹאנָם וּבְקָרָם עָזְבוּ
ט בְּאֶרֶץ גֹּשֶׁן׃ וַיַּעַל עִמּוֹ גַּם־רֶכֶב גַּם־פָּרָשִׁים וַיְהִי הַמַּחֲנֶה כָּבֵד
י מְאֹד׃ וַיָּבֹאוּ עַד־גֹּרֶן הָאָטָד אֲשֶׁר בְּעֵבֶר הַיַּרְדֵּן וַיִּסְפְּדוּ־שָׁם
יא מִסְפֵּד גָּדוֹל וְכָבֵד מְאֹד וַיַּעַשׂ לְאָבִיו אֵבֶל שִׁבְעַת יָמִים׃ וַיַּרְא
יוֹשֵׁב הָאָרֶץ הַכְּנַעֲנִי אֶת־הָאֵבֶל בְּגֹרֶן הָאָטָד וַיֹּאמְרוּ אֵבֶל־
כָּבֵד זֶה לְמִצְרָיִם עַל־כֵּן קָרָא שְׁמָהּ אָבֵל מִצְרַיִם אֲשֶׁר בְּעֵבֶר
יב יג הַיַּרְדֵּן׃ וַיַּעֲשׂוּ בָנָיו לוֹ כֵּן כַּאֲשֶׁר צִוָּם׃ וַיִּשְׂאוּ אֹתוֹ בָנָיו אַרְצָה
כְּנַעַן וַיִּקְבְּרוּ אֹתוֹ בִּמְעָרַת שְׂדֵה הַמַּכְפֵּלָה אֲשֶׁר קָנָה אַבְרָהָם
אֶת־הַשָּׂדֶה לַאֲחֻזַּת־קֶבֶר מֵאֵת עֶפְרֹן הַחִתִּי עַל־פְּנֵי מַמְרֵא׃
יד וַיָּשָׁב יוֹסֵף מִצְרַיְמָה הוּא וְאֶחָיו וְכָל־הָעֹלִים אִתּוֹ לִקְבֹּר אֶת־
טו אָבִיו אַחֲרֵי קָבְרוֹ אֶת־אָבִיו׃ וַיִּרְאוּ אֲחֵי־יוֹסֵף כִּי־מֵת אֲבִיהֶם

---

117 See 23:16–18.

dead, they said, "What if Yosef really hates us and decides to pay us
16 back for all the wrong we did to him?" So they sent word to Yosef
17 saying, "Your father gave these instructions before his death: 'This
is what you are to say to Yosef: "Please forgive the crime and sin
of your brothers who inflicted such harm upon you."' That being
so, please forgive the crime of these servants of your father's God."
18 Yosef wept as they spoke to him. Then his brothers came and
threw themselves down before him and said, "We are your slaves."
19 But Yosef said to them, "Do not be afraid. Am I in place of God?
20 You intended to harm me, but God intended it for good, to bring
21 about what is now being done: the saving of many lives. So, do SHEVI'I
not be afraid. I myself will provide for you and your children." And
22 he comforted them and spoke to their hearts. Yosef remained in
Egypt together with his father's family, and he lived one hundred
23 and ten years. Yosef saw the third generation of Efrayim's children, MAFTIR
and the children of Menashe's son Makir were also born on Yosef's
24 knees.[119] Yosef said to his brothers, "I am about to die. But God will
surely take note of you and bring you out of this land to the land He
25 promised to Avraham, Yitzḥak, and Yaakov." Then Yosef bound the
children of Israel by an oath: "When God takes note of you, carry
26 my bones up from this place." Yosef died at the age of one hundred
and ten. He was embalmed and placed in a coffin there, in Egypt.

וַיֹּאמְרוּ לוּ יִשְׂטְמֵנוּ יוֹסֵף וְהָשֵׁב יָשִׁיב לָנוּ אֵת כָּל־הָרָעָה אֲשֶׁר
טז גָּמַלְנוּ אֹתוֹ: וַיְצַוּוּ אֶל־יוֹסֵף לֵאמֹר אָבִיךָ צִוָּה לִפְנֵי מוֹתוֹ לֵאמֹר:
יז כֹּה־תֹאמְרוּ לְיוֹסֵף אָנָּא שָׂא נָא פֶּשַׁע אַחֶיךָ וְחַטָּאתָם כִּי־רָעָה
גְמָלוּךָ וְעַתָּה שָׂא נָא לְפֶשַׁע עַבְדֵי אֱלֹהֵי אָבִיךָ וַיֵּבְךְּ יוֹסֵף
יח בְּדַבְּרָם אֵלָיו: וַיֵּלְכוּ גַּם־אֶחָיו וַיִּפְּלוּ לְפָנָיו וַיֹּאמְרוּ הִנֶּנּוּ לְךָ
יט לַעֲבָדִים: וַיֹּאמֶר אֲלֵהֶם יוֹסֵף אַל־תִּירָאוּ כִּי הֲתַחַת אֱלֹהִים
כ אָנִי: וְאַתֶּם חֲשַׁבְתֶּם עָלַי רָעָה אֱלֹהִים חֲשָׁבָהּ לְטֹבָה לְמַעַן
כא עֲשֹׂה כַּיּוֹם הַזֶּה לְהַחֲיֹת עַם־רָב: וְעַתָּה אַל־תִּירָאוּ אָנֹכִי אֲכַלְכֵּל שביעי
כב אֶתְכֶם וְאֶת־טַפְּכֶם וַיְנַחֵם אוֹתָם וַיְדַבֵּר עַל־לִבָּם: וַיֵּשֶׁב יוֹסֵף
כג בְּמִצְרַיִם הוּא וּבֵית אָבִיו וַיְחִי יוֹסֵף מֵאָה וָעֶשֶׂר שָׁנִים: וַיַּרְא מפטיר
יוֹסֵף לְאֶפְרַיִם בְּנֵי שִׁלֵּשִׁים גַּם בְּנֵי מָכִיר בֶּן־מְנַשֶּׁה יֻלְּדוּ עַל־
כד בִּרְכֵּי יוֹסֵף: וַיֹּאמֶר יוֹסֵף אֶל־אֶחָיו אָנֹכִי מֵת וֵאלֹהִים פָּקֹד יִפְקֹד
אֶתְכֶם וְהֶעֱלָה אֶתְכֶם מִן־הָאָרֶץ הַזֹּאת אֶל־הָאָרֶץ אֲשֶׁר נִשְׁבַּע
כה לְאַבְרָהָם לְיִצְחָק וּלְיַעֲקֹב: וַיַּשְׁבַּע יוֹסֵף אֶת־בְּנֵי יִשְׂרָאֵל לֵאמֹר
כו פָּקֹד יִפְקֹד אֱלֹהִים אֶתְכֶם וְהַעֲלִתֶם אֶת־עַצְמֹתַי מִזֶּה: וַיָּמָת
יוֹסֵף בֶּן־מֵאָה וָעֶשֶׂר שָׁנִים וַיַּחַנְטוּ אֹתוֹ וַיִּישֶׂם בָּאָרוֹן בְּמִצְרָיִם:

119 That is, they were born during Yosef's lifetime.

שמות

SHEMOT / EXODUS

1 1 And these are the names of the sons of Yisrael who came to SHEMOT
2 Egypt with Yaakov, each with his household: Reuven, Shimon,
3 4 Levi and Yehuda; Yissakhar, Zevulun and Binyamin; Dan and
5 Naftali; Gad and Asher. The descendants of Yaakov were seventy
6 in all, and Yosef was already in Egypt. Then Yosef died, and all his
7 brothers, and all that generation. But the Israelites were fruitful
and burgeoned; they multiplied and became exceptionally strong,
until the land was filled with them.
8 9 Then a new king arose over Egypt, who had not known Yosef. And
he said to his people, "You see that the Israelite people are many
10 and more powerful than we. Come, let us deal wisely with them in
case they increase, and if war breaks out they may join our enemies
11 and fight against us and escape from the land." So they placed slave
masters over the Israelites to oppress them with forced labor; they
12 built supply cities for Pharaoh: Pitom and Ramesses. But the more
they were oppressed, the more they increased and spread; and the
13 Egyptians came to dread the Israelites. The Egyptians imposed
14 back-breaking labor on the Israelites, embittering their lives with
harsh work in mortar and brick and all field labors; all the work
15 they forced upon them was intended to break them. Then the
king of Egypt said to the midwives of the Hebrews – one named
16 Shifra, the other Puah – "When you help a Hebrew woman give
birth, look on the birth stool. If it is a boy, kill him, and if it is a girl,
17 let her live." But the midwives feared God, and did not do as the
18 king of Egypt ordered them. They let the babies live. Then the king SHEINI
of Egypt summoned the midwives and demanded, "Why have
19 you done this; why have you let the children live?" But "Hebrew
women," the midwives replied, "are not like Egyptians. They are
full of vigor, and have already given birth by the time the midwife
20 arrives." God was good to the midwives; and the people multiplied
21 and grew very strong. And because the midwives feared God, He
22 granted them households.[1] Then Pharaoh commanded his entire

1 As generally understood, this means that they were blessed with progeny.

א א וְאֵ֗לֶּה שְׁמוֹת֙ בְּנֵ֣י יִשְׂרָאֵ֔ל הַבָּאִ֖ים מִצְרָ֑יְמָה אֵ֣ת יַעֲקֹ֔ב אִ֥ישׁ א
ב ג וּבֵית֖וֹ בָּֽאוּ׃ רְאוּבֵ֣ן שִׁמְע֔וֹן לֵוִ֖י וִיהוּדָֽה׃ יִשָּׂשכָ֥ר זְבוּלֻ֖ן וּבִנְיָמִֽן׃
ד ה דָּ֥ן וְנַפְתָּלִ֖י גָּ֥ד וְאָשֵֽׁר׃ וַֽיְהִ֗י כָּל־נֶ֛פֶשׁ יֹצְאֵ֥י יֶֽרֶךְ־יַעֲקֹ֖ב שִׁבְעִ֣ים
ו נָ֑פֶשׁ וְיוֹסֵ֖ף הָיָ֥ה בְמִצְרָֽיִם׃ וַיָּ֤מָת יוֹסֵף֙ וְכָל־אֶחָ֔יו וְכֹ֖ל הַדּ֥וֹר
ז הַהֽוּא׃ וּבְנֵ֣י יִשְׂרָאֵ֗ל פָּר֧וּ וַֽיִּשְׁרְצ֛וּ וַיִּרְבּ֥וּ וַיַּֽעַצְמ֖וּ בִּמְאֹ֣ד מְאֹ֑ד
וַתִּמָּלֵ֥א הָאָ֖רֶץ אֹתָֽם׃
ח ט וַיָּ֥קָם מֶֽלֶךְ־חָדָ֖שׁ עַל־מִצְרָ֑יִם אֲשֶׁ֥ר לֹֽא־יָדַ֖ע אֶת־יוֹסֵֽף׃ וַיֹּ֖אמֶר
י אֶל־עַמּ֑וֹ הִנֵּ֗ה עַ֚ם בְּנֵ֣י יִשְׂרָאֵ֔ל רַ֥ב וְעָצ֖וּם מִמֶּֽנּוּ׃ הָ֥בָה נִֽתְחַכְּמָ֖ה
ל֑וֹ פֶּן־יִרְבֶּ֗ה וְהָיָ֞ה כִּֽי־תִקְרֶ֤אנָה מִלְחָמָה֙ וְנוֹסַ֤ף גַּם־הוּא֙ עַל־
יא שֹׂ֣נְאֵ֔ינוּ וְנִלְחַם־בָּ֖נוּ וְעָלָ֥ה מִן־הָאָֽרֶץ׃ וַיָּשִׂ֤ימוּ עָלָיו֙ שָׂרֵ֣י מִסִּ֔ים
לְמַ֥עַן עַנֹּת֖וֹ בְּסִבְלֹתָ֑ם וַיִּ֜בֶן עָרֵ֤י מִסְכְּנוֹת֙ לְפַרְעֹ֔ה אֶת־פִּתֹ֖ם
יב וְאֶת־רַעַמְסֵֽס׃ וְכַאֲשֶׁר֙ יְעַנּ֣וּ אֹת֔וֹ כֵּ֥ן יִרְבֶּ֖ה וְכֵ֣ן יִפְרֹ֑ץ וַיָּקֻ֕צוּ
יג מִפְּנֵ֖י בְּנֵ֥י יִשְׂרָאֵֽל׃ וַיַּעֲבִ֧דוּ מִצְרַ֛יִם אֶת־בְּנֵ֥י יִשְׂרָאֵ֖ל בְּפָֽרֶךְ׃
יד וַיְמָרְר֨וּ אֶת־חַיֵּיהֶ֜ם בַּעֲבֹדָ֣ה קָשָׁ֗ה בְּחֹ֙מֶר֙ וּבִלְבֵנִ֔ים וּבְכָל־
עֲבֹדָ֖ה בַּשָּׂדֶ֑ה אֵ֚ת כָּל־עֲבֹ֣דָתָ֔ם אֲשֶׁר־עָבְד֥וּ בָהֶ֖ם בְּפָֽרֶךְ׃
טו וַיֹּ֙אמֶר֙ מֶ֣לֶךְ מִצְרַ֔יִם לַֽמְיַלְּדֹ֖ת הָֽעִבְרִיֹּ֑ת אֲשֶׁ֨ר שֵׁ֤ם הָֽאַחַת֙
טז שִׁפְרָ֔ה וְשֵׁ֥ם הַשֵּׁנִ֖ית פּוּעָֽה׃ וַיֹּ֗אמֶר בְּיַלֶּדְכֶן֙ אֶת־הָֽעִבְרִיּ֔וֹת
וּרְאִיתֶ֖ן עַל־הָאָבְנָ֑יִם אִם־בֵּ֥ן הוּא֙ וַהֲמִתֶּ֣ן אֹת֔וֹ וְאִם־בַּ֥ת הִ֖וא
יז וָחָֽיָה׃ וַתִּירֶ֤אןָ הַֽמְיַלְּדֹת֙ אֶת־הָ֣אֱלֹהִ֔ים וְלֹ֣א עָשׂ֔וּ כַּאֲשֶׁ֛ר דִּבֶּ֥ר
יח אֲלֵיהֶ֖ן מֶ֣לֶךְ מִצְרָ֑יִם וַתְּחַיֶּ֖יןָ אֶת־הַיְלָדִֽים׃ וַיִּקְרָ֤א מֶֽלֶךְ־מִצְרַ֙יִם֙ שני
לַֽמְיַלְּדֹ֔ת וַיֹּ֣אמֶר לָהֶ֔ן מַדּ֥וּעַ עֲשִׂיתֶ֖ן הַדָּבָ֣ר הַזֶּ֑ה וַתְּחַיֶּ֖יןָ אֶת־
יט הַיְלָדִֽים׃ וַתֹּאמַ֤רְןָ הַֽמְיַלְּדֹת֙ אֶל־פַּרְעֹ֔ה כִּ֣י לֹ֧א כַנָּשִׁ֛ים הַמִּצְרִיֹּ֖ת
הָֽעִבְרִיֹּ֑ת כִּֽי־חָי֣וֹת הֵ֔נָּה בְּטֶ֨רֶם תָּב֧וֹא אֲלֵהֶ֛ן הַמְיַלֶּ֖דֶת וְיָלָֽדוּ׃
כ כא וַיֵּ֥יטֶב אֱלֹהִ֖ים לַֽמְיַלְּדֹ֑ת וַיִּ֧רֶב הָעָ֛ם וַיַּֽעַצְמ֖וּ מְאֹֽד׃ וַיְהִ֕י כִּֽי־
כב יָֽרְא֥וּ הַֽמְיַלְּדֹ֖ת אֶת־הָאֱלֹהִ֑ים וַיַּ֥עַשׂ לָהֶ֖ם בָּתִּֽים׃ וַיְצַ֣ו פַּרְעֹ֔ה

people, saying, "Throw every boy that is born into the Nile, and
let all the girls live."
2 1 A man of the house of Levi went and married a daughter of Levi.
2 And she became pregnant and gave birth to a son. She saw what a
3 fine child he was, and for three months she kept him hidden. And
when she could no longer hide him, she took a papyrus basket
and coated it with tar and pitch. She laid the child in it and placed
4 it among the reeds by the bank of the Nile, and his sister stood by
5 at a distance to see what would happen to him. Pharaoh's daughter
came down to bathe in the Nile, while her attendants walked by the
riverbank. She saw the basket among the reeds and sent her maid to
6 fetch it. When she opened it she saw him there, the child; the boy
was crying, and she was moved to pity for him: "This must be one of
7 the Hebrew boys." Then his sister asked Pharaoh's daughter, "Shall I
go and fetch one of the Hebrew women to nurse the child for you?"
8 "Go," said Pharaoh's daughter. So the girl went away and called
9 the child's mother. "Take this child," Pharaoh's daughter told her.
"Nurse him for me, and I will pay you your wage." So the woman
10 took the child and nursed him. The child grew, and she brought
him to Pharaoh's daughter and he became her son. She named him
11 Moshe, "because," she said, "I drew him out of the water."[2] One day, SHELISHI
when Moshe had grown up, he went out to his people and saw their
forced labor. And he noticed an Egyptian striking a Hebrew: one
12 of his brothers. Looking this way and that and seeing no one, he
13 struck down the Egyptian and hid his body in the sand. The next
day he went out and saw two Hebrews fighting. He asked the guilty
14 one, "Why are you striking your own neighbor?" The man said,
"Who made you a ruler and judge over us? Do you intend to kill
me as you killed the Egyptian?" Then Moshe was afraid. "Surely,"
15 he thought, "the thing has become known." Word reached Pharaoh
and he sought to kill Moshe. But Moshe fled his presence and went
16 to live in the land of Midyan. There he sat down beside a well. The
priest of Midyan had seven daughters; they came to draw water and

2 The name Moshe resonates with *meshitihu* (I drew him out).

לְכָל־עַמּוֹ לֵאמֹר כָּל־הַבֵּן הַיִּלּוֹד הַיְאֹרָה תַּשְׁלִיכֻהוּ וְכָל־הַבַּת
תְּחַיּוּן׃
ב א ב וַיֵּלֶךְ אִישׁ מִבֵּית לֵוִי וַיִּקַּח אֶת־בַּת־לֵוִי׃ וַתַּהַר הָאִשָּׁה וַתֵּלֶד בֵּן
ג וַתֵּרֶא אֹתוֹ כִּי־טוֹב הוּא וַתִּצְפְּנֵהוּ שְׁלֹשָׁה יְרָחִים׃ וְלֹא־יָכְלָה
עוֹד הַצְּפִינוֹ וַתִּקַּח־לוֹ תֵּבַת גֹּמֶא וַתַּחְמְרָה בַחֵמָר וּבַזָּפֶת וַתָּשֶׂם
ד בָּהּ אֶת־הַיֶּלֶד וַתָּשֶׂם בַּסּוּף עַל־שְׂפַת הַיְאֹר׃ וַתֵּתַצַּב אֲחֹתוֹ
ה מֵרָחֹק לְדֵעָה מַה־יֵּעָשֶׂה לוֹ׃ וַתֵּרֶד בַּת־פַּרְעֹה לִרְחֹץ עַל־הַיְאֹר
וְנַעֲרֹתֶיהָ הֹלְכֹת עַל־יַד הַיְאֹר וַתֵּרֶא אֶת־הַתֵּבָה בְּתוֹךְ הַסּוּף
ו וַתִּשְׁלַח אֶת־אֲמָתָהּ וַתִּקָּחֶהָ׃ וַתִּפְתַּח וַתִּרְאֵהוּ אֶת־הַיֶּלֶד וְהִנֵּה־
ז נַעַר בֹּכֶה וַתַּחְמֹל עָלָיו וַתֹּאמֶר מִיַּלְדֵי הָעִבְרִים זֶה׃ וַתֹּאמֶר
אֲחֹתוֹ אֶל־בַּת־פַּרְעֹה הַאֵלֵךְ וְקָרָאתִי לָךְ אִשָּׁה מֵינֶקֶת מִן
ח הָעִבְרִיֹּת וְתֵינִק לָךְ אֶת־הַיָּלֶד׃ וַתֹּאמֶר־לָהּ בַּת־פַּרְעֹה לֵכִי
ט וַתֵּלֶךְ הָעַלְמָה וַתִּקְרָא אֶת־אֵם הַיָּלֶד׃ וַתֹּאמֶר לָהּ בַּת־פַּרְעֹה
הֵילִיכִי אֶת־הַיֶּלֶד הַזֶּה וְהֵינִקִהוּ לִי וַאֲנִי אֶתֵּן אֶת־שְׂכָרֵךְ וַתִּקַּח
י הָאִשָּׁה הַיֶּלֶד וַתְּנִיקֵהוּ׃ וַיִּגְדַּל הַיֶּלֶד וַתְּבִאֵהוּ לְבַת־פַּרְעֹה וַיְהִי־
לָהּ לְבֵן וַתִּקְרָא שְׁמוֹ מֹשֶׁה וַתֹּאמֶר כִּי מִן־הַמַּיִם מְשִׁיתִהוּ׃
יא וַיְהִי ׀ בַּיָּמִים הָהֵם וַיִּגְדַּל מֹשֶׁה וַיֵּצֵא אֶל־אֶחָיו וַיַּרְא בְּסִבְלֹתָם שלישי
יב וַיַּרְא אִישׁ מִצְרִי מַכֶּה אִישׁ־עִבְרִי מֵאֶחָיו׃ וַיִּפֶן כֹּה וָכֹה וַיַּרְא כִּי
יג אֵין אִישׁ וַיַּךְ אֶת־הַמִּצְרִי וַיִּטְמְנֵהוּ בַּחוֹל׃ וַיֵּצֵא בַּיּוֹם הַשֵּׁנִי
וְהִנֵּה שְׁנֵי־אֲנָשִׁים עִבְרִים נִצִּים וַיֹּאמֶר לָרָשָׁע לָמָּה תַכֶּה רֵעֶךָ׃
יד וַיֹּאמֶר מִי שָׂמְךָ לְאִישׁ שַׂר וְשֹׁפֵט עָלֵינוּ הַלְהָרְגֵנִי אַתָּה אֹמֵר
כַּאֲשֶׁר הָרַגְתָּ אֶת־הַמִּצְרִי וַיִּירָא מֹשֶׁה וַיֹּאמַר אָכֵן נוֹדַע הַדָּבָר׃
טו וַיִּשְׁמַע פַּרְעֹה אֶת־הַדָּבָר הַזֶּה וַיְבַקֵּשׁ לַהֲרֹג אֶת־מֹשֶׁה וַיִּבְרַח
טז מֹשֶׁה מִפְּנֵי פַרְעֹה וַיֵּשֶׁב בְּאֶרֶץ־מִדְיָן וַיֵּשֶׁב עַל־הַבְּאֵר׃ וּלְכֹהֵן
מִדְיָן שֶׁבַע בָּנוֹת וַתָּבֹאנָה וַתִּדְלֶנָה וַתְּמַלֶּאנָה אֶת־הָרְהָטִים

17 filled the troughs to water their father's flock. Then the shepherds
arrived and started to drive the young women away. But Moshe
18 stood up to defend them, and then watered their flock. When the
sisters returned to Reuel their father, he asked them, "How is it that
19 you have come back so quickly today?" They said, "An Egyptian
rescued us from the shepherds. He even drew water for us and
20 watered the flock." "Where is he?" he asked his daughters. "Why
did you leave him there? Invite him in to have something to eat."
21 Moshe accepted an invitation to stay with the man, and he gave
22 Moshe his daughter Tzipora in marriage. She gave birth to a son,
and Moshe named him Gershom, saying, "I have been a stranger
in an alien land."[3]
23 Years passed, and the king of Egypt died. The Israelites sighed in
their enslavement and cried out, and from their servitude their
24 plea for help rose up to God. And God heard their groaning, and
remembered His covenant with Avraham, with Yitzḥak, and with
25 Yaakov. God saw the Israelites, and God knew.[4]
3 1 One day Moshe was tending the flock of his father-in-law Yitro, priest REVI'I
of Midyan. He led the flock to the far side of the wilderness and
2 came to Ḥorev, the mountain of God. Then an angel of the Lord
appeared to him in flames of fire from the midst of a bush – and he
3 saw – the bush was ablaze with fire but was not consumed. Moshe
said, "I must turn aside to see this wonder. Why does the bush
4 not burn up?" The Lord saw that he had turned aside to look,
and God called to him from within the bush:[5] "Moshe, Moshe."
5 He answered, "Here I am." Then God said, "Do not come close.
Remove the shoes from your feet, for the place where you stand
6 is holy ground. I," He said, "am the God of your father, the God
of Avraham, the God of Yitzḥak, and the God of Yaakov." Then
7 Moshe hid his face, for he was afraid to look at God. The Lord
continued, "I have seen My people's suffering in Egypt; I have
heard them cry out amid their oppressors; I know their anguish.

5 When describing divine interaction with a human being, the text may variously refer to an "angel," as in verse 2, or to "God," as in the present verse.

יז לְהַשְׁקוֹת צֹאן אֲבִיהֶן: וַיָּבֹאוּ הָרֹעִים וַיְגָרְשׁוּם וַיָּקָם מֹשֶׁה
יח וַיּוֹשִׁעָן וַיַּשְׁקְ אֶת־צֹאנָם: וַתָּבֹאנָה אֶל־רְעוּאֵל אֲבִיהֶן וַיֹּאמֶר
יט מַדּוּעַ מִהַרְתֶּן בֹּא הַיּוֹם: וַתֹּאמַרְןָ אִישׁ מִצְרִי הִצִּילָנוּ מִיַּד
כ הָרֹעִים וְגַם־דָּלֹה דָלָה לָנוּ וַיַּשְׁקְ אֶת־הַצֹּאן: וַיֹּאמֶר אֶל־
בְּנֹתָיו וְאַיּוֹ לָמָּה זֶּה עֲזַבְתֶּן אֶת־הָאִישׁ קִרְאֶן לוֹ וְיֹאכַל לָחֶם:
כא וַיּוֹאֶל מֹשֶׁה לָשֶׁבֶת אֶת־הָאִישׁ וַיִּתֵּן אֶת־צִפֹּרָה בִתּוֹ לְמֹשֶׁה:
כב וַתֵּלֶד בֵּן וַיִּקְרָא אֶת־שְׁמוֹ גֵּרְשֹׁם כִּי אָמַר גֵּר הָיִיתִי בְּאֶרֶץ
נָכְרִיָּה:
כג וַיְהִי בַיָּמִים הָרַבִּים הָהֵם וַיָּמָת מֶלֶךְ מִצְרַיִם וַיֵּאָנְחוּ בְנֵי־יִשְׂרָאֵל
מִן־הָעֲבֹדָה וַיִּזְעָקוּ וַתַּעַל שַׁוְעָתָם אֶל־הָאֱלֹהִים מִן־הָעֲבֹדָה:
כד וַיִּשְׁמַע אֱלֹהִים אֶת־נַאֲקָתָם וַיִּזְכֹּר אֱלֹהִים אֶת־בְּרִיתוֹ אֶת־
כה אַבְרָהָם אֶת־יִצְחָק וְאֶת־יַעֲקֹב: וַיַּרְא אֱלֹהִים אֶת־בְּנֵי יִשְׂרָאֵל
ג א וַיֵּדַע אֱלֹהִים: וּמֹשֶׁה הָיָה רֹעֶה אֶת־צֹאן יִתְרוֹ חֹתְנוֹ ב רביעי
כֹּהֵן מִדְיָן וַיִּנְהַג אֶת־הַצֹּאן אַחַר הַמִּדְבָּר וַיָּבֹא אֶל־הַר הָאֱלֹהִים
ב חֹרֵבָה: וַיֵּרָא מַלְאַךְ יהוה אֵלָיו בְּלַבַּת־אֵשׁ מִתּוֹךְ הַסְּנֶה וַיַּרְא
ג וְהִנֵּה הַסְּנֶה בֹּעֵר בָּאֵשׁ וְהַסְּנֶה אֵינֶנּוּ אֻכָּל: וַיֹּאמֶר מֹשֶׁה אָסֻרָה־
נָּא וְאֶרְאֶה אֶת־הַמַּרְאֶה הַגָּדֹל הַזֶּה מַדּוּעַ לֹא־יִבְעַר הַסְּנֶה:
ד וַיַּרְא יהוה כִּי סָר לִרְאוֹת וַיִּקְרָא אֵלָיו אֱלֹהִים מִתּוֹךְ הַסְּנֶה
ה וַיֹּאמֶר מֹשֶׁה מֹשֶׁה וַיֹּאמֶר הִנֵּנִי: וַיֹּאמֶר אַל־תִּקְרַב הֲלֹם שַׁל־
נְעָלֶיךָ מֵעַל רַגְלֶיךָ כִּי הַמָּקוֹם אֲשֶׁר אַתָּה עוֹמֵד עָלָיו אַדְמַת־
ו קֹדֶשׁ הוּא: וַיֹּאמֶר אָנֹכִי אֱלֹהֵי אָבִיךָ אֱלֹהֵי אַבְרָהָם אֱלֹהֵי
יִצְחָק וֵאלֹהֵי יַעֲקֹב וַיַּסְתֵּר מֹשֶׁה פָּנָיו כִּי יָרֵא מֵהַבִּיט אֶל־
ז הָאֱלֹהִים: וַיֹּאמֶר יהוה רָאֹה רָאִיתִי אֶת־עֳנִי עַמִּי אֲשֶׁר בְּמִצְרָיִם
וְאֶת־צַעֲקָתָם שָׁמַעְתִּי מִפְּנֵי נֹגְשָׂיו כִּי יָדַעְתִּי אֶת־מַכְאֹבָיו:

3 The name Gershom resonates with *ger sham* (a stranger there).

4 God noted their suffering and took it to heart.

8 So I have come to rescue them from the hand of the Egyptians
and bring them up from that land to one that is good, spacious,
a land flowing with milk and honey, the place of the Canaanites,
9 Hittites, Amorites, Perizzites, Hivites, and Jebusites. Now the cry
of the Israelites has reached Me; I have seen the oppression the
10 Egyptians subject them to. So go: I am sending you to Pharaoh
11 to bring My people, the Israelites, out of Egypt." But "who am I,"
said Moshe to God, "to go to Pharaoh, to bring the Israelites out
12 of Egypt?" God replied, "I will be with you. Proof that I have sent
you will come when, having brought the people out of Egypt,
13 you come to serve God upon this mountain." Moshe said to God,
"When I go to the Israelites and tell them, 'Your fathers' God
has sent me to you,' they will ask me, 'What is His name?' What
14 shall I say?" God replied to Moshe, "I will be what I will be."[6]
He said, "This is what you shall tell the Israelites: I will be sent
15 me to you." Then God said to Moshe, "You shall say this to the
Israelites: The LORD[7] God of your fathers, the God of Avraham,
the God of Yitzḥak, and the God of Yaakov, has sent me to you.
This is My name forever, and this is how I will be remembered
16 through the ages. Go, gather the elders of Israel and tell them: ḤAMISHI
The LORD God of your fathers appeared to me – the God of
Avraham, Yitzḥak, and Yaakov – saying: I have taken note of you
17 and I have seen what is being inflicted upon you in Egypt. And I
promise to bring you out of the misery of Egypt to the land of the
Canaanites and Hittites, the Amorites and Perizzites, the Hivites
18 and Jebusites, to a land flowing with milk and honey. They will
listen to you. Then you and the elders of Israel shall go to the king
of Egypt and tell him, 'The LORD God of the Hebrews has revealed
Himself to us. Send us forth now for a three-day journey into the
19 wilderness to sacrifice to the LORD our God.' But I know that even
by a mighty hand the king of Egypt would not send you forth.

7 This is the four-letter name of God (the tetragrammaton), which essentially means "He will be." This name is commonly represented in English by the phrase "the LORD."

ח וָאֵרֵד לְהַצִּילוֹ ׀ מִיַּד מִצְרַיִם וּלְהַעֲלֹתוֹ מִן־הָאָרֶץ הַהִוא אֶל־
אֶרֶץ טוֹבָה וּרְחָבָה אֶל־אֶרֶץ זָבַת חָלָב וּדְבָשׁ אֶל־מְקוֹם הַכְּנַעֲנִי
ט וְהַחִתִּי וְהָאֱמֹרִי וְהַפְּרִזִּי וְהַחִוִּי וְהַיְבוּסִי: וְעַתָּה הִנֵּה צַעֲקַת
בְּנֵי־יִשְׂרָאֵל בָּאָה אֵלָי וְגַם־רָאִיתִי אֶת־הַלַּחַץ אֲשֶׁר מִצְרַיִם
י לֹחֲצִים אֹתָם: וְעַתָּה לְכָה וְאֶשְׁלָחֲךָ אֶל־פַּרְעֹה וְהוֹצֵא אֶת־עַמִּי
יא בְנֵי־יִשְׂרָאֵל מִמִּצְרָיִם: וַיֹּאמֶר מֹשֶׁה אֶל־הָאֱלֹהִים מִי אָנֹכִי כִּי
יב אֵלֵךְ אֶל־פַּרְעֹה וְכִי אוֹצִיא אֶת־בְּנֵי יִשְׂרָאֵל מִמִּצְרָיִם: וַיֹּאמֶר
כִּי־אֶהְיֶה עִמָּךְ וְזֶה־לְּךָ הָאוֹת כִּי אָנֹכִי שְׁלַחְתִּיךָ בְּהוֹצִיאֲךָ אֶת־
יג הָעָם מִמִּצְרַיִם תַּעַבְדוּן אֶת־הָאֱלֹהִים עַל הָהָר הַזֶּה: וַיֹּאמֶר
מֹשֶׁה אֶל־הָאֱלֹהִים הִנֵּה אָנֹכִי בָא אֶל־בְּנֵי יִשְׂרָאֵל וְאָמַרְתִּי לָהֶם
אֱלֹהֵי אֲבוֹתֵיכֶם שְׁלָחַנִי אֲלֵיכֶם וְאָמְרוּ־לִי מַה־שְּׁמוֹ מָה אֹמַר
יד אֲלֵהֶם: וַיֹּאמֶר אֱלֹהִים אֶל־מֹשֶׁה אֶהְיֶה אֲשֶׁר אֶהְיֶה וַיֹּאמֶר כֹּה
טו תֹאמַר לִבְנֵי יִשְׂרָאֵל אֶהְיֶה שְׁלָחַנִי אֲלֵיכֶם: וַיֹּאמֶר עוֹד אֱלֹהִים
אֶל־מֹשֶׁה כֹּה תֹאמַר אֶל־בְּנֵי יִשְׂרָאֵל יְהוָה אֱלֹהֵי אֲבֹתֵיכֶם
אֱלֹהֵי אַבְרָהָם אֱלֹהֵי יִצְחָק וֵאלֹהֵי יַעֲקֹב שְׁלָחַנִי אֲלֵיכֶם זֶה־שְּׁמִי
טז לְעֹלָם וְזֶה זִכְרִי לְדֹר דֹּר: לֵךְ וְאָסַפְתָּ אֶת־זִקְנֵי יִשְׂרָאֵל וְאָמַרְתָּ חמישי
אֲלֵהֶם יְהוָה אֱלֹהֵי אֲבֹתֵיכֶם נִרְאָה אֵלַי אֱלֹהֵי אַבְרָהָם יִצְחָק
וְיַעֲקֹב לֵאמֹר פָּקֹד פָּקַדְתִּי אֶתְכֶם וְאֶת־הֶעָשׂוּי לָכֶם בְּמִצְרָיִם:
יז וָאֹמַר אַעֲלֶה אֶתְכֶם מֵעֳנִי מִצְרַיִם אֶל־אֶרֶץ הַכְּנַעֲנִי וְהַחִתִּי
וְהָאֱמֹרִי וְהַפְּרִזִּי וְהַחִוִּי וְהַיְבוּסִי אֶל־אֶרֶץ זָבַת חָלָב וּדְבָשׁ:
יח וְשָׁמְעוּ לְקֹלֶךָ וּבָאתָ אַתָּה וְזִקְנֵי יִשְׂרָאֵל אֶל־מֶלֶךְ מִצְרַיִם
וַאֲמַרְתֶּם אֵלָיו יְהוָה אֱלֹהֵי הָעִבְרִיִּים נִקְרָה עָלֵינוּ וְעַתָּה נֵלְכָה־
יט נָּא דֶּרֶךְ שְׁלֹשֶׁת יָמִים בַּמִּדְבָּר וְנִזְבְּחָה לַיהוָה אֱלֹהֵינוּ: וַאֲנִי
יָדַעְתִּי כִּי לֹא־יִתֵּן אֶתְכֶם מֶלֶךְ מִצְרַיִם לַהֲלֹךְ וְלֹא בְּיָד חֲזָקָה:

---

6 Several other translations are possible, for example, "I am who I am." The name seems to relate to being or eternity.

20 So I will stretch out My hand and strike Egypt with all the wonders
21 I will do there. After that, he will send you forth. And I will grant
this people favor in the eyes of the Egyptians, so that when you
22 leave, you will not leave empty-handed. Every woman shall ask
her neighbor, ask any woman lodging with her, for objects of silver
and gold, and clothing, and you shall put these on your sons and
4 1 daughters, and despoil the Egyptians." But Moshe replied, "They
will not believe me. They will not listen to me. They will say, 'The
2 LORD has not appeared to you.'" "What is that in your hand?"
3 asked the LORD. "A staff," he replied. "Throw it to the ground."
He threw it, and it turned into a snake; and Moshe fled back from
4 it. The LORD told Moshe, "Reach out your hand and take hold of
its tail." He reached out his hand and grasped it, and in his hand it
5 turned back into a staff. "This is so that they will believe that the
LORD God of their fathers, the God of Avraham, Yitzḥak, and
6 Yaakov, appeared to you." The LORD spoke to him again: "Put
your hand inside your cloak." He put his hand inside his cloak;
7 when he took it out it was as white as snow.[8] "Put it back inside
your cloak," He said. Moshe put his hand back inside his cloak,
8 and when he took it out the skin color had returned. "If they
do not believe you and are not persuaded by the first sign, they
9 will believe the evidence of the second sign. And if they do not
believe either of these signs, and will not listen to you, then take
some water from the Nile and spill it on the ground. The water
10 you take from the Nile will become blood on the ground." Then
Moshe said to the LORD, "Please, my LORD, I am not a man of
words; I was not yesterday, nor the day before, and still I am not
since You spoke to Your servant. I am slow of speech and tongue."
11 "Who gives man speech?" said the LORD to him. "Who makes
people dumb or deaf? Who gives them sight or blindness? Is it
12 not I, the LORD? Now go. I will help you speak and I will teach
13 you what to say." But "Please, my LORD," he said, "send someone
14 else." Then the LORD's anger blazed against Moshe. "Have you not
a brother, Aharon the Levite? He, I know, is able to speak. Even

כ וְשָׁלַחְתִּי אֶת־יָדִי וְהִכֵּיתִי אֶת־מִצְרַיִם בְּכֹל נִפְלְאֹתַי אֲשֶׁר אֶעֱשֶׂה
כא בְּקִרְבּוֹ וְאַחֲרֵי־כֵן יְשַׁלַּח אֶתְכֶם׃ וְנָתַתִּי אֶת־חֵן הָעָם־הַזֶּה בְּעֵינֵי
כב מִצְרָיִם וְהָיָה כִּי תֵלֵכוּן לֹא תֵלְכוּ רֵיקָם׃ וְשָׁאֲלָה אִשָּׁה מִשְּׁכֶנְתָּהּ
וּמִגָּרַת בֵּיתָהּ כְּלֵי־כֶסֶף וּכְלֵי זָהָב וּשְׂמָלֹת וְשַׂמְתֶּם עַל־בְּנֵיכֶם
ד א וְעַל־בְּנֹתֵיכֶם וְנִצַּלְתֶּם אֶת־מִצְרָיִם׃ וַיַּעַן מֹשֶׁה וַיֹּאמֶר וְהֵן לֹא־
יַאֲמִינוּ לִי וְלֹא יִשְׁמְעוּ בְּקֹלִי כִּי יֹאמְרוּ לֹא־נִרְאָה אֵלֶיךָ יְהוָה׃
ב ג וַיֹּאמֶר אֵלָיו יְהוָה מזה בְיָדֶךָ וַיֹּאמֶר מַטֶּה׃ וַיֹּאמֶר הַשְׁלִיכֵהוּ מַה־זֶּה
ד אַרְצָה וַיַּשְׁלִכֵהוּ אַרְצָה וַיְהִי לְנָחָשׁ וַיָּנָס מֹשֶׁה מִפָּנָיו׃ וַיֹּאמֶר
יְהוָה אֶל־מֹשֶׁה שְׁלַח יָדְךָ וֶאֱחֹז בִּזְנָבוֹ וַיִּשְׁלַח יָדוֹ וַיַּחֲזֶק־בּוֹ
ה וַיְהִי לְמַטֶּה בְּכַפּוֹ׃ לְמַעַן יַאֲמִינוּ כִּי־נִרְאָה אֵלֶיךָ יְהוָה אֱלֹהֵי
ו אֲבֹתָם אֱלֹהֵי אַבְרָהָם אֱלֹהֵי יִצְחָק וֵאלֹהֵי יַעֲקֹב׃ וַיֹּאמֶר יְהוָה
לוֹ עוֹד הָבֵא־נָא יָדְךָ בְּחֵיקֶךָ וַיָּבֵא יָדוֹ בְּחֵיקוֹ וַיּוֹצִאָהּ וְהִנֵּה יָדוֹ
ז מְצֹרַעַת כַּשָּׁלֶג׃ וַיֹּאמֶר הָשֵׁב יָדְךָ אֶל־חֵיקֶךָ וַיָּשֶׁב יָדוֹ אֶל־חֵיקוֹ
ח וַיּוֹצִאָהּ מֵחֵיקוֹ וְהִנֵּה־שָׁבָה כִּבְשָׂרוֹ׃ וְהָיָה אִם־לֹא יַאֲמִינוּ לָךְ
וְלֹא יִשְׁמְעוּ לְקֹל הָאֹת הָרִאשׁוֹן וְהֶאֱמִינוּ לְקֹל הָאֹת הָאַחֲרוֹן׃
ט וְהָיָה אִם־לֹא יַאֲמִינוּ גַּם לִשְׁנֵי הָאֹתוֹת הָאֵלֶּה וְלֹא יִשְׁמְעוּן
לְקֹלֶךָ וְלָקַחְתָּ מִמֵּימֵי הַיְאֹר וְשָׁפַכְתָּ הַיַּבָּשָׁה וְהָיוּ הַמַּיִם אֲשֶׁר
י תִּקַּח מִן־הַיְאֹר וְהָיוּ לְדָם בַּיַּבָּשֶׁת׃ וַיֹּאמֶר מֹשֶׁה אֶל־יְהוָה בִּי
אֲדֹנָי לֹא אִישׁ דְּבָרִים אָנֹכִי גַּם מִתְּמוֹל גַּם מִשִּׁלְשֹׁם גַּם מֵאָז
יא דַּבֶּרְךָ אֶל־עַבְדֶּךָ כִּי כְבַד־פֶּה וּכְבַד לָשׁוֹן אָנֹכִי׃ וַיֹּאמֶר יְהוָה
אֵלָיו מִי שָׂם פֶּה לָאָדָם אוֹ מִי־יָשׂוּם אִלֵּם אוֹ חֵרֵשׁ אוֹ פִקֵּחַ אוֹ
יב עִוֵּר הֲלֹא אָנֹכִי יְהוָה׃ וְעַתָּה לֵךְ וְאָנֹכִי אֶהְיֶה עִם־פִּיךָ וְהוֹרֵיתִיךָ
יג יד אֲשֶׁר תְּדַבֵּר׃ וַיֹּאמֶר בִּי אֲדֹנָי שְׁלַח־נָא בְּיַד־תִּשְׁלָח׃ וַיִּחַר־
אַף יְהוָה בְּמֹשֶׁה וַיֹּאמֶר הֲלֹא אַהֲרֹן אָחִיךָ הַלֵּוִי יָדַעְתִּי כִּי־דַבֵּר

8 The Hebrew denotes a scale disease associated with a white discoloration of the skin.

now he is setting out to meet you, and when he sees you his heart
15 will rejoice. You shall speak to him and place words in his mouth.
16 I will help you both to speak, and I will teach you what to do. He
will speak on your behalf to the people – he will be your voice;
17 and you will be his access to God.[9] Take this staff in your hand.
With it, you shall perform the signs."
18 Moshe left and returned to Yeter his father-in-law. He said to him, SHISHI
"Let me go back to my brothers in Egypt, to see if they are still
19 alive." Yitro said to him, "Go in peace." While Moshe was still in
Midyan, the LORD said to him, "Go, return to Egypt. All those
20 who sought your life have died." So Moshe took his wife and
sons and put them on a donkey, and he set out to return to Egypt,
21 taking in his hand the staff of God. The LORD said to Moshe,
"When you return to Egypt, see that you perform for Pharaoh all
the wonders I have placed in your power. But still I will strengthen
22 his heart and he will not send the people forth. Tell Pharaoh: This
23 is what the LORD says, 'Israel is My son, My firstborn. I have told
you: Send forth My son, so that he may serve Me. If you refuse to
24 let him go, I will kill your son, your firstborn.'" At a lodging place
on the way, the LORD confronted Moshe and was about to kill
25 him. But Tzipora took a flint knife and cut off her son's foreskin,
throwing it down at his feet, and said, "You are a bridegroom of
26 blood to me." So He let him go. Then "A bridegroom of blood,"
she said, "because of circumcision."[10]
27 The LORD said to Aharon, "Go and meet Moshe in the wilderness."
And he went and met him at God's mountain, and kissed him.
28 And Moshe told Aharon all that the LORD had said about his
mission, and all the miraculous signs He had commanded him
29 to perform. So Moshe and Aharon went and gathered all the
30 elders of Israel. Aharon told them everything the LORD had
said to Moshe, and he performed the signs before the people.

10 Tzipora's statements here, as well as their intended addressee, are cryptic in the Hebrew; interpretations vary.

יְדַבֵּר הוּא וְגַם הִנֵּה־הוּא יֹצֵא לִקְרָאתֶךָ וְרָאֲךָ וְשָׂמַח בְּלִבּוֹ׃
טו וְדִבַּרְתָּ אֵלָיו וְשַׂמְתָּ אֶת־הַדְּבָרִים בְּפִיו וְאָנֹכִי אֶהְיֶה עִם־פִּיךָ
טז וְעִם־פִּיהוּ וְהוֹרֵיתִי אֶתְכֶם אֵת אֲשֶׁר תַּעֲשׂוּן׃ וְדִבֶּר־הוּא לְךָ אֶל־
יז הָעָם וְהָיָה הוּא יִהְיֶה־לְּךָ לְפֶה וְאַתָּה תִּהְיֶה־לּוֹ לֵאלֹהִים׃ וְאֶת־
הַמַּטֶּה הַזֶּה תִּקַּח בְּיָדֶךָ אֲשֶׁר תַּעֲשֶׂה־בּוֹ אֶת־הָאֹתֹת׃
יח וַיֵּלֶךְ מֹשֶׁה וַיָּשָׁב ׀ אֶל־יֶתֶר חֹתְנוֹ וַיֹּאמֶר לוֹ אֵלְכָה־נָּא וְאָשׁוּבָה ג ששי
אֶל־אַחַי אֲשֶׁר־בְּמִצְרַיִם וְאֶרְאֶה הַעוֹדָם חַיִּים וַיֹּאמֶר יִתְרוֹ
יט לְמֹשֶׁה לֵךְ לְשָׁלוֹם׃ וַיֹּאמֶר יהוה אֶל־מֹשֶׁה בְּמִדְיָן לֵךְ שֻׁב
כ מִצְרָיִם כִּי־מֵתוּ כָּל־הָאֲנָשִׁים הַמְבַקְשִׁים אֶת־נַפְשֶׁךָ׃ וַיִּקַּח
מֹשֶׁה אֶת־אִשְׁתּוֹ וְאֶת־בָּנָיו וַיַּרְכִּבֵם עַל־הַחֲמֹר וַיָּשָׁב אַרְצָה
כא מִצְרָיִם וַיִּקַּח מֹשֶׁה אֶת־מַטֵּה הָאֱלֹהִים בְּיָדוֹ׃ וַיֹּאמֶר יהוה
אֶל־מֹשֶׁה בְּלֶכְתְּךָ לָשׁוּב מִצְרַיְמָה רְאֵה כָּל־הַמֹּפְתִים אֲשֶׁר־
שַׂמְתִּי בְיָדֶךָ וַעֲשִׂיתָם לִפְנֵי פַרְעֹה וַאֲנִי אֲחַזֵּק אֶת־לִבּוֹ וְלֹא
כב יְשַׁלַּח אֶת־הָעָם׃ וְאָמַרְתָּ אֶל־פַּרְעֹה כֹּה אָמַר יהוה בְּנִי בְכֹרִי
כג יִשְׂרָאֵל׃ וָאֹמַר אֵלֶיךָ שַׁלַּח אֶת־בְּנִי וְיַעַבְדֵנִי וַתְּמָאֵן לְשַׁלְּחוֹ
כד הִנֵּה אָנֹכִי הֹרֵג אֶת־בִּנְךָ בְּכֹרֶךָ׃ וַיְהִי בַדֶּרֶךְ בַּמָּלוֹן וַיִּפְגְּשֵׁהוּ
כה יהוה וַיְבַקֵּשׁ הֲמִיתוֹ׃ וַתִּקַּח צִפֹּרָה צֹר וַתִּכְרֹת אֶת־עָרְלַת בְּנָהּ
כו וַתַּגַּע לְרַגְלָיו וַתֹּאמֶר כִּי חֲתַן־דָּמִים אַתָּה לִי׃ וַיִּרֶף מִמֶּנּוּ אָז
אָמְרָה חֲתַן דָּמִים לַמּוּלֹת׃
כז וַיֹּאמֶר יהוה אֶל־אַהֲרֹן לֵךְ לִקְרַאת מֹשֶׁה הַמִּדְבָּרָה וַיֵּלֶךְ
כח וַיִּפְגְּשֵׁהוּ בְּהַר הָאֱלֹהִים וַיִּשַּׁק־לוֹ׃ וַיַּגֵּד מֹשֶׁה לְאַהֲרֹן אֵת כָּל־
כט דִּבְרֵי יהוה אֲשֶׁר שְׁלָחוֹ וְאֵת כָּל־הָאֹתֹת אֲשֶׁר צִוָּהוּ׃ וַיֵּלֶךְ מֹשֶׁה
ל וְאַהֲרֹן וַיַּאַסְפוּ אֶת־כָּל־זִקְנֵי בְּנֵי יִשְׂרָאֵל׃ וַיְדַבֵּר אַהֲרֹן אֵת
כָּל־הַדְּבָרִים אֲשֶׁר־דִּבֶּר יהוה אֶל־מֹשֶׁה וַיַּעַשׂ הָאֹתֹת לְעֵינֵי

9 Literally "you will be to him as God," i.e., you will instruct him what to convey. Cf. 7:1.

31 And the people believed. When they heard that the LORD was
watching over the Israelites, and that He had seen their misery,
5 1 they bowed their heads and prostrated themselves. After this, SHEVI'I
Moshe and Aharon came to Pharaoh; they said, "Thus says the
LORD, God of Israel: Send My people forth so that they may
2 hold a festival for Me in the wilderness." But Pharaoh said, "Who
is this LORD that I should obey Him and send Israel forth? I do
3 not know the LORD, and I will not send Israel forth." "The God of
the Hebrews has revealed Himself to us," they said. "Let us take a
three-day journey into the wilderness and sacrifice to the LORD
our God, or He may strike us with the plague or with the sword."
4 The king of Egypt said to them, "Why, Moshe and Aharon, would
you take the people from their work? Get back to your labor!
5 Look," said Pharaoh, "how numerous the people of the land have
6 become; and yet you would have them rest from their labors." That
day, Pharaoh gave orders to the people's taskmasters and foremen:
7 "Do not give the people straw for bricks as before. Let them go and
8 gather their own straw. But require them to make the same quota
of bricks as before. Do not reduce it. They are lazy. That is why
9 they are crying out, 'Send us forth to sacrifice to our God.' Make
the work harder for the people; and make sure they do it instead
10 of listening to lies." So the taskmasters and foremen went out and
told the people, "This is what Pharaoh says: I will no longer give
11 you straw. You must go and get your own straw wherever you
can find it. Your production must not fall short of what it was."
12 So the people spread out all over Egypt to collect stubble for
13 straw. The taskmasters kept pressuring them, saying, "Complete
14 your daily work quota just as when there was straw." And the
Israelite foremen whom Pharaoh's slave drivers had appointed
were flogged. "Why have you not fulfilled your quota of bricks,"
they were asked, "either yesterday or today as you did before?"
15 The Israelite foremen came and protested to Pharaoh, "Why are
16 you treating your servants like this? Your servants are given no
straw, yet they tell us, 'Make bricks!' We are being flogged for your

לא הָעָם: וַיַּאֲמֵן הָעָם וַיִּשְׁמְעוּ כִּי־פָקַד יהוה אֶת־בְּנֵי יִשְׂרָאֵל וְכִי
ה א רָאָה אֶת־עָנְיָם וַיִּקְּדוּ וַיִּשְׁתַּחֲוּוּ: וְאַחַר בָּאוּ מֹשֶׁה וְאַהֲרֹן וַיֹּאמְרוּ שביעי
אֶל־פַּרְעֹה כֹּה־אָמַר יהוה אֱלֹהֵי יִשְׂרָאֵל שַׁלַּח אֶת־עַמִּי וְיָחֹגּוּ
ב לִי בַּמִּדְבָּר: וַיֹּאמֶר פַּרְעֹה מִי יהוה אֲשֶׁר אֶשְׁמַע בְּקֹלוֹ לְשַׁלַּח
אֶת־יִשְׂרָאֵל לֹא יָדַעְתִּי אֶת־יהוה וְגַם אֶת־יִשְׂרָאֵל לֹא אֲשַׁלֵּחַ:
ג וַיֹּאמְרוּ אֱלֹהֵי הָעִבְרִים נִקְרָא עָלֵינוּ נֵלֲכָה־נָּא דֶּרֶךְ שְׁלֹשֶׁת יָמִים
בַּמִּדְבָּר וְנִזְבְּחָה לַיהוה אֱלֹהֵינוּ פֶּן־יִפְגָּעֵנוּ בַּדֶּבֶר אוֹ בֶחָרֶב:
ד וַיֹּאמֶר אֲלֵהֶם מֶלֶךְ מִצְרַיִם לָמָּה מֹשֶׁה וְאַהֲרֹן תַּפְרִיעוּ אֶת־
ה הָעָם מִמַּעֲשָׂיו לְכוּ לְסִבְלֹתֵיכֶם: וַיֹּאמֶר פַּרְעֹה הֵן־רַבִּים עַתָּה
ו עַם־הָאָרֶץ וְהִשְׁבַּתֶּם אֹתָם מִסִּבְלֹתָם: וַיְצַו פַּרְעֹה בַּיּוֹם הַהוּא
ז אֶת־הַנֹּגְשִׂים בָּעָם וְאֶת־שֹׁטְרָיו לֵאמֹר: לֹא תֹאסִפוּן לָתֵת תֶּבֶן
לָעָם לִלְבֹּן הַלְּבֵנִים כִּתְמוֹל שִׁלְשֹׁם הֵם יֵלְכוּ וְקֹשְׁשׁוּ לָהֶם תֶּבֶן:
ח וְאֶת־מַתְכֹּנֶת הַלְּבֵנִים אֲשֶׁר הֵם עֹשִׂים תְּמוֹל שִׁלְשֹׁם תָּשִׂימוּ
עֲלֵיהֶם לֹא תִגְרְעוּ מִמֶּנּוּ כִּי־נִרְפִּים הֵם עַל־כֵּן הֵם צֹעֲקִים לֵאמֹר
ט נֵלְכָה נִזְבְּחָה לֵאלֹהֵינוּ: תִּכְבַּד הָעֲבֹדָה עַל־הָאֲנָשִׁים וְיַעֲשׂוּ־
י בָהּ וְאַל־יִשְׁעוּ בְּדִבְרֵי־שָׁקֶר: וַיֵּצְאוּ נֹגְשֵׂי הָעָם וְשֹׁטְרָיו וַיֹּאמְרוּ
יא אֶל־הָעָם לֵאמֹר כֹּה אָמַר פַּרְעֹה אֵינֶנִּי נֹתֵן לָכֶם תֶּבֶן: אַתֶּם לְכוּ
קְחוּ לָכֶם תֶּבֶן מֵאֲשֶׁר תִּמְצָאוּ כִּי אֵין נִגְרָע מֵעֲבֹדַתְכֶם דָּבָר:
יב יג וַיָּפֶץ הָעָם בְּכָל־אֶרֶץ מִצְרָיִם לְקֹשֵׁשׁ קַשׁ לַתֶּבֶן: וְהַנֹּגְשִׂים אָצִים
לֵאמֹר כַּלּוּ מַעֲשֵׂיכֶם דְּבַר־יוֹם בְּיוֹמוֹ כַּאֲשֶׁר בִּהְיוֹת הַתֶּבֶן:
יד וַיֻּכּוּ שֹׁטְרֵי בְּנֵי יִשְׂרָאֵל אֲשֶׁר־שָׂמוּ עֲלֵהֶם נֹגְשֵׂי פַרְעֹה לֵאמֹר
מַדּוּעַ לֹא כִלִּיתֶם חָקְכֶם לִלְבֹּן כִּתְמוֹל שִׁלְשֹׁם גַּם־תְּמוֹל גַּם־
טו הַיּוֹם: וַיָּבֹאוּ שֹׁטְרֵי בְּנֵי יִשְׂרָאֵל וַיִּצְעֲקוּ אֶל־פַּרְעֹה לֵאמֹר לָמָּה
טז תַעֲשֶׂה כֹה לַעֲבָדֶיךָ: תֶּבֶן אֵין נִתָּן לַעֲבָדֶיךָ וּלְבֵנִים אֹמְרִים לָנוּ

17 people's failing." But he said, "Lazy, that is what you are – lazy!
That is why you keep saying, 'Send us forth to sacrifice to the
18 LORD.' Now go. Get to work. Straw will not be given you, and you
19 must complete your count of bricks." When the Israelite foremen
saw that they were not to reduce each day's quota, they knew that
20 harm was coming to them. Leaving Pharaoh, they met Moshe and
21 Aharon, who stood awaiting them. They said to them, "May the
LORD look on you and judge, because you have made us repellent
in the eyes of Pharaoh and his officials; you have put a sword in
22 their hands to kill us." Then Moshe returned to the LORD and MAFTIR
said, "Why, LORD, have You brought harm to this people? Is this
23 why You sent me? Ever since I came to Pharaoh to speak in Your
name, he has dealt worse with this people; and You have done
6 1 nothing to deliver Your people." But the LORD said to Moshe,
"Now you are about to see what I will do to Pharaoh. By a mighty
hand he will send them forth, and by a mighty hand he will drive
2 them from his land." Then God spoke to Moshe. "I am VAERA
3 the LORD," He said to him. "As El Shaddai I appeared to Avraham,
Yitzḥak, and Yaakov – but by My name the LORD[11] I did not make
4 Myself known to them. And I made a covenant with them to give
them the land of Canaan, the land where they lived as strangers.
5 And now, I have heard the groaning of the Israelites whom the
Egyptians are holding as slaves, and I remember My covenant.
6 Therefore, say to the Israelites: I am the LORD, and I will free you
from the forced labor of the Egyptians, I will rescue you from
slavery. I will liberate you with an arm stretched forth and with
7 great acts of judgment. I will take you as My people and I will be
your God. Then you will know that I am the LORD your God,
8 freeing you from Egyptian forced labor. And I will bring you to
the land that I promised to give to Avraham, Yitzḥak, and Yaakov;
9 to you I will give it as a possession. I am the LORD." Moshe told
this to the Israelites, but in the brokenness of their spirit and the
brutal labor they did not listen to him.

---

11 See note on 3:15.

יז עֲשׂוּ וְהִנֵּה עֲבָדֶיךָ מֻכִּים וְחָטָאת עַמֶּךָ: וַיֹּאמֶר נִרְפִּים אַתֶּם
יח נִרְפִּים עַל־כֵּן אַתֶּם אֹמְרִים נֵלְכָה נִזְבְּחָה לַיהוָה: וְעַתָּה לְכוּ
יט עִבְדוּ וְתֶבֶן לֹא־יִנָּתֵן לָכֶם וְתֹכֶן לְבֵנִים תִּתֵּנוּ: וַיִּרְאוּ שֹׁטְרֵי
בְנֵי־יִשְׂרָאֵל אֹתָם בְּרָע לֵאמֹר לֹא־תִגְרְעוּ מִלִּבְנֵיכֶם דְּבַר־יוֹם
כ בְּיוֹמוֹ: וַיִּפְגְּעוּ אֶת־מֹשֶׁה וְאֶת־אַהֲרֹן נִצָּבִים לִקְרָאתָם בְּצֵאתָם
כא מֵאֵת פַּרְעֹה: וַיֹּאמְרוּ אֲלֵהֶם יֵרֶא יְהוָה עֲלֵיכֶם וְיִשְׁפֹּט אֲשֶׁר
הִבְאַשְׁתֶּם אֶת־רֵיחֵנוּ בְּעֵינֵי פַרְעֹה וּבְעֵינֵי עֲבָדָיו לָתֶת־חֶרֶב
כב בְּיָדָם לְהָרְגֵנוּ: וַיָּשָׁב מֹשֶׁה אֶל־יְהוָה וַיֹּאמַר אֲדֹנָי לָמָה הֲרֵעֹתָה מפטיר
כג לָעָם הַזֶּה לָמָּה זֶּה שְׁלַחְתָּנִי: וּמֵאָז בָּאתִי אֶל־פַּרְעֹה לְדַבֵּר
ו א בִשְׁמֶךָ הֵרַע לָעָם הַזֶּה וְהַצֵּל לֹא־הִצַּלְתָּ אֶת־עַמֶּךָ: וַיֹּאמֶר
יְהוָה אֶל־מֹשֶׁה עַתָּה תִרְאֶה אֲשֶׁר אֶעֱשֶׂה לְפַרְעֹה כִּי בְיָד
ב חֲזָקָה יְשַׁלְּחֵם וּבְיָד חֲזָקָה יְגָרְשֵׁם מֵאַרְצוֹ: וַיְדַבֵּר ד וארא
ג אֱלֹהִים אֶל־מֹשֶׁה וַיֹּאמֶר אֵלָיו אֲנִי יְהוָה: וָאֵרָא אֶל־אַבְרָהָם
אֶל־יִצְחָק וְאֶל־יַעֲקֹב בְּאֵל שַׁדָּי וּשְׁמִי יְהוָה לֹא נוֹדַעְתִּי לָהֶם:
ד וְגַם הֲקִמֹתִי אֶת־בְּרִיתִי אִתָּם לָתֵת לָהֶם אֶת־אֶרֶץ כְּנָעַן אֵת
ה אֶרֶץ מְגֻרֵיהֶם אֲשֶׁר־גָּרוּ בָהּ: וְגַם ׀ אֲנִי שָׁמַעְתִּי אֶת־נַאֲקַת בְּנֵי
ו יִשְׂרָאֵל אֲשֶׁר מִצְרַיִם מַעֲבִדִים אֹתָם וָאֶזְכֹּר אֶת־בְּרִיתִי: לָכֵן
אֱמֹר לִבְנֵי־יִשְׂרָאֵל אֲנִי יְהוָה וְהוֹצֵאתִי אֶתְכֶם מִתַּחַת סִבְלֹת
מִצְרַיִם וְהִצַּלְתִּי אֶתְכֶם מֵעֲבֹדָתָם וְגָאַלְתִּי אֶתְכֶם בִּזְרוֹעַ נְטוּיָה
ז וּבִשְׁפָטִים גְּדֹלִים: וְלָקַחְתִּי אֶתְכֶם לִי לְעָם וְהָיִיתִי לָכֶם לֵאלֹהִים
וִידַעְתֶּם כִּי אֲנִי יְהוָה אֱלֹהֵיכֶם הַמּוֹצִיא אֶתְכֶם מִתַּחַת סִבְלוֹת
ח מִצְרָיִם: וְהֵבֵאתִי אֶתְכֶם אֶל־הָאָרֶץ אֲשֶׁר נָשָׂאתִי אֶת־יָדִי לָתֵת
אֹתָהּ לְאַבְרָהָם לְיִצְחָק וּלְיַעֲקֹב וְנָתַתִּי אֹתָהּ לָכֶם מוֹרָשָׁה
ט אֲנִי יְהוָה: וַיְדַבֵּר מֹשֶׁה כֵּן אֶל־בְּנֵי יִשְׂרָאֵל וְלֹא שָׁמְעוּ אֶל־מֹשֶׁה
מִקֹּצֶר רוּחַ וּמֵעֲבֹדָה קָשָׁה:

10 11 Then the LORD said to Moshe, "Go, tell Pharaoh, king of Egypt,
12 to send the Israelites forth from his land." But Moshe said to the
LORD, "The Israelites, You see, have not listened to me. How
then will Pharaoh listen? And I am a man of uncircumcised
lips."[12]
13 The LORD spoke to Moshe and Aharon; and He charged them
with regard to the Israelites and to Pharaoh, king of Egypt, to
14 bring the Israelites out of the land of Egypt. These were SHEINI
the heads of their ancestral houses. The sons of Reuven, Yisrael's
firstborn, were Ḥanokh, Palu, Ḥetzron, and Karmi; these were
15 the families of Reuven. Shimon's sons were Yemuel, Yamin, Ohad,
Yakhin, Tzoḥar, and Sha'ul, son of a Canaanite woman; these are
16 the families of Shimon. These are the names of Levi's sons by
their lineage: Gershon, Kehat, and Merari. Levi lived one hundred
17 thirty-seven years. The sons of Gershon were Livni and Shimi, by
18 their families. The sons of Kehat were Amram, Yitzhar, Ḥevron,
19 and Uziel. Kehat lived one hundred thirty-three years. The sons of
Merari were Maḥli and Mushi. These are the families of the Levites
20 by their lineage. Amram married Yokheved, his father's sister,
who bore him Aharon and Moshe. Amram lived one hundred
21 thirty-seven years. The sons of Yitzhar were Koraḥ, Nefeg, and
22 23 Zikhri. The sons of Uziel were Mishael, Eltzafan, and Sitri. Aharon
married Elisheva, daughter of Aminadav and sister of Naḥshon,
24 and she bore him Nadav and Avihu, Elazar and Itamar. The sons
of Koraḥ were Asir, Elkana, and Aviasaf; these are the families of
25 the Korahites. Elazar, Aharon's son, married one of the daughters
of Putiel, and she bore him Pinḥas. These were the heads of the
26 Levite clans by their families. These were the Aharon and Moshe
to whom the LORD said, "Bring the Israelites out of Egypt, by
27 their battalions." It was they who spoke up to Pharaoh, king of
Egypt, to bring the Israelites out of Egypt – this same Moshe and
28 Aharon. So it came to pass on the day the LORD spoke to Moshe
29 in Egypt. The LORD said to Moshe, "I am the LORD. SHELISHI

12 This seems to denote some difficulty in speaking; cf. 4:10.

יא וַיְדַבֵּר יהוה אֶל־מֹשֶׁה לֵּאמֹר׃ בֹּא דַבֵּר אֶל־פַּרְעֹה מֶלֶךְ מִצְרָיִם
יב וִישַׁלַּח אֶת־בְּנֵי־יִשְׂרָאֵל מֵאַרְצוֹ׃ וַיְדַבֵּר מֹשֶׁה לִפְנֵי יהוה לֵאמֹר
הֵן בְּנֵי־יִשְׂרָאֵל לֹא־שָׁמְעוּ אֵלַי וְאֵיךְ יִשְׁמָעֵנִי פַרְעֹה וַאֲנִי עֲרַל
שְׂפָתָיִם׃
יג וַיְדַבֵּר יהוה אֶל־מֹשֶׁה וְאֶל־אַהֲרֹן וַיְצַוֵּם אֶל־בְּנֵי יִשְׂרָאֵל
וְאֶל־פַּרְעֹה מֶלֶךְ מִצְרָיִם לְהוֹצִיא אֶת־בְּנֵי־יִשְׂרָאֵל מֵאֶרֶץ
יד מִצְרָיִם׃ אֵלֶּה רָאשֵׁי בֵית־אֲבֹתָם בְּנֵי רְאוּבֵן בְּכֹר שני
טו יִשְׂרָאֵל חֲנוֹךְ וּפַלּוּא חֶצְרֹן וְכַרְמִי אֵלֶּה מִשְׁפְּחֹת רְאוּבֵן׃ וּבְנֵי
שִׁמְעוֹן יְמוּאֵל וְיָמִין וְאֹהַד וְיָכִין וְצֹחַר וְשָׁאוּל בֶּן־הַכְּנַעֲנִית אֵלֶּה
טז מִשְׁפְּחֹת שִׁמְעוֹן׃ וְאֵלֶּה שְׁמוֹת בְּנֵי־לֵוִי לְתֹלְדֹתָם גֵּרְשׁוֹן וּקְהָת
יז וּמְרָרִי וּשְׁנֵי חַיֵּי לֵוִי שֶׁבַע וּשְׁלֹשִׁים וּמְאַת שָׁנָה׃ בְּנֵי גֵרְשׁוֹן לִבְנִי
יח וְשִׁמְעִי לְמִשְׁפְּחֹתָם׃ וּבְנֵי קְהָת עַמְרָם וְיִצְהָר וְחֶבְרוֹן וְעֻזִּיאֵל
יט וּשְׁנֵי חַיֵּי קְהָת שָׁלֹשׁ וּשְׁלֹשִׁים וּמְאַת שָׁנָה׃ וּבְנֵי מְרָרִי מַחְלִי
כ וּמוּשִׁי אֵלֶּה מִשְׁפְּחֹת הַלֵּוִי לְתֹלְדֹתָם׃ וַיִּקַּח עַמְרָם אֶת־יוֹכֶבֶד
דֹּדָתוֹ לוֹ לְאִשָּׁה וַתֵּלֶד לוֹ אֶת־אַהֲרֹן וְאֶת־מֹשֶׁה וּשְׁנֵי חַיֵּי עַמְרָם
כא כב שֶׁבַע וּשְׁלֹשִׁים וּמְאַת שָׁנָה׃ וּבְנֵי יִצְהָר קֹרַח וָנֶפֶג וְזִכְרִי׃ וּבְנֵי
כג עֻזִּיאֵל מִישָׁאֵל וְאֶלְצָפָן וְסִתְרִי׃ וַיִּקַּח אַהֲרֹן אֶת־אֱלִישֶׁבַע
בַּת־עַמִּינָדָב אֲחוֹת נַחְשׁוֹן לוֹ לְאִשָּׁה וַתֵּלֶד לוֹ אֶת־נָדָב וְאֶת־
כד אֲבִיהוּא אֶת־אֶלְעָזָר וְאֶת־אִיתָמָר׃ וּבְנֵי קֹרַח אַסִּיר וְאֶלְקָנָה
כה וַאֲבִיאָסָף אֵלֶּה מִשְׁפְּחֹת הַקָּרְחִי׃ וְאֶלְעָזָר בֶּן־אַהֲרֹן לָקַח־לוֹ
מִבְּנוֹת פּוּטִיאֵל לוֹ לְאִשָּׁה וַתֵּלֶד לוֹ אֶת־פִּינְחָס אֵלֶּה רָאשֵׁי
כו אֲבוֹת הַלְוִיִּם לְמִשְׁפְּחֹתָם׃ הוּא אַהֲרֹן וּמֹשֶׁה אֲשֶׁר אָמַר יהוה
כז לָהֶם הוֹצִיאוּ אֶת־בְּנֵי יִשְׂרָאֵל מֵאֶרֶץ מִצְרַיִם עַל־צִבְאֹתָם׃ הֵם
הַמְדַבְּרִים אֶל־פַּרְעֹה מֶלֶךְ־מִצְרַיִם לְהוֹצִיא אֶת־בְּנֵי־יִשְׂרָאֵל
כח מִמִּצְרָיִם הוּא מֹשֶׁה וְאַהֲרֹן׃ וַיְהִי בְּיוֹם דִּבֶּר יהוה אֶל־מֹשֶׁה
כט בְּאֶרֶץ מִצְרָיִם׃ וַיְדַבֵּר יהוה אֶל־מֹשֶׁה לֵּאמֹר אֲנִי שלישי

30 Tell Pharaoh, king of Egypt, all that I am telling you." But Moshe
replied to the LORD, "You know that I have uncircumcised lips.[13]
How then will Pharaoh listen to me?"
7 1 Then the LORD said to Moshe, "I am making you now like a god
2 to Pharaoh, and your brother Aharon will be your prophet.[14] All
that I command you, you are to speak, and your brother Aharon
to convey to Pharaoh, that he send the Israelites forth from his
3 land. But I will harden Pharaoh's heart and multiply My signs
4 and wonders in the land of Egypt. Still Pharaoh will not listen to
you. Then I will set My hand against Egypt and, with great acts of
judgment, bring My battalions, My people the Israelites, forth out
5 of the land of Egypt. When I stretch out My hand against Egypt and
bring the Israelites out from among them, the Egyptians will know
6 that I am the LORD." Moshe and Aharon did so; they did exactly
7 as the LORD commanded them. Moshe was eighty years old, and
Aharon eighty-three, when they spoke to Pharaoh.
8 9 Then the LORD said to Moshe, and to Aharon, "When Pharaoh REVI'I
says to you, 'Perform a miracle,' tell Aharon: Take your staff and
throw it down before Pharaoh and it will become a crocodile."
10 So Moshe and Aharon went to Pharaoh and did just as the LORD
had commanded. Aharon threw down his staff before Pharaoh
11 and his officials, and it became a snake. Pharaoh then summoned
his sages and sorcerers, and the Egyptian magicians did the
12 same thing by their sorcery. Each threw down his staff, and they
13 became snakes – but Aharon's staff swallowed up theirs. Pharaoh,
nonetheless, was obstinate, and he would not listen to them, just as
14 the LORD had predicted. Then the LORD said to Moshe,
"Pharaoh's heart is unyielding. He refuses to send the people forth.
15 So go to Pharaoh in the morning as he goes out to the water. Place
yourself by the bank of the Nile where you will encounter him,
16 taking in your hand the staff that turned into a snake. Say to him:
The LORD, God of the Hebrews, has sent me to tell you: Send My
people forth, so that they may serve Me in the wilderness. So far,

14 See note on 4:16.

יְהוָה דַּבֵּר אֶל־פַּרְעֹה מֶלֶךְ מִצְרַיִם אֵת כָּל־אֲשֶׁר אֲנִי דֹּבֵר
ל אֵלֶיךָ: וַיֹּאמֶר מֹשֶׁה לִפְנֵי יְהוָה הֵן אֲנִי עֲרַל שְׂפָתַיִם וְאֵיךְ יִשְׁמַע
אֵלַי פַּרְעֹה:
ז א וַיֹּאמֶר יְהוָה אֶל־מֹשֶׁה רְאֵה נְתַתִּיךָ אֱלֹהִים לְפַרְעֹה וְאַהֲרֹן
ב אָחִיךָ יִהְיֶה נְבִיאֶךָ: אַתָּה תְדַבֵּר אֵת כָּל־אֲשֶׁר אֲצַוֶּךָּ וְאַהֲרֹן
ג אָחִיךָ יְדַבֵּר אֶל־פַּרְעֹה וְשִׁלַּח אֶת־בְּנֵי־יִשְׂרָאֵל מֵאַרְצוֹ: וַאֲנִי
אַקְשֶׁה אֶת־לֵב פַּרְעֹה וְהִרְבֵּיתִי אֶת־אֹתֹתַי וְאֶת־מוֹפְתַי בְּאֶרֶץ
ד מִצְרָיִם: וְלֹא־יִשְׁמַע אֲלֵכֶם פַּרְעֹה וְנָתַתִּי אֶת־יָדִי בְּמִצְרָיִם
וְהוֹצֵאתִי אֶת־צִבְאֹתַי אֶת־עַמִּי בְנֵי־יִשְׂרָאֵל מֵאֶרֶץ מִצְרַיִם
ה בִּשְׁפָטִים גְּדֹלִים: וְיָדְעוּ מִצְרַיִם כִּי־אֲנִי יְהוָה בִּנְטֹתִי אֶת־יָדִי
ו עַל־מִצְרָיִם וְהוֹצֵאתִי אֶת־בְּנֵי־יִשְׂרָאֵל מִתּוֹכָם: וַיַּעַשׂ מֹשֶׁה
ז וְאַהֲרֹן כַּאֲשֶׁר צִוָּה יְהוָה אֹתָם כֵּן עָשׂוּ: וּמֹשֶׁה בֶּן־שְׁמֹנִים שָׁנָה
וְאַהֲרֹן בֶּן־שָׁלֹשׁ וּשְׁמֹנִים שָׁנָה בְּדַבְּרָם אֶל־פַּרְעֹה:
ח ט וַיֹּאמֶר יְהוָה אֶל־מֹשֶׁה וְאֶל־אַהֲרֹן לֵאמֹר: כִּי יְדַבֵּר אֲלֵכֶם פַּרְעֹה ה רביעי
לֵאמֹר תְּנוּ לָכֶם מוֹפֵת וְאָמַרְתָּ אֶל־אַהֲרֹן קַח אֶת־מַטְּךָ וְהַשְׁלֵךְ
י לִפְנֵי־פַרְעֹה יְהִי לְתַנִּין: וַיָּבֹא מֹשֶׁה וְאַהֲרֹן אֶל־פַּרְעֹה וַיַּעֲשׂוּ־כֵן
כַּאֲשֶׁר צִוָּה יְהוָה וַיַּשְׁלֵךְ אַהֲרֹן אֶת־מַטֵּהוּ לִפְנֵי פַרְעֹה וְלִפְנֵי
יא עֲבָדָיו וַיְהִי לְתַנִּין: וַיִּקְרָא גַּם־פַּרְעֹה לַחֲכָמִים וְלַמְכַשְּׁפִים וַיַּעֲשׂוּ
יב גַם־הֵם חַרְטֻמֵּי מִצְרַיִם בְּלַהֲטֵיהֶם כֵּן: וַיַּשְׁלִיכוּ אִישׁ מַטֵּהוּ וַיִּהְיוּ
יג לְתַנִּינִם וַיִּבְלַע מַטֵּה־אַהֲרֹן אֶת־מַטֹּתָם: וַיֶּחֱזַק לֵב פַּרְעֹה וְלֹא
יד שָׁמַע אֲלֵהֶם כַּאֲשֶׁר דִּבֶּר יְהוָה: וַיֹּאמֶר יְהוָה אֶל־
טו מֹשֶׁה כָּבֵד לֵב פַּרְעֹה מֵאֵן לְשַׁלַּח הָעָם: לֵךְ אֶל־פַּרְעֹה בַּבֹּקֶר
הִנֵּה יֹצֵא הַמַּיְמָה וְנִצַּבְתָּ לִקְרָאתוֹ עַל־שְׂפַת הַיְאֹר וְהַמַּטֶּה
טז אֲשֶׁר־נֶהְפַּךְ לְנָחָשׁ תִּקַּח בְּיָדֶךָ: וְאָמַרְתָּ אֵלָיו יְהוָה אֱלֹהֵי
הָעִבְרִים שְׁלָחַנִי אֵלֶיךָ לֵאמֹר שַׁלַּח אֶת־עַמִּי וְיַעַבְדֻנִי בַּמִּדְבָּר

13 See note on verse 22.

17 you have not listened. This is what the LORD says: This will make
it known to you that I am the LORD. With the staff in my hand I
18 will strike the water in the Nile and it will become blood. The fish
in the Nile will die; the Nile will stink and the Egyptians will be
19 unable to drink its water." Then the LORD said to Moshe,
"Tell Aharon: Take your staff and stretch out your hand over the
waters of Egypt, their rivers, canals, ponds, and reservoirs, and
they will turn into blood. There will be blood throughout Egypt,
20 even inside vessels of wood and of stone." Moshe and Aharon
did just as the LORD commanded. Aharon raised his staff, in full
view of Pharaoh and his officials, and struck the water of the Nile,
21 and all the Nile's water turned into blood. The Nile fish died, and
the river stank so that the Egyptians could not drink its water.
22 Throughout the land of Egypt, blood appeared. But the Egyptian
magicians did the same thing by their sorcery. So Pharaoh's heart
remained adamant, and he would not listen to them, just as the
23 LORD had predicted. Pharaoh turned and went back into his
24 palace and did not take even this to heart. The Egyptians all dug
along the Nile to get drinking water, unable to drink of the waters
25 of the Nile. And seven days went by after the LORD's striking of
the Nile.

26 Then the LORD said to Moshe, "Go to Pharaoh and say to him:
This is what the LORD says: Send My people forth, so that they
27 may serve Me. And if you should refuse to send them forth – I will
28 scourge your land with frogs from end to end. The Nile will teem
with frogs. They will come up into your palace, into your bedroom
and up onto your bed, into the houses of your officials and of all
29 your people, into your ovens and your kneading pans. The frogs
8 1 shall climb up onto you and your people and all your officials." The
LORD said to Moshe, "Speak to Aharon: Stretch out your hand
that holds your staff over the rivers, the canals, and the pools, and
2 cause frogs to climb up and out onto the land of Egypt." So Aharon
stretched out his hand over the waters of Egypt, and frogs climbed
3 up and covered the Egyptian land. But the magicians used their

יז וְהִנֵּה לֹא־שָׁמַעְתָּ עַד־כֹּה׃ כֹּה אָמַר יהוה בְּזֹאת תֵּדַע כִּי אֲנִי
יהוה הִנֵּה אָנֹכִי מַכֶּה ׀ בַּמַּטֶּה אֲשֶׁר־בְּיָדִי עַל־הַמַּיִם אֲשֶׁר בַּיְאֹר
יח וְנֶהֶפְכוּ לְדָם׃ וְהַדָּגָה אֲשֶׁר־בַּיְאֹר תָּמוּת וּבָאַשׁ הַיְאֹר וְנִלְאוּ
יט מִצְרַיִם לִשְׁתּוֹת מַיִם מִן־הַיְאֹר׃ וַיֹּאמֶר יהוה אֶל־
מֹשֶׁה אֱמֹר אֶל־אַהֲרֹן קַח מַטְּךָ וּנְטֵה־יָדְךָ עַל־מֵימֵי מִצְרַיִם
עַל־נַהֲרֹתָם ׀ עַל־יְאֹרֵיהֶם וְעַל־אַגְמֵיהֶם וְעַל כָּל־מִקְוֵה מֵימֵיהֶם
כ וְיִהְיוּ־דָם וְהָיָה דָם בְּכָל־אֶרֶץ מִצְרַיִם וּבָעֵצִים וּבָאֲבָנִים׃ וַיַּעֲשׂוּ־
כֵן מֹשֶׁה וְאַהֲרֹן כַּאֲשֶׁר ׀ צִוָּה יהוה וַיָּרֶם בַּמַּטֶּה וַיַּךְ אֶת־הַמַּיִם
אֲשֶׁר בַּיְאֹר לְעֵינֵי פַרְעֹה וּלְעֵינֵי עֲבָדָיו וַיֵּהָפְכוּ כָּל־הַמַּיִם אֲשֶׁר־
כא בַּיְאֹר לְדָם׃ וְהַדָּגָה אֲשֶׁר־בַּיְאֹר מֵתָה וַיִּבְאַשׁ הַיְאֹר וְלֹא־יָכְלוּ
מִצְרַיִם לִשְׁתּוֹת מַיִם מִן־הַיְאֹר וַיְהִי הַדָּם בְּכָל־אֶרֶץ מִצְרָיִם׃
כב וַיַּעֲשׂוּ־כֵן חַרְטֻמֵּי מִצְרַיִם בְּלָטֵיהֶם וַיֶּחֱזַק לֵב־פַּרְעֹה וְלֹא־שָׁמַע
כג אֲלֵהֶם כַּאֲשֶׁר דִּבֶּר יהוה׃ וַיִּפֶן פַּרְעֹה וַיָּבֹא אֶל־בֵּיתוֹ וְלֹא־שָׁת
כד לִבּוֹ גַּם־לָזֹאת׃ וַיַּחְפְּרוּ כָל־מִצְרַיִם סְבִיבֹת הַיְאֹר מַיִם לִשְׁתּוֹת
כה כִּי לֹא יָכְלוּ לִשְׁתֹּת מִמֵּימֵי הַיְאֹר׃ וַיִּמָּלֵא שִׁבְעַת יָמִים אַחֲרֵי
הַכּוֹת־יהוה אֶת־הַיְאֹר׃
כו וַיֹּאמֶר יהוה אֶל־מֹשֶׁה בֹּא אֶל־פַּרְעֹה וְאָמַרְתָּ אֵלָיו כֹּה אָמַר
כז יהוה שַׁלַּח אֶת־עַמִּי וְיַעַבְדֻנִי׃ וְאִם־מָאֵן אַתָּה לְשַׁלֵּחַ הִנֵּה
כח אָנֹכִי נֹגֵף אֶת־כָּל־גְּבוּלְךָ בַּצְפַרְדְּעִים׃ וְשָׁרַץ הַיְאֹר צְפַרְדְּעִים
וְעָלוּ וּבָאוּ בְּבֵיתֶךָ וּבַחֲדַר מִשְׁכָּבְךָ וְעַל־מִטָּתֶךָ וּבְבֵית עֲבָדֶיךָ
כט וּבְעַמֶּךָ וּבְתַנּוּרֶיךָ וּבְמִשְׁאֲרוֹתֶיךָ׃ וּבְכָה וּבְעַמְּךָ וּבְכָל־עֲבָדֶיךָ
ח א יַעֲלוּ הַצְפַרְדְּעִים׃ וַיֹּאמֶר יהוה אֶל־מֹשֶׁה אֱמֹר אֶל־אַהֲרֹן
נְטֵה אֶת־יָדְךָ בְּמַטֶּךָ עַל־הַנְּהָרֹת עַל־הַיְאֹרִים וְעַל־הָאֲגַמִּים
ב וְהַעַל אֶת־הַצְפַרְדְּעִים עַל־אֶרֶץ מִצְרָיִם׃ וַיֵּט אַהֲרֹן אֶת־יָדוֹ
עַל מֵימֵי מִצְרָיִם וַתַּעַל הַצְּפַרְדֵּעַ וַתְּכַס אֶת־אֶרֶץ מִצְרָיִם׃
ג וַיַּעֲשׂוּ־כֵן הַחַרְטֻמִּים בְּלָטֵיהֶם וַיַּעֲלוּ אֶת־הַצְפַרְדְּעִים עַל־אֶרֶץ

sorcery and did the same, making frogs climb up over the land
4 of Egypt. Then Pharaoh called for Moshe and Aharon and said,
"Pray to the LORD to take the frogs away from me and from my
people, and I will send your people forth to sacrifice to the LORD."
5 Moshe said to Pharaoh, "Gloat over me:[15] you name the time
when I should pray that the frogs be removed, for you and your
officials, and your people, from you and your homes, remaining
6 only in the Nile." "Tomorrow," he replied. Moshe said, "It will be as
you say. Then you will know that there is none like the LORD our
7 God. The frogs will depart from you and from your homes, your HAMISHI
8 officials, all your people. They will only remain in the Nile." Moshe
and Aharon departed Pharaoh's presence, and Moshe cried out
9 to the LORD about the frogs He had brought upon Pharaoh. The
LORD did as Moshe said, and the frogs in the houses, courtyards,
10 and fields died; they gathered them up into heaping piles, and
11 the stench filled the whole land. But when Pharaoh saw that
respite had come, he hardened his heart and would not listen,
12 just as the LORD had predicted. Then the LORD said
to Moshe, "Tell Aharon: Extend your staff and strike the dust of
13 the earth; all over Egypt it will be transformed into lice." They
did so. Aharon extended the hand that held his staff and struck
the dust of the earth, and suddenly there were lice on the people,
on the animals. The dust of the earth was turned to lice all across
14 Egypt. The magicians tried to produce lice with their sorcery,
but they could not. Meanwhile the lice still infested people and
15 animals alike. "This," the magicians told Pharaoh, "is the finger
of God." But Pharaoh's heart was toughened, and – as the LORD
16 had predicted – he would not listen to them. Then the
LORD said to Moshe, "Rise up early in the morning and confront
Pharaoh as he goes out to the water; tell him: This is what the
17 LORD says: Send My people forth, so that they may serve Me. If
you refuse to send them forth, I will send swarms of insects[16] onto
you, your officials, your people, and your houses. The Egyptians'
houses will be filled with swarms of insects; the ground they stand

ד מִצְרָיִם: וַיִּקְרָא פַרְעֹה לְמֹשֶׁה וּלְאַהֲרֹן וַיֹּאמֶר הַעְתִּירוּ אֶל־
יהוה וְיָסֵר הַצְפַרְדְּעִים מִמֶּנִּי וּמֵעַמִּי וַאֲשַׁלְּחָה אֶת־הָעָם וְיִזְבְּחוּ
ה לַיהוה: וַיֹּאמֶר מֹשֶׁה לְפַרְעֹה הִתְפָּאֵר עָלַי לְמָתַי ׀ אַעְתִּיר
לְךָ וְלַעֲבָדֶיךָ וּלְעַמְּךָ לְהַכְרִית הַצְפַרְדְּעִים מִמְּךָ וּמִבָּתֶּיךָ רַק
ו בַּיְאֹר תִּשָּׁאַרְנָה: וַיֹּאמֶר לְמָחָר וַיֹּאמֶר כִּדְבָרְךָ לְמַעַן תֵּדַע כִּי־
ז אֵין כַּיהוה אֱלֹהֵינוּ: וְסָרוּ הַצְפַרְדְּעִים מִמְּךָ וּמִבָּתֶּיךָ וּמֵעֲבָדֶיךָ חמישי
ח וּמֵעַמֶּךָ רַק בַּיְאֹר תִּשָּׁאַרְנָה: וַיֵּצֵא מֹשֶׁה וְאַהֲרֹן מֵעִם פַּרְעֹה
וַיִּצְעַק מֹשֶׁה אֶל־יהוה עַל־דְּבַר הַצְפַרְדְּעִים אֲשֶׁר־שָׂם לְפַרְעֹה:
ט וַיַּעַשׂ יהוה כִּדְבַר מֹשֶׁה וַיָּמֻתוּ הַצְפַרְדְּעִים מִן־הַבָּתִּים מִן־
י הַחֲצֵרֹת וּמִן־הַשָּׂדֹת: וַיִּצְבְּרוּ אֹתָם חֳמָרִם חֳמָרִם וַתִּבְאַשׁ
יא הָאָרֶץ: וַיַּרְא פַּרְעֹה כִּי הָיְתָה הָרְוָחָה וְהַכְבֵּד אֶת־לִבּוֹ וְלֹא שָׁמַע
יב אֲלֵהֶם כַּאֲשֶׁר דִּבֶּר יהוה: וַיֹּאמֶר יהוה אֶל־מֹשֶׁה
אֱמֹר אֶל־אַהֲרֹן נְטֵה אֶת־מַטְּךָ וְהַךְ אֶת־עֲפַר הָאָרֶץ וְהָיָה לְכִנִּם
יג בְּכָל־אֶרֶץ מִצְרָיִם: וַיַּעֲשׂוּ־כֵן וַיֵּט אַהֲרֹן אֶת־יָדוֹ בְמַטֵּהוּ וַיַּךְ
אֶת־עֲפַר הָאָרֶץ וַתְּהִי הַכִּנָּם בָּאָדָם וּבַבְּהֵמָה כָּל־עֲפַר הָאָרֶץ
יד הָיָה כִנִּים בְּכָל־אֶרֶץ מִצְרָיִם: וַיַּעֲשׂוּ־כֵן הַחַרְטֻמִּים בְּלָטֵיהֶם
לְהוֹצִיא אֶת־הַכִּנִּים וְלֹא יָכֹלוּ וַתְּהִי הַכִּנָּם בָּאָדָם וּבַבְּהֵמָה:
טו וַיֹּאמְרוּ הַחַרְטֻמִּם אֶל־פַּרְעֹה אֶצְבַּע אֱלֹהִים הִוא וַיֶּחֱזַק לֵב־
טז פַּרְעֹה וְלֹא־שָׁמַע אֲלֵהֶם כַּאֲשֶׁר דִּבֶּר יהוה: וַיֹּאמֶר ו
יהוה אֶל־מֹשֶׁה הַשְׁכֵּם בַּבֹּקֶר וְהִתְיַצֵּב לִפְנֵי פַרְעֹה הִנֵּה יוֹצֵא
יז הַמָּיְמָה וְאָמַרְתָּ אֵלָיו כֹּה אָמַר יהוה שַׁלַּח עַמִּי וְיַעַבְדֻנִי: כִּי
אִם־אֵינְךָ מְשַׁלֵּחַ אֶת־עַמִּי הִנְנִי מַשְׁלִיחַ בְּךָ וּבַעֲבָדֶיךָ וּבְעַמְּךָ
וּבְבָתֶּיךָ אֶת־הֶעָרֹב וּמָלְאוּ בָּתֵּי מִצְרַיִם אֶת־הֶעָרֹב וְגַם הָאֲדָמָה

15 Interpretations of the phrase vary. According to this rendering, Moshe challenges Pharaoh to set a time when God would be unable to stop the plague. Should the plague persist then, Pharaoh would be able to "gloat."

16 Alternatively "wild animals."

18 upon will be covered by them. On that day, I will set the land of
Goshen, where My people live, apart – there, there will be no
swarms – and then you will know that I am the Lord, here on
19 earth. Between My people and yours I will mark out a separation; SHISHI
20 tomorrow, this sign will come to be." The Lord did so. Great
swarms of insects infested Pharaoh's palace and the houses of his
officials. All across Egypt, swarms of insects devastated the land.
21 Pharaoh called for Moshe and Aharon. "Go," he said, "and sacrifice
22 to your God here in the land." But Moshe replied, "That would
not be right for us to do; our sacrifice to the Lord our God is an
abomination to the Egyptians. If, before the Egyptians' eyes, we
offer the sacrifice they consider an abomination, will they not
23 stone us to death?[17] Send us forth, three days' journey into the
wilderness, to sacrifice there to the Lord our God, as He will
24 instruct us." Pharaoh said, "I will send you forth; you shall sacrifice
to the Lord your God in the wilderness. Just do not go far away.
25 Pray for me." Moshe said, "I am going to leave you and pray to
the Lord. Tomorrow, the swarms of insects will move on from
Pharaoh, his officials, and his people. But let Pharaoh no more
deceive us, refusing to send the people forth to make their sacrifice
26 27 to the Lord." Moshe left Pharaoh and prayed to the Lord. And
the Lord did what Moshe asked. He diverted the swarms of
insects from Pharaoh, his officials, his people – not one was left
28 behind. But this time too, Pharaoh hardened his heart and did not
send the people forth.

9 1 Then the Lord said to Moshe, "Go to Pharaoh. Tell him: This is
what the Lord, God of the Hebrews, says: Send My people forth
2 to serve Me. If you refuse to send them forth, if you continue to
3 hold them back, the Lord's hand will turn against your livestock
in the field. A deadly epidemic will strike horses, donkeys, and
4 camels, cattle and flocks. But the Lord will set Israel's livestock
5 apart from Egypt's; none belonging to the Israelites will die. The
Lord has set His appointed time; tomorrow the Lord will bring

יח אֲשֶׁר־הֵם עָלֶיהָ׃ וְהִפְלֵיתִי בַיּוֹם הַהוּא אֶת־אֶרֶץ גֹּשֶׁן אֲשֶׁר עַמִּי
עֹמֵד עָלֶיהָ לְבִלְתִּי הֱיוֹת־שָׁם עָרֹב לְמַעַן תֵּדַע כִּי אֲנִי יהוה
יט בְּקֶרֶב הָאָרֶץ׃ וְשַׂמְתִּי פְדֻת בֵּין עַמִּי וּבֵין עַמֶּךָ לְמָחָר יִהְיֶה ששי
כ הָאֹת הַזֶּה׃ וַיַּעַשׂ יהוה כֵּן וַיָּבֹא עָרֹב כָּבֵד בֵּיתָה פַרְעֹה וּבֵית
כא עֲבָדָיו וּבְכָל־אֶרֶץ מִצְרַיִם תִּשָּׁחֵת הָאָרֶץ מִפְּנֵי הֶעָרֹב׃ וַיִּקְרָא
פַרְעֹה אֶל־מֹשֶׁה וּלְאַהֲרֹן וַיֹּאמֶר לְכוּ זִבְחוּ לֵאלֹהֵיכֶם בָּאָרֶץ׃
כב וַיֹּאמֶר מֹשֶׁה לֹא נָכוֹן לַעֲשׂוֹת כֵּן כִּי תּוֹעֲבַת מִצְרַיִם נִזְבַּח לַיהוה
אֱלֹהֵינוּ הֵן נִזְבַּח אֶת־תּוֹעֲבַת מִצְרַיִם לְעֵינֵיהֶם וְלֹא יִסְקְלֻנוּ׃
כג דֶּרֶךְ שְׁלֹשֶׁת יָמִים נֵלֵךְ בַּמִּדְבָּר וְזָבַחְנוּ לַיהוה אֱלֹהֵינוּ כַּאֲשֶׁר
כד יֹאמַר אֵלֵינוּ׃ וַיֹּאמֶר פַּרְעֹה אָנֹכִי אֲשַׁלַּח אֶתְכֶם וּזְבַחְתֶּם לַיהוה
אֱלֹהֵיכֶם בַּמִּדְבָּר רַק הַרְחֵק לֹא־תַרְחִיקוּ לָלֶכֶת הַעְתִּירוּ בַּעֲדִי׃
כה וַיֹּאמֶר מֹשֶׁה הִנֵּה אָנֹכִי יוֹצֵא מֵעִמָּךְ וְהַעְתַּרְתִּי אֶל־יהוה וְסָר
הֶעָרֹב מִפַּרְעֹה מֵעֲבָדָיו וּמֵעַמּוֹ מָחָר רַק אַל־יֹסֵף פַּרְעֹה הָתֵל
כו לְבִלְתִּי שַׁלַּח אֶת־הָעָם לִזְבֹּחַ לַיהוה׃ וַיֵּצֵא מֹשֶׁה מֵעִם פַּרְעֹה
כז וַיֶּעְתַּר אֶל־יהוה׃ וַיַּעַשׂ יהוה כִּדְבַר מֹשֶׁה וַיָּסַר הֶעָרֹב מִפַּרְעֹה
כח מֵעֲבָדָיו וּמֵעַמּוֹ לֹא נִשְׁאַר אֶחָד׃ וַיַּכְבֵּד פַּרְעֹה אֶת־לִבּוֹ גַּם
בַּפַּעַם הַזֹּאת וְלֹא שִׁלַּח אֶת־הָעָם׃

ט א וַיֹּאמֶר יהוה אֶל־מֹשֶׁה בֹּא אֶל־פַּרְעֹה וְדִבַּרְתָּ אֵלָיו כֹּה־אָמַר
ב יהוה אֱלֹהֵי הָעִבְרִים שַׁלַּח אֶת־עַמִּי וְיַעַבְדֻנִי׃ כִּי אִם־מָאֵן אַתָּה
ג לְשַׁלֵּחַ וְעוֹדְךָ מַחֲזִיק בָּם׃ הִנֵּה יַד־יהוה הוֹיָה בְּמִקְנְךָ אֲשֶׁר
בַּשָּׂדֶה בַּסּוּסִים בַּחֲמֹרִים בַּגְּמַלִּים בַּבָּקָר וּבַצֹּאן דֶּבֶר כָּבֵד מְאֹד׃
ד וְהִפְלָה יהוה בֵּין מִקְנֵה יִשְׂרָאֵל וּבֵין מִקְנֵה מִצְרָיִם וְלֹא יָמוּת
ה מִכָּל־לִבְנֵי יִשְׂרָאֵל דָּבָר׃ וַיָּשֶׂם יהוה מוֹעֵד לֵאמֹר מָחָר יַעֲשֶׂה

17 The sense seems to be that sheep, goats, and cattle were sacred to the Egyptians, and it would have offended them to witness the Israelites slaughtering them for their own rites.

6 this about in the land." And the next day, the LORD brought it to
be. All the livestock of the Egyptians perished, but of the Israelites'
7 livestock, not one creature died. Pharaoh investigated the matter
and discovered that not one among Israel's livestock had died.
But still Pharaoh's heart remained hard, and he would not send
the people forth.
8 Then the LORD said to Moshe and Aharon, "Take a handful of
soot from a furnace and throw it up in the air before Pharaoh's
9 eyes. It will become a cloud of dust over all the land of Egypt, and
on people and animals it will become a rash, breaking out into
10 boils on people and animals throughout the land of Egypt." So
they took soot from the furnace and stood before Pharaoh. Moshe
threw it up in the air, and it became a rash that broke into boils
11 on people and animals. The magicians could not stand before
Moshe because of their boils; for the boils had affected them as
12 they had the rest of the Egyptians. But the LORD strengthened
Pharaoh's heart, and he would not listen to them, just as the LORD
13 had told Moshe. Then the LORD said to Moshe, "Rise
up early in the morning and confront Pharaoh. Tell him: This is
what the LORD, God of the Hebrews, says: Send My people forth
14 to serve Me, or this time I will set the full force of My plagues
upon you, your officials, and your people so that you will know
15 that there is none like Me in all the world. By now I could have
stretched out My hand and struck you and your people with an
16 epidemic that would have wiped you off the face of the earth. But
I have let you survive for this purpose – to show you My power,
17 and to have My name known throughout the land. You are still SHEVI'I
18 abusing your power over My people, refusing to let them go. And
so this time tomorrow I will bring a hailstorm on Egypt heavier
than any it has suffered, from the day Egypt was established until
19 now. Give an order now to bring in your livestock and all else
you have in the field. Anyone or any animal in the open, any not
20 brought under shelter, will die when the hail beats down." Those
of Pharaoh's officials who feared the LORD's word hurried to bring

ו יְהוָה הַדָּבָר הַזֶּה בָּאָרֶץ: וַיַּעַשׂ יְהוָה אֶת־הַדָּבָר הַזֶּה מִמָּחֳרָת
וַיָּמָת כֹּל מִקְנֵה מִצְרָיִם וּמִמִּקְנֵה בְנֵי־יִשְׂרָאֵל לֹא־מֵת אֶחָד:
ז וַיִּשְׁלַח פַּרְעֹה וְהִנֵּה לֹא־מֵת מִמִּקְנֵה יִשְׂרָאֵל עַד־אֶחָד וַיִּכְבַּד
לֵב פַּרְעֹה וְלֹא שִׁלַּח אֶת־הָעָם:
ח וַיֹּאמֶר יְהוָה אֶל־מֹשֶׁה וְאֶל־אַהֲרֹן קְחוּ לָכֶם מְלֹא חָפְנֵיכֶם פִּיחַ
ט כִּבְשָׁן וּזְרָקוֹ מֹשֶׁה הַשָּׁמַיְמָה לְעֵינֵי פַרְעֹה: וְהָיָה לְאָבָק עַל
כָּל־אֶרֶץ מִצְרָיִם וְהָיָה עַל־הָאָדָם וְעַל־הַבְּהֵמָה לִשְׁחִין פֹּרֵחַ
י אֲבַעְבֻּעֹת בְּכָל־אֶרֶץ מִצְרָיִם: וַיִּקְחוּ אֶת־פִּיחַ הַכִּבְשָׁן וַיַּעַמְדוּ
לִפְנֵי פַרְעֹה וַיִּזְרֹק אֹתוֹ מֹשֶׁה הַשָּׁמָיְמָה וַיְהִי שְׁחִין אֲבַעְבֻּעֹת
יא פֹּרֵחַ בָּאָדָם וּבַבְּהֵמָה: וְלֹא־יָכְלוּ הַחַרְטֻמִּים לַעֲמֹד לִפְנֵי מֹשֶׁה
יב מִפְּנֵי הַשְּׁחִין כִּי־הָיָה הַשְּׁחִין בַּחַרְטֻמִּם וּבְכָל־מִצְרָיִם: וַיְחַזֵּק
יְהוָה אֶת־לֵב פַּרְעֹה וְלֹא שָׁמַע אֲלֵהֶם כַּאֲשֶׁר דִּבֶּר יְהוָה אֶל־
יג מֹשֶׁה: וַיֹּאמֶר יְהוָה אֶל־מֹשֶׁה הַשְׁכֵּם בַּבֹּקֶר וְהִתְיַצֵּב
לִפְנֵי פַרְעֹה וְאָמַרְתָּ אֵלָיו כֹּה־אָמַר יְהוָה אֱלֹהֵי הָעִבְרִים שַׁלַּח
יד אֶת־עַמִּי וְיַעַבְדֻנִי: כִּי | בַּפַּעַם הַזֹּאת אֲנִי שֹׁלֵחַ אֶת־כָּל־מַגֵּפֹתַי
אֶל־לִבְּךָ וּבַעֲבָדֶיךָ וּבְעַמֶּךָ בַּעֲבוּר תֵּדַע כִּי אֵין כָּמֹנִי בְּכָל־
טו הָאָרֶץ: כִּי עַתָּה שָׁלַחְתִּי אֶת־יָדִי וָאַךְ אוֹתְךָ וְאֶת־עַמְּךָ בַּדָּבֶר
טז וַתִּכָּחֵד מִן־הָאָרֶץ: וְאוּלָם בַּעֲבוּר זֹאת הֶעֱמַדְתִּיךָ בַּעֲבוּר
יז הַרְאֹתְךָ אֶת־כֹּחִי וּלְמַעַן סַפֵּר שְׁמִי בְּכָל־הָאָרֶץ: עוֹדְךָ מִסְתּוֹלֵל שביעי
יח בְּעַמִּי לְבִלְתִּי שַׁלְּחָם: הִנְנִי מַמְטִיר כָּעֵת מָחָר בָּרָד כָּבֵד מְאֹד
אֲשֶׁר לֹא־הָיָה כָמֹהוּ בְּמִצְרַיִם לְמִן־הַיּוֹם הִוָּסְדָה וְעַד־עָתָּה:
יט וְעַתָּה שְׁלַח הָעֵז אֶת־מִקְנְךָ וְאֵת כָּל־אֲשֶׁר לְךָ בַּשָּׂדֶה כָּל־הָאָדָם
וְהַבְּהֵמָה אֲשֶׁר־יִמָּצֵא בַשָּׂדֶה וְלֹא יֵאָסֵף הַבַּיְתָה וְיָרַד עֲלֵהֶם
כ הַבָּרָד וָמֵתוּ: הַיָּרֵא אֶת־דְּבַר יְהוָה מֵעַבְדֵי פַּרְעֹה הֵנִיס אֶת־

21 in their slaves and livestock. And those who set no stock in the
Lord's word kept their slaves and livestock where they were in
the fields.
22 The Lord said to Moshe, "Reach your hand out to the sky, that
hail may fall on all the land of Egypt, on the people and the animals
23 and everything growing in Egypt's fields." Moshe raised his staff
toward the sky; the Lord sent thunderclaps and hail. Fire struck
the ground, and the Lord rained down hail on the land of Egypt.
24 The hail, with fire blazing inside it, battered so hard that there
had been nothing like it anywhere in Egypt since it first became
25 a nation. The hail struck everything in the open field throughout
all Egypt: people, animals, and everything growing in the fields,
26 and it smashed asunder every tree. Only in Goshen, where the
27 Israelites lived, no hail fell. Then Pharaoh sent for Moshe and
Aharon and said to them, "This time I have sinned. The Lord
28 is in the right, and I and my people are guilty. Pray to the Lord.
Enough of God's thunder and hail – I will send you forth. You
29 need not wait any longer." Moshe said to him, "As I leave the city,
I will spread out my hands to the Lord. The thunder will stop
and there will be no more hail. You will then know that the world
30 belongs to the Lord. But I know that you and your officials still
31 do not hold the Lord God in awe." By then the flax and barley
had been destroyed, because the barley was ripe and the flax in
32 bud. But the wheat and spelt had not been destroyed, because
33 they ripen later. Moshe left Pharaoh and the city and spread out MAFTIR
his hands to the Lord. The thunder and hail stopped; the rain
34 did not pound the earth anymore. But when Pharaoh saw that
the rain, hail, and thunder had stopped, he once more turned to
35 sinfulness. He hardened his heart; his officials likewise. Pharaoh's
heart was strengthened and he refused to send the Israelites forth,
just as the Lord had predicted at Moshe's hand.

10 1 Then the Lord said to Moshe, "Go to Pharaoh. I have hardened BO
his heart and his officials', that I may display these My signs before
2 him, and so that you may tell your children and grandchildren

כא עֲבָדָיו וְאֶת־מִקְנֵהוּ אֶל־הַבָּתִּים: וַאֲשֶׁר לֹא־שָׂם לִבּוֹ אֶל־דְּבַר
יְהוָה וַיַּעֲזֹב אֶת־עֲבָדָיו וְאֶת־מִקְנֵהוּ בַּשָּׂדֶה:
כב וַיֹּאמֶר יְהוָה אֶל־מֹשֶׁה נְטֵה אֶת־יָדְךָ עַל־הַשָּׁמַיִם וִיהִי בָרָד
בְּכָל־אֶרֶץ מִצְרָיִם עַל־הָאָדָם וְעַל־הַבְּהֵמָה וְעַל כָּל־עֵשֶׂב
כג הַשָּׂדֶה בְּאֶרֶץ מִצְרָיִם: וַיֵּט מֹשֶׁה אֶת־מַטֵּהוּ עַל־הַשָּׁמַיִם וַיהוָה
נָתַן קֹלֹת וּבָרָד וַתִּהֲלַךְ־אֵשׁ אָרְצָה וַיַּמְטֵר יְהוָה בָּרָד עַל־אֶרֶץ
כד מִצְרָיִם: וַיְהִי בָרָד וְאֵשׁ מִתְלַקַּחַת בְּתוֹךְ הַבָּרָד כָּבֵד מְאֹד
כה אֲשֶׁר לֹא־הָיָה כָמֹהוּ בְּכָל־אֶרֶץ מִצְרַיִם מֵאָז הָיְתָה לְגוֹי: וַיַּךְ
הַבָּרָד בְּכָל־אֶרֶץ מִצְרַיִם אֵת כָּל־אֲשֶׁר בַּשָּׂדֶה מֵאָדָם וְעַד־
בְּהֵמָה וְאֵת כָּל־עֵשֶׂב הַשָּׂדֶה הִכָּה הַבָּרָד וְאֶת־כָּל־עֵץ הַשָּׂדֶה
כו שִׁבֵּר: רַק בְּאֶרֶץ גֹּשֶׁן אֲשֶׁר־שָׁם בְּנֵי יִשְׂרָאֵל לֹא הָיָה בָּרָד:
כז וַיִּשְׁלַח פַּרְעֹה וַיִּקְרָא לְמֹשֶׁה וּלְאַהֲרֹן וַיֹּאמֶר אֲלֵהֶם חָטָאתִי
כח הַפָּעַם יְהוָה הַצַּדִּיק וַאֲנִי וְעַמִּי הָרְשָׁעִים: הַעְתִּירוּ אֶל־יְהוָה
וְרַב מִהְיֹת קֹלֹת אֱלֹהִים וּבָרָד וַאֲשַׁלְּחָה אֶתְכֶם וְלֹא תֹסִפוּן
כט לַעֲמֹד: וַיֹּאמֶר אֵלָיו מֹשֶׁה כְּצֵאתִי אֶת־הָעִיר אֶפְרֹשׂ אֶת־כַּפַּי
אֶל־יְהוָה הַקֹּלוֹת יֶחְדָּלוּן וְהַבָּרָד לֹא יִהְיֶה־עוֹד לְמַעַן תֵּדַע
ל כִּי לַיהוָה הָאָרֶץ: וְאַתָּה וַעֲבָדֶיךָ יָדַעְתִּי כִּי טֶרֶם תִּירְאוּן מִפְּנֵי
לא יְהוָה אֱלֹהִים: וְהַפִּשְׁתָּה וְהַשְּׂעֹרָה נֻכָּתָה כִּי הַשְּׂעֹרָה אָבִיב
לב וְהַפִּשְׁתָּה גִּבְעֹל: וְהַחִטָּה וְהַכֻּסֶּמֶת לֹא נֻכּוּ כִּי אֲפִילֹת הֵנָּה:
לג וַיֵּצֵא מֹשֶׁה מֵעִם פַּרְעֹה אֶת־הָעִיר וַיִּפְרֹשׂ כַּפָּיו אֶל־יְהוָה וַיַּחְדְּלוּ מפטיר
לד הַקֹּלוֹת וְהַבָּרָד וּמָטָר לֹא־נִתַּךְ אָרְצָה: וַיַּרְא פַּרְעֹה כִּי־חָדַל
הַמָּטָר וְהַבָּרָד וְהַקֹּלֹת וַיֹּסֶף לַחֲטֹא וַיַּכְבֵּד לִבּוֹ הוּא וַעֲבָדָיו:
לה וַיֶּחֱזַק לֵב פַּרְעֹה וְלֹא שִׁלַּח אֶת־בְּנֵי יִשְׂרָאֵל כַּאֲשֶׁר דִּבֶּר יְהוָה
בְּיַד־מֹשֶׁה:

י א וַיֹּאמֶר יְהוָה אֶל־מֹשֶׁה בֹּא אֶל־פַּרְעֹה כִּי־אֲנִי הִכְבַּדְתִּי אֶת־ ז בא
ב לִבּוֹ וְאֶת־לֵב עֲבָדָיו לְמַעַן שִׁתִי אֹתֹתַי אֵלֶּה בְּקִרְבּוֹ: וּלְמַעַן

how I made the Egyptians a laughingstock by the signs I revealed
3 among them; and know that I am the LORD." Moshe and Aharon
came to Pharaoh and said to him, "Thus says the LORD, God of the
Hebrews: How much longer will you refuse to submit to Me? Send
4 My people forth to serve Me. For if you refuse to send My people
5 forth, tomorrow I bring locusts to your land. They will cover the
landscape so that you will not be able to see the ground. They will
eat what little remains after the hail, including all the trees that
6 grow up from your soil. They will fill your palaces, your officials'
houses, and all the houses of Egypt. Your parents and grandparents
never saw anything like this, from the day they arrived upon this
7 earth until today." Then Moshe turned and left Pharaoh. Pharaoh's
officials then said to him, "How long must we leave this man to
ensnare us? Send the people forth to serve the LORD their God.
8 Do you not yet know that Egypt is being destroyed?" Moshe and
Aharon were summoned back to Pharaoh, and he said to them,
"Go and serve the LORD your God. Who exactly will be going?"
9 "With our youths and our elderly folk we will go," said Moshe,
"with our sons and our daughters, our sheep and our cattle, we all
10 must go, for it will be our festival of the LORD." He replied, "The
LORD be with you if I let you and your children go! Look – evil is
11 staring you in the face.[18] No! Let the men go and serve the LORD.
That is what you are asking for." Then Pharaoh had Moshe and
12 Aharon expelled from his presence. The LORD said to SHEINI
Moshe, "Reach out your hand over Egypt so that locusts swarm
over the land and eat everything growing there, all that is left after
13 the hail." So Moshe stretched out his staff over Egypt, and the
LORD caused an east wind to blow across the land all that day and
14 night. By morning, the east wind had brought the locusts. They
invaded all of Egypt and settled throughout its land in a dense
swarm. Never before had there been such a plague of locusts,
15 nor will there ever be again. They covered all the landscape until

18 Explanations of this verse vary widely. According to this rendering, which is close to the original Hebrew, Pharaoh's words are defiant and threatening.

תְּסַפֵּר בְּאׇזְנֵי בִנְךָ וּבֶן־בִּנְךָ אֵת אֲשֶׁר הִתְעַלַּלְתִּי בְּמִצְרַיִם
ג וְאֶת־אֹתֹתַי אֲשֶׁר־שַׂמְתִּי בָם וִידַעְתֶּם כִּי־אֲנִי יהוה: וַיָּבֹא מֹשֶׁה
וְאַהֲרֹן אֶל־פַּרְעֹה וַיֹּאמְרוּ אֵלָיו כֹּה־אָמַר יהוה אֱלֹהֵי הָעִבְרִים
ד עַד־מָתַי מֵאַנְתָּ לֵעָנֹת מִפָּנָי שַׁלַּח עַמִּי וְיַעַבְדֻנִי: כִּי אִם־מָאֵן
ה אַתָּה לְשַׁלֵּחַ אֶת־עַמִּי הִנְנִי מֵבִיא מָחָר אַרְבֶּה בִּגְבֻלֶךָ: וְכִסָּה
אֶת־עֵין הָאָרֶץ וְלֹא יוּכַל לִרְאֹת אֶת־הָאָרֶץ וְאָכַל ׀ אֶת־יֶתֶר
הַפְּלֵטָה הַנִּשְׁאֶרֶת לָכֶם מִן־הַבָּרָד וְאָכַל אֶת־כׇּל־הָעֵץ הַצֹּמֵחַ
ו לָכֶם מִן־הַשָּׂדֶה: וּמָלְאוּ בָתֶּיךָ וּבָתֵּי כׇל־עֲבָדֶיךָ וּבָתֵּי כׇל־מִצְרַיִם
אֲשֶׁר לֹא־רָאוּ אֲבֹתֶיךָ וַאֲבוֹת אֲבֹתֶיךָ מִיּוֹם הֱיוֹתָם עַל־הָאֲדָמָה
ז עַד הַיּוֹם הַזֶּה וַיִּפֶן וַיֵּצֵא מֵעִם פַּרְעֹה: וַיֹּאמְרוּ עַבְדֵי פַרְעֹה
אֵלָיו עַד־מָתַי יִהְיֶה זֶה לָנוּ לְמוֹקֵשׁ שַׁלַּח אֶת־הָאֲנָשִׁים וְיַעַבְדוּ
ח אֶת־יהוה אֱלֹהֵיהֶם הֲטֶרֶם תֵּדַע כִּי אָבְדָה מִצְרָיִם: וַיּוּשַׁב
אֶת־מֹשֶׁה וְאֶת־אַהֲרֹן אֶל־פַּרְעֹה וַיֹּאמֶר אֲלֵהֶם לְכוּ עִבְדוּ
ט אֶת־יהוה אֱלֹהֵיכֶם מִי וָמִי הַהֹלְכִים: וַיֹּאמֶר מֹשֶׁה בִּנְעָרֵינוּ
וּבִזְקֵנֵינוּ נֵלֵךְ בְּבָנֵינוּ וּבִבְנוֹתֵנוּ בְּצֹאנֵנוּ וּבִבְקָרֵנוּ נֵלֵךְ כִּי חַג־
י יהוה לָנוּ: וַיֹּאמֶר אֲלֵהֶם יְהִי כֵן יהוה עִמָּכֶם כַּאֲשֶׁר אֲשַׁלַּח
יא אֶתְכֶם וְאֶת־טַפְּכֶם רְאוּ כִּי רָעָה נֶגֶד פְּנֵיכֶם: לֹא כֵן לְכוּ־נָא
הַגְּבָרִים וְעִבְדוּ אֶת־יהוה כִּי אֹתָהּ אַתֶּם מְבַקְשִׁים וַיְגָרֶשׁ אֹתָם
יב מֵאֵת פְּנֵי פַרְעֹה: וַיֹּאמֶר יהוה אֶל־מֹשֶׁה נְטֵה יָדְךָ שני
עַל־אֶרֶץ מִצְרַיִם בָּאַרְבֶּה וְיַעַל עַל־אֶרֶץ מִצְרָיִם וְיֹאכַל אֶת־
יג כׇּל־עֵשֶׂב הָאָרֶץ אֵת כׇּל־אֲשֶׁר הִשְׁאִיר הַבָּרָד: וַיֵּט מֹשֶׁה אֶת־
מַטֵּהוּ עַל־אֶרֶץ מִצְרַיִם וַיהוה נִהַג רוּחַ־קָדִים בָּאָרֶץ כׇּל־הַיּוֹם
הַהוּא וְכׇל־הַלָּיְלָה הַבֹּקֶר הָיָה וְרוּחַ הַקָּדִים נָשָׂא אֶת־הָאַרְבֶּה:
יד וַיַּעַל הָאַרְבֶּה עַל כׇּל־אֶרֶץ מִצְרַיִם וַיָּנַח בְּכֹל גְּבוּל מִצְרָיִם כָּבֵד
טו מְאֹד לְפָנָיו לֹא־הָיָה כֵן אַרְבֶּה כָּמֹהוּ וְאַחֲרָיו לֹא יִהְיֶה־כֵּן: וַיְכַס
אֶת־עֵין כׇּל־הָאָרֶץ וַתֶּחְשַׁךְ הָאָרֶץ וַיֹּאכַל אֶת־כׇּל־עֵשֶׂב הָאָרֶץ

the ground was black. They ate all that was left after the hail: all
the plants and all the fruit. Nothing green remained on trees or
16 plants throughout all Egypt. In haste, Pharaoh summoned Moshe
and Aharon and said, "I have sinned against the LORD your God
17 and you. Forgive my sin now, one more time. Pray to the LORD
18 your God to take this death away from me." Moshe left Pharaoh's
19 presence and prayed to the LORD. And the LORD turned the wind,
westerly and very strong, and lifted the locusts and swept them
into the Sea of Reeds.[19] Not one locust remained anywhere in
20 Egypt. But the LORD strengthened Pharaoh's heart and he would
not send the Israelites forth.

21 Then the LORD said to Moshe, "Reach out your hand toward the
sky to bring darkness down over Egypt – darkness so deep it can
22 be felt." Moshe reached out his hand toward the sky, and all across
23 Egypt it was pitch dark for three days. For three days, no one could
see anyone else or even move. But in the Israelites' homes, they
24 had light. Then Pharaoh summoned Moshe and said, "Go, serve SHELISHI
the LORD. Just leave your flocks and herds. Your children may go
25 with you." "Then give us sacrifices and burnt offerings to present
26 to the LORD our God," said Moshe. "Our livestock must go with
us. Not a hoof can be left behind. We must take them to serve the
LORD our God, for until we arrive, we will not know what we must
27 use to serve the LORD." But the LORD strengthened Pharaoh's
28 heart, and he would not agree to send the people forth. "Leave
my presence," said Pharaoh. "Take care never to see my face again,
29 because on the day you do, that day you will die!" Moshe replied,
"As you say: I will not see your face again."

11 1 Then the LORD said to Moshe, "One last plague will I send against
Pharaoh, against Egypt. After that, he will send you forth from
2 here, and when he does, he will drive you out completely. Now
tell the people, men and women, to ask of their neighbors articles
3 of silver and of gold." The LORD granted the people favor in the
eyes of the Egyptians. And the man Moshe, too, was held in high

19 The popular translation "Red Sea" is now regarded as incorrect.

וְאֵת כׇּל־פְּרִי הָעֵץ אֲשֶׁר הוֹתִיר הַבָּרָד וְלֹא־נוֹתַר כׇּל־יֶרֶק בָּעֵץ
טז וּבְעֵשֶׂב הַשָּׂדֶה בְּכׇל־אֶרֶץ מִצְרָיִם׃ וַיְמַהֵר פַּרְעֹה לִקְרֹא לְמֹשֶׁה
יז וּלְאַהֲרֹן וַיֹּאמֶר חָטָאתִי לַיהוה אֱלֹהֵיכֶם וְלָכֶם׃ וְעַתָּה שָׂא נָא
חַטָּאתִי אַךְ הַפַּעַם וְהַעְתִּירוּ לַיהוה אֱלֹהֵיכֶם וְיָסֵר מֵעָלַי רַק
יח יט אֶת־הַמָּוֶת הַזֶּה׃ וַיֵּצֵא מֵעִם פַּרְעֹה וַיֶּעְתַּר אֶל־יהוה׃ וַיַּהֲפֹךְ
יהוה רוּחַ־יָם חָזָק מְאֹד וַיִּשָּׂא אֶת־הָאַרְבֶּה וַיִּתְקָעֵהוּ יָמָּה סּוּף
כ לֹא נִשְׁאַר אַרְבֶּה אֶחָד בְּכֹל גְּבוּל מִצְרָיִם׃ וַיְחַזֵּק יהוה אֶת־לֵב
פַּרְעֹה וְלֹא שִׁלַּח אֶת־בְּנֵי יִשְׂרָאֵל׃
כא וַיֹּאמֶר יהוה אֶל־מֹשֶׁה נְטֵה יָדְךָ עַל־הַשָּׁמַיִם וִיהִי חֹשֶׁךְ עַל־
כב אֶרֶץ מִצְרָיִם וְיָמֵשׁ חֹשֶׁךְ׃ וַיֵּט מֹשֶׁה אֶת־יָדוֹ עַל־הַשָּׁמָיִם וַיְהִי
כג חֹשֶׁךְ־אֲפֵלָה בְּכׇל־אֶרֶץ מִצְרַיִם שְׁלֹשֶׁת יָמִים׃ לֹא־רָאוּ אִישׁ
אֶת־אָחִיו וְלֹא־קָמוּ אִישׁ מִתַּחְתָּיו שְׁלֹשֶׁת יָמִים וּלְכׇל־בְּנֵי
כד יִשְׂרָאֵל הָיָה אוֹר בְּמוֹשְׁבֹתָם׃ וַיִּקְרָא פַרְעֹה אֶל־מֹשֶׁה וַיֹּאמֶר שלישי
לְכוּ עִבְדוּ אֶת־יהוה רַק צֹאנְכֶם וּבְקַרְכֶם יֻצָּג גַּם־טַפְּכֶם יֵלֵךְ
כה עִמָּכֶם׃ וַיֹּאמֶר מֹשֶׁה גַּם־אַתָּה תִּתֵּן בְּיָדֵנוּ זְבָחִים וְעֹלֹת וְעָשִׂינוּ
כו לַיהוה אֱלֹהֵינוּ׃ וְגַם־מִקְנֵנוּ יֵלֵךְ עִמָּנוּ לֹא תִשָּׁאֵר פַּרְסָה כִּי
מִמֶּנּוּ נִקַּח לַעֲבֹד אֶת־יהוה אֱלֹהֵינוּ וַאֲנַחְנוּ לֹא־נֵדַע מַה־נַּעֲבֹד
כז אֶת־יהוה עַד־בֹּאֵנוּ שָׁמָּה׃ וַיְחַזֵּק יהוה אֶת־לֵב פַּרְעֹה וְלֹא אָבָה
כח לְשַׁלְּחָם׃ וַיֹּאמֶר־לוֹ פַרְעֹה לֵךְ מֵעָלָי הִשָּׁמֶר לְךָ אַל־תֹּסֶף רְאוֹת
כט פָּנַי כִּי בְּיוֹם רְאֹתְךָ פָנַי תָּמוּת׃ וַיֹּאמֶר מֹשֶׁה כֵּן דִּבַּרְתָּ לֹא־אֹסִף
עוֹד רְאוֹת פָּנֶיךָ׃
יא א וַיֹּאמֶר יהוה אֶל־מֹשֶׁה עוֹד נֶגַע אֶחָד אָבִיא עַל־פַּרְעֹה וְעַל־ ח
מִצְרַיִם אַחֲרֵי־כֵן יְשַׁלַּח אֶתְכֶם מִזֶּה כְּשַׁלְּחוֹ כָּלָה גָּרֵשׁ יְגָרֵשׁ
ב אֶתְכֶם מִזֶּה׃ דַּבֶּר־נָא בְּאׇזְנֵי הָעָם וְיִשְׁאֲלוּ אִישׁ ׀ מֵאֵת רֵעֵהוּ
ג וְאִשָּׁה מֵאֵת רְעוּתָהּ כְּלֵי־כֶסֶף וּכְלֵי זָהָב׃ וַיִּתֵּן יהוה אֶת־חֵן
הָעָם בְּעֵינֵי מִצְרָיִם גַּם ׀ הָאִישׁ מֹשֶׁה גָּדוֹל מְאֹד בְּאֶרֶץ מִצְרַיִם

regard in the land of Egypt, among both Pharaoh's officials and
4 the people. Moshe said, "This is what the LORD says: REVI'I
5 Around midnight I will move throughout Egypt, and every first-
born son in Egypt will die, from Pharaoh's firstborn presiding
on his throne to the firstborn of the slave girl at her hand mill;
6 the firstborn of the cattle as well. A scream will ring out across
Egypt, unlike any that has been before, or any that will be again.
7 But among the Israelites not a dog will bare its tongue at man or
beast.[20] Then you will know that the LORD is setting Israel apart
8 from Egypt. And all these officials of yours will come and bow
down to me, saying, 'Leave, you and all the people behind you.'
After that, I will leave." He turned and left Pharaoh, blazing with
9 anger. The LORD said to Moshe, "Pharaoh will not listen
10 to you, that My wonders may be multiplied in Egypt." Moshe
and Aharon had produced all these wonders before Pharaoh, but
the LORD strengthened Pharaoh's heart, and he did not let the
12 1 Israelites leave his land. Then the LORD spoke to Moshe
2 and Aharon in the land of Egypt. He said, "This month shall be to
you the beginning of months; the opening of the year, this month
3 will be for you.[21] Speak to the entire community of Israel and say:
On the tenth of this month each man must take a lamb for his
4 family; one for every household. If the household is too small for
a lamb, let him and a close neighbor take a lamb together, to suit
the number of people involved; they shall be counted for the lamb
5 in proportion to their eating. A one-year-old male shall you take,
6 flawless, from among the sheep or goats. You shall guard it until
the fourteenth day of this month. And then, in the afternoon, all
7 the community of Israel shall slaughter it. They shall then take
some of the blood and put it on the two sides and top of the
8 doorframes of the houses where they are to eat the lamb. They
shall eat the meat that night, roasted over a fire; with unleavened
9 bread and bitter herbs they shall eat it. Do not eat it raw or boiled

---

21 The month in question – Nisan on the later Jewish calendar – coincides with the early part of spring. See note on 13:4.

ד בְּעֵינֵי עַבְדֵי־פַרְעֹה וּבְעֵינֵי הָעָם׃ וַיֹּאמֶר מֹשֶׁה כֹּה רביעי
ה אָמַר יהוה כַּחֲצֹת הַלַּיְלָה אֲנִי יוֹצֵא בְּתוֹךְ מִצְרָיִם׃ וּמֵת כָּל־
בְּכוֹר בְּאֶרֶץ מִצְרַיִם מִבְּכוֹר פַּרְעֹה הַיֹּשֵׁב עַל־כִּסְאוֹ עַד בְּכוֹר
ו הַשִּׁפְחָה אֲשֶׁר אַחַר הָרֵחָיִם וְכֹל בְּכוֹר בְּהֵמָה׃ וְהָיְתָה צְעָקָה
גְדֹלָה בְּכָל־אֶרֶץ מִצְרָיִם אֲשֶׁר כָּמֹהוּ לֹא נִהְיָתָה וְכָמֹהוּ לֹא
ז תֹסִף׃ וּלְכֹל ׀ בְּנֵי יִשְׂרָאֵל לֹא יֶחֱרַץ־כֶּלֶב לְשֹׁנוֹ לְמֵאִישׁ וְעַד־
בְּהֵמָה לְמַעַן תֵּדְעוּן אֲשֶׁר יַפְלֶה יהוה בֵּין מִצְרַיִם וּבֵין יִשְׂרָאֵל׃
ח וְיָרְדוּ כָל־עֲבָדֶיךָ אֵלֶּה אֵלַי וְהִשְׁתַּחֲווּ־לִי לֵאמֹר צֵא אַתָּה
וְכָל־הָעָם אֲשֶׁר־בְּרַגְלֶיךָ וְאַחֲרֵי־כֵן אֵצֵא וַיֵּצֵא מֵעִם־פַּרְעֹה
ט בָּחֳרִי־אָף׃ וַיֹּאמֶר יהוה אֶל־מֹשֶׁה לֹא־יִשְׁמַע אֲלֵיכֶם
י פַּרְעֹה לְמַעַן רְבוֹת מוֹפְתַי בְּאֶרֶץ מִצְרָיִם׃ וּמֹשֶׁה וְאַהֲרֹן עָשׂוּ
אֶת־כָּל־הַמֹּפְתִים הָאֵלֶּה לִפְנֵי פַרְעֹה וַיְחַזֵּק יהוה אֶת־לֵב פַּרְעֹה
יב א וְלֹא־שִׁלַּח אֶת־בְּנֵי־יִשְׂרָאֵל מֵאַרְצוֹ׃ וַיֹּאמֶר יהוה
ב אֶל־מֹשֶׁה וְאֶל־אַהֲרֹן בְּאֶרֶץ מִצְרַיִם לֵאמֹר׃ הַחֹדֶשׁ הַזֶּה לָכֶם
ג רֹאשׁ חֳדָשִׁים רִאשׁוֹן הוּא לָכֶם לְחָדְשֵׁי הַשָּׁנָה׃ דַּבְּרוּ אֶל־
כָּל־עֲדַת יִשְׂרָאֵל לֵאמֹר בֶּעָשֹׂר לַחֹדֶשׁ הַזֶּה וְיִקְחוּ לָהֶם אִישׁ
ד שֶׂה לְבֵית־אָבֹת שֶׂה לַבָּיִת׃ וְאִם־יִמְעַט הַבַּיִת מִהְיֹת מִשֶּׂה
וְלָקַח הוּא וּשְׁכֵנוֹ הַקָּרֹב אֶל־בֵּיתוֹ בְּמִכְסַת נְפָשֹׁת אִישׁ לְפִי
ה אָכְלוֹ תָּכֹסּוּ עַל־הַשֶּׂה׃ שֶׂה תָמִים זָכָר בֶּן־שָׁנָה יִהְיֶה לָכֶם מִן־
ו הַכְּבָשִׂים וּמִן־הָעִזִּים תִּקָּחוּ׃ וְהָיָה לָכֶם לְמִשְׁמֶרֶת עַד אַרְבָּעָה
עָשָׂר יוֹם לַחֹדֶשׁ הַזֶּה וְשָׁחֲטוּ אֹתוֹ כֹּל קְהַל עֲדַת־יִשְׂרָאֵל
ז בֵּין הָעַרְבָּיִם׃ וְלָקְחוּ מִן־הַדָּם וְנָתְנוּ עַל־שְׁתֵּי הַמְּזוּזֹת וְעַל־
ח הַמַּשְׁקוֹף עַל הַבָּתִּים אֲשֶׁר־יֹאכְלוּ אֹתוֹ בָּהֶם׃ וְאָכְלוּ אֶת־הַבָּשָׂר
ט בַּלַּיְלָה הַזֶּה צְלִי־אֵשׁ וּמַצּוֹת עַל־מְרֹרִים יֹאכְלֻהוּ׃ אַל־תֹּאכְלוּ
מִמֶּנּוּ נָא וּבָשֵׁל מְבֻשָּׁל בַּמָּיִם כִּי אִם־צְלִי־אֵשׁ רֹאשׁוֹ עַל־כְּרָעָיו

20 The Israelites will not face any threat of harm.

in water; it must be roasted over fire with its head, its legs, and its
10 inner parts. Do not leave any of it until morning; any left over until
11 morning you shall burn with fire. This is how you shall eat it: your
belt secured, the sandals on your feet, your staff in your hand. Eat
12 it in haste. It is the LORD's Passover.[22] I will pass through the land
of Egypt that night, and will kill every firstborn in Egypt, man
and beast. Against all the gods of Egypt I will execute judgments.
13 I am the LORD. The blood will be your sign on the houses where
you are. I will see the blood and I will pass over you.[23] No deadly
14 plague will touch you when I strike the land of Egypt. This day will
become a memorial for you; you will celebrate it as a festival to the
LORD for all generations, a celebration that will be an everlasting
15 law. For seven days you shall eat unleavened bread. By the first
day you shall have removed leaven from your houses, for the
soul of anyone who eats leavened bread from the first day to the
16 seventh will be severed from Israel.[24] The first day shall be a sacred
assembly and the seventh day shall be a sacred assembly. On them
no work may be done but preparing the food for everyone to eat.
17 That alone may you do. Safeguard the unleavened bread,[25] because
on this very day I will have brought your battalions out of Egypt.
You shall observe this day for all generations; it is an everlasting
18 law. From the fourteenth day of the first month in the evening
until the twenty-first day of the month in the evening, you may eat
19 only unleavened bread. During these seven days, leaven must not
be found in your houses. Anyone, whether newcomer or native
born, who eats leavened food will have his soul severed from the
20 community of Israel. Eat nothing leavened. Wherever you may
live, you shall eat unleavened bread."
21 Then Moshe called together all the elders of Israel and instructed ḤAMISHI
them, "Each select or acquire one of the flock for yourselves, for
22 your families and slaughter the Passover sacrifice. Take a bunch of

---

25 That is, ensure that it does not become leavened, or more generally, scrupulously observe the commandment.

י וְעַל־קִרְבּוֹ: וְלֹא־תוֹתִירוּ מִמֶּנּוּ עַד־בֹּקֶר וְהַנֹּתָר מִמֶּנּוּ עַד־בֹּקֶר
יא בָּאֵשׁ תִּשְׂרֹפוּ: וְכָכָה תֹּאכְלוּ אֹתוֹ מָתְנֵיכֶם חֲגֻרִים נַעֲלֵיכֶם
בְּרַגְלֵיכֶם וּמַקֶּלְכֶם בְּיֶדְכֶם וַאֲכַלְתֶּם אֹתוֹ בְּחִפָּזוֹן פֶּסַח הוּא
יב לַיהוָה: וְעָבַרְתִּי בְאֶרֶץ־מִצְרַיִם בַּלַּיְלָה הַזֶּה וְהִכֵּיתִי כָל־בְּכוֹר
בְּאֶרֶץ מִצְרַיִם מֵאָדָם וְעַד־בְּהֵמָה וּבְכָל־אֱלֹהֵי מִצְרַיִם אֶעֱשֶׂה
יג שְׁפָטִים אֲנִי יְהוָה: וְהָיָה הַדָּם לָכֶם לְאֹת עַל הַבָּתִּים אֲשֶׁר
אַתֶּם שָׁם וְרָאִיתִי אֶת־הַדָּם וּפָסַחְתִּי עֲלֵכֶם וְלֹא־יִהְיֶה בָכֶם
יד נֶגֶף לְמַשְׁחִית בְּהַכֹּתִי בְּאֶרֶץ מִצְרָיִם: וְהָיָה הַיּוֹם הַזֶּה לָכֶם
לְזִכָּרוֹן וְחַגֹּתֶם אֹתוֹ חַג לַיהוָה לְדֹרֹתֵיכֶם חֻקַּת עוֹלָם תְּחָגֻּהוּ:
טו שִׁבְעַת יָמִים מַצּוֹת תֹּאכֵלוּ אַךְ בַּיּוֹם הָרִאשׁוֹן תַּשְׁבִּיתוּ שְּׂאֹר
מִבָּתֵּיכֶם כִּי ׀ כָּל־אֹכֵל חָמֵץ וְנִכְרְתָה הַנֶּפֶשׁ הַהִוא מִיִּשְׂרָאֵל
טז מִיּוֹם הָרִאשֹׁן עַד־יוֹם הַשְּׁבִעִי: וּבַיּוֹם הָרִאשׁוֹן מִקְרָא־קֹדֶשׁ
וּבַיּוֹם הַשְּׁבִיעִי מִקְרָא־קֹדֶשׁ יִהְיֶה לָכֶם כָּל־מְלָאכָה לֹא־יֵעָשֶׂה
יז בָהֶם אַךְ אֲשֶׁר יֵאָכֵל לְכָל־נֶפֶשׁ הוּא לְבַדּוֹ יֵעָשֶׂה לָכֶם: וּשְׁמַרְתֶּם
אֶת־הַמַּצּוֹת כִּי בְּעֶצֶם הַיּוֹם הַזֶּה הוֹצֵאתִי אֶת־צִבְאוֹתֵיכֶם
מֵאֶרֶץ מִצְרָיִם וּשְׁמַרְתֶּם אֶת־הַיּוֹם הַזֶּה לְדֹרֹתֵיכֶם חֻקַּת עוֹלָם:
יח בָּרִאשֹׁן בְּאַרְבָּעָה עָשָׂר יוֹם לַחֹדֶשׁ בָּעֶרֶב תֹּאכְלוּ מַצֹּת עַד יוֹם
יט הָאֶחָד וְעֶשְׂרִים לַחֹדֶשׁ בָּעָרֶב: שִׁבְעַת יָמִים שְׂאֹר לֹא יִמָּצֵא
בְּבָתֵּיכֶם כִּי ׀ כָּל־אֹכֵל מַחְמֶצֶת וְנִכְרְתָה הַנֶּפֶשׁ הַהִוא מֵעֲדַת
כ יִשְׂרָאֵל בַּגֵּר וּבְאֶזְרַח הָאָרֶץ: כָּל־מַחְמֶצֶת לֹא תֹאכֵלוּ בְּכֹל
מוֹשְׁבֹתֵיכֶם תֹּאכְלוּ מַצּוֹת:
כא וַיִּקְרָא מֹשֶׁה לְכָל־זִקְנֵי יִשְׂרָאֵל וַיֹּאמֶר אֲלֵהֶם מִשְׁכוּ וּקְחוּ חמישי
כב לָכֶם צֹאן לְמִשְׁפְּחֹתֵיכֶם וְשַׁחֲטוּ הַפָּסַח: וּלְקַחְתֶּם אֲגֻדַּת אֵזוֹב

22 Cf. verse 13: "I will pass over you."

23 Others translate "I will protect you." Cf. Isaiah 31:5.

24 This punishment appears frequently in the Torah and is interpreted in various ways. According to this rendering, God warns of a spiritual dissolution.

hyssop, dip it in the blood in the bowl, and put some of the blood
on the top and two sides of the doorframe. None of you shall leave
23 by the doors of your houses until morning. When the LORD passes
through to strike Egypt and sees the blood on the top and sides of
a doorframe, He will pass over that doorway and will not let the
24 destroyer enter your houses to strike you down. Keep this as a law
25 for you and for your children forever. When you enter the land
the LORD will give you as He has promised, you shall keep this
26 ceremony. And when your children say to you, 'What does this
27 ceremony mean to you?' you shall say, 'It is the Passover sacrifice
to the LORD who passed over the houses of the Israelites in Egypt,
for He struck the Egyptians; but our homes, He spared.'" Then
28 the people bowed down and prostrated themselves. The Israelites
proceeded to do exactly as the LORD had commanded Moshe and
29 Aharon. It happened at midnight: the LORD struck down SHISHI
all the firstborn in Egypt, from the firstborn of Pharaoh, presiding
on his throne, to the firstborn of the prison captives, and all the
30 firstborn cattle. Pharaoh arose that night, he and all his officials
and all Egypt – for a great scream rang out across Egypt, for there
31 was no house without its dead. That night, Pharaoh summoned
Moshe and Aharon and said, "Get up, get out from among my
people, you and the Israelites. Go. Serve the LORD exactly as
32 you requested; take your sheep and cattle also, just as you said.
33 Just go. But bless me too." The Egyptians too urged the people to
34 make haste and leave the land. "All of us will die," they said. The
people took their dough before it could rise, carrying it on their
35 shoulders in kneading pans wrapped in their clothing. As Moshe
had told them, the Israelites had requested items of silver and
36 gold, and clothing, of the Egyptians, and the LORD had given the
people favor in the eyes of the Egyptians and they had granted
their request. Thus they despoiled Egypt.
37 The Israelites traveled from Ramesses to Sukkot. There were about
six hundred thousand men on foot, quite apart from the children.
38 And a great variety of other people went up with them, as well as

וּטְבַלְתֶּם בַּדָּם אֲשֶׁר־בַּסַּף וְהִגַּעְתֶּם אֶל־הַמַּשְׁקוֹף וְאֶל־שְׁתֵּי
הַמְּזוּזֹת מִן־הַדָּם אֲשֶׁר בַּסָּף וְאַתֶּם לֹא תֵצְאוּ אִישׁ מִפֶּתַח־בֵּיתוֹ
כג עַד־בֹּקֶר׃ וְעָבַר יהוה לִנְגֹּף אֶת־מִצְרַיִם וְרָאָה אֶת־הַדָּם עַל־
הַמַּשְׁקוֹף וְעַל שְׁתֵּי הַמְּזוּזֹת וּפָסַח יהוה עַל־הַפֶּתַח וְלֹא יִתֵּן
כד הַמַּשְׁחִית לָבֹא אֶל־בָּתֵּיכֶם לִנְגֹּף׃ וּשְׁמַרְתֶּם אֶת־הַדָּבָר הַזֶּה
כה לְחָק־לְךָ וּלְבָנֶיךָ עַד־עוֹלָם׃ וְהָיָה כִּי־תָבֹאוּ אֶל־הָאָרֶץ אֲשֶׁר
כו יִתֵּן יהוה לָכֶם כַּאֲשֶׁר דִּבֵּר וּשְׁמַרְתֶּם אֶת־הָעֲבֹדָה הַזֹּאת׃ וְהָיָה
כז כִּי־יֹאמְרוּ אֲלֵיכֶם בְּנֵיכֶם מָה הָעֲבֹדָה הַזֹּאת לָכֶם׃ וַאֲמַרְתֶּם
זֶבַח־פֶּסַח הוּא לַיהוה אֲשֶׁר פָּסַח עַל־בָּתֵּי בְנֵי־יִשְׂרָאֵל בְּמִצְרַיִם
בְּנָגְפּוֹ אֶת־מִצְרַיִם וְאֶת־בָּתֵּינוּ הִצִּיל וַיִּקֹּד הָעָם וַיִּשְׁתַּחֲווּ׃
כח וַיֵּלְכוּ וַיַּעֲשׂוּ בְּנֵי יִשְׂרָאֵל כַּאֲשֶׁר צִוָּה יהוה אֶת־מֹשֶׁה וְאַהֲרֹן
כט כֵּן עָשׂוּ׃ וַיְהִי ׀ בַּחֲצִי הַלַּיְלָה וַיהוה הִכָּה כָל־בְּכוֹר ט ששי
בְּאֶרֶץ מִצְרַיִם מִבְּכֹר פַּרְעֹה הַיֹּשֵׁב עַל־כִּסְאוֹ עַד בְּכוֹר הַשְּׁבִי
ל אֲשֶׁר בְּבֵית הַבּוֹר וְכֹל בְּכוֹר בְּהֵמָה׃ וַיָּקָם פַּרְעֹה לַיְלָה הוּא
וְכָל־עֲבָדָיו וְכָל־מִצְרַיִם וַתְּהִי צְעָקָה גְדֹלָה בְּמִצְרָיִם כִּי־אֵין
לא בַּיִת אֲשֶׁר אֵין־שָׁם מֵת׃ וַיִּקְרָא לְמֹשֶׁה וּלְאַהֲרֹן לַיְלָה וַיֹּאמֶר
קוּמוּ צְּאוּ מִתּוֹךְ עַמִּי גַּם־אַתֶּם גַּם־בְּנֵי יִשְׂרָאֵל וּלְכוּ עִבְדוּ אֶת־
לב יהוה כְּדַבֶּרְכֶם׃ גַּם־צֹאנְכֶם גַּם־בְּקַרְכֶם קְחוּ כַּאֲשֶׁר דִּבַּרְתֶּם
לג וָלֵכוּ וּבֵרַכְתֶּם גַּם־אֹתִי׃ וַתֶּחֱזַק מִצְרַיִם עַל־הָעָם לְמַהֵר לְשַׁלְּחָם
לד מִן־הָאָרֶץ כִּי אָמְרוּ כֻּלָּנוּ מֵתִים׃ וַיִּשָּׂא הָעָם אֶת־בְּצֵקוֹ טֶרֶם
לה יֶחְמָץ מִשְׁאֲרֹתָם צְרֻרֹת בְּשִׂמְלֹתָם עַל־שִׁכְמָם׃ וּבְנֵי־יִשְׂרָאֵל
עָשׂוּ כִּדְבַר מֹשֶׁה וַיִּשְׁאֲלוּ מִמִּצְרַיִם כְּלֵי־כֶסֶף וּכְלֵי זָהָב וּשְׂמָלֹת׃
לו וַיהוה נָתַן אֶת־חֵן הָעָם בְּעֵינֵי מִצְרַיִם וַיַּשְׁאִלוּם וַיְנַצְּלוּ אֶת־
מִצְרָיִם׃
לז וַיִּסְעוּ בְנֵי־יִשְׂרָאֵל מֵרַעְמְסֵס סֻכֹּתָה כְּשֵׁשׁ־מֵאוֹת אֶלֶף רַגְלִי
לח הַגְּבָרִים לְבַד מִטָּף׃ וְגַם־עֵרֶב רַב עָלָה אִתָּם וְצֹאן וּבָקָר מִקְנֶה

39 large droves of livestock, flocks and cattle. With the dough they
had brought from Egypt, they baked cakes of unleavened bread,
not risen. They had been driven out of Egypt and could not delay,
40 and had prepared no other provisions. The Israelites had lived in
41 Egypt for four hundred thirty years. At the end of four hundred
thirty years, to the very day, all the LORD's battalions left Egypt.
42 All that night, the LORD watched over them to bring them out of
Egypt; and still this night is kept as one of watchfulness for the
LORD[26] throughout the generations of Israel.
43 The LORD said to Moshe and Aharon, "This is the law of the
44 Passover sacrifice. No foreigner may eat of it. But any slave who has
45 been acquired for money and circumcised may eat it. No gentile
46 resident or hired laborer may eat of it. It should be eaten in a single
house; bring none of the meat outside the house. Do not break
47 48 any of its bones. All the community of Israel shall observe this. If
a stranger lives among you and wishes to offer a Passover sacrifice
to the LORD, every male in his household must be circumcised.
Then he may join in observing it and be like a native born. But
49 no uncircumcised man may eat of it. There shall be one and the
same law for the native born and the stranger who lives among
50 you." All the Israelites did exactly as the LORD had commanded
51 Moshe and Aharon. And on that very day the LORD
brought the Israelites out of Egypt in their battalions.
13 1 2 The LORD said to Moshe, "Consecrate every firstborn to Me. SHEVI'I
Man and beast, the first to emerge from every womb among
3 the Israelites is Mine." Moshe said to the people, "Remember
this day, the day you left Egypt, the house of slaves, when with a
mighty hand the LORD rescued you from here. No leaven may be
4 5 eaten. Today, in the month of Aviv,[27] you are leaving. And when
the LORD brings you into the land of the Canaanites, Hittites,
Amorites, Hivites, and Jebusites, the land that He promised your
ancestors He would give you – one flowing with milk and with

27 In early spring, when certain crops begin to form – equivalent to Nisan on the later Jewish calendar. *Aviv* literally means kernels of ripening grain.

לט כָּבֵד מְאֹד׃ וַיֹּאפוּ אֶת־הַבָּצֵק אֲשֶׁר הוֹצִיאוּ מִמִּצְרַיִם עֻגֹת מַצּוֹת
כִּי לֹא חָמֵץ כִּי־גֹרְשׁוּ מִמִּצְרַיִם וְלֹא יָכְלוּ לְהִתְמַהְמֵהַּ וְגַם־צֵדָה
מ לֹא־עָשׂוּ לָהֶם׃ וּמוֹשַׁב בְּנֵי יִשְׂרָאֵל אֲשֶׁר יָשְׁבוּ בְּמִצְרָיִם שְׁלֹשִׁים
מא שָׁנָה וְאַרְבַּע מֵאוֹת שָׁנָה׃ וַיְהִי מִקֵּץ שְׁלֹשִׁים שָׁנָה וְאַרְבַּע
מֵאוֹת שָׁנָה וַיְהִי בְּעֶצֶם הַיּוֹם הַזֶּה יָצְאוּ כָּל־צִבְאוֹת יהוה מֵאֶרֶץ
מב מִצְרָיִם׃ לֵיל שִׁמֻּרִים הוּא לַיהוה לְהוֹצִיאָם מֵאֶרֶץ מִצְרָיִם הוּא־
הַלַּיְלָה הַזֶּה לַיהוה שִׁמֻּרִים לְכָל־בְּנֵי יִשְׂרָאֵל לְדֹרֹתָם׃
מג וַיֹּאמֶר יהוה אֶל־מֹשֶׁה וְאַהֲרֹן זֹאת חֻקַּת הַפָּסַח כָּל־בֶּן־נֵכָר
מד לֹא־יֹאכַל בּוֹ׃ וְכָל־עֶבֶד אִישׁ מִקְנַת־כָּסֶף וּמַלְתָּה אֹתוֹ אָז יֹאכַל
מה מו בּוֹ׃ תּוֹשָׁב וְשָׂכִיר לֹא־יֹאכַל בּוֹ׃ בְּבַיִת אֶחָד יֵאָכֵל לֹא־תוֹצִיא
מז מִן־הַבַּיִת מִן־הַבָּשָׂר חוּצָה וְעֶצֶם לֹא תִשְׁבְּרוּ־בוֹ׃ כָּל־עֲדַת
מח יִשְׂרָאֵל יַעֲשׂוּ אֹתוֹ׃ וְכִי־יָגוּר אִתְּךָ גֵּר וְעָשָׂה פֶסַח לַיהוה הִמּוֹל
לוֹ כָל־זָכָר וְאָז יִקְרַב לַעֲשֹׂתוֹ וְהָיָה כְּאֶזְרַח הָאָרֶץ וְכָל־עָרֵל
מט לֹא־יֹאכַל בּוֹ׃ תּוֹרָה אַחַת יִהְיֶה לָאֶזְרָח וְלַגֵּר הַגָּר בְּתוֹכְכֶם׃
נ וַיַּעֲשׂוּ כָּל־בְּנֵי יִשְׂרָאֵל כַּאֲשֶׁר צִוָּה יהוה אֶת־מֹשֶׁה וְאֶת־אַהֲרֹן
נא כֵּן עָשׂוּ׃ וַיְהִי בְּעֶצֶם הַיּוֹם הַזֶּה הוֹצִיא יהוה אֶת־
בְּנֵי יִשְׂרָאֵל מֵאֶרֶץ מִצְרַיִם עַל־צִבְאֹתָם׃
יג א ב וַיְדַבֵּר יהוה אֶל־מֹשֶׁה לֵּאמֹר׃ קַדֶּשׁ־לִי כָל־בְּכוֹר פֶּטֶר כָּל־רֶחֶם שביעי
ג בִּבְנֵי יִשְׂרָאֵל בָּאָדָם וּבַבְּהֵמָה לִי הוּא׃ וַיֹּאמֶר מֹשֶׁה אֶל־הָעָם י
זָכוֹר אֶת־הַיּוֹם הַזֶּה אֲשֶׁר יְצָאתֶם מִמִּצְרַיִם מִבֵּית עֲבָדִים כִּי
ד בְּחֹזֶק יָד הוֹצִיא יהוה אֶתְכֶם מִזֶּה וְלֹא יֵאָכֵל חָמֵץ׃ הַיּוֹם אַתֶּם
ה יֹצְאִים בְּחֹדֶשׁ הָאָבִיב׃ וְהָיָה כִי־יְבִיאֲךָ יהוה אֶל־אֶרֶץ הַכְּנַעֲנִי
וְהַחִתִּי וְהָאֱמֹרִי וְהַחִוִּי וְהַיְבוּסִי אֲשֶׁר נִשְׁבַּע לַאֲבֹתֶיךָ לָתֶת לָךְ
אֶרֶץ זָבַת חָלָב וּדְבָשׁ וְעָבַדְתָּ אֶת־הָעֲבֹדָה הַזֹּאת בַּחֹדֶשׁ הַזֶּה׃

26 Meaning watchful observance of the prescribed ritual. Alternatively, "watchfulness *by* the LORD," i.e., a night of special divine protection.

6 honey – you shall keep this ceremony in this month. For seven
days you shall eat unleavened bread; the seventh day shall be a
7 festival to the Lord. Unleavened bread shall be eaten for those
seven days; no bread or leavening shall be seen in all your land.
8 On that day you must tell your child, 'This is because of what the
9 Lord did for me when I left Egypt.' It shall be a sign on your arm,
a reminder between your eyes,[28] so that the Lord's teaching be
on your tongue, for with a mighty hand the Lord brought you
10 out of Egypt. Celebrate this law each year at its set time.
11 When the Lord brings you to the land of the Canaanites, as He
12 promised you and your ancestors, and He gives it to you, you shall
give over to the Lord the first to emerge from every womb. Every
13 male firstborn of your animals shall be His. You shall redeem every
firstborn donkey with a lamb; otherwise, you must break the
donkey's neck. You must redeem every firstborn among your sons.
14 And in the future, when your children ask, 'What is this?' you shall MAFTIR
answer, 'With a mighty hand the Lord brought us out of Egypt,
15 the house of slaves. And when Pharaoh was obstinate and refused
to set us free, the Lord killed all the firstborn sons in Egypt, man
and beast alike. That is why I sacrifice every male firstborn animal
16 to the Lord, and redeem all my firstborn sons.' It shall be a sign
on your arm and an emblem between your eyes – with a mighty
17 hand the Lord rescued us from Egypt." When Pharaoh BESHALAḤ
let the people go, God did not lead them through the land of
the Philistines, though it was the shorter way. "If the people face
war," thought God, "they will change their minds and go back to
18 Egypt." So He led them on a roundabout course, by way of the
wilderness, to the Sea of Reeds.[29] The Israelites left Egypt armed
19 for battle. And Moshe took with him the remains of Yosef, who
had bound the Israelites by oath: "When God comes to your aid,
20 bring my remains with you out of here." They set out from Sukkot

---

understood as a reference to tefillin, which are worn on the arm and just above the forehead.

29 See note on 10:19.

ו ז שִׁבְעַת יָמִים תֹּאכַל מַצֹּת וּבַיּוֹם הַשְּׁבִיעִי חַג לַיהוָה: מַצּוֹת
יֵאָכֵל אֵת שִׁבְעַת הַיָּמִים וְלֹא־יֵרָאֶה לְךָ חָמֵץ וְלֹא־יֵרָאֶה לְךָ
ח שְׂאֹר בְּכָל־גְּבֻלֶךָ: וְהִגַּדְתָּ לְבִנְךָ בַּיּוֹם הַהוּא לֵאמֹר בַּעֲבוּר
ט זֶה עָשָׂה יהוה לִי בְּצֵאתִי מִמִּצְרָיִם: וְהָיָה לְךָ לְאוֹת עַל־יָדְךָ
וּלְזִכָּרוֹן בֵּין עֵינֶיךָ לְמַעַן תִּהְיֶה תּוֹרַת יהוה בְּפִיךָ כִּי בְּיָד חֲזָקָה
י הוֹצִאֲךָ יהוה מִמִּצְרָיִם: וְשָׁמַרְתָּ אֶת־הַחֻקָּה הַזֹּאת לְמוֹעֲדָהּ
מִיָּמִים יָמִימָה:
יא וְהָיָה כִּי־יְבִאֲךָ יהוה אֶל־אֶרֶץ הַכְּנַעֲנִי כַּאֲשֶׁר נִשְׁבַּע לְךָ וְלַאֲבֹתֶיךָ
יב וּנְתָנָהּ לָךְ: וְהַעֲבַרְתָּ כָל־פֶּטֶר־רֶחֶם לַיהוָה וְכָל־פֶּטֶר ׀ שֶׁגֶר
יג בְּהֵמָה אֲשֶׁר יִהְיֶה לְךָ הַזְּכָרִים לַיהוָה: וְכָל־פֶּטֶר חֲמֹר תִּפְדֶּה
בְשֶׂה וְאִם־לֹא תִפְדֶּה וַעֲרַפְתּוֹ וְכֹל בְּכוֹר אָדָם בְּבָנֶיךָ תִּפְדֶּה:
יד וְהָיָה כִּי־יִשְׁאָלְךָ בִנְךָ מָחָר לֵאמֹר מַה־זֹּאת וְאָמַרְתָּ אֵלָיו בְּחֹזֶק מפטיר
טו יָד הוֹצִיאָנוּ יהוה מִמִּצְרַיִם מִבֵּית עֲבָדִים: וַיְהִי כִּי־הִקְשָׁה
פַרְעֹה לְשַׁלְּחֵנוּ וַיַּהֲרֹג יהוה כָּל־בְּכוֹר בְּאֶרֶץ מִצְרַיִם מִבְּכֹר
אָדָם וְעַד־בְּכוֹר בְּהֵמָה עַל־כֵּן אֲנִי זֹבֵחַ לַיהוָה כָּל־פֶּטֶר רֶחֶם
טז הַזְּכָרִים וְכָל־בְּכוֹר בָּנַי אֶפְדֶּה: וְהָיָה לְאוֹת עַל־יָדְכָה וּלְטוֹטָפֹת
יז בֵּין עֵינֶיךָ כִּי בְּחֹזֶק יָד הוֹצִיאָנוּ יהוה מִמִּצְרָיִם: וַיְהִי בשלח
בְּשַׁלַּח פַּרְעֹה אֶת־הָעָם וְלֹא־נָחָם אֱלֹהִים דֶּרֶךְ אֶרֶץ פְּלִשְׁתִּים
כִּי קָרוֹב הוּא כִּי ׀ אָמַר אֱלֹהִים פֶּן־יִנָּחֵם הָעָם בִּרְאֹתָם מִלְחָמָה
יח וְשָׁבוּ מִצְרָיְמָה: וַיַּסֵּב אֱלֹהִים ׀ אֶת־הָעָם דֶּרֶךְ הַמִּדְבָּר יַם־
יט סוּף וַחֲמֻשִׁים עָלוּ בְנֵי־יִשְׂרָאֵל מֵאֶרֶץ מִצְרָיִם: וַיִּקַּח מֹשֶׁה
אֶת־עַצְמוֹת יוֹסֵף עִמּוֹ כִּי הַשְׁבֵּעַ הִשְׁבִּיעַ אֶת־בְּנֵי יִשְׂרָאֵל
לֵאמֹר פָּקֹד יִפְקֹד אֱלֹהִים אֶתְכֶם וְהַעֲלִיתֶם אֶת־עַצְמֹתַי
כ מִזֶּה אִתְּכֶם: וַיִּסְעוּ מִסֻּכֹּת וַיַּחֲנוּ בְאֵתָם בִּקְצֵה הַמִּדְבָּר:

28 An idiom meaning something constantly remembered. Traditionally it is

21 and camped at Etam, at the edge of the desert. The LORD went
ahead of them by day in a column of cloud to guide them, and
at night in a column of fire to give them light, so that they might
22 travel day and night. Neither the column of cloud by day nor that
of fire by night once departed from the people.
14 1 2 Then the LORD said to Moshe, "Speak to the Israelites and tell
them to turn back and camp in front of Pi HaḤirot, between
Migdol and the sea, before Baal Tzefon. Encamp facing it, by the
3 sea. Pharaoh will think that the Israelites are lost across the land,
4 that they are trapped in the desert. I will toughen Pharaoh's heart,
and he will pursue them. I will be glorified over Pharaoh and all
his force, and the Egyptians will know that I am the LORD." And
5 so they did. When the king of Egypt was told that the Israelites
had escaped, he and his officials changed their minds about the
people: "What have we done, releasing the Israelites from serving
6 us?" So the king harnessed his chariot and brought out his army.
7 He took six hundred elite chariots and all the other chariots of
8 Egypt, with officers over them all. The LORD strengthened the
heart of Pharaoh, king of Egypt, and he pursued the Israelites,
9 who were leaving in defiance of them. The Egyptians, with all the SHEINI
king's horses and chariots, cavalry and infantry, chased and caught
up with them as they were encamped by the sea near Pi HaḤirot,
10 before Baal Tzefon. Pharaoh drew near – the Israelites looked
up: there were the Egyptians thundering after them. They were
11 terrified and cried to the LORD for help. "Were there no graves in
Egypt?" they asked Moshe. "Is that why you brought us here to
die in the desert? What have you done to us, bringing us out of
12 Egypt? Did we not tell you in Egypt: Leave us alone – let us serve
the Egyptians. Better a life in servitude to Egypt than death in the
13 desert." But Moshe told the people, "Fear not. Stand firm and see
the deliverance the LORD will bring you today. The Egyptians you
14 see today, you shall never see again. The LORD will fight for you.
You stay silent."
15 The LORD said to Moshe, "Why are you crying out to Me? Speak SHELISHI

כא וַיהוָ֡ה הֹלֵךְ֩ לִפְנֵיהֶ֨ם יוֹמָ֜ם בְּעַמּ֤וּד עָנָן֙ לַנְחֹתָ֣ם הַדֶּ֔רֶךְ וְלַ֛יְלָה
כב בְּעַמּ֥וּד אֵ֖שׁ לְהָאִ֣יר לָהֶ֑ם לָלֶ֖כֶת יוֹמָ֥ם וָלָֽיְלָה׃ לֹֽא־יָמִ֞ישׁ עַמּ֤וּד
הֶֽעָנָן֙ יוֹמָ֔ם וְעַמּ֥וּד הָאֵ֖שׁ לָ֑יְלָה לִפְנֵ֖י הָעָֽם׃
יד א ב וַיְדַבֵּ֥ר יהוה אֶל־מֹשֶׁ֥ה לֵּאמֹֽר׃ דַּבֵּר֮ אֶל־בְּנֵ֣י יִשְׂרָאֵל֒ וְיָשֻׁ֗בוּ
וְיַחֲנוּ֙ לִפְנֵי֙ פִּ֣י הַחִירֹ֔ת בֵּ֥ין מִגְדֹּ֖ל וּבֵ֣ין הַיָּ֑ם לִפְנֵי֙ בַּ֣עַל צְפֹ֔ן נִכְח֥וֹ
ג תַחֲנ֖וּ עַל־הַיָּֽם׃ וְאָמַ֤ר פַּרְעֹה֙ לִבְנֵ֣י יִשְׂרָאֵ֔ל נְבֻכִ֥ים הֵ֖ם בָּאָ֑רֶץ
ד סָגַ֥ר עֲלֵיהֶ֖ם הַמִּדְבָּֽר׃ וְחִזַּקְתִּ֣י אֶת־לֵב־פַּרְעֹה֮ וְרָדַ֣ף אַחֲרֵיהֶם֒
וְאִכָּבְדָ֤ה בְּפַרְעֹה֙ וּבְכָל־חֵיל֔וֹ וְיָדְע֥וּ מִצְרַ֖יִם כִּֽי־אֲנִ֣י יהוה וַיַּעֲשׂוּ־
ה כֵֽן׃ וַיֻּגַּד֙ לְמֶ֣לֶךְ מִצְרַ֔יִם כִּ֥י בָרַ֖ח הָעָ֑ם וַיֵּהָפֵ֞ךְ לְבַ֣ב פַּרְעֹ֤ה וַעֲבָדָיו֙
אֶל־הָעָ֔ם וַיֹּֽאמְרוּ֙ מַה־זֹּ֣את עָשִׂ֔ינוּ כִּֽי־שִׁלַּ֥חְנוּ אֶת־יִשְׂרָאֵ֖ל
ו ז מֵעָבְדֵֽנוּ׃ וַיֶּאְסֹ֖ר אֶת־רִכְבּ֑וֹ וְאֶת־עַמּ֖וֹ לָקַ֥ח עִמּֽוֹ׃ וַיִּקַּ֗ח שֵׁשׁ־
ח מֵא֤וֹת רֶ֙כֶב֙ בָּח֔וּר וְכֹ֖ל רֶ֣כֶב מִצְרָ֑יִם וְשָׁלִשִׁ֖ם עַל־כֻּלּֽוֹ׃ וַיְחַזֵּ֣ק
יהוה אֶת־לֵ֤ב פַּרְעֹה֙ מֶ֣לֶךְ מִצְרַ֔יִם וַיִּרְדֹּ֕ף אַחֲרֵ֖י בְּנֵ֣י יִשְׂרָאֵ֑ל
ט וּבְנֵ֣י יִשְׂרָאֵ֔ל יֹצְאִ֖ים בְּיָ֥ד רָמָֽה׃ וַיִּרְדְּפ֨וּ מִצְרַ֜יִם אַחֲרֵיהֶ֗ם וַיַּשִּׂ֤יגוּ שני
אוֹתָם֙ חֹנִ֣ים עַל־הַיָּ֔ם כָּל־סוּס֙ רֶ֣כֶב פַּרְעֹ֔ה וּפָרָשָׁ֖יו וְחֵיל֑וֹ עַל־
י פִּי֙ הַחִירֹ֔ת לִפְנֵ֖י בַּ֥עַל צְפֹֽן׃ וּפַרְעֹ֖ה הִקְרִ֑יב וַיִּשְׂא֣וּ בְנֵֽי־יִשְׂרָאֵ֣ל
אֶת־עֵינֵיהֶ֡ם וְהִנֵּ֣ה מִצְרַ֣יִם ׀ נֹסֵ֣עַ אַחֲרֵיהֶ֗ם וַיִּֽירְאוּ֙ מְאֹ֔ד וַיִּצְעֲק֥וּ
יא בְנֵֽי־יִשְׂרָאֵ֖ל אֶל־יהוה׃ וַיֹּֽאמְרוּ֮ אֶל־מֹשֶׁה֒ הֲמִבְּלִ֤י אֵין־קְבָרִים֙
בְּמִצְרַ֔יִם לְקַחְתָּ֖נוּ לָמ֣וּת בַּמִּדְבָּ֑ר מַה־זֹּאת֙ עָשִׂ֣יתָ לָּ֔נוּ לְהוֹצִיאָ֖נוּ
יב מִמִּצְרָֽיִם׃ הֲלֹא־זֶ֣ה הַדָּבָ֗ר אֲשֶׁר֩ דִּבַּ֨רְנוּ אֵלֶ֤יךָ בְמִצְרַ֙יִם֙ לֵאמֹ֔ר
חֲדַ֥ל מִמֶּ֖נּוּ וְנַעַבְדָ֣ה אֶת־מִצְרָ֑יִם כִּ֣י ט֥וֹב לָ֙נוּ֙ עֲבֹ֣ד אֶת־מִצְרַ֔יִם
יג מִמֻּתֵ֖נוּ בַּמִּדְבָּֽר׃ וַיֹּ֨אמֶר מֹשֶׁ֣ה אֶל־הָעָם֮ אַל־תִּירָאוּ֒ הִֽתְיַצְּב֗וּ
וּרְאוּ֙ אֶת־יְשׁוּעַ֣ת יהוה אֲשֶׁר־יַעֲשֶׂ֥ה לָכֶ֖ם הַיּ֑וֹם כִּ֗י אֲשֶׁ֨ר רְאִיתֶ֤ם
יד אֶת־מִצְרַ֙יִם֙ הַיּ֔וֹם לֹ֥א תֹסִ֛פוּ לִרְאֹתָ֥ם ע֖וֹד עַד־עוֹלָֽם׃ יהוה יִלָּחֵ֣ם
לָכֶ֑ם וְאַתֶּ֖ם תַּחֲרִשֽׁוּן׃
טו וַיֹּ֤אמֶר יהוה֙ אֶל־מֹשֶׁ֔ה מַה־תִּצְעַ֖ק אֵלָ֑י דַּבֵּ֥ר אֶל־בְּנֵֽי־יִשְׂרָאֵ֖ל יא שלישי

16 to the Israelites; have them move forward. Raise your staff, stretch
out your hand over the sea and divide it, and the Israelites will
17 walk through the sea on dry land. I will strengthen the Egyptians'
hearts and they will go after them. Then will My glory bear down
hard upon Pharaoh and his entire army, his chariots and cavalry.
18 And when My glory bears down upon Pharaoh, his chariots and
19 cavalry, the Egyptians will know that I am the LORD." Then the
angel of God who had been traveling ahead of the Israelite camp
moved and went behind them, and the column of cloud moved
20 from in front of them to their rear. It came between the Egyptian
and Israelite camps, as cloud and darkness for one, but lighting
21 the night for the other, keeping the two apart all night. Then
Moshe stretched out his hand over the sea, and the LORD drove
the sea back by a strong east wind all night, turning it to dry land
22 and dividing the waters. So the Israelites walked through the
sea on dry land. To their right and left, the water was like a wall.
23 The Egyptians chased after them. All Pharaoh's horses, chariots,
24 and cavalry followed them into the sea. During the last watch of
the night,[30] the LORD looked down at the Egyptian army from a
25 column of fire and cloud and threw them into a panic, clogging
their chariot wheels so that it was hard for them to move. The
Egyptians said, "Let us flee from the Israelites. The LORD is fighting
for them against Egypt."
26 Then the LORD said to Moshe, "Stretch out your hand over the REVI'I
sea. The waters will flow back over the Egyptians and their chariots
27 and cavalry." Moshe stretched out his hand over the sea, and
at daybreak the water came back in full force. The Egyptians
28 fled at its approach but the LORD swept them into the sea. The
waters returned, covering the chariots, the cavalry, and the
whole Egyptian army that had followed the Israelites into the
29 sea. Not one of them remained. But the Israelites had walked
through the sea on dry land, with a wall of water to their right
30 and left. That day, the LORD saved the Israelites from the
Egyptians. And when the Israelites saw the Egyptians dead on

טז וְיִסָּעוּ: וְאַתָּה הָרֵם אֶת־מַטְּךָ וּנְטֵה אֶת־יָדְךָ עַל־הַיָּם וּבְקָעֵהוּ
יז וְיָבֹאוּ בְנֵי־יִשְׂרָאֵל בְּתוֹךְ הַיָּם בַּיַּבָּשָׁה: וַאֲנִי הִנְנִי מְחַזֵּק אֶת־לֵב
מִצְרַיִם וְיָבֹאוּ אַחֲרֵיהֶם וְאִכָּבְדָה בְּפַרְעֹה וּבְכָל־חֵילוֹ בְּרִכְבּוֹ
יח וּבְפָרָשָׁיו: וְיָדְעוּ מִצְרַיִם כִּי־אֲנִי יהוה בְּהִכָּבְדִי בְּפַרְעֹה בְּרִכְבּוֹ
יט וּבְפָרָשָׁיו: וַיִּסַּע מַלְאַךְ הָאֱלֹהִים הַהֹלֵךְ לִפְנֵי מַחֲנֵה יִשְׂרָאֵל וַיֵּלֶךְ
כ מֵאַחֲרֵיהֶם וַיִּסַּע עַמּוּד הֶעָנָן מִפְּנֵיהֶם וַיַּעֲמֹד מֵאַחֲרֵיהֶם: וַיָּבֹא
בֵּין ׀ מַחֲנֵה מִצְרַיִם וּבֵין מַחֲנֵה יִשְׂרָאֵל וַיְהִי הֶעָנָן וְהַחֹשֶׁךְ וַיָּאֶר
כא אֶת־הַלָּיְלָה וְלֹא־קָרַב זֶה אֶל־זֶה כָּל־הַלָּיְלָה: וַיֵּט מֹשֶׁה אֶת־יָדוֹ
עַל־הַיָּם וַיּוֹלֶךְ יהוה ׀ אֶת־הַיָּם בְּרוּחַ קָדִים עַזָּה כָּל־הַלַּיְלָה
כב וַיָּשֶׂם אֶת־הַיָּם לֶחָרָבָה וַיִּבָּקְעוּ הַמָּיִם: וַיָּבֹאוּ בְנֵי־יִשְׂרָאֵל
בְּתוֹךְ הַיָּם בַּיַּבָּשָׁה וְהַמַּיִם לָהֶם חוֹמָה מִימִינָם וּמִשְּׂמֹאלָם:
כג וַיִּרְדְּפוּ מִצְרַיִם וַיָּבֹאוּ אַחֲרֵיהֶם כֹּל סוּס פַּרְעֹה רִכְבּוֹ וּפָרָשָׁיו
כד אֶל־תּוֹךְ הַיָּם: וַיְהִי בְּאַשְׁמֹרֶת הַבֹּקֶר וַיַּשְׁקֵף יהוה אֶל־מַחֲנֵה
כה מִצְרַיִם בְּעַמּוּד אֵשׁ וְעָנָן וַיָּהָם אֵת מַחֲנֵה מִצְרָיִם: וַיָּסַר אֵת
אֹפַן מַרְכְּבֹתָיו וַיְנַהֲגֵהוּ בִּכְבֵדֻת וַיֹּאמֶר מִצְרַיִם אָנוּסָה מִפְּנֵי
יִשְׂרָאֵל כִּי יהוה נִלְחָם לָהֶם בְּמִצְרָיִם:
כו וַיֹּאמֶר יהוה אֶל־מֹשֶׁה נְטֵה אֶת־יָדְךָ עַל־הַיָּם וְיָשֻׁבוּ הַמַּיִם רביעי
כז עַל־מִצְרַיִם עַל־רִכְבּוֹ וְעַל־פָּרָשָׁיו: וַיֵּט מֹשֶׁה אֶת־יָדוֹ עַל־
הַיָּם וַיָּשָׁב הַיָּם לִפְנוֹת בֹּקֶר לְאֵיתָנוֹ וּמִצְרַיִם נָסִים לִקְרָאתוֹ
כח וַיְנַעֵר יהוה אֶת־מִצְרַיִם בְּתוֹךְ הַיָּם: וַיָּשֻׁבוּ הַמַּיִם וַיְכַסּוּ אֶת־
הָרֶכֶב וְאֶת־הַפָּרָשִׁים לְכֹל חֵיל פַּרְעֹה הַבָּאִים אַחֲרֵיהֶם בַּיָּם
כט לֹא־נִשְׁאַר בָּהֶם עַד־אֶחָד: וּבְנֵי יִשְׂרָאֵל הָלְכוּ בַיַּבָּשָׁה בְּתוֹךְ
ל הַיָּם וְהַמַּיִם לָהֶם חֹמָה מִימִינָם וּמִשְּׂמֹאלָם: וַיּוֹשַׁע יהוה בַּיּוֹם
הַהוּא אֶת־יִשְׂרָאֵל מִיַּד מִצְרָיִם וַיַּרְא יִשְׂרָאֵל אֶת־מִצְרַיִם מֵת

30 The night was divided into three sections, each one called a watch.

31 the seashore, and witnessed the wondrous power the LORD
had unleashed against the Egyptians, the people were in awe of
the LORD, and they believed in Him and in Moshe His servant.

15 1 And then, Moshe and the Israelites sang this song to the
LORD: / I will sing to the LORD, for He has triumphed
in glory; / horse and horseman He hurled into the
2 sea. / The LORD is my strength and song – / and now my
salvation. / This is my God, I will glorify Him, / my
3 father's God, I will exalt Him. / The LORD is a Master of
4 war; / the LORD is His name. / Pharaoh's chariots and
army / He hurled into the sea; / the best of his officers /
5 drowned in the Sea of Reeds. / The deep waters covered
6 them; / they sank to the depths like a stone. / Your right
hand, LORD, majestic in power, / Your right hand, LORD,
7 shatters the enemy. / In the greatness of Your majesty,
You overthrew those who rose against You. / You sent
8 forth Your rage; it consumed them like stubble. / By the
blast of Your nostrils the waters heaped; / the surge stood
upright as a wall; / the deeps congealed at the heart of
9 the sea. / The enemy said, "I will give chase, will over-
take, / I will divide the spoils. / My desire shall gorge its fill
of them. / I will draw my sword, / and my hand destroy
10 them." / You blew with Your wind; the sea covered over
11 them. / They sank like lead in mighty waters. / Who
is like You, LORD, among the mighty? / Who is like
You – majestic in holiness, / awesome in glory, working
12 wonders? / You reached out Your right hand – / the earth
13 swallowed them up. / In Your love, You guided out the
people You redeemed. / In Your strength, You led them
14 to Your holy abode. / Nations heard and they trem-
15 bled; / terror seized the Philistines. / The chiefs
of Edom were dismayed, then, / Moav's leaders were
seized with trembling, / the people of Canaan melted
16 away. / Dread, terror fell upon them; / by Your

לא עַל־שְׂפַת הַיָּם׃ וַיַּרְא יִשְׂרָאֵל אֶת־הַיָּד הַגְּדֹלָה אֲשֶׁר עָשָׂה יהוה
בְּמִצְרַיִם וַיִּירְאוּ הָעָם אֶת־יהוה וַיַּאֲמִינוּ בַּיהוה וּבְמֹשֶׁה עַבְדּוֹ׃

טו א אָז יָשִׁיר־מֹשֶׁה וּבְנֵי יִשְׂרָאֵל אֶת־הַשִּׁירָה הַזֹּאת לַיהוה וַיֹּאמְרוּ
לֵאמֹר אָשִׁירָה לַּיהוה כִּי־גָאֹה גָּאָה סוּס
ב וְרֹכְבוֹ רָמָה בַיָּם׃ עָזִּי וְזִמְרָת יָהּ וַיְהִי־לִי
לִישׁוּעָה זֶה אֵלִי וְאַנְוֵהוּ אֱלֹהֵי
ג אָבִי וַאֲרֹמְמֶנְהוּ׃ יהוה אִישׁ מִלְחָמָה יהוה
ד שְׁמוֹ׃ מַרְכְּבֹת פַּרְעֹה וְחֵילוֹ יָרָה בַיָּם וּמִבְחַר
ה שָׁלִשָׁיו טֻבְּעוּ בְיַם־סוּף׃ תְּהֹמֹת יְכַסְיֻמוּ יָרְדוּ בִמְצוֹלֹת
ו כְּמוֹ־אָבֶן׃ יְמִינְךָ יהוה נֶאְדָּרִי בַּכֹּחַ יְמִינְךָ
ז יהוה תִּרְעַץ אוֹיֵב׃ וּבְרֹב גְּאוֹנְךָ תַּהֲרֹס
ח קָמֶיךָ תְּשַׁלַּח חֲרֹנְךָ יֹאכְלֵמוֹ כַּקַּשׁ׃ וּבְרוּחַ
אַפֶּיךָ נֶעֶרְמוּ מַיִם נִצְּבוּ כְמוֹ־נֵד
ט נֹזְלִים קָפְאוּ תְהֹמֹת בְּלֶב־יָם׃ אָמַר
אוֹיֵב אֶרְדֹּף אַשִּׂיג אֲחַלֵּק שָׁלָל תִּמְלָאֵמוֹ
י נַפְשִׁי אָרִיק חַרְבִּי תּוֹרִישֵׁמוֹ יָדִי׃ נָשַׁפְתָּ
בְרוּחֲךָ כִּסָּמוֹ יָם צָלֲלוּ כַּעוֹפֶרֶת בְּמַיִם
יא אַדִּירִים׃ מִי־כָמֹכָה בָּאֵלִם יהוה מִי
כָּמֹכָה נֶאְדָּר בַּקֹּדֶשׁ נוֹרָא תְהִלֹּת עֹשֵׂה
יב יג פֶלֶא׃ נָטִיתָ יְמִינְךָ תִּבְלָעֵמוֹ אָרֶץ׃ נָחִיתָ
בְחַסְדְּךָ עַם־זוּ גָּאָלְתָּ נֵהַלְתָּ בְעָזְּךָ אֶל־נְוֵה
יד קָדְשֶׁךָ׃ שָׁמְעוּ עַמִּים יִרְגָּזוּן חִיל
טו אָחַז יֹשְׁבֵי פְּלָשֶׁת׃ אָז נִבְהֲלוּ אַלּוּפֵי
אֱדוֹם אֵילֵי מוֹאָב יֹאחֲזֵמוֹ רָעַד נָמֹגוּ
טז כֹּל יֹשְׁבֵי כְנָעַן׃ תִּפֹּל עֲלֵיהֶם אֵימָתָה

arm's power they were stilled as stone – / until Your
people crossed, LORD, / until the people You acquired
17 crossed over. / You will bring them, You will plant them
on the mountain, Your heritage – / the place, LORD, that
You made for Your dwelling, / the Sanctuary, LORD, that
18 Your hands established. / The LORD will reign for ever
19 and all time. / This they sang when Pharaoh's horses,
chariots, and cavalry had gone into the sea / and the
LORD had brought the waters of the sea back over them / while
the Israelites had walked on dry land through the sea.

20 Then Miriam, the prophetess, sister of Aharon, took a tambourine
in her hand, and all the women followed her with tambourines
21 and dance. And Miriam led them in song: Sing to the LORD, for
He has triumphed in glory; /horse and horseman He hurled into
22 the sea. Moshe then led the Israelites from the Sea of
Reeds out into the desert of Shur. For three days, they journeyed
23 across the desert without finding water. Eventually they came
to Mara, but they could not drink the water there because it was
24 bitter; because of this it was named Mara.[31] The people railed
25 against Moshe – "What are we to drink?" Moshe cried out to
the LORD. And the LORD showed him a piece of wood, which he
threw into the water – and the water became sweet. It was there
that the LORD gave His people decree and law; it was there that
26 He put them to the test.[32] He said, "If you listen faithfully to the
voice of the LORD your God, doing what is right in His eyes,
heeding His commands and keeping His decrees, I will not bring
on you any of the sicknesses I brought on the Egyptians, for I
27 am the LORD – your Healer." And then they arrived at ḤAMISHI
Eilim, where there were twelve springs and seventy date palms.
16 1 They encamped there by the water. They set out from Eilim, and
on the fifteenth day of the second month after leaving Egypt, the
congregation of Israel all arrived at the desert of Sin, between Eilim
2 and Sinai. In the desert, all the community started railing against

וָפַחַד בִּגְדֹל זְרוֹעֲךָ יִדְּמוּ כָּאָבֶן עַד־
יַעֲבֹר עַמְּךָ יְהוָה עַד־יַעֲבֹר עַם־זוּ
יז קָנִיתָ׃ תְּבִאֵמוֹ וְתִטָּעֵמוֹ בְּהַר נַחֲלָתְךָ מָכוֹן
לְשִׁבְתְּךָ פָּעַלְתָּ יְהוָה מִקְּדָשׁ אֲדֹנָי כּוֹנְנוּ
יח יט יָדֶיךָ׃ יְהוָה ׀ יִמְלֹךְ לְעֹלָם וָעֶד׃ כִּי
בָא סוּס פַּרְעֹה בְּרִכְבּוֹ וּבְפָרָשָׁיו בַּיָּם וַיָּשֶׁב יְהוָה עֲלֵהֶם אֶת־מֵי
הַיָּם וּבְנֵי יִשְׂרָאֵל הָלְכוּ בַיַּבָּשָׁה בְּתוֹךְ הַיָּם׃

כ וַתִּקַּח מִרְיָם הַנְּבִיאָה אֲחוֹת אַהֲרֹן אֶת־הַתֹּף בְּיָדָהּ וַתֵּצֶאןָ
כא כָל־הַנָּשִׁים אַחֲרֶיהָ בְּתֻפִּים וּבִמְחֹלֹת׃ וַתַּעַן לָהֶם מִרְיָם שִׁירוּ
כב לַיהוָה כִּי־גָאֹה גָּאָה סוּס וְרֹכְבוֹ רָמָה בַיָּם׃ וַיַּסַּע מֹשֶׁה
אֶת־יִשְׂרָאֵל מִיַּם־סוּף וַיֵּצְאוּ אֶל־מִדְבַּר־שׁוּר וַיֵּלְכוּ שְׁלֹשֶׁת־
כג יָמִים בַּמִּדְבָּר וְלֹא־מָצְאוּ מָיִם׃ וַיָּבֹאוּ מָרָתָה וְלֹא יָכְלוּ לִשְׁתֹּת
כד מַיִם מִמָּרָה כִּי מָרִים הֵם עַל־כֵּן קָרָא־שְׁמָהּ מָרָה׃ וַיִּלֹּנוּ הָעָם
כה עַל־מֹשֶׁה לֵּאמֹר מַה־נִּשְׁתֶּה׃ וַיִּצְעַק אֶל־יְהוָה וַיּוֹרֵהוּ יְהוָה
עֵץ וַיַּשְׁלֵךְ אֶל־הַמַּיִם וַיִּמְתְּקוּ הַמָּיִם שָׁם שָׂם לוֹ חֹק וּמִשְׁפָּט
כו וְשָׁם נִסָּהוּ׃ וַיֹּאמֶר אִם־שָׁמוֹעַ תִּשְׁמַע לְקוֹל ׀ יְהוָה אֱלֹהֶיךָ
וְהַיָּשָׁר בְּעֵינָיו תַּעֲשֶׂה וְהַאֲזַנְתָּ לְמִצְוֺתָיו וְשָׁמַרְתָּ כָּל־חֻקָּיו
כָּל־הַמַּחֲלָה אֲשֶׁר־שַׂמְתִּי בְמִצְרַיִם לֹא־אָשִׂים עָלֶיךָ כִּי אֲנִי
כז יְהוָה רֹפְאֶךָ׃ וַיָּבֹאוּ אֵילִמָה וְשָׁם שְׁתֵּים עֶשְׂרֵה עֵינֹת חמישי
טז א מַיִם וְשִׁבְעִים תְּמָרִים וַיַּחֲנוּ־שָׁם עַל־הַמָּיִם׃ וַיִּסְעוּ מֵאֵילִם
וַיָּבֹאוּ כָּל־עֲדַת בְּנֵי־יִשְׂרָאֵל אֶל־מִדְבַּר־סִין אֲשֶׁר בֵּין־אֵילִם
וּבֵין סִינָי בַּחֲמִשָּׁה עָשָׂר יוֹם לַחֹדֶשׁ הַשֵּׁנִי לְצֵאתָם מֵאֶרֶץ
ב מִצְרָיִם׃ וילינו כָּל־עֲדַת בְּנֵי־יִשְׂרָאֵל עַל־מֹשֶׁה וְעַל־אַהֲרֹן וַיִּלּוֹנוּ

31 *Mara* means "bitter."

32 This "test" apparently refers to the challenge that follows. Opinions vary regarding the "decree and law" – a phrase that the text does not clarify.

3 Moshe and Aharon. The Israelites said to them, "If only we had
died by the LORD's hand in Egypt, when we sat by the fleshpots
and ate our fill of bread. Instead, you have brought us out into this
4 desert to kill the entire assembly by starvation." Then
the LORD said to Moshe, "I am going to rain down bread from
heaven. Let the people go out and gather enough for each day; I
5 will test them to see whether they will follow My law or not. On
the sixth day, they will have to prepare what they bring in. It will
6 be twice as much as they gather on all other days." So Moshe and
Aharon told all the Israelites, "At evening you will know that it
7 was the LORD who brought you out of Egypt, and by morning
you shall see the LORD's glory, for He has heard you railing against
8 Him. As for us, what are we that you rail against us?" Then Moshe
said, "In the evening, the LORD will give you meat to eat, and
in the morning bread to fill you, for He has heard you railing
against Him. We – what are we? It is not us you rail against, but
9 the LORD." Then Moshe said to Aharon, "Tell all the community
of Israel to come before the LORD, because He has heard your
10 railing." As soon as Aharon had spoken to the whole community of
Israel, they looked toward the desert – and the glory of the LORD
appeared in the midst of cloud.

11 12 The LORD spoke to Moshe and said, "I have heard the Israelites' SHISHI
railing. Tell them: At twilight you shall eat meat, and in the
morning your fill of bread. Then you will know that I am the
13 LORD your God." That evening a flock of quail flew in and covered
the camp; next morning a layer of dew surrounded the camp.
14 When the dew covering lifted, fine flakes covered the floor of the
15 desert like fine frost on the ground. When the Israelites saw it,
they asked one another, "What[33] is it?" for they did not recognize
it. Moshe said to them, "This is the bread the LORD has given
16 you to eat. This is what the LORD has instructed: Each of you
gather as much as you need, an omer[34] for every person; each take

34 A solid measure somewhat larger than the equivalent of two liters or half a gallon.

ג בַּמִּדְבָּר: וַיֹּאמְרוּ אֲלֵהֶם בְּנֵי יִשְׂרָאֵל מִי־יִתֵּן מוּתֵנוּ בְיַד־יהוה
בְּאֶרֶץ מִצְרַיִם בְּשִׁבְתֵּנוּ עַל־סִיר הַבָּשָׂר בְּאָכְלֵנוּ לֶחֶם לָשֹׂבַע
כִּי־הוֹצֵאתֶם אֹתָנוּ אֶל־הַמִּדְבָּר הַזֶּה לְהָמִית אֶת־כָּל־הַקָּהָל
ד הַזֶּה בָּרָעָב: וַיֹּאמֶר יהוה אֶל־מֹשֶׁה הִנְנִי מַמְטִיר יב
לָכֶם לֶחֶם מִן־הַשָּׁמָיִם וְיָצָא הָעָם וְלָקְטוּ דְּבַר־יוֹם בְּיוֹמוֹ לְמַעַן
ה אֲנַסֶּנּוּ הֲיֵלֵךְ בְּתוֹרָתִי אִם־לֹא: וְהָיָה בַּיּוֹם הַשִּׁשִּׁי וְהֵכִינוּ אֵת
ו אֲשֶׁר־יָבִיאוּ וְהָיָה מִשְׁנֶה עַל אֲשֶׁר־יִלְקְטוּ יוֹם ׀ יוֹם: וַיֹּאמֶר
מֹשֶׁה וְאַהֲרֹן אֶל־כָּל־בְּנֵי יִשְׂרָאֵל עֶרֶב וִידַעְתֶּם כִּי יהוה הוֹצִיא
ז אֶתְכֶם מֵאֶרֶץ מִצְרָיִם: וּבֹקֶר וּרְאִיתֶם אֶת־כְּבוֹד יהוה בְּשָׁמְעוֹ
ח אֶת־תְּלֻנֹּתֵיכֶם עַל־יהוה וְנַחְנוּ מָה כִּי תלונו עָלֵינוּ: וַיֹּאמֶר תַּלִּינוּ
מֹשֶׁה בְּתֵת יהוה לָכֶם בָּעֶרֶב בָּשָׂר לֶאֱכֹל וְלֶחֶם בַּבֹּקֶר לִשְׂבֹּעַ
בִּשְׁמֹעַ יהוה אֶת־תְּלֻנֹּתֵיכֶם אֲשֶׁר־אַתֶּם מַלִּינִם עָלָיו וְנַחְנוּ
ט מָה לֹא־עָלֵינוּ תְלֻנֹּתֵיכֶם כִּי עַל־יהוה: וַיֹּאמֶר מֹשֶׁה אֶל־אַהֲרֹן
אֱמֹר אֶל־כָּל־עֲדַת בְּנֵי יִשְׂרָאֵל קִרְבוּ לִפְנֵי יהוה כִּי שָׁמַע אֵת
י תְּלֻנֹּתֵיכֶם: וַיְהִי כְּדַבֵּר אַהֲרֹן אֶל־כָּל־עֲדַת בְּנֵי־יִשְׂרָאֵל וַיִּפְנוּ
אֶל־הַמִּדְבָּר וְהִנֵּה כְּבוֹד יהוה נִרְאָה בֶּעָנָן:
יא יב וַיְדַבֵּר יהוה אֶל־מֹשֶׁה לֵּאמֹר: שָׁמַעְתִּי אֶת־תְּלוּנֹּת בְּנֵי יִשְׂרָאֵל ששי
דַּבֵּר אֲלֵהֶם לֵאמֹר בֵּין הָעַרְבַּיִם תֹּאכְלוּ בָשָׂר וּבַבֹּקֶר תִּשְׂבְּעוּ־
יג לָחֶם וִידַעְתֶּם כִּי אֲנִי יהוה אֱלֹהֵיכֶם: וַיְהִי בָעֶרֶב וַתַּעַל הַשְּׂלָו
וַתְּכַס אֶת־הַמַּחֲנֶה וּבַבֹּקֶר הָיְתָה שִׁכְבַת הַטַּל סָבִיב לַמַּחֲנֶה:
יד וַתַּעַל שִׁכְבַת הַטָּל וְהִנֵּה עַל־פְּנֵי הַמִּדְבָּר דַּק מְחֻסְפָּס דַּק כַּכְּפֹר
טו עַל־הָאָרֶץ: וַיִּרְאוּ בְנֵי־יִשְׂרָאֵל וַיֹּאמְרוּ אִישׁ אֶל־אָחִיו מָן הוּא
כִּי לֹא יָדְעוּ מַה־הוּא וַיֹּאמֶר מֹשֶׁה אֲלֵהֶם הוּא הַלֶּחֶם אֲשֶׁר נָתַן
טז יהוה לָכֶם לְאָכְלָה: זֶה הַדָּבָר אֲשֶׁר צִוָּה יהוה לִקְטוּ מִמֶּנּוּ אִישׁ
לְפִי אָכְלוֹ עֹמֶר לַגֻּלְגֹּלֶת מִסְפַּר נַפְשֹׁתֵיכֶם אִישׁ לַאֲשֶׁר בְּאָהֳלוֹ

33 Hebrew *man*; cf. verse 31: "The House of Israel named it *man* (manna)."

17 enough for all the people in your tent." The people of Israel did
18 so. Some gathered more, others less. But when they measured it
with an omer measure, those who had gathered much had none
left over, and those who gathered but little did not fall short. All
19 had gathered as much as they could eat. "Let no one leave any
20 over for the morning," said Moshe; but they did not listen to
Moshe. Some of them left part of it till morning, and it became
21 worm infested and stank. Moshe was enraged with them. Every
morning they gathered it, all as much as they could eat, and when
22 the sun grew hot, it melted away. When the sixth day came, they
gathered a double portion, two omer each. All the leaders of the
23 community came and reported this to Moshe. "This," he told
them, "is what the LORD has said: Tomorrow is a day of rest, a holy
Sabbath to the LORD. Bake now what you need to bake and cook
what you need to cook. Whatever is left, keep carefully aside for
24 the morning." So they put it aside until the morning, as Moshe had
25 instructed them, and it did not stink, nor did worms infest it. And
Moshe said, "Today, eat this, for today is a Sabbath to the LORD;
26 today you will not find it on the ground. Six days shall you gather
27 it, but on the seventh day, the Sabbath, it will not be there." Some
people did go out to gather it on the seventh day; but they found
28 none. Then the LORD said to Moshe, "How long will you
29 refuse to keep My commandments and laws? Understand that the
LORD has given you a Sabbath – that is why He gave you two days'
bread on the sixth day. You shall each rest where you are: let no
30 man depart from where he is on the seventh day." So the people
31 rested on the seventh day. The House of Israel named it manna.[35]
It looked like white coriander seeds, and tasted like wafers made
32 with honey. Moshe said, "This is what the LORD commands: Let
an omer of it be kept carefully aside for your descendants, that
they may see the bread I fed you in the desert when I brought
33 you out of Egypt." Moshe said to Aharon, "Take an urn, put an
omer of manna in it, and place it before the LORD to be kept for
34 future generations." As the LORD commanded Moshe, so Aharon

יז תִּקָּחוּ: וַיַּעֲשׂוּ־כֵן בְּנֵי יִשְׂרָאֵל וַיִּלְקְטוּ הַמַּרְבֶּה וְהַמַּמְעִיט:
יח וַיָּמֹדּוּ בָעֹמֶר וְלֹא הֶעְדִּיף הַמַּרְבֶּה וְהַמַּמְעִיט לֹא הֶחְסִיר אִישׁ
יט לְפִי־אָכְלוֹ לָקָטוּ: וַיֹּאמֶר מֹשֶׁה אֲלֵהֶם אִישׁ אַל־יוֹתֵר מִמֶּנּוּ עַד־
כ בֹּקֶר: וְלֹא־שָׁמְעוּ אֶל־מֹשֶׁה וַיּוֹתִרוּ אֲנָשִׁים מִמֶּנּוּ עַד־בֹּקֶר וַיָּרֻם
כא תּוֹלָעִים וַיִּבְאַשׁ וַיִּקְצֹף עֲלֵהֶם מֹשֶׁה: וַיִּלְקְטוּ אֹתוֹ בַּבֹּקֶר בַּבֹּקֶר
כב אִישׁ כְּפִי אָכְלוֹ וְחַם הַשֶּׁמֶשׁ וְנָמָס: וַיְהִי ׀ בַּיּוֹם הַשִּׁשִּׁי לָקְטוּ
לֶחֶם מִשְׁנֶה שְׁנֵי הָעֹמֶר לָאֶחָד וַיָּבֹאוּ כָּל־נְשִׂיאֵי הָעֵדָה וַיַּגִּידוּ
כג לְמֹשֶׁה: וַיֹּאמֶר אֲלֵהֶם הוּא אֲשֶׁר דִּבֶּר יהוה שַׁבָּתוֹן שַׁבַּת־קֹדֶשׁ
לַיהוה מָחָר אֵת אֲשֶׁר־תֹּאפוּ אֵפוּ וְאֵת אֲשֶׁר־תְּבַשְּׁלוּ בַּשֵּׁלוּ
כד וְאֵת כָּל־הָעֹדֵף הַנִּיחוּ לָכֶם לְמִשְׁמֶרֶת עַד־הַבֹּקֶר: וַיַּנִּיחוּ אֹתוֹ
עַד־הַבֹּקֶר כַּאֲשֶׁר צִוָּה מֹשֶׁה וְלֹא הִבְאִישׁ וְרִמָּה לֹא־הָיְתָה־
כה בּוֹ: וַיֹּאמֶר מֹשֶׁה אִכְלֻהוּ הַיּוֹם כִּי־שַׁבָּת הַיּוֹם לַיהוה הַיּוֹם לֹא
כו תִמְצָאֻהוּ בַּשָּׂדֶה: שֵׁשֶׁת יָמִים תִּלְקְטֻהוּ וּבַיּוֹם הַשְּׁבִיעִי שַׁבָּת
כז לֹא יִהְיֶה־בּוֹ: וַיְהִי בַּיּוֹם הַשְּׁבִיעִי יָצְאוּ מִן־הָעָם לִלְקֹט וְלֹא
כח מָצָאוּ: וַיֹּאמֶר יהוה אֶל־מֹשֶׁה עַד־אָנָה מֵאַנְתֶּם יג
כט לִשְׁמֹר מִצְוֹתַי וְתוֹרֹתָי: רְאוּ כִּי־יהוה נָתַן לָכֶם הַשַּׁבָּת עַל־כֵּן
הוּא נֹתֵן לָכֶם בַּיּוֹם הַשִּׁשִּׁי לֶחֶם יוֹמָיִם שְׁבוּ ׀ אִישׁ תַּחְתָּיו אַל־
ל יֵצֵא אִישׁ מִמְּקֹמוֹ בַּיּוֹם הַשְּׁבִיעִי: וַיִּשְׁבְּתוּ הָעָם בַּיּוֹם הַשְּׁבִעִי:
לא וַיִּקְרְאוּ בֵית־יִשְׂרָאֵל אֶת־שְׁמוֹ מָן וְהוּא כְּזֶרַע גַּד לָבָן וְטַעְמוֹ
לב כְּצַפִּיחִת בִּדְבָשׁ: וַיֹּאמֶר מֹשֶׁה זֶה הַדָּבָר אֲשֶׁר צִוָּה יהוה מְלֹא
הָעֹמֶר מִמֶּנּוּ לְמִשְׁמֶרֶת לְדֹרֹתֵיכֶם לְמַעַן ׀ יִרְאוּ אֶת־הַלֶּחֶם
אֲשֶׁר הֶאֱכַלְתִּי אֶתְכֶם בַּמִּדְבָּר בְּהוֹצִיאִי אֶתְכֶם מֵאֶרֶץ מִצְרָיִם:
לג וַיֹּאמֶר מֹשֶׁה אֶל־אַהֲרֹן קַח צִנְצֶנֶת אַחַת וְתֶן־שָׁמָּה מְלֹא־
לד הָעֹמֶר מָן וְהַנַּח אֹתוֹ לִפְנֵי יהוה לְמִשְׁמֶרֶת לְדֹרֹתֵיכֶם: כַּאֲשֶׁר
צִוָּה יהוה אֶל־מֹשֶׁה וַיַּנִּיחֵהוּ אַהֲרֹן לִפְנֵי הָעֵדֻת לְמִשְׁמָרֶת:

35 See note on verse 15.

35 placed it before the Ark of Testimony[36] to be kept with care. The
Israelites ate manna for forty years, until they came to the land
where they could settle down. They ate the manna until they came
36 to the border of Canaan. An omer is a tenth of an ephah.[37]
17 1 All the community of Israel moved on after that from the desert SHEVI'I
of Sin, traveling from place to place as the LORD guided them,
and they camped at Refidim, but there was no water there for the
2 people to drink. The people started to wrangle with Moshe. "Give
us water to drink," they raged. "Why do you wrangle with me?"
3 asked Moshe. "Why are you testing the LORD?" But the people
were thirsty for water. They railed against Moshe, "Why did you
bring us out of Egypt? Was it to kill me, my children, and all my
4 livestock by thirst?" "What shall I do with this people?" Moshe
cried to the LORD. "Another moment and they will stone me."
5 The LORD answered Moshe, "Walk out to face the people taking
some of the elders of Israel with you. Take the staff with which you
6 struck the Nile in your hand, and go. I will be there before you by
the rock at Ḥorev. Strike the rock; water will come out of it and the
people will drink." And that is what Moshe did, before the eyes of
7 the elders of Israel. He named the place Masa and Meriva, because
the people had quarreled[38] and had tested[39] the LORD, demanding,
"Is the LORD among us or not?"
8 9 Then, at Refidim, Amalek came and attacked Israel. Moshe said to
Yehoshua, "Choose men for us, and go out and do battle against
Amalek. Tomorrow I will stand on top of the hill with the staff of
10 God in my hand." Yehoshua fought the Amalekites as Moshe had
directed him, while Moshe, Aharon, and Ḥur climbed to the top
11 of the hill. Whenever Moshe held his hand high, the Israelites
prevailed, but whenever he let his hand drop, the Amalekites
12 prevailed. But Moshe's hands grew heavy. So they took a stone
and placed it under him and he sat, while Aharon and Ḥur held
up his hands, one on each side, so that his hands held true until

38 *Meriva* means "quarrel."

39 *Masa* means "test."

לה וּבְנֵי יִשְׂרָאֵל אָכְלוּ אֶת־הַמָּן אַרְבָּעִים שָׁנָה עַד־בֹּאָם אֶל־אֶרֶץ
לו נוֹשָׁבֶת אֶת־הַמָּן אָכְלוּ עַד־בֹּאָם אֶל־קְצֵה אֶרֶץ כְּנָעַן: וְהָעֹמֶר
עֲשִׂרִית הָאֵיפָה הוּא:

יז א וַיִּסְעוּ כָּל־עֲדַת בְּנֵי־יִשְׂרָאֵל מִמִּדְבַּר־סִין לְמַסְעֵיהֶם עַל־פִּי יְהוָה שביעי
ב וַיַּחֲנוּ בִּרְפִידִים וְאֵין מַיִם לִשְׁתֹּת הָעָם: וַיָּרֶב הָעָם עִם־מֹשֶׁה
וַיֹּאמְרוּ תְּנוּ־לָנוּ מַיִם וְנִשְׁתֶּה וַיֹּאמֶר לָהֶם מֹשֶׁה מַה־תְּרִיבוּן
ג עִמָּדִי מַה־תְּנַסּוּן אֶת־יְהוָה: וַיִּצְמָא שָׁם הָעָם לַמַּיִם וַיָּלֶן הָעָם
עַל־מֹשֶׁה וַיֹּאמֶר לָמָּה זֶּה הֶעֱלִיתָנוּ מִמִּצְרַיִם לְהָמִית אֹתִי
ד וְאֶת־בָּנַי וְאֶת־מִקְנַי בַּצָּמָא: וַיִּצְעַק מֹשֶׁה אֶל־יְהוָה לֵאמֹר מָה
ה אֶעֱשֶׂה לָעָם הַזֶּה עוֹד מְעַט וּסְקָלֻנִי: וַיֹּאמֶר יְהוָה אֶל־מֹשֶׁה
עֲבֹר לִפְנֵי הָעָם וְקַח אִתְּךָ מִזִּקְנֵי יִשְׂרָאֵל וּמַטְּךָ אֲשֶׁר הִכִּיתָ
ו בּוֹ אֶת־הַיְאֹר קַח בְּיָדְךָ וְהָלָכְתָּ: הִנְנִי עֹמֵד לְפָנֶיךָ שָּׁם ׀ עַל־
הַצּוּר בְּחֹרֵב וְהִכִּיתָ בַצּוּר וְיָצְאוּ מִמֶּנּוּ מַיִם וְשָׁתָה הָעָם וַיַּעַשׂ
ז כֵּן מֹשֶׁה לְעֵינֵי זִקְנֵי יִשְׂרָאֵל: וַיִּקְרָא שֵׁם הַמָּקוֹם מַסָּה וּמְרִיבָה
עַל־רִיב ׀ בְּנֵי יִשְׂרָאֵל וְעַל נַסֹּתָם אֶת־יְהוָה לֵאמֹר הֲיֵשׁ יְהוָה
בְּקִרְבֵּנוּ אִם־אָיִן:

ח ט וַיָּבֹא עֲמָלֵק וַיִּלָּחֶם עִם־יִשְׂרָאֵל בִּרְפִידִם: וַיֹּאמֶר מֹשֶׁה אֶל־
יְהוֹשֻׁעַ בְּחַר־לָנוּ אֲנָשִׁים וְצֵא הִלָּחֵם בַּעֲמָלֵק מָחָר אָנֹכִי נִצָּב
י עַל־רֹאשׁ הַגִּבְעָה וּמַטֵּה הָאֱלֹהִים בְּיָדִי: וַיַּעַשׂ יְהוֹשֻׁעַ כַּאֲשֶׁר
אָמַר־לוֹ מֹשֶׁה לְהִלָּחֵם בַּעֲמָלֵק וּמֹשֶׁה אַהֲרֹן וְחוּר עָלוּ רֹאשׁ
יא הַגִּבְעָה: וְהָיָה כַּאֲשֶׁר יָרִים מֹשֶׁה יָדוֹ וְגָבַר יִשְׂרָאֵל וְכַאֲשֶׁר יָנִיחַ
יב יָדוֹ וְגָבַר עֲמָלֵק: וִידֵי מֹשֶׁה כְּבֵדִים וַיִּקְחוּ־אֶבֶן וַיָּשִׂימוּ תַחְתָּיו
וַיֵּשֶׁב עָלֶיהָ וְאַהֲרֹן וְחוּר תָּמְכוּ בְיָדָיו מִזֶּה אֶחָד וּמִזֶּה אֶחָד

36 Literally "before the Testimony." See 25:22, 32:15. It would seem that Aharon performed this action only after the construction of the Ark.

37 See note on verse 16.

13 sunset. And Yehoshua overcame Amalek and his people by the
sword.
14 Then the LORD said to Moshe, "Write this as a memorial on a MAFTIR
scroll, and commit it to Yehoshua's ears: I will erase the memory
15 of Amalek, utterly, from under the heavens." Moshe built an altar
16 and named it "The LORD Is My Banner," saying, "There is a hand
on the LORD's throne.[40] The LORD will be at war with Amalek
throughout the ages."
18 1 Moshe's father-in-law Yitro, priest of Midyan, heard about all YITRO
that God had done for Moshe and for His people Israel when the
2 LORD brought Israel out of Egypt. Yitro had received Moshe's
3 wife Tzipora after he had sent her home, together with her two
sons. One was named Gershom, for Moshe had said, "I have been
4 a stranger in a foreign land,"[41] and the other, Eliezer, for he had
said, "My father's God has helped me, saving me from Pharaoh's
5 sword."[42] And now Moshe's father-in-law Yitro came to Moshe
in the desert, bringing his sons and his wife, to where he was
6 encamped by the mountain of God. Yitro sent word to Moshe, "I
am coming to you – your father-in-law Yitro – together with your
7 wife and both of your sons." Moshe went out to greet his father-in-
law and bowed down and kissed him. Each asked after the other's
8 welfare, and they went inside the tent. And Moshe told his father-
in-law all that the LORD had done to Pharaoh and the Egyptians,
for Israel's sake, all the hardship they had encountered along the
9 way, and how the LORD had rescued them. Yitro delighted in
all the good that the LORD had done for Israel, in His liberating
10 them from the Egyptians, and said, "Blessed be the LORD who
has rescued you from Egypt and Pharaoh and liberated the people
11 from the Egyptians' hands. Now I know that the LORD is greater
than all gods – for He brought upon them what they schemed
12 against others." Then Yitro brought a burnt offering and sacrifices
to God. And Aharon and all the elders of Israel came to break bread

41 See note on 2:22.

42 *Eliezer* literally means "God has helped."

יג וַיְהִי יָדָיו אֱמוּנָה עַד־בֹּא הַשָּׁמֶשׁ: וַיַּחֲלֹשׁ יְהוֹשֻׁעַ אֶת־עֲמָלֵק
וְאֶת־עַמּוֹ לְפִי־חָרֶב:
יד וַיֹּאמֶר יהוה אֶל־מֹשֶׁה כְּתֹב זֹאת זִכָּרוֹן בַּסֵּפֶר וְשִׂים בְּאָזְנֵי מפטיר
טו יְהוֹשֻׁעַ כִּי־מָחֹה אֶמְחֶה אֶת־זֵכֶר עֲמָלֵק מִתַּחַת הַשָּׁמָיִם: וַיִּבֶן
טז מֹשֶׁה מִזְבֵּחַ וַיִּקְרָא שְׁמוֹ יהוה | נִסִּי: וַיֹּאמֶר כִּי־יָד עַל־כֵּס יָהּ
מִלְחָמָה לַיהוה בַּעֲמָלֵק מִדֹּר דֹּר:
יח א וַיִּשְׁמַע יִתְרוֹ כֹהֵן מִדְיָן חֹתֵן מֹשֶׁה אֵת כָּל־אֲשֶׁר עָשָׂה אֱלֹהִים יד יתרו
לְמֹשֶׁה וּלְיִשְׂרָאֵל עַמּוֹ כִּי־הוֹצִיא יהוה אֶת־יִשְׂרָאֵל מִמִּצְרָיִם:
ב וַיִּקַּח יִתְרוֹ חֹתֵן מֹשֶׁה אֶת־צִפֹּרָה אֵשֶׁת מֹשֶׁה אַחַר שִׁלּוּחֶיהָ:
ג וְאֵת שְׁנֵי בָנֶיהָ אֲשֶׁר שֵׁם הָאֶחָד גֵּרְשֹׁם כִּי אָמַר גֵּר הָיִיתִי בְּאֶרֶץ
ד נָכְרִיָּה: וְשֵׁם הָאֶחָד אֱלִיעֶזֶר כִּי־אֱלֹהֵי אָבִי בְּעֶזְרִי וַיַּצִּלֵנִי מֵחֶרֶב
ה פַּרְעֹה: וַיָּבֹא יִתְרוֹ חֹתֵן מֹשֶׁה וּבָנָיו וְאִשְׁתּוֹ אֶל־מֹשֶׁה אֶל־
ו הַמִּדְבָּר אֲשֶׁר־הוּא חֹנֶה שָׁם הַר הָאֱלֹהִים: וַיֹּאמֶר אֶל־מֹשֶׁה
ז אֲנִי חֹתֶנְךָ יִתְרוֹ בָּא אֵלֶיךָ וְאִשְׁתְּךָ וּשְׁנֵי בָנֶיהָ עִמָּהּ: וַיֵּצֵא מֹשֶׁה
לִקְרַאת חֹתְנוֹ וַיִּשְׁתַּחוּ וַיִּשַּׁק־לוֹ וַיִּשְׁאֲלוּ אִישׁ־לְרֵעֵהוּ לְשָׁלוֹם
ח וַיָּבֹאוּ הָאֹהֱלָה: וַיְסַפֵּר מֹשֶׁה לְחֹתְנוֹ אֵת כָּל־אֲשֶׁר עָשָׂה יהוה
לְפַרְעֹה וּלְמִצְרַיִם עַל אוֹדֹת יִשְׂרָאֵל אֵת כָּל־הַתְּלָאָה אֲשֶׁר
ט מְצָאָתַם בַּדֶּרֶךְ וַיַּצִּלֵם יהוה: וַיִּחַדְּ יִתְרוֹ עַל כָּל־הַטּוֹבָה אֲשֶׁר־
י עָשָׂה יהוה לְיִשְׂרָאֵל אֲשֶׁר הִצִּילוֹ מִיַּד מִצְרָיִם: וַיֹּאמֶר יִתְרוֹ
בָּרוּךְ יהוה אֲשֶׁר הִצִּיל אֶתְכֶם מִיַּד מִצְרַיִם וּמִיַּד פַּרְעֹה אֲשֶׁר
יא הִצִּיל אֶת־הָעָם מִתַּחַת יַד־מִצְרָיִם: עַתָּה יָדַעְתִּי כִּי־גָדוֹל יהוה
יב מִכָּל־הָאֱלֹהִים כִּי בַדָּבָר אֲשֶׁר זָדוּ עֲלֵיהֶם: וַיִּקַּח יִתְרוֹ חֹתֵן
מֹשֶׁה עֹלָה וּזְבָחִים לֵאלֹהִים וַיָּבֹא אַהֲרֹן וְכֹל | זִקְנֵי יִשְׂרָאֵל

40 Interpretations of this proclamation vary. Many commentaries understand the image of a raised hand as symbolizing an oath; cf. Genesis 24:2; Deuteronomy 32:40.

13 with Moshe's father-in-law before God. The next day Moshe sat to SHEINI
serve the people as judge. From morning to evening the people
14 stood before him. When Moshe's father-in-law saw everything
Moshe did for the people, he asked, "What is this that you do
for the people? Why do you sit alone while all the people stand
15 over you from morning to evening?" "The people come to me to
16 inquire of God," Moshe replied. "When they have a dispute, they
come to me and I judge between one neighbor and another, and I
17 make God's laws and teachings known." Moshe's father-in-law said
18 to him, "What you are doing is not good. You will be worn away,
and this people along with you. It is too heavy a burden for you.
19 You cannot carry it alone. Now listen to me, let me advise you; and
may God be with you. You speak for the people before God, and
20 bring their concerns to Him. And you must acquaint them with
His precepts and laws, and make known to them the path they
21 are to walk and the way they must act. You, as well, must seek out
among the people capable men – God-fearing, trustworthy men,
who despise corruption; and appoint them over the people as
22 leaders of thousands, hundreds, fifties, and tens. Have them serve
as daily judges for the people; let them bring the major cases to
you, but judge the minor ones themselves. In this way they will
23 lighten your load, and bear it together with you. If you do this, and
God so commands, then you will endure, and all these people will
24 be able to go home in peace." Moshe listened to his father-in-law SHELISHI
25 and did all that he said. Moshe chose capable men from all Israel
and made them chiefs over the people, leaders of thousands,
26 hundreds, fifties, and tens. They judged the people every day. Any
major case they brought to Moshe, but they decided every minor
27 matter themselves. Then Moshe parted from his father-in-law, and
the latter went forth, back to his own land.

19 1 On the first day of the third month after the Israelites had left REVI'I
2 Egypt they came to the Sinai Desert. Setting out from Refidim
they had arrived at the Sinai Desert, encamping in the wilderness,

יג לֶאֱכָל־לֶחֶם עִם־חֹתֵן מֹשֶׁה לִפְנֵי הָאֱלֹהִים׃ וַיְהִי מִמָּחֳרָת וַיֵּשֶׁב שני
מֹשֶׁה לִשְׁפֹּט אֶת־הָעָם וַיַּעֲמֹד הָעָם עַל־מֹשֶׁה מִן־הַבֹּקֶר עַד־
יד הָעָרֶב׃ וַיַּרְא חֹתֵן מֹשֶׁה אֵת כָּל־אֲשֶׁר־הוּא עֹשֶׂה לָעָם וַיֹּאמֶר
מָה־הַדָּבָר הַזֶּה אֲשֶׁר אַתָּה עֹשֶׂה לָעָם מַדּוּעַ אַתָּה יוֹשֵׁב לְבַדֶּךָ
טו וְכָל־הָעָם נִצָּב עָלֶיךָ מִן־בֹּקֶר עַד־עָרֶב׃ וַיֹּאמֶר מֹשֶׁה לְחֹתְנוֹ
טז כִּי־יָבֹא אֵלַי הָעָם לִדְרֹשׁ אֱלֹהִים׃ כִּי־יִהְיֶה לָהֶם דָּבָר בָּא אֵלַי
וְשָׁפַטְתִּי בֵּין אִישׁ וּבֵין רֵעֵהוּ וְהוֹדַעְתִּי אֶת־חֻקֵּי הָאֱלֹהִים וְאֶת־
יז תּוֹרֹתָיו׃ וַיֹּאמֶר חֹתֵן מֹשֶׁה אֵלָיו לֹא־טוֹב הַדָּבָר אֲשֶׁר אַתָּה
יח עֹשֶׂה׃ נָבֹל תִּבֹּל גַּם־אַתָּה גַּם־הָעָם הַזֶּה אֲשֶׁר עִמָּךְ כִּי־כָבֵד
יט מִמְּךָ הַדָּבָר לֹא־תוּכַל עֲשֹׂהוּ לְבַדֶּךָ׃ עַתָּה שְׁמַע בְּקֹלִי אִיעָצְךָ
וִיהִי אֱלֹהִים עִמָּךְ הֱיֵה אַתָּה לָעָם מוּל הָאֱלֹהִים וְהֵבֵאתָ אַתָּה
כ אֶת־הַדְּבָרִים אֶל־הָאֱלֹהִים׃ וְהִזְהַרְתָּה אֶתְהֶם אֶת־הַחֻקִּים
וְאֶת־הַתּוֹרֹת וְהוֹדַעְתָּ לָהֶם אֶת־הַדֶּרֶךְ יֵלְכוּ בָהּ וְאֶת־הַמַּעֲשֶׂה
כא אֲשֶׁר יַעֲשׂוּן׃ וְאַתָּה תֶחֱזֶה מִכָּל־הָעָם אַנְשֵׁי־חַיִל יִרְאֵי אֱלֹהִים
אַנְשֵׁי אֱמֶת שֹׂנְאֵי בָצַע וְשַׂמְתָּ עֲלֵהֶם שָׂרֵי אֲלָפִים שָׂרֵי מֵאוֹת
כב שָׂרֵי חֲמִשִּׁים וְשָׂרֵי עֲשָׂרֹת׃ וְשָׁפְטוּ אֶת־הָעָם בְּכָל־עֵת וְהָיָה כָּל־
הַדָּבָר הַגָּדֹל יָבִיאוּ אֵלֶיךָ וְכָל־הַדָּבָר הַקָּטֹן יִשְׁפְּטוּ־הֵם וְהָקֵל
כג מֵעָלֶיךָ וְנָשְׂאוּ אִתָּךְ׃ אִם אֶת־הַדָּבָר הַזֶּה תַּעֲשֶׂה וְצִוְּךָ אֱלֹהִים
כד וְיָכָלְתָּ עֲמֹד וְגַם כָּל־הָעָם הַזֶּה עַל־מְקֹמוֹ יָבֹא בְשָׁלוֹם׃ וַיִּשְׁמַע שלישי
כה מֹשֶׁה לְקוֹל חֹתְנוֹ וַיַּעַשׂ כֹּל אֲשֶׁר אָמָר׃ וַיִּבְחַר מֹשֶׁה אַנְשֵׁי־חַיִל
מִכָּל־יִשְׂרָאֵל וַיִּתֵּן אֹתָם רָאשִׁים עַל־הָעָם שָׂרֵי אֲלָפִים שָׂרֵי
כו מֵאוֹת שָׂרֵי חֲמִשִּׁים וְשָׂרֵי עֲשָׂרֹת׃ וְשָׁפְטוּ אֶת־הָעָם בְּכָל־עֵת
אֶת־הַדָּבָר הַקָּשֶׁה יְבִיאוּן אֶל־מֹשֶׁה וְכָל־הַדָּבָר הַקָּטֹן יִשְׁפּוּטוּ
כז הֵם׃ וַיְשַׁלַּח מֹשֶׁה אֶת־חֹתְנוֹ וַיֵּלֶךְ לוֹ אֶל־אַרְצוֹ׃
יט א בַּחֹדֶשׁ הַשְּׁלִישִׁי לְצֵאת בְּנֵי־יִשְׂרָאֵל מֵאֶרֶץ מִצְרָיִם בַּיּוֹם הַזֶּה רביעי
ב בָּאוּ מִדְבַּר סִינָי׃ וַיִּסְעוּ מֵרְפִידִים וַיָּבֹאוּ מִדְבַּר סִינַי וַיַּחֲנוּ בַּמִּדְבָּר

3 and there Israel camped, facing the mountain, while Moshe went
up to God. And the LORD called to him from the mountain: "This
is what you shall say to the House of Yaakov, what you shall tell
4 the people of Israel: You yourselves have seen what I did to the
Egyptians: how I lifted you up on eagles' wings and brought you to
5 Me. Now, if you faithfully heed My voice and keep My covenant,
you will be My treasure among all the peoples, although the whole
6 earth is Mine. A kingdom of priests and a holy nation you shall
be to Me. These are the words you must speak to the Israelites."
7 So Moshe came and summoned the elders of the people, and ḤAMISHI
8 set before them all that the LORD had commanded him. And
the people answered as one – "All that the LORD has spoken we
9 will do." Moshe brought their answer back to the LORD. Then
the LORD said to Moshe, "I will come to you in a dense cloud,
that the people may hear Me speaking to you. They will then
believe you forever." When Moshe reported the words of the
10 people to the LORD, the LORD said to Moshe, "Go to the people
and consecrate them today and tomorrow; let them wash their
11 clothes and be ready for the third day, for on that third day the
LORD will descend on Mount Sinai before all the peoples' eyes.
12 Set a boundary for the people around the mountain; tell them
to take care not to ascend to it, nor even touch its edge. Anyone
13 who touches the mountain must be put to death. No hand shall
touch him: he shall be stoned or shot with arrows; beast or man,
he shall not live. When the ram's horn sounds a long blast – only
14 then may they go up on the mountain." So Moshe came down
from the mountain to the people; he consecrated them and they
15 cleansed their clothes. "Be ready for the third day," he told them,
16 "and do not draw close to your wives." The third day came; and
that morning there was thunder and lightning and a dense cloud
on the mountain and the sound of a ram's horn, intensely loud,
17 and all the people in the camp shook. Then Moshe led the people
out of the camp to meet God, and they stood at the foot of the
18 mountain. Mount Sinai was enveloped in smoke because the

ג וַיִּחַן־שָׁם יִשְׂרָאֵל נֶגֶד הָהָר: וּמֹשֶׁה עָלָה אֶל־הָאֱלֹהִים וַיִּקְרָא
אֵלָיו יהוה מִן־הָהָר לֵאמֹר כֹּה תֹאמַר לְבֵית יַעֲקֹב וְתַגֵּיד לִבְנֵי
ד יִשְׂרָאֵל: אַתֶּם רְאִיתֶם אֲשֶׁר עָשִׂיתִי לְמִצְרָיִם וָאֶשָּׂא אֶתְכֶם
ה עַל־כַּנְפֵי נְשָׁרִים וָאָבִא אֶתְכֶם אֵלָי: וְעַתָּה אִם־שָׁמוֹעַ תִּשְׁמְעוּ
בְּקֹלִי וּשְׁמַרְתֶּם אֶת־בְּרִיתִי וִהְיִיתֶם לִי סְגֻלָּה מִכָּל־הָעַמִּים כִּי־
ו לִי כָּל־הָאָרֶץ: וְאַתֶּם תִּהְיוּ־לִי מַמְלֶכֶת כֹּהֲנִים וְגוֹי קָדוֹשׁ אֵלֶּה טו
ז הַדְּבָרִים אֲשֶׁר תְּדַבֵּר אֶל־בְּנֵי יִשְׂרָאֵל: וַיָּבֹא מֹשֶׁה וַיִּקְרָא לְזִקְנֵי חמישי
הָעָם וַיָּשֶׂם לִפְנֵיהֶם אֵת כָּל־הַדְּבָרִים הָאֵלֶּה אֲשֶׁר צִוָּהוּ יהוה:
ח וַיַּעֲנוּ כָל־הָעָם יַחְדָּו וַיֹּאמְרוּ כֹּל אֲשֶׁר־דִּבֶּר יהוה נַעֲשֶׂה וַיָּשֶׁב
ט מֹשֶׁה אֶת־דִּבְרֵי הָעָם אֶל־יהוה: וַיֹּאמֶר יהוה אֶל־מֹשֶׁה הִנֵּה
אָנֹכִי בָּא אֵלֶיךָ בְּעַב הֶעָנָן בַּעֲבוּר יִשְׁמַע הָעָם בְּדַבְּרִי עִמָּךְ
וְגַם־בְּךָ יַאֲמִינוּ לְעוֹלָם וַיַּגֵּד מֹשֶׁה אֶת־דִּבְרֵי הָעָם אֶל־יהוה:
י וַיֹּאמֶר יהוה אֶל־מֹשֶׁה לֵךְ אֶל־הָעָם וְקִדַּשְׁתָּם הַיּוֹם וּמָחָר
יא וְכִבְּסוּ שִׂמְלֹתָם: וְהָיוּ נְכֹנִים לַיּוֹם הַשְּׁלִישִׁי כִּי ׀ בַּיּוֹם הַשְּׁלִשִׁי
יב יֵרֵד יהוה לְעֵינֵי כָל־הָעָם עַל־הַר סִינָי: וְהִגְבַּלְתָּ אֶת־הָעָם
סָבִיב לֵאמֹר הִשָּׁמְרוּ לָכֶם עֲלוֹת בָּהָר וּנְגֹעַ בְּקָצֵהוּ כָּל־הַנֹּגֵעַ
יג בָּהָר מוֹת יוּמָת: לֹא־תִגַּע בּוֹ יָד כִּי־סָקוֹל יִסָּקֵל אוֹ־יָרֹה
יִיָּרֶה אִם־בְּהֵמָה אִם־אִישׁ לֹא יִחְיֶה בִּמְשֹׁךְ הַיֹּבֵל הֵמָּה יַעֲלוּ
יד בָהָר: וַיֵּרֶד מֹשֶׁה מִן־הָהָר אֶל־הָעָם וַיְקַדֵּשׁ אֶת־הָעָם וַיְכַבְּסוּ
טו שִׂמְלֹתָם: וַיֹּאמֶר אֶל־הָעָם הֱיוּ נְכֹנִים לִשְׁלֹשֶׁת יָמִים אַל־תִּגְּשׁוּ
טז אֶל־אִשָּׁה: וַיְהִי בַיּוֹם הַשְּׁלִישִׁי בִּהְיֹת הַבֹּקֶר וַיְהִי קֹלֹת וּבְרָקִים
וְעָנָן כָּבֵד עַל־הָהָר וְקֹל שֹׁפָר חָזָק מְאֹד וַיֶּחֱרַד כָּל־הָעָם אֲשֶׁר
יז בַּמַּחֲנֶה: וַיּוֹצֵא מֹשֶׁה אֶת־הָעָם לִקְרַאת הָאֱלֹהִים מִן־הַמַּחֲנֶה
יח וַיִּתְיַצְּבוּ בְּתַחְתִּית הָהָר: וְהַר סִינַי עָשַׁן כֻּלּוֹ מִפְּנֵי אֲשֶׁר יָרַד

Lord had descended on it in fire. Smoke billowed up from it
as if from a furnace, and the mountain shook violently as one.
19 As the sound of the ram's horn grew louder and louder, Moshe
20 spoke and God answered him aloud. And the Lord descended SHISHI
on Mount Sinai, to the top of the mountain, and called Moshe to
21 the mountaintop, and Moshe ascended. The Lord told Moshe,
"Go back down – warn the people not to force their way through
22 to look at the Lord, or many will die. Even priests who come
near to the Lord must first consecrate themselves, or the Lord
23 will break out against them." Moshe replied to the Lord, "The
people cannot climb Mount Sinai. You Yourself warned us to set
24 a boundary around the mountain and consecrate it." The Lord
said to him, "Go down, and come back together with Aharon. But
do not let the priests or people force their way through to come up
25 to the Lord, or He will break out against them." So Moshe went
20 1 down to the people and told them. Then God spoke all
2 these words: "I am the Lord your God who brought
3 you out of the land of Egypt, out of the house of slaves. Have no
4 other gods than Me. Do not make for yourself any carved image or
likeness of any creature in the heavens above or the earth beneath
5 or the water beneath the earth. Do not bow down to them or
worship them, for I the Lord your God demand absolute loyalty.
For those who hate Me, I hold the descendants to account for the
6 sins of the fathers to the third and fourth generation, but to those
who love Me and keep My commands – I shall act with faithful
7 love for thousands. Do not speak the name of the
Lord your God in vain, for the Lord will not hold guiltless those
who speak His name in vain.
8 9 Remember the Sabbath to keep it holy. Six days you shall work,
10 and carry out all your labors, but the seventh is a Sabbath to
the Lord your God. On it, do no work – neither you, nor your
son or daughter, your male or female servant, your livestock, or
11 the migrant within your gates. For in six days the Lord made
heaven and earth, the sea, and all that they contain, and He rested

עָלָיו יהוה בָּאֵשׁ וַיַּעַל עֲשָׁנוֹ כְּעֶשֶׁן הַכִּבְשָׁן וַיֶּחֱרַד כָּל־הָהָר
יט מְאֹד: וַיְהִי קוֹל הַשֹּׁפָר הוֹלֵךְ וְחָזֵק מְאֹד מֹשֶׁה יְדַבֵּר וְהָאֱלֹהִים
כ יַעֲנֶנּוּ בְקוֹל: וַיֵּרֶד יהוה עַל־הַר סִינַי אֶל־רֹאשׁ הָהָר וַיִּקְרָא ששי
כא יהוה לְמֹשֶׁה אֶל־רֹאשׁ הָהָר וַיַּעַל מֹשֶׁה: וַיֹּאמֶר יהוה אֶל־
מֹשֶׁה רֵד הָעֵד בָּעָם פֶּן־יֶהֶרְסוּ אֶל־יהוה לִרְאוֹת וְנָפַל מִמֶּנּוּ
כב רָב: וְגַם הַכֹּהֲנִים הַנִּגָּשִׁים אֶל־יהוה יִתְקַדָּשׁוּ פֶּן־יִפְרֹץ בָּהֶם
כג יהוה: וַיֹּאמֶר מֹשֶׁה אֶל־יהוה לֹא־יוּכַל הָעָם לַעֲלֹת אֶל־הַר
סִינָי כִּי־אַתָּה הַעֵדֹתָה בָּנוּ לֵאמֹר הַגְבֵּל אֶת־הָהָר וְקִדַּשְׁתּוֹ:
כד וַיֹּאמֶר אֵלָיו יהוה לֶךְ־רֵד וְעָלִיתָ אַתָּה וְאַהֲרֹן עִמָּךְ וְהַכֹּהֲנִים
כה וְהָעָם אַל־יֶהֶרְסוּ לַעֲלֹת אֶל־יהוה פֶּן־יִפְרָץ־בָּם: וַיֵּרֶד מֹשֶׁה
כ א אֶל־הָעָם וַיֹּאמֶר אֲלֵהֶם: וַיְדַבֵּר אֱלֹהִים אֵת כָּל־
ב הַדְּבָרִים הָאֵלֶּה לֵאמֹר: אָנֹכִי יהוה אֱלֹהֶיךָ אֲשֶׁר
ג הוֹצֵאתִיךָ מֵאֶרֶץ מִצְרַיִם מִבֵּית עֲבָדִים: לֹא־יִהְיֶה לְךָ אֱלֹהִים
ד אֲחֵרִים עַל־פָּנָי: לֹא־תַעֲשֶׂה לְךָ פֶסֶל וְכָל־תְּמוּנָה אֲשֶׁר בַּשָּׁמַיִם
ה מִמַּעַל וַאֲשֶׁר בָּאָרֶץ מִתָּחַת וַאֲשֶׁר בַּמַּיִם מִתַּחַת לָאָרֶץ: לֹא־
תִשְׁתַּחֲוֶה לָהֶם וְלֹא תָעָבְדֵם כִּי אָנֹכִי יהוה אֱלֹהֶיךָ אֵל קַנָּא
פֹּקֵד עֲוֺן אָבֹת עַל־בָּנִים עַל־שִׁלֵּשִׁים וְעַל־רִבֵּעִים לְשֹׂנְאָי:
ו ז וְעֹשֶׂה חֶסֶד לַאֲלָפִים לְאֹהֲבַי וּלְשֹׁמְרֵי מִצְוֺתָי: לֹא
תִשָּׂא אֶת־שֵׁם־יהוה אֱלֹהֶיךָ לַשָּׁוְא כִּי לֹא יְנַקֶּה יהוה אֵת
אֲשֶׁר־יִשָּׂא אֶת־שְׁמוֹ לַשָּׁוְא:
ח ט זָכוֹר אֶת־יוֹם הַשַּׁבָּת לְקַדְּשׁוֹ: שֵׁשֶׁת יָמִים תַּעֲבֹד וְעָשִׂיתָ כָּל־
י מְלַאכְתֶּךָ: וְיוֹם הַשְּׁבִיעִי שַׁבָּת לַיהוה אֱלֹהֶיךָ לֹא־תַעֲשֶׂה כָל־
מְלָאכָה אַתָּה ׀ וּבִנְךָ וּבִתֶּךָ עַבְדְּךָ וַאֲמָתְךָ וּבְהֶמְתֶּךָ וְגֵרְךָ אֲשֶׁר
יא בִּשְׁעָרֶיךָ: כִּי שֵׁשֶׁת־יָמִים עָשָׂה יהוה אֶת־הַשָּׁמַיִם וְאֶת־הָאָרֶץ

on the seventh day. And so the LORD blessed the Sabbath day
12 and made it holy. Honor your father and mother.
Then you will live long in the land that the LORD your God is
13 giving you. Do not murder. Do not
commit adultery. Do not steal. Do not
14 bear false witness against your neighbor. Do not
crave your neighbor's house. Do not
crave your neighbor's wife, his male or female servant, his ox, his
donkey, or anything else that is your neighbor's."
15 Every one of the people witnessed the thunder and lightning and SHEVI'I
the sound of the ram's horn and the smoke-covered mountain;
16 they saw and they shook – and they stood at a distance, and said
to Moshe, "Speak to us yourself and we will listen, but let not
17 God say any more to us, or we will die." "Do not be afraid," said
Moshe to the people, "God has come to lift you up, so that the
18 awe of Him will be with you always, keeping you from sin." But
the people remained at a distance while Moshe approached the
19 thick darkness where God was. Then the LORD said to MAFTIR
Moshe, "This is what you shall tell the Israelites: You yourselves
20 have seen that I, from the heavens, have spoken to you. Have no
others alongside Me; make yourselves no silver gods, no golden
21 gods. Make for Me an altar of earth and on that sacrifice your
burnt offerings and peace offerings, your sheep and your cattle.
Wherever I cause My name to be invoked, I will come to you and
22 I will bless you. If you make Me an altar of stones, do not build
it of hewn stone, for in wielding a sword upon it, you profane it.
23 Do not ascend to My altar with steps, for your nakedness must
not be exposed on it.[43]
21 1 2 And these are the laws that you shall set before them. If you buy MISHPATIM
a Hebrew slave, he shall serve for six years, but in the seventh he
3 shall go forth free, without paying anything. If he came alone,
he shall leave alone. But if he was a married man, his wife shall

43 Most Israelites wore only loose clothing, and spreading the feet apart could expose one's genitalia.

אֶת־הַיָּם וְאֶת־כָּל־אֲשֶׁר־בָּם וַיָּנַח בַּיּוֹם הַשְּׁבִיעִי עַל־כֵּן בֵּרַךְ
יב יְהוָה אֶת־יוֹם הַשַּׁבָּת וַיְקַדְּשֵׁהוּ׃ כַּבֵּד אֶת־אָבִיךָ
וְאֶת־אִמֶּךָ לְמַעַן יַאֲרִכוּן יָמֶיךָ עַל הָאֲדָמָה אֲשֶׁר־יְהוָה אֱלֹהֶיךָ
יג נֹתֵן לָךְ׃ לֹא תִרְצָח לֹא
תִנְאָף לֹא תִגְנֹב לֹא־
יד תַעֲנֶה בְרֵעֲךָ עֵד שָׁקֶר׃ לֹא
תַחְמֹד בֵּית רֵעֶךָ לֹא־
תַחְמֹד אֵשֶׁת רֵעֶךָ וְעַבְדּוֹ וַאֲמָתוֹ וְשׁוֹרוֹ וַחֲמֹרוֹ וְכֹל אֲשֶׁר
לְרֵעֶךָ׃
טו וְכָל־הָעָם רֹאִים אֶת־הַקּוֹלֹת וְאֶת־הַלַּפִּידִם וְאֵת קוֹל הַשֹּׁפָר שביעי
טז וְאֶת־הָהָר עָשֵׁן וַיַּרְא הָעָם וַיָּנֻעוּ וַיַּעַמְדוּ מֵרָחֹק׃ וַיֹּאמְרוּ אֶל־
מֹשֶׁה דַּבֵּר־אַתָּה עִמָּנוּ וְנִשְׁמָעָה וְאַל־יְדַבֵּר עִמָּנוּ אֱלֹהִים פֶּן־
יז נָמוּת׃ וַיֹּאמֶר מֹשֶׁה אֶל־הָעָם אַל־תִּירָאוּ כִּי לְבַעֲבוּר נַסּוֹת
אֶתְכֶם בָּא הָאֱלֹהִים וּבַעֲבוּר תִּהְיֶה יִרְאָתוֹ עַל־פְּנֵיכֶם לְבִלְתִּי
יח תֶחֱטָאוּ׃ וַיַּעֲמֹד הָעָם מֵרָחֹק וּמֹשֶׁה נִגַּשׁ אֶל־הָעֲרָפֶל אֲשֶׁר־
יט שָׁם הָאֱלֹהִים׃ וַיֹּאמֶר יְהוָה אֶל־מֹשֶׁה כֹּה תֹאמַר מפטיר
אֶל־בְּנֵי יִשְׂרָאֵל אַתֶּם רְאִיתֶם כִּי מִן־הַשָּׁמַיִם דִּבַּרְתִּי עִמָּכֶם׃
כ כא לֹא תַעֲשׂוּן אִתִּי אֱלֹהֵי כֶסֶף וֵאלֹהֵי זָהָב לֹא תַעֲשׂוּ לָכֶם׃ מִזְבַּח
אֲדָמָה תַּעֲשֶׂה־לִּי וְזָבַחְתָּ עָלָיו אֶת־עֹלֹתֶיךָ וְאֶת־שְׁלָמֶיךָ אֶת־
צֹאנְךָ וְאֶת־בְּקָרֶךָ בְּכָל־הַמָּקוֹם אֲשֶׁר אַזְכִּיר אֶת־שְׁמִי אָבוֹא
כב אֵלֶיךָ וּבֵרַכְתִּיךָ׃ וְאִם־מִזְבַּח אֲבָנִים תַּעֲשֶׂה־לִּי לֹא־תִבְנֶה אֶתְהֶן
כג גָּזִית כִּי חַרְבְּךָ הֵנַפְתָּ עָלֶיהָ וַתְּחַלְלֶהָ׃ וְלֹא־תַעֲלֶה בְמַעֲלֹת
עַל־מִזְבְּחִי אֲשֶׁר לֹא־תִגָּלֶה עֶרְוָתְךָ עָלָיו׃ משפטים
כא א ב וְאֵלֶּה הַמִּשְׁפָּטִים אֲשֶׁר תָּשִׂים לִפְנֵיהֶם׃ כִּי תִקְנֶה עֶבֶד עִבְרִי טז
ג שֵׁשׁ שָׁנִים יַעֲבֹד וּבַשְּׁבִעִת יֵצֵא לַחָפְשִׁי חִנָּם׃ אִם־בְּגַפּוֹ יָבֹא

4 leave with him. If his master gave him a wife and she bore him
sons or daughters, the woman and her children shall remain her
5 master's, while he shall leave alone. But if the slave declares, 'I
love my master, my wife, and my children; I do not want to go
6 free,' then his master shall bring him before the judges. He shall
take him to the door or to the doorpost and pierce his ear with an
7 awl; after that he shall then remain his slave forever. If a
man sells his daughter as a maidservant, she does not go free in
8 the usual way of slaves. If her master, who intended to wed her,
finds that he dislikes her, he must let her be redeemed. He has no
right to sell her to foreigners, because he has broken faith with
9 her. If he intends her for his son, he shall grant her all the rights of
10 a daughter. If he marries another woman alongside her, he shall
11 not reduce her food, her clothing, or marital rights. If he fails her
in any of these three things, she shall go forth free without paying
12 anything. One person who strikes another so that he
13 dies shall be put to death. If he did not lie in wait to harm him,
but it came about by an act of God – I am setting apart a place
14 where he may find refuge.[44] But if someone schemes
against another and kills him by stealth, you shall take him even
15 from My altar[45] and he shall die. One who wounds his
16 father or mother shall be put to death. One who kidnaps
a person shall be put to death, whether the victim has been sold
17 or found in his possession. One who curses his father
18 or mother shall be put to death. If two people fight and
one strikes another with a stone or with his fist – if the victim
19 does not die but is confined to bed, and afterward he gets up and
walks outdoors even leaning on a cane, the assailant is absolved,
but he must pay for the victim's loss of time and provide for his
20 cure. If a man strikes his slave, male or female, with a rod SHEINI
21 and the slave dies there and then, the death shall be avenged. But
if the slave survives a day, two days – since the money lost is the
22 master's, the death shall not be avenged. If two men fight
and one of them hits a pregnant woman, and she miscarries but

ד בְּגַפּוֹ יֵצֵא אִם־בַּעַל אִשָּׁה הוּא וְיָצְאָה אִשְׁתּוֹ עִמּוֹ: אִם־אֲדֹנָיו
יִתֶּן־לוֹ אִשָּׁה וְיָלְדָה־לוֹ בָנִים אוֹ בָנוֹת הָאִשָּׁה וִילָדֶיהָ תִּהְיֶה
ה לַאדֹנֶיהָ וְהוּא יֵצֵא בְגַפּוֹ: וְאִם־אָמֹר יֹאמַר הָעֶבֶד אָהַבְתִּי
ו אֶת־אֲדֹנִי אֶת־אִשְׁתִּי וְאֶת־בָּנָי לֹא אֵצֵא חָפְשִׁי: וְהִגִּישׁוֹ אֲדֹנָיו
אֶל־הָאֱלֹהִים וְהִגִּישׁוֹ אֶל־הַדֶּלֶת אוֹ אֶל־הַמְּזוּזָה וְרָצַע אֲדֹנָיו
ז אֶת־אָזְנוֹ בַּמַּרְצֵעַ וַעֲבָדוֹ לְעֹלָם: וְכִי־יִמְכֹּר אִישׁ אֶת־
ח בִּתּוֹ לְאָמָה לֹא תֵצֵא כְּצֵאת הָעֲבָדִים: אִם־רָעָה בְּעֵינֵי אֲדֹנֶיהָ
אֲשֶׁר־לא יְעָדָהּ וְהֶפְדָּהּ לְעַם נָכְרִי לֹא־יִמְשֹׁל לְמָכְרָהּ בְּבִגְדוֹ־ לו
ט י בָהּ: וְאִם־לִבְנוֹ יִיעָדֶנָּה כְּמִשְׁפַּט הַבָּנוֹת יַעֲשֶׂה־לָּהּ: אִם־אַחֶרֶת
יא יִקַּח־לוֹ שְׁאֵרָהּ כְּסוּתָהּ וְעֹנָתָהּ לֹא יִגְרָע: וְאִם־שְׁלָשׁ־אֵלֶּה
יב לֹא יַעֲשֶׂה לָהּ וְיָצְאָה חִנָּם אֵין כָּסֶף: מַכֵּה אִישׁ וָמֵת
יג מוֹת יוּמָת: וַאֲשֶׁר לֹא צָדָה וְהָאֱלֹהִים אִנָּה לְיָדוֹ וְשַׂמְתִּי לְךָ
יד מָקוֹם אֲשֶׁר יָנוּס שָׁמָּה: וְכִי־יָזִד אִישׁ עַל־רֵעֵהוּ לְהָרְגוֹ
טו בְעָרְמָה מֵעִם מִזְבְּחִי תִּקָּחֶנּוּ לָמוּת: וּמַכֵּה אָבִיו
טז וְאִמּוֹ מוֹת יוּמָת: וְגֹנֵב אִישׁ וּמְכָרוֹ וְנִמְצָא בְיָדוֹ מוֹת
יז יח יוּמָת: וּמְקַלֵּל אָבִיו וְאִמּוֹ מוֹת יוּמָת: וְכִי־
יְרִיבֻן אֲנָשִׁים וְהִכָּה־אִישׁ אֶת־רֵעֵהוּ בְּאֶבֶן אוֹ בְאֶגְרֹף וְלֹא
יט יָמוּת וְנָפַל לְמִשְׁכָּב: אִם־יָקוּם וְהִתְהַלֵּךְ בַּחוּץ עַל־מִשְׁעַנְתּוֹ
כ וְנִקָּה הַמַּכֶּה רַק שִׁבְתּוֹ יִתֵּן וְרַפֹּא יְרַפֵּא: וְכִי־ שני
יַכֶּה אִישׁ אֶת־עַבְדּוֹ אוֹ אֶת־אֲמָתוֹ בַּשֵּׁבֶט וּמֵת תַּחַת יָדוֹ
כא נָקֹם יִנָּקֵם: אַךְ אִם־יוֹם אוֹ יוֹמַיִם יַעֲמֹד לֹא יֻקַּם כִּי כַסְפּוֹ
כב הוּא: וְכִי־יִנָּצוּ אֲנָשִׁים וְנָגְפוּ אִשָּׁה הָרָה וְיָצְאוּ יְלָדֶיהָ
וְלֹא יִהְיֶה אָסוֹן עָנוֹשׁ יֵעָנֵשׁ כַּאֲשֶׁר יָשִׁית עָלָיו בַּעַל הָאִשָּׁה

---

44 That is, from a vengeful relative of the victim.

45 The altar was considered a place of sanctuary; cf. 1 Kings 1:51, 2:28.

suffers no irreparable injury herself, the offender must be fined, as
23 the woman's husband demands and as the judges rule. But if she
24 suffers an irreparable injury, he must compensate life for life, eye
25 for eye, tooth for tooth, hand for hand, foot for foot, burn for burn,
26 wound for wound, bruise for bruise.[46] If a man should
strike the eye of his slave, male or female, and maim it, he must
27 send the slave out free on account of his eye. If he knocks out the
tooth of his slave, male or female, he must send the slave out free
on account of his tooth.

28 If an ox gores a man or a woman to death, the ox shall be stoned,
and its flesh not eaten, but the owner of the ox shall not be liable.
29 But if the ox has already gored in the past, and its owner was
warned but failed to guard it, and it kills a man or a woman, the
30 ox shall be stoned, and its owner also shall be put to death. If
a ransom is imposed on his life, then he shall pay whatever is
31 imposed on him and redeem his life. This rule also applies if the
32 ox gores a minor son or daughter, but if the ox gores a slave, male
or female, the owner shall give thirty shekels of silver to the master,
33 and the ox must be stoned. If a man uncovers a hole or
34 digs one and fails to cover it, and an ox or a donkey falls into it, the
one responsible for the pit shall make restitution. He shall give its
35 owner its full value, and the dead animal shall be his. If
one man's ox injures another's so that it dies, they shall sell the live
36 ox and share the money. The dead animal they shall also share. If,
however, it is known that the ox had gored in the past, and still
the owner failed to guard it, he shall pay an ox for an ox, and the
37 dead animal shall be his. If a man steals an ox or a sheep
and kills it or sells it, he shall pay five oxen for an ox, four sheep
22 1 for a sheep. If a burglar is caught tunneling in, and is struck and
2 killed, there is no bloodguilt on his account.[47] But if the sun has
risen on him, there is bloodguilt on his account. A thief must make
restitution; if he lacks the means, he shall be sold as a slave to repay
3 his debt. If what he stole – an ox, ass, or sheep – is found alive

כג כד וְנָתַן בִּפְלִלִים: וְאִם־אָסוֹן יִהְיֶה וְנָתַתָּה נֶפֶשׁ תַּחַת נָפֶשׁ: עַיִן
כה תַּחַת עַיִן שֵׁן תַּחַת שֵׁן יָד תַּחַת יָד רֶגֶל תַּחַת רָגֶל: כְּוִיָּה תַּחַת
כו כְּוִיָּה פֶּצַע תַּחַת פָּצַע חַבּוּרָה תַּחַת חַבּוּרָה: וְכִי־
יַכֶּה אִישׁ אֶת־עֵין עַבְדּוֹ אוֹ־אֶת־עֵין אֲמָתוֹ וְשִׁחֲתָהּ לַחָפְשִׁי
כז יְשַׁלְּחֶנּוּ תַּחַת עֵינוֹ: וְאִם־שֵׁן עַבְדּוֹ אוֹ־שֵׁן אֲמָתוֹ יַפִּיל לַחָפְשִׁי
יְשַׁלְּחֶנּוּ תַּחַת שִׁנּוֹ:
כח וְכִי־יִגַּח שׁוֹר אֶת־אִישׁ אוֹ אֶת־אִשָּׁה וָמֵת סָקוֹל יִסָּקֵל הַשּׁוֹר וְלֹא
כט יֵאָכֵל אֶת־בְּשָׂרוֹ וּבַעַל הַשּׁוֹר נָקִי: וְאִם שׁוֹר נַגָּח הוּא מִתְּמֹל
שִׁלְשֹׁם וְהוּעַד בִּבְעָלָיו וְלֹא יִשְׁמְרֶנּוּ וְהֵמִית אִישׁ אוֹ אִשָּׁה
ל הַשּׁוֹר יִסָּקֵל וְגַם־בְּעָלָיו יוּמָת: אִם־כֹּפֶר יוּשַׁת עָלָיו וְנָתַן
לא פִּדְיֹן נַפְשׁוֹ כְּכֹל אֲשֶׁר־יוּשַׁת עָלָיו: אוֹ־בֵן יִגָּח אוֹ־בַת יִגָּח
לב כַּמִּשְׁפָּט הַזֶּה יֵעָשֶׂה לּוֹ: אִם־עֶבֶד יִגַּח הַשּׁוֹר אוֹ אָמָה כֶּסֶף ׀
לג שְׁלֹשִׁים שְׁקָלִים יִתֵּן לַאדֹנָיו וְהַשּׁוֹר יִסָּקֵל: וְכִי־יִפְתַּח
אִישׁ בּוֹר אוֹ כִּי־יִכְרֶה אִישׁ בֹּר וְלֹא יְכַסֶּנּוּ וְנָפַל־שָׁמָּה שּׁוֹר
לד אוֹ חֲמוֹר: בַּעַל הַבּוֹר יְשַׁלֵּם כֶּסֶף יָשִׁיב לִבְעָלָיו וְהַמֵּת יִהְיֶה־
לה לּוֹ: וְכִי־יִגֹּף שׁוֹר־אִישׁ אֶת־שׁוֹר רֵעֵהוּ וָמֵת וּמָכְרוּ
לו אֶת־הַשּׁוֹר הַחַי וְחָצוּ אֶת־כַּסְפּוֹ וְגַם אֶת־הַמֵּת יֶחֱצוּן: אוֹ נוֹדַע
כִּי שׁוֹר נַגָּח הוּא מִתְּמוֹל שִׁלְשֹׁם וְלֹא יִשְׁמְרֶנּוּ בְּעָלָיו שַׁלֵּם
לז יְשַׁלֵּם שׁוֹר תַּחַת הַשּׁוֹר וְהַמֵּת יִהְיֶה־לּוֹ: כִּי יִגְנֹב־אִישׁ
שׁוֹר אוֹ־שֶׂה וּטְבָחוֹ אוֹ מְכָרוֹ חֲמִשָּׁה בָקָר יְשַׁלֵּם תַּחַת הַשּׁוֹר
כב א וְאַרְבַּע־צֹאן תַּחַת הַשֶּׂה: אִם־בַּמַּחְתֶּרֶת יִמָּצֵא הַגַּנָּב וְהֻכָּה
ב וָמֵת אֵין לוֹ דָּמִים: אִם־זָרְחָה הַשֶּׁמֶשׁ עָלָיו דָּמִים לוֹ שַׁלֵּם יְשַׁלֵּם
ג אִם־אֵין לוֹ וְנִמְכַּר בִּגְנֵבָתוֹ: אִם־הִמָּצֵא תִמָּצֵא בְיָדוֹ הַגְּנֵבָה

46 According to rabbinic interpretation (Bava Kamma 83b), the punishments in verses 24–25 are monetary.

47 That is, one who kills him is not culpable for murder, because the thief poses a mortal threat.

4 in his possession, he shall pay double. If a person lets a SHELISHI
field or vineyard be damaged, either by letting his livestock loose
or by letting them graze in someone else's field, he must repay
5 the best of his field or vineyard. If a fire is started and
spreads to thorns, so that grain is destroyed, stacked or standing or
growing in the field, the person who started the fire must redress
6 the damage. If one person entrusts another with money
or goods, and they are stolen from his house, then if the thief is
7 found he must pay double. If the thief is not found, then the owner
of the house must swear before the court that he has not laid hands
8 on his neighbor's goods himself. In every case of betrayal of trust,
whether concerning an ox, donkey or sheep, clothing, or any loss
that one can point to and say, 'This is it,' – both parties' claims shall
be brought to the court. The one the court finds guilty shall pay
9 the other double. If one person entrusts another with a
donkey, ox, sheep, or any animal, for safekeeping, and it dies or is
10 injured or is carried away unseen, an oath before the Lord shall
settle between them; if the second man swears that he did not lay
his hands on his charge, then the owner must accept this, and no
11 restitution need be made. But if the charge was stolen from him,
12 he must make restitution to the owner. If it was torn by a wild
animal and the second man brings the remains as evidence, he
need not make good the loss.
13 If one person borrows a creature from his neighbor, and it is
injured or dies while the owner is not there, he must make resti-
14 tution. But if the owner was present, he need not make restitution;
15 if the animal was hired, only the hiring fee is due. If a
man seduces a virgin who is not betrothed, and lies with her, he
16 must pay her bride price and marry her. If her father refuses to
let him marry her, he must still pay out the full bride price for
17 18 virgins. Do not allow a witch to live. And any person
19 who lies with an animal shall be put to death. Who-
20 ever sacrifices to any other deity shall be utterly destroyed. Do
not oppress a stranger or exploit him, for you yourselves were

ד מִשּׁוֹר עַד־חֲמוֹר עַד־שֶׂה חַיִּים שְׁנַיִם יְשַׁלֵּם׃ כִּי שלישי
יַבְעֶר־אִישׁ שָׂדֶה אוֹ־כֶרֶם וְשִׁלַּח אֶת־בְּעִירֹה וּבִעֵר בִּשְׂדֵה
ה אַחֵר מֵיטַב שָׂדֵהוּ וּמֵיטַב כַּרְמוֹ יְשַׁלֵּם׃ כִּי־תֵצֵא
אֵשׁ וּמָצְאָה קֹצִים וְנֶאֱכַל גָּדִישׁ אוֹ הַקָּמָה אוֹ הַשָּׂדֶה שַׁלֵּם
ו יְשַׁלֵּם הַמַּבְעִר אֶת־הַבְּעֵרָה׃ כִּי־יִתֵּן אִישׁ אֶל־
רֵעֵהוּ כֶּסֶף אוֹ־כֵלִים לִשְׁמֹר וְגֻנַּב מִבֵּית הָאִישׁ אִם־יִמָּצֵא
ז הַגַּנָּב יְשַׁלֵּם שְׁנָיִם׃ אִם־לֹא יִמָּצֵא הַגַּנָּב וְנִקְרַב בַּעַל־הַבַּיִת
ח אֶל־הָאֱלֹהִים אִם־לֹא שָׁלַח יָדוֹ בִּמְלֶאכֶת רֵעֵהוּ׃ עַל־כָּל־דְּבַר־
פֶּשַׁע עַל־שׁוֹר עַל־חֲמוֹר עַל־שֶׂה עַל־שַׂלְמָה עַל־כָּל־אֲבֵדָה
אֲשֶׁר יֹאמַר כִּי־הוּא זֶה עַד הָאֱלֹהִים יָבֹא דְּבַר־שְׁנֵיהֶם אֲשֶׁר
ט יַרְשִׁיעֻן אֱלֹהִים יְשַׁלֵּם שְׁנַיִם לְרֵעֵהוּ׃ כִּי־יִתֵּן אִישׁ
אֶל־רֵעֵהוּ חֲמוֹר אוֹ־שׁוֹר אוֹ־שֶׂה וְכָל־בְּהֵמָה לִשְׁמֹר וּמֵת אוֹ־
י נִשְׁבַּר אוֹ־נִשְׁבָּה אֵין רֹאֶה׃ שְׁבֻעַת יהוה תִּהְיֶה בֵּין שְׁנֵיהֶם
אִם־לֹא שָׁלַח יָדוֹ בִּמְלֶאכֶת רֵעֵהוּ וְלָקַח בְּעָלָיו וְלֹא יְשַׁלֵּם׃
יא יב וְאִם־גָּנֹב יִגָּנֵב מֵעִמּוֹ יְשַׁלֵּם לִבְעָלָיו׃ אִם־טָרֹף יִטָּרֵף יְבִאֵהוּ
עֵד הַטְּרֵפָה לֹא יְשַׁלֵּם׃
יג וְכִי־יִשְׁאַל אִישׁ מֵעִם רֵעֵהוּ וְנִשְׁבַּר אוֹ־מֵת בְּעָלָיו אֵין־עִמּוֹ
יד שַׁלֵּם יְשַׁלֵּם׃ אִם־בְּעָלָיו עִמּוֹ לֹא יְשַׁלֵּם אִם־שָׂכִיר הוּא בָּא
טו בִּשְׂכָרוֹ׃ וְכִי־יְפַתֶּה אִישׁ בְּתוּלָה אֲשֶׁר לֹא־אֹרָשָׂה
טז וְשָׁכַב עִמָּהּ מָהֹר יִמְהָרֶנָּה לּוֹ לְאִשָּׁה׃ אִם־מָאֵן יְמָאֵן אָבִיהָ
יז לְתִתָּהּ לוֹ כֶּסֶף יִשְׁקֹל כְּמֹהַר הַבְּתוּלֹת׃ מְכַשֵּׁפָה
יח יט לֹא תְחַיֶּה׃ כָּל־שֹׁכֵב עִם־בְּהֵמָה מוֹת יוּמָת׃ זֹבֵחַ
כ לָאֱלֹהִים יָחֳרָם בִּלְתִּי לַיהוה לְבַדּוֹ׃ וְגֵר לֹא־תוֹנֶה וְלֹא תִלְחָצֶנּוּ

21 strangers in the land of Egypt. Do not abuse a widow or an
22 orphan. For if you do abuse them, if they cry out to Me, I will
23 unquestionably heed their cry. My anger will flare and I will kill
you by the sword – and then your wives will be widows and your
children orphans.
24 If you lend money to one of My people who is poor, do not act
25 with him as a harsh creditor, and do not charge him interest. If you
take your neighbor's garment as collateral, return it to him before
26 the sun sets, because it is his only clothing, the sole covering for
his skin. What else does he have in which to sleep? And if he cries
27 out to Me, I will be listening: I am gracious. Do not curse REVI'I
28 a judge, and do not deride a leader of your people. Do not delay
offerings from your harvest of grain or wine. The firstborn of your
29 sons you must give to Me.[48] Likewise with your oxen and sheep;
let them stay with their mothers for seven days, and on the eighth,
30 give them over to Me. You are to be My holy people. Do not eat
23 1 flesh torn by beasts in the wild. Throw it to the dogs. Do
not accept a false report. Do not join with an unscrupulous person
2 to bear corrupt witness. Do not follow the crowd to do evil. When
you give testimony in a lawsuit, do not pervert justice by siding
3 with the crowd. Do not show favoritism even to a poor man in a
4 dispute. If you come across your enemy's ox or donkey
5 going astray – bring it back to him. If you see the donkey
of someone who hates you, fallen under its load, resist the impulse
6 to leave it there. Help him to release it. Do not subvert ḤAMISHI
7 the rights of the needy when they come to court. Keep far from a
false charge. Do not bring death on the innocent and righteous,
8 for I will not acquit the wrongdoer. Take no bribe, for bribes blind
9 the sighted and subvert the cause of the just. Do not oppress a
stranger. You know what it is to be a stranger, for you yourselves
10 were strangers in the land of Egypt. For six years, sow your land
11 and gather its crops, but in the seventh let it rest and lie fallow.
Let the needy of your people eat from it, and what they leave, let
the wild animals eat. Do the same with your vineyards and olive

כא כִּֽי־גֵרִ֥ים הֱיִיתֶ֖ם בְּאֶ֥רֶץ מִצְרָֽיִם׃ כָּל־אַלְמָנָ֥ה וְיָת֖וֹם לֹ֥א תְעַנּֽוּן׃
כב אִם־עַנֵּ֥ה תְעַנֶּ֖ה אֹת֑וֹ כִּ֣י אִם־צָעֹ֤ק יִצְעַק֙ אֵלַ֔י שָׁמֹ֥עַ אֶשְׁמַ֖ע
כג צַעֲקָתֽוֹ׃ וְחָרָ֣ה אַפִּ֔י וְהָרַגְתִּ֥י אֶתְכֶ֖ם בֶּחָ֑רֶב וְהָי֤וּ נְשֵׁיכֶם֙ אַלְמָנ֔וֹת
וּבְנֵיכֶ֖ם יְתֹמִֽים׃
כד אִם־כֶּ֣סֶף ׀ תַּלְוֶ֣ה אֶת־עַמִּ֗י אֶת־הֶֽעָנִי֙ עִמָּ֔ךְ לֹא־תִהְיֶ֥ה ל֖וֹ כְּנֹשֶׁ֑ה יז
כה לֹֽא־תְשִׂימ֥וּן עָלָ֖יו נֶֽשֶׁךְ׃ אִם־חָבֹ֥ל תַּחְבֹּ֖ל שַׂלְמַ֣ת רֵעֶ֑ךָ עַד־
כו בֹּ֥א הַשֶּׁ֖מֶשׁ תְּשִׁיבֶ֥נּוּ לֽוֹ׃ כִּ֣י הִ֤וא כְסוּתֹה֙ לְבַדָּ֔הּ הִ֥וא שִׂמְלָת֖וֹ
לְעֹר֑וֹ בַּמֶּ֣ה יִשְׁכָּ֔ב וְהָיָה֙ כִּֽי־יִצְעַ֣ק אֵלַ֔י וְשָׁמַעְתִּ֖י כִּֽי־חַנּ֥וּן
כז אָֽנִי׃ אֱלֹהִ֖ים לֹ֣א תְקַלֵּ֑ל וְנָשִׂ֥יא בְעַמְּךָ֖ לֹ֥א תָאֹֽר׃ רביעי
כח כט מְלֵאָתְךָ֥ וְדִמְעֲךָ֖ לֹ֣א תְאַחֵ֑ר בְּכ֥וֹר בָּנֶ֖יךָ תִּֽתֶּן־לִּֽי׃ כֵּֽן־תַּעֲשֶׂ֥ה
לְשֹׁרְךָ֖ לְצֹאנֶ֑ךָ שִׁבְעַ֤ת יָמִים֙ יִהְיֶ֣ה עִם־אִמּ֔וֹ בַּיּ֥וֹם הַשְּׁמִינִ֖י
ל תִּתְּנוֹ־לִֽי׃ וְאַנְשֵׁי־קֹ֖דֶשׁ תִּהְי֣וּן לִ֑י וּבָשָׂ֨ר בַּשָּׂדֶ֤ה טְרֵפָה֙ לֹ֣א
כג א תֹאכֵ֔לוּ לַכֶּ֖לֶב תַּשְׁלִכ֥וּן אֹתֽוֹ׃ לֹ֥א תִשָּׂ֖א שֵׁ֣מַע שָׁ֑וְא
ב אַל־תָּ֤שֶׁת יָֽדְךָ֙ עִם־רָשָׁ֔ע לִהְיֹ֖ת עֵ֥ד חָמָֽס׃ לֹא־תִהְיֶ֥ה אַחֲרֵֽי־
רַבִּ֖ים לְרָעֹ֑ת וְלֹא־תַעֲנֶ֣ה עַל־רִ֗ב לִנְטֹ֛ת אַחֲרֵ֥י רַבִּ֖ים לְהַטֹּֽת׃
ג ד וְדָ֕ל לֹ֥א תֶהְדַּ֖ר בְּרִיבֽוֹ׃ כִּ֣י תִפְגַּ֞ע שׁ֧וֹר אֹֽיִבְךָ֛ א֥וֹ חֲמֹר֖וֹ
ה תֹּעֶ֑ה הָשֵׁ֥ב תְּשִׁיבֶ֖נּוּ לֽוֹ׃ כִּֽי־תִרְאֶ֞ה חֲמ֣וֹר שֹׂנַאֲךָ֗ רֹבֵץ֙
ו תַּ֣חַת מַשָּׂא֔וֹ וְחָדַלְתָּ֖ מֵעֲזֹ֣ב ל֑וֹ עָזֹ֥ב תַּעֲזֹ֖ב עִמּֽוֹ׃ לֹ֥א חמישי
ז תַטֶּ֛ה מִשְׁפַּ֥ט אֶבְיֹנְךָ֖ בְּרִיבֽוֹ׃ מִדְּבַר־שֶׁ֖קֶר תִּרְחָ֑ק וְנָקִ֤י וְצַדִּיק֙
ח אַל־תַּהֲרֹ֔ג כִּ֥י לֹא־אַצְדִּ֖יק רָשָֽׁע׃ וְשֹׁ֖חַד לֹ֣א תִקָּ֑ח כִּ֤י הַשֹּׁ֙חַד֙ יְעַוֵּ֣ר
ט פִּקְחִ֔ים וִֽיסַלֵּ֖ף דִּבְרֵ֥י צַדִּיקִֽים׃ וְגֵ֖ר לֹ֣א תִלְחָ֑ץ וְאַתֶּ֗ם יְדַעְתֶּם֙
י אֶת־נֶ֣פֶשׁ הַגֵּ֔ר כִּֽי־גֵרִ֥ים הֱיִיתֶ֖ם בְּאֶ֥רֶץ מִצְרָֽיִם׃ וְשֵׁ֥שׁ שָׁנִ֖ים
יא תִּזְרַ֣ע אֶת־אַרְצֶ֑ךָ וְאָסַפְתָּ֖ אֶת־תְּבוּאָתָֽהּ׃ וְהַשְּׁבִיעִ֞ת תִּשְׁמְטֶ֣נָּה
וּנְטַשְׁתָּ֗הּ וְאָֽכְלוּ֙ אֶבְיֹנֵ֣י עַמֶּ֔ךָ וְיִתְרָ֕ם תֹּאכַ֖ל חַיַּ֣ת הַשָּׂדֶ֑ה כֵּֽן־

48 Meaning redeem them from the priest; see 13:13.

12 groves. For six days carry out your work, but on the seventh you
must cease, so that your ox and donkey may rest, and even the
13 children of maidservants and strangers be revived. Take care in all
that I have said to you. Never invoke the names of other gods; let
14 them never pass your lips. Three times a year, celebrate a festival
15 for Me. Keep the Festival of Unleavened Bread. For seven days,
eat unleavened bread as I commanded you, at the time appointed,
in the month of Aviv,[49] for at that time you left Egypt. Do not
16 appear before Me empty-handed. Likewise, keep the Festival of
the Harvest, of the first fruits of the produce that you sowed in
the field.[50] Keep the Festival of Ingathering at the end of the year,
17 when you gather in the fruit of your labor from the field.[51] Three
times a year, all the males among you shall appear before the
18 Master, the LORD. Do not offer the blood of My sacrifice together
with anything leavened. Do not let the fat of My festive offering
19 remain until morning. Bring the best first fruits of your land to
the House of the LORD your God. Do not boil a kid in the milk
of its mother.

20 I am sending a messenger ahead of you to guard you on the SHISHI
21 way and to bring you to the place that I have prepared. Heed
his presence and listen to his voice. Do not rebel against him,
for he will not let your transgression pass, because My name is
22 with him. But if you listen carefully to him and do all that I tell
you, then I will be an enemy to your enemies, a foe to your foes.
23 When My messenger goes ahead of you and brings you to the
Amorites, Hittites, Perizzites, Canaanites, Hivites, and Jebusites,
24 and I wipe them out, do not bow down to their gods or worship
them, and do not do as they do. Demolish their gods and shatter
25 their worship pillars. Serve the LORD your God, and He will
bless your bread, your water. I will banish all sickness from your
26 midst. No woman in your land will suffer miscarriage SHEVI'I
27 or barrenness. I will fill out the full measure of your years. I will
send My terror before you, throwing into panic all the people you
come upon. All you will see of your enemies will be their fleeing

יב תַּעֲשֶׂה לְכַרְמְךָ לְזֵיתֶךָ: שֵׁשֶׁת יָמִים תַּעֲשֶׂה מַעֲשֶׂיךָ וּבַיּוֹם
הַשְּׁבִיעִי תִּשְׁבֹּת לְמַעַן יָנוּחַ שׁוֹרְךָ וַחֲמֹרֶךָ וְיִנָּפֵשׁ בֶּן־אֲמָתְךָ
יג וְהַגֵּר: וּבְכֹל אֲשֶׁר־אָמַרְתִּי אֲלֵיכֶם תִּשָּׁמֵרוּ וְשֵׁם אֱלֹהִים אֲחֵרִים
יד לֹא תַזְכִּירוּ לֹא יִשָּׁמַע עַל־פִּיךָ: שָׁלֹשׁ רְגָלִים תָּחֹג לִי בַּשָּׁנָה:
טו אֶת־חַג הַמַּצּוֹת תִּשְׁמֹר שִׁבְעַת יָמִים תֹּאכַל מַצּוֹת כַּאֲשֶׁר צִוִּיתִךָ
לְמוֹעֵד חֹדֶשׁ הָאָבִיב כִּי־בוֹ יָצָאתָ מִמִּצְרָיִם וְלֹא־יֵרָאוּ פָנַי רֵיקָם:
טז וְחַג הַקָּצִיר בִּכּוּרֵי מַעֲשֶׂיךָ אֲשֶׁר תִּזְרַע בַּשָּׂדֶה וְחַג הָאָסִף בְּצֵאת
יז הַשָּׁנָה בְּאָסְפְּךָ אֶת־מַעֲשֶׂיךָ מִן־הַשָּׂדֶה: שָׁלֹשׁ פְּעָמִים בַּשָּׁנָה
יח יֵרָאֶה כָּל־זְכוּרְךָ אֶל־פְּנֵי הָאָדֹן ׀ יהוה: לֹא־תִזְבַּח עַל־חָמֵץ
יט דַּם־זִבְחִי וְלֹא־יָלִין חֵלֶב־חַגִּי עַד־בֹּקֶר: רֵאשִׁית בִּכּוּרֵי אַדְמָתְךָ
תָּבִיא בֵּית יהוה אֱלֹהֶיךָ לֹא־תְבַשֵּׁל גְּדִי בַּחֲלֵב אִמּוֹ:
כ הִנֵּה אָנֹכִי שֹׁלֵחַ מַלְאָךְ לְפָנֶיךָ לִשְׁמָרְךָ בַּדָּרֶךְ וְלַהֲבִיאֲךָ אֶל־ ששי
כא הַמָּקוֹם אֲשֶׁר הֲכִנֹתִי: הִשָּׁמֶר מִפָּנָיו וּשְׁמַע בְּקֹלוֹ אַל־תַּמֵּר
כב בּוֹ כִּי לֹא יִשָּׂא לְפִשְׁעֲכֶם כִּי שְׁמִי בְּקִרְבּוֹ: כִּי אִם־שָׁמוֹעַ
תִּשְׁמַע בְּקֹלוֹ וְעָשִׂיתָ כֹּל אֲשֶׁר אֲדַבֵּר וְאָיַבְתִּי אֶת־אֹיְבֶיךָ
כג וְצַרְתִּי אֶת־צֹרְרֶיךָ: כִּי־יֵלֵךְ מַלְאָכִי לְפָנֶיךָ וֶהֱבִיאֲךָ אֶל־
הָאֱמֹרִי וְהַחִתִּי וְהַפְּרִזִּי וְהַכְּנַעֲנִי הַחִוִּי וְהַיְבוּסִי וְהִכְחַדְתִּיו:
כד לֹא־תִשְׁתַּחֲוֶה לֵאלֹהֵיהֶם וְלֹא תָעָבְדֵם וְלֹא תַעֲשֶׂה כְּמַעֲשֵׂיהֶם
כה כִּי הָרֵס תְּהָרְסֵם וְשַׁבֵּר תְּשַׁבֵּר מַצֵּבֹתֵיהֶם: וַעֲבַדְתֶּם אֵת
יהוה אֱלֹהֵיכֶם וּבֵרַךְ אֶת־לַחְמְךָ וְאֶת־מֵימֶיךָ וַהֲסִרֹתִי מַחֲלָה
כו מִקִּרְבֶּךָ: לֹא תִהְיֶה מְשַׁכֵּלָה וַעֲקָרָה בְּאַרְצֶךָ אֶת־ שביעי
כז מִסְפַּר יָמֶיךָ אֲמַלֵּא: אֶת־אֵימָתִי אֲשַׁלַּח לְפָנֶיךָ וְהַמֹּתִי אֶת־
כָּל־הָעָם אֲשֶׁר תָּבֹא בָּהֶם וְנָתַתִּי אֶת־כָּל־אֹיְבֶיךָ אֵלֶיךָ עֹרֶף:

49 See note on 13:4.

50 The Festival of Shavuot; cf. 34:22.

51 The Festival of Sukkot; cf. Leviticus 23:33–43.

28 backs. I will send hornets ahead of you, and they will drive the
29 Hivites, Canaanites, and Hittites out before you. I will not drive
them out in a single year, lest the land become desolate and the
30 wild animals too numerous for you. No – little by little I will drive
them out before you, as you burgeon and come to take possession
31 of the land. I will set your borders from the Sea of Reeds to the
Sea of the Philistines, and from the wilderness to the Euphrates,
for I will deliver the inhabitants of the land into your hands: you
32 will drive them out before you. Make no covenant with them
33 and their gods. They must not stay in your land, for they would
make you sin against Me. If you worship their gods, it will be a
trap for you."
24 1 Then He said to Moshe, "Ascend to the Lord, you and Aharon,
Nadav and Avihu, and seventy of Israel's elders and bow down
2 from afar. Moshe alone shall approach the Lord. The others
must not come close, nor shall the people come up with him."
3 Moshe came and told the people all the Lord's words and laws,
and the people all responded with one voice, "All that the Lord
4 has spoken we shall do." Then Moshe wrote down all the Lord's
words. Early the next morning he rose and built an altar at the base
of the mountain, and also twelve pillars for the twelve tribes of
5 Israel. Then he sent young men of Israel, and they sacrificed bulls
6 as burnt offerings and peace offerings to the Lord. Moshe took
half the blood and put it in bowls. The other half he sprinkled on
7 the altar. Then he took the book of the covenant and read it aloud
to the people. They replied, "All that the Lord has spoken we shall
8 do and we shall heed." Then Moshe took the blood, sprinkled it
on the people, and said, "This is the blood of the covenant that the
9 Lord is making with you regarding all these words." Then Moshe
went up with Aharon, Nadav, Avihu, and seventy of Israel's elders.
10 They saw a vision of the God of Israel, and beneath His feet what
11 looked like a lapis lazuli pavement as clear as the sky itself. And
He did the leaders of Israel no harm – and they looked upon God
12 and they ate and they drank. The Lord said to Moshe,

כח וְשִׁלַּחְתִּי אֶת־הַצִּרְעָה לְפָנֶיךָ וְגֵרְשָׁה אֶת־הַחִוִּי אֶת־הַכְּנַעֲנִי
כט וְאֶת־הַחִתִּי מִלְּפָנֶיךָ: לֹא אֲגָרְשֶׁנּוּ מִפָּנֶיךָ בְּשָׁנָה אֶחָת פֶּן־
ל תִּהְיֶה הָאָרֶץ שְׁמָמָה וְרַבָּה עָלֶיךָ חַיַּת הַשָּׂדֶה: מְעַט מְעַט
לא אֲגָרְשֶׁנּוּ מִפָּנֶיךָ עַד אֲשֶׁר תִּפְרֶה וְנָחַלְתָּ אֶת־הָאָרֶץ: וְשַׁתִּי
אֶת־גְּבֻלְךָ מִיַּם־סוּף וְעַד־יָם פְּלִשְׁתִּים וּמִמִּדְבָּר עַד־הַנָּהָר
לב כִּי ׀ אֶתֵּן בְּיֶדְכֶם אֵת יֹשְׁבֵי הָאָרֶץ וְגֵרַשְׁתָּמוֹ מִפָּנֶיךָ: לֹא־תִכְרֹת
לג לָהֶם וְלֵאלֹהֵיהֶם בְּרִית: לֹא יֵשְׁבוּ בְּאַרְצְךָ פֶּן־יַחֲטִיאוּ אֹתְךָ לִי
כִּי תַעֲבֹד אֶת־אֱלֹהֵיהֶם כִּי־יִהְיֶה לְךָ לְמוֹקֵשׁ:
כד א וְאֶל־מֹשֶׁה אָמַר עֲלֵה אֶל־יהוה אַתָּה וְאַהֲרֹן נָדָב וַאֲבִיהוּא
ב וְשִׁבְעִים מִזִּקְנֵי יִשְׂרָאֵל וְהִשְׁתַּחֲוִיתֶם מֵרָחֹק: וְנִגַּשׁ מֹשֶׁה
ג לְבַדּוֹ אֶל־יהוה וְהֵם לֹא יִגָּשׁוּ וְהָעָם לֹא יַעֲלוּ עִמּוֹ: וַיָּבֹא מֹשֶׁה
וַיְסַפֵּר לָעָם אֵת כָּל־דִּבְרֵי יהוה וְאֵת כָּל־הַמִּשְׁפָּטִים וַיַּעַן כָּל־
הָעָם קוֹל אֶחָד וַיֹּאמְרוּ כָּל־הַדְּבָרִים אֲשֶׁר־דִּבֶּר יהוה נַעֲשֶׂה:
ד וַיִּכְתֹּב מֹשֶׁה אֵת כָּל־דִּבְרֵי יהוה וַיַּשְׁכֵּם בַּבֹּקֶר וַיִּבֶן מִזְבֵּחַ
תַּחַת הָהָר וּשְׁתֵּים עֶשְׂרֵה מַצֵּבָה לִשְׁנֵים עָשָׂר שִׁבְטֵי יִשְׂרָאֵל:
ה וַיִּשְׁלַח אֶת־נַעֲרֵי בְּנֵי יִשְׂרָאֵל וַיַּעֲלוּ עֹלֹת וַיִּזְבְּחוּ זְבָחִים שְׁלָמִים
ו לַיהוה פָּרִים: וַיִּקַּח מֹשֶׁה חֲצִי הַדָּם וַיָּשֶׂם בָּאַגָּנֹת וַחֲצִי הַדָּם
ז זָרַק עַל־הַמִּזְבֵּחַ: וַיִּקַּח סֵפֶר הַבְּרִית וַיִּקְרָא בְּאָזְנֵי הָעָם וַיֹּאמְרוּ
ח כֹּל אֲשֶׁר־דִּבֶּר יהוה נַעֲשֶׂה וְנִשְׁמָע: וַיִּקַּח מֹשֶׁה אֶת־הַדָּם
וַיִּזְרֹק עַל־הָעָם וַיֹּאמֶר הִנֵּה דַם־הַבְּרִית אֲשֶׁר כָּרַת יהוה עִמָּכֶם
ט עַל כָּל־הַדְּבָרִים הָאֵלֶּה: וַיַּעַל מֹשֶׁה וְאַהֲרֹן נָדָב וַאֲבִיהוּא
י וְשִׁבְעִים מִזִּקְנֵי יִשְׂרָאֵל: וַיִּרְאוּ אֵת אֱלֹהֵי יִשְׂרָאֵל וְתַחַת
יא רַגְלָיו כְּמַעֲשֵׂה לִבְנַת הַסַּפִּיר וּכְעֶצֶם הַשָּׁמַיִם לָטֹהַר: וְאֶל־
אֲצִילֵי בְּנֵי יִשְׂרָאֵל לֹא שָׁלַח יָדוֹ וַיֶּחֱזוּ אֶת־הָאֱלֹהִים וַיֹּאכְלוּ
יב וַיִּשְׁתּוּ: וַיֹּאמֶר יהוה אֶל־מֹשֶׁה עֲלֵה אֵלַי הָהָרָה

"Ascend to Me on the mountain, and as you stand there I will
give you the stone tablets with the teaching and commandments
13 that I have written to instruct the people." So Moshe set out with
14 Yehoshua, his disciple, and ascended the mountain of God. He
told the elders, "Wait for us here until we return to you. Aharon
and Ḥur will stay here with you; whoever has a dispute shall go to
15 them." As Moshe climbed the mountain, it was covered in a cloud.
16 The glory of the LORD rested on Mount Sinai, and the cloud MAFTIR
covered it for six days. On the seventh, He called to Moshe from
17 within the cloud. To the Israelites the appearance of the LORD's
18 glory on the mountaintop was like consuming fire. Moshe entered
the cloud and climbed the mountain, and he stayed there for forty
days and forty nights.
25 1 2 The LORD spoke to Moshe, saying, "Tell the Israelites to take an TERUMA
offering for Me; take My offering from all whose heart moves them
3 to give. These are the offerings you shall receive from them: gold,
4 silver and bronze; sky-blue, purple, and scarlet wool; linen and
5 goats' hair; rams' hides dyed red and fine leather;[52] acacia wood;
6 oil for the lamps; spices for the anointing oil and the fragrant
7 incense; and rock crystal together with other precious stones for
8 the ephod[53] and breast piece. They shall make Me a Sanctuary and
9 I will dwell in their midst. Form the Tabernacle and form all of its
10 furnishings following the patterns that I show you. Make
an Ark of acacia wood, two and a half cubits long, a cubit and a half
11 wide, and a cubit and a half high. Overlay it with pure gold, inside
12 and out, and around it make a gold rim. Cast four gold rings for
it and place them on its four corners, two rings on one side and
13 two on the other. Make staves of acacia wood and overlay them
14 with gold; place these staves in the rings on the sides of the Ark
15 so that the Ark may be carried. The staves must stay in the rings
16 of the Ark; they must not be removed. Inside the Ark, place the

52 Literally "*taḥash* hides." The term has been interpreted as referring to some sort of rare animal or to a way of processing leather.

53 An apron-like garment.

וְהְיֵה־שָׁם וְאֶתְּנָה לְךָ אֶת־לֻחֹת הָאֶבֶן וְהַתּוֹרָה וְהַמִּצְוָה אֲשֶׁר
יג כָּתַבְתִּי לְהוֹרֹתָם׃ וַיָּקָם מֹשֶׁה וִיהוֹשֻׁעַ מְשָׁרְתוֹ וַיַּעַל מֹשֶׁה אֶל־
יד הַר הָאֱלֹהִים׃ וְאֶל־הַזְּקֵנִים אָמַר שְׁבוּ־לָנוּ בָזֶה עַד אֲשֶׁר־נָשׁוּב
אֲלֵיכֶם וְהִנֵּה אַהֲרֹן וְחוּר עִמָּכֶם מִי־בַעַל דְּבָרִים יִגַּשׁ אֲלֵהֶם׃
טו טז וַיַּעַל מֹשֶׁה אֶל־הָהָר וַיְכַס הֶעָנָן אֶת־הָהָר׃ וַיִּשְׁכֹּן כְּבוֹד־יהוה מפטיר
עַל־הַר סִינַי וַיְכַסֵּהוּ הֶעָנָן שֵׁשֶׁת יָמִים וַיִּקְרָא אֶל־מֹשֶׁה בַּיּוֹם
יז הַשְּׁבִיעִי מִתּוֹךְ הֶעָנָן׃ וּמַרְאֵה כְּבוֹד יהוה כְּאֵשׁ אֹכֶלֶת בְּרֹאשׁ
יח הָהָר לְעֵינֵי בְּנֵי יִשְׂרָאֵל׃ וַיָּבֹא מֹשֶׁה בְּתוֹךְ הֶעָנָן וַיַּעַל אֶל־הָהָר
וַיְהִי מֹשֶׁה בָּהָר אַרְבָּעִים יוֹם וְאַרְבָּעִים לָיְלָה׃

תרומה
יח

כה א ב וַיְדַבֵּר יהוה אֶל־מֹשֶׁה לֵּאמֹר׃ דַּבֵּר אֶל־בְּנֵי יִשְׂרָאֵל וְיִקְחוּ־לִי
תְּרוּמָה מֵאֵת כָּל־אִישׁ אֲשֶׁר יִדְּבֶנּוּ לִבּוֹ תִּקְחוּ אֶת־תְּרוּמָתִי׃
ג וְזֹאת הַתְּרוּמָה אֲשֶׁר תִּקְחוּ מֵאִתָּם זָהָב וָכֶסֶף וּנְחֹשֶׁת׃
ד ה וּתְכֵלֶת וְאַרְגָּמָן וְתוֹלַעַת שָׁנִי וְשֵׁשׁ וְעִזִּים׃ וְעֹרֹת אֵילִם
ו מְאָדָּמִים וְעֹרֹת תְּחָשִׁים וַעֲצֵי שִׁטִּים׃ שֶׁמֶן לַמָּאֹר בְּשָׂמִים
ז לְשֶׁמֶן הַמִּשְׁחָה וְלִקְטֹרֶת הַסַּמִּים׃ אַבְנֵי־שֹׁהַם וְאַבְנֵי מִלֻּאִים
ח ט לָאֵפֹד וְלַחֹשֶׁן׃ וְעָשׂוּ לִי מִקְדָּשׁ וְשָׁכַנְתִּי בְּתוֹכָם׃ כְּכֹל אֲשֶׁר
אֲנִי מַרְאֶה אוֹתְךָ אֵת תַּבְנִית הַמִּשְׁכָּן וְאֵת תַּבְנִית כָּל־כֵּלָיו
י וְכֵן תַּעֲשׂוּ׃ וְעָשׂוּ אֲרוֹן עֲצֵי שִׁטִּים אַמָּתַיִם וָחֵצִי
יא אָרְכּוֹ וְאַמָּה וָחֵצִי רָחְבּוֹ וְאַמָּה וָחֵצִי קֹמָתוֹ׃ וְצִפִּיתָ אֹתוֹ זָהָב
יב טָהוֹר מִבַּיִת וּמִחוּץ תְּצַפֶּנּוּ וְעָשִׂיתָ עָלָיו זֵר זָהָב סָבִיב׃ וְיָצַקְתָּ
לּוֹ אַרְבַּע טַבְּעֹת זָהָב וְנָתַתָּה עַל אַרְבַּע פַּעֲמֹתָיו וּשְׁתֵּי טַבָּעֹת
יג עַל־צַלְעוֹ הָאֶחָת וּשְׁתֵּי טַבָּעֹת עַל־צַלְעוֹ הַשֵּׁנִית׃ וְעָשִׂיתָ בַדֵּי
יד עֲצֵי שִׁטִּים וְצִפִּיתָ אֹתָם זָהָב׃ וְהֵבֵאתָ אֶת־הַבַּדִּים בַּטַּבָּעֹת
טו עַל צַלְעֹת הָאָרֹן לָשֵׂאת אֶת־הָאָרֹן בָּהֶם׃ בְּטַבְּעֹת הָאָרֹן יִהְיוּ
טז הַבַּדִּים לֹא יָסֻרוּ מִמֶּנּוּ׃ וְנָתַתָּ אֶל־הָאָרֹן אֵת הָעֵדֻת אֲשֶׁר אֶתֵּן

17 tablets of the Covenant that I will give you. Make an Ark cover of SHEINI
pure gold, two and a half cubits long and a cubit and a half wide.
18 Make two cherubim[54] of beaten gold and place them at the two
19 ends of the cover: one cherub at one end and one at the other;
20 the cherubim shall be made of one piece with the cover. These
cherubim should have wings spread upward, sheltering the cover.
21 They should face one another, and look toward the cover. Place
the cover on top of the Ark, and inside the Ark place the tablets
22 of the Covenant that I will give you. There, from above the cover,
between the two cherubim, above the Ark of the Testimony, I will
meet with you and speak with you, and give you all My commands
to the Israelites.

23 Make a table of acacia wood, two cubits long, a cubit wide, and
24 a cubit and a half high. Overlay it with pure gold and around it
25 make a gold rim. Make a frame a handbreadth wide all around,
26 and around the frame also make a gold rim. Make for it four gold
rings, and place the rings on the four corners where the four legs
27 are. The rings should be attached next to the frame as holders
28 for staves to carry the table. Make the staves of acacia wood and
29 overlay them with gold; by these the table shall be carried. You
must also make, out of pure gold, its bowls, spoons, pitchers, and
30 jars for pouring libations. On this table the showbread must be
placed before Me at all times.

31 Make a candelabrum of pure gold. Its base and shaft, cups, knobs,
32 and flowers shall be hammered from a single piece. Six branches
shall extend from its sides, three on one side, three on the other.
33 On each branch there shall be three finely crafted cups, each
with a knob and a flower. All six branches extending from the
34 candelabrum shall be like this. The shaft of the candelabrum
shall have four finely crafted cups, each with a knob and a flower.
35 For the six branches that extend from the candelabrum, there

54 Opinions differ as to the appearance of the cherubim, which had a human or animal likeness.

יז אֵלֶֽיךָ׃ וְעָשִׂ֥יתָ כַפֹּ֖רֶת זָהָ֣ב טָה֑וֹר אַמָּתַ֤יִם וָחֵ֙צִי֙ אָרְכָּ֔הּ וְאַמָּ֥ה שני
יח וָחֵ֖צִי רָחְבָּֽהּ׃ וְעָשִׂ֛יתָ שְׁנַ֥יִם כְּרֻבִ֖ים זָהָ֑ב מִקְשָׁה֙ תַּעֲשֶׂ֣ה אֹתָ֔ם
יט מִשְּׁנֵ֖י קְצ֥וֹת הַכַּפֹּֽרֶת׃ וַ֠עֲשֵׂה כְּר֨וּב אֶחָ֤ד מִקָּצָה֙ מִזֶּ֔ה וּכְרוּב־אֶחָ֥ד
מִקָּצָ֖ה מִזֶּ֑ה מִן־הַכַּפֹּ֛רֶת תַּעֲשׂ֥וּ אֶת־הַכְּרֻבִ֖ים עַל־שְׁנֵ֥י קְצוֹתָֽיו׃
כ וְהָי֣וּ הַכְּרֻבִים֩ פֹּרְשֵׂ֨י כְנָפַ֜יִם לְמַ֗עְלָה סֹכְכִ֤ים בְּכַנְפֵיהֶם֙ עַל־
הַכַּפֹּ֔רֶת וּפְנֵיהֶ֖ם אִ֣ישׁ אֶל־אָחִ֑יו אֶ֨ל־הַכַּפֹּ֔רֶת יִהְי֖וּ פְּנֵ֥י הַכְּרֻבִֽים׃
כא וְנָתַתָּ֧ אֶת־הַכַּפֹּ֛רֶת עַל־הָאָרֹ֖ן מִלְמָ֑עְלָה וְאֶל־הָ֣אָרֹ֔ן תִּתֵּן֙ אֶת־
כב הָ֣עֵדֻ֔ת אֲשֶׁ֥ר אֶתֵּ֖ן אֵלֶֽיךָ׃ וְנוֹעַדְתִּ֣י לְךָ֮ שָׁם֒ וְדִבַּרְתִּ֨י אִתְּךָ֜ מֵעַ֣ל
הַכַּפֹּ֗רֶת מִבֵּין֙ שְׁנֵ֣י הַכְּרֻבִ֔ים אֲשֶׁ֖ר עַל־אֲר֣וֹן הָעֵדֻ֑ת אֵ֛ת כָּל־אֲשֶׁ֥ר
אֲצַוֶּ֛ה אוֹתְךָ֖ אֶל־בְּנֵ֥י יִשְׂרָאֵֽל׃

כג וְעָשִׂ֥יתָ שֻׁלְחָ֖ן עֲצֵ֣י שִׁטִּ֑ים אַמָּתַ֤יִם אָרְכּוֹ֙ וְאַמָּ֣ה רָחְבּ֔וֹ וְאַמָּ֥ה
כד וָחֵ֖צִי קֹמָתֽוֹ׃ וְצִפִּיתָ֥ אֹת֖וֹ זָהָ֣ב טָה֑וֹר וְעָשִׂ֥יתָ לּ֛וֹ זֵ֥ר זָהָ֖ב סָבִֽיב׃
כה וְעָשִׂ֨יתָ לּ֥וֹ מִסְגֶּ֛רֶת טֹ֖פַח סָבִ֑יב וְעָשִׂ֧יתָ זֵר־זָהָ֛ב לְמִסְגַּרְתּ֖וֹ סָבִֽיב׃
כו וְעָשִׂ֣יתָ לּ֔וֹ אַרְבַּ֖ע טַבְּעֹ֣ת זָהָ֑ב וְנָתַתָּ֙ אֶת־הַטַּבָּעֹ֔ת עַ֚ל אַרְבַּ֣ע
כז הַפֵּאֹ֔ת אֲשֶׁ֖ר לְאַרְבַּ֥ע רַגְלָֽיו׃ לְעֻמַּת֙ הַמִּסְגֶּ֔רֶת תִּהְיֶ֖יןָ הַטַּבָּעֹ֑ת
כח לְבָתִּ֣ים לְבַדִּ֔ים לָשֵׂ֖את אֶת־הַשֻּׁלְחָֽן׃ וְעָשִׂ֤יתָ אֶת־הַבַּדִּים֙ עֲצֵ֣י
כט שִׁטִּ֔ים וְצִפִּיתָ֥ אֹתָ֖ם זָהָ֑ב וְנִשָּׂא־בָ֖ם אֶת־הַשֻּׁלְחָֽן׃ וְעָשִׂ֨יתָ קְּעָרֹתָ֜יו
וְכַפֹּתָ֗יו וּקְשׂוֹתָיו֙ וּמְנַקִּיֹּתָ֔יו אֲשֶׁ֥ר יֻסַּ֖ךְ בָּהֵ֑ן זָהָ֥ב טָה֖וֹר תַּעֲשֶׂ֥ה
ל אֹתָֽם׃ וְנָתַתָּ֧ עַל־הַשֻּׁלְחָ֛ן לֶ֥חֶם פָּנִ֖ים לְפָנַ֥י תָּמִֽיד׃

לא וְעָשִׂ֥יתָ מְנֹרַ֖ת זָהָ֣ב טָה֑וֹר מִקְשָׁ֞ה תֵּיעָשֶׂ֤ה הַמְּנוֹרָה֙ יְרֵכָ֣הּ וְקָנָ֔הּ
לב גְּבִיעֶ֛יהָ כַּפְתֹּרֶ֥יהָ וּפְרָחֶ֖יהָ מִמֶּ֥נָּה יִהְיֽוּ׃ וְשִׁשָּׁ֣ה קָנִ֔ים יֹצְאִ֖ים
מִצִּדֶּ֑יהָ שְׁלֹשָׁ֣ה ׀ קְנֵ֣י מְנֹרָ֗ה מִצִּדָּהּ֙ הָֽאֶחָ֔ד וּשְׁלֹשָׁה֙ קְנֵ֣י מְנֹרָ֔ה
לג מִצִּדָּ֖הּ הַשֵּׁנִֽי׃ שְׁלֹשָׁ֣ה גְ֠בִעִ֠ים מְשֻׁקָּדִ֞ים בַּקָּנֶ֣ה הָאֶחָ֗ד כַּפְתֹּ֣ר
וָפֶ֔רַח וּשְׁלֹשָׁ֣ה גְבִעִ֗ים מְשֻׁקָּדִ֛ים בַּקָּנֶ֥ה הָאֶחָ֖ד כַּפְתֹּ֣ר וָפָ֑רַח כֵּ֚ן
לד לְשֵׁ֣שֶׁת הַקָּנִ֔ים הַיֹּצְאִ֖ים מִן־הַמְּנֹרָֽה׃ וּבַמְּנֹרָ֖ה אַרְבָּעָ֣ה גְבִעִ֑ים
לה מְשֻׁקָּדִ֔ים כַּפְתֹּרֶ֖יהָ וּפְרָחֶֽיהָ׃ וְכַפְתֹּ֡ר תַּחַת֩ שְׁנֵ֨י הַקָּנִ֜ים מִמֶּ֗נָּה

36 must be a knob at the base of each pair of branches. The knobs
and their branches shall be of one piece with it, the whole of it a
37 single, hammered piece of pure gold. Make its seven lamps and
38 mount them so that they light the space in front of it. Make its
39 tongs and pans of pure gold. All these items shall be made from
40 a talent of pure gold.[55] Take care to make them according to that
26 1 design that is shown to you on the mountain. As for SHELISHI
the Tabernacle itself, make it with ten sheets of finely spun linen
and sky-blue, purple, and scarlet wool, with a design of cherubim
2 worked into them. Each sheet shall be twenty-eight cubits long
3 and four cubits wide; all the sheets should be the same size. Five
of the sheets should be sewn together; the other five likewise.
4 Make loops of sky-blue wool on the upper edge of the end sheet
in the first set, and likewise on the upper edge of the outermost
5 sheet in the second set. Make fifty loops on each sheet on one
side and fifty on the upper edge of the corresponding sheets in
6 the other set, with the loops opposite one another. And make fifty
gold clasps. With the clasps, join the sheets together so that the
7 Tabernacle becomes one whole. Make sheets of goats' hair as a
8 tent over the Tabernacle; make eleven of these sheets. Each sheet
shall be thirty cubits long and four cubits wide, all eleven sheets
9 the same size. Join five of the sheets by themselves, and the other
six by themselves. Fold the sixth sheet over the front of the Tent.
10 Make fifty loops on the edge of the end sheet of one set, and fifty
11 on the edge of the end sheet of the other. Make, also, fifty bronze
clasps. Put the clasps through the loops, joining the tent together
12 so that it becomes one whole. As for the additional length of the
tent sheets, the extra half sheet is to hang down at the rear of the

---

55 A talent in this context equals three thousand shekels; see note on 30:13.

וְכַפְתֹּר תַּחַת שְׁנֵי הַקָּנִים מִמֶּנָּה וְכַפְתֹּר תַּחַת־שְׁנֵי הַקָּנִים
לו מִמֶּנָּה לְשֵׁשֶׁת הַקָּנִים הַיֹּצְאִים מִן־הַמְּנֹרָה: כַּפְתֹּרֵיהֶם וּקְנֹתָם
לז מִמֶּנָּה יִהְיוּ כֻּלָּהּ מִקְשָׁה אַחַת זָהָב טָהוֹר: וְעָשִׂיתָ אֶת־נֵרֹתֶיהָ
לח שִׁבְעָה וְהֶעֱלָה אֶת־נֵרֹתֶיהָ וְהֵאִיר עַל־עֵבֶר פָּנֶיהָ: וּמַלְקָחֶיהָ
לט וּמַחְתֹּתֶיהָ זָהָב טָהוֹר: כִּכָּר זָהָב טָהוֹר יַעֲשֶׂה אֹתָהּ אֵת כָּל־
מ הַכֵּלִים הָאֵלֶּה: וּרְאֵה וַעֲשֵׂה בְּתַבְנִיתָם אֲשֶׁר־אַתָּה מָרְאֶה
כו א בָּהָר: וְאֶת־הַמִּשְׁכָּן תַּעֲשֶׂה עֶשֶׂר יְרִיעֹת שֵׁשׁ מָשְׁזָר יט שלישי
וּתְכֵלֶת וְאַרְגָּמָן וְתֹלַעַת שָׁנִי כְּרֻבִים מַעֲשֵׂה חֹשֵׁב תַּעֲשֶׂה
ב אֹתָם: אֹרֶךְ ׀ הַיְרִיעָה הָאַחַת שְׁמֹנֶה וְעֶשְׂרִים בָּאַמָּה וְרֹחַב
ג אַרְבַּע בָּאַמָּה הַיְרִיעָה הָאֶחָת מִדָּה אַחַת לְכָל־הַיְרִיעֹת: חֲמֵשׁ
הַיְרִיעֹת תִּהְיֶיןָ חֹבְרֹת אִשָּׁה אֶל־אֲחֹתָהּ וְחָמֵשׁ יְרִיעֹת חֹבְרֹת
ד אִשָּׁה אֶל־אֲחֹתָהּ: וְעָשִׂיתָ לֻלְאֹת תְּכֵלֶת עַל שְׂפַת הַיְרִיעָה
הָאֶחָת מִקָּצָה בַּחֹבָרֶת וְכֵן תַּעֲשֶׂה בִּשְׂפַת הַיְרִיעָה הַקִּיצוֹנָה
ה בַּמַּחְבֶּרֶת הַשֵּׁנִית: חֲמִשִּׁים לֻלָאֹת תַּעֲשֶׂה בַּיְרִיעָה הָאֶחָת
וַחֲמִשִּׁים לֻלָאֹת תַּעֲשֶׂה בִּקְצֵה הַיְרִיעָה אֲשֶׁר בַּמַּחְבֶּרֶת הַשֵּׁנִית
ו מַקְבִּילֹת הַלֻּלָאֹת אִשָּׁה אֶל־אֲחֹתָהּ: וְעָשִׂיתָ חֲמִשִּׁים קַרְסֵי
זָהָב וְחִבַּרְתָּ אֶת־הַיְרִיעֹת אִשָּׁה אֶל־אֲחֹתָהּ בַּקְּרָסִים וְהָיָה
ז הַמִּשְׁכָּן אֶחָד: וְעָשִׂיתָ יְרִיעֹת עִזִּים לְאֹהֶל עַל־הַמִּשְׁכָּן עַשְׁתֵּי־
ח עֶשְׂרֵה יְרִיעֹת תַּעֲשֶׂה אֹתָם: אֹרֶךְ ׀ הַיְרִיעָה הָאַחַת שְׁלֹשִׁים
בָּאַמָּה וְרֹחַב אַרְבַּע בָּאַמָּה הַיְרִיעָה הָאֶחָת מִדָּה אַחַת לְעַשְׁתֵּי
ט עֶשְׂרֵה יְרִיעֹת: וְחִבַּרְתָּ אֶת־חֲמֵשׁ הַיְרִיעֹת לְבָד וְאֶת־שֵׁשׁ
הַיְרִיעֹת לְבָד וְכָפַלְתָּ אֶת־הַיְרִיעָה הַשִּׁשִּׁית אֶל־מוּל פְּנֵי הָאֹהֶל:
י וְעָשִׂיתָ חֲמִשִּׁים לֻלָאֹת עַל שְׂפַת הַיְרִיעָה הָאֶחָת הַקִּיצֹנָה
בַּחֹבָרֶת וַחֲמִשִּׁים לֻלָאֹת עַל שְׂפַת הַיְרִיעָה הַחֹבֶרֶת הַשֵּׁנִית:
יא וְעָשִׂיתָ קַרְסֵי נְחֹשֶׁת חֲמִשִּׁים וְהֵבֵאתָ אֶת־הַקְּרָסִים בַּלֻּלָאֹת
יב וְחִבַּרְתָּ אֶת־הָאֹהֶל וְהָיָה אֶחָד: וְסֶרַח הָעֹדֵף בִּירִיעֹת הָאֹהֶל

13 Tabernacle. The extra cubit at either end of each of the tent sheets
should hang over the sides of the Tabernacle to cover it on both
14 sides. Make a covering for the tent from rams' hides dyed red.
Above it make a covering of fine leather.
15 16 Make the upright boards for the Tabernacle of acacia wood. Each REVI'I
board shall be ten cubits long and one and a half cubits wide.
17 Each board should have two matching tenons; all the Tabernacle's
18 boards should be made in this way. Make twenty boards for the
19 southern side of the Tabernacle, and forty silver sockets under the
twenty boards, two sockets under the first board for its two tenons,
20 and two under the next. For the second side of the Tabernacle,
21 the northern side, there should be twenty boards, along with their
forty silver sockets, two under the first board and two under each
22 of the others. Make six boards for the west side of the Tabernacle,
23 24 and two additional boards for the Tabernacle's rear corners. These
should adjoin each other at the bottom, and be joined together
at the top by a ring. So it should be for both sides; they shall form
25 the two corners. So there should be eight boards and sixteen silver
26 sockets, two sockets under each board. Make crossbars, too, of
acacia wood, five for the boards of the first side of the Tabernacle,
27 five for the boards of the second side of the Tabernacle, and five
for the boards of the western side of the Tabernacle at the rear.
28 The central crossbar should go through the middle of the boards
29 from one end to the other. Overlay the boards with gold, and make
gold rings for the crossbars. The crossbars too should be overlaid
30 with gold. So shall you set up the Tabernacle, according to the plan
31 you were shown on the mountain. Make a curtain of sky- ḤAMISHI
blue, purple, and scarlet wool, and finely spun linen with a design

יג חֲצִי הַיְרִיעָה הָעֹדֶפֶת תִּסְרַח עַל אֲחֹרֵי הַמִּשְׁכָּן: וְהָאַמָּה מִזֶּה
וְהָאַמָּה מִזֶּה בָּעֹדֵף בְּאֹרֶךְ יְרִיעֹת הָאֹהֶל יִהְיֶה סָרוּחַ עַל־צִדֵּי
יד הַמִּשְׁכָּן מִזֶּה וּמִזֶּה לְכַסֹּתוֹ: וְעָשִׂיתָ מִכְסֶה לָאֹהֶל עֹרֹת אֵילִם
מְאָדָּמִים וּמִכְסֵה עֹרֹת תְּחָשִׁים מִלְמָעְלָה:
טו טז וְעָשִׂיתָ אֶת־הַקְּרָשִׁים לַמִּשְׁכָּן עֲצֵי שִׁטִּים עֹמְדִים: עֶשֶׂר אַמּוֹת רביעי
יז אֹרֶךְ הַקָּרֶשׁ וְאַמָּה וַחֲצִי הָאַמָּה רֹחַב הַקֶּרֶשׁ הָאֶחָד: שְׁתֵּי
יָדוֹת לַקֶּרֶשׁ הָאֶחָד מְשֻׁלָּבֹת אִשָּׁה אֶל־אֲחֹתָהּ כֵּן תַּעֲשֶׂה
יח לְכֹל קַרְשֵׁי הַמִּשְׁכָּן: וְעָשִׂיתָ אֶת־הַקְּרָשִׁים לַמִּשְׁכָּן עֶשְׂרִים
יט קֶרֶשׁ לִפְאַת נֶגְבָּה תֵימָנָה: וְאַרְבָּעִים אַדְנֵי־כֶסֶף תַּעֲשֶׂה תַּחַת
עֶשְׂרִים הַקָּרֶשׁ שְׁנֵי אֲדָנִים תַּחַת־הַקֶּרֶשׁ הָאֶחָד לִשְׁתֵּי יְדֹתָיו
כ וּשְׁנֵי אֲדָנִים תַּחַת־הַקֶּרֶשׁ הָאֶחָד לִשְׁתֵּי יְדֹתָיו: וּלְצֶלַע הַמִּשְׁכָּן
כא הַשֵּׁנִית לִפְאַת צָפוֹן עֶשְׂרִים קָרֶשׁ: וְאַרְבָּעִים אַדְנֵיהֶם כָּסֶף שְׁנֵי
אֲדָנִים תַּחַת הַקֶּרֶשׁ הָאֶחָד וּשְׁנֵי אֲדָנִים תַּחַת הַקֶּרֶשׁ הָאֶחָד:
כב כג וּלְיַרְכְּתֵי הַמִּשְׁכָּן יָמָּה תַּעֲשֶׂה שִׁשָּׁה קְרָשִׁים: וּשְׁנֵי קְרָשִׁים
כד תַּעֲשֶׂה לִמְקֻצְעֹת הַמִּשְׁכָּן בַּיַּרְכָתָיִם: וְיִהְיוּ תֹאֲמִם מִלְּמַטָּה
וְיַחְדָּו יִהְיוּ תַמִּים עַל־רֹאשׁוֹ אֶל־הַטַּבַּעַת הָאֶחָת כֵּן יִהְיֶה
כה לִשְׁנֵיהֶם לִשְׁנֵי הַמִּקְצֹעֹת יִהְיוּ: וְהָיוּ שְׁמֹנָה קְרָשִׁים וְאַדְנֵיהֶם
כֶּסֶף שִׁשָּׁה עָשָׂר אֲדָנִים שְׁנֵי אֲדָנִים תַּחַת הַקֶּרֶשׁ הָאֶחָד וּשְׁנֵי
כו אֲדָנִים תַּחַת הַקֶּרֶשׁ הָאֶחָד: וְעָשִׂיתָ בְרִיחִם עֲצֵי שִׁטִּים חֲמִשָּׁה
כז לְקַרְשֵׁי צֶלַע־הַמִּשְׁכָּן הָאֶחָד: וַחֲמִשָּׁה בְרִיחִם לְקַרְשֵׁי צֶלַע־
הַמִּשְׁכָּן הַשֵּׁנִית וַחֲמִשָּׁה בְרִיחִם לְקַרְשֵׁי צֶלַע הַמִּשְׁכָּן לַיַּרְכָתַיִם
כח יָמָּה: וְהַבְּרִיחַ הַתִּיכֹן בְּתוֹךְ הַקְּרָשִׁים מַבְרִחַ מִן־הַקָּצֶה אֶל־
כט הַקָּצֶה: וְאֶת־הַקְּרָשִׁים תְּצַפֶּה זָהָב וְאֶת־טַבְּעֹתֵיהֶם תַּעֲשֶׂה
ל זָהָב בָּתִּים לַבְּרִיחִם וְצִפִּיתָ אֶת־הַבְּרִיחִם זָהָב: וַהֲקֵמֹתָ אֶת־
לא הַמִּשְׁכָּן כְּמִשְׁפָּטוֹ אֲשֶׁר הָרְאֵיתָ בָּהָר: וְעָשִׂיתָ פָרֹכֶת כ חמישי
תְּכֵלֶת וְאַרְגָּמָן וְתוֹלַעַת שָׁנִי וְשֵׁשׁ מָשְׁזָר מַעֲשֵׂה חֹשֵׁב יַעֲשֶׂה

32 of cherubim worked into it. Hang it on four gold-covered posts of
33 acacia wood with gold hooks, set on four sockets of silver. Hang
the curtain under the clasps and bring the Ark of the Testimony
behind it, so that the curtain separates the holy place from the
34 Holy of Holies. Put the cover on the Ark of the Testimony in
35 the Holy of Holies. The table shall be placed on the north side of
the Tabernacle outside the curtain, and the candelabrum on the
36 south side, opposite the table. Make a screen for the entrance to
the Tent, embroidered with sky-blue, purple, and scarlet wool and
37 finely spun linen. Make five posts of acacia wood for the screen
and overlay them with gold; their hooks, also, shall be of gold. Cast
27 1 for them, too, five sockets of bronze. Make the altar from SHISHI
acacia wood. It should be square, five cubits long, five cubits wide,
2 and three cubits high. Make horns for it on its four corners, the
3 horns being of one piece with it, and overlay it with bronze. Make
pots for removing its ashes, together with shovels, basins, forks,
4 and pans. Make all of these of bronze. Make a grate of bronze
mesh for it, and on the mesh make four bronze rings at its four
5 corners. The grate should be set below, under the ledge of the altar,
6 so that the mesh reaches the middle of the altar. And make staves
7 of acacia wood for the altar, and overlay them with bronze. Place
the poles in the rings, so that the poles will be on the two sides
8 of the altar when it is carried. Make it hollow, with planks; make
9 it as it was shown to you on the mountain. Make the SHEVI'I
courtyard of the Tabernacle thus: on the south side there should
be hangings a hundred cubits long of finely spun linen, all the
10 length of the courtyard on that side, with twenty posts and their
twenty bronze sockets. The hooks and bands of the posts shall be of
11 silver. Likewise on the north side; the hangings shall be a hundred
cubits long, with twenty posts and their twenty corresponding
12 bronze sockets, with hooks and bands of silver. The width of
the hangings at the western end of the courtyard shall be fifty
cubits, and it should have ten posts and their ten corresponding

לב אֹתָהּ כְּרֻבִים: וְנָתַתָּה אֹתָהּ עַל־אַרְבָּעָה עַמּוּדֵי שִׁטִּים מְצֻפִּים
לג זָהָב וָוֵיהֶם זָהָב עַל־אַרְבָּעָה אַדְנֵי־כָסֶף: וְנָתַתָּה אֶת־הַפָּרֹכֶת
תַּחַת הַקְּרָסִים וְהֵבֵאתָ שָׁמָּה מִבֵּית לַפָּרֹכֶת אֵת אֲרוֹן הָעֵדוּת
לד וְהִבְדִּילָה הַפָּרֹכֶת לָכֶם בֵּין הַקֹּדֶשׁ וּבֵין קֹדֶשׁ הַקֳּדָשִׁים: וְנָתַתָּ
לה אֶת־הַכַּפֹּרֶת עַל אֲרוֹן הָעֵדֻת בְּקֹדֶשׁ הַקֳּדָשִׁים: וְשַׂמְתָּ אֶת־
הַשֻּׁלְחָן מִחוּץ לַפָּרֹכֶת וְאֶת־הַמְּנֹרָה נֹכַח הַשֻּׁלְחָן עַל צֶלַע
לו הַמִּשְׁכָּן תֵּימָנָה וְהַשֻּׁלְחָן תִּתֵּן עַל־צֶלַע צָפוֹן: וְעָשִׂיתָ מָסָךְ
לְפֶתַח הָאֹהֶל תְּכֵלֶת וְאַרְגָּמָן וְתוֹלַעַת שָׁנִי וְשֵׁשׁ מָשְׁזָר מַעֲשֵׂה
לז רֹקֵם: וְעָשִׂיתָ לַמָּסָךְ חֲמִשָּׁה עַמּוּדֵי שִׁטִּים וְצִפִּיתָ אֹתָם זָהָב
כז א וָוֵיהֶם זָהָב וְיָצַקְתָּ לָהֶם חֲמִשָּׁה אַדְנֵי נְחֹשֶׁת: וְעָשִׂיתָ ששי
אֶת־הַמִּזְבֵּחַ עֲצֵי שִׁטִּים חָמֵשׁ אַמּוֹת אֹרֶךְ וְחָמֵשׁ אַמּוֹת רֹחַב
ב רָבוּעַ יִהְיֶה הַמִּזְבֵּחַ וְשָׁלֹשׁ אַמּוֹת קֹמָתוֹ: וְעָשִׂיתָ קַרְנֹתָיו עַל
ג אַרְבַּע פִּנֹּתָיו מִמֶּנּוּ תִּהְיֶיןָ קַרְנֹתָיו וְצִפִּיתָ אֹתוֹ נְחֹשֶׁת: וְעָשִׂיתָ
סִּירֹתָיו לְדַשְּׁנוֹ וְיָעָיו וּמִזְרְקֹתָיו וּמִזְלְגֹתָיו וּמַחְתֹּתָיו לְכָל־כֵּלָיו
ד תַּעֲשֶׂה נְחֹשֶׁת: וְעָשִׂיתָ לּוֹ מִכְבָּר מַעֲשֵׂה רֶשֶׁת נְחֹשֶׁת וְעָשִׂיתָ
ה עַל־הָרֶשֶׁת אַרְבַּע טַבְּעֹת נְחֹשֶׁת עַל אַרְבַּע קְצוֹתָיו: וְנָתַתָּה
אֹתָהּ תַּחַת כַּרְכֹּב הַמִּזְבֵּחַ מִלְּמָטָּה וְהָיְתָה הָרֶשֶׁת עַד חֲצִי
ו הַמִּזְבֵּחַ: וְעָשִׂיתָ בַדִּים לַמִּזְבֵּחַ בַּדֵּי עֲצֵי שִׁטִּים וְצִפִּיתָ אֹתָם
ז נְחֹשֶׁת: וְהוּבָא אֶת־בַּדָּיו בַּטַּבָּעֹת וְהָיוּ הַבַּדִּים עַל־שְׁתֵּי צַלְעֹת
ח הַמִּזְבֵּחַ בִּשְׂאֵת אֹתוֹ: נְבוּב לֻחֹת תַּעֲשֶׂה אֹתוֹ כַּאֲשֶׁר הֶרְאָה
ט אֹתְךָ בָּהָר כֵּן יַעֲשׂוּ: וְעָשִׂיתָ אֵת חֲצַר הַמִּשְׁכָּן לִפְאַת שביעי
נֶגֶב־תֵּימָנָה קְלָעִים לֶחָצֵר שֵׁשׁ מָשְׁזָר מֵאָה בָאַמָּה אֹרֶךְ לַפֵּאָה
י הָאֶחָת: וְעַמֻּדָיו עֶשְׂרִים וְאַדְנֵיהֶם עֶשְׂרִים נְחֹשֶׁת וָוֵי הָעַמֻּדִים
יא וַחֲשֻׁקֵיהֶם כָּסֶף: וְכֵן לִפְאַת צָפוֹן בָּאֹרֶךְ קְלָעִים מֵאָה אֹרֶךְ
וְעַמֻּדָו עֶשְׂרִים וְאַדְנֵיהֶם עֶשְׂרִים נְחֹשֶׁת וָוֵי הָעַמֻּדִים וַחֲשֻׁקֵיהֶם
יב כָּסֶף: וְרֹחַב הֶחָצֵר לִפְאַת־יָם קְלָעִים חֲמִשִּׁים אַמָּה עַמֻּדֵיהֶם

13 sockets. The width of the courtyard at the front, facing east, shall
14 be fifty cubits: fifteen cubits of hangings with three posts and three
15 sockets on one side, and fifteen cubits of hangings with three posts
16 and three sockets on the other, and for the gate of the courtyard
there shall be an embroidered screen of twenty cubits of sky-blue,
purple, and scarlet wool and finely spun linen, with four posts
17 and four sockets. All the posts around the courtyard should be MAFTIR
banded with silver. Their hooks shall be of silver, and their sockets
18 of bronze. The courtyard shall be a hundred cubits long, fifty cubits
wide, and five cubits high, with hangings of finely spun linen and
19 sockets of bronze. All the Tabernacle utensils, for every use, as
well as all its tent pegs and the tent pegs of the courtyard, shall be
20 of bronze. Command the Israelites to bring you pure TETZAVEH
oil from crushed olives for light, to kindle the lamp, every night.
21 From evening to morning, before the LORD, Aharon and his sons
shall set it up to burn in the Tent of Meeting,[56] outside the curtain
that veils the Ark of the Testimony. This shall be a rule for all time
28 1 for the Israelites, throughout their generations. From
among the Israelites, draw your brother Aharon and his sons
close to you to serve Me as priests – Aharon and his sons Nadav
2 and Avihu, Elazar and Itamar. Make sacred vestments for your
3 brother Aharon, for glory and for splendor. Speak to all the skilled
craftsmen whom I have endowed with a spirit of wisdom, and
have them make Aharon's vestments; these will consecrate him
4 to serve Me as priest. These are the garments they shall make: a
breast piece, an ephod,[57] a robe, a quilted tunic, a miter and a sash;
sacred vestments shall they make, for your brother Aharon and his
5 sons to serve Me in. They should use gold, and sky-blue, purple,
and scarlet wool, and fine linen.
6 They are to make the ephod of finely spun linen embroidered with
7 gold, and sky-blue, purple, and scarlet wool. It should have two
shoulder pieces attached to its two edges so that it can be joined
8 together. The decorated waistband on it shall be like it and of one

57 See note on 25:7.

יג עֲשָׂרָה וְאַדְנֵיהֶם עֲשָׂרָה׃ וְרֹחַב הֶחָצֵר לִפְאַת קֵדְמָה מִזְרָחָה
יד חֲמִשִּׁים אַמָּה׃ וַחֲמֵשׁ עֶשְׂרֵה אַמָּה קְלָעִים לַכָּתֵף עַמֻּדֵיהֶם
טו שְׁלֹשָׁה וְאַדְנֵיהֶם שְׁלֹשָׁה׃ וְלַכָּתֵף הַשֵּׁנִית חֲמֵשׁ עֶשְׂרֵה קְלָעִים
טז עַמֻּדֵיהֶם שְׁלֹשָׁה וְאַדְנֵיהֶם שְׁלֹשָׁה׃ וּלְשַׁעַר הֶחָצֵר מָסָךְ ׀
עֶשְׂרִים אַמָּה תְּכֵלֶת וְאַרְגָּמָן וְתוֹלַעַת שָׁנִי וְשֵׁשׁ מָשְׁזָר מַעֲשֵׂה
יז רֹקֵם עַמֻּדֵיהֶם אַרְבָּעָה וְאַדְנֵיהֶם אַרְבָּעָה׃ כָּל־עַמּוּדֵי הֶחָצֵר מפטיר
יח סָבִיב מְחֻשָּׁקִים כֶּסֶף וָוֵיהֶם כָּסֶף וְאַדְנֵיהֶם נְחֹשֶׁת׃ אֹרֶךְ הֶחָצֵר
מֵאָה בָאַמָּה וְרֹחַב ׀ חֲמִשִּׁים בַּחֲמִשִּׁים וְקֹמָה חָמֵשׁ אַמּוֹת שֵׁשׁ
יט מָשְׁזָר וְאַדְנֵיהֶם נְחֹשֶׁת׃ לְכֹל כְּלֵי הַמִּשְׁכָּן בְּכֹל עֲבֹדָתוֹ וְכָל־
כ יְתֵדֹתָיו וְכָל־יִתְדֹת הֶחָצֵר נְחֹשֶׁת׃ וְאַתָּה תְּצַוֶּה ׀ כא תצוה
אֶת־בְּנֵי יִשְׂרָאֵל וְיִקְחוּ אֵלֶיךָ שֶׁמֶן זַיִת זָךְ כָּתִית לַמָּאוֹר לְהַעֲלֹת
כא נֵר תָּמִיד׃ בְּאֹהֶל מוֹעֵד מִחוּץ לַפָּרֹכֶת אֲשֶׁר עַל־הָעֵדֻת יַעֲרֹךְ
אֹתוֹ אַהֲרֹן וּבָנָיו מֵעֶרֶב עַד־בֹּקֶר לִפְנֵי יהוה חֻקַּת עוֹלָם לְדֹרֹתָם
כח א מֵאֵת בְּנֵי יִשְׂרָאֵל׃ וְאַתָּה הַקְרֵב אֵלֶיךָ אֶת־אַהֲרֹן
אָחִיךָ וְאֶת־בָּנָיו אִתּוֹ מִתּוֹךְ בְּנֵי יִשְׂרָאֵל לְכַהֲנוֹ־לִי אַהֲרֹן נָדָב
ב וַאֲבִיהוּא אֶלְעָזָר וְאִיתָמָר בְּנֵי אַהֲרֹן׃ וְעָשִׂיתָ בִגְדֵי־קֹדֶשׁ
ג לְאַהֲרֹן אָחִיךָ לְכָבוֹד וּלְתִפְאָרֶת׃ וְאַתָּה תְּדַבֵּר אֶל־כָּל־חַכְמֵי־
לֵב אֲשֶׁר מִלֵּאתִיו רוּחַ חָכְמָה וְעָשׂוּ אֶת־בִּגְדֵי אַהֲרֹן לְקַדְּשׁוֹ
ד לְכַהֲנוֹ־לִי׃ וְאֵלֶּה הַבְּגָדִים אֲשֶׁר יַעֲשׂוּ חֹשֶׁן וְאֵפוֹד וּמְעִיל וּכְתֹנֶת
תַּשְׁבֵּץ מִצְנֶפֶת וְאַבְנֵט וְעָשׂוּ בִגְדֵי־קֹדֶשׁ לְאַהֲרֹן אָחִיךָ וּלְבָנָיו
ה לְכַהֲנוֹ־לִי׃ וְהֵם יִקְחוּ אֶת־הַזָּהָב וְאֶת־הַתְּכֵלֶת וְאֶת־הָאַרְגָּמָן
וְאֶת־תּוֹלַעַת הַשָּׁנִי וְאֶת־הַשֵּׁשׁ׃
ו וְעָשׂוּ אֶת־הָאֵפֹד זָהָב תְּכֵלֶת וְאַרְגָּמָן תּוֹלַעַת שָׁנִי וְשֵׁשׁ מָשְׁזָר
ז מַעֲשֵׂה חֹשֵׁב׃ שְׁתֵּי כְתֵפֹת חֹבְרֹת יִהְיֶה־לּוֹ אֶל־שְׁנֵי קְצוֹתָיו
ח וְחֻבָּר׃ וְחֵשֶׁב אֲפֻדָּתוֹ אֲשֶׁר עָלָיו כְּמַעֲשֵׂהוּ מִמֶּנּוּ יִהְיֶה זָהָב

56 That is, the Tabernacle, the locus of divine communication; cf. 25:22, 29:43.

piece with it, made of gold, of sky-blue, purple, and scarlet wool
9 and finely spun linen. Take two rock crystal stones and engrave
10 on them the names of Yisrael's sons: six names on one stone and
the remaining six names on the other, in the order of their birth.
11 Engrave the two stones with the names of Yisrael's sons as a gem
cutter engraves a seal, then mount them in gold filigree settings.
12 Place the two stones on the shoulder pieces of the ephod as
remembrance stones for the sons of Yisrael. Thus will Aharon
carry their names on his shoulders as a remembrance before the
13 14 LORD. Make gold filigree settings and two sets of pure SHEINI
gold chains braided into cords, and attach the cords of chains to
15 the settings. Make a breast piece for judgment. Make it
with the same skilled craftsmanship as the ephod: of gold, of sky-
16 blue, purple, and scarlet wool, and of finely spun linen. It shall be
17 square and folded double, a span long and a span wide. Mount
four rows of precious stones onto it: the first row a carnelian,[58] an
18 olivine, and a garnet; the second row an emerald, a lapis lazuli,
19 and a green quartz; the third row an amber, a jet, and a sardonyx;
20 and the fourth an aquamarine, a rock crystal, and a jasper or opal.
21 Mount them in gold filigree settings. The stones shall correspond
to the names of Yisrael's sons. Each stone should be engraved like
22 a seal, with one of the names of the twelve tribes. Make chains of
23 pure gold, braided into cords, for the breast piece. Make the breast
24 piece two gold rings and attach them to its two corners. Then
fasten the two gold chains to the two gold rings at the corners of
25 the breast piece. Attach the other ends of the chains to the two
settings. They will thus be joined to the ephod's shoulder pieces
26 at the front. Make two gold rings and place them at the two other
corners of the breast piece on the edge, inside, next to the ephod.
27 Make two more gold rings and attach them to the bottom of the
ephod's two shoulder pieces facing its front, close to its seam and

58 Identifications of these stones vary.

ט תְּכֵלֶת וְאַרְגָּמָן וְתוֹלַעַת שָׁנִי וְשֵׁשׁ מָשְׁזָר׃ וְלָקַחְתָּ אֶת־שְׁתֵּי
י אַבְנֵי־שֹׁהַם וּפִתַּחְתָּ עֲלֵיהֶם שְׁמוֹת בְּנֵי יִשְׂרָאֵל׃ שִׁשָּׁה מִשְּׁמֹתָם
עַל הָאֶבֶן הָאֶחָת וְאֶת־שְׁמוֹת הַשִּׁשָּׁה הַנּוֹתָרִים עַל־הָאֶבֶן
יא הַשֵּׁנִית כְּתוֹלְדֹתָם׃ מַעֲשֵׂה חָרַשׁ אֶבֶן פִּתּוּחֵי חֹתָם תְּפַתַּח
אֶת־שְׁתֵּי הָאֲבָנִים עַל־שְׁמֹת בְּנֵי יִשְׂרָאֵל מֻסַבֹּת מִשְׁבְּצוֹת זָהָב
יב תַּעֲשֶׂה אֹתָם׃ וְשַׂמְתָּ אֶת־שְׁתֵּי הָאֲבָנִים עַל כִּתְפֹת הָאֵפֹד אַבְנֵי
זִכָּרֹן לִבְנֵי יִשְׂרָאֵל וְנָשָׂא אַהֲרֹן אֶת־שְׁמוֹתָם לִפְנֵי יְהוָה עַל־שְׁתֵּי
יג יד כְּתֵפָיו לְזִכָּרֹן׃ וְעָשִׂיתָ מִשְׁבְּצֹת זָהָב׃ וּשְׁתֵּי שַׁרְשְׁרֹת שני
זָהָב טָהוֹר מִגְבָּלֹת תַּעֲשֶׂה אֹתָם מַעֲשֵׂה עֲבֹת וְנָתַתָּה אֶת־
טו שַׁרְשְׁרֹת הָעֲבֹתֹת עַל־הַמִּשְׁבְּצֹת׃ וְעָשִׂיתָ חֹשֶׁן
מִשְׁפָּט מַעֲשֵׂה חֹשֵׁב כְּמַעֲשֵׂה אֵפֹד תַּעֲשֶׂנּוּ זָהָב תְּכֵלֶת וְאַרְגָּמָן
טז וְתוֹלַעַת שָׁנִי וְשֵׁשׁ מָשְׁזָר תַּעֲשֶׂה אֹתוֹ׃ רָבוּעַ יִהְיֶה כָּפוּל זֶרֶת
יז אָרְכּוֹ וְזֶרֶת רָחְבּוֹ׃ וּמִלֵּאתָ בוֹ מִלֻּאַת אֶבֶן אַרְבָּעָה טוּרִים אָבֶן
יח טוּר אֹדֶם פִּטְדָה וּבָרֶקֶת הַטּוּר הָאֶחָד׃ וְהַטּוּר הַשֵּׁנִי נֹפֶךְ סַפִּיר
יט כ וְיָהֲלֹם׃ וְהַטּוּר הַשְּׁלִישִׁי לֶשֶׁם שְׁבוֹ וְאַחְלָמָה׃ וְהַטּוּר הָרְבִיעִי
כא תַּרְשִׁישׁ וְשֹׁהַם וְיָשְׁפֵה מְשֻׁבָּצִים זָהָב יִהְיוּ בְּמִלּוּאֹתָם׃ וְהָאֲבָנִים
תִּהְיֶיןָ עַל־שְׁמֹת בְּנֵי־יִשְׂרָאֵל שְׁתֵּים עֶשְׂרֵה עַל־שְׁמֹתָם פִּתּוּחֵי
כב חוֹתָם אִישׁ עַל־שְׁמוֹ תִּהְיֶיןָ לִשְׁנֵי עָשָׂר שָׁבֶט׃ וְעָשִׂיתָ עַל־הַחֹשֶׁן
כג שַׁרְשֹׁת גַּבְלֻת מַעֲשֵׂה עֲבֹת זָהָב טָהוֹר׃ וְעָשִׂיתָ עַל־הַחֹשֶׁן שְׁתֵּי
טַבְּעוֹת זָהָב וְנָתַתָּ אֶת־שְׁתֵּי הַטַּבָּעוֹת עַל־שְׁנֵי קְצוֹת הַחֹשֶׁן׃
כד וְנָתַתָּה אֶת־שְׁתֵּי עֲבֹתֹת הַזָּהָב עַל־שְׁתֵּי הַטַּבָּעֹת אֶל־קְצוֹת
כה הַחֹשֶׁן׃ וְאֵת שְׁתֵּי קְצוֹת שְׁתֵּי הָעֲבֹתֹת תִּתֵּן עַל־שְׁתֵּי הַמִּשְׁבְּצוֹת
כו וְנָתַתָּה עַל־כִּתְפוֹת הָאֵפֹד אֶל־מוּל פָּנָיו׃ וְעָשִׂיתָ שְׁתֵּי טַבְּעוֹת
זָהָב וְשַׂמְתָּ אֹתָם עַל־שְׁנֵי קְצוֹת הַחֹשֶׁן עַל־שְׂפָתוֹ אֲשֶׁר אֶל־
כז עֵבֶר הָאֵפוֹד בָּיְתָה׃ וְעָשִׂיתָ שְׁתֵּי טַבְּעוֹת זָהָב וְנָתַתָּה אֹתָם
עַל־שְׁתֵּי כִתְפוֹת הָאֵפוֹד מִלְּמַטָּה מִמּוּל פָּנָיו לְעֻמַּת מַחְבַּרְתּוֹ

28 above the ephod's woven waistband. The breast piece shall be held
in place by a cord of sky blue from its rings to the rings of the
ephod, so that the breast piece remains secured above the ephod's
29 waistband, and does not come loose from the ephod. Thus will
Aharon carry the names of Yisrael's sons on the breast piece of
judgment at his heart whenever he enters the Sanctuary, as a
30 remembrance before the LORD at all times. Place the Urim and
Tumim[59] in the breast piece of judgment so that they too will be
at Aharon's heart when he comes before the LORD. Aharon will
then always be carrying at his heart Israel's means of judgment,
31 before the LORD. Make the robe of the ephod entirely of SHELISHI
32 sky-blue wool. It should have an opening for the head in the
middle with a woven border around it like the neck of a coat of
33 mail, so that it does not tear. Around the hem of the robe make
pomegranates of sky-blue, purple, and scarlet wool, and between
34 them put gold bells, so that gold bells and pomegranates alternate
35 around the hem of the robe. Aharon shall wear this robe whenever
he ministers, and its sound will be heard when he enters the
Sanctuary before the LORD and when he leaves, so that he will not
36 die. Make a headplate of pure gold and engrave on it, as
37 on a seal: Holy to the LORD. Attach a cord of sky blue to it, so that
38 it can be fixed to the miter, affixed to the miter's front. It shall
remain on Aharon's forehead, that Aharon may bear away all guilt
that arises from the holy offerings the Israelites consecrate, from
all their sacred gifts;[60] it shall be on his forehead always, that they
39 may find favor in the LORD's sight. Quilt the tunic of fine linen.
40 Make a miter out of fine linen, and an embroidered sash. Make
tunics, sashes, and caps for Aharon's sons, for glory and for
41 splendor. Put these on your brother Aharon and his sons; then
42 anoint, ordain, and consecrate them to serve Me as priests. Make
them linen trousers to cover their nakedness, reaching from waist
43 to thigh. They must be worn by Aharon and his sons whenever

60 As generally understood, this means that the diadem atones for certain deviations from the rules that govern offerings.

כח מִמַּעַל לְחֵשֶׁב הָאֵפוֹד: וְיִרְכְּסוּ אֶת־הַחֹשֶׁן מִטַּבְּעֹתָו אֶל־טַבְּעֹת
הָאֵפוֹד בִּפְתִיל תְּכֵלֶת לִהְיוֹת עַל־חֵשֶׁב הָאֵפוֹד וְלֹא־יִזַּח הַחֹשֶׁן
כט מֵעַל הָאֵפוֹד: וְנָשָׂא אַהֲרֹן אֶת־שְׁמוֹת בְּנֵי־יִשְׂרָאֵל בְּחֹשֶׁן
הַמִּשְׁפָּט עַל־לִבּוֹ בְּבֹאוֹ אֶל־הַקֹּדֶשׁ לְזִכָּרֹן לִפְנֵי־יהוה תָּמִיד:
ל וְנָתַתָּ אֶל־חֹשֶׁן הַמִּשְׁפָּט אֶת־הָאוּרִים וְאֶת־הַתֻּמִּים וְהָיוּ עַל־
לֵב אַהֲרֹן בְּבֹאוֹ לִפְנֵי יהוה וְנָשָׂא אַהֲרֹן אֶת־מִשְׁפַּט בְּנֵי־יִשְׂרָאֵל
לא עַל־לִבּוֹ לִפְנֵי יהוה תָּמִיד: וְעָשִׂיתָ אֶת־מְעִיל הָאֵפוֹד שלישי
לב כְּלִיל תְּכֵלֶת: וְהָיָה פִי־רֹאשׁוֹ בְּתוֹכוֹ שָׂפָה יִהְיֶה לְפִיו סָבִיב
לג מַעֲשֵׂה אֹרֵג כְּפִי תַחְרָא יִהְיֶה־לּוֹ לֹא יִקָּרֵעַ: וְעָשִׂיתָ עַל־שׁוּלָיו
רִמֹּנֵי תְּכֵלֶת וְאַרְגָּמָן וְתוֹלַעַת שָׁנִי עַל־שׁוּלָיו סָבִיב וּפַעֲמֹנֵי זָהָב
לד בְּתוֹכָם סָבִיב: פַּעֲמֹן זָהָב וְרִמּוֹן פַּעֲמֹן זָהָב וְרִמּוֹן עַל־שׁוּלֵי
לה הַמְּעִיל סָבִיב: וְהָיָה עַל־אַהֲרֹן לְשָׁרֵת וְנִשְׁמַע קוֹלוֹ בְּבֹאוֹ אֶל־
לו הַקֹּדֶשׁ לִפְנֵי יהוה וּבְצֵאתוֹ וְלֹא יָמוּת: וְעָשִׂיתָ צִּיץ
לז זָהָב טָהוֹר וּפִתַּחְתָּ עָלָיו פִּתּוּחֵי חֹתָם קֹדֶשׁ לַיהוה: וְשַׂמְתָּ אֹתוֹ
עַל־פְּתִיל תְּכֵלֶת וְהָיָה עַל־הַמִּצְנָפֶת אֶל־מוּל פְּנֵי־הַמִּצְנֶפֶת
לח יִהְיֶה: וְהָיָה עַל־מֵצַח אַהֲרֹן וְנָשָׂא אַהֲרֹן אֶת־עֲוֹן הַקֳּדָשִׁים
אֲשֶׁר יַקְדִּישׁוּ בְּנֵי יִשְׂרָאֵל לְכָל־מַתְּנֹת קָדְשֵׁיהֶם וְהָיָה עַל־מִצְחוֹ
לט תָּמִיד לְרָצוֹן לָהֶם לִפְנֵי יהוה: וְשִׁבַּצְתָּ הַכְּתֹנֶת שֵׁשׁ וְעָשִׂיתָ
מ מִצְנֶפֶת שֵׁשׁ וְאַבְנֵט תַּעֲשֶׂה מַעֲשֵׂה רֹקֵם: וְלִבְנֵי אַהֲרֹן תַּעֲשֶׂה
כֻתֳּנֹת וְעָשִׂיתָ לָהֶם אַבְנֵטִים וּמִגְבָּעוֹת תַּעֲשֶׂה לָהֶם לְכָבוֹד
מא וּלְתִפְאָרֶת: וְהִלְבַּשְׁתָּ אֹתָם אֶת־אַהֲרֹן אָחִיךָ וְאֶת־בָּנָיו אִתּוֹ
מב וּמָשַׁחְתָּ אֹתָם וּמִלֵּאתָ אֶת־יָדָם וְקִדַּשְׁתָּ אֹתָם וְכִהֲנוּ־לִי: וַעֲשֵׂה
לָהֶם מִכְנְסֵי־בָד לְכַסּוֹת בְּשַׂר עֶרְוָה מִמָּתְנַיִם וְעַד־יְרֵכַיִם יִהְיוּ:
מג וְהָיוּ עַל־אַהֲרֹן וְעַל־בָּנָיו בְּבֹאָם | אֶל־אֹהֶל מוֹעֵד אוֹ בְגִשְׁתָּם

59 Explanations of the nature of this item vary. Numbers 27:21 makes clear that it is a conduit for divine communication.

they enter the Tent of Meeting or approach the altar to minister
in the Sanctuary so that they do not incur guilt and die. This shall
29 1 be a law for Aharon and his descendants for all time. This REVI'I
is what you must do to consecrate them to serve Me as priests.
2 Take a young bull, two unblemished rams, and unleavened bread,
unleavened loaves mixed with oil, and unleavened wafers brushed
3 with oil – all made of fine wheat flour. Place these in a basket and
bring them in the basket together with the young bull and two
4 rams. Bring Aharon and his sons to the entrance of the Tent of
5 Meeting, and you shall wash them with water. Then take the
vestments and dress Aharon in the tunic, the robe of the ephod,
the ephod itself, and the breast piece. Fasten the ephod on him by
6 its woven waistband. Put the miter on his head and on the miter
7 place the sacred diadem. Take the anointing oil, pour it on his
8 head, and anoint him. Then bring his sons forward and dress them
9 with the tunics. Gird Aharon and his sons with the sashes and
fasten their headdresses. The priesthood shall be theirs as a law
10 for all time. Thus you shall ordain Aharon and his sons. Then bring
the young bull in front of the Tent of Meeting, and have Aharon
11 and his sons lay their hands on its head. Slaughter the bull before
12 the LORD at the entrance of the Tent of Meeting. Take some of
the bull's blood and put it on the horns of the altar with your
13 finger. Pour out the rest of the blood at the base of the altar. Take
all the fat that covers the entrails, the diaphragm of the liver, and
the two kidneys with the fat around them, and burn them on the
14 altar. Burn the bull's flesh, its hide, and its waste outside the camp;
15 it is a purification offering. Then take one of the rams and have
16 Aharon and his sons lay their hands upon its head, then slaughter
it; let them take its blood and sprinkle it on all the sides of the altar.
17 Cut the ram into pieces, wash its entrails and legs, and put them
18 with its pieces and its head. Burn the entire ram on the altar. It is
a burnt offering to the LORD, a pleasing aroma, a fire offering to
19 the LORD. Then take the second ram, and have Aharon and his ḤAMISHI

אֶל־הַמִּזְבֵּחַ לְשָׁרֵת בַּקֹּדֶשׁ וְלֹא־יִשְׂאוּ עָוֺן וָמֵתוּ חֻקַּת עוֹלָם לוֹ
כט א וּלְזַרְעוֹ אַחֲרָיו׃ וְזֶה הַדָּבָר אֲשֶׁר תַּעֲשֶׂה לָהֶם לְקַדֵּשׁ כב רביעי
אֹתָם לְכַהֵן לִי לְקַח פַּר אֶחָד בֶּן־בָּקָר וְאֵילִם שְׁנַיִם תְּמִימִם׃
ב וְלֶחֶם מַצּוֹת וְחַלֹּת מַצֹּת בְּלוּלֹת בַּשֶּׁמֶן וּרְקִיקֵי מַצּוֹת מְשֻׁחִים
ג בַּשָּׁמֶן סֹלֶת חִטִּים תַּעֲשֶׂה אֹתָם׃ וְנָתַתָּ אוֹתָם עַל־סַל אֶחָד
ד וְהִקְרַבְתָּ אֹתָם בַּסָּל וְאֶת־הַפָּר וְאֵת שְׁנֵי הָאֵילִם׃ וְאֶת־אַהֲרֹן
וְאֶת־בָּנָיו תַּקְרִיב אֶל־פֶּתַח אֹהֶל מוֹעֵד וְרָחַצְתָּ אֹתָם בַּמָּיִם׃
ה וְלָקַחְתָּ אֶת־הַבְּגָדִים וְהִלְבַּשְׁתָּ אֶת־אַהֲרֹן אֶת־הַכֻּתֹּנֶת וְאֵת
מְעִיל הָאֵפֹד וְאֶת־הָאֵפֹד וְאֶת־הַחֹשֶׁן וְאָפַדְתָּ לוֹ בְּחֵשֶׁב הָאֵפֹד׃
ו וְשַׂמְתָּ הַמִּצְנֶפֶת עַל־רֹאשׁוֹ וְנָתַתָּ אֶת־נֵזֶר הַקֹּדֶשׁ עַל־הַמִּצְנָפֶת׃
ז וְלָקַחְתָּ אֶת־שֶׁמֶן הַמִּשְׁחָה וְיָצַקְתָּ עַל־רֹאשׁוֹ וּמָשַׁחְתָּ אֹתוֹ׃
ח ט וְאֶת־בָּנָיו תַּקְרִיב וְהִלְבַּשְׁתָּם כֻּתֳּנֹת׃ וְחָגַרְתָּ אֹתָם אַבְנֵט אַהֲרֹן
וּבָנָיו וְחָבַשְׁתָּ לָהֶם מִגְבָּעֹת וְהָיְתָה לָהֶם כְּהֻנָּה לְחֻקַּת עוֹלָם
י וּמִלֵּאתָ יַד־אַהֲרֹן וְיַד־בָּנָיו׃ וְהִקְרַבְתָּ אֶת־הַפָּר לִפְנֵי אֹהֶל מוֹעֵד
יא וְסָמַךְ אַהֲרֹן וּבָנָיו אֶת־יְדֵיהֶם עַל־רֹאשׁ הַפָּר׃ וְשָׁחַטְתָּ אֶת־הַפָּר
יב לִפְנֵי יְהֹוָה פֶּתַח אֹהֶל מוֹעֵד׃ וְלָקַחְתָּ מִדַּם הַפָּר וְנָתַתָּה עַל־
קַרְנֹת הַמִּזְבֵּחַ בְּאֶצְבָּעֶךָ וְאֶת־כָּל־הַדָּם תִּשְׁפֹּךְ אֶל־יְסוֹד
יג הַמִּזְבֵּחַ׃ וְלָקַחְתָּ אֶת־כָּל־הַחֵלֶב הַמְכַסֶּה אֶת־הַקֶּרֶב וְאֵת
הַיֹּתֶרֶת עַל־הַכָּבֵד וְאֵת שְׁתֵּי הַכְּלָיֹת וְאֶת־הַחֵלֶב אֲשֶׁר עֲלֵיהֶן
יד וְהִקְטַרְתָּ הַמִּזְבֵּחָה׃ וְאֶת־בְּשַׂר הַפָּר וְאֶת־עֹרוֹ וְאֶת־פִּרְשׁוֹ
טו תִּשְׂרֹף בָּאֵשׁ מִחוּץ לַמַּחֲנֶה חַטָּאת הוּא׃ וְאֶת־הָאַיִל הָאֶחָד
טז תִּקָּח וְסָמְכוּ אַהֲרֹן וּבָנָיו אֶת־יְדֵיהֶם עַל־רֹאשׁ הָאָיִל׃ וְשָׁחַטְתָּ
יז אֶת־הָאָיִל וְלָקַחְתָּ אֶת־דָּמוֹ וְזָרַקְתָּ עַל־הַמִּזְבֵּחַ סָבִיב׃ וְאֶת־
הָאַיִל תְּנַתֵּחַ לִנְתָחָיו וְרָחַצְתָּ קִרְבּוֹ וּכְרָעָיו וְנָתַתָּ עַל־נְתָחָיו
יח וְעַל־רֹאשׁוֹ׃ וְהִקְטַרְתָּ אֶת־כָּל־הָאַיִל הַמִּזְבֵּחָה עֹלָה הוּא לַיהֹוָה
יט רֵיחַ נִיחוֹחַ אִשֶּׁה לַיהֹוָה הוּא׃ וְלָקַחְתָּ אֵת הָאַיִל הַשֵּׁנִי וְסָמַךְ חמישי

20 sons lay their hands on its head. Slaughter the ram, take some of
its blood and put it on the ridges of the right ears of Aharon and
his sons, and on the thumbs of their right hands and on the big
toes of their right feet. Sprinkle the rest of the blood on the sides
21 of the altar. Collect some of the blood on the altar and some of
the anointing oil and sprinkle it on Aharon and his vestments, and
on his sons and his sons' vestments. Then he, and his sons with
22 him, and their vestments, will be consecrated. From the ram take
its fat parts – the broad tail, the fat that covers the entrails, the
diaphragm of the liver, and the two kidneys with the fat on
23 them – and the right thigh, for this is the ram of ordination. From
the basket of unleavened bread before the LORD, take one loaf of
24 bread, one loaf of oil bread, and one wafer. Place all of these on
the palms of Aharon and his sons, and have them wave them as a
25 wave offering before the LORD. Then take them from their hands
and burn them on the altar with the burnt offering, for a pleasing
26 aroma before the LORD. It is a fire offering to the LORD. Take the
breast of Aharon's ram of ordination and wave it as a wave offering
27 before the LORD; it shall be your portion. From Aharon and his
sons' ram of ordination, consecrate the breast, the wave offering
28 and the thigh, the upraised gift. These parts shall be the Israelites'
due to Aharon and his sons for all time. They are the Israelites' gift
29 from their peace offerings, their gift to the LORD. Aharon's sacred
vestments shall pass on to his sons after him. In them they shall
30 be anointed and ordained. The son who succeeds him as priest,
entering the Tent of Meeting to minister in the Sanctuary, shall
31 wear them for seven days. Take the ram of ordination and, in the
32 sacred precinct, cook its flesh. Aharon and his sons shall eat the
meat of the ram, and the bread in the basket, near the entrance of
33 the Tent of Meeting. They shall eat these things, through which
atonement will be made, to be ordained and consecrated. Because
34 they are consecrated no layman may eat of them. If any of the meat
of the ordination ram or any of the bread is left over until morning,
you shall burn what remains with fire. It must not be eaten, for it

כ אַהֲרֹן וּבָנָיו אֶת־יְדֵיהֶם עַל־רֹאשׁ הָאָיִל׃ וְשָׁחַטְתָּ אֶת־הָאַיִל
וְלָקַחְתָּ מִדָּמוֹ וְנָתַתָּה עַל־תְּנוּךְ אֹזֶן אַהֲרֹן וְעַל־תְּנוּךְ אֹזֶן בָּנָיו
הַיְמָנִית וְעַל־בֹּהֶן יָדָם הַיְמָנִית וְעַל־בֹּהֶן רַגְלָם הַיְמָנִית וְזָרַקְתָּ
כא אֶת־הַדָּם עַל־הַמִּזְבֵּחַ סָבִיב׃ וְלָקַחְתָּ מִן־הַדָּם אֲשֶׁר עַל־הַמִּזְבֵּחַ
וּמִשֶּׁמֶן הַמִּשְׁחָה וְהִזֵּיתָ עַל־אַהֲרֹן וְעַל־בְּגָדָיו וְעַל־בָּנָיו וְעַל־
כב בִּגְדֵי בָנָיו אִתּוֹ וְקָדַשׁ הוּא וּבְגָדָיו וּבָנָיו וּבִגְדֵי בָנָיו אִתּוֹ׃ וְלָקַחְתָּ
מִן־הָאַיִל הַחֵלֶב וְהָאַלְיָה וְאֶת־הַחֵלֶב ׀ הַמְכַסֶּה אֶת־הַקֶּרֶב
וְאֵת יֹתֶרֶת הַכָּבֵד וְאֵת ׀ שְׁתֵּי הַכְּלָיֹת וְאֶת־הַחֵלֶב אֲשֶׁר עֲלֵיהֶן
כג וְאֵת שׁוֹק הַיָּמִין כִּי אֵיל מִלֻּאִים הוּא׃ וְכִכַּר לֶחֶם אַחַת וְחַלַּת
לֶחֶם שֶׁמֶן אַחַת וְרָקִיק אֶחָד מִסַּל הַמַּצּוֹת אֲשֶׁר לִפְנֵי יְהוָה׃
כד וְשַׂמְתָּ הַכֹּל עַל כַּפֵּי אַהֲרֹן וְעַל כַּפֵּי בָנָיו וְהֵנַפְתָּ אֹתָם תְּנוּפָה
כה לִפְנֵי יְהוָה׃ וְלָקַחְתָּ אֹתָם מִיָּדָם וְהִקְטַרְתָּ הַמִּזְבֵּחָה עַל־הָעֹלָה
כו לְרֵיחַ נִיחוֹחַ לִפְנֵי יְהוָה אִשֶּׁה הוּא לַיהוָה׃ וְלָקַחְתָּ אֶת־הֶחָזֶה
מֵאֵיל הַמִּלֻּאִים אֲשֶׁר לְאַהֲרֹן וְהֵנַפְתָּ אֹתוֹ תְּנוּפָה לִפְנֵי יְהוָה
כז וְהָיָה לְךָ לְמָנָה׃ וְקִדַּשְׁתָּ אֵת ׀ חֲזֵה הַתְּנוּפָה וְאֵת שׁוֹק הַתְּרוּמָה
אֲשֶׁר הוּנַף וַאֲשֶׁר הוּרָם מֵאֵיל הַמִּלֻּאִים מֵאֲשֶׁר לְאַהֲרֹן וּמֵאֲשֶׁר
כח לְבָנָיו׃ וְהָיָה לְאַהֲרֹן וּלְבָנָיו לְחָק־עוֹלָם מֵאֵת בְּנֵי יִשְׂרָאֵל כִּי
תְרוּמָה הוּא וּתְרוּמָה יִהְיֶה מֵאֵת בְּנֵי־יִשְׂרָאֵל מִזִּבְחֵי שַׁלְמֵיהֶם
כט תְּרוּמָתָם לַיהוָה׃ וּבִגְדֵי הַקֹּדֶשׁ אֲשֶׁר לְאַהֲרֹן יִהְיוּ לְבָנָיו אַחֲרָיו
ל לְמָשְׁחָה בָהֶם וּלְמַלֵּא־בָם אֶת־יָדָם׃ שִׁבְעַת יָמִים יִלְבָּשָׁם הַכֹּהֵן
לא תַּחְתָּיו מִבָּנָיו אֲשֶׁר יָבֹא אֶל־אֹהֶל מוֹעֵד לְשָׁרֵת בַּקֹּדֶשׁ׃ וְאֵת
לב אֵיל הַמִּלֻּאִים תִּקָּח וּבִשַּׁלְתָּ אֶת־בְּשָׂרוֹ בְּמָקֹם קָדֹשׁ׃ וְאָכַל
אַהֲרֹן וּבָנָיו אֶת־בְּשַׂר הָאַיִל וְאֶת־הַלֶּחֶם אֲשֶׁר בַּסָּל פֶּתַח אֹהֶל
לג מוֹעֵד׃ וְאָכְלוּ אֹתָם אֲשֶׁר כֻּפַּר בָּהֶם לְמַלֵּא אֶת־יָדָם לְקַדֵּשׁ
לד אֹתָם וְזָר לֹא־יֹאכַל כִּי־קֹדֶשׁ הֵם׃ וְאִם־יִוָּתֵר מִבְּשַׂר הַמִּלֻּאִים
וּמִן־הַלֶּחֶם עַד־הַבֹּקֶר וְשָׂרַפְתָּ אֶת־הַנּוֹתָר בָּאֵשׁ לֹא יֵאָכֵל

35 is consecrated. This is what you must do for Aharon and his sons,
just as I have commanded you. Their ordination shall take seven
36 days. Each day, offer a bull as a purification offering for atonement.
Purify the altar by making atonement for it, and consecrate it by
37 anointing it. For seven days, make atonement for the altar and
consecrate it, so that the altar becomes holy of holies – and
38 anything that touches it will become holy. This is what SHISHI
you shall offer on the altar: two yearling lambs each day, with
39 constancy. Offer one lamb in the morning, and the other in the
40 afternoon. With the first lamb offer a tenth measure of fine flour
mixed with a quarter of a hin[61] of beaten oil, and a quarter of a hin
41 of wine as a libation. Offer the other lamb in the afternoon
together with a grain offering and libation as in the morning, as a
42 pleasing aroma, a fire offering to the LORD. This shall be the
regular burnt offering throughout your generations at the entrance
of the Tent of Meeting before the LORD. There I will meet with
43 you, there I will speak to you, and there I will meet with the
44 Israelites. It will be sanctified by My glory. I will consecrate the
Tent of Meeting and the altar. I will also consecrate Aharon and
45 his sons to serve Me as priests. I will have My Presence dwell
46 among the Israelites and I shall be their God. Then they will know
that I am the LORD their God, who brought them out of Egypt to
dwell among them. I am the LORD their God.

30 1 Make an altar on which to burn incense; make it of acacia wood. SHEVI'I
2 It shall be square, a cubit long, a cubit wide, and two cubits high,
3 its horns of one piece with it. Overlay it with pure gold on its top,
all around its sides, and on its horns, and around it make a gold
4 molding. Make two gold rings for it under its molding on both
5 sides to hold the staves used to carry it. Make the staves of acacia
6 wood and overlay them with gold. Put it in front of the screen that
veils the Ark of the Testimony, in front of the cover above the Ark,
7 where I will meet with you. Aharon should burn incense on it

61 A liquid measure, equivalent to approximately 4 liters or 1 gallon.

ח יַקְטִירֶנָּה׃ וּבְהַעֲלֹת אַהֲרֹן אֶת־הַנֵּרֹת בֵּין הָעַרְבַּיִם יַקְטִירֶנָּה מפטיר
ט קְטֹרֶת תָּמִיד לִפְנֵי יהוה לְדֹרֹתֵיכֶם׃ לֹא־תַעֲלוּ עָלָיו קְטֹרֶת זָרָה
י וְעֹלָה וּמִנְחָה וְנֵסֶךְ לֹא תִסְּכוּ עָלָיו׃ וְכִפֶּר אַהֲרֹן עַל־קַרְנֹתָיו
אַחַת בַּשָּׁנָה מִדַּם חַטַּאת הַכִּפֻּרִים אַחַת בַּשָּׁנָה יְכַפֵּר עָלָיו
לְדֹרֹתֵיכֶם קֹדֶשׁ־קָדָשִׁים הוּא לַיהוה׃
יא יב וַיְדַבֵּר יהוה אֶל־מֹשֶׁה לֵּאמֹר׃ כִּי תִשָּׂא אֶת־רֹאשׁ בְּנֵי־יִשְׂרָאֵל כי תשא
לִפְקֻדֵיהֶם וְנָתְנוּ אִישׁ כֹּפֶר נַפְשׁוֹ לַיהוה בִּפְקֹד אֹתָם וְלֹא־
יג יִהְיֶה בָהֶם נֶגֶף בִּפְקֹד אֹתָם׃ זֶה ׀ יִתְּנוּ כָּל־הָעֹבֵר עַל־הַפְּקֻדִים
מַחֲצִית הַשֶּׁקֶל בְּשֶׁקֶל הַקֹּדֶשׁ עֶשְׂרִים גֵּרָה הַשֶּׁקֶל מַחֲצִית
יד הַשֶּׁקֶל תְּרוּמָה לַיהוה׃ כֹּל הָעֹבֵר עַל־הַפְּקֻדִים מִבֶּן עֶשְׂרִים
טו שָׁנָה וָמָעְלָה יִתֵּן תְּרוּמַת יהוה׃ הֶעָשִׁיר לֹא־יַרְבֶּה וְהַדַּל לֹא
יַמְעִיט מִמַּחֲצִית הַשָּׁקֶל לָתֵת אֶת־תְּרוּמַת יהוה לְכַפֵּר עַל־
טז נַפְשֹׁתֵיכֶם׃ וְלָקַחְתָּ אֶת־כֶּסֶף הַכִּפֻּרִים מֵאֵת בְּנֵי יִשְׂרָאֵל וְנָתַתָּ
אֹתוֹ עַל־עֲבֹדַת אֹהֶל מוֹעֵד וְהָיָה לִבְנֵי יִשְׂרָאֵל לְזִכָּרוֹן לִפְנֵי
יהוה לְכַפֵּר עַל־נַפְשֹׁתֵיכֶם׃
יז יח וַיְדַבֵּר יהוה אֶל־מֹשֶׁה לֵּאמֹר׃ וְעָשִׂיתָ כִּיּוֹר נְחֹשֶׁת וְכַנּוֹ נְחֹשֶׁת
לְרָחְצָה וְנָתַתָּ אֹתוֹ בֵּין־אֹהֶל מוֹעֵד וּבֵין הַמִּזְבֵּחַ וְנָתַתָּ שָׁמָּה
יט כ מָיִם׃ וְרָחֲצוּ אַהֲרֹן וּבָנָיו מִמֶּנּוּ אֶת־יְדֵיהֶם וְאֶת־רַגְלֵיהֶם׃ בְּבֹאָם
אֶל־אֹהֶל מוֹעֵד יִרְחֲצוּ־מַיִם וְלֹא יָמֻתוּ אוֹ בְגִשְׁתָּם אֶל־הַמִּזְבֵּחַ
כא לְשָׁרֵת לְהַקְטִיר אִשֶּׁה לַיהוה׃ וְרָחֲצוּ יְדֵיהֶם וְרַגְלֵיהֶם וְלֹא יָמֻתוּ
וְהָיְתָה לָהֶם חָק־עוֹלָם לוֹ וּלְזַרְעוֹ לְדֹרֹתָם׃
כב כג וַיְדַבֵּר יהוה אֶל־מֹשֶׁה לֵּאמֹר׃ וְאַתָּה קַח־לְךָ בְּשָׂמִים רֹאשׁ
מָר־דְּרוֹר חֲמֵשׁ מֵאוֹת וְקִנְּמָן־בֶּשֶׂם מַחֲצִיתוֹ חֲמִשִּׁים וּמָאתָיִם
כד וּקְנֵה־בֹשֶׂם חֲמִשִּׁים וּמָאתָיִם׃ וְקִדָּה חֲמֵשׁ מֵאוֹת בְּשֶׁקֶל

62 Taking a census posed the threat of a plague; cf. II Samuel, chapter 24.

63 Sanctuary weights differed from standard weights.

25 Sanctuary weight – and a hin of olive oil. Make from these a
sacred anointing oil, blended as by a perfumer; it shall be a sacred
26 anointing oil. With it, anoint the Tent of Meeting and the Ark
27 of the Testimony, the table and all its utensils, the candelabrum
28 and its utensils, the incense altar, the sacrificial altar with all its
29 utensils, and the laver and its base. You shall consecrate them
and they will become holy of holies, and whatever touches them
30 will become holy. You shall anoint Aharon and his sons and
31 consecrate them to serve Me as priests. And you shall tell the
Israelites: This shall be My sacred anointing oil throughout the
32 generations. Do not pour it on anyone else's body, and do not
make any other oil with the same formula. It is sacred, and shall
33 remain sacred to you. Whoever makes perfume like it or applies
34 it to a layperson shall be severed from his people." The
Lord said to Moshe, "Take sweet spices, equal parts of stacte,
35 onycha, galbanum, and pure frankincense and make them into
36 incense, blended as by a perfumer, salted, pure and sacred. Beat
some of it into powder and put part of it before the covenant
in the Tent of Meeting where I will meet with you. It shall be
37 holy of holies to you. Do not make any incense with this formula
38 for yourselves. It must, for you, remain sacred to the Lord. The
person who makes any incense like it to use as perfume shall be
31 1 2 severed from his people." The Lord said to Moshe, "See,
I have called by name Betzalel, son of Uri, son of Ḥur from the
3 tribe of Yehuda, and I have filled him with a divine spirit, with
4 wisdom, understanding, and knowledge in every craft. He will
5 fashion works of art in gold, silver, and bronze. He will cut stones
6 for setting, carve wood, and work in every craft. I have assigned to
him Oholiav, son of Aḥisamakh from the tribe of Dan. I have also
put wisdom into the heart of all the wise-hearted, so that they will
7 be able to make all I have commanded you: the Tent of Meeting,
the Ark of the Testimony and its cover, and all other furnishings
8 of the Tent; the table and its utensils, the pure candelabrum and
9 all its utensils, the incense altar, the sacrificial altar with all its

כה הַקֹּדֶשׁ וְשֶׁמֶן זַיִת הִין׃ וְעָשִׂיתָ אֹתוֹ שֶׁמֶן מִשְׁחַת־קֹדֶשׁ רֹקַח
כו מִרְקַחַת מַעֲשֵׂה רֹקֵחַ שֶׁמֶן מִשְׁחַת־קֹדֶשׁ יִהְיֶה׃ וּמָשַׁחְתָּ בוֹ
כז אֶת־אֹהֶל מוֹעֵד וְאֵת אֲרוֹן הָעֵדֻת׃ וְאֶת־הַשֻּׁלְחָן וְאֶת־כָּל־כֵּלָיו
כח וְאֶת־הַמְּנֹרָה וְאֶת־כֵּלֶיהָ וְאֵת מִזְבַּח הַקְּטֹרֶת׃ וְאֶת־מִזְבַּח
כט הָעֹלָה וְאֶת־כָּל־כֵּלָיו וְאֶת־הַכִּיֹּר וְאֶת־כַּנּוֹ׃ וְקִדַּשְׁתָּ אֹתָם וְהָיוּ
ל קֹדֶשׁ קָדָשִׁים כָּל־הַנֹּגֵעַ בָּהֶם יִקְדָּשׁ׃ וְאֶת־אַהֲרֹן וְאֶת־בָּנָיו
לא תִּמְשָׁח וְקִדַּשְׁתָּ אֹתָם לְכַהֵן לִי׃ וְאֶל־בְּנֵי יִשְׂרָאֵל תְּדַבֵּר לֵאמֹר
לב שֶׁמֶן מִשְׁחַת־קֹדֶשׁ יִהְיֶה זֶה לִי לְדֹרֹתֵיכֶם׃ עַל־בְּשַׂר אָדָם
לֹא יִיסָךְ וּבְמַתְכֻּנְתּוֹ לֹא תַעֲשׂוּ כָּמֹהוּ קֹדֶשׁ הוּא קֹדֶשׁ יִהְיֶה
לג לָכֶם׃ אִישׁ אֲשֶׁר יִרְקַח כָּמֹהוּ וַאֲשֶׁר יִתֵּן מִמֶּנּוּ עַל־זָר וְנִכְרַת
לד מֵעַמָּיו׃ וַיֹּאמֶר יהוה אֶל־מֹשֶׁה קַח־לְךָ סַמִּים נָטָף ׀
לה וּשְׁחֵלֶת וְחֶלְבְּנָה סַמִּים וּלְבֹנָה זַכָּה בַּד בְּבַד יִהְיֶה׃ וְעָשִׂיתָ אֹתָהּ
לו קְטֹרֶת רֹקַח מַעֲשֵׂה רוֹקֵחַ מְמֻלָּח טָהוֹר קֹדֶשׁ׃ וְשָׁחַקְתָּ מִמֶּנָּה
הָדֵק וְנָתַתָּה מִמֶּנָּה לִפְנֵי הָעֵדֻת בְּאֹהֶל מוֹעֵד אֲשֶׁר אִוָּעֵד
לז לְךָ שָׁמָּה קֹדֶשׁ קָדָשִׁים תִּהְיֶה לָכֶם׃ וְהַקְּטֹרֶת אֲשֶׁר תַּעֲשֶׂה
לח בְּמַתְכֻּנְתָּהּ לֹא תַעֲשׂוּ לָכֶם קֹדֶשׁ תִּהְיֶה לְךָ לַיהוה׃ אִישׁ אֲשֶׁר־
לא א יַעֲשֶׂה כָמוֹהָ לְהָרִיחַ בָּהּ וְנִכְרַת מֵעַמָּיו׃ וַיְדַבֵּר יהוה כד
ב אֶל־מֹשֶׁה לֵּאמֹר׃ רְאֵה קָרָאתִי בְשֵׁם בְּצַלְאֵל בֶּן־אוּרִי בֶן־חוּר
ג לְמַטֵּה יְהוּדָה׃ וָאֲמַלֵּא אֹתוֹ רוּחַ אֱלֹהִים בְּחָכְמָה וּבִתְבוּנָה
ד וּבְדַעַת וּבְכָל־מְלָאכָה׃ לַחְשֹׁב מַחֲשָׁבֹת לַעֲשׂוֹת בַּזָּהָב וּבַכֶּסֶף
ה וּבַנְּחֹשֶׁת׃ וּבַחֲרֹשֶׁת אֶבֶן לְמַלֹּאת וּבַחֲרֹשֶׁת עֵץ לַעֲשׂוֹת בְּכָל־
ו מְלָאכָה׃ וַאֲנִי הִנֵּה נָתַתִּי אִתּוֹ אֵת אָהֳלִיאָב בֶּן־אֲחִיסָמָךְ
לְמַטֵּה־דָן וּבְלֵב כָּל־חֲכַם־לֵב נָתַתִּי חָכְמָה וְעָשׂוּ אֵת כָּל־אֲשֶׁר
ז צִוִּיתִךָ׃ אֵת ׀ אֹהֶל מוֹעֵד וְאֶת־הָאָרֹן לָעֵדֻת וְאֶת־הַכַּפֹּרֶת
ח אֲשֶׁר עָלָיו וְאֵת כָּל־כְּלֵי הָאֹהֶל׃ וְאֶת־הַשֻּׁלְחָן וְאֶת־כֵּלָיו וְאֶת־
ט הַמְּנֹרָה הַטְּהֹרָה וְאֶת־כָּל־כֵּלֶיהָ וְאֵת מִזְבַּח הַקְּטֹרֶת׃ וְאֶת־

10 utensils, the laver and its base, the service vestments, the sacred
vestments for Aharon the priest and the vestments for his sons
11 for when they serve as priests, the anointing oil and the fragrant
incense for the Sanctuary; they shall make them exactly as I have
commanded you."
12 13 Then the LORD said to Moshe, "Speak to the Israelites and say:
Nevertheless, you shall keep My Sabbaths. It is a sign between Me
and you throughout the generations, that you may know that I,
14 the LORD, make you holy. Keep the Sabbath, for it is holy to you.
Whoever profanes it shall be put to death. Whoever does work on
15 it shall be severed from his people. Six days shall work be done,
but the seventh day is a Sabbath of complete rest, sacred to the
LORD. Whoever does any work on the Sabbath shall be put to
16 death. The Israelites shall keep the Sabbath, making it a day of rest
17 throughout their generations as a covenant forever. It is an eternal
sign between Me and the Israelites that in six days the LORD made
heaven and earth, and on the seventh day He ceased and was
18 revived." When He had finished speaking to Moshe on SHEINI
Mount Sinai, He gave him the two tablets of the covenant, stone
32 1 tablets, inscribed by the finger of God. When the people saw that
Moshe was long delayed in coming down the mountain, they
gathered around Aharon and said to him, "Get up, make us gods to
go before us. This man Moshe who brought us out of Egypt – we
2 have no idea what has become of him." So Aharon said to them,
"Remove the gold rings from the ears of your wives, your sons and
3 your daughters and bring them to me." So all the people took the
4 gold rings from their ears and brought them to Aharon. He took
the gold from them and, fashioning it with a chisel, made a molten
calf. And they said, "These, Israel, are your gods who brought you
5 out of Egypt!" Seeing this, Aharon built an altar in front of it and
6 announced, "Tomorrow will be a festival to the LORD." The next
day, they rose early and sacrificed burnt offerings and brought
peace offerings. The people sat down to eat and drink and then
stood up to engage in revelry.

י מִזְבַּח הָעֹלָה וְאֶת־כָּל־כֵּלָיו וְאֶת־הַכִּיּוֹר וְאֶת־כַּנּוֹ: וְאֵת בִּגְדֵי
הַשְּׂרָד וְאֶת־בִּגְדֵי הַקֹּדֶשׁ לְאַהֲרֹן הַכֹּהֵן וְאֶת־בִּגְדֵי בָנָיו לְכַהֵן:
יא וְאֵת שֶׁמֶן הַמִּשְׁחָה וְאֶת־קְטֹרֶת הַסַּמִּים לַקֹּדֶשׁ כְּכֹל אֲשֶׁר־
צִוִּיתִךָ יַעֲשׂוּ:
יב יג וַיֹּאמֶר יהוה אֶל־מֹשֶׁה לֵּאמֹר: וְאַתָּה דַּבֵּר אֶל־בְּנֵי יִשְׂרָאֵל
לֵאמֹר אַךְ אֶת־שַׁבְּתֹתַי תִּשְׁמֹרוּ כִּי אוֹת הִוא בֵּינִי וּבֵינֵיכֶם
יד לְדֹרֹתֵיכֶם לָדַעַת כִּי אֲנִי יהוה מְקַדִּשְׁכֶם: וּשְׁמַרְתֶּם אֶת־
הַשַּׁבָּת כִּי קֹדֶשׁ הִוא לָכֶם מְחַלְלֶיהָ מוֹת יוּמָת כִּי כָּל־הָעֹשֶׂה
טו בָהּ מְלָאכָה וְנִכְרְתָה הַנֶּפֶשׁ הַהִוא מִקֶּרֶב עַמֶּיהָ: שֵׁשֶׁת יָמִים
יֵעָשֶׂה מְלָאכָה וּבַיּוֹם הַשְּׁבִיעִי שַׁבַּת שַׁבָּתוֹן קֹדֶשׁ לַיהוה
טז כָּל־הָעֹשֶׂה מְלָאכָה בְּיוֹם הַשַּׁבָּת מוֹת יוּמָת: וְשָׁמְרוּ בְנֵי־
יִשְׂרָאֵל אֶת־הַשַּׁבָּת לַעֲשׂוֹת אֶת־הַשַּׁבָּת לְדֹרֹתָם בְּרִית
יז עוֹלָם: בֵּינִי וּבֵין בְּנֵי יִשְׂרָאֵל אוֹת הִוא לְעֹלָם כִּי־שֵׁשֶׁת יָמִים
עָשָׂה יהוה אֶת־הַשָּׁמַיִם וְאֶת־הָאָרֶץ וּבַיּוֹם הַשְּׁבִיעִי שָׁבַת
יח וַיִּנָּפַשׁ: וַיִּתֵּן אֶל־מֹשֶׁה כְּכַלֹּתוֹ לְדַבֵּר אִתּוֹ בְּהַר סִינַי שני
לב א שְׁנֵי לֻחֹת הָעֵדֻת לֻחֹת אֶבֶן כְּתֻבִים בְּאֶצְבַּע אֱלֹהִים: וַיַּרְא
הָעָם כִּי־בֹשֵׁשׁ מֹשֶׁה לָרֶדֶת מִן־הָהָר וַיִּקָּהֵל הָעָם עַל־אַהֲרֹן
וַיֹּאמְרוּ אֵלָיו קוּם ׀ עֲשֵׂה־לָנוּ אֱלֹהִים אֲשֶׁר יֵלְכוּ לְפָנֵינוּ כִּי־זֶה ׀
מֹשֶׁה הָאִישׁ אֲשֶׁר הֶעֱלָנוּ מֵאֶרֶץ מִצְרַיִם לֹא יָדַעְנוּ מֶה־הָיָה
ב לוֹ: וַיֹּאמֶר אֲלֵהֶם אַהֲרֹן פָּרְקוּ נִזְמֵי הַזָּהָב אֲשֶׁר בְּאָזְנֵי נְשֵׁיכֶם
ג בְּנֵיכֶם וּבְנֹתֵיכֶם וְהָבִיאוּ אֵלָי: וַיִּתְפָּרְקוּ כָּל־הָעָם אֶת־נִזְמֵי
ד הַזָּהָב אֲשֶׁר בְּאָזְנֵיהֶם וַיָּבִיאוּ אֶל־אַהֲרֹן: וַיִּקַּח מִיָּדָם וַיָּצַר אֹתוֹ
בַּחֶרֶט וַיַּעֲשֵׂהוּ עֵגֶל מַסֵּכָה וַיֹּאמְרוּ אֵלֶּה אֱלֹהֶיךָ יִשְׂרָאֵל אֲשֶׁר
ה הֶעֱלוּךָ מֵאֶרֶץ מִצְרָיִם: וַיַּרְא אַהֲרֹן וַיִּבֶן מִזְבֵּחַ לְפָנָיו וַיִּקְרָא
ו אַהֲרֹן וַיֹּאמַר חַג לַיהוה מָחָר: וַיַּשְׁכִּימוּ מִמָּחֳרָת וַיַּעֲלוּ עֹלֹת
וַיַּגִּשׁוּ שְׁלָמִים וַיֵּשֶׁב הָעָם לֶאֱכֹל וְשָׁתוֹ וַיָּקֻמוּ לְצַחֵק:

7 The LORD said to Moshe, "Quick – go down. Your people,
8 whom you brought out of Egypt, are acting ruinously. They have
deviated swiftly from the way I commanded them; they have made
themselves a molten calf and are bowing down and sacrificing to
it, saying, 'These, Israel, are your gods who brought you out of
9 Egypt!'" Then the LORD said to Moshe, "I have seen this people;
10 it is a stiff-necked people. So do not try to stop Me when My
anger burns against them. I will put an end to them and make of
11 you a great nation." Moshe implored the LORD his God, "Why,
O LORD, unleash Your anger against Your people, whom You
brought out of Egypt with such vast power and mighty force?
12 Why should the Egyptians be able to say that You brought them
out with evil intent, to kill them in the mountains and purge them
from the face of the earth? Turn from Your fierce anger and relent
13 from doing evil to Your people. Remember Avraham, Yitzḥak,
and Yisrael, Your servants, to whom You swore by Your very Self,
telling them, 'I will make your descendants as many as the stars of
the heavens, and give them this land of which I spoke, to inherit
14 forever.'" Then the LORD relented from the evil He had spoken of
doing to His people.
15 Then Moshe turned and came down the mountain with the two
tablets of testimony in his hand, inscribed on both sides, front
16 and back. The tablets were the work of God, and the writing was
17 God's writing, engraved on the tablets. When Yehoshua heard
the noise of the people shouting, he said to Moshe, "The sound
18 of war is coming from the camp." But Moshe said, "It is neither
the sound of triumph nor the wailing of defeat. What I hear is the
19 sound of revelry." As he approached the camp and saw the calf and
the dancing, Moshe's anger blazed, and he flung the tablets from
20 his hands and smashed them at the foot of the mountain. Then
he took the calf that they had made, burned it with fire, ground it
to fine powder, scattered it on the water, and made the Israelites
21 drink it. "What did this people do to you," said Moshe to Aharon,
22 "that you should have brought so great a sin upon it?" Aharon

ז וַיְדַבֵּר יהוה אֶל־מֹשֶׁה לֶךְ־רֵד כִּי שִׁחֵת עַמְּךָ אֲשֶׁר הֶעֱלֵיתָ
ח מֵאֶרֶץ מִצְרָיִם: סָרוּ מַהֵר מִן־הַדֶּרֶךְ אֲשֶׁר צִוִּיתִם עָשׂוּ לָהֶם
עֵגֶל מַסֵּכָה וַיִּשְׁתַּחֲווּ־לוֹ וַיִּזְבְּחוּ־לוֹ וַיֹּאמְרוּ אֵלֶּה אֱלֹהֶיךָ יִשְׂרָאֵל
ט אֲשֶׁר הֶעֱלוּךָ מֵאֶרֶץ מִצְרָיִם: וַיֹּאמֶר יהוה אֶל־מֹשֶׁה רָאִיתִי
י אֶת־הָעָם הַזֶּה וְהִנֵּה עַם־קְשֵׁה־עֹרֶף הוּא: וְעַתָּה הַנִּיחָה לִּי
יא וְיִחַר־אַפִּי בָהֶם וַאֲכַלֵּם וְאֶעֱשֶׂה אוֹתְךָ לְגוֹי גָּדוֹל: וַיְחַל מֹשֶׁה
אֶת־פְּנֵי יהוה אֱלֹהָיו וַיֹּאמֶר לָמָה יהוה יֶחֱרֶה אַפְּךָ בְּעַמֶּךָ אֲשֶׁר
יב הוֹצֵאתָ מֵאֶרֶץ מִצְרַיִם בְּכֹחַ גָּדוֹל וּבְיָד חֲזָקָה: לָמָּה יֹאמְרוּ
מִצְרַיִם לֵאמֹר בְּרָעָה הוֹצִיאָם לַהֲרֹג אֹתָם בֶּהָרִים וּלְכַלֹּתָם
מֵעַל פְּנֵי הָאֲדָמָה שׁוּב מֵחֲרוֹן אַפֶּךָ וְהִנָּחֵם עַל־הָרָעָה לְעַמֶּךָ:
יג זְכֹר לְאַבְרָהָם לְיִצְחָק וּלְיִשְׂרָאֵל עֲבָדֶיךָ אֲשֶׁר נִשְׁבַּעְתָּ לָהֶם בָּךְ
וַתְּדַבֵּר אֲלֵהֶם אַרְבֶּה אֶת־זַרְעֲכֶם כְּכוֹכְבֵי הַשָּׁמָיִם וְכָל־הָאָרֶץ
יד הַזֹּאת אֲשֶׁר אָמַרְתִּי אֶתֵּן לְזַרְעֲכֶם וְנָחֲלוּ לְעֹלָם: וַיִּנָּחֶם יהוה
עַל־הָרָעָה אֲשֶׁר דִּבֶּר לַעֲשׂוֹת לְעַמּוֹ:
טו וַיִּפֶן וַיֵּרֶד מֹשֶׁה מִן־הָהָר וּשְׁנֵי לֻחֹת הָעֵדֻת בְּיָדוֹ לֻחֹת כְּתֻבִים כה
טז מִשְּׁנֵי עֶבְרֵיהֶם מִזֶּה וּמִזֶּה הֵם כְּתֻבִים: וְהַלֻּחֹת מַעֲשֵׂה אֱלֹהִים
יז הֵמָּה וְהַמִּכְתָּב מִכְתַּב אֱלֹהִים הוּא חָרוּת עַל־הַלֻּחֹת: וַיִּשְׁמַע
יְהוֹשֻׁעַ אֶת־קוֹל הָעָם בְּרֵעֹה וַיֹּאמֶר אֶל־מֹשֶׁה קוֹל מִלְחָמָה
יח בַּמַּחֲנֶה: וַיֹּאמֶר אֵין קוֹל עֲנוֹת גְּבוּרָה וְאֵין קוֹל עֲנוֹת חֲלוּשָׁה
יט קוֹל עַנּוֹת אָנֹכִי שֹׁמֵעַ: וַיְהִי כַּאֲשֶׁר קָרַב אֶל־הַמַּחֲנֶה וַיַּרְא אֶת־
הָעֵגֶל וּמְחֹלֹת וַיִּחַר־אַף מֹשֶׁה וַיַּשְׁלֵךְ מִיָּדָו אֶת־הַלֻּחֹת וַיְשַׁבֵּר
כ אֹתָם תַּחַת הָהָר: וַיִּקַּח אֶת־הָעֵגֶל אֲשֶׁר עָשׂוּ וַיִּשְׂרֹף בָּאֵשׁ
וַיִּטְחַן עַד אֲשֶׁר־דָּק וַיִּזֶר עַל־פְּנֵי הַמַּיִם וַיַּשְׁקְ אֶת־בְּנֵי יִשְׂרָאֵל:
כא וַיֹּאמֶר מֹשֶׁה אֶל־אַהֲרֹן מֶה־עָשָׂה לְךָ הָעָם הַזֶּה כִּי־הֵבֵאתָ עָלָיו
כב חֲטָאָה גְדֹלָה: וַיֹּאמֶר אַהֲרֹן אַל־יִחַר אַף אֲדֹנִי אַתָּה יָדַעְתָּ

replied, "Do not be angry with me. You know that the people
23 are set on evil. They said to me, 'Make us gods to go before us.
This man Moshe who brought us out of Egypt – we have no idea
24 what has become of him.' So I told them, 'Who has gold? Take it
off.' They gave it to me, I threw it into the fire – and out came this
25 calf." Moshe saw that the people were running wild, for Aharon
had let them run beyond control and become a laughingstock to
26 their enemies. So Moshe stood at the gate of the camp and said,
"Who is for the LORD? Come to me." All the Levites rallied round
27 him. He said to them, "This is what the LORD God of Israel says:
Let each of you put sword on thigh and go back and forth from
gate to gate throughout the camp – slaying brother, neighbor,
28 kinsman." The Levites did as Moshe had ordered. Some three
29 thousand people fell that day. Moshe said, "Dedicate yourselves
to the LORD today. You have been willing to act even against your
30 son or brother. May He bestow a blessing on you this day." On the
following day, Moshe said to the people, "You have committed a
grievous sin. Now I must go back up to the LORD. Perhaps I can
31 secure atonement for your sin." So Moshe went back to the LORD
and said, "I beg of You. This people has committed a grievous
32 sin. They made gods of gold for themselves. But now, if only You
would forgive their sin – but if not, please blot me out of the book
33 You have written." The LORD said to Moshe, "I will blot out of
34 My book those who have sinned against Me. Now go and lead
the people to the place about which I have spoken to you. My
messenger shall go before you. But when the time comes for Me
35 to punish, I will punish them for their sin." Thus the LORD struck
the people with a plague for what they had done with the calf
33 1 Aharon had made. The LORD said to Moshe, "Go. Set
out from here – you and the people you brought out of Egypt – to
the land I promised to Avraham, Yitzḥak, and Yaakov, saying, 'I
2 will give this to your descendants.' I will send a messenger ahead
of you and drive out the Canaanites and Amorites, the Hittites
3 and the Perizzites, the Hivites, and the Jebusites. You will come

כג אֶת־הָעָם כִּי בְרָע הוּא: וַיֹּאמְרוּ לִי עֲשֵׂה־לָנוּ אֱלֹהִים אֲשֶׁר
יֵלְכוּ לְפָנֵינוּ כִּי־זֶה ׀ מֹשֶׁה הָאִישׁ אֲשֶׁר הֶעֱלָנוּ מֵאֶרֶץ מִצְרַיִם
כד לֹא יָדַעְנוּ מֶה־הָיָה לוֹ: וָאֹמַר לָהֶם לְמִי זָהָב הִתְפָּרָקוּ וַיִּתְּנוּ־
כה לִי וָאַשְׁלִכֵהוּ בָאֵשׁ וַיֵּצֵא הָעֵגֶל הַזֶּה: וַיַּרְא מֹשֶׁה אֶת־הָעָם כִּי
כו פָרֻעַ הוּא כִּי־פְרָעֹה אַהֲרֹן לְשִׁמְצָה בְּקָמֵיהֶם: וַיַּעֲמֹד מֹשֶׁה
בְּשַׁעַר הַמַּחֲנֶה וַיֹּאמֶר מִי לַיהוה אֵלָי וַיֵּאָסְפוּ אֵלָיו כָּל־בְּנֵי לֵוִי:
כז וַיֹּאמֶר לָהֶם כֹּה־אָמַר יהוה אֱלֹהֵי יִשְׂרָאֵל שִׂימוּ אִישׁ־חַרְבּוֹ
עַל־יְרֵכוֹ עִבְרוּ וָשׁוּבוּ מִשַּׁעַר לָשַׁעַר בַּמַּחֲנֶה וְהִרְגוּ אִישׁ־אֶת־
כח אָחִיו וְאִישׁ אֶת־רֵעֵהוּ וְאִישׁ אֶת־קְרֹבוֹ: וַיַּעֲשׂוּ בְנֵי־לֵוִי כִּדְבַר
כט מֹשֶׁה וַיִּפֹּל מִן־הָעָם בַּיּוֹם הַהוּא כִּשְׁלֹשֶׁת אַלְפֵי אִישׁ: וַיֹּאמֶר
מֹשֶׁה מִלְאוּ יֶדְכֶם הַיּוֹם לַיהוה כִּי אִישׁ בִּבְנוֹ וּבְאָחִיו וְלָתֵת
ל עֲלֵיכֶם הַיּוֹם בְּרָכָה: וַיְהִי מִמָּחֳרָת וַיֹּאמֶר מֹשֶׁה אֶל־הָעָם אַתֶּם
חֲטָאתֶם חֲטָאָה גְדֹלָה וְעַתָּה אֶעֱלֶה אֶל־יהוה אוּלַי אֲכַפְּרָה
לא בְּעַד חַטַּאתְכֶם: וַיָּשָׁב מֹשֶׁה אֶל־יהוה וַיֹּאמַר אָנָּא חָטָא
לב הָעָם הַזֶּה חֲטָאָה גְדֹלָה וַיַּעֲשׂוּ לָהֶם אֱלֹהֵי זָהָב: וְעַתָּה אִם־
לג תִּשָּׂא חַטָּאתָם וְאִם־אַיִן מְחֵנִי נָא מִסִּפְרְךָ אֲשֶׁר כָּתָבְתָּ: וַיֹּאמֶר
לד יהוה אֶל־מֹשֶׁה מִי אֲשֶׁר חָטָא־לִי אֶמְחֶנּוּ מִסִּפְרִי: וְעַתָּה לֵךְ ׀
נְחֵה אֶת־הָעָם אֶל אֲשֶׁר־דִּבַּרְתִּי לָךְ הִנֵּה מַלְאָכִי יֵלֵךְ לְפָנֶיךָ
לה וּבְיוֹם פָּקְדִי וּפָקַדְתִּי עֲלֵהֶם חַטָּאתָם: וַיִּגֹּף יהוה אֶת־הָעָם עַל
לג א אֲשֶׁר עָשׂוּ אֶת־הָעֵגֶל אֲשֶׁר עָשָׂה אַהֲרֹן: וַיְדַבֵּר
יהוה אֶל־מֹשֶׁה לֵךְ עֲלֵה מִזֶּה אַתָּה וְהָעָם אֲשֶׁר הֶעֱלִיתָ מֵאֶרֶץ
מִצְרָיִם אֶל־הָאָרֶץ אֲשֶׁר נִשְׁבַּעְתִּי לְאַבְרָהָם לְיִצְחָק וּלְיַעֲקֹב
ב לֵאמֹר לְזַרְעֲךָ אֶתְּנֶנָּה: וְשָׁלַחְתִּי לְפָנֶיךָ מַלְאָךְ וְגֵרַשְׁתִּי אֶת־
ג הַכְּנַעֲנִי הָאֱמֹרִי וְהַחִתִּי וְהַפְּרִזִּי הַחִוִּי וְהַיְבוּסִי: אֶל־אֶרֶץ זָבַת

to a land flowing with milk and honey, but I will not go among
you, because you are a stiff-necked people; I might destroy you
4 on the way." When the people heard this distressing news, they
5 were grief-stricken. None put on their finery; for the LORD had
said to Moshe, "Tell the Israelites: You are a stiff-necked people. If
for one moment I were to go among you, I might destroy you. So
now take off your finery; and I will consider what to do with you."
6 So the Israelites stripped themselves of their finery from Mount
7 Ḥorev onward. Moshe took the tent and pitched it at a distance
outside the camp, calling it the Tent of Meeting. Whoever sought
the LORD would go to the Tent of Meeting, outside the camp.
8 And when Moshe went out to the Tent, all the people would rise,
standing at the openings of their tents, and watch Moshe until he
9 had entered the Tent. When Moshe entered the Tent, the pillar
of cloud would descend and stand at the Tent's opening while
10 He spoke with Moshe. When the people saw the pillar of cloud
standing at the Tent's opening, all the people would rise and bow
11 down, each at the opening of his own tent. The LORD would speak
to Moshe face-to-face, as one person speaks to his friend. And
then Moshe would return to the camp, but his young disciple,
Yehoshua son of Nun, did not leave the Tent.
12 Moshe said to the LORD, "You told me to lead this people forth, SHELISHI
but You have not let me know whom You will send with me. And
You said, 'I have known you by name, and you have found favor in
13 My sight.' So now, if I have found favor in Your sight, please show
me Your ways, so that I may know You and continue to find favor
14 in Your sight. And look upon this nation: it is Your people." "My
Presence," He replied, "will go with you, and I will grant you rest."[65]
15 Then Moshe said to Him, "If Your Presence does not go with us,
16 do not make us leave this place. For unless You go with us, how
shall it be known that I and Your people have found favor in Your
sight? That is how I and Your people are distinguished from every
other people on the face of the earth."
17 Then the LORD said to Moshe, "In this too I will do what you ask, REVI'I

חָלָב וּדְבָשׁ כִּי לֹא אֶעֱלֶה בְּקִרְבְּךָ כִּי עַם־קְשֵׁה־עֹרֶף אַתָּה
ד פֶּן־אֲכֶלְךָ בַּדָּרֶךְ: וַיִּשְׁמַע הָעָם אֶת־הַדָּבָר הָרָע הַזֶּה וַיִּתְאַבָּלוּ
ה וְלֹא־שָׁתוּ אִישׁ עֶדְיוֹ עָלָיו: וַיֹּאמֶר יהוה אֶל־מֹשֶׁה אֱמֹר אֶל־בְּנֵי־
יִשְׂרָאֵל אַתֶּם עַם־קְשֵׁה־עֹרֶף רֶגַע אֶחָד אֶעֱלֶה בְקִרְבְּךָ וְכִלִּיתִיךָ
ו וְעַתָּה הוֹרֵד עֶדְיְךָ מֵעָלֶיךָ וְאֵדְעָה מָה אֶעֱשֶׂה־לָּךְ: וַיִּתְנַצְּלוּ
ז בְנֵי־יִשְׂרָאֵל אֶת־עֶדְיָם מֵהַר חוֹרֵב: וּמֹשֶׁה יִקַּח אֶת־הָאֹהֶל
וְנָטָה־לוֹ ׀ מִחוּץ לַמַּחֲנֶה הַרְחֵק מִן־הַמַּחֲנֶה וְקָרָא לוֹ אֹהֶל
מוֹעֵד וְהָיָה כָּל־מְבַקֵּשׁ יהוה יֵצֵא אֶל־אֹהֶל מוֹעֵד אֲשֶׁר מִחוּץ
ח לַמַּחֲנֶה: וְהָיָה כְּצֵאת מֹשֶׁה אֶל־הָאֹהֶל יָקוּמוּ כָּל־הָעָם וְנִצְּבוּ
ט אִישׁ פֶּתַח אָהֳלוֹ וְהִבִּיטוּ אַחֲרֵי מֹשֶׁה עַד־בֹּאוֹ הָאֹהֱלָה: וְהָיָה
כְּבֹא מֹשֶׁה הָאֹהֱלָה יֵרֵד עַמּוּד הֶעָנָן וְעָמַד פֶּתַח הָאֹהֶל וְדִבֶּר
י עִם־מֹשֶׁה: וְרָאָה כָל־הָעָם אֶת־עַמּוּד הֶעָנָן עֹמֵד פֶּתַח הָאֹהֶל
יא וְקָם כָּל־הָעָם וְהִשְׁתַּחֲווּ אִישׁ פֶּתַח אָהֳלוֹ: וְדִבֶּר יהוה אֶל־מֹשֶׁה
פָּנִים אֶל־פָּנִים כַּאֲשֶׁר יְדַבֵּר אִישׁ אֶל־רֵעֵהוּ וְשָׁב אֶל־הַמַּחֲנֶה
וּמְשָׁרְתוֹ יְהוֹשֻׁעַ בִּן־נוּן נַעַר לֹא יָמִישׁ מִתּוֹךְ הָאֹהֶל:
יב וַיֹּאמֶר מֹשֶׁה אֶל־יהוה רְאֵה אַתָּה אֹמֵר אֵלַי הַעַל אֶת־הָעָם שלישי
הַזֶּה וְאַתָּה לֹא הוֹדַעְתַּנִי אֵת אֲשֶׁר־תִּשְׁלַח עִמִּי וְאַתָּה אָמַרְתָּ
יג יְדַעְתִּיךָ בְשֵׁם וְגַם־מָצָאתָ חֵן בְּעֵינָי: וְעַתָּה אִם־נָא מָצָאתִי חֵן
בְּעֵינֶיךָ הוֹדִעֵנִי נָא אֶת־דְּרָכֶךָ וְאֵדָעֲךָ לְמַעַן אֶמְצָא־חֵן בְּעֵינֶיךָ
יד טו וּרְאֵה כִּי עַמְּךָ הַגּוֹי הַזֶּה: וַיֹּאמַר פָּנַי יֵלֵכוּ וַהֲנִחֹתִי לָךְ: וַיֹּאמֶר
טז אֵלָיו אִם־אֵין פָּנֶיךָ הֹלְכִים אַל־תַּעֲלֵנוּ מִזֶּה: וּבַמֶּה ׀ יִוָּדַע אֵפוֹא
כִּי־מָצָאתִי חֵן בְּעֵינֶיךָ אֲנִי וְעַמֶּךָ הֲלוֹא בְּלֶכְתְּךָ עִמָּנוּ וְנִפְלֵינוּ
אֲנִי וְעַמְּךָ מִכָּל־הָעָם אֲשֶׁר עַל־פְּנֵי הָאֲדָמָה:
יז וַיֹּאמֶר יהוה אֶל־מֹשֶׁה גַּם אֶת־הַדָּבָר הַזֶּה אֲשֶׁר דִּבַּרְתָּ אֶעֱשֶׂה רביעי

65 “Rest” here is subject to varying interpretations, such as peace of mind or military success.

for you have found favor in My sight; for I know you by name."
18 19 Then Moshe said, "Show me, please, Your glory." And He said, "I
will cause all My goodness to pass before you and in your presence
I will proclaim My name: The LORD. But I will be gracious to
whom I choose to be gracious, and will show mercy to whom I
20 decide to show mercy. Nor," He said, "can you see My face. For no
21 one can see Me and live." Then the LORD said, "Look, there is a
22 place by Me where you may stand on the rock, and while My glory
passes by I will put you in a cleft of the rock, and I will shield you
23 with My hand until I have passed. Then I will take My hand away,
and you will see My back, but My face may not be seen."
34 1 The LORD said to Moshe, "Carve two tablets of stone like the HAMISHI
first, and I will inscribe on them the words that were on the first
2 tablets that you broke. Be ready in the morning. Climb Mount
Sinai in the morning and present yourself to Me there on the
3 mountaintop. Let no one come up with you. No one else should
be seen anywhere on the mountain, nor may flocks or herds graze
4 near the mountain." So Moshe carved two stone tablets like the
first. He rose early in the morning and climbed Mount Sinai, as
the LORD had commanded him. In his hand he took the two
5 tablets of stone. The LORD descended in a cloud and stood with
6 him there, and proclaimed the name: The LORD. And the LORD
passed before him, and proclaimed, "The LORD, the LORD, God
compassionate and gracious, slow to anger, abounding in kindness
7 and truth, extending kindness for thousands of generations,
forgiving sin, rebellion, and error, but who does not acquit the
guilty, holding descendants to account for the sins of the fathers,
children and grandchildren to the third and fourth generation."
8 9 Moshe quickly bowed and prostrated himself, and he said, "If now
I have found favor in Your sight, O LORD, please, let my LORD
go among us. Though this is a stiff-necked people, pardon our
10 sins and errors, and keep us as Your own." The LORD said, "Now SHISHI
am I hereby making a covenant. Before your entire people I will
perform such wonders as never have been performed anywhere

יח כִּי־מָצָאתָ חֵן בְּעֵינַי וָאֵדָעֲךָ בְּשֵׁם׃ וַיֹּאמַר הַרְאֵנִי נָא אֶת־כְּבֹדֶךָ׃
יט וַיֹּאמֶר אֲנִי אַעֲבִיר כָּל־טוּבִי עַל־פָּנֶיךָ וְקָרָאתִי בְשֵׁם יהוה לְפָנֶיךָ
כ וְחַנֹּתִי אֶת־אֲשֶׁר אָחֹן וְרִחַמְתִּי אֶת־אֲשֶׁר אֲרַחֵם׃ וַיֹּאמֶר לֹא
כא תוּכַל לִרְאֹת אֶת־פָּנָי כִּי לֹא־יִרְאַנִי הָאָדָם וָחָי׃ וַיֹּאמֶר יהוה
כב הִנֵּה מָקוֹם אִתִּי וְנִצַּבְתָּ עַל־הַצּוּר׃ וְהָיָה בַּעֲבֹר כְּבֹדִי וְשַׂמְתִּיךָ
כג בְּנִקְרַת הַצּוּר וְשַׂכֹּתִי כַפִּי עָלֶיךָ עַד־עָבְרִי׃ וַהֲסִרֹתִי אֶת־כַּפִּי
וְרָאִיתָ אֶת־אֲחֹרָי וּפָנַי לֹא יֵרָאוּ׃
לד א וַיֹּאמֶר יהוה אֶל־מֹשֶׁה פְּסָל־לְךָ שְׁנֵי־לֻחֹת אֲבָנִים כָּרִאשֹׁנִים חמישי
וְכָתַבְתִּי עַל־הַלֻּחֹת אֶת־הַדְּבָרִים אֲשֶׁר הָיוּ עַל־הַלֻּחֹת
ב הָרִאשֹׁנִים אֲשֶׁר שִׁבַּרְתָּ׃ וֶהְיֵה נָכוֹן לַבֹּקֶר וְעָלִיתָ בַבֹּקֶר אֶל־
ג הַר סִינַי וְנִצַּבְתָּ לִי שָׁם עַל־רֹאשׁ הָהָר׃ וְאִישׁ לֹא־יַעֲלֶה עִמָּךְ
וְגַם־אִישׁ אַל־יֵרָא בְּכָל־הָהָר גַּם־הַצֹּאן וְהַבָּקָר אַל־יִרְעוּ אֶל־
ד מוּל הָהָר הַהוּא׃ וַיִּפְסֹל שְׁנֵי־לֻחֹת אֲבָנִים כָּרִאשֹׁנִים וַיַּשְׁכֵּם
מֹשֶׁה בַבֹּקֶר וַיַּעַל אֶל־הַר סִינַי כַּאֲשֶׁר צִוָּה יהוה אֹתוֹ וַיִּקַּח
ה בְּיָדוֹ שְׁנֵי לֻחֹת אֲבָנִים׃ וַיֵּרֶד יהוה בֶּעָנָן וַיִּתְיַצֵּב עִמּוֹ שָׁם וַיִּקְרָא
ו בְשֵׁם יהוה׃ וַיַּעֲבֹר יהוה ׀ עַל־פָּנָיו וַיִּקְרָא יהוה ׀ יהוה אֵל רַחוּם
ז וְחַנּוּן אֶרֶךְ אַפַּיִם וְרַב־חֶסֶד וֶאֱמֶת׃ נֹצֵר חֶסֶד לָאֲלָפִים נֹשֵׂא עָוֹן
וָפֶשַׁע וְחַטָּאָה וְנַקֵּה לֹא יְנַקֶּה פֹּקֵד ׀ עֲוֹן אָבוֹת עַל־בָּנִים וְעַל־
ח בְּנֵי בָנִים עַל־שִׁלֵּשִׁים וְעַל־רִבֵּעִים׃ וַיְמַהֵר מֹשֶׁה וַיִּקֹּד אַרְצָה
ט וַיִּשְׁתָּחוּ׃ וַיֹּאמֶר אִם־נָא מָצָאתִי חֵן בְּעֵינֶיךָ אֲדֹנָי יֵלֶךְ־נָא אֲדֹנָי
בְּקִרְבֵּנוּ כִּי עַם־קְשֵׁה־עֹרֶף הוּא וְסָלַחְתָּ לַעֲוֹנֵנוּ וּלְחַטָּאתֵנוּ
י וּנְחַלְתָּנוּ׃ וַיֹּאמֶר הִנֵּה אָנֹכִי כֹּרֵת בְּרִית נֶגֶד כָּל־עַמְּךָ אֶעֱשֶׂה ששי
נִפְלָאֹת אֲשֶׁר לֹא־נִבְרְאוּ בְכָל־הָאָרֶץ וּבְכָל־הַגּוֹיִם וְרָאָה

on earth, for any nation. All the peoples you live among shall see:
how awe-inspiring are the deeds that I the LORD will do for you.
11 Be vigilant in what I am commanding you this day. I am going to
drive out before you the Amorites, Canaanites, Hittites, Perizzites,
12 Hivites, and Jebusites. Take care not to make a treaty with the
inhabitants of the land you are going to; for they would become a
13 dangerous trap to you. Tear down their altars, smash their worship
14 pillars, and cut down their sacred trees, for you must worship no
other god. The LORD, known to demand absolute loyalty, is your
15 God who demands it indeed. You must not make a treaty with
the inhabitants of the land, for they will lust after their gods and
sacrifice to them; they will invite you to join them and you will eat
16 of their sacrifice, and you will take their daughters as wives for your
sons, and their daughters will lust after their gods and cause your
17 18 sons to do as they do. Make for yourselves no molten gods. Keep
the Festival of Unleavened Bread. For seven days, eat unleavened
bread as I commanded you, at the time appointed, in the month of
19 Aviv,[66] because in that month you left Egypt. The first to emerge
from every womb is Mine; among all your livestock, firstborn
20 cattle, and sheep. Redeem each firstborn donkey with a sheep; if
you do not redeem it, you must break its neck. Also redeem all
21 your firstborn sons. Do not appear before Me empty-handed. Six
days you shall work, but on the seventh day you shall rest, ceasing
22 from labor even at plowing time and harvest time. Observe the
Festival of Weeks, of the first fruits of wheat harvest, as well as the
23 Festival of Ingathering[67] at the close of the year. Three times a year
all the males among you shall appear before the Master, the LORD,
24 God of Israel. For I will banish nations before you and enlarge
your territory. No one will covet your land when you go up, three
25 times a year, to appear before the LORD your God. Do not offer
the blood of My sacrifice with anything leavened. Do not let any
26 of the Passover festival sacrifice remain until morning. Bring the
best first fruits of your land to the House of the LORD your God.
Do not cook a kid in the milk of its mother."

כָּל־הָעָם אֲשֶׁר־אַתָּה בְקִרְבּוֹ אֶת־מַעֲשֵׂה יהוה כִּי־נוֹרָא הוּא
יא אֲשֶׁר אֲנִי עֹשֶׂה עִמָּךְ׃ שְׁמָר־לְךָ אֵת אֲשֶׁר אָנֹכִי מְצַוְּךָ הַיּוֹם
הִנְנִי גֹרֵשׁ מִפָּנֶיךָ אֶת־הָאֱמֹרִי וְהַכְּנַעֲנִי וְהַחִתִּי וְהַפְּרִזִּי וְהַחִוִּי
יב וְהַיְבוּסִי׃ הִשָּׁמֶר לְךָ פֶּן־תִּכְרֹת בְּרִית לְיוֹשֵׁב הָאָרֶץ אֲשֶׁר אַתָּה
יג בָּא עָלֶיהָ פֶּן־יִהְיֶה לְמוֹקֵשׁ בְּקִרְבֶּךָ׃ כִּי אֶת־מִזְבְּחֹתָם תִּתֹּצוּן
יד וְאֶת־מַצֵּבֹתָם תְּשַׁבֵּרוּן וְאֶת־אֲשֵׁרָיו תִּכְרֹתוּן׃ כִּי לֹא תִשְׁתַּחֲוֶה
טו לְאֵל אַחֵר כִּי יהוה קַנָּא שְׁמוֹ אֵל קַנָּא הוּא׃ פֶּן־תִּכְרֹת בְּרִית
לְיוֹשֵׁב הָאָרֶץ וְזָנוּ ׀ אַחֲרֵי אֱלֹהֵיהֶם וְזָבְחוּ לֵאלֹהֵיהֶם וְקָרָא לְךָ
טז וְאָכַלְתָּ מִזִּבְחוֹ׃ וְלָקַחְתָּ מִבְּנֹתָיו לְבָנֶיךָ וְזָנוּ בְנֹתָיו אַחֲרֵי אֱלֹהֵיהֶן
יז וְהִזְנוּ אֶת־בָּנֶיךָ אַחֲרֵי אֱלֹהֵיהֶן׃ אֱלֹהֵי מַסֵּכָה לֹא תַעֲשֶׂה־לָּךְ׃
יח אֶת־חַג הַמַּצּוֹת תִּשְׁמֹר שִׁבְעַת יָמִים תֹּאכַל מַצּוֹת אֲשֶׁר צִוִּיתִךָ
יט לְמוֹעֵד חֹדֶשׁ הָאָבִיב כִּי בְּחֹדֶשׁ הָאָבִיב יָצָאתָ מִמִּצְרָיִם׃ כָּל־
כ פֶּטֶר רֶחֶם לִי וְכָל־מִקְנְךָ תִּזָּכָר פֶּטֶר שׁוֹר וָשֶׂה׃ וּפֶטֶר חֲמוֹר
תִּפְדֶּה בְשֶׂה וְאִם־לֹא תִפְדֶּה וַעֲרַפְתּוֹ כֹּל בְּכוֹר בָּנֶיךָ תִּפְדֶּה
כא וְלֹא־יֵרָאוּ פָנַי רֵיקָם׃ שֵׁשֶׁת יָמִים תַּעֲבֹד וּבַיּוֹם הַשְּׁבִיעִי תִּשְׁבֹּת
כב בֶּחָרִישׁ וּבַקָּצִיר תִּשְׁבֹּת׃ וְחַג שָׁבֻעֹת תַּעֲשֶׂה לְךָ בִּכּוּרֵי קְצִיר
כג חִטִּים וְחַג הָאָסִיף תְּקוּפַת הַשָּׁנָה׃ שָׁלֹשׁ פְּעָמִים בַּשָּׁנָה יֵרָאֶה
כד כָּל־זְכוּרְךָ אֶת־פְּנֵי הָאָדֹן ׀ יהוה אֱלֹהֵי יִשְׂרָאֵל׃ כִּי־אוֹרִישׁ
גּוֹיִם מִפָּנֶיךָ וְהִרְחַבְתִּי אֶת־גְּבֻלֶךָ וְלֹא־יַחְמֹד אִישׁ אֶת־אַרְצְךָ
בַּעֲלֹתְךָ לֵרָאוֹת אֶת־פְּנֵי יהוה אֱלֹהֶיךָ שָׁלֹשׁ פְּעָמִים בַּשָּׁנָה׃
כה לֹא־תִשְׁחַט עַל־חָמֵץ דַּם־זִבְחִי וְלֹא־יָלִין לַבֹּקֶר זֶבַח חַג הַפָּסַח׃
כו רֵאשִׁית בִּכּוּרֵי אַדְמָתְךָ תָּבִיא בֵּית יהוה אֱלֹהֶיךָ לֹא־תְבַשֵּׁל
גְּדִי בַּחֲלֵב אִמּוֹ׃

66 See note on 13:4.

67 See notes on 23:16.

27 Then the LORD said to Moshe, "Write down these words, for SHEVI'I
in accordance with these words I have made a covenant with
28 you and with Israel." He stayed there with the LORD for forty
days and forty nights, eating no bread and drinking no water.
And on the tablets, He wrote the words of the covenant, the Ten
29 Commandments. When Moshe came down from Mount Sinai
with the two tablets of testimony in his hand, he was unaware
that the skin of his face shone with light, because he had been
30 speaking with God. When Aharon and all the Israelites saw the
light that shone from the skin of Moshe's face, they were afraid
31 to come close to him. But Moshe called them, and Aharon and
all the community leaders came back to him, and Moshe spoke.
32 After that, all the Israelites approached, and he instructed them
33 in all that the LORD had spoken to him on Mount Sinai. And MAFTIR
when Moshe had finished speaking to them, he veiled his face.
34 Whenever Moshe came before the LORD to speak with Him, he
would remove the veil until he came out. When he came out and
35 told the Israelites what he had been commanded, the Israelites
would see how the skin of Moshe's face shone with light, and
he would veil his face again until he went back in to speak with
35 1 Him. Moshe assembled all the community of Israel and VAYAK'HEL
said to them, "These are the things the LORD has commanded
2 you to do. For six days, let work be done, but the seventh must
be sacred to you. It is a Sabbath of complete rest dedicated to the
3 LORD. Whoever does work on it shall be put to death. Do not
light a fire in any of your dwellings on the Sabbath day."
4 Then Moshe said to all the community of Israel, "This is what the
5 LORD has commanded. Bring of what is yours an offering to the
LORD. Let everyone whose heart moves him bring an offering to
6 the LORD: gold, silver, and bronze; sky-blue, purple, and scarlet
7 wool; linen and goats' hair; rams' hides dyed red and fine leather;
8 acacia wood; oil for the lamp; spices for the anointing oil and the
9 fragrant incense; and rock crystal together with other precious
10 stones for the ephod and breast piece. And let all among you

כז וַיֹּאמֶר יְהוָה אֶל־מֹשֶׁה כְּתָב־לְךָ אֶת־הַדְּבָרִים הָאֵלֶּה כִּי עַל־ **כו** שביעי
כח פִּי ׀ הַדְּבָרִים הָאֵלֶּה כָּרַתִּי אִתְּךָ בְּרִית וְאֶת־יִשְׂרָאֵל׃ וַיְהִי־שָׁם
עִם־יְהוָה אַרְבָּעִים יוֹם וְאַרְבָּעִים לַיְלָה לֶחֶם לֹא אָכַל וּמַיִם לֹא
שָׁתָה וַיִּכְתֹּב עַל־הַלֻּחֹת אֵת דִּבְרֵי הַבְּרִית עֲשֶׂרֶת הַדְּבָרִים׃
כט וַיְהִי בְּרֶדֶת מֹשֶׁה מֵהַר סִינַי וּשְׁנֵי לֻחֹת הָעֵדֻת בְּיַד־מֹשֶׁה בְּרִדְתּוֹ
ל מִן־הָהָר וּמֹשֶׁה לֹא־יָדַע כִּי קָרַן עוֹר פָּנָיו בְּדַבְּרוֹ אִתּוֹ׃ וַיַּרְא
אַהֲרֹן וְכָל־בְּנֵי יִשְׂרָאֵל אֶת־מֹשֶׁה וְהִנֵּה קָרַן עוֹר פָּנָיו וַיִּירְאוּ
לא מִגֶּשֶׁת אֵלָיו׃ וַיִּקְרָא אֲלֵהֶם מֹשֶׁה וַיָּשֻׁבוּ אֵלָיו אַהֲרֹן וְכָל־
לב הַנְּשִׂאִים בָּעֵדָה וַיְדַבֵּר מֹשֶׁה אֲלֵהֶם׃ וְאַחֲרֵי־כֵן נִגְּשׁוּ כָּל־בְּנֵי
לג יִשְׂרָאֵל וַיְצַוֵּם אֵת כָּל־אֲשֶׁר דִּבֶּר יְהוָה אִתּוֹ בְּהַר סִינָי׃ וַיְכַל מפטיר
לד מֹשֶׁה מִדַּבֵּר אִתָּם וַיִּתֵּן עַל־פָּנָיו מַסְוֶה׃ וּבְבֹא מֹשֶׁה לִפְנֵי יְהוָה
לְדַבֵּר אִתּוֹ יָסִיר אֶת־הַמַּסְוֶה עַד־צֵאתוֹ וְיָצָא וְדִבֶּר אֶל־בְּנֵי
לה יִשְׂרָאֵל אֵת אֲשֶׁר יְצֻוֶּה׃ וְרָאוּ בְנֵי־יִשְׂרָאֵל אֶת־פְּנֵי מֹשֶׁה כִּי
קָרַן עוֹר פְּנֵי מֹשֶׁה וְהֵשִׁיב מֹשֶׁה אֶת־הַמַּסְוֶה עַל־פָּנָיו עַד־בֹּאוֹ
לה א לְדַבֵּר אִתּוֹ׃ וַיַּקְהֵל מֹשֶׁה אֶת־כָּל־עֲדַת בְּנֵי יִשְׂרָאֵל ויקהל
וַיֹּאמֶר אֲלֵהֶם אֵלֶּה הַדְּבָרִים אֲשֶׁר־צִוָּה יְהוָה לַעֲשֹׂת אֹתָם׃
ב שֵׁשֶׁת יָמִים תֵּעָשֶׂה מְלָאכָה וּבַיּוֹם הַשְּׁבִיעִי יִהְיֶה לָכֶם קֹדֶשׁ
ג שַׁבַּת שַׁבָּתוֹן לַיהוָה כָּל־הָעֹשֶׂה בוֹ מְלָאכָה יוּמָת׃ לֹא־תְבַעֲרוּ
אֵשׁ בְּכֹל מֹשְׁבֹתֵיכֶם בְּיוֹם הַשַּׁבָּת׃
ד וַיֹּאמֶר מֹשֶׁה אֶל־כָּל־עֲדַת בְּנֵי־יִשְׂרָאֵל לֵאמֹר זֶה הַדָּבָר אֲשֶׁר־
ה צִוָּה יְהוָה לֵאמֹר׃ קְחוּ מֵאִתְּכֶם תְּרוּמָה לַיהוָה כֹּל נְדִיב לִבּוֹ
ו יְבִיאֶהָ אֵת תְּרוּמַת יְהוָה זָהָב וָכֶסֶף וּנְחֹשֶׁת׃ וּתְכֵלֶת וְאַרְגָּמָן
ז וְתוֹלַעַת שָׁנִי וְשֵׁשׁ וְעִזִּים׃ וְעֹרֹת אֵילִם מְאָדָּמִים וְעֹרֹת
ח תְּחָשִׁים וַעֲצֵי שִׁטִּים׃ וְשֶׁמֶן לַמָּאוֹר וּבְשָׂמִים לְשֶׁמֶן הַמִּשְׁחָה
ט וְלִקְטֹרֶת הַסַּמִּים׃ וְאַבְנֵי־שֹׁהַם וְאַבְנֵי מִלֻּאִים לָאֵפוֹד וְלַחֹשֶׁן׃
י וְכָל־חֲכַם־לֵב בָּכֶם יָבֹאוּ וְיַעֲשׂוּ אֵת כָּל־אֲשֶׁר צִוָּה יְהוָה׃

who are skilled come and make the things that the Lord has
11 commanded: the Tabernacle, its tent and covering, its hooks and
12 frames, its bars, posts, and sockets; the Ark and its staves, the
13 cover and the curtain for the screen; the table, its staves and all its
14 utensils, and the showbread; the candelabrum for light, together
15 with its utensils, lamps, and the oil for lighting; the incense altar
with its staves, the anointing oil and the fragrant incense, and the
16 entrance screen for the entrance of the Tabernacle; the sacrificial
altar, its bronze grate, its staves and all its utensils, the laver and its
17 base; the hangings of the courtyard, its posts and its sockets, and
18 the screen for the gate of the court; the tent pegs of the Tabernacle
19 and of the courtyard and their ropes; the vestments for ministering
in the Sanctuary, and the sacred vestments for Aharon the priest
20 and for his sons for their priestly service." So all the community of
21 Israel left Moshe's presence. And they came, everyone whose heart SHEINI
inspired him and whose spirit moved him, and brought an offering
for the Lord, to be used for the Tent of Meeting and all its service,
22 and for the sacred vestments. All whose hearts moved them – the
men with the women – brought brooches, earrings, signet rings
and pendants, all kinds of gold ornaments, together with all those
23 who gave gold as a wave offering to the Lord. Everyone who had
sky-blue, purple, or scarlet wool, linen or goats' hair, rams' hides
24 dyed red or fine leather brought them. Whoever could make an
offering of silver or bronze brought it as an offering to the Lord,
as did everyone who had acacia wood that could be used for the
25 work. Every skilled woman spun with her own hands, and brought
what she had spun: sky-blue, purple, and scarlet wool and fine
26 linen. All the women whose hearts inspired them used their skill
27 to spin the goats' hair. The leaders brought rock crystal stones
and other precious stones for setting in the ephod and the breast
28 piece, together with spices and oil for the light, the anointing oil
29 and the fragrant incense. So the Israelites – all the men and women
whose hearts moved them to bring anything for the work that the

יא אֶת־הַמִּשְׁכָּן אֶת־אָהֳלוֹ וְאֶת־מִכְסֵהוּ אֶת־קְרָסָיו וְאֶת־קְרָשָׁיו
יב אֶת־בְּרִיחָו אֶת־עַמֻּדָיו וְאֶת־אֲדָנָיו: אֶת־הָאָרֹן וְאֶת־בַּדָּיו אֶת־
יג הַכַּפֹּרֶת וְאֵת פָּרֹכֶת הַמָּסָךְ: אֶת־הַשֻּׁלְחָן וְאֶת־בַּדָּיו וְאֶת־כָּל־
יד כֵּלָיו וְאֵת לֶחֶם הַפָּנִים: וְאֶת־מְנֹרַת הַמָּאוֹר וְאֶת־כֵּלֶיהָ וְאֶת־
טו נֵרֹתֶיהָ וְאֵת שֶׁמֶן הַמָּאוֹר: וְאֶת־מִזְבַּח הַקְּטֹרֶת וְאֶת־בַּדָּיו וְאֵת
שֶׁמֶן הַמִּשְׁחָה וְאֵת קְטֹרֶת הַסַּמִּים וְאֶת־מָסַךְ הַפֶּתַח לְפֶתַח
טז הַמִּשְׁכָּן: אֵת ׀ מִזְבַּח הָעֹלָה וְאֶת־מִכְבַּר הַנְּחֹשֶׁת אֲשֶׁר־לוֹ
יז אֶת־בַּדָּיו וְאֶת־כָּל־כֵּלָיו אֶת־הַכִּיֹּר וְאֶת־כַּנּוֹ: אֵת קַלְעֵי הֶחָצֵר
יח אֶת־עַמֻּדָיו וְאֶת־אֲדָנֶיהָ וְאֵת מָסַךְ שַׁעַר הֶחָצֵר: אֶת־יִתְדֹת
יט הַמִּשְׁכָּן וְאֶת־יִתְדֹת הֶחָצֵר וְאֶת־מֵיתְרֵיהֶם: אֶת־בִּגְדֵי הַשְּׂרָד
לְשָׁרֵת בַּקֹּדֶשׁ אֶת־בִּגְדֵי הַקֹּדֶשׁ לְאַהֲרֹן הַכֹּהֵן וְאֶת־בִּגְדֵי בָנָיו
כ כא לְכַהֵן: וַיֵּצְאוּ כָּל־עֲדַת בְּנֵי־יִשְׂרָאֵל מִלִּפְנֵי מֹשֶׁה: וַיָּבֹאוּ כָּל־ שני
אִישׁ אֲשֶׁר־נְשָׂאוֹ לִבּוֹ וְכֹל אֲשֶׁר נָדְבָה רוּחוֹ אֹתוֹ הֵבִיאוּ
אֶת־תְּרוּמַת יהוה לִמְלֶאכֶת אֹהֶל מוֹעֵד וּלְכָל־עֲבֹדָתוֹ וּלְבִגְדֵי
כב הַקֹּדֶשׁ: וַיָּבֹאוּ הָאֲנָשִׁים עַל־הַנָּשִׁים כֹּל ׀ נְדִיב לֵב הֵבִיאוּ חָח
וָנֶזֶם וְטַבַּעַת וְכוּמָז כָּל־כְּלִי זָהָב וְכָל־אִישׁ אֲשֶׁר הֵנִיף תְּנוּפַת
כג זָהָב לַיהוה: וְכָל־אִישׁ אֲשֶׁר־נִמְצָא אִתּוֹ תְּכֵלֶת וְאַרְגָּמָן וְתוֹלַעַת
שָׁנִי וְשֵׁשׁ וְעִזִּים וְעֹרֹת אֵילִם מְאָדָּמִים וְעֹרֹת תְּחָשִׁים הֵבִיאוּ:
כד כָּל־מֵרִים תְּרוּמַת כֶּסֶף וּנְחֹשֶׁת הֵבִיאוּ אֵת תְּרוּמַת יהוה וְכֹל
אֲשֶׁר נִמְצָא אִתּוֹ עֲצֵי שִׁטִּים לְכָל־מְלֶאכֶת הָעֲבֹדָה הֵבִיאוּ:
כה וְכָל־אִשָּׁה חַכְמַת־לֵב בְּיָדֶיהָ טָווּ וַיָּבִיאוּ מַטְוֶה אֶת־הַתְּכֵלֶת
כו וְאֶת־הָאַרְגָּמָן אֶת־תּוֹלַעַת הַשָּׁנִי וְאֶת־הַשֵּׁשׁ: וְכָל־הַנָּשִׁים
כז אֲשֶׁר נָשָׂא לִבָּן אֹתָנָה בְּחָכְמָה טָווּ אֶת־הָעִזִּים: וְהַנְּשִׂאִם
הֵבִיאוּ אֵת אַבְנֵי הַשֹּׁהַם וְאֵת אַבְנֵי הַמִּלֻּאִים לָאֵפוֹד וְלַחֹשֶׁן:
כח וְאֶת־הַבֹּשֶׂם וְאֶת־הַשָּׁמֶן לְמָאוֹר וּלְשֶׁמֶן הַמִּשְׁחָה וְלִקְטֹרֶת
כט הַסַּמִּים: כָּל־אִישׁ וְאִשָּׁה אֲשֶׁר נָדַב לִבָּם אֹתָם לְהָבִיא לְכָל־

Lord, through Moshe, had commanded – brought it as a freewill
offering to the Lord.
30 Then Moshe said to the Israelites, "Know that the Lord has SHELISHI /SHEINI/
summoned by name Betzalel, son of Uri, son of Ḥur, of the tribe
31 of Yehuda, and has filled him with a divine spirit of wisdom,
32 understanding, and knowledge in every craft, to devise designs,
33 working in gold, silver, and bronze, as well as cutting stones for
34 setting, carving wood, and working in every other craft. He has
also given him the ability to teach others, together with Oholiav,
35 son of Aḥisamakh of the tribe of Dan. He has filled them with the
skill to do all kinds of work, as engravers, designers, embroiderers
in sky-blue, purple, or scarlet wool or fine linen, and as weavers.
They will be able to carry out all the necessary work and design.
36 1 And so Betzalel and Oholiav shall carry out everything the
Lord has commanded, together with all the skilled people to
whom the Lord has granted expertise and acumen to do all the
2 work necessary for the service of the Sanctuary." Then Moshe
summoned Betzalel and Oholiav and all the skilled craftsmen to
whom God had given expertise and who were inspired to dedicate
3 themselves and come to carry out the work. From Moshe they
received all the offerings the Israelites had brought for the work
of the Sanctuary. And the people kept bringing him additional
4 gifts every morning. So all the craftsmen engaged in the work
5 of the Sanctuary left what they were doing, and said to Moshe,
"The people are bringing more than is necessary for the work God
6 has commanded us to do." Moshe ordered an announcement to
be made throughout the camp: "Let no man or woman make any-
thing more as an offering for the Sanctuary." So the people brought
7 no more; for what they already had was more than enough for all
8 the work that was to be done. All the skilled craftsmen REVI'I
among those engaged in the work made the Tabernacle with ten
sheets of fine linen and sky-blue, purple, and scarlet wool, with
9 a woven design of cherubim. All the sheets were of the same

הַמְּלָאכָה אֲשֶׁר צִוָּה יְהוָה לַעֲשׂוֹת בְּיַד־מֹשֶׁה הֵבִיאוּ בְנֵי־
יִשְׂרָאֵל נְדָבָה לַיהוָה׃
ל וַיֹּאמֶר מֹשֶׁה אֶל־בְּנֵי יִשְׂרָאֵל רְאוּ קָרָא יְהוָה בְּשֵׁם בְּצַלְאֵל בֶּן־ שלישי /שני/
לא אוּרִי בֶן־חוּר לְמַטֵּה יְהוּדָה׃ וַיְמַלֵּא אֹתוֹ רוּחַ אֱלֹהִים בְּחָכְמָה
לב בִּתְבוּנָה וּבְדַעַת וּבְכָל־מְלָאכָה׃ וְלַחְשֹׁב מַחֲשָׁבֹת לַעֲשֹׂת בַּזָּהָב
לג וּבַכֶּסֶף וּבַנְּחֹשֶׁת׃ וּבַחֲרֹשֶׁת אֶבֶן לְמַלֹּאת וּבַחֲרֹשֶׁת עֵץ לַעֲשׂוֹת
לד בְּכָל־מְלֶאכֶת מַחֲשָׁבֶת׃ וּלְהוֹרֹת נָתַן בְּלִבּוֹ הוּא וְאָהֳלִיאָב
לה בֶּן־אֲחִיסָמָךְ לְמַטֵּה־דָן׃ מִלֵּא אֹתָם חָכְמַת־לֵב לַעֲשׂוֹת כָּל־
מְלֶאכֶת חָרָשׁ ׀ וְחֹשֵׁב וְרֹקֵם בַּתְּכֵלֶת וּבָאַרְגָּמָן בְּתוֹלַעַת הַשָּׁנִי
לו א וּבַשֵּׁשׁ וְאֹרֵג עֹשֵׂי כָּל־מְלָאכָה וְחֹשְׁבֵי מַחֲשָׁבֹת׃ וְעָשָׂה בְצַלְאֵל
וְאָהֳלִיאָב וְכֹל ׀ אִישׁ חֲכַם־לֵב אֲשֶׁר נָתַן יְהוָה חָכְמָה וּתְבוּנָה
בָּהֵמָּה לָדַעַת לַעֲשֹׂת אֶת־כָּל־מְלֶאכֶת עֲבֹדַת הַקֹּדֶשׁ לְכֹל
ב אֲשֶׁר־צִוָּה יְהוָה׃ וַיִּקְרָא מֹשֶׁה אֶל־בְּצַלְאֵל וְאֶל־אָהֳלִיאָב
וְאֶל כָּל־אִישׁ חֲכַם־לֵב אֲשֶׁר נָתַן יְהוָה חָכְמָה בְּלִבּוֹ כֹּל אֲשֶׁר
ג נְשָׂאוֹ לִבּוֹ לְקָרְבָה אֶל־הַמְּלָאכָה לַעֲשֹׂת אֹתָהּ׃ וַיִּקְחוּ מִלִּפְנֵי
מֹשֶׁה אֵת כָּל־הַתְּרוּמָה אֲשֶׁר הֵבִיאוּ בְּנֵי יִשְׂרָאֵל לִמְלֶאכֶת
עֲבֹדַת הַקֹּדֶשׁ לַעֲשֹׂת אֹתָהּ וְהֵם הֵבִיאוּ אֵלָיו עוֹד נְדָבָה בַּבֹּקֶר
ד בַּבֹּקֶר׃ וַיָּבֹאוּ כָּל־הַחֲכָמִים הָעֹשִׂים אֵת כָּל־מְלֶאכֶת הַקֹּדֶשׁ
ה אִישׁ אִישׁ מִמְּלַאכְתּוֹ אֲשֶׁר־הֵמָּה עֹשִׂים׃ וַיֹּאמְרוּ אֶל־מֹשֶׁה
לֵּאמֹר מַרְבִּים הָעָם לְהָבִיא מִדֵּי הָעֲבֹדָה לַמְּלָאכָה אֲשֶׁר־צִוָּה
ו יְהוָה לַעֲשֹׂת אֹתָהּ׃ וַיְצַו מֹשֶׁה וַיַּעֲבִירוּ קוֹל בַּמַּחֲנֶה לֵאמֹר
אִישׁ וְאִשָּׁה אַל־יַעֲשׂוּ־עוֹד מְלָאכָה לִתְרוּמַת הַקֹּדֶשׁ וַיִּכָּלֵא
ז הָעָם מֵהָבִיא׃ וְהַמְּלָאכָה הָיְתָה דַיָּם לְכָל־הַמְּלָאכָה לַעֲשׂוֹת
ח אֹתָהּ וְהוֹתֵר׃ וַיַּעֲשׂוּ כָל־חֲכַם־לֵב בְּעֹשֵׂי הַמְּלָאכָה רביעי
אֶת־הַמִּשְׁכָּן עֶשֶׂר יְרִיעֹת שֵׁשׁ מָשְׁזָר וּתְכֵלֶת וְאַרְגָּמָן וְתוֹלַעַת
ט שָׁנִי כְּרֻבִים מַעֲשֵׂה חֹשֵׁב עָשָׂה אֹתָם׃ אֹרֶךְ הַיְרִיעָה הָאַחַת

10 size: twenty-eight cubits long and four cubits wide. Five sheets
11 were sewn together, and likewise the second five. He made loops
of sky-blue wool on the edge of the outermost sheet of the first
12 set and likewise on the outermost sheet of the second set: fifty
loops on the first sheet and fifty on the edge of the end sheet of the
13 other set, so that the loops were opposite one another. He made
fifty gold clasps and used them to fasten the two sets of sheets
together so that the Tabernacle was all of one piece.
14 He made sheets of goats' hair for a tent over the Tabernacle. There
15 were eleven such sheets. All eleven were the same size: thirty
16 cubits long and four cubits wide. He joined five of the sheets
17 into one set and six into another. He made fifty loops on the
edge of the outermost sheet of the first set, and fifty loops on
18 the edge of the second set. He made fifty bronze clasps to join
19 the tent together into a single piece. And for the tent he made a
covering of rams' skins dyed red, with a covering of fine leather
20 above. Then he made the upright boards for the ḤAMISHI
21 Tabernacle from acacia wood. Each was ten cubits long and a
22 cubit and a half wide. Each board had two matching tenons; all
23 the Tabernacle's boards were made in this way. He made twenty
24 boards for the south side, and forty silver sockets to go under
them, two sockets under each board, one under each tenon.
25 For the second side of the Tabernacle, the north side, he made
26 twenty boards and their forty silver sockets, two under each

שְׁמֹנֶה וְעֶשְׂרִים בָּאַמָּה וְרֹחַב אַרְבַּע בָּאַמָּה הַיְרִיעָה הָאֶחָת
י מִדָּה אַחַת לְכָל־הַיְרִיעֹת: וַיְחַבֵּר אֶת־חֲמֵשׁ הַיְרִיעֹת אַחַת
יא אֶל־אֶחָת וְחָמֵשׁ יְרִיעֹת חִבַּר אַחַת אֶל־אֶחָת: וַיַּעַשׂ לֻלְאֹת
תְּכֵלֶת עַל שְׂפַת הַיְרִיעָה הָאֶחָת מִקָּצָה בַּמַּחְבָּרֶת כֵּן עָשָׂה
יב בִּשְׂפַת הַיְרִיעָה הַקִּיצוֹנָה בַּמַּחְבֶּרֶת הַשֵּׁנִית: חֲמִשִּׁים לֻלָאֹת
עָשָׂה בַּיְרִיעָה הָאֶחָת וַחֲמִשִּׁים לֻלָאֹת עָשָׂה בִּקְצֵה הַיְרִיעָה
אֲשֶׁר בַּמַּחְבֶּרֶת הַשֵּׁנִית מַקְבִּילֹת הַלֻּלָאֹת אַחַת אֶל־אֶחָת:
יג וַיַּעַשׂ חֲמִשִּׁים קַרְסֵי זָהָב וַיְחַבֵּר אֶת־הַיְרִיעֹת אַחַת אֶל־אַחַת
בַּקְּרָסִים וַיְהִי הַמִּשְׁכָּן אֶחָד:
יד וַיַּעַשׂ יְרִיעֹת עִזִּים לְאֹהֶל עַל־הַמִּשְׁכָּן עַשְׁתֵּי־עֶשְׂרֵה יְרִיעֹת
טו עָשָׂה אֹתָם: אֹרֶךְ הַיְרִיעָה הָאַחַת שְׁלֹשִׁים בָּאַמָּה וְאַרְבַּע
אַמּוֹת רֹחַב הַיְרִיעָה הָאֶחָת מִדָּה אַחַת לְעַשְׁתֵּי עֶשְׂרֵה יְרִיעֹת:
טז וַיְחַבֵּר אֶת־חֲמֵשׁ הַיְרִיעֹת לְבָד וְאֶת־שֵׁשׁ הַיְרִיעֹת לְבָד:
יז וַיַּעַשׂ לֻלָאֹת חֲמִשִּׁים עַל שְׂפַת הַיְרִיעָה הַקִּיצֹנָה בַּמַּחְבָּרֶת
וַחֲמִשִּׁים לֻלָאֹת עָשָׂה עַל־שְׂפַת הַיְרִיעָה הַחֹבֶרֶת הַשֵּׁנִית:
יח וַיַּעַשׂ קַרְסֵי נְחֹשֶׁת חֲמִשִּׁים לְחַבֵּר אֶת־הָאֹהֶל לִהְיֹת אֶחָד:
יט וַיַּעַשׂ מִכְסֶה לָאֹהֶל עֹרֹת אֵילִם מְאָדָּמִים וּמִכְסֵה עֹרֹת תְּחָשִׁים
כ מִלְמָעְלָה: וַיַּעַשׂ אֶת־הַקְּרָשִׁים לַמִּשְׁכָּן עֲצֵי שִׁטִּים חמישי
כא עֹמְדִים: עֶשֶׂר אַמֹּת אֹרֶךְ הַקָּרֶשׁ וְאַמָּה וַחֲצִי הָאַמָּה רֹחַב
כב הַקֶּרֶשׁ הָאֶחָד: שְׁתֵּי יָדֹת לַקֶּרֶשׁ הָאֶחָד מְשֻׁלָּבֹת אַחַת אֶל־
כג אֶחָת כֵּן עָשָׂה לְכֹל קַרְשֵׁי הַמִּשְׁכָּן: וַיַּעַשׂ אֶת־הַקְּרָשִׁים לַמִּשְׁכָּן
כד עֶשְׂרִים קְרָשִׁים לִפְאַת נֶגֶב תֵּימָנָה: וְאַרְבָּעִים אַדְנֵי־כֶסֶף עָשָׂה
תַּחַת עֶשְׂרִים הַקְּרָשִׁים שְׁנֵי אֲדָנִים תַּחַת־הַקֶּרֶשׁ הָאֶחָד לִשְׁתֵּי
כה יְדֹתָיו וּשְׁנֵי אֲדָנִים תַּחַת־הַקֶּרֶשׁ הָאֶחָד לִשְׁתֵּי יְדֹתָיו: וּלְצֶלַע
כו הַמִּשְׁכָּן הַשֵּׁנִית לִפְאַת צָפוֹן עָשָׂה עֶשְׂרִים קְרָשִׁים: וְאַרְבָּעִים
אַדְנֵיהֶם כָּסֶף שְׁנֵי אֲדָנִים תַּחַת הַקֶּרֶשׁ הָאֶחָד וּשְׁנֵי אֲדָנִים תַּחַת

27 board. For the rear of the Tabernacle on the west side he made
28 six boards, along with two boards for each of the rear corners of
29 the Tabernacle. They were even at the bottom, and joined at the
30 top by a ring. This was so for the other corner also. So there were
eight boards and sixteen silver sockets, two under each board.
31 He made crossbars of acacia wood, five for the boards of the first
32 side of the Tabernacle, five for the boards of the second, and five
33 for those of the rear of the Tabernacle on the west side. He made
the central crossbar to go across the middles of the boards from
34 one end to the other. He overlaid the boards with gold, and made
gold rings to hold the crossbars; he overlaid the crossbars them-
35 selves with gold. He made the curtain of sky-blue, purple, and
scarlet wool and finely spun linen, with a design of cherubim
36 worked into it. He also made four posts of acacia wood for it and
overlaid them with gold. Their hooks were of gold, and he cast
37 for them four sockets of silver. He made an embroidered screen
for the entrance of the Tent, of sky-blue, purple, and scarlet wool
38 and finely spun linen, as well as five posts with their hooks. He
overlaid their tops and bands with gold, but their five sockets
were of bronze.

37 1 Betzalel made the Ark of acacia wood, two and a half cubits long,
2 a cubit and a half wide, and a cubit and a half high. He overlaid
it with pure gold inside and out, and encircled it around with a
3 gold rim. He cast four gold rings for its four corners, two rings on
4 one side and two on the other. He made staves of acacia wood
5 and overlaid them with gold. He then placed the staves in the rings
6 on the Ark's sides so that it could be carried. He made a cover of
pure gold, two and a half cubits long and a cubit and a half wide.
7 He made two cherubim of beaten gold for the two ends of the
8 cover, one cherub at one end and one at the other. He made them
9 of one piece with the cover, and the wings of the cherubim were

כו הַקֶּרֶשׁ הָאֶחָד׃ וּלְיַרְכְּתֵי הַמִּשְׁכָּן יָמָּה עָשָׂה שִׁשָּׁה קְרָשִׁים׃
כח כט וּשְׁנֵי קְרָשִׁים עָשָׂה לִמְקֻצְעֹת הַמִּשְׁכָּן בַּיַּרְכָתָיִם׃ וְהָיוּ תוֹאֲמִם
מִלְּמַטָּה וְיַחְדָּו יִהְיוּ תַמִּים אֶל־רֹאשׁוֹ אֶל־הַטַּבַּעַת הָאֶחָת כֵּן
ל עָשָׂה לִשְׁנֵיהֶם לִשְׁנֵי הַמִּקְצֹעֹת׃ וְהָיוּ שְׁמֹנָה קְרָשִׁים וְאַדְנֵיהֶם
כֶּסֶף שִׁשָּׁה עָשָׂר אֲדָנִים שְׁנֵי אֲדָנִים שְׁנֵי אֲדָנִים תַּחַת הַקֶּרֶשׁ
לא הָאֶחָד׃ וַיַּעַשׂ בְּרִיחֵי עֲצֵי שִׁטִּים חֲמִשָּׁה לְקַרְשֵׁי צֶלַע־הַמִּשְׁכָּן
לב הָאֶחָת׃ וַחֲמִשָּׁה בְרִיחִם לְקַרְשֵׁי צֶלַע־הַמִּשְׁכָּן הַשֵּׁנִית וַחֲמִשָּׁה
לג בְרִיחִם לְקַרְשֵׁי הַמִּשְׁכָּן לַיַּרְכָתַיִם יָמָּה׃ וַיַּעַשׂ אֶת־הַבְּרִיחַ הַתִּיכֹן
לד לִבְרֹחַ בְּתוֹךְ הַקְּרָשִׁים מִן־הַקָּצֶה אֶל־הַקָּצֶה׃ וְאֶת־הַקְּרָשִׁים
צִפָּה זָהָב וְאֶת־טַבְּעֹתָם עָשָׂה זָהָב בָּתִּים לַבְּרִיחִם וַיְצַף אֶת־
לה הַבְּרִיחִם זָהָב׃ וַיַּעַשׂ אֶת־הַפָּרֹכֶת תְּכֵלֶת וְאַרְגָּמָן וְתוֹלַעַת שָׁנִי
לו וְשֵׁשׁ מָשְׁזָר מַעֲשֵׂה חֹשֵׁב עָשָׂה אֹתָהּ כְּרֻבִים׃ וַיַּעַשׂ לָהּ אַרְבָּעָה
עַמּוּדֵי שִׁטִּים וַיְצַפֵּם זָהָב וָוֵיהֶם זָהָב וַיִּצֹק לָהֶם אַרְבָּעָה אַדְנֵי־
לז כָסֶף׃ וַיַּעַשׂ מָסָךְ לְפֶתַח הָאֹהֶל תְּכֵלֶת וְאַרְגָּמָן וְתוֹלַעַת שָׁנִי
לח וְשֵׁשׁ מָשְׁזָר מַעֲשֵׂה רֹקֵם׃ וְאֶת־עַמּוּדָיו חֲמִשָּׁה וְאֶת־וָוֵיהֶם וְצִפָּה
רָאשֵׁיהֶם וַחֲשֻׁקֵיהֶם זָהָב וְאַדְנֵיהֶם חֲמִשָּׁה נְחֹשֶׁת׃
לז א וַיַּעַשׂ בְּצַלְאֵל אֶת־הָאָרֹן עֲצֵי שִׁטִּים אַמָּתַיִם וָחֵצִי אָרְכּוֹ וְאַמָּה כז
ב וָחֵצִי רָחְבּוֹ וְאַמָּה וָחֵצִי קֹמָתוֹ׃ וַיְצַפֵּהוּ זָהָב טָהוֹר מִבַּיִת וּמִחוּץ
ג וַיַּעַשׂ לוֹ זֵר זָהָב סָבִיב׃ וַיִּצֹק לוֹ אַרְבַּע טַבְּעֹת זָהָב עַל אַרְבַּע
פַּעֲמֹתָיו וּשְׁתֵּי טַבָּעֹת עַל־צַלְעוֹ הָאֶחָת וּשְׁתֵּי טַבָּעֹת עַל־
ד ה צַלְעוֹ הַשֵּׁנִית׃ וַיַּעַשׂ בַּדֵּי עֲצֵי שִׁטִּים וַיְצַף אֹתָם זָהָב׃ וַיָּבֵא
אֶת־הַבַּדִּים בַּטַּבָּעֹת עַל צַלְעֹת הָאָרֹן לָשֵׂאת אֶת־הָאָרֹן׃
ו וַיַּעַשׂ כַּפֹּרֶת זָהָב טָהוֹר אַמָּתַיִם וָחֵצִי אָרְכָּהּ וְאַמָּה וָחֵצִי
ז רָחְבָּהּ׃ וַיַּעַשׂ שְׁנֵי כְרֻבִים זָהָב מִקְשָׁה עָשָׂה אֹתָם מִשְּׁנֵי קְצוֹת
ח הַכַּפֹּרֶת׃ כְּרוּב־אֶחָד מִקָּצָה מִזֶּה וּכְרוּב־אֶחָד מִקָּצָה מִזֶּה
ט מִן־הַכַּפֹּרֶת עָשָׂה אֶת־הַכְּרֻבִים מִשְּׁנֵי קצוותו׃ וַיִּהְיוּ הַכְּרֻבִים קְצוֹתָיו

spread upward, sheltering the cover. They faced each other, their
faces toward the cover.
10 He made a table of acacia wood, two cubits long, a cubit wide, and
11 a cubit and a half high. He overlaid it with pure gold and around
12 it made a gold rim. He also made a frame a handbreadth wide
13 around it and made a gold rim for the frame. He cast four gold
14 rings and placed the rings on the corners of its four legs. The rings
were close to the frame to hold the staves used to carry the table.
15 He made the staves for carrying the table of acacia wood overlaid
16 with gold. The articles for the table – the bowls, spoons, jars, and
pitchers for pouring libations – he made of pure gold.
17 He made the candelabrum of pure beaten gold. Its base and shaft, SHISHI /SHELISHI/
cups, knobs, and flowers were hammered from a single piece.
18 Six branches extended from its sides, three on one side, three
19 on the other. On each of the six branches extending from the
candelabrum were three finely crafted cups, each with a knob and
20 a flower. On the candelabrum itself there were four finely crafted
21 cups, each, also, with a knob and a flower. At the base of each of
the three pairs of branches extending from the candelabrum there
22 was a knob of one piece with it; their knobs and branches were
of one piece with it, so that the whole of it was a single piece of
23 pure beaten gold. Its seven lamps and its tongs and pans were of
24 pure gold; it and all its utensils were made from a talent of pure
gold.[68]
25 He made the incense altar of acacia wood, square, a cubit long, a
cubit wide, and two cubits high, with horns of one piece with it.
26 He overlaid its top, its sides all around, and its horns with pure

68 See note on 25:39.

פֹּרְשֵׂי כְנָפַיִם לְמַעְלָה סֹכְכִים בְּכַנְפֵיהֶם עַל־הַכַּפֹּרֶת וּפְנֵיהֶם
אִישׁ אֶל־אָחִיו אֶל־הַכַּפֹּרֶת הָיוּ פְּנֵי הַכְּרֻבִים׃
י וַיַּעַשׂ אֶת־הַשֻּׁלְחָן עֲצֵי שִׁטִּים אַמָּתַיִם אָרְכּוֹ וְאַמָּה רָחְבּוֹ וְאַמָּה
יא יב וָחֵצִי קֹמָתוֹ׃ וַיְצַף אֹתוֹ זָהָב טָהוֹר וַיַּעַשׂ לוֹ זֵר זָהָב סָבִיב׃ וַיַּעַשׂ
יג לוֹ מִסְגֶּרֶת טֹפַח סָבִיב וַיַּעַשׂ זֵר־זָהָב לְמִסְגַּרְתּוֹ סָבִיב׃ וַיִּצֹק
לוֹ אַרְבַּע טַבְּעֹת זָהָב וַיִּתֵּן אֶת־הַטַּבָּעֹת עַל אַרְבַּע הַפֵּאֹת
יד אֲשֶׁר לְאַרְבַּע רַגְלָיו׃ לְעֻמַּת הַמִּסְגֶּרֶת הָיוּ הַטַּבָּעֹת בָּתִּים
טו לַבַּדִּים לָשֵׂאת אֶת־הַשֻּׁלְחָן׃ וַיַּעַשׂ אֶת־הַבַּדִּים עֲצֵי שִׁטִּים וַיְצַף
טז אֹתָם זָהָב לָשֵׂאת אֶת־הַשֻּׁלְחָן׃ וַיַּעַשׂ אֶת־הַכֵּלִים ׀ אֲשֶׁר עַל־
הַשֻּׁלְחָן אֶת־קְעָרֹתָיו וְאֶת־כַּפֹּתָיו וְאֵת מְנַקִּיֹּתָיו וְאֶת־הַקְּשָׂוֺת
אֲשֶׁר יֻסַּךְ בָּהֵן זָהָב טָהוֹר׃
יז וַיַּעַשׂ אֶת־הַמְּנֹרָה זָהָב טָהוֹר מִקְשָׁה עָשָׂה אֶת־הַמְּנֹרָה יְרֵכָהּ ששי /שלישי/
יח וְקָנָהּ גְּבִיעֶיהָ כַּפְתֹּרֶיהָ וּפְרָחֶיהָ מִמֶּנָּה הָיוּ׃ וְשִׁשָּׁה קָנִים יֹצְאִים
מִצִּדֶּיהָ שְׁלֹשָׁה ׀ קְנֵי מְנֹרָה מִצִּדָּהּ הָאֶחָד וּשְׁלֹשָׁה קְנֵי מְנֹרָה
יט מִצִּדָּהּ הַשֵּׁנִי׃ שְׁלֹשָׁה גְבִעִים מְשֻׁקָּדִים בַּקָּנֶה הָאֶחָד כַּפְתֹּר
וָפֶרַח וּשְׁלֹשָׁה גְבִעִים מְשֻׁקָּדִים בְּקָנֶה אֶחָד כַּפְתֹּר וָפָרַח כֵּן
כ לְשֵׁשֶׁת הַקָּנִים הַיֹּצְאִים מִן־הַמְּנֹרָה׃ וּבַמְּנֹרָה אַרְבָּעָה גְבִעִים
כא מְשֻׁקָּדִים כַּפְתֹּרֶיהָ וּפְרָחֶיהָ׃ וְכַפְתֹּר תַּחַת שְׁנֵי הַקָּנִים מִמֶּנָּה
וְכַפְתֹּר תַּחַת שְׁנֵי הַקָּנִים מִמֶּנָּה וְכַפְתֹּר תַּחַת־שְׁנֵי הַקָּנִים
כב מִמֶּנָּה לְשֵׁשֶׁת הַקָּנִים הַיֹּצְאִים מִמֶּנָּה׃ כַּפְתֹּרֵיהֶם וּקְנֹתָם
כג מִמֶּנָּה הָיוּ כֻּלָּהּ מִקְשָׁה אַחַת זָהָב טָהוֹר׃ וַיַּעַשׂ אֶת־נֵרֹתֶיהָ
כד שִׁבְעָה וּמַלְקָחֶיהָ וּמַחְתֹּתֶיהָ זָהָב טָהוֹר׃ כִּכָּר זָהָב טָהוֹר עָשָׂה
אֹתָהּ וְאֵת כָּל־כֵּלֶיהָ׃
כה וַיַּעַשׂ אֶת־מִזְבַּח הַקְּטֹרֶת עֲצֵי שִׁטִּים אַמָּה אָרְכּוֹ וְאַמָּה רָחְבּוֹ
כו רָבוּעַ וְאַמָּתַיִם קֹמָתוֹ מִמֶּנּוּ הָיוּ קַרְנֹתָיו׃ וַיְצַף אֹתוֹ זָהָב טָהוֹר
אֶת־גַּגּוֹ וְאֶת־קִירֹתָיו סָבִיב וְאֶת־קַרְנֹתָיו וַיַּעַשׂ לוֹ זֵר זָהָב סָבִיב׃

27 gold and around it he made a gold molding. Under the molding
he made two gold rings on the two sides, to hold the staves
28 by which it was carried. The staves themselves were made of
29 acacia wood, overlaid with gold. As well as this, with the skill of
a perfumer, he prepared the sacred anointing oil and the fragrant
38 1 incense. He made the sacrificial altar of acacia wood, SHEVI'I /REVI'I/
square, five cubits long, five cubits wide, and three cubits high.
2 He made horns on its four corners, of one piece with it, and then
3 overlaid it with bronze. He made all the altar's utensils: pots,
4 shovels, basins, forks, and pans, out of bronze. He made a grate
of bronze mesh beneath the ledge, extending downward to the
5 middle of the altar. Four rings were cast for the four corners of
6 the bronze mesh, to hold the staves, which were made of acacia
7 wood and overlaid with bronze. He placed the staves in the rings
on the sides of the altar so that it could be carried. The altar itself
8 was hollow, made of planks. He made the bronze laver
and its bronze base from the mirrors of the women who served at
9 the entrance of the Tent of Meeting. On the south side,
the hangings were of finely spun linen, a hundred cubits long,
10 with twenty posts and their twenty bronze sockets. The posts'
11 hooks and bands were of silver. Likewise on the north side: the
hangings were a hundred cubits long, with twenty pillars and
12 their bronze sockets, and hooks and bands of silver. On the west
side the hangings were fifty cubits long, with ten posts and ten
13 sockets, and hooks and bands of silver. The east side was also
14 fifty cubits long: fifteen cubits of hangings with three posts and
15 three sockets on one side, and fifteen cubits of hangings with
16 three posts and three sockets on the other. All the hangings of
17 the courtyard were of finely spun linen. The sockets for the posts
were of bronze, the posts' hooks and bands were of silver, and
their tops were overlaid with silver; all the posts had silver bands.

כז וּשְׁתֵּי טַבְּעֹת זָהָב עָשָׂה־לוֹ ׀ מִתַּחַת לְזֵרוֹ עַל שְׁתֵּי צַלְעֹתָיו עַל
כח שְׁנֵי צִדָּיו לְבָתִּים לְבַדִּים לָשֵׂאת אֹתוֹ בָּהֶם: וַיַּעַשׂ אֶת־הַבַּדִּים
כט עֲצֵי שִׁטִּים וַיְצַף אֹתָם זָהָב: וַיַּעַשׂ אֶת־שֶׁמֶן הַמִּשְׁחָה קֹדֶשׁ
לח א וְאֶת־קְטֹרֶת הַסַּמִּים טָהוֹר מַעֲשֵׂה רֹקֵחַ: וַיַּעַשׂ אֶת־ שביעי /רביעי/
מִזְבַּח הָעֹלָה עֲצֵי שִׁטִּים חָמֵשׁ אַמּוֹת אָרְכּוֹ וְחָמֵשׁ־אַמּוֹת רָחְבּוֹ
ב רָבוּעַ וְשָׁלֹשׁ אַמּוֹת קֹמָתוֹ: וַיַּעַשׂ קַרְנֹתָיו עַל אַרְבַּע פִּנֹּתָיו מִמֶּנּוּ
ג הָיוּ קַרְנֹתָיו וַיְצַף אֹתוֹ נְחֹשֶׁת: וַיַּעַשׂ אֶת־כָּל־כְּלֵי הַמִּזְבֵּחַ אֶת־
הַסִּירֹת וְאֶת־הַיָּעִים וְאֶת־הַמִּזְרָקֹת אֶת־הַמִּזְלָגֹת וְאֶת־הַמַּחְתֹּת
ד כָּל־כֵּלָיו עָשָׂה נְחֹשֶׁת: וַיַּעַשׂ לַמִּזְבֵּחַ מִכְבָּר מַעֲשֵׂה רֶשֶׁת נְחֹשֶׁת
ה תַּחַת כַּרְכֻּבּוֹ מִלְּמַטָּה עַד־חֶצְיוֹ: וַיִּצֹק אַרְבַּע טַבָּעֹת בְּאַרְבַּע
ו הַקְּצָוֹת לְמִכְבַּר הַנְּחֹשֶׁת בָּתִּים לַבַּדִּים: וַיַּעַשׂ אֶת־הַבַּדִּים עֲצֵי
ז שִׁטִּים וַיְצַף אֹתָם נְחֹשֶׁת: וַיָּבֵא אֶת־הַבַּדִּים בַּטַּבָּעֹת עַל צַלְעֹת
ח הַמִּזְבֵּחַ לָשֵׂאת אֹתוֹ בָּהֶם נְבוּב לֻחֹת עָשָׂה אֹתוֹ: וַיַּעַשׂ
אֵת הַכִּיּוֹר נְחֹשֶׁת וְאֵת כַּנּוֹ נְחֹשֶׁת בְּמַרְאֹת הַצֹּבְאֹת אֲשֶׁר
ט צָבְאוּ פֶּתַח אֹהֶל מוֹעֵד: וַיַּעַשׂ אֶת־הֶחָצֵר לִפְאַת ׀
י נֶגֶב תֵּימָנָה קַלְעֵי הֶחָצֵר שֵׁשׁ מָשְׁזָר מֵאָה בָּאַמָּה: עַמּוּדֵיהֶם
עֶשְׂרִים וְאַדְנֵיהֶם עֶשְׂרִים נְחֹשֶׁת וָוֵי הָעַמּוּדִים וַחֲשֻׁקֵיהֶם
יא כָּסֶף: וְלִפְאַת צָפוֹן מֵאָה בָאַמָּה עַמּוּדֵיהֶם עֶשְׂרִים וְאַדְנֵיהֶם
יב עֶשְׂרִים נְחֹשֶׁת וָוֵי הָעַמּוּדִים וַחֲשֻׁקֵיהֶם כָּסֶף: וְלִפְאַת־יָם קְלָעִים
חֲמִשִּׁים בָּאַמָּה עַמּוּדֵיהֶם עֲשָׂרָה וְאַדְנֵיהֶם עֲשָׂרָה וָוֵי הָעַמֻּדִים
יג יד וַחֲשׁוּקֵיהֶם כָּסֶף: וְלִפְאַת קֵדְמָה מִזְרָחָה חֲמִשִּׁים אַמָּה: קְלָעִים
חֲמֵשׁ־עֶשְׂרֵה אַמָּה אֶל־הַכָּתֵף עַמּוּדֵיהֶם שְׁלֹשָׁה וְאַדְנֵיהֶם
טו שְׁלֹשָׁה: וְלַכָּתֵף הַשֵּׁנִית מִזֶּה וּמִזֶּה לְשַׁעַר הֶחָצֵר קְלָעִים חֲמֵשׁ
טז עֶשְׂרֵה אַמָּה עַמֻּדֵיהֶם שְׁלֹשָׁה וְאַדְנֵיהֶם שְׁלֹשָׁה: כָּל־קַלְעֵי
יז הֶחָצֵר סָבִיב שֵׁשׁ מָשְׁזָר: וְהָאֲדָנִים לָעַמֻּדִים נְחֹשֶׁת וָוֵי הָעַמּוּדִים
וַחֲשׁוּקֵיהֶם כֶּסֶף וְצִפּוּי רָאשֵׁיהֶם כָּסֶף וְהֵם מְחֻשָּׁקִים כֶּסֶף כֹּל

18 At the entrance of the courtyard there was an embroidered screen MAFTIR
of sky-blue, purple, and scarlet wool and finely spun linen, twenty
cubits long and five cubits wide, like the hangings of the court-
19 yard. It had four posts with four bronze sockets and with hooks
20 and bands of silver; their tops were overlaid with silver. All the
tent pegs for the Tabernacle and the surrounding courtyard were
21 of bronze. These are the accounts of the Tabernacle, PEKUDEI
the Tabernacle of testimony, recorded at Moshe's command by
22 the Levites under Itamar, son of Aharon the priest. Betzalel, son
of Uri, son of Ḥur, from the tribe of Yehuda, made everything
23 that the LORD had commanded Moshe. He was assisted by
Oholiav, son of Aḥisamakh, from the tribe of Dan, an engraver,
designer, and embroiderer in sky-blue, purple, and scarlet wool
24 and fine linen. All the gold used in all the sacred work,
donated as wave offerings, came to twenty-nine talents and 730
25 shekels according to the Sanctuary weight. The silver of those
recorded in the census came to a hundred talents and 1,775
26 shekels, according to the Sanctuary weight. One beka – half a
shekel according to the Sanctuary weight – was given by each of
27 the 603,550 men aged twenty or over included in the census. A
hundred talents of silver were used for casting the sockets of the
Sanctuary and the curtain, one talent for each socket: a hundred
28 talents for the hundred sockets. Of 1,775 shekels he made the
29 hooks and bands of the posts and their silver-plated tops. The
bronze given as an offering came to seventy talents and 2,400
30 shekels. With this were made the sockets for the entrance of the
Tent of Meeting, the bronze altar with its bronze mesh, and all the
31 utensils of the altar, the sockets around the courtyard, the sockets
at the courtyard gate, and all the tent pegs for the Tabernacle
39 1 and the surrounding courtyard. From the sky-blue, purple, and
scarlet wool they made woven garments for ministering in the
Sanctuary. They also made sacred vestments for Aharon, as the
LORD commanded Moshe.

יח עַמֻּדֵי הֶחָצֵר׃ וּמָסַךְ שַׁעַר הֶחָצֵר מַעֲשֵׂה רֹקֵם תְּכֵלֶת וְאַרְגָּמָן מפטיר
וְתוֹלַעַת שָׁנִי וְשֵׁשׁ מָשְׁזָר וְעֶשְׂרִים אַמָּה אֹרֶךְ וְקוֹמָה בְרֹחַב
יט חָמֵשׁ אַמּוֹת לְעֻמַּת קַלְעֵי הֶחָצֵר׃ וְעַמֻּדֵיהֶם אַרְבָּעָה וְאַדְנֵיהֶם
אַרְבָּעָה נְחֹשֶׁת וָוֵיהֶם כֶּסֶף וְצִפּוּי רָאשֵׁיהֶם וַחֲשֻׁקֵיהֶם כָּסֶף׃
כ וְכָל־הַיְתֵדֹת לַמִּשְׁכָּן וְלֶחָצֵר סָבִיב נְחֹשֶׁת׃
כא אֵלֶּה כח פקודי
פְקוּדֵי הַמִּשְׁכָּן מִשְׁכַּן הָעֵדֻת אֲשֶׁר פֻּקַּד עַל־פִּי מֹשֶׁה עֲבֹדַת
כב הַלְוִיִּם בְּיַד אִיתָמָר בֶּן־אַהֲרֹן הַכֹּהֵן׃ וּבְצַלְאֵל בֶּן־אוּרִי בֶן־חוּר
כג לְמַטֵּה יְהוּדָה עָשָׂה אֵת כָּל־אֲשֶׁר־צִוָּה יהוה אֶת־מֹשֶׁה׃ וְאִתּוֹ
אָהֳלִיאָב בֶּן־אֲחִיסָמָךְ לְמַטֵּה־דָן חָרָשׁ וְחֹשֵׁב וְרֹקֵם בַּתְּכֵלֶת
וּבָאַרְגָּמָן וּבְתוֹלַעַת הַשָּׁנִי וּבַשֵּׁשׁ׃
כד כָּל־הַזָּהָב הֶעָשׂוּי
לַמְּלָאכָה בְּכֹל מְלֶאכֶת הַקֹּדֶשׁ וַיְהִי ׀ זְהַב הַתְּנוּפָה תֵּשַׁע
כה וְעֶשְׂרִים כִּכָּר וּשְׁבַע מֵאוֹת וּשְׁלֹשִׁים שֶׁקֶל בְּשֶׁקֶל הַקֹּדֶשׁ׃ וְכֶסֶף
פְּקוּדֵי הָעֵדָה מְאַת כִּכָּר וְאֶלֶף וּשְׁבַע מֵאוֹת וַחֲמִשָּׁה וְשִׁבְעִים
כו שֶׁקֶל בְּשֶׁקֶל הַקֹּדֶשׁ׃ בֶּקַע לַגֻּלְגֹּלֶת מַחֲצִית הַשֶּׁקֶל בְּשֶׁקֶל
הַקֹּדֶשׁ לְכֹל הָעֹבֵר עַל־הַפְּקֻדִים מִבֶּן עֶשְׂרִים שָׁנָה וָמַעְלָה
כז לְשֵׁשׁ־מֵאוֹת אֶלֶף וּשְׁלֹשֶׁת אֲלָפִים וַחֲמֵשׁ מֵאוֹת וַחֲמִשִּׁים׃ וַיְהִי
מְאַת כִּכַּר הַכֶּסֶף לָצֶקֶת אֵת אַדְנֵי הַקֹּדֶשׁ וְאֵת אַדְנֵי הַפָּרֹכֶת
כח מְאַת אֲדָנִים לִמְאַת הַכִּכָּר כִּכָּר לָאָדֶן׃ וְאֶת־הָאֶלֶף וּשְׁבַע
הַמֵּאוֹת וַחֲמִשָּׁה וְשִׁבְעִים עָשָׂה וָוִים לָעַמּוּדִים וְצִפָּה רָאשֵׁיהֶם
כט וְחִשַּׁק אֹתָם׃ וּנְחֹשֶׁת הַתְּנוּפָה שִׁבְעִים כִּכָּר וְאַלְפַּיִם וְאַרְבַּע־
ל מֵאוֹת שָׁקֶל׃ וַיַּעַשׂ בָּהּ אֶת־אַדְנֵי פֶּתַח אֹהֶל מוֹעֵד וְאֵת מִזְבַּח
הַנְּחֹשֶׁת וְאֶת־מִכְבַּר הַנְּחֹשֶׁת אֲשֶׁר־לוֹ וְאֵת כָּל־כְּלֵי הַמִּזְבֵּחַ׃
לא וְאֶת־אַדְנֵי הֶחָצֵר סָבִיב וְאֶת־אַדְנֵי שַׁעַר הֶחָצֵר וְאֵת כָּל־יִתְדֹת
לט א הַמִּשְׁכָּן וְאֶת־כָּל־יִתְדֹת הֶחָצֵר סָבִיב׃ וּמִן־הַתְּכֵלֶת וְהָאַרְגָּמָן
וְתוֹלַעַת הַשָּׁנִי עָשׂוּ בִגְדֵי־שְׂרָד לְשָׁרֵת בַּקֹּדֶשׁ וַיַּעֲשׂוּ אֶת־בִּגְדֵי
הַקֹּדֶשׁ אֲשֶׁר לְאַהֲרֹן כַּאֲשֶׁר צִוָּה יהוה אֶת־מֹשֶׁה׃

2 He made the ephod of gold, with sky-blue, purple, and scarlet wool SHEINI /ḤAMISHI/
3 and finely spun linen. They hammered out thin sheets of gold and
cut strands to be worked into the sky-blue, purple, and scarlet wool
4 and fine linen – highly skilled work. They made fixed shoulder
5 pieces for the ephod; these were affixed to its two ends. Its decorated
waistband was like it and of one piece with the ephod, made with
gold, with sky-blue, purple, and scarlet wool and finely spun linen,
6 as the LORD commanded Moshe. They mounted the
rock crystal stones in gold filigree settings and engraved them as
7 a seal with the names of Yisrael's sons. He fastened them on the
shoulder pieces of the ephod as remembrance stones for Yisrael's
sons, as the LORD commanded Moshe.
8 He made the breast piece with the same skilled craftsmanship as
the ephod: of gold, of sky-blue, purple, and scarlet wool, and of
9 finely spun linen. It was square and folded double, a span long
10 and a span wide. Then they mounted four rows of precious stones
11 on it. The first row was a carnelian, an olivine, and a garnet; the
12 second row was an emerald, a lapis lazuli, and a green quartz; the
13 third row was an amber, a jet, and a sardonyx; and the fourth was
an aquamarine, a rock crystal, and a jasper or opal. They were
14 mounted in gold filigree settings. There were twelve stones, one
for each of the names of Yisrael's sons. Each was engraved like a
15 seal with the name of one of the twelve tribes. For the breast piece
16 they made chains of pure gold, braided like cords. They made two
gold filigree settings and two gold rings, and attached the rings
17 to two of the corners of the breast piece. They fastened the two
gold chains to the rings at the corners of the breast piece, and the
18 other ends of the chains to the two settings, attaching them to the
19 ephod's shoulder pieces at the front. They made two gold rings
and placed them at the two other corners of the breast piece on the
20 edge, inside, next to the ephod. Then they made two more gold
rings and attached them to the bottom of the ephod's two shoulder
pieces facing the priest's front, close to the seam and above the
21 ephod's woven waistband. They tied the rings of the breast piece

ב וַיַּעַשׂ אֶת־הָאֵפֹד זָהָב תְּכֵלֶת וְאַרְגָּמָן וְתוֹלַעַת שָׁנִי וְשֵׁשׁ מָשְׁזָר׃ שני /חמישי/
ג וַיְרַקְּעוּ אֶת־פַּחֵי הַזָּהָב וְקִצֵּץ פְּתִילִם לַעֲשׂוֹת בְּתוֹךְ הַתְּכֵלֶת
וּבְתוֹךְ הָאַרְגָּמָן וּבְתוֹךְ תּוֹלַעַת הַשָּׁנִי וּבְתוֹךְ הַשֵּׁשׁ מַעֲשֵׂה חֹשֵׁב׃
ד ה כְּתֵפֹת עָשׂוּ־לוֹ חֹבְרֹת עַל־שְׁנֵי קצוותו חֻבָּר׃ וְחֵשֶׁב אֲפֻדָּתוֹ קְצוֹתָיו
אֲשֶׁר עָלָיו מִמֶּנּוּ הוּא כְּמַעֲשֵׂהוּ זָהָב תְּכֵלֶת וְאַרְגָּמָן וְתוֹלַעַת
ו שָׁנִי וְשֵׁשׁ מָשְׁזָר כַּאֲשֶׁר צִוָּה יְהוָה אֶת־מֹשֶׁה׃ וַיַּעֲשׂוּ
אֶת־אַבְנֵי הַשֹּׁהַם מֻסַבֹּת מִשְׁבְּצֹת זָהָב מְפֻתָּחֹת פִּתּוּחֵי חוֹתָם
ז עַל־שְׁמוֹת בְּנֵי יִשְׂרָאֵל׃ וַיָּשֶׂם אֹתָם עַל כִּתְפֹת הָאֵפֹד אַבְנֵי
זִכָּרוֹן לִבְנֵי יִשְׂרָאֵל כַּאֲשֶׁר צִוָּה יְהוָה אֶת־מֹשֶׁה׃
ח וַיַּעַשׂ אֶת־הַחֹשֶׁן מַעֲשֵׂה חֹשֵׁב כְּמַעֲשֵׂה אֵפֹד זָהָב תְּכֵלֶת
ט וְאַרְגָּמָן וְתוֹלַעַת שָׁנִי וְשֵׁשׁ מָשְׁזָר׃ רָבוּעַ הָיָה כָּפוּל עָשׂוּ אֶת־
י הַחֹשֶׁן זֶרֶת אָרְכּוֹ וְזֶרֶת רָחְבּוֹ כָּפוּל׃ וַיְמַלְאוּ־בוֹ אַרְבָּעָה טוּרֵי
יא אָבֶן טוּר אֹדֶם פִּטְדָה וּבָרֶקֶת הַטּוּר הָאֶחָד׃ וְהַטּוּר הַשֵּׁנִי נֹפֶךְ
יב יג סַפִּיר וְיָהֲלֹם׃ וְהַטּוּר הַשְּׁלִישִׁי לֶשֶׁם שְׁבוֹ וְאַחְלָמָה׃ וְהַטּוּר
הָרְבִיעִי תַּרְשִׁישׁ שֹׁהַם וְיָשְׁפֵה מוּסַבֹּת מִשְׁבְּצֹת זָהָב בְּמִלֻּאֹתָם׃
יד וְהָאֲבָנִים עַל־שְׁמֹת בְּנֵי־יִשְׂרָאֵל הֵנָּה שְׁתֵּים עֶשְׂרֵה עַל־שְׁמֹתָם
טו פִּתּוּחֵי חֹתָם אִישׁ עַל־שְׁמוֹ לִשְׁנֵים עָשָׂר שָׁבֶט׃ וַיַּעֲשׂוּ עַל־
טז הַחֹשֶׁן שַׁרְשְׁרֹת גַּבְלֻת מַעֲשֵׂה עֲבֹת זָהָב טָהוֹר׃ וַיַּעֲשׂוּ שְׁתֵּי
מִשְׁבְּצֹת זָהָב וּשְׁתֵּי טַבְּעֹת זָהָב וַיִּתְּנוּ אֶת־שְׁתֵּי הַטַּבָּעֹת עַל־
יז שְׁנֵי קְצוֹת הַחֹשֶׁן׃ וַיִּתְּנוּ שְׁתֵּי הָעֲבֹתֹת הַזָּהָב עַל־שְׁתֵּי הַטַּבָּעֹת
יח עַל־קְצוֹת הַחֹשֶׁן׃ וְאֵת שְׁתֵּי קְצוֹת שְׁתֵּי הָעֲבֹתֹת נָתְנוּ עַל־
יט שְׁתֵּי הַמִּשְׁבְּצֹת וַיִּתְּנֻם עַל־כִּתְפֹת הָאֵפֹד אֶל־מוּל פָּנָיו׃ וַיַּעֲשׂוּ
שְׁתֵּי טַבְּעֹת זָהָב וַיָּשִׂימוּ עַל־שְׁנֵי קְצוֹת הַחֹשֶׁן עַל־שְׂפָתוֹ
כ אֲשֶׁר אֶל־עֵבֶר הָאֵפֹד בָּיְתָה׃ וַיַּעֲשׂוּ שְׁתֵּי טַבְּעֹת זָהָב וַיִּתְּנֻם
עַל־שְׁתֵּי כִתְפֹת הָאֵפֹד מִלְּמַטָּה מִמּוּל פָּנָיו לְעֻמַּת מַחְבַּרְתּוֹ
כא מִמַּעַל לְחֵשֶׁב הָאֵפֹד׃ וַיִּרְכְּסוּ אֶת־הַחֹשֶׁן מִטַּבְּעֹתָיו אֶל־טַבְּעֹת

to the rings of the ephod with a sky-blue cord, connecting it to
the waistband so that the breast piece would remain secured to the
ephod, as the LORD had commanded Moshe.
22 They made the robe of the ephod woven entirely of sky-blue wool, SHELISHI /SHISHI/
23 with an opening in the center like the neck of a coat of mail, with
24 a woven border around it so that it would not tear. They made
pomegranates of sky-blue, purple, and scarlet wool and finely
25 spun linen around the hem of the robe. And they made bells
of pure gold and attached them around the hem between the
26 pomegranates. The bells and pomegranates alternated around the
hem of the robe worn for ministering, as the LORD commanded
27 Moshe. For Aharon and his sons, they made tunics woven
28 from fine linen, together with a linen miter, linen headdresses, and
29 trousers of finely spun linen. The sash was embroidered out of
finely spun linen and sky-blue, purple, and scarlet wool, as the
30 LORD commanded Moshe. They made the headplate,
the holy diadem, of pure gold and engraved on it, as on a seal: Holy
31 to the LORD. Then they attached a sky-blue cord to it to affix it to
32 the miter, as the LORD had commanded Moshe. Thus all
the work on the Tabernacle, the Tent of Meeting, was completed.
The Israelites did everything exactly as the LORD had commanded
Moshe.
33 They brought the Tabernacle to Moshe: the Tent and all its REVI'I
34 furnishings, its clasps, frames, crossbars, posts, and sockets; the
covering of reddened rams' hides and the covering of fine leather
35 and the curtain that covered the screen; the Ark of the Testimony
36 and its carrying staves; the Ark cover; the table with all its utensils;
37 the showbread; the pure gold candelabrum with its row of lamps
38 and all its accessories, together with the oil for lighting; the gold
altar, the anointing oil, the fragrant incense, and the curtain for
39 the entrance to the Tent; the bronze altar with its bronze mesh,
40 its staves, and all its utensils; the laver with its base; the hangings
for the courtyard, its posts and sockets, and the screen for the

הָאֵפֹד בִּפְתִיל תְּכֵלֶת לִהְיֹת עַל־חֵשֶׁב הָאֵפֹד וְלֹא־יִזַּח הַחֹשֶׁן
מֵעַל הָאֵפֹד כַּאֲשֶׁר צִוָּה יהוה אֶת־מֹשֶׁה׃
כב כג וַיַּעַשׂ אֶת־מְעִיל הָאֵפֹד מַעֲשֵׂה אֹרֵג כְּלִיל תְּכֵלֶת׃ וּפִי־הַמְּעִיל שלישי /ששי/
כד בְּתוֹכוֹ כְּפִי תַחְרָא שָׂפָה לְפִיו סָבִיב לֹא יִקָּרֵעַ׃ וַיַּעֲשׂוּ עַל־שׁוּלֵי
כה הַמְּעִיל רִמּוֹנֵי תְּכֵלֶת וְאַרְגָּמָן וְתוֹלַעַת שָׁנִי מָשְׁזָר׃ וַיַּעֲשׂוּ פַעֲמֹנֵי
זָהָב טָהוֹר וַיִּתְּנוּ אֶת־הַפַּעֲמֹנִים בְּתוֹךְ הָרִמֹּנִים עַל־שׁוּלֵי הַמְּעִיל
כו סָבִיב בְּתוֹךְ הָרִמֹּנִים׃ פַּעֲמֹן וְרִמֹּן פַּעֲמֹן וְרִמֹּן עַל־שׁוּלֵי הַמְּעִיל
כז סָבִיב לְשָׁרֵת כַּאֲשֶׁר צִוָּה יהוה אֶת־מֹשֶׁה׃ וַיַּעֲשׂוּ
כח אֶת־הַכָּתְנֹת שֵׁשׁ מַעֲשֵׂה אֹרֵג לְאַהֲרֹן וּלְבָנָיו׃ וְאֵת הַמִּצְנֶפֶת
שֵׁשׁ וְאֶת־פַּאֲרֵי הַמִּגְבָּעֹת שֵׁשׁ וְאֶת־מִכְנְסֵי הַבָּד שֵׁשׁ מָשְׁזָר׃
כט וְאֶת־הָאַבְנֵט שֵׁשׁ מָשְׁזָר וּתְכֵלֶת וְאַרְגָּמָן וְתוֹלַעַת שָׁנִי מַעֲשֵׂה
ל רֹקֵם כַּאֲשֶׁר צִוָּה יהוה אֶת־מֹשֶׁה׃ וַיַּעֲשׂוּ אֶת־צִיץ
נֵזֶר־הַקֹּדֶשׁ זָהָב טָהוֹר וַיִּכְתְּבוּ עָלָיו מִכְתַּב פִּתּוּחֵי חוֹתָם קֹדֶשׁ
לא לַיהוה׃ וַיִּתְּנוּ עָלָיו פְּתִיל תְּכֵלֶת לָתֵת עַל־הַמִּצְנֶפֶת מִלְמָעְלָה
לב כַּאֲשֶׁר צִוָּה יהוה אֶת־מֹשֶׁה׃ וַתֵּכֶל כָּל־עֲבֹדַת מִשְׁכַּן
אֹהֶל מוֹעֵד וַיַּעֲשׂוּ בְּנֵי יִשְׂרָאֵל כְּכֹל אֲשֶׁר צִוָּה יהוה אֶת־מֹשֶׁה
כֵּן עָשׂוּ׃
לג וַיָּבִיאוּ אֶת־הַמִּשְׁכָּן אֶל־מֹשֶׁה אֶת־הָאֹהֶל וְאֶת־כָּל־כֵּלָיו קְרָסָיו כט רביעי
לד קְרָשָׁיו בְּרִיחָו וְעַמֻּדָיו וַאֲדָנָיו׃ וְאֶת־מִכְסֵה עוֹרֹת הָאֵילִם
הַמְאָדָּמִים וְאֶת־מִכְסֵה עֹרֹת הַתְּחָשִׁים וְאֵת פָּרֹכֶת הַמָּסָךְ׃
לה לו אֶת־אֲרוֹן הָעֵדֻת וְאֶת־בַּדָּיו וְאֵת הַכַּפֹּרֶת׃ אֶת־הַשֻּׁלְחָן אֶת־
לז כָּל־כֵּלָיו וְאֵת לֶחֶם הַפָּנִים׃ אֶת־הַמְּנֹרָה הַטְּהֹרָה אֶת־נֵרֹתֶיהָ
לח נֵרֹת הַמַּעֲרָכָה וְאֶת־כָּל־כֵּלֶיהָ וְאֵת שֶׁמֶן הַמָּאוֹר׃ וְאֵת מִזְבַּח
הַזָּהָב וְאֵת שֶׁמֶן הַמִּשְׁחָה וְאֵת קְטֹרֶת הַסַּמִּים וְאֵת מָסַךְ פֶּתַח
לט הָאֹהֶל׃ אֵת ׀ מִזְבַּח הַנְּחֹשֶׁת וְאֶת־מִכְבַּר הַנְּחֹשֶׁת אֲשֶׁר־לוֹ
מ אֶת־בַּדָּיו וְאֶת־כָּל־כֵּלָיו אֶת־הַכִּיֹּר וְאֶת־כַּנּוֹ׃ אֵת קַלְעֵי הֶחָצֵר

courtyard gate; the ropes and tent pegs for the courtyard; all the
furnishings for the service of the Tabernacle, the Tent of Meeting;
41 and the woven garments for ministering in the Sanctuary, both
the sacred vestments for Aharon the priest and the vestments
42 for his sons to wear when serving as priests. The Israelites had
completed all the work exactly as the LORD commanded Moshe.
43 Moshe saw that all the work had been done just as the LORD had
commanded – and Moshe blessed them.
40 1 2 Then the LORD spoke to Moshe, saying, "On the first day of the HAMISHI /SHEVI'I/
first month you shall set up the Tabernacle of the Tent of Meeting.
3 Put in it the Ark of the Testimony, and screen the Ark with the
4 curtain. Bring in the table and set it. Bring in the candelabrum
5 and light its lamps. Put the golden incense altar in front of the
Ark of the Testimony, and hang the screen for the Tabernacle's
6 entrance. Put the sacrificial altar in front of the entrance of the
7 Tabernacle of the Tent of Meeting. Place the laver between
8 the Tent of Meeting and the altar, and put water in it. Arrange
the courtyard all around, and put in place the screen for the
9 courtyard gate. Take the anointing oil and anoint the Tabernacle
and everything in it. Consecrate it and all its furnishings so that
10 it becomes holy. Anoint the sacrificial altar and all its utensils,
11 consecrating it so that it becomes holy of holies. Anoint the laver
12 with its base, making it holy. Then bring Aharon and his sons
to the entrance of the Tent of Meeting, and cleanse them with
13 water. Robe Aharon with the sacred vestments and anoint him,
14 that he may serve Me as priest. Then bring his sons forward,
15 robe them with tunics, and anoint them as you anointed their
father, that they may serve Me as priests. Through this anointing,
theirs will become an everlasting priesthood throughout the
16 generations." Moshe did exactly as the LORD had commanded
17 him. On the first day of the first month of the second year[69] SHISHI
18 the Tabernacle was set up. Moshe set up the Tabernacle, placed its
sockets, erected its frames, inserted its bars, and put up its posts.

69 Since the exodus from Egypt.

אֶת־עַמֻּדֶיהָ וְאֶת־אֲדָנֶיהָ וְאֶת־הַמָּסָךְ לְשַׁעַר הֶחָצֵר אֶת־מֵיתָרָיו
מא וִיתֵדֹתֶיהָ וְאֵת כָּל־כְּלֵי עֲבֹדַת הַמִּשְׁכָּן לְאֹהֶל מוֹעֵד׃ אֶת־בִּגְדֵי
הַשְּׂרָד לְשָׁרֵת בַּקֹּדֶשׁ אֶת־בִּגְדֵי הַקֹּדֶשׁ לְאַהֲרֹן הַכֹּהֵן וְאֶת־
מב בִּגְדֵי בָנָיו לְכַהֵן׃ כְּכֹל אֲשֶׁר־צִוָּה יְהוָה אֶת־מֹשֶׁה כֵּן עָשׂוּ בְּנֵי
מג יִשְׂרָאֵל אֵת כָּל־הָעֲבֹדָה׃ וַיַּרְא מֹשֶׁה אֶת־כָּל־הַמְּלָאכָה וְהִנֵּה
עָשׂוּ אֹתָהּ כַּאֲשֶׁר צִוָּה יְהוָה כֵּן עָשׂוּ וַיְבָרֶךְ אֹתָם מֹשֶׁה׃
מ א ב וַיְדַבֵּר יְהוָה אֶל־מֹשֶׁה לֵּאמֹר׃ בְּיוֹם־הַחֹדֶשׁ הָרִאשׁוֹן בְּאֶחָד חמישי /שביעי/
ג לַחֹדֶשׁ תָּקִים אֶת־מִשְׁכַּן אֹהֶל מוֹעֵד׃ וְשַׂמְתָּ שָׁם אֵת אֲרוֹן
ד הָעֵדוּת וְסַכֹּתָ עַל־הָאָרֹן אֶת־הַפָּרֹכֶת׃ וְהֵבֵאתָ אֶת־הַשֻּׁלְחָן
וְעָרַכְתָּ אֶת־עֶרְכּוֹ וְהֵבֵאתָ אֶת־הַמְּנֹרָה וְהַעֲלֵיתָ אֶת־נֵרֹתֶיהָ׃
ה וְנָתַתָּה אֶת־מִזְבַּח הַזָּהָב לִקְטֹרֶת לִפְנֵי אֲרוֹן הָעֵדֻת וְשַׂמְתָּ אֶת־
ו מָסַךְ הַפֶּתַח לַמִּשְׁכָּן׃ וְנָתַתָּה אֵת מִזְבַּח הָעֹלָה לִפְנֵי פֶּתַח מִשְׁכַּן
ז אֹהֶל־מוֹעֵד׃ וְנָתַתָּ אֶת־הַכִּיֹּר בֵּין־אֹהֶל מוֹעֵד וּבֵין הַמִּזְבֵּחַ וְנָתַתָּ
ח שָׁם מָיִם׃ וְשַׂמְתָּ אֶת־הֶחָצֵר סָבִיב וְנָתַתָּ אֶת־מָסַךְ שַׁעַר הֶחָצֵר׃
ט וְלָקַחְתָּ אֶת־שֶׁמֶן הַמִּשְׁחָה וּמָשַׁחְתָּ אֶת־הַמִּשְׁכָּן וְאֶת־כָּל־אֲשֶׁר־
י בּוֹ וְקִדַּשְׁתָּ אֹתוֹ וְאֶת־כָּל־כֵּלָיו וְהָיָה קֹדֶשׁ׃ וּמָשַׁחְתָּ אֶת־מִזְבַּח
הָעֹלָה וְאֶת־כָּל־כֵּלָיו וְקִדַּשְׁתָּ אֶת־הַמִּזְבֵּחַ וְהָיָה הַמִּזְבֵּחַ קֹדֶשׁ
יא יב קָדָשִׁים׃ וּמָשַׁחְתָּ אֶת־הַכִּיֹּר וְאֶת־כַּנּוֹ וְקִדַּשְׁתָּ אֹתוֹ׃ וְהִקְרַבְתָּ
אֶת־אַהֲרֹן וְאֶת־בָּנָיו אֶל־פֶּתַח אֹהֶל מוֹעֵד וְרָחַצְתָּ אֹתָם בַּמָּיִם׃
יג וְהִלְבַּשְׁתָּ אֶת־אַהֲרֹן אֵת בִּגְדֵי הַקֹּדֶשׁ וּמָשַׁחְתָּ אֹתוֹ וְקִדַּשְׁתָּ
יד טו אֹתוֹ וְכִהֵן לִי׃ וְאֶת־בָּנָיו תַּקְרִיב וְהִלְבַּשְׁתָּ אֹתָם כֻּתֳּנֹת׃ וּמָשַׁחְתָּ
אֹתָם כַּאֲשֶׁר מָשַׁחְתָּ אֶת־אֲבִיהֶם וְכִהֲנוּ לִי וְהָיְתָה לִהְיֹת לָהֶם
טז מָשְׁחָתָם לִכְהֻנַּת עוֹלָם לְדֹרֹתָם׃ וַיַּעַשׂ מֹשֶׁה כְּכֹל אֲשֶׁר צִוָּה
יז יְהוָה אֹתוֹ כֵּן עָשָׂה׃ וַיְהִי בַּחֹדֶשׁ הָרִאשׁוֹן בַּשָּׁנָה ששי
יח הַשֵּׁנִית בְּאֶחָד לַחֹדֶשׁ הוּקַם הַמִּשְׁכָּן׃ וַיָּקֶם מֹשֶׁה אֶת־הַמִּשְׁכָּן
וַיִּתֵּן אֶת־אֲדָנָיו וַיָּשֶׂם אֶת־קְרָשָׁיו וַיִּתֵּן אֶת־בְּרִיחָיו וַיָּקֶם אֶת־

19 He spread the tent over the Tabernacle and placed the covering over
20 the tent, as the LORD had commanded him. He took the
covenant and put it in the Ark. He inserted the carrying staves into
21 the Ark and placed the cover on top of it. He brought the Ark into
the Tabernacle and hung the cloth curtain, screening off the Ark
22 of the Testimony, as the LORD had commanded him. He
put the table in the Tent of Meeting, outside the curtain on the
23 north side of the Tabernacle, and arranged the bread on it before
24 the LORD, as the LORD had commanded him. He placed
the candelabrum in the Tent of Meeting, opposite the table, on the
25 Tabernacle's south side, and lit the lamps before the LORD, as the
26 LORD had commanded him. He placed the golden altar
27 in the Tent of Meeting, in front of the curtain, and on it he burned
28 fragrant incense, as the LORD had commanded him. He SHEVI'I
29 hung the curtain at the entrance of the Tabernacle. He put the
sacrificial altar at the entrance of the Tabernacle of the Tent of
Meeting, and on it sacrificed a burnt offering and a grain offering,
30 as the LORD had commanded him. He placed the laver
between the Tent of Meeting and the altar, and in it he put water
31 for washing. Moshe, Aharon, and his sons would wash their hands
32 and feet there, for they washed themselves whenever they went
into the Tent of Meeting or approached the altar, as the LORD
33 had commanded Moshe. Then he set up the courtyard
around the Tabernacle and the altar, and hung the curtain for
the courtyard gate. And so Moshe completed the work.
34 Then the cloud covered the Tent of Meeting, and the glory of MAFTIR
35 the LORD filled the Tabernacle. Moshe could not now enter
the Tent of Meeting, because the cloud had settled on it, and
36 the glory of the LORD filled the Tabernacle. In all the journeys
of the Israelites, when the cloud rose from the Tabernacle,
37 they would set out. But if the cloud did not lift, they did not
38 move on; they waited until it had lifted. The LORD's cloud
was over the Tabernacle by day, and fire was in it at night,
in view of all the House of Israel through all their journeys.

יט עַמּוּדָיו: וַיִּפְרֹשׂ אֶת־הָאֹהֶל עַל־הַמִּשְׁכָּן וַיָּשֶׂם אֶת־מִכְסֵה הָאֹהֶל
כ עָלָיו מִלְמָעְלָה כַּאֲשֶׁר צִוָּה יְהוָה אֶת־מֹשֶׁה: וַיִּקַּח
וַיִּתֵּן אֶת־הָעֵדֻת אֶל־הָאָרֹן וַיָּשֶׂם אֶת־הַבַּדִּים עַל־הָאָרֹן וַיִּתֵּן
כא אֶת־הַכַּפֹּרֶת עַל־הָאָרֹן מִלְמָעְלָה: וַיָּבֵא אֶת־הָאָרֹן אֶל־הַמִּשְׁכָּן
וַיָּשֶׂם אֵת פָּרֹכֶת הַמָּסָךְ וַיָּסֶךְ עַל אֲרוֹן הָעֵדוּת כַּאֲשֶׁר צִוָּה
כב יְהוָה אֶת־מֹשֶׁה: וַיִּתֵּן אֶת־הַשֻּׁלְחָן בְּאֹהֶל מוֹעֵד
כג עַל יֶרֶךְ הַמִּשְׁכָּן צָפֹנָה מִחוּץ לַפָּרֹכֶת: וַיַּעֲרֹךְ עָלָיו עֵרֶךְ לֶחֶם
כד לִפְנֵי יְהוָה כַּאֲשֶׁר צִוָּה יְהוָה אֶת־מֹשֶׁה: וַיָּשֶׂם אֶת־
כה הַמְּנֹרָה בְּאֹהֶל מוֹעֵד נֹכַח הַשֻּׁלְחָן עַל יֶרֶךְ הַמִּשְׁכָּן נֶגְבָּה: וַיַּעַל
כו הַנֵּרֹת לִפְנֵי יְהוָה כַּאֲשֶׁר צִוָּה יְהוָה אֶת־מֹשֶׁה: וַיָּשֶׂם
כז אֶת־מִזְבַּח הַזָּהָב בְּאֹהֶל מוֹעֵד לִפְנֵי הַפָּרֹכֶת: וַיַּקְטֵר עָלָיו
כח קְטֹרֶת סַמִּים כַּאֲשֶׁר צִוָּה יְהוָה אֶת־מֹשֶׁה: וַיָּשֶׂם שביעי
כט אֶת־מָסַךְ הַפֶּתַח לַמִּשְׁכָּן: וְאֵת מִזְבַּח הָעֹלָה שָׂם פֶּתַח מִשְׁכַּן
אֹהֶל־מוֹעֵד וַיַּעַל עָלָיו אֶת־הָעֹלָה וְאֶת־הַמִּנְחָה כַּאֲשֶׁר צִוָּה
ל יְהוָה אֶת־מֹשֶׁה: וַיָּשֶׂם אֶת־הַכִּיֹּר בֵּין־אֹהֶל מוֹעֵד
לא וּבֵין הַמִּזְבֵּחַ וַיִּתֵּן שָׁמָּה מַיִם לְרָחְצָה: וְרָחֲצוּ מִמֶּנּוּ מֹשֶׁה
לב וְאַהֲרֹן וּבָנָיו אֶת־יְדֵיהֶם וְאֶת־רַגְלֵיהֶם: בְּבֹאָם אֶל־אֹהֶל
מוֹעֵד וּבְקָרְבָתָם אֶל־הַמִּזְבֵּחַ יִרְחָצוּ כַּאֲשֶׁר צִוָּה יְהוָה אֶת־
לג מֹשֶׁה: וַיָּקֶם אֶת־הֶחָצֵר סָבִיב לַמִּשְׁכָּן וְלַמִּזְבֵּחַ וַיִּתֵּן
אֶת־מָסַךְ שַׁעַר הֶחָצֵר וַיְכַל מֹשֶׁה אֶת־הַמְּלָאכָה:
לד וַיְכַס הֶעָנָן אֶת־אֹהֶל מוֹעֵד וּכְבוֹד יְהוָה מָלֵא אֶת־הַמִּשְׁכָּן: מפטיר
לה וְלֹא־יָכֹל מֹשֶׁה לָבוֹא אֶל־אֹהֶל מוֹעֵד כִּי־שָׁכַן עָלָיו הֶעָנָן
לו וּכְבוֹד יְהוָה מָלֵא אֶת־הַמִּשְׁכָּן: וּבְהֵעָלוֹת הֶעָנָן מֵעַל הַמִּשְׁכָּן
לז יִסְעוּ בְּנֵי יִשְׂרָאֵל בְּכֹל מַסְעֵיהֶם: וְאִם־לֹא יֵעָלֶה הֶעָנָן
לח וְלֹא יִסְעוּ עַד־יוֹם הֵעָלֹתוֹ: כִּי עֲנַן יְהוָה עַל־הַמִּשְׁכָּן יוֹמָם
וְאֵשׁ תִּהְיֶה לַיְלָה בּוֹ לְעֵינֵי כָל־בֵּית־יִשְׂרָאֵל בְּכָל־מַסְעֵיהֶם:

ויקרא

VAYIKRA / LEVITICUS

1 1 The Lord called to Moshe. From the Tent of Meeting He spoke VAYIKRA
2 to him and said, "Speak to the Israelites. Say: When one of you
brings an animal offering to the Lord, you may bring it either
3 from the herd or from the flock. If the offering is a burnt offering
from the herd, one must offer a male animal without blemish. The
one making the offering shall bring it to the entrance to the Tent of
4 Meeting to be accepted on his behalf before the Lord; and, that
it be accepted on his behalf, to make his atonement, he shall lay
5 his hand on the head of the burnt offering and shall have the bull
slaughtered before the Lord. And Aharon's sons the priests shall
present the blood, dashing it against each side of the altar at the
6 entrance to the Tent of Meeting. The burnt offering shall then be
7 skinned and cut into pieces. The sons of Aharon the priest shall
8 arrange wood on the fire they will have placed upon the altar. Then
Aharon's sons the priests shall arrange the pieces of the sacrifice,
9 with the head and the fat, upon the wood on the altar fire; the
inner organs and legs shall first be washed with water. The priest
shall then burn it all on the altar as a burnt offering, an offering
10 of fire, a pleasing aroma to the Lord. If the offering is a
burnt offering from the flock, whether a sheep or a goat, one must
11 offer a male without blemish. The one making the sacrifice shall
have it slaughtered on the north side of the altar before the Lord,
and Aharon's sons the priests shall dash its blood against each
12 side of the altar. The sacrifice shall be cut into pieces, including
the head and the fat, and the priest shall arrange these upon the
13 wood on the altar fire, the inner organs and legs having been
washed with water. The priest shall then offer it all, sending it up
in smoke upon the altar as a burnt offering, an offering of fire, a
pleasing aroma to the Lord.
14 If the offering for the Lord is to be a burnt offering of fowl, one SHEINI
15 may offer doves or pigeons. The priest shall bring the offering to
the altar, sever its neck, and burn it on the altar; its blood shall
16 be drained against the altar wall: the priest shall remove the crop
with its feathers and throw that to the east side of the altar, to

א א ב וַיִּקְרָ֖א אֶל־מֹשֶׁ֑ה וַיְדַבֵּ֤ר יהוה֙ אֵלָ֔יו מֵאֹ֥הֶל מוֹעֵ֖ד לֵאמֹֽר׃ דַּבֵּ֞ר א
אֶל־בְּנֵ֤י יִשְׂרָאֵל֙ וְאָמַרְתָּ֣ אֲלֵהֶ֔ם אָדָ֗ם כִּֽי־יַקְרִ֥יב מִכֶּ֛ם קָרְבָּ֖ן
לַיהוָ֑ה מִן־הַבְּהֵמָ֗ה מִן־הַבָּקָר֙ וּמִן־הַצֹּ֔אן תַּקְרִ֖יבוּ אֶת־קָרְבַּנְכֶֽם׃
ג אִם־עֹלָ֤ה קָרְבָּנוֹ֙ מִן־הַבָּקָ֔ר זָכָ֥ר תָּמִ֖ים יַקְרִיבֶ֑נּוּ אֶל־פֶּ֜תַח
ד אֹ֤הֶל מוֹעֵד֙ יַקְרִ֣יב אֹת֔וֹ לִרְצֹנ֖וֹ לִפְנֵ֥י יְהוָֽה׃ וְסָמַ֣ךְ יָד֔וֹ עַ֖ל רֹ֣אשׁ
ה הָעֹלָ֑ה וְנִרְצָ֥ה ל֖וֹ לְכַפֵּ֥ר עָלָֽיו׃ וְשָׁחַ֛ט אֶת־בֶּ֥ן הַבָּקָ֖ר לִפְנֵ֣י יְהוָ֑ה
וְהִקְרִ֡יבוּ בְּנֵ֨י אַהֲרֹ֤ן הַכֹּהֲנִים֙ אֶת־הַדָּ֔ם וְזָרְק֨וּ אֶת־הַדָּ֤ם עַל־
ו הַמִּזְבֵּ֙חַ֙ סָבִ֔יב אֲשֶׁר־פֶּ֖תַח אֹ֥הֶל מוֹעֵֽד׃ וְהִפְשִׁ֖יט אֶת־הָעֹלָ֑ה
ז וְנִתַּ֥ח אֹתָ֖הּ לִנְתָחֶֽיהָ׃ וְֽנָתְנ֗וּ בְּנֵ֨י אַהֲרֹ֧ן הַכֹּהֵ֛ן אֵ֖שׁ עַל־הַמִּזְבֵּ֑חַ
ח וְעָרְכ֥וּ עֵצִ֖ים עַל־הָאֵֽשׁ׃ וְעָרְכ֗וּ בְּנֵ֤י אַהֲרֹן֙ הַכֹּ֣הֲנִ֔ים אֵ֚ת הַנְּתָחִ֔ים
אֶת־הָרֹ֖אשׁ וְאֶת־הַפָּ֑דֶר עַל־הָעֵצִים֙ אֲשֶׁ֣ר עַל־הָאֵ֔שׁ אֲשֶׁ֖ר עַל־
ט הַמִּזְבֵּֽחַ׃ וְקִרְבּ֥וֹ וּכְרָעָ֖יו יִרְחַ֣ץ בַּמָּ֑יִם וְהִקְטִ֨יר הַכֹּהֵ֤ן אֶת־הַכֹּל֙
י הַמִּזְבֵּ֔חָה עֹלָ֛ה אִשֵּׁ֥ה רֵֽיחַ־נִיח֖וֹחַ לַיהוָֽה׃ וְאִם־מִן־
הַצֹּ֨אן קָרְבָּנ֥וֹ מִן־הַכְּשָׂבִ֛ים א֥וֹ מִן־הָעִזִּ֖ים לְעֹלָ֑ה זָכָ֥ר תָּמִ֖ים
יא יַקְרִיבֶֽנּוּ׃ וְשָׁחַ֨ט אֹת֜וֹ עַ֣ל יֶ֧רֶךְ הַמִּזְבֵּ֛חַ צָפֹ֖נָה לִפְנֵ֣י יְהוָ֑ה וְזָרְק֡וּ
יב בְּנֵי֩ אַהֲרֹ֨ן הַכֹּהֲנִ֧ים אֶת־דָּמ֛וֹ עַל־הַמִּזְבֵּ֖חַ סָבִֽיב׃ וְנִתַּ֤ח אֹתוֹ֙
לִנְתָחָ֔יו וְאֶת־רֹאשׁ֖וֹ וְאֶת־פִּדְר֑וֹ וְעָרַ֤ךְ הַכֹּהֵן֙ אֹתָ֔ם עַל־הָעֵצִים֙
יג אֲשֶׁ֣ר עַל־הָאֵ֔שׁ אֲשֶׁ֖ר עַל־הַמִּזְבֵּֽחַ׃ וְהַקֶּ֥רֶב וְהַכְּרָעַ֖יִם יִרְחַ֣ץ
בַּמָּ֑יִם וְהִקְרִ֨יב הַכֹּהֵ֤ן אֶת־הַכֹּל֙ וְהִקְטִ֣יר הַמִּזְבֵּ֔חָה עֹלָ֣ה ה֗וּא
אִשֵּׁ֛ה רֵ֥יחַ נִיחֹ֖חַ לַיהוָֽה׃
יד וְאִ֧ם מִן־הָע֛וֹף עֹלָ֥ה קָרְבָּנ֖וֹ לַיהוָ֑ה וְהִקְרִ֣יב מִן־הַתֹּרִ֗ים א֛וֹ שני
טו מִן־בְּנֵ֥י הַיּוֹנָ֖ה אֶת־קָרְבָּנֽוֹ׃ וְהִקְרִיב֤וֹ הַכֹּהֵן֙ אֶל־הַמִּזְבֵּ֔חַ וּמָלַק֙
אֶת־רֹאשׁ֔וֹ וְהִקְטִ֖יר הַמִּזְבֵּ֑חָה וְנִמְצָ֣ה דָמ֔וֹ עַ֖ל קִ֥יר הַמִּזְבֵּֽחַ׃
טז וְהֵסִ֥יר אֶת־מֻרְאָת֖וֹ בְּנֹצָתָ֑הּ וְהִשְׁלִ֨יךְ אֹתָ֜הּ אֵ֤צֶל הַמִּזְבֵּ֙חַ֙ קֵ֔דְמָה

17 the place where the ashes are gathered. Then he shall tear the
bird open by its wings, without dividing it completely. The priest
shall then send it up in smoke upon the altar, on the wood of the
altar fire. It is a burnt offering, an offering of fire, a pleasing aroma
2 1 to the Lord. When one brings a grain offering to the
Lord, it shall be of fine flour. The one who brings the sacrifice
2 shall pour oil over it, then place incense upon it, and bring it to
Aharon's sons, the priests. From this, the priest shall scoop out
a handful of its fine flour and oil, together with all its incense,
and send this remembrance[1] up in smoke upon the altar as an
3 offering of fire, a pleasing aroma to the Lord. What remains of
the grain offering shall belong to Aharon and his sons; it is holy
4 of holies among the fire offerings to the Lord.[2] When
you bring a grain offering baked in an oven, it shall be of fine flour:
unleavened loaves mixed with oil or unleavened wafers spread
5 with oil. If your offering is grain prepared on a griddle, it
6 shall be of fine flour mixed with oil, and unleavened. Crumble it
7 into pieces and pour oil over it; this is a grain offering. If SHELISHI
your offering is grain prepared in a pan, it shall be of fine flour in
8 oil. You shall bring the grain offering made in one of these ways to
the Lord, presenting it to the priest, who will bring it to the altar.
9 The priest shall lift a remembrance from the grain offering and
send it up in smoke upon the altar as an offering of fire, a pleasing
10 aroma to the Lord. What is left of this grain offering shall belong
to Aharon and his sons; it is holy of holies among the fire offerings
11 to the Lord. No grain offering that you bring to the Lord shall
be made with leaven, for no leaven or honey may be used in a
12 fire offering to the Lord, sent up in smoke. You may bring them
as offerings of first produce to the Lord, but they may not be
13 offered on the altar as a pleasing aroma.[3] You shall season all your
grain offerings with salt; do not omit from your grain offering the
salt of your covenant with God. You shall offer salt with all your
14 offerings. If you bring a grain offering of first produce
to the Lord, it shall be brought as soon as it ripens on the stalk.

טז אֶל־מְקוֹם הַדָּשֶׁן: וְשִׁסַּע אֹתוֹ בִכְנָפָיו לֹא יַבְדִּיל וְהִקְטִיר אֹתוֹ
הַכֹּהֵן הַמִּזְבֵּחָה עַל־הָעֵצִים אֲשֶׁר עַל־הָאֵשׁ עֹלָה הוּא אִשֵּׁה
ב א רֵיחַ נִיחֹחַ לַיהוָה: וְנֶפֶשׁ כִּי־תַקְרִיב קָרְבַּן מִנְחָה
לַיהוָה סֹלֶת יִהְיֶה קָרְבָּנוֹ וְיָצַק עָלֶיהָ שֶׁמֶן וְנָתַן עָלֶיהָ לְבֹנָה:
ב וֶהֱבִיאָהּ אֶל־בְּנֵי אַהֲרֹן הַכֹּהֲנִים וְקָמַץ מִשָּׁם מְלֹא קֻמְצוֹ
מִסָּלְתָּהּ וּמִשַּׁמְנָהּ עַל כָּל־לְבֹנָתָהּ וְהִקְטִיר הַכֹּהֵן אֶת־אַזְכָּרָתָהּ
ג הַמִּזְבֵּחָה אִשֵּׁה רֵיחַ נִיחֹחַ לַיהוָה: וְהַנּוֹתֶרֶת מִן־הַמִּנְחָה לְאַהֲרֹן
ד וּלְבָנָיו קֹדֶשׁ קָדָשִׁים מֵאִשֵּׁי יְהוָה: וְכִי תַקְרִב קָרְבַּן
מִנְחָה מַאֲפֵה תַנּוּר סֹלֶת חַלּוֹת מַצֹּת בְּלוּלֹת בַּשֶּׁמֶן וּרְקִיקֵי
ה מַצּוֹת מְשֻׁחִים בַּשָּׁמֶן: וְאִם־מִנְחָה עַל־הַמַּחֲבַת
ו קָרְבָּנֶךָ סֹלֶת בְּלוּלָה בַשֶּׁמֶן מַצָּה תִהְיֶה: פָּתוֹת אֹתָהּ פִּתִּים
ז וְיָצַקְתָּ עָלֶיהָ שָׁמֶן מִנְחָה הִוא: וְאִם־מִנְחַת מַרְחֶשֶׁת שלישי
ח קָרְבָּנֶךָ סֹלֶת בַּשֶּׁמֶן תֵּעָשֶׂה: וְהֵבֵאתָ אֶת־הַמִּנְחָה אֲשֶׁר יֵעָשֶׂה
ט מֵאֵלֶּה לַיהוָה וְהִקְרִיבָהּ אֶל־הַכֹּהֵן וְהִגִּישָׁהּ אֶל־הַמִּזְבֵּחַ: וְהֵרִים
הַכֹּהֵן מִן־הַמִּנְחָה אֶת־אַזְכָּרָתָהּ וְהִקְטִיר הַמִּזְבֵּחָה אִשֵּׁה רֵיחַ
י נִיחֹחַ לַיהוָה: וְהַנּוֹתֶרֶת מִן־הַמִּנְחָה לְאַהֲרֹן וּלְבָנָיו קֹדֶשׁ קָדָשִׁים
יא מֵאִשֵּׁי יְהוָה: כָּל־הַמִּנְחָה אֲשֶׁר תַּקְרִיבוּ לַיהוָה לֹא תֵעָשֶׂה
חָמֵץ כִּי כָל־שְׂאֹר וְכָל־דְּבַשׁ לֹא־תַקְטִירוּ מִמֶּנּוּ אִשֶּׁה לַיהוָה:
יב קָרְבַּן רֵאשִׁית תַּקְרִיבוּ אֹתָם לַיהוָה וְאֶל־הַמִּזְבֵּחַ לֹא־יַעֲלוּ
יג לְרֵיחַ נִיחֹחַ: וְכָל־קָרְבַּן מִנְחָתְךָ בַּמֶּלַח תִּמְלָח וְלֹא תַשְׁבִּית
מֶלַח בְּרִית אֱלֹהֶיךָ מֵעַל מִנְחָתֶךָ עַל כָּל־קָרְבָּנְךָ תַּקְרִיב
יד מֶלַח: וְאִם־תַּקְרִיב מִנְחַת בִּכּוּרִים לַיהוָה אָבִיב קָלוּי

1 A part of the offering sent up in smoke, prompting the Lord to "remember" the individual in a favorable way.

2 Offerings in the category of "holy of holies" bear greater restrictions and may be eaten only by the priests.

3 See, for example, Deuteronomy 26:2.

Roasted in fire, crushed from fresh kernels; thus shall you bring
15 the grain offering of first produce. You shall put oil and incense on
16 it; it is a grain offering. The priest shall send its remembrance up
in smoke – some of the crushed new grain and oil together with
all of the incense – as a fire offering to the LORD.

3 1 If one's sacrifice is a peace offering, and brought from the herd, REVI'I
whether male or female, the animal one offers before the LORD
2 must be without blemish. The one bringing the offering shall
lay his hand on its head and have it slaughtered at the entrance
to the Tent of Meeting. Aharon's sons the priests shall dash the
3 blood against each side of the altar. A priest shall present of the
peace offering a fire offering to the LORD: the fat that covers the
4 entrails and all the fat surrounding them; the two kidneys and
the fat that is on them at the loins; and the diaphragm of the liver,
5 which should be removed with the kidneys. Aharon's sons shall
send all these up in smoke upon the altar, along with the burnt
offering[4] on the wood on the altar fire – a fire offering, a pleasing
aroma to the LORD.

6 If one's offering is a peace offering from the flock, whether male
7 or female, it must be without blemish. If one brings a sheep as his
8 offering, he shall present it before the LORD. He shall lay his hand
on the head of the offering and have it slaughtered at the entrance
to the Tent of Meeting. Aharon's sons the priests shall dash the
9 blood against each side of the altar. The priest shall present the fat
from the peace offering as a fire offering to the LORD: the whole
broad tail, removed close to the backbone; the fat that covers the
10 entrails and all the fat surrounding them; the two kidneys and
the fat that is on them at the loins; and the diaphragm of the liver,
11 which should be removed with the kidneys. The priest shall send
these up in smoke upon the altar: foodstuffs – a fire offering to
the LORD.

12 If the sacrifice is a goat, the one bringing it shall present it before
13 the LORD. He shall lay his hand on the head of the offering and
have it slaughtered at the entrance to the Tent of Meeting. Aharon's

טו בָּאֵשׁ גֶּרֶשׂ כַּרְמֶל תַּקְרִיב אֵת מִנְחַת בִּכּוּרֶיךָ: וְנָתַתָּ עָלֶיהָ שֶׁמֶן
טז וְשַׂמְתָּ עָלֶיהָ לְבֹנָה מִנְחָה הִוא: וְהִקְטִיר הַכֹּהֵן אֶת־אַזְכָּרָתָהּ
מִגִּרְשָׂהּ וּמִשַּׁמְנָהּ עַל כָּל־לְבֹנָתָהּ אִשֶּׁה לַיהוָה:

ג א וְאִם־זֶבַח שְׁלָמִים קָרְבָּנוֹ אִם מִן־הַבָּקָר הוּא מַקְרִיב אִם־זָכָר רביעי
ב אִם־נְקֵבָה תָּמִים יַקְרִיבֶנּוּ לִפְנֵי יהוה: וְסָמַךְ יָדוֹ עַל־רֹאשׁ קָרְבָּנוֹ
וּשְׁחָטוֹ פֶּתַח אֹהֶל מוֹעֵד וְזָרְקוּ בְּנֵי אַהֲרֹן הַכֹּהֲנִים אֶת־הַדָּם
ג עַל־הַמִּזְבֵּחַ סָבִיב: וְהִקְרִיב מִזֶּבַח הַשְּׁלָמִים אִשֶּׁה לַיהוָה אֶת־
הַחֵלֶב הַמְכַסֶּה אֶת־הַקֶּרֶב וְאֵת כָּל־הַחֵלֶב אֲשֶׁר עַל־הַקֶּרֶב:
ד וְאֵת שְׁתֵּי הַכְּלָיֹת וְאֶת־הַחֵלֶב אֲשֶׁר עֲלֵהֶן אֲשֶׁר עַל־הַכְּסָלִים
ה וְאֶת־הַיֹּתֶרֶת עַל־הַכָּבֵד עַל־הַכְּלָיוֹת יְסִירֶנָּה: וְהִקְטִירוּ אֹתוֹ
בְנֵי־אַהֲרֹן הַמִּזְבֵּחָה עַל־הָעֹלָה אֲשֶׁר עַל־הָעֵצִים אֲשֶׁר עַל־
הָאֵשׁ אִשֵּׁה רֵיחַ נִיחֹחַ לַיהוָה:

ו וְאִם־מִן־הַצֹּאן קָרְבָּנוֹ לְזֶבַח שְׁלָמִים לַיהוָה זָכָר אוֹ נְקֵבָה
ז תָּמִים יַקְרִיבֶנּוּ: אִם־כֶּשֶׂב הוּא־מַקְרִיב אֶת־קָרְבָּנוֹ וְהִקְרִיב
ח אֹתוֹ לִפְנֵי יהוה: וְסָמַךְ אֶת־יָדוֹ עַל־רֹאשׁ קָרְבָּנוֹ וְשָׁחַט
אֹתוֹ לִפְנֵי אֹהֶל מוֹעֵד וְזָרְקוּ בְּנֵי אַהֲרֹן אֶת־דָּמוֹ עַל־הַמִּזְבֵּחַ
ט סָבִיב: וְהִקְרִיב מִזֶּבַח הַשְּׁלָמִים אִשֶּׁה לַיהוָה חֶלְבּוֹ הָאַלְיָה
תְמִימָה לְעֻמַּת הֶעָצֶה יְסִירֶנָּה וְאֶת־הַחֵלֶב הַמְכַסֶּה אֶת־הַקֶּרֶב
י וְאֵת כָּל־הַחֵלֶב אֲשֶׁר עַל־הַקֶּרֶב: וְאֵת שְׁתֵּי הַכְּלָיֹת וְאֶת־
הַחֵלֶב אֲשֶׁר עֲלֵהֶן אֲשֶׁר עַל־הַכְּסָלִים וְאֶת־הַיֹּתֶרֶת עַל־הַכָּבֵד
יא עַל־הַכְּלָיֹת יְסִירֶנָּה: וְהִקְטִירוֹ הַכֹּהֵן הַמִּזְבֵּחָה לֶחֶם אִשֶּׁה
לַיהוָה:

יב יג וְאִם־עֵז קָרְבָּנוֹ וְהִקְרִיבוֹ לִפְנֵי יהוה: וְסָמַךְ אֶת־יָדוֹ עַל־רֹאשׁוֹ
וְשָׁחַט אֹתוֹ לִפְנֵי אֹהֶל מוֹעֵד וְזָרְקוּ בְּנֵי אַהֲרֹן אֶת־דָּמוֹ עַל־

4 Apparently the burnt offering that was brought every morning (see Ex. 29:38–42).

sons the priests shall dash the blood against each side of the
14 altar. The priest shall present of the offering a fire offering to the
Lord: the fat that covers the entrails and all the fat surrounding
15 them; the two kidneys and the fat that is on them at the loins;
and the diaphragm of the liver, which should be removed with
16 the kidneys. The priest shall send these up in smoke upon the
altar: foodstuffs – a fire offering to the Lord. All the fatty parts
17 belong to the Lord: this is an everlasting statute throughout your
generations in all your dwellings: you shall not eat either that fat
or blood."
4 1 2 The Lord spoke to Moshe: "Tell the Israelites: If a person sins ḤAMISHI
unintentionally with regard to any of the Lord's commands,
3 doing what should not be done; any transgression – if it is the
anointed priest who sins, bringing guilt upon his people, he shall
bring an unblemished young bull to the Lord as a purification
4 offering for the sin he has committed. He shall bring the bull
before the Lord at the entrance to the Tent of Meeting, lay his
hand upon the bull's head, and slaughter the bull before the Lord.
5 The anointed priest shall take some of the bull's blood and bring
6 it into the Tent of Meeting. The priest shall dip his finger into the
blood and sprinkle of it seven times before the Lord in front of
7 the Sanctuary's inner curtain. Then the priest shall apply some
of the blood to the horns of the altar of fragrant incense, which
is in the Tent of Meeting before the Lord.[5] The rest of the bull's
blood he shall pour out at the base of the altar of burnt offerings,
8 at the entrance to the Tent of Meeting.[6] He shall remove all the
fat from the bull of the purification offering: the fat that covers
9 the entrails and all the fat surrounding them; the two kidneys and
the fat that is on them at the loins; and the diaphragm of the liver,
10 which should be removed with the kidneys, just as it is removed
from the ox of the peace offering.[7] The priest shall send these up
11 in smoke upon the altar of burnt offerings. But the bull's skin and
12 all its flesh, together with its head, legs, entrails, and dung – all the
rest of the bull – he shall take to a ritually pure place outside the

יד הַמִּזְבֵּחַ סָבִיב׃ וְהִקְרִיב מִמֶּנּוּ קָרְבָּנוֹ אִשֶּׁה לַיהוָה אֶת־הַחֵלֶב
טו הַמְכַסֶּה אֶת־הַקֶּרֶב וְאֵת כָּל־הַחֵלֶב אֲשֶׁר עַל־הַקֶּרֶב׃ וְאֵת שְׁתֵּי
הַכְּלָיֹת וְאֶת־הַחֵלֶב אֲשֶׁר עֲלֵהֶן אֲשֶׁר עַל־הַכְּסָלִים וְאֶת־הַיֹּתֶרֶת
טז עַל־הַכָּבֵד עַל־הַכְּלָיוֹת יְסִירֶנָּה׃ וְהִקְטִירָם הַכֹּהֵן הַמִּזְבֵּחָה
יז לֶחֶם אִשֶּׁה לְרֵיחַ נִיחֹחַ כָּל־חֵלֶב לַיהוָה׃ חֻקַּת עוֹלָם לְדֹרֹתֵיכֶם
בְּכֹל מוֹשְׁבֹתֵיכֶם כָּל־חֵלֶב וְכָל־דָּם לֹא תֹאכֵלוּ׃
ד א ב וַיְדַבֵּר יְהוָה אֶל־מֹשֶׁה לֵּאמֹר׃ דַּבֵּר אֶל־בְּנֵי יִשְׂרָאֵל לֵאמֹר נֶפֶשׁ ב חמישי
כִּי־תֶחֱטָא בִשְׁגָגָה מִכֹּל מִצְוֺת יְהוָה אֲשֶׁר לֹא תֵעָשֶׂינָה וְעָשָׂה
ג מֵאַחַת מֵהֵנָּה׃ אִם הַכֹּהֵן הַמָּשִׁיחַ יֶחֱטָא לְאַשְׁמַת הָעָם וְהִקְרִיב
עַל חַטָּאתוֹ אֲשֶׁר חָטָא פַּר בֶּן־בָּקָר תָּמִים לַיהוָה לְחַטָּאת׃
ד וְהֵבִיא אֶת־הַפָּר אֶל־פֶּתַח אֹהֶל מוֹעֵד לִפְנֵי יְהוָה וְסָמַךְ אֶת־
ה יָדוֹ עַל־רֹאשׁ הַפָּר וְשָׁחַט אֶת־הַפָּר לִפְנֵי יְהוָה׃ וְלָקַח הַכֹּהֵן
ו הַמָּשִׁיחַ מִדַּם הַפָּר וְהֵבִיא אֹתוֹ אֶל־אֹהֶל מוֹעֵד׃ וְטָבַל הַכֹּהֵן
אֶת־אֶצְבָּעוֹ בַּדָּם וְהִזָּה מִן־הַדָּם שֶׁבַע פְּעָמִים לִפְנֵי יְהוָה אֶת־פְּנֵי
ז פָּרֹכֶת הַקֹּדֶשׁ׃ וְנָתַן הַכֹּהֵן מִן־הַדָּם עַל־קַרְנוֹת מִזְבַּח קְטֹרֶת
הַסַּמִּים לִפְנֵי יְהוָה אֲשֶׁר בְּאֹהֶל מוֹעֵד וְאֵת ׀ כָּל־דַּם הַפָּר יִשְׁפֹּךְ
ח אֶל־יְסוֹד מִזְבַּח הָעֹלָה אֲשֶׁר־פֶּתַח אֹהֶל מוֹעֵד׃ וְאֶת־כָּל־חֵלֶב
פַּר הַחַטָּאת יָרִים מִמֶּנּוּ אֶת־הַחֵלֶב הַמְכַסֶּה עַל־הַקֶּרֶב וְאֵת
ט כָּל־הַחֵלֶב אֲשֶׁר עַל־הַקֶּרֶב׃ וְאֵת שְׁתֵּי הַכְּלָיֹת וְאֶת־הַחֵלֶב אֲשֶׁר
עֲלֵיהֶן אֲשֶׁר עַל־הַכְּסָלִים וְאֶת־הַיֹּתֶרֶת עַל־הַכָּבֵד עַל־הַכְּלָיוֹת
י יְסִירֶנָּה׃ כַּאֲשֶׁר יוּרַם מִשּׁוֹר זֶבַח הַשְּׁלָמִים וְהִקְטִירָם הַכֹּהֵן עַל
יא מִזְבַּח הָעֹלָה׃ וְאֶת־עוֹר הַפָּר וְאֶת־כָּל־בְּשָׂרוֹ עַל־רֹאשׁוֹ וְעַל־
יב כְּרָעָיו וְקִרְבּוֹ וּפִרְשׁוֹ׃ וְהוֹצִיא אֶת־כָּל־הַפָּר אֶל־מִחוּץ לַמַּחֲנֶה

5 See Exodus 30:1–10.
6 See Exodus 27:1–7.
7 See 3:3–4.

camp, to the ash heap, and burn upon a wood fire; at the ash heap
it shall be burned.
13 If it is the entire community of Israel that commits an unintentional
sin, the congregation unwittingly violating one of the LORD's
14 commands, doing what must not be done, when the sin that
they committed becomes known, the community shall bring
a young bull as a purification offering, presenting it before the
15 Tent of Meeting. The community elders shall lay their hands on
the bull's head before the LORD and, before the LORD, the bull
16 shall be slaughtered. The anointed priest shall take some of the
17 bull's blood into the Tent of Meeting. The priest shall dip his finger
into the blood and sprinkle it seven times before the LORD in front
18 of the curtain. Then he shall apply some of the blood to the horns
of the altar before the LORD in the Tent of Meeting, and pour out
all the rest at the base of the altar of burnt offerings, at the entrance
19 to the Tent of Meeting. Then he shall remove all its fat and send
20 it up in smoke upon the altar. He shall do the same with this bull
as he does with the bull of his purification offering;[8] he shall do
the same with this. So shall the priest make atonement for the
21 people, and they shall be forgiven. The priest shall then take the
bull outside the camp and burn it just as he burns the first bull.[9]
This is the community's purification offering.
22 When a leader sins unintentionally with regard to any of the LORD's
commands, doing what must not be done and thus incurring guilt,
23 when the sin that he has committed is made known to him, he
24 shall bring an unblemished male goat as his offering. He shall lay
his hand upon the goat's head, and it shall be slaughtered in the
place where burnt offerings are slaughtered before the LORD. It is a
25 purification offering. The priest shall take some of the blood from
the purification offering with his finger, and apply it to the horns
of the altar of burnt offerings. The rest of the blood he shall pour
26 out at the base of the altar of burnt offerings. He shall send up all
its fat in smoke upon the altar, like the fat of the peace offerings.[10]

אֶל־מָקוֹם טָהוֹר אֶל־שֶׁפֶךְ הַדֶּשֶׁן וְשָׂרַף אֹתוֹ עַל־עֵצִים בָּאֵשׁ
עַל־שֶׁפֶךְ הַדֶּשֶׁן יִשָּׂרֵף׃
יג וְאִם כָּל־עֲדַת יִשְׂרָאֵל יִשְׁגּוּ וְנֶעְלַם דָּבָר מֵעֵינֵי הַקָּהָל וְעָשׂוּ אַחַת
יד מִכָּל־מִצְוֺת יהוה אֲשֶׁר לֹא־תֵעָשֶׂינָה וְאָשֵׁמוּ׃ וְנוֹדְעָה הַחַטָּאת
אֲשֶׁר חָטְאוּ עָלֶיהָ וְהִקְרִיבוּ הַקָּהָל פַּר בֶּן־בָּקָר לְחַטָּאת וְהֵבִיאוּ
טו אֹתוֹ לִפְנֵי אֹהֶל מוֹעֵד׃ וְסָמְכוּ זִקְנֵי הָעֵדָה אֶת־יְדֵיהֶם עַל־רֹאשׁ
טז הַפָּר לִפְנֵי יהוה וְשָׁחַט אֶת־הַפָּר לִפְנֵי יהוה׃ וְהֵבִיא הַכֹּהֵן
יז הַמָּשִׁיחַ מִדַּם הַפָּר אֶל־אֹהֶל מוֹעֵד׃ וְטָבַל הַכֹּהֵן אֶצְבָּעוֹ מִן־
יח הַדָּם וְהִזָּה שֶׁבַע פְּעָמִים לִפְנֵי יהוה אֵת פְּנֵי הַפָּרֹכֶת׃ וּמִן־הַדָּם
יִתֵּן ׀ עַל־קַרְנֹת הַמִּזְבֵּחַ אֲשֶׁר לִפְנֵי יהוה אֲשֶׁר בְּאֹהֶל מוֹעֵד
וְאֵת כָּל־הַדָּם יִשְׁפֹּךְ אֶל־יְסוֹד מִזְבַּח הָעֹלָה אֲשֶׁר־פֶּתַח אֹהֶל
יט כ מוֹעֵד׃ וְאֵת כָּל־חֶלְבּוֹ יָרִים מִמֶּנּוּ וְהִקְטִיר הַמִּזְבֵּחָה׃ וְעָשָׂה
לַפָּר כַּאֲשֶׁר עָשָׂה לְפַר הַחַטָּאת כֵּן יַעֲשֶׂה־לּוֹ וְכִפֶּר עֲלֵהֶם הַכֹּהֵן
כא וְנִסְלַח לָהֶם׃ וְהוֹצִיא אֶת־הַפָּר אֶל־מִחוּץ לַמַּחֲנֶה וְשָׂרַף אֹתוֹ
כַּאֲשֶׁר שָׂרַף אֵת הַפָּר הָרִאשׁוֹן חַטַּאת הַקָּהָל הוּא׃
כב אֲשֶׁר נָשִׂיא יֶחֱטָא וְעָשָׂה אַחַת מִכָּל־מִצְוֺת יהוה אֱלֹהָיו אֲשֶׁר
כג לֹא־תֵעָשֶׂינָה בִּשְׁגָגָה וְאָשֵׁם׃ אוֹ־הוֹדַע אֵלָיו חַטָּאתוֹ אֲשֶׁר
כד חָטָא בָּהּ וְהֵבִיא אֶת־קָרְבָּנוֹ שְׂעִיר עִזִּים זָכָר תָּמִים׃ וְסָמַךְ
יָדוֹ עַל־רֹאשׁ הַשָּׂעִיר וְשָׁחַט אֹתוֹ בִּמְקוֹם אֲשֶׁר־יִשְׁחַט אֶת־
כה הָעֹלָה לִפְנֵי יהוה חַטָּאת הוּא׃ וְלָקַח הַכֹּהֵן מִדַּם הַחַטָּאת
בְּאֶצְבָּעוֹ וְנָתַן עַל־קַרְנֹת מִזְבַּח הָעֹלָה וְאֶת־דָּמוֹ יִשְׁפֹּךְ
כו אֶל־יְסוֹד מִזְבַּח הָעֹלָה׃ וְאֶת־כָּל־חֶלְבּוֹ יַקְטִיר הַמִּזְבֵּחָה

8 Above, verses 5–10.
9 Above, verses 11–12.
10 See 3:3–5.

So shall the priest make atonement for that leader for his sin, and
he will be forgiven.
27 If an individual among the people sins unintentionally with regard SHISHI
to any of the LORD's commands, doing what should not be done
28 and thus incurring guilt, when the sin he has committed is made
known to him, he shall bring an unblemished female goat as
29 his offering to atone for the sin that he committed. He shall lay
his hand on the head of the purification offering, and it shall be
30 slaughtered in the same place as the burnt offerings. The priest
shall take some of its blood with his finger, and apply it to the horns
of the altar of burnt offerings. The rest of the blood he shall pour
31 out at the base of the altar. The priest shall remove all its fat, just as
the fat is removed from a peace offering, and send it up in smoke
upon the altar as a pleasing aroma to the LORD. So shall the priest
make atonement for that person, and he will be forgiven.
32 If one brings a sheep as a purification offering,[11] it shall be an
33 unblemished female. One shall lay one's hand upon the head of
the purification offering, and it shall be slaughtered in the place
34 where burnt offerings are slaughtered. The priest shall take some
of its blood with his finger, and apply it to the horns of the altar
of burnt offerings. The rest of the blood he shall pour out at the
35 base of the altar. He shall remove all its fat, as the fat of a sheep
is removed from a peace offering. The priest shall send it up in
smoke upon the altar with the other fire offerings to the LORD.
So shall the priest make atonement for that person for the sin that
he committed, and he will be forgiven.
5 1 If a person sins by failing to testify after hearing a public adjuration
to do so: if he knows or has seen something, yet does not speak
2 up, and thus bears his guilt; or sins through touching an impure
thing – the carcass of an impure beast, or a carcass of impure
livestock, or the carcass of an impure creeping creature – and it
3 escapes his notice, and while impure, he incurs guilt;[12] or sins by
touching human impurity of any kind that makes him impure, and
4 it escapes his notice, but later he realizes his guilt; or sins by making

כְּחֵלֶב זֶבַח הַשְּׁלָמִים וְכִפֶּר עָלָיו הַכֹּהֵן מֵחַטָּאתוֹ וְנִסְלַח
לוֹ:
כז וְאִם־נֶפֶשׁ אַחַת תֶּחֱטָא בִשְׁגָגָה מֵעַם הָאָרֶץ בַּעֲשֹׂתָהּ אַחַת ששי
כח מִמִּצְוֹת יהוה אֲשֶׁר לֹא־תֵעָשֶׂינָה וְאָשֵׁם: אוֹ הוֹדַע אֵלָיו חַטָּאתוֹ
אֲשֶׁר חָטָא וְהֵבִיא קָרְבָּנוֹ שְׂעִירַת עִזִּים תְּמִימָה נְקֵבָה עַל־
כט חַטָּאתוֹ אֲשֶׁר חָטָא: וְסָמַךְ אֶת־יָדוֹ עַל רֹאשׁ הַחַטָּאת וְשָׁחַט
ל אֶת־הַחַטָּאת בִּמְקוֹם הָעֹלָה: וְלָקַח הַכֹּהֵן מִדָּמָהּ בְּאֶצְבָּעוֹ
וְנָתַן עַל־קַרְנֹת מִזְבַּח הָעֹלָה וְאֶת־כָּל־דָּמָהּ יִשְׁפֹּךְ אֶל־יְסוֹד
לא הַמִּזְבֵּחַ: וְאֶת־כָּל־חֶלְבָּהּ יָסִיר כַּאֲשֶׁר הוּסַר חֵלֶב מֵעַל־זֶבַח
הַשְּׁלָמִים וְהִקְטִיר הַכֹּהֵן הַמִּזְבֵּחָה לְרֵיחַ נִיחֹחַ לַיהוה וְכִפֶּר
עָלָיו הַכֹּהֵן וְנִסְלַח לוֹ:
לב לג וְאִם־כֶּבֶשׂ יָבִיא קָרְבָּנוֹ לְחַטָּאת נְקֵבָה תְמִימָה יְבִיאֶנָּה: וְסָמַךְ
אֶת־יָדוֹ עַל רֹאשׁ הַחַטָּאת וְשָׁחַט אֹתָהּ לְחַטָּאת בִּמְקוֹם
לד אֲשֶׁר יִשְׁחַט אֶת־הָעֹלָה: וְלָקַח הַכֹּהֵן מִדַּם הַחַטָּאת בְּאֶצְבָּעוֹ
וְנָתַן עַל־קַרְנֹת מִזְבַּח הָעֹלָה וְאֶת־כָּל־דָּמָהּ יִשְׁפֹּךְ אֶל־יְסוֹד
לה הַמִּזְבֵּחַ: וְאֶת־כָּל־חֶלְבָּהּ יָסִיר כַּאֲשֶׁר יוּסַר חֵלֶב־הַכֶּשֶׂב מִזֶּבַח
הַשְּׁלָמִים וְהִקְטִיר הַכֹּהֵן אֹתָם הַמִּזְבֵּחָה עַל אִשֵּׁי יהוה וְכִפֶּר
עָלָיו הַכֹּהֵן עַל־חַטָּאתוֹ אֲשֶׁר־חָטָא וְנִסְלַח לוֹ:
ה א וְנֶפֶשׁ כִּי־תֶחֱטָא וְשָׁמְעָה קוֹל אָלָה וְהוּא עֵד אוֹ רָאָה אוֹ יָדָע
ב אִם־לוֹא יַגִּיד וְנָשָׂא עֲוֹנוֹ: אוֹ נֶפֶשׁ אֲשֶׁר תִּגַּע בְּכָל־דָּבָר טָמֵא אוֹ
בְנִבְלַת חַיָּה טְמֵאָה אוֹ בְּנִבְלַת בְּהֵמָה טְמֵאָה אוֹ בְּנִבְלַת שֶׁרֶץ
ג טָמֵא וְנֶעְלַם מִמֶּנּוּ וְהוּא טָמֵא וְאָשֵׁם: אוֹ כִי יִגַּע בְּטֻמְאַת אָדָם
ד לְכֹל טֻמְאָתוֹ אֲשֶׁר יִטְמָא בָּהּ וְנֶעְלַם מִמֶּנּוּ וְהוּא יָדַע וְאָשֵׁם: אוֹ
נֶפֶשׁ כִּי תִשָּׁבַע לְבַטֵּא בִשְׂפָתַיִם לְהָרַע ׀ אוֹ לְהֵיטִיב לְכֹל אֲשֶׁר

11 Meaning as an alternative to the goat mentioned in verse 28.

12 For example, by entering the Sanctuary while impure.

a verbal oath to do something, bad or good – whatever one might
carelessly swear – and it escapes his attention, but later he realizes
5 his guilt;[13] in any one of these ways – when he realizes the guilt
he has incurred in any of these ways, he shall confess the sin he
6 has committed, and bring the amends of his guilt to the LORD for
the sin he has committed: a female sheep or goat as a purification
offering. So shall the priest make atonement for that person for
7 his sin. If he cannot afford a sheep,[14] he shall bring two doves or
two pigeons as his guilt offering to the LORD, one as a purification
8 offering and the other as a burnt offering. He shall bring them to
the priest, who will offer the first as a purification offering, severing
9 its neck at the back without detaching the head. Then he shall
sprinkle some of the blood of the purification offering against the
side of the altar; the rest of the blood shall be drained out at its base.
10 This is the purification offering. He shall then offer the second bird
as a burnt offering in the prescribed way. So shall the priest make
atonement for that person for the sin he has committed, and he
11 will be forgiven. If he cannot afford two doves or two SHEVI'I
pigeons, he shall bring the purification offering of a tenth of an
ephah of fine flour as the sacrifice for his sin. He shall not put any
oil on it, nor place on it any incense, for it is a purification offering.
12 He shall bring it to the priest, and the priest shall lift a handful
from it – its remembrance – and send it up in smoke upon the altar
13 with the LORD's fire offerings. It is a purification offering. Thus
shall the priest make atonement for that person for whichever one
of these sins he has committed, and he will be forgiven. The rest
of the offering, as in the case of a grain offering,[15] shall belong to
14 15 the priest." And the LORD spoke to Moshe: "If a person
commits a trespass, sinning unintentionally with respect to any
of the LORD's sacred objects, he shall bring an unblemished ram
from the flock, valued in silver shekel by the Sanctuary weight,[16] as
16 his guilt offering to the LORD; it is a guilt offering. He shall make
restitution for his trespass against the sacred object, adding one-
fifth to its value and giving it to the priest. The priest shall make

יְבַטֵּא הָאָדָם בִּשְׁבֻעָה וְנֶעְלַם מִמֶּנּוּ וְהוּא־יָדַע וְאָשֵׁם לְאַחַת
ה מֵאֵלֶּה׃ וְהָיָה כִי־יֶאְשַׁם לְאַחַת מֵאֵלֶּה וְהִתְוַדָּה אֲשֶׁר חָטָא
ו עָלֶיהָ׃ וְהֵבִיא אֶת־אֲשָׁמוֹ לַיהוה עַל חַטָּאתוֹ אֲשֶׁר חָטָא נְקֵבָה
מִן־הַצֹּאן כִּשְׂבָּה אוֹ־שְׂעִירַת עִזִּים לְחַטָּאת וְכִפֶּר עָלָיו הַכֹּהֵן
ז מֵחַטָּאתוֹ׃ וְאִם־לֹא תַגִּיעַ יָדוֹ דֵּי שֶׂה וְהֵבִיא אֶת־אֲשָׁמוֹ אֲשֶׁר
חָטָא שְׁתֵּי תֹרִים אוֹ־שְׁנֵי בְנֵי־יוֹנָה לַיהוה אֶחָד לְחַטָּאת וְאֶחָד
ח לְעֹלָה׃ וְהֵבִיא אֹתָם אֶל־הַכֹּהֵן וְהִקְרִיב אֶת־אֲשֶׁר לַחַטָּאת
ט רִאשׁוֹנָה וּמָלַק אֶת־רֹאשׁוֹ מִמּוּל עָרְפּוֹ וְלֹא יַבְדִּיל׃ וְהִזָּה מִדַּם
הַחַטָּאת עַל־קִיר הַמִּזְבֵּחַ וְהַנִּשְׁאָר בַּדָּם יִמָּצֵה אֶל־יְסוֹד הַמִּזְבֵּחַ
י חַטָּאת הוּא׃ וְאֶת־הַשֵּׁנִי יַעֲשֶׂה עֹלָה כַּמִּשְׁפָּט וְכִפֶּר עָלָיו
יא הַכֹּהֵן מֵחַטָּאתוֹ אֲשֶׁר־חָטָא וְנִסְלַח לוֹ׃ וְאִם־לֹא שביעי
תַשִּׂיג יָדוֹ לִשְׁתֵּי תֹרִים אוֹ לִשְׁנֵי בְנֵי־יוֹנָה וְהֵבִיא אֶת־קָרְבָּנוֹ
אֲשֶׁר חָטָא עֲשִׂירִת הָאֵפָה סֹלֶת לְחַטָּאת לֹא־יָשִׂים עָלֶיהָ
יב שֶׁמֶן וְלֹא־יִתֵּן עָלֶיהָ לְבֹנָה כִּי חַטָּאת הִוא׃ וֶהֱבִיאָהּ אֶל־
הַכֹּהֵן וְקָמַץ הַכֹּהֵן ׀ מִמֶּנָּה מְלוֹא קֻמְצוֹ אֶת־אַזְכָּרָתָהּ וְהִקְטִיר
יג הַמִּזְבֵּחָה עַל אִשֵּׁי יהוה חַטָּאת הִוא׃ וְכִפֶּר עָלָיו הַכֹּהֵן
עַל־חַטָּאתוֹ אֲשֶׁר־חָטָא מֵאַחַת מֵאֵלֶּה וְנִסְלַח לוֹ וְהָיְתָה
יד טו לַכֹּהֵן כַּמִּנְחָה׃ וַיְדַבֵּר יהוה אֶל־מֹשֶׁה לֵּאמֹר׃ נֶפֶשׁ
כִּי־תִמְעֹל מַעַל וְחָטְאָה בִּשְׁגָגָה מִקָּדְשֵׁי יהוה וְהֵבִיא אֶת־
אֲשָׁמוֹ לַיהוה אַיִל תָּמִים מִן־הַצֹּאן בְּעֶרְכְּךָ כֶּסֶף־שְׁקָלִים
טז בְּשֶׁקֶל־הַקֹּדֶשׁ לְאָשָׁם׃ וְאֵת אֲשֶׁר חָטָא מִן־הַקֹּדֶשׁ יְשַׁלֵּם

13 In that he has violated his oath.

14 The word *seh*, here translated "sheep," can denote either a sheep or a goat; see verse 6.

15 See 2:3.

16 Sanctuary weights differed from standard weights.

his atonement with the ram of the guilt offering, and he will be
forgiven.
17 If a person sins without realizing it, doing any of the things that the
Lord commanded not to be done, he incurs guilt and is subject
18 to punishment. He shall bring an unblemished ram from the
flock, of the appropriate value, as a guilt offering to the priest. The
priest shall atone for him for that unintentional sin, committed
19 unknowingly, and he will be forgiven. This is a guilt offering, for
he had incurred guilt before the Lord."
20 21 The Lord spoke to Moshe: "If a person sins, committing a trespass
against the Lord by lying to his neighbor about a deposit or
22 pledge, or by robbery, or by defrauding his neighbor, or by finding
lost property and lying about it; if he swears falsely about anything
23 he does in any of the ways a person sins, afterward acknowledging
guilt for the sin, he shall return what he took by robbery or fraud,
or the deposit left with him for safekeeping, or the lost property
24 that he found, or anything else about which he swore falsely. He MAFTIR
shall repay its value and add to that a fifth; he shall pay this to its
25 owner on the day he presents his guilt offering. And as his guilt
offering to the Lord he shall bring the priest an unblemished ram
26 from the flock of the appropriate value. The priest shall make his
atonement before the Lord, and he will be forgiven for whatever
he did to incur this guilt."
6 1 2 The Lord spoke to Moshe: "Instruct Aharon and his sons: This TZAV
is the law of the burnt offering.[17] The burnt offering shall remain
on the altar hearth all night until the morning, and the altar fire
3 shall be kept alight upon it. The priest shall dress in his linen
vestments, with linen undergarments against his skin. He shall
lift the ashes of the burnt offering that the fire consumed on the
4 altar, and place them by the altar's side. Then he shall take off his
vestments, put on other garments, and take the ashes to a ritually
5 pure place outside the camp. The altar fire shall be kept alight; it

---

17 The passages that follow concentrate on the responsibilities of the priests with regard to each type of offering.

וְאֶת־חֲמִישִׁתוֹ יוֹסֵף עָלָיו וְנָתַן אֹתוֹ לַכֹּהֵן וְהַכֹּהֵן יְכַפֵּר עָלָיו
בְּאֵיל הָאָשָׁם וְנִסְלַח לוֹ׃
יז וְאִם־נֶפֶשׁ כִּי תֶחֱטָא וְעָשְׂתָה אַחַת מִכָּל־מִצְוֺת יְהוָה אֲשֶׁר לֹא
יח תֵעָשֶׂינָה וְלֹא־יָדַע וְאָשֵׁם וְנָשָׂא עֲוֺנוֹ׃ וְהֵבִיא אַיִל תָּמִים מִן־
הַצֹּאן בְּעֶרְכְּךָ לְאָשָׁם אֶל־הַכֹּהֵן וְכִפֶּר עָלָיו הַכֹּהֵן עַל שִׁגְגָתוֹ
יט אֲשֶׁר־שָׁגָג וְהוּא לֹא־יָדַע וְנִסְלַח לוֹ׃ אָשָׁם הוּא אָשֹׁם אָשַׁם
לַיהוָה׃
כ כא וַיְדַבֵּר יְהוָה אֶל־מֹשֶׁה לֵּאמֹר׃ נֶפֶשׁ כִּי תֶחֱטָא וּמָעֲלָה מַעַל
בַּיהוָה וְכִחֵשׁ בַּעֲמִיתוֹ בְּפִקָּדוֹן אוֹ־בִתְשׂוּמֶת יָד אוֹ בְגָזֵל אוֹ
כב עָשַׁק אֶת־עֲמִיתוֹ׃ אוֹ־מָצָא אֲבֵדָה וְכִחֶשׁ בָּהּ וְנִשְׁבַּע עַל־
כג שָׁקֶר עַל־אַחַת מִכֹּל אֲשֶׁר־יַעֲשֶׂה הָאָדָם לַחֲטֹא בָהֵנָּה׃ וְהָיָה
כִּי־יֶחֱטָא וְאָשֵׁם וְהֵשִׁיב אֶת־הַגְּזֵלָה אֲשֶׁר גָּזָל אוֹ אֶת־הָעֹשֶׁק
אֲשֶׁר עָשָׁק אוֹ אֶת־הַפִּקָּדוֹן אֲשֶׁר הָפְקַד אִתּוֹ אוֹ אֶת־הָאֲבֵדָה
כד אֲשֶׁר מָצָא׃ אוֹ מִכֹּל אֲשֶׁר־יִשָּׁבַע עָלָיו לַשֶּׁקֶר וְשִׁלַּם אֹתוֹ מפטיר
בְּרֹאשׁוֹ וַחֲמִשִׁתָיו יֹסֵף עָלָיו לַאֲשֶׁר הוּא לוֹ יִתְּנֶנּוּ בְּיוֹם אַשְׁמָתוֹ׃
כה וְאֶת־אֲשָׁמוֹ יָבִיא לַיהוָה אַיִל תָּמִים מִן־הַצֹּאן בְּעֶרְכְּךָ לְאָשָׁם
כו אֶל־הַכֹּהֵן׃ וְכִפֶּר עָלָיו הַכֹּהֵן לִפְנֵי יְהוָה וְנִסְלַח לוֹ עַל־אַחַת
מִכֹּל אֲשֶׁר־יַעֲשֶׂה לְאַשְׁמָה בָהּ׃
ו א ב וַיְדַבֵּר יְהוָה אֶל־מֹשֶׁה לֵּאמֹר׃ צַו אֶת־אַהֲרֹן וְאֶת־בָּנָיו לֵאמֹר צו
זֹאת תּוֹרַת הָעֹלָה הִוא הָעֹלָה עַל מוֹקְדָה עַל־הַמִּזְבֵּחַ כָּל־
ג הַלַּיְלָה עַד־הַבֹּקֶר וְאֵשׁ הַמִּזְבֵּחַ תּוּקַד בּוֹ׃ וְלָבַשׁ הַכֹּהֵן מִדּוֹ
בַד וּמִכְנְסֵי־בַד יִלְבַּשׁ עַל־בְּשָׂרוֹ וְהֵרִים אֶת־הַדֶּשֶׁן אֲשֶׁר תֹּאכַל
ד הָאֵשׁ אֶת־הָעֹלָה עַל־הַמִּזְבֵּחַ וְשָׂמוֹ אֵצֶל הַמִּזְבֵּחַ׃ וּפָשַׁט אֶת־
בְּגָדָיו וְלָבַשׁ בְּגָדִים אֲחֵרִים וְהוֹצִיא אֶת־הַדֶּשֶׁן אֶל־מִחוּץ
ה לַמַּחֲנֶה אֶל־מָקוֹם טָהוֹר׃ וְהָאֵשׁ עַל־הַמִּזְבֵּחַ תּוּקַד־בּוֹ לֹא

shall not go out. Every morning the priest shall add wood to it, lay
out the burnt offering upon it, and send the fat parts of the peace
6 offering up in smoke upon it. A daily fire shall be kept alight on
7 the altar; it shall not go out. This is the law of the grain
offering. Aharon's sons shall bring these before the Lord in front
8 of the altar. The priest shall lift a handful of the fine flour and oil
from the grain offering, and all the incense on it, and send this
remembrance up in smoke upon the altar as a pleasing aroma to
9 the Lord. Aharon and his sons shall eat what is left of it. It shall
be eaten as unleavened bread in a holy place; in the courtyard of
10 the Tent of Meeting shall they eat it. It shall not be baked with any
leaven. I have given it as their portion of My fire offerings; it is holy
11 of holies, like the purification offering and the guilt offering. Any
male among Aharon's descendants may eat it as their eternal share
of the Lord's fire offerings throughout their generations; anything
that touches it is sanctified."
12 13 The Lord spoke to Moshe: "This is the offering of Aharon and SHEINI
his sons that each shall present to the Lord on the day when he is
anointed: one-tenth of an ephah of fine flour as a continual grain
14 offering, half in the morning and half in the evening. It shall be
made on a griddle with oil. You shall bring it well mixed, and offer
it in pieces like a crumbled grain offering, as a pleasing aroma to
15 the Lord. The priest among Aharon's sons who is anointed to
succeed him shall prepare it; it is the Lord's perpetual share, to
16 be sent up in smoke in its entirety. Any grain offering from a priest
shall be wholly burned; it shall not be eaten."
17 18 The Lord spoke to Moshe: "Tell Aharon and his sons: This is the
law of the purification offering. The purification offering shall be
slaughtered before the Lord at the place where burnt offerings
19 are slaughtered; it is holy of holies. The priest who offers it as a
purification offering shall eat of it. It shall be eaten in a holy place,
20 in the courtyard of the Tent of Meeting. Anything that touches
its flesh is sanctified; if any of its blood splashes on a garment, you
21 shall wash that part in a holy place. An earthen vessel in which it

תִּכְבֶּה וּבִעֵר עָלֶיהָ הַכֹּהֵן עֵצִים בַּבֹּקֶר בַּבֹּקֶר וְעָרַךְ עָלֶיהָ
ו הָעֹלָה וְהִקְטִיר עָלֶיהָ חֶלְבֵי הַשְּׁלָמִים: אֵשׁ תָּמִיד תּוּקַד עַל־
ז הַמִּזְבֵּחַ לֹא תִכְבֶּה: וְזֹאת תּוֹרַת הַמִּנְחָה הַקְרֵב
ח אֹתָהּ בְּנֵי־אַהֲרֹן לִפְנֵי יְהוָה אֶל־פְּנֵי הַמִּזְבֵּחַ: וְהֵרִים מִמֶּנּוּ
בְּקֻמְצוֹ מִסֹּלֶת הַמִּנְחָה וּמִשַּׁמְנָהּ וְאֵת כָּל־הַלְּבֹנָה אֲשֶׁר עַל־
ט הַמִּנְחָה וְהִקְטִיר הַמִּזְבֵּחַ רֵיחַ נִיחֹחַ אַזְכָּרָתָהּ לַיהוָה: וְהַנּוֹתֶרֶת
מִמֶּנָּה יֹאכְלוּ אַהֲרֹן וּבָנָיו מַצּוֹת תֵּאָכֵל בְּמָקוֹם קָדֹשׁ בַּחֲצַר
י אֹהֶל־מוֹעֵד יֹאכְלוּהָ: לֹא תֵאָפֶה חָמֵץ חֶלְקָם נָתַתִּי אֹתָהּ
יא מֵאִשָּׁי קֹדֶשׁ קָדָשִׁים הִוא כַּחַטָּאת וְכָאָשָׁם: כָּל־זָכָר בִּבְנֵי
אַהֲרֹן יֹאכְלֶנָּה חָק־עוֹלָם לְדֹרֹתֵיכֶם מֵאִשֵּׁי יְהוָה כֹּל אֲשֶׁר־
יִגַּע בָּהֶם יִקְדָּשׁ:
יב יג וַיְדַבֵּר יְהוָה אֶל־מֹשֶׁה לֵּאמֹר: זֶה קָרְבַּן אַהֲרֹן וּבָנָיו אֲשֶׁר־ ג שני
יַקְרִיבוּ לַיהוָה בְּיוֹם הִמָּשַׁח אֹתוֹ עֲשִׂירִת הָאֵפָה סֹלֶת מִנְחָה
יד תָּמִיד מַחֲצִיתָהּ בַּבֹּקֶר וּמַחֲצִיתָהּ בָּעָרֶב: עַל־מַחֲבַת בַּשֶּׁמֶן
תֵּעָשֶׂה מֻרְבֶּכֶת תְּבִיאֶנָּה תֻּפִינֵי מִנְחַת פִּתִּים תַּקְרִיב רֵיחַ־
טו נִיחֹחַ לַיהוָה: וְהַכֹּהֵן הַמָּשִׁיחַ תַּחְתָּיו מִבָּנָיו יַעֲשֶׂה אֹתָהּ חָק־
טז עוֹלָם לַיהוָה כָּלִיל תָּקְטָר: וְכָל־מִנְחַת כֹּהֵן כָּלִיל תִּהְיֶה לֹא
תֵאָכֵל:
יז יח וַיְדַבֵּר יְהוָה אֶל־מֹשֶׁה לֵּאמֹר: דַּבֵּר אֶל־אַהֲרֹן וְאֶל־בָּנָיו לֵאמֹר
זֹאת תּוֹרַת הַחַטָּאת בִּמְקוֹם אֲשֶׁר תִּשָּׁחֵט הָעֹלָה תִּשָּׁחֵט
יט הַחַטָּאת לִפְנֵי יְהוָה קֹדֶשׁ קָדָשִׁים הִוא: הַכֹּהֵן הַמְחַטֵּא אֹתָהּ
כ יֹאכְלֶנָּה בְּמָקוֹם קָדֹשׁ תֵּאָכֵל בַּחֲצַר אֹהֶל מוֹעֵד: כֹּל אֲשֶׁר־יִגַּע
בִּבְשָׂרָהּ יִקְדָּשׁ וַאֲשֶׁר יִזֶּה מִדָּמָהּ עַל־הַבֶּגֶד אֲשֶׁר יִזֶּה עָלֶיהָ
כא תְּכַבֵּס בְּמָקוֹם קָדֹשׁ: וּכְלִי־חֶרֶשׂ אֲשֶׁר תְּבֻשַּׁל־בּוֹ יִשָּׁבֵר וְאִם־

was cooked shall be broken, but if it was cooked in a bronze vessel,
22 that shall be scoured and rinsed with water. Any male among the
23 priests may eat of it; it is holy of holies. But no purification offering
shall be eaten from which blood is brought inside the Tent of
Meeting to make atonement within the Sanctuary;[18] that shall be
burned with fire.

7 1 2 And this is the law of the guilt offering; it is holy of holies. The guilt
offering shall be slaughtered at the place where burnt offerings are
3 slaughtered, and its blood dashed against each side of the altar. All
its fat shall be offered: the broad tail, the fat covering the entrails,
4 the two kidneys and the fat around them at the loins, and the
diaphragm of the liver, which shall be removed with the kidneys.
5 The priest shall turn these into smoke on the altar as a fire offering
6 for the LORD; it is a guilt offering. Any male priest may eat of
7 it and it shall be eaten in a holy place; it is holy of holies. The
guilt offering follows the same law as the purification offering:
8 it belongs to the priest who makes atonement with it. The priest
who offers any person's burnt offering shall keep the skin of the
9 burnt offering that he has offered. Any grain offering baked in an
oven or prepared in a pan or griddle also belongs to the priest who
10 offers it, while every other grain offering, whether mixed with oil
or dry, shall belong equally to all of Aharon's sons.

11 This is the law of the peace sacrifice that one may offer to the SHELISHI
12 LORD: If it is offered for thanksgiving, one offers unleavened loaves
mixed with oil with the thanksgiving sacrifice, and unleavened
13 wafers spread with oil, and loaves of fine flour mixed with oil. This
offering, together with loaves of leavened bread, he shall present
14 with the peace sacrifice of thanksgiving. Of these he shall offer one
of each kind as a gift raised up to the LORD. This shall belong to
15 the priest who dashed the blood of the peace offering. The flesh
of the peace sacrifice of thanksgiving shall be eaten on the day it is
16 offered; you may not leave any of it to the morning. If the sacrifice
is to fulfill a vow, however, or is a freewill offering, it shall be eaten
on the day when one offers the sacrifice, while what is left over

כב בִּכְלִי נְחֹשֶׁת בֻּשָּׁלָה וּמֹרַק וְשֻׁטַּף בַּמָּיִם׃ כָּל־זָכָר בַּכֹּהֲנִים יֹאכַל
כג אֹתָהּ קֹדֶשׁ קָדָשִׁים הִוא׃ וְכָל־חַטָּאת אֲשֶׁר יוּבָא מִדָּמָהּ אֶל־
אֹהֶל מוֹעֵד לְכַפֵּר בַּקֹּדֶשׁ לֹא תֵאָכֵל בָּאֵשׁ תִּשָּׂרֵף׃
ז א ב וְזֹאת תּוֹרַת הָאָשָׁם קֹדֶשׁ קָדָשִׁים הוּא׃ בִּמְקוֹם אֲשֶׁר יִשְׁחֲטוּ
אֶת־הָעֹלָה יִשְׁחֲטוּ אֶת־הָאָשָׁם וְאֶת־דָּמוֹ יִזְרֹק עַל־הַמִּזְבֵּחַ
ג סָבִיב׃ וְאֵת כָּל־חֶלְבּוֹ יַקְרִיב מִמֶּנּוּ אֵת הָאַלְיָה וְאֶת־הַחֵלֶב
ד הַמְכַסֶּה אֶת־הַקֶּרֶב׃ וְאֵת שְׁתֵּי הַכְּלָיֹת וְאֶת־הַחֵלֶב אֲשֶׁר
עֲלֵיהֶן אֲשֶׁר עַל־הַכְּסָלִים וְאֶת־הַיֹּתֶרֶת עַל־הַכָּבֵד עַל־הַכְּלָיֹת
ה יְסִירֶנָּה׃ וְהִקְטִיר אֹתָם הַכֹּהֵן הַמִּזְבֵּחָה אִשֶּׁה לַיהוָה אָשָׁם
ו הוּא׃ כָּל־זָכָר בַּכֹּהֲנִים יֹאכְלֶנּוּ בְּמָקוֹם קָדוֹשׁ יֵאָכֵל קֹדֶשׁ קָדָשִׁים
ז הוּא׃ כַּחַטָּאת כָּאָשָׁם תּוֹרָה אַחַת לָהֶם הַכֹּהֵן אֲשֶׁר יְכַפֶּר־
ח בּוֹ לוֹ יִהְיֶה׃ וְהַכֹּהֵן הַמַּקְרִיב אֶת־עֹלַת אִישׁ עוֹר הָעֹלָה אֲשֶׁר
ט הִקְרִיב לַכֹּהֵן לוֹ יִהְיֶה׃ וְכָל־מִנְחָה אֲשֶׁר תֵּאָפֶה בַּתַּנּוּר וְכָל־
נַעֲשָׂה בַמַּרְחֶשֶׁת וְעַל־מַחֲבַת לַכֹּהֵן הַמַּקְרִיב אֹתָהּ לוֹ תִהְיֶה׃
י וְכָל־מִנְחָה בְלוּלָה־בַשֶּׁמֶן וַחֲרֵבָה לְכָל־בְּנֵי אַהֲרֹן תִּהְיֶה אִישׁ
כְּאָחִיו׃
יא יב וְזֹאת תּוֹרַת זֶבַח הַשְּׁלָמִים אֲשֶׁר יַקְרִיב לַיהוָה׃ אִם עַל־תּוֹדָה שלישי
יַקְרִיבֶנּוּ וְהִקְרִיב ׀ עַל־זֶבַח הַתּוֹדָה חַלּוֹת מַצּוֹת בְּלוּלֹת בַּשֶּׁמֶן
וּרְקִיקֵי מַצּוֹת מְשֻׁחִים בַּשָּׁמֶן וְסֹלֶת מֻרְבֶּכֶת חַלֹּת בְּלוּלֹת
יג בַּשָּׁמֶן׃ עַל־חַלֹּת לֶחֶם חָמֵץ יַקְרִיב קָרְבָּנוֹ עַל־זֶבַח תּוֹדַת
יד שְׁלָמָיו׃ וְהִקְרִיב מִמֶּנּוּ אֶחָד מִכָּל־קָרְבָּן תְּרוּמָה לַיהוָה לַכֹּהֵן
טו הַזֹּרֵק אֶת־דַּם הַשְּׁלָמִים לוֹ יִהְיֶה׃ וּבְשַׂר זֶבַח תּוֹדַת שְׁלָמָיו
טז בְּיוֹם קָרְבָּנוֹ יֵאָכֵל לֹא־יַנִּיחַ מִמֶּנּוּ עַד־בֹּקֶר׃ וְאִם־נֶדֶר ׀ אוֹ נְדָבָה
זֶבַח קָרְבָּנוֹ בְּיוֹם הַקְרִיבוֹ אֶת־זִבְחוֹ יֵאָכֵל וּמִמָּחֳרָת וְהַנּוֹתָר

18 See, e.g., 4:3–21.

17 may be eaten the next day. Whatever of the flesh of the sacrifice
18 is left over on the third day shall be burned with fire. If any of the
flesh of the peace sacrifice is eaten on the third day, it shall not be
accepted, nor shall it be credited to the one who offered it. It is
19 offensive, and anyone who eats of it is liable to punishment. Flesh
that touches any impure thing shall not be eaten; it shall be burned
20 with fire. As for other flesh, any ritually pure person may eat it, but
one who eats the flesh of a peace sacrifice to the Lord in a state of
21 impurity shall be severed from his people. When anyone touches
any impure thing – human impurity, or an impure animal, or any
impure, detested creature – and then eats flesh from the Lord's
22 peace sacrifice, that person shall be severed from his people." The
23 Lord spoke to Moshe: "Tell the Israelites: Do not eat the fat of
24 an ox, sheep, or goat. The fat of one of these that died naturally
or was killed by another animal may be put to other use, but you
25 may not eat it. For anyone who eats the fat of an animal of which
a fire offering could be offered to the Lord – he is severed from
26 his people. Do not eat any blood, whether that of a bird or of an
27 animal, in any of your dwellings. Anyone who eats any blood shall
be cut off from his people."
28 29 And the Lord spoke to Moshe: "Tell the Israelites: One who
brings a peace sacrifice to the Lord is to bring the offering of his
30 peace sacrifice before the Lord himself; with his own hands he
shall present the Lord's fire offerings. He shall bring the animal's
fat and breast so that the breast can be displayed, this way and that,
31 as a wave offering before the Lord. The priest shall send the fat
up in smoke upon the altar, but the breast shall go to Aharon and
32 his sons. The right thigh of your peace offering you shall give as
33 an upraised gift to the priest.[19] The one among the sons of Aharon
who offers the blood and fat of the peace offering shall receive the
34 right thigh as his portion. For I have taken from the peace sacrifices
of the Israelites the breast of the wave offering and the thigh of the
upraised gift, and given them to Aharon the priest and to his sons

יז מִמֶּנּוּ יֵאָכֵל: וְהַנּוֹתָר מִבְּשַׂר הַזָּבַח בַּיּוֹם הַשְּׁלִישִׁי בָּאֵשׁ יִשָּׂרֵף:
יח וְאִם הֵאָכֹל יֵאָכֵל מִבְּשַׂר־זֶבַח שְׁלָמָיו בַּיּוֹם הַשְּׁלִישִׁי לֹא יֵרָצֶה
הַמַּקְרִיב אֹתוֹ לֹא יֵחָשֵׁב לוֹ פִּגּוּל יִהְיֶה וְהַנֶּפֶשׁ הָאֹכֶלֶת מִמֶּנּוּ
יט עֲוֺנָהּ תִּשָּׂא: וְהַבָּשָׂר אֲשֶׁר־יִגַּע בְּכָל־טָמֵא לֹא יֵאָכֵל בָּאֵשׁ יִשָּׂרֵף
כ וְהַבָּשָׂר כָּל־טָהוֹר יֹאכַל בָּשָׂר: וְהַנֶּפֶשׁ אֲשֶׁר־תֹּאכַל בָּשָׂר מִזֶּבַח
הַשְּׁלָמִים אֲשֶׁר לַיהוָה וְטֻמְאָתוֹ עָלָיו וְנִכְרְתָה הַנֶּפֶשׁ הַהִוא
כא מֵעַמֶּיהָ: וְנֶפֶשׁ כִּי־תִגַּע בְּכָל־טָמֵא בְּטֻמְאַת אָדָם אוֹ | בִּבְהֵמָה
טְמֵאָה אוֹ בְּכָל־שֶׁקֶץ טָמֵא וְאָכַל מִבְּשַׂר־זֶבַח הַשְּׁלָמִים אֲשֶׁר
כב לַיהוָה וְנִכְרְתָה הַנֶּפֶשׁ הַהִוא מֵעַמֶּיהָ: וַיְדַבֵּר יְהוָה אֶל־מֹשֶׁה
כג לֵּאמֹר: דַּבֵּר אֶל־בְּנֵי יִשְׂרָאֵל לֵאמֹר כָּל־חֵלֶב שׁוֹר וְכֶשֶׂב וָעֵז
כד לֹא תֹאכֵלוּ: וְחֵלֶב נְבֵלָה וְחֵלֶב טְרֵפָה יֵעָשֶׂה לְכָל־מְלָאכָה
כה וְאָכֹל לֹא תֹאכְלֻהוּ: כִּי כָּל־אֹכֵל חֵלֶב מִן־הַבְּהֵמָה אֲשֶׁר יַקְרִיב
כו מִמֶּנָּה אִשֶּׁה לַיהוָה וְנִכְרְתָה הַנֶּפֶשׁ הָאֹכֶלֶת מֵעַמֶּיהָ: וְכָל־דָּם
כז לֹא תֹאכְלוּ בְּכֹל מוֹשְׁבֹתֵיכֶם לָעוֹף וְלַבְּהֵמָה: כָּל־נֶפֶשׁ אֲשֶׁר־
תֹּאכַל כָּל־דָּם וְנִכְרְתָה הַנֶּפֶשׁ הַהִוא מֵעַמֶּיהָ:
כח כט וַיְדַבֵּר יְהוָה אֶל־מֹשֶׁה לֵּאמֹר: דַּבֵּר אֶל־בְּנֵי יִשְׂרָאֵל לֵאמֹר
הַמַּקְרִיב אֶת־זֶבַח שְׁלָמָיו לַיהוָה יָבִיא אֶת־קָרְבָּנוֹ לַיהוָה מִזֶּבַח
ל שְׁלָמָיו: יָדָיו תְּבִיאֶינָה אֵת אִשֵּׁי יְהוָה אֶת־הַחֵלֶב עַל־הֶחָזֶה
לא יְבִיאֶנּוּ אֵת הֶחָזֶה לְהָנִיף אֹתוֹ תְּנוּפָה לִפְנֵי יְהוָה: וְהִקְטִיר
לב הַכֹּהֵן אֶת־הַחֵלֶב הַמִּזְבֵּחָה וְהָיָה הֶחָזֶה לְאַהֲרֹן וּלְבָנָיו: וְאֵת
לג שׁוֹק הַיָּמִין תִּתְּנוּ תְרוּמָה לַכֹּהֵן מִזִּבְחֵי שַׁלְמֵיכֶם: הַמַּקְרִיב
אֶת־דַּם הַשְּׁלָמִים וְאֶת־הַחֵלֶב מִבְּנֵי אַהֲרֹן לוֹ תִהְיֶה שׁוֹק הַיָּמִין
לד לְמָנָה: כִּי אֶת־חֲזֵה הַתְּנוּפָה וְאֵת | שׁוֹק הַתְּרוּמָה לָקַחְתִּי מֵאֵת
בְּנֵי־יִשְׂרָאֵל מִזִּבְחֵי שַׁלְמֵיהֶם וָאֶתֵּן אֹתָם לְאַהֲרֹן הַכֹּהֵן וּלְבָנָיו

19 The term *teruma* – here translated "upraised gift" – commonly denotes a sanctified gift.

35 as their perpetual share from the Israelites. This is the anointed
right of Aharon and his sons from the LORD's fire offerings from
36 the day they are presented to serve the LORD as priests; when
the LORD anointed them as priests He commanded that these be
given them by the Israelites as their perpetual share throughout the
37 generations." This, then, is the law for the burnt offering, the grain
offering, the purification offering, the guilt offering, the ordination
38 offering,[20] and the peace offering, which the LORD commanded
Moshe at Mount Sinai when he commanded the Israelites to bring
their offerings to the LORD, in the Wilderness of Sinai.
8 1 2 The LORD said to Moshe:[21] "Take Aharon, and his sons with him, REVI'I
the vestments, the anointing oil, a bull for the purification offering,
3 two rams, and a basket of unleavened bread, and assemble the
4 whole community at the entrance to the Tent of Meeting." Moshe
did as the LORD commanded him; and the community was
5 assembled at the entrance to the Tent of Meeting. And Moshe told
the community, "This is what the LORD has commanded us to do."
6 Then Moshe brought Aharon and his sons close, and he washed
7 them with water. He put the tunic on Aharon, tied the sash around
him, clothed him in the robe, and placed the ephod on him. He
bound the ephod's decorated belt about him, securing the ephod
8 to him.[22] Then he put the breast piece on him, and inside the
9 breast piece he placed the Urim and Tumim. On his head he
placed the miter, and on the miter in front, he placed the golden
head plate, the holy diadem, as the LORD had commanded him.
10 Then Moshe took the anointing oil and anointed the Tabernacle
11 and everything in it; thus he consecrated them. He sprinkled some
of the oil on the altar seven times. He anointed the altar and all its
12 vessels, and the laver and its base, thus consecrating them. Some
of the anointing oil he poured on Aharon's head, anointing him,
13 consecrating him. Then Moshe brought close Aharon's sons,
dressed them in their tunics, bound sashes about them, and placed
their headdresses on them, just as the LORD had commanded him.

22 See Exodus, chapter 28, for descriptions of the priestly vestments.

לה לָחָק־עוֹלָם מֵאֵת בְּנֵי יִשְׂרָאֵל: זֹאת מִשְׁחַת אַהֲרֹן וּמִשְׁחַת
לו בָּנָיו מֵאִשֵּׁי יהוה בְּיוֹם הִקְרִיב אֹתָם לְכַהֵן לַיהוה: אֲשֶׁר צִוָּה
יהוה לָתֵת לָהֶם בְּיוֹם מָשְׁחוֹ אֹתָם מֵאֵת בְּנֵי יִשְׂרָאֵל חֻקַּת
לז עוֹלָם לְדֹרֹתָם: זֹאת הַתּוֹרָה לָעֹלָה לַמִּנְחָה וְלַחַטָּאת וְלָאָשָׁם
לח וְלַמִּלּוּאִים וּלְזֶבַח הַשְּׁלָמִים: אֲשֶׁר צִוָּה יהוה אֶת־מֹשֶׁה בְּהַר
סִינָי בְּיוֹם צַוֹּתוֹ אֶת־בְּנֵי יִשְׂרָאֵל לְהַקְרִיב אֶת־קָרְבְּנֵיהֶם לַיהוה
בְּמִדְבַּר סִינָי:

ח א ב וַיְדַבֵּר יהוה אֶל־מֹשֶׁה לֵּאמֹר: קַח אֶת־אַהֲרֹן וְאֶת־בָּנָיו אִתּוֹ ד רביעי
וְאֵת הַבְּגָדִים וְאֵת שֶׁמֶן הַמִּשְׁחָה וְאֵת | פַּר הַחַטָּאת וְאֵת שְׁנֵי
ג הָאֵילִים וְאֵת סַל הַמַּצּוֹת: וְאֵת כָּל־הָעֵדָה הַקְהֵל אֶל־פֶּתַח
ד אֹהֶל מוֹעֵד: וַיַּעַשׂ מֹשֶׁה כַּאֲשֶׁר צִוָּה יהוה אֹתוֹ וַתִּקָּהֵל הָעֵדָה
ה אֶל־פֶּתַח אֹהֶל מוֹעֵד: וַיֹּאמֶר מֹשֶׁה אֶל־הָעֵדָה זֶה הַדָּבָר אֲשֶׁר־
ו צִוָּה יהוה לַעֲשׂוֹת: וַיַּקְרֵב מֹשֶׁה אֶת־אַהֲרֹן וְאֶת־בָּנָיו וַיִּרְחַץ
ז אֹתָם בַּמָּיִם: וַיִּתֵּן עָלָיו אֶת־הַכֻּתֹּנֶת וַיַּחְגֹּר אֹתוֹ בָּאַבְנֵט וַיַּלְבֵּשׁ
אֹתוֹ אֶת־הַמְּעִיל וַיִּתֵּן עָלָיו אֶת־הָאֵפֹד וַיַּחְגֹּר אֹתוֹ בְּחֵשֶׁב
ח הָאֵפֹד וַיֶּאְפֹּד לוֹ בּוֹ: וַיָּשֶׂם עָלָיו אֶת־הַחֹשֶׁן וַיִּתֵּן אֶל־הַחֹשֶׁן
ט אֶת־הָאוּרִים וְאֶת־הַתֻּמִּים: וַיָּשֶׂם אֶת־הַמִּצְנֶפֶת עַל־רֹאשׁוֹ
וַיָּשֶׂם עַל־הַמִּצְנֶפֶת אֶל־מוּל פָּנָיו אֵת צִיץ הַזָּהָב נֵזֶר הַקֹּדֶשׁ
י כַּאֲשֶׁר צִוָּה יהוה אֶת־מֹשֶׁה: וַיִּקַּח מֹשֶׁה אֶת־שֶׁמֶן הַמִּשְׁחָה
יא וַיִּמְשַׁח אֶת־הַמִּשְׁכָּן וְאֶת־כָּל־אֲשֶׁר־בּוֹ וַיְקַדֵּשׁ אֹתָם: וַיַּז מִמֶּנּוּ
עַל־הַמִּזְבֵּחַ שֶׁבַע פְּעָמִים וַיִּמְשַׁח אֶת־הַמִּזְבֵּחַ וְאֶת־כָּל־כֵּלָיו
יב וְאֶת־הַכִּיֹּר וְאֶת־כַּנּוֹ לְקַדְּשָׁם: וַיִּצֹק מִשֶּׁמֶן הַמִּשְׁחָה עַל רֹאשׁ
יג אַהֲרֹן וַיִּמְשַׁח אֹתוֹ לְקַדְּשׁוֹ: וַיַּקְרֵב מֹשֶׁה אֶת־בְּנֵי אַהֲרֹן וַיַּלְבִּשֵׁם
כֻּתֳּנֹת וַיַּחְגֹּר אֹתָם אַבְנֵט וַיַּחֲבֹשׁ לָהֶם מִגְבָּעוֹת כַּאֲשֶׁר צִוָּה

20 See Exodus, chapter 29.

21 This passage recounts the performance of the priestly ordination ritual.

14 Moshe drew close the bull for the purification offering, and ḤAMISHI
15 Aharon and his sons laid their hands on its head. It was slaughtered,
and Moshe took the blood and applied it with his finger to all the
altar's horns, purifying the altar. The rest of the blood he poured
out at the altar's base. Thus he consecrated it so that, upon it,
16 atonement could be made. Moshe removed all the fat around the
entrails, the diaphragm of the liver, the two kidneys and their fat,
17 and sent them up in smoke upon the altar. But the rest of the bull,
its skin, its flesh, and its dung, he burned with fire outside the
18 camp as the LORD had commanded him. Then Moshe drew close
the ram for the burnt offering, and Aharon and his sons laid their
19 hands on its head. Moshe slaughtered it and dashed the blood
20 against each side of the altar. He cut the ram into pieces and sent
21 the head, pieces, and suet up in smoke. After washing the entrails
and legs with water, Moshe sent the entire ram up in smoke upon
the altar. It was a burnt offering for a pleasing aroma: a fire offering
22 to the LORD, as the LORD had commanded Moshe. Moshe then SHISHI
drew close the second ram, the ram of ordination. Aharon and
23 his sons laid their hands upon its head. It was slaughtered; and
Moshe took some of its blood and applied it to the ridge of
24 Aharon's right ear, to his right thumb, and to his right big toe. He
drew Aharon's sons close and put some of the blood on the ridges
of their right ears, on their right thumbs, and on their right big
toes. Moshe dashed the rest of the blood against each of the altar's
25 sides. Then he took the fat, the broad tail, all the fat around the
entrails, the diaphragm of the liver, and the two kidneys with their
26 fat, as well as the right thigh. He took a loaf of unleavened bread
from the basket, before the LORD, and also one loaf of oil bread,
and one wafer, and placed them on the fat and on the right thigh.
27 All of this he placed on the palms of Aharon and of his sons, and
displayed them this way and that as a wave offering before the
28 LORD. Then Moshe took them from their hands and burnt them
upon the altar with the burnt offering. This was the ordination
29 offering, a pleasing aroma, a fire offering to the LORD. Moshe then

יד יְהוָה אֶת־מֹשֶׁה: וַיַּגֵּשׁ אֵת פַּר הַחַטָּאת וַיִּסְמֹךְ אַהֲרֹן וּבָנָיו חמישי
טו אֶת־יְדֵיהֶם עַל־רֹאשׁ פַּר הַחַטָּאת: וַיִּשְׁחָט וַיִּקַּח מֹשֶׁה אֶת־
הַדָּם וַיִּתֵּן עַל־קַרְנוֹת הַמִּזְבֵּחַ סָבִיב בְּאֶצְבָּעוֹ וַיְחַטֵּא אֶת־
הַמִּזְבֵּחַ וְאֶת־הַדָּם יָצַק אֶל־יְסוֹד הַמִּזְבֵּחַ וַיְקַדְּשֵׁהוּ לְכַפֵּר עָלָיו:
טז וַיִּקַּח אֶת־כָּל־הַחֵלֶב אֲשֶׁר עַל־הַקֶּרֶב וְאֵת יֹתֶרֶת הַכָּבֵד וְאֶת־
יז שְׁתֵּי הַכְּלָיֹת וְאֶת־חֶלְבְּהֶן וַיַּקְטֵר מֹשֶׁה הַמִּזְבֵּחָה: וְאֶת־הַפָּר
וְאֶת־עֹרוֹ וְאֶת־בְּשָׂרוֹ וְאֶת־פִּרְשׁוֹ שָׂרַף בָּאֵשׁ מִחוּץ לַמַּחֲנֶה
יח כַּאֲשֶׁר צִוָּה יְהוָה אֶת־מֹשֶׁה: וַיַּקְרֵב אֵת אֵיל הָעֹלָה וַיִּסְמְכוּ
יט אַהֲרֹן וּבָנָיו אֶת־יְדֵיהֶם עַל־רֹאשׁ הָאָיִל: וַיִּשְׁחָט וַיִּזְרֹק מֹשֶׁה
כ אֶת־הַדָּם עַל־הַמִּזְבֵּחַ סָבִיב: וְאֶת־הָאַיִל נִתַּח לִנְתָחָיו וַיַּקְטֵר
כא מֹשֶׁה אֶת־הָרֹאשׁ וְאֶת־הַנְּתָחִים וְאֶת־הַפָּדֶר: וְאֶת־הַקֶּרֶב וְאֶת־
הַכְּרָעַיִם רָחַץ בַּמָּיִם וַיַּקְטֵר מֹשֶׁה אֶת־כָּל־הָאַיִל הַמִּזְבֵּחָה עֹלָה
הוּא לְרֵיחַ־נִיחֹחַ אִשֶּׁה הוּא לַיהוָה כַּאֲשֶׁר צִוָּה יְהוָה אֶת־מֹשֶׁה:
כב וַיַּקְרֵב אֶת־הָאַיִל הַשֵּׁנִי אֵיל הַמִּלֻּאִים וַיִּסְמְכוּ אַהֲרֹן וּבָנָיו אֶת־ ששי
כג יְדֵיהֶם עַל־רֹאשׁ הָאָיִל: וַיִּשְׁחָט ׀ וַיִּקַּח מֹשֶׁה מִדָּמוֹ וַיִּתֵּן עַל־
תְּנוּךְ אֹזֶן־אַהֲרֹן הַיְמָנִית וְעַל־בֹּהֶן יָדוֹ הַיְמָנִית וְעַל־בֹּהֶן רַגְלוֹ
כד הַיְמָנִית: וַיַּקְרֵב אֶת־בְּנֵי אַהֲרֹן וַיִּתֵּן מֹשֶׁה מִן־הַדָּם עַל־תְּנוּךְ
אָזְנָם הַיְמָנִית וְעַל־בֹּהֶן יָדָם הַיְמָנִית וְעַל־בֹּהֶן רַגְלָם הַיְמָנִית
כה וַיִּזְרֹק מֹשֶׁה אֶת־הַדָּם עַל־הַמִּזְבֵּחַ סָבִיב: וַיִּקַּח אֶת־הַחֵלֶב
וְאֶת־הָאַלְיָה וְאֶת־כָּל־הַחֵלֶב אֲשֶׁר עַל־הַקֶּרֶב וְאֵת יֹתֶרֶת הַכָּבֵד
כו וְאֶת־שְׁתֵּי הַכְּלָיֹת וְאֶת־חֶלְבְּהֶן וְאֵת שׁוֹק הַיָּמִין: וּמִסַּל הַמַּצּוֹת
אֲשֶׁר ׀ לִפְנֵי יְהוָה לָקַח חַלַּת מַצָּה אַחַת וְחַלַּת לֶחֶם שֶׁמֶן אַחַת
כז וְרָקִיק אֶחָד וַיָּשֶׂם עַל־הַחֲלָבִים וְעַל שׁוֹק הַיָּמִין: וַיִּתֵּן אֶת־הַכֹּל
כח עַל כַּפֵּי אַהֲרֹן וְעַל כַּפֵּי בָנָיו וַיָּנֶף אֹתָם תְּנוּפָה לִפְנֵי יְהוָה: וַיִּקַּח
מֹשֶׁה אֹתָם מֵעַל כַּפֵּיהֶם וַיַּקְטֵר הַמִּזְבֵּחָה עַל־הָעֹלָה מִלֻּאִים
כט הֵם לְרֵיחַ נִיחֹחַ אִשֶּׁה הוּא לַיהוָה: וַיִּקַּח מֹשֶׁה אֶת־הֶחָזֶה וַיְנִיפֵהוּ

took the breast and waved it as a wave offering before the Lord.
This was Moshe's portion of the ordination ram, as the Lord had
30 commanded him. Moshe took some of the anointing oil and some SHEVI'I
of the blood from the altar and sprinkled it on Aharon and on his
vestments, and on his sons and theirs. Thus Moshe consecrated
31 Aharon and his vestments, and his sons and their vestments. Then
Moshe said to Aharon and his sons: "Cook the meat at the
entrance to the Tent of Meeting and eat it there together with the
bread in the basket of the ordination offering, as I have charged
32 you: Aharon and his sons shall eat it. Whatever is left over of the
33 meat and the bread, burn with fire. Do not leave the entrance to MAFTIR
the Tent of Meeting for seven days, until the days of your
ordination are complete, for your ordination will take seven days,
34 each like today. This is what the Lord has commanded to be done
35 to make your atonement. Stay, then, at the entrance to the Tent
of Meeting for seven days, day and night, keeping the Lord's
charge – and you will not die. This is what I have been commanded."
36 And Aharon and his sons did everything that the Lord had
9 1 commanded through Moshe. On the eighth day, Moshe SHEMINI
2 called to Aharon and his sons, and to the elders of Israel. "Take a
bull calf for yourself as a purification offering," he told Aharon,
"and a ram for a burnt offering, both without blemish, and offer
3 them up before the Lord. Then tell the Israelites: Take a goat for
a purification offering, and a calf and a lamb, both yearlings
4 without blemish, for a burnt offering, a bull and a ram for a peace
offering to offer up before the Lord, and a grain offering mixed
5 with oil – for on this day the Lord will be revealed to you." They
brought what Moshe had commanded to the space before the
Tent of Meeting, and all the community drew near and stood
6 before the Lord. Moshe said, "This is what the Lord has com-
manded you to do so that the Lord's glory be revealed to you."
7 Moshe said to Aharon, "Approach the altar, prepare your purifi-
cation offering and burnt offering, and make atonement for you
and for the people. Then prepare the people's offering to make

תְּנוּפָה לִפְנֵי יְהוָה מֵאֵיל הַמִּלֻּאִים לְמֹשֶׁה הָיָה לְמָנָה כַּאֲשֶׁר
ל צִוָּה יְהוָה אֶת־מֹשֶׁה׃ וַיִּקַּח מֹשֶׁה מִשֶּׁמֶן הַמִּשְׁחָה וּמִן־הַדָּם שביעי
אֲשֶׁר עַל־הַמִּזְבֵּחַ וַיַּז עַל־אַהֲרֹן עַל־בְּגָדָיו וְעַל־בָּנָיו וְעַל־בִּגְדֵי
בָנָיו אִתּוֹ וַיְקַדֵּשׁ אֶת־אַהֲרֹן אֶת־בְּגָדָיו וְאֶת־בָּנָיו וְאֶת־בִּגְדֵי
לא בָנָיו אִתּוֹ׃ וַיֹּאמֶר מֹשֶׁה אֶל־אַהֲרֹן וְאֶל־בָּנָיו בַּשְּׁלוּ אֶת־הַבָּשָׂר
פֶּתַח אֹהֶל מוֹעֵד וְשָׁם תֹּאכְלוּ אֹתוֹ וְאֶת־הַלֶּחֶם אֲשֶׁר בְּסַל
לב הַמִּלֻּאִים כַּאֲשֶׁר צִוֵּיתִי לֵאמֹר אַהֲרֹן וּבָנָיו יֹאכְלֻהוּ׃ וְהַנּוֹתָר
לג בַּבָּשָׂר וּבַלָּחֶם בָּאֵשׁ תִּשְׂרֹפוּ׃ וּמִפֶּתַח אֹהֶל מוֹעֵד לֹא תֵצְאוּ מפטיר
שִׁבְעַת יָמִים עַד יוֹם מְלֹאת יְמֵי מִלֻּאֵיכֶם כִּי שִׁבְעַת יָמִים
לד יְמַלֵּא אֶת־יֶדְכֶם׃ כַּאֲשֶׁר עָשָׂה בַּיּוֹם הַזֶּה צִוָּה יְהוָה לַעֲשֹׂת
לה לְכַפֵּר עֲלֵיכֶם׃ וּפֶתַח אֹהֶל מוֹעֵד תֵּשְׁבוּ יוֹמָם וָלַיְלָה שִׁבְעַת
יָמִים וּשְׁמַרְתֶּם אֶת־מִשְׁמֶרֶת יְהוָה וְלֹא תָמוּתוּ כִּי־כֵן צֻוֵּיתִי׃
לו וַיַּעַשׂ אַהֲרֹן וּבָנָיו אֵת כָּל־הַדְּבָרִים אֲשֶׁר־צִוָּה יְהוָה בְּיַד־
ט א מֹשֶׁה׃ וַיְהִי בַּיּוֹם הַשְּׁמִינִי קָרָא מֹשֶׁה לְאַהֲרֹן שמיני
ב וּלְבָנָיו וּלְזִקְנֵי יִשְׂרָאֵל׃ וַיֹּאמֶר אֶל־אַהֲרֹן קַח־לְךָ עֵגֶל בֶּן־בָּקָר
ג לְחַטָּאת וְאַיִל לְעֹלָה תְּמִימִם וְהַקְרֵב לִפְנֵי יְהוָה׃ וְאֶל־בְּנֵי
יִשְׂרָאֵל תְּדַבֵּר לֵאמֹר קְחוּ שְׂעִיר־עִזִּים לְחַטָּאת וְעֵגֶל וָכֶבֶשׂ
ד בְּנֵי־שָׁנָה תְּמִימִם לְעֹלָה׃ וְשׁוֹר וָאַיִל לִשְׁלָמִים לִזְבֹּחַ לִפְנֵי
ה יְהוָה וּמִנְחָה בְּלוּלָה בַשָּׁמֶן כִּי הַיּוֹם יְהוָה נִרְאָה אֲלֵיכֶם׃ וַיִּקְחוּ
אֵת אֲשֶׁר צִוָּה מֹשֶׁה אֶל־פְּנֵי אֹהֶל מוֹעֵד וַיִּקְרְבוּ כָּל־הָעֵדָה
ו וַיַּעַמְדוּ לִפְנֵי יְהוָה׃ וַיֹּאמֶר מֹשֶׁה זֶה הַדָּבָר אֲשֶׁר־צִוָּה יְהוָה
ז תַּעֲשׂוּ וְיֵרָא אֲלֵיכֶם כְּבוֹד יְהוָה׃ וַיֹּאמֶר מֹשֶׁה אֶל־אַהֲרֹן קְרַב
אֶל־הַמִּזְבֵּחַ וַעֲשֵׂה אֶת־חַטָּאתְךָ וְאֶת־עֹלָתֶךָ וְכַפֵּר בַּעַדְךָ וּבְעַד
הָעָם וַעֲשֵׂה אֶת־קָרְבַּן הָעָם וְכַפֵּר בַּעֲדָם כַּאֲשֶׁר צִוָּה יְהוָה׃

8 atonement for them, as the LORD has commanded." Aharon drew
close to the altar and slaughtered the calf of his purification
9 offering. Aharon's sons presented him with the blood, and he
dipped his finger into it and applied the blood to the horns of the
10 altar; the rest of the blood he poured out at the altar's base. Then
he sent the fat, the kidneys, and the diaphragm of the liver from
the purification offering up in smoke upon the altar as the LORD
11 had commanded Moshe, and he burned the flesh and skin with
12 fire outside the camp. Then he slaughtered the burnt offering.
Aharon's sons presented him with the blood, and he dashed it on
13 each side of the altar. Then they presented him with the burnt
offering in its pieces, with its head, and he sent them up in smoke
14 upon the altar. Having washed the entrails and legs, he sent them
15 up in smoke upon the altar with the burnt offering. Then he
brought close the people's offering. He took the goat of the
people's purification offering, slaughtered it, and prepared it as a
16 purification offering like the first. He presented the burnt offering
17 and sacrificed it in the prescribed way. He then presented the grain SHEINI
offering, took a handful from it, and sent this portion up in smoke
18 upon the altar, with the morning's burnt offering. He slaughtered
the ox and the ram: the people's peace sacrifice. Aharon's sons
presented him with the blood, and he dashed it against each side
19 of the altar, and the fat parts of the ox and ram:[23] the broad tail,
20 the covering fat, the kidneys, and the diaphragm of the liver. They
laid the fat parts over the breasts, and he sent them up in smoke
21 upon the altar. But the breasts and right thigh Aharon displayed,
this way and that, as a wave offering before the LORD, as Moshe
22 had commanded. Then Aharon raised his hands to the people and
blessed them. And, having presented the purification offering, the
23 burnt offering, and the peace sacrifice, he stepped down. Moshe
and Aharon entered the Tent of Meeting; when they came out,
they blessed the people, and the glory of the LORD was revealed
24 to all the people. And from before the LORD, fire came forth. It SHELISHI
consumed the burnt offering and the fat pieces on the altar; and

ח וַיִּקְרַב אַהֲרֹן אֶל־הַמִּזְבֵּחַ וַיִּשְׁחַט אֶת־עֵגֶל הַחַטָּאת אֲשֶׁר־
ט לוֹ: וַיַּקְרִבוּ בְּנֵי אַהֲרֹן אֶת־הַדָּם אֵלָיו וַיִּטְבֹּל אֶצְבָּעוֹ בַּדָּם וַיִּתֵּן
י עַל־קַרְנוֹת הַמִּזְבֵּחַ וְאֶת־הַדָּם יָצַק אֶל־יְסוֹד הַמִּזְבֵּחַ: וְאֶת־
הַחֵלֶב וְאֶת־הַכְּלָיֹת וְאֶת־הַיֹּתֶרֶת מִן־הַכָּבֵד מִן־הַחַטָּאת
יא הִקְטִיר הַמִּזְבֵּחָה כַּאֲשֶׁר צִוָּה יהוה אֶת־מֹשֶׁה: וְאֶת־הַבָּשָׂר
יב וְאֶת־הָעוֹר שָׂרַף בָּאֵשׁ מִחוּץ לַמַּחֲנֶה: וַיִּשְׁחַט אֶת־הָעֹלָה
וַיַּמְצִאוּ בְּנֵי אַהֲרֹן אֵלָיו אֶת־הַדָּם וַיִּזְרְקֵהוּ עַל־הַמִּזְבֵּחַ סָבִיב:
יג וְאֶת־הָעֹלָה הִמְצִיאוּ אֵלָיו לִנְתָחֶיהָ וְאֶת־הָרֹאשׁ וַיַּקְטֵר עַל־
יד הַמִּזְבֵּחַ: וַיִּרְחַץ אֶת־הַקֶּרֶב וְאֶת־הַכְּרָעָיִם וַיַּקְטֵר עַל־הָעֹלָה
טו הַמִּזְבֵּחָה: וַיַּקְרֵב אֵת קָרְבַּן הָעָם וַיִּקַּח אֶת־שְׂעִיר הַחַטָּאת
טז אֲשֶׁר לָעָם וַיִּשְׁחָטֵהוּ וַיְחַטְּאֵהוּ כָּרִאשׁוֹן: וַיַּקְרֵב אֶת־הָעֹלָה
יז וַיַּעֲשֶׂהָ כַּמִּשְׁפָּט: וַיַּקְרֵב אֶת־הַמִּנְחָה וַיְמַלֵּא כַפּוֹ מִמֶּנָּה וַיַּקְטֵר שני
יח עַל־הַמִּזְבֵּחַ מִלְּבַד עֹלַת הַבֹּקֶר: וַיִּשְׁחַט אֶת־הַשּׁוֹר וְאֶת־הָאַיִל
זֶבַח הַשְּׁלָמִים אֲשֶׁר לָעָם וַיַּמְצִאוּ בְּנֵי אַהֲרֹן אֶת־הַדָּם אֵלָיו
יט וַיִּזְרְקֵהוּ עַל־הַמִּזְבֵּחַ סָבִיב: וְאֶת־הַחֲלָבִים מִן־הַשּׁוֹר וּמִן־הָאַיִל
כ הָאַלְיָה וְהַמְכַסֶּה וְהַכְּלָיֹת וְיֹתֶרֶת הַכָּבֵד: וַיָּשִׂימוּ אֶת־הַחֲלָבִים
כא עַל־הֶחָזוֹת וַיַּקְטֵר הַחֲלָבִים הַמִּזְבֵּחָה: וְאֵת הֶחָזוֹת וְאֵת שׁוֹק
כב הַיָּמִין הֵנִיף אַהֲרֹן תְּנוּפָה לִפְנֵי יהוה כַּאֲשֶׁר צִוָּה מֹשֶׁה: וַיִּשָּׂא
אַהֲרֹן אֶת־יָדָו אֶל־הָעָם וַיְבָרְכֵם וַיֵּרֶד מֵעֲשֹׂת הַחַטָּאת וְהָעֹלָה
כג וְהַשְּׁלָמִים: וַיָּבֹא מֹשֶׁה וְאַהֲרֹן אֶל־אֹהֶל מוֹעֵד וַיֵּצְאוּ וַיְבָרְכוּ
כד אֶת־הָעָם וַיֵּרָא כְבוֹד־יהוה אֶל־כָּל־הָעָם: וַתֵּצֵא אֵשׁ מִלִּפְנֵי שלישי
יהוה וַתֹּאכַל עַל־הַמִּזְבֵּחַ אֶת־הָעֹלָה וְאֶת־הַחֲלָבִים וַיַּרְא כָּל־

23 In addition to the blood, Aharon's sons also presented him with the fat.

all the people saw it, and cried out for joy, and threw themselves
10 1 facedown upon the ground. Aharon's sons Nadav and Avihu took
their fire pans, put fire in them, and placed incense upon it, and
they offered unauthorized fire before the LORD: fire He had not
2 commanded. And fire came forth from before the LORD and
3 consumed them. They died before the LORD. Moshe said to
Aharon, "Of this the LORD spoke when He said: I will be sanctified
through those close to Me, and before all the people I will be
4 honored."[24] And Aharon was silent. Moshe called to Mishael and
Eltzafan, sons of Uziel, Aharon's uncle; "Draw near," he said, "carry
your kinsmen from the Sanctuary and take them outside the
5 camp." They approached and, as Moshe had instructed them, they
carried Nadav and Avihu out by their tunics to a place outside the
6 camp. Moshe said to Aharon and to Elazar and Itamar his sons,
"Do not dishevel your hair or tear your clothes[25] or you will die
and bring fury down upon the whole community. Your brothers,
the whole House of Israel, may mourn the burning that the LORD
7 has brought about. But you must not leave the entrance to the
Tent of Meeting or you will die, for the LORD's anointing oil is
upon you." They did as Moshe had told them.

8 9 And the LORD spoke to Aharon: "You and your sons must not
drink wine or strong drink when you enter the Tent of Meeting,
so that you do not die. This is an everlasting statute throughout
10 your generations, to enable you to distinguish between sacred
11 and profane, and between impure and pure, and to teach the
Israelites all the statutes that the LORD has spoken to them
through Moshe."

12 Moshe told Aharon, and Elazar and Itamar, the two sons left to REVI'I
him, "Take the grain offering left over after the fire offerings to
the LORD and eat it unleavened beside the altar, for it is holy of
13 holies. You must eat it in a holy place because it is your share, and
that of your sons, from the LORD's fire offerings, for so I have been
14 commanded. But you and your sons and daughters may eat the
breast of the wave offering and the thigh of the upraised gift in

יא הָעָם וַיָּרֹנּוּ וַיִּפְּלוּ עַל־פְּנֵיהֶם: וַיִּקְחוּ בְנֵי־אַהֲרֹן נָדָב וַאֲבִיהוּא
אִישׁ מַחְתָּתוֹ וַיִּתְּנוּ בָהֵן אֵשׁ וַיָּשִׂימוּ עָלֶיהָ קְטֹרֶת וַיַּקְרִיבוּ לִפְנֵי
ב יהוה אֵשׁ זָרָה אֲשֶׁר לֹא צִוָּה אֹתָם: וַתֵּצֵא אֵשׁ מִלִּפְנֵי יהוה
ג וַתֹּאכַל אוֹתָם וַיָּמֻתוּ לִפְנֵי יהוה: וַיֹּאמֶר מֹשֶׁה אֶל־אַהֲרֹן הוּא
אֲשֶׁר־דִּבֶּר יהוה ׀ לֵאמֹר בִּקְרֹבַי אֶקָּדֵשׁ וְעַל־פְּנֵי כָל־הָעָם
ד אֶכָּבֵד וַיִּדֹּם אַהֲרֹן: וַיִּקְרָא מֹשֶׁה אֶל־מִישָׁאֵל וְאֶל אֶלְצָפָן בְּנֵי
עֻזִּיאֵל דֹּד אַהֲרֹן וַיֹּאמֶר אֲלֵהֶם קִרְבוּ שְׂאוּ אֶת־אֲחֵיכֶם מֵאֵת
ה פְּנֵי־הַקֹּדֶשׁ אֶל־מִחוּץ לַמַּחֲנֶה: וַיִּקְרְבוּ וַיִּשָּׂאֻם בְּכֻתֳּנֹתָם אֶל־
ו מִחוּץ לַמַּחֲנֶה כַּאֲשֶׁר דִּבֶּר מֹשֶׁה: וַיֹּאמֶר מֹשֶׁה אֶל־אַהֲרֹן
וּלְאֶלְעָזָר וּלְאִיתָמָר ׀ בָּנָיו רָאשֵׁיכֶם אַל־תִּפְרָעוּ ׀ וּבִגְדֵיכֶם
לֹא־תִפְרֹמוּ וְלֹא תָמֻתוּ וְעַל כָּל־הָעֵדָה יִקְצֹף וַאֲחֵיכֶם כָּל־
ז בֵּית יִשְׂרָאֵל יִבְכּוּ אֶת־הַשְּׂרֵפָה אֲשֶׁר שָׂרַף יהוה: וּמִפֶּתַח
אֹהֶל מוֹעֵד לֹא תֵצְאוּ פֶּן־תָּמֻתוּ כִּי־שֶׁמֶן מִשְׁחַת יהוה עֲלֵיכֶם
וַיַּעֲשׂוּ כִּדְבַר מֹשֶׁה:

ח ט וַיְדַבֵּר יהוה אֶל־אַהֲרֹן לֵאמֹר: יַיִן וְשֵׁכָר אַל־תֵּשְׁתְּ ׀ אַתָּה ׀ ה
וּבָנֶיךָ אִתָּךְ בְּבֹאֲכֶם אֶל־אֹהֶל מוֹעֵד וְלֹא תָמֻתוּ חֻקַּת עוֹלָם
י לְדֹרֹתֵיכֶם: וּלְהַבְדִּיל בֵּין הַקֹּדֶשׁ וּבֵין הַחֹל וּבֵין הַטָּמֵא וּבֵין
יא הַטָּהוֹר: וּלְהוֹרֹת אֶת־בְּנֵי יִשְׂרָאֵל אֵת כָּל־הַחֻקִּים אֲשֶׁר דִּבֶּר
יהוה אֲלֵיהֶם בְּיַד־מֹשֶׁה:

יב וַיְדַבֵּר מֹשֶׁה אֶל־אַהֲרֹן וְאֶל אֶלְעָזָר וְאֶל־אִיתָמָר ׀ בָּנָיו הַנּוֹתָרִים רביעי
קְחוּ אֶת־הַמִּנְחָה הַנּוֹתֶרֶת מֵאִשֵּׁי יהוה וְאִכְלוּהָ מַצּוֹת אֵצֶל
יג הַמִּזְבֵּחַ כִּי קֹדֶשׁ קָדָשִׁים הִוא: וַאֲכַלְתֶּם אֹתָהּ בְּמָקוֹם קָדוֹשׁ
יד כִּי חָקְךָ וְחָק־בָּנֶיךָ הִוא מֵאִשֵּׁי יהוה כִּי־כֵן צֻוֵּיתִי: וְאֵת חֲזֵה
הַתְּנוּפָה וְאֵת ׀ שׁוֹק הַתְּרוּמָה תֹּאכְלוּ בְּמָקוֹם טָהוֹר אַתָּה

---

24 Explanations of this statement and when it was uttered vary.

25 Acts that a mourner would typically have performed.

any ritually pure place, for these have been given to you from the
peace sacrifices of Israel as your portion and the portion of your
15 children. The thigh for the upraised gift and the breast for the
wave offering are to be brought, with the fat of the fire offering,
to be waved as a wave offering before the LORD. These are to be
your share and that of your children forever, as the LORD has
16 commanded." Moshe inquired about the goat for the purification HAMISHI
offering, and discovered that it had been burned. He was furious
17 with Elazar and Itamar, the two sons left to Aharon. "Why did you
not eat the purification offering in the holy area?" he asked. "It is
holy of holies, and it has been given to you to remove the guilt of
18 the community and atone for them before the LORD. Because
its blood was not to be brought into the inner Sanctuary, you
19 should have eaten it in the Sanctuary, as I commanded."[26] It was
Aharon who replied to Moshe, "They offered their purification
offering and their burnt offerings before the LORD today – but
such things have happened to me. Would it really have been right
in the LORD's eyes if I had eaten a purification offering today?"
20 Moshe listened; and it was right in his eyes.
11 1 2 The LORD spoke to Moshe and Aharon, saying to them: "Tell the SHISHI
Israelites: These are the creatures that you may eat among the land
3 mammals: You may eat any animal that has divided hoofs, fully
4 split, and chews the cud. Among those that chew the cud or have
divided hoofs you must not eat the following: the camel, because
though it chews the cud, it does not have divided hoofs, and so
5 it is impure for you; the hyrax, though it chews the cud, does not
6 have divided hoofs and so it is impure for you; the hare, though
it chews the cud, does not have divided hoofs and so it is impure
7 for you; the pig, though it has fully divided hoofs, does not chew
8 the cud and so it is impure for you. You may not eat the flesh of
these animals or touch their carcasses; they are impure for you.
9 These you may eat among the creatures of the water: anything
in the water, whether in sea or in stream, that has fins and scales

וּבָנֶיךָ וּבְנֹתֶיךָ אִתָּךְ כִּי־חָקְךָ וְחָק־בָּנֶיךָ נִתְּנוּ מִזִּבְחֵי שַׁלְמֵי
טו בְּנֵי יִשְׂרָאֵל: שׁוֹק הַתְּרוּמָה וַחֲזֵה הַתְּנוּפָה עַל אִשֵּׁי הַחֲלָבִים
יָבִיאוּ לְהָנִיף תְּנוּפָה לִפְנֵי יְהוָה וְהָיָה לְךָ וּלְבָנֶיךָ אִתְּךָ לְחָק־
טז עוֹלָם כַּאֲשֶׁר צִוָּה יְהוָה: וְאֵת | שְׂעִיר הַחַטָּאת דָּרֹשׁ דָּרַשׁ חמישי
מֹשֶׁה וְהִנֵּה שֹׂרָף וַיִּקְצֹף עַל־אֶלְעָזָר וְעַל־אִיתָמָר בְּנֵי אַהֲרֹן
יז הַנּוֹתָרִם לֵאמֹר: מַדּוּעַ לֹא־אֲכַלְתֶּם אֶת־הַחַטָּאת בִּמְקוֹם
הַקֹּדֶשׁ כִּי קֹדֶשׁ קָדָשִׁים הִוא וְאֹתָהּ | נָתַן לָכֶם לָשֵׂאת אֶת־עֲוֺן
יח הָעֵדָה לְכַפֵּר עֲלֵיהֶם לִפְנֵי יְהוָה: הֵן לֹא־הוּבָא אֶת־דָּמָהּ אֶל־
יט הַקֹּדֶשׁ פְּנִימָה אָכוֹל תֹּאכְלוּ אֹתָהּ בַּקֹּדֶשׁ כַּאֲשֶׁר צִוֵּיתִי: וַיְדַבֵּר
אַהֲרֹן אֶל־מֹשֶׁה הֵן הַיּוֹם הִקְרִיבוּ אֶת־חַטָּאתָם וְאֶת־עֹלָתָם
לִפְנֵי יְהוָה וַתִּקְרֶאנָה אֹתִי כָּאֵלֶּה וְאָכַלְתִּי חַטָּאת הַיּוֹם הַיִּיטַב
כ בְּעֵינֵי יְהוָה: וַיִּשְׁמַע מֹשֶׁה וַיִּיטַב בְּעֵינָיו:
יא א ב וַיְדַבֵּר יְהוָה אֶל־מֹשֶׁה וְאֶל־אַהֲרֹן לֵאמֹר אֲלֵהֶם: דַּבְּרוּ אֶל־ ו ששי
בְּנֵי יִשְׂרָאֵל לֵאמֹר זֹאת הַחַיָּה אֲשֶׁר תֹּאכְלוּ מִכָּל־הַבְּהֵמָה
ג אֲשֶׁר עַל־הָאָרֶץ: כֹּל | מַפְרֶסֶת פַּרְסָה וְשֹׁסַעַת שֶׁסַע פְּרָסֹת
ד מַעֲלַת גֵּרָה בַּבְּהֵמָה אֹתָהּ תֹּאכֵלוּ: אַךְ אֶת־זֶה לֹא תֹאכְלוּ
מִמַּעֲלֵי הַגֵּרָה וּמִמַּפְרִסֵי הַפַּרְסָה אֶת־הַגָּמָל כִּי־מַעֲלֵה גֵרָה הוּא
ה וּפַרְסָה אֵינֶנּוּ מַפְרִיס טָמֵא הוּא לָכֶם: וְאֶת־הַשָּׁפָן כִּי־מַעֲלֵה
ו גֵרָה הוּא וּפַרְסָה לֹא יַפְרִיס טָמֵא הוּא לָכֶם: וְאֶת־הָאַרְנֶבֶת
כִּי־מַעֲלַת גֵּרָה הִוא וּפַרְסָה לֹא הִפְרִיסָה טְמֵאָה הִוא לָכֶם:
ז וְאֶת־הַחֲזִיר כִּי־מַפְרִיס פַּרְסָה הוּא וְשֹׁסַע שֶׁסַע פַּרְסָה וְהוּא
ח גֵּרָה לֹא־יִגָּר טָמֵא הוּא לָכֶם: מִבְּשָׂרָם לֹא תֹאכֵלוּ וּבְנִבְלָתָם
ט לֹא תִגָּעוּ טְמֵאִים הֵם לָכֶם: אֶת־זֶה תֹּאכְלוּ מִכֹּל אֲשֶׁר בַּמָּיִם
כֹּל אֲשֶׁר־לוֹ סְנַפִּיר וְקַשְׂקֶשֶׂת בַּמַּיִם בַּיַּמִּים וּבַנְּחָלִים אֹתָם

26 See 6:23.

10 may be eaten, whereas anything in the sea or the stream that does
not have fins and scales, whether one of the swarming creatures
of the water or any other of living creature there, is detestable to
11 you and will remain so. You may not eat their flesh, and you shall
12 detest their carcasses. Anything in the water that does not have
13 fins or scales is detestable to you. Among the birds, the following
you shall regard as detestable – being detested they shall not
be eaten:[27] the griffon vulture, the bearded vulture, the lappet-
14 15 faced vulture, the kite, any kind of buzzard, any kind of raven,
16 17 the ostrich, the swift, the gull, any kind of sparrow hawk, the little
18 owl, the fish owl, the short-eared owl, the barn owl, the pelican,
19 the vulture, the stork, any kind of heron, the hoopoe, and the bat.
20 All swarming, flying creatures that crawl on fours are detestable
21 to you, but you may eat those swarming, flying creatures that
crawl on four legs, with legs jointed above their feet with which
22 they hop on the ground. Of these you may eat the following:
23 any kind of locust, bald locust, cricket, or grasshopper. Every
other swarming, flying, crawling creature on fours is detestable to
24 you. You become impure through these: whoever touches their
25 carcasses shall be impure until evening, and whoever moves their
carcasses shall immerse his clothes and be impure until evening.
26 All livestock with divided hoofs that are not completely split, or
that do not chew the cud, are impure for you; whoever touches
27 them becomes impure. Among four-footed animals, all those that
walk on their paws are impure for you; anyone touching their
28 carcasses shall be impure until evening. One who moves their
carcasses shall immerse his clothes and be impure until evening;
29 these animals are impure for you. Among the creatures
that creep along the ground, the following are impure for you:[28]
30 the marten, the mouse, every kind of spiny-tailed lizard, the legless
31 lizard, the chameleon, the lizard, the skink, and the mole rat. Of
all the creatures that creep along the ground, these are impure for
you; whoever touches them when they are dead shall be impure

28 The identities of these animals are debated.

י תֹּאכֵלוּ: וְכֹל אֲשֶׁר אֵין־לוֹ סְנַפִּיר וְקַשְׂקֶשֶׂת בַּיַּמִּים וּבַנְּחָלִים
מִכֹּל שֶׁרֶץ הַמַּיִם וּמִכֹּל נֶפֶשׁ הַחַיָּה אֲשֶׁר בַּמָּיִם שֶׁקֶץ הֵם לָכֶם:
יא יב וְשֶׁקֶץ יִהְיוּ לָכֶם מִבְּשָׂרָם לֹא תֹאכֵלוּ וְאֶת־נִבְלָתָם תְּשַׁקֵּצוּ: כֹּל
יג אֲשֶׁר אֵין־לוֹ סְנַפִּיר וְקַשְׂקֶשֶׂת בַּמָּיִם שֶׁקֶץ הוּא לָכֶם: וְאֶת־אֵלֶּה
תְּשַׁקְּצוּ מִן־הָעוֹף לֹא יֵאָכְלוּ שֶׁקֶץ הֵם אֶת־הַנֶּשֶׁר וְאֶת־הַפֶּרֶס
יד טו וְאֵת הָעָזְנִיָּה: וְאֶת־הַדָּאָה וְאֶת־הָאַיָּה לְמִינָהּ: אֵת כָּל־עֹרֵב
טז לְמִינוֹ: וְאֵת בַּת הַיַּעֲנָה וְאֶת־הַתַּחְמָס וְאֶת־הַשָּׁחַף וְאֶת־הַנֵּץ
יז יח לְמִינֵהוּ: וְאֶת־הַכּוֹס וְאֶת־הַשָּׁלָךְ וְאֶת־הַיַּנְשׁוּף: וְאֶת־הַתִּנְשֶׁמֶת
יט וְאֶת־הַקָּאָת וְאֶת־הָרָחָם: וְאֵת הַחֲסִידָה הָאֲנָפָה לְמִינָהּ וְאֶת־
כ הַדּוּכִיפַת וְאֶת־הָעֲטַלֵּף:[27] כֹּל שֶׁרֶץ הָעוֹף הַהֹלֵךְ עַל־אַרְבַּע שֶׁקֶץ
כא הוּא לָכֶם: אַךְ אֶת־זֶה תֹּאכְלוּ מִכֹּל שֶׁרֶץ הָעוֹף הַהֹלֵךְ עַל־אַרְבַּע
כב אֲשֶׁר־לֹא כְרָעַיִם מִמַּעַל לְרַגְלָיו לְנַתֵּר בָּהֵן עַל־הָאָרֶץ: אֶת־ לו
אֵלֶּה מֵהֶם תֹּאכֵלוּ אֶת־הָאַרְבֶּה לְמִינוֹ וְאֶת־הַסָּלְעָם לְמִינֵהוּ
כג וְאֶת־הַחַרְגֹּל לְמִינֵהוּ וְאֶת־הֶחָגָב לְמִינֵהוּ: וְכֹל שֶׁרֶץ הָעוֹף
כד אֲשֶׁר־לוֹ אַרְבַּע רַגְלָיִם שֶׁקֶץ הוּא לָכֶם: וּלְאֵלֶּה תִּטַּמָּאוּ כָּל־
כה הַנֹּגֵעַ בְּנִבְלָתָם יִטְמָא עַד־הָעָרֶב: וְכָל־הַנֹּשֵׂא מִנִּבְלָתָם יְכַבֵּס
כו בְּגָדָיו וְטָמֵא עַד־הָעָרֶב: לְכָל־הַבְּהֵמָה אֲשֶׁר הִוא מַפְרֶסֶת
פַּרְסָה וְשֶׁסַע ׀ אֵינֶנָּה שֹׁסַעַת וְגֵרָה אֵינֶנָּה מַעֲלָה טְמֵאִים הֵם
כז לָכֶם כָּל־הַנֹּגֵעַ בָּהֶם יִטְמָא: וְכֹל ׀ הוֹלֵךְ עַל־כַּפָּיו בְּכָל־הַחַיָּה
הַהֹלֶכֶת עַל־אַרְבַּע טְמֵאִים הֵם לָכֶם כָּל־הַנֹּגֵעַ בְּנִבְלָתָם יִטְמָא
כח עַד־הָעָרֶב: וְהַנֹּשֵׂא אֶת־נִבְלָתָם יְכַבֵּס בְּגָדָיו וְטָמֵא עַד־הָעָרֶב
כט טְמֵאִים הֵמָּה לָכֶם: וְזֶה לָכֶם הַטָּמֵא בַּשֶּׁרֶץ הַשֹּׁרֵץ
ל עַל־הָאָרֶץ הַחֹלֶד וְהָעַכְבָּר וְהַצָּב לְמִינֵהוּ: וְהָאֲנָקָה וְהַכֹּחַ
לא וְהַלְּטָאָה וְהַחֹמֶט וְהַתִּנְשָׁמֶת: אֵלֶּה הַטְּמֵאִים לָכֶם בְּכָל־הַשָּׁרֶץ

27 The identities of many of these birds are subject to debate.

32 until evening. And if any of these dies and falls on something – a
wooden vessel, clothing, leather goods or sackcloth, any utensil
with which work is done – it renders it impure. The article must
be immersed in water and then remains impure until evening,
33 when it will become pure again. If any of these falls into a pottery SHEVI'I
jar, everything inside it becomes impure; you must smash the
34 pot. Edible food becomes impure in such a jar if water has been
poured over; any drinkable beverage in such a jar becomes impure.
35 Anything on which a part of one of their dead bodies falls becomes
impure. If it is an oven or stove, it must be broken into pieces; it
36 is impure for you and will remain so. A spring or cistern holding
water remains pure, but anyone who touches one of their dead
37 bodies in it becomes impure. If any part of their dead bodies falls
38 on seed that has been planted, the seed remains pure. But if water
has been poured over the seed and afterward any part of their dead
39 bodies falls upon it, it is rendered impure for you. If an
animal of a kind that you are allowed to eat dies naturally, one who
40 touches its carcass shall be impure until evening. Anyone who eats
of its carcass must immerse his clothes, and he remains impure
until evening. Anyone who moves the carcass must immerse his
41 clothes, and he remains impure until evening. All creatures that
42 swarm on the earth are detested; they shall not be eaten. Of these
swarming things you shall not eat any, those that move on their
bellies or crawl on all fours or on many feet – for they are all
43 detestable. Do not make yourselves detestable by contact with
any of these swarming creatures. Do not defile yourselves with
44 them or be defiled by them. I am the LORD your God. Consecrate
yourselves and be holy, for I am holy. Do not defile yourselves with
45 any swarming creature that crawls on the ground. I am the LORD, MAFTIR
who brought you up out of Egypt to be your God. Be holy, for I
46 am holy." This is the law concerning animals, birds, all creatures
47 that live in water and all that swarm on the earth, to distinguish
between the impure and the pure and between creatures that may
be eaten and those that may not.

לב כׇּל־הַנֹּגֵעַ בָּהֶם בְּמֹתָם יִטְמָא עַד־הָעָרֶב׃ וְכֹל אֲשֶׁר־יִפֹּל עָלָיו
מֵהֶם ׀ בְּמֹתָם יִטְמָא מִכׇּל־כְּלִי־עֵץ אוֹ בֶגֶד אוֹ־עוֹר אוֹ שָׂק כׇּל־
כְּלִי אֲשֶׁר־יֵעָשֶׂה מְלָאכָה בָּהֶם בַּמַּיִם יוּבָא וְטָמֵא עַד־הָעֶרֶב
לג וְטָהֵר׃ וְכׇל־כְּלִי־חֶרֶשׂ אֲשֶׁר־יִפֹּל מֵהֶם אֶל־תּוֹכוֹ כֹּל אֲשֶׁר בְּתוֹכוֹ שביעי
לד יִטְמָא וְאֹתוֹ תִשְׁבֹּרוּ׃ מִכׇּל־הָאֹכֶל אֲשֶׁר יֵאָכֵל אֲשֶׁר יָבוֹא עָלָיו
לה מַיִם יִטְמָא וְכׇל־מַשְׁקֶה אֲשֶׁר יִשָּׁתֶה בְּכׇל־כְּלִי יִטְמָא׃ וְכֹל
אֲשֶׁר־יִפֹּל מִנִּבְלָתָם ׀ עָלָיו יִטְמָא תַּנּוּר וְכִירַיִם יֻתָּץ טְמֵאִים הֵם
לו וּטְמֵאִים יִהְיוּ לָכֶם׃ אַךְ מַעְיָן וּבוֹר מִקְוֵה־מַיִם יִהְיֶה טָהוֹר וְנֹגֵעַ
לז בְּנִבְלָתָם יִטְמָא׃ וְכִי יִפֹּל מִנִּבְלָתָם עַל־כׇּל־זֶרַע זֵרוּעַ אֲשֶׁר יִזָּרֵעַ
לח טָהוֹר הוּא׃ וְכִי יֻתַּן־מַיִם עַל־זֶרַע וְנָפַל מִנִּבְלָתָם עָלָיו טָמֵא
לט הוּא לָכֶם׃ וְכִי יָמוּת מִן־הַבְּהֵמָה אֲשֶׁר־הִיא לָכֶם
מ לְאׇכְלָה הַנֹּגֵעַ בְּנִבְלָתָהּ יִטְמָא עַד־הָעָרֶב׃ וְהָאֹכֵל מִנִּבְלָתָהּ
יְכַבֵּס בְּגָדָיו וְטָמֵא עַד־הָעָרֶב וְהַנֹּשֵׂא אֶת־נִבְלָתָהּ יְכַבֵּס
מא בְּגָדָיו וְטָמֵא עַד־הָעָרֶב׃ וְכׇל־הַשֶּׁרֶץ הַשֹּׁרֵץ עַל־הָאָרֶץ שֶׁקֶץ
מב הוּא לֹא יֵאָכֵל׃ כֹּל הוֹלֵךְ עַל־גָּחוֹן וְכֹל ׀ הוֹלֵךְ עַל־אַרְבַּע עַד
כׇּל־מַרְבֵּה רַגְלַיִם לְכׇל־הַשֶּׁרֶץ הַשֹּׁרֵץ עַל־הָאָרֶץ לֹא תֹאכְלוּם
מג כִּי־שֶׁקֶץ הֵם׃ אַל־תְּשַׁקְּצוּ אֶת־נַפְשֹׁתֵיכֶם בְּכׇל־הַשֶּׁרֶץ הַשֹּׁרֵץ
מד וְלֹא תִטַּמְּאוּ בָּהֶם וְנִטְמֵתֶם בָּם׃ כִּי אֲנִי יהוה אֱלֹהֵיכֶם
וְהִתְקַדִּשְׁתֶּם וִהְיִיתֶם קְדֹשִׁים כִּי קָדוֹשׁ אָנִי וְלֹא תְטַמְּאוּ
מה אֶת־נַפְשֹׁתֵיכֶם בְּכׇל־הַשֶּׁרֶץ הָרֹמֵשׂ עַל־הָאָרֶץ׃ כִּי ׀ אֲנִי יהוה מפטיר
הַמַּעֲלֶה אֶתְכֶם מֵאֶרֶץ מִצְרַיִם לִהְיֹת לָכֶם לֵאלֹהִים וִהְיִיתֶם
מו קְדֹשִׁים כִּי קָדוֹשׁ אָנִי׃ זֹאת תּוֹרַת הַבְּהֵמָה וְהָעוֹף וְכֹל נֶפֶשׁ
מז הַחַיָּה הָרֹמֶשֶׂת בַּמָּיִם וּלְכׇל־נֶפֶשׁ הַשֹּׁרֶצֶת עַל־הָאָרֶץ׃ לְהַבְדִּיל
בֵּין הַטָּמֵא וּבֵין הַטָּהֹר וּבֵין הַחַיָּה הַנֶּאֱכֶלֶת וּבֵין הַחַיָּה אֲשֶׁר
לֹא תֵאָכֵל׃

12 1 2 The LORD spoke to Moshe: "Tell the Israelites: If a woman con- TAZRIA
ceives and gives birth to a son, she shall be impure for seven days,
3 as she is during her menstrual period. On the eighth day, the child's
4 foreskin shall be circumcised. For thirty-three days she shall wait,
bleeding pure blood, but until her time of purification is completed,
5 she must not touch anything holy or enter the Sanctuary. If she
gives birth to a daughter, she shall be impure – as she is during her
menstrual period – for two weeks, and bleeds in purity for sixty-six
6 days. When the days of her purification are complete, whether for
a son or a daughter, she shall bring a yearling sheep to the priest
at the entrance to the Tent of Meeting as a burnt offering and a
7 pigeon or dove as a purification offering. The priest shall present
it before the LORD and make atonement for her; so shall she be
purified of her source of blood." This is the law for a woman who
8 bears a child, male or female. "But if she cannot afford a sheep, she
may bring two doves or two pigeons – one for the burnt offering
and the other for the purification offering. The priest will then
make atonement for her, and she shall be pure."
13 1 2 The LORD spoke to Moshe and Aharon: "When a person has a
swelling, a rash, or a bright patch on his skin, and it develops on his
skin into what seems to be an impure blight, he shall be brought to
3 the priests, to Aharon or one of his sons. The priest shall examine
the disease on his skin. If hair in the diseased part has turned white
and the disease appears to be deeper than the skin, then it is the
disease of an impure blight. When the priest sees this, he shall
4 declare the person impure. But if the bright patch on the skin is
white but does not appear to be deeper than the skin and the hair
in it has not turned white, the priest shall quarantine the patient
5 for seven days. On the seventh day the priest shall examine him
again. If the disease has remained the same in appearance and not
spread on the patient's skin, the priest shall quarantine him for
6 another seven days. On the seventh day the priest shall examine SHEINI
it again. If the diseased area has receded and not spread over the
skin, the priest shall declare the patient pure; it was only a rash.

יב א ב וַיְדַבֵּר יהוה אֶל־מֹשֶׁה לֵּאמֹר׃ דַּבֵּר אֶל־בְּנֵי יִשְׂרָאֵל לֵאמֹר ז תזריע
אִשָּׁה כִּי תַזְרִיעַ וְיָלְדָה זָכָר וְטָמְאָה שִׁבְעַת יָמִים כִּימֵי נִדַּת
ג ד דְּוֺתָהּ תִּטְמָא׃ וּבַיּוֹם הַשְּׁמִינִי יִמּוֹל בְּשַׂר עָרְלָתוֹ׃ וּשְׁלֹשִׁים יוֹם
וּשְׁלֹשֶׁת יָמִים תֵּשֵׁב בִּדְמֵי טָהֳרָה בְּכָל־קֹדֶשׁ לֹא־תִגָּע וְאֶל־
ה הַמִּקְדָּשׁ לֹא תָבֹא עַד־מְלֹאת יְמֵי טָהֳרָהּ׃ וְאִם־נְקֵבָה תֵלֵד
וְטָמְאָה שְׁבֻעַיִם כְּנִדָּתָהּ וְשִׁשִּׁים יוֹם וְשֵׁשֶׁת יָמִים תֵּשֵׁב עַל־
ו דְּמֵי טָהֳרָה׃ וּבִמְלֹאת ׀ יְמֵי טָהֳרָהּ לְבֵן אוֹ לְבַת תָּבִיא כֶּבֶשׂ
בֶּן־שְׁנָתוֹ לְעֹלָה וּבֶן־יוֹנָה אוֹ־תֹר לְחַטָּאת אֶל־פֶּתַח אֹהֶל־מוֹעֵד
ז אֶל־הַכֹּהֵן׃ וְהִקְרִיבוֹ לִפְנֵי יהוה וְכִפֶּר עָלֶיהָ וְטָהֲרָה מִמְּקֹר
ח דָּמֶיהָ זֹאת תּוֹרַת הַיֹּלֶדֶת לַזָּכָר אוֹ לַנְּקֵבָה׃ וְאִם־לֹא תִמְצָא
יָדָהּ דֵּי שֶׂה וְלָקְחָה שְׁתֵּי־תֹרִים אוֹ שְׁנֵי בְּנֵי יוֹנָה אֶחָד לְעֹלָה
וְאֶחָד לְחַטָּאת וְכִפֶּר עָלֶיהָ הַכֹּהֵן וְטָהֵרָה׃
יג א ב וַיְדַבֵּר יהוה אֶל־מֹשֶׁה וְאֶל־אַהֲרֹן לֵאמֹר׃ אָדָם כִּי־יִהְיֶה בְעוֹר־
בְּשָׂרוֹ שְׂאֵת אוֹ־סַפַּחַת אוֹ בַהֶרֶת וְהָיָה בְעוֹר־בְּשָׂרוֹ לְנֶגַע
צָרָעַת וְהוּבָא אֶל־אַהֲרֹן הַכֹּהֵן אוֹ אֶל־אַחַד מִבָּנָיו הַכֹּהֲנִים׃
ג וְרָאָה הַכֹּהֵן אֶת־הַנֶּגַע בְּעוֹר־הַבָּשָׂר וְשֵׂעָר בַּנֶּגַע הָפַךְ ׀ לָבָן
וּמַרְאֵה הַנֶּגַע עָמֹק מֵעוֹר בְּשָׂרוֹ נֶגַע צָרַעַת הוּא וְרָאָהוּ הַכֹּהֵן
ד וְטִמֵּא אֹתוֹ׃ וְאִם־בַּהֶרֶת לְבָנָה הִוא בְּעוֹר בְּשָׂרוֹ וְעָמֹק אֵין־
מַרְאֶהָ מִן־הָעוֹר וּשְׂעָרָה לֹא־הָפַךְ לָבָן וְהִסְגִּיר הַכֹּהֵן אֶת־
ה הַנֶּגַע שִׁבְעַת יָמִים׃ וְרָאָהוּ הַכֹּהֵן בַּיּוֹם הַשְּׁבִיעִי וְהִנֵּה הַנֶּגַע
עָמַד בְּעֵינָיו לֹא־פָשָׂה הַנֶּגַע בָּעוֹר וְהִסְגִּירוֹ הַכֹּהֵן שִׁבְעַת
ו יָמִים שֵׁנִית׃ וְרָאָה הַכֹּהֵן אֹתוֹ בַּיּוֹם הַשְּׁבִיעִי שֵׁנִית וְהִנֵּה שני
כֵּהָה הַנֶּגַע וְלֹא־פָשָׂה הַנֶּגַע בָּעוֹר וְטִהֲרוֹ הַכֹּהֵן מִסְפַּחַת הִוא

7 He shall immerse his clothes, and he shall be pure. But if the rash
does spread over the skin after he has appeared before the priest
8 for purification, he must appear before the priest again. If the
priest sees that the rash has indeed spread over the skin, he shall
declare the person impure; it is a blight.
9 When a person has a blight-like disease, he shall be brought to
10 the priest, and the priest shall look. If there is a white swelling in
the skin that has turned the hair white, and within the swelling
11 there is healthy flesh, it is a chronic blight on the skin of his body,
and the priest shall pronounce the patient impure; he need not
12 quarantine him, for he is definitely impure. If, however, the blight
has spread over the skin, so that it covers all of the patient's skin
13 from head to foot, wherever the priest can see, the priest shall
make an examination, and if the blight has covered all his body,
he shall pronounce him pure of the disease; if he has turned
14 completely white, he is pure. But as soon as healthy flesh appears,
15 the patient is impure. The priest shall examine the healthy flesh
and pronounce him impure; the healthy flesh is impure, for it
16 indicates a blight.[29] But if the healthy flesh turns white again, the
17 patient shall come back to the priest. The priest shall examine him,
and if the disease has indeed whitened, the priest shall pronounce
the patient pure, and he shall be pure.
18 19 When one has a boil on his skin and it heals, and in the place of SHELISHI
the boil there comes a white swelling or a bright patch of white
20 and reddish color, this shall be shown to the priest. The priest
shall then make an examination, and if the area appears lower
than the rest of the skin and its hair has turned white, the priest
shall declare the patient impure: it is a case of blight that has
21 broken out in the boil. But if the priest examines it and there is
no white hair in it and it does not appear lower than the skin, but
it has not receded, then the priest shall quarantine the patient
22 for seven days. If it spreads in the skin, the priest shall declare
23 him impure; it is a blight. But if the bright patch remains in one
place and does not spread, it is scar tissue from the boil, and the

ז וְכִבֶּס בְּגָדָיו וְטָהֵר׃ וְאִם־פָּשֹׂה תִפְשֶׂה הַמִּסְפַּחַת בָּעוֹר אַחֲרֵי
ח הֵרָאֹתוֹ אֶל־הַכֹּהֵן לְטָהֳרָתוֹ וְנִרְאָה שֵׁנִית אֶל־הַכֹּהֵן׃ וְרָאָה
הַכֹּהֵן וְהִנֵּה פָּשְׂתָה הַמִּסְפַּחַת בָּעוֹר וְטִמְּאוֹ הַכֹּהֵן צָרַעַת
הִוא׃
ט י נֶגַע צָרַעַת כִּי תִהְיֶה בְּאָדָם וְהוּבָא אֶל־הַכֹּהֵן׃ וְרָאָה הַכֹּהֵן
וְהִנֵּה שְׂאֵת־לְבָנָה בָּעוֹר וְהִיא הָפְכָה שֵׂעָר לָבָן וּמִחְיַת בָּשָׂר
יא חַי בַּשְׂאֵת׃ צָרַעַת נוֹשֶׁנֶת הִוא בְּעוֹר בְּשָׂרוֹ וְטִמְּאוֹ הַכֹּהֵן לֹא
יב יַסְגִּרֶנּוּ כִּי טָמֵא הוּא׃ וְאִם־פָּרוֹחַ תִּפְרַח הַצָּרַעַת בָּעוֹר וְכִסְּתָה
הַצָּרַעַת אֵת כָּל־עוֹר הַנֶּגַע מֵרֹאשׁוֹ וְעַד־רַגְלָיו לְכָל־מַרְאֵה
יג עֵינֵי הַכֹּהֵן׃ וְרָאָה הַכֹּהֵן וְהִנֵּה כִסְּתָה הַצָּרַעַת אֶת־כָּל־בְּשָׂרוֹ
יד וְטִהַר אֶת־הַנָּגַע כֻּלּוֹ הָפַךְ לָבָן טָהוֹר הוּא׃ וּבְיוֹם הֵרָאוֹת בּוֹ
טו בָּשָׂר חַי יִטְמָא׃ וְרָאָה הַכֹּהֵן אֶת־הַבָּשָׂר הַחַי וְטִמְּאוֹ הַבָּשָׂר
טז הַחַי טָמֵא הוּא צָרַעַת הוּא׃ אוֹ כִי יָשׁוּב הַבָּשָׂר הַחַי וְנֶהְפַּךְ
יז לְלָבָן וּבָא אֶל־הַכֹּהֵן׃ וְרָאָהוּ הַכֹּהֵן וְהִנֵּה נֶהְפַּךְ הַנֶּגַע לְלָבָן
וְטִהַר הַכֹּהֵן אֶת־הַנֶּגַע טָהוֹר הוּא׃
שלישי יח יט וּבָשָׂר כִּי־יִהְיֶה בוֹ־בְעֹרוֹ שְׁחִין וְנִרְפָּא׃ וְהָיָה בִּמְקוֹם הַשְּׁחִין
כ שְׂאֵת לְבָנָה אוֹ בַהֶרֶת לְבָנָה אֲדַמְדָּמֶת וְנִרְאָה אֶל־הַכֹּהֵן׃ וְרָאָה
הַכֹּהֵן וְהִנֵּה מַרְאֶהָ שָׁפָל מִן־הָעוֹר וּשְׂעָרָהּ הָפַךְ לָבָן וְטִמְּאוֹ
כא הַכֹּהֵן נֶגַע־צָרַעַת הִוא בַּשְּׁחִין פָּרָחָה׃ וְאִם ׀ יִרְאֶנָּה הַכֹּהֵן
וְהִנֵּה אֵין־בָּהּ שֵׂעָר לָבָן וּשְׁפָלָה אֵינֶנָּה מִן־הָעוֹר וְהִיא כֵהָה
כב וְהִסְגִּירוֹ הַכֹּהֵן שִׁבְעַת יָמִים׃ וְאִם־פָּשֹׂה תִפְשֶׂה בָּעוֹר וְטִמֵּא
כג הַכֹּהֵן אֹתוֹ נֶגַע הִוא׃ וְאִם־תַּחְתֶּיהָ תַּעֲמֹד הַבַּהֶרֶת לֹא פָשָׂתָה

29 In conjunction with the surrounding blight, the healthy flesh renders the individual impure.

24 priest shall declare the patient pure. When one has a REVI'I /SHEINI/
burn on his skin and the raw flesh of the burn becomes a bright
25 patch, either white and reddish or only white, the priest shall
examine it, and if the hair in the bright patch has turned white
and it appears to be deeper than the skin, then it is a blight. It has
broken out in the burn, and the priest shall pronounce the patient
26 impure: it is a blight. But if the priest examines it and there is no
white hair in the spot and it appears no deeper than the skin, but
it has not receded, the priest shall quarantine him for seven days.
27 The priest shall examine him on the seventh day. If the disease is
spreading on the skin, then the priest shall declare him impure; it
28 is a blight. But if the spot remains in its place and has not spread
on the skin, but has receded, then it was a swelling from the burn,
and the priest shall pronounce him pure; it is merely scar tissue
from the burn.

29 30 When a man or woman has a disease on the scalp or beard,[30] and ḤAMISHI
the priest examines the disease and finds that it appears to be
deeper than the skin, and has fine blond hairs in it, the priest shall
declare the person impure. It is a scaling eruption, a blight of the
31 head or beard. If the priest examines the scaling and it appears no
deeper than the skin but there is no black hair in it, then the priest
shall quarantine the person with the scaling eruption for seven
32 days, and on the seventh day the priest shall examine the disease.
If the scaling has not spread, and there is no blond hair among it,
33 and the scaling appears to be no deeper than the skin, then the
patient shall shave himself, but shall not shave the scaled part; and
the priest shall quarantine the person with the scaling eruption for
34 a further seven days. On the seventh day the priest shall examine
the scaling, and if it has not spread in the skin and it appears to
be no deeper than the skin, then the priest shall pronounce the
35 patient pure; he shall immerse his clothes and be pure. But if the
36 scaling spreads in the skin after he is declared pure, and when the
priest examines him, if the scaling has spread in the skin, the priest
37 need not seek the blond hair; he is impure. But if it appears to him

כד צָרֶבֶת הַשְּׁחִין הִוא וְטִהֲרוֹ הַכֹּהֵן: אוֹ בָשָׂר כִּי־יִהְיֶה רביעי /שני/
בְעֹרוֹ מִכְוַת־אֵשׁ וְהָיְתָה מִחְיַת הַמִּכְוָה בַּהֶרֶת לְבָנָה אֲדַמְדֶּמֶת
כה אוֹ לְבָנָה: וְרָאָה אֹתָהּ הַכֹּהֵן וְהִנֵּה נֶהְפַּךְ שֵׂעָר לָבָן בַּבַּהֶרֶת
וּמַרְאֶהָ עָמֹק מִן־הָעוֹר צָרַעַת הִוא בַּמִּכְוָה פָּרָחָה וְטִמֵּא אֹתוֹ
כו הַכֹּהֵן נֶגַע צָרַעַת הִוא: וְאִם ׀ יִרְאֶנָּה הַכֹּהֵן וְהִנֵּה אֵין־בַּבַּהֶרֶת
שֵׂעָר לָבָן וּשְׁפָלָה אֵינֶנָּה מִן־הָעוֹר וְהִוא כֵהָה וְהִסְגִּירוֹ הַכֹּהֵן
כז שִׁבְעַת יָמִים: וְרָאָהוּ הַכֹּהֵן בַּיּוֹם הַשְּׁבִיעִי אִם־פָּשֹׂה תִפְשֶׂה
כח בָּעוֹר וְטִמֵּא הַכֹּהֵן אֹתוֹ נֶגַע צָרַעַת הִוא: וְאִם־תַּחְתֶּיהָ תַעֲמֹד
הַבַּהֶרֶת לֹא־פָשְׂתָה בָעוֹר וְהִוא כֵהָה שְׂאֵת הַמִּכְוָה הִוא וְטִהֲרוֹ
הַכֹּהֵן כִּי־צָרֶבֶת הַמִּכְוָה הִוא:
כט[30] וְאִישׁ אוֹ אִשָּׁה כִּי־יִהְיֶה בוֹ נָגַע בְּרֹאשׁ אוֹ בְזָקָן: וְרָאָה הַכֹּהֵן ח חמישי
אֶת־הַנֶּגַע וְהִנֵּה מַרְאֵהוּ עָמֹק מִן־הָעוֹר וּבוֹ שֵׂעָר צָהֹב דָּק
ל וְטִמֵּא אֹתוֹ הַכֹּהֵן נֶתֶק הוּא צָרַעַת הָרֹאשׁ אוֹ הַזָּקָן הוּא:
לא וְכִי־יִרְאֶה הַכֹּהֵן אֶת־נֶגַע הַנֶּתֶק וְהִנֵּה אֵין־מַרְאֵהוּ עָמֹק מִן־
הָעוֹר וְשֵׂעָר שָׁחֹר אֵין בּוֹ וְהִסְגִּיר הַכֹּהֵן אֶת־נֶגַע הַנֶּתֶק שִׁבְעַת
לב יָמִים: וְרָאָה הַכֹּהֵן אֶת־הַנֶּגַע בַּיּוֹם הַשְּׁבִיעִי וְהִנֵּה לֹא־פָשָׂה
הַנֶּתֶק וְלֹא־הָיָה בוֹ שֵׂעָר צָהֹב וּמַרְאֵה הַנֶּתֶק אֵין עָמֹק מִן־
לג הָעוֹר: וְהִתְגַּלָּח וְאֶת־הַנֶּתֶק לֹא יְגַלֵּחַ וְהִסְגִּיר הַכֹּהֵן אֶת־הַנֶּתֶק
לד שִׁבְעַת יָמִים שֵׁנִית: וְרָאָה הַכֹּהֵן אֶת־הַנֶּתֶק בַּיּוֹם הַשְּׁבִיעִי
וְהִנֵּה לֹא־פָשָׂה הַנֶּתֶק בָּעוֹר וּמַרְאֵהוּ אֵינֶנּוּ עָמֹק מִן־הָעוֹר
לה וְטִהַר אֹתוֹ הַכֹּהֵן וְכִבֶּס בְּגָדָיו וְטָהֵר: וְאִם־פָּשֹׂה יִפְשֶׂה הַנֶּתֶק
לו בָּעוֹר אַחֲרֵי טָהֳרָתוֹ: וְרָאָהוּ הַכֹּהֵן וְהִנֵּה פָּשָׂה הַנֶּתֶק בָּעוֹר
לז לֹא־יְבַקֵּר הַכֹּהֵן לַשֵּׂעָר הַצָּהֹב טָמֵא הוּא: וְאִם־בְּעֵינָיו עָמַד

30 Meaning on the area where a beard grows.

that the scaling is unchanged and if black hair has grown in among
it, the eruption is healed and is pure, and the priest shall declare
38 the person pure. When a man or a woman has white
39 patches on the skin of his or her body, the priest shall examine
them, and if the patches on the skin are dull white, it is merely a
40 rash breaking out on the skin; the person is pure. If a man SHISHI /SHELISHI/
41 loses the hair on his head, it is merely baldness; he is pure. If he
loses the hair from his forehead, it is merely a receding hairline;
42 he is pure. But if there is a white and reddish diseased area on his
bald spot or receding hairline, it is a blight erupting in his bald
43 spot or at his receding hairline. The priest shall examine him, and
if the diseased swelling is a white and reddish area on his bald spot
or receding hairline, resembling a blight in the skin of the body,
44 he is a blighted person; he is impure. The priest shall declare him
45 impure; he has a blight on his scalp. And a blighted person, one
bearing the disease – his clothes shall be torn and the hair of his
head disarrayed. And he shall cover his upper lip as he cries out,
46 'Impure, impure.' He shall be in a state of impurity for as long
as he has the disease; he is impure. He shall live apart; outside
47 the camp shall be his dwelling. When a blight appears
48 in a garment, whether the garment is of wool or of linen, or in
the warp or in the weft of the linen or wool cloth, in leather or
49 anything made of leather, if the infection shows as green or red
in the garment, the leather, the warp or the weft, or the article of
leather, it is a case of the impure blight and shall be shown to the
50 priest. And the priest shall examine the disease and quarantine
51 the diseased article for seven days. He shall examine the disease
on the seventh day. If the disease has spread in the garment, the
warp or the weft, or the leather, whatever the leather is used
52 for, the infection is a malignant disease blight; it is impure. The
garment shall be burned – or the warp or weft, wool or linen, or
any article of leather that is infected – for it is a malignant disease
53 blight; it must be burned in fire. If, however, the priest examines
it and the disease has not spread in the garment, the warp or the

הַנֶּתֶק וְשֵׂעָר שָׁחֹר צָמַח־בּוֹ נִרְפָּא הַנֶּתֶק טָהוֹר הוּא וְטִהֲרוֹ
לח הַכֹּהֵן: וְאִישׁ אוֹ־אִשָּׁה כִּי־יִהְיֶה בְעוֹר־בְּשָׂרָם בֶּהָרֹת
לט בֶּהָרֹת לְבָנֹת: וְרָאָה הַכֹּהֵן וְהִנֵּה בְעוֹר־בְּשָׂרָם בֶּהָרֹת כֵּהוֹת
מ לְבָנֹת בֹּהַק הוּא פָּרַח בָּעוֹר טָהוֹר הוּא: וְאִישׁ כִּי ששי /שלישי/
מא יִמָּרֵט רֹאשׁוֹ קֵרֵחַ הוּא טָהוֹר הוּא: וְאִם מִפְּאַת פָּנָיו יִמָּרֵט
מב רֹאשׁוֹ גִּבֵּחַ הוּא טָהוֹר הוּא: וְכִי־יִהְיֶה בַקָּרַחַת אוֹ בַגַּבַּחַת
נֶגַע לָבָן אֲדַמְדָּם צָרַעַת פֹּרַחַת הִוא בְּקָרַחְתּוֹ אוֹ בְגַבַּחְתּוֹ:
מג וְרָאָה אֹתוֹ הַכֹּהֵן וְהִנֵּה שְׂאֵת־הַנֶּגַע לְבָנָה אֲדַמְדֶּמֶת בְּקָרַחְתּוֹ
מד אוֹ בְגַבַּחְתּוֹ כְּמַרְאֵה צָרַעַת עוֹר בָּשָׂר: אִישׁ־צָרוּעַ הוּא טָמֵא
מה הוּא טַמֵּא יְטַמְּאֶנּוּ הַכֹּהֵן בְּרֹאשׁוֹ נִגְעוֹ: וְהַצָּרוּעַ אֲשֶׁר־בּוֹ
הַנֶּגַע בְּגָדָיו יִהְיוּ פְרֻמִים וְרֹאשׁוֹ יִהְיֶה פָרוּעַ וְעַל־שָׂפָם יַעְטֶה
מו וְטָמֵא | טָמֵא יִקְרָא: כָּל־יְמֵי אֲשֶׁר הַנֶּגַע בּוֹ יִטְמָא טָמֵא הוּא
מז בָּדָד יֵשֵׁב מִחוּץ לַמַּחֲנֶה מוֹשָׁבוֹ: וְהַבֶּגֶד כִּי־יִהְיֶה בוֹ
מח נֶגַע צָרָעַת בְּבֶגֶד צֶמֶר אוֹ בְּבֶגֶד פִּשְׁתִּים: אוֹ בִשְׁתִי אוֹ בְעֵרֶב
מט לַפִּשְׁתִּים וְלַצָּמֶר אוֹ בְעוֹר אוֹ בְּכָל־מְלֶאכֶת עוֹר: וְהָיָה הַנֶּגַע
יְרַקְרַק | אוֹ אֲדַמְדָּם בַּבֶּגֶד אוֹ בָעוֹר אוֹ־בַשְּׁתִי אוֹ־בָעֵרֶב אוֹ
נ בְכָל־כְּלִי־עוֹר נֶגַע צָרַעַת הוּא וְהָרְאָה אֶת־הַכֹּהֵן: וְרָאָה הַכֹּהֵן
נא אֶת־הַנָּגַע וְהִסְגִּיר אֶת־הַנֶּגַע שִׁבְעַת יָמִים: וְרָאָה אֶת־הַנֶּגַע
בַּיּוֹם הַשְּׁבִיעִי כִּי־פָשָׂה הַנֶּגַע בַּבֶּגֶד אוֹ־בַשְּׁתִי אוֹ־בָעֵרֶב אוֹ
בָעוֹר לְכֹל אֲשֶׁר־יֵעָשֶׂה הָעוֹר לִמְלָאכָה צָרַעַת מַמְאֶרֶת הַנֶּגַע
נב טָמֵא הוּא: וְשָׂרַף אֶת־הַבֶּגֶד אוֹ אֶת־הַשְּׁתִי | אוֹ אֶת־הָעֵרֶב
בַּצֶּמֶר אוֹ בַפִּשְׁתִּים אוֹ אֶת־כָּל־כְּלִי הָעוֹר אֲשֶׁר־יִהְיֶה בוֹ הַנָּגַע
נג כִּי־צָרַעַת מַמְאֶרֶת הִוא בָּאֵשׁ תִּשָּׂרֵף: וְאִם יִרְאֶה הַכֹּהֵן וְהִנֵּה
לֹא־פָשָׂה הַנֶּגַע בַּבֶּגֶד אוֹ בַשְּׁתִי אוֹ בָעֵרֶב אוֹ בְּכָל־כְּלִי־עוֹר:

54 weft, or the article of leather, then the priest shall command the SHEVI'I /REVI'I/
article in which the disease appears to be washed, and he shall
55 quarantine it for another seven days. After this washing the priest
shall once more examine the diseased article. If the diseased area
has not changed color, though the disease has not spread, it is
impure. You shall burn it in fire, whether the mark of decay is
56 on the inside or on the outside. But if the priest examines it and
the diseased area has faded after washing, he shall tear it out of
57 the garment or the leather or the warp or the weft. If it appears MAFTIR
again in the garment, in the warp or weft, or in the leather article,
it is erupting. Whatever has the disease, you shall burn with fire.
58 But the garment, or the warp or weft, or the leather article from
which the disease departs after you have washed it shall be washed
59 a second time and then be pure." This is the law concerning the
disease blight in a garment of wool or of linen, in warp or in weft,
or in any article made of leather, to determine whether it is pure
or impure.

14 1 2 The LORD spoke to Moshe: "This shall be the law of the person METZORA
with an impure blight on the day he is to be purified. He shall
3 be brought to see the priest, and the priest shall go out of the
camp to examine him. If the disease is healed in the blighted
4 person, the priest shall command two living ritually pure birds,
and cedarwood, scarlet wool, and hyssop to be brought for the one
5 who is to be purified. The priest shall command one of the birds
6 to be slaughtered into an earthen vessel, over living water.[31] Then
he shall take the living bird, together with the cedarwood, the
scarlet wool, and the hyssop, and dip them and the living bird in
7 the blood of the bird that was killed over living water. With these
he shall sprinkle seven times over the one who is to be purified
of the blight to purify him; and he shall set the living bird free
8 into the open field. The one who is to be purified shall then wash
his clothes, shave off all his hair, and immerse himself in water;
then he shall be purified. After that he may come into the camp,
9 but he shall dwell outside his tent for seven days. On the seventh

נד וְצִוָּה הַכֹּהֵן וְכִבְּסוּ אֵת אֲשֶׁר־בּוֹ הַנָּגַע וְהִסְגִּירוֹ שִׁבְעַת־יָמִים שביעי /רביעי/
נה שֵׁנִית: וְרָאָה הַכֹּהֵן אַחֲרֵי ׀ הֻכַּבֵּס אֶת־הַנֶּגַע וְהִנֵּה לֹא־הָפַךְ
הַנֶּגַע אֶת־עֵינוֹ וְהַנֶּגַע לֹא־פָשָׂה טָמֵא הוּא בָּאֵשׁ תִּשְׂרְפֶנּוּ
נו פְּחֶתֶת הִוא בְּקָרַחְתּוֹ אוֹ בְגַבַּחְתּוֹ: וְאִם רָאָה הַכֹּהֵן וְהִנֵּה כֵּהָה
הַנֶּגַע אַחֲרֵי הֻכַּבֵּס אֹתוֹ וְקָרַע אֹתוֹ מִן־הַבֶּגֶד אוֹ מִן־הָעוֹר אוֹ
נז מִן־הַשְּׁתִי אוֹ מִן־הָעֵרֶב: וְאִם־תֵּרָאֶה עוֹד בַּבֶּגֶד אוֹ־בַשְּׁתִי מפטיר
אוֹ־בָעֵרֶב אוֹ בְכָל־כְּלִי־עוֹר פֹּרַחַת הִוא בָּאֵשׁ תִּשְׂרְפֶנּוּ אֵת
נח אֲשֶׁר־בּוֹ הַנָּגַע: וְהַבֶּגֶד אוֹ־הַשְּׁתִי אוֹ־הָעֵרֶב אוֹ־כָל־כְּלִי הָעוֹר
נט אֲשֶׁר תְּכַבֵּס וְסָר מֵהֶם הַנָּגַע וְכֻבַּס שֵׁנִית וְטָהֵר: זֹאת תּוֹרַת
נֶגַע־צָרַעַת בֶּגֶד הַצֶּמֶר ׀ אוֹ הַפִּשְׁתִּים אוֹ הַשְּׁתִי אוֹ הָעֵרֶב אוֹ
כָּל־כְּלִי־עוֹר לְטַהֲרוֹ אוֹ לְטַמְּאוֹ:
יד א ב וַיְדַבֵּר יהוה אֶל־מֹשֶׁה לֵּאמֹר: זֹאת תִּהְיֶה תּוֹרַת הַמְּצֹרָע בְּיוֹם ט מצרע
ג טָהֳרָתוֹ וְהוּבָא אֶל־הַכֹּהֵן: וְיָצָא הַכֹּהֵן אֶל־מִחוּץ לַמַּחֲנֶה
ד וְרָאָה הַכֹּהֵן וְהִנֵּה נִרְפָּא נֶגַע־הַצָּרַעַת מִן־הַצָּרוּעַ: וְצִוָּה הַכֹּהֵן
וְלָקַח לַמִּטַּהֵר שְׁתֵּי־צִפֳּרִים חַיּוֹת טְהֹרוֹת וְעֵץ אֶרֶז וּשְׁנִי תוֹלַעַת
ה וְאֵזֹב: וְצִוָּה הַכֹּהֵן וְשָׁחַט אֶת־הַצִּפּוֹר הָאֶחָת אֶל־כְּלִי־חֶרֶשׂ
ו עַל־מַיִם חַיִּים: אֶת־הַצִּפֹּר הַחַיָּה יִקַּח אֹתָהּ וְאֶת־עֵץ הָאֶרֶז
וְאֶת־שְׁנִי הַתּוֹלַעַת וְאֶת־הָאֵזֹב וְטָבַל אוֹתָם וְאֵת ׀ הַצִּפֹּר
ז הַחַיָּה בְּדַם הַצִּפֹּר הַשְּׁחֻטָה עַל הַמַּיִם הַחַיִּים: וְהִזָּה עַל הַמִּטַּהֵר
מִן־הַצָּרַעַת שֶׁבַע פְּעָמִים וְטִהֲרוֹ וְשִׁלַּח אֶת־הַצִּפֹּר הַחַיָּה
ח עַל־פְּנֵי הַשָּׂדֶה: וְכִבֶּס הַמִּטַּהֵר אֶת־בְּגָדָיו וְגִלַּח אֶת־כָּל־
שְׂעָרוֹ וְרָחַץ בַּמַּיִם וְטָהֵר וְאַחַר יָבוֹא אֶל־הַמַּחֲנֶה וְיָשַׁב מִחוּץ
ט לְאָהֳלוֹ שִׁבְעַת יָמִים: וְהָיָה בַיּוֹם הַשְּׁבִיעִי יְגַלַּח אֶת־כָּל־שְׂעָרוֹ

31 Water that is taken from a flowing source.

day he shall shave all the hair from his head, his beard, and his
eyebrows. When he has shaved off all his hair, he shall wash his
10 clothes and immerse his body in water, and he shall be pure. On
the eighth day he shall take two unblemished male lambs and
one unblemished ewe lamb in its first year, with three-tenths
of an ephah of fine flour mixed with oil as a grain offering, and
11 one *log* of oil. The priest who purifies shall present the one to be
purified, together with these, to the LORD at the entrance to the
12 Tent of Meeting. The priest shall take one of the male lambs and
offer it as a guilt offering, along with the *log* of oil; he shall display
13 these, this way and that, as a wave offering before the LORD. He SHEINI
shall slaughter the lamb in the place where purification offerings
and burnt offerings are slaughtered within the holy place. For the
guilt offering, like the purification offering, belongs to the priest
14 and is holy of holies. The priest shall take some of the blood of the
guilt offering and apply it to the ridge of the right ear, to the right
thumb, and to the right big toe of the one who is to be purified.
15 The priest shall pour some of the *log* of oil into his own left palm,
16 dip his right finger into the oil in his left hand, and sprinkle of the
17 oil with his finger seven times before the LORD. The priest shall
apply some of the remaining oil in his hand to the ridge of the
right ear, to the right thumb, and to the right big toe of the one
18 who is to be purified, over the guilt offering blood. What remains
of the oil in his hand the priest shall pour on the head of the one
to be purified. Thus shall the priest make his atonement before
19 the LORD. Then the priest shall offer the purification offering to
make atonement for the one to be purified of his defilement. Then
20 he shall slaughter the burnt offering.[32] The priest shall offer the
burnt offering and the grain offering on the altar.[33] Thus shall the
21 priest make his atonement, and he shall be purified. If, SHELISHI /ḤAMISHI/
however, the person is poor and cannot afford so much, he shall
take one male lamb as a guilt offering to be made a wave offering[34]
to make his atonement, and one-tenth of an ephah of fine flour
22 mixed with oil as a grain offering, and a *log* of oil, and two doves

אֶת־רֹאשׁוֹ וְאֶת־זְקָנוֹ וְאֵת גַּבֹּת עֵינָיו וְאֶת־כָּל־שְׂעָרוֹ יְגַלֵּחַ
י וְכִבֶּס אֶת־בְּגָדָיו וְרָחַץ אֶת־בְּשָׂרוֹ בַּמַּיִם וְטָהֵר: וּבַיּוֹם הַשְּׁמִינִי
יִקַּח שְׁנֵי־כְבָשִׂים תְּמִימִם וְכַבְשָׂה אַחַת בַּת־שְׁנָתָהּ תְּמִימָה
וּשְׁלֹשָׁה עֶשְׂרֹנִים סֹלֶת מִנְחָה בְּלוּלָה בַשֶּׁמֶן וְלֹג אֶחָד שָׁמֶן:
יא וְהֶעֱמִיד הַכֹּהֵן הַמְטַהֵר אֵת הָאִישׁ הַמִּטַּהֵר וְאֹתָם לִפְנֵי יהוה
יב פֶּתַח אֹהֶל מוֹעֵד: וְלָקַח הַכֹּהֵן אֶת־הַכֶּבֶשׂ הָאֶחָד וְהִקְרִיב
אֹתוֹ לְאָשָׁם וְאֶת־לֹג הַשָּׁמֶן וְהֵנִיף אֹתָם תְּנוּפָה לִפְנֵי יְהוָה:
יג וְשָׁחַט אֶת־הַכֶּבֶשׂ בִּמְקוֹם אֲשֶׁר יִשְׁחַט אֶת־הַחַטָּאת וְאֶת־ שני
הָעֹלָה בִּמְקוֹם הַקֹּדֶשׁ כִּי כַּחַטָּאת הָאָשָׁם הוּא לַכֹּהֵן קֹדֶשׁ
יד קָדָשִׁים הוּא: וְלָקַח הַכֹּהֵן מִדַּם הָאָשָׁם וְנָתַן הַכֹּהֵן עַל־תְּנוּךְ
אֹזֶן הַמִּטַּהֵר הַיְמָנִית וְעַל־בֹּהֶן יָדוֹ הַיְמָנִית וְעַל־בֹּהֶן רַגְלוֹ
טו הַיְמָנִית: וְלָקַח הַכֹּהֵן מִלֹּג הַשָּׁמֶן וְיָצַק עַל־כַּף הַכֹּהֵן הַשְּׂמָאלִית:
טז וְטָבַל הַכֹּהֵן אֶת־אֶצְבָּעוֹ הַיְמָנִית מִן־הַשֶּׁמֶן אֲשֶׁר עַל־כַּפּוֹ
הַשְּׂמָאלִית וְהִזָּה מִן־הַשֶּׁמֶן בְּאֶצְבָּעוֹ שֶׁבַע פְּעָמִים לִפְנֵי
יז יְהוָה: וּמִיֶּתֶר הַשֶּׁמֶן אֲשֶׁר עַל־כַּפּוֹ יִתֵּן הַכֹּהֵן עַל־תְּנוּךְ אֹזֶן
הַמִּטַּהֵר הַיְמָנִית וְעַל־בֹּהֶן יָדוֹ הַיְמָנִית וְעַל־בֹּהֶן רַגְלוֹ הַיְמָנִית
יח עַל דַּם הָאָשָׁם: וְהַנּוֹתָר בַּשֶּׁמֶן אֲשֶׁר עַל־כַּף הַכֹּהֵן יִתֵּן עַל־
יט רֹאשׁ הַמִּטַּהֵר וְכִפֶּר עָלָיו הַכֹּהֵן לִפְנֵי יְהוָה: וְעָשָׂה הַכֹּהֵן אֶת־
הַחַטָּאת וְכִפֶּר עַל־הַמִּטַּהֵר מִטֻּמְאָתוֹ וְאַחַר יִשְׁחַט אֶת־הָעֹלָה:
כ וְהֶעֱלָה הַכֹּהֵן אֶת־הָעֹלָה וְאֶת־הַמִּנְחָה הַמִּזְבֵּחָה וְכִפֶּר עָלָיו
כא הַכֹּהֵן וְטָהֵר: וְאִם־דַּל הוּא וְאֵין יָדוֹ מַשֶּׂגֶת וְלָקַח שלישי /חמישי/
כֶּבֶשׂ אֶחָד אָשָׁם לִתְנוּפָה לְכַפֵּר עָלָיו וְעִשָּׂרוֹן סֹלֶת אֶחָד בָּלוּל
כב בַּשֶּׁמֶן לְמִנְחָה וְלֹג שָׁמֶן: וּשְׁתֵּי תֹרִים אוֹ שְׁנֵי בְּנֵי יוֹנָה אֲשֶׁר

---

32 Verse 10 refers to three animals, which are used for a guilt offering, a purification offering, and a burnt offering.

33 Most parts of the other offerings, by contrast, are eaten by the priests.

34 The Torah clarifies this procedure in the next passage.

or two pigeons, such as he can afford; one shall be a purification
23 offering and the other a burnt offering. On the eighth day of his
purification, he shall bring them to the priest at the entrance to the
24 Tent of Meeting before the LORD. The priest shall take the lamb
of the guilt offering, together with the *log* of oil, and move them
25 this way and that as a wave offering before the LORD. Then he shall
slaughter the guilt offering lamb. The priest shall take some of the
blood of the guilt offering and apply it to the ridge of the right ear,
to the right thumb, and to the right big toe of the one who is to be
26 purified. The priest shall then pour some of the oil into his own
27 left palm, and, using his right finger, shall sprinkle of the oil that is
28 in his left hand seven times before the LORD. He shall apply some
of the oil remaining in his hand to the ridge of the right ear, to the
right thumb, and to the right big toe of the person to be purified,
29 over the guilt offering blood. What remains of the oil in his hand
the priest shall pour on the head of the one to be purified, to make
30 his atonement before the LORD. He shall then offer up one of the
31 doves or pigeons the person could afford; whatever he can afford,
one as a purification offering, and the other as a burnt offering,
together with the grain offering; and thus shall the priest make
atonement for the person who is to be purified before the LORD."
32 This is the law for a person who has an impure blight and cannot
afford the regular offerings for his purification.
33 34 The LORD spoke to Moshe and to Aharon: "When you enter the REVI'I /SHISHI/
land of Canaan that I am giving you as a possession, and I afflict
35 a house in the land you possess with an impure blight, the owner
of the house shall come and tell the priest, 'It looks to me as if
36 there were some disease in the house.' The priest shall instruct
them to empty the house before he goes to examine the disease,
to prevent everything in the house from becoming impure. After
37 that, the priest shall go to examine the house. He shall look at the
disease. If the disease is in the walls of the house with greenish or
38 reddish spots that appear to go deep into the wall, the priest shall
go out to the door of the house and shut the house up for seven

כג תַּשִּׂיג יָדוֹ וְהָיָה אֶחָד חַטָּאת וְהָאֶחָד עֹלָה: וְהֵבִיא אֹתָם בַּיּוֹם
הַשְּׁמִינִי לְטָהֳרָתוֹ אֶל־הַכֹּהֵן אֶל־פֶּתַח אֹהֶל־מוֹעֵד לִפְנֵי יהוה:
כד וְלָקַח הַכֹּהֵן אֶת־כֶּבֶשׂ הָאָשָׁם וְאֶת־לֹג הַשָּׁמֶן וְהֵנִיף אֹתָם
כה הַכֹּהֵן תְּנוּפָה לִפְנֵי יהוה: וְשָׁחַט אֶת־כֶּבֶשׂ הָאָשָׁם וְלָקַח הַכֹּהֵן
מִדַּם הָאָשָׁם וְנָתַן עַל־תְּנוּךְ אֹזֶן־הַמִּטַּהֵר הַיְמָנִית וְעַל־בֹּהֶן יָדוֹ
כו הַיְמָנִית וְעַל־בֹּהֶן רַגְלוֹ הַיְמָנִית: וּמִן־הַשֶּׁמֶן יִצֹק הַכֹּהֵן עַל־כַּף
כז הַכֹּהֵן הַשְּׂמָאלִית: וְהִזָּה הַכֹּהֵן בְּאֶצְבָּעוֹ הַיְמָנִית מִן־הַשֶּׁמֶן
כח אֲשֶׁר עַל־כַּפּוֹ הַשְּׂמָאלִית שֶׁבַע פְּעָמִים לִפְנֵי יהוה: וְנָתַן הַכֹּהֵן
מִן־הַשֶּׁמֶן ׀ אֲשֶׁר עַל־כַּפּוֹ עַל־תְּנוּךְ אֹזֶן הַמִּטַּהֵר הַיְמָנִית וְעַל־
בֹּהֶן יָדוֹ הַיְמָנִית וְעַל־בֹּהֶן רַגְלוֹ הַיְמָנִית עַל־מְקוֹם דַּם הָאָשָׁם:
כט וְהַנּוֹתָר מִן־הַשֶּׁמֶן אֲשֶׁר עַל־כַּף הַכֹּהֵן יִתֵּן עַל־רֹאשׁ הַמִּטַּהֵר
ל לְכַפֵּר עָלָיו לִפְנֵי יהוה: וְעָשָׂה אֶת־הָאֶחָד מִן־הַתֹּרִים אוֹ מִן־
לא בְּנֵי הַיּוֹנָה מֵאֲשֶׁר תַּשִּׂיג יָדוֹ: אֵת אֲשֶׁר־תַּשִּׂיג יָדוֹ אֶת־הָאֶחָד
חַטָּאת וְאֶת־הָאֶחָד עֹלָה עַל־הַמִּנְחָה וְכִפֶּר הַכֹּהֵן עַל הַמִּטַּהֵר
לב לִפְנֵי יהוה: זֹאת תּוֹרַת אֲשֶׁר־בּוֹ נֶגַע צָרָעַת אֲשֶׁר לֹא־תַשִּׂיג
יָדוֹ בְּטָהֳרָתוֹ:
לג לד וַיְדַבֵּר יהוה אֶל־מֹשֶׁה וְאֶל־אַהֲרֹן לֵאמֹר: כִּי תָבֹאוּ אֶל־אֶרֶץ ו רביעי /ששי/
כְּנַעַן אֲשֶׁר אֲנִי נֹתֵן לָכֶם לַאֲחֻזָּה וְנָתַתִּי נֶגַע צָרַעַת בְּבֵית
לה אֶרֶץ אֲחֻזַּתְכֶם: וּבָא אֲשֶׁר־לוֹ הַבַּיִת וְהִגִּיד לַכֹּהֵן לֵאמֹר כְּנֶגַע
לו נִרְאָה לִי בַּבָּיִת: וְצִוָּה הַכֹּהֵן וּפִנּוּ אֶת־הַבַּיִת בְּטֶרֶם יָבֹא הַכֹּהֵן
לִרְאוֹת אֶת־הַנֶּגַע וְלֹא יִטְמָא כָּל־אֲשֶׁר בַּבָּיִת וְאַחַר כֵּן יָבֹא
לז הַכֹּהֵן לִרְאוֹת אֶת־הַבָּיִת: וְרָאָה אֶת־הַנֶּגַע וְהִנֵּה הַנֶּגַע בְּקִירֹת
הַבַּיִת שְׁקַעֲרוּרֹת יְרַקְרַקֹּת אוֹ אֲדַמְדַּמֹּת וּמַרְאֵיהֶן שָׁפָל מִן־
לח הַקִּיר: וַיֵּצֵא הַכֹּהֵן מִן־הַבַּיִת אֶל־פֶּתַח הַבָּיִת וְהִסְגִּיר אֶת־הַבַּיִת

39 days. On the seventh day, the priest shall return; he shall examine
40 the disease and, if it has spread in the walls of the house, the priest
shall order the stones in which the disease appears to be removed
41 and thrown into a ritually impure place outside the town. He shall
have the inside of the house scraped all around, and the plaster
that they scrape off shall be poured out in an impure place outside
42 the city. They shall take other stones and put them in the place
43 of those stones, and take new plaster and replaster the house. If
the disease breaks out again in the house after the stones have
44 been removed and the house has been scraped and plastered, the
priest shall come back and examine it. If the disease has spread,
45 then there is malignant blight in the house; it is impure. He shall
have the house torn down, its stones, timber, and all the plaster
from the house, and have them all taken outside the town to an
46 impure place. Anyone who entered the house while it was shut up
47 shall be impure until the evening. Anyone who slept in the house
shall wash his clothes; anyone who ate in the house shall wash
48 his clothes. If, however, the priest comes and examines it and the
disease has not spread in the house after its plastering, then the
49 priest shall pronounce the house pure; the disease is healed. He
shall take two birds, and cedarwood, scarlet wool, and hyssop to
50 purify the house. He shall slaughter one of the birds in an earthen
51 vessel over living water. He shall take the cedarwood, the hyssop,
the scarlet wool, and the living bird and dip them in the blood of
the slaughtered bird, in the living water, and sprinkle the house
52 seven times. He shall purify the house with the blood of the bird
and the living water, with the living bird, the cedarwood, the
53 hyssop, and the scarlet wool. And he shall send the living bird
forth free outside the city, into the open field. Thus shall he make
54 atonement for the house,[35] and it shall be purified." This is the law ḤAMISHI
55 for every impure blight of disease, for a scaling eruption, for blight
56 of a garment or a house, and for swellings, eruptions, and bright
57 patches on the skin, to determine when they are impure and when
they are pure. This is the law of the blight.

לט שִׁבְעַת יָמִים: וְשָׁב הַכֹּהֵן בַּיּוֹם הַשְּׁבִיעִי וְרָאָה וְהִנֵּה פָּשָׂה הַנֶּגַע
מ בְּקִירֹת הַבָּיִת: וְצִוָּה הַכֹּהֵן וְחִלְּצוּ אֶת־הָאֲבָנִים אֲשֶׁר בָּהֵן הַנָּגַע
מא וְהִשְׁלִיכוּ אֶתְהֶן אֶל־מִחוּץ לָעִיר אֶל־מָקוֹם טָמֵא: וְאֶת־הַבַּיִת
יַקְצִעַ מִבַּיִת סָבִיב וְשָׁפְכוּ אֶת־הֶעָפָר אֲשֶׁר הִקְצוּ אֶל־מִחוּץ
מב לָעִיר אֶל־מָקוֹם טָמֵא: וְלָקְחוּ אֲבָנִים אֲחֵרוֹת וְהֵבִיאוּ אֶל־
מג תַּחַת הָאֲבָנִים וְעָפָר אַחֵר יִקַּח וְטָח אֶת־הַבָּיִת: וְאִם־יָשׁוּב
הַנֶּגַע וּפָרַח בַּבַּיִת אַחַר חִלֵּץ אֶת־הָאֲבָנִים וְאַחֲרֵי הִקְצוֹת
מד אֶת־הַבַּיִת וְאַחֲרֵי הִטּוֹחַ: וּבָא הַכֹּהֵן וְרָאָה וְהִנֵּה פָּשָׂה הַנֶּגַע
מה בַּבָּיִת צָרַעַת מַמְאֶרֶת הִוא בַּבַּיִת טָמֵא הוּא: וְנָתַץ אֶת־הַבַּיִת
אֶת־אֲבָנָיו וְאֶת־עֵצָיו וְאֵת כָּל־עֲפַר הַבָּיִת וְהוֹצִיא אֶל־מִחוּץ
מו לָעִיר אֶל־מָקוֹם טָמֵא: וְהַבָּא אֶל־הַבַּיִת כָּל־יְמֵי הִסְגִּיר אֹתוֹ
מז יִטְמָא עַד־הָעָרֶב: וְהַשֹּׁכֵב בַּבַּיִת יְכַבֵּס אֶת־בְּגָדָיו וְהָאֹכֵל בַּבַּיִת
מח יְכַבֵּס אֶת־בְּגָדָיו: וְאִם־בֹּא יָבֹא הַכֹּהֵן וְרָאָה וְהִנֵּה לֹא־פָשָׂה
הַנֶּגַע בַּבַּיִת אַחֲרֵי הִטֹּחַ אֶת־הַבָּיִת וְטִהַר הַכֹּהֵן אֶת־הַבַּיִת כִּי
מט נִרְפָּא הַנָּגַע: וְלָקַח לְחַטֵּא אֶת־הַבַּיִת שְׁתֵּי צִפֳּרִים וְעֵץ אֶרֶז וּשְׁנִי
נ תוֹלַעַת וְאֵזֹב: וְשָׁחַט אֶת־הַצִּפֹּר הָאֶחָת אֶל־כְּלִי־חֶרֶשׂ עַל־מַיִם
נא חַיִּים: וְלָקַח אֶת־עֵץ־הָאֶרֶז וְאֶת־הָאֵזֹב וְאֵת ׀ שְׁנִי הַתּוֹלַעַת
וְאֵת הַצִּפֹּר הַחַיָּה וְטָבַל אֹתָם בְּדַם הַצִּפֹּר הַשְּׁחוּטָה וּבַמַּיִם
נב הַחַיִּים וְהִזָּה אֶל־הַבַּיִת שֶׁבַע פְּעָמִים: וְחִטֵּא אֶת־הַבַּיִת בְּדַם
הַצִּפּוֹר וּבַמַּיִם הַחַיִּים וּבַצִּפֹּר הַחַיָּה וּבְעֵץ הָאֶרֶז וּבָאֵזֹב וּבִשְׁנִי
נג הַתּוֹלָעַת: וְשִׁלַּח אֶת־הַצִּפֹּר הַחַיָּה אֶל־מִחוּץ לָעִיר אֶל־פְּנֵי
נד הַשָּׂדֶה וְכִפֶּר עַל־הַבַּיִת וְטָהֵר: זֹאת הַתּוֹרָה לְכָל־נֶגַע הַצָּרַעַת חמישי
נה נו וְלַנָּתֶק: וּלְצָרַעַת הַבֶּגֶד וְלַבָּיִת: וְלַשְׂאֵת וְלַסַּפַּחַת וְלַבֶּהָרֶת:
נז לְהוֹרֹת בְּיוֹם הַטָּמֵא וּבְיוֹם הַטָּהֹר זֹאת תּוֹרַת הַצָּרָעַת:

35 Perhaps for the sins of the house's owner. Others render the formulation in the sense of "purification" instead of "atonement"; cf. 12:7.

15 1 2 The LORD spoke to Moshe and Aharon: "Speak to the Israelites.
Say: When any man has a genital discharge,[36] he is rendered
3 impure. This is the impurity brought about by his discharge:
whether his member allows the discharge to flow or whether
4 it blocks it, the discharge renders him impure, so that any bed
he lies upon and any object he sits upon becomes impure.
5 Anyone who touches his bed shall wash his clothes, immerse
6 in water, and remain impure until evening. Anyone who sits on
something he has sat upon shall wash his clothes, immerse in
7 water, and remain impure until evening. Anyone who touches
his body shall wash his clothes, immerse in water, and remain
8 impure until evening. If the man with the discharge spits on a
person who is pure, that person shall wash his clothes, immerse
9 in water, and remain impure until evening. Any saddle on which
10 the man with the discharge rides becomes impure. Anyone who
touches anything that was underneath him shall be impure until
evening. Anyone who moves[37] such an item shall wash his clothes,
11 immerse in water, and be impure until evening. If the man with
the discharge touches someone without first washing his hands
with water, that person shall wash his clothes, immerse in water,
12 and remain impure until evening. Any earthen vessel that the
man with the discharge touches shall be broken, any wooden
13 vessel immersed in water. When the man with the discharge is
purified of it, he shall count seven days for his purification. Then
he shall wash his clothes and immerse his body in flowing water;
14 then he is pure. On the eighth day he shall take two doves or two
pigeons before the LORD to the entrance of the Tent of Meeting
15 and give them to the priest. The priest shall offer them, one as
a purification offering, the other as a burnt offering. Thus shall
the priest make the man's atonement before the LORD after his
16 discharge. If a man has an emission of semen, he shall SHISHI /SHEVI'I/
immerse his entire body in water, and he remains impure until
17 evening. Any clothing or leather on which there is an emission of
semen shall be washed in water and shall be impure until evening.

טו א ב וַיְדַבֵּר יְהוָה אֶל־מֹשֶׁה וְאֶל־אַהֲרֹן לֵאמֹר: דַּבְּרוּ אֶל־בְּנֵי יִשְׂרָאֵל יא
וְאָמַרְתֶּם אֲלֵהֶם אִישׁ אִישׁ כִּי יִהְיֶה זָב מִבְּשָׂרוֹ זוֹבוֹ טָמֵא הוּא:
ג וְזֹאת תִּהְיֶה טֻמְאָתוֹ בְּזוֹבוֹ רָר בְּשָׂרוֹ אֶת־זוֹבוֹ אוֹ־הֶחְתִּים
ד בְּשָׂרוֹ מִזּוֹבוֹ טֻמְאָתוֹ הִוא: כָּל־הַמִּשְׁכָּב אֲשֶׁר יִשְׁכַּב עָלָיו
ה הַזָּב יִטְמָא וְכָל־הַכְּלִי אֲשֶׁר־יֵשֵׁב עָלָיו יִטְמָא: וְאִישׁ אֲשֶׁר
יִגַּע בְּמִשְׁכָּבוֹ יְכַבֵּס בְּגָדָיו וְרָחַץ בַּמַּיִם וְטָמֵא עַד־הָעָרֶב:
ו וְהַיֹּשֵׁב עַל־הַכְּלִי אֲשֶׁר־יֵשֵׁב עָלָיו הַזָּב יְכַבֵּס בְּגָדָיו וְרָחַץ בַּמַּיִם
ז וְטָמֵא עַד־הָעָרֶב: וְהַנֹּגֵעַ בִּבְשַׂר הַזָּב יְכַבֵּס בְּגָדָיו וְרָחַץ בַּמַּיִם
ח וְטָמֵא עַד־הָעָרֶב: וְכִי־יָרֹק הַזָּב בַּטָּהוֹר וְכִבֶּס בְּגָדָיו וְרָחַץ
ט בַּמַּיִם וְטָמֵא עַד־הָעָרֶב: וְכָל־הַמֶּרְכָּב אֲשֶׁר יִרְכַּב עָלָיו הַזָּב
י יִטְמָא: וְכָל־הַנֹּגֵעַ בְּכֹל אֲשֶׁר יִהְיֶה תַחְתָּיו יִטְמָא עַד־הָעָרֶב
וְהַנּוֹשֵׂא אוֹתָם יְכַבֵּס בְּגָדָיו וְרָחַץ בַּמַּיִם וְטָמֵא עַד־הָעָרֶב:
יא וְכֹל אֲשֶׁר יִגַּע־בּוֹ הַזָּב וְיָדָיו לֹא־שָׁטַף בַּמָּיִם וְכִבֶּס בְּגָדָיו
יב וְרָחַץ בַּמַּיִם וְטָמֵא עַד־הָעָרֶב: וּכְלִי־חֶרֶשׂ אֲשֶׁר־יִגַּע־בּוֹ הַזָּב
יג יִשָּׁבֵר וְכָל־כְּלִי־עֵץ יִשָּׁטֵף בַּמָּיִם: וְכִי־יִטְהַר הַזָּב מִזּוֹבוֹ וְסָפַר
לוֹ שִׁבְעַת יָמִים לְטָהֳרָתוֹ וְכִבֶּס בְּגָדָיו וְרָחַץ בְּשָׂרוֹ בְּמַיִם
יד חַיִּים וְטָהֵר: וּבַיּוֹם הַשְּׁמִינִי יִקַּח־לוֹ שְׁתֵּי תֹרִים אוֹ שְׁנֵי בְּנֵי
יוֹנָה וּבָא ׀ לִפְנֵי יְהוָה אֶל־פֶּתַח אֹהֶל מוֹעֵד וּנְתָנָם אֶל־הַכֹּהֵן:
טו וְעָשָׂה אֹתָם הַכֹּהֵן אֶחָד חַטָּאת וְהָאֶחָד עֹלָה וְכִפֶּר עָלָיו
טז הַכֹּהֵן לִפְנֵי יְהוָה מִזּוֹבוֹ: וְאִישׁ כִּי־תֵצֵא מִמֶּנּוּ ששי /שביעי/
שִׁכְבַת־זָרַע וְרָחַץ בַּמַּיִם אֶת־כָּל־בְּשָׂרוֹ וְטָמֵא עַד־הָעָרֶב:
יז וְכָל־בֶּגֶד וְכָל־עוֹר אֲשֶׁר־יִהְיֶה עָלָיו שִׁכְבַת־זָרַע וְכֻבַּס בַּמַּיִם

36 Generally identified as gonorrhea. Verses 16–17 assign a different law to the emission of semen.

37 Literally "carries." In rabbinic law, however, this rule applies to one who moves the object even without lifting it.

18 And any woman with whom a man lies carnally – both partners
shall immerse in water and remain impure until evening.
19 When a woman has a discharge of blood that is her usual bodily
discharge, she retains her menstrual status for seven days. Any
person who touches her then shall be impure until evening.
20 Anything on which she lies or sits during her menstrual time
21 becomes impure. Whoever touches her bed shall wash his clothes,
22 immerse in water, and remain impure until evening. Whoever
touches any object she has sat upon shall wash his clothes,
23 immerse in water, and remain impure until evening. Whether
it be a bed or any object she sits upon, when one touches it
24 he shall be impure until evening. If a man has sexual relations
with her, her menstrual status is extended to him; he too shall
be impure for seven days, and any bed he lies upon is rendered
25 impure. Whenever a woman has a discharge of blood
for many days at a time other than her menstrual period, or if she
has a discharge beyond her menstrual period, she shall be impure
as long as she has the discharge, as she is in her menstrual time.
26 Any bed she lies upon while she has this discharge shall be treated
like the bed she uses during her menstruation, and any object
she sits upon becomes impure, as during her menstrual time.
27 Whoever touches these things is rendered impure; he shall wash
his clothes, immerse in water, and remain impure until evening.
28 When the woman's discharge ends,[38] she shall count seven days;
29 after that, she will be purified. On the eighth day she shall take SHEVI'I
two doves or two pigeons and bring them to the priest at the
30 entrance to the Tent of Meeting. The priest shall prepare one
as a purification offering and the other as a burnt offering. Thus
shall the priest make her atonement before the LORD following
31 her impure discharge. You must separate the Israelites from their MAFTIR
own impurity so that they do not die in their impurity by making
32 My Tabernacle impure in their midst." This is the law concerning
the man who is impure because of a discharge or seminal emission,
33 the woman during her menstrual period, the man or woman who

יח וְטָמְאוּ עַד־הָעָרֶב׃ וְאִשָּׁה אֲשֶׁר יִשְׁכַּב אִישׁ אֹתָהּ שִׁכְבַת־זָרַע
וְרָחֲצוּ בַמַּיִם וְטָמְאוּ עַד־הָעָרֶב׃
יט וְאִשָּׁה כִּי־תִהְיֶה זָבָה דָּם יִהְיֶה זֹבָהּ בִּבְשָׂרָהּ שִׁבְעַת יָמִים
כ תִּהְיֶה בְנִדָּתָהּ וְכָל־הַנֹּגֵעַ בָּהּ יִטְמָא עַד־הָעָרֶב׃ וְכֹל אֲשֶׁר
כא תִּשְׁכַּב עָלָיו בְּנִדָּתָהּ יִטְמָא וְכֹל אֲשֶׁר־תֵּשֵׁב עָלָיו יִטְמָא׃ וְכָל־
הַנֹּגֵעַ בְּמִשְׁכָּבָהּ יְכַבֵּס בְּגָדָיו וְרָחַץ בַּמַּיִם וְטָמֵא עַד־הָעָרֶב׃
כב וְכָל־הַנֹּגֵעַ בְּכָל־כְּלִי אֲשֶׁר־תֵּשֵׁב עָלָיו יְכַבֵּס בְּגָדָיו וְרָחַץ בַּמַּיִם
כג וְטָמֵא עַד־הָעָרֶב׃ וְאִם עַל־הַמִּשְׁכָּב הוּא אוֹ עַל־הַכְּלִי אֲשֶׁר־
כד הִוא יֹשֶׁבֶת־עָלָיו בְּנָגְעוֹ־בוֹ יִטְמָא עַד־הָעָרֶב׃ וְאִם שָׁכֹב
יִשְׁכַּב אִישׁ אֹתָהּ וּתְהִי נִדָּתָהּ עָלָיו וְטָמֵא שִׁבְעַת יָמִים וְכָל־
כה הַמִּשְׁכָּב אֲשֶׁר־יִשְׁכַּב עָלָיו יִטְמָא׃ וְאִשָּׁה כִּי־יָזוּב יב
זוֹב דָּמָהּ יָמִים רַבִּים בְּלֹא עֶת־נִדָּתָהּ אוֹ כִי־תָזוּב עַל־נִדָּתָהּ
כו כָּל־יְמֵי זוֹב טֻמְאָתָהּ כִּימֵי נִדָּתָהּ תִּהְיֶה טְמֵאָה הִוא׃ כָּל־
הַמִּשְׁכָּב אֲשֶׁר תִּשְׁכַּב עָלָיו כָּל־יְמֵי זוֹבָהּ כְּמִשְׁכַּב נִדָּתָהּ יִהְיֶה־
לָּהּ וְכָל־הַכְּלִי אֲשֶׁר תֵּשֵׁב עָלָיו טָמֵא יִהְיֶה כְּטֻמְאַת נִדָּתָהּ׃
כז וְכָל־הַנּוֹגֵעַ בָּם יִטְמָא וְכִבֶּס בְּגָדָיו וְרָחַץ בַּמַּיִם וְטָמֵא עַד־
כח הָעָרֶב׃ וְאִם־טָהֲרָה מִזּוֹבָהּ וְסָפְרָה־לָּהּ שִׁבְעַת יָמִים וְאַחַר
כט תִּטְהָר׃ וּבַיּוֹם הַשְּׁמִינִי תִּקַּח־לָהּ שְׁתֵּי תֹרִים אוֹ שְׁנֵי בְּנֵי יוֹנָה שביעי
ל וְהֵבִיאָה אוֹתָם אֶל־הַכֹּהֵן אֶל־פֶּתַח אֹהֶל מוֹעֵד׃ וְעָשָׂה הַכֹּהֵן
אֶת־הָאֶחָד חַטָּאת וְאֶת־הָאֶחָד עֹלָה וְכִפֶּר עָלֶיהָ הַכֹּהֵן לִפְנֵי
לא יְהֹוָה מִזּוֹב טֻמְאָתָהּ׃ וְהִזַּרְתֶּם אֶת־בְּנֵי־יִשְׂרָאֵל מִטֻּמְאָתָם מפטיר
לב וְלֹא יָמֻתוּ בְּטֻמְאָתָם בְּטַמְּאָם אֶת־מִשְׁכָּנִי אֲשֶׁר בְּתוֹכָם׃ זֹאת
לג תּוֹרַת הַזָּב וַאֲשֶׁר תֵּצֵא מִמֶּנּוּ שִׁכְבַת־זֶרַע לְטָמְאָה־בָהּ׃ וְהַדָּוָה

38 Referring to the extended, unnatural discharge mentioned in verse 25.

has a discharge, and the man who has sexual relations with a
woman who is impure.
16 1 After the deaths of Aharon's two sons – when they came close AḤAREI MOT
2 to the LORD and died – the LORD spoke to Moshe. "Tell your
brother Aharon," said the LORD to Moshe, "that he may not
come at any time[39] into the holy place inside the inner curtain
in front of the cover on the Ark, or he will die – for in a cloud
3 above the cover I appear. This is how Aharon is to enter the holy
place: with a young bull as a purification offering and a ram as a
4 burnt offering; he shall put on the sacred linen tunic with linen
undergarments covering his body. He shall bind the linen sash
around himself and wrap a linen turban about his head. These are
sacred vestments; he shall immerse himself in water and only then
5 put them on. From the community of Israel he shall take two male
6 goats for a purification offering and a ram for a burnt offering. And
Aharon shall bring close the bull for his purification offering, to
7 make atonement for him and for his family. He shall take the two
goats and set them before the LORD at the entrance to the Tent
8 of Meeting. Aharon shall cast lots over the two goats, one lot
9 marked 'For the LORD,' the other 'For Azazel.'[40] The goat on which
the lot for the LORD fell, Aharon should bring close and offer up
10 as a purification offering. But the goat on which the lot fell for
Azazel shall be presented alive before the LORD; atonement shall
be made over it; it shall be sent forth, away into the wilderness
11 to Azazel. Aharon shall bring close the bull for his purification
offering to make atonement for him and for his family; he shall
12 slaughter the bull as his purification offering. He shall then take a
pan full of burning coals from the altar, from before the LORD, and
two handfuls of finely ground fragrant incense, and bring them
13 inside the inner curtain. He shall place the incense on the fire
before the LORD so that the cloud of incense conceals the cover
14 on top of the Ark of the Testimony, so that he does not die.[41] He

41 As punishment for looking at the Divine Presence. See, e.g., verse 2; Exodus 25:22.

בְּנִדָּתָהּ וְהַזָּב אֶת־זוֹבוֹ לַזָּכָר וְלַנְּקֵבָה וּלְאִישׁ אֲשֶׁר יִשְׁכַּב עִם־
טְמֵאָה:

טז א וַיְדַבֵּר יְהוָה אֶל־מֹשֶׁה אַחֲרֵי מוֹת שְׁנֵי בְּנֵי אַהֲרֹן בְּקָרְבָתָם אחרי מות
ב לִפְנֵי־יְהוָה וַיָּמֻתוּ: וַיֹּאמֶר יְהוָה אֶל־מֹשֶׁה דַּבֵּר אֶל־אַהֲרֹן
אָחִיךָ וְאַל־יָבֹא בְכָל־עֵת אֶל־הַקֹּדֶשׁ מִבֵּית לַפָּרֹכֶת אֶל־פְּנֵי
הַכַּפֹּרֶת אֲשֶׁר עַל־הָאָרֹן וְלֹא יָמוּת כִּי בֶּעָנָן אֵרָאֶה עַל־הַכַּפֹּרֶת:
ג בְּזֹאת יָבֹא אַהֲרֹן אֶל־הַקֹּדֶשׁ בְּפַר בֶּן־בָּקָר לְחַטָּאת וְאַיִל
ד לְעֹלָה: כְּתֹנֶת־בַּד קֹדֶשׁ יִלְבָּשׁ וּמִכְנְסֵי־בַד יִהְיוּ עַל־בְּשָׂרוֹ
וּבְאַבְנֵט בַּד יַחְגֹּר וּבְמִצְנֶפֶת בַּד יִצְנֹף בִּגְדֵי־קֹדֶשׁ הֵם וְרָחַץ
ה בַּמַּיִם אֶת־בְּשָׂרוֹ וּלְבֵשָׁם: וּמֵאֵת עֲדַת בְּנֵי יִשְׂרָאֵל יִקַּח שְׁנֵי־
ו שְׂעִירֵי עִזִּים לְחַטָּאת וְאַיִל אֶחָד לְעֹלָה: וְהִקְרִיב אַהֲרֹן אֶת־
ז פַּר הַחַטָּאת אֲשֶׁר־לוֹ וְכִפֶּר בַּעֲדוֹ וּבְעַד בֵּיתוֹ: וְלָקַח אֶת־שְׁנֵי
ח הַשְּׂעִירִם וְהֶעֱמִיד אֹתָם לִפְנֵי יְהוָה פֶּתַח אֹהֶל מוֹעֵד: וְנָתַן
אַהֲרֹן עַל־שְׁנֵי הַשְּׂעִירִם גֹּרָלוֹת גּוֹרָל אֶחָד לַיהוָה וְגוֹרָל אֶחָד
ט לַעֲזָאזֵל: וְהִקְרִיב אַהֲרֹן אֶת־הַשָּׂעִיר אֲשֶׁר עָלָה עָלָיו הַגּוֹרָל
י לַיהוָה וְעָשָׂהוּ חַטָּאת: וְהַשָּׂעִיר אֲשֶׁר עָלָה עָלָיו הַגּוֹרָל לַעֲזָאזֵל
יָעֳמַד־חַי לִפְנֵי יְהוָה לְכַפֵּר עָלָיו לְשַׁלַּח אֹתוֹ לַעֲזָאזֵל הַמִּדְבָּרָה:
יא וְהִקְרִיב אַהֲרֹן אֶת־פַּר הַחַטָּאת אֲשֶׁר־לוֹ וְכִפֶּר בַּעֲדוֹ וּבְעַד
יב בֵּיתוֹ וְשָׁחַט אֶת־פַּר הַחַטָּאת אֲשֶׁר־לוֹ: וְלָקַח מְלֹא־הַמַּחְתָּה
גַּחֲלֵי־אֵשׁ מֵעַל הַמִּזְבֵּחַ מִלִּפְנֵי יְהוָה וּמְלֹא חָפְנָיו קְטֹרֶת סַמִּים
יג דַּקָּה וְהֵבִיא מִבֵּית לַפָּרֹכֶת: וְנָתַן אֶת־הַקְּטֹרֶת עַל־הָאֵשׁ
לִפְנֵי יְהוָה וְכִסָּה | עֲנַן הַקְּטֹרֶת אֶת־הַכַּפֹּרֶת אֲשֶׁר עַל־הָעֵדוּת
יד וְלֹא יָמוּת: וְלָקַח מִדַּם הַפָּר וְהִזָּה בְאֶצְבָּעוֹ עַל־פְּנֵי הַכַּפֹּרֶת

---

39 Meaning except under the circumstances described below. Alternatively, "any time he wants."

40 The word "Azazel" and the purpose of this ritual are subject to varying interpretations.

shall take some of the bull's blood and sprinkle it with his finger
on the cover on the east side. Then, in front of the cover, he shall
15 sprinkle some of the blood with his finger seven times. He shall
then slaughter the goat for the people's purification offering, bring
its blood inside the inner curtain, and do with it as he did with the
blood of the bull, sprinkling it on the cover and before the cover.
16 In this way, he shall make atonement for the Sanctuary – from the
impurity of the Israelites, from their rebellions and all their sins.
And he shall do the same for the Tent of Meeting, which is with
17 them in the midst of their impurity. No one shall be in the Tent of
Meeting from the time Aharon enters to make atonement in the
Sanctuary until he comes out. Thus he shall make atonement for
18 himself, for his house, and for the whole assembly of Israel. He SHEINI
shall then go out to the altar that is before the LORD and make its
atonement. He shall take some of the bull's blood and some of
19 the goat's blood and apply it to each of the altar's horns. He shall
sprinkle some of the blood upon it with his finger seven times,
to purify it and sanctify it from the impurity of the Israelites.
20 When he has finished making atonement for the Sanctuary, the
Tent of Meeting and the altar, he shall bring close the live goat.
21 Aharon shall lay both his hands on the head of the live goat and
confess over it all the Israelites' iniquities and rebellions, all of
their sins, putting them on the head of the goat and then sending
it away into the wilderness with the person designated for the task.
22 The goat shall carry all their iniquities upon itself to a desolate
place, and then the goat shall be sent forth into the wilderness.
23 Then Aharon shall enter the Tent of Meeting, take off the linen
vestments he was wearing when he entered the Sanctuary, and
24 leave them there. He shall immerse his body in water in a holy
place and put on his vestments. Then he shall come out and offer
his burnt offering and the burnt offering of the people, to make
25 atonement for himself and for the people. And he shall send the SHELISHI /SHEINI/
26 fat of the purification offering up in smoke upon the altar. The
man who sent forth the goat for Azazel shall wash his clothes and

קֵדְמָה וְלִפְנֵי הַכַּפֹּרֶת יַזֶּה שֶׁבַע־פְּעָמִים מִן־הַדָּם בְּאֶצְבָּעוֹ׃
טו וְשָׁחַט אֶת־שְׂעִיר הַחַטָּאת אֲשֶׁר לָעָם וְהֵבִיא אֶת־דָּמוֹ אֶל־
מִבֵּית לַפָּרֹכֶת וְעָשָׂה אֶת־דָּמוֹ כַּאֲשֶׁר עָשָׂה לְדַם הַפָּר וְהִזָּה
טז אֹתוֹ עַל־הַכַּפֹּרֶת וְלִפְנֵי הַכַּפֹּרֶת׃ וְכִפֶּר עַל־הַקֹּדֶשׁ מִטֻּמְאֹת
בְּנֵי יִשְׂרָאֵל וּמִפִּשְׁעֵיהֶם לְכָל־חַטֹּאתָם וְכֵן יַעֲשֶׂה לְאֹהֶל מוֹעֵד
יז הַשֹּׁכֵן אִתָּם בְּתוֹךְ טֻמְאֹתָם׃ וְכָל־אָדָם לֹא־יִהְיֶה ׀ בְּאֹהֶל
מוֹעֵד בְּבֹאוֹ לְכַפֵּר בַּקֹּדֶשׁ עַד־צֵאתוֹ וְכִפֶּר בַּעֲדוֹ וּבְעַד בֵּיתוֹ
יח וּבְעַד כָּל־קְהַל יִשְׂרָאֵל׃ וְיָצָא אֶל־הַמִּזְבֵּחַ אֲשֶׁר לִפְנֵי־יְהוָה שני
וְכִפֶּר עָלָיו וְלָקַח מִדַּם הַפָּר וּמִדַּם הַשָּׂעִיר וְנָתַן עַל־קַרְנוֹת
יט הַמִּזְבֵּחַ סָבִיב׃ וְהִזָּה עָלָיו מִן־הַדָּם בְּאֶצְבָּעוֹ שֶׁבַע פְּעָמִים
כ וְטִהֲרוֹ וְקִדְּשׁוֹ מִטֻּמְאֹת בְּנֵי יִשְׂרָאֵל׃ וְכִלָּה מִכַּפֵּר אֶת־הַקֹּדֶשׁ
וְאֶת־אֹהֶל מוֹעֵד וְאֶת־הַמִּזְבֵּחַ וְהִקְרִיב אֶת־הַשָּׂעִיר הֶחָי׃
כא וְסָמַךְ אַהֲרֹן אֶת־שְׁתֵּי יָדָו עַל־רֹאשׁ הַשָּׂעִיר הַחַי וְהִתְוַדָּה
עָלָיו אֶת־כָּל־עֲוֹנֹת בְּנֵי יִשְׂרָאֵל וְאֶת־כָּל־פִּשְׁעֵיהֶם לְכָל־
חַטֹּאתָם וְנָתַן אֹתָם עַל־רֹאשׁ הַשָּׂעִיר וְשִׁלַּח בְּיַד־אִישׁ עִתִּי
כב הַמִּדְבָּרָה׃ וְנָשָׂא הַשָּׂעִיר עָלָיו אֶת־כָּל־עֲוֹנֹתָם אֶל־אֶרֶץ
כג גְּזֵרָה וְשִׁלַּח אֶת־הַשָּׂעִיר בַּמִּדְבָּר׃ וּבָא אַהֲרֹן אֶל־אֹהֶל מוֹעֵד
וּפָשַׁט אֶת־בִּגְדֵי הַבָּד אֲשֶׁר לָבַשׁ בְּבֹאוֹ אֶל־הַקֹּדֶשׁ וְהִנִּיחָם
כד שָׁם׃ וְרָחַץ אֶת־בְּשָׂרוֹ בַמַּיִם בְּמָקוֹם קָדוֹשׁ וְלָבַשׁ אֶת־בְּגָדָיו
וְיָצָא וְעָשָׂה אֶת־עֹלָתוֹ וְאֶת־עֹלַת הָעָם וְכִפֶּר בַּעֲדוֹ וּבְעַד
כה כו הָעָם׃ וְאֵת חֵלֶב הַחַטָּאת יַקְטִיר הַמִּזְבֵּחָה׃ וְהַמְשַׁלֵּחַ אֶת־ שלישי /שני/
הַשָּׂעִיר לַעֲזָאזֵל יְכַבֵּס בְּגָדָיו וְרָחַץ אֶת־בְּשָׂרוֹ בַּמַּיִם וְאַחֲרֵי־כֵן

immerse his body in water; after that he may return to the camp.
27 The purification offering bull and the purification offering goat,
whose blood was brought in to make atonement in the inner
Sanctuary, shall be removed from the camp. Their skin, flesh, and
28 dung shall be burned with fire. The one who burns them shall
wash his clothes and immerse his body in water. After that, he
29 too may return to the camp. This shall be an everlasting statute
for you: on the tenth day of the seventh month, you must afflict
yourselves. You shall perform no work at all – neither the native
30 born nor the migrant living among you. On this day, atonement
shall be made for you to purify you; of all your sins you shall be
31 purified before the LORD. It shall be a Sabbath of complete rest
for you, and on it you shall afflict yourselves. This is an everlasting
32 statute. The priest who is anointed and ordained to succeed his
father and serve as priest[42] shall perform the atonement, wearing
33 the sacred linen vestments. He shall make atonement for the
innermost Sanctuary, for the Tent of Meeting, and for the altar. He
shall make atonement for the priests and for all the people of the
34 community. This shall be an everlasting statute for you, making
atonement for the Israelites once a year for all their sins." And as
the LORD commanded Moshe, so it was done.
17 1 2 The LORD spoke to Moshe: "Speak to Aharon, his sons, and all REVI'I
3 the Israelites. Say: This is what the LORD has commanded: Any
Israelite who slaughters an ox, sheep, or goat inside or outside
4 the camp without then bringing it to the entrance of the Tent of
Meeting to bring close an offering to the LORD before the LORD's
Tabernacle will be considered guilty of bloodshed. He has shed
5 blood; he shall be severed from his people. For the Israelites must
bring the sacrifices they have been offering in the open fields – to
the LORD, to the priest at the entrance of the Tent of Meeting, and
6 offer them as peace sacrifices to the LORD. The priest shall dash
the blood against the LORD's altar at the entrance to the Tent of
Meeting and send the fat up in smoke as a pleasing aroma to the
7 LORD; and no more may they offer sacrifices to the goat demons

כז יָבוֹא אֶל־הַמַּחֲנֶה: וְאֵת פַּר הַחַטָּאת וְאֵת ׀ שְׂעִיר הַחַטָּאת
אֲשֶׁר הוּבָא אֶת־דָּמָם לְכַפֵּר בַּקֹּדֶשׁ יוֹצִיא אֶל־מִחוּץ לַמַּחֲנֶה
כח וְשָׂרְפוּ בָאֵשׁ אֶת־עֹרֹתָם וְאֶת־בְּשָׂרָם וְאֶת־פִּרְשָׁם: וְהַשֹּׂרֵף אֹתָם
יְכַבֵּס בְּגָדָיו וְרָחַץ אֶת־בְּשָׂרוֹ בַּמָּיִם וְאַחֲרֵי־כֵן יָבוֹא אֶל־הַמַּחֲנֶה:
כט וְהָיְתָה לָכֶם לְחֻקַּת עוֹלָם בַּחֹדֶשׁ הַשְּׁבִיעִי בֶּעָשׂוֹר לַחֹדֶשׁ
תְּעַנּוּ אֶת־נַפְשֹׁתֵיכֶם וְכָל־מְלָאכָה לֹא תַעֲשׂוּ הָאֶזְרָח וְהַגֵּר
ל הַגָּר בְּתוֹכְכֶם: כִּי־בַיּוֹם הַזֶּה יְכַפֵּר עֲלֵיכֶם לְטַהֵר אֶתְכֶם מִכֹּל
לא חַטֹּאתֵיכֶם לִפְנֵי יהוה תִּטְהָרוּ: שַׁבַּת שַׁבָּתוֹן הִיא לָכֶם וְעִנִּיתֶם
לב אֶת־נַפְשֹׁתֵיכֶם חֻקַּת עוֹלָם: וְכִפֶּר הַכֹּהֵן אֲשֶׁר־יִמְשַׁח אֹתוֹ
וַאֲשֶׁר יְמַלֵּא אֶת־יָדוֹ לְכַהֵן תַּחַת אָבִיו וְלָבַשׁ אֶת־בִּגְדֵי הַבָּד
לג בִּגְדֵי הַקֹּדֶשׁ: וְכִפֶּר אֶת־מִקְדַּשׁ הַקֹּדֶשׁ וְאֶת־אֹהֶל מוֹעֵד וְאֶת־
לד הַמִּזְבֵּחַ יְכַפֵּר וְעַל הַכֹּהֲנִים וְעַל־כָּל־עַם הַקָּהָל יְכַפֵּר: וְהָיְתָה־
זֹּאת לָכֶם לְחֻקַּת עוֹלָם לְכַפֵּר עַל־בְּנֵי יִשְׂרָאֵל מִכָּל־חַטֹּאתָם
אַחַת בַּשָּׁנָה וַיַּעַשׂ כַּאֲשֶׁר צִוָּה יהוה אֶת־מֹשֶׁה:
יז א ב וַיְדַבֵּר יהוה אֶל־מֹשֶׁה לֵּאמֹר: דַּבֵּר אֶל־אַהֲרֹן וְאֶל־בָּנָיו וְאֶל יג רביעי
כָּל־בְּנֵי יִשְׂרָאֵל וְאָמַרְתָּ אֲלֵיהֶם זֶה הַדָּבָר אֲשֶׁר־צִוָּה יהוה
ג לֵאמֹר: אִישׁ אִישׁ מִבֵּית יִשְׂרָאֵל אֲשֶׁר יִשְׁחַט שׁוֹר אוֹ־כֶשֶׂב
ד אוֹ־עֵז בַּמַּחֲנֶה אוֹ אֲשֶׁר יִשְׁחַט מִחוּץ לַמַּחֲנֶה: וְאֶל־פֶּתַח
אֹהֶל מוֹעֵד לֹא הֱבִיאוֹ לְהַקְרִיב קָרְבָּן לַיהוה לִפְנֵי מִשְׁכַּן יהוה
דָּם יֵחָשֵׁב לָאִישׁ הַהוּא דָּם שָׁפָךְ וְנִכְרַת הָאִישׁ הַהוּא מִקֶּרֶב
ה עַמּוֹ: לְמַעַן אֲשֶׁר יָבִיאוּ בְּנֵי יִשְׂרָאֵל אֶת־זִבְחֵיהֶם אֲשֶׁר הֵם
זֹבְחִים עַל־פְּנֵי הַשָּׂדֶה וֶהֱבִיאֻם לַיהוה אֶל־פֶּתַח אֹהֶל מוֹעֵד
ו אֶל־הַכֹּהֵן וְזָבְחוּ זִבְחֵי שְׁלָמִים לַיהוה אוֹתָם: וְזָרַק הַכֹּהֵן אֶת־
הַדָּם עַל־מִזְבַּח יהוה פֶּתַח אֹהֶל מוֹעֵד וְהִקְטִיר הַחֵלֶב לְרֵיחַ
ז נִיחֹחַ לַיהוה: וְלֹא־יִזְבְּחוּ עוֹד אֶת־זִבְחֵיהֶם לַשְּׂעִירִם אֲשֶׁר הֵם

42 That is, the High Priest.

to whom they prostitute themselves. This shall be an everlasting
8 statute for them throughout their generations. And you shall tell ḤAMISHI /SHELISHI/
them: Anyone of the House of Israel or any migrant living among
9 you who offers up a burnt offering or other sacrifice and does not
bring it to the entrance of the Tent of Meeting to offer it to the
10 LORD shall be severed from his people. Anyone of the House of
Israel, or any migrant living among you, who eats blood – I will
set My face against that person who eats blood and will sever him
11 from his people, for the life of a creature is in its blood. I have given
it to you to make atonement for your lives on the altar, for blood,
12 which is bound up with life, atones. That is why I have told the
Israelites: None of you may eat blood, nor may any migrant living
13 among you eat blood. Any Israelite or migrant living among you
who hunts an animal or bird that may be eaten shall pour out its
14 blood and cover it with earth, for the life of all flesh – its blood is
its life. That is why I have said to the Israelites: You must not eat
any creature's blood, because the life of every creature is bound
15 up with its blood. All who eat it will be severed. Anyone, native
born or migrant, who eats an animal that has died of itself or been
torn by beasts shall wash his clothes, immerse in water, and remain
16 impure until evening; then he shall be purified. If he does not
wash or immerse his body, he shall bear his guilt."
18 1 2 The LORD spoke to Moshe: "Speak to the Israelites. Say: I am
3 the LORD your God. You shall not do as they do in the land
of Egypt where you lived. Nor shall you do as they do in the
land of Canaan where I am bringing you; do not follow their
4 practices. Observe My laws, keep My statutes and follow them; I
5 am the LORD your God. Keep My statutes and laws, for by them
6 a person shall live; I am the LORD. No one among you SHISHI
shall draw close to any near relative to expose their nakedness;[43]
7 I am the LORD. You shall not expose your father's and
mother's nakedness. She is your mother; you shall not expose her
8 nakedness. You shall not expose the nakedness of your

43 This expression is a euphemism for sexual relations.

ח זֹנִים אַחֲרֵיהֶם חֻקַּת עוֹלָם תִּהְיֶה־זֹּאת לָהֶם לְדֹרֹתָם: וַאֲלֵהֶם חמישי /שלישי/
תֹּאמַר אִישׁ אִישׁ מִבֵּית יִשְׂרָאֵל וּמִן־הַגֵּר אֲשֶׁר־יָגוּר בְּתוֹכָם
ט אֲשֶׁר־יַעֲלֶה עֹלָה אוֹ־זָבַח: וְאֶל־פֶּתַח אֹהֶל מוֹעֵד לֹא יְבִיאֶנּוּ
י לַעֲשׂוֹת אֹתוֹ לַיהוָה וְנִכְרַת הָאִישׁ הַהוּא מֵעַמָּיו: וְאִישׁ אִישׁ
מִבֵּית יִשְׂרָאֵל וּמִן־הַגֵּר הַגָּר בְּתוֹכָם אֲשֶׁר יֹאכַל כָּל־דָּם וְנָתַתִּי
יא פָנַי בַּנֶּפֶשׁ הָאֹכֶלֶת אֶת־הַדָּם וְהִכְרַתִּי אֹתָהּ מִקֶּרֶב עַמָּהּ: כִּי־
נֶפֶשׁ הַבָּשָׂר בַּדָּם הִוא וַאֲנִי נְתַתִּיו לָכֶם עַל־הַמִּזְבֵּחַ לְכַפֵּר
יב עַל־נַפְשֹׁתֵיכֶם כִּי־הַדָּם הוּא בַּנֶּפֶשׁ יְכַפֵּר: עַל־כֵּן אָמַרְתִּי לִבְנֵי
יִשְׂרָאֵל כָּל־נֶפֶשׁ מִכֶּם לֹא־תֹאכַל דָּם וְהַגֵּר הַגָּר בְּתוֹכְכֶם
יג לֹא־יֹאכַל דָּם: וְאִישׁ אִישׁ מִבְּנֵי יִשְׂרָאֵל וּמִן־הַגֵּר הַגָּר בְּתוֹכָם
אֲשֶׁר יָצוּד צֵיד חַיָּה אוֹ־עוֹף אֲשֶׁר יֵאָכֵל וְשָׁפַךְ אֶת־דָּמוֹ
יד וְכִסָּהוּ בֶּעָפָר: כִּי־נֶפֶשׁ כָּל־בָּשָׂר דָּמוֹ בְנַפְשׁוֹ הוּא וָאֹמַר לִבְנֵי
יִשְׂרָאֵל דַּם כָּל־בָּשָׂר לֹא תֹאכֵלוּ כִּי נֶפֶשׁ כָּל־בָּשָׂר דָּמוֹ הִוא
טו כָּל־אֹכְלָיו יִכָּרֵת: וְכָל־נֶפֶשׁ אֲשֶׁר תֹּאכַל נְבֵלָה וּטְרֵפָה בָּאֶזְרָח
טז וּבַגֵּר וְכִבֶּס בְּגָדָיו וְרָחַץ בַּמַּיִם וְטָמֵא עַד־הָעֶרֶב וְטָהֵר: וְאִם
לֹא יְכַבֵּס וּבְשָׂרוֹ לֹא יִרְחָץ וְנָשָׂא עֲוֺנוֹ:
יח א ב וַיְדַבֵּר יְהוָה אֶל־מֹשֶׁה לֵּאמֹר: דַּבֵּר אֶל־בְּנֵי יִשְׂרָאֵל וְאָמַרְתָּ יד
ג אֲלֵהֶם אֲנִי יְהוָה אֱלֹהֵיכֶם: כְּמַעֲשֵׂה אֶרֶץ־מִצְרַיִם אֲשֶׁר יְשַׁבְתֶּם־
בָּהּ לֹא תַעֲשׂוּ וּכְמַעֲשֵׂה אֶרֶץ־כְּנַעַן אֲשֶׁר אֲנִי מֵבִיא אֶתְכֶם
ד שָׁמָּה לֹא תַעֲשׂוּ וּבְחֻקֹּתֵיהֶם לֹא תֵלֵכוּ: אֶת־מִשְׁפָּטַי תַּעֲשׂוּ
ה וְאֶת־חֻקֹּתַי תִּשְׁמְרוּ לָלֶכֶת בָּהֶם אֲנִי יְהוָה אֱלֹהֵיכֶם: וּשְׁמַרְתֶּם
אֶת־חֻקֹּתַי וְאֶת־מִשְׁפָּטַי אֲשֶׁר יַעֲשֶׂה אֹתָם הָאָדָם וָחַי בָּהֶם
ו אֲנִי יְהוָה: אִישׁ אִישׁ אֶל־כָּל־שְׁאֵר בְּשָׂרוֹ לֹא תִקְרְבוּ ששי
ז לְגַלּוֹת עֶרְוָה אֲנִי יְהוָה: עֶרְוַת אָבִיךָ וְעֶרְוַת אִמְּךָ לֹא
ח תְגַלֵּה אִמְּךָ הִוא לֹא תְגַלֶּה עֶרְוָתָהּ: עֶרְוַת אֵשֶׁת־

9 father's wife; it is your father's nakedness. You shall not
expose the nakedness of your sister – whether she is your father's
daughter or your mother's, whether born into the household
10 or outside, you shall not expose her nakedness. You
shall not expose the nakedness of your son's daughter or your
11 daughter's daughter; it is your own nakedness.[44] The
nakedness of your father's wife's daughter, born to your father[45] –
12 she is your sister; do not expose her nakedness. You shall
not expose the nakedness of your father's sister; she is of your
13 father's flesh. You shall not expose the nakedness of your
14 mother's sister, for she is of your mother's flesh. You
shall not expose the nakedness of your father's brother – do
15 not draw close to his wife; she is your aunt. You shall
not expose the nakedness of your daughter-in-law: she is your
16 son's wife; do not expose her nakedness. You shall not
expose the nakedness of your brother's wife; it is your brother's
17 nakedness. You shall not expose the nakedness of a
woman and her daughter, nor shall you marry her son's daughter
or her daughter's daughter, exposing her nakedness; they are of the
18 same flesh; it would be depravity. Do not marry a woman to be a
rival to her sister,[46] exposing her nakedness while her sister is alive.
19 Do not draw close to a woman to expose her nakedness while
20 she bears the impurity of her menstruation. Do not have carnal
relations with your neighbor's wife, becoming impure through
21 her. Do not give any of your children over to be sacrificed to
22 Molekh,[47] profaning the name of your God; I am the LORD. Do SHEVI'I /REVI'I/
not lie with a male as with a woman; this is an abhorrent act.
23 Do not have carnal relations with any animal, through it making
yourself impure; nor may a woman give herself to an animal to
24 mate with it – this is perversion. Do not make yourselves impure
in any of these ways, for it is by all these that the nations I am
25 casting out before you made themselves impure. And so the land
itself became impure, and I held it to account for its sins, and the
26 land vomited out its inhabitants. But you shall keep My statutes

ט אֲבִיךָ לֹא תְגַלֵּה עֶרְוַת אָבִיךָ הוּא: עֶרְוַת אֲחוֹתְךָ
בַת־אָבִיךָ אוֹ בַת־אִמֶּךָ מוֹלֶדֶת בַּיִת אוֹ מוֹלֶדֶת חוּץ לֹא תְגַלֶּה
י עֶרְוָתָן: עֶרְוַת בַּת־בִּנְךָ אוֹ בַת־בִּתְּךָ לֹא תְגַלֶּה עֶרְוָתָן
יא כִּי עֶרְוָתְךָ הֵנָּה: עֶרְוַת בַּת־אֵשֶׁת אָבִיךָ מוֹלֶדֶת אָבִיךָ
יב אֲחוֹתְךָ הִוא לֹא תְגַלֶּה עֶרְוָתָהּ: עֶרְוַת אֲחוֹת־אָבִיךָ לֹא
יג תְגַלֵּה שְׁאֵר אָבִיךָ הִוא: עֶרְוַת אֲחוֹת־אִמְּךָ לֹא תְגַלֵּה
יד כִּי־שְׁאֵר אִמְּךָ הִוא: עֶרְוַת אֲחִי־אָבִיךָ לֹא תְגַלֵּה
טו אֶל־אִשְׁתּוֹ לֹא תִקְרָב דֹּדָתְךָ הִוא: עֶרְוַת כַּלָּתְךָ לֹא
טז תְגַלֵּה אֵשֶׁת בִּנְךָ הִוא לֹא תְגַלֶּה עֶרְוָתָהּ: עֶרְוַת
יז אֵשֶׁת־אָחִיךָ לֹא תְגַלֵּה עֶרְוַת אָחִיךָ הִוא: עֶרְוַת
אִשָּׁה וּבִתָּהּ לֹא תְגַלֵּה אֶת־בַּת־בְּנָהּ וְאֶת־בַּת־בִּתָּהּ לֹא תִקַּח
יח לְגַלּוֹת עֶרְוָתָהּ שַׁאֲרָה הֵנָּה זִמָּה הִוא: וְאִשָּׁה אֶל־אֲחֹתָהּ לֹא
יט תִקָּח לִצְרֹר לְגַלּוֹת עֶרְוָתָהּ עָלֶיהָ בְּחַיֶּיהָ: וְאֶל־אִשָּׁה בְּנִדַּת
כ טֻמְאָתָהּ לֹא תִקְרַב לְגַלּוֹת עֶרְוָתָהּ: וְאֶל־אֵשֶׁת עֲמִיתְךָ לֹא־
כא תִתֵּן שְׁכָבְתְּךָ לְזָרַע לְטָמְאָה־בָהּ: וּמִזַּרְעֲךָ לֹא־תִתֵּן לְהַעֲבִיר
כב לַמֹּלֶךְ וְלֹא תְחַלֵּל אֶת־שֵׁם אֱלֹהֶיךָ אֲנִי יהוה: וְאֶת־זָכָר לֹא שביעי /רביעי/
כג תִשְׁכַּב מִשְׁכְּבֵי אִשָּׁה תּוֹעֵבָה הִוא: וּבְכָל־בְּהֵמָה לֹא־תִתֵּן
שְׁכָבְתְּךָ לְטָמְאָה־בָהּ וְאִשָּׁה לֹא־תַעֲמֹד לִפְנֵי בְהֵמָה לְרִבְעָהּ
כד תֶּבֶל הוּא: אַל־תִּטַּמְּאוּ בְּכָל־אֵלֶּה כִּי בְכָל־אֵלֶּה נִטְמְאוּ הַגּוֹיִם
כה אֲשֶׁר־אֲנִי מְשַׁלֵּחַ מִפְּנֵיכֶם: וַתִּטְמָא הָאָרֶץ וָאֶפְקֹד עֲוֺנָהּ עָלֶיהָ
כו וַתָּקִא הָאָרֶץ אֶת־יֹשְׁבֶיהָ: וּשְׁמַרְתֶּם אַתֶּם אֶת־חֻקֹּתַי וְאֶת־
מִשְׁפָּטַי וְלֹא תַעֲשׂוּ מִכֹּל הַתּוֹעֵבֹת הָאֵלֶּה הָאֶזְרָח וְהַגֵּר הַגָּר

44 Meaning they are your own blood relatives.

45 This verse seems to repeat a case already mentioned in verse 9. Interpretations vary.

46 Meaning to be a rival wife to her sister, to whom you are already married.

47 A Canaanite ritual (see, e.g., Jer. 32:35).

and My laws and do none of these abhorrent acts, neither the
27 native born nor the migrant living among you. The people who
lived in the land before you committed all these abhorrent acts
28 and the land became impure. Let the land not vomit you out MAFTIR
for making it impure, as it vomited out the nation there before
29 you, for anyone who performs any of these abhorrent acts shall
30 be severed from his people. Keep My charge and do not follow
any of these abhorrent practices that were followed before you;
do not by them make yourselves impure; I am the LORD your
God."

19 1 2 The LORD spoke to Moshe: "Speak to all the community of Israel. KEDOSHIM
3 Say: Be holy, for I am holy; I, the LORD your God. Each one of
you, revere your mother and father and keep My Sabbaths; I am
4 the LORD your God. Do not turn to idols or cast yourselves gods;
5 I am the LORD your God. When you offer a peace sacrifice to the
6 LORD, offer it in such a way that it may be accepted for you. It
shall be eaten on the day you sacrifice it or on the following day;
7 what is left on the third day shall be burned with fire. If any of it
is eaten on the third day, it is repugnant; it will not be accepted.
8 Anyone who eats it shall bear his guilt, for he has desecrated what
9 is holy to the LORD; he shall be severed from his people. When
you reap the harvest of your land, do not reap all the way to the
10 edge of your field or gather the gleanings[48] of your harvest. Do not
harvest your vineyard bare or gather the grapes that have fallen
there. Leave them for the poor and for the migrant; I am the LORD
11 your God. Do not steal; do not deceive; do not lie to one another.
12 Do not swear falsely by My name, desecrating the name of your
13 God; I am the LORD. Do not defraud or rob[49] your neighbor. Do
14 not hold back the wages of a hired worker until the morning. Do
not curse the deaf or put a stumbling-block before the blind. Fear
15 your God; I am the LORD. Do not pervert justice: do not show SHEINI /ḤAMISHI/
partiality to the poor or deference to the great; judge your fellow
16 man fairly. Do not go around as a gossipmonger among your
people. Do not stand by while your neighbor's life is in danger; I

כז בְּתוֹכְכֶם: כִּי אֶת־כָּל־הַתּוֹעֵבֹת הָאֵל עָשׂוּ אַנְשֵׁי־הָאָרֶץ אֲשֶׁר
כח לִפְנֵיכֶם וַתִּטְמָא הָאָרֶץ: וְלֹא־תָקִיא הָאָרֶץ אֶתְכֶם בְּטַמַּאֲכֶם מפטיר
כט אֹתָהּ כַּאֲשֶׁר קָאָה אֶת־הַגּוֹי אֲשֶׁר לִפְנֵיכֶם: כִּי כָּל־אֲשֶׁר יַעֲשֶׂה
מִכֹּל הַתּוֹעֵבֹת הָאֵלֶּה וְנִכְרְתוּ הַנְּפָשׁוֹת הָעֹשֹׂת מִקֶּרֶב עַמָּם:
ל וּשְׁמַרְתֶּם אֶת־מִשְׁמַרְתִּי לְבִלְתִּי עֲשׂוֹת מֵחֻקּוֹת הַתּוֹעֵבֹת אֲשֶׁר
נַעֲשׂוּ לִפְנֵיכֶם וְלֹא תִטַּמְּאוּ בָּהֶם אֲנִי יְהוָה אֱלֹהֵיכֶם: קדשים
יט א ב וַיְדַבֵּר יְהוָה אֶל־מֹשֶׁה לֵּאמֹר: דַּבֵּר אֶל־כָּל־עֲדַת בְּנֵי־יִשְׂרָאֵל טו
ג וְאָמַרְתָּ אֲלֵהֶם קְדֹשִׁים תִּהְיוּ כִּי קָדוֹשׁ אֲנִי יְהוָה אֱלֹהֵיכֶם: אִישׁ
אִמּוֹ וְאָבִיו תִּירָאוּ וְאֶת־שַׁבְּתֹתַי תִּשְׁמֹרוּ אֲנִי יְהוָה אֱלֹהֵיכֶם:
ד אַל־תִּפְנוּ אֶל־הָאֱלִילִם וֵאלֹהֵי מַסֵּכָה לֹא תַעֲשׂוּ לָכֶם אֲנִי יְהוָה
ה אֱלֹהֵיכֶם: וְכִי תִזְבְּחוּ זֶבַח שְׁלָמִים לַיהוָה לִרְצֹנְכֶם תִּזְבָּחֻהוּ:
ו בְּיוֹם זִבְחֲכֶם יֵאָכֵל וּמִמָּחֳרָת וְהַנּוֹתָר עַד־יוֹם הַשְּׁלִישִׁי בָּאֵשׁ
ז יִשָּׂרֵף: וְאִם הֵאָכֹל יֵאָכֵל בַּיּוֹם הַשְּׁלִישִׁי פִּגּוּל הוּא לֹא יֵרָצֶה:
ח וְאֹכְלָיו עֲוֺנוֹ יִשָּׂא כִּי־אֶת־קֹדֶשׁ יְהוָה חִלֵּל וְנִכְרְתָה הַנֶּפֶשׁ
ט הַהִוא מֵעַמֶּיהָ: וּבְקֻצְרְכֶם אֶת־קְצִיר אַרְצְכֶם לֹא תְכַלֶּה פְּאַת
י שָׂדְךָ לִקְצֹר וְלֶקֶט קְצִירְךָ לֹא תְלַקֵּט: וְכַרְמְךָ לֹא תְעוֹלֵל וּפֶרֶט
כַּרְמְךָ לֹא תְלַקֵּט לֶעָנִי וְלַגֵּר תַּעֲזֹב אֹתָם אֲנִי יְהוָה אֱלֹהֵיכֶם:
יא יב לֹא תִּגְנֹבוּ וְלֹא־תְכַחֲשׁוּ וְלֹא־תְשַׁקְּרוּ אִישׁ בַּעֲמִיתוֹ: וְלֹא־
תִשָּׁבְעוּ בִשְׁמִי לַשָּׁקֶר וְחִלַּלְתָּ אֶת־שֵׁם אֱלֹהֶיךָ אֲנִי יְהוָה:
יג לֹא־תַעֲשֹׁק אֶת־רֵעֲךָ וְלֹא תִגְזֹל לֹא־תָלִין פְּעֻלַּת שָׂכִיר אִתְּךָ
יד עַד־בֹּקֶר: לֹא־תְקַלֵּל חֵרֵשׁ וְלִפְנֵי עִוֵּר לֹא תִתֵּן מִכְשֹׁל וְיָרֵאתָ
טו מֵּאֱלֹהֶיךָ אֲנִי יְהוָה: לֹא־תַעֲשׂוּ עָוֶל בַּמִּשְׁפָּט לֹא־תִשָּׂא פְנֵי־ שני /חמישי/
טז דָל וְלֹא תֶהְדַּר פְּנֵי גָדוֹל בְּצֶדֶק תִּשְׁפֹּט עֲמִיתֶךָ: לֹא־תֵלֵךְ

48 Individual stalks that fall from the bundle.

49 Whereas "stealing" (*geneva,* v. 11) denotes taking by stealth, "robbery" (*gezela*) denotes taking by force.

17 am the LORD. Do not hate your brother in your heart. Admonish
18 your fellow and do not bear guilt on his account. Do not take
revenge or bear a grudge against any one among your people, but
19 love your neighbor as your own self; I am the LORD. Keep My
decrees. Do not crossbreed different kinds of animal, do not plant
your field with two kinds of seed intermixed, and do not wear
20 clothing made from two materials combined. If a man has carnal
relations with a woman who is a slave designated for another man,
and who has not been redeemed or given her freedom, there shall
be punishment but they shall not be put to death since she has not
21 been freed. The man shall bring his guilt offering to the LORD at
22 the entrance of the Tent of Meeting: a ram for a guilt offering. The
priest shall make his atonement before the LORD with the ram
of the guilt offering for the sin that he committed, and the sin he
committed shall be forgiven.

23 When you enter the land and plant any tree for food, you shall SHELISHI
regard its fruit as forbidden. For three years it shall be forbidden
24 to you; it must not be eaten. In the fourth year, all its fruit shall
25 be holy, to give praise to the LORD. In the fifth year you may eat
its fruit – and so shall its yield proliferate for you; I am the LORD
26 your God. Do not eat any creature with its blood. Do not practice
27 divination or seek omens. Do not cut off the hair on the sides of
28 your head or destroy the edges of your beard. Do not gash your
body for the dead or put tattoo marks on yourself; I am the LORD.
29 Do not profane your daughter by making her a prostitute, that
the land shall not be prostituted, the land filled with depravity.
30 31 Keep My Sabbaths, revere My Sanctuary; I am the LORD. Do not
turn to ghosts or inquire of spirits, rendering yourself impure; I
32 am the LORD your God. Stand up in the presence of the white-
haired and show respect to the elderly; revere your God; I am
33 the LORD. When a stranger lives with you in your land, REVI'I /SHISHI/
34 do not wrong him. The stranger living with you shall be like one
of your native born to you: love him as your own self, for you
yourselves were strangers in the land of Egypt; I am the LORD

יז רָכִיל בְּעַמֶּיךָ לֹא תַעֲמֹד עַל־דַּם רֵעֶךָ אֲנִי יְהוָה: לֹא־תִשְׂנָא
אֶת־אָחִיךָ בִּלְבָבֶךָ הוֹכֵחַ תּוֹכִיחַ אֶת־עֲמִיתֶךָ וְלֹא־תִשָּׂא עָלָיו
יח חֵטְא: לֹא־תִקֹּם וְלֹא־תִטֹּר אֶת־בְּנֵי עַמֶּךָ וְאָהַבְתָּ לְרֵעֲךָ כָּמוֹךָ
יט אֲנִי יְהוָה: אֶת־חֻקֹּתַי תִּשְׁמֹרוּ בְּהֶמְתְּךָ לֹא־תַרְבִּיעַ כִּלְאַיִם
שָׂדְךָ לֹא־תִזְרַע כִּלְאָיִם וּבֶגֶד כִּלְאַיִם שַׁעַטְנֵז לֹא יַעֲלֶה עָלֶיךָ:
כ וְאִישׁ כִּי־יִשְׁכַּב אֶת־אִשָּׁה שִׁכְבַת־זֶרַע וְהִוא שִׁפְחָה נֶחֱרֶפֶת
לְאִישׁ וְהָפְדֵּה לֹא נִפְדָּתָה אוֹ חֻפְשָׁה לֹא נִתַּן־לָהּ בִּקֹּרֶת תִּהְיֶה
כא לֹא יוּמְתוּ כִּי־לֹא חֻפָּשָׁה: וְהֵבִיא אֶת־אֲשָׁמוֹ לַיהוָה אֶל־פֶּתַח
כב אֹהֶל מוֹעֵד אֵיל אָשָׁם: וְכִפֶּר עָלָיו הַכֹּהֵן בְּאֵיל הָאָשָׁם לִפְנֵי
יְהוָה עַל־חַטָּאתוֹ אֲשֶׁר חָטָא וְנִסְלַח לוֹ מֵחַטָּאתוֹ אֲשֶׁר
חָטָא:
כג וְכִי־תָבֹאוּ אֶל־הָאָרֶץ וּנְטַעְתֶּם כָּל־עֵץ מַאֲכָל וַעֲרַלְתֶּם עָרְלָתוֹ טז שלישי
כד אֶת־פִּרְיוֹ שָׁלֹשׁ שָׁנִים יִהְיֶה לָכֶם עֲרֵלִים לֹא יֵאָכֵל: וּבַשָּׁנָה
כה הָרְבִיעִת יִהְיֶה כָּל־פִּרְיוֹ קֹדֶשׁ הִלּוּלִים לַיהוָה: וּבַשָּׁנָה הַחֲמִישִׁת
תֹּאכְלוּ אֶת־פִּרְיוֹ לְהוֹסִיף לָכֶם תְּבוּאָתוֹ אֲנִי יְהוָה אֱלֹהֵיכֶם:
כו כז לֹא תֹאכְלוּ עַל־הַדָּם לֹא תְנַחֲשׁוּ וְלֹא תְעוֹנֵנוּ: לֹא תַקִּפוּ פְּאַת
כח רֹאשְׁכֶם וְלֹא תַשְׁחִית אֵת פְּאַת זְקָנֶךָ: וְשֶׂרֶט לָנֶפֶשׁ לֹא תִתְּנוּ
כט בִּבְשַׂרְכֶם וּכְתֹבֶת קַעֲקַע לֹא תִתְּנוּ בָּכֶם אֲנִי יְהוָה: אַל־תְּחַלֵּל
אֶת־בִּתְּךָ לְהַזְנוֹתָהּ וְלֹא־תִזְנֶה הָאָרֶץ וּמָלְאָה הָאָרֶץ זִמָּה:
ל לא אֶת־שַׁבְּתֹתַי תִּשְׁמֹרוּ וּמִקְדָּשִׁי תִּירָאוּ אֲנִי יְהוָה: אַל־תִּפְנוּ
אֶל־הָאֹבֹת וְאֶל־הַיִּדְּעֹנִים אַל־תְּבַקְשׁוּ לְטָמְאָה בָהֶם אֲנִי
לב יְהוָה אֱלֹהֵיכֶם: מִפְּנֵי שֵׂיבָה תָּקוּם וְהָדַרְתָּ פְּנֵי זָקֵן וְיָרֵאתָ
לג מֵּאֱלֹהֶיךָ אֲנִי יְהוָה: וְכִי־יָגוּר אִתְּךָ גֵּר בְּאַרְצְכֶם לֹא רביעי /ששי/
לד תוֹנוּ אֹתוֹ: כְּאֶזְרָח מִכֶּם יִהְיֶה לָכֶם הַגֵּר ׀ הַגָּר אִתְּכֶם וְאָהַבְתָּ
לוֹ כָּמוֹךָ כִּי־גֵרִים הֱיִיתֶם בְּאֶרֶץ מִצְרָיִם אֲנִי יְהוָה אֱלֹהֵיכֶם:

35 your God. Do not falsify measures – not of length, nor of weight,
36 nor of volume. You shall have honest scales, honest weights, an
honest ephah, and an honest hin.[50] I am the LORD your God, who
37 brought you out of the land of Egypt. Keep all My decrees and
laws and fulfill them; I am the LORD."
20 1 2 The LORD spoke to Moshe: "Tell the Israelites: Any person – any ḤAMISHI
Israelite or any migrant residing among Israel – who sacrifices
any of his children to Molekh[51] shall be put to death. The people
3 of the land shall stone him, and I Myself will set My face against
that person; I will sever him from his people because, in sacrificing
his children to Molekh, he defiles My Sanctuary; he desecrates
4 My holy name. If the people of the land close their eyes to a man
as he sacrifices his children to Molekh – if they do not put him
5 to death – I Myself will set My face against him and his family; I
will sever him from his people, and with him all who follow him
6 in going astray after Molekh. And anyone who turns to ghosts or
spirits, going astray after them – I will set My face against him and
7 sever him from his people. Consecrate yourselves and be holy,
8 for I am the LORD your God. Keep My decrees and fulfill them; SHISHI /SHEVI'I/
9 I am the LORD, who makes you holy. One who curses his father
or mother shall be put to death. Since he has cursed his father or
10 mother, his bloodguilt is upon him. If a man commits adultery
with a married woman, another man's wife, both the adulterer
11 and the adulteress shall be put to death. If a man lies with his
father's wife, he has exposed his father's nakedness;[52] both of
12 them[53] shall be put to death; their bloodguilt is upon them. If a
man lies with his daughter-in-law, both of them shall be put to
death. They have committed perversion; their bloodguilt is upon
13 them. If a man lies with a male as he would with a woman, both
have performed an abhorrent act; they shall be put to death; their
14 bloodguilt is upon them. If a man marries a woman and also her
mother, it is depravity. He and they shall be burned by fire; there

52 See 18:6–8.

53 Both participants in the act.

לה לו לֹא־תַעֲשׂ֥וּ עָ֖וֶל בַּמִּשְׁפָּ֑ט בַּמִּדָּ֕ה בַּמִּשְׁקָ֖ל וּבַמְּשׂוּרָֽה׃ מֹ֧אזְנֵי
צֶ֣דֶק אַבְנֵי־צֶ֗דֶק אֵ֥יפַת צֶ֛דֶק וְהִ֥ין צֶ֖דֶק יִהְיֶ֣ה לָכֶ֑ם אֲנִי֙ יהוה
לז אֱלֹהֵיכֶ֔ם אֲשֶׁר־הוֹצֵ֥אתִי אֶתְכֶ֖ם מֵאֶ֥רֶץ מִצְרָֽיִם׃ וּשְׁמַרְתֶּ֤ם אֶת־
כָּל־חֻקֹּתַי֙ וְאֶת־כָּל־מִשְׁפָּטַ֔י וַעֲשִׂיתֶ֖ם אֹתָ֑ם אֲנִ֖י יהוה׃
חמישי כ א ב וַיְדַבֵּ֥ר יהוה אֶל־מֹשֶׁ֥ה לֵּאמֹֽר׃ וְאֶל־בְּנֵ֣י יִשְׂרָאֵל֮ תֹּאמַר֒ אִ֣ישׁ
אִ֨ישׁ מִבְּנֵ֜י יִשְׂרָאֵ֗ל וּמִן־הַגֵּ֣ר ׀ הַגָּ֣ר בְּיִשְׂרָאֵ֗ל אֲשֶׁ֨ר יִתֵּ֧ן מִזַּרְע֛וֹ
ג לַמֹּ֖לֶךְ מ֣וֹת יוּמָ֑ת עַ֥ם הָאָ֖רֶץ יִרְגְּמֻ֥הוּ בָאָֽבֶן׃ וַאֲנִ֞י אֶתֵּ֤ן אֶת־פָּנַי֙
בָּאִ֣ישׁ הַה֔וּא וְהִכְרַתִּ֥י אֹת֖וֹ מִקֶּ֣רֶב עַמּ֑וֹ כִּ֤י מִזַּרְעוֹ֙ נָתַ֣ן לַמֹּ֔לֶךְ
ד לְמַ֗עַן טַמֵּא֙ אֶת־מִקְדָּשִׁ֔י וּלְחַלֵּ֖ל אֶת־שֵׁ֥ם קָדְשִֽׁי׃ וְאִ֡ם הַעְלֵ֣ם
יַעְלִ֩ימוּ֩ עַ֨ם הָאָ֜רֶץ אֶת־עֵֽינֵיהֶם֙ מִן־הָאִ֣ישׁ הַה֔וּא בְּתִתּ֥וֹ מִזַּרְע֖וֹ
ה לַמֹּ֑לֶךְ לְבִלְתִּ֖י הָמִ֥ית אֹתֽוֹ׃ וְשַׂמְתִּ֨י אֲנִ֧י אֶת־פָּנַ֛י בָּאִ֥ישׁ הַה֖וּא
וּבְמִשְׁפַּחְתּ֑וֹ וְהִכְרַתִּ֨י אֹת֜וֹ וְאֵ֣ת ׀ כָּל־הַזֹּנִ֣ים אַחֲרָ֗יו לִזְנ֛וֹת
ו אַחֲרֵ֥י הַמֹּ֖לֶךְ מִקֶּ֥רֶב עַמָּֽם׃ וְהַנֶּ֗פֶשׁ אֲשֶׁ֨ר תִּפְנֶ֤ה אֶל־הָאֹבֹת֙
וְאֶל־הַיִּדְּעֹנִ֔ים לִזְנֹ֖ת אַחֲרֵיהֶ֑ם וְנָתַתִּ֤י אֶת־פָּנַי֙ בַּנֶּ֣פֶשׁ הַהִ֔וא
ז וְהִכְרַתִּ֥י אֹת֖וֹ מִקֶּ֥רֶב עַמּֽוֹ׃ וְהִ֨תְקַדִּשְׁתֶּ֔ם וִהְיִיתֶ֖ם קְדֹשִׁ֑ים כִּ֛י אֲנִ֥י
ששי /שביעי/ ח יהוה אֱלֹהֵיכֶֽם׃ וּשְׁמַרְתֶּם֙ אֶת־חֻקֹּתַ֔י וַעֲשִׂיתֶ֖ם אֹתָ֑ם אֲנִ֥י יהוה
ט מְקַדִּשְׁכֶֽם׃ כִּי־אִ֣ישׁ אִ֗ישׁ אֲשֶׁ֨ר יְקַלֵּ֧ל אֶת־אָבִ֛יו וְאֶת־אִמּ֖וֹ מ֣וֹת
י יוּמָ֑ת אָבִ֧יו וְאִמּ֛וֹ קִלֵּ֖ל דָּמָ֥יו בּֽוֹ׃ וְאִ֗ישׁ אֲשֶׁ֤ר יִנְאַף֙ אֶת־אֵ֣שֶׁת
אִ֔ישׁ אֲשֶׁ֥ר יִנְאַ֖ף אֶת־אֵ֣שֶׁת רֵעֵ֑הוּ מֽוֹת־יוּמַ֥ת הַנֹּאֵ֖ף וְהַנֹּאָֽפֶת׃
יא וְאִ֗ישׁ אֲשֶׁ֤ר יִשְׁכַּב֙ אֶת־אֵ֣שֶׁת אָבִ֔יו עֶרְוַ֥ת אָבִ֖יו גִּלָּ֑ה מֽוֹת־יוּמְת֥וּ
יב שְׁנֵיהֶ֖ם דְּמֵיהֶ֥ם בָּֽם׃ וְאִ֗ישׁ אֲשֶׁ֤ר יִשְׁכַּב֙ אֶת־כַּלָּת֔וֹ מ֥וֹת יוּמְת֖וּ
יג שְׁנֵיהֶ֑ם תֶּ֥בֶל עָשׂ֖וּ דְּמֵיהֶ֥ם בָּֽם׃ וְאִ֗ישׁ אֲשֶׁ֨ר יִשְׁכַּ֤ב אֶת־זָכָר֙
מִשְׁכְּבֵ֣י אִשָּׁ֔ה תּוֹעֵבָ֥ה עָשׂ֖וּ שְׁנֵיהֶ֑ם מ֥וֹת יוּמָ֖תוּ דְּמֵיהֶ֥ם בָּֽם׃
יד וְאִ֗ישׁ אֲשֶׁ֨ר יִקַּ֧ח אֶת־אִשָּׁ֛ה וְאֶת־אִמָּ֖הּ זִמָּ֣ה הִ֑וא בָּאֵ֨שׁ יִשְׂרְפ֤וּ

50 An ephah is a solid measure, and a hin is a liquid measure.

51 See note on 18:21.

15 must be no depravity among you. If a man lies with an animal,
16 he shall be put to death and you shall kill the animal. If a woman
approaches an animal to mate with it, you shall kill the woman
and the animal; they shall both be put to death; their bloodguilt
17 is upon them. If a man takes his sister – his father's daughter or
his mother's daughter – and they see one another's nakedness,
it is a deep disgrace; they shall be severed in the sight of their
people. He has exposed his sister's nakedness; he shall bear his
18 guilt. If a man lies with a menstruating woman and exposes her
nakedness, he has laid her hidden source bare; she has exposed
the source of her blood; both of them shall be severed from their
19 people. Do not expose the nakedness of your mother's sister
or your father's sister, because that is to lay bare your own near
20 relative; both shall bear their guilt. If a man lies with his aunt, he
has exposed his uncle's nakedness. Both parties shall bear their
21 guilt; they shall die childless. For a man to marry his brother's
wife – that is taboo. He has exposed his brother's nakedness; both
22 parties shall be childless. Keep all My decrees and all My laws and
fulfill them, so that the land to which I am bringing you to settle
23 will not vomit you out. Do not follow the practices of the nation SHEVI'I
I am driving out before you, for they did all these things and I
24 was disgusted with them. I have told you: You shall possess their
land; I am giving it to you to possess. It is a land that flows with
milk and with honey. I am the LORD your God, who has set you
25 apart from all other peoples. You, then, shall set pure apart from MAFTIR
impure animals, pure from impure birds. Do not make yourselves
detestable by an animal or bird or anything that creeps upon the
26 ground that I have set apart from you to regard as impure.[54] Be
holy to Me, for I the LORD am holy, and I have set you apart from
27 all other peoples to be My own. A man or woman who seeks
ghosts or spirits shall be put to death. They shall be stoned; their
bloodguilt is on them."

21 1 The LORD said to Moshe, "Speak to the priests, Aharon's sons. EMOR
Say: No one of you shall render himself impure for any dead

טו אתו ואתהן ולא־תהיה זמה בתוככם: ואיש אשר יתן שכבתו
טז בבהמה מות יומת ואת־הבהמה תהרגו: ואשה אשר תקרב
אל־כל־בהמה לרבעה אתה והרגת את־האשה ואת־הבהמה
יז מות יומתו דמיהם בם: ואיש אשר־יקח את־אחתו בת־אביו
או בת־אמו וראה את־ערותה והיא תראה את־ערותו חסד
יח הוא ונכרתו לעיני בני עמם ערות אחתו גלה עונו ישא: ואיש
אשר־ישכב את־אשה דוה וגלה את־ערותה את־מקרה הערה
והוא גלתה את־מקור דמיה ונכרתו שניהם מקרב עמם:
יט וערות אחות אמך ואחות אביך לא תגלה כי את־שארו הערה
כ עונם ישאו: ואיש אשר ישכב את־דדתו ערות דדו גלה חטאם
כא ישאו ערירים ימתו: ואיש אשר יקח את־אשת אחיו נדה
כב הוא ערות אחיו גלה ערירים יהיו: ושמרתם את־כל־חקתי
ואת־כל־משפטי ועשיתם אתם ולא־תקיא אתכם הארץ
כג אשר אני מביא אתכם שמה לשבת בה: ולא תלכו בחקת (שביעי)
הגוי אשר־אני משלח מפניכם כי את־כל־אלה עשו ואקץ
כד בם: ואמר לכם אתם תירשו את־אדמתם ואני אתננה לכם
לרשת אתה ארץ זבת חלב ודבש אני יהוה אלהיכם אשר־
כה הבדלתי אתכם מן־העמים: והבדלתם בין־הבהמה הטהרה (מפטיר)
לטמאה ובין־העוף הטמא לטהר ולא־תשקצו את־נפשתיכם
בבהמה ובעוף ובכל אשר תרמש האדמה אשר־הבדלתי לכם
כו לטמא: והייתם לי קדשים כי קדוש אני יהוה ואבדל אתכם
כז מן־העמים להיות לי: ואיש או־אשה כי־יהיה בהם אוב או
ידעני מות יומתו באבן ירגמו אתם דמיהם בם:
כא א ויאמר יהוה אל־משה אמר אל־הכהנים בני אהרן ואמרת (יז אמר)

54 See chapter 11.

2 person among his people except for his nearest relatives: his
3 mother, father, son, daughter, or brother; or his virgin sister who
has remained close to him because she has not married – for her,
4 he may render himself impure. But he shall not become impure
for those he is related to by marriage, and so become profane.
5 Priests shall not make bald patches on their heads, or shave off
6 the edges of their beards, or gash wounds into their flesh. They
shall be holy to their God and not profane God's name, for they
bring close the LORD's fire offerings, foodstuff offerings to their
7 God; therefore they shall be holy. They may not marry a woman
made profane by immorality,[55] nor may they marry a woman
8 divorced from her husband, for they are holy to their God. You
shall treat a priest as holy, for he brings close the offerings of
foodstuffs to your God. And he shall be holy to you, because I,
9 the LORD, am holy and make you holy. If the daughter of a priest
profanes herself by immorality, she profanes her father also; she
10 shall be burned with fire. The priest, the highest among
his brothers, on whose head the anointing oil has been poured and
who has been ordained to wear the vestments, shall not dishevel
11 his hair or tear his clothes. He shall not go near the dead; even
12 for his father or mother he shall not render himself impure. He
shall not leave the Sanctuary, profaning his God's Sanctuary, for
the crown of his God's anointing oil rests upon him; I am the
13 14 LORD. He may marry a woman only in her virginity. He may not
marry a widow, a divorcée, or one profaned by immorality. He
15 may marry only a virgin from his own people, so that he will not
profane his children among his people, for I, the LORD, sanctify
16 17 him." The LORD spoke to Moshe: "Tell Aharon: Any SHEINI
of your future descendants who has a physical blemish may not
18 draw close to present foodstuff offerings to his God. No one with
a blemish shall approach: this includes one who is blind, lame,
19 20 disfigured, or deformed; or who has a broken foot or hand; or
who is a hunchback or a dwarf, or who has a growth in his eye, a
21 severe rash, scabs, or crushed testicles. No descendant of Aharon

ב אֲלֵהֶם לְנֶפֶשׁ לֹא־יִטַּמָּא בְּעַמָּיו: כִּי אִם־לִשְׁאֵרוֹ הַקָּרֹב אֵלָיו
ג לְאִמּוֹ וּלְאָבִיו וְלִבְנוֹ וּלְבִתּוֹ וּלְאָחִיו: וְלַאֲחֹתוֹ הַבְּתוּלָה הַקְּרוֹבָה
ד אֵלָיו אֲשֶׁר לֹא־הָיְתָה לְאִישׁ לָהּ יִטַּמָּא: לֹא יִטַּמָּא בַּעַל בְּעַמָּיו
ה לְהֵחַלּוֹ: לֹא־יקרחה קָרְחָה בְּרֹאשָׁם וּפְאַת זְקָנָם לֹא יְגַלֵּחוּ יִקְרְחוּ
ו וּבִבְשָׂרָם לֹא יִשְׂרְטוּ שָׂרָטֶת: קְדֹשִׁים יִהְיוּ לֵאלֹהֵיהֶם וְלֹא
יְחַלְּלוּ שֵׁם אֱלֹהֵיהֶם כִּי אֶת־אִשֵּׁי יהוה לֶחֶם אֱלֹהֵיהֶם הֵם
ז מַקְרִיבִם וְהָיוּ קֹדֶשׁ: אִשָּׁה זֹנָה וַחֲלָלָה לֹא יִקָּחוּ וְאִשָּׁה
ח גְּרוּשָׁה מֵאִישָׁהּ לֹא יִקָּחוּ כִּי־קָדֹשׁ הוּא לֵאלֹהָיו: וְקִדַּשְׁתּוֹ
כִּי־אֶת־לֶחֶם אֱלֹהֶיךָ הוּא מַקְרִיב קָדֹשׁ יִהְיֶה־לָּךְ כִּי קָדוֹשׁ
ט אֲנִי יהוה מְקַדִּשְׁכֶם: וּבַת אִישׁ כֹּהֵן כִּי תֵחֵל לִזְנוֹת אֶת־אָבִיהָ
י הִיא מְחַלֶּלֶת בָּאֵשׁ תִּשָּׂרֵף: וְהַכֹּהֵן הַגָּדוֹל מֵאֶחָיו
אֲשֶׁר־יוּצַק עַל־רֹאשׁוֹ ׀ שֶׁמֶן הַמִּשְׁחָה וּמִלֵּא אֶת־יָדוֹ לִלְבֹּשׁ
יא אֶת־הַבְּגָדִים אֶת־רֹאשׁוֹ לֹא יִפְרָע וּבְגָדָיו לֹא יִפְרֹם: וְעַל כָּל־
יב נַפְשֹׁת מֵת לֹא יָבֹא לְאָבִיו וּלְאִמּוֹ לֹא יִטַּמָּא: וּמִן־הַמִּקְדָּשׁ לֹא
יֵצֵא וְלֹא יְחַלֵּל אֵת מִקְדַּשׁ אֱלֹהָיו כִּי נֵזֶר שֶׁמֶן מִשְׁחַת אֱלֹהָיו
יג יד עָלָיו אֲנִי יהוה: וְהוּא אִשָּׁה בִבְתוּלֶיהָ יִקָּח: אַלְמָנָה וּגְרוּשָׁה
וַחֲלָלָה זֹנָה אֶת־אֵלֶּה לֹא יִקָּח כִּי אִם־בְּתוּלָה מֵעַמָּיו יִקַּח אִשָּׁה:
טו טז וְלֹא־יְחַלֵּל זַרְעוֹ בְּעַמָּיו כִּי אֲנִי יהוה מְקַדְּשׁוֹ: וַיְדַבֵּר שני
יז יהוה אֶל־מֹשֶׁה לֵּאמֹר: דַּבֵּר אֶל־אַהֲרֹן לֵאמֹר אִישׁ מִזַּרְעֲךָ
לְדֹרֹתָם אֲשֶׁר יִהְיֶה בוֹ מוּם לֹא יִקְרַב לְהַקְרִיב לֶחֶם אֱלֹהָיו:
יח כִּי כָל־אִישׁ אֲשֶׁר־בּוֹ מוּם לֹא יִקְרָב אִישׁ עִוֵּר אוֹ פִסֵּחַ אוֹ חָרֻם
יט כ אוֹ שָׂרוּעַ: אוֹ אִישׁ אֲשֶׁר־יִהְיֶה בוֹ שֶׁבֶר רָגֶל אוֹ שֶׁבֶר יָד: אוֹ־
גִבֵּן אוֹ־דַק אוֹ תְּבַלֻּל בְּעֵינוֹ אוֹ גָרָב אוֹ יַלֶּפֶת אוֹ מְרוֹחַ אָשֶׁךְ:
כא כָּל־אִישׁ אֲשֶׁר־בּוֹ מוּם מִזֶּרַע אַהֲרֹן הַכֹּהֵן לֹא יִגַּשׁ לְהַקְרִיב

55 Referring to forbidden sexual relations.

the priest who has a physical blemish shall draw near to present
the LORD's fire offerings; because of his blemish, he shall not
22 approach to present an offering of foodstuffs to his God. He may
eat the foodstuff offerings of his God, the holy of holies as well
23 as the holy.[56] But he may not come close to the inner curtain or
approach the altar, because of his blemish; he shall not profane
24 My Sanctuary; I am the LORD who makes them holy." Moshe told
this to Aharon, his sons, and all the Israelites.
22 1 2 The LORD spoke to Moshe: "Tell Aharon and his sons to take great
care with the sacred offerings that the Israelites consecrate to Me,
3 so that they do not profane My holy name: I am the LORD. Tell
them: If any descendant of yours throughout the generations
comes near the sacred offerings that the Israelites have consecrated
to the LORD while in an impure state, he shall be severed from
4 My presence; I am the LORD. Any descendant of Aharon who
has a defiling blight of the skin or a discharge may not eat of
the sacred offerings until he becomes pure. One who touches
anything made impure by contact with the dead, or who has had
5 a seminal emission, or who has touched any swarming thing or
6 any person who renders him impure – whatever his impurity – the
one who touches these things shall be impure until the evening,
and shall not eat of the sacred offerings until he has washed his
7 body in water. When the sun sets, he shall become pure again and
8 may eat of the sacred offerings, for they are his food. He may not
eat an animal found dead or one that was torn by wild animals,
9 becoming impure by doing so; I am the LORD. They shall keep My
charge and not bear guilt and die through it, having profaned it.
10 I am the LORD, who makes them holy. No layman may eat of the
sacred offerings,[57] nor may a priest's visitor or hired laborer eat of
11 them. But if a priest acquires a slave for money, the slave may eat of
12 them, and those born into his household also may eat his food. If
a priest's daughter marries a layman, she may no longer eat of the
13 sacred gifts. If a priest's daughter is a widow or a divorcée, has no
children, and returns to live in her father's house as when she was

כב אֶת־אִשֵּׁי יהוה מוּם בּוֹ אֵת לֶחֶם אֱלֹהָיו לֹא יִגַּשׁ לְהַקְרִיב: לֶחֶם
כג אֱלֹהָיו מִקׇּדְשֵׁי הַקֳּדָשִׁים וּמִן־הַקֳּדָשִׁים יֹאכֵל: אַךְ אֶל־הַפָּרֹכֶת
לֹא יָבֹא וְאֶל־הַמִּזְבֵּחַ לֹא יִגַּשׁ כִּי־מוּם בּוֹ וְלֹא יְחַלֵּל אֶת־מִקְדָּשַׁי
כד כִּי אֲנִי יהוה מְקַדְּשָׁם: וַיְדַבֵּר מֹשֶׁה אֶל־אַהֲרֹן וְאֶל־בָּנָיו וְאֶל־
כׇּל־בְּנֵי יִשְׂרָאֵל:
כב א ב וַיְדַבֵּר יהוה אֶל־מֹשֶׁה לֵּאמֹר: דַּבֵּר אֶל־אַהֲרֹן וְאֶל־בָּנָיו וְיִנָּזְרוּ
מִקׇּדְשֵׁי בְנֵי־יִשְׂרָאֵל וְלֹא יְחַלְּלוּ אֶת־שֵׁם קׇדְשִׁי אֲשֶׁר הֵם
ג מַקְדִּשִׁים לִי אֲנִי יהוה: אֱמֹר אֲלֵהֶם לְדֹרֹתֵיכֶם כׇּל־אִישׁ ׀ אֲשֶׁר־
יִקְרַב מִכׇּל־זַרְעֲכֶם אֶל־הַקֳּדָשִׁים אֲשֶׁר יַקְדִּישׁוּ בְנֵי־יִשְׂרָאֵל
לַיהוה וְטֻמְאָתוֹ עָלָיו וְנִכְרְתָה הַנֶּפֶשׁ הַהִוא מִלְּפָנַי אֲנִי יהוה:
ד אִישׁ אִישׁ מִזֶּרַע אַהֲרֹן וְהוּא צָרוּעַ אוֹ זָב בַּקֳּדָשִׁים לֹא יֹאכַל
עַד אֲשֶׁר יִטְהָר וְהַנֹּגֵעַ בְּכׇל־טְמֵא־נֶפֶשׁ אוֹ אִישׁ אֲשֶׁר־תֵּצֵא
ה מִמֶּנּוּ שִׁכְבַת־זָרַע: אוֹ־אִישׁ אֲשֶׁר יִגַּע בְּכׇל־שֶׁרֶץ אֲשֶׁר יִטְמָא־
ו לוֹ אוֹ בְאָדָם אֲשֶׁר יִטְמָא־לוֹ לְכֹל טֻמְאָתוֹ: נֶפֶשׁ אֲשֶׁר תִּגַּע־
בּוֹ וְטָמְאָה עַד־הָעָרֶב וְלֹא יֹאכַל מִן־הַקֳּדָשִׁים כִּי אִם־רָחַץ
ז בְּשָׂרוֹ בַּמָּיִם: וּבָא הַשֶּׁמֶשׁ וְטָהֵר וְאַחַר יֹאכַל מִן־הַקֳּדָשִׁים
ח כִּי לַחְמוֹ הוּא: נְבֵלָה וּטְרֵפָה לֹא יֹאכַל לְטׇמְאָה־בָהּ אֲנִי
ט יהוה: וְשָׁמְרוּ אֶת־מִשְׁמַרְתִּי וְלֹא־יִשְׂאוּ עָלָיו חֵטְא וּמֵתוּ בוֹ
י כִּי יְחַלְּלֻהוּ אֲנִי יהוה מְקַדְּשָׁם: וְכׇל־זָר לֹא־יֹאכַל קֹדֶשׁ תּוֹשַׁב
יא כֹּהֵן וְשָׂכִיר לֹא־יֹאכַל קֹדֶשׁ: וְכֹהֵן כִּי־יִקְנֶה נֶפֶשׁ קִנְיַן כַּסְפּוֹ
יב הוּא יֹאכַל בּוֹ וִילִיד בֵּיתוֹ הֵם יֹאכְלוּ בְלַחְמוֹ: וּבַת־כֹּהֵן כִּי
יג תִהְיֶה לְאִישׁ זָר הִוא בִּתְרוּמַת הַקֳּדָשִׁים לֹא תֹאכֵל: וּבַת־
כֹּהֵן כִּי תִהְיֶה אַלְמָנָה וּגְרוּשָׁה וְזֶרַע אֵין לָהּ וְשָׁבָה אֶל־בֵּית

56 Offerings designated as “holy of holies” are eaten exclusively by the priests and bear other restrictions. See, e.g., 6:10–11, 22, 24:9.

57 The sacred gifts designated for the priests.

young, she may eat her father's food again; but no layperson may
14 do so. If someone eats of the sacred gift unintentionally, he shall
15 make restitution to the priest, adding an extra fifth to its value. The
people must not profane the sacred meats that Israelites bring as
16 offerings to the LORD or incur the penalty of iniquity by eating
their sacred offerings; for I, the LORD, make them holy."
17 18 The LORD spoke to Moshe: "Speak to Aharon, his sons, and all SHELISHI
the Israelites. Say: When anyone of the House of Israel or of the
migrants living in Israel presents an offering to the LORD as a burnt
offering – whether in fulfillment of a vow or as a freewill offering –
19 to be acceptable on your behalf, it must be an unblemished male
20 from the herd, or of the sheep or goats. Do not offer anything that
21 has a blemish, for it will not be accepted on your behalf. When
someone presents a peace sacrifice to the LORD from the herd or
flock – whether because of a spoken vow or as a freewill offering –
it must be unblemished to be acceptable; there shall be no blemish
22 on it. Do not present to the LORD anything blind, injured, or
maimed, or with warts, a severe rash, or scabs. Do not place any of
23 these on the altar as a fire offering to the LORD. You may offer as a
freewill offering an ox or sheep with a limb deformed or uncloven,
24 but they will not be accepted in fulfillment of a vow. Do not offer
to the LORD an animal whose testicles are bruised, crushed, torn,
25 or cut off; and do not do such things in your land. Do not accept
such animals from a migrant as an offering of foodstuffs to your
God. Because they are mutilated and blemished, they will not be
26 accepted on your behalf." The LORD spoke to Moshe:
27 "When an ox or sheep or goat is born, it shall remain with its
mother for seven days. From the eighth day it is acceptable as a
28 sacrifice, a fire offering to the LORD, but do not slaughter an ox
29 or sheep and its young on the same day. When you sacrifice a
thanksgiving offering for the LORD, sacrifice it so that it will be
30 acceptable on your behalf. It shall be eaten on the same day – leave
31 none of it to the morning; I am the LORD. Keep My commands
32 and fulfill them; I am the LORD. Do not profane My holy name –

אָבִיהָ כִּנְעוּרֶיהָ מִלֶּחֶם אָבִיהָ תֹּאכֵל וְכָל־זָר לֹא־יֹאכַל בּוֹ:
יד וְאִישׁ כִּי־יֹאכַל קֹדֶשׁ בִּשְׁגָגָה וְיָסַף חֲמִשִׁיתוֹ עָלָיו וְנָתַן לַכֹּהֵן
טו אֶת־הַקֹּדֶשׁ: וְלֹא יְחַלְּלוּ אֶת־קָדְשֵׁי בְּנֵי יִשְׂרָאֵל אֵת אֲשֶׁר־יָרִימוּ
טז לַיהוָה: וְהִשִּׂיאוּ אוֹתָם עֲוֺן אַשְׁמָה בְּאָכְלָם אֶת־קָדְשֵׁיהֶם
כִּי אֲנִי יְהוָה מְקַדְּשָׁם:
יז יח וַיְדַבֵּר יְהוָה אֶל־מֹשֶׁה לֵּאמֹר: דַּבֵּר אֶל־אַהֲרֹן וְאֶל־בָּנָיו וְאֶל יח שלישי
כָּל־בְּנֵי יִשְׂרָאֵל וְאָמַרְתָּ אֲלֵהֶם אִישׁ אִישׁ מִבֵּית יִשְׂרָאֵל וּמִן־
הַגֵּר בְּיִשְׂרָאֵל אֲשֶׁר יַקְרִיב קָרְבָּנוֹ לְכָל־נִדְרֵיהֶם וּלְכָל־נִדְבוֹתָם
יט אֲשֶׁר־יַקְרִיבוּ לַיהוָה לְעֹלָה: לִרְצֹנְכֶם תָּמִים זָכָר בַּבָּקָר בַּכְּשָׂבִים
כ וּבָעִזִּים: כֹּל אֲשֶׁר־בּוֹ מוּם לֹא תַקְרִיבוּ כִּי־לֹא לְרָצוֹן יִהְיֶה לָכֶם:
כא וְאִישׁ כִּי־יַקְרִיב זֶבַח־שְׁלָמִים לַיהוָה לְפַלֵּא־נֶדֶר אוֹ לִנְדָבָה
כב בַּבָּקָר אוֹ בַצֹּאן תָּמִים יִהְיֶה לְרָצוֹן כָּל־מוּם לֹא יִהְיֶה־בּוֹ: עַוֶּרֶת
אוֹ שָׁבוּר אוֹ־חָרוּץ אוֹ־יַבֶּלֶת אוֹ גָרָב אוֹ יַלֶּפֶת לֹא־תַקְרִיבוּ
כג אֵלֶּה לַיהוָה וְאִשֶּׁה לֹא־תִתְּנוּ מֵהֶם עַל־הַמִּזְבֵּחַ לַיהוָה: וְשׁוֹר
כד וָשֶׂה שָׂרוּעַ וְקָלוּט נְדָבָה תַּעֲשֶׂה אֹתוֹ וּלְנֵדֶר לֹא יֵרָצֶה: וּמָעוּךְ
וְכָתוּת וְנָתוּק וְכָרוּת לֹא תַקְרִיבוּ לַיהוָה וּבְאַרְצְכֶם לֹא תַעֲשׂוּ:
כה וּמִיַּד בֶּן־נֵכָר לֹא תַקְרִיבוּ אֶת־לֶחֶם אֱלֹהֵיכֶם מִכָּל־אֵלֶּה כִּי
כו מָשְׁחָתָם בָּהֶם מוּם בָּם לֹא יֵרָצוּ לָכֶם: וַיְדַבֵּר
כז יְהוָה אֶל־מֹשֶׁה לֵּאמֹר: שׁוֹר אוֹ־כֶשֶׂב אוֹ־עֵז כִּי יִוָּלֵד וְהָיָה
שִׁבְעַת יָמִים תַּחַת אִמּוֹ וּמִיּוֹם הַשְּׁמִינִי וָהָלְאָה יֵרָצֶה לְקָרְבַּן
כח אִשֶּׁה לַיהוָה: וְשׁוֹר אוֹ־שֶׂה אֹתוֹ וְאֶת־בְּנוֹ לֹא תִשְׁחֲטוּ בְּיוֹם
כט ל אֶחָד: וְכִי־תִזְבְּחוּ זֶבַח־תּוֹדָה לַיהוָה לִרְצֹנְכֶם תִּזְבָּחוּ: בַּיּוֹם
לא הַהוּא יֵאָכֵל לֹא־תוֹתִירוּ מִמֶּנּוּ עַד־בֹּקֶר אֲנִי יְהוָה: וּשְׁמַרְתֶּם
לב מִצְוֺתַי וַעֲשִׂיתֶם אֹתָם אֲנִי יְהוָה: וְלֹא תְחַלְּלוּ אֶת־שֵׁם קָדְשִׁי

that I may be sanctified in the midst of the Israelites. I am the
33 Lord, who makes you holy, who brought you out of Egypt to be
your God: I am the Lord."
23 1 2 The Lord spoke to Moshe: "Speak to the Israelites. Say: These REVI'I
are the Lord's appointed times that you shall proclaim as sacred
3 assemblies; these are My appointed times. Work shall be done
through six days, but the seventh day shall be a Sabbath of com-
plete rest, a sacred assembly. You shall perform no work at all; it
shall be a Sabbath for the Lord in all your dwellings.
4 These are the Lord's appointed times, sacred assemblies, which
5 you shall proclaim at their appointed times. In the first month,
the fourteenth of the month in the afternoon is the time for the
6 Passover sacrifice to the Lord. The fifteenth day of this month is
the Lord's Festival of Unleavened Bread; for seven days you shall
7 eat unleavened bread. The first day shall be a sacred assembly for
8 you; you shall perform no laborious work. And you shall present
a fire offering for the Lord for seven days; on the seventh day
there shall be a sacred assembly; you shall perform no laborious
work."
9 10 The Lord spoke to Moshe: "Speak to the Israelites. Say: When
you come to the land that I am giving you and reap its harvest,
11 bring the first sheaf of your harvest to the priest. He shall display
the sheaf this way and that before the Lord for your acceptance;
12 on the day after the day of rest the priest shall display it. On the day
you display the sheaf this way and that, you shall offer a yearling
13 sheep without blemish as a burnt offering to the Lord. Its grain
offering shall be two-tenths of an ephah of fine flour mixed with
oil, a fire offering for the Lord, a pleasing aroma; and its libation
14 shall be a quarter of a hin of wine. Until that day, until you bring
this sacrifice to your God, you shall eat no bread or roasted grain
or ripe grain. This is an everlasting statute throughout your
15 generations, in all your dwellings. And from the day
you bring the sheaf of the wave offering, the day after the day of
16 rest, you shall count for yourselves seven complete weeks. To the

לג וְנִקְדַּשְׁתִּ֔י בְּת֖וֹךְ בְּנֵ֣י יִשְׂרָאֵ֑ל אֲנִ֥י יְהֹוָ֖ה מְקַדִּשְׁכֶֽם׃ הַמּוֹצִ֤יא
אֶתְכֶם֙ מֵאֶ֣רֶץ מִצְרַ֔יִם לִהְי֥וֹת לָכֶ֖ם לֵאלֹהִ֑ים אֲנִ֖י יְהֹוָֽה׃
כג א ב וַיְדַבֵּ֥ר יְהֹוָ֖ה אֶל־מֹשֶׁ֥ה לֵּאמֹֽר׃ דַּבֵּ֞ר אֶל־בְּנֵ֤י יִשְׂרָאֵל֙ וְאָמַרְתָּ֣ רביעי
אֲלֵהֶ֔ם מוֹעֲדֵ֣י יְהֹוָ֔ה אֲשֶׁר־תִּקְרְא֥וּ אֹתָ֖ם מִקְרָאֵ֣י קֹ֑דֶשׁ אֵ֖לֶּה
ג הֵ֥ם מוֹעֲדָֽי׃ שֵׁ֣שֶׁת יָמִים֮ תֵּעָשֶׂ֣ה מְלָאכָה֒ וּבַיּ֣וֹם הַשְּׁבִיעִ֗י
שַׁבַּ֤ת שַׁבָּתוֹן֙ מִקְרָא־קֹ֔דֶשׁ כָּל־מְלָאכָ֖ה לֹ֣א תַעֲשׂ֑וּ שַׁבָּ֥ת הִוא֙
לַֽיהֹוָ֔ה בְּכֹ֖ל מוֹשְׁבֹתֵיכֶֽם׃
ד אֵ֚לֶּה מוֹעֲדֵ֣י יְהֹוָ֔ה מִקְרָאֵ֖י קֹ֑דֶשׁ אֲשֶׁר־תִּקְרְא֥וּ אֹתָ֖ם בְּמוֹעֲדָֽם׃
ה בַּחֹ֣דֶשׁ הָֽרִאשׁ֗וֹן בְּאַרְבָּעָ֥ה עָשָׂ֛ר לַחֹ֖דֶשׁ בֵּ֣ין הָעַרְבָּ֑יִם פֶּ֖סַח
ו לַֽיהֹוָֽה׃ וּבַחֲמִשָּׁ֨ה עָשָׂ֥ר יוֹם֙ לַחֹ֣דֶשׁ הַזֶּ֔ה חַ֥ג הַמַּצּ֖וֹת לַֽיהֹוָ֑ה
ז שִׁבְעַ֥ת יָמִ֖ים מַצּ֥וֹת תֹּאכֵֽלוּ׃ בַּיּוֹם֙ הָֽרִאשׁ֔וֹן מִקְרָא־קֹ֖דֶשׁ
ח יִהְיֶ֣ה לָכֶ֑ם כָּל־מְלֶ֥אכֶת עֲבֹדָ֖ה לֹ֥א תַעֲשֽׂוּ׃ וְהִקְרַבְתֶּ֥ם אִשֶּׁ֛ה
לַֽיהֹוָ֖ה שִׁבְעַ֣ת יָמִ֑ים בַּיּ֤וֹם הַשְּׁבִיעִי֙ מִקְרָא־קֹ֔דֶשׁ כָּל־מְלֶ֥אכֶת
עֲבֹדָ֖ה לֹ֥א תַעֲשֽׂוּ׃
ט י וַיְדַבֵּ֥ר יְהֹוָ֖ה אֶל־מֹשֶׁ֥ה לֵּאמֹֽר׃ דַּבֵּ֞ר אֶל־בְּנֵ֤י יִשְׂרָאֵל֙ וְאָמַרְתָּ֣
אֲלֵהֶ֔ם כִּֽי־תָבֹ֣אוּ אֶל־הָאָ֗רֶץ אֲשֶׁ֤ר אֲנִי֙ נֹתֵ֣ן לָכֶ֔ם וּקְצַרְתֶּ֖ם אֶת־
יא קְצִירָ֑הּ וַהֲבֵאתֶ֥ם אֶת־עֹ֛מֶר רֵאשִׁ֥ית קְצִירְכֶ֖ם אֶל־הַכֹּהֵֽן׃ וְהֵנִ֧יף
אֶת־הָעֹ֛מֶר לִפְנֵ֥י יְהֹוָ֖ה לִֽרְצֹנְכֶ֑ם מִֽמָּחֳרַת֙ הַשַּׁבָּ֔ת יְנִיפֶ֖נּוּ הַכֹּהֵֽן׃
יב וַעֲשִׂיתֶ֕ם בְּי֥וֹם הֲנִֽיפְכֶ֖ם אֶת־הָעֹ֑מֶר כֶּ֣בֶשׂ תָּמִ֧ים בֶּן־שְׁנָת֛וֹ לְעֹלָ֖ה
יג לַֽיהֹוָֽה׃ וּמִנְחָתוֹ֩ שְׁנֵ֨י עֶשְׂרֹנִ֜ים סֹ֣לֶת בְּלוּלָ֥ה בַשֶּׁ֛מֶן אִשֶּׁ֥ה לַֽיהֹוָ֖ה
יד רֵ֣יחַ נִיחֹ֑חַ וְנִסְכֹּ֥ה יַ֖יִן רְבִיעִ֥ת הַהִֽין׃ וְלֶ֩חֶם֩ וְקָלִ֨י וְכַרְמֶ֜ל לֹ֣א
תֹֽאכְל֗וּ עַד־עֶ֨צֶם֙ הַיּ֣וֹם הַזֶּ֔ה עַ֚ד הֲבִיאֲכֶ֔ם אֶת־קָרְבַּ֖ן אֱלֹהֵיכֶ֑ם
טו חֻקַּ֤ת עוֹלָם֙ לְדֹרֹ֣תֵיכֶ֔ם בְּכֹ֖ל מֹשְׁבֹתֵיכֶֽם׃ וּסְפַרְתֶּ֤ם יט
לָכֶם֙ מִמָּחֳרַ֣ת הַשַּׁבָּ֔ת מִיּוֹם֙ הֲבִ֣יאֲכֶ֔ם אֶת־עֹ֖מֶר הַתְּנוּפָ֑ה שֶׁ֥בַע
טז שַׁבָּת֖וֹת תְּמִימֹ֥ת תִּהְיֶֽינָה׃ עַ֣ד מִמָּחֳרַ֤ת הַשַּׁבָּת֙ הַשְּׁבִיעִ֔ת תִּסְפְּר֖וּ

day after the seventh week, you shall count fifty days; and then
17 you shall present a new grain offering to the Lord. You shall bring
two loaves of bread from your dwellings made with two-tenths of
an ephah of fine flour baked with leaven, as a wave offering: first
18 produce to the Lord. Together with the bread, you shall present
seven unblemished yearling male lambs, one young bull, and two
rams – these shall be a burnt offering for the Lord with their
grain offering and their libations, a fire offering, a pleasing aroma
19 to the Lord. And you shall offer one he-goat as a purification
20 offering and two yearling male sheep as peace sacrifices. The
priest shall display them this way and that with the bread of the
first produce as a wave offering before the Lord together with
the two sheep; they shall be holy to the Lord and belong to the
21 priest. On that day you shall make a proclamation; it shall be a
sacred assembly for you; you shall perform no laborious work.
This is an everlasting statute throughout your generations in all
22 your dwellings. And when you reap the harvest of your land, do
not reap to the edge of your field or gather the gleanings of your
harvest. Leave them for the poor and for the migrant; I am the
Lord your God."

23 24 Then the Lord spoke to Moshe: "Tell the Israelites: On the ḤAMISHI
first day of the seventh month, you shall observe a day of rest, a
commemoration with the sounding of the ram's horn, a sacred
25 assembly. You shall perform no laborious work, and you shall
26 bring close a fire offering to the Lord." The Lord spoke
27 to Moshe: "Hear: the tenth day of this seventh month is the Day
of Atonement. It shall be a sacred assembly for you, and you shall
28 afflict yourselves and bring a fire offering to the Lord. You shall
perform no work at all during this entire day, for it is the Day of
Atonement, there to make atonement for you before the Lord
29 your God. Anyone who does not afflict himself for this whole day
30 shall be severed from his people, and if anyone performs any work
during this whole day, I will annihilate that person from among
31 his people. No work at all may you perform; this is an everlasting

יז חֲמִשִּׁים יוֹם וְהִקְרַבְתֶּם מִנְחָה חֲדָשָׁה לַיהוָה: מִמּוֹשְׁבֹתֵיכֶם
תָּבִיאוּ ׀ לֶחֶם תְּנוּפָה שְׁתַּיִם שְׁנֵי עֶשְׂרֹנִים סֹלֶת תִּהְיֶינָה
יח חָמֵץ תֵּאָפֶינָה בִּכּוּרִים לַיהוָה: וְהִקְרַבְתֶּם עַל־הַלֶּחֶם שִׁבְעַת
כְּבָשִׂים תְּמִימִם בְּנֵי שָׁנָה וּפַר בֶּן־בָּקָר אֶחָד וְאֵילִם שְׁנָיִם
יִהְיוּ עֹלָה לַיהוָה וּמִנְחָתָם וְנִסְכֵּיהֶם אִשֵּׁה רֵיחַ־נִיחֹחַ לַיהוָה:
יט וַעֲשִׂיתֶם שְׂעִיר־עִזִּים אֶחָד לְחַטָּאת וּשְׁנֵי כְבָשִׂים בְּנֵי שָׁנָה
כ לְזֶבַח שְׁלָמִים: וְהֵנִיף הַכֹּהֵן ׀ אֹתָם עַל לֶחֶם הַבִּכֻּרִים תְּנוּפָה
כא לִפְנֵי יְהוָה עַל־שְׁנֵי כְּבָשִׂים קֹדֶשׁ יִהְיוּ לַיהוָה לַכֹּהֵן: וּקְרָאתֶם
בְּעֶצֶם ׀ הַיּוֹם הַזֶּה מִקְרָא־קֹדֶשׁ יִהְיֶה לָכֶם כָּל־מְלֶאכֶת
עֲבֹדָה לֹא תַעֲשׂוּ חֻקַּת עוֹלָם בְּכָל־מוֹשְׁבֹתֵיכֶם לְדֹרֹתֵיכֶם:
כב וּבְקֻצְרְכֶם אֶת־קְצִיר אַרְצְכֶם לֹא־תְכַלֶּה פְּאַת שָׂדְךָ בְּקֻצְרֶךָ
וְלֶקֶט קְצִירְךָ לֹא תְלַקֵּט לֶעָנִי וְלַגֵּר תַּעֲזֹב אֹתָם אֲנִי יְהוָה
אֱלֹהֵיכֶם:
כג כד וַיְדַבֵּר יְהוָה אֶל־מֹשֶׁה לֵּאמֹר: דַּבֵּר אֶל־בְּנֵי יִשְׂרָאֵל לֵאמֹר חמישי
בַּחֹדֶשׁ הַשְּׁבִיעִי בְּאֶחָד לַחֹדֶשׁ יִהְיֶה לָכֶם שַׁבָּתוֹן זִכְרוֹן תְּרוּעָה
כה מִקְרָא־קֹדֶשׁ: כָּל־מְלֶאכֶת עֲבֹדָה לֹא תַעֲשׂוּ וְהִקְרַבְתֶּם אִשֶּׁה
כו כז לַיהוָה: וַיְדַבֵּר יְהוָה אֶל־מֹשֶׁה לֵּאמֹר: אַךְ בֶּעָשׂוֹר
לַחֹדֶשׁ הַשְּׁבִיעִי הַזֶּה יוֹם הַכִּפֻּרִים הוּא מִקְרָא־קֹדֶשׁ יִהְיֶה
כח לָכֶם וְעִנִּיתֶם אֶת־נַפְשֹׁתֵיכֶם וְהִקְרַבְתֶּם אִשֶּׁה לַיהוָה: וְכָל־
מְלָאכָה לֹא תַעֲשׂוּ בְּעֶצֶם הַיּוֹם הַזֶּה כִּי יוֹם כִּפֻּרִים הוּא לְכַפֵּר
כט עֲלֵיכֶם לִפְנֵי יְהוָה אֱלֹהֵיכֶם: כִּי כָל־הַנֶּפֶשׁ אֲשֶׁר לֹא־תְעֻנֶּה
ל בְּעֶצֶם הַיּוֹם הַזֶּה וְנִכְרְתָה מֵעַמֶּיהָ: וְכָל־הַנֶּפֶשׁ אֲשֶׁר תַּעֲשֶׂה
כָּל־מְלָאכָה בְּעֶצֶם הַיּוֹם הַזֶּה וְהַאֲבַדְתִּי אֶת־הַנֶּפֶשׁ הַהִוא
לא מִקֶּרֶב עַמָּהּ: כָּל־מְלָאכָה לֹא תַעֲשׂוּ חֻקַּת עוֹלָם לְדֹרֹתֵיכֶם

32 statute throughout your generations in all your dwellings. It is a
Sabbath of complete rest for you, and you shall afflict yourselves
from the evening of the ninth day of the month: from evening to
evening shall you observe your Sabbath."
33 34 The LORD spoke to Moshe: "Tell the Israelites: From the fifteenth SHISHI
day of this seventh month, for seven days shall be the Festival of
35 Tabernacles to the LORD. The first day shall be a sacred assembly;
36 on it, you shall perform no laborious work. For seven days you
must bring close a fire offering to the LORD. The eighth day shall
be a sacred assembly for you, and you shall present a fire offering to
the LORD. It is an assembly; you shall perform no laborious work.
37 These are the LORD's festivals, which you shall proclaim, sacred
assemblies to present a fire offering to the LORD: burnt offering,
grain offering, sacrifice, and libations, each on its appointed day;
38 in addition to the LORD's Sabbaths,[58] and in addition to your gifts
and all your offerings in the fulfillment of vows and all the free-
39 will offerings that you give to the LORD. Hear: on the fifteenth
day of the seventh month, when you have harvested the land's
produce, you shall celebrate a festival to the LORD for seven days.
The first day shall be a day of rest; the eighth day shall be a day
40 of rest. On the first day you shall take for yourselves fruit of the
majestic tree, branches of palm trees, boughs of the leafy tree, and
willows of the brook, and rejoice before the LORD your God for
41 seven days. You shall celebrate it as a festival to the LORD for seven
days in the year. It shall be an everlasting statute throughout your
42 generations; celebrate this in the seventh month. For seven days
you shall live in huts. All those native born in Israel must live in
43 huts, so that future generations may know that I had the Israelites
live in huts when I brought them out of the land of Egypt; I am the
44 LORD your God." Thus Moshe announced the LORD's appointed
times to the Israelites.
24 1 2 The LORD spoke to Moshe: "Command the Israelites to bring SHEVI'I
you pure oil from crushed olives for the light, to kindle the lamp,
3 every night. From evening to morning, before the LORD, Aharon

לב בְּכֹל מֹשְׁבֹתֵיכֶם: שַׁבַּת שַׁבָּתוֹן הוּא לָכֶם וְעִנִּיתֶם אֶת־
נַפְשֹׁתֵיכֶם בְּתִשְׁעָה לַחֹדֶשׁ בָּעֶרֶב מֵעֶרֶב עַד־עֶרֶב תִּשְׁבְּתוּ
שַׁבַּתְּכֶם:
לג לד וַיְדַבֵּר יְהוָה אֶל־מֹשֶׁה לֵּאמֹר: דַּבֵּר אֶל־בְּנֵי יִשְׂרָאֵל לֵאמֹר ששי
בַּחֲמִשָּׁה עָשָׂר יוֹם לַחֹדֶשׁ הַשְּׁבִיעִי הַזֶּה חַג הַסֻּכּוֹת שִׁבְעַת
לה יָמִים לַיהוָה: בַּיּוֹם הָרִאשׁוֹן מִקְרָא־קֹדֶשׁ כָּל־מְלֶאכֶת עֲבֹדָה
לו לֹא תַעֲשׂוּ: שִׁבְעַת יָמִים תַּקְרִיבוּ אִשֶּׁה לַיהוָה בַּיּוֹם הַשְּׁמִינִי
מִקְרָא־קֹדֶשׁ יִהְיֶה לָכֶם וְהִקְרַבְתֶּם אִשֶּׁה לַיהוָה עֲצֶרֶת הִוא
לז כָּל־מְלֶאכֶת עֲבֹדָה לֹא תַעֲשׂוּ: אֵלֶּה מוֹעֲדֵי יְהוָה אֲשֶׁר־תִּקְרְאוּ
אֹתָם מִקְרָאֵי קֹדֶשׁ לְהַקְרִיב אִשֶּׁה לַיהוָה עֹלָה וּמִנְחָה זֶבַח
לח וּנְסָכִים דְּבַר־יוֹם בְּיוֹמוֹ: מִלְּבַד שַׁבְּתֹת יְהוָה וּמִלְּבַד מַתְּנוֹתֵיכֶם
וּמִלְּבַד כָּל־נִדְרֵיכֶם וּמִלְּבַד כָּל־נִדְבֹתֵיכֶם אֲשֶׁר תִּתְּנוּ לַיהוָה:
לט אַךְ בַּחֲמִשָּׁה עָשָׂר יוֹם לַחֹדֶשׁ הַשְּׁבִיעִי בְּאָסְפְּכֶם אֶת־תְּבוּאַת
הָאָרֶץ תָּחֹגּוּ אֶת־חַג־יְהוָה שִׁבְעַת יָמִים בַּיּוֹם הָרִאשׁוֹן שַׁבָּתוֹן
מ וּבַיּוֹם הַשְּׁמִינִי שַׁבָּתוֹן: וּלְקַחְתֶּם לָכֶם בַּיּוֹם הָרִאשׁוֹן פְּרִי עֵץ
הָדָר כַּפֹּת תְּמָרִים וַעֲנַף עֵץ־עָבֹת וְעַרְבֵי־נָחַל וּשְׂמַחְתֶּם
מא לִפְנֵי יְהוָה אֱלֹהֵיכֶם שִׁבְעַת יָמִים: וְחַגֹּתֶם אֹתוֹ חַג לַיהוָה
שִׁבְעַת יָמִים בַּשָּׁנָה חֻקַּת עוֹלָם לְדֹרֹתֵיכֶם בַּחֹדֶשׁ הַשְּׁבִיעִי
מב תָּחֹגּוּ אֹתוֹ: בַּסֻּכֹּת תֵּשְׁבוּ שִׁבְעַת יָמִים כָּל־הָאֶזְרָח בְּיִשְׂרָאֵל
מג יֵשְׁבוּ בַּסֻּכֹּת: לְמַעַן יֵדְעוּ דֹרֹתֵיכֶם כִּי בַסֻּכּוֹת הוֹשַׁבְתִּי אֶת־
בְּנֵי יִשְׂרָאֵל בְּהוֹצִיאִי אוֹתָם מֵאֶרֶץ מִצְרָיִם אֲנִי יְהוָה אֱלֹהֵיכֶם:
מד וַיְדַבֵּר מֹשֶׁה אֶת־מֹעֲדֵי יְהוָה אֶל־בְּנֵי יִשְׂרָאֵל:
כד א ב וַיְדַבֵּר יְהוָה אֶל־מֹשֶׁה לֵּאמֹר: צַו אֶת־בְּנֵי יִשְׂרָאֵל וְיִקְחוּ אֵלֶיךָ שביעי
ג שֶׁמֶן זַיִת זָךְ כָּתִית לַמָּאוֹר לְהַעֲלֹת נֵר תָּמִיד: מִחוּץ לְפָרֹכֶת

58 Meaning the special Sabbath offerings.

shall set it up outside the curtain of the testimony in the Tent
of Meeting to burn each night. This shall be a rule for all time,
4 throughout your generations. Aharon shall set out the lamps on
the pure candelabrum each day before the LORD.
5 And you shall take fine flour and bake twelve loaves, two-tenths
6 of an ephah for each loaf. You shall place them in two columns,
7 six to each column, on the pure table[59] before the LORD. Lay
pure incense on each stack, as a remembrance[60] for the bread,
8 as a fire offering to the LORD. Every Sabbath he shall set it out,
always, before the LORD on behalf of the Israelites: an everlasting
9 covenant. It shall belong to Aharon and his sons. They shall eat it
in a holy place because it is holy of holies among the LORD's fire
10 offerings, their perpetual share." A man went out among
the Israelites, the son of an Israelite woman and an Egyptian
man. And a fight broke out in the camp between this son of an
11 Israelite woman, and an Israelite man. The Israelite woman's
son blasphemed the Name and cursed – his mother's name was
Shlomit, daughter of Divri, of the tribe of Dan – and they brought
12 him before Moshe. They placed the man in custody until the
LORD's verdict would be pronounced to them.
13 14 And the LORD spoke to Moshe: "Take the one who cursed outside
the camp. All the people who heard him shall lay their hands on
15 his head – and then the whole community shall stone him. Tell
16 the Israelites: Anyone who curses his God shall bear the sin, and
anyone who blasphemes the LORD's name shall be put to death:
the whole community shall stone him. Migrant and native born
alike: one who blasphemes the LORD's name shall be put to death.
17 One who takes the life of any human being shall be put to death.
18 One who takes the life of an animal shall make restitution for it:
19 life for life. One who injures his fellow man shall be penalized in
20 proportion to the injury inflicted:[61] the cost of[62] a broken bone
for a broken bone, of an eye for an eye, of a tooth for a tooth. Just
as he inflicted injury on another human being, so shall he suffer

62 This phrase is not explicit in the Hebrew; see previous note.

הָעֵדֻת בְּאֹהֶל מוֹעֵד יַעֲרֹךְ אֹתוֹ אַהֲרֹן מֵעֶרֶב עַד־בֹּקֶר לִפְנֵי
ד יְהוָה תָּמִיד חֻקַּת עוֹלָם לְדֹרֹתֵיכֶם: עַל הַמְּנֹרָה הַטְּהֹרָה יַעֲרֹךְ
אֶת־הַנֵּרוֹת לִפְנֵי יְהוָה תָּמִיד:
ה וְלָקַחְתָּ סֹלֶת וְאָפִיתָ אֹתָהּ שְׁתֵּים עֶשְׂרֵה חַלּוֹת שְׁנֵי עֶשְׂרֹנִים
ו יִהְיֶה הַחַלָּה הָאֶחָת: וְשַׂמְתָּ אוֹתָם שְׁתַּיִם מַעֲרָכוֹת שֵׁשׁ
ז הַמַּעֲרָכֶת עַל הַשֻּׁלְחָן הַטָּהֹר לִפְנֵי יְהוָה: וְנָתַתָּ עַל־הַמַּעֲרֶכֶת
ח לְבֹנָה זַכָּה וְהָיְתָה לַלֶּחֶם לְאַזְכָּרָה אִשֶּׁה לַיהוָה: בְּיוֹם הַשַּׁבָּת
בְּיוֹם הַשַּׁבָּת יַעַרְכֶנּוּ לִפְנֵי יְהוָה תָּמִיד מֵאֵת בְּנֵי־יִשְׂרָאֵל בְּרִית
ט עוֹלָם: וְהָיְתָה לְאַהֲרֹן וּלְבָנָיו וַאֲכָלֻהוּ בְּמָקוֹם קָדֹשׁ כִּי קֹדֶשׁ
י קָדָשִׁים הוּא לוֹ מֵאִשֵּׁי יְהוָה חָק־עוֹלָם: וַיֵּצֵא בֶּן־
אִשָּׁה יִשְׂרְאֵלִית וְהוּא בֶּן־אִישׁ מִצְרִי בְּתוֹךְ בְּנֵי יִשְׂרָאֵל וַיִּנָּצוּ
יא בַּמַּחֲנֶה בֶּן הַיִּשְׂרְאֵלִית וְאִישׁ הַיִּשְׂרְאֵלִי: וַיִּקֹּב בֶּן־הָאִשָּׁה
הַיִּשְׂרְאֵלִית אֶת־הַשֵּׁם וַיְקַלֵּל וַיָּבִיאוּ אֹתוֹ אֶל־מֹשֶׁה וְשֵׁם
יב אִמּוֹ שְׁלֹמִית בַּת־דִּבְרִי לְמַטֵּה־דָן: וַיַּנִּיחֻהוּ בַּמִּשְׁמָר לִפְרֹשׁ
לָהֶם עַל־פִּי יְהוָה:
יג יד וַיְדַבֵּר יְהוָה אֶל־מֹשֶׁה לֵּאמֹר: הוֹצֵא אֶת־הַמְקַלֵּל אֶל־מִחוּץ
לַמַּחֲנֶה וְסָמְכוּ כָל־הַשֹּׁמְעִים אֶת־יְדֵיהֶם עַל־רֹאשׁוֹ וְרָגְמוּ אֹתוֹ
טו כָּל־הָעֵדָה: וְאֶל־בְּנֵי יִשְׂרָאֵל תְּדַבֵּר לֵאמֹר אִישׁ אִישׁ כִּי־יְקַלֵּל
טז אֱלֹהָיו וְנָשָׂא חֶטְאוֹ: וְנֹקֵב שֵׁם־יְהוָה מוֹת יוּמָת רָגוֹם יִרְגְּמוּ־בוֹ
יז כָּל־הָעֵדָה כַּגֵּר כָּאֶזְרָח בְּנָקְבוֹ־שֵׁם יוּמָת: וְאִישׁ כִּי יַכֶּה כָּל־
יח נֶפֶשׁ אָדָם מוֹת יוּמָת: וּמַכֵּה נֶפֶשׁ־בְּהֵמָה יְשַׁלְּמֶנָּה נֶפֶשׁ תַּחַת
יט נָפֶשׁ: וְאִישׁ כִּי־יִתֵּן מוּם בַּעֲמִיתוֹ כַּאֲשֶׁר עָשָׂה כֵּן יֵעָשֶׂה לּוֹ:
כ שֶׁבֶר תַּחַת שֶׁבֶר עַיִן תַּחַת עַיִן שֵׁן תַּחַת שֵׁן כַּאֲשֶׁר יִתֵּן מוּם

59 That is, of pure gold, referring to the overlay (see Ex. 25:24).

60 See note on 2:2. This incense, unlike the bread, was burned on the altar.

61 Literally "shall have done to him the same thing that he did." The translation follows the rabbinic interpretation.

21 the loss.[63] One who kills an animal shall make restitution for it; MAFTIR
22 but one who kills a human being shall be put to death. There shall
be one law for you, for migrant and for native born alike, for I am
23 the LORD your God." Moshe told this to the Israelites, and so they
took the blasphemer outside the camp and stoned him. Thus the
Israelites did as the LORD had commanded Moshe.
25 1 2 On Mount Sinai the LORD spoke to Moshe: "Speak to the Israel- BEHAR SINAI
ites. Say: When you enter the land that I am giving you, the land
3 shall keep a Sabbath to the LORD. For six years you may plant
4 your fields, prune your vineyards, and harvest their crops. But
the seventh year shall be to the land a Sabbath of complete rest,
a Sabbath to the LORD. You shall not sow your fields or prune
5 your vineyards; you shall not harvest what grows of itself or
gather the grapes of your unpruned vine; it is a year of rest for the
6 land. You may eat the land's Sabbath yield: you, your male and
female servants, and the hired worker and resident worker who
7 live with you, your livestock and the wild animals in your land –
8 whatever the land produces is there to be eaten. And you
shall count off seven Sabbaths of years – seven times seven years –
9 so that the seven Sabbath cycles total forty-nine years. Then you
shall sound the ram's horn. On the tenth day of the seventh month,
on the Day of Atonement, you shall sound the horn all across
10 your land. You shall consecrate the fiftieth year and proclaim
liberty throughout the land to all its inhabitants. This shall be your
Jubilee; each person shall return to his hereditary home, each to
11 his family. The fiftieth year shall be a Jubilee for you. Do not sow,
12 or reap what grows of itself, or harvest the unpruned vines, for it
is a Jubilee; it shall be holy to you. You shall eat only directly from
13 the field. And in this Jubilee year, each person shall return to his
14 hereditary home. But when you sell land to your fellow or buy SHEINI
15 it from him, brother must not cheat brother: you shall buy from
your neighbor by the number of years since the Jubilee; he shall

63 Literally "so shall it be inflicted on him."

כא בְּאָדָם כֵּן יִנָּתֶן בּוֹ: וּמַכֵּה בְהֵמָה יְשַׁלְּמֶנָּה וּמַכֵּה אָדָם יוּמָת: מפטיר
כב מִשְׁפַּט אֶחָד יִהְיֶה לָכֶם כַּגֵּר כָּאֶזְרָח יִהְיֶה כִּי אֲנִי יהוה אֱלֹהֵיכֶם:
כג וַיְדַבֵּר מֹשֶׁה אֶל־בְּנֵי יִשְׂרָאֵל וַיּוֹצִיאוּ אֶת־הַמְקַלֵּל אֶל־מִחוּץ
לַמַּחֲנֶה וַיִּרְגְּמוּ אֹתוֹ אָבֶן וּבְנֵי־יִשְׂרָאֵל עָשׂוּ כַּאֲשֶׁר צִוָּה יהוה
אֶת־מֹשֶׁה:
כה א ב וַיְדַבֵּר יהוה אֶל־מֹשֶׁה בְּהַר סִינַי לֵאמֹר: דַּבֵּר אֶל־בְּנֵי יִשְׂרָאֵל בהר סיני
וְאָמַרְתָּ אֲלֵהֶם כִּי תָבֹאוּ אֶל־הָאָרֶץ אֲשֶׁר אֲנִי נֹתֵן לָכֶם
ג וְשָׁבְתָה הָאָרֶץ שַׁבָּת לַיהוה: שֵׁשׁ שָׁנִים תִּזְרַע שָׂדֶךָ וְשֵׁשׁ שָׁנִים
ד תִּזְמֹר כַּרְמֶךָ וְאָסַפְתָּ אֶת־תְּבוּאָתָהּ: וּבַשָּׁנָה הַשְּׁבִיעִת שַׁבַּת
שַׁבָּתוֹן יִהְיֶה לָאָרֶץ שַׁבָּת לַיהוה שָׂדְךָ לֹא תִזְרָע וְכַרְמְךָ לֹא
ה תִזְמֹר: אֵת סְפִיחַ קְצִירְךָ לֹא תִקְצוֹר וְאֶת־עִנְּבֵי נְזִירֶךָ לֹא
ו תִבְצֹר שְׁנַת שַׁבָּתוֹן יִהְיֶה לָאָרֶץ: וְהָיְתָה שַׁבַּת הָאָרֶץ לָכֶם
לְאָכְלָה לְךָ וּלְעַבְדְּךָ וְלַאֲמָתֶךָ וְלִשְׂכִירְךָ וּלְתוֹשָׁבְךָ הַגָּרִים
ז עִמָּךְ: וְלִבְהֶמְתְּךָ וְלַחַיָּה אֲשֶׁר בְּאַרְצֶךָ תִּהְיֶה כָל־תְּבוּאָתָהּ
ח לֶאֱכֹל: וְסָפַרְתָּ לְךָ שֶׁבַע שַׁבְּתֹת שָׁנִים שֶׁבַע שָׁנִים
שֶׁבַע פְּעָמִים וְהָיוּ לְךָ יְמֵי שֶׁבַע שַׁבְּתֹת הַשָּׁנִים תֵּשַׁע וְאַרְבָּעִים
ט שָׁנָה: וְהַעֲבַרְתָּ שׁוֹפַר תְּרוּעָה בַּחֹדֶשׁ הַשְּׁבִעִי בֶּעָשׂוֹר לַחֹדֶשׁ
י בְּיוֹם הַכִּפֻּרִים תַּעֲבִירוּ שׁוֹפָר בְּכָל־אַרְצְכֶם: וְקִדַּשְׁתֶּם אֵת
שְׁנַת הַחֲמִשִּׁים שָׁנָה וּקְרָאתֶם דְּרוֹר בָּאָרֶץ לְכָל־יֹשְׁבֶיהָ יוֹבֵל
הִוא תִּהְיֶה לָכֶם וְשַׁבְתֶּם אִישׁ אֶל־אֲחֻזָּתוֹ וְאִישׁ אֶל־מִשְׁפַּחְתּוֹ
יא תָּשֻׁבוּ: יוֹבֵל הִוא שְׁנַת הַחֲמִשִּׁים שָׁנָה תִּהְיֶה לָכֶם לֹא תִזְרָעוּ
יב וְלֹא תִקְצְרוּ אֶת־סְפִיחֶיהָ וְלֹא תִבְצְרוּ אֶת־נְזִרֶיהָ: כִּי יוֹבֵל הִוא
יג קֹדֶשׁ תִּהְיֶה לָכֶם מִן־הַשָּׂדֶה תֹּאכְלוּ אֶת־תְּבוּאָתָהּ: בִּשְׁנַת
יד הַיּוֹבֵל הַזֹּאת תָּשֻׁבוּ אִישׁ אֶל־אֲחֻזָּתוֹ: וְכִי־תִמְכְּרוּ מִמְכָּר ב שני
טו לַעֲמִיתֶךָ אוֹ קָנֹה מִיַּד עֲמִיתֶךָ אַל־תּוֹנוּ אִישׁ אֶת־אָחִיו: בְּמִסְפַּר
שָׁנִים אַחַר הַיּוֹבֵל תִּקְנֶה מֵאֵת עֲמִיתֶךָ בְּמִסְפַּר שְׁנֵי־תְבוּאֹת

16 sell to you by the number of years left for harvesting. You shall
increase the price if the remaining years are many, and lower it if
they are few; what is being sold to you is the number of harvests.
17 You shall not cheat one another; you shall hold your God in awe;
18 I am the LORD your God. You shall fulfill My statutes, and keep
and act in accordance with My laws – then you will live securely
19 on the land. The land will yield its fruit and you will eat your fill SHELISHI /SHEINI/
20 and live securely there. If you should ask, 'What shall we eat in the
21 seventh year? We may not sow and may not harvest our crops' – I
will send My blessing over you in the sixth year and it will yield
22 three years' harvest. As you sow in the eighth year, you will eat of
the old harvest; you will still be eating of the old when the crop of
23 the ninth year comes. And the land shall not be sold in perpetuity,
for the land is Mine. You are merely migrants and visitors to Me.
24 Throughout the land that you possess, you must allow land to be
25 redeemed. If your brother grows poor and sells part of REVI'I
his hereditary land, his closest redeeming relative shall come and
26 redeem what his kinsman has sold. If the person lacks a relative to
27 redeem it, but later prospers and can afford to buy it back, he shall
calculate the years since its sale and refund the balance to the one
28 to whom he sold it, and return to his hereditary home. If he cannot
afford to recover it, what was sold shall remain in the possession
of the buyer until the Jubilee year; but at the Jubilee it shall be
29 released, and he shall return to his possession. One who ḤAMISHI /SHELISHI/
sells a house in a walled city retains the right to redeem it until
30 a year after its sale. This is the period of redemption. If it is not
redeemed before a full year has passed, the house in the walled
city shall belong permanently to the buyer and his descendants
31 forever; it is not released at the Jubilee. Houses in villages without
surrounding walls, however, are considered as if they were open
country. They may be redeemed, and they are released at the
32 Jubilee. In the Levitical towns – Levites always retain the right
33 to redeem houses in their ancestral towns. Levite property that
can be redeemed – houses sold in towns belonging to them –

טז יִמְכָּר־לָךְ׃ לְפִי ׀ רֹב הַשָּׁנִים תַּרְבֶּה מִקְנָתוֹ וּלְפִי מְעֹט הַשָּׁנִים
יז תַּמְעִיט מִקְנָתוֹ כִּי מִסְפַּר תְּבוּאֹת הוּא מֹכֵר לָךְ׃ וְלֹא תוֹנוּ אִישׁ
יח אֶת־עֲמִיתוֹ וְיָרֵאתָ מֵאֱלֹהֶיךָ כִּי אֲנִי יְהוָה אֱלֹהֵיכֶם׃ וַעֲשִׂיתֶם
אֶת־חֻקֹּתַי וְאֶת־מִשְׁפָּטַי תִּשְׁמְרוּ וַעֲשִׂיתֶם אֹתָם וִישַׁבְתֶּם עַל־
יט הָאָרֶץ לָבֶטַח׃ וְנָתְנָה הָאָרֶץ פִּרְיָהּ וַאֲכַלְתֶּם לָשֹׂבַע וִישַׁבְתֶּם שלישי /שני/
כ לָבֶטַח עָלֶיהָ׃ וְכִי תֹאמְרוּ מַה־נֹּאכַל בַּשָּׁנָה הַשְּׁבִיעִת הֵן
כא לֹא נִזְרָע וְלֹא נֶאֱסֹף אֶת־תְּבוּאָתֵנוּ׃ וְצִוִּיתִי אֶת־בִּרְכָתִי לָכֶם
כב בַּשָּׁנָה הַשִּׁשִּׁית וְעָשָׂת אֶת־הַתְּבוּאָה לִשְׁלֹשׁ הַשָּׁנִים׃ וּזְרַעְתֶּם
אֵת הַשָּׁנָה הַשְּׁמִינִת וַאֲכַלְתֶּם מִן־הַתְּבוּאָה יָשָׁן עַד ׀ הַשָּׁנָה
כג הַתְּשִׁיעִת עַד־בּוֹא תְּבוּאָתָהּ תֹּאכְלוּ יָשָׁן׃ וְהָאָרֶץ לֹא תִמָּכֵר
כד לִצְמִתֻת כִּי־לִי הָאָרֶץ כִּי־גֵרִים וְתוֹשָׁבִים אַתֶּם עִמָּדִי׃ וּבְכֹל
כה אֶרֶץ אֲחֻזַּתְכֶם גְּאֻלָּה תִּתְּנוּ לָאָרֶץ׃ כִּי־יָמוּךְ אָחִיךָ רביעי
וּמָכַר מֵאֲחֻזָּתוֹ וּבָא גֹאֲלוֹ הַקָּרֹב אֵלָיו וְגָאַל אֵת מִמְכַּר אָחִיו׃
כו וְאִישׁ כִּי לֹא יִהְיֶה־לּוֹ גֹּאֵל וְהִשִּׂיגָה יָדוֹ וּמָצָא כְּדֵי גְאֻלָּתוֹ׃
כז וְחִשַּׁב אֶת־שְׁנֵי מִמְכָּרוֹ וְהֵשִׁיב אֶת־הָעֹדֵף לָאִישׁ אֲשֶׁר מָכַר־
כח לוֹ וְשָׁב לַאֲחֻזָּתוֹ׃ וְאִם לֹא־מָצְאָה יָדוֹ דֵּי הָשִׁיב לוֹ וְהָיָה
מִמְכָּרוֹ בְּיַד הַקֹּנֶה אֹתוֹ עַד שְׁנַת הַיּוֹבֵל וְיָצָא בַּיֹּבֵל וְשָׁב
כט לַאֲחֻזָּתוֹ׃ וְאִישׁ כִּי־יִמְכֹּר בֵּית־מוֹשַׁב עִיר חוֹמָה חמישי /שלישי/
ל וְהָיְתָה גְּאֻלָּתוֹ עַד־תֹּם שְׁנַת מִמְכָּרוֹ יָמִים תִּהְיֶה גְאֻלָּתוֹ׃ וְאִם
לֹא־יִגָּאֵל עַד־מְלֹאת לוֹ שָׁנָה תְמִימָה וְקָם הַבַּיִת אֲשֶׁר־בָּעִיר
אֲשֶׁר־לא חֹמָה לַצְּמִיתֻת לַקֹּנֶה אֹתוֹ לְדֹרֹתָיו לֹא יֵצֵא בַּיֹּבֵל׃ לוֹ
לא וּבָתֵּי הַחֲצֵרִים אֲשֶׁר אֵין־לָהֶם חֹמָה סָבִיב עַל־שְׂדֵה הָאָרֶץ
לב יֵחָשֵׁב גְּאֻלָּה תִּהְיֶה־לּוֹ וּבַיֹּבֵל יֵצֵא׃ וְעָרֵי הַלְוִיִּם בָּתֵּי עָרֵי
לג אֲחֻזָּתָם גְּאֻלַּת עוֹלָם תִּהְיֶה לַלְוִיִּם׃ וַאֲשֶׁר יִגְאַל מִן־הַלְוִיִּם וְיָצָא

shall be released at the Jubilee, because the houses in Levitical
34 towns are their ancestral possession among the Israelites. But the
pastureland around their towns can never be sold, because that
35 is their permanent possession. If your brother becomes
poor and is struggling, extend him support – a migrant or visitor
36 also – that he may live among you. Do not take advance or accrued
interest from him; fear your God so that your brother can live with
37 you. Do not lend him your money at interest or provide him with
38 food at a profit. I am the LORD your God, who brought you out
of the land of Egypt to give the land of Canaan to you, to be your
39 God. If your brother becomes poor and sells himself SHISHI /REVI'I/
40 to you, do not work him as a slave. He shall abide with you like
a hired worker or a resident worker and work for you until the
41 Jubilee year. Then he and his children shall be free to leave you
42 and return to their family and their ancestral land. For they are
My servants whom I brought out from Egypt: they cannot be sold
43 as slaves. Do not rule them harshly with backbreaking labor; fear
44 your God. As for male or female slaves that you may have: from
the nations around you, you may acquire a male or female slave.
45 You may also acquire them from among the migrants residing
with you and from their families among you who were born in
46 your land; they may be yours, in your possession. They become
hereditary property that you can bequeath to your children; they
may be your slaves, but over your brother Israelites you may
47 not rule so harshly. If a migrant or temporary resident SHEVI'I
prospers among you, and your fellow Israelite becomes poor
and is sold to a migrant residing among you or to a branch of a
48 foreign family, the Israelite has the right, subsequent to the sale,
49 to be redeemed; one of his relatives may redeem him. His uncle
or cousin or any other blood relative may redeem him, or if he
50 can afford to do so, he may redeem himself. Together with his
owner, he shall calculate the time from the year he was sold until
the Jubilee year. The price of his release shall be based on that
51 number of years, as if he had been there as a hired laborer. If many

מִמְכַּר־בַּ֛יִת וְעִ֥יר אֲחֻזָּת֖וֹ בַּיֹּבֵ֑ל כִּ֣י בָתֵּ֞י עָרֵ֣י הַלְוִיִּ֗ם הִ֚וא אֲחֻזָּתָ֔ם
לד בְּת֖וֹךְ בְּנֵ֥י יִשְׂרָאֵֽל׃ וּֽשְׂדֵ֛ה מִגְרַ֥שׁ עָרֵיהֶ֖ם לֹ֣א יִמָּכֵ֑ר כִּֽי־אֲחֻזַּ֥ת
לה עוֹלָ֛ם ה֖וּא לָהֶֽם׃ וְכִֽי־יָמ֣וּךְ אָחִ֔יךָ וּמָ֥טָה יָד֖וֹ עִמָּ֑ךְ כא
לו וְהֶחֱזַ֣קְתָּ בּ֔וֹ גֵּ֧ר וְתוֹשָׁ֛ב וָחַ֖י עִמָּֽךְ׃ אַל־תִּקַּ֤ח מֵֽאִתּוֹ֙ נֶ֣שֶׁךְ וְתַרְבִּ֔ית
לז וְיָרֵ֖אתָ מֵֽאֱלֹהֶ֑יךָ וְחֵ֥י אָחִ֖יךָ עִמָּֽךְ׃ אֶֽת־כַּסְפְּךָ֔ לֹא־תִתֵּ֥ן ל֖וֹ בְּנֶ֑שֶׁךְ
לח וּבְמַרְבִּ֖ית לֹא־תִתֵּ֥ן אָכְלֶֽךָ׃ אֲנִ֗י יהוה אֱלֹ֣הֵיכֶ֔ם אֲשֶׁר־הוֹצֵ֥אתִי
אֶתְכֶ֖ם מֵאֶ֣רֶץ מִצְרָ֑יִם לָתֵ֤ת לָכֶם֙ אֶת־אֶ֣רֶץ כְּנַ֔עַן לִהְי֥וֹת לָכֶ֖ם
לט לֵֽאלֹהִֽים׃ וְכִֽי־יָמ֥וּךְ אָחִ֛יךָ עִמָּ֖ךְ וְנִמְכַּר־לָ֑ךְ לֹא־תַעֲבֹ֥ד ששי /רביעי/
מ בּ֖וֹ עֲבֹ֥דַת עָֽבֶד׃ כְּשָׂכִ֥יר כְּתוֹשָׁ֖ב יִהְיֶ֣ה עִמָּ֑ךְ עַד־שְׁנַ֥ת הַיֹּבֵ֖ל
מא יַעֲבֹ֥ד עִמָּֽךְ׃ וְיָצָא֙ מֵֽעִמָּ֔ךְ ה֖וּא וּבָנָ֣יו עִמּ֑וֹ וְשָׁב֙ אֶל־מִשְׁפַּחְתּ֔וֹ
מב וְאֶל־אֲחֻזַּ֥ת אֲבֹתָ֖יו יָשֽׁוּב׃ כִּֽי־עֲבָדַ֣י הֵ֔ם אֲשֶׁר־הוֹצֵ֥אתִי אֹתָ֖ם
מג מֵאֶ֣רֶץ מִצְרָ֑יִם לֹ֥א יִמָּכְר֖וּ מִמְכֶּ֥רֶת עָֽבֶד׃ לֹא־תִרְדֶּ֥ה ב֖וֹ בְּפָ֑רֶךְ
מד וְיָרֵ֖אתָ מֵֽאֱלֹהֶֽיךָ׃ וְעַבְדְּךָ֥ וַאֲמָתְךָ֖ אֲשֶׁ֣ר יִֽהְיוּ־לָ֑ךְ מֵאֵ֣ת הַגּוֹיִ֗ם
מה אֲשֶׁר֙ סְבִיבֹ֣תֵיכֶ֔ם מֵהֶ֥ם תִּקְנ֖וּ עֶ֥בֶד וְאָמָֽה׃ וְ֠גַם מִבְּנֵ֨י הַתּוֹשָׁבִ֜ים
הַגָּרִ֤ים עִמָּכֶם֙ מֵהֶ֣ם תִּקְנ֔וּ וּמִמִּשְׁפַּחְתָּם֙ אֲשֶׁ֣ר עִמָּכֶ֔ם אֲשֶׁ֥ר
מו הוֹלִ֖ידוּ בְּאַרְצְכֶ֑ם וְהָי֥וּ לָכֶ֖ם לַאֲחֻזָּֽה׃ וְהִתְנַחַלְתֶּ֨ם אֹתָ֜ם לִבְנֵיכֶ֤ם
אַחֲרֵיכֶם֙ לָרֶ֣שֶׁת אֲחֻזָּ֔ה לְעֹלָ֖ם בָּהֶ֣ם תַּעֲבֹ֑דוּ וּבְאַ֨חֵיכֶ֤ם בְּנֵֽי־
מז יִשְׂרָאֵל֙ אִ֣ישׁ בְּאָחִ֔יו לֹא־תִרְדֶּ֥ה ב֖וֹ בְּפָֽרֶךְ׃ וְכִ֣י תַשִּׂ֗יג שביעי
יַ֣ד גֵּ֤ר וְתוֹשָׁב֙ עִמָּ֔ךְ וּמָ֥ךְ אָחִ֖יךָ עִמּ֑וֹ וְנִמְכַּ֗ר לְגֵ֤ר תּוֹשָׁב֙ עִמָּ֔ךְ א֥וֹ
מח לְעֵ֖קֶר מִשְׁפַּ֥חַת גֵּֽר׃ אַחֲרֵ֣י נִמְכַּ֔ר גְּאֻלָּ֖ה תִּהְיֶה־לּ֑וֹ אֶחָ֥ד מֵאֶחָ֖יו
מט יִגְאָלֶֽנּוּ׃ אֽוֹ־דֹד֞וֹ א֤וֹ בֶן־דֹּדוֹ֙ יִגְאָלֶ֔נּוּ אֽוֹ־מִשְּׁאֵ֧ר בְּשָׂר֛וֹ מִמִּשְׁפַּחְתּ֖וֹ
נ יִגְאָלֶ֑נּוּ אֽוֹ־הִשִּׂ֥יגָה יָד֖וֹ וְנִגְאָֽל׃ וְחִשַּׁב֙ עִם־קֹנֵ֔הוּ מִשְּׁנַת֙ הִמָּ֣כְרוֹ
ל֔וֹ עַ֖ד שְׁנַ֣ת הַיֹּבֵ֑ל וְהָיָ֞ה כֶּ֤סֶף מִמְכָּרוֹ֙ בְּמִסְפַּ֣ר שָׁנִ֔ים כִּימֵ֥י שָׂכִ֖יר
נא יִהְיֶ֥ה עִמּֽוֹ׃ אִם־ע֥וֹד רַבּ֖וֹת בַּשָּׁנִ֑ים לְפִיהֶן֙ יָשִׁ֣יב גְּאֻלָּת֔וֹ מִכֶּ֖סֶף

years remain, he shall pay that proportion of his purchase price for
52 his redemption. If only a few years remain until the Jubilee year,
he shall calculate that and pay for the redemption accordingly.
53 He shall be with him like a worker hired year by year; and never
54 shall he be oppressed in his labors while you look on. And if he
is not redeemed in any of these ways, he and his children shall be
55 released in the Jubilee year. For it is to Me that the Israelites are MAFTIR
servants. They are My servants whom I brought out of the land
26 1 of Egypt; I am the Lord your God. You shall make no idols, nor
may you erect any divine image or worship pillar.[64] Do not set up
any carved stone in your land and bow down to it, for I am the
2 Lord your God. Keep My Sabbaths, revere My Sanctuary; I am
the Lord.

3 If you follow My decrees, keep My commands, and fulfill them, BEḤUKOTAI
4 then I shall give you rain in its due time. The land shall yield its
5 crops and the trees of the field shall yield their fruit. Your threshing
season shall last until the grape harvest; the grape harvest shall
last until sowing time. You shall eat your bread to the full and live
6 securely in your land. And I will grant peace in the land; when SHEINI
you lie down, no one will make you afraid. I will cause dangerous
animals to cease in the land, and through that land no sword
7 shall pass. You shall chase your enemies, and they shall fall before
8 you by the sword. Five of you shall chase away a hundred, and
a hundred of you shall put ten thousand to flight; your enemies
9 shall fall before you by the sword. I will turn to you and make
you fruitful, make you numerous, and I will uphold My covenant
10 with you. You shall eat the grain of long ago and take the old grain SHELISHI /ḤAMISHI/
11 out to make space for all the new. I shall set My dwelling among
12 you, and I shall not despise you; I shall walk among you. I shall
13 be your God, and you shall be My people. I am the Lord your
God, who brought you out of Egypt, to be their slaves no more. I
broke the bars of your yoke and led you to walk with your heads
held high.

14 But if you do not listen to Me and do not carry out all these

נב מִקְנָתוֹ: וְאִם־מְעַט נִשְׁאַר בַּשָּׁנִים עַד־שְׁנַת הַיֹּבֵל וְחִשַּׁב־לוֹ
נג כְּפִי שָׁנָיו יָשִׁיב אֶת־גְּאֻלָּתוֹ: כִּשְׂכִיר שָׁנָה בְּשָׁנָה יִהְיֶה עִמּוֹ לֹא־
נד יִרְדֶּנּוּ בְּפֶרֶךְ לְעֵינֶיךָ: וְאִם־לֹא יִגָּאֵל בְּאֵלֶּה וְיָצָא בִּשְׁנַת הַיֹּבֵל
נה הוּא וּבָנָיו עִמּוֹ: כִּי־לִי בְנֵי־יִשְׂרָאֵל עֲבָדִים עֲבָדַי הֵם אֲשֶׁר־ מפטיר
כו א הוֹצֵאתִי אוֹתָם מֵאֶרֶץ מִצְרָיִם אֲנִי יהוה אֱלֹהֵיכֶם: לֹא־תַעֲשׂוּ
לָכֶם אֱלִילִם וּפֶסֶל וּמַצֵּבָה לֹא־תָקִימוּ לָכֶם וְאֶבֶן מַשְׂכִּית לֹא
ב תִתְּנוּ בְּאַרְצְכֶם לְהִשְׁתַּחֲוֹת עָלֶיהָ כִּי אֲנִי יהוה אֱלֹהֵיכֶם: אֶת־
שַׁבְּתֹתַי תִּשְׁמֹרוּ וּמִקְדָּשִׁי תִּירָאוּ אֲנִי יהוה: בחקתי
ג ד אִם־בְּחֻקֹּתַי תֵּלֵכוּ וְאֶת־מִצְוֹתַי תִּשְׁמְרוּ וַעֲשִׂיתֶם אֹתָם: וְנָתַתִּי כב
גִשְׁמֵיכֶם בְּעִתָּם וְנָתְנָה הָאָרֶץ יְבוּלָהּ וְעֵץ הַשָּׂדֶה יִתֵּן פִּרְיוֹ:
ה וְהִשִּׂיג לָכֶם דַּיִשׁ אֶת־בָּצִיר וּבָצִיר יַשִּׂיג אֶת־זָרַע וַאֲכַלְתֶּם
ו לַחְמְכֶם לָשֹׂבַע וִישַׁבְתֶּם לָבֶטַח בְּאַרְצְכֶם: וְנָתַתִּי שָׁלוֹם בָּאָרֶץ שני
וּשְׁכַבְתֶּם וְאֵין מַחֲרִיד וְהִשְׁבַּתִּי חַיָּה רָעָה מִן־הָאָרֶץ וְחֶרֶב
ז לֹא־תַעֲבֹר בְּאַרְצְכֶם: וּרְדַפְתֶּם אֶת־אֹיְבֵיכֶם וְנָפְלוּ לִפְנֵיכֶם
ח לֶחָרֶב: וְרָדְפוּ מִכֶּם חֲמִשָּׁה מֵאָה וּמֵאָה מִכֶּם רְבָבָה יִרְדֹּפוּ
ט וְנָפְלוּ אֹיְבֵיכֶם לִפְנֵיכֶם לֶחָרֶב: וּפָנִיתִי אֲלֵיכֶם וְהִפְרֵיתִי אֶתְכֶם
י וְהִרְבֵּיתִי אֶתְכֶם וַהֲקִימֹתִי אֶת־בְּרִיתִי אִתְּכֶם: וַאֲכַלְתֶּם יָשָׁן שלישי /חמישי/
יא נוֹשָׁן וְיָשָׁן מִפְּנֵי חָדָשׁ תּוֹצִיאוּ: וְנָתַתִּי מִשְׁכָּנִי בְּתוֹכְכֶם וְלֹא־
יב תִגְעַל נַפְשִׁי אֶתְכֶם: וְהִתְהַלַּכְתִּי בְּתוֹכְכֶם וְהָיִיתִי לָכֶם לֵאלֹהִים
יג וְאַתֶּם תִּהְיוּ־לִי לְעָם: אֲנִי יהוה אֱלֹהֵיכֶם אֲשֶׁר הוֹצֵאתִי אֶתְכֶם
מֵאֶרֶץ מִצְרַיִם מִהְיֹת לָהֶם עֲבָדִים וָאֶשְׁבֹּר מֹטֹת עֻלְּכֶם וָאוֹלֵךְ
אֶתְכֶם קוֹמְמִיּוּת:
יד וְאִם־לֹא תִשְׁמְעוּ לִי וְלֹא תַעֲשׂוּ אֵת כָּל־הַמִּצְוֹת הָאֵלֶּה:

64 Pillars were a feature of certain forms of ancient worship (see also Ex. 23:24).

15 commands – if you spurn My decrees and despise My laws, not
16 keeping all My commands; violating My covenant – then I will
do this to you: I will appoint over you terror, consumption, and
fever, which make your eyes fail and your spirit languish. In vain
17 shall you sow your seed, for your enemies will eat its yield. I shall
set My face against you. You will be struck down before your
enemies. Those who hate you will rule over you; you will flee,
18 though no one chases you. And if, in spite of all this, you still will
not listen to Me, I shall punish you seven times over for your sins.
19 I will break down the majesty of your power. I will make your sky
20 like iron, your land like brass. Your strength will be spent in vain.
Your land will not yield its produce, nor the trees of the land their
21 fruit. If you still walk contrary to Me and refuse to listen to Me,
22 I will strike you seven times over for your sins: I will send wild
animals against you. They will bereave you of your children and
annihilate your cattle. They will make you few in number and
23 your roads will be deserted. If, despite all this, you still do not
24 accept My discipline and still you walk contrary to Me, then I
too will walk contrary to you and strike you seven times over for
25 your sins. I will bring a sword against you to avenge the broken
covenant. If you retreat into your cities, I shall send pestilence
against you, and you will be delivered up into your enemy's hand.
26 When I cut off your supply of bread, ten women shall bake bread
in a single oven. They will ration it out by weight, and you will eat
27 but not be full. If, despite all this, you still do not listen
28 to Me – if still you walk contrary to Me – then I, in My fury, will
walk contrary to you. I will punish you seven times more for your
29 sins: you shall eat the flesh of your own sons; the flesh of your own
30 daughters you shall eat. I will destroy your high shrines, cut down
your incense altars, and heap your corpses on the corpses of your
31 idols. I shall despise you. I will turn your cities into ruins and make
your sanctuaries desolate. I will not savor your pleasing aromas.
32 I Myself will devastate the land, so that your enemies who settle
33 there will be appalled. I shall scatter you among the nations; I will

טו ואם־בחקתי תמאסו ואם את־משפטי תגעל נפשכם לבלתי
טז עשות את־כל־מצותי להפרכם את־בריתי: אף־אני אעשה־
זאת לכם והפקדתי עליכם בהלה את־השחפת ואת־הקדחת
מכלות עינים ומדיבת נפש וזרעתם לריק זרעכם ואכלהו
יז איביכם: ונתתי פני בכם ונגפתם לפני איביכם ורדו בכם
יח שנאיכם ונסתם ואין־רדף אתכם: ואם־עד־אלה לא תשמעו לי
יט ויספתי ליסרה אתכם שבע על־חטאתיכם: ושברתי את־גאון
כ עזכם ונתתי את־שמיכם כברזל ואת־ארצכם כנחשה: ותם
לריק כחכם ולא־תתן ארצכם את־יבולה ועץ הארץ לא יתן
כא פריו: ואם־תלכו עמי קרי ולא תאבו לשמע לי ויספתי עליכם
כב מכה שבע כחטאתיכם: והשלחתי בכם את־חית השדה
ושכלה אתכם והכריתה את־בהמתכם והמעיטה אתכם
כג ונשמו דרכיכם: ואם־באלה לא תוסרו לי והלכתם עמי קרי:
כד והלכתי אף־אני עמכם בקרי והכיתי אתכם גם־אני שבע על־
כה חטאתיכם: והבאתי עליכם חרב נקמת נקם־ברית ונאספתם
כו אל־עריכם ושלחתי דבר בתוככם ונתתם ביד־אויב: בשברי
לכם מטה־לחם ואפו עשר נשים לחמכם בתנור אחד והשיבו
כז לחמכם במשקל ואכלתם ולא תשבעו: ואם־בזאת
כח לא תשמעו לי והלכתם עמי בקרי: והלכתי עמכם בחמת־קרי
כט ויסרתי אתכם אף־אני שבע על־חטאתיכם: ואכלתם בשר
ל בניכם ובשר בנתיכם תאכלו: והשמדתי את־במתיכם והכרתי
את־חמניכם ונתתי את־פגריכם על־פגרי גלוליכם וגעלה נפשי
לא אתכם: ונתתי את־עריכם חרבה והשמותי את־מקדשיכם ולא
לב אריח בריח ניחחכם: והשמתי אני את־הארץ ושממו עליה
לג איביכם הישבים בה: ואתכם אזרה בגוים והריקתי אחריכם

draw My sword against you. Your land will be desolate; your cities,
34 ruins. Then shall the land make appeasement for its Sabbaths[65] for
as long as it lies desolate and you are in your enemies' lands. Then
35 the land will rest and make appeasement for its Sabbaths. In its
desolation, the land will have the rest it did not have during the
36 Sabbaths when you were dwelling there. As for the survivors, I
will bring such insecurity into their hearts in their enemies' lands
that the sound of a windblown leaf will make them run as if they
fled the sword; and they will fall, though no one is chasing them.
37 They will stumble over one another as if fleeing the sword, when
no one chases them. You will have no power to stand before your
38 enemies. You will perish among the nations; your enemies' lands
39 will devour you. Those of you who survive will waste away in their
enemies' lands because of their sins – for their ancestors' sins also,
40 they will waste away. But if they confess their sins and those of their
ancestors – their trespass against Me and their walking contrary to
41 Me, which made Me walk contrary to them, bringing them into
their enemies' lands – if their obstinate[66] hearts are humbled and
42 they atone for their sin, then I will remember My covenant with
Yaakov; and My covenant with Yitzḥak and My covenant with
43 Avraham I will also remember, and I will remember the land. The
land will be deserted, making appeasement for its Sabbaths, lying
desolate of them, while they will be making appeasement for their
sins, because they rejected My laws, because they despised My
44 statutes. Yet even then, when they are in the land of their enemies,
I will not reject them nor despise them and annihilate them, will
45 not break My covenant with them, for I am the Lord their God. I
will remember for them the covenant with their ancestors whom
I brought out of Egypt in the sight of the nations, to be their God;
46 I am the Lord." These are the statutes, laws, and instructions that
the Lord established between Himself and the Israelites, through
Moshe, on Mount Sinai.

27 1 2 The Lord spoke to Moshe: "Speak to the Israelites. Say: When REVI'I /SHISHI/
a person makes a spoken vow to the Lord to give the equivalent

לד חֶרֶב וְהָיְתָה אַרְצְכֶם שְׁמָמָה וְעָרֵיכֶם יִהְיוּ חׇרְבָּה׃ אָז תִּרְצֶה
הָאָרֶץ אֶת־שַׁבְּתֹתֶיהָ כֹּל יְמֵי הׇשַּׁמָּה וְאַתֶּם בְּאֶרֶץ אֹיְבֵיכֶם אָז
לה תִּשְׁבַּת הָאָרֶץ וְהִרְצָת אֶת־שַׁבְּתֹתֶיהָ׃ כׇּל־יְמֵי הׇשַּׁמָּה תִּשְׁבֹּת
לו אֵת אֲשֶׁר לֹא־שָׁבְתָה בְּשַׁבְּתֹתֵיכֶם בְּשִׁבְתְּכֶם עָלֶיהָ׃ וְהַנִּשְׁאָרִים
בָּכֶם וְהֵבֵאתִי מֹרֶךְ בִּלְבָבָם בְּאַרְצֹת אֹיְבֵיהֶם וְרָדַף אֹתָם קוֹל
לז עָלֶה נִדָּף וְנָסוּ מְנֻסַת־חֶרֶב וְנָפְלוּ וְאֵין רֹדֵף׃ וְכָשְׁלוּ אִישׁ־בְּאָחִיו
כְּמִפְּנֵי־חֶרֶב וְרֹדֵף אָיִן וְלֹא־תִהְיֶה לָכֶם תְּקוּמָה לִפְנֵי אֹיְבֵיכֶם׃
לח לט וַאֲבַדְתֶּם בַּגּוֹיִם וְאָכְלָה אֶתְכֶם אֶרֶץ אֹיְבֵיכֶם׃ וְהַנִּשְׁאָרִים בָּכֶם
יִמַּקּוּ בַּעֲוֺנָם בְּאַרְצֹת אֹיְבֵיכֶם וְאַף בַּעֲוֺנֹת אֲבֹתָם אִתָּם יִמָּקּוּ׃
מ וְהִתְוַדּוּ אֶת־עֲוֺנָם וְאֶת־עֲוֺן אֲבֹתָם בְּמַעֲלָם אֲשֶׁר מָעֲלוּ־בִי וְאַף
מא אֲשֶׁר־הָלְכוּ עִמִּי בְּקֶרִי׃ אַף־אֲנִי אֵלֵךְ עִמָּם בְּקֶרִי וְהֵבֵאתִי אֹתָם
בְּאֶרֶץ אֹיְבֵיהֶם אוֹ־אָז יִכָּנַע לְבָבָם הֶעָרֵל וְאָז יִרְצוּ אֶת־עֲוֺנָם׃
מב וְזָכַרְתִּי אֶת־בְּרִיתִי יַעֲקוֹב וְאַף אֶת־בְּרִיתִי יִצְחָק וְאַף אֶת־בְּרִיתִי
מג אַבְרָהָם אֶזְכֹּר וְהָאָרֶץ אֶזְכֹּר׃ וְהָאָרֶץ תֵּעָזֵב מֵהֶם וְתִרֶץ אֶת־
שַׁבְּתֹתֶיהָ בׇּהְשַׁמָּה מֵהֶם וְהֵם יִרְצוּ אֶת־עֲוֺנָם יַעַן וּבְיַעַן בְּמִשְׁפָּטַי
מד מָאָסוּ וְאֶת־חֻקֹּתַי גָּעֲלָה נַפְשָׁם׃ וְאַף גַּם־זֹאת בִּהְיוֹתָם בְּאֶרֶץ
אֹיְבֵיהֶם לֹא־מְאַסְתִּים וְלֹא־גְעַלְתִּים לְכַלֹּתָם לְהָפֵר בְּרִיתִי
מה אִתָּם כִּי אֲנִי יְהוָה אֱלֹהֵיהֶם׃ וְזָכַרְתִּי לָהֶם בְּרִית רִאשֹׁנִים אֲשֶׁר
הוֹצֵאתִי־אֹתָם מֵאֶרֶץ מִצְרַיִם לְעֵינֵי הַגּוֹיִם לִהְיוֹת לָהֶם לֵאלֹהִים
מו אֲנִי יְהוָה׃ אֵלֶּה הַחֻקִּים וְהַמִּשְׁפָּטִים וְהַתּוֹרֹת אֲשֶׁר נָתַן יְהוָה
בֵּינוֹ וּבֵין בְּנֵי יִשְׂרָאֵל בְּהַר סִינַי בְּיַד־מֹשֶׁה׃
כז א ב וַיְדַבֵּר יְהוָה אֶל־מֹשֶׁה לֵּאמֹר׃ דַּבֵּר אֶל־בְּנֵי יִשְׂרָאֵל וְאָמַרְתָּ כג רביעי /ששי/

65 Referring to those described in 25:1–24. If the Israelites do not observe these Sabbaths, they will be banished and the land will finally be allowed to lie fallow in their absence.

66 Literally "uncircumcised."

3 of the value of a person – if it is a male from twenty to sixty years
old, his equivalent is fifty silver shekel by the Sanctuary weight.
4 5 If it is a female, the equivalent is thirty shekel. If the person's age
is between five and twenty years, the equivalent for a male is
6 twenty shekel, and for a female, ten shekel. If the age is between
one month and five years, the equivalent for a male is five silver
7 shekel; for a female, three silver shekel. If the age is sixty years or
more, the equivalent for a male is fifteen shekel, and for a female,
8 ten shekel. But if the person is too poor to pay the full amount,
he shall be presented to the priest, who will assess him. The priest
shall assess him with reference to the means of the person making
9 the vow. If the vow concerns an animal of a type that
may be offered to the LORD, any such animal given to the LORD
10 becomes sacred. One may not exchange it or offer a substitute for
it, either better for worse or worse for better; and if one animal is
substituted for another, both it and the substitute become holy.
11 If the vow involves any type of impure animal, which cannot be
offered to the LORD, the animal shall be brought to stand before
12 the priest. The priest shall assess it, whether good or bad, and its
13 value shall accord to the priest's assessment. If the donor wishes
14 to redeem it, a fifth shall be added to its valuation. When someone
consecrates his house to be sacred to the LORD, the priest shall
assess it, whether good or bad, and its value shall accord to the
15 priest's assessment. If the donor wishes to redeem it, he shall
16 add a fifth to its valuation, and it shall be his again. If someone HAMISHI /SHEVI'I/
consecrates part of his hereditary land to the LORD, its value shall
be set in relation to the seed needed to sow it: fifty silver shekel
17 for each homer[67] of barley seed. If the person consecrates his field
18 from the Jubilee year, the value that has been set stands.[68] But if
the person consecrates the field after the Jubilee, the priest shall
calculate its value in relation to the number of years left until the
next Jubilee year, and the valuation shall be reduced accordingly.

68 That is, if he consecrates it at the onset of the Jubilee cycle and wishes to redeem it immediately, he pays a full fifty shekel per homer of barley seed.

ג אֲלֵהֶם אִישׁ כִּי יַפְלִא נֶדֶר בְּעֶרְכְּךָ נְפָשֹׁת לַיהוָה: וְהָיָה עֶרְכְּךָ
הַזָּכָר מִבֶּן עֶשְׂרִים שָׁנָה וְעַד בֶּן־שִׁשִּׁים שָׁנָה וְהָיָה עֶרְכְּךָ
ד חֲמִשִּׁים שֶׁקֶל כֶּסֶף בְּשֶׁקֶל הַקֹּדֶשׁ: וְאִם־נְקֵבָה הִוא וְהָיָה עֶרְכְּךָ
ה שְׁלֹשִׁים שָׁקֶל: וְאִם מִבֶּן־חָמֵשׁ שָׁנִים וְעַד בֶּן־עֶשְׂרִים שָׁנָה
וְהָיָה עֶרְכְּךָ הַזָּכָר עֶשְׂרִים שְׁקָלִים וְלַנְּקֵבָה עֲשֶׂרֶת שְׁקָלִים:
ו וְאִם מִבֶּן־חֹדֶשׁ וְעַד בֶּן־חָמֵשׁ שָׁנִים וְהָיָה עֶרְכְּךָ הַזָּכָר חֲמִשָּׁה
ז שְׁקָלִים כָּסֶף וְלַנְּקֵבָה עֶרְכְּךָ שְׁלֹשֶׁת שְׁקָלִים כָּסֶף: וְאִם מִבֶּן־
שִׁשִּׁים שָׁנָה וָמַעְלָה אִם־זָכָר וְהָיָה עֶרְכְּךָ חֲמִשָּׁה עָשָׂר שָׁקֶל
ח וְלַנְּקֵבָה עֲשָׂרָה שְׁקָלִים: וְאִם־מָךְ הוּא מֵעֶרְכֶּךָ וְהֶעֱמִידוֹ לִפְנֵי
הַכֹּהֵן וְהֶעֱרִיךְ אֹתוֹ הַכֹּהֵן עַל־פִּי אֲשֶׁר תַּשִּׂיג יַד הַנֹּדֵר יַעֲרִיכֶנּוּ
ט הַכֹּהֵן: וְאִם־בְּהֵמָה אֲשֶׁר יַקְרִיבוּ מִמֶּנָּה קָרְבָּן
י לַיהוָה כֹּל אֲשֶׁר יִתֵּן מִמֶּנּוּ לַיהוָה יִהְיֶה־קֹּדֶשׁ: לֹא יַחֲלִיפֶנּוּ
וְלֹא־יָמִיר אֹתוֹ טוֹב בְּרָע אוֹ־רַע בְּטוֹב וְאִם־הָמֵר יָמִיר בְּהֵמָה
יא בִּבְהֵמָה וְהָיָה־הוּא וּתְמוּרָתוֹ יִהְיֶה־קֹּדֶשׁ: וְאִם כָּל־בְּהֵמָה
טְמֵאָה אֲשֶׁר לֹא־יַקְרִיבוּ מִמֶּנָּה קָרְבָּן לַיהוָה וְהֶעֱמִיד אֶת־
יב הַבְּהֵמָה לִפְנֵי הַכֹּהֵן: וְהֶעֱרִיךְ הַכֹּהֵן אֹתָהּ בֵּין טוֹב וּבֵין רָע
יג כְּעֶרְכְּךָ הַכֹּהֵן כֵּן יִהְיֶה: וְאִם־גָּאֹל יִגְאָלֶנָּה וְיָסַף חֲמִישִׁתוֹ עַל־
יד עֶרְכֶּךָ: וְאִישׁ כִּי־יַקְדִּשׁ אֶת־בֵּיתוֹ קֹדֶשׁ לַיהוָה וְהֶעֱרִיכוֹ הַכֹּהֵן
טו בֵּין טוֹב וּבֵין רָע כַּאֲשֶׁר יַעֲרִיךְ אֹתוֹ הַכֹּהֵן כֵּן יָקוּם: וְאִם־
הַמַּקְדִּישׁ יִגְאַל אֶת־בֵּיתוֹ וְיָסַף חֲמִישִׁית כֶּסֶף־עֶרְכְּךָ עָלָיו וְהָיָה
טז לוֹ: וְאִם ׀ מִשְּׂדֵה אֲחֻזָּתוֹ יַקְדִּישׁ אִישׁ לַיהוָה וְהָיָה עֶרְכְּךָ לְפִי חמישי /שביעי/
יז זַרְעוֹ זֶרַע חֹמֶר שְׂעֹרִים בַּחֲמִשִּׁים שֶׁקֶל כָּסֶף: אִם־מִשְּׁנַת הַיֹּבֵל
יח יַקְדִּישׁ שָׂדֵהוּ כְּעֶרְכְּךָ יָקוּם: וְאִם־אַחַר הַיֹּבֵל יַקְדִּישׁ שָׂדֵהוּ
וְחִשַּׁב־לוֹ הַכֹּהֵן אֶת־הַכֶּסֶף עַל־פִּי הַשָּׁנִים הַנּוֹתָרֹת עַד שְׁנַת

67 A homer is a solid measure equivalent to roughly 250 liters.

19 If the person who consecrated the field wishes to redeem it, he
20 shall add a fifth to its valuation, and it shall be his again. But if
he does not redeem the field, or if it has been sold to someone
21 else, it can no longer be redeemed. When the field is released
in the Jubilee, it shall be holy to the LORD like devoted land; it
22 comes into the priest's possession. If the person consecrates to SHISHI
the LORD a field he has purchased – not part of his hereditary
23 land – the priest shall calculate its proportionate value until the
Jubilee year, and the donor shall pay its valuation on that day,[69] as
24 a sacred donation to the LORD. In the Jubilee year the field shall
return to the person from whom it was bought, whose hereditary
25 land it was. All assessments shall follow the Sanctuary standard,
26 by which a shekel is twenty gerah. A person cannot consecrate a
firstborn animal, whether ox or sheep, because, being a firstling,
27 it already belongs to the LORD. If it is an impure animal, it may be
redeemed for its valuation with a fifth added. If it is not redeemed,
28 it shall be sold at its assessed value.[70] Nothing that a person owns
that has been devoted to the LORD – be it a person, an animal, or
inherited land – may be sold or redeemed. Every devoted thing is
29 holy of holies to the LORD.[71] And no person condemned to utter SHEVI'I
30 destruction may be ransomed; he must be put to death. All tithes
from the land, whether seed from the ground or fruit of the tree,
31 belong to the LORD; they are sacred to the LORD. If a person wishes
32 to redeem part of his tithe, he shall add a fifth to its value. All tithes MAFTIR
from the herd or flock – every tenth animal that passes under the
33 shepherd's staff – shall be sacred to the LORD. One should not
pick out the good from the bad or make any substitution. But if
a substitution is made, both the item and its substitute shall be
34 sacred; they cannot be redeemed." These are the commands that
the LORD gave Moshe, on Mount Sinai, for the people of Israel.

---

71 This verse introduces a new type of consecrated entity called *ḥerem* (devoted thing), which is not subject to redemption.

יט הַיֹּבֵל וְנִגְרַע מֵעֶרְכֶּךָ: וְאִם־גָּאֹל יִגְאַל אֶת־הַשָּׂדֶה הַמַּקְדִּישׁ
כ אֹתוֹ וְיָסַף חֲמִשִׁית כֶּסֶף־עֶרְכְּךָ עָלָיו וְקָם לוֹ: וְאִם־לֹא יִגְאַל
אֶת־הַשָּׂדֶה וְאִם־מָכַר אֶת־הַשָּׂדֶה לְאִישׁ אַחֵר לֹא־יִגָּאֵל עוֹד:
כא וְהָיָה הַשָּׂדֶה בְּצֵאתוֹ בַיֹּבֵל קֹדֶשׁ לַיהוָה כִּשְׂדֵה הַחֵרֶם לַכֹּהֵן
כב תִּהְיֶה אֲחֻזָּתוֹ: וְאִם אֶת־שְׂדֵה מִקְנָתוֹ אֲשֶׁר לֹא מִשְּׂדֵה אֲחֻזָּתוֹ ששי
כג יַקְדִּישׁ לַיהוָה: וְחִשַּׁב־לוֹ הַכֹּהֵן אֵת מִכְסַת הָעֶרְכְּךָ עַד שְׁנַת
כד הַיֹּבֵל וְנָתַן אֶת־הָעֶרְכְּךָ בַּיּוֹם הַהוּא קֹדֶשׁ לַיהוָה: בִּשְׁנַת הַיּוֹבֵל
יָשׁוּב הַשָּׂדֶה לַאֲשֶׁר קָנָהוּ מֵאִתּוֹ לַאֲשֶׁר־לוֹ אֲחֻזַּת הָאָרֶץ:
כה וְכָל־עֶרְכְּךָ יִהְיֶה בְּשֶׁקֶל הַקֹּדֶשׁ עֶשְׂרִים גֵּרָה יִהְיֶה הַשָּׁקֶל:
כו אַךְ־בְּכוֹר אֲשֶׁר יְבֻכַּר לַיהוָה בִּבְהֵמָה לֹא־יַקְדִּישׁ אִישׁ אֹתוֹ
כז אִם־שׁוֹר אִם־שֶׂה לַיהוָה הוּא: וְאִם בַּבְּהֵמָה הַטְּמֵאָה וּפָדָה
כח בְעֶרְכְּךָ וְיָסַף חֲמִשִׁתוֹ עָלָיו וְאִם־לֹא יִגָּאֵל וְנִמְכַּר בְּעֶרְכֶּךָ: אַךְ
כָּל־חֵרֶם אֲשֶׁר יַחֲרִם אִישׁ לַיהוָה מִכָּל־אֲשֶׁר־לוֹ מֵאָדָם וּבְהֵמָה
וּמִשְּׂדֵה אֲחֻזָּתוֹ לֹא יִמָּכֵר וְלֹא יִגָּאֵל כָּל־חֵרֶם קֹדֶשׁ־קָדָשִׁים הוּא
כט לַיהוָה: כָּל־חֵרֶם אֲשֶׁר יָחֳרַם מִן־הָאָדָם לֹא יִפָּדֶה מוֹת יוּמָת: שביעי
ל וְכָל־מַעְשַׂר הָאָרֶץ מִזֶּרַע הָאָרֶץ מִפְּרִי הָעֵץ לַיהוָה הוּא קֹדֶשׁ
לא לַיהוָה: וְאִם־גָּאֹל יִגְאַל אִישׁ מִמַּעַשְׂרוֹ חֲמִשִׁיתוֹ יֹסֵף עָלָיו:
לב וְכָל־מַעְשַׂר בָּקָר וָצֹאן כֹּל אֲשֶׁר־יַעֲבֹר תַּחַת הַשָּׁבֶט הָעֲשִׂירִי מפטיר
לג יִהְיֶה־קֹּדֶשׁ לַיהוָה: לֹא יְבַקֵּר בֵּין־טוֹב לָרַע וְלֹא יְמִירֶנּוּ וְאִם־
לד הָמֵר יְמִירֶנּוּ וְהָיָה־הוּא וּתְמוּרָתוֹ יִהְיֶה־קֹּדֶשׁ לֹא יִגָּאֵל: אֵלֶּה
הַמִּצְוֹת אֲשֶׁר צִוָּה יְהוָה אֶת־מֹשֶׁה אֶל־בְּנֵי יִשְׂרָאֵל בְּהַר סִינָי:

---

69 Meaning the proportionate value calculated as of that day.

70 That is, with no fifth added.

1 1 The LORD spoke to Moshe in the Sinai Desert, in the Tent of BEMIDBAR
Meeting, on the first of the second month, in the second year
2 since their coming out from the land of Egypt. He said: "Take a
census of the entire community of Israel by their clans and their
3 ancestral houses, listing every male by name individually, twenty
years of age and upward: everyone in Israel who is capable of
active service. You and Aharon shall number them by their
4 divisions.[1] And one man from each tribe shall join you in the task,
5 each the head of his ancestral house. These are the names of the
men who will assist you: from Reuven, Elitzur son of Shedeiur;
6 7 from Shimon, Shelumiel son of Tzurishadai; from Yehuda,
8 Naḥshon son of Aminadav; from Yissakhar, Netanel son of Tzuar;
9 10 from Zevulun, Eliav son of Ḥelon. For the sons of Yosef: from
Efrayim, Elishama son of Amihud; from Menashe, Gamliel son
11 12 of Pedatzur. From Binyamin, Avidan son of Gidoni; from Dan,
13 Aḥiezer son of Amishadai; from Asher, Pagiel son of Okhran;
14 15 from Gad, Elyasaf son of Deuel; and from Naftali, Aḥira son of
16 Einan." These were the ones chosen from the community, princes
17 of their ancestral tribes; they are the heads of Israel's clans. Moshe
and Aharon took these men, those who had been marked out
18 by name, and they convened the entire community on the first
day of the second month. And the people declared themselves
by their clans and their ancestral houses. All those over twenty
19 years old were counted individually by name, as the LORD had
commanded Moshe; so it was that he counted them in the Sinai
20 Desert. The children of Reuven, Yisrael's firstborn – his SHEINI
descendants by their clans and their ancestral families – the tally
of their names, each male aged twenty years and above: everyone
21 capable of active service, all counted individually – those counted
from the tribe of Reuven numbered 46,500.
22 Of the children of Shimon – his descendants by their clans and
their ancestral families – the tally of their names, each male aged
twenty years and above: everyone capable of active service, all

במדבר

BEMIDBAR/NUMBERS

א א וַיְדַבֵּר יְהוָה אֶל־מֹשֶׁה בְּמִדְבַּר סִינַי בְּאֹהֶל מוֹעֵד בְּאֶחָד לַחֹדֶשׁ א
ב הַשֵּׁנִי בַּשָּׁנָה הַשֵּׁנִית לְצֵאתָם מֵאֶרֶץ מִצְרַיִם לֵאמֹר: שְׂאוּ
אֶת־רֹאשׁ כָּל־עֲדַת בְּנֵי־יִשְׂרָאֵל לְמִשְׁפְּחֹתָם לְבֵית אֲבֹתָם
ג בְּמִסְפַּר שֵׁמוֹת כָּל־זָכָר לְגֻלְגְּלֹתָם: מִבֶּן עֶשְׂרִים שָׁנָה וָמַעְלָה
כָּל־יֹצֵא צָבָא בְּיִשְׂרָאֵל תִּפְקְדוּ אֹתָם לְצִבְאֹתָם אַתָּה וְאַהֲרֹן:
ד וְאִתְּכֶם יִהְיוּ אִישׁ אִישׁ לַמַּטֶּה אִישׁ רֹאשׁ לְבֵית־אֲבֹתָיו הוּא:
ה וְאֵלֶּה שְׁמוֹת הָאֲנָשִׁים אֲשֶׁר יַעַמְדוּ אִתְּכֶם לִרְאוּבֵן אֱלִיצוּר בֶּן־
ו ז שְׁדֵיאוּר: לְשִׁמְעוֹן שְׁלֻמִיאֵל בֶּן־צוּרִישַׁדָּי: לִיהוּדָה נַחְשׁוֹן בֶּן־
ח ט עַמִּינָדָב: לְיִשָּׂשכָר נְתַנְאֵל בֶּן־צוּעָר: לִזְבוּלֻן אֱלִיאָב בֶּן־חֵלֹן:
י לִבְנֵי יוֹסֵף לְאֶפְרַיִם אֱלִישָׁמָע בֶּן־עַמִּיהוּד לִמְנַשֶּׁה גַּמְלִיאֵל בֶּן־
יא יב פְּדָהצוּר: לְבִנְיָמִן אֲבִידָן בֶּן־גִּדְעֹנִי: לְדָן אֲחִיעֶזֶר בֶּן־עַמִּישַׁדָּי:
יג יד טו לְאָשֵׁר פַּגְעִיאֵל בֶּן־עָכְרָן: לְגָד אֶלְיָסָף בֶּן־דְּעוּאֵל: לְנַפְתָּלִי
טז אֲחִירַע בֶּן־עֵינָן: אֵלֶּה קריאי הָעֵדָה נְשִׂיאֵי מַטּוֹת אֲבוֹתָם קְרוּאֵי
יז רָאשֵׁי אַלְפֵי יִשְׂרָאֵל הֵם: וַיִּקַּח מֹשֶׁה וְאַהֲרֹן אֵת הָאֲנָשִׁים
יח הָאֵלֶּה אֲשֶׁר נִקְּבוּ בְּשֵׁמוֹת: וְאֵת כָּל־הָעֵדָה הִקְהִילוּ בְּאֶחָד
לַחֹדֶשׁ הַשֵּׁנִי וַיִּתְיַלְדוּ עַל־מִשְׁפְּחֹתָם לְבֵית אֲבֹתָם בְּמִסְפַּר
יט שֵׁמוֹת מִבֶּן עֶשְׂרִים שָׁנָה וָמַעְלָה לְגֻלְגְּלֹתָם: כַּאֲשֶׁר צִוָּה יְהוָה
כ אֶת־מֹשֶׁה וַיִּפְקְדֵם בְּמִדְבַּר סִינָי: וַיִּהְיוּ בְנֵי־רְאוּבֵן שני
בְּכֹר יִשְׂרָאֵל תּוֹלְדֹתָם לְמִשְׁפְּחֹתָם לְבֵית אֲבֹתָם בְּמִסְפַּר
שֵׁמוֹת לְגֻלְגְּלֹתָם כָּל־זָכָר מִבֶּן עֶשְׂרִים שָׁנָה וָמַעְלָה כֹּל יֹצֵא
כא צָבָא: פְּקֻדֵיהֶם לְמַטֵּה רְאוּבֵן שִׁשָּׁה וְאַרְבָּעִים אֶלֶף וַחֲמֵשׁ
מֵאוֹת:
כב לִבְנֵי שִׁמְעוֹן תּוֹלְדֹתָם לְמִשְׁפְּחֹתָם לְבֵית אֲבֹתָם פְּקֻדָיו בְּמִסְפַּר
שֵׁמוֹת לְגֻלְגְּלֹתָם כָּל־זָכָר מִבֶּן עֶשְׂרִים שָׁנָה וָמַעְלָה כֹּל יֹצֵא

1 That is, military divisions. Chapter 2 assigns a division to each tribe.

23 counted individually – those counted from the tribe of Shimon
numbered 59,300.
24 Of the children of Gad – his descendants by their clans and their
ancestral families – the tally of their names, each male aged twenty
years and above: everyone capable of active service, all counted
25 individually – those counted from the tribe of Gad numbered
45,650.
26 Of the children of Yehuda – his descendants by their clans and
their ancestral families – the tally of their names, each male aged
twenty years and above: everyone capable of active service, all
27 counted individually – those counted from the tribe of Yehuda
numbered 74,600.
28 Of the children of Yissakhar – his descendants by their clans and
their ancestral families – the tally of their names, each male aged
twenty years and above: everyone capable of active service, all
29 counted individually – those counted from the tribe of Yissakhar
numbered 54,400.
30 Of the children of Zevulun – his descendants by their clans and
their ancestral families – the tally of their names, each male aged
twenty years and above: everyone capable of active service, all
31 counted individually – those counted from the tribe of Zevulun
numbered 57,400.
32 Of the children of Yosef: of the children of Efrayim – his
descendants by their clans and their ancestral families – the tally
of their names, each male aged twenty years and above: everyone
33 capable of active service, all counted individually – those counted
from the tribe of Efrayim numbered 40,500.
34 Of the children of Menashe – his descendants by their clans and
their ancestral families – the tally of their names, each male aged
twenty years and above: everyone capable of active service, all
35 counted individually – those counted from the tribe of Menashe
numbered 32,200.
36 Of the children of Binyamin – his descendants by their clans and
their ancestral families – the tally of their names, each male aged

כג צָבָא׃ פְּקֻדֵיהֶם לְמַטֵּה שִׁמְעוֹן תִּשְׁעָה וַחֲמִשִּׁים אֶלֶף וּשְׁלֹשׁ
מֵאוֹת׃
כד לִבְנֵי גָד תּוֹלְדֹתָם לְמִשְׁפְּחֹתָם לְבֵית אֲבֹתָם בְּמִסְפַּר שֵׁמוֹת
כה מִבֶּן עֶשְׂרִים שָׁנָה וָמַעְלָה כֹּל יֹצֵא צָבָא׃ פְּקֻדֵיהֶם לְמַטֵּה גָד
חֲמִשָּׁה וְאַרְבָּעִים אֶלֶף וְשֵׁשׁ מֵאוֹת וַחֲמִשִּׁים׃
כו לִבְנֵי יְהוּדָה תּוֹלְדֹתָם לְמִשְׁפְּחֹתָם לְבֵית אֲבֹתָם בְּמִסְפַּר שֵׁמֹת
כז מִבֶּן עֶשְׂרִים שָׁנָה וָמַעְלָה כֹּל יֹצֵא צָבָא׃ פְּקֻדֵיהֶם לְמַטֵּה יְהוּדָה
אַרְבָּעָה וְשִׁבְעִים אֶלֶף וְשֵׁשׁ מֵאוֹת׃
כח לִבְנֵי יִשָּׂשכָר תּוֹלְדֹתָם לְמִשְׁפְּחֹתָם לְבֵית אֲבֹתָם בְּמִסְפַּר
כט שֵׁמֹת מִבֶּן עֶשְׂרִים שָׁנָה וָמַעְלָה כֹּל יֹצֵא צָבָא׃ פְּקֻדֵיהֶם לְמַטֵּה
יִשָּׂשכָר אַרְבָּעָה וַחֲמִשִּׁים אֶלֶף וְאַרְבַּע מֵאוֹת׃
ל לִבְנֵי זְבוּלֻן תּוֹלְדֹתָם לְמִשְׁפְּחֹתָם לְבֵית אֲבֹתָם בְּמִסְפַּר שֵׁמֹת
לא מִבֶּן עֶשְׂרִים שָׁנָה וָמַעְלָה כֹּל יֹצֵא צָבָא׃ פְּקֻדֵיהֶם לְמַטֵּה זְבוּלֻן
שִׁבְעָה וַחֲמִשִּׁים אֶלֶף וְאַרְבַּע מֵאוֹת׃
לב לִבְנֵי יוֹסֵף לִבְנֵי אֶפְרַיִם תּוֹלְדֹתָם לְמִשְׁפְּחֹתָם לְבֵית אֲבֹתָם
לג בְּמִסְפַּר שֵׁמֹת מִבֶּן עֶשְׂרִים שָׁנָה וָמַעְלָה כֹּל יֹצֵא צָבָא׃ פְּקֻדֵיהֶם
לְמַטֵּה אֶפְרָיִם אַרְבָּעִים אֶלֶף וַחֲמֵשׁ מֵאוֹת׃
לד לִבְנֵי מְנַשֶּׁה תּוֹלְדֹתָם לְמִשְׁפְּחֹתָם לְבֵית אֲבֹתָם בְּמִסְפַּר שֵׁמוֹת
לה מִבֶּן עֶשְׂרִים שָׁנָה וָמַעְלָה כֹּל יֹצֵא צָבָא׃ פְּקֻדֵיהֶם לְמַטֵּה מְנַשֶּׁה
שְׁנַיִם וּשְׁלֹשִׁים אֶלֶף וּמָאתָיִם׃
לו לִבְנֵי בִנְיָמִן תּוֹלְדֹתָם לְמִשְׁפְּחֹתָם לְבֵית אֲבֹתָם בְּמִסְפַּר שֵׁמֹת

twenty years and above: everyone capable of active service, all
37 counted individually – those counted from the tribe of Binyamin
numbered 35,400.
38 Of the children of Dan – his descendants by their clans and their
ancestral families – the tally of their names, each male aged twenty
years and above: everyone capable of active service, all counted
39 individually – those counted from the tribe of Dan numbered
62,700.
40 Of the children of Asher – his descendants by their clans and
their ancestral families – the tally of their names, each male aged
twenty years and above: everyone capable of active service, all
41 counted individually – those counted from the tribe of Asher
numbered 41,500.
42 The children of Naftali – his descendants by their clans and their
ancestral families – the tally of their names, each male aged twenty
years and above: everyone capable of active service, all counted
43 individually – those counted from the tribe of Naftali numbered
53,400.
44 These were the ones counted by Moshe, Aharon, and the twelve
45 princes of Israel, one from each ancestral house. Thus the total
number of the Israelites counted, by their ancestral houses, aged
twenty years and above – everyone in Israel capable of active
46 47 service – was 603,550. The ancestral house of the Levites, however,
was not counted among them.
48 49 For the Lord had spoken to Moshe and said, "You shall not count
the tribe of Levi, nor take a census of them among the Israelites.
50 Instead, you shall appoint the Levites over the Tabernacle of the
Testimony, over all its utensils and all that belongs to it. For they
are to carry the Tabernacle and all its utensils; they are to tend
51 to it, and around the Tabernacle they shall encamp. When the
Tabernacle is to move onward, the Levites shall take it down, and
when the Tabernacle is to encamp, the Levites shall erect it. Any
52 outsider who draws close to it shall be put to death. The Israelites
shall encamp in their respective camps, each by his own banner, in

לז מִבֶּן עֶשְׂרִים שָׁנָה וָמַעְלָה כֹּל יֹצֵא צָבָא׃ פְּקֻדֵיהֶם לְמַטֵּה בִנְיָמִן
חֲמִשָּׁה וּשְׁלֹשִׁים אֶלֶף וְאַרְבַּע מֵאוֹת׃
לח לִבְנֵי דָן תּוֹלְדֹתָם לְמִשְׁפְּחֹתָם לְבֵית אֲבֹתָם בְּמִסְפַּר שֵׁמֹת מִבֶּן
לט עֶשְׂרִים שָׁנָה וָמַעְלָה כֹּל יֹצֵא צָבָא׃ פְּקֻדֵיהֶם לְמַטֵּה דָן שְׁנַיִם
וְשִׁשִּׁים אֶלֶף וּשְׁבַע מֵאוֹת׃
מ לִבְנֵי אָשֵׁר תּוֹלְדֹתָם לְמִשְׁפְּחֹתָם לְבֵית אֲבֹתָם בְּמִסְפַּר שֵׁמֹת
מא מִבֶּן עֶשְׂרִים שָׁנָה וָמַעְלָה כֹּל יֹצֵא צָבָא׃ פְּקֻדֵיהֶם לְמַטֵּה אָשֵׁר
אֶחָד וְאַרְבָּעִים אֶלֶף וַחֲמֵשׁ מֵאוֹת׃
מב בְּנֵי נַפְתָּלִי תּוֹלְדֹתָם לְמִשְׁפְּחֹתָם לְבֵית אֲבֹתָם בְּמִסְפַּר שֵׁמֹת
מג מִבֶּן עֶשְׂרִים שָׁנָה וָמַעְלָה כֹּל יֹצֵא צָבָא׃ פְּקֻדֵיהֶם לְמַטֵּה נַפְתָּלִי
שְׁלֹשָׁה וַחֲמִשִּׁים אֶלֶף וְאַרְבַּע מֵאוֹת׃
מד אֵלֶּה הַפְּקֻדִים אֲשֶׁר פָּקַד מֹשֶׁה וְאַהֲרֹן וּנְשִׂיאֵי יִשְׂרָאֵל שְׁנֵים
מה עָשָׂר אִישׁ אִישׁ־אֶחָד לְבֵית־אֲבֹתָיו הָיוּ׃ וַיִּהְיוּ כָּל־פְּקוּדֵי
בְנֵי־יִשְׂרָאֵל לְבֵית אֲבֹתָם מִבֶּן עֶשְׂרִים שָׁנָה וָמַעְלָה כָּל־יֹצֵא
מו צָבָא בְּיִשְׂרָאֵל׃ וַיִּהְיוּ כָּל־הַפְּקֻדִים שֵׁשׁ־מֵאוֹת אֶלֶף וּשְׁלֹשֶׁת
מז אֲלָפִים וַחֲמֵשׁ מֵאוֹת וַחֲמִשִּׁים׃ וְהַלְוִיִּם לְמַטֵּה אֲבֹתָם לֹא
הָתְפָּקְדוּ בְּתוֹכָם׃
מח מט וַיְדַבֵּר יְהוָה אֶל־מֹשֶׁה לֵּאמֹר׃ אַךְ אֶת־מַטֵּה לֵוִי לֹא תִפְקֹד
נ וְאֶת־רֹאשָׁם לֹא תִשָּׂא בְּתוֹךְ בְּנֵי יִשְׂרָאֵל׃ וְאַתָּה הַפְקֵד אֶת־
הַלְוִיִּם עַל־מִשְׁכַּן הָעֵדֻת וְעַל כָּל־כֵּלָיו וְעַל כָּל־אֲשֶׁר־לוֹ הֵמָּה
יִשְׂאוּ אֶת־הַמִּשְׁכָּן וְאֶת־כָּל־כֵּלָיו וְהֵם יְשָׁרְתֻהוּ וְסָבִיב לַמִּשְׁכָּן
נא יַחֲנוּ׃ וּבִנְסֹעַ הַמִּשְׁכָּן יוֹרִידוּ אֹתוֹ הַלְוִיִּם וּבַחֲנֹת הַמִּשְׁכָּן יָקִימוּ
נב אֹתוֹ הַלְוִיִּם וְהַזָּר הַקָּרֵב יוּמָת׃ וְחָנוּ בְּנֵי יִשְׂרָאֵל אִישׁ עַל־

53 his division. But the Levites shall encamp around the Tabernacle
of the Testimony, so that fury does not engulf the community
of the Israelites; the Levites shall keep watch faithfully over the
54 Tabernacle of the Testimony."[2] The Israelites did so; all that the
LORD had commanded Moshe, they fulfilled.
2 1 2 The LORD spoke to Moshe and Aharon: "The Israelites shall camp, SHELISHI
each by his banner, the ensign of his ancestral house, positioned
3 around the Tent of Meeting at a distance. Camping to the east,
toward the sunrise, shall be the divisions under the banner of
Yehuda. The leader of Yehuda's descendants is Naḥshon son of
4 5 Aminadav. And his division numbers 74,600. Camping next to
them shall be the tribe of Yissakhar. The leader of Yissakhar's
6 descendants is Netanel son of Tzuar. And his division numbers
7 54,400. Then the tribe of Zevulun. The leader of Zevulun's
8 descendants is Eliav son of Ḥelon. His division numbers 57,400.
9 The total number in Yehuda's camp, in their divisions, is 186,400.
10 They shall be the first to set out. The divisions under
the banner of Reuven's camp shall be to the south. The leader of
11 Reuven's descendants is Elitzur son of Shedeiur. And his division
12 numbers 46,500. Camping next to them shall be the tribe of
Shimon. The leader of Shimon's descendants is Shelumiel son of
13 14 Tzurishadai. His division numbers 59,300. Then the tribe of Gad:
15 the leader of Gad's descendants is Elyasaf son of Reuel. And his
16 division numbers 45,650. The total number in Reuven's camp, in
17 their divisions, is 186,400. They shall set out second. And
the Tent of Meeting and the Levite camp shall set out in the
midst of the camps. All shall set out as they encamp, each in his
18 own place under his banner. The divisions under the
banner of Efrayim shall be to the west. The leader of Efrayim's
19 descendants is Elishama son of Amihud. And his division
20 numbers 40,500. Next to them shall be the tribe of Menashe.

2 The verse implies that unauthorized entry into the Tabernacle may provoke God's wrath.

נג מַחֲנֵהוּ וְאִישׁ עַל־דִּגְלוֹ לְצִבְאֹתָם׃ וְהַלְוִיִּם יַחֲנוּ סָבִיב לְמִשְׁכַּן
הָעֵדֻת וְלֹא־יִהְיֶה קֶצֶף עַל־עֲדַת בְּנֵי יִשְׂרָאֵל וְשָׁמְרוּ הַלְוִיִּם
נד אֶת־מִשְׁמֶרֶת מִשְׁכַּן הָעֵדוּת׃ וַיַּעֲשׂוּ בְּנֵי יִשְׂרָאֵל כְּכֹל אֲשֶׁר
צִוָּה יְהוָה אֶת־מֹשֶׁה כֵּן עָשׂוּ׃

ב א ב וַיְדַבֵּר יְהוָה אֶל־מֹשֶׁה וְאֶל־אַהֲרֹן לֵאמֹר׃ אִישׁ עַל־דִּגְלוֹ בְאֹתֹת ב שלישי
לְבֵית אֲבֹתָם יַחֲנוּ בְּנֵי יִשְׂרָאֵל מִנֶּגֶד סָבִיב לְאֹהֶל־מוֹעֵד יַחֲנוּ׃
ג וְהַחֹנִים קֵדְמָה מִזְרָחָה דֶּגֶל מַחֲנֵה יְהוּדָה לְצִבְאֹתָם וְנָשִׂיא
ד לִבְנֵי יְהוּדָה נַחְשׁוֹן בֶּן־עַמִּינָדָב׃ וּצְבָאוֹ וּפְקֻדֵיהֶם אַרְבָּעָה
ה וְשִׁבְעִים אֶלֶף וְשֵׁשׁ מֵאוֹת׃ וְהַחֹנִים עָלָיו מַטֵּה יִשָּׂשכָר וְנָשִׂיא
ו לִבְנֵי יִשָּׂשכָר נְתַנְאֵל בֶּן־צוּעָר׃ וּצְבָאוֹ וּפְקֻדָיו אַרְבָּעָה וַחֲמִשִּׁים
ז אֶלֶף וְאַרְבַּע מֵאוֹת׃ מַטֵּה זְבוּלֻן וְנָשִׂיא לִבְנֵי זְבוּלֻן אֱלִיאָב
ח בֶּן־חֵלֹן׃ וּצְבָאוֹ וּפְקֻדָיו שִׁבְעָה וַחֲמִשִּׁים אֶלֶף וְאַרְבַּע מֵאוֹת׃
ט כָּל־הַפְּקֻדִים לְמַחֲנֵה יְהוּדָה מְאַת אֶלֶף וּשְׁמֹנִים אֶלֶף וְשֵׁשֶׁת־
י אֲלָפִים וְאַרְבַּע־מֵאוֹת לְצִבְאֹתָם רִאשֹׁנָה יִסָּעוּ׃ דֶּגֶל
מַחֲנֵה רְאוּבֵן תֵּימָנָה לְצִבְאֹתָם וְנָשִׂיא לִבְנֵי רְאוּבֵן אֱלִיצוּר בֶּן־
יא שְׁדֵיאוּר׃ וּצְבָאוֹ וּפְקֻדָיו שִׁשָּׁה וְאַרְבָּעִים אֶלֶף וַחֲמֵשׁ מֵאוֹת׃
יב וְהַחוֹנִם עָלָיו מַטֵּה שִׁמְעוֹן וְנָשִׂיא לִבְנֵי שִׁמְעוֹן שְׁלֻמִיאֵל
יג בֶּן־צוּרִישַׁדָּי׃ וּצְבָאוֹ וּפְקֻדֵיהֶם תִּשְׁעָה וַחֲמִשִּׁים אֶלֶף וּשְׁלֹשׁ
יד טו מֵאוֹת׃ וּמַטֵּה גָּד וְנָשִׂיא לִבְנֵי גָד אֶלְיָסָף בֶּן־רְעוּאֵל׃ וּצְבָאוֹ
טז וּפְקֻדֵיהֶם חֲמִשָּׁה וְאַרְבָּעִים אֶלֶף וְשֵׁשׁ מֵאוֹת וַחֲמִשִּׁים׃ כָּל־
הַפְּקֻדִים לְמַחֲנֵה רְאוּבֵן מְאַת אֶלֶף וְאֶחָד וַחֲמִשִּׁים אֶלֶף
יז וְאַרְבַּע־מֵאוֹת וַחֲמִשִּׁים לְצִבְאֹתָם וּשְׁנִיִּם יִסָּעוּ׃ וְנָסַע
אֹהֶל־מוֹעֵד מַחֲנֵה הַלְוִיִּם בְּתוֹךְ הַמַּחֲנֹת כַּאֲשֶׁר יַחֲנוּ כֵּן
יח יִסָּעוּ אִישׁ עַל־יָדוֹ לְדִגְלֵיהֶם׃ דֶּגֶל מַחֲנֵה אֶפְרַיִם
לְצִבְאֹתָם יָמָּה וְנָשִׂיא לִבְנֵי אֶפְרַיִם אֱלִישָׁמָע בֶּן־עַמִּיהוּד׃
יט כ וּצְבָאוֹ וּפְקֻדֵיהֶם אַרְבָּעִים אֶלֶף וַחֲמֵשׁ מֵאוֹת׃ וְעָלָיו מַטֵּה

The leader of Menashe's descendants is Gamliel son of Peda-
21 22 tzur. His division numbers 32,200. Then the tribe of Binyamin:
the leader of Binyamin's descendants is Avidan son of Gidoni.
23 24 His division numbers 35,400. The total number of men in
Efrayim's camp, in their divisions, is 108,100. They shall set out
25 third. The divisions under the banner of Dan shall be
to the north. The leader of Dan's descendants is Aḥiezer son of
26 27 Amishadai. His division numbers 62,700. Camping next to them
shall be the tribe of Asher. The leader of Asher's descendants is
28 29 Pagiel son of Okhran. His division numbers 41,500. Then the
tribe of Naftali: the leader of Naftali's descendants is Aḥira son of
30 31 Einan. His division numbers 53,400. The total number in Dan's
camp, in their divisions, is 157,600. They shall set out last, by their
banners."

32 These were the numbers of the Israelites by their ancestral houses.
The total number in the camps by their divisions was 603,550.
33 As the LORD had commanded Moshe, the Levites were not
34 counted among the other Israelites. And so the Israelites did all
that the LORD had commanded Moshe. Thus they camped by
their banners, and thus they set out, each amid his clan and his
ancestral house.

3 1 These were the descendants of Aharon and Moshe at the time REVI'I
2 when the LORD spoke to Moshe at Mount Sinai. The names of
Aharon's sons were Nadav, the firstborn, Avihu, Elazar, and Itamar.
3 These were the names of Aharon's sons, the anointed priests,
4 ordained for priestly service. But Nadav and Avihu died before
the LORD when, before the LORD, they offered unauthorized fire
in the Wilderness of Sinai;[3] they had had no sons. And Elazar and
Itamar served as priests while their father Aharon lived.[4]
5 6 The LORD said to Moshe, "Bring close the tribe of Levi and set

3 See Leviticus 10:1–2.

4 In other words, only these two remaining sons served during Aharon's lifetime.

כא מְנַשֶּׁה וְנָשִׂיא לִבְנֵי מְנַשֶּׁה גַּמְלִיאֵל בֶּן־פְּדָהצוּר׃ וּצְבָאוֹ
כב וּפְקֻדֵיהֶם שְׁנַיִם וּשְׁלֹשִׁים אֶלֶף וּמָאתָיִם׃ וּמַטֵּה בִּנְיָמִן וְנָשִׂיא
כג לִבְנֵי בִנְיָמִן אֲבִידָן בֶּן־גִּדְעֹנִי׃ וּצְבָאוֹ וּפְקֻדֵיהֶם חֲמִשָּׁה וּשְׁלֹשִׁים
כד אֶלֶף וְאַרְבַּע מֵאוֹת׃ כָּל־הַפְּקֻדִים לְמַחֲנֵה אֶפְרַיִם מְאַת אֶלֶף
כה וּשְׁמֹנַת־אֲלָפִים וּמֵאָה לְצִבְאֹתָם וּשְׁלִשִׁים יִסָּעוּ׃ דֶּגֶל
מַחֲנֵה דָן צָפֹנָה לְצִבְאֹתָם וְנָשִׂיא לִבְנֵי דָן אֲחִיעֶזֶר בֶּן־עַמִּישַׁדָּי׃
כו כז וּצְבָאוֹ וּפְקֻדֵיהֶם שְׁנַיִם וְשִׁשִּׁים אֶלֶף וּשְׁבַע מֵאוֹת׃ וְהַחֹנִים
כח עָלָיו מַטֵּה אָשֵׁר וְנָשִׂיא לִבְנֵי אָשֵׁר פַּגְעִיאֵל בֶּן־עָכְרָן׃ וּצְבָאוֹ
כט וּפְקֻדֵיהֶם אֶחָד וְאַרְבָּעִים אֶלֶף וַחֲמֵשׁ מֵאוֹת׃ וּמַטֵּה נַפְתָּלִי
ל וְנָשִׂיא לִבְנֵי נַפְתָּלִי אֲחִירַע בֶּן־עֵינָן׃ וּצְבָאוֹ וּפְקֻדֵיהֶם שְׁלֹשָׁה
לא וַחֲמִשִּׁים אֶלֶף וְאַרְבַּע מֵאוֹת׃ כָּל־הַפְּקֻדִים לְמַחֲנֵה דָן מְאַת
אֶלֶף וְשִׁבְעָה וַחֲמִשִּׁים אֶלֶף וְשֵׁשׁ מֵאוֹת לָאַחֲרֹנָה יִסְעוּ
לְדִגְלֵיהֶם׃
לב אֵלֶּה פְּקוּדֵי בְנֵי־יִשְׂרָאֵל לְבֵית אֲבֹתָם כָּל־פְּקוּדֵי הַמַּחֲנֹת
לְצִבְאֹתָם שֵׁשׁ־מֵאוֹת אֶלֶף וּשְׁלֹשֶׁת אֲלָפִים וַחֲמֵשׁ מֵאוֹת
לג וַחֲמִשִּׁים׃ וְהַלְוִיִּם לֹא הָתְפָּקְדוּ בְּתוֹךְ בְּנֵי יִשְׂרָאֵל כַּאֲשֶׁר צִוָּה
לד יְהוָה אֶת־מֹשֶׁה׃ וַיַּעֲשׂוּ בְּנֵי יִשְׂרָאֵל כְּכֹל אֲשֶׁר־צִוָּה יְהוָה אֶת־
מֹשֶׁה כֵּן־חָנוּ לְדִגְלֵיהֶם וְכֵן נָסָעוּ אִישׁ לְמִשְׁפְּחֹתָיו עַל־בֵּית
אֲבֹתָיו׃
ג א וְאֵלֶּה תּוֹלְדֹת אַהֲרֹן וּמֹשֶׁה בְּיוֹם דִּבֶּר יְהוָה אֶת־מֹשֶׁה בְּהַר ג רביעי
ב סִינָי׃ וְאֵלֶּה שְׁמוֹת בְּנֵי־אַהֲרֹן הַבְּכֹר ׀ נָדָב וַאֲבִיהוּא אֶלְעָזָר
ג וְאִיתָמָר׃ אֵלֶּה שְׁמוֹת בְּנֵי אַהֲרֹן הַכֹּהֲנִים הַמְּשֻׁחִים אֲשֶׁר־
ד מִלֵּא יָדָם לְכַהֵן׃ וַיָּמָת נָדָב וַאֲבִיהוּא לִפְנֵי יְהוָה בְּהַקְרִבָם אֵשׁ
זָרָה לִפְנֵי יְהוָה בְּמִדְבַּר סִינַי וּבָנִים לֹא־הָיוּ לָהֶם וַיְכַהֵן אֶלְעָזָר
וְאִיתָמָר עַל־פְּנֵי אַהֲרֹן אֲבִיהֶם׃
ה ו וַיְדַבֵּר יְהוָה אֶל־מֹשֶׁה לֵּאמֹר׃ הַקְרֵב אֶת־מַטֵּה לֵוִי וְהַעֲמַדְתָּ

7 them before Aharon the priest to assist him. They shall keep his
charge and that of the whole community at the Tent of Meeting,
8 carrying out the service of the Tabernacle. Theirs shall be the
charge of all the utensils of the Tent of Meeting, and they shall
keep, too, the charge of the Israelites by performing the service of
9 the Tabernacle. Give the Levites over to Aharon and his sons; they
10 among the Israelites are to be dedicated wholly to him. Appoint
Aharon and his sons to attend to the priestly duties; any outsider
who draws close[5] will die."
11 12 And the LORD spoke to Moshe: "In place of the firstborn, the first
to emerge from every womb among the Israelites, I have taken the
13 Levites from among the Israelites; the Levites shall be Mine, for all
the firstborn are Mine. On the day I struck down all the firstborn
in Egypt, I consecrated every firstborn in Israel to Myself, man and
animal. They are to be Mine; I am the LORD."
14 15 Then the LORD spoke to Moshe in the Sinai Desert: "Count the HAMISHI
Levites by their ancestral houses and their clans. Count every
16 male a month old or more." So Moshe counted them at the LORD's
17 word as he was commanded. These were the names of Levi's sons:
18 Gershon, Kehat, and Merari. These were the names of Gershon's
19 sons with their clans: Livni and Shimi. Kehat's sons with their
20 clans: Amram, Yitzhar, Ḥevron, and Uziel. Merari's sons with
their clans: Maḥli and Mushi. These were the Levite clans by their
21 ancestral houses. Gershon encompassed the clans of Livni and
22 Shimi; these were the Gershonite clans. Their total number of
23 males a month old and upward was 7,500. The Gershonite families
24 were to camp behind the Tabernacle to the west. And the leader
25 of the Gershonite families was Elyasaf son of Lael. The charge of
the sons of Gershon at the Tent of Meeting was the Tabernacle
and the tent, its covering,[6] the screen at the entrance to the Tent
26 of Meeting, the curtains of the courtyard, the screen at the entrance
to the courtyard surrounding the Tabernacle and altar, and its

---

structure; see Exodus 26:1–14. For components of the Tabernacle generally, see Exodus, chapters 25–27.

ז אֹתוֹ לִפְנֵי אַהֲרֹן הַכֹּהֵן וְשֵׁרְתוּ אֹתוֹ: וְשָׁמְרוּ אֶת־מִשְׁמַרְתּוֹ
וְאֶת־מִשְׁמֶרֶת כָּל־הָעֵדָה לִפְנֵי אֹהֶל מוֹעֵד לַעֲבֹד אֶת־עֲבֹדַת
ח הַמִּשְׁכָּן: וְשָׁמְרוּ אֶת־כָּל־כְּלֵי אֹהֶל מוֹעֵד וְאֶת־מִשְׁמֶרֶת בְּנֵי
ט יִשְׂרָאֵל לַעֲבֹד אֶת־עֲבֹדַת הַמִּשְׁכָּן: וְנָתַתָּה אֶת־הַלְוִיִּם לְאַהֲרֹן
י וּלְבָנָיו נְתוּנִם נְתוּנִם הֵמָּה לוֹ מֵאֵת בְּנֵי יִשְׂרָאֵל: וְאֶת־אַהֲרֹן
וְאֶת־בָּנָיו תִּפְקֹד וְשָׁמְרוּ אֶת־כְּהֻנָּתָם וְהַזָּר הַקָּרֵב יוּמָת:
יא יב וַיְדַבֵּר יהוה אֶל־מֹשֶׁה לֵּאמֹר: וַאֲנִי הִנֵּה לָקַחְתִּי אֶת־הַלְוִיִּם
מִתּוֹךְ בְּנֵי יִשְׂרָאֵל תַּחַת כָּל־בְּכוֹר פֶּטֶר רֶחֶם מִבְּנֵי יִשְׂרָאֵל
יג וְהָיוּ לִי הַלְוִיִּם: כִּי לִי כָּל־בְּכוֹר בְּיוֹם הַכֹּתִי כָל־בְּכוֹר בְּאֶרֶץ
מִצְרַיִם הִקְדַּשְׁתִּי לִי כָל־בְּכוֹר בְּיִשְׂרָאֵל מֵאָדָם עַד־בְּהֵמָה לִי
יִהְיוּ אֲנִי יהוה:
יד טו וַיְדַבֵּר יהוה אֶל־מֹשֶׁה בְּמִדְבַּר סִינַי לֵאמֹר: פְּקֹד אֶת־בְּנֵי לֵוִי חמישי
לְבֵית אֲבֹתָם לְמִשְׁפְּחֹתָם כָּל־זָכָר מִבֶּן־חֹדֶשׁ וָמַעְלָה תִּפְקְדֵם:
טז יז וַיִּפְקֹד אֹתָם מֹשֶׁה עַל־פִּי יהוה כַּאֲשֶׁר צֻוָּה: וַיִּהְיוּ־אֵלֶּה בְנֵי־
יח לֵוִי בִּשְׁמֹתָם גֵּרְשׁוֹן וּקְהָת וּמְרָרִי: וְאֵלֶּה שְׁמוֹת בְּנֵי־גֵרְשׁוֹן
יט לְמִשְׁפְּחֹתָם לִבְנִי וְשִׁמְעִי: וּבְנֵי קְהָת לְמִשְׁפְּחֹתָם עַמְרָם וְיִצְהָר
כ חֶבְרוֹן וְעֻזִּיאֵל: וּבְנֵי מְרָרִי לְמִשְׁפְּחֹתָם מַחְלִי וּמוּשִׁי אֵלֶּה הֵם
כא מִשְׁפְּחֹת הַלֵּוִי לְבֵית אֲבֹתָם: לְגֵרְשׁוֹן מִשְׁפַּחַת הַלִּבְנִי וּמִשְׁפַּחַת
כב הַשִּׁמְעִי אֵלֶּה הֵם מִשְׁפְּחֹת הַגֵּרְשֻׁנִּי: פְּקֻדֵיהֶם בְּמִסְפַּר כָּל־זָכָר
מִבֶּן־חֹדֶשׁ וָמָעְלָה פְּקֻדֵיהֶם שִׁבְעַת אֲלָפִים וַחֲמֵשׁ מֵאוֹת:
כג כד מִשְׁפְּחֹת הַגֵּרְשֻׁנִּי אַחֲרֵי הַמִּשְׁכָּן יַחֲנוּ יָמָּה: וּנְשִׂיא בֵית־אָב
כה לַגֵּרְשֻׁנִּי אֶלְיָסָף בֶּן־לָאֵל: וּמִשְׁמֶרֶת בְּנֵי־גֵרְשׁוֹן בְּאֹהֶל מוֹעֵד
כו הַמִּשְׁכָּן וְהָאֹהֶל מִכְסֵהוּ וּמָסַךְ פֶּתַח אֹהֶל מוֹעֵד: וְקַלְעֵי הֶחָצֵר
וְאֶת־מָסַךְ פֶּתַח הֶחָצֵר אֲשֶׁר עַל־הַמִּשְׁכָּן וְעַל־הַמִּזְבֵּחַ סָבִיב

---

5 See note on 1:53.

6 The Tabernacle, the tent, and the covering represent different layers of the

27 ropes – and all the service related to these. Kehat en-
compassed the clans of Amram, Yitzhar, Ḥevron, and Uziel; these
28 were the Kohatite clans. Their total number of males a month old
and upward was 8,600; these kept the charge of the Sanctuary.
29 The Kohatite families were to camp on the south side of the
30 Tabernacle. The leader of the ancestral house of the Kohatite
31 families was Elitzafan son of Uziel. Their charge was the Ark, the
table, the candelabrum, the altars, and the sacred utensils used
in their service, and the screen and everything pertaining to it.
32 Chief of the leaders of the Levites was Elazar son of Aharon the
priest; he was appointed over those responsible for keeping charge
33 of the Sanctuary. Merari encompassed the clans of Maḥli and
34 Mushi; these were the Merarite families. The total number of their
35 males a month old and upward was 6,200. The leader of the
ancestral house of the Merarite families was Tzuriel son of Aviḥayil;
36 and they were to camp on the north side of the Tabernacle. The
Merarites were appointed to take care of the frames, bars, posts,
37 and bases of the Tabernacle, all its utensils and accessories, as well
as the posts of the surrounding courtyard with their bases, pegs,
38 and ropes. Those who were to camp to the east of the Tabernacle
in front of the Tent of Meeting toward the sunrise were Moshe,
Aharon, and his sons. They were charged, on the Israelites' behalf,
to keep faithful watch over the Sanctuary. Any outsider who drew
39 close would die. The total number of Levites counted by Moshe
and Aharon at the LORD's command, by their clans, all the males a
40 month old and upward, was 22,000. Then the LORD said SHISHI
to Moshe, "Count all the firstborn Israelite males a month of age
41 and upward, taking a census of their names. Take the Levites for
Me – I am the LORD – in place of all the firstborn of the Israelites,
and the livestock of the Levites in place of all the firstborn of the
42 Israelites' livestock." So Moshe counted all the firstborn of the
43 Israelites, as the LORD had commanded him. The total number of
firstborn males a month of age and upward, the full tally of their
names, was 22,273.

כו וְאֵת מֵיתָרָיו לְכֹל עֲבֹדָתוֹ׃ וְלִקְהָת מִשְׁפַּחַת הָעַמְרָמִי
וּמִשְׁפַּחַת הַיִּצְהָרִי וּמִשְׁפַּחַת הַחֶבְרֹנִי וּמִשְׁפַּחַת הָעָזִּיאֵלִי אֵלֶּה
כח הֵם מִשְׁפְּחֹת הַקְּהָתִי׃ בְּמִסְפַּר כָּל־זָכָר מִבֶּן־חֹדֶשׁ וָמָעְלָה
כט שְׁמֹנַת אֲלָפִים וְשֵׁשׁ מֵאוֹת שֹׁמְרֵי מִשְׁמֶרֶת הַקֹּדֶשׁ׃ מִשְׁפְּחֹת
ל בְּנֵי־קְהָת יַחֲנוּ עַל יֶרֶךְ הַמִּשְׁכָּן תֵּימָנָה׃ וּנְשִׂיא בֵית־אָב
לא לְמִשְׁפְּחֹת הַקְּהָתִי אֱלִיצָפָן בֶּן־עֻזִּיאֵל׃ וּמִשְׁמַרְתָּם הָאָרֹן
וְהַשֻּׁלְחָן וְהַמְּנֹרָה וְהַמִּזְבְּחֹת וּכְלֵי הַקֹּדֶשׁ אֲשֶׁר יְשָׁרְתוּ בָּהֶם
לב וְהַמָּסָךְ וְכֹל עֲבֹדָתוֹ׃ וּנְשִׂיא נְשִׂיאֵי הַלֵּוִי אֶלְעָזָר בֶּן־אַהֲרֹן
לג הַכֹּהֵן פְּקֻדַּת שֹׁמְרֵי מִשְׁמֶרֶת הַקֹּדֶשׁ׃ לִמְרָרִי מִשְׁפַּחַת הַמַּחְלִי
לד וּמִשְׁפַּחַת הַמּוּשִׁי אֵלֶּה הֵם מִשְׁפְּחֹת מְרָרִי׃ וּפְקֻדֵיהֶם בְּמִסְפַּר
לה כָּל־זָכָר מִבֶּן־חֹדֶשׁ וָמָעְלָה שֵׁשֶׁת אֲלָפִים וּמָאתָיִם׃ וּנְשִׂיא
בֵית־אָב לְמִשְׁפְּחֹת מְרָרִי צוּרִיאֵל בֶּן־אֲבִיחָיִל עַל יֶרֶךְ הַמִּשְׁכָּן
לו יַחֲנוּ צָפֹנָה׃ וּפְקֻדַּת מִשְׁמֶרֶת בְּנֵי מְרָרִי קַרְשֵׁי הַמִּשְׁכָּן וּבְרִיחָיו
לז וְעַמֻּדָיו וַאֲדָנָיו וְכָל־כֵּלָיו וְכֹל עֲבֹדָתוֹ׃ וְעַמֻּדֵי הֶחָצֵר סָבִיב
לח וְאַדְנֵיהֶם וִיתֵדֹתָם וּמֵיתְרֵיהֶם׃ וְהַחֹנִים לִפְנֵי הַמִּשְׁכָּן קֵדְמָה
לִפְנֵי אֹהֶל־מוֹעֵד ׀ מִזְרָחָה מֹשֶׁה ׀ וְאַהֲרֹן וּבָנָיו שֹׁמְרִים מִשְׁמֶרֶת
לט הַמִּקְדָּשׁ לְמִשְׁמֶרֶת בְּנֵי יִשְׂרָאֵל וְהַזָּר הַקָּרֵב יוּמָת׃ כָּל־פְּקוּדֵי
הַלְוִיִּם אֲשֶׁר פָּקַד מֹשֶׁה וְאַהֲרֹן עַל־פִּי יְהוָה לְמִשְׁפְּחֹתָם כָּל־
מ זָכָר מִבֶּן־חֹדֶשׁ וָמַעְלָה שְׁנַיִם וְעֶשְׂרִים אָלֶף׃ וַיֹּאמֶר ששי
יְהוָה אֶל־מֹשֶׁה פְּקֹד כָּל־בְּכֹר זָכָר לִבְנֵי יִשְׂרָאֵל מִבֶּן־חֹדֶשׁ
מא וָמָעְלָה וְשָׂא אֵת מִסְפַּר שְׁמֹתָם׃ וְלָקַחְתָּ אֶת־הַלְוִיִּם לִי אֲנִי
יְהוָה תַּחַת כָּל־בְּכֹר בִּבְנֵי יִשְׂרָאֵל וְאֵת בֶּהֱמַת הַלְוִיִּם תַּחַת
מב כָּל־בְּכוֹר בְּבֶהֱמַת בְּנֵי יִשְׂרָאֵל׃ וַיִּפְקֹד מֹשֶׁה כַּאֲשֶׁר צִוָּה
מג יְהוָה אֹתוֹ אֶת־כָּל־בְּכוֹר בִּבְנֵי יִשְׂרָאֵל׃ וַיְהִי כָל־בְּכוֹר זָכָר
בְּמִסְפַּר שֵׁמֹת מִבֶּן־חֹדֶשׁ וָמַעְלָה לִפְקֻדֵיהֶם שְׁנַיִם וְעֶשְׂרִים
אֶלֶף שְׁלֹשָׁה וְשִׁבְעִים וּמָאתָיִם׃

44 45 Then the Lord spoke to Moshe: "Take the Levites in place of
all the firstborn of Israel, and the livestock of the Levites in place
46 of their livestock. The Levites shall be Mine; I am the Lord. As
for the redemption of the 273 firstborn Israelites who exceed the
47 number of the Levites, collect five shekel for each, according to
48 the Sanctuary weight – a shekel being twenty gerah.[7] Give the
money to Aharon and his sons as a redemption for the additional
49 Israelites." Moshe took the redemption money from those who
50 were over and above those redeemed by the Levites; from the
firstborn of the Israelites he took silver weighing 1,365 shekel by the
51 Sanctuary weight. Moshe gave the redemption money to Aharon
and his sons, at the Lord's word, as the Lord had commanded
Moshe.

4 1 2 The Lord spoke to Moshe and Aharon: "Take a census of the SHEVI'I
Kohatites among the Levites, by their families and their ancestral
3 houses, from thirty to fifty years old: all those able to go into
4 service to perform the work of the Tent of Meeting. This will
be the service of the Kohatites in the Tent of Meeting: the most
5 sacred objects; when the camp is about to set out, Aharon and his
sons shall come and take down the screening curtain and cover the
6 Ark of the Testimony with it. Then they shall put over it a covering
of fine leather, and over that a cloth of pure blue, and then they
7 shall insert its poles. On the table of the showbread they shall
spread a blue cloth, and on it place the bowls, spoons, jars, and
the libation pitchers; and the bread of the Presence shall be on it
8 constantly. They shall spread over them a scarlet cloth, and then
cover it with a covering of fine leather; and then they shall insert
9 its poles. They shall take a blue cloth and cover the candelabrum
and its lamps, tongs, pans, and all the oil vessels used in its service.
10 Then they must put it and all its utensils into a covering of fine
11 leather, and place them on a carrying frame. They shall spread a

7 The gerah and the shekel are units of weight and currency, of which Sanctuary weights differed from the standard measure. A shekel was close to 20 grams or three-quarters of an ounce.

מד מה וַיְדַבֵּר יְהוָה אֶל־מֹשֶׁה לֵּאמֹר: קַח אֶת־הַלְוִיִּם תַּחַת כָּל־בְּכוֹר
בִּבְנֵי יִשְׂרָאֵל וְאֶת־בֶּהֱמַת הַלְוִיִּם תַּחַת בְּהֶמְתָּם וְהָיוּ־לִי הַלְוִיִּם
מו אֲנִי יְהוָה: וְאֵת פְּדוּיֵי הַשְּׁלֹשָׁה וְהַשִּׁבְעִים וְהַמָּאתָיִם הָעֹדְפִים
מז עַל־הַלְוִיִּם מִבְּכוֹר בְּנֵי יִשְׂרָאֵל: וְלָקַחְתָּ חֲמֵשֶׁת חֲמֵשֶׁת שְׁקָלִים
מח לַגֻּלְגֹּלֶת בְּשֶׁקֶל הַקֹּדֶשׁ תִּקָּח עֶשְׂרִים גֵּרָה הַשָּׁקֶל: וְנָתַתָּה
מט הַכֶּסֶף לְאַהֲרֹן וּלְבָנָיו פְּדוּיֵי הָעֹדְפִים בָּהֶם: וַיִּקַּח מֹשֶׁה אֵת
נ כֶּסֶף הַפִּדְיוֹם מֵאֵת הָעֹדְפִים עַל פְּדוּיֵי הַלְוִיִּם: מֵאֵת בְּכוֹר בְּנֵי
יִשְׂרָאֵל לָקַח אֶת־הַכָּסֶף חֲמִשָּׁה וְשִׁשִּׁים וּשְׁלֹשׁ מֵאוֹת וָאֶלֶף
נא בְּשֶׁקֶל הַקֹּדֶשׁ: וַיִּתֵּן מֹשֶׁה אֶת־כֶּסֶף הַפְּדֻיִם לְאַהֲרֹן וּלְבָנָיו
עַל־פִּי יְהוָה כַּאֲשֶׁר צִוָּה יְהוָה אֶת־מֹשֶׁה:
ד א ב וַיְדַבֵּר יְהוָה אֶל־מֹשֶׁה וְאֶל־אַהֲרֹן לֵאמֹר: נָשֹׂא אֶת־רֹאשׁ בְּנֵי שביעי
ג קְהָת מִתּוֹךְ בְּנֵי לֵוִי לְמִשְׁפְּחֹתָם לְבֵית אֲבֹתָם: מִבֶּן שְׁלֹשִׁים
שָׁנָה וָמַעְלָה וְעַד בֶּן־חֲמִשִּׁים שָׁנָה כָּל־בָּא לַצָּבָא לַעֲשׂוֹת
ד מְלָאכָה בְּאֹהֶל מוֹעֵד: זֹאת עֲבֹדַת בְּנֵי־קְהָת בְּאֹהֶל מוֹעֵד קֹדֶשׁ
ה הַקֳּדָשִׁים: וּבָא אַהֲרֹן וּבָנָיו בִּנְסֹעַ הַמַּחֲנֶה וְהוֹרִדוּ אֵת פָּרֹכֶת
ו הַמָּסָךְ וְכִסּוּ־בָהּ אֵת אֲרֹן הָעֵדֻת: וְנָתְנוּ עָלָיו כְּסוּי עוֹר תַּחַשׁ
ז וּפָרְשׂוּ בֶגֶד־כְּלִיל תְּכֵלֶת מִלְמָעְלָה וְשָׂמוּ בַּדָּיו: וְעַל | שֻׁלְחַן
הַפָּנִים יִפְרְשׂוּ בֶּגֶד תְּכֵלֶת וְנָתְנוּ עָלָיו אֶת־הַקְּעָרֹת וְאֶת־
הַכַּפֹּת וְאֶת־הַמְּנַקִּיֹּת וְאֵת קְשׂוֹת הַנָּסֶךְ וְלֶחֶם הַתָּמִיד עָלָיו
ח יִהְיֶה: וּפָרְשׂוּ עֲלֵיהֶם בֶּגֶד תּוֹלַעַת שָׁנִי וְכִסּוּ אֹתוֹ בְּמִכְסֵה עוֹר
ט תָּחַשׁ וְשָׂמוּ אֶת־בַּדָּיו: וְלָקְחוּ | בֶּגֶד תְּכֵלֶת וְכִסּוּ אֶת־מְנֹרַת
הַמָּאוֹר וְאֶת־נֵרֹתֶיהָ וְאֶת־מַלְקָחֶיהָ וְאֶת־מַחְתֹּתֶיהָ וְאֵת כָּל־
י כְּלֵי שַׁמְנָהּ אֲשֶׁר יְשָׁרְתוּ־לָהּ בָּהֶם: וְנָתְנוּ אֹתָהּ וְאֶת־כָּל־
יא כֵּלֶיהָ אֶל־מִכְסֵה עוֹר תָּחַשׁ וְנָתְנוּ עַל־הַמּוֹט: וְעַל | מִזְבַּח

blue cloth on the golden altar, and cover it with a covering of fine
12 leather; and then they shall insert its poles. Then they shall take
all the service utensils, with which they serve in the Sanctuary,
put them into a blue cloth, cover them with a covering of fine
13 leather, and place them on a carrying frame. They shall remove
14 the ashes from the altar and spread a purple cloth over it. Then
they shall place upon it all the special implements with which
they serve there – the pans, the forks, the shovels, the basins,
and all the altar's utensils – and spread over it all a covering of
15 fine leather, and then insert its poles. When Aharon and his sons
have finished covering the Sanctuary and all the furnishings of the
Sanctuary, when the camp is ready to set out, then the Kohatites
shall come to carry them; but they must not touch the sacred
objects lest they die. These are what the Kohatites must carry for
16 the Tent of Meeting. The responsibility of Elazar son of Aharon
the priest is for the lighting oil, the fragrant incense, the daily
grain offering, and the anointing oil. He is also responsible for
the whole Tabernacle and all that is in it, for the Sanctuary and
all its utensils."

17 18 Again the Lord spoke to Moshe and Aharon: "Do not let the MAFTIR
19 tribe of the clans of Kehat be cut off from among the Levites. So
that they may live and not die when they come close to the most
sacred things, they must do this: let Aharon and his sons go in
20 and assign each man his duties and what he must carry; but they
themselves must not go in and watch while the holy things are
being covered, for they would die."

21 22 Then the Lord spoke to Moshe: "Take a census too of the Ger- NASO
23 shonites, by their clans and their ancestral houses, from thirty
years old to fifty: all who go into service to carry out the work
24 of the Tent of Meeting. This will be the service of the clans of
25 Gershon, serving and carrying: they shall carry the curtains of the
Tabernacle and the Tent of Meeting, its covering, the covering of
fine leather that is over it, the screen at the entrance to the Tent
26 of Meeting, the hangings for the courtyard, the curtain for the

הַזָּהָב יִפְרְשׂוּ בֶּגֶד תְּכֵלֶת וְכִסּוּ אֹתוֹ בְּמִכְסֵה עוֹר תָּחַשׁ
יב וְשָׂמוּ אֶת־בַּדָּיו׃ וְלָקְחוּ אֶת־כָּל־כְּלֵי הַשָּׁרֵת אֲשֶׁר יְשָׁרְתוּ־
בָם בַּקֹּדֶשׁ וְנָתְנוּ אֶל־בֶּגֶד תְּכֵלֶת וְכִסּוּ אוֹתָם בְּמִכְסֵה עוֹר
יג תָּחַשׁ וְנָתְנוּ עַל־הַמּוֹט׃ וְדִשְּׁנוּ אֶת־הַמִּזְבֵּחַ וּפָרְשׂוּ עָלָיו בֶּגֶד
יד אַרְגָּמָן׃ וְנָתְנוּ עָלָיו אֶת־כָּל־כֵּלָיו אֲשֶׁר יְשָׁרְתוּ עָלָיו בָּהֶם
אֶת־הַמַּחְתֹּת אֶת־הַמִּזְלָגֹת וְאֶת־הַיָּעִים וְאֶת־הַמִּזְרָקֹת כֹּל
טו כְּלֵי הַמִּזְבֵּחַ וּפָרְשׂוּ עָלָיו כְּסוּי עוֹר תַּחַשׁ וְשָׂמוּ בַדָּיו׃ וְכִלָּה
אַהֲרֹן־וּבָנָיו לְכַסֹּת אֶת־הַקֹּדֶשׁ וְאֶת־כָּל־כְּלֵי הַקֹּדֶשׁ בִּנְסֹעַ
הַמַּחֲנֶה וְאַחֲרֵי־כֵן יָבֹאוּ בְנֵי־קְהָת לָשֵׂאת וְלֹא־יִגְּעוּ אֶל־
טז הַקֹּדֶשׁ וָמֵתוּ אֵלֶּה מַשָּׂא בְנֵי־קְהָת בְּאֹהֶל מוֹעֵד׃ וּפְקֻדַּת
אֶלְעָזָר ׀ בֶּן־אַהֲרֹן הַכֹּהֵן שֶׁמֶן הַמָּאוֹר וּקְטֹרֶת הַסַּמִּים וּמִנְחַת
הַתָּמִיד וְשֶׁמֶן הַמִּשְׁחָה פְּקֻדַּת כָּל־הַמִּשְׁכָּן וְכָל־אֲשֶׁר־בּוֹ בְּקֹדֶשׁ
וּבְכֵלָיו׃

יז יח וַיְדַבֵּר יְהוָה אֶל־מֹשֶׁה וְאֶל־אַהֲרֹן לֵאמֹר׃ אַל־תַּכְרִיתוּ אֶת־ ד מפטיר
יט שֵׁבֶט מִשְׁפְּחֹת הַקְּהָתִי מִתּוֹךְ הַלְוִיִּם׃ וְזֹאת ׀ עֲשׂוּ לָהֶם וְחָיוּ
וְלֹא יָמֻתוּ בְּגִשְׁתָּם אֶת־קֹדֶשׁ הַקֳּדָשִׁים אַהֲרֹן וּבָנָיו יָבֹאוּ
כ וְשָׂמוּ אוֹתָם אִישׁ אִישׁ עַל־עֲבֹדָתוֹ וְאֶל־מַשָּׂאוֹ׃ וְלֹא־יָבֹאוּ
לִרְאוֹת כְּבַלַּע אֶת־הַקֹּדֶשׁ וָמֵתוּ׃

כא כב וַיְדַבֵּר יְהוָה אֶל־מֹשֶׁה לֵּאמֹר׃ נָשֹׂא אֶת־רֹאשׁ בְּנֵי גֵרְשׁוֹן גַּם־ נשא
כג הֵם לְבֵית אֲבֹתָם לְמִשְׁפְּחֹתָם׃ מִבֶּן שְׁלֹשִׁים שָׁנָה וָמַעְלָה עַד
בֶּן־חֲמִשִּׁים שָׁנָה תִּפְקֹד אוֹתָם כָּל־הַבָּא לִצְבֹא צָבָא לַעֲבֹד
כד עֲבֹדָה בְּאֹהֶל מוֹעֵד׃ זֹאת עֲבֹדַת מִשְׁפְּחֹת הַגֵּרְשֻׁנִּי לַעֲבֹד
כה וּלְמַשָּׂא׃ וְנָשְׂאוּ אֶת־יְרִיעֹת הַמִּשְׁכָּן וְאֶת־אֹהֶל מוֹעֵד מִכְסֵהוּ
וּמִכְסֵה הַתַּחַשׁ אֲשֶׁר־עָלָיו מִלְמָעְלָה וְאֶת־מָסַךְ פֶּתַח אֹהֶל
כו מוֹעֵד׃ וְאֵת קַלְעֵי הֶחָצֵר וְאֶת־מָסַךְ ׀ פֶּתַח ׀ שַׁעַר הֶחָצֵר

entrance of the gate to the courtyard around the Tabernacle and
the altar, and their ropes, together with all the utensils for their
27 service and everything made for them; and they will serve. All
the carrying and service of the Gershonites shall be performed at
Aharon and his sons' command; you shall assign to their charge
28 all that they are to carry. This is the service of the families of the
Gershonites for the Tent of Meeting. Their charge will be under
29 the authority of Itamar son of Aharon the priest. As
for the sons of Merari, you shall number them by their clans and
30 ancestral houses, from thirty years old to fifty, all who go into
31 service to carry out the work of the Tent of Meeting. This is what
they are charged to carry as the whole of their service in the Tent
of Meeting: the boards of the Tabernacle, its crossbars, its posts,
32 its sockets; and the posts of the surrounding courtyard with
their sockets, pegs, and ropes, together with all their furnishings
and everything for their service. You shall assign each object by
33 name to the man charged with carrying it. This is the service of the
families of the Merarites, the whole of their service for the Tent of
Meeting, under the authority of Itamar son of Aharon the priest."
34 So Moshe and Aharon and the leaders of the community counted
35 the Kohatites by their clans and their ancestral houses, from thirty
years old to fifty, all who went into the service of the Tent of
36 37 Meeting; and those numbered by their clans were 2,750. These
were the ones numbered from the clans of Kehat, all who served
in the Tent of Meeting, whom Moshe and Aharon numbered at
38 the LORD's command through Moshe. Those numbered SHEINI
39 of the Gershonites, by their families and ancestral houses, from
thirty years old to fifty: all who went into the service of the Tent
40 of Meeting – those numbered by their clans and ancestral houses
41 were 2,630. These were the ones numbered from the families of
the Gershonites, all who served in the Tent of Meeting, whom
Moshe and Aharon numbered at the command of the LORD.
42 Those numbered from the clans of the Merarites, by their clans
43 and ancestral houses, from thirty years old to fifty, all who went

אֲשֶׁ֨ר עַל־הַמִּשְׁכָּ֜ן וְעַל־הַמִּזְבֵּ֨חַ֙ סָבִ֔יב וְאֵת֙ מֵיתְרֵיהֶ֔ם וְאֶת־כָּל־
כז כְּלֵ֖י עֲבֹדָתָ֑ם וְאֵ֨ת כָּל־אֲשֶׁ֧ר יֵעָשֶׂ֛ה לָהֶ֖ם וְעָבָֽדוּ׃ עַל־פִּי֩ אַהֲרֹ֨ן
וּבָנָ֜יו תִּֽהְיֶ֗ה כָּל־עֲבֹדַת֙ בְּנֵ֣י הַגֵּֽרְשֻׁנִּ֔י לְכָל־מַ֨שָּׂאָ֔ם וּלְכֹ֖ל עֲבֹדָתָ֑ם
כח וּפְקַדְתֶּ֤ם עֲלֵהֶם֙ בְּמִשְׁמֶ֔רֶת אֵ֖ת כָּל־מַשָּׂאָֽם׃ זֹ֣את עֲבֹדַ֗ת
מִשְׁפְּחֹת֙ בְּנֵ֣י הַגֵּֽרְשֻׁנִּ֔י בְּאֹ֣הֶל מוֹעֵ֑ד וּמִ֨שְׁמַרְתָּ֔ם בְּיַד֙ אִֽיתָמָ֔ר
כט בֶּן־אַהֲרֹ֖ן הַכֹּהֵֽן׃ בְּנֵ֖י מְרָרִ֑י לְמִשְׁפְּחֹתָ֥ם לְבֵית־
ל אֲבֹתָ֖ם תִּפְקֹ֥ד אֹתָֽם׃ מִבֶּן֩ שְׁלֹשִׁ֨ים שָׁנָ֜ה וָמַ֗עְלָה וְעַ֛ד בֶּן־
חֲמִשִּׁ֥ים שָׁנָ֖ה תִּפְקְדֵ֑ם כָּל־הַבָּא֙ לַצָּבָ֔א לַעֲבֹ֕ד אֶת־עֲבֹדַ֖ת
לא אֹ֥הֶל מוֹעֵֽד׃ וְזֹאת֙ מִשְׁמֶ֣רֶת מַשָּׂאָ֔ם לְכָל־עֲבֹדָתָ֖ם בְּאֹ֣הֶל
לב מוֹעֵ֑ד קַרְשֵׁי֙ הַמִּשְׁכָּ֔ן וּבְרִיחָ֥יו וְעַמּוּדָ֖יו וַאֲדָנָֽיו׃ וְעַמּוּדֵ֨י הֶחָצֵ֜ר
סָבִ֗יב וְאַדְנֵיהֶם֙ וִיתֵ֣דֹתָ֔ם וּמֵ֣יתְרֵיהֶ֔ם לְכָל־כְּלֵיהֶ֔ם וּלְכֹ֖ל עֲבֹדָתָ֑ם
לג וּבְשֵׁמֹ֣ת תִּפְקְד֔וּ אֶת־כְּלֵ֖י מִשְׁמֶ֥רֶת מַשָּׂאָֽם׃ זֹ֣את עֲבֹדַ֗ת מִשְׁפְּחֹת֙
בְּנֵ֣י מְרָרִ֔י לְכָל־עֲבֹדָתָ֖ם בְּאֹ֣הֶל מוֹעֵ֑ד בְּיַד֙ אִֽיתָמָ֔ר בֶּן־אַהֲרֹ֖ן
לד הַכֹּהֵֽן׃ וַיִּפְקֹ֨ד מֹשֶׁ֧ה וְאַהֲרֹ֛ן וּנְשִׂיאֵ֥י הָעֵדָ֖ה אֶת־בְּנֵ֣י הַקְּהָתִ֑י
לה לְמִשְׁפְּחֹתָ֖ם וּלְבֵ֥ית אֲבֹתָֽם׃ מִבֶּ֨ן שְׁלֹשִׁ֤ים שָׁנָה֙ וָמַ֔עְלָה וְעַ֖ד
לו בֶּן־חֲמִשִּׁ֣ים שָׁנָ֑ה כָּל־הַבָּא֙ לַצָּבָ֔א לַעֲבֹדָ֖ה בְּאֹ֥הֶל מוֹעֵֽד׃ וַיִּהְי֥וּ
לז פְקֻדֵיהֶ֖ם לְמִשְׁפְּחֹתָ֑ם אַלְפַּ֕יִם שְׁבַ֥ע מֵא֖וֹת וַחֲמִשִּֽׁים׃ אֵ֣לֶּה
פְקוּדֵי֙ מִשְׁפְּחֹ֣ת הַקְּהָתִ֔י כָּל־הָעֹבֵ֖ד בְּאֹ֣הֶל מוֹעֵ֑ד אֲשֶׁ֨ר פָּקַ֤ד
לח מֹשֶׁה֙ וְאַהֲרֹ֔ן עַל־פִּ֥י יְהוָ֖ה בְּיַד־מֹשֶֽׁה׃ וּפְקוּדֵ֖י בְּנֵ֣י שני
לט גֵרְשׁ֑וֹן לְמִשְׁפְּחוֹתָ֖ם וּלְבֵ֥ית אֲבֹתָֽם׃ מִבֶּ֨ן שְׁלֹשִׁ֤ים שָׁנָה֙ וָמַ֔עְלָה
וְעַ֖ד בֶּן־חֲמִשִּׁ֣ים שָׁנָ֑ה כָּל־הַבָּא֙ לַצָּבָ֔א לַעֲבֹדָ֖ה בְּאֹ֥הֶל מוֹעֵֽד׃
מ וַיִּהְיוּ֙ פְּקֻדֵיהֶ֔ם לְמִשְׁפְּחֹתָ֖ם לְבֵ֣ית אֲבֹתָ֑ם אַלְפַּ֕יִם וְשֵׁ֥שׁ מֵא֖וֹת
מא וּשְׁלֹשִֽׁים׃ אֵ֣לֶּה פְקוּדֵ֗י מִשְׁפְּחֹת֙ בְּנֵ֣י גֵרְשׁ֔וֹן כָּל־הָעֹבֵ֖ד בְּאֹ֣הֶל
מב מוֹעֵ֑ד אֲשֶׁ֨ר פָּקַ֥ד מֹשֶׁ֛ה וְאַהֲרֹ֖ן עַל־פִּ֥י יְהוָֽה׃ וּפְקוּדֵ֕י מִשְׁפְּחֹ֖ת
מג בְּנֵ֣י מְרָרִ֑י לְמִשְׁפְּחֹתָ֖ם לְבֵ֥ית אֲבֹתָֽם׃ מִבֶּ֨ן שְׁלֹשִׁ֤ים שָׁנָה֙ וָמַ֔עְלָה
וְעַ֖ד בֶּן־חֲמִשִּׁ֣ים שָׁנָ֑ה כָּל־הַבָּא֙ לַצָּבָ֔א לַעֲבֹדָ֖ה בְּאֹ֥הֶל מוֹעֵֽד׃

44 into the service of the Tent of Meeting – those numbered by
45 their clans were 3,200. These were the ones numbered from the
clans of the Merarites, whom Moshe and Aharon numbered at
46 the LORD's command through Moshe. All the Levites, whom
Moshe, Aharon, and the leaders of Israel numbered by their clans
47 and ancestral houses, from thirty years old to fifty: all who entered
to do the work of service and the work of carrying relating to the
48 49 Tent of Meeting – those numbered were 8,580. At the command
of the LORD they were listed, and by the authority of Moshe, each
according to his service and to what he was to carry; thus was each
one numbered as the LORD had commanded Moshe.
5 1 2 Then the LORD spoke to Moshe: "Command the Israelites to send SHELISHI
away from the camp anyone who has an impure blight,[8] or has had a
3 discharge,[9] or anyone made impure by contact with the dead. Male
or female, you must send them away – send them away outside
the camp, so that they do not defile their camps, in the midst
4 of which I dwell." The Israelites did so: outside the camp they sent
them. As the LORD spoke to Moshe, so the Israelites did.
5 6 And the LORD spoke to Moshe: "Tell the Israelites: When one
man or woman commits any sin against another, breaking faith
7 with the LORD and incurring guilt, then he or she shall confess
the sin committed and make restitution, adding a fifth to its value,
8 and giving it all to the one whom he has wronged.[10] But if there is
no relative to whom restitution can be made for the wrong,[11] the
restitution for that wrong shall go to the LORD, to the priest, in
addition to the ram of atonement by which atonement is made
9 on his behalf. All gifts the Israelites present to the priest as sacred
10 offerings shall be his. Each priest's sacred offerings will be his;
whatever anyone gives him shall be his."
11 12 The LORD spoke to Moshe: "Speak to the Israelites and tell them: REVI'I

10 Cf. Leviticus 5:20–26; one who takes a false oath denying theft or embezzlement must add a fifth when making restoration.

11 According to the traditional understanding, this means that the victim is a since-deceased convert, who has no Israelite heirs.

מד מה ויהיו פקדיהם למשפחתם שלשת אלפים ומאתים: אלה
פקודי משפחת בני מררי אשר פקד משה ואהרן על־פי
מו יהוה ביד־משה: כל־הפקדים אשר פקד משה ואהרן ונשיאי
מז ישראל את־הלוים למשפחתם ולבית אבתם: מבן שלשים
שנה ומעלה ועד בן־חמשים שנה כל־הבא לעבד עבדת
מח עבדה ועבדת משא באהל מועד: ויהיו פקדיהם שמנת
מט אלפים וחמש מאות ושמנים: על־פי יהוה פקד אותם ביד־
משה איש איש על־עבדתו ועל־משאו ופקדיו אשר־צוה
יהוה את־משה:

ה א ב וידבר יהוה אל־משה לאמר: צו את־בני ישראל וישלחו מן־ שלישי
ג המחנה כל־צרוע וכל־זב וכל טמא לנפש: מזכר עד־נקבה
תשלחו אל־מחוץ למחנה תשלחום ולא יטמאו את־מחניהם
ד אשר אני שכן בתוכם: ויעשו־כן בני ישראל וישלחו אותם
אל־מחוץ למחנה כאשר דבר יהוה אל־משה כן עשו בני
ישראל:

ה ו וידבר יהוה אל־משה לאמר: דבר אל־בני ישראל איש או־
אשה כי יעשו מכל־חטאת האדם למעל מעל ביהוה ואשמה
ז הנפש ההוא: והתודו את־חטאתם אשר עשו והשיב את־
ח אשמו בראשו וחמישתו יסף עליו ונתן לאשר אשם לו: ואם־
אין לאיש גאל להשיב האשם אליו האשם המושב ליהוה
ט לכהן מלבד איל הכפרים אשר יכפר־בו עליו: וכל־תרומה
י לכל־קדשי בני־ישראל אשר־יקריבו לכהן לו יהיה: ואיש
את־קדשיו לו יהיו איש אשר־יתן לכהן לו יהיה:

יא יב וידבר יהוה אל־משה לאמר: דבר אל־בני ישראל ואמרת ה רביעי

8 See Leviticus, chapter 13.
9 See Leviticus, chapter 15.

13 If any man's wife goes astray and is unfaithful to him; if another
man has sexual relations with her, and this happens without the
husband's knowledge because she defiled herself in secret, there
were no witness against her, and she was not caught in the act –
14 if a fit of jealousy overcomes him, making him jealous over his
wife who has defiled herself, or a fit of jealousy overcomes him,
making him jealous over his wife who has not defiled herself[12] –
15 then the man shall bring his wife to the priest together with the
prescribed offering for her, one-tenth of an ephah[13] of barley flour.
He shall not pour oil on it or place frankincense upon it, for it is a
grain offering of jealousy, a grain offering of remembrance, calling
16 attention to a wrong. The priest shall bring the woman close and
17 have her stand before the LORD. He shall then take sacred water
in an earthenware vessel, and pick up some earth from the floor
18 of the Tabernacle and place it in the water. He shall have the
woman stand before the LORD, and loosen the hair of the woman's
head, placing on her palms the grain offering of remembrance, the
grain offering of jealousy. His hand shall hold the bitter water
19 that gives rise to a curse. And the priest shall administer an oath
to her, saying to the woman, 'If no man has had sexual relations
with you, and if you have not gone astray, letting yourself be
defiled while married to your husband, may your innocence be
20 established by this bitter, cursing water. But if you have gone
astray while married to your husband, and if you have let yourself
be defiled and a man other than your husband has had relations
21 with you' – the priest shall here put the woman under the oath
of the curse, and say to her – 'the LORD make you a curse and an
oath among your people, when the LORD makes your thigh sag
22 and your belly swell;[14] may this curse-causing water enter your
intestines and make your belly swell and your thigh sag.' And the
23 woman shall say, 'Amen, Amen.' Then the priest shall write these
24 curses on a scroll and wash them off into the bitter water. He shall
make the woman drink the bitter water that causes a curse, and the

יג אֲלֵהֶם אִישׁ אִישׁ כִּי־תִשְׂטֶה אִשְׁתּוֹ וּמָעֲלָה בוֹ מָעַל: וְשָׁכַב
אִישׁ אֹתָהּ שִׁכְבַת־זֶרַע וְנֶעְלַם מֵעֵינֵי אִישָׁהּ וְנִסְתְּרָה וְהִיא
יד נִטְמָאָה וְעֵד אֵין בָּהּ וְהִוא לֹא נִתְפָּשָׂה: וְעָבַר עָלָיו רוּחַ־קִנְאָה
וְקִנֵּא אֶת־אִשְׁתּוֹ וְהִוא נִטְמָאָה אוֹ־עָבַר עָלָיו רוּחַ־קִנְאָה
טו וְקִנֵּא אֶת־אִשְׁתּוֹ וְהִיא לֹא נִטְמָאָה: וְהֵבִיא הָאִישׁ אֶת־אִשְׁתּוֹ
אֶל־הַכֹּהֵן וְהֵבִיא אֶת־קָרְבָּנָהּ עָלֶיהָ עֲשִׂירִת הָאֵיפָה קֶמַח
שְׂעֹרִים לֹא־יִצֹק עָלָיו שֶׁמֶן וְלֹא־יִתֵּן עָלָיו לְבֹנָה כִּי־מִנְחַת
טז קְנָאֹת הוּא מִנְחַת זִכָּרוֹן מַזְכֶּרֶת עָוֺן: וְהִקְרִיב אֹתָהּ הַכֹּהֵן
יז וְהֶעֱמִדָהּ לִפְנֵי יהוה: וְלָקַח הַכֹּהֵן מַיִם קְדֹשִׁים בִּכְלִי־חָרֶשׂ
וּמִן־הֶעָפָר אֲשֶׁר יִהְיֶה בְּקַרְקַע הַמִּשְׁכָּן יִקַּח הַכֹּהֵן וְנָתַן אֶל־
יח הַמָּיִם: וְהֶעֱמִיד הַכֹּהֵן אֶת־הָאִשָּׁה לִפְנֵי יהוה וּפָרַע אֶת־רֹאשׁ
הָאִשָּׁה וְנָתַן עַל־כַּפֶּיהָ אֵת מִנְחַת הַזִּכָּרוֹן מִנְחַת קְנָאֹת הִוא
יט וּבְיַד הַכֹּהֵן יִהְיוּ מֵי הַמָּרִים הַמְאָרֲרִים: וְהִשְׁבִּיעַ אֹתָהּ הַכֹּהֵן
וְאָמַר אֶל־הָאִשָּׁה אִם־לֹא שָׁכַב אִישׁ אֹתָךְ וְאִם־לֹא שָׂטִית
טֻמְאָה תַּחַת אִישֵׁךְ הִנָּקִי מִמֵּי הַמָּרִים הַמְאָרֲרִים הָאֵלֶּה:
כ וְאַתְּ כִּי שָׂטִית תַּחַת אִישֵׁךְ וְכִי נִטְמֵאת וַיִּתֵּן אִישׁ בָּךְ אֶת־
כא שְׁכָבְתּוֹ מִבַּלְעֲדֵי אִישֵׁךְ: וְהִשְׁבִּיעַ הַכֹּהֵן אֶת־הָאִשָּׁה בִּשְׁבֻעַת
הָאָלָה וְאָמַר הַכֹּהֵן לָאִשָּׁה יִתֵּן יהוה אוֹתָךְ לְאָלָה וְלִשְׁבֻעָה
בְּתוֹךְ עַמֵּךְ בְּתֵת יהוה אֶת־יְרֵכֵךְ נֹפֶלֶת וְאֶת־בִּטְנֵךְ צָבָה:
כב וּבָאוּ הַמַּיִם הַמְאָרֲרִים הָאֵלֶּה בְּמֵעַיִךְ לַצְבּוֹת בֶּטֶן וְלַנְפִּל
כג יָרֵךְ וְאָמְרָה הָאִשָּׁה אָמֵן ׀ אָמֵן: וְכָתַב אֶת־הָאָלֹת הָאֵלֶּה
כד הַכֹּהֵן בַּסֵּפֶר וּמָחָה אֶל־מֵי הַמָּרִים: וְהִשְׁקָה אֶת־הָאִשָּׁה אֶת־

12 In other words, the husband does not know for sure whether his wife has "defiled herself."

13 An ephah is a solid measure equivalent to approximately 25 liters.

14 Opinions vary regarding the precise nature and implications of this physical reaction.

25 curse-causing water will enter into her and turn bitter. The priest
shall take the grain offering of jealousy from the woman's hand,
wave the grain offering before the LORD, and bring it close to the
26 altar. Then the priest shall take a handful of the grain offering as
a token, and burn it on the altar, after which he shall make the
27 woman drink the water. He having given her the water to drink,
then, if she has let herself be defiled and behaved unfaithfully
toward her husband, the curse-causing water will turn bitter, her
belly will swell, her thigh will sag, and the woman will become a
28 curse among her people. But if the woman has not let herself be
defiled and is pure, then she shall be cleared and will conceive
29 children." This is the law for cases of jealousy, when a woman goes
astray with someone in place of her husband and becomes defiled,
30 or when a fit of jealousy overcomes a man and he grows jealous
over his wife.[15] He shall have the woman stand before the LORD,
31 and the priest will deal with her as all this law prescribes. No guilt
will attach to the husband,[16] but the woman in question will bear
the punishment of her offense.

6 1 2 Then the LORD spoke to Moshe: "Speak to the Israelites. Say:
When a man or a woman takes a special vow, the vow of a nazirite,[17]
3 to separate him or herself to the LORD, he must separate himself
from wine and strong drink. He must drink neither vinegar made
from wine nor vinegar made from any other strong drink, nor
may he drink any juice made with grapes, nor eat fresh grapes or
4 raisins. All the days of his separation he must not eat anything that
5 comes from the grapevine, from seed to skin. All the days of his
separation vow, no razor shall touch his head. Until the completion
of the time for which he separated himself to the LORD, he shall be
6 holy, and must let the locks of his hair grow long. All the days of
his separation to the LORD, he must not come near a dead body.
7 Even for his father or mother or brother or sister, if they die, he
must not defile himself, for his vow of separation to his God is on

17 Literally "one who is separated." *Nezer* can also mean "crown"; see verse 7 below.

מֵי הַמָּרִים הַמְאָרְרִים וּבָאוּ בָהּ הַמַּיִם הַמְאָרְרִים לְמָרִים׃
כה וְלָקַח הַכֹּהֵן מִיַּד הָאִשָּׁה אֵת מִנְחַת הַקְּנָאֹת וְהֵנִיף אֶת־
כו הַמִּנְחָה לִפְנֵי יהוה וְהִקְרִיב אֹתָהּ אֶל־הַמִּזְבֵּחַ׃ וְקָמַץ הַכֹּהֵן
מִן־הַמִּנְחָה אֶת־אַזְכָּרָתָהּ וְהִקְטִיר הַמִּזְבֵּחָה וְאַחַר יַשְׁקֶה
כז אֶת־הָאִשָּׁה אֶת־הַמָּיִם׃ וְהִשְׁקָהּ אֶת־הַמַּיִם וְהָיְתָה אִם־
נִטְמְאָה וַתִּמְעֹל מַעַל בְּאִישָׁהּ וּבָאוּ בָהּ הַמַּיִם הַמְאָרְרִים
לְמָרִים וְצָבְתָה בִטְנָהּ וְנָפְלָה יְרֵכָהּ וְהָיְתָה הָאִשָּׁה לְאָלָה
כח בְּקֶרֶב עַמָּהּ׃ וְאִם־לֹא נִטְמְאָה הָאִשָּׁה וּטְהֹרָה הִוא וְנִקְּתָה
כט וְנִזְרְעָה זָרַע׃ זֹאת תּוֹרַת הַקְּנָאֹת אֲשֶׁר תִּשְׂטֶה אִשָּׁה תַּחַת
ל אִישָׁהּ וְנִטְמָאָה׃ אוֹ אִישׁ אֲשֶׁר תַּעֲבֹר עָלָיו רוּחַ קִנְאָה וְקִנֵּא
אֶת־אִשְׁתּוֹ וְהֶעֱמִיד אֶת־הָאִשָּׁה לִפְנֵי יהוה וְעָשָׂה לָהּ הַכֹּהֵן
לא אֵת כָּל־הַתּוֹרָה הַזֹּאת׃ וְנִקָּה הָאִישׁ מֵעָוֹן וְהָאִשָּׁה הַהִוא
תִּשָּׂא אֶת־עֲוֹנָהּ׃

ו א ב וַיְדַבֵּר יהוה אֶל־מֹשֶׁה לֵּאמֹר׃ דַּבֵּר אֶל־בְּנֵי יִשְׂרָאֵל וְאָמַרְתָּ
אֲלֵהֶם אִישׁ אוֹ־אִשָּׁה כִּי יַפְלִא לִנְדֹּר נֶדֶר נָזִיר לְהַזִּיר לַיהוה׃
ג מִיַּיִן וְשֵׁכָר יַזִּיר חֹמֶץ יַיִן וְחֹמֶץ שֵׁכָר לֹא יִשְׁתֶּה וְכָל־מִשְׁרַת
ד עֲנָבִים לֹא יִשְׁתֶּה וַעֲנָבִים לַחִים וִיבֵשִׁים לֹא יֹאכֵל׃ כֹּל יְמֵי
נִזְרוֹ מִכֹּל אֲשֶׁר יֵעָשֶׂה מִגֶּפֶן הַיַּיִן מֵחַרְצַנִּים וְעַד־זָג לֹא יֹאכֵל׃
ה כָּל־יְמֵי נֶדֶר נִזְרוֹ תַּעַר לֹא־יַעֲבֹר עַל־רֹאשׁוֹ עַד־מְלֹאת הַיָּמִם
ו אֲשֶׁר־יַזִּיר לַיהוה קָדֹשׁ יִהְיֶה גַּדֵּל פֶּרַע שְׂעַר רֹאשׁוֹ׃ כָּל־יְמֵי
ז הַזִּירוֹ לַיהוה עַל־נֶפֶשׁ מֵת לֹא יָבֹא׃ לְאָבִיו וּלְאִמּוֹ לְאָחִיו
וּלְאַחֹתוֹ לֹא־יִטַּמָּא לָהֶם בְּמֹתָם כִּי נֵזֶר אֱלֹהָיו עַל־רֹאשׁוֹ׃

15 That is, even though she in fact did not defile herself.

16 According to rabbinic interpretation, the husband may initiate the process only if there is testimony that his wife, despite being warned, secluded herself with a particular man. The husband therefore does not bear responsibility for subjecting her to the procedure without cause.

8 his head.[18] All the days of his separation he is holy to the LORD.
9 If someone dies suddenly beside him, defiling his consecrated
head, he shall shave his head on the day of his purification; on
10 the seventh day he shall shave it. Then, on the eighth day, he shall
bring two turtledoves or two young pigeons to the priest, to the
11 entrance of the Tent of Meeting. The priest will offer one as a
purification offering and the other as a burnt offering, and make
atonement for him for the guilt he incurred through contact with
the dead body. He shall consecrate his head anew on that day.
12 He must rededicate himself to the LORD for the full term of his
vow, and bring a yearling lamb as a guilt offering. The former
13 days are discounted because his separation was defiled. This is
the law of the nazirite: On the day that the term of his nazirite
vow is completed, he shall be brought to the entrance to the Tent
14 of Meeting. He shall present his offering to the LORD: one male
yearling lamb without blemish for a burnt offering, one yearling
ewe lamb without blemish for a purification offering, one ram
15 without blemish for a peace offering, and a basket of unleavened
bread, loaves of fine flour mixed with olive oil, and unleavened
wafers smeared with olive oil, along with their grain offering and
16 libations. The priest shall present these before the LORD and offer
17 up his purification offering and his burnt offering. He shall then
offer the ram as a sacrifice, a peace offering to the LORD, together
with the basket of unleavened bread. The priest shall also offer
18 his grain offering and his libation. The nazirite shall shave his
consecrated hair at the entrance to the Tent of Meeting and take
the hair of his consecrated head and place it on the fire beneath
19 the peace offering. The priest shall take the boiled foreleg of the
ram, one unleavened loaf from the basket, and one unleavened
wafer, and place them on the hands of the nazirite after he has
20 shaved his consecrated head. The priest shall wave them as a wave
offering before the LORD. It is a sacred gift for the priest, together
with the breast of the wave offering and the thigh of the upraised
21 gift.[19] After this the nazirite may drink wine." This is the law of the

ח ט כֹּל יְמֵי נִזְרוֹ קָדֹשׁ הוּא לַיהוה: וְכִי־יָמוּת מֵת עָלָיו בְּפֶתַע פִּתְאֹם
וְטִמֵּא רֹאשׁ נִזְרוֹ וְגִלַּח רֹאשׁוֹ בְּיוֹם טׇהֳרָתוֹ בַּיּוֹם הַשְּׁבִיעִי
י יְגַלְּחֶנּוּ: וּבַיּוֹם הַשְּׁמִינִי יָבִא שְׁתֵּי תֹרִים אוֹ שְׁנֵי בְּנֵי יוֹנָה אֶל־
יא הַכֹּהֵן אֶל־פֶּתַח אֹהֶל מוֹעֵד: וְעָשָׂה הַכֹּהֵן אֶחָד לְחַטָּאת
וְאֶחָד לְעֹלָה וְכִפֶּר עָלָיו מֵאֲשֶׁר חָטָא עַל־הַנָּפֶשׁ וְקִדַּשׁ אֶת־
יב רֹאשׁוֹ בַּיּוֹם הַהוּא: וְהִזִּיר לַיהוה אֶת־יְמֵי נִזְרוֹ וְהֵבִיא כֶּבֶשׂ
יג בֶּן־שְׁנָתוֹ לְאָשָׁם וְהַיָּמִים הָרִאשֹׁנִים יִפְּלוּ כִּי טָמֵא נִזְרוֹ: וְזֹאת
תּוֹרַת הַנָּזִיר בְּיוֹם מְלֹאת יְמֵי נִזְרוֹ יָבִיא אֹתוֹ אֶל־פֶּתַח אֹהֶל
יד מוֹעֵד: וְהִקְרִיב אֶת־קׇרְבָּנוֹ לַיהוה כֶּבֶשׂ בֶּן־שְׁנָתוֹ תָמִים אֶחָד
לְעֹלָה וְכַבְשָׂה אַחַת בַּת־שְׁנָתָהּ תְּמִימָה לְחַטָּאת וְאַיִל־אֶחָד
טו תָּמִים לִשְׁלָמִים: וְסַל מַצּוֹת סֹלֶת חַלֹּת בְּלוּלֹת בַּשֶּׁמֶן וּרְקִיקֵי
טז מַצּוֹת מְשֻׁחִים בַּשָּׁמֶן וּמִנְחָתָם וְנִסְכֵּיהֶם: וְהִקְרִיב הַכֹּהֵן לִפְנֵי
יז יהוה וְעָשָׂה אֶת־חַטָּאתוֹ וְאֶת־עֹלָתוֹ: וְאֶת־הָאַיִל יַעֲשֶׂה זֶבַח
שְׁלָמִים לַיהוה עַל סַל הַמַּצּוֹת וְעָשָׂה הַכֹּהֵן אֶת־מִנְחָתוֹ וְאֶת־
יח נִסְכּוֹ: וְגִלַּח הַנָּזִיר פֶּתַח אֹהֶל מוֹעֵד אֶת־רֹאשׁ נִזְרוֹ וְלָקַח אֶת־
שְׂעַר רֹאשׁ נִזְרוֹ וְנָתַן עַל־הָאֵשׁ אֲשֶׁר־תַּחַת זֶבַח הַשְּׁלָמִים:
יט וְלָקַח הַכֹּהֵן אֶת־הַזְּרֹעַ בְּשֵׁלָה מִן־הָאַיִל וְחַלַּת מַצָּה אַחַת
מִן־הַסַּל וּרְקִיק מַצָּה אֶחָד וְנָתַן עַל־כַּפֵּי הַנָּזִיר אַחַר הִתְגַּלְּחוֹ
כ אֶת־נִזְרוֹ: וְהֵנִיף אוֹתָם הַכֹּהֵן ׀ תְּנוּפָה לִפְנֵי יהוה קֹדֶשׁ הוּא
לַכֹּהֵן עַל חֲזֵה הַתְּנוּפָה וְעַל שׁוֹק הַתְּרוּמָה וְאַחַר יִשְׁתֶּה
כא הַנָּזִיר יָיִן: זֹאת תּוֹרַת הַנָּזִיר אֲשֶׁר יִדֹּר קׇרְבָּנוֹ לַיהוה עַל־נִזְרוֹ

---

18 The phrase can simultaneously be understood to mean: "the crown (*nezer*) of his God is on his head."

19 See Leviticus 7:28–34.

nazirite who vows offerings to the Lord as a nazirite. Whatever
he can afford further and vows to give, beyond what the law of the
nazirite obliges him to, that too shall he fulfill.
22 23 The Lord spoke to Moshe: "Tell Aharon and his sons: This is
24 how you are to bless the Israelites. Say to them: 'May
25 the Lord bless you and watch over you. May the
Lord make His face shine upon you and be gracious to
26 you. May the Lord raise His face toward you and grant
27 you peace.' They shall set My name upon the Israelites,[20]
7 1 and I will bless them." On the day when Moshe finished HAMISHI
establishing the Tabernacle, he anointed it and consecrated it. He
2 anointed and consecrated the altar, too, and all its utensils. And
the princes of Israel, leaders of their ancestral houses, drew close.
They were the princes of the tribes, the ones who had directed
3 the census. And they brought their offerings before the Lord:
six covered wagons and twelve oxen – a wagon for every two
leaders, and for each one an ox. They presented them before the
4 5 Tabernacle. The Lord said to Moshe, "Accept these from them
and use them for service in the Tent of Meeting. Give them to the
6 Levites, to each according to his service." Moshe took the wagons
7 and the oxen, and he gave them to the Levites. He gave two
wagons and four oxen to the Gershonites as their service required.
8 He gave four wagons and eight oxen to the Merarites for their
service under the supervision of Itamar son of Aharon the priest.
9 But to the Kohatites he gave none, for their responsibility was for
10 the sacred articles that had to be carried on their shoulders. The
princes presented their dedication offering for the altar at the time
when it was anointed. The princes brought their offerings before
11 the altar. The Lord said to Moshe, "Each day one prince is to bring
12 close his offering for the dedication of the altar." The one
who presented his offering on the first day was Naḥshon son of
13 Aminadav, from the tribe of Yehuda. His offering was one silver
bowl weighing one hundred and thirty shekel and one silver basin

מִלְּבַד אֲשֶׁר־תַּשִּׂיג יָדוֹ כְּפִי נִדְרוֹ אֲשֶׁר יִדֹּר כֵּן יַעֲשֶׂה עַל תּוֹרַת
נִזְרוֹ׃
כב כג וַיְדַבֵּר יהוה אֶל־מֹשֶׁה לֵּאמֹר׃ דַּבֵּר אֶל־אַהֲרֹן וְאֶל־בָּנָיו לֵאמֹר ו
כד כֹּה תְבָרְכוּ אֶת־בְּנֵי יִשְׂרָאֵל אָמוֹר לָהֶם׃ יְבָרֶכְךָ יהוה
כה כו וְיִשְׁמְרֶךָ׃ יָאֵר יהוה ׀ פָּנָיו אֵלֶיךָ וִיחֻנֶּךָּ׃ יִשָּׂא
כז יהוה ׀ פָּנָיו אֵלֶיךָ וְיָשֵׂם לְךָ שָׁלוֹם׃ וְשָׂמוּ אֶת־שְׁמִי
ז א עַל־בְּנֵי יִשְׂרָאֵל וַאֲנִי אֲבָרְכֵם׃ וַיְהִי בְּיוֹם כַּלּוֹת חמישי
מֹשֶׁה לְהָקִים אֶת־הַמִּשְׁכָּן וַיִּמְשַׁח אֹתוֹ וַיְקַדֵּשׁ אֹתוֹ וְאֶת־
כָּל־כֵּלָיו וְאֶת־הַמִּזְבֵּחַ וְאֶת־כָּל־כֵּלָיו וַיִּמְשָׁחֵם וַיְקַדֵּשׁ אֹתָם׃
ב וַיַּקְרִיבוּ נְשִׂיאֵי יִשְׂרָאֵל רָאשֵׁי בֵּית אֲבֹתָם הֵם נְשִׂיאֵי הַמַּטֹּת
ג הֵם הָעֹמְדִים עַל־הַפְּקֻדִים׃ וַיָּבִיאוּ אֶת־קָרְבָּנָם לִפְנֵי יהוה
שֵׁשׁ־עֶגְלֹת צָב וּשְׁנֵי־עָשָׂר בָּקָר עֲגָלָה עַל־שְׁנֵי הַנְּשִׂאִים וְשׁוֹר
ד לְאֶחָד וַיַּקְרִיבוּ אוֹתָם לִפְנֵי הַמִּשְׁכָּן׃ וַיֹּאמֶר יהוה אֶל־מֹשֶׁה
ה לֵּאמֹר׃ קַח מֵאִתָּם וְהָיוּ לַעֲבֹד אֶת־עֲבֹדַת אֹהֶל מוֹעֵד וְנָתַתָּה
ו אוֹתָם אֶל־הַלְוִיִּם אִישׁ כְּפִי עֲבֹדָתוֹ׃ וַיִּקַּח מֹשֶׁה אֶת־הָעֲגָלֹת
ז וְאֶת־הַבָּקָר וַיִּתֵּן אוֹתָם אֶל־הַלְוִיִּם׃ אֵת ׀ שְׁתֵּי הָעֲגָלוֹת וְאֵת
ח אַרְבַּעַת הַבָּקָר נָתַן לִבְנֵי גֵרְשׁוֹן כְּפִי עֲבֹדָתָם׃ וְאֵת ׀ אַרְבַּע
הָעֲגָלֹת וְאֵת שְׁמֹנַת הַבָּקָר נָתַן לִבְנֵי מְרָרִי כְּפִי עֲבֹדָתָם בְּיַד
ט אִיתָמָר בֶּן־אַהֲרֹן הַכֹּהֵן׃ וְלִבְנֵי קְהָת לֹא נָתָן כִּי־עֲבֹדַת הַקֹּדֶשׁ
י עֲלֵהֶם בַּכָּתֵף יִשָּׂאוּ׃ וַיַּקְרִיבוּ הַנְּשִׂאִים אֵת חֲנֻכַּת הַמִּזְבֵּחַ בְּיוֹם
יא הִמָּשַׁח אֹתוֹ וַיַּקְרִיבוּ הַנְּשִׂיאִם אֶת־קָרְבָּנָם לִפְנֵי הַמִּזְבֵּחַ׃ וַיֹּאמֶר
יהוה אֶל־מֹשֶׁה נָשִׂיא אֶחָד לַיּוֹם יַקְרִיבוּ
יב אֶת־קָרְבָּנָם לַחֲנֻכַּת הַמִּזְבֵּחַ׃ וַיְהִי הַמַּקְרִיב בַּיּוֹם
יג הָרִאשׁוֹן אֶת־קָרְבָּנוֹ נַחְשׁוֹן בֶּן־עַמִּינָדָב לְמַטֵּה יְהוּדָה׃ וְקָרְבָּנוֹ
קַעֲרַת־כֶּסֶף אַחַת שְׁלֹשִׁים וּמֵאָה מִשְׁקָלָהּ מִזְרָק אֶחָד כֶּסֶף

20 By invoking God's name during the blessing.

weighing seventy shekel according to the Sanctuary weight, both
14 filled with fine flour mixed with oil for a grain offering; one golden
15 spoon weighing ten shekel, full of incense; one young bull, one
16 ram, and one yearling sheep for a burnt offering; one goat for a
17 purification offering; and for the peace sacrifice two oxen, five
rams, five male goats, and five yearling sheep. This was the offering
of Naḥshon son of Aminadav.

18 On the second day Netanel son of Tzuar, prince of Yissakhar,
19 presented his offering. He presented as his offering one silver
bowl weighing one hundred and thirty shekel and one silver basin
weighing seventy shekel according to the Sanctuary weight, both
20 filled with fine flour mixed with oil for a grain offering; one golden
21 spoon weighing ten shekel, full of incense; one young bull, one
22 ram, and one yearling sheep for a burnt offering; one goat for a
23 purification offering; and for the peace sacrifice two oxen, five
rams, five male goats, and five yearling sheep. This was the offering
of Netanel son of Tzuar.

24 On the third day came Eliav son of Ḥelon, prince of the
25 Zebulunites: His offering was one silver bowl weighing one
hundred and thirty shekel and one silver basin weighing seventy
shekel according to the Sanctuary weight, both filled with fine
26 flour mixed with oil for a grain offering; one golden spoon
27 weighing ten shekel, full of incense; one young bull, one ram, and
28 one yearling sheep for a burnt offering; one goat for a purification
29 offering; and for the peace sacrifice two oxen, five rams, five male
goats, and five yearling sheep. This was the offering of Eliav son
of Ḥelon.

30 On the fourth day came Elitzur son of Shedeiur, prince of the
31 Reubenites: His offering was one silver bowl weighing one
hundred and thirty shekel and one silver basin weighing seventy
shekel according to the Sanctuary weight, both filled with fine
32 flour mixed with oil for a grain offering; one golden spoon
33 weighing ten shekel, full of incense; one young bull, one ram, and

שִׁבְעִים שֶׁקֶל בְּשֶׁקֶל הַקֹּדֶשׁ שְׁנֵיהֶם ׀ מְלֵאִים סֹלֶת בְּלוּלָה
בַשֶּׁמֶן לְמִנְחָה׃ כַּף אַחַת עֲשָׂרָה זָהָב מְלֵאָה קְטֹרֶת׃ פַּר אֶחָד יד טו
בֶּן־בָּקָר אַיִל אֶחָד כֶּבֶשׂ־אֶחָד בֶּן־שְׁנָתוֹ לְעֹלָה׃ שְׂעִיר־עִזִּים טז
אֶחָד לְחַטָּאת׃ וּלְזֶבַח הַשְּׁלָמִים בָּקָר שְׁנַיִם אֵילִם חֲמִשָּׁה יז
עַתּוּדִים חֲמִשָּׁה כְּבָשִׂים בְּנֵי־שָׁנָה חֲמִשָּׁה זֶה קָרְבַּן נַחְשׁוֹן
בֶּן־עַמִּינָדָב׃

בַּיּוֹם הַשֵּׁנִי הִקְרִיב נְתַנְאֵל בֶּן־צוּעָר נְשִׂיא יִשָּׂשכָר׃ הִקְרִב יח יט
אֶת־קָרְבָּנוֹ קַעֲרַת־כֶּסֶף אַחַת שְׁלֹשִׁים וּמֵאָה מִשְׁקָלָהּ מִזְרָק
אֶחָד כֶּסֶף שִׁבְעִים שֶׁקֶל בְּשֶׁקֶל הַקֹּדֶשׁ שְׁנֵיהֶם ׀ מְלֵאִים סֹלֶת
בְּלוּלָה בַשֶּׁמֶן לְמִנְחָה׃ כַּף אַחַת עֲשָׂרָה זָהָב מְלֵאָה קְטֹרֶת׃ כ
פַּר אֶחָד בֶּן־בָּקָר אַיִל אֶחָד כֶּבֶשׂ־אֶחָד בֶּן־שְׁנָתוֹ לְעֹלָה׃ כא
שְׂעִיר־עִזִּים אֶחָד לְחַטָּאת׃ וּלְזֶבַח הַשְּׁלָמִים בָּקָר שְׁנַיִם אֵילִם כב כג
חֲמִשָּׁה עַתֻּדִים חֲמִשָּׁה כְּבָשִׂים בְּנֵי־שָׁנָה חֲמִשָּׁה זֶה קָרְבַּן
נְתַנְאֵל בֶּן־צוּעָר׃

בַּיּוֹם הַשְּׁלִישִׁי נָשִׂיא לִבְנֵי זְבוּלֻן אֱלִיאָב בֶּן־חֵלֹן׃ קָרְבָּנוֹ כד כה
קַעֲרַת־כֶּסֶף אַחַת שְׁלֹשִׁים וּמֵאָה מִשְׁקָלָהּ מִזְרָק אֶחָד כֶּסֶף
שִׁבְעִים שֶׁקֶל בְּשֶׁקֶל הַקֹּדֶשׁ שְׁנֵיהֶם ׀ מְלֵאִים סֹלֶת בְּלוּלָה
בַשֶּׁמֶן לְמִנְחָה׃ כַּף אַחַת עֲשָׂרָה זָהָב מְלֵאָה קְטֹרֶת׃ פַּר אֶחָד כו כז
בֶּן־בָּקָר אַיִל אֶחָד כֶּבֶשׂ־אֶחָד בֶּן־שְׁנָתוֹ לְעֹלָה׃ שְׂעִיר־עִזִּים כח
אֶחָד לְחַטָּאת׃ וּלְזֶבַח הַשְּׁלָמִים בָּקָר שְׁנַיִם אֵילִם חֲמִשָּׁה כט
עַתֻּדִים חֲמִשָּׁה כְּבָשִׂים בְּנֵי־שָׁנָה חֲמִשָּׁה זֶה קָרְבַּן אֱלִיאָב
בֶּן־חֵלֹן׃

בַּיּוֹם הָרְבִיעִי נָשִׂיא לִבְנֵי רְאוּבֵן אֱלִיצוּר בֶּן־שְׁדֵיאוּר׃ קָרְבָּנוֹ ל לא
קַעֲרַת־כֶּסֶף אַחַת שְׁלֹשִׁים וּמֵאָה מִשְׁקָלָהּ מִזְרָק אֶחָד כֶּסֶף
שִׁבְעִים שֶׁקֶל בְּשֶׁקֶל הַקֹּדֶשׁ שְׁנֵיהֶם ׀ מְלֵאִים סֹלֶת בְּלוּלָה
בַשֶּׁמֶן לְמִנְחָה׃ כַּף אַחַת עֲשָׂרָה זָהָב מְלֵאָה קְטֹרֶת׃ פַּר אֶחָד לב לג

34 one yearling sheep for a burnt offering; one goat for a purification
35 offering; and for the peace sacrifice two oxen, five rams, five male
goats, and five yearling sheep. This was the offering of Elitzur son
of Shedeiur.
36 On the fifth day came Shelumiel son of Tzurishadai, prince of
37 the Simeonites: His offering was one silver bowl weighing one
hundred and thirty shekel and one silver basin weighing seventy
shekel according to the Sanctuary weight, both filled with fine
38 flour mixed with oil for a grain offering; one golden spoon
39 weighing ten shekel, full of incense; one young bull, one ram, and
40 one yearling sheep for a burnt offering; one goat for a purification
41 offering; and for the peace sacrifice two oxen, five rams, five male
goats, and five yearling sheep. This was the offering of Shelumiel
son of Tzurishadai.
42 On the sixth day came Elyasaf son of Deuel, prince of the Gadites: SHISHI
43 His offering was one silver bowl weighing one hundred and thirty
shekel and one silver basin weighing seventy shekel according to
the Sanctuary weight, both filled with fine flour mixed with oil
44 for a grain offering; one golden spoon weighing ten shekel, full
45 of incense; one young bull, one ram, and one yearling sheep for
46 47 a burnt offering; one goat for a purification offering; and for the
peace sacrifice two oxen, five rams, five male goats, and five yearling
sheep. This was the offering of Elyasaf son of Deuel.
48 On the seventh day came Elishama son of Amihud, prince of
49 the Efraimites: His offering was one silver bowl weighing one
hundred and thirty shekel and one silver basin weighing seventy
shekel according to the Sanctuary weight, both filled with fine
50 flour mixed with oil for a grain offering; one golden spoon
51 weighing ten shekel, full of incense; one young bull, one ram, and
52 one yearling sheep for a burnt offering; one goat for a purification
53 offering; and for the peace sacrifice two oxen, five rams, five male

לד בֶּן־בָּקָר אַיִל אֶחָד כֶּבֶשׂ־אֶחָד בֶּן־שְׁנָתוֹ לְעֹלָה: שְׂעִיר־עִזִּים
לה אֶחָד לְחַטָּאת: וּלְזֶבַח הַשְּׁלָמִים בָּקָר שְׁנַיִם אֵילִם חֲמִשָּׁה
עַתֻּדִים חֲמִשָּׁה כְּבָשִׂים בְּנֵי־שָׁנָה חֲמִשָּׁה זֶה קָרְבַּן אֱלִיצוּר
בֶּן־שְׁדֵיאוּר:
לו לז בַּיּוֹם הַחֲמִישִׁי נָשִׂיא לִבְנֵי שִׁמְעוֹן שְׁלֻמִיאֵל בֶּן־צוּרִישַׁדָּי: קָרְבָּנוֹ
קַעֲרַת־כֶּסֶף אַחַת שְׁלֹשִׁים וּמֵאָה מִשְׁקָלָהּ מִזְרָק אֶחָד כֶּסֶף
שִׁבְעִים שֶׁקֶל בְּשֶׁקֶל הַקֹּדֶשׁ שְׁנֵיהֶם ׀ מְלֵאִים סֹלֶת בְּלוּלָה
לח לט בַשֶּׁמֶן לְמִנְחָה: כַּף אַחַת עֲשָׂרָה זָהָב מְלֵאָה קְטֹרֶת: פַּר אֶחָד
מ בֶּן־בָּקָר אַיִל אֶחָד כֶּבֶשׂ־אֶחָד בֶּן־שְׁנָתוֹ לְעֹלָה: שְׂעִיר־עִזִּים
מא אֶחָד לְחַטָּאת: וּלְזֶבַח הַשְּׁלָמִים בָּקָר שְׁנַיִם אֵילִם חֲמִשָּׁה
עַתֻּדִים חֲמִשָּׁה כְּבָשִׂים בְּנֵי־שָׁנָה חֲמִשָּׁה זֶה קָרְבַּן שְׁלֻמִיאֵל
בֶּן־צוּרִישַׁדָּי:
מב מג בַּיּוֹם הַשִּׁשִּׁי נָשִׂיא לִבְנֵי גָד אֶלְיָסָף בֶּן־דְּעוּאֵל: קָרְבָּנוֹ קַעֲרַת־ ששי
כֶּסֶף אַחַת שְׁלֹשִׁים וּמֵאָה מִשְׁקָלָהּ מִזְרָק אֶחָד כֶּסֶף שִׁבְעִים
שֶׁקֶל בְּשֶׁקֶל הַקֹּדֶשׁ שְׁנֵיהֶם ׀ מְלֵאִים סֹלֶת בְּלוּלָה בַשֶּׁמֶן
מד מה לְמִנְחָה: כַּף אַחַת עֲשָׂרָה זָהָב מְלֵאָה קְטֹרֶת: פַּר אֶחָד בֶּן־
מו בָּקָר אַיִל אֶחָד כֶּבֶשׂ־אֶחָד בֶּן־שְׁנָתוֹ לְעֹלָה: שְׂעִיר־עִזִּים
מז אֶחָד לְחַטָּאת: וּלְזֶבַח הַשְּׁלָמִים בָּקָר שְׁנַיִם אֵילִם חֲמִשָּׁה
עַתֻּדִים חֲמִשָּׁה כְּבָשִׂים בְּנֵי־שָׁנָה חֲמִשָּׁה זֶה קָרְבַּן אֶלְיָסָף
בֶּן־דְּעוּאֵל:
מח מט בַּיּוֹם הַשְּׁבִיעִי נָשִׂיא לִבְנֵי אֶפְרָיִם אֱלִישָׁמָע בֶּן־עַמִּיהוּד: קָרְבָּנוֹ ז
קַעֲרַת־כֶּסֶף אַחַת שְׁלֹשִׁים וּמֵאָה מִשְׁקָלָהּ מִזְרָק אֶחָד כֶּסֶף
שִׁבְעִים שֶׁקֶל בְּשֶׁקֶל הַקֹּדֶשׁ שְׁנֵיהֶם ׀ מְלֵאִים סֹלֶת בְּלוּלָה
נ נא בַשֶּׁמֶן לְמִנְחָה: כַּף אַחַת עֲשָׂרָה זָהָב מְלֵאָה קְטֹרֶת: פַּר אֶחָד
נב בֶּן־בָּקָר אַיִל אֶחָד כֶּבֶשׂ־אֶחָד בֶּן־שְׁנָתוֹ לְעֹלָה: שְׂעִיר־עִזִּים
נג אֶחָד לְחַטָּאת: וּלְזֶבַח הַשְּׁלָמִים בָּקָר שְׁנַיִם אֵילִם חֲמִשָּׁה

goats, and five yearling sheep. This was the offering of Elishama
son of Amihud.
54 On the eighth day came Gamliel son of Pedahtzur, prince of
55 the Manassites: His offering was one silver bowl weighing one
hundred and thirty shekel and one silver basin weighing seventy
shekel according to the Sanctuary weight, both filled with fine
56 flour mixed with oil for a grain offering; one golden spoon
57 weighing ten shekel, full of incense; one young bull, one ram, and
58 one yearling sheep for a burnt offering; one goat for a purification
59 offering; and for the peace sacrifice two oxen, five rams, five male
goats, and five yearling sheep. This was the offering of Gamliel
son of Pedahtzur.

60 On the ninth day came Avidan son of Gidoni, prince of the Ben-
61 jaminites: His offering was one silver bowl weighing one hundred
and thirty shekel and one silver basin weighing seventy shekel
according to the Sanctuary weight, both filled with fine flour
62 mixed with oil for a grain offering; one golden spoon weighing
63 ten shekel, full of incense; one young bull, one ram, and one year-
64 ling sheep for a burnt offering; one goat for a purification offering;
65 and for the peace sacrifice two oxen, five rams, five male goats,
and five yearling sheep. This was the offering of Avidan son of
Gidoni.

66 On the tenth day came Aḥiezer son of Amishadai, prince of the
67 Danites: His offering was one silver bowl weighing one hundred
and thirty shekel and one silver basin weighing seventy shekel
according to the Sanctuary weight, both filled with fine flour
68 mixed with oil for a grain offering; one golden spoon weighing ten
69 shekel, full of incense; one young bull, one ram, and one yearling
70 sheep for a burnt offering; one goat for a purification offering;
71 and for the peace sacrifice two oxen, five rams, five male goats,
and five yearling sheep. This was the offering of Aḥiezer son of
Amishadai.

עַתֻּדִים חֲמִשָּׁה כְּבָשִׂים בְּנֵי־שָׁנָה חֲמִשָּׁה זֶה קׇרְבַּן אֱלִישָׁמָע
בֶּן־עַמִּיהוּד׃
נד נה בַּיּוֹם הַשְּׁמִינִי נָשִׂיא לִבְנֵי מְנַשֶּׁה גַּמְלִיאֵל בֶּן־פְּדָהצוּר׃ קׇרְבָּנוֹ
קַעֲרַת־כֶּסֶף אַחַת שְׁלֹשִׁים וּמֵאָה מִשְׁקָלָהּ מִזְרָק אֶחָד כֶּסֶף
שִׁבְעִים שֶׁקֶל בְּשֶׁקֶל הַקֹּדֶשׁ שְׁנֵיהֶם ׀ מְלֵאִים סֹלֶת בְּלוּלָה
נו נז בַשֶּׁמֶן לְמִנְחָה׃ כַּף אַחַת עֲשָׂרָה זָהָב מְלֵאָה קְטֹרֶת׃ פַּר אֶחָד
נח בֶּן־בָּקָר אַיִל אֶחָד כֶּבֶשׂ־אֶחָד בֶּן־שְׁנָתוֹ לְעֹלָה׃ שְׂעִיר־עִזִּים
נט אֶחָד לְחַטָּאת׃ וּלְזֶבַח הַשְּׁלָמִים בָּקָר שְׁנַיִם אֵילִם חֲמִשָּׁה
עַתֻּדִים חֲמִשָּׁה כְּבָשִׂים בְּנֵי־שָׁנָה חֲמִשָּׁה זֶה קׇרְבַּן גַּמְלִיאֵל
בֶּן־פְּדָהצוּר׃
ס סא בַּיּוֹם הַתְּשִׁיעִי נָשִׂיא לִבְנֵי בִנְיָמִן אֲבִידָן בֶּן־גִּדְעֹנִי׃ קׇרְבָּנוֹ
קַעֲרַת־כֶּסֶף אַחַת שְׁלֹשִׁים וּמֵאָה מִשְׁקָלָהּ מִזְרָק אֶחָד כֶּסֶף
שִׁבְעִים שֶׁקֶל בְּשֶׁקֶל הַקֹּדֶשׁ שְׁנֵיהֶם ׀ מְלֵאִים סֹלֶת בְּלוּלָה
סב סג בַשֶּׁמֶן לְמִנְחָה׃ כַּף אַחַת עֲשָׂרָה זָהָב מְלֵאָה קְטֹרֶת׃ פַּר אֶחָד
סד בֶּן־בָּקָר אַיִל אֶחָד כֶּבֶשׂ־אֶחָד בֶּן־שְׁנָתוֹ לְעֹלָה׃ שְׂעִיר־עִזִּים
סה אֶחָד לְחַטָּאת׃ וּלְזֶבַח הַשְּׁלָמִים בָּקָר שְׁנַיִם אֵילִם חֲמִשָּׁה
עַתֻּדִים חֲמִשָּׁה כְּבָשִׂים בְּנֵי־שָׁנָה חֲמִשָּׁה זֶה קׇרְבַּן אֲבִידָן
בֶּן־גִּדְעֹנִי׃
סו סז בַּיּוֹם הָעֲשִׂירִי נָשִׂיא לִבְנֵי דָן אֲחִיעֶזֶר בֶּן־עַמִּישַׁדָּי׃ קׇרְבָּנוֹ
קַעֲרַת־כֶּסֶף אַחַת שְׁלֹשִׁים וּמֵאָה מִשְׁקָלָהּ מִזְרָק אֶחָד כֶּסֶף
שִׁבְעִים שֶׁקֶל בְּשֶׁקֶל הַקֹּדֶשׁ שְׁנֵיהֶם ׀ מְלֵאִים סֹלֶת בְּלוּלָה
סח סט בַשֶּׁמֶן לְמִנְחָה׃ כַּף אַחַת עֲשָׂרָה זָהָב מְלֵאָה קְטֹרֶת׃ פַּר אֶחָד
ע בֶּן־בָּקָר אַיִל אֶחָד כֶּבֶשׂ־אֶחָד בֶּן־שְׁנָתוֹ לְעֹלָה׃ שְׂעִיר־עִזִּים
עא אֶחָד לְחַטָּאת׃ וּלְזֶבַח הַשְּׁלָמִים בָּקָר שְׁנַיִם אֵילִם חֲמִשָּׁה
עַתֻּדִים חֲמִשָּׁה כְּבָשִׂים בְּנֵי־שָׁנָה חֲמִשָּׁה זֶה קׇרְבַּן אֲחִיעֶזֶר
בֶּן־עַמִּישַׁדָּי׃

72 On the eleventh day came Pagiel son of Okhran, prince of the SHEVI'I
73 Asherites: His offering was one silver bowl weighing one hundred
and thirty shekel and one silver basin weighing seventy shekel
according to the Sanctuary weight, both filled with fine flour
74 mixed with oil for a grain offering; one golden spoon weighing
75 ten shekel, full of incense; one young bull, one ram, and one
76 yearling sheep for a burnt offering; one goat for a purification
77 offering; and for the peace sacrifice two oxen, five rams, five male
goats, and five yearling sheep. This was the offering of Pagiel son
of Okhran.

78 On the twelfth day came Aḥira son of Einan, prince of the Naftal-
79 ites: His offering was one silver bowl weighing one hundred
and thirty shekel and one silver basin weighing seventy shekel
according to the Sanctuary weight, both filled with fine flour
80 mixed with oil for a grain offering; one golden spoon weighing
81 ten shekel, full of incense; one young bull, one ram, and one
82 yearling sheep for a burnt offering; one goat for a purification
83 offering; and for the peace sacrifice two oxen, five rams, five male
goats, and five yearling sheep. This was the offering of Aḥira son
of Einan.

84 All this was the dedication offering from the princes of Israel for
the altar at the time it was anointed: There were twelve silver bowls,
85 twelve silver basins, and twelve golden spoons, each silver bowl
weighing one hundred and thirty shekel and each basin seventy
shekel – so all the silver in the utensils weighed two thousand
86 four hundred shekel according to the Sanctuary weight. There
were twelve gold spoons full of incense weighing ten shekel each
according to the Sanctuary weight – so all the gold of the spoons
87 weighed one hundred and twenty shekel. The total number of MAFTIR
the animals for the burnt offerings was twelve bulls, twelve rams,
and twelve yearling sheep, along with their grain offerings. There
88 were also twelve goats for the purification offerings. The total
number of all the animals for the peace sacrifices was twenty-four
bulls, sixty rams, sixty goats, and sixty yearling sheep. This was

עב בְּיוֹם עַשְׁתֵּי עָשָׂר יוֹם נָשִׂיא לִבְנֵי אָשֵׁר פַּגְעִיאֵל בֶּן־עׇכְרָן׃ שביעי
עג קׇרְבָּנוֹ קַעֲרַת־כֶּסֶף אַחַת שְׁלֹשִׁים וּמֵאָה מִשְׁקָלָהּ מִזְרָק אֶחָד
כֶּסֶף שִׁבְעִים שֶׁקֶל בְּשֶׁקֶל הַקֹּדֶשׁ שְׁנֵיהֶם ׀ מְלֵאִים סֹלֶת בְּלוּלָה
עד עה בַשֶּׁמֶן לְמִנְחָה׃ כַּף אַחַת עֲשָׂרָה זָהָב מְלֵאָה קְטֹרֶת׃ פַּר אֶחָד
עו בֶּן־בָּקָר אַיִל אֶחָד כֶּבֶשׂ־אֶחָד בֶּן־שְׁנָתוֹ לְעֹלָה׃ שְׂעִיר־עִזִּים
עז אֶחָד לְחַטָּאת׃ וּלְזֶבַח הַשְּׁלָמִים בָּקָר שְׁנַיִם אֵילִם חֲמִשָּׁה
עַתֻּדִים חֲמִשָּׁה כְּבָשִׂים בְּנֵי־שָׁנָה חֲמִשָּׁה זֶה קׇרְבַּן פַּגְעִיאֵל
בֶּן־עׇכְרָן׃
עח עט בְּיוֹם שְׁנֵים עָשָׂר יוֹם נָשִׂיא לִבְנֵי נַפְתָּלִי אֲחִירַע בֶּן־עֵינָן׃ קׇרְבָּנוֹ
קַעֲרַת־כֶּסֶף אַחַת שְׁלֹשִׁים וּמֵאָה מִשְׁקָלָהּ מִזְרָק אֶחָד כֶּסֶף
שִׁבְעִים שֶׁקֶל בְּשֶׁקֶל הַקֹּדֶשׁ שְׁנֵיהֶם ׀ מְלֵאִים סֹלֶת בְּלוּלָה
פ פא בַשֶּׁמֶן לְמִנְחָה׃ כַּף אַחַת עֲשָׂרָה זָהָב מְלֵאָה קְטֹרֶת׃ פַּר אֶחָד
פב בֶּן־בָּקָר אַיִל אֶחָד כֶּבֶשׂ־אֶחָד בֶּן־שְׁנָתוֹ לְעֹלָה׃ שְׂעִיר־עִזִּים
פג אֶחָד לְחַטָּאת׃ וּלְזֶבַח הַשְּׁלָמִים בָּקָר שְׁנַיִם אֵילִם חֲמִשָּׁה
עַתֻּדִים חֲמִשָּׁה כְּבָשִׂים בְּנֵי־שָׁנָה חֲמִשָּׁה זֶה קׇרְבַּן אֲחִירַע
בֶּן־עֵינָן׃
פד זֹאת ׀ חֲנֻכַּת הַמִּזְבֵּחַ בְּיוֹם הִמָּשַׁח אֹתוֹ מֵאֵת נְשִׂיאֵי יִשְׂרָאֵל
קַעֲרֹת כֶּסֶף שְׁתֵּים עֶשְׂרֵה מִזְרְקֵי־כֶסֶף שְׁנֵים עָשָׂר כַּפּוֹת זָהָב
פה שְׁתֵּים עֶשְׂרֵה׃ שְׁלֹשִׁים וּמֵאָה הַקְּעָרָה הָאַחַת כֶּסֶף וְשִׁבְעִים
הַמִּזְרָק הָאֶחָד כֹּל כֶּסֶף הַכֵּלִים אַלְפַּיִם וְאַרְבַּע־מֵאוֹת בְּשֶׁקֶל
פו הַקֹּדֶשׁ׃ כַּפּוֹת זָהָב שְׁתֵּים־עֶשְׂרֵה מְלֵאֹת קְטֹרֶת עֲשָׂרָה עֲשָׂרָה
פז הַכַּף בְּשֶׁקֶל הַקֹּדֶשׁ כׇּל־זְהַב הַכַּפּוֹת עֶשְׂרִים וּמֵאָה׃ כׇּל־הַבָּקָר מפטיר
לָעֹלָה שְׁנֵים עָשָׂר פָּרִים אֵילִם שְׁנֵים־עָשָׂר כְּבָשִׂים בְּנֵי־שָׁנָה
פח שְׁנֵים עָשָׂר וּמִנְחָתָם וּשְׂעִירֵי עִזִּים שְׁנֵים עָשָׂר לְחַטָּאת׃ וְכֹל
בְּקַר ׀ זֶבַח הַשְּׁלָמִים עֶשְׂרִים וְאַרְבָּעָה פָּרִים אֵילִם שִׁשִּׁים
עַתֻּדִים שִׁשִּׁים כְּבָשִׂים בְּנֵי־שָׁנָה שִׁשִּׁים זֹאת חֲנֻכַּת הַמִּזְבֵּחַ

89 the dedication offering for the altar after it was anointed. When
Moshe entered the Tent of Meeting to speak with the LORD, he
would hear the Voice speaking to him from above the cover over
the Ark of the Covenant, from between the two cherubim. Thus
did He speak to him.
8 1 2 And the LORD spoke to Moshe: "Speak to Aharon; say to him: BEHAALOTEKHA
When you raise up the lamps, the seven lamps shall light the
3 space in front of the candelabrum."[21] Aharon did so; he mounted
the lamps toward the front of the candelabrum as the LORD had
4 commanded Moshe. This is how the lampstand was made: of
hammered gold, hammered from its base to its flowers. According
to the vision that the LORD had shown Moshe, so was the
lampstand made.
5 6 The LORD spoke to Moshe: "Take the Levites from among the
7 Israelites and purify them. This is what you shall do to them to
purify them: Sprinkle upon them the water of purification,[22] and
have them shave their whole bodies and wash their clothes; then
8 they will be purified. They shall take a young bull with its grain
offering of fine flour mixed with oil. You, meanwhile, shall take a
9 second young bull for a purification offering. You shall bring the
Levites before the Tent of Meeting and assemble all the community
10 of Israel. Then you shall bring the Levites forward before the
LORD, and the Israelites shall lay their hands upon the Levites.
11 Aharon shall then present the Levites before the LORD like a wave
offering from the Israelites, so that they may perform the LORD's
12 service. The Levites shall then lay their hands upon the heads of
the bulls, and Aharon shall offer one as a purification offering and
the other as a burnt offering to the LORD, to make atonement for
13 the Levites. You shall have the Levites stand before Aharon and his
14 sons, and then present them like a wave offering to the LORD. Thus SHEINI
you shall separate the Levites from among the other Israelites;
15 the Levites shall become Mine. After that, the Levites shall enter
to perform the service of the Tent of Meeting, once you have
16 purified them and presented them as a wave offering. They are

פט אַחֲרֵי הַמָּשַׁח אֹתוֹ׃ וּבְבֹא מֹשֶׁה אֶל־אֹהֶל מוֹעֵד לְדַבֵּר אִתּוֹ
וַיִּשְׁמַע אֶת־הַקּוֹל מִדַּבֵּר אֵלָיו מֵעַל הַכַּפֹּרֶת אֲשֶׁר עַל־אֲרֹן
הָעֵדֻת מִבֵּין שְׁנֵי הַכְּרֻבִים וַיְדַבֵּר אֵלָיו׃

בהעלתך

ח

ח א ב וַיְדַבֵּר יְהוָה אֶל־מֹשֶׁה לֵּאמֹר׃ דַּבֵּר אֶל־אַהֲרֹן וְאָמַרְתָּ אֵלָיו
בְּהַעֲלֹתְךָ אֶת־הַנֵּרֹת אֶל־מוּל פְּנֵי הַמְּנוֹרָה יָאִירוּ שִׁבְעַת
ג הַנֵּרוֹת׃ וַיַּעַשׂ כֵּן אַהֲרֹן אֶל־מוּל פְּנֵי הַמְּנוֹרָה הֶעֱלָה נֵרֹתֶיהָ
ד כַּאֲשֶׁר צִוָּה יְהוָה אֶת־מֹשֶׁה׃ וְזֶה מַעֲשֵׂה הַמְּנֹרָה מִקְשָׁה זָהָב
עַד־יְרֵכָהּ עַד־פִּרְחָהּ מִקְשָׁה הִוא כַּמַּרְאֶה אֲשֶׁר הֶרְאָה יְהוָה
אֶת־מֹשֶׁה כֵּן עָשָׂה אֶת־הַמְּנֹרָה׃

ה ו וַיְדַבֵּר יְהוָה אֶל־מֹשֶׁה לֵּאמֹר׃ קַח אֶת־הַלְוִיִּם מִתּוֹךְ בְּנֵי יִשְׂרָאֵל
ז וְטִהַרְתָּ אֹתָם׃ וְכֹה־תַעֲשֶׂה לָהֶם לְטַהֲרָם הַזֵּה עֲלֵיהֶם מֵי חַטָּאת
ח וְהֶעֱבִירוּ תַעַר עַל־כָּל־בְּשָׂרָם וְכִבְּסוּ בִגְדֵיהֶם וְהִטֶּהָרוּ׃ וְלָקְחוּ
פַּר בֶּן־בָּקָר וּמִנְחָתוֹ סֹלֶת בְּלוּלָה בַשָּׁמֶן וּפַר־שֵׁנִי בֶן־בָּקָר תִּקַּח
ט לְחַטָּאת׃ וְהִקְרַבְתָּ אֶת־הַלְוִיִּם לִפְנֵי אֹהֶל מוֹעֵד וְהִקְהַלְתָּ אֶת־
י כָּל־עֲדַת בְּנֵי יִשְׂרָאֵל׃ וְהִקְרַבְתָּ אֶת־הַלְוִיִּם לִפְנֵי יְהוָה וְסָמְכוּ
יא בְנֵי־יִשְׂרָאֵל אֶת־יְדֵיהֶם עַל־הַלְוִיִּם׃ וְהֵנִיף אַהֲרֹן אֶת־הַלְוִיִּם
תְּנוּפָה לִפְנֵי יְהוָה מֵאֵת בְּנֵי יִשְׂרָאֵל וְהָיוּ לַעֲבֹד אֶת־עֲבֹדַת
יב יְהוָה׃ וְהַלְוִיִּם יִסְמְכוּ אֶת־יְדֵיהֶם עַל רֹאשׁ הַפָּרִים וַעֲשֵׂה אֶת־
הָאֶחָד חַטָּאת וְאֶת־הָאֶחָד עֹלָה לַיהוָה לְכַפֵּר עַל־הַלְוִיִּם׃
יג וְהַעֲמַדְתָּ אֶת־הַלְוִיִּם לִפְנֵי אַהֲרֹן וְלִפְנֵי בָנָיו וְהֵנַפְתָּ אֹתָם תְּנוּפָה
יד לַיהוָה׃ וְהִבְדַּלְתָּ אֶת־הַלְוִיִּם מִתּוֹךְ בְּנֵי יִשְׂרָאֵל וְהָיוּ לִי הַלְוִיִּם׃ שני
טו וְאַחֲרֵי־כֵן יָבֹאוּ הַלְוִיִּם לַעֲבֹד אֶת־אֹהֶל מוֹעֵד וְטִהַרְתָּ אֹתָם
טז וְהֵנַפְתָּ אֹתָם תְּנוּפָה׃ כִּי נְתֻנִים נְתֻנִים הֵמָּה לִי מִתּוֹךְ בְּנֵי

21 Concerning the candelabrum, see Exodus 25:31–40.

22 Cf. the ritual described in chapter 19.

wholly given over to Me from among the Israelites. I have taken
them for Myself in place of the first to emerge from every womb,
17 the firstborn of all the Israelites. For all the firstborn among the
Israelites, man and beast alike, are Mine; on the day that I struck
18 down the firstborn in Egypt, I consecrated them to Myself. But
I have now taken the Levites in place of all the firstborn among
19 the Israelites, and I have given the Levites to Aharon and his sons
from among the Israelites, to perform the service of the Israelites
in the Tent of Meeting and to make atonement for the Israelites,
so that no plague will come among the Israelites for drawing too
20 close to the Sanctuary." Moshe, Aharon, and all the community
of Israel did this for the Levites; all that the LORD commanded
21 Moshe with regard to the Levites, so the Israelites did. The Levites
purified themselves and washed their clothes. Aharon presented
them as a wave offering before the LORD, and made atonement
22 for them in order to purify them. And after that, the Levites went
in to perform their service in the Tent of Meeting before Aharon
and his sons. As the LORD had commanded Moshe regarding
23 the Levites, so they did for them. And the LORD spoke
24 to Moshe: "The Levites: From twenty-five years upward they
25 shall go into the service of the Tent of Meeting. At fifty years old
26 they shall retire from the service and serve no longer. They may
assist their fellow Levites in carrying out their duties in the Tent
of Meeting, but shall not perform the service itself. This is how
you shall conduct the Levites with regard to their duties."

9 1 The LORD spoke to Moshe in the Sinai Desert in the first month SHELISHI
2 of the second year after they had left Egypt: "Let the Israelites offer
3 the Passover sacrifice at its appointed time. On the fourteenth day
of this month in the afternoon you shall offer it at its appointed
4 time. Bring it in accordance with all its decrees and laws."[23] And
so Moshe instructed the Israelites to offer the Passover sacrifice.
5 On the afternoon of the fourteenth day of the first month they
offered the Passover sacrifice in the Sinai Desert. Just as the LORD
6 commanded Moshe, so the Israelites did. But there were people

יִשְׂרָאֵל תַּחַת פִּטְרַת כָּל־רֶחֶם בְּכוֹר כֹּל מִבְּנֵי יִשְׂרָאֵל לָקַחְתִּי
יז אֹתָם לִי: כִּי לִי כָל־בְּכוֹר בִּבְנֵי יִשְׂרָאֵל בָּאָדָם וּבַבְּהֵמָה בְּיוֹם
יח הַכֹּתִי כָל־בְּכוֹר בְּאֶרֶץ מִצְרַיִם הִקְדַּשְׁתִּי אֹתָם לִי: וָאֶקַּח אֶת־
יט הַלְוִיִּם תַּחַת כָּל־בְּכוֹר בִּבְנֵי יִשְׂרָאֵל: וָאֶתְּנָה אֶת־הַלְוִיִּם נְתֻנִים ׀
לְאַהֲרֹן וּלְבָנָיו מִתּוֹךְ בְּנֵי יִשְׂרָאֵל לַעֲבֹד אֶת־עֲבֹדַת בְּנֵי־יִשְׂרָאֵל
בְּאֹהֶל מוֹעֵד וּלְכַפֵּר עַל־בְּנֵי יִשְׂרָאֵל וְלֹא יִהְיֶה בִּבְנֵי יִשְׂרָאֵל נֶגֶף
כ בְּגֶשֶׁת בְּנֵי־יִשְׂרָאֵל אֶל־הַקֹּדֶשׁ: וַיַּעַשׂ מֹשֶׁה וְאַהֲרֹן וְכָל־עֲדַת
בְּנֵי־יִשְׂרָאֵל לַלְוִיִּם כְּכֹל אֲשֶׁר־צִוָּה יהוה אֶת־מֹשֶׁה לַלְוִיִּם כֵּן־
כא עָשׂוּ לָהֶם בְּנֵי יִשְׂרָאֵל: וַיִּתְחַטְּאוּ הַלְוִיִּם וַיְכַבְּסוּ בִּגְדֵיהֶם וַיָּנֶף
אַהֲרֹן אֹתָם תְּנוּפָה לִפְנֵי יהוה וַיְכַפֵּר עֲלֵיהֶם אַהֲרֹן לְטַהֲרָם:
כב וְאַחֲרֵי־כֵן בָּאוּ הַלְוִיִּם לַעֲבֹד אֶת־עֲבֹדָתָם בְּאֹהֶל מוֹעֵד לִפְנֵי
אַהֲרֹן וְלִפְנֵי בָנָיו כַּאֲשֶׁר צִוָּה יהוה אֶת־מֹשֶׁה עַל־הַלְוִיִּם כֵּן
כג כד עָשׂוּ לָהֶם: וַיְדַבֵּר יהוה אֶל־מֹשֶׁה לֵּאמֹר: זֹאת אֲשֶׁר
לַלְוִיִּם מִבֶּן חָמֵשׁ וְעֶשְׂרִים שָׁנָה וָמַעְלָה יָבוֹא לִצְבֹא צָבָא
כה בַּעֲבֹדַת אֹהֶל מוֹעֵד: וּמִבֶּן חֲמִשִּׁים שָׁנָה יָשׁוּב מִצְּבָא הָעֲבֹדָה
כו וְלֹא יַעֲבֹד עוֹד: וְשֵׁרֵת אֶת־אֶחָיו בְּאֹהֶל מוֹעֵד לִשְׁמֹר מִשְׁמֶרֶת
וַעֲבֹדָה לֹא יַעֲבֹד כָּכָה תַּעֲשֶׂה לַלְוִיִּם בְּמִשְׁמְרֹתָם:
ט א וַיְדַבֵּר יהוה אֶל־מֹשֶׁה בְמִדְבַּר־סִינַי בַּשָּׁנָה הַשֵּׁנִית לְצֵאתָם שלישי
ב מֵאֶרֶץ מִצְרַיִם בַּחֹדֶשׁ הָרִאשׁוֹן לֵאמֹר: וְיַעֲשׂוּ בְנֵי־יִשְׂרָאֵל אֶת־
ג הַפָּסַח בְּמוֹעֲדוֹ: בְּאַרְבָּעָה עָשָׂר־יוֹם בַּחֹדֶשׁ הַזֶּה בֵּין הָעַרְבַּיִם
תַּעֲשׂוּ אֹתוֹ בְּמֹעֲדוֹ כְּכָל־חֻקֹּתָיו וּכְכָל־מִשְׁפָּטָיו תַּעֲשׂוּ אֹתוֹ:
ד ה וַיְדַבֵּר מֹשֶׁה אֶל־בְּנֵי יִשְׂרָאֵל לַעֲשֹׂת הַפָּסַח: וַיַּעֲשׂוּ אֶת־הַפֶּסַח
בָּרִאשׁוֹן בְּאַרְבָּעָה עָשָׂר יוֹם לַחֹדֶשׁ בֵּין הָעַרְבַּיִם בְּמִדְבַּר סִינָי
ו כְּכֹל אֲשֶׁר צִוָּה יהוה אֶת־מֹשֶׁה כֵּן עָשׂוּ בְּנֵי יִשְׂרָאֵל: וַיְהִי

23 See Exodus, chapter 12.

who were impure because of contact with the dead, and they were
unable to offer the Passover sacrifice on that day. That very day they
7 approached Moshe and Aharon: "We have become impure because
of contact with the dead," these people said to him, "but must we
be debarred from presenting the LORD's offering at its appointed
8 time among all the Israelites?" "Wait," Moshe replied, "and let me
hear what the LORD commands concerning you."
9 10 And the LORD spoke to Moshe: "Tell the Israelites: When any
of you or your future descendants are impure because of contact
with the dead, or away on a journey, they may still offer a Passover
11 sacrifice to the LORD. They shall offer it in the afternoon of the
fourteenth day of the second month; then shall they eat it with
12 unleavened bread and bitter herbs. They shall not leave any of it
over until morning, nor shall they break any of its bones. They
shall offer it in compliance with all the rules of the Passover
13 sacrifice. But anyone who is ritually pure and not on a journey,
but still fails to offer the Passover sacrifice, that person shall be
severed from his people, because he did not offer the LORD's
14 sacrifice at its appointed time; he will bear his guilt. If there is a
migrant living among you and he offers a Passover sacrifice to the
LORD, he shall do so in compliance with all its rules and laws. You
15 shall have one law for migrant and native born alike." On REVI'I
the day when the Tabernacle was erected, the cloud covered the
Tabernacle, the Tent of the Testimony, and from evening until
morning it hung over the Tabernacle with the appearance of fire.
16 It was always there; the cloud covered the Tent, appearing at night
17 as fire. Whenever the cloud rose above the Tent, the Israelites
would set out, and wherever the cloud settled, the Israelites
18 would encamp. At the LORD's command, the Israelites set out,
and at the LORD's command they would encamp; for as long as
the cloud rested on the Tabernacle, they continued to camp there.
19 Even when the cloud lingered over the Tabernacle for many days,
the Israelites kept the LORD's charge and did not journey on.
20 Sometimes the cloud would be over the Tabernacle for just a few

אֲנָשִׁים אֲשֶׁר הָיוּ טְמֵאִים לְנֶפֶשׁ אָדָם וְלֹא־יָכְלוּ לַעֲשֹׂת־הַפֶּסַח
בַּיּוֹם הַהוּא וַיִּקְרְבוּ לִפְנֵי מֹשֶׁה וְלִפְנֵי אַהֲרֹן בַּיּוֹם הַהוּא:
ז וַיֹּאמְרוּ הָאֲנָשִׁים הָהֵמָּה אֵלָיו אֲנַחְנוּ טְמֵאִים לְנֶפֶשׁ אָדָם
לָמָּה נִגָּרַע לְבִלְתִּי הַקְרִיב אֶת־קָרְבַּן יהוה בְּמֹעֲדוֹ בְּתוֹךְ בְּנֵי
ח יִשְׂרָאֵל: וַיֹּאמֶר אֲלֵהֶם מֹשֶׁה עִמְדוּ וְאֶשְׁמְעָה מַה־יְצַוֶּה יהוה
לָכֶם:
ט י וַיְדַבֵּר יהוה אֶל־מֹשֶׁה לֵּאמֹר: דַּבֵּר אֶל־בְּנֵי יִשְׂרָאֵל לֵאמֹר
אִישׁ אִישׁ כִּי־יִהְיֶה טָמֵא ׀ לָנֶפֶשׁ אוֹ בְדֶרֶךְ רְחֹקָה לָכֶם אוֹ
יא לְדֹרֹתֵיכֶם וְעָשָׂה פֶסַח לַיהוה: בַּחֹדֶשׁ הַשֵּׁנִי בְּאַרְבָּעָה עָשָׂר
יב יוֹם בֵּין הָעַרְבַּיִם יַעֲשׂוּ אֹתוֹ עַל־מַצּוֹת וּמְרֹרִים יֹאכְלֻהוּ: לֹא־
יַשְׁאִירוּ מִמֶּנּוּ עַד־בֹּקֶר וְעֶצֶם לֹא יִשְׁבְּרוּ־בוֹ כְּכָל־חֻקַּת הַפֶּסַח
יג יַעֲשׂוּ אֹתוֹ: וְהָאִישׁ אֲשֶׁר־הוּא טָהוֹר וּבְדֶרֶךְ לֹא־הָיָה וְחָדַל
לַעֲשׂוֹת הַפֶּסַח וְנִכְרְתָה הַנֶּפֶשׁ הַהִוא מֵעַמֶּיהָ כִּי ׀ קָרְבַּן יהוה
יד לֹא הִקְרִיב בְּמֹעֲדוֹ חֶטְאוֹ יִשָּׂא הָאִישׁ הַהוּא: וְכִי־יָגוּר אִתְּכֶם
גֵּר וְעָשָׂה פֶסַח לַיהוה כְּחֻקַּת הַפֶּסַח וּכְמִשְׁפָּטוֹ כֵּן יַעֲשֶׂה
טו חֻקָּה אַחַת יִהְיֶה לָכֶם וְלַגֵּר וּלְאֶזְרַח הָאָרֶץ: וּבְיוֹם רביעי
הָקִים אֶת־הַמִּשְׁכָּן כִּסָּה הֶעָנָן אֶת־הַמִּשְׁכָּן לְאֹהֶל הָעֵדֻת
טז וּבָעֶרֶב יִהְיֶה עַל־הַמִּשְׁכָּן כְּמַרְאֵה־אֵשׁ עַד־בֹּקֶר: כֵּן יִהְיֶה
יז תָמִיד הֶעָנָן יְכַסֶּנּוּ וּמַרְאֵה־אֵשׁ לָיְלָה: וּלְפִי הֵעָלוֹת הֶעָנָן מֵעַל
הָאֹהֶל וְאַחֲרֵי כֵן יִסְעוּ בְּנֵי יִשְׂרָאֵל וּבִמְקוֹם אֲשֶׁר יִשְׁכָּן־שָׁם
יח הֶעָנָן שָׁם יַחֲנוּ בְּנֵי יִשְׂרָאֵל: עַל־פִּי יהוה יִסְעוּ בְּנֵי יִשְׂרָאֵל
וְעַל־פִּי יהוה יַחֲנוּ כָּל־יְמֵי אֲשֶׁר יִשְׁכֹּן הֶעָנָן עַל־הַמִּשְׁכָּן יַחֲנוּ:
יט וּבְהַאֲרִיךְ הֶעָנָן עַל־הַמִּשְׁכָּן יָמִים רַבִּים וְשָׁמְרוּ בְנֵי־יִשְׂרָאֵל
כ אֶת־מִשְׁמֶרֶת יהוה וְלֹא יִסָּעוּ: וְיֵשׁ אֲשֶׁר יִהְיֶה הֶעָנָן יָמִים

days; at the LORD's command they would camp, and at the LORD's
21 command they would set out. Sometimes the cloud stayed only
from evening to morning, and in the morning it rose, and they
set out. Day or night, they would set out when the cloud rose.
22 Whether it was two days, or a month, or for many days together,
the Israelites would camp as long as the cloud rested over the
Tabernacle, and would not move on. They journeyed only when
23 the cloud rose. At the LORD's command they camped, and at the
LORD's command they set out. And they kept the LORD's charge,
the LORD's word through Moshe.
10 1 2 The LORD spoke to Moshe: "Make two silver trumpets; make
them of hammered metal. Use them for summoning the commu-
3 nity and for having the camps set out. When both are blown with
a long note, the entire community shall assemble before you at the
4 entrance to the Tent of Meeting. If only one is blown, the princes,
5 leaders of Israel's divisions, shall assemble before you. When you
blow a series of short blasts, the camps on the east side shall march,
6 and when you blow a second series of short blasts, the camps on
the south side will march; thus shall a series of short blasts signal
7 them to move on. To assemble the community, blow a long blast,
8 not a series of short blasts. Aharon's sons the priests shall blow the
trumpets. This shall be for you an everlasting decree throughout
9 your generations. When you go to war against an enemy who
is attacking you in your land, you shall blow short blasts on the
trumpets to be remembered before the LORD your God, to be
10 delivered from your enemies. And on your days of rejoicing, your
festivals and New Moons, you shall blow the trumpets over your
burnt offerings and your peace offerings. They will be a reminder
of you before your God. I am the LORD your God."
11 On the twentieth day of the second month in the second year, the ḤAMISHI
12 cloud rose above the Tabernacle of the Covenant. The Israelites
set out on their journey from the Sinai Desert, and the cloud came
13 to rest in the Wilderness of Paran. For the first time, at the LORD's
14 command through Moshe, they set out. The divisions of Yehuda's

כא מִסְפָּר עַל־הַמִּשְׁכָּן עַל־פִּי יהוה יַחֲנוּ וְעַל־פִּי יהוה יִסָּעוּ: וְיֵשׁ
אֲשֶׁר יִהְיֶה הֶעָנָן מֵעֶרֶב עַד־בֹּקֶר וְנַעֲלָה הֶעָנָן בַּבֹּקֶר וְנָסָעוּ אוֹ
כב יוֹמָם וָלַיְלָה וְנַעֲלָה הֶעָנָן וְנָסָעוּ: אוֹ־יֹמַיִם אוֹ־חֹדֶשׁ אוֹ־יָמִים
בְּהַאֲרִיךְ הֶעָנָן עַל־הַמִּשְׁכָּן לִשְׁכֹּן עָלָיו יַחֲנוּ בְנֵי־יִשְׂרָאֵל וְלֹא
כג יִסָּעוּ וּבְהֵעָלֹתוֹ יִסָּעוּ: עַל־פִּי יהוה יַחֲנוּ וְעַל־פִּי יהוה יִסָּעוּ אֶת־
מִשְׁמֶרֶת יהוה שָׁמָרוּ עַל־פִּי יהוה בְּיַד־מֹשֶׁה:
י א ב וַיְדַבֵּר יהוה אֶל־מֹשֶׁה לֵּאמֹר: עֲשֵׂה לְךָ שְׁתֵּי חֲצוֹצְרֹת כֶּסֶף ט
מִקְשָׁה תַּעֲשֶׂה אֹתָם וְהָיוּ לְךָ לְמִקְרָא הָעֵדָה וּלְמַסַּע אֶת־
ג הַמַּחֲנוֹת: וְתָקְעוּ בָּהֵן וְנוֹעֲדוּ אֵלֶיךָ כָּל־הָעֵדָה אֶל־פֶּתַח אֹהֶל
ד מוֹעֵד: וְאִם־בְּאַחַת יִתְקָעוּ וְנוֹעֲדוּ אֵלֶיךָ הַנְּשִׂיאִים רָאשֵׁי אַלְפֵי
ה יִשְׂרָאֵל: וּתְקַעְתֶּם תְּרוּעָה וְנָסְעוּ הַמַּחֲנוֹת הַחֹנִים קֵדְמָה:
ו וּתְקַעְתֶּם תְּרוּעָה שֵׁנִית וְנָסְעוּ הַמַּחֲנוֹת הַחֹנִים תֵּימָנָה תְּרוּעָה
ז יִתְקְעוּ לְמַסְעֵיהֶם: וּבְהַקְהִיל אֶת־הַקָּהָל תִּתְקְעוּ וְלֹא תָרִיעוּ:
ח וּבְנֵי אַהֲרֹן הַכֹּהֲנִים יִתְקְעוּ בַּחֲצֹצְרוֹת וְהָיוּ לָכֶם לְחֻקַּת עוֹלָם
ט לְדֹרֹתֵיכֶם: וְכִי־תָבֹאוּ מִלְחָמָה בְּאַרְצְכֶם עַל־הַצַּר הַצֹּרֵר אֶתְכֶם
וַהֲרֵעֹתֶם בַּחֲצֹצְרֹת וְנִזְכַּרְתֶּם לִפְנֵי יהוה אֱלֹהֵיכֶם וְנוֹשַׁעְתֶּם
י מֵאֹיְבֵיכֶם: וּבְיוֹם שִׂמְחַתְכֶם וּבְמוֹעֲדֵיכֶם וּבְרָאשֵׁי חָדְשֵׁכֶם
וּתְקַעְתֶּם בַּחֲצֹצְרֹת עַל עֹלֹתֵיכֶם וְעַל זִבְחֵי שַׁלְמֵיכֶם וְהָיוּ לָכֶם
לְזִכָּרוֹן לִפְנֵי אֱלֹהֵיכֶם אֲנִי יהוה אֱלֹהֵיכֶם:
יא וַיְהִי בַּשָּׁנָה הַשֵּׁנִית בַּחֹדֶשׁ הַשֵּׁנִי בְּעֶשְׂרִים בַּחֹדֶשׁ נַעֲלָה הֶעָנָן חמישי
יב מֵעַל מִשְׁכַּן הָעֵדֻת: וַיִּסְעוּ בְנֵי־יִשְׂרָאֵל לְמַסְעֵיהֶם מִמִּדְבַּר
יג סִינָי וַיִּשְׁכֹּן הֶעָנָן בְּמִדְבַּר פָּארָן: וַיִּסְעוּ בָּרִאשֹׁנָה עַל־פִּי יהוה
יד בְּיַד־מֹשֶׁה: וַיִּסַּע דֶּגֶל מַחֲנֵה בְנֵי־יְהוּדָה בָּרִאשֹׁנָה לְצִבְאֹתָם

camp set out first, under their banner. Leading that division was
15 Naḥshon son of Aminadav. Netanel son of Tzuar was in charge
16 of the division of the tribe of Yissakhar. Eliav son of Ḥelon was
17 in charge of the division of the tribe of Zevulun. The Tabernacle
was taken down, and the Gershonites and the Merarites, who
18 carried it, set out. The divisions of the camp of Reuven set out
next, under their banner. Leading that division was Elitzur son
19 of Shedeiur. Shelumiel son of Tzurishadai was in charge of the
20 division of the tribe of Shimon. Elyasaf son of Deuel was in charge
21 of the division of the tribe of Gad. Then the Kohatites, who carried
the sacred objects, set out. By the time they arrived, the Tabernacle
22 would have been erected. The divisions of the camp of Efrayim set
out next, under their banner. Leading that division was Elishama
23 son of Amihud. Gamliel son of Pedahtzur was in charge of the
24 division of the tribe of Menashe. Avidan son of Gidoni was in
25 charge of the division of the tribe of Binyamin. Then, at the rear
of the whole camp, the divisions of the camp of Dan set out under
their banner. Leading that division was Aḥiezer son of Amishadai.
26 Pagiel son of Okhran was in charge of the division of the tribe
27 of Asher. Aḥira son of Einan was in charge of the division of the
28 tribe of Naftali. This was the order in which the Israelites set out
29 in their divisions. Moshe said to Ḥovav son of Reuel the
Midianite, Moshe's father-in-law,[24] "We are setting out to the place
that the Lord said He would give us. Come with us and we will
be good to you, for the Lord has promised good things to Israel."
30 But he replied, "I will not come; I must go back to my own land
31 and my own people." "Please do not leave us," said Moshe, "for you
know where we should camp in the wilderness; you would be our
32 eyes. If you come with us, whatever good the Lord does for us,
33 we will do for you." They journeyed from the Lord's mountain
for three days; and the Ark of the Lord's Covenant went ahead
34 of them for those three days to find a resting place for them. The
Lord's cloud was over them by day as they journeyed from the
35 camp. When the Ark set out, Moshe would say, "Arise, SHISHI

טו וְעַל־צְבָאוֹ נַחְשׁוֹן בֶּן־עַמִּינָדָב׃ וְעַל־צְבָא מַטֵּה בְּנֵי יִשָּׂשכָר
טז נְתַנְאֵל בֶּן־צוּעָר׃ וְעַל־צְבָא מַטֵּה בְּנֵי זְבוּלֻן אֱלִיאָב בֶּן־חֵלֹן׃
יז וְהוּרַד הַמִּשְׁכָּן וְנָסְעוּ בְנֵי־גֵרְשׁוֹן וּבְנֵי מְרָרִי נֹשְׂאֵי הַמִּשְׁכָּן׃
יח וְנָסַע דֶּגֶל מַחֲנֵה רְאוּבֵן לְצִבְאֹתָם וְעַל־צְבָאוֹ אֱלִיצוּר בֶּן־
יט שְׁדֵיאוּר׃ וְעַל־צְבָא מַטֵּה בְּנֵי שִׁמְעוֹן שְׁלֻמִיאֵל בֶּן־צוּרִישַׁדָּי׃
כ כא וְעַל־צְבָא מַטֵּה בְנֵי־גָד אֶלְיָסָף בֶּן־דְּעוּאֵל׃ וְנָסְעוּ הַקְּהָתִים
כב נֹשְׂאֵי הַמִּקְדָּשׁ וְהֵקִימוּ אֶת־הַמִּשְׁכָּן עַד־בֹּאָם׃ וְנָסַע דֶּגֶל מַחֲנֵה
כג בְנֵי־אֶפְרַיִם לְצִבְאֹתָם וְעַל־צְבָאוֹ אֱלִישָׁמָע בֶּן־עַמִּיהוּד׃ וְעַל־
כד צְבָא מַטֵּה בְּנֵי מְנַשֶּׁה גַּמְלִיאֵל בֶּן־פְּדָהצוּר׃ וְעַל־צְבָא מַטֵּה
כה בְּנֵי בִנְיָמִן אֲבִידָן בֶּן־גִּדְעוֹנִי׃ וְנָסַע דֶּגֶל מַחֲנֵה בְנֵי־דָן מְאַסֵּף
כו לְכָל־הַמַּחֲנֹת לְצִבְאֹתָם וְעַל־צְבָאוֹ אֲחִיעֶזֶר בֶּן־עַמִּישַׁדָּי׃ וְעַל־
כז צְבָא מַטֵּה בְּנֵי אָשֵׁר פַּגְעִיאֵל בֶּן־עָכְרָן׃ וְעַל־צְבָא מַטֵּה בְּנֵי
כח נַפְתָּלִי אֲחִירַע בֶּן־עֵינָן׃ אֵלֶּה מַסְעֵי בְנֵי־יִשְׂרָאֵל לְצִבְאֹתָם
כט וַיִּסָּעוּ׃ וַיֹּאמֶר מֹשֶׁה לְחֹבָב בֶּן־רְעוּאֵל הַמִּדְיָנִי חֹתֵן
מֹשֶׁה נֹסְעִים ׀ אֲנַחְנוּ אֶל־הַמָּקוֹם אֲשֶׁר אָמַר יְהוָה אֹתוֹ אֶתֵּן
לָכֶם לְכָה אִתָּנוּ וְהֵטַבְנוּ לָךְ כִּי־יְהוָה דִּבֶּר־טוֹב עַל־יִשְׂרָאֵל׃
ל וַיֹּאמֶר אֵלָיו לֹא אֵלֵךְ כִּי אִם־אֶל־אַרְצִי וְאֶל־מוֹלַדְתִּי אֵלֵךְ׃
לא וַיֹּאמֶר אַל־נָא תַּעֲזֹב אֹתָנוּ כִּי ׀ עַל־כֵּן יָדַעְתָּ חֲנֹתֵנוּ בַּמִּדְבָּר
לב וְהָיִיתָ לָּנוּ לְעֵינָיִם׃ וְהָיָה כִּי־תֵלֵךְ עִמָּנוּ וְהָיָה ׀ הַטּוֹב הַהוּא
לג אֲשֶׁר יֵיטִיב יְהוָה עִמָּנוּ וְהֵטַבְנוּ לָךְ׃ וַיִּסְעוּ מֵהַר יְהוָה דֶּרֶךְ
שְׁלֹשֶׁת יָמִים וַאֲרוֹן בְּרִית־יְהוָה נֹסֵעַ לִפְנֵיהֶם דֶּרֶךְ שְׁלֹשֶׁת
לד יָמִים לָתוּר לָהֶם מְנוּחָה׃ וַעֲנַן יְהוָה עֲלֵיהֶם יוֹמָם בְּנָסְעָם מִן־
לה הַמַּחֲנֶה׃ ׆ וַיְהִי בִּנְסֹעַ הָאָרֹן וַיֹּאמֶר מֹשֶׁה קוּמָה ׀ ששי

24 Cf. Exodus 2:18; Judges 4:11.

Lord; let Your enemies be scattered, and Your foes flee before
36 You." When it came to rest, he would say, "Bring back, O Lord,
the myriad thousands of Israel."[25]
11 1 The people began to rail bitterly in the Lord's presence. And the
Lord heard and was incensed; fire from the Lord blazed against
2 them, consuming at the edge of the camp. The people cried out
to Moshe – Moshe prayed to the Lord – and the fire subsided.
3 And so that place was named Tavera,[26] because the Lord's fire
4 had blazed against them. The rabble in their midst began to have
strong cravings, and once again the Israelites began to weep, saying,
5 "Who will give us meat to eat? We remember the fish we ate in
Egypt at no cost, the cucumbers, and the melons, and the leeks,
6 and the onions, and the garlic. But now our throats are dry. There
7 is nothing at all but this manna to look at." The manna was like
8 coriander seed, and like bdellium in color.[27] The people went
around gathering it. Then they would grind it in a mill or crush it
in a mortar. They cooked it in a pot and they made cakes from it; it
9 tasted like cakes made with oil. When the dew fell over the camp
10 at night, the manna would fall upon that. Moshe heard the people
weeping clan by clan, each one at his tent's opening. The Lord's
11 anger blazed intensely, and Moshe was distressed. "Why have You
treated Your servant so badly?" asked Moshe of the Lord. "Why
have I found so little favor in Your sight that You lay all the burden
12 of this people upon me? Was it I who conceived all this people?
Was it I who gave birth to them all, that You should say to me,
'Carry them in your bosom, as a nursemaid carries a baby,' to the
13 land that You swore to their fathers? Where am I to get meat to
give all this people when they come wailing to me, 'Give us meat
14 to eat'? I cannot bear all this people alone; the burden is too heavy
15 for me. If this is how You treat me, kill me now, if I find any favor
in Your sight, and let me not see my own misery."

26 Literally "burning."

27 That is, of exquisite taste and beauty.

לו יהוה וְיָפֻצוּ אֹיְבֶיךָ וְיָנֻסוּ מְשַׂנְאֶיךָ מִפָּנֶיךָ: וּבְנֻחֹה יֹאמַר שׁוּבָה
יהוה רִבְבוֹת אַלְפֵי יִשְׂרָאֵל: ׆
יא א וַיְהִי הָעָם כְּמִתְאֹנְנִים רַע בְּאָזְנֵי יהוה וַיִּשְׁמַע יהוה וַיִּחַר אַפּוֹ
ב וַתִּבְעַר־בָּם אֵשׁ יהוה וַתֹּאכַל בִּקְצֵה הַמַּחֲנֶה: וַיִּצְעַק הָעָם
ג אֶל־מֹשֶׁה וַיִּתְפַּלֵּל מֹשֶׁה אֶל־יהוה וַתִּשְׁקַע הָאֵשׁ: וַיִּקְרָא שֵׁם־
ד הַמָּקוֹם הַהוּא תַּבְעֵרָה כִּי־בָעֲרָה בָם אֵשׁ יהוה: וְהָאסַפְסֻף אֲשֶׁר
בְּקִרְבּוֹ הִתְאַוּוּ תַּאֲוָה וַיָּשֻׁבוּ וַיִּבְכּוּ גַּם בְּנֵי יִשְׂרָאֵל וַיֹּאמְרוּ מִי
ה יַאֲכִלֵנוּ בָּשָׂר: זָכַרְנוּ אֶת־הַדָּגָה אֲשֶׁר־נֹאכַל בְּמִצְרַיִם חִנָּם אֵת
הַקִּשֻּׁאִים וְאֵת הָאֲבַטִּחִים וְאֶת־הֶחָצִיר וְאֶת־הַבְּצָלִים וְאֶת־
ו הַשּׁוּמִים: וְעַתָּה נַפְשֵׁנוּ יְבֵשָׁה אֵין כֹּל בִּלְתִּי אֶל־הַמָּן עֵינֵינוּ:
ז ח וְהַמָּן כִּזְרַע־גַּד הוּא וְעֵינוֹ כְּעֵין הַבְּדֹלַח: שָׁטוּ הָעָם וְלָקְטוּ
וְטָחֲנוּ בָרֵחַיִם אוֹ דָכוּ בַּמְּדֹכָה וּבִשְּׁלוּ בַּפָּרוּר וְעָשׂוּ אֹתוֹ עֻגוֹת
ט וְהָיָה טַעְמוֹ כְּטַעַם לְשַׁד הַשָּׁמֶן: וּבְרֶדֶת הַטַּל עַל־הַמַּחֲנֶה
י לָיְלָה יֵרֵד הַמָּן עָלָיו: וַיִּשְׁמַע מֹשֶׁה אֶת־הָעָם בֹּכֶה לְמִשְׁפְּחֹתָיו
יא אִישׁ לְפֶתַח אָהֳלוֹ וַיִּחַר־אַף יהוה מְאֹד וּבְעֵינֵי מֹשֶׁה רָע: וַיֹּאמֶר
מֹשֶׁה אֶל־יהוה לָמָה הֲרֵעֹתָ לְעַבְדֶּךָ וְלָמָּה לֹא־מָצָתִי חֵן בְּעֵינֶיךָ
יב לָשׂוּם אֶת־מַשָּׂא כָּל־הָעָם הַזֶּה עָלָי: הֶאָנֹכִי הָרִיתִי אֵת כָּל־
הָעָם הַזֶּה אִם־אָנֹכִי יְלִדְתִּיהוּ כִּי־תֹאמַר אֵלַי שָׂאֵהוּ בְחֵיקֶךָ
יג כַּאֲשֶׁר יִשָּׂא הָאֹמֵן אֶת־הַיֹּנֵק עַל הָאֲדָמָה אֲשֶׁר נִשְׁבַּעְתָּ
לַאֲבֹתָיו: מֵאַיִן לִי בָּשָׂר לָתֵת לְכָל־הָעָם הַזֶּה כִּי־יִבְכּוּ עָלַי
יד לֵאמֹר תְּנָה־לָּנוּ בָשָׂר וְנֹאכֵלָה: לֹא־אוּכַל אָנֹכִי לְבַדִּי לָשֵׂאת
טו אֶת־כָּל־הָעָם הַזֶּה כִּי כָבֵד מִמֶּנִּי: וְאִם־כָּכָה | אַתְּ־עֹשֶׂה לִּי הָרְגֵנִי
נָא הָרֹג אִם־מָצָאתִי חֵן בְּעֵינֶיךָ וְאַל־אֶרְאֶה בְּרָעָתִי:

25 Perhaps referring to Israelite fighters. According to this approach, these verses invoke the military function of the Ark, which represented God's presence in battle.

16 Then the LORD said to Moshe, "Gather for Me seventy of Israel's
elders, whom you know to be the people's elders and officers, and
bring them to the Tent of Meeting. Let them stand there with
17 you. I will come down and speak with you there, and I will take
some of the spirit that is on you and place it upon them; they will
share the burden of the people with you, and you will not have
18 to bear it alone. And say to the people: Consecrate yourselves
for tomorrow; you will then have meat to eat, for you have been
wailing in the presence of the LORD, 'Who will give us meat to
eat? It was better for us in Egypt.' The LORD will give you meat,
19 and you will eat. You will eat it not just for one day, or two days, or
20 five, or ten, or twenty days, but for a whole month, until it comes
out at your nostrils and becomes nauseating to you; for you have
rejected the LORD who is among you and have come wailing in
21 His presence, 'Why ever did we leave Egypt?'" But Moshe said,
"Here I am among six hundred thousand men on foot, and You
22 say, 'I will give them meat to eat for a whole month'! If whole flocks
and herds were slaughtered for them, would there be enough?
If all the fish of the sea were caught for them, would there be
enough?!"
23 The LORD said to Moshe, "Does the LORD's hand fall short? Soon
24 you shall see whether what I say comes true or not." Moshe went
out and told the people what the LORD had said. He gathered
seventy of the people's elders and had them stand surrounding
25 the Tent. Then the LORD came down in the cloud and spoke to
him, and took some of the spirit that was upon him and placed
it on the seventy elders. When the spirit rested upon them, they
26 prophesied – but they did not do so again.[28] Two men, one named
Eldad and the other Meidad, had remained in the camp, yet the
spirit rested upon them. Though they were among those listed,
they had not gone out to the Tent – and they spoke prophecy in
27 the camp. A young man ran and told Moshe, "Eldad and Meidad
28 are speaking prophecy in the camp!" Yehoshua son of Nun, who
had been Moshe's disciple since his youth, said, "My lord Moshe,

טז וַיֹּאמֶר יְהוָה אֶל־מֹשֶׁה אֶסְפָה־לִּי שִׁבְעִים אִישׁ מִזִּקְנֵי יִשְׂרָאֵל י
אֲשֶׁר יָדַעְתָּ כִּי־הֵם זִקְנֵי הָעָם וְשֹׁטְרָיו וְלָקַחְתָּ אֹתָם אֶל־אֹהֶל
יז מוֹעֵד וְהִתְיַצְּבוּ שָׁם עִמָּךְ: וְיָרַדְתִּי וְדִבַּרְתִּי עִמְּךָ שָׁם וְאָצַלְתִּי
מִן־הָרוּחַ אֲשֶׁר עָלֶיךָ וְשַׂמְתִּי עֲלֵיהֶם וְנָשְׂאוּ אִתְּךָ בְּמַשָּׂא הָעָם
יח וְלֹא־תִשָּׂא אַתָּה לְבַדֶּךָ: וְאֶל־הָעָם תֹּאמַר הִתְקַדְּשׁוּ לְמָחָר
וַאֲכַלְתֶּם בָּשָׂר כִּי בְּכִיתֶם בְּאָזְנֵי יְהוָה לֵאמֹר מִי יַאֲכִלֵנוּ בָּשָׂר
יט כִּי־טוֹב לָנוּ בְּמִצְרָיִם וְנָתַן יְהוָה לָכֶם בָּשָׂר וַאֲכַלְתֶּם: לֹא יוֹם
אֶחָד תֹּאכְלוּן וְלֹא יוֹמָיִם וְלֹא ׀ חֲמִשָּׁה יָמִים וְלֹא עֲשָׂרָה יָמִים
כ וְלֹא עֶשְׂרִים יוֹם: עַד ׀ חֹדֶשׁ יָמִים עַד אֲשֶׁר־יֵצֵא מֵאַפְּכֶם וְהָיָה
לָכֶם לְזָרָא יַעַן כִּי־מְאַסְתֶּם אֶת־יְהוָה אֲשֶׁר בְּקִרְבְּכֶם וַתִּבְכּוּ
כא לְפָנָיו לֵאמֹר לָמָּה זֶּה יָצָאנוּ מִמִּצְרָיִם: וַיֹּאמֶר מֹשֶׁה שֵׁשׁ־מֵאוֹת
אֶלֶף רַגְלִי הָעָם אֲשֶׁר אָנֹכִי בְּקִרְבּוֹ וְאַתָּה אָמַרְתָּ בָּשָׂר אֶתֵּן
כב לָהֶם וְאָכְלוּ חֹדֶשׁ יָמִים: הֲצֹאן וּבָקָר יִשָּׁחֵט לָהֶם וּמָצָא לָהֶם
אִם אֶת־כָּל־דְּגֵי הַיָּם יֵאָסֵף לָהֶם וּמָצָא לָהֶם:
כג וַיֹּאמֶר יְהוָה אֶל־מֹשֶׁה הֲיַד יְהוָה תִּקְצָר עַתָּה תִרְאֶה הֲיִקְרְךָ יא
כד דְבָרִי אִם־לֹא: וַיֵּצֵא מֹשֶׁה וַיְדַבֵּר אֶל־הָעָם אֵת דִּבְרֵי יְהוָה
וַיֶּאֱסֹף שִׁבְעִים אִישׁ מִזִּקְנֵי הָעָם וַיַּעֲמֵד אֹתָם סְבִיבֹת הָאֹהֶל:
כה וַיֵּרֶד יְהוָה ׀ בֶּעָנָן וַיְדַבֵּר אֵלָיו וַיָּאצֶל מִן־הָרוּחַ אֲשֶׁר עָלָיו וַיִּתֵּן
עַל־שִׁבְעִים אִישׁ הַזְּקֵנִים וַיְהִי כְּנוֹחַ עֲלֵיהֶם הָרוּחַ וַיִּתְנַבְּאוּ
כו וְלֹא יָסָפוּ: וַיִּשָּׁאֲרוּ שְׁנֵי־אֲנָשִׁים ׀ בַּמַּחֲנֶה שֵׁם הָאֶחָד ׀ אֶלְדָּד
וְשֵׁם הַשֵּׁנִי מֵידָד וַתָּנַח עֲלֵהֶם הָרוּחַ וְהֵמָּה בַּכְּתֻבִים וְלֹא יָצְאוּ
כז הָאֹהֱלָה וַיִּתְנַבְּאוּ בַּמַּחֲנֶה: וַיָּרָץ הַנַּעַר וַיַּגֵּד לְמֹשֶׁה וַיֹּאמַר
כח אֶלְדָּד וּמֵידָד מִתְנַבְּאִים בַּמַּחֲנֶה: וַיַּעַן יְהוֹשֻׁעַ בִּן־נוּן מְשָׁרֵת

28 That is, sustained prophetic capacity was not essential to these elders' leadership function.

29 stop them!" But Moshe replied, "Are you jealous for me? Would
that all the LORD's people were prophets, that the LORD would
30 put His spirit upon them all!" And Moshe returned to the camp SHEVI'I
31 together with the elders of Israel. Then a wind from the LORD
sprang up, sweeping quail in from the sea and letting them fall near
the camp, about a day's journey on one side and a day's journey
on the other, around the camp and piled up two cubits above the
32 ground. All that day, all night, and all the next day, the people went
out and gathered quail. Even those who gathered least gathered ten
33 omer,[29] and they spread them out all around the camp. While the
meat was still between their teeth, before it was eaten, the LORD's
anger blazed against the people, and the LORD struck the people
34 with a very great plague. The place was named Kivrot HaTaava,
35 because there they buried the people who had craved.[30] And from
Kivrot HaTaava the people journeyed to Ḥatzerot, and at Ḥatzerot
they stayed.

12 1 Once, Miriam and Aharon spoke against Moshe because of his
2 Kushite wife; he had married a Kushite woman. "Has the LORD
spoken only through Moshe?" they said. "Has He not spoken
3 through us also?" The LORD heard this. Now the man Moshe was
4 very humble, more so than any other man on earth. And
suddenly the LORD said to Moshe and Aharon and Miriam: "All
three of you, come out to the Tent of Meeting." So the three of
5 them went. The LORD came down in a column of cloud, and,
standing at the entrance to the Tent, called, "Aharon and Miriam."
6 The two of them came forward. The LORD said: "Now listen to My
words: When there is a prophet among you, I make Myself known
7 to him in a vision, I speak to him in a dream. Not so with Moshe
8 My servant: he is trusted in all My House: With him I speak mouth
to mouth, clearly, never in riddles. He sees the LORD's form. Why,
9 then, are you not afraid to speak against My servant Moshe?" The
10 LORD's anger flared against them; and He departed. When the
cloud withdrew from the Tent, Miriam had been struck with an
impure blight, white as snow. Aharon turned toward Miriam and

הָאָרֶץ הַשְּׁמֵנָה הִוא אִם־רָזָה הֲיֵשׁ־בָּהּ עֵץ אִם־אַיִן וְהִתְחַזַּקְתֶּם
כא וּלְקַחְתֶּם מִפְּרִי הָאָרֶץ וְהַיָּמִים יְמֵי בִּכּוּרֵי עֲנָבִים׃ וַיַּעֲלוּ וַיָּתֻרוּ שני
כב אֶת־הָאָרֶץ מִמִּדְבַּר־צִן עַד־רְחֹב לְבֹא חֲמָת׃ וַיַּעֲלוּ בַנֶּגֶב
וַיָּבֹא עַד־חֶבְרוֹן וְשָׁם אֲחִימַן שֵׁשַׁי וְתַלְמַי יְלִידֵי הָעֲנָק וְחֶבְרוֹן
כג שֶׁבַע שָׁנִים נִבְנְתָה לִפְנֵי צֹעַן מִצְרָיִם׃ וַיָּבֹאוּ עַד־נַחַל אֶשְׁכֹּל
וַיִּכְרְתוּ מִשָּׁם זְמוֹרָה וְאֶשְׁכּוֹל עֲנָבִים אֶחָד וַיִּשָּׂאֻהוּ בַמּוֹט
כד בִּשְׁנָיִם וּמִן־הָרִמֹּנִים וּמִן־הַתְּאֵנִים׃ לַמָּקוֹם הַהוּא קָרָא נַחַל
אֶשְׁכּוֹל עַל אֹדוֹת הָאֶשְׁכּוֹל אֲשֶׁר־כָּרְתוּ מִשָּׁם בְּנֵי יִשְׂרָאֵל׃
כה כו וַיָּשֻׁבוּ מִתּוּר הָאָרֶץ מִקֵּץ אַרְבָּעִים יוֹם׃ וַיֵּלְכוּ וַיָּבֹאוּ אֶל־מֹשֶׁה
וְאֶל־אַהֲרֹן וְאֶל־כָּל־עֲדַת בְּנֵי־יִשְׂרָאֵל אֶל־מִדְבַּר פָּארָן קָדֵשָׁה
וַיָּשִׁיבוּ אֹתָם דָּבָר וְאֶת־כָּל־הָעֵדָה וַיַּרְאוּם אֶת־פְּרִי הָאָרֶץ׃
כז וַיְסַפְּרוּ־לוֹ וַיֹּאמְרוּ בָּאנוּ אֶל־הָאָרֶץ אֲשֶׁר שְׁלַחְתָּנוּ וְגַם זָבַת
כח חָלָב וּדְבַשׁ הִוא וְזֶה־פִּרְיָהּ׃ אֶפֶס כִּי־עַז הָעָם הַיֹּשֵׁב בָּאָרֶץ
כט וְהֶעָרִים בְּצֻרוֹת גְּדֹלֹת מְאֹד וְגַם־יְלִדֵי הָעֲנָק רָאִינוּ שָׁם׃ עֲמָלֵק
יוֹשֵׁב בְּאֶרֶץ הַנֶּגֶב וְהַחִתִּי וְהַיְבוּסִי וְהָאֱמֹרִי יוֹשֵׁב בָּהָר וְהַכְּנַעֲנִי
ל יוֹשֵׁב עַל־הַיָּם וְעַל יַד הַיַּרְדֵּן׃ וַיַּהַס כָּלֵב אֶת־הָעָם אֶל־מֹשֶׁה
לא וַיֹּאמֶר עָלֹה נַעֲלֶה וְיָרַשְׁנוּ אֹתָהּ כִּי־יָכוֹל נוּכַל לָהּ׃ וְהָאֲנָשִׁים
אֲשֶׁר עָלוּ עִמּוֹ אָמְרוּ לֹא נוּכַל לַעֲלוֹת אֶל־הָעָם כִּי־חָזָק הוּא
לב מִמֶּנּוּ׃ וַיֹּצִיאוּ דִּבַּת הָאָרֶץ אֲשֶׁר תָּרוּ אֹתָהּ אֶל־בְּנֵי יִשְׂרָאֵל
לֵאמֹר הָאָרֶץ אֲשֶׁר עָבַרְנוּ בָהּ לָתוּר אֹתָהּ אֶרֶץ אֹכֶלֶת יוֹשְׁבֶיהָ
לג הִוא וְכָל־הָעָם אֲשֶׁר־רָאִינוּ בְתוֹכָהּ אַנְשֵׁי מִדּוֹת׃ וְשָׁם רָאִינוּ
אֶת־הַנְּפִילִים בְּנֵי עֲנָק מִן־הַנְּפִלִים וַנְּהִי בְעֵינֵינוּ כַּחֲגָבִים וְכֵן
יד א הָיִינוּ בְּעֵינֵיהֶם׃ וַתִּשָּׂא כָּל־הָעֵדָה וַיִּתְּנוּ אֶת־קוֹלָם וַיִּבְכּוּ הָעָם

---

32 The southern and northern reaches of Canaan, respectively; cf. chapter 34.

33 *Eshkol* denotes a cluster of fruit.

34 The Anakites were of giant stature; see verse 33.

2 night the people wept. And all the Israelites railed against Moshe
and Aharon; all the community said to them, "If only we had
3 died in Egypt, if only we had died in this wilderness! Why is the
LORD bringing us as far as this land only to fall by the sword? Our
wives and children will be made plunder. Would it not be better
4 for us to go back to Egypt?" So they said to one another, "Let us
5 appoint a leader and go back to Egypt." Moshe and Aharon fell
6 facedown before all the assembled community of Israel. Yehoshua
son of Nun and Kalev son of Yefuneh, who were among those
7 who scouted the land, tore their clothes and said before the
entire community of Israel: "The land we journeyed through and
8 scouted is a very, very good land. If the LORD favors us, He will SHELISHI
bring us into this land, a land flowing with milk and with honey,
9 and He will give it to us. Do not rebel against the LORD, and do
not be afraid of the people of the land, for they are no more than
bread for us. They have been stripped of their protection and the
10 LORD is with us. Do not be afraid of them!" The community, all,
threatened to stone them to death – but then the LORD's glory
was revealed to all the Israelites at the Tent of Meeting.
11 The LORD said to Moshe, "How long will these people provoke
Me? How long will they fail to have faith in Me in spite of all the
12 signs I have performed among them? I will strike them with a
plague now and disinherit them, and make you into a nation
13 greater and mightier than they." But Moshe said to the LORD, "The
Egyptians will hear about it, for by Your power You brought this
14 people up from among them, and they will tell the inhabitants
of this land. They have heard that You, LORD, are among these
people, that You, LORD, are seen face-to-face, that Your cloud
stands over them, that You go before them in a pillar of cloud by
15 day and in a pillar of fire by night. If You kill this people like a single
16 man, the nations that have heard of Your fame will say, 'It was
because the LORD was unable to bring this people into the land He
swore to them; that is why He slaughtered them in the wilderness.'
17 So now, let my LORD's power be great, as You declared when You

ב בַּלַּיְלָה הַהוּא׃ וַיִּלֹּנוּ עַל־מֹשֶׁה וְעַל־אַהֲרֹן כֹּל בְּנֵי יִשְׂרָאֵל
וַיֹּאמְרוּ אֲלֵהֶם כָּל־הָעֵדָה לוּ־מַתְנוּ בְּאֶרֶץ מִצְרַיִם אוֹ בַּמִּדְבָּר
ג הַזֶּה לוּ־מָתְנוּ׃ וְלָמָה יְהוָה מֵבִיא אֹתָנוּ אֶל־הָאָרֶץ הַזֹּאת לִנְפֹּל
בַּחֶרֶב נָשֵׁינוּ וְטַפֵּנוּ יִהְיוּ לָבַז הֲלוֹא טוֹב לָנוּ שׁוּב מִצְרָיְמָה׃
ד ה וַיֹּאמְרוּ אִישׁ אֶל־אָחִיו נִתְּנָה רֹאשׁ וְנָשׁוּבָה מִצְרָיְמָה׃ וַיִּפֹּל מֹשֶׁה
ו וְאַהֲרֹן עַל־פְּנֵיהֶם לִפְנֵי כָּל־קְהַל עֲדַת בְּנֵי יִשְׂרָאֵל׃ וִיהוֹשֻׁעַ
בִּן־נוּן וְכָלֵב בֶּן־יְפֻנֶּה מִן־הַתָּרִים אֶת־הָאָרֶץ קָרְעוּ בִּגְדֵיהֶם׃
ז וַיֹּאמְרוּ אֶל־כָּל־עֲדַת בְּנֵי־יִשְׂרָאֵל לֵאמֹר הָאָרֶץ אֲשֶׁר עָבַרְנוּ
ח בָהּ לָתוּר אֹתָהּ טוֹבָה הָאָרֶץ מְאֹד מְאֹד׃ אִם־חָפֵץ בָּנוּ יְהוָה שלישי
וְהֵבִיא אֹתָנוּ אֶל־הָאָרֶץ הַזֹּאת וּנְתָנָהּ לָנוּ אֶרֶץ אֲשֶׁר־הִוא
ט זָבַת חָלָב וּדְבָשׁ׃ אַךְ בַּיהוָה אַל־תִּמְרֹדוּ וְאַתֶּם אַל־תִּירְאוּ
אֶת־עַם הָאָרֶץ כִּי לַחְמֵנוּ הֵם סָר צִלָּם מֵעֲלֵיהֶם וַיהוָה אִתָּנוּ
י אַל־תִּירָאֻם׃ וַיֹּאמְרוּ כָּל־הָעֵדָה לִרְגּוֹם אֹתָם בָּאֲבָנִים וּכְבוֹד
יְהוָה נִרְאָה בְּאֹהֶל מוֹעֵד אֶל־כָּל־בְּנֵי יִשְׂרָאֵל׃
יא וַיֹּאמֶר יְהוָה אֶל־מֹשֶׁה עַד־אָנָה יְנַאֲצֻנִי הָעָם הַזֶּה וְעַד־אָנָה יג
יב לֹא־יַאֲמִינוּ בִי בְּכֹל הָאֹתוֹת אֲשֶׁר עָשִׂיתִי בְּקִרְבּוֹ׃ אַכֶּנּוּ
יג בַדֶּבֶר וְאוֹרִשֶׁנּוּ וְאֶעֱשֶׂה אֹתְךָ לְגוֹי־גָּדוֹל וְעָצוּם מִמֶּנּוּ׃ וַיֹּאמֶר
מֹשֶׁה אֶל־יְהוָה וְשָׁמְעוּ מִצְרַיִם כִּי־הֶעֱלִיתָ בְכֹחֲךָ אֶת־הָעָם
יד הַזֶּה מִקִּרְבּוֹ׃ וְאָמְרוּ אֶל־יוֹשֵׁב הָאָרֶץ הַזֹּאת שָׁמְעוּ כִּי־אַתָּה
יְהוָה בְּקֶרֶב הָעָם הַזֶּה אֲשֶׁר־עַיִן בְּעַיִן נִרְאָה ׀ אַתָּה יְהוָה
וַעֲנָנְךָ עֹמֵד עֲלֵהֶם וּבְעַמֻּד עָנָן אַתָּה הֹלֵךְ לִפְנֵיהֶם יוֹמָם
טו וּבְעַמּוּד אֵשׁ לָיְלָה׃ וְהֵמַתָּה אֶת־הָעָם הַזֶּה כְּאִישׁ אֶחָד וְאָמְרוּ
טז הַגּוֹיִם אֲשֶׁר־שָׁמְעוּ אֶת־שִׁמְעֲךָ לֵאמֹר׃ מִבִּלְתִּי יְכֹלֶת יְהוָה
לְהָבִיא אֶת־הָעָם הַזֶּה אֶל־הָאָרֶץ אֲשֶׁר־נִשְׁבַּע לָהֶם וַיִּשְׁחָטֵם
יז בַּמִּדְבָּר׃ וְעַתָּה יִגְדַּל־נָא כֹּחַ אֲדֹנָי כַּאֲשֶׁר דִּבַּרְתָּ לֵאמֹר׃

18 said:[36] 'The LORD is slow to anger and abounding in kindness,
forgiving sin and rebellion, though He does not acquit the guilty,
but holds the descendants to account for the sins of the fathers;
children and grandchildren to the third and fourth generation.'
19 Please – pardon the sin of this people in Your great kindness, as
You have forgiven this people from the time of Egypt until now."
20 21 And the LORD said, "I have forgiven them at your word. Yet as
22 surely as I live and as the LORD's glory fills the whole earth, none
of those who have seen My glory and the signs I performed in
Egypt and in the wilderness, and have tested Me these ten times
23 and not obeyed Me, shall see the land I swore to their fathers.
24 None of those who have provoked Me will see it. But My servant
Kalev, because he was filled with a different spirit and has followed
Me wholeheartedly – him I will bring into the land he came to, and
25 his descendants will inherit it. The Amalekites and Canaanites are
living in the valleys; so turn tomorrow and head for the wilderness
by way of the Sea of Reeds."[37]
26 27 Then the LORD spoke to Moshe and Aharon: "How long shall REVI'I
this wicked community keep railing against Me? I have heard
28 the Israelites' complaints with which they rail against Me. Tell
them: 'As surely as I live,' says the LORD, 'I will do to you the very
29 thing I heard you say. In this wilderness your corpses will fall, all
of your number, all those listed in the census, from twenty years
30 old and upward: all those who have railed against Me. None of
you will enter the land that I promised to settle you in, except for
31 Kalev son of Yefuneh and Yehoshua son of Nun. I will bring in
Your children, whom you said would be taken captive, and they
32 will know the land you rejected. But as for you, your corpses
33 will fall in this wilderness. Your children will shepherd in the
wilderness for forty years, suffering for your faithlessness until
34 the last of your corpses lies here in the wilderness. For the number
of the days in which you scouted the land, forty days, you shall
bear your sins – for every day a year: forty years. You will know

יח יְהוָה אֶרֶךְ אַפַּיִם וְרַב־חֶסֶד נֹשֵׂא עָוֺן וָפָשַׁע וְנַקֵּה לֹא יְנַקֶּה
יט פֹּקֵד עֲוֺן אָבוֹת עַל־בָּנִים עַל־שִׁלֵּשִׁים וְעַל־רִבֵּעִים: סְלַח־
נָא לַעֲוֺן הָעָם הַזֶּה כְּגֹדֶל חַסְדֶּךָ וְכַאֲשֶׁר נָשָׂאתָה לָעָם הַזֶּה
כ כא מִמִּצְרַיִם וְעַד־הֵנָּה: וַיֹּאמֶר יְהוָה סָלַחְתִּי כִּדְבָרֶךָ: וְאוּלָם חַי־
כב אָנִי וְיִמָּלֵא כְבוֹד־יְהוָה אֶת־כָּל־הָאָרֶץ: כִּי כָל־הָאֲנָשִׁים הָרֹאִים
אֶת־כְּבֹדִי וְאֶת־אֹתֹתַי אֲשֶׁר־עָשִׂיתִי בְמִצְרַיִם וּבַמִּדְבָּר וַיְנַסּוּ
כג אֹתִי זֶה עֶשֶׂר פְּעָמִים וְלֹא שָׁמְעוּ בְּקוֹלִי: אִם־יִרְאוּ אֶת־הָאָרֶץ
כד אֲשֶׁר נִשְׁבַּעְתִּי לַאֲבֹתָם וְכָל־מְנַאֲצַי לֹא יִרְאוּהָ: וְעַבְדִּי כָלֵב
עֵקֶב הָיְתָה רוּחַ אַחֶרֶת עִמּוֹ וַיְמַלֵּא אַחֲרָי וַהֲבִיאֹתִיו אֶל־הָאָרֶץ
כה אֲשֶׁר־בָּא שָׁמָּה וְזַרְעוֹ יוֹרִשֶׁנָּה: וְהָעֲמָלֵקִי וְהַכְּנַעֲנִי יוֹשֵׁב בָּעֵמֶק
מָחָר פְּנוּ וּסְעוּ לָכֶם הַמִּדְבָּר דֶּרֶךְ יַם־סוּף:
כו כז וַיְדַבֵּר יְהוָה אֶל־מֹשֶׁה וְאֶל־אַהֲרֹן לֵאמֹר: עַד־מָתַי לָעֵדָה רביעי
הָרָעָה הַזֹּאת אֲשֶׁר הֵמָּה מַלִּינִים עָלָי אֶת־תְּלֻנּוֹת בְּנֵי יִשְׂרָאֵל
כח אֲשֶׁר הֵמָּה מַלִּינִים עָלַי שָׁמָעְתִּי: אֱמֹר אֲלֵהֶם חַי־אָנִי נְאֻם־
כט יְהוָה אִם־לֹא כַּאֲשֶׁר דִּבַּרְתֶּם בְּאָזְנָי כֵּן אֶעֱשֶׂה לָכֶם: בַּמִּדְבָּר
הַזֶּה יִפְּלוּ פִגְרֵיכֶם וְכָל־פְּקֻדֵיכֶם לְכָל־מִסְפַּרְכֶם מִבֶּן עֶשְׂרִים
ל שָׁנָה וָמָעְלָה אֲשֶׁר הֲלִינֹתֶם עָלָי: אִם־אַתֶּם תָּבֹאוּ אֶל־הָאָרֶץ
אֲשֶׁר נָשָׂאתִי אֶת־יָדִי לְשַׁכֵּן אֶתְכֶם בָּהּ כִּי אִם־כָּלֵב בֶּן־יְפֻנֶּה
לא וִיהוֹשֻׁעַ בִּן־נוּן: וְטַפְּכֶם אֲשֶׁר אֲמַרְתֶּם לָבַז יִהְיֶה וְהֵבֵיאתִי
לב אֹתָם וְיָדְעוּ אֶת־הָאָרֶץ אֲשֶׁר מְאַסְתֶּם בָּהּ: וּפִגְרֵיכֶם אַתֶּם
לג יִפְּלוּ בַּמִּדְבָּר הַזֶּה: וּבְנֵיכֶם יִהְיוּ רֹעִים בַּמִּדְבָּר אַרְבָּעִים שָׁנָה
לד וְנָשְׂאוּ אֶת־זְנוּתֵיכֶם עַד־תֹּם פִּגְרֵיכֶם בַּמִּדְבָּר: בְּמִסְפַּר הַיָּמִים
אֲשֶׁר־תַּרְתֶּם אֶת־הָאָרֶץ אַרְבָּעִים יוֹם יוֹם לַשָּׁנָה

36 See Exodus 34:6–7.

37 That is, toward the southwest, away from the land of Israel and its hostile peoples.

35 what it is to oppose Me. I, the LORD, have spoken.' This will I do to
this entire wicked community that has gathered together against
Me. In this wilderness they shall come to their end, and there they
36 shall die." So the men Moshe sent to scout the land, and who came
back and caused all the community to rail against him by giving
37 an adverse report of the land – those men who gave the adverse
38 report of the land died by a plague before the LORD. And only
Yehoshua son of Nun and Kalev son of Yefuneh remained alive of
39 all those men who went to scout the land. When Moshe reported
these words to all the Israelites, the people were overcome with
40 grief. They rose early the next morning and climbed up to the
heights of the hill country, saying, "We are ready to go up to the
41 place that the LORD spoke of; we were wrong." But Moshe said,
"Why are you transgressing the LORD's command? It will not
42 work. Do not go up; the LORD is not with you. Do not be struck
43 down by your enemies. Ahead of you are the Amalekites and
Canaanites, and you will fall by the sword. Because you have
turned away from following the LORD, the LORD will not be with
44 you." Defiantly, they went up to the heights of the hill country.
Neither the Ark of the LORD's Covenant nor Moshe left the camp.
45 And the Amalekites and Canaanites who lived in that hill country
came down, and fought them, and crushed them, all the way to
Ḥorma.[38]
15 1 2 The LORD spoke to Moshe: "Speak to the Israelites. Say: When you
3 come to the land that I am giving you to live in, and you present a
fire offering from the herd or from the flock for a pleasing aroma to
the LORD – whether it be a burnt offering or a sacrifice to fulfill a
spoken vow, or brought as a freewill offering, or a festival offering –
4 the one who brings this offering to the LORD shall bring with
it a grain offering of a tenth of a measure[39] of fine flour mixed
5 with a quarter of a hin[40] of oil, and with the burnt offering or the
sacrifice, a quarter of a hin of wine as a libation for every lamb.

---

40 A hin is a liquid measure equal to approximately 4 liters.

תִּשְׂאוּ֙ אֶת־עֲוֺנֹ֣תֵיכֶ֔ם אַרְבָּעִ֖ים שָׁנָ֑ה וִֽידַעְתֶּ֖ם אֶת־תְּנוּאָתִֽי׃
לה אֲנִ֣י יְהוָה֮ דִּבַּ֒רְתִּי֒ אִם־לֹ֣א ׀ זֹ֣את אֶֽעֱשֶׂ֗ה לְכָל־הָעֵדָ֤ה הָֽרָעָה֙
לו הַזֹּ֔את הַנּוֹעָדִ֖ים עָלָ֑י בַּמִּדְבָּ֥ר הַזֶּ֛ה יִתַּ֖מּוּ וְשָׁ֥ם יָמֻֽתוּ׃ וְהָ֣אֲנָשִׁ֔ים
אֲשֶׁר־שָׁלַ֥ח מֹשֶׁ֖ה לָת֣וּר אֶת־הָאָ֑רֶץ וַיָּשֻׁ֗בוּ וילונו עָלָיו֙ אֶת־ וַיַּלִּ֤ינוּ
לז כָּל־הָ֣עֵדָ֔ה לְהוֹצִ֥יא דִבָּ֖ה עַל־הָאָֽרֶץ׃ וַיָּמֻ֙תוּ֙ הָֽאֲנָשִׁ֔ים מוֹצִאֵ֥י
לח דִבַּת־הָאָ֖רֶץ רָעָ֑ה בַּמַּגֵּפָ֖ה לִפְנֵ֥י יְהוָֽה׃ וִיהוֹשֻׁ֣עַ בִּן־נ֔וּן וְכָלֵ֖ב
בֶּן־יְפֻנֶּ֑ה חָיוּ֙ מִן־הָאֲנָשִׁ֣ים הָהֵ֔ם הַהֹלְכִ֖ים לָת֥וּר אֶת־הָאָֽרֶץ׃
לט וַיְדַבֵּ֤ר מֹשֶׁה֙ אֶת־הַדְּבָרִ֣ים הָאֵ֔לֶּה אֶֽל־כָּל־בְּנֵ֖י יִשְׂרָאֵ֑ל וַיִּֽתְאַבְּל֥וּ
מ הָעָ֖ם מְאֹֽד׃ וַיַּשְׁכִּ֣מוּ בַבֹּ֔קֶר וַיַּעֲל֥וּ אֶל־רֹאשׁ־הָהָ֖ר לֵאמֹ֑ר הִנֶּ֗נּוּ
מא וְעָלִ֛ינוּ אֶל־הַמָּק֛וֹם אֲשֶׁר־אָמַ֥ר יְהוָ֖ה כִּ֥י חָטָֽאנוּ׃ וַיֹּ֣אמֶר מֹשֶׁ֔ה
מב לָ֥מָּה זֶּ֛ה אַתֶּ֥ם עֹבְרִ֖ים אֶת־פִּ֣י יְהוָ֑ה וְהִ֖וא לֹ֥א תִצְלָֽח׃ אַֽל־
מג תַּעֲל֔וּ כִּ֛י אֵ֥ין יְהוָ֖ה בְּקִרְבְּכֶ֑ם וְלֹא֙ תִּנָּ֣גְפ֔וּ לִפְנֵ֖י אֹיְבֵיכֶֽם׃ כִּ֩י
הָעֲמָלֵקִ֨י וְהַכְּנַעֲנִ֥י שָׁם֙ לִפְנֵיכֶ֔ם וּנְפַלְתֶּ֖ם בֶּחָ֑רֶב כִּֽי־עַל־כֵּ֤ן שַׁבְתֶּם֙
מד מֵאַחֲרֵ֣י יְהוָ֔ה וְלֹא־יִהְיֶ֥ה יְהוָ֖ה עִמָּכֶֽם׃ וַיַּעְפִּ֕לוּ לַעֲל֖וֹת אֶל־
רֹ֣אשׁ הָהָ֑ר וַאֲר֤וֹן בְּרִית־יְהוָה֙ וּמֹשֶׁ֔ה לֹא־מָ֖שׁוּ מִקֶּ֥רֶב הַמַּחֲנֶֽה׃
מה וַיֵּ֤רֶד הָֽעֲמָלֵקִי֙ וְהַֽכְּנַעֲנִ֔י הַיֹּשֵׁ֖ב בָּהָ֣ר הַה֑וּא וַיַּכּ֥וּם וַֽיַּכְּת֖וּם עַד־
הַֽחָרְמָֽה׃
טו א ב וַיְדַבֵּ֥ר יְהוָ֖ה אֶל־מֹשֶׁ֥ה לֵּאמֹֽר׃ דַּבֵּר֙ אֶל־בְּנֵ֣י יִשְׂרָאֵ֔ל וְאָמַרְתָּ֖ יד
אֲלֵהֶ֑ם כִּ֣י תָבֹ֗אוּ אֶל־אֶ֙רֶץ֙ מוֹשְׁבֹ֣תֵיכֶ֔ם אֲשֶׁ֥ר אֲנִ֖י נֹתֵ֥ן לָכֶֽם׃
ג וַעֲשִׂיתֶ֨ם אִשֶּׁ֤ה לַֽיהוָה֙ עֹלָ֣ה אוֹ־זֶ֔בַח לְפַלֵּא־נֶ֙דֶר֙ א֣וֹ בִנְדָבָ֔ה א֖וֹ
בְּמֹעֲדֵיכֶ֑ם לַעֲשׂ֙וֹת רֵ֤יחַ נִיחֹ֙חַ֙ לַֽיהוָ֔ה מִן־הַבָּקָ֖ר א֥וֹ מִן־הַצֹּֽאן׃
ד וְהִקְרִ֛יב הַמַּקְרִ֥יב קָרְבָּנ֖וֹ לַֽיהוָ֑ה מִנְחָה֙ סֹ֣לֶת עִשָּׂר֔וֹן בָּל֕וּל
ה בִּרְבִעִ֥ית הַהִ֖ין שָֽׁמֶן׃ וְיַ֤יִן לַנֶּ֙סֶךְ֙ רְבִיעִ֣ית הַהִ֔ין תַּעֲשֶׂ֥ה עַל־הָעֹלָ֖ה

38 The name of this place literally means "destruction."
39 That is, of an ephah. This measure is identical to an omer; see notes on 5:15 and 11:32.

6 In the case of a ram, you shall bring a grain offering of two-tenths
7 of a measure of fine flour mixed with a third of a hin of oil. You
shall also offer a third of a hin of wine as a libation, for a pleasing
8 aroma to the LORD. If, however, you offer an animal from the ḤAMISHI
herd as a burnt offering or as a sacrifice to fulfill a spoken vow, or
9 as a peace offering to the LORD, then you shall bring with each
animal a grain offering of three-tenths of a measure of fine flour
10 mixed with half a hin of oil. You shall also offer half a hin of wine
as a libation; it is a fire offering, a pleasing aroma to the LORD.
11 So shall it be with each ox, each ram, and with any sheep or goat.
12 13 However many you offer, you shall do the same for each. Every
native-born person, presenting a fire offering as a pleasing aroma
14 to the LORD, shall perform them in this way. And whensoever,
through the generations, a migrant joins you or lives among you,
and he too prepares a fire offering for a pleasing aroma to the
15 LORD, he shall do just as you do. There shall be one law for the
congregation: as for you, so for any migrant. It shall be an eternal
decree throughout the generations: you and the migrant shall be
16 the same before the LORD. One law and one rule for you and for
the migrant who lives among you."
17 18 The LORD spoke to Moshe: "Speak to the Israelites. Say: When SHISHI
19 you come to the land to which I am bringing you, and eat the
bread of the land, you shall set some aside as an offering to the
20 LORD. As the first portion of your kneading, you shall set aside a
loaf as an offering, like the offering you present from the threshing
21 floor. You shall present to the LORD an offering from the first of
22 your kneading throughout your generations. If, without
intention, you fail to perform any of these commandments that
23 the LORD gave to Moshe, anything that the LORD has commanded
you through Moshe from the day the LORD commanded it and
24 onward – in all generations to come – if it is done unintentionally
by the community, the entire community must offer one bull
from the herd as a burnt offering, a pleasing aroma to the LORD,
with its prescribed grain offering and libation, and one goat as a

ו אוֹ לַזֶּבַח לַכֶּבֶשׂ הָאֶחָד: אוֹ לָאַיִל תַּעֲשֶׂה מִנְחָה סֹלֶת שְׁנֵי
ז עֶשְׂרֹנִים בְּלוּלָה בַשֶּׁמֶן שְׁלִשִׁית הַהִין: וְיַיִן לַנֶּסֶךְ שְׁלִשִׁית הַהִין
ח תַּקְרִיב רֵיחַ־נִיחֹחַ לַיהוָה: וְכִי־תַעֲשֶׂה בֶן־בָּקָר עֹלָה אוֹ־זָבַח חמישי
ט לְפַלֵּא־נֶדֶר אוֹ־שְׁלָמִים לַיהוָה: וְהִקְרִיב עַל־בֶּן־הַבָּקָר מִנְחָה
י סֹלֶת שְׁלֹשָׁה עֶשְׂרֹנִים בָּלוּל בַּשֶּׁמֶן חֲצִי הַהִין: וְיַיִן תַּקְרִיב לַנֶּסֶךְ
יא חֲצִי הַהִין אִשֵּׁה רֵיחַ־נִיחֹחַ לַיהוָה: כָּכָה יֵעָשֶׂה לַשּׁוֹר הָאֶחָד
יב אוֹ לָאַיִל הָאֶחָד אוֹ־לַשֶּׂה בַכְּבָשִׂים אוֹ בָעִזִּים: כַּמִּסְפָּר אֲשֶׁר
יג תַּעֲשׂוּ כָּכָה תַּעֲשׂוּ לָאֶחָד כְּמִסְפָּרָם: כָּל־הָאֶזְרָח יַעֲשֶׂה־כָּכָה
יד אֶת־אֵלֶּה לְהַקְרִיב אִשֵּׁה רֵיחַ־נִיחֹחַ לַיהוָה: וְכִי־יָגוּר אִתְּכֶם
גֵּר אוֹ אֲשֶׁר־בְּתוֹכְכֶם לְדֹרֹתֵיכֶם וְעָשָׂה אִשֵּׁה רֵיחַ־נִיחֹחַ לַיהוָה
טו כַּאֲשֶׁר תַּעֲשׂוּ כֵּן יַעֲשֶׂה: הַקָּהָל חֻקָּה אַחַת לָכֶם וְלַגֵּר הַגָּר
טז חֻקַּת עוֹלָם לְדֹרֹתֵיכֶם כָּכֶם כַּגֵּר יִהְיֶה לִפְנֵי יְהוָה: תּוֹרָה אַחַת
וּמִשְׁפָּט אֶחָד יִהְיֶה לָכֶם וְלַגֵּר הַגָּר אִתְּכֶם:
יז יח וַיְדַבֵּר יְהוָה אֶל־מֹשֶׁה לֵּאמֹר: דַּבֵּר אֶל־בְּנֵי יִשְׂרָאֵל וְאָמַרְתָּ ששי
יט אֲלֵהֶם בְּבֹאֲכֶם אֶל־הָאָרֶץ אֲשֶׁר אֲנִי מֵבִיא אֶתְכֶם שָׁמָּה: וְהָיָה
כ בַּאֲכָלְכֶם מִלֶּחֶם הָאָרֶץ תָּרִימוּ תְרוּמָה לַיהוָה: רֵאשִׁית עֲרִסֹתֵכֶם
כא חַלָּה תָּרִימוּ תְרוּמָה כִּתְרוּמַת גֹּרֶן כֵּן תָּרִימוּ אֹתָהּ: מֵרֵאשִׁית
כב עֲרִסֹתֵיכֶם תִּתְּנוּ לַיהוָה תְּרוּמָה לְדֹרֹתֵיכֶם: וְכִי
תִשְׁגּוּ וְלֹא תַעֲשׂוּ אֵת כָּל־הַמִּצְוֹת הָאֵלֶּה אֲשֶׁר־דִּבֶּר יְהוָה
כג אֶל־מֹשֶׁה: אֵת כָּל־אֲשֶׁר צִוָּה יְהוָה אֲלֵיכֶם בְּיַד־מֹשֶׁה מִן־הַיּוֹם
כד אֲשֶׁר צִוָּה יְהוָה וָהָלְאָה לְדֹרֹתֵיכֶם: וְהָיָה אִם מֵעֵינֵי הָעֵדָה
נֶעֶשְׂתָה לִשְׁגָגָה וְעָשׂוּ כָל־הָעֵדָה פַּר בֶּן־בָּקָר אֶחָד לְעֹלָה
לְרֵיחַ נִיחֹחַ לַיהוָה וּמִנְחָתוֹ וְנִסְכּוֹ כַּמִּשְׁפָּט וּשְׂעִיר־עִזִּים

25 purification offering. The priest shall then make atonement for
all the community of Israel and they will be forgiven, because it
was an accidental failing, and because they brought their sacrifice,
a fire offering to the LORD and the purification offering for their
26 error before the LORD. The community of Israel and the migrants
living among them will all be forgiven, because all the people acted
27 in error. If it is an individual who sins inadvertently, he SHEVI'I
28 shall offer a year-old female goat as a purification offering. The
priest shall make atonement before the LORD for the person who
sinned inadvertently, to atone for his sin, and he will be forgiven.
29 There shall be one law for one who inadvertently commits a sin,
whether he is a native-born Israelite or a migrant living among
30 them. However, if a person commits a sin high-handedly, whether
he is native born or a migrant, he reviles the LORD and shall be
31 severed from the people. Because he despises the LORD's word
and violates His commandments, he will be severed utterly and
must bear his guilt."
32 When the Israelites were in the wilderness, they encountered a man
33 gathering wood on the Sabbath. Those who found him gathering
wood brought him before Moshe and Aharon, and before the
34 whole community, and he was placed in custody, because it had
not been specified what should be done to him. And the
35 LORD said to Moshe, "The man shall be put to death. The whole
36 community must stone him outside the camp." And so, as the
LORD had commanded Moshe, the whole community took him
outside the camp and stoned him to death.
37 38 The LORD said to Moshe: "Speak to the Israelites; tell them to MAFTIR
make fringes on the corners of their garments throughout the
generations. To the fringe on each corner they should attach a blue
39 cord. And this shall be your fringe: seeing it, you shall remember
all the LORD's commands and keep them. You will not then go
40 astray, following the lusts of your heart or of your eyes. This is
to remind you to keep all My commands, to remain holy to your

כה אֶחָ֖ד לְחַטָּֽת׃ וְכִפֶּ֣ר הַכֹּהֵ֗ן עַֽל־כׇּל־עֲדַ֛ת בְּנֵ֥י יִשְׂרָאֵ֖ל וְנִסְלַ֣ח לָהֶ֑ם
כִּֽי־שְׁגָגָ֣ה הִ֔וא וְהֵ֡ם הֵבִ֣יאוּ אֶת־קׇרְבָּנָ֡ם אִשֶּׁ֣ה לַֽיהוָ֡ה וְחַטָּאתָ֛ם
כו לִפְנֵ֥י יְהוָ֖ה עַל־שִׁגְגָתָֽם׃ וְנִסְלַ֗ח לְכׇל־עֲדַת֙ בְּנֵ֣י יִשְׂרָאֵ֔ל וְלַגֵּ֖ר
כז הַגָּ֣ר בְּתוֹכָ֑ם כִּ֥י לְכׇל־הָעָ֖ם בִּשְׁגָגָֽה׃ וְאִם־נֶ֥פֶשׁ אַחַ֖ת שביעי
כח תֶּחֱטָ֣א בִשְׁגָגָ֑ה וְהִקְרִ֛יבָה עֵ֥ז בַּת־שְׁנָתָ֖הּ לְחַטָּֽאת׃ וְכִפֶּ֣ר הַכֹּהֵ֗ן
עַל־הַנֶּ֛פֶשׁ הַשֹּׁגֶ֖גֶת בְּחֶטְאָ֣ה בִשְׁגָגָ֑ה לִפְנֵ֣י יְהוָ֔ה לְכַפֵּ֥ר עָלָ֖יו
כט וְנִסְלַ֥ח לֽוֹ׃ הָֽאֶזְרָח֙ בִּבְנֵ֣י יִשְׂרָאֵ֔ל וְלַגֵּ֖ר הַגָּ֣ר בְּתוֹכָ֑ם תּוֹרָ֤ה אַחַת֙
ל יִהְיֶ֣ה לָכֶ֔ם לָעֹשֶׂ֖ה בִּשְׁגָגָֽה׃ וְהַנֶּ֜פֶשׁ אֲשֶׁר־תַּעֲשֶׂ֣ה ׀ בְּיָ֣ד רָמָ֗ה
מִן־הָֽאֶזְרָח֙ וּמִן־הַגֵּ֔ר אֶת־יְהוָ֖ה ה֣וּא מְגַדֵּ֑ף וְנִכְרְתָ֛ה הַנֶּ֥פֶשׁ
לא הַהִ֖וא מִקֶּ֥רֶב עַמָּֽהּ׃ כִּ֤י דְבַר־יְהוָה֙ בָּזָ֔ה וְאֶת־מִצְוָת֖וֹ הֵפַ֑ר הִכָּרֵ֧ת ׀
תִּכָּרֵ֛ת הַנֶּ֥פֶשׁ הַהִ֖וא עֲוֺנָ֥ה בָֽהּ׃
לב וַיִּהְי֥וּ בְנֵֽי־יִשְׂרָאֵ֖ל בַּמִּדְבָּ֑ר וַֽיִּמְצְא֗וּ אִ֛ישׁ מְקֹשֵׁ֥שׁ עֵצִ֖ים בְּי֥וֹם
לג הַשַּׁבָּֽת׃ וַיַּקְרִ֣יבוּ אֹת֔וֹ הַמֹּצְאִ֥ים אֹת֖וֹ מְקֹשֵׁ֣שׁ עֵצִ֑ים אֶל־מֹשֶׁה֙
לד וְאֶֽל־אַהֲרֹ֔ן וְאֶ֖ל כׇּל־הָעֵדָֽה׃ וַיַּנִּ֥יחוּ אֹת֖וֹ בַּמִּשְׁמָ֑ר כִּ֚י לֹ֣א פֹרַ֔שׁ
לה מַה־יֵּעָשֶׂ֖ה לֽוֹ׃ וַיֹּ֤אמֶר יְהוָה֙ אֶל־מֹשֶׁ֔ה מ֥וֹת יוּמַ֖ת
לו הָאִ֑ישׁ רָג֨וֹם אֹת֤וֹ בָאֲבָנִים֙ כׇּל־הָ֣עֵדָ֔ה מִח֖וּץ לַֽמַּחֲנֶֽה׃ וַיֹּצִ֨יאוּ
אֹת֜וֹ כׇּל־הָעֵדָ֗ה אֶל־מִחוּץ֙ לַֽמַּחֲנֶ֔ה וַיִּרְגְּמ֥וּ אֹת֛וֹ בָּאֲבָנִ֖ים וַיָּמֹ֑ת
כַּאֲשֶׁ֛ר צִוָּ֥ה יְהוָ֖ה אֶת־מֹשֶֽׁה׃
לז לח וַיֹּ֥אמֶר יְהוָ֖ה אֶל־מֹשֶׁ֥ה לֵּאמֹֽר׃ דַּבֵּ֞ר אֶל־בְּנֵ֤י יִשְׂרָאֵל֙ וְאָמַרְתָּ֣ מפטיר
אֲלֵהֶ֔ם וְעָשׂ֨וּ לָהֶ֥ם צִיצִ֛ת עַל־כַּנְפֵ֥י בִגְדֵיהֶ֖ם לְדֹרֹתָ֑ם וְנָֽתְנ֛וּ
לט עַל־צִיצִ֥ת הַכָּנָ֖ף פְּתִ֥יל תְּכֵֽלֶת׃ וְהָיָ֣ה לָכֶם֮ לְצִיצִת֒ וּרְאִיתֶ֣ם
אֹת֗וֹ וּזְכַרְתֶּם֙ אֶת־כׇּל־מִצְוֺ֣ת יְהוָ֔ה וַעֲשִׂיתֶ֖ם אֹתָ֑ם וְלֹֽא־תָת֜וּרוּ
מ אַחֲרֵ֤י לְבַבְכֶם֙ וְאַחֲרֵ֣י עֵינֵיכֶ֔ם אֲשֶׁר־אַתֶּ֥ם זֹנִ֖ים אַחֲרֵיהֶֽם׃ לְמַ֣עַן
תִּזְכְּר֔וּ וַעֲשִׂיתֶ֖ם אֶת־כׇּל־מִצְוֺתָ֑י וִהְיִיתֶ֥ם קְדֹשִׁ֖ים לֵאלֹהֵיכֶֽם׃

41 God. I am the LORD your God, who brought you out of Egypt to
be your God. I am the LORD your God."
16 1 Koraḥ, son of Yitzhar son of Kehat son of Levi, together with Datan KORAḤ
and Aviram sons of Eliav and On son of Pelet – descendants of
2 Reuven – took two hundred fifty Israelite men, leaders of the com-
3 munity, chosen from the assembly, men of repute, and confronted
Moshe and Aharon together. They said to them, "You have gone
too far. All the community is holy, every one of them, and the LORD
is in their midst. Why then do you set yourselves above the LORD's
4 5 people?" When Moshe heard this, he fell upon his face. Then he
spoke to Koraḥ and all his company. "In the morning," he said, "the
LORD will make known who is His and who is holy, and will bring
that one close to Him. The one He chooses will be the one He will
6 allow to come close. Do this: Let Koraḥ and his company take
7 censers. Tomorrow light fire in them and place incense upon them
before the LORD. The man whom the LORD chooses – he is holy. It
8 is you, sons of Levi, who have gone too far!" Moshe said to Koraḥ,
9 "Listen now, you sons of Levi. Is it not enough for you that the God
of Israel has separated you from the Israelite community, enabling
you to come close to Him, to serve in the LORD's Tabernacle, and
10 stand in the presence of the community to minister to them? He
has brought you, and with you all your fellow Levites, to be close
11 to Him, and yet you seek the priesthood also? And so you and all
your company have assembled to defy the LORD. Aharon – who is
12 he that you should have grievances against him?" After this, Moshe
sent for Datan and Aviram, sons of Eliav. But they said, "We will
13 not come up. Is it not enough that you have brought us out of a
land flowing with milk and with honey to kill us in the desert, that
14 you insist on lording it over us? And more: you have not brought SHEINI
us to a land flowing with milk and with honey, nor have you given
us an inheritance of cropland and vineyard. Would you pull out
15 these people's eyes?! We will not come up!" Moshe became very
angry and said to the LORD, "Pay no attention to their offering. I
have not taken a single donkey from them, nor have I wronged any

מא אֲנִ֞י יְהוָ֣ה אֱלֹֽהֵיכֶ֗ם אֲשֶׁ֨ר הוֹצֵ֤אתִי אֶתְכֶם֙ מֵאֶ֣רֶץ מִצְרַ֔יִם לִהְי֥וֹת
לָכֶ֖ם לֵאלֹהִ֑ים אֲנִ֖י יְהוָ֥ה אֱלֹהֵיכֶֽם׃
טז א וַיִּקַּ֣ח קֹ֔רַח בֶּן־יִצְהָ֥ר בֶּן־קְהָ֖ת בֶּן־לֵוִ֑י וְדָתָ֨ן וַאֲבִירָ֜ם בְּנֵ֧י אֱלִיאָ֛ב טו קרח
ב וְא֥וֹן בֶּן־פֶּ֖לֶת בְּנֵ֥י רְאוּבֵֽן׃ וַיָּקֻ֙מוּ֙ לִפְנֵ֣י מֹשֶׁ֔ה וַאֲנָשִׁ֥ים מִבְּנֵֽי־
יִשְׂרָאֵ֖ל חֲמִשִּׁ֣ים וּמָאתָ֑יִם נְשִׂיאֵ֥י עֵדָ֛ה קְרִאֵ֥י מוֹעֵ֖ד אַנְשֵׁי־שֵֽׁם׃
ג וַיִּקָּהֲל֞וּ עַל־מֹשֶׁ֣ה וְעַֽל־אַהֲרֹ֗ן וַיֹּאמְר֣וּ אֲלֵהֶם֮ רַב־לָכֶם֒ כִּ֤י כָל־
הָֽעֵדָה֙ כֻּלָּ֣ם קְדֹשִׁ֔ים וּבְתוֹכָ֖ם יְהוָ֑ה וּמַדּ֥וּעַ תִּֽתְנַשְּׂא֖וּ עַל־קְהַ֥ל
ד ה יְהוָֽה׃ וַיִּשְׁמַ֣ע מֹשֶׁ֔ה וַיִּפֹּ֖ל עַל־פָּנָֽיו׃ וַיְדַבֵּ֨ר אֶל־קֹ֜רַח וְאֶֽל־כָּל־
עֲדָתוֹ֮ לֵאמֹר֒ בֹּ֠קֶר וְיֹדַ֨ע יְהוָ֧ה אֶת־אֲשֶׁר־ל֛וֹ וְאֶת־הַקָּד֖וֹשׁ וְהִקְרִ֣יב
ו אֵלָ֑יו וְאֵ֛ת אֲשֶׁ֥ר יִבְחַר־בּ֖וֹ יַקְרִ֥יב אֵלָֽיו׃ זֹ֖את עֲשׂ֑וּ קְחוּ־לָכֶ֣ם
ז מַחְתּ֔וֹת קֹ֖רַח וְכָל־עֲדָתֽוֹ׃ וּתְנ֣וּ־בָהֵ֣ן ׀ אֵ֡שׁ וְשִׂ֩ימוּ֩ עֲלֵיהֶ֨ן ׀ קְטֹ֜רֶת
לִפְנֵ֤י יְהוָה֙ מָחָ֔ר וְהָיָ֗ה הָאִ֛ישׁ אֲשֶׁר־יִבְחַ֥ר יְהוָ֖ה ה֣וּא הַקָּד֑וֹשׁ
ח רַב־לָכֶ֖ם בְּנֵ֥י לֵוִֽי׃ וַיֹּ֥אמֶר מֹשֶׁ֖ה אֶל־קֹ֑רַח שִׁמְעוּ־נָ֖א בְּנֵ֥י לֵוִֽי׃
ט הַמְעַ֣ט מִכֶּ֗ם כִּֽי־הִבְדִּיל֩ אֱלֹהֵ֨י יִשְׂרָאֵ֤ל אֶתְכֶם֙ מֵעֲדַ֣ת יִשְׂרָאֵ֔ל
לְהַקְרִ֥יב אֶתְכֶ֖ם אֵלָ֑יו לַֽעֲבֹ֗ד אֶת־עֲבֹדַת֙ מִשְׁכַּ֣ן יְהוָ֔ה וְלַעֲמֹ֛ד
י לִפְנֵ֥י הָעֵדָ֖ה לְשָׁרְתָֽם׃ וַיַּקְרֵב֙ אֹֽתְךָ֔ וְאֶת־כָּל־אַחֶ֥יךָ בְנֵֽי־לֵוִ֖י אִתָּ֑ךְ
יא וּבִקַּשְׁתֶּ֖ם גַּם־כְּהֻנָּֽה׃ לָכֵ֗ן אַתָּה֙ וְכָל־עֲדָ֣תְךָ֔ הַנֹּעָדִ֖ים עַל־יְהוָ֑ה
יב וְאַהֲרֹ֣ן מַה־ה֔וּא כִּ֥י תלונו עָלָֽיו׃ וַיִּשְׁלַ֣ח מֹשֶׁ֔ה לִקְרֹ֛א לְדָתָ֥ן תַּלִּ֖ינוּ
יג וְלַאֲבִירָ֖ם בְּנֵ֣י אֱלִיאָ֑ב וַיֹּאמְר֖וּ לֹ֥א נַעֲלֶֽה׃ הַמְעַ֗ט כִּ֤י הֶֽעֱלִיתָ֙נוּ֙
מֵאֶ֨רֶץ זָבַ֤ת חָלָב֙ וּדְבַ֔שׁ לַהֲמִיתֵ֖נוּ בַּמִּדְבָּ֑ר כִּֽי־תִשְׂתָּרֵ֥ר עָלֵ֖ינוּ
יד גַּם־הִשְׂתָּרֵֽר׃ אַ֡ף לֹ֣א אֶל־אֶ֩רֶץ֩ זָבַ֨ת חָלָ֤ב וּדְבַשׁ֙ הֲבִ֣יאֹתָ֔נוּ שני
וַתִּ֨תֶּן־לָ֔נוּ נַחֲלַ֖ת שָׂדֶ֣ה וָכָ֑רֶם הַעֵינֵ֞י הָאֲנָשִׁ֥ים הָהֵ֛ם תְּנַקֵּ֖ר לֹ֥א
טו נַעֲלֶֽה׃ וַיִּ֤חַר לְמֹשֶׁה֙ מְאֹ֔ד וַיֹּ֙אמֶר֙ אֶל־יְהוָ֔ה אַל־תֵּ֖פֶן אֶל־מִנְחָתָ֑ם
לֹ֠א חֲמ֨וֹר אֶחָ֤ד מֵהֶם֙ נָשָׂ֔אתִי וְלֹ֥א הֲרֵעֹ֖תִי אֶת־אַחַ֥ד מֵהֶֽם׃

16 one of them." Moshe said to Koraḥ, "You and your entire company
shall appear before the LORD tomorrow: you, they, and Aharon.
17 Each one shall take his censer, place incense upon it, and present
it before the LORD, each holding his censer, two hundred fifty
18 censers in all, and you and Aharon likewise with yours." Each took
his censer, placed fire in it, put incense upon it, and stood at the
19 entrance to the Tent of Meeting, as did Moshe and Aharon. Koraḥ
gathered all his company against them to the entrance to the Tent
of Meeting. Then the glory of the LORD was revealed to the entire
20 community. The LORD spoke to Moshe and Aharon: SHELISHI
21 "Separate yourselves from this community and let Me consume
22 them in a moment." They fell on their faces and said, "God, the
God of the spirit of all flesh, if one man sins, will You rage against
23 the entire community?" The LORD spoke to Moshe:
24 "Tell the community to move away from the dwellings of Koraḥ,
25 Datan, and Aviram." Moshe rose and went to Datan and Aviram.
26 Israel's elders followed him. He spoke to the community, saying:
"Turn away now from the tents of these wicked men. Do not touch
27 anything of theirs, lest you be swept away for all their sins." So
they moved away from around the dwellings of Koraḥ, Datan, and
Aviram. Datan and Aviram came out and stood at the openings
28 of their tents with their wives, children, and infants. Moshe said,
"By this you will know that the LORD sent me to do these deeds;
29 it was not my idea. If all these men die as others do, and share the
30 common fate of all humanity, then the LORD has not sent me. But
if the LORD creates something entirely new, so that the ground
opens its mouth and swallows them and all they have, and they
go down alive to Sheol,[41] then you will know that these men have
31 provoked the LORD." As soon as he had finished speaking these
32 words, the ground beneath them split open. The earth opened
its mouth and swallowed them and their households, with all the
33 people who pertained to Koraḥ and all their possessions – they
and all that was theirs descended alive to Sheol – the earth closed

41 The netherworld.

טז וַיֹּאמֶר מֹשֶׁה אֶל־קֹרַח אַתָּה וְכׇל־עֲדָתְךָ הֱיוּ לִפְנֵי יְהֹוָה אַתָּה
יז וָהֵם וְאַהֲרֹן מָחָר׃ וּקְחוּ ׀ אִישׁ מַחְתָּתוֹ וּנְתַתֶּם עֲלֵיהֶם קְטֹרֶת
וְהִקְרַבְתֶּם לִפְנֵי יְהֹוָה אִישׁ מַחְתָּתוֹ חֲמִשִּׁים וּמָאתַיִם מַחְתֹּת
יח וְאַתָּה וְאַהֲרֹן אִישׁ מַחְתָּתוֹ׃ וַיִּקְחוּ אִישׁ מַחְתָּתוֹ וַיִּתְּנוּ עֲלֵיהֶם
אֵשׁ וַיָּשִׂימוּ עֲלֵיהֶם קְטֹרֶת וַיַּעַמְדוּ פֶּתַח אֹהֶל מוֹעֵד וּמֹשֶׁה
יט וְאַהֲרֹן׃ וַיַּקְהֵל עֲלֵיהֶם קֹרַח אֶת־כׇּל־הָעֵדָה אֶל־פֶּתַח אֹהֶל
כ מוֹעֵד וַיֵּרָא כְבוֹד־יְהֹוָה אֶל־כׇּל־הָעֵדָה׃ וַיְדַבֵּר שלישי
כא יְהֹוָה אֶל־מֹשֶׁה וְאֶל־אַהֲרֹן לֵאמֹר׃ הִבָּדְלוּ מִתּוֹךְ הָעֵדָה
כב הַזֹּאת וַאֲכַלֶּה אֹתָם כְּרָגַע׃ וַיִּפְּלוּ עַל־פְּנֵיהֶם וַיֹּאמְרוּ אֵל
אֱלֹהֵי הָרוּחֹת לְכׇל־בָּשָׂר הָאִישׁ אֶחָד יֶחֱטָא וְעַל כׇּל־הָעֵדָה
כג כד תִּקְצֹף׃ וַיְדַבֵּר יְהֹוָה אֶל־מֹשֶׁה לֵּאמֹר׃ דַּבֵּר אֶל־
כה הָעֵדָה לֵאמֹר הֵעָלוּ מִסָּבִיב לְמִשְׁכַּן־קֹרַח דָּתָן וַאֲבִירָם׃ וַיָּקׇם
כו מֹשֶׁה וַיֵּלֶךְ אֶל־דָּתָן וַאֲבִירָם וַיֵּלְכוּ אַחֲרָיו זִקְנֵי יִשְׂרָאֵל׃ וַיְדַבֵּר
אֶל־הָעֵדָה לֵאמֹר סוּרוּ נָא מֵעַל אׇהֳלֵי הָאֲנָשִׁים הָרְשָׁעִים
הָאֵלֶּה וְאַל־תִּגְּעוּ בְּכׇל־אֲשֶׁר לָהֶם פֶּן־תִּסָּפוּ בְּכׇל־חַטֹּאתָם׃
כז וַיֵּעָלוּ מֵעַל מִשְׁכַּן־קֹרַח דָּתָן וַאֲבִירָם מִסָּבִיב וְדָתָן וַאֲבִירָם
כח יָצְאוּ נִצָּבִים פֶּתַח אׇהֳלֵיהֶם וּנְשֵׁיהֶם וּבְנֵיהֶם וְטַפָּם׃ וַיֹּאמֶר מֹשֶׁה
בְּזֹאת תֵּדְעוּן כִּי־יְהֹוָה שְׁלָחַנִי לַעֲשׂוֹת אֵת כׇּל־הַמַּעֲשִׂים הָאֵלֶּה
כט כִּי־לֹא מִלִּבִּי׃ אִם־כְּמוֹת כׇּל־הָאָדָם יְמֻתוּן אֵלֶּה וּפְקֻדַּת כׇּל־
ל הָאָדָם יִפָּקֵד עֲלֵיהֶם לֹא יְהֹוָה שְׁלָחָנִי׃ וְאִם־בְּרִיאָה יִבְרָא יְהֹוָה
וּפָצְתָה הָאֲדָמָה אֶת־פִּיהָ וּבָלְעָה אֹתָם וְאֶת־כׇּל־אֲשֶׁר לָהֶם
וְיָרְדוּ חַיִּים שְׁאֹלָה וִידַעְתֶּם כִּי נִאֲצוּ הָאֲנָשִׁים הָאֵלֶּה אֶת־יְהֹוָה׃
לא וַיְהִי כְּכַלֹּתוֹ לְדַבֵּר אֵת כׇּל־הַדְּבָרִים הָאֵלֶּה וַתִּבָּקַע הָאֲדָמָה
לב אֲשֶׁר תַּחְתֵּיהֶם׃ וַתִּפְתַּח הָאָרֶץ אֶת־פִּיהָ וַתִּבְלַע אֹתָם וְאֶת־
לג בָּתֵּיהֶם וְאֵת כׇּל־הָאָדָם אֲשֶׁר לְקֹרַח וְאֵת כׇּל־הָרְכוּשׁ׃ וַיֵּרְדוּ
הֵם וְכׇל־אֲשֶׁר לָהֶם חַיִּים שְׁאֹלָה וַתְּכַס עֲלֵיהֶם הָאָרֶץ וַיֹּאבְדוּ

over them – and they perished from the midst of the assembly.
34 At their cry, all the Israelites around them fled, for they said, "The
35 earth could swallow us." And fire came forth from the LORD
and consumed the two hundred fifty men who were offering
17 1 2 incense. Then the LORD spoke to Moshe: "Tell Elazar
son of Aharon the priest to remove the censers from the fire, for
they have become holy. Scatter the burning coals far and wide.
3 And the censers of those who committed a mortal sin – make
them into hammered plates as a covering for the altar. Having been
offered before the LORD, they have become holy. And they will be
4 a sign for the Israelites." Elazar the priest took the bronze censers
that the men consumed by fire had presented, and hammered
5 them into a covering for the altar, as the LORD had said to him
through Moshe – a reminder for the Israelites that no outsider,
no one not descended from Aharon, should offer incense before
the LORD, and become like Koraḥ and his company.
6 The next day the entire Israelite community complained to Moshe
7 and Aharon, "You have killed the LORD's people!" As the commu-
nity assembled against Moshe and Aharon, they turned toward
the Tent of Meeting. A cloud was covering it, and the glory of the
8 LORD appeared. Moshe and Aharon came to the front of the Tent
9 10 of Meeting. And the LORD spoke to Moshe: "Get away REVI'I
from this community; let Me consume them in an instant." They
11 fell on their faces, and Moshe said to Aharon, "Take the censer,
put fire from the altar into it, place incense upon it, and go quickly
to the community and make atonement for them. Fury has come
12 forth from the LORD; the plague has begun." Aharon took it as
Moshe said and ran into the midst of the assembly, for the plague
had already begun among the people. He offered incense and
13 made atonement for the people; he stood between the dead and
14 the living, and the plague was halted; 14,700 died from that plague,
15 in addition to those who died on account of Koraḥ. And Aharon
returned to Moshe at the entrance to the Tent of Meeting – for the
plague had stopped.

לד מִתּוֹךְ הַקָּהָל: וְכָל־יִשְׂרָאֵל אֲשֶׁר סְבִיבֹתֵיהֶם נָסוּ לְקֹלָם כִּי
לה אָמְרוּ פֶּן־תִּבְלָעֵנוּ הָאָרֶץ: וְאֵשׁ יָצְאָה מֵאֵת יְהוָה וַתֹּאכַל אֵת
יז א הַחֲמִשִּׁים וּמָאתַיִם אִישׁ מַקְרִיבֵי הַקְּטֹרֶת: וַיְדַבֵּר
ב יְהוָה אֶל־מֹשֶׁה לֵּאמֹר: אֱמֹר אֶל־אֶלְעָזָר בֶּן־אַהֲרֹן הַכֹּהֵן
וְיָרֵם אֶת־הַמַּחְתֹּת מִבֵּין הַשְּׂרֵפָה וְאֶת־הָאֵשׁ זְרֵה־הָלְאָה כִּי
ג קָדֵשׁוּ: אֵת מַחְתּוֹת הַחַטָּאִים הָאֵלֶּה בְּנַפְשֹׁתָם וְעָשׂוּ אֹתָם
רִקֻּעֵי פַחִים צִפּוּי לַמִּזְבֵּחַ כִּי־הִקְרִיבֻם לִפְנֵי־יְהוָה וַיִּקְדָּשׁוּ וְיִהְיוּ
ד לְאוֹת לִבְנֵי יִשְׂרָאֵל: וַיִּקַּח אֶלְעָזָר הַכֹּהֵן אֵת מַחְתּוֹת הַנְּחֹשֶׁת
ה אֲשֶׁר הִקְרִיבוּ הַשְּׂרֻפִים וַיְרַקְּעוּם צִפּוּי לַמִּזְבֵּחַ: זִכָּרוֹן לִבְנֵי
יִשְׂרָאֵל לְמַעַן אֲשֶׁר לֹא־יִקְרַב אִישׁ זָר אֲשֶׁר לֹא מִזֶּרַע אַהֲרֹן
הוּא לְהַקְטִיר קְטֹרֶת לִפְנֵי יְהוָה וְלֹא־יִהְיֶה כְקֹרַח וְכַעֲדָתוֹ
כַּאֲשֶׁר דִּבֶּר יְהוָה בְּיַד־מֹשֶׁה לוֹ:
ו וַיִּלֹּנוּ כָּל־עֲדַת בְּנֵי־יִשְׂרָאֵל מִמָּחֳרָת עַל־מֹשֶׁה וְעַל־אַהֲרֹן לֵאמֹר
ז אַתֶּם הֲמִתֶּם אֶת־עַם יְהוָה: וַיְהִי בְּהִקָּהֵל הָעֵדָה עַל־מֹשֶׁה
וְעַל־אַהֲרֹן וַיִּפְנוּ אֶל־אֹהֶל מוֹעֵד וְהִנֵּה כִסָּהוּ הֶעָנָן וַיֵּרָא כְּבוֹד
ח ט יְהוָה: וַיָּבֹא מֹשֶׁה וְאַהֲרֹן אֶל־פְּנֵי אֹהֶל מוֹעֵד: וַיְדַבֵּר רביעי
י יְהוָה אֶל־מֹשֶׁה לֵּאמֹר: הֵרֹמּוּ מִתּוֹךְ הָעֵדָה הַזֹּאת וַאֲכַלֶּה
יא אֹתָם כְּרָגַע וַיִּפְּלוּ עַל־פְּנֵיהֶם: וַיֹּאמֶר מֹשֶׁה אֶל־אַהֲרֹן קַח
אֶת־הַמַּחְתָּה וְתֶן־עָלֶיהָ אֵשׁ מֵעַל הַמִּזְבֵּחַ וְשִׂים קְטֹרֶת
וְהוֹלֵךְ מְהֵרָה אֶל־הָעֵדָה וְכַפֵּר עֲלֵיהֶם כִּי־יָצָא הַקֶּצֶף מִלִּפְנֵי
יב יְהוָה הֵחֵל הַנָּגֶף: וַיִּקַּח אַהֲרֹן כַּאֲשֶׁר ׀ דִּבֶּר מֹשֶׁה וַיָּרָץ אֶל־
תּוֹךְ הַקָּהָל וְהִנֵּה הֵחֵל הַנֶּגֶף בָּעָם וַיִּתֵּן אֶת־הַקְּטֹרֶת וַיְכַפֵּר
יג עַל־הָעָם: וַיַּעֲמֹד בֵּין־הַמֵּתִים וּבֵין הַחַיִּים וַתֵּעָצַר הַמַּגֵּפָה:
יד וַיִּהְיוּ הַמֵּתִים בַּמַּגֵּפָה אַרְבָּעָה עָשָׂר אֶלֶף וּשְׁבַע מֵאוֹת מִלְּבַד
טו הַמֵּתִים עַל־דְּבַר־קֹרַח: וַיָּשָׁב אַהֲרֹן אֶל־מֹשֶׁה אֶל־פֶּתַח אֹהֶל
מוֹעֵד וְהַמַּגֵּפָה נֶעֱצָרָה:

16 17 Then the LORD spoke to Moshe: "Speak to the Israelites and take HAMISHI
from them twelve staffs, one for each ancestral house, from all
the leaders of their ancestral houses. Write each man's name on
18 his staff, and on Levi's staff write Aharon's name, for there shall be
19 one staff for the head of each ancestral house. Place them in the
Tent of Meeting in front of the Ark of the Covenant, where I meet
20 with you. The staff of the man I choose – that will give flower. Thus
I will rid myself of the incessant railings of the Israelites against
21 you." Moshe spoke to the Israelites, and each of their leaders gave
him a staff, one for each leader, according to their ancestral houses,
22 twelve staffs with Aharon's staff among them. Moshe placed the
23 staffs before the LORD in the Tent of the Testimony. And the
following day Moshe entered the Tent of the Testimony, and
Aharon's staff, representing the House of Levi, had given flower. It
had budded, produced blossoms, and was now bearing almonds.
24 Moshe brought out all the staffs from before the LORD to all the
Israelites. They saw. And each man took back his staff.
25 Then the LORD said to Moshe, "Put back Aharon's staff in front SHISHI
of the Ark of the Covenant to serve as a sign to rebels so that their
26 railings against Me end, and they will not die." Moshe did so. As
the LORD commanded him, so he did.
27 The Israelites said to Moshe, "We are going to die. We are lost;
28 all of us are lost. Whoever approaches the LORD's Tabernacle is
18 1 to die. Will we die out completely?" The LORD said to
Aharon: "You, your sons, and your ancestral house shall bear any
guilt connected with the Sanctuary, and you and your sons will
2 bear any guilt connected with your priesthood. Bring with you
also your brothers from the tribe of Levi, your father's tribe. Let
them join you and minister to you and your sons before the Tent
3 of the Testimony. They shall discharge their duties to you and to
the Tent as a whole, but they must not draw close to the utensils
4 of the Sanctuary or the altar, or both they and you will die. They
will join you in discharging the duties of the Tent of Meeting
for all the service of the Tent; no outsider shall draw near you.

טז יז וַיְדַבֵּר יְהוָה אֶל־מֹשֶׁה לֵּאמֹר׃ דַּבֵּר ׀ אֶל־בְּנֵי יִשְׂרָאֵל וְקַח **טז** חמישי
מֵאִתָּם מַטֶּה מַטֶּה לְבֵית אָב מֵאֵת כָּל־נְשִׂיאֵהֶם לְבֵית אֲבֹתָם
יח שְׁנֵים עָשָׂר מַטּוֹת אִישׁ אֶת־שְׁמוֹ תִּכְתֹּב עַל־מַטֵּהוּ׃ וְאֵת שֵׁם
אַהֲרֹן תִּכְתֹּב עַל־מַטֵּה לֵוִי כִּי מַטֶּה אֶחָד לְרֹאשׁ בֵּית אֲבוֹתָם׃
יט וְהִנַּחְתָּם בְּאֹהֶל מוֹעֵד לִפְנֵי הָעֵדוּת אֲשֶׁר אִוָּעֵד לָכֶם שָׁמָּה׃
כ וְהָיָה הָאִישׁ אֲשֶׁר אֶבְחַר־בּוֹ מַטֵּהוּ יִפְרָח וַהֲשִׁכֹּתִי מֵעָלַי אֶת־
כא תְּלֻנּוֹת בְּנֵי יִשְׂרָאֵל אֲשֶׁר הֵם מַלִּינִם עֲלֵיכֶם׃ וַיְדַבֵּר מֹשֶׁה
אֶל־בְּנֵי יִשְׂרָאֵל וַיִּתְּנוּ אֵלָיו ׀ כָּל־נְשִׂיאֵיהֶם מַטֶּה לְנָשִׂיא אֶחָד
מַטֶּה לְנָשִׂיא אֶחָד לְבֵית אֲבֹתָם שְׁנֵים עָשָׂר מַטּוֹת וּמַטֵּה
כב אַהֲרֹן בְּתוֹךְ מַטּוֹתָם׃ וַיַּנַּח מֹשֶׁה אֶת־הַמַּטֹּת לִפְנֵי יְהוָה בְּאֹהֶל
כג הָעֵדֻת׃ וַיְהִי מִמָּחֳרָת וַיָּבֹא מֹשֶׁה אֶל־אֹהֶל הָעֵדוּת וְהִנֵּה פָּרַח
כד מַטֵּה־אַהֲרֹן לְבֵית לֵוִי וַיֹּצֵא פֶרַח וַיָּצֵץ צִיץ וַיִּגְמֹל שְׁקֵדִים׃ וַיֹּצֵא
מֹשֶׁה אֶת־כָּל־הַמַּטֹּת מִלִּפְנֵי יְהוָה אֶל־כָּל־בְּנֵי יִשְׂרָאֵל וַיִּרְאוּ
וַיִּקְחוּ אִישׁ מַטֵּהוּ׃
כה וַיֹּאמֶר יְהוָה אֶל־מֹשֶׁה הָשֵׁב אֶת־מַטֵּה אַהֲרֹן לִפְנֵי הָעֵדוּת ששי
לְמִשְׁמֶרֶת לְאוֹת לִבְנֵי־מֶרִי וּתְכַל תְּלוּנֹּתָם מֵעָלַי וְלֹא יָמֻתוּ׃
כו וַיַּעַשׂ מֹשֶׁה כַּאֲשֶׁר צִוָּה יְהוָה אֹתוֹ כֵּן עָשָׂה׃
כז וַיֹּאמְרוּ בְּנֵי יִשְׂרָאֵל אֶל־מֹשֶׁה לֵאמֹר הֵן גָּוַעְנוּ אָבַדְנוּ כֻּלָּנוּ
כח אָבָדְנוּ׃ כֹּל הַקָּרֵב ׀ הַקָּרֵב אֶל־מִשְׁכַּן יְהוָה יָמוּת הַאִם תַּמְנוּ
יח א לִגְוֹעַ׃ וַיֹּאמֶר יְהוָה אֶל־אַהֲרֹן אַתָּה וּבָנֶיךָ וּבֵית־
אָבִיךָ אִתָּךְ תִּשְׂאוּ אֶת־עֲוֹן הַמִּקְדָּשׁ וְאַתָּה וּבָנֶיךָ אִתָּךְ תִּשְׂאוּ
ב אֶת־עֲוֹן כְּהֻנַּתְכֶם׃ וְגַם אֶת־אַחֶיךָ מַטֵּה לֵוִי שֵׁבֶט אָבִיךָ הַקְרֵב
אִתָּךְ וְיִלָּווּ עָלֶיךָ וִישָׁרְתוּךָ וְאַתָּה וּבָנֶיךָ אִתָּךְ לִפְנֵי אֹהֶל הָעֵדֻת׃
ג וְשָׁמְרוּ מִשְׁמַרְתְּךָ וּמִשְׁמֶרֶת כָּל־הָאֹהֶל אַךְ אֶל־כְּלֵי הַקֹּדֶשׁ
ד וְאֶל־הַמִּזְבֵּחַ לֹא יִקְרָבוּ וְלֹא־יָמֻתוּ גַם־הֵם גַּם־אַתֶּם׃ וְנִלְווּ עָלֶיךָ
וְשָׁמְרוּ אֶת־מִשְׁמֶרֶת אֹהֶל מוֹעֵד לְכֹל עֲבֹדַת הָאֹהֶל וְזָר לֹא־

5 You shall discharge the duties of the Sanctuary and the altar, so
6 that fury may never again fall upon the Israelites. I have singled
out your brothers, the Levites, from among the Israelites as a gift
to you, dedicated to the LORD to perform the service of the Tent
7 of Meeting. You and your sons shall take care to perform the
duties of your priesthood in all matters pertaining to the altar and
inside the curtain. I give you your priestly service as a gift, but any
outsider who draws close will die."
8 The LORD spoke to Aharon: "I place in your charge the offerings
made to Me, all the sacred gifts of the Israelites. I give them to you
and your sons as an anointed right; this is an everlasting decree.
9 This is what belongs to you among the holiest offerings, from
the fire: all their offerings, their grain offerings, their purification
offerings, and their guilt offerings. The holiest offerings that they
10 bring to Me will be yours and your sons'. You shall eat them in
the way of the holiest things. All your males may eat it; it is holy
11 to you. This too will be yours: as an everlasting statute I give the
upraised gifts of all the Israelites' wave offerings to you,[42] together
with your sons and daughters. Anyone who is ritually pure in
12 your household may eat of them. All the best of the oil, wine, and
grain, the choice produce that they give to the LORD, I give to
13 you. The first fruits of all that is in their land that they bring to the
LORD will be yours. Anyone who is pure in your household may
14 15 eat it. Everything that is set aside in Israel shall be yours. All the
first to emerge from the womb of any creature, human or animal,
that is offered to the LORD shall be yours. You must, however,
16 redeem firstborn boys and the firstborn of impure animals.[43] Their
redemption price from the age of one month shall be set at five
shekel of silver according to the Sanctuary weight: twenty gerah
17 per shekel. You must not redeem the firstborn of an ox, sheep,
or goat; they are sacred. You must dash their blood on the altar
and send their fat up in smoke for a pleasing aroma to the LORD.
18 But their meat is yours. It shall be yours like the breast of the

ה יִקְרַב אֲלֵיכֶם: וּשְׁמַרְתֶּם אֵת מִשְׁמֶרֶת הַקֹּדֶשׁ וְאֵת מִשְׁמֶרֶת
ו הַמִּזְבֵּחַ וְלֹא־יִהְיֶה עוֹד קֶצֶף עַל־בְּנֵי יִשְׂרָאֵל: וַאֲנִי הִנֵּה לָקַחְתִּי
אֶת־אֲחֵיכֶם הַלְוִיִּם מִתּוֹךְ בְּנֵי יִשְׂרָאֵל לָכֶם מַתָּנָה נְתֻנִים לַיהוָה
ז לַעֲבֹד אֶת־עֲבֹדַת אֹהֶל מוֹעֵד: וְאַתָּה וּבָנֶיךָ אִתְּךָ תִּשְׁמְרוּ אֶת־
כְּהֻנַּתְכֶם לְכָל־דְּבַר הַמִּזְבֵּחַ וּלְמִבֵּית לַפָּרֹכֶת וַעֲבַדְתֶּם עֲבֹדַת
מַתָּנָה אֶתֵּן אֶת־כְּהֻנַּתְכֶם וְהַזָּר הַקָּרֵב יוּמָת:
ח וַיְדַבֵּר יהוה אֶל־אַהֲרֹן וַאֲנִי הִנֵּה נָתַתִּי לְךָ אֶת־מִשְׁמֶרֶת
תְּרוּמֹתָי לְכָל־קָדְשֵׁי בְנֵי־יִשְׂרָאֵל לְךָ נְתַתִּים לְמָשְׁחָה וּלְבָנֶיךָ
ט לְחָק־עוֹלָם: זֶה יִהְיֶה לְךָ מִקֹּדֶשׁ הַקֳּדָשִׁים מִן־הָאֵשׁ כָּל־קָרְבָּנָם
לְכָל־מִנְחָתָם וּלְכָל־חַטָּאתָם וּלְכָל־אֲשָׁמָם אֲשֶׁר יָשִׁיבוּ לִי קֹדֶשׁ
י קָדָשִׁים לְךָ הוּא וּלְבָנֶיךָ: בְּקֹדֶשׁ הַקֳּדָשִׁים תֹּאכְלֶנּוּ כָּל־זָכָר
יא יֹאכַל אֹתוֹ קֹדֶשׁ יִהְיֶה־לָּךְ: וְזֶה־לְּךָ תְּרוּמַת מַתָּנָם לְכָל־תְּנוּפֹת
בְּנֵי יִשְׂרָאֵל לְךָ נְתַתִּים וּלְבָנֶיךָ וְלִבְנֹתֶיךָ אִתְּךָ לְחָק־עוֹלָם
יב כָּל־טָהוֹר בְּבֵיתְךָ יֹאכַל אֹתוֹ: כֹּל חֵלֶב יִצְהָר וְכָל־חֵלֶב תִּירוֹשׁ
יג וְדָגָן רֵאשִׁיתָם אֲשֶׁר־יִתְּנוּ לַיהוָה לְךָ נְתַתִּים: בִּכּוּרֵי כָּל־אֲשֶׁר
בְּאַרְצָם אֲשֶׁר־יָבִיאוּ לַיהוָה לְךָ יִהְיֶה כָּל־טָהוֹר בְּבֵיתְךָ יֹאכְלֶנּוּ:
יד טו כָּל־חֵרֶם בְּיִשְׂרָאֵל לְךָ יִהְיֶה: כָּל־פֶּטֶר רֶחֶם לְכָל־בָּשָׂר אֲשֶׁר־
יַקְרִיבוּ לַיהוָה בָּאָדָם וּבַבְּהֵמָה יִהְיֶה־לָּךְ אַךְ ׀ פָּדֹה תִפְדֶּה
טז אֵת בְּכוֹר הָאָדָם וְאֵת בְּכוֹר־הַבְּהֵמָה הַטְּמֵאָה תִּפְדֶּה: וּפְדוּיָו
מִבֶּן־חֹדֶשׁ תִּפְדֶּה בְּעֶרְכְּךָ כֶּסֶף חֲמֵשֶׁת שְׁקָלִים בְּשֶׁקֶל הַקֹּדֶשׁ
יז עֶשְׂרִים גֵּרָה הוּא: אַךְ בְּכוֹר־שׁוֹר אוֹ־בְכוֹר כֶּשֶׂב אוֹ־בְכוֹר עֵז
לֹא תִפְדֶּה קֹדֶשׁ הֵם אֶת־דָּמָם תִּזְרֹק עַל־הַמִּזְבֵּחַ וְאֶת־חֶלְבָּם
יח תַּקְטִיר אִשֶּׁה לְרֵיחַ נִיחֹחַ לַיהוָה: וּבְשָׂרָם יִהְיֶה־לָּךְ כַּחֲזֵה

42 That is, the priests shall receive portions from offerings whose procedures include elevating and waving.

43 The Israelites must redeem them with the priests' involvement, as the passage proceeds to clarify.

19 wave offering and the right thigh. All the sacred gifts that the
Israelites raise up to the LORD I give to you, your sons, and your
daughters as an everlasting statute. It is an everlasting covenant
of salt[44] before the LORD, for you and for your descendants."
20 The LORD said to Aharon: "You will have no inheritance in their
land, nor shall you have any share among them. I am your share,
21 your inheritance, among the Israelites. And I give to the SHEVI'I
Levites all tithes in Israel as an inheritance in return for the service
22 they perform, the service in the Tent of Meeting. From now the
Israelites shall no longer come close to the Tent of Meeting, or
23 they will incur guilt and die. Instead, the Levites will perform the
service of the Tent of Meeting, and they will bear responsibility
for their own sins; this is an everlasting decree through all your
generations. But among the Israelites they will not inherit land,
24 because I have given as an inheritance to the Levites the tithe of
the Israelites which they have lifted up to the LORD as an upraised
gift. That is why I have said of them that they shall have no land
inheritance among the Israelites."
25 26 The LORD spoke to Moshe: "Speak to the Levites and say to them:
When you receive from the Israelites the tithe that I have given
you from them as your inheritance, you shall lift up a tenth of it as
27 an offering to the LORD, a tithe of the tithe. It will be considered
your own upraised gift, like the grain of the threshing floor or the
28 flow from the winepress.[45] So shall you set aside an offering to the
LORD from all the tithes that you take from the Israelites, and you
shall give it as an upraised gift to the LORD for Aharon the priest.
29 From all your gifts, you shall set aside an offering to the LORD; of
30 each the finest portion shall be consecrated. Say to the Levites: MAFTIR
When you have presented the best portion of it, it will be reckoned
31 to you as the yield of the threshing floor and the winepress.[46] You
and your household may eat of it anywhere, because this is your
32 payment for your service in the Tent of Meeting. You will not bear

46 Meaning the Levites may then partake of what remains as though it is their own produce.

יט הַתְּנוּפָה וּכְשׁוֹק הַיָּמִין לְךָ יִהְיֶה: כֹּל ׀ תְּרוּמֹת הַקֳּדָשִׁים אֲשֶׁר
יָרִימוּ בְנֵי־יִשְׂרָאֵל לַיהוה נָתַתִּי לְךָ וּלְבָנֶיךָ וְלִבְנֹתֶיךָ אִתְּךָ
לְחָק־עוֹלָם בְּרִית מֶלַח עוֹלָם הִוא לִפְנֵי יהוה לְךָ וּלְזַרְעֲךָ אִתָּךְ:
כ וַיֹּאמֶר יהוה אֶל־אַהֲרֹן בְּאַרְצָם לֹא תִנְחָל וְחֵלֶק לֹא־יִהְיֶה לְךָ
כא בְּתוֹכָם אֲנִי חֶלְקְךָ וְנַחֲלָתְךָ בְּתוֹךְ בְּנֵי יִשְׂרָאֵל: וְלִבְנֵי שביעי
לֵוִי הִנֵּה נָתַתִּי כָּל־מַעֲשֵׂר בְּיִשְׂרָאֵל לְנַחֲלָה חֵלֶף עֲבֹדָתָם
כב אֲשֶׁר־הֵם עֹבְדִים אֶת־עֲבֹדַת אֹהֶל מוֹעֵד: וְלֹא־יִקְרְבוּ עוֹד בְּנֵי
כג יִשְׂרָאֵל אֶל־אֹהֶל מוֹעֵד לָשֵׂאת חֵטְא לָמוּת: וְעָבַד הַלֵּוִי הוּא
אֶת־עֲבֹדַת אֹהֶל מוֹעֵד וְהֵם יִשְׂאוּ עֲוֺנָם חֻקַּת עוֹלָם לְדֹרֹתֵיכֶם
כד וּבְתוֹךְ בְּנֵי יִשְׂרָאֵל לֹא יִנְחֲלוּ נַחֲלָה: כִּי אֶת־מַעְשַׂר בְּנֵי־יִשְׂרָאֵל
אֲשֶׁר יָרִימוּ לַיהוה תְּרוּמָה נָתַתִּי לַלְוִיִּם לְנַחֲלָה עַל־כֵּן אָמַרְתִּי
לָהֶם בְּתוֹךְ בְּנֵי יִשְׂרָאֵל לֹא יִנְחֲלוּ נַחֲלָה:
כה כו וַיְדַבֵּר יהוה אֶל־מֹשֶׁה לֵּאמֹר: וְאֶל־הַלְוִיִּם תְּדַבֵּר וְאָמַרְתָּ יז
אֲלֵהֶם כִּי־תִקְחוּ מֵאֵת בְּנֵי־יִשְׂרָאֵל אֶת־הַמַּעֲשֵׂר אֲשֶׁר נָתַתִּי
לָכֶם מֵאִתָּם בְּנַחֲלַתְכֶם וַהֲרֵמֹתֶם מִמֶּנּוּ תְּרוּמַת יהוה מַעֲשֵׂר
כז מִן־הַמַּעֲשֵׂר: וְנֶחְשַׁב לָכֶם תְּרוּמַתְכֶם כַּדָּגָן מִן־הַגֹּרֶן וְכַמְלֵאָה
כח מִן־הַיָּקֶב: כֵּן תָּרִימוּ גַם־אַתֶּם תְּרוּמַת יהוה מִכֹּל מַעְשְׂרֹתֵיכֶם
אֲשֶׁר תִּקְחוּ מֵאֵת בְּנֵי יִשְׂרָאֵל וּנְתַתֶּם מִמֶּנּוּ אֶת־תְּרוּמַת יהוה
כט לְאַהֲרֹן הַכֹּהֵן: מִכֹּל מַתְּנֹתֵיכֶם תָּרִימוּ אֵת כָּל־תְּרוּמַת יהוה
ל מִכָּל־חֶלְבּוֹ אֶת־מִקְדְּשׁוֹ מִמֶּנּוּ: וְאָמַרְתָּ אֲלֵהֶם בַּהֲרִימְכֶם מפטיר
אֶת־חֶלְבּוֹ מִמֶּנּוּ וְנֶחְשַׁב לַלְוִיִּם כִּתְבוּאַת גֹּרֶן וְכִתְבוּאַת יָקֶב:
לא וַאֲכַלְתֶּם אֹתוֹ בְּכָל־מָקוֹם אַתֶּם וּבֵיתְכֶם כִּי־שָׂכָר הוּא לָכֶם
לב חֵלֶף עֲבֹדַתְכֶם בְּאֹהֶל מוֹעֵד: וְלֹא־תִשְׂאוּ עָלָיו חֵטְא בַּהֲרִימְכֶם

44 Salt, which is used for preservation, signifies Israel's enduring covenant with God.

45 Meaning this tithe is comparable to the tithe taken by a landowner from his produce.

guilt for it once you have separated out the finest portion; then
you will not be profaning the sacred offerings of the Israelites,
and will not die."
19 1 2 The LORD spoke to Moshe and Aharon: "This is the decree of the ḤUKAT
Law that the LORD commands. Tell the Israelites to bring you a
cow, completely red, without blemish, on which no yoke has
3 been laid. Give this to Elazar the priest; it shall be taken outside
4 the camp and slaughtered in his presence. Elazar the priest shall
take some of its blood with his finger and sprinkle it seven times
5 toward the front of the Tent of Meeting. The cow shall then be
burned in front of him; its skin, flesh, and blood shall be burned,
6 together with its dung. The priest shall take cedarwood, hyssop,
and scarlet cloth and throw them into the fire where the cow is
7 burning. Then the priest shall wash his clothes and bathe his body
in water. Afterward he may enter the camp, but he will remain
8 impure until that evening. The one who burned it shall wash
his clothes in water and bathe his body in water, but he too will
9 remain impure until evening. Meanwhile, one who is pure shall
gather up the ashes of the cow and place them outside the camp
in a pure place. And they shall be kept by the Israelite community
10 for the water of lustration, as a purification offering. The one
who gathers the ashes of the cow shall likewise wash his clothes
but remains impure until evening. This shall be an everlasting
decree for the Israelites and for any migrant living among them.
11 Whoever touches the dead body of any person shall be impure
12 for seven days. He must purify himself with the water on the third
and seventh days to become pure. If he does not purify himself on
13 the third and seventh days, he will not be pure. Whoever touches
a corpse of a person who has died, and fails to purify himself,
defiles the LORD's Tabernacle. He shall be severed from Israel
because, since the water of lustration was not sprinkled on him,
14 he remains impure; his impurity is still with him. This is the law:
when a person dies in a tent, whoever enters that tent and whoever
15 is in it shall remain impure for seven days. Any open vessel not

אֶת־חֶלְבּ֖וֹ מִמֶּ֑נּוּ וְאֶת־קָדְשֵׁ֧י בְנֵֽי־יִשְׂרָאֵ֛ל לֹ֥א תְחַלְּל֖וּ וְלֹ֥א
תָמֽוּתוּ׃
יט א ב וַיְדַבֵּ֣ר יהוָ֔ה אֶל־מֹשֶׁ֥ה וְאֶֽל־אַהֲרֹ֖ן לֵאמֹֽר׃ זֹ֚את חֻקַּ֣ת הַתּוֹרָ֔ה חקת
אֲשֶׁר־צִוָּ֥ה יהוָ֖ה לֵאמֹ֑ר דַּבֵּ֣ר ׀ אֶל־בְּנֵ֣י יִשְׂרָאֵ֗ל וְיִקְח֣וּ אֵלֶ֠יךָ
פָרָ֨ה אֲדֻמָּ֜ה תְּמִימָ֗ה אֲשֶׁ֤ר אֵֽין־בָּהּ֙ מ֔וּם אֲשֶׁ֛ר לֹא־עָלָ֥ה עָלֶ֖יהָ
ג עֹֽל׃ וּנְתַתֶּ֣ם אֹתָ֔הּ אֶל־אֶלְעָזָ֖ר הַכֹּהֵ֑ן וְהוֹצִ֤יא אֹתָהּ֙ אֶל־מִח֣וּץ
ד לַֽמַּחֲנֶ֔ה וְשָׁחַ֥ט אֹתָ֖הּ לְפָנָֽיו׃ וְלָקַ֞ח אֶלְעָזָ֧ר הַכֹּהֵ֛ן מִדָּמָ֖הּ בְּאֶצְבָּע֑וֹ
ה וְהִזָּ֞ה אֶל־נֹ֨כַח פְּנֵ֧י אֹֽהֶל־מוֹעֵ֛ד מִדָּמָ֖הּ שֶׁ֥בַע פְּעָמִֽים׃ וְשָׂרַ֥ף
אֶת־הַפָּרָ֖ה לְעֵינָ֑יו אֶת־עֹרָ֤הּ וְאֶת־בְּשָׂרָהּ֙ וְאֶת־דָּמָ֔הּ עַל־פִּרְשָׁ֖הּ
ו יִשְׂרֹֽף׃ וְלָקַ֣ח הַכֹּהֵ֗ן עֵ֥ץ אֶ֛רֶז וְאֵז֖וֹב וּשְׁנִ֣י תוֹלָ֑עַת וְהִשְׁלִ֕יךְ אֶל־
ז תּ֖וֹךְ שְׂרֵפַ֥ת הַפָּרָֽה׃ וְכִבֶּ֨ס בְּגָדָ֜יו הַכֹּהֵ֗ן וְרָחַ֤ץ בְּשָׂרוֹ֙ בַּמַּ֔יִם וְאַחַ֖ר
ח יָבֹ֣א אֶל־הַֽמַּחֲנֶ֑ה וְטָמֵ֥א הַכֹּהֵ֖ן עַד־הָעָֽרֶב׃ וְהַשֹּׂרֵ֣ף אֹתָ֔הּ יְכַבֵּ֤ס
ט בְּגָדָיו֙ בַּמַּ֔יִם וְרָחַ֥ץ בְּשָׂר֖וֹ בַּמָּ֑יִם וְטָמֵ֖א עַד־הָעָֽרֶב׃ וְאָסַ֣ף ׀ אִ֣ישׁ
טָה֗וֹר אֵ֚ת אֵ֣פֶר הַפָּרָ֔ה וְהִנִּ֛יחַ מִח֥וּץ לַֽמַּחֲנֶ֖ה בְּמָק֣וֹם טָה֑וֹר
וְ֠הָיְתָה לַעֲדַ֨ת בְּנֵי־יִשְׂרָאֵ֧ל לְמִשְׁמֶ֛רֶת לְמֵ֥י נִדָּ֖ה חַטָּ֥את הִֽוא׃
י וְ֠כִבֶּס הָאֹסֵ֨ף אֶת־אֵ֤פֶר הַפָּרָה֙ אֶת־בְּגָדָ֔יו וְטָמֵ֖א עַד־הָעָ֑רֶב
יא וְהָֽיְתָ֞ה לִבְנֵ֣י יִשְׂרָאֵ֗ל וְלַגֵּ֛ר הַגָּ֥ר בְּתוֹכָ֖ם לְחֻקַּ֥ת עוֹלָֽם׃ הַנֹּגֵ֥עַ
יב בְּמֵ֖ת לְכָל־נֶ֣פֶשׁ אָדָ֑ם וְטָמֵ֖א שִׁבְעַ֥ת יָמִֽים׃ ה֣וּא יִתְחַטָּא־ב֞וֹ
בַּיּ֧וֹם הַשְּׁלִישִׁ֛י וּבַיּ֥וֹם הַשְּׁבִיעִ֖י יִטְהָ֑ר וְאִם־לֹ֨א יִתְחַטָּ֜א בַּיּ֧וֹם
יג הַשְּׁלִישִׁ֛י וּבַיּ֥וֹם הַשְּׁבִיעִ֖י לֹ֥א יִטְהָֽר׃ כָּל־הַנֹּגֵ֡עַ בְּמֵ֣ת בְּנֶפֶשׁ֩
הָאָדָ֨ם אֲשֶׁר־יָמ֜וּת וְלֹ֣א יִתְחַטָּ֗א אֶת־מִשְׁכַּ֤ן יהוָה֙ טִמֵּ֔א וְנִכְרְתָ֛ה
הַנֶּ֥פֶשׁ הַהִ֖וא מִיִּשְׂרָאֵ֑ל כִּי֩ מֵ֨י נִדָּ֜ה לֹא־זֹרַ֤ק עָלָיו֙ טָמֵ֣א יִהְיֶ֔ה
יד ע֖וֹד טֻמְאָת֥וֹ בֽוֹ׃ זֹ֚את הַתּוֹרָ֔ה אָדָ֖ם כִּֽי־יָמ֣וּת בְּאֹ֑הֶל כָּל־הַבָּ֤א
טו אֶל־הָאֹ֙הֶל֙ וְכָל־אֲשֶׁ֣ר בָּאֹ֔הֶל יִטְמָ֖א שִׁבְעַ֥ת יָמִֽים׃ וְכֹל֙ כְּלִ֣י

16 sealed with a cover shall be impure. Anyone in the open field
who touches a person killed by the sword, or who died naturally,
17 or a human bone or a grave, shall be impure for seven days. For
this impure person they shall take some of the ashes of the burnt
purification offering, and place living water[47] along with it into
18 a vessel. A person who is pure shall then take hyssop, dip it into SHEINI
the water, and sprinkle it on the tent, on all the vessels, on the
people who were there, and on anyone who touched the bone,
19 the slain person, or any other corpse, or a grave. On the third day
and seventh day the person who is pure shall sprinkle it on the
one who is impure, thus purifying him on the seventh day. He
shall then wash his clothes and immerse in water, and at evening
20 he will be pure. Anyone who becomes impure and fails to purify
himself shall be severed from the assembly, for he has defiled the
LORD's Sanctuary. Since water of lustration was not sprinkled on
21 him, he is impure. This is an everlasting decree for them. The one
who sprinkles the water of lustration shall wash his own clothes.
Anyone who had contact with the water of lustration shall remain
22 impure until evening. Anything the impure person touches is
rendered impure, and one who touches him remains impure until
evening."

20 1 The Israelites, all the community, arrived at the Wilderness of
Tzin in the first month, and the people stayed at Kadesh. There
2 Miriam died and was buried. And there was no water for the
community, and together they confronted Moshe and Aharon.
3 The people contended with Moshe: "If only we had died when
4 our brothers died before the LORD! Why have you brought the
LORD's assembly into this wilderness only for us and our livestock
5 to die here? Why did you take us up out of Egypt to bring us to this
dreadful place with no grain, no figs, no vines or pomegranates –
6 there is no water to drink!" Moshe and Aharon went away from
the assembly to the entrance of the Tent of Meeting. They fell on
their faces, and the LORD's glory was revealed to them.
7/8 And the LORD spoke to Moshe: "Take the staff, you and your SHELISHI /SHEINI/

טז פתוח אשר אין־צמיד פתיל עליו טמא הוא: וכל אשר־יגע
על־פני השדה בחלל־חרב או במת או־בעצם אדם או בקבר
יז יטמא שבעת ימים: ולקחו לטמא מעפר שרפת החטאת
יח ונתן עליו מים חיים אל־כלי: ולקח אזוב וטבל במים איש שני
טהור והזה על־האהל ועל־כל־הכלים ועל־הנפשות אשר
יט היו־שם ועל־הנגע בעצם או בחלל או במת או בקבר: והזה
הטהר על־הטמא ביום השלישי וביום השביעי וחטאו ביום
כ השביעי וכבס בגדיו ורחץ במים וטהר בערב: ואיש אשר־
יטמא ולא יתחטא ונכרתה הנפש ההוא מתוך הקהל כי
את־מקדש יהוה טמא מי נדה לא־זרק עליו טמא הוא:
כא והיתה להם לחקת עולם ומזה מי־הנדה יכבס בגדיו והנגע
כב במי הנדה יטמא עד־הערב: וכל אשר־יגע־בו הטמא יטמא
והנפש הנגעת תטמא עד־הערב:
כ א ויבאו בני־ישראל כל־העדה מדבר־צן בחדש הראשון
ב וישב העם בקדש ותמת שם מרים ותקבר שם: ולא־היה
ג מים לעדה ויקהלו על־משה ועל־אהרן: וירב העם עם־
ד משה ויאמרו לאמר ולו גוענו בגוע אחינו לפני יהוה: ולמה
הבאתם את־קהל יהוה אל־המדבר הזה למות שם אנחנו
ה ובעירנו: ולמה העליתנו ממצרים להביא אתנו אל־המקום
הרע הזה לא | מקום זרע ותאנה וגפן ורמון ומים אין לשתות:
ו ויבא משה ואהרן מפני הקהל אל־פתח אהל מועד ויפלו
על־פניהם וירא כבוד־יהוה אליהם:
ז ח וידבר יהוה אל־משה לאמר: קח את־המטה והקהל את־ שלישי /שני/

47 Water taken from a flowing source.

brother Aharon, and assemble the community. Speak to the rock
before their eyes and it will give forth water. You shall bring forth
water for them from the rock, giving the community and their
9 animals to drink." Moshe took the staff from before the LORD,
10 as He had commanded him. And Moshe and Aharon gathered
the assembly together before the rock. He said to them, "Listen
now, rebels! Shall we produce water for you from this rock?"
11 Then Moshe raised his hand and struck the rock twice with his
staff. Water gushed out, and the community and their animals
12 drank. But the LORD said to Moshe and Aharon, "Because
you did not put your trust in Me to demonstrate My holiness in
the Israelites' eyes, you shall not bring this assembly into the land
13 that I am giving them." These were the waters of Meriva,[48] where
the Israelites quarreled with the LORD and where He showed them
14 His holiness.[49] Moshe sent messengers from Kadesh REVI'I
to the king of Edom: "This is what your brother Israel says: 'You
15 know all the hardship we have encountered, how our ancestors
went down to Egypt and lived in Egypt for a long time. And the
16 Egyptians oppressed us and our forebears, and we cried out to the
LORD. He heard our voice, sent a messenger, and He brought us
out of Egypt. Now here we are in Kadesh, a town adjoining your
17 border. Please, let us pass through your land. We will not pass
through any field or vineyard, nor will we drink water from any
well. We will go along the King's Highway and not turn from it to
the right or the left until we have passed through your territory.'"
18 But Edom said to him, "You shall not pass through, or I will come
19 out against you with the sword." The Israelites said, "We will keep
to the beaten track. If we or our livestock drink any of your water,
we will pay for it. It is such a small matter; we only want to pass
20 through on foot." But they said, "You will not pass through." And
Edom came out against them with a large fighting force, heavily
21 armed. Edom refused to let Israel pass through their territory,
and Israel turned away.

הָעֵדָה אַתָּה וְאַהֲרֹן אָחִיךָ וְדִבַּרְתֶּם אֶל־הַסֶּלַע לְעֵינֵיהֶם וְנָתַן
מֵימָיו וְהוֹצֵאתָ לָהֶם מַיִם מִן־הַסֶּלַע וְהִשְׁקִיתָ אֶת־הָעֵדָה וְאֶת־
ט בְּעִירָם: וַיִּקַּח מֹשֶׁה אֶת־הַמַּטֶּה מִלִּפְנֵי יהוה כַּאֲשֶׁר צִוָּהוּ:
י וַיַּקְהִלוּ מֹשֶׁה וְאַהֲרֹן אֶת־הַקָּהָל אֶל־פְּנֵי הַסָּלַע וַיֹּאמֶר לָהֶם
יא שִׁמְעוּ־נָא הַמֹּרִים הֲמִן־הַסֶּלַע הַזֶּה נוֹצִיא לָכֶם מָיִם: וַיָּרֶם
מֹשֶׁה אֶת־יָדוֹ וַיַּךְ אֶת־הַסֶּלַע בְּמַטֵּהוּ פַּעֲמָיִם וַיֵּצְאוּ מַיִם
יב רַבִּים וַתֵּשְׁתְּ הָעֵדָה וּבְעִירָם: וַיֹּאמֶר יהוה אֶל־
מֹשֶׁה וְאֶל־אַהֲרֹן יַעַן לֹא־הֶאֱמַנְתֶּם בִּי לְהַקְדִּישֵׁנִי לְעֵינֵי בְּנֵי
יִשְׂרָאֵל לָכֵן לֹא תָבִיאוּ אֶת־הַקָּהָל הַזֶּה אֶל־הָאָרֶץ אֲשֶׁר־
יג נָתַתִּי לָהֶם: הֵמָּה מֵי מְרִיבָה אֲשֶׁר־רָבוּ בְנֵי־יִשְׂרָאֵל אֶת־יהוה
יד וַיִּקָּדֵשׁ בָּם: וַיִּשְׁלַח מֹשֶׁה מַלְאָכִים מִקָּדֵשׁ אֶל־מֶלֶךְ יח רביעי
אֱדוֹם כֹּה אָמַר אָחִיךָ יִשְׂרָאֵל אַתָּה יָדַעְתָּ אֵת כָּל־הַתְּלָאָה
טו אֲשֶׁר מְצָאָתְנוּ: וַיֵּרְדוּ אֲבֹתֵינוּ מִצְרַיְמָה וַנֵּשֶׁב בְּמִצְרַיִם יָמִים
טז רַבִּים וַיָּרֵעוּ לָנוּ מִצְרַיִם וְלַאֲבֹתֵינוּ: וַנִּצְעַק אֶל־יהוה וַיִּשְׁמַע
קֹלֵנוּ וַיִּשְׁלַח מַלְאָךְ וַיֹּצִאֵנוּ מִמִּצְרָיִם וְהִנֵּה אֲנַחְנוּ בְקָדֵשׁ עִיר
יז קְצֵה גְבוּלֶךָ: נַעְבְּרָה־נָּא בְאַרְצֶךָ לֹא נַעֲבֹר בְּשָׂדֶה וּבְכֶרֶם
וְלֹא נִשְׁתֶּה מֵי בְאֵר דֶּרֶךְ הַמֶּלֶךְ נֵלֵךְ לֹא נִטֶּה יָמִין וּשְׂמֹאול
יח עַד אֲשֶׁר־נַעֲבֹר גְּבֻלֶךָ: וַיֹּאמֶר אֵלָיו אֱדוֹם לֹא תַעֲבֹר בִּי פֶּן־
יט בַּחֶרֶב אֵצֵא לִקְרָאתֶךָ: וַיֹּאמְרוּ אֵלָיו בְּנֵי־יִשְׂרָאֵל בַּמְסִלָּה
נַעֲלֶה וְאִם־מֵימֶיךָ נִשְׁתֶּה אֲנִי וּמִקְנַי וְנָתַתִּי מִכְרָם רַק אֵין־
כ דָּבָר בְּרַגְלַי אֶעֱבֹרָה: וַיֹּאמֶר לֹא תַעֲבֹר וַיֵּצֵא אֱדוֹם לִקְרָאתוֹ
כא בְּעַם כָּבֵד וּבְיָד חֲזָקָה: וַיְמָאֵן ׀ אֱדוֹם נְתֹן אֶת־יִשְׂרָאֵל עֲבֹר
בִּגְבֻלוֹ וַיֵּט יִשְׂרָאֵל מֵעָלָיו:

48 Literally "quarrel."

49 "He showed them His holiness," Hebrew *vayikadesh,* resonates with the place-name Kadesh.

22 They set out from Kadesh, and all the Israelite community arrived ḤAMISHI /SHELISHI/
23 at Mount Hor. There at Mount Hor, by the border of the land
24 of Edom, the LORD said to Moshe and Aharon, "Aharon is to be
gathered to his people. He shall not enter the land that I have
given to the Israelites, because you disobeyed My command at
25 the waters of Meriva. Take Aharon and his son Elazar, and bring
26 them up onto Mount Hor. Strip Aharon of his vestments and put
them on his son Elazar. There will Aharon be gathered in and he
27 will die." Moshe did as the LORD commanded. They ascended
28 Mount Hor in the sight of all the community. Moshe stripped
Aharon of his vestments and put them on his son Elazar. And
there, Aharon died, at the top of the mountain; and Moshe and
29 Elazar came down from the mountain. When all the community
saw that Aharon had perished, the whole House of Israel wept
21 1 for Aharon for thirty days. When the Canaanite king of
Arad, dwelling in the Negev, heard that the Israelites were coming
by the way of Atarim, he attacked the Israelites and took captives.
2 And the Israelites vowed to the LORD: "If You give this people
3 over into our hands, we will utterly destroy[50] their towns." The
LORD listened to Israel's plea and gave over the Canaanites. They
completely destroyed them and their cities; and so the place was
named Ḥorma.[51]

4 They set out from Mount Hor by the way to the Reed Sea, going
around the land of Edom. But the people became restive along
5 the way. The people spoke out against God and Moshe: "Why
did you bring us up from Egypt to die in the desert? There is no
6 bread, there is no water; we detest this miserable food!" The LORD
sent venomous snakes among the people; they bit the people,
7 and many Israelites died. The people came to Moshe and said,
"We sinned when we spoke against the LORD and you. Pray to
the LORD to take the snakes away from us." Moshe prayed for
8 the people. The LORD then said to Moshe, "Fashion a snake and

51 Literally "destruction" or "devotion"; see previous note.

כב כג וַיִּסְעוּ מִקָּדֵשׁ וַיָּבֹאוּ בְנֵי־יִשְׂרָאֵל כָּל־הָעֵדָה הֹר הָהָר: וַיֹּאמֶר חמישי /שלישי/
יְהוָה אֶל־מֹשֶׁה וְאֶל־אַהֲרֹן בְּהֹר הָהָר עַל־גְּבוּל אֶרֶץ־אֱדוֹם
כד לֵאמֹר: יֵאָסֵף אַהֲרֹן אֶל־עַמָּיו כִּי לֹא יָבֹא אֶל־הָאָרֶץ אֲשֶׁר
כה נָתַתִּי לִבְנֵי יִשְׂרָאֵל עַל אֲשֶׁר־מְרִיתֶם אֶת־פִּי לְמֵי מְרִיבָה: קַח
כו אֶת־אַהֲרֹן וְאֶת־אֶלְעָזָר בְּנוֹ וְהַעַל אֹתָם הֹר הָהָר: וְהַפְשֵׁט
אֶת־אַהֲרֹן אֶת־בְּגָדָיו וְהִלְבַּשְׁתָּם אֶת־אֶלְעָזָר בְּנוֹ וְאַהֲרֹן יֵאָסֵף
כז וּמֵת שָׁם: וַיַּעַשׂ מֹשֶׁה כַּאֲשֶׁר צִוָּה יְהוָה וַיַּעֲלוּ אֶל־הֹר הָהָר
כח לְעֵינֵי כָּל־הָעֵדָה: וַיַּפְשֵׁט מֹשֶׁה אֶת־אַהֲרֹן אֶת־בְּגָדָיו וַיַּלְבֵּשׁ
אֹתָם אֶת־אֶלְעָזָר בְּנוֹ וַיָּמָת אַהֲרֹן שָׁם בְּרֹאשׁ הָהָר וַיֵּרֶד מֹשֶׁה
כט וְאֶלְעָזָר מִן־הָהָר: וַיִּרְאוּ כָּל־הָעֵדָה כִּי גָוַע אַהֲרֹן וַיִּבְכּוּ אֶת־
כא א אַהֲרֹן שְׁלֹשִׁים יוֹם כֹּל בֵּית יִשְׂרָאֵל: וַיִּשְׁמַע הַכְּנַעֲנִי
מֶלֶךְ־עֲרָד יֹשֵׁב הַנֶּגֶב כִּי בָּא יִשְׂרָאֵל דֶּרֶךְ הָאֲתָרִים וַיִּלָּחֶם
ב בְּיִשְׂרָאֵל וַיִּשְׁבְּ ׀ מִמֶּנּוּ שֶׁבִי: וַיִּדַּר יִשְׂרָאֵל נֶדֶר לַיהוָה וַיֹּאמַר
אִם־נָתֹן תִּתֵּן אֶת־הָעָם הַזֶּה בְּיָדִי וְהַחֲרַמְתִּי אֶת־עָרֵיהֶם:
ג וַיִּשְׁמַע יְהוָה בְּקוֹל יִשְׂרָאֵל וַיִּתֵּן אֶת־הַכְּנַעֲנִי וַיַּחֲרֵם אֶתְהֶם
וְאֶת־עָרֵיהֶם וַיִּקְרָא שֵׁם־הַמָּקוֹם חָרְמָה:
ד וַיִּסְעוּ מֵהֹר הָהָר דֶּרֶךְ יַם־סוּף לִסְבֹב אֶת־אֶרֶץ אֱדוֹם וַתִּקְצַר
ה נֶפֶשׁ־הָעָם בַּדָּרֶךְ: וַיְדַבֵּר הָעָם בֵּאלֹהִים וּבְמֹשֶׁה לָמָה הֶעֱלִיתֻנוּ
מִמִּצְרַיִם לָמוּת בַּמִּדְבָּר כִּי אֵין לֶחֶם וְאֵין מַיִם וְנַפְשֵׁנוּ קָצָה
ו בַּלֶּחֶם הַקְּלֹקֵל: וַיְשַׁלַּח יְהוָה בָּעָם אֵת הַנְּחָשִׁים הַשְּׂרָפִים
ז וַיְנַשְּׁכוּ אֶת־הָעָם וַיָּמָת עַם־רָב מִיִּשְׂרָאֵל: וַיָּבֹא הָעָם אֶל־מֹשֶׁה
וַיֹּאמְרוּ חָטָאנוּ כִּי־דִבַּרְנוּ בַיהוָה וָבָךְ הִתְפַּלֵּל אֶל־יְהוָה וְיָסֵר
ח מֵעָלֵינוּ אֶת־הַנָּחָשׁ וַיִּתְפַּלֵּל מֹשֶׁה בְּעַד הָעָם: וַיֹּאמֶר יְהוָה

50 The Israelites employ the root *ḥ-r-m* (ח־ר־מ), indicating devotion of the towns to God. The present translation adopts the view that the devotion of these towns implies their destruction.

place it on a pole. Anyone who is bitten shall look at that and live."
9 Moshe fashioned a bronze snake and placed it on a pole. When
anyone was bitten by a snake, he would look at the bronze snake
10 11 and live. The Israelites moved on and camped at Ovot. Then SHISHI
they moved on from Ovot, and camped at Iyei HaAvarim in the
12 wilderness bordering Moav to the east. From there they moved
13 on and camped at the Zered Stream. From there they moved on
and camped beyond the Arnon, in the wilderness that extends
from the border of the Amorites, for the Arnon marks the border
14 of Moav, between Moav and the Amorites. That is why the Book
of the Wars of the LORD[52] records: "Vahev in Sufa and the wadis,
15 Arnon and the wadi slopes that lead to the settlement of Ar and
16 lie along the border of Moav." And from there to Be'er, the well
where the LORD said to Moshe, "Gather the people, and I will
17 give them water."[53] Then the Israelites sang this song:
18 "Spring up, well – sing to her – that the nobles of the people carved
out with their scepter and their staffs." They went from the desert
19 to Matana, from Matana to Naḥaliel, from Naḥaliel to Bamot,
20 and from Bamot to the valley in the fields of Moav, to the top of
Pisga, overlooking the wasteland.
21 Then the Israelites sent messengers to Siḥon, king of the Amor- SHEVI'I /REVI'I/
22 ites: "Let us pass through your land. We will not turn aside into
any field or vineyard, nor will we drink water from any well. We
will walk on the king's highway until we have passed through
23 your territory." But Siḥon would not allow the Israelites to pass
through his territory. He gathered all his people and went out to
confront the Israelites in the wilderness. When he arrived at
24 Yahatz, he launched an attack on the Israelites. The Israelites
struck him down with their swords and took possession of his
land from the Arnon to the Yabok, as far as the Amonites, for the
25 border of the Amonites was strong. The Israelites took all these
cities, and they settled in all the cities of the Amorites, in Ḥeshbon
26 and all its surrounding settlements. Ḥeshbon was the city of
Siḥon, king of the Amorites, who had fought against the former

אֶל־מֹשֶׁה עֲשֵׂה לְךָ שָׂרָף וְשִׂים אֹתוֹ עַל־נֵס וְהָיָה כָּל־הַנָּשׁוּךְ
ט וְרָאָה אֹתוֹ וָחָי: וַיַּעַשׂ מֹשֶׁה נְחַשׁ נְחֹשֶׁת וַיְשִׂמֵהוּ עַל־הַנֵּס וְהָיָה
י אִם־נָשַׁךְ הַנָּחָשׁ אֶת־אִישׁ וְהִבִּיט אֶל־נְחַשׁ הַנְּחֹשֶׁת וָחָי: וַיִּסְעוּ ששי
יא בְּנֵי יִשְׂרָאֵל וַיַּחֲנוּ בְּאֹבֹת: וַיִּסְעוּ מֵאֹבֹת וַיַּחֲנוּ בְּעִיֵּי הָעֲבָרִים
יב בַּמִּדְבָּר אֲשֶׁר עַל־פְּנֵי מוֹאָב מִמִּזְרַח הַשָּׁמֶשׁ: מִשָּׁם נָסָעוּ וַיַּחֲנוּ
יג בְּנַחַל זָרֶד: מִשָּׁם נָסָעוּ וַיַּחֲנוּ מֵעֵבֶר אַרְנוֹן אֲשֶׁר בַּמִּדְבָּר הַיֹּצֵא
יד מִגְּבֻל הָאֱמֹרִי כִּי אַרְנוֹן גְּבוּל מוֹאָב בֵּין מוֹאָב וּבֵין הָאֱמֹרִי: עַל־
כֵּן יֵאָמַר בְּסֵפֶר מִלְחֲמֹת יהוה אֶת־וָהֵב בְּסוּפָה וְאֶת־הַנְּחָלִים
טו אַרְנוֹן: וְאֶשֶׁד הַנְּחָלִים אֲשֶׁר נָטָה לְשֶׁבֶת עָר וְנִשְׁעַן לִגְבוּל
טז מוֹאָב: וּמִשָּׁם בְּאֵרָה הִוא הַבְּאֵר אֲשֶׁר אָמַר יהוה לְמֹשֶׁה אֱסֹף
יז אֶת־הָעָם וְאֶתְּנָה לָהֶם מָיִם: אָז יָשִׁיר יִשְׂרָאֵל אֶת־
יח הַשִּׁירָה הַזֹּאת עֲלִי בְאֵר עֱנוּ־לָהּ: בְּאֵר חֲפָרוּהָ שָׂרִים כָּרוּהָ
יט נְדִיבֵי הָעָם בִּמְחֹקֵק בְּמִשְׁעֲנֹתָם וּמִמִּדְבָּר מַתָּנָה: וּמִמַּתָּנָה
כ נַחֲלִיאֵל וּמִנַּחֲלִיאֵל בָּמוֹת: וּמִבָּמוֹת הַגַּיְא אֲשֶׁר בִּשְׂדֵה מוֹאָב
רֹאשׁ הַפִּסְגָּה וְנִשְׁקָפָה עַל־פְּנֵי הַיְשִׁימֹן:
כא וַיִּשְׁלַח יִשְׂרָאֵל מַלְאָכִים אֶל־סִיחֹן מֶלֶךְ־הָאֱמֹרִי לֵאמֹר: שביעי /רביעי/
כב אֶעְבְּרָה בְאַרְצֶךָ לֹא נִטֶּה בְּשָׂדֶה וּבְכֶרֶם לֹא נִשְׁתֶּה מֵי בְאֵר
כג בְּדֶרֶךְ הַמֶּלֶךְ נֵלֵךְ עַד אֲשֶׁר־נַעֲבֹר גְּבֻלֶךָ: וְלֹא־נָתַן סִיחֹן אֶת־
יִשְׂרָאֵל עֲבֹר בִּגְבֻלוֹ וַיֶּאֱסֹף סִיחֹן אֶת־כָּל־עַמּוֹ וַיֵּצֵא לִקְרַאת
כד יִשְׂרָאֵל הַמִּדְבָּרָה וַיָּבֹא יָהְצָה וַיִּלָּחֶם בְּיִשְׂרָאֵל: וַיַּכֵּהוּ יִשְׂרָאֵל
לְפִי־חָרֶב וַיִּירַשׁ אֶת־אַרְצוֹ מֵאַרְנֹן עַד־יַבֹּק עַד־בְּנֵי עַמּוֹן כִּי עַז
כה גְּבוּל בְּנֵי עַמּוֹן: וַיִּקַּח יִשְׂרָאֵל אֵת כָּל־הֶעָרִים הָאֵלֶּה וַיֵּשֶׁב
כו יִשְׂרָאֵל בְּכָל־עָרֵי הָאֱמֹרִי בְּחֶשְׁבּוֹן וּבְכָל־בְּנֹתֶיהָ: כִּי חֶשְׁבּוֹן
עִיר סִיחֹן מֶלֶךְ הָאֱמֹרִי הִוא וְהוּא נִלְחַם בְּמֶלֶךְ מוֹאָב הָרִאשׁוֹן

52 The book in question has not survived.

53 *Be'er* means "well."

king of Moav and had taken all his land from him as far as the
27 Arnon. That is why the ballad singers sing: "Come to Ḥeshbon,
28 build and refound the town of Siḥon. For fire had gone forth from
Ḥeshbon, a flame from the town of Siḥon. It consumed Ar of
29 Moav the masters of Arnon's high shrines. Woe for you, Moav!
You are destroyed, men of Kemosh![54] He made his sons fugitives,
30 his daughters fugitives, to Siḥon the Amorite king. Yet we – we
threw them wholly down, from Ḥeshbon to Divon, laid waste as
31 far as Nofaḥ, as far as Meideva." So Israel settled in the land of the
32 Amorites. And Moshe sent spies to Yazer. And Israel captured its
surrounding settlements and dispossessed the Amorites who were
33 there. Then they turned and journeyed along the road toward
Bashan. Og, king of Bashan, with all his people came out to Edrei
34 to engage them in battle. But the LORD said to Moshe: "Do not MAFTIR
be afraid of him, for I have given him into your hand, with all his
people and his land. Do to him what you did to Siḥon, king of the
35 Amorites, who lived in Ḥeshbon." So they struck him down,
together with his sons and all his people until there were no
22 1 survivors, and they took possession of his land. The Israelites
moved on and encamped in the plains of Moav across the Jordan
2 from Yeriḥo. And Balak son of Tzipor had seen all that BALAK
3 the Israelites had done to the Amorites. The Moabites were in
deep dread of the people because they were so numerous. Fearful
4 of the Israelites, the Moabites said to the elders of Midyan, "This
horde will now lick up everything around us, as an ox licks up grass
5 in the field." Balak son of Tzipor was king of Moav at that time. He
sent messengers to summon Bilam son of Beor who was at Petor
near the River[55] in his native land: "A people has come out of
Egypt, and now they cover the face of the land – and they have
6 settled down alongside me. Please, come now and curse this
people for me, for they are stronger than I. Perhaps then I will be
able to defeat them and drive them from the land, for I know that
whomsoever you bless is blessed and whomsoever you curse is
7 cursed." So the elders of Moav and Midyan went, carrying with

כו וַיִּקַּח אֶת־כָּל־אַרְצוֹ מִיָּדוֹ עַד־אַרְנֹן: עַל־כֵּן יֹאמְרוּ הַמֹּשְׁלִים
כח בֹּאוּ חֶשְׁבּוֹן תִּבָּנֶה וְתִכּוֹנֵן עִיר סִיחוֹן: כִּי־אֵשׁ יָצְאָה מֵחֶשְׁבּוֹן
כט לֶהָבָה מִקִּרְיַת סִיחֹן אָכְלָה עָר מוֹאָב בַּעֲלֵי בָּמוֹת אַרְנֹן: אוֹי־
לְךָ מוֹאָב אָבַדְתָּ עַם־כְּמוֹשׁ נָתַן בָּנָיו פְּלֵיטִם וּבְנֹתָיו בַּשְּׁבִית
ל לְמֶלֶךְ אֱמֹרִי סִיחוֹן: וַנִּירָם אָבַד חֶשְׁבּוֹן עַד־דִּיבֹן וַנַּשִּׁים עַד־נֹפַח
לא לב אֲשֶׁר עַד־מֵידְבָא: וַיֵּשֶׁב יִשְׂרָאֵל בְּאֶרֶץ הָאֱמֹרִי: וַיִּשְׁלַח מֹשֶׁה
לְרַגֵּל אֶת־יַעְזֵר וַיִּלְכְּדוּ בְּנֹתֶיהָ ויירש אֶת־הָאֱמֹרִי אֲשֶׁר־שָׁם: וַיּוֹרֶשׁ
לג וַיִּפְנוּ וַיַּעֲלוּ דֶּרֶךְ הַבָּשָׁן וַיֵּצֵא עוֹג מֶלֶךְ־הַבָּשָׁן לִקְרָאתָם הוּא
לד וְכָל־עַמּוֹ לַמִּלְחָמָה אֶדְרֶעִי: וַיֹּאמֶר יהוה אֶל־מֹשֶׁה אַל־תִּירָא מפטיר
אֹתוֹ כִּי בְיָדְךָ נָתַתִּי אֹתוֹ וְאֶת־כָּל־עַמּוֹ וְאֶת־אַרְצוֹ וְעָשִׂיתָ לּוֹ
לה כַּאֲשֶׁר עָשִׂיתָ לְסִיחֹן מֶלֶךְ הָאֱמֹרִי אֲשֶׁר יוֹשֵׁב בְּחֶשְׁבּוֹן: וַיַּכּוּ
אֹתוֹ וְאֶת־בָּנָיו וְאֶת־כָּל־עַמּוֹ עַד־בִּלְתִּי הִשְׁאִיר־לוֹ שָׂרִיד וַיִּירְשׁוּ
כב א אֶת־אַרְצוֹ: וַיִּסְעוּ בְּנֵי יִשְׂרָאֵל וַיַּחֲנוּ בְּעַרְבוֹת מוֹאָב מֵעֵבֶר
ב לְיַרְדֵּן יְרֵחוֹ: וַיַּרְא בָּלָק בֶּן־צִפּוֹר אֵת כָּל־אֲשֶׁר־ יט בלק
ג עָשָׂה יִשְׂרָאֵל לָאֱמֹרִי: וַיָּגָר מוֹאָב מִפְּנֵי הָעָם מְאֹד כִּי רַב־
ד הוּא וַיָּקָץ מוֹאָב מִפְּנֵי בְּנֵי יִשְׂרָאֵל: וַיֹּאמֶר מוֹאָב אֶל־זִקְנֵי
מִדְיָן עַתָּה יְלַחֲכוּ הַקָּהָל אֶת־כָּל־סְבִיבֹתֵינוּ כִּלְחֹךְ הַשּׁוֹר אֵת
ה יֶרֶק הַשָּׂדֶה וּבָלָק בֶּן־צִפּוֹר מֶלֶךְ לְמוֹאָב בָּעֵת הַהִוא: וַיִּשְׁלַח
מַלְאָכִים אֶל־בִּלְעָם בֶּן־בְּעוֹר פְּתוֹרָה אֲשֶׁר עַל־הַנָּהָר אֶרֶץ
בְּנֵי־עַמּוֹ לִקְרֹא־לוֹ לֵאמֹר הִנֵּה עַם יָצָא מִמִּצְרַיִם הִנֵּה כִסָּה
ו אֶת־עֵין הָאָרֶץ וְהוּא יֹשֵׁב מִמֻּלִי: וְעַתָּה לְכָה־נָּא אָרָה־לִּי אֶת־
הָעָם הַזֶּה כִּי־עָצוּם הוּא מִמֶּנִּי אוּלַי אוּכַל נַכֶּה־בּוֹ וַאֲגָרְשֶׁנּוּ
מִן־הָאָרֶץ כִּי יָדַעְתִּי אֵת אֲשֶׁר־תְּבָרֵךְ מְבֹרָךְ וַאֲשֶׁר תָּאֹר
ז יוּאָר: וַיֵּלְכוּ זִקְנֵי מוֹאָב וְזִקְנֵי מִדְיָן וּקְסָמִים בְּיָדָם וַיָּבֹאוּ אֶל־

54 Kemosh was the Moabite deity.

55 Referring to the Euphrates.

them payment for divination. They came to Bilam and repeated
8 Balak's words to him. "Spend the night here," he said, "and I will
give you your reply the LORD speaks to me." So the princes of
9 Moav stayed the night with Bilam. God came to Bilam and said,
10 "Who are these men with you?" And Bilam replied to God, "Balak
11 son of Tzipor, king of Moav, has sent me a message: 'A people has
come out of Egypt and covers the face of the land. Now come and
curse them for me. Perhaps I will be able to fight against them and
12 drive them away.'" "Do not go with them," said God to Bilam. "Do
13 not curse this people, for they are blessed." Then Bilam arose in SHEINI /ḤAMISHI/
the morning and said to Balak's princes, "Go back to your land,
14 because the LORD has refused to let me go with you." The princes
of Moav rose and went to Balak and said, "Bilam refuses to go with
15 us." Balak then sent other princes, yet more numerous and
16 eminent than the first. They came to Bilam and said to him, "This
is what Balak son of Tzipor says: 'Do not let anything prevent you
17 from coming to me, for I will do you great honor, and whatever
else you ask of me. Please – come and curse this people for me.'"
18 Bilam replied to Balak's servants, "Even if Balak were to give me
his palace full of silver and gold, I could not do anything, small or
19 great, to transgress the word of the LORD my God. But now, you
too remain here tonight so that I may know what else the LORD
20 may tell me." God came to Bilam that night and said to him, "If
the men have come to summon you, you may get up and go with
21 them; but do only what I tell you to do." So Bilam rose in the SHELISHI
morning, saddled his donkey, and went along with the princes of
22 Moav. God was furious at his going, and an angel of the LORD
stood in the road to oppose him as he was riding on his donkey,
23 his two servants with him. The donkey saw the angel of the LORD
standing in the road, drawn sword in hand, and she swerved from
the road into a field. And Bilam beat the donkey to urge her back
24 onto the road. Then the angel of the LORD was standing in a
25 narrow path between vineyards with a wall on either side. When
the donkey saw the angel of the LORD, she pressed against the wall,

ח בִּלְעָם וַיְדַבְּרוּ אֵלָיו דִּבְרֵי בָלָק׃ וַיֹּאמֶר אֲלֵיהֶם לִינוּ פֹה הַלַּיְלָה
וַהֲשִׁבֹתִי אֶתְכֶם דָּבָר כַּאֲשֶׁר יְדַבֵּר יְהוָה אֵלָי וַיֵּשְׁבוּ שָׂרֵי־מוֹאָב
ט עִם־בִּלְעָם׃ וַיָּבֹא אֱלֹהִים אֶל־בִּלְעָם וַיֹּאמֶר מִי הָאֲנָשִׁים הָאֵלֶּה
י עִמָּךְ׃ וַיֹּאמֶר בִּלְעָם אֶל־הָאֱלֹהִים בָּלָק בֶּן־צִפֹּר מֶלֶךְ מוֹאָב
יא שָׁלַח אֵלָי׃ הִנֵּה הָעָם הַיֹּצֵא מִמִּצְרַיִם וַיְכַס אֶת־עֵין הָאָרֶץ עַתָּה
יב לְכָה קָבָה־לִּי אֹתוֹ אוּלַי אוּכַל לְהִלָּחֶם בּוֹ וְגֵרַשְׁתִּיו׃ וַיֹּאמֶר
אֱלֹהִים אֶל־בִּלְעָם לֹא תֵלֵךְ עִמָּהֶם לֹא תָאֹר אֶת־הָעָם כִּי בָרוּךְ
יג הוּא׃ וַיָּקָם בִּלְעָם בַּבֹּקֶר וַיֹּאמֶר אֶל־שָׂרֵי בָלָק לְכוּ אֶל־אַרְצְכֶם שני /חמישי/
יד כִּי מֵאֵן יְהוָה לְתִתִּי לַהֲלֹךְ עִמָּכֶם׃ וַיָּקוּמוּ שָׂרֵי מוֹאָב וַיָּבֹאוּ
טו אֶל־בָּלָק וַיֹּאמְרוּ מֵאֵן בִּלְעָם הֲלֹךְ עִמָּנוּ׃ וַיֹּסֶף עוֹד בָּלָק שְׁלֹחַ
טז שָׂרִים רַבִּים וְנִכְבָּדִים מֵאֵלֶּה׃ וַיָּבֹאוּ אֶל־בִּלְעָם וַיֹּאמְרוּ לוֹ כֹּה
יז אָמַר בָּלָק בֶּן־צִפּוֹר אַל־נָא תִמָּנַע מֵהֲלֹךְ אֵלָי׃ כִּי־כַבֵּד אֲכַבֶּדְךָ
מְאֹד וְכֹל אֲשֶׁר־תֹּאמַר אֵלַי אֶעֱשֶׂה וּלְכָה־נָּא קָבָה לִּי אֵת הָעָם
יח הַזֶּה׃ וַיַּעַן בִּלְעָם וַיֹּאמֶר אֶל־עַבְדֵי בָלָק אִם־יִתֶּן־לִי בָלָק מְלֹא
בֵיתוֹ כֶּסֶף וְזָהָב לֹא אוּכַל לַעֲבֹר אֶת־פִּי יְהוָה אֱלֹהָי לַעֲשׂוֹת
יט קְטַנָּה אוֹ גְדוֹלָה׃ וְעַתָּה שְׁבוּ נָא בָזֶה גַּם־אַתֶּם הַלָּיְלָה וְאֵדְעָה
כ מַה־יֹּסֵף יְהוָה דַּבֵּר עִמִּי׃ וַיָּבֹא אֱלֹהִים ׀ אֶל־בִּלְעָם לַיְלָה וַיֹּאמֶר
לוֹ אִם־לִקְרֹא לְךָ בָּאוּ הָאֲנָשִׁים קוּם לֵךְ אִתָּם וְאַךְ אֶת־הַדָּבָר
כא אֲשֶׁר־אֲדַבֵּר אֵלֶיךָ אֹתוֹ תַעֲשֶׂה׃ וַיָּקָם בִּלְעָם בַּבֹּקֶר וַיַּחֲבֹשׁ שלישי
כב אֶת־אֲתֹנוֹ וַיֵּלֶךְ עִם־שָׂרֵי מוֹאָב׃ וַיִּחַר־אַף אֱלֹהִים כִּי־הוֹלֵךְ
הוּא וַיִּתְיַצֵּב מַלְאַךְ יְהוָה בַּדֶּרֶךְ לְשָׂטָן לוֹ וְהוּא רֹכֵב עַל־אֲתֹנוֹ
כג וּשְׁנֵי נְעָרָיו עִמּוֹ׃ וַתֵּרֶא הָאָתוֹן אֶת־מַלְאַךְ יְהוָה נִצָּב בַּדֶּרֶךְ
וְחַרְבּוֹ שְׁלוּפָה בְּיָדוֹ וַתֵּט הָאָתוֹן מִן־הַדֶּרֶךְ וַתֵּלֶךְ בַּשָּׂדֶה וַיַּךְ
כד בִּלְעָם אֶת־הָאָתוֹן לְהַטֹּתָהּ הַדָּרֶךְ׃ וַיַּעֲמֹד מַלְאַךְ יְהוָה
כה בְּמִשְׁעוֹל הַכְּרָמִים גָּדֵר מִזֶּה וְגָדֵר מִזֶּה׃ וַתֵּרֶא הָאָתוֹן אֶת־
מַלְאַךְ יְהוָה וַתִּלָּחֵץ אֶל־הַקִּיר וַתִּלְחַץ אֶת־רֶגֶל בִּלְעָם אֶל־

26 crushing Bilam's foot against it. He beat her once again. And the
angel of the LORD went ahead and stood in a narrow place where
27 there was no room at all to turn right or left. When the donkey
saw the angel of the LORD, she lay down under Bilam. Bilam was
28 furious and beat the donkey with his stick. Then the LORD opened
the donkey's mouth and – "What have I done to you," she said to
29 Bilam, "that you have struck me these three times?" "You are
playing games with me," said Bilam to the donkey. "If only I had a
30 sword in my hand, I would kill you here and now." But the donkey
said to Bilam, "Am I not your donkey on whom you have always
ridden to this day? Have I been in the habit of doing this to you?"
31 "No," he replied. Then the LORD uncovered Bilam's eyes, and he
saw the angel of the LORD standing in the road, drawn sword in
32 hand. He bowed and prostrated himself facedown. The angel of
the LORD said to him, "Why have you beaten your donkey these
three times? It was I who came out here to oppose you, because
33 your way is perverse to me. The donkey saw me and turned away
from me these three times. If she had not turned away from me, I
34 would certainly have killed you by now and let her live." Bilam said
to the angel of the LORD, "I have sinned, for I did not know that
you were standing against me in the road. Now, if you consider it
35 wrong, I will go back." The angel of the LORD said to Bilam, "Go
with the men, but say nothing except what I tell you." So Bilam
36 continued on with Balak's princes. When Balak heard that Bilam
was coming, he went out to meet him at the city of Moav, at the
37 Arnon border on the edge of his territory. Balak said to Bilam,
"Did I not send to summon you? Why did you not come to me?
38 Am I really not able to offer you any honor?" Bilam replied to
Balak, "Well, I have come to you now. But can I speak any words
39 I choose? I can only say the word God puts into my mouth." Then REVI'I /SHISHI/
40 Bilam went with Balak and they came to Kiryat Ḥutzot. Balak
sacrificed oxen and sheep and sent them to Bilam and the princes
41 who were with him. In the morning Balak took Bilam up to Bamot
23 1 Baal, where he could see part of the people. Bilam said to Balak,

כו הַקִּיר וַיֹּסֶף לְהַכֹּתָהּ: וַיּוֹסֶף מַלְאַךְ־יהוה עֲבוֹר וַיַּעֲמֹד בְּמָקוֹם
כז צָר אֲשֶׁר אֵין־דֶּרֶךְ לִנְטוֹת יָמִין וּשְׂמֹאול: וַתֵּרֶא הָאָתוֹן אֶת־
מַלְאַךְ יהוה וַתִּרְבַּץ תַּחַת בִּלְעָם וַיִּחַר־אַף בִּלְעָם וַיַּךְ אֶת־
כח הָאָתוֹן בַּמַּקֵּל: וַיִּפְתַּח יהוה אֶת־פִּי הָאָתוֹן וַתֹּאמֶר לְבִלְעָם
כט מֶה־עָשִׂיתִי לְךָ כִּי הִכִּיתַנִי זֶה שָׁלֹשׁ רְגָלִים: וַיֹּאמֶר בִּלְעָם לָאָתוֹן
ל כִּי הִתְעַלַּלְתְּ בִּי לוּ יֶשׁ־חֶרֶב בְּיָדִי כִּי עַתָּה הֲרַגְתִּיךְ: וַתֹּאמֶר
הָאָתוֹן אֶל־בִּלְעָם הֲלוֹא אָנֹכִי אֲתֹנְךָ אֲשֶׁר־רָכַבְתָּ עָלַי מֵעוֹדְךָ
לא עַד־הַיּוֹם הַזֶּה הַהַסְכֵּן הִסְכַּנְתִּי לַעֲשׂוֹת לְךָ כֹּה וַיֹּאמֶר לֹא: וַיְגַל
יהוה אֶת־עֵינֵי בִלְעָם וַיַּרְא אֶת־מַלְאַךְ יהוה נִצָּב בַּדֶּרֶךְ וְחַרְבּוֹ
לב שְׁלֻפָה בְּיָדוֹ וַיִּקֹּד וַיִּשְׁתַּחוּ לְאַפָּיו: וַיֹּאמֶר אֵלָיו מַלְאַךְ יהוה
עַל־מָה הִכִּיתָ אֶת־אֲתֹנְךָ זֶה שָׁלוֹשׁ רְגָלִים הִנֵּה אָנֹכִי יָצָאתִי
לג לְשָׂטָן כִּי־יָרַט הַדֶּרֶךְ לְנֶגְדִּי: וַתִּרְאַנִי הָאָתוֹן וַתֵּט לְפָנַי זֶה שָׁלֹשׁ
רְגָלִים אוּלַי נָטְתָה מִפָּנַי כִּי עַתָּה גַּם־אֹתְכָה הָרַגְתִּי וְאוֹתָהּ
לד הֶחֱיֵיתִי: וַיֹּאמֶר בִּלְעָם אֶל־מַלְאַךְ יהוה חָטָאתִי כִּי לֹא יָדַעְתִּי
כִּי אַתָּה נִצָּב לִקְרָאתִי בַּדָּרֶךְ וְעַתָּה אִם־רַע בְּעֵינֶיךָ אָשׁוּבָה
לה לִּי: וַיֹּאמֶר מַלְאַךְ יהוה אֶל־בִּלְעָם לֵךְ עִם־הָאֲנָשִׁים וְאֶפֶס אֶת־
הַדָּבָר אֲשֶׁר־אֲדַבֵּר אֵלֶיךָ אֹתוֹ תְדַבֵּר וַיֵּלֶךְ בִּלְעָם עִם־שָׂרֵי
לו בָלָק: וַיִּשְׁמַע בָּלָק כִּי־בָא בִלְעָם וַיֵּצֵא לִקְרָאתוֹ אֶל־עִיר מוֹאָב
לז אֲשֶׁר עַל־גְּבוּל אַרְנֹן אֲשֶׁר בִּקְצֵה הַגְּבוּל: וַיֹּאמֶר בָּלָק אֶל־
בִּלְעָם הֲלֹא שָׁלֹחַ שָׁלַחְתִּי אֵלֶיךָ לִקְרֹא־לָךְ לָמָּה לֹא־הָלַכְתָּ
לח אֵלָי הַאֻמְנָם לֹא אוּכַל כַּבְּדֶךָ: וַיֹּאמֶר בִּלְעָם אֶל־בָּלָק הִנֵּה־
בָאתִי אֵלֶיךָ עַתָּה הֲיָכֹל אוּכַל דַּבֵּר מְאוּמָה הַדָּבָר אֲשֶׁר יָשִׂים
לט אֱלֹהִים בְּפִי אֹתוֹ אֲדַבֵּר: וַיֵּלֶךְ בִּלְעָם עִם־בָּלָק וַיָּבֹאוּ קִרְיַת רביעי /ששי/
מ חֻצוֹת: וַיִּזְבַּח בָּלָק בָּקָר וָצֹאן וַיְשַׁלַּח לְבִלְעָם וְלַשָּׂרִים אֲשֶׁר
מא אִתּוֹ: וַיְהִי בַבֹּקֶר וַיִּקַּח בָּלָק אֶת־בִּלְעָם וַיַּעֲלֵהוּ בָּמוֹת בָּעַל
כג א וַיַּרְא מִשָּׁם קְצֵה הָעָם: וַיֹּאמֶר בִּלְעָם אֶל־בָּלָק בְּנֵה־לִי בָזֶה

"Build me seven altars here and prepare for me seven bulls and
2 seven rams." Balak did as Bilam said, and Balak and Bilam offered
3 a bull and a ram on each altar. Then Bilam said to Balak, "Stand
by your offerings and I will go; perhaps the LORD will come to
meet me. Whatever He shows me, I will tell you." And he went off
4 alone. God met Bilam, who said to Him, "I have prepared seven
5 altars; on each altar I have offered a bull and a ram." And the LORD
6 put a word in Bilam's mouth, "Go back to Balak and say this." He
went back to him, and found him standing by his offering together
7 with all the princes of Moav. And Bilam took up his oracle and
said: "Balak brought me from Aram, the king of Moav from the
8 eastern hills. 'Go: curse Yaakov for me; go: denounce Israel.' How
can I curse whom God has not cursed? How can I denounce
9 whom the LORD has not denounced? From the tops of crags I see
him; from the hills I gaze down: a people that dwells alone; not
10 reckoning itself among nations. Who can number the dust of
Yaakov, count even a fourth of Israel? Let me die the death of the
11 upright, and let my end be like his." And Balak said to Bilam,
"What have you done to me? I brought you to curse my enemies,
12 and you have blessed them." He answered, "Am I not obliged to
13 speak strictly the words the LORD puts in my mouth?" Then Balak ḤAMISHI
said to him, "Come with me to another place where you will see
them. You will see only part of them; you will not see them all.
14 Curse them for me from there." He took him to the field of Tzofim,
to the top of Pisga. He built seven altars and on each altar offered
15 a bull and a ram. Then Bilam said to Balak, "Stand here beside your
16 offering, while I seek a meeting there." The LORD met Bilam and
put a word in his mouth. "Go back to Balak," He said, "and tell him
17 this." He came to him and found him standing by his offering
together with the princes of Moav. Balak asked him, "What did
18 the LORD say?" So he took up his oracle and said: "Stand up, Balak,
19 listen; pay attention, son of Tzipor. Not man is God, to lie; no
mortal, to change His mind. Would He speak and not fulfill, would
20 He promise and not keep? I received an order to bless. He has

סעודה שלישית של שבת

אַתְקֵינוּ סְעוּדְתָא דִמְהֵימְנוּתָא שְׁלִימְתָא, חֶדְוְתָא דְמַלְכָּא קַדִּישָׁא.
אַתְקֵינוּ סְעוּדְתָא דְמַלְכָּא.
דָּא הִיא סְעוּדְתָא דִזְעֵיר אַנְפִּין
וְעַתִּיקָא קַדִּישָׁא וַחֲקַל תַּפּוּחִין קַדִּישִׁין אָתַיִן לְסַעֲדָה בַּהֲדֵהּ.

בְּנֵי הֵיכְלָא, דִּכְסִיפִין לְמֶחֱזֵי זִיו זְעֵיר אַנְפִּין
יְהוֹן הָכָא, בְּהַאי תַּכָּא, דְּבֵהּ מַלְכָּא בְּגִלּוּפִין.
צְבוּ לַחֲדָא, בְּהַאי וַעֲדָא, בְּגוֹ עִירִין וְכָל גַּדְפִין.
חֲדוּ הַשְׁתָּא, בְּהַאי שַׁעְתָּא, דְּבֵהּ רַעֲוָא וְלֵית זַעְפִין.
קְרִיבוּ לִי, חֲזוּ חֵילִי, דְּלֵית דִּינִין דְּתַקִּיפִין.
לְבַר נָטְלִין, וְלָא עָלִין, הָנֵי כַּלְבִּין דַּחֲצִיפִין.
וְהָא אַזְמִין עַתִּיק יוֹמִין, לְמִצְחֵהּ עַד יְהוֹן חָלְפִין.
רְעוּ דִי לֵהּ, דְּגַלֵּי לֵהּ, לְבַטָּלָה בְּכָל קְלִיפִין.
יְשַׁוֵּי לוֹן, בְּנִקְבְּהוֹן, וִיטַמְרוּן בְּגוֹ כֵּפִין.
אֲרֵי הַשְׁתָּא, בְּמִנְחֲתָא, בְּחֶדְוְתָא דִּזְעֵיר אַנְפִּין.

מִזְמוֹר לְדָוִד, יהוה רֹעִי לֹא אֶחְסָר: תהלים כג
בִּנְאוֹת דֶּשֶׁא יַרְבִּיצֵנִי, עַל־מֵי מְנֻחוֹת יְנַהֲלֵנִי:
נַפְשִׁי יְשׁוֹבֵב, יַנְחֵנִי בְמַעְגְּלֵי־צֶדֶק לְמַעַן שְׁמוֹ:
גַּם כִּי־אֵלֵךְ בְּגֵיא צַלְמָוֶת לֹא־אִירָא רָע, כִּי־אַתָּה עִמָּדִי
שִׁבְטְךָ וּמִשְׁעַנְתֶּךָ הֵמָּה יְנַחֲמֻנִי:
תַּעֲרֹךְ לְפָנַי שֻׁלְחָן נֶגֶד צֹרְרָי, דִּשַּׁנְתָּ בַשֶּׁמֶן רֹאשִׁי, כּוֹסִי רְוָיָה:
אַךְ טוֹב וָחֶסֶד יִרְדְּפוּנִי כָּל־יְמֵי חַיָּי
וְשַׁבְתִּי בְּבֵית־יהוה לְאֹרֶךְ יָמִים:

יְדִיד נֶפֶשׁ, אָב הָרַחֲמָן, מְשֹׁךְ עַבְדְּךָ אֶל רְצוֹנָךְ
יָרוּץ עַבְדְּךָ כְּמוֹ אַיָּל, יִשְׁתַּחֲוֶה מוּל הֲדָרָךְ
כִּי יֶעֱרַב לוֹ יְדִידוּתָךְ, מִנֹּפֶת צוּף וְכָל טָעַם.

הָדוּר, נָאֶה, זִיו הָעוֹלָם, נַפְשִׁי חוֹלַת אַהֲבָתָךְ
אָנָּא, אֵל נָא, רְפָא נָא לָהּ, בְּהַרְאוֹת לָהּ נֹעַם זִיוָךְ
אָז תִּתְחַזֵּק וְתִתְרַפֵּא, וְהָיְתָה לָךְ שִׁפְחַת עוֹלָם.

וָתִיק, יֶהֱמוּ רַחֲמֶיךָ, וְחוּס נָא עַל בֵּן אוֹהֲבָךְ
כִּי זֶה כַּמֶּה נִכְסֹף נִכְסַף לִרְאוֹת בְּתִפְאֶרֶת עֻזָּךְ
אָנָּא, אֵלִי, מַחְמַד לִבִּי, חוּשָׁה נָּא, וְאַל תִּתְעַלָּם.

הִגָּלֶה נָא וּפְרֹשׂ, חָבִיב, עָלַי אֶת סֻכַּת שְׁלוֹמָךְ
תָּאִיר אֶרֶץ מִכְּבוֹדָךְ, נָגִילָה וְנִשְׂמְחָה בָךְ.
מַהֵר, אָהוּב, כִּי בָא מוֹעֵד, וְחָנֵּנִי כִּימֵי עוֹלָם.

אֵל מִסְתַּתֵּר בְּשַׁפְרִיר חֶבְיוֹן, הַשֵּׂכֶל הַנֶּעְלָם מִכָּל רַעְיוֹן
עִלַּת הָעִלּוֹת מֻכְתָּר בְּכֶתֶר עֶלְיוֹן, כֶּתֶר יִתְּנוּ לְךָ יהוה.

בְּרֵאשִׁית תּוֹרָתְךָ הַקְּדוּמָה, רְשׁוּמָה חָכְמָתְךָ הַסְּתוּמָה
מֵאַיִן תִּמָּצֵא וְהִיא נֶעְלָמָה, רֵאשִׁית חָכְמָה יִרְאַת יהוה.

רְחוֹבוֹת הַנָּהָר נַחֲלֵי אֱמוּנָה, מַיִם עֲמֻקִּים יִדְלֵם אִישׁ תְּבוּנָה
תּוֹצְאוֹתֶיהָ חֲמִשִּׁים שַׁעֲרֵי בִינָה, אֱמוּנִים נוֹצֵר יהוה.

הָאֵל הַגָּדוֹל עֵינֵי כֹל נֶגְדֶּךָ, רַב חֶסֶד גָּדוֹל עַל הַשָּׁמַיִם חַסְדֶּךָ
אֱלֹהֵי אַבְרָהָם זְכֹר לְעַבְדֶּךָ, חַסְדֵי יהוה אַזְכִּיר תְּהִלּוֹת יהוה.

מָרוֹם נֶאְדָּר בְּכֹחַ וּגְבוּרָה, מוֹצִיא אוֹרָה מֵאֵין תְּמוּרָה
פַּחַד יִצְחָק מִשְׁפָּטֵנוּ הָאִירָה, אַתָּה גִּבּוֹר לְעוֹלָם יהוה.

מִי אֵל כָּמוֹךָ עוֹשֶׂה גְדוֹלוֹת, אֲבִיר יַעֲקֹב נוֹרָא תְהִלּוֹת
תִּפְאֶרֶת יִשְׂרָאֵל שׁוֹמֵעַ תְּפִלּוֹת, כִּי שׁוֹמֵעַ אֶל אֶבְיוֹנִים יהוה.

יָהּ, זְכוּת אָבוֹת יָגֵן עָלֵינוּ, נֵצַח יִשְׂרָאֵל, מִצָּרוֹתֵינוּ גְּאָלֵנוּ
וּמִבּוֹר גָּלוּת דְּלֵנוּ וְהַעֲלֵנוּ, לְנַצֵּחַ עַל מְלֶאכֶת בֵּית יהוה.

מִיָּמִין וּמִשְּׂמֹאל יְנִיקַת הַנְּבִיאִים, נֵצַח וָהוֹד מֵהֶם נִמְצָאִים
יָכִין וּבֹעַז בְּשֵׁם נִקְרָאִים, וְכָל בָּנַיִךְ לִמּוּדֵי יהוה.

יְסוֹד צַדִּיק בְּשִׁבְעָה נֶעְלָם, אוֹת בְּרִית הוּא לְעוֹלָם
מַעְיַן הַבְּרָכָה צַדִּיק יְסוֹד עוֹלָם, צַדִּיק אַתָּה יהוה.

נָא הָקֵם מַלְכוּת דָּוִד וּשְׁלֹמֹה, בָּעֲטָרָה שֶׁעִטְּרָה לוֹ אִמּוֹ
כְּנֶסֶת יִשְׂרָאֵל כַּלָּה קְרוּאָה בִנְעִימָה, עֲטֶרֶת תִּפְאֶרֶת בְּיַד יהוה.

חָזָק מְיַחֵד כְּאֶחָד עֶשֶׂר סְפִירוֹת, וּמַפְרִיד אַלּוּף לֹא יִרְאֶה מְאוֹרוֹת
סַפִּיר גִּזְרָתָם יַחַד מְאִירוֹת, תִּקְרַב רִנָּתִי לְפָנֶיךָ יהוה.

ברכת המזון *can be found on page 1199.*

מעריב למוצאי שבת

In many congregations, the following two psalms are sung before מעריב *on* מוצאי שבת.

תהלים קמד לְדָוִד, בָּרוּךְ יהוה צוּרִי, הַמְלַמֵּד יָדַי לַקְרָב, אֶצְבְּעוֹתַי לַמִּלְחָמָה:
חַסְדִּי וּמְצוּדָתִי מִשְׂגַּבִּי וּמְפַלְטִי לִי, מָגִנִּי וּבוֹ חָסִיתִי, הָרוֹדֵד עַמִּי
תַחְתָּי: יהוה מָה־אָדָם וַתֵּדָעֵהוּ, בֶּן־אֱנוֹשׁ וַתְּחַשְּׁבֵהוּ: אָדָם לַהֶבֶל
דָּמָה, יָמָיו כְּצֵל עוֹבֵר: יהוה הַט־שָׁמֶיךָ וְתֵרֵד, גַּע בֶּהָרִים וְיֶעֱשָׁנוּ:
בְּרוֹק בָּרָק וּתְפִיצֵם, שְׁלַח חִצֶּיךָ וּתְהֻמֵּם: שְׁלַח יָדֶיךָ מִמָּרוֹם,
פְּצֵנִי וְהַצִּילֵנִי מִמַּיִם רַבִּים, מִיַּד בְּנֵי נֵכָר: אֲשֶׁר פִּיהֶם דִּבֶּר־שָׁוְא,
וִימִינָם יְמִין שָׁקֶר: אֱלֹהִים שִׁיר חָדָשׁ אָשִׁירָה לָּךְ, בְּנֵבֶל עָשׂוֹר
אֲזַמְּרָה־לָּךְ: הַנּוֹתֵן תְּשׁוּעָה לַמְּלָכִים, הַפּוֹצֶה אֶת־דָּוִד עַבְדּוֹ
מֵחֶרֶב רָעָה: פְּצֵנִי וְהַצִּילֵנִי מִיַּד בְּנֵי נֵכָר, אֲשֶׁר פִּיהֶם דִּבֶּר־שָׁוְא,
וִימִינָם יְמִין שָׁקֶר: אֲשֶׁר בָּנֵינוּ כִּנְטִעִים, מְגֻדָּלִים בִּנְעוּרֵיהֶם,
בְּנוֹתֵינוּ כְזָוִיֹּת, מְחֻטָּבוֹת תַּבְנִית הֵיכָל: מְזָוֵינוּ מְלֵאִים, מְפִיקִים
מִזַּן אֶל־זַן, צֹאונֵנוּ מַאֲלִיפוֹת מְרֻבָּבוֹת בְּחוּצוֹתֵינוּ: אַלּוּפֵינוּ
מְסֻבָּלִים, אֵין פֶּרֶץ וְאֵין יוֹצֵאת, וְאֵין צְוָחָה בִּרְחֹבֹתֵינוּ: אַשְׁרֵי
הָעָם שֶׁכָּכָה לּוֹ, אַשְׁרֵי הָעָם שֶׁיהוה אֱלֹהָיו:

תהלים סז לַמְנַצֵּחַ בִּנְגִינֹת, מִזְמוֹר שִׁיר: אֱלֹהִים יְחָנֵּנוּ וִיבָרְכֵנוּ, יָאֵר פָּנָיו
אִתָּנוּ סֶלָה: לָדַעַת בָּאָרֶץ דַּרְכֶּךָ, בְּכָל־גּוֹיִם יְשׁוּעָתֶךָ: יוֹדוּךָ עַמִּים
אֱלֹהִים, יוֹדוּךָ עַמִּים כֻּלָּם: יִשְׂמְחוּ וִירַנְּנוּ לְאֻמִּים, כִּי־תִשְׁפֹּט עַמִּים
מִישֹׁר, וּלְאֻמִּים בָּאָרֶץ תַּנְחֵם סֶלָה: יוֹדוּךָ עַמִּים אֱלֹהִים, יוֹדוּךָ
עַמִּים כֻּלָּם: אֶרֶץ נָתְנָה יְבוּלָהּ, יְבָרְכֵנוּ אֱלֹהִים אֱלֹהֵינוּ: יְבָרְכֵנוּ
אֱלֹהִים, וְיִירְאוּ אוֹתוֹ כָּל־אַפְסֵי־אָרֶץ:

תהלים עח וְהוּא רַחוּם, יְכַפֵּר עָוֹן וְלֹא־יַשְׁחִית
וְהִרְבָּה לְהָשִׁיב אַפּוֹ, וְלֹא־יָעִיר כָּל־חֲמָתוֹ:
תהלים כ יהוה הוֹשִׁיעָה, הַמֶּלֶךְ יַעֲנֵנוּ בְיוֹם־קָרְאֵנוּ:

קריאת שמע וברכותיה

The שליח ציבור *says the following, bowing at* בָּרְכוּ*, standing straight at* ה'*; the* קהל*, followed by the* שליח ציבור*, responds, bowing at* בָּרוּךְ*, standing straight at* ה'*:*

ש״ץ: **בָּרְכוּ**
אֶת יהוה הַמְבֹרָךְ.

קהל: בָּרוּךְ יהוה הַמְבֹרָךְ לְעוֹלָם וָעֶד.
ש״ץ: בָּרוּךְ יהוה הַמְבֹרָךְ לְעוֹלָם וָעֶד.

בָּרוּךְ אַתָּה יהוה אֱלֹהֵינוּ מֶלֶךְ הָעוֹלָם
אֲשֶׁר בִּדְבָרוֹ מַעֲרִיב עֲרָבִים
בְּחָכְמָה פּוֹתֵחַ שְׁעָרִים
וּבִתְבוּנָה מְשַׁנֶּה עִתִּים וּמַחֲלִיף אֶת הַזְּמַנִּים
וּמְסַדֵּר אֶת הַכּוֹכָבִים בְּמִשְׁמְרוֹתֵיהֶם בָּרָקִיעַ כִּרְצוֹנוֹ.
בּוֹרֵא יוֹם וָלָיְלָה, גּוֹלֵל אוֹר מִפְּנֵי חֹשֶׁךְ וְחֹשֶׁךְ מִפְּנֵי אוֹר
◂ וּמַעֲבִיר יוֹם וּמֵבִיא לָיְלָה
וּמַבְדִּיל בֵּין יוֹם וּבֵין לָיְלָה
יהוה צְבָאוֹת שְׁמוֹ.
אֵל חַי וְקַיָּם תָּמִיד, יִמְלֹךְ עָלֵינוּ לְעוֹלָם וָעֶד.
בָּרוּךְ אַתָּה יהוה, הַמַּעֲרִיב עֲרָבִים.

אַהֲבַת עוֹלָם בֵּית יִשְׂרָאֵל עַמְּךָ אָהָבְתָּ
תּוֹרָה וּמִצְוֹת, חֻקִּים וּמִשְׁפָּטִים, אוֹתָנוּ לִמַּדְתָּ
עַל כֵּן יהוה אֱלֹהֵינוּ בְּשָׁכְבֵנוּ וּבְקוּמֵנוּ נָשִׂיחַ בְּחֻקֶּיךָ
וְנִשְׂמַח בְּדִבְרֵי תוֹרָתֶךָ וּבְמִצְוֹתֶיךָ לְעוֹלָם וָעֶד
◂ כִּי הֵם חַיֵּינוּ וְאֹרֶךְ יָמֵינוּ, וּבָהֶם נֶהְגֶּה יוֹמָם וָלָיְלָה.
וְאַהֲבָתְךָ אַל תָּסִיר מִמֶּנּוּ לְעוֹלָמִים.
בָּרוּךְ אַתָּה יהוה, אוֹהֵב עַמּוֹ יִשְׂרָאֵל.

The שמע *must be said with intense concentration.*

When not with a מנין*, say:*

אֵל מֶלֶךְ נֶאֱמָן

The following verse should be said aloud, while covering the eyes with the right hand:

שְׁמַע יִשְׂרָאֵל, יְהֹוָה אֱלֹהֵינוּ, יְהֹוָה ׀ אֶחָד׃ דברים ו

Quietly בָּרוּךְ שֵׁם כְּבוֹד מַלְכוּתוֹ לְעוֹלָם וָעֶד.

וְאָהַבְתָּ אֵת יְהֹוָה אֱלֹהֶיךָ, בְּכָל־לְבָבְךָ וּבְכָל־נַפְשְׁךָ וּבְכָל־מְאֹדֶךָ׃ דברים ו
וְהָיוּ הַדְּבָרִים הָאֵלֶּה, אֲשֶׁר אָנֹכִי מְצַוְּךָ הַיּוֹם, עַל־לְבָבֶךָ׃ וְשִׁנַּנְתָּם
לְבָנֶיךָ וְדִבַּרְתָּ בָּם, בְּשִׁבְתְּךָ בְּבֵיתֶךָ וּבְלֶכְתְּךָ בַדֶּרֶךְ, וּבְשָׁכְבְּךָ
וּבְקוּמֶךָ׃ וּקְשַׁרְתָּם לְאוֹת עַל־יָדֶךָ וְהָיוּ לְטֹטָפֹת בֵּין עֵינֶיךָ׃
וּכְתַבְתָּם עַל־מְזֻזוֹת בֵּיתֶךָ וּבִשְׁעָרֶיךָ׃

וְהָיָה אִם־שָׁמֹעַ תִּשְׁמְעוּ אֶל־מִצְוֹתַי אֲשֶׁר אָנֹכִי מְצַוֶּה אֶתְכֶם דברים יא
הַיּוֹם, לְאַהֲבָה אֶת־יְהֹוָה אֱלֹהֵיכֶם וּלְעָבְדוֹ, בְּכָל־לְבַבְכֶם וּבְכָל־
נַפְשְׁכֶם׃ וְנָתַתִּי מְטַר־אַרְצְכֶם בְּעִתּוֹ, יוֹרֶה וּמַלְקוֹשׁ, וְאָסַפְתָּ דְגָנֶךָ
וְתִירֹשְׁךָ וְיִצְהָרֶךָ׃ וְנָתַתִּי עֵשֶׂב בְּשָׂדְךָ לִבְהֶמְתֶּךָ, וְאָכַלְתָּ וְשָׂבָעְתָּ׃
הִשָּׁמְרוּ לָכֶם פֶּן־יִפְתֶּה לְבַבְכֶם, וְסַרְתֶּם וַעֲבַדְתֶּם אֱלֹהִים אֲחֵרִים
וְהִשְׁתַּחֲוִיתֶם לָהֶם׃ וְחָרָה אַף־יְהֹוָה בָּכֶם, וְעָצַר אֶת־הַשָּׁמַיִם

וְלֹא־יִהְיֶה מָטָר, וְהָאֲדָמָה לֹא תִתֵּן אֶת־יְבוּלָהּ, וַאֲבַדְתֶּם מְהֵרָה מֵעַל הָאָרֶץ הַטֹּבָה אֲשֶׁר יהוה נֹתֵן לָכֶם: וְשַׂמְתֶּם אֶת־דְּבָרַי אֵלֶּה עַל־לְבַבְכֶם וְעַל־נַפְשְׁכֶם, וּקְשַׁרְתֶּם אֹתָם לְאוֹת עַל־יֶדְכֶם, וְהָיוּ לְטוֹטָפֹת בֵּין עֵינֵיכֶם: וְלִמַּדְתֶּם אֹתָם אֶת־בְּנֵיכֶם לְדַבֵּר בָּם, בְּשִׁבְתְּךָ בְּבֵיתֶךָ וּבְלֶכְתְּךָ בַדֶּרֶךְ, וּבְשָׁכְבְּךָ וּבְקוּמֶךָ: וּכְתַבְתָּם עַל־מְזוּזוֹת בֵּיתֶךָ וּבִשְׁעָרֶיךָ: לְמַעַן יִרְבּוּ יְמֵיכֶם וִימֵי בְנֵיכֶם עַל הָאֲדָמָה אֲשֶׁר נִשְׁבַּע יהוה לַאֲבֹתֵיכֶם לָתֵת לָהֶם, כִּימֵי הַשָּׁמַיִם עַל־הָאָרֶץ:

במדבר טו וַיֹּאמֶר יהוה אֶל־מֹשֶׁה לֵּאמֹר: דַּבֵּר אֶל־בְּנֵי יִשְׂרָאֵל וְאָמַרְתָּ אֲלֵהֶם, וְעָשׂוּ לָהֶם צִיצִת עַל־כַּנְפֵי בִגְדֵיהֶם לְדֹרֹתָם, וְנָתְנוּ עַל־צִיצִת הַכָּנָף פְּתִיל תְּכֵלֶת: וְהָיָה לָכֶם לְצִיצִת, וּרְאִיתֶם אֹתוֹ וּזְכַרְתֶּם אֶת־כָּל־מִצְוֹת יהוה וַעֲשִׂיתֶם אֹתָם, וְלֹא תָתוּרוּ אַחֲרֵי לְבַבְכֶם וְאַחֲרֵי עֵינֵיכֶם, אֲשֶׁר־אַתֶּם זֹנִים אַחֲרֵיהֶם: לְמַעַן תִּזְכְּרוּ וַעֲשִׂיתֶם אֶת־כָּל־מִצְוֹתָי, וִהְיִיתֶם קְדֹשִׁים לֵאלֹהֵיכֶם: אֲנִי יהוה אֱלֹהֵיכֶם, אֲשֶׁר הוֹצֵאתִי אֶתְכֶם מֵאֶרֶץ מִצְרַיִם, לִהְיוֹת לָכֶם לֵאלֹהִים, אֲנִי יהוה אֱלֹהֵיכֶם:

אֱמֶת

The שליח ציבור *repeats:*

◂ יהוה אֱלֹהֵיכֶם אֱמֶת

וֶאֱמוּנָה כָּל זֹאת וְקַיָּם עָלֵינוּ
כִּי הוּא יהוה אֱלֹהֵינוּ וְאֵין זוּלָתוֹ
וַאֲנַחְנוּ יִשְׂרָאֵל עַמּוֹ.
הַפּוֹדֵנוּ מִיַּד מְלָכִים
מַלְכֵּנוּ הַגּוֹאֲלֵנוּ מִכַּף כָּל הֶעָרִיצִים.

הָאֵל הַנִּפְרָע לָֽנוּ מִצָּרֵֽינוּ
וְהַמְשַׁלֵּם גְּמוּל לְכָל אוֹיְבֵי נַפְשֵֽׁנוּ.
הָעוֹשֶׂה גְדוֹלוֹת עַד אֵין חֵֽקֶר, וְנִפְלָאוֹת עַד אֵין מִסְפָּר
הַשָּׂם נַפְשֵֽׁנוּ בַּחַיִּים, וְלֹא־נָתַן לַמּוֹט רַגְלֵֽנוּ: תהלים סו
הַמַּדְרִיכֵֽנוּ עַל בָּמוֹת אוֹיְבֵֽינוּ
וַיָּֽרֶם קַרְנֵֽנוּ עַל כָּל שׂוֹנְאֵֽינוּ.
הָעֽוֹשֶׂה לָּֽנוּ נִסִּים וּנְקָמָה בְּפַרְעֹה
אוֹתוֹת וּמוֹפְתִים בְּאַדְמַת בְּנֵי חָם.
הַמַּכֶּה בְעֶבְרָתוֹ כָּל בְּכוֹרֵי מִצְרָֽיִם
וַיּוֹצֵא אֶת עַמּוֹ יִשְׂרָאֵל מִתּוֹכָם לְחֵרוּת עוֹלָם.
הַמַּעֲבִיר בָּנָיו בֵּין גִּזְרֵי יַם סוּף
אֶת רוֹדְפֵיהֶם וְאֶת שׂוֹנְאֵיהֶם בִּתְהוֹמוֹת טִבַּע
וְרָאוּ בָנָיו גְּבוּרָתוֹ, שִׁבְּחוּ וְהוֹדוּ לִשְׁמוֹ
◂ וּמַלְכוּתוֹ בְּרָצוֹן קִבְּלוּ עֲלֵיהֶם.
מֹשֶׁה וּבְנֵי יִשְׂרָאֵל, לְךָ עָנוּ שִׁירָה בְּשִׂמְחָה רַבָּה
וְאָמְרוּ כֻלָּם
מִי־כָמֹֽכָה בָּאֵלִם יהוה שמות טו
מִי כָּמֹֽכָה נֶאְדָּר בַּקֹּֽדֶשׁ
נוֹרָא תְהִלֹּת עֹֽשֵׂה פֶֽלֶא:

◂ מַלְכוּתְךָ רָאוּ בָנֶֽיךָ, בּוֹקֵֽעַ יָם לִפְנֵי מֹשֶׁה
זֶה אֵלִי עָנוּ, וְאָמְרוּ
יהוה יִמְלֹךְ לְעֹלָם וָעֶד: שמות טו

◂ וְנֶאֱמַר
כִּי־פָדָה יהוה אֶת־יַעֲקֹב, וּגְאָלוֹ מִיַּד חָזָק מִמֶּֽנּוּ: ירמיהו לא
בָּרוּךְ אַתָּה יהוה, גָּאַל יִשְׂרָאֵל.

הַשְׁכִּיבֵנוּ יהוה אֱלֹהֵינוּ לְשָׁלוֹם
וְהַעֲמִידֵנוּ מַלְכֵּנוּ לְחַיִּים
וּפְרֹשׂ עָלֵינוּ סֻכַּת שְׁלוֹמֶךָ, וְתַקְּנֵנוּ בְּעֵצָה טוֹבָה מִלְּפָנֶיךָ
וְהוֹשִׁיעֵנוּ לְמַעַן שְׁמֶךָ.
וְהָגֵן בַּעֲדֵנוּ, וְהָסֵר מֵעָלֵינוּ אוֹיֵב, דֶּבֶר וְחֶרֶב וְרָעָב וְיָגוֹן
וְהָסֵר שָׂטָן מִלְּפָנֵינוּ וּמֵאַחֲרֵינוּ, וּבְצֵל כְּנָפֶיךָ תַּסְתִּירֵנוּ
כִּי אֵל שׁוֹמְרֵנוּ וּמַצִּילֵנוּ אָתָּה
כִּי אֵל מֶלֶךְ חַנּוּן וְרַחוּם אָתָּה.
◂ וּשְׁמֹר צֵאתֵנוּ וּבוֹאֵנוּ לְחַיִּים וּלְשָׁלוֹם מֵעַתָּה וְעַד עוֹלָם.
בָּרוּךְ אַתָּה יהוה, שׁוֹמֵר עַמּוֹ יִשְׂרָאֵל לָעַד.

In ארץ ישראל *the service continues with* חצי קדיש *on page 1152.*

תהלים פט בָּרוּךְ יהוה לְעוֹלָם, אָמֵן וְאָמֵן:
תהלים קלה בָּרוּךְ יהוה מִצִּיּוֹן, שֹׁכֵן יְרוּשָׁלָםִ, הַלְלוּיָהּ:
תהלים עב בָּרוּךְ יהוה אֱלֹהִים אֱלֹהֵי יִשְׂרָאֵל, עֹשֵׂה נִפְלָאוֹת לְבַדּוֹ:
וּבָרוּךְ שֵׁם כְּבוֹדוֹ לְעוֹלָם
וְיִמָּלֵא כְבוֹדוֹ אֶת־כָּל־הָאָרֶץ, אָמֵן וְאָמֵן:
תהלים קד יְהִי כְבוֹד יהוה לְעוֹלָם, יִשְׂמַח יהוה בְּמַעֲשָׂיו:
תהלים קיג יְהִי שֵׁם יהוה מְבֹרָךְ מֵעַתָּה וְעַד־עוֹלָם:
שמואל א׳ יב כִּי לֹא־יִטֹּשׁ יהוה אֶת־עַמּוֹ בַּעֲבוּר שְׁמוֹ הַגָּדוֹל
כִּי הוֹאִיל יהוה לַעֲשׂוֹת אֶתְכֶם לוֹ לְעָם:
מלכים א׳ יח וַיַּרְא כָּל־הָעָם וַיִּפְּלוּ עַל־פְּנֵיהֶם
וַיֹּאמְרוּ, יהוה הוּא הָאֱלֹהִים, יהוה הוּא הָאֱלֹהִים:
זכריה יד וְהָיָה יהוה לְמֶלֶךְ עַל־כָּל־הָאָרֶץ
בַּיּוֹם הַהוּא יִהְיֶה יהוה אֶחָד וּשְׁמוֹ אֶחָד:

יְהִי־חַסְדְּךָ יהוה עָלֵינוּ, כַּאֲשֶׁר יִחַלְנוּ לָךְ: תהלים לג
הוֹשִׁיעֵנוּ יהוה אֱלֹהֵינוּ, וְקַבְּצֵנוּ מִן־הַגּוֹיִם תהלים קו
לְהוֹדוֹת לְשֵׁם קָדְשֶׁךָ, לְהִשְׁתַּבֵּחַ בִּתְהִלָּתֶךָ:
כָּל־גּוֹיִם אֲשֶׁר עָשִׂיתָ, יָבוֹאוּ וְיִשְׁתַּחֲווּ לְפָנֶיךָ, אֲדֹנָי תהלים פו
וִיכַבְּדוּ לִשְׁמֶךָ:
כִּי־גָדוֹל אַתָּה וְעֹשֵׂה נִפְלָאוֹת, אַתָּה אֱלֹהִים לְבַדֶּךָ:
וַאֲנַחְנוּ עַמְּךָ וְצֹאן מַרְעִיתֶךָ, נוֹדֶה לְּךָ לְעוֹלָם תהלים עט
לְדוֹר וָדֹר נְסַפֵּר תְּהִלָּתֶךָ:

בָּרוּךְ יהוה בַּיּוֹם, בָּרוּךְ יהוה בַּלָּיְלָה
בָּרוּךְ יהוה בְּשָׁכְבֵנוּ, בָּרוּךְ יהוה בְּקוּמֵנוּ.
כִּי בְיָדְךָ נַפְשׁוֹת הַחַיִּים וְהַמֵּתִים.
אֲשֶׁר בְּיָדוֹ נֶפֶשׁ כָּל־חָי, וְרוּחַ כָּל־בְּשַׂר־אִישׁ: איוב יב
בְּיָדְךָ אַפְקִיד רוּחִי, פָּדִיתָה אוֹתִי יהוה אֵל אֱמֶת: תהלים לא
אֱלֹהֵינוּ שֶׁבַּשָּׁמַיִם, יַחֵד שִׁמְךָ וְקַיֵּם מַלְכוּתְךָ תָּמִיד
וּמְלֹךְ עָלֵינוּ לְעוֹלָם וָעֶד.

יִרְאוּ עֵינֵינוּ וְיִשְׂמַח לִבֵּנוּ
וְתָגֵל נַפְשֵׁנוּ בִּישׁוּעָתְךָ בֶּאֱמֶת
בֶּאֱמֹר לְצִיּוֹן מָלַךְ אֱלֹהָיִךְ.
יהוה מֶלֶךְ, יהוה מָלָךְ, יהוה יִמְלֹךְ לְעֹלָם וָעֶד.
◂ כִּי הַמַּלְכוּת שֶׁלְּךָ הִיא, וּלְעוֹלְמֵי עַד תִּמְלֹךְ בְּכָבוֹד
כִּי אֵין לָנוּ מֶלֶךְ אֶלָּא אָתָּה.
בָּרוּךְ אַתָּה יהוה
הַמֶּלֶךְ בִּכְבוֹדוֹ תָּמִיד, יִמְלֹךְ עָלֵינוּ לְעוֹלָם וָעֶד
וְעַל כָּל מַעֲשָׂיו.

חצי קדיש

ש״ץ: יִתְגַּדַּל וְיִתְקַדַּשׁ שְׁמֵהּ רַבָּא (קהל: אָמֵן)
בְּעָלְמָא דִּי בְרָא כִרְעוּתֵהּ
וְיַמְלִיךְ מַלְכוּתֵהּ
בְּחַיֵּיכוֹן וּבְיוֹמֵיכוֹן וּבְחַיֵּי דְכָל בֵּית יִשְׂרָאֵל
בַּעֲגָלָא וּבִזְמַן קָרִיב
וְאִמְרוּ אָמֵן. (קהל: אָמֵן)

קהל וש״ץ: יְהֵא שְׁמֵהּ רַבָּא מְבָרַךְ לְעָלַם וּלְעָלְמֵי עָלְמַיָּא.

ש״ץ: יִתְבָּרַךְ וְיִשְׁתַּבַּח וְיִתְפָּאַר וְיִתְרוֹמַם וְיִתְנַשֵּׂא
וְיִתְהַדָּר וְיִתְעַלֶּה וְיִתְהַלָּל
שְׁמֵהּ דְּקֻדְשָׁא בְּרִיךְ הוּא (קהל: בְּרִיךְ הוּא)
לְעֵלָּא מִן כָּל בִּרְכָתָא
/בעשרת ימי תשובה: לְעֵלָּא לְעֵלָּא מִכָּל בִּרְכָתָא/
וְשִׁירָתָא, תֻּשְׁבְּחָתָא וְנֶחֱמָתָא
דַּאֲמִירָן בְּעָלְמָא
וְאִמְרוּ אָמֵן. (קהל: אָמֵן)

עמידה

The following prayer, until קַדְמֹנִיּוֹת *on page 1161, is said silently, standing with feet together. Take three steps forward and at the points indicated by* ▾*, bend the knees at the first word, bow at the second, and stand straight before saying God's name.*

אֲדֹנָי, שְׂפָתַי תִּפְתָּח, וּפִי יַגִּיד תְּהִלָּתֶךָ: תהלים נא

אבות

▾בָּרוּךְ אַתָּה יהוה, אֱלֹהֵינוּ וֵאלֹהֵי אֲבוֹתֵינוּ
אֱלֹהֵי אַבְרָהָם, אֱלֹהֵי יִצְחָק, וֵאלֹהֵי יַעֲקֹב
הָאֵל הַגָּדוֹל הַגִּבּוֹר וְהַנּוֹרָא, אֵל עֶלְיוֹן

גּוֹמֵל חֲסָדִים טוֹבִים, וְקֹנֵה הַכֹּל
וְזוֹכֵר חַסְדֵי אָבוֹת
וּמֵבִיא גוֹאֵל לִבְנֵי בְנֵיהֶם לְמַעַן שְׁמוֹ בְּאַהֲבָה.

בעשרת ימי תשובה: זָכְרֵנוּ לְחַיִּים, מֶלֶךְ חָפֵץ בַּחַיִּים
וְכָתְבֵנוּ בְּסֵפֶר הַחַיִּים, לְמַעַנְךָ אֱלֹהִים חַיִּים.

מֶלֶךְ עוֹזֵר וּמוֹשִׁיעַ וּמָגֵן.
ʼבָּרוּךְ אַתָּה יהוה, מָגֵן אַבְרָהָם.

גבורות
אַתָּה גִּבּוֹר לְעוֹלָם, אֲדֹנָי
מְחַיֵּה מֵתִים אַתָּה, רַב לְהוֹשִׁיעַ

The phrase מַשִּׁיב הָרוּחַ *is added from* שמחת תורה *until* פסח. *In* ארץ ישראל *the phrase* מוֹרִיד הַטָּל *is added from* פסח *until* שמיני עצרת.

בחורף: מַשִּׁיב הָרוּחַ וּמוֹרִיד הַגֶּשֶׁם / בארץ ישראל בקיץ: מוֹרִיד הַטָּל

מְכַלְכֵּל חַיִּים בְּחֶסֶד
מְחַיֵּה מֵתִים בְּרַחֲמִים רַבִּים
סוֹמֵךְ נוֹפְלִים, וְרוֹפֵא חוֹלִים, וּמַתִּיר אֲסוּרִים
וּמְקַיֵּם אֱמוּנָתוֹ לִישֵׁנֵי עָפָר.
מִי כָמְוֹךָ, בַּעַל גְּבוּרוֹת
וּמִי דּוֹמֶה לָּךְ
מֶלֶךְ, מֵמִית וּמְחַיֶּה וּמַצְמִיחַ יְשׁוּעָה.

בעשרת ימי תשובה: מִי כָמְוֹךָ אַב הָרַחֲמִים
זוֹכֵר יְצוּרָיו לְחַיִּים בְּרַחֲמִים.

וְנֶאֱמָן אַתָּה לְהַחֲיוֹת מֵתִים.
בָּרוּךְ אַתָּה יהוה, מְחַיֵּה הַמֵּתִים.

קדושת השם

אַתָּה קָדוֹשׁ וְשִׁמְךָ קָדוֹשׁ
וּקְדוֹשִׁים בְּכָל יוֹם יְהַלְלוּךָ סֶּלָה.
בָּרוּךְ אַתָּה יהוה
הָאֵל הַקָּדוֹשׁ./ בעשרת ימי תשובה: הַמֶּלֶךְ הַקָּדוֹשׁ./
(*If forgotten, repeat the* עמידה.)

דעת

אַתָּה חוֹנֵן לְאָדָם דַּעַת, וּמְלַמֵּד לֶאֱנוֹשׁ בִּינָה.
אַתָּה חוֹנַנְתָּנוּ לְמַדַּע תּוֹרָתֶךָ
וַתְּלַמְּדֵנוּ לַעֲשׂוֹת חֻקֵּי רְצוֹנֶךָ
וַתַּבְדֵּל יהוה אֱלֹהֵינוּ בֵּין קֹדֶשׁ לְחֹל
בֵּין אוֹר לְחֹשֶׁךְ, בֵּין יִשְׂרָאֵל לָעַמִּים
בֵּין יוֹם הַשְּׁבִיעִי לְשֵׁשֶׁת יְמֵי הַמַּעֲשֶׂה.
אָבִינוּ מַלְכֵּנוּ
הָחֵל עָלֵינוּ הַיָּמִים הַבָּאִים לִקְרָאתֵנוּ לְשָׁלוֹם
חֲשׂוּכִים מִכָּל חֵטְא וּמְנֻקִּים מִכָּל עָוֹן וּמְדֻבָּקִים בְּיִרְאָתֶךָ.
וְחָנֵּנוּ מֵאִתְּךָ דֵּעָה בִּינָה וְהַשְׂכֵּל.
בָּרוּךְ אַתָּה יהוה, חוֹנֵן הַדָּעַת.

תשובה

הֲשִׁיבֵנוּ אָבִינוּ לְתוֹרָתֶךָ
וְקָרְבֵנוּ מַלְכֵּנוּ לַעֲבוֹדָתֶךָ
וְהַחֲזִירֵנוּ בִּתְשׁוּבָה שְׁלֵמָה לְפָנֶיךָ.
בָּרוּךְ אַתָּה יהוה, הָרוֹצֶה בִּתְשׁוּבָה.

סליחה

Strike the left side of the chest at °.

סְלַח לָנוּ אָבִינוּ כִּי °חָטָאנוּ
מְחַל לָנוּ מַלְכֵּנוּ כִּי °פָשָׁעְנוּ
כִּי מוֹחֵל וְסוֹלֵחַ אָתָּה.
בָּרוּךְ אַתָּה יהוה, חַנּוּן הַמַּרְבֶּה לִסְלֹחַ.

גאולה

רְאֵה בְעָנְיֵנוּ, וְרִיבָה רִיבֵנוּ
וּגְאָלֵנוּ מְהֵרָה לְמַעַן שְׁמֶךָ
כִּי גוֹאֵל חָזָק אָתָּה.
בָּרוּךְ אַתָּה יהוה, גּוֹאֵל יִשְׂרָאֵל.

רפואה

רְפָאֵנוּ יהוה וְנֵרָפֵא
הוֹשִׁיעֵנוּ וְנִוָּשֵׁעָה
כִּי תְהִלָּתֵנוּ אָתָּה
וְהַעֲלֵה רְפוּאָה שְׁלֵמָה לְכָל מַכּוֹתֵינוּ

The following prayer for a sick person may be said here:

יְהִי רָצוֹן מִלְּפָנֶיךָ יהוה אֱלֹהַי וֵאלֹהֵי אֲבוֹתַי, שֶׁתִּשְׁלַח מְהֵרָה רְפוּאָה שְׁלֵמָה מִן הַשָּׁמַיִם רְפוּאַת הַנֶּפֶשׁ וּרְפוּאַת הַגּוּף לַחוֹלֶה/לַחוֹלָה *name of patient* בֶּן/בַּת *mother's name* בְּתוֹךְ שְׁאָר חוֹלֵי יִשְׂרָאֵל.

כִּי אֵל מֶלֶךְ רוֹפֵא נֶאֱמָן וְרַחֲמָן אָתָּה.
בָּרוּךְ אַתָּה יהוה, רוֹפֵא חוֹלֵי עַמּוֹ יִשְׂרָאֵל.

ברכת השנים

The phrase וְתֵן טַל וּמָטָר לִבְרָכָה *is said from December 4th (in the year before a civil leap year, December 5th) until* פסח*. In* ארץ ישראל*, it is said from* ז׳ מרחשון*. The phrase* וְתֵן בְּרָכָה *is said from* חול המועד פסח *until December 3rd (in the year before a civil leap year, December 4th). In* ארץ ישראל *it is said through* ו׳ מרחשון*.*

בָּרֵךְ עָלֵינוּ יהוה אֱלֹהֵינוּ אֶת הַשָּׁנָה הַזֹּאת
וְאֶת כָּל מִינֵי תְבוּאָתָהּ, לְטוֹבָה
בחורף: וְתֵן טַל וּמָטָר לִבְרָכָה / בקיץ: וְתֵן בְּרָכָה
עַל פְּנֵי הָאֲדָמָה, וְשַׂבְּעֵנוּ מִטּוּבָהּ
וּבָרֵךְ שְׁנָתֵנוּ כַּשָּׁנִים הַטּוֹבוֹת.
בָּרוּךְ אַתָּה יהוה, מְבָרֵךְ הַשָּׁנִים.

קיבוץ גלויות

תְּקַע בְּשׁוֹפָר גָּדוֹל לְחֵרוּתֵנוּ
וְשָׂא נֵס לְקַבֵּץ גָּלֻיּוֹתֵינוּ
וְקַבְּצֵנוּ יַחַד מֵאַרְבַּע כַּנְפוֹת הָאָרֶץ.
בָּרוּךְ אַתָּה יהוה, מְקַבֵּץ נִדְחֵי עַמּוֹ יִשְׂרָאֵל.

השבת המשפט

הָשִׁיבָה שׁוֹפְטֵינוּ כְּבָרִאשׁוֹנָה
וְיוֹעֲצֵינוּ כְּבַתְּחִלָּה
וְהָסֵר מִמֶּנּוּ יָגוֹן וַאֲנָחָה
וּמְלֹךְ עָלֵינוּ אַתָּה יהוה לְבַדְּךָ בְּחֶסֶד וּבְרַחֲמִים
וְצַדְּקֵנוּ בַּמִּשְׁפָּט.
בָּרוּךְ אַתָּה יהוה
מֶלֶךְ אוֹהֵב צְדָקָה וּמִשְׁפָּט. / בעשרת ימי תשובה: הַמֶּלֶךְ הַמִּשְׁפָּט./

ברכת המינים

וְלַמַּלְשִׁינִים אַל תְּהִי תִקְוָה
וְכָל הָרִשְׁעָה כְּרֶגַע תֹּאבֵד
וְכָל אוֹיְבֵי עַמְּךָ מְהֵרָה יִכָּרֵתוּ
וְהַזֵּדִים מְהֵרָה תְעַקֵּר וּתְשַׁבֵּר וּתְמַגֵּר וְתַכְנִיעַ בִּמְהֵרָה בְיָמֵינוּ.
בָּרוּךְ אַתָּה יהוה, שׁוֹבֵר אוֹיְבִים וּמַכְנִיעַ זֵדִים.

על הצדיקים

עַל הַצַּדִּיקִים וְעַל הַחֲסִידִים
וְעַל זִקְנֵי עַמְּךָ בֵּית יִשְׂרָאֵל
וְעַל פְּלֵיטַת סוֹפְרֵיהֶם
וְעַל גֵּרֵי הַצֶּדֶק, וְעָלֵינוּ
יֶהֱמוּ רַחֲמֶיךָ יהוה אֱלֹהֵינוּ
וְתֵן שָׂכָר טוֹב לְכָל הַבּוֹטְחִים בְּשִׁמְךָ בֶּאֱמֶת
וְשִׂים חֶלְקֵנוּ עִמָּהֶם
וּלְעוֹלָם לֹא נֵבוֹשׁ כִּי בְךָ בָּטָחְנוּ.
בָּרוּךְ אַתָּה יהוה, מִשְׁעָן וּמִבְטָח לַצַּדִּיקִים.

בניין ירושלים

וְלִירוּשָׁלַיִם עִירְךָ בְּרַחֲמִים תָּשׁוּב
וְתִשְׁכֹּן בְּתוֹכָהּ כַּאֲשֶׁר דִּבַּרְתָּ
וּבְנֵה אוֹתָהּ בְּקָרוֹב בְּיָמֵינוּ בִּנְיַן עוֹלָם
וְכִסֵּא דָוִד מְהֵרָה לְתוֹכָהּ תָּכִין.
בָּרוּךְ אַתָּה יהוה, בּוֹנֵה יְרוּשָׁלָיִם.

משיח בן דוד

אֶת צֶמַח דָּוִד עַבְדְּךָ מְהֵרָה תַצְמִיחַ
וְקַרְנוֹ תָּרוּם בִּישׁוּעָתֶךָ
כִּי לִישׁוּעָתְךָ קִוִּינוּ כָּל הַיּוֹם.
בָּרוּךְ אַתָּה יהוה, מַצְמִיחַ קֶרֶן יְשׁוּעָה.

שומע תפילה

שְׁמַע קוֹלֵנוּ יהוה אֱלֹהֵינוּ
חוּס וְרַחֵם עָלֵינוּ
וְקַבֵּל בְּרַחֲמִים וּבְרָצוֹן אֶת תְּפִלָּתֵנוּ
כִּי אֵל שׁוֹמֵעַ תְּפִלּוֹת וְתַחֲנוּנִים אָתָּה
וּמִלְּפָנֶיךָ מַלְכֵּנוּ רֵיקָם אַל תְּשִׁיבֵנוּ*
כִּי אַתָּה שׁוֹמֵעַ תְּפִלַּת עַמְּךָ יִשְׂרָאֵל בְּרַחֲמִים.
בָּרוּךְ אַתָּה יהוה, שׁוֹמֵעַ תְּפִלָּה.

*At this point, in times of drought in ארץ ישראל, say וַעֲנֵנוּ on page 941.

עבודה

רְצֵה יהוה אֱלֹהֵינוּ בְּעַמְּךָ יִשְׂרָאֵל, וּבִתְפִלָּתָם
וְהָשֵׁב אֶת הָעֲבוֹדָה לִדְבִיר בֵּיתֶךָ
וְאִשֵּׁי יִשְׂרָאֵל וּתְפִלָּתָם בְּאַהֲבָה תְקַבֵּל בְּרָצוֹן
וּתְהִי לְרָצוֹן תָּמִיד עֲבוֹדַת יִשְׂרָאֵל עַמֶּךָ.

בראש חודש:

אֱלֹהֵינוּ וֵאלֹהֵי אֲבוֹתֵינוּ, יַעֲלֶה וְיָבוֹא וְיַגִּיעַ, וְיֵרָאֶה וְיֵרָצֶה וְיִשָּׁמַע, וְיִפָּקֵד וְיִזָּכֵר זִכְרוֹנֵנוּ וּפִקְדוֹנֵנוּ וְזִכְרוֹן אֲבוֹתֵינוּ, וְזִכְרוֹן מָשִׁיחַ בֶּן דָּוִד עַבְדֶּךָ, וְזִכְרוֹן יְרוּשָׁלַיִם עִיר קָדְשֶׁךָ, וְזִכְרוֹן כָּל עַמְּךָ בֵּית יִשְׂרָאֵל, לְפָנֶיךָ, לִפְלֵיטָה לְטוֹבָה, לְחֵן וּלְחֶסֶד וּלְרַחֲמִים,

לְחַיִּים וּלְשָׁלוֹם בְּיוֹם רֹאשׁ הַחֹדֶשׁ הַזֶּה. זָכְרֵנוּ יהוה אֱלֹהֵינוּ בּוֹ לְטוֹבָה, וּפָקְדֵנוּ בוֹ לִבְרָכָה, וְהוֹשִׁיעֵנוּ בוֹ לְחַיִּים. וּבִדְבַר יְשׁוּעָה וְרַחֲמִים, חוּס וְחָנֵּנוּ וְרַחֵם עָלֵינוּ וְהוֹשִׁיעֵנוּ, כִּי אֵלֶיךָ עֵינֵינוּ, כִּי אֵל מֶלֶךְ חַנּוּן וְרַחוּם אָתָּה.

וְתֶחֱזֶינָה עֵינֵינוּ בְּשׁוּבְךָ לְצִיּוֹן בְּרַחֲמִים.
בָּרוּךְ אַתָּה יהוה, הַמַּחֲזִיר שְׁכִינָתוֹ לְצִיּוֹן.

הודאה

Bow at the first five words.

מוֹדִים אֲנַחְנוּ לָךְ
שָׁאַתָּה הוּא יהוה אֱלֹהֵינוּ וֵאלֹהֵי אֲבוֹתֵינוּ לְעוֹלָם וָעֶד.
צוּר חַיֵּינוּ, מָגֵן יִשְׁעֵנוּ, אַתָּה הוּא לְדוֹר וָדוֹר.
נוֹדֶה לְּךָ וּנְסַפֵּר תְּהִלָּתֶךָ
עַל חַיֵּינוּ הַמְּסוּרִים בְּיָדֶךָ, וְעַל נִשְׁמוֹתֵינוּ הַפְּקוּדוֹת לָךְ
וְעַל נִסֶּיךָ שֶׁבְּכָל יוֹם עִמָּנוּ, וְעַל נִפְלְאוֹתֶיךָ וְטוֹבוֹתֶיךָ
שֶׁבְּכָל עֵת, עֶרֶב וָבֹקֶר וְצָהֳרָיִם.
הַטּוֹב, כִּי לֹא כָלוּ רַחֲמֶיךָ
וְהַמְרַחֵם, כִּי לֹא תַמּוּ חֲסָדֶיךָ
מֵעוֹלָם קִוִּינוּ לָךְ.

בחנוכה:

עַל הַנִּסִּים וְעַל הַפֻּרְקָן וְעַל הַגְּבוּרוֹת וְעַל הַתְּשׁוּעוֹת וְעַל הַמִּלְחָמוֹת שֶׁעָשִׂיתָ לַאֲבוֹתֵינוּ בַּיָּמִים הָהֵם בִּזְּמַן הַזֶּה.

בִּימֵי מַתִּתְיָהוּ בֶּן יוֹחָנָן כֹּהֵן גָּדוֹל חַשְׁמוֹנַאי וּבָנָיו, כְּשֶׁעָמְדָה מַלְכוּת יָוָן הָרְשָׁעָה עַל עַמְּךָ יִשְׂרָאֵל לְהַשְׁכִּיחָם תּוֹרָתֶךָ וּלְהַעֲבִירָם מֵחֻקֵּי רְצוֹנֶךָ, וְאַתָּה בְּרַחֲמֶיךָ הָרַבִּים עָמַדְתָּ לָהֶם בְּעֵת צָרָתָם, רַבְתָּ אֶת רִיבָם, דַּנְתָּ

אֶת דִּינָם, נָקַמְתָּ אֶת נִקְמָתָם, מָסַרְתָּ גִבּוֹרִים בְּיַד חַלָּשִׁים, וְרַבִּים בְּיַד מְעַטִּים, וּטְמֵאִים בְּיַד טְהוֹרִים, וּרְשָׁעִים בְּיַד צַדִּיקִים, וְזֵדִים בְּיַד עוֹסְקֵי תוֹרָתֶךָ, וּלְךָ עָשִׂיתָ שֵׁם גָּדוֹל וְקָדוֹשׁ בְּעוֹלָמֶךָ, וּלְעַמְּךָ יִשְׂרָאֵל עָשִׂיתָ תְּשׁוּעָה גְדוֹלָה וּפֻרְקָן כְּהַיּוֹם הַזֶּה. וְאַחַר כֵּן בָּאוּ בָנֶיךָ לִדְבִיר בֵּיתֶךָ, וּפִנּוּ אֶת הֵיכָלֶךָ, וְטִהֲרוּ אֶת מִקְדָּשֶׁךָ, וְהִדְלִיקוּ נֵרוֹת בְּחַצְרוֹת קָדְשֶׁךָ, וְקָבְעוּ שְׁמוֹנַת יְמֵי חֲנֻכָּה אֵלּוּ, לְהוֹדוֹת וּלְהַלֵּל לְשִׁמְךָ הַגָּדוֹל.

Continue with וְעַל כֻּלָּם.

בפורים:

עַל הַנִּסִּים וְעַל הַפֻּרְקָן וְעַל הַגְּבוּרוֹת וְעַל הַתְּשׁוּעוֹת וְעַל הַמִּלְחָמוֹת שֶׁעָשִׂיתָ לַאֲבוֹתֵינוּ בַּיָּמִים הָהֵם בַּזְּמַן הַזֶּה.

בִּימֵי מָרְדְּכַי וְאֶסְתֵּר בְּשׁוּשַׁן הַבִּירָה, כְּשֶׁעָמַד עֲלֵיהֶם הָמָן הָרָשָׁע,
בִּקֵּשׁ לְהַשְׁמִיד לַהֲרֹג וּלְאַבֵּד אֶת־כָּל־הַיְּהוּדִים מִנַּעַר וְעַד־זָקֵן טַף אסתר ג
וְנָשִׁים בְּיוֹם אֶחָד, בִּשְׁלוֹשָׁה עָשָׂר לְחֹדֶשׁ שְׁנֵים־עָשָׂר, הוּא־חֹדֶשׁ אֲדָר,
וּשְׁלָלָם לָבוֹז: וְאַתָּה בְּרַחֲמֶיךָ הָרַבִּים הֵפַרְתָּ אֶת עֲצָתוֹ, וְקִלְקַלְתָּ אֶת
מַחֲשַׁבְתּוֹ, וַהֲשֵׁבוֹתָ לּוֹ גְּמוּלוֹ בְּרֹאשׁוֹ, וְתָלוּ אוֹתוֹ וְאֶת בָּנָיו עַל הָעֵץ.

Continue with וְעַל כֻּלָּם.

וְעַל כֻּלָּם יִתְבָּרַךְ וְיִתְרוֹמַם שִׁמְךָ מַלְכֵּנוּ תָּמִיד לְעוֹלָם וָעֶד.

בעשרת ימי תשובה: וּכְתֹב לְחַיִּים טוֹבִים כָּל בְּנֵי בְרִיתֶךָ.

וְכֹל הַחַיִּים יוֹדוּךָ סֶּלָה, וִיהַלְלוּ אֶת שִׁמְךָ בֶּאֱמֶת
הָאֵל יְשׁוּעָתֵנוּ וְעֶזְרָתֵנוּ סֶלָה.
ˈבָּרוּךְ אַתָּה יהוה, הַטּוֹב שִׁמְךָ וּלְךָ נָאֶה לְהוֹדוֹת.

ברכת שלום

שָׁלוֹם רָב עַל יִשְׂרָאֵל עַמְּךָ תָּשִׂים לְעוֹלָם
כִּי אַתָּה הוּא מֶלֶךְ אָדוֹן לְכָל הַשָּׁלוֹם.
וְטוֹב בְּעֵינֶיךָ לְבָרֵךְ אֶת עַמְּךָ יִשְׂרָאֵל
בְּכָל עֵת וּבְכָל שָׁעָה בִּשְׁלוֹמֶךָ.

בעשרת ימי תשובה: בְּסֵפֶר חַיִּים, בְּרָכָה וְשָׁלוֹם, וּפַרְנָסָה טוֹבָה
נִזָּכֵר וְנִכָּתֵב לְפָנֶיךָ, אֲנַחְנוּ וְכָל עַמְּךָ בֵּית יִשְׂרָאֵל
לְחַיִּים טוֹבִים וּלְשָׁלוֹם.*

בָּרוּךְ אַתָּה יהוה, הַמְבָרֵךְ אֶת עַמּוֹ יִשְׂרָאֵל בַּשָּׁלוֹם.

During the עשרת ימי תשובה in חוץ לארץ, many end the blessing:
בָּרוּךְ אַתָּה יהוה, עוֹשֶׂה הַשָּׁלוֹם.

Some say the following verse:
יִהְיוּ לְרָצוֹן אִמְרֵי־פִי וְהֶגְיוֹן לִבִּי לְפָנֶיךָ, יהוה צוּרִי וְגֹאֲלִי: תהלים יט

אֱלֹהַי ברכות יז.
נְצֹר לְשׁוֹנִי מֵרָע וּשְׂפָתַי מִדַּבֵּר מִרְמָה
וְלִמְקַלְלַי נַפְשִׁי תִדֹּם, וְנַפְשִׁי כֶּעָפָר לַכֹּל תִּהְיֶה.
פְּתַח לִבִּי בְּתוֹרָתֶךָ, וּבְמִצְוֺתֶיךָ תִּרְדֹּף נַפְשִׁי.
וְכָל הַחוֹשְׁבִים עָלַי רָעָה
מְהֵרָה הָפֵר עֲצָתָם וְקַלְקֵל מַחֲשַׁבְתָּם.
עֲשֵׂה לְמַעַן שְׁמֶךָ, עֲשֵׂה לְמַעַן יְמִינֶךָ
עֲשֵׂה לְמַעַן קְדֻשָּׁתֶךָ, עֲשֵׂה לְמַעַן תּוֹרָתֶךָ.
לְמַעַן יֵחָלְצוּן יְדִידֶיךָ, הוֹשִׁיעָה יְמִינְךָ וַעֲנֵנִי: תהלים ס
יִהְיוּ לְרָצוֹן אִמְרֵי־פִי וְהֶגְיוֹן לִבִּי לְפָנֶיךָ, יהוה צוּרִי וְגֹאֲלִי: תהלים יט

Bow, take three steps back, then bow, first left, then right, then center, while saying:
עֹשֶׂה שָׁלוֹם/ בעשרת ימי תשובה: הַשָּׁלוֹם/ בִּמְרוֹמָיו
הוּא יַעֲשֶׂה שָׁלוֹם עָלֵינוּ וְעַל כָּל יִשְׂרָאֵל, וְאִמְרוּ אָמֵן.

יְהִי רָצוֹן מִלְּפָנֶיךָ יהוה אֱלֹהֵינוּ וֵאלֹהֵי אֲבוֹתֵינוּ
שֶׁיִּבָּנֶה בֵּית הַמִּקְדָּשׁ בִּמְהֵרָה בְיָמֵינוּ, וְתֵן חֶלְקֵנוּ בְּתוֹרָתֶךָ
וְשָׁם נַעֲבָדְךָ בְּיִרְאָה כִּימֵי עוֹלָם וּכְשָׁנִים קַדְמֹנִיּוֹת.
וְעָרְבָה לַיהוה מִנְחַת יְהוּדָה וִירוּשָׁלָםִ כִּימֵי עוֹלָם וּכְשָׁנִים קַדְמֹנִיּוֹת: מלאכי ג

On תשעה באב *and* פורים, וִיהִי נֹעַם *is not said, the service contiunues with* קדיש שלם *on page 1165.*

When יום טוב *or* ערב פסח *falls in the following week, the* שליח ציבור *continues with* קדיש שלם *on page 1165.*

חצי קדיש

ש״ץ: יִתְגַּדַּל וְיִתְקַדַּשׁ שְׁמֵהּ רַבָּא (קהל: אָמֵן)
בְּעָלְמָא דִּי בְרָא כִרְעוּתֵהּ
וְיַמְלִיךְ מַלְכוּתֵהּ
בְּחַיֵּיכוֹן וּבְיוֹמֵיכוֹן וּבְחַיֵּי דְכָל בֵּית יִשְׂרָאֵל
בַּעֲגָלָא וּבִזְמַן קָרִיב
וְאִמְרוּ אָמֵן. (קהל: אָמֵן)

קהל וש״ץ: יְהֵא שְׁמֵהּ רַבָּא מְבָרַךְ לְעָלַם וּלְעָלְמֵי עָלְמַיָּא.

ש״ץ: יִתְבָּרַךְ וְיִשְׁתַּבַּח וְיִתְפָּאַר וְיִתְרוֹמַם וְיִתְנַשֵּׂא
וְיִתְהַדָּר וְיִתְעַלֶּה וְיִתְהַלָּל
שְׁמֵהּ דְּקֻדְשָׁא בְּרִיךְ הוּא (קהל: בְּרִיךְ הוּא)
לְעֵלָּא מִן כָּל בִּרְכָתָא
/בעשרת ימי תשובה: לְעֵלָּא לְעֵלָּא מִכָּל בִּרְכָתָא/
וְשִׁירָתָא, תֻּשְׁבְּחָתָא וְנֶחֱמָתָא
דַּאֲמִירָן בְּעָלְמָא
וְאִמְרוּ אָמֵן. (קהל: אָמֵן)

Stand for וִיהִי נֹעַם *and sit for* וְאַתָּה קָדוֹשׁ.

תהלים צ וִיהִי נֹעַם אֲדֹנָי אֱלֹהֵינוּ עָלֵינוּ וּמַעֲשֵׂה יָדֵינוּ כּוֹנְנָה עָלֵינוּ וּמַעֲשֵׂה יָדֵינוּ כּוֹנְנֵהוּ:

תהלים צא יֹשֵׁב בְּסֵתֶר עֶלְיוֹן, בְּצֵל שַׁדַּי יִתְלוֹנָן: אֹמַר לַיהוה מַחְסִי וּמְצוּדָתִי, אֱלֹהַי אֶבְטַח־בּוֹ: כִּי הוּא יַצִּילְךָ מִפַּח יָקוּשׁ, מִדֶּבֶר הַוּוֹת:

בְּאֶבְרָתוֹ יָסֶךְ לָךְ, וְתַחַת־כְּנָפָיו תֶּחְסֶה, צִנָּה וְסֹחֵרָה אֲמִתּוֹ:
לֹא־תִירָא מִפַּחַד לָיְלָה, מֵחֵץ יָעוּף יוֹמָם: מִדֶּבֶר בָּאֹפֶל יַהֲלֹךְ,
מִקֶּטֶב יָשׁוּד צָהֳרָיִם: יִפֹּל מִצִּדְּךָ אֶלֶף, וּרְבָבָה מִימִינֶךָ, אֵלֶיךָ
לֹא יִגָּשׁ: רַק בְּעֵינֶיךָ תַבִּיט, וְשִׁלֻּמַת רְשָׁעִים תִּרְאֶה: כִּי־אַתָּה
יהוה מַחְסִי, עֶלְיוֹן שַׂמְתָּ מְעוֹנֶךָ: לֹא־תְאֻנֶּה אֵלֶיךָ רָעָה, וְנֶגַע
לֹא־יִקְרַב בְּאָהֳלֶךָ: כִּי מַלְאָכָיו יְצַוֶּה־לָּךְ, לִשְׁמָרְךָ בְּכָל־דְּרָכֶיךָ:
עַל־כַּפַּיִם יִשָּׂאוּנְךָ, פֶּן־תִּגֹּף בָּאֶבֶן רַגְלֶךָ: עַל־שַׁחַל וָפֶתֶן תִּדְרֹךְ,
תִּרְמֹס כְּפִיר וְתַנִּין: כִּי בִי חָשַׁק וַאֲפַלְּטֵהוּ, אֲשַׂגְּבֵהוּ כִּי־יָדַע
שְׁמִי: יִקְרָאֵנִי וְאֶעֱנֵהוּ, עִמּוֹ אָנֹכִי בְצָרָה, אֲחַלְּצֵהוּ וַאֲכַבְּדֵהוּ:
◂ אֹרֶךְ יָמִים אַשְׂבִּיעֵהוּ, וְאַרְאֵהוּ בִּישׁוּעָתִי:
אֹרֶךְ יָמִים אַשְׂבִּיעֵהוּ, וְאַרְאֵהוּ בִּישׁוּעָתִי:

When וִיהִי נֹעַם *is not said,* וְאַתָּה קָדוֹשׁ *is not said.*

◂ וְאַתָּה קָדוֹשׁ יוֹשֵׁב תְּהִלּוֹת יִשְׂרָאֵל: וְקָרָא זֶה אֶל־זֶה וְאָמַר תהלים כב
קָדוֹשׁ, קָדוֹשׁ, קָדוֹשׁ, יהוה צְבָאוֹת, מְלֹא כָל־הָאָרֶץ כְּבוֹדוֹ: ישעיה ו
וּמְקַבְּלִין דֵּין מִן דֵּין וְאָמְרִין, קַדִּישׁ בִּשְׁמֵי מְרוֹמָא עִלָּאָה בֵּית שְׁכִינְתֵהּ תרגום יונתן ישעיה ו
קַדִּישׁ עַל אַרְעָא עוֹבַד גְּבוּרְתֵהּ, קַדִּישׁ לְעָלַם וּלְעָלְמֵי עָלְמַיָּא
יהוה צְבָאוֹת, מַלְיָא כָל אַרְעָא זִיו יְקָרֵהּ.

◂ וַתִּשָּׂאֵנִי רוּחַ, וָאֶשְׁמַע אַחֲרַי קוֹל רַעַשׁ גָּדוֹל יחזקאל ג
בָּרוּךְ כְּבוֹד־יהוה מִמְּקוֹמוֹ:
וּנְטָלַתְנִי רוּחָא, וּשְׁמָעִית בַּתְרַי קָל זִיעַ סַגִּיא, דִּמְשַׁבְּחִין וְאָמְרִין תרגום יונתן יחזקאל ג
בְּרִיךְ יְקָרָא דַיהוה מֵאֲתַר בֵּית שְׁכִינְתֵהּ.

יהוה יִמְלֹךְ לְעֹלָם וָעֶד: שמות טו
יהוה מַלְכוּתֵהּ קָאֵם לְעָלַם וּלְעָלְמֵי עָלְמַיָּא. תרגום אונקלוס שמות טו

דברי הימים א׳ כט יהוה אֱלֹהֵי אַבְרָהָם יִצְחָק וְיִשְׂרָאֵל אֲבֹתֵינוּ, שָׁמְרָה־זֹּאת
תהלים עח לְעוֹלָם לְיֵצֶר מַחְשְׁבוֹת לְבַב עַמֶּךָ, וְהָכֵן לְבָבָם אֵלֶיךָ: וְהוּא
רַחוּם יְכַפֵּר עָוֹן וְלֹא־יַשְׁחִית, וְהִרְבָּה לְהָשִׁיב אַפּוֹ, וְלֹא־יָעִיר
תהלים פו כָּל־חֲמָתוֹ: כִּי־אַתָּה אֲדֹנָי טוֹב וְסַלָּח, וְרַב־חֶסֶד לְכָל־קֹרְאֶיךָ:
תהלים קיט מיכה ז צִדְקָתְךָ צֶדֶק לְעוֹלָם וְתוֹרָתְךָ אֱמֶת: תִּתֵּן אֱמֶת לְיַעֲקֹב, חֶסֶד
תהלים סח לְאַבְרָהָם, אֲשֶׁר־נִשְׁבַּעְתָּ לַאֲבֹתֵינוּ מִימֵי קֶדֶם: בָּרוּךְ אֲדֹנָי
תהלים מו יוֹם יוֹם יַעֲמָס־לָנוּ, הָאֵל יְשׁוּעָתֵנוּ סֶלָה: יהוה צְבָאוֹת עִמָּנוּ,
תהלים פד מִשְׂגָּב לָנוּ אֱלֹהֵי יַעֲקֹב סֶלָה: יהוה צְבָאוֹת, אַשְׁרֵי אָדָם בֹּטֵחַ
תהלים כ בָּךְ: יהוה הוֹשִׁיעָה, הַמֶּלֶךְ יַעֲנֵנוּ בְיוֹם־קָרְאֵנוּ:

בָּרוּךְ הוּא אֱלֹהֵינוּ שֶׁבְּרָאָנוּ לִכְבוֹדוֹ, וְהִבְדִּילָנוּ מִן הַתּוֹעִים, וְנָתַן לָנוּ תּוֹרַת אֱמֶת, וְחַיֵּי עוֹלָם נָטַע בְּתוֹכֵנוּ. הוּא יִפְתַּח לִבֵּנוּ בְּתוֹרָתוֹ, וְיָשֵׂם בְּלִבֵּנוּ אַהֲבָתוֹ וְיִרְאָתוֹ וְלַעֲשׂוֹת רְצוֹנוֹ וּלְעָבְדוֹ בְּלֵבָב שָׁלֵם, לְמַעַן לֹא נִיגַע לָרִיק וְלֹא נֵלֵד לַבֶּהָלָה.

יְהִי רָצוֹן מִלְּפָנֶיךָ יהוה אֱלֹהֵינוּ וֵאלֹהֵי אֲבוֹתֵינוּ, שֶׁנִּשְׁמֹר חֻקֶּיךָ
בָּעוֹלָם הַזֶּה, וְנִזְכֶּה וְנִחְיֶה וְנִרְאֶה וְנִירַשׁ טוֹבָה וּבְרָכָה, לִשְׁנֵי
תהלים ל יְמוֹת הַמָּשִׁיחַ וּלְחַיֵּי הָעוֹלָם הַבָּא. לְמַעַן יְזַמֶּרְךָ כָבוֹד וְלֹא יִדֹּם,
ירמיה יז יהוה אֱלֹהַי, לְעוֹלָם אוֹדֶךָּ: בָּרוּךְ הַגֶּבֶר אֲשֶׁר יִבְטַח בַּיהוה,
ישעיה כו וְהָיָה יהוה מִבְטַחוֹ: בִּטְחוּ בַיהוה עֲדֵי־עַד, כִּי בְּיָהּ יהוה צוּר
תהלים ט עוֹלָמִים: ◂ וְיִבְטְחוּ בְךָ יוֹדְעֵי שְׁמֶךָ, כִּי לֹא־עָזַבְתָּ דֹרְשֶׁיךָ, יהוה:
ישעיה מב יהוה חָפֵץ לְמַעַן צִדְקוֹ, יַגְדִּיל תּוֹרָה וְיַאְדִּיר:

קדיש שלם

ש״ץ: יִתְגַּדַּל וְיִתְקַדַּשׁ שְׁמֵהּ רַבָּא (קהל: אָמֵן)
בְּעָלְמָא דִּי בְרָא כִרְעוּתֵהּ
וְיַמְלִיךְ מַלְכוּתֵהּ
בְּחַיֵּיכוֹן וּבְיוֹמֵיכוֹן וּבְחַיֵּי דְכָל בֵּית יִשְׂרָאֵל
בַּעֲגָלָא וּבִזְמַן קָרִיב, וְאִמְרוּ אָמֵן. (קהל: אָמֵן)

קהל וש״ץ: יְהֵא שְׁמֵהּ רַבָּא מְבָרַךְ לְעָלַם וּלְעָלְמֵי עָלְמַיָּא.

ש״ץ: יִתְבָּרַךְ וְיִשְׁתַּבַּח וְיִתְפָּאַר וְיִתְרוֹמַם וְיִתְנַשֵּׂא
וְיִתְהַדָּר וְיִתְעַלֶּה וְיִתְהַלָּל
שְׁמֵהּ דְּקֻדְשָׁא בְּרִיךְ הוּא (קהל: בְּרִיךְ הוּא)
לְעֵלָּא מִן כָּל בִּרְכָתָא
/בעשרת ימי תשובה: לְעֵלָּא לְעֵלָּא מִכָּל בִּרְכָתָא/
וְשִׁירָתָא, תֻּשְׁבְּחָתָא וְנֶחֱמָתָא
דַּאֲמִירָן בְּעָלְמָא, וְאִמְרוּ אָמֵן. (קהל: אָמֵן)

תִּתְקַבַּל צְלוֹתְהוֹן וּבָעוּתְהוֹן דְּכָל יִשְׂרָאֵל
קֳדָם אֲבוּהוֹן דִּי בִשְׁמַיָּא, וְאִמְרוּ אָמֵן. (קהל: אָמֵן)

יְהֵא שְׁלָמָא רַבָּא מִן שְׁמַיָּא
וְחַיִּים, עָלֵינוּ וְעַל כָּל יִשְׂרָאֵל, וְאִמְרוּ אָמֵן. (קהל: אָמֵן)

Bow, take three steps back, as if taking leave of the Divine Presence, then bow, first left, then right, then center, while saying:

עֹשֶׂה שָׁלוֹם/ בעשרת ימי תשובה: הַשָּׁלוֹם/ בִּמְרוֹמָיו
הוּא יַעֲשֶׂה שָׁלוֹם
עָלֵינוּ וְעַל כָּל יִשְׂרָאֵל, וְאִמְרוּ אָמֵן. (קהל: אָמֵן)

Between פסח *and* שבועות *the* עומר *is counted at this point on page 1180.*

On חנוכה*, the candles are lit at this point, page 1193.*

On תשעה באב*, the following prayers are omitted and the service continues with* עָלֵינוּ *on page 1169.*

פסוקי ברכה

בראשית כז וְיִתֶּן־לְךָ הָאֱלֹהִים מִטַּל הַשָּׁמַיִם וּמִשְׁמַנֵּי הָאָרֶץ, וְרֹב דָּגָן וְתִירֹשׁ: יַעַבְדוּךָ
עַמִּים וְיִשְׁתַּחֲוֻ לְךָ לְאֻמִּים, הֱוֵה גְבִיר לְאַחֶיךָ וְיִשְׁתַּחֲווּ לְךָ בְּנֵי אִמֶּךָ,
אֹרְרֶיךָ אָרוּר וּמְבָרְכֶיךָ בָּרוּךְ:

בראשית כח וְאֵל שַׁדַּי יְבָרֵךְ אֹתְךָ וְיַפְרְךָ וְיַרְבֶּךָ, וְהָיִיתָ לִקְהַל עַמִּים: וְיִתֶּן־לְךָ אֶת־
בִּרְכַּת אַבְרָהָם, לְךָ וּלְזַרְעֲךָ אִתָּךְ, לְרִשְׁתְּךָ אֶת־אֶרֶץ מְגֻרֶיךָ אֲשֶׁר־נָתַן
בראשית מט אֱלֹהִים לְאַבְרָהָם: מֵאֵל אָבִיךָ וְיַעְזְרֶךָּ וְאֵת שַׁדַּי וִיבָרְכֶךָּ, בִּרְכֹת שָׁמַיִם
מֵעָל בִּרְכֹת תְּהוֹם רֹבֶצֶת תָּחַת, בִּרְכֹת שָׁדַיִם וָרָחַם: בִּרְכֹת אָבִיךָ גָּבְרוּ
עַל־בִּרְכֹת הוֹרַי עַד־תַּאֲוַת גִּבְעֹת עוֹלָם, תִּהְיֶיןָ לְרֹאשׁ יוֹסֵף וּלְקָדְקֹד
דברים ז נְזִיר אֶחָיו: וַאֲהֵבְךָ וּבֵרַכְךָ וְהִרְבֶּךָ, וּבֵרַךְ פְּרִי־בִטְנְךָ וּפְרִי־אַדְמָתֶךָ, דְּגָנְךָ
וְתִירֹשְׁךָ וְיִצְהָרֶךָ, שְׁגַר־אֲלָפֶיךָ וְעַשְׁתְּרֹת צֹאנֶךָ, עַל הָאֲדָמָה אֲשֶׁר־נִשְׁבַּע
לַאֲבֹתֶיךָ לָתֶת לָךְ: בָּרוּךְ תִּהְיֶה מִכָּל־הָעַמִּים, לֹא־יִהְיֶה בְךָ עָקָר וַעֲקָרָה
וּבִבְהֶמְתֶּךָ: וְהֵסִיר יהוה מִמְּךָ כָּל־חֹלִי, וְכָל־מַדְוֵי מִצְרַיִם הָרָעִים אֲשֶׁר
יָדַעְתָּ, לֹא יְשִׂימָם בָּךְ, וּנְתָנָם בְּכָל־שֹׂנְאֶיךָ:

בראשית מח הַמַּלְאָךְ הַגֹּאֵל אֹתִי מִכָּל־רָע יְבָרֵךְ אֶת־הַנְּעָרִים, וְיִקָּרֵא בָהֶם שְׁמִי וְשֵׁם
דברים א אֲבֹתַי אַבְרָהָם וְיִצְחָק, וְיִדְגּוּ לָרֹב בְּקֶרֶב הָאָרֶץ: יהוה אֱלֹהֵיכֶם הִרְבָּה
אֶתְכֶם, וְהִנְּכֶם הַיּוֹם כְּכוֹכְבֵי הַשָּׁמַיִם לָרֹב: יהוה אֱלֹהֵי אֲבוֹתֵיכֶם יֹסֵף
עֲלֵיכֶם כָּכֶם אֶלֶף פְּעָמִים, וִיבָרֵךְ אֶתְכֶם כַּאֲשֶׁר דִּבֶּר לָכֶם:

דברים כח בָּרוּךְ אַתָּה בָּעִיר, וּבָרוּךְ אַתָּה בַּשָּׂדֶה: בָּרוּךְ אַתָּה בְּבֹאֶךָ, וּבָרוּךְ אַתָּה
בְּצֵאתֶךָ: בָּרוּךְ טַנְאֲךָ וּמִשְׁאַרְתֶּךָ: בָּרוּךְ פְּרִי־בִטְנְךָ וּפְרִי אַדְמָתְךָ וּפְרִי
בְהֶמְתֶּךָ, שְׁגַר אֲלָפֶיךָ וְעַשְׁתְּרוֹת צֹאנֶךָ: יְצַו יהוה אִתְּךָ אֶת־הַבְּרָכָה
בַּאֲסָמֶיךָ וּבְכֹל מִשְׁלַח יָדֶךָ, וּבֵרַכְךָ בָּאָרֶץ אֲשֶׁר־יהוה אֱלֹהֶיךָ נֹתֵן לָךְ:
יִפְתַּח יהוה לְךָ אֶת־אוֹצָרוֹ הַטּוֹב אֶת־הַשָּׁמַיִם, לָתֵת מְטַר־אַרְצְךָ בְּעִתּוֹ,
דברים טו וּלְבָרֵךְ אֵת כָּל־מַעֲשֵׂה יָדֶךָ, וְהִלְוִיתָ גּוֹיִם רַבִּים וְאַתָּה לֹא תִלְוֶה: כִּי־יהוה

אֱלֹהֶיךָ בֵּרַכְךָ כַּאֲשֶׁר דִּבֶּר־לָךְ, וְהַעֲבַטְתָּ גּוֹיִם רַבִּים וְאַתָּה לֹא תַעֲבֹט,
וּמָשַׁלְתָּ בְּגוֹיִם רַבִּים וּבְךָ לֹא יִמְשֹׁלוּ: אַשְׁרֶיךָ יִשְׂרָאֵל, מִי כָמוֹךָ, עַם דברים לג
נוֹשַׁע בַּיהוה, מָגֵן עֶזְרֶךָ וַאֲשֶׁר־חֶרֶב גַּאֲוָתֶךָ, וְיִכָּחֲשׁוּ אֹיְבֶיךָ לָךְ, וְאַתָּה
עַל־בָּמוֹתֵימוֹ תִדְרֹךְ:

מָחִיתִי כָעָב פְּשָׁעֶיךָ וְכֶעָנָן חַטֹּאותֶיךָ, שׁוּבָה אֵלַי כִּי גְאַלְתִּיךָ: רָנּוּ שָׁמַיִם ישעיה מד
כִּי־עָשָׂה יהוה, הָרִיעוּ תַּחְתִּיּוֹת אָרֶץ, פִּצְחוּ הָרִים רִנָּה, יַעַר וְכָל־עֵץ בּוֹ,
כִּי־גָאַל יהוה יַעֲקֹב וּבְיִשְׂרָאֵל יִתְפָּאָר: גֹּאֲלֵנוּ, יהוה צְבָאוֹת שְׁמוֹ, קְדוֹשׁ ישעיה מז
יִשְׂרָאֵל:

יִשְׂרָאֵל נוֹשַׁע בַּיהוה תְּשׁוּעַת עוֹלָמִים, לֹא־תֵבֹשׁוּ וְלֹא־תִכָּלְמוּ עַד־עוֹלְמֵי ישעיה מה
עַד: וַאֲכַלְתֶּם אָכוֹל וְשָׂבוֹעַ, וְהִלַּלְתֶּם אֶת־שֵׁם יהוה אֱלֹהֵיכֶם אֲשֶׁר־עָשָׂה יואל ב
עִמָּכֶם לְהַפְלִיא, וְלֹא־יֵבֹשׁוּ עַמִּי לְעוֹלָם: וִידַעְתֶּם כִּי בְקֶרֶב יִשְׂרָאֵל
אָנִי, וַאֲנִי יהוה אֱלֹהֵיכֶם וְאֵין עוֹד, וְלֹא־יֵבֹשׁוּ עַמִּי לְעוֹלָם: כִּי־בְשִׂמְחָה ישעיה נה
תֵצֵאוּ וּבְשָׁלוֹם תּוּבָלוּן, הֶהָרִים וְהַגְּבָעוֹת יִפְצְחוּ לִפְנֵיכֶם רִנָּה, וְכָל־עֲצֵי
הַשָּׂדֶה יִמְחֲאוּ־כָף: הִנֵּה אֵל יְשׁוּעָתִי אֶבְטַח, וְלֹא אֶפְחָד, כִּי־עָזִּי וְזִמְרָת ישעיה יב
יָהּ יהוה, וַיְהִי־לִי לִישׁוּעָה: וּשְׁאַבְתֶּם־מַיִם בְּשָׂשׂוֹן, מִמַּעַיְנֵי הַיְשׁוּעָה:
וַאֲמַרְתֶּם בַּיּוֹם הַהוּא, הוֹדוּ לַיהוה קִרְאוּ בִשְׁמוֹ, הוֹדִיעוּ בָעַמִּים עֲלִילֹתָיו,
הַזְכִּירוּ כִּי נִשְׂגָּב שְׁמוֹ: זַמְּרוּ יהוה כִּי גֵאוּת עָשָׂה, מוּדַעַת זֹאת בְּכָל־
הָאָרֶץ: צַהֲלִי וָרֹנִּי יוֹשֶׁבֶת צִיּוֹן, כִּי־גָדוֹל בְּקִרְבֵּךְ קְדוֹשׁ יִשְׂרָאֵל: וְאָמַר ישעיה כה
בַּיּוֹם הַהוּא, הִנֵּה אֱלֹהֵינוּ זֶה קִוִּינוּ לוֹ וְיוֹשִׁיעֵנוּ, זֶה יהוה קִוִּינוּ לוֹ, נָגִילָה
וְנִשְׂמְחָה בִּישׁוּעָתוֹ:

בֵּית יַעֲקֹב לְכוּ וְנֵלְכָה בְּאוֹר יהוה: וְהָיָה אֱמוּנַת עִתֶּיךָ, חֹסֶן יְשׁוּעֹת חָכְמַת ישעיה ב ישעיה לג
וָדָעַת, יִרְאַת יהוה הִיא אוֹצָרוֹ: וַיְהִי דָוִד לְכָל־דְּרָכָו מַשְׂכִּיל, וַיהוה עִמּוֹ: שמואל א׳ יח

פָּדָה בְשָׁלוֹם נַפְשִׁי מִקְּרָב־לִי, כִּי־בְרַבִּים הָיוּ עִמָּדִי: וַיֹּאמֶר הָעָם אֶל־ תהלים נה שמואל א׳ יד
שָׁאוּל, הֲיוֹנָתָן יָמוּת אֲשֶׁר עָשָׂה הַיְשׁוּעָה הַגְּדוֹלָה הַזֹּאת בְּיִשְׂרָאֵל,
חָלִילָה, חַי־יהוה אִם־יִפֹּל מִשַּׂעֲרַת רֹאשׁוֹ אַרְצָה, כִּי־עִם־אֱלֹהִים עָשָׂה
הַיּוֹם הַזֶּה, וַיִּפְדּוּ הָעָם אֶת־יוֹנָתָן וְלֹא־מֵת: וּפְדוּיֵי יהוה יְשֻׁבוּן וּבָאוּ צִיּוֹן ישעיה לה
בְּרִנָּה, וְשִׂמְחַת עוֹלָם עַל־רֹאשָׁם, שָׂשׂוֹן וְשִׂמְחָה יַשִּׂיגוּ, וְנָסוּ יָגוֹן וַאֲנָחָה:

תהלים ל / דברים כג הָפַכְתָּ מִסְפְּדִי לְמָחוֹל לִי, פִּתַּחְתָּ שַׂקִּי, וַתְּאַזְּרֵנִי שִׂמְחָה: וְלֹא־אָבָה יהוה
אֱלֹהֶיךָ לִשְׁמֹעַ אֶל־בִּלְעָם, וַיַּהֲפֹךְ יהוה אֱלֹהֶיךָ לְּךָ אֶת־הַקְּלָלָה לִבְרָכָה,
ירמיה לא כִּי אֲהֵבְךָ יהוה אֱלֹהֶיךָ: אָז תִּשְׂמַח בְּתוּלָה בְּמָחוֹל, וּבַחֻרִים וּזְקֵנִים יַחְדָּו,
וְהָפַכְתִּי אֶבְלָם לְשָׂשׂוֹן, וְנִחַמְתִּים, וְשִׂמַּחְתִּים מִיגוֹנָם:

ישעיה נז / דברי הימים א׳ יב בּוֹרֵא נִיב שְׂפָתָיִם, שָׁלוֹם שָׁלוֹם לָרָחוֹק וְלַקָּרוֹב אָמַר יהוה, וּרְפָאתִיו: וְרוּחַ
לָבְשָׁה אֶת־עֲמָשַׂי רֹאשׁ הַשָּׁלִישִׁים, לְךָ דָוִיד וְעִמְּךָ בֶן־יִשַׁי, שָׁלוֹם שָׁלוֹם
לְךָ וְשָׁלוֹם לְעֹזְרֶךָ, כִּי עֲזָרְךָ אֱלֹהֶיךָ, וַיְקַבְּלֵם דָּוִיד וַיִּתְּנֵם בְּרָאשֵׁי הַגְּדוּד:
שמואל א׳ כה / תהלים כט וַאֲמַרְתֶּם כֹּה לֶחָי, וְאַתָּה שָׁלוֹם וּבֵיתְךָ שָׁלוֹם וְכֹל אֲשֶׁר־לְךָ שָׁלוֹם: יהוה
עֹז לְעַמּוֹ יִתֵּן, יהוה יְבָרֵךְ אֶת־עַמּוֹ בַשָּׁלוֹם:

מגילה לא. אָמַר רַבִּי יוֹחָנָן: בְּכָל מָקוֹם שֶׁאַתָּה מוֹצֵא גְּדֻלָּתוֹ שֶׁל הַקָּדוֹשׁ בָּרוּךְ
הוּא, שָׁם אַתָּה מוֹצֵא עַנְוְתָנוּתוֹ. דָּבָר זֶה כָּתוּב בַּתּוֹרָה, וְשָׁנוּי בַּנְּבִיאִים,
דברים י וּמְשֻׁלָּשׁ בַּכְּתוּבִים. כָּתוּב בַּתּוֹרָה: כִּי יהוה אֱלֹהֵיכֶם הוּא אֱלֹהֵי הָאֱלֹהִים
וַאֲדֹנֵי הָאֲדֹנִים, הָאֵל הַגָּדֹל הַגִּבֹּר וְהַנּוֹרָא, אֲשֶׁר לֹא־יִשָּׂא פָנִים וְלֹא יִקַּח
שֹׁחַד: וּכְתִיב בָּתְרֵהּ: עֹשֶׂה מִשְׁפַּט יָתוֹם וְאַלְמָנָה, וְאֹהֵב גֵּר לָתֶת לוֹ לֶחֶם
ישעיה נז וְשִׂמְלָה: שָׁנוּי בַּנְּבִיאִים, דִּכְתִיב: כִּי כֹה אָמַר רָם וְנִשָּׂא שֹׁכֵן עַד וְקָדוֹשׁ
שְׁמוֹ, מָרוֹם וְקָדוֹשׁ אֶשְׁכּוֹן, וְאֶת־דַּכָּא וּשְׁפַל־רוּחַ, לְהַחֲיוֹת רוּחַ שְׁפָלִים
תהלים סח וּלְהַחֲיוֹת לֵב נִדְכָּאִים: מְשֻׁלָּשׁ בַּכְּתוּבִים, דִּכְתִיב: שִׁירוּ לֵאלֹהִים, זַמְּרוּ
שְׁמוֹ, סֹלּוּ לָרֹכֵב בָּעֲרָבוֹת בְּיָהּ שְׁמוֹ, וְעִלְזוּ לְפָנָיו: וּכְתִיב בָּתְרֵהּ: אֲבִי
יְתוֹמִים וְדַיַּן אַלְמָנוֹת, אֱלֹהִים בִּמְעוֹן קָדְשׁוֹ:

מלכים א׳ ח יְהִי יהוה אֱלֹהֵינוּ עִמָּנוּ כַּאֲשֶׁר הָיָה עִם־אֲבֹתֵינוּ, אַל־יַעַזְבֵנוּ וְאַל־יִטְּשֵׁנוּ:
דברים ד / ישעיה נא וְאַתֶּם הַדְּבֵקִים בַּיהוה אֱלֹהֵיכֶם, חַיִּים כֻּלְּכֶם הַיּוֹם: כִּי־נִחַם יהוה צִיּוֹן, נִחַם
כָּל־חָרְבֹתֶיהָ, וַיָּשֶׂם מִדְבָּרָהּ כְּעֵדֶן וְעַרְבָתָהּ כְּגַן־יהוה, שָׂשׂוֹן וְשִׂמְחָה יִמָּצֵא
ישעיה מב בָהּ, תּוֹדָה וְקוֹל זִמְרָה: יהוה חָפֵץ לְמַעַן צִדְקוֹ, יַגְדִּיל תּוֹרָה וְיַאְדִּיר:

תהלים קכח שִׁיר הַמַּעֲלוֹת, אַשְׁרֵי כָּל־יְרֵא יהוה, הַהֹלֵךְ בִּדְרָכָיו: יְגִיעַ כַּפֶּיךָ כִּי תֹאכֵל,
אַשְׁרֶיךָ וְטוֹב לָךְ: אֶשְׁתְּךָ כְּגֶפֶן פֹּרִיָּה בְּיַרְכְּתֵי בֵיתֶךָ, בָּנֶיךָ כִּשְׁתִלֵי זֵיתִים,
סָבִיב לְשֻׁלְחָנֶךָ: הִנֵּה כִי־כֵן יְבֹרַךְ גָּבֶר יְרֵא יהוה: יְבָרֶכְךָ יהוה מִצִּיּוֹן, וּרְאֵה
בְּטוּב יְרוּשָׁלָםִ, כֹּל יְמֵי חַיֶּיךָ: וּרְאֵה־בָנִים לְבָנֶיךָ, שָׁלוֹם עַל־יִשְׂרָאֵל:

הבדלה בבית הכנסת

Some say the full הבדלה *on page 1178.*

The שליח ציבור *takes the cup of wine in his right hand, and says:*

סַבְרִי מָרָנָן
בָּרוּךְ אַתָּה יהוה אֱלֹהֵינוּ מֶלֶךְ הָעוֹלָם, בּוֹרֵא פְּרִי הַגָּפֶן.

Holding the spice box, the שליח ציבור *says:*

בָּרוּךְ אַתָּה יהוה אֱלֹהֵינוּ מֶלֶךְ הָעוֹלָם, בּוֹרֵא מִינֵי בְשָׂמִים.

The שליח ציבור *smells the spices and puts the spice box down.*
He lifts his hands toward the flame of the הבדלה *candle, and says:*

בָּרוּךְ אַתָּה יהוה אֱלֹהֵינוּ מֶלֶךְ הָעוֹלָם, בּוֹרֵא מְאוֹרֵי הָאֵשׁ.

He lifts the cup of wine in his right hand, and says:

בָּרוּךְ אַתָּה יהוה אֱלֹהֵינוּ מֶלֶךְ הָעוֹלָם, הַמַּבְדִּיל בֵּין קֹדֶשׁ לְחֹל,
בֵּין אוֹר לְחֹשֶׁךְ, בֵּין יִשְׂרָאֵל לָעַמִּים, בֵּין יוֹם הַשְּׁבִיעִי לְשֵׁשֶׁת יְמֵי
הַמַּעֲשֶׂה. בָּרוּךְ אַתָּה יהוה, הַמַּבְדִּיל בֵּין קֹדֶשׁ לְחֹל.

On פורים, מגילת אסתר *is read; on* תשעה באב, מגילת איכה *is read.*

Stand while saying עָלֵינוּ*. Bow at* ᵛ*.*

עָלֵינוּ לְשַׁבֵּחַ לַאֲדוֹן הַכֹּל, לָתֵת גְּדֻלָּה לְיוֹצֵר בְּרֵאשִׁית
שֶׁלֹּא עָשָׂנוּ כְּגוֹיֵי הָאֲרָצוֹת, וְלֹא שָׂמָנוּ כְּמִשְׁפְּחוֹת הָאֲדָמָה
שֶׁלֹּא שָׂם חֶלְקֵנוּ כָּהֶם וְגוֹרָלֵנוּ כְּכָל הֲמוֹנָם.
(שֶׁהֵם מִשְׁתַּחֲוִים לְהֶבֶל וָרִיק וּמִתְפַּלְלִים אֶל אֵל לֹא יוֹשִׁיעַ.)
ᵛוַאֲנַחְנוּ כּוֹרְעִים וּמִשְׁתַּחֲוִים וּמוֹדִים
לִפְנֵי מֶלֶךְ מַלְכֵי הַמְּלָכִים, הַקָּדוֹשׁ בָּרוּךְ הוּא
שֶׁהוּא נוֹטֶה שָׁמַיִם וְיוֹסֵד אָרֶץ, וּמוֹשַׁב יְקָרוֹ בַּשָּׁמַיִם מִמַּעַל
וּשְׁכִינַת עֻזּוֹ בְּגָבְהֵי מְרוֹמִים.
הוּא אֱלֹהֵינוּ, אֵין עוֹד.
אֱמֶת מַלְכֵּנוּ, אֶפֶס זוּלָתוֹ
כַּכָּתוּב בְּתוֹרָתוֹ, וְיָדַעְתָּ הַיּוֹם וַהֲשֵׁבֹתָ אֶל־לְבָבֶךָ דברים ד
כִּי יהוה הוּא הָאֱלֹהִים בַּשָּׁמַיִם מִמַּעַל וְעַל־הָאָרֶץ מִתָּחַת, אֵין עוֹד:

עַל כֵּן נְקַוֶּה לְּךָ יהוה אֱלֹהֵינוּ, לִרְאוֹת מְהֵרָה בְּתִפְאֶרֶת עֻזֶּךָ
לְהַעֲבִיר גִּלּוּלִים מִן הָאָרֶץ, וְהָאֱלִילִים כָּרוֹת יִכָּרֵתוּן
לְתַקֵּן עוֹלָם בְּמַלְכוּת שַׁדַּי.
וְכָל בְּנֵי בָשָׂר יִקְרְאוּ בִשְׁמֶךָ לְהַפְנוֹת אֵלֶיךָ כָּל רִשְׁעֵי אָרֶץ.
יַכִּירוּ וְיֵדְעוּ כָּל יוֹשְׁבֵי תֵבֵל
כִּי לְךָ תִּכְרַע כָּל בֶּרֶךְ, תִּשָּׁבַע כָּל לָשׁוֹן.
לְפָנֶיךָ יהוה אֱלֹהֵינוּ יִכְרְעוּ וְיִפֹּלוּ, וְלִכְבוֹד שִׁמְךָ יְקָר יִתֵּנוּ
וִיקַבְּלוּ כֻלָּם אֶת עֹל מַלְכוּתֶךָ
וְתִמְלֹךְ עֲלֵיהֶם מְהֵרָה לְעוֹלָם וָעֶד.
כִּי הַמַּלְכוּת שֶׁלְּךָ הִיא וּלְעוֹלְמֵי עַד תִּמְלֹךְ בְּכָבוֹד
שמות טו כַּכָּתוּב בְּתוֹרָתֶךָ, יהוה יִמְלֹךְ לְעֹלָם וָעֶד:
זכריה יד ◄ וְנֶאֱמַר, וְהָיָה יהוה לְמֶלֶךְ עַל־כָּל־הָאָרֶץ
בַּיּוֹם הַהוּא יִהְיֶה יהוה אֶחָד וּשְׁמוֹ אֶחָד:

Some add:

משלי ג אַל־תִּירָא מִפַּחַד פִּתְאֹם וּמִשֹּׁאַת רְשָׁעִים כִּי תָבֹא:
ישעיה ח עֻצוּ עֵצָה וְתֻפָר, דַּבְּרוּ דָבָר וְלֹא יָקוּם, כִּי עִמָּנוּ אֵל:
ישעיה מו וְעַד־זִקְנָה אֲנִי הוּא, וְעַד־שֵׂיבָה אֲנִי אֶסְבֹּל
אֲנִי עָשִׂיתִי וַאֲנִי אֶשָּׂא וַאֲנִי אֶסְבֹּל וַאֲמַלֵּט:

קדיש יתום

The following prayer, said by mourners, requires the presence of a מנין.
A transliteration can be found on page 1219.

אבל: יִתְגַּדַּל וְיִתְקַדַּשׁ שְׁמֵהּ רַבָּא (קהל: אָמֵן)
בְּעָלְמָא דִּי בְרָא כִרְעוּתֵהּ
וְיַמְלִיךְ מַלְכוּתֵהּ
בְּחַיֵּיכוֹן וּבְיוֹמֵיכוֹן וּבְחַיֵּי דְכָל בֵּית יִשְׂרָאֵל
בַּעֲגָלָא וּבִזְמַן קָרִיב, וְאִמְרוּ אָמֵן. (קהל: אָמֵן)

קהל ואבל: יְהֵא שְׁמֵהּ רַבָּא מְבָרַךְ לְעָלַם וּלְעָלְמֵי עָלְמַיָּא.

אבל: יִתְבָּרַךְ וְיִשְׁתַּבַּח וְיִתְפָּאַר
וְיִתְרוֹמַם וְיִתְנַשֵּׂא וְיִתְהַדָּר וְיִתְעַלֶּה וְיִתְהַלָּל
שְׁמֵהּ דְּקֻדְשָׁא בְּרִיךְ הוּא (קהל: בְּרִיךְ הוּא)
לְעֵלָּא מִן כָּל בִּרְכָתָא
/ בעשרת ימי תשובה: לְעֵלָּא לְעֵלָּא מִכָּל בִּרְכָתָא/
וְשִׁירָתָא, תֻּשְׁבְּחָתָא וְנֶחֱמָתָא
דַּאֲמִירָן בְּעָלְמָא, וְאִמְרוּ אָמֵן. (קהל: אָמֵן)

יְהֵא שְׁלָמָא רַבָּא מִן שְׁמַיָּא
וְחַיִּים, עָלֵינוּ וְעַל כָּל יִשְׂרָאֵל, וְאִמְרוּ אָמֵן. (קהל: אָמֵן)

Bow, take three steps back, as if taking leave of the Divine Presence, then bow, first left, then right, then center, while saying:

עֹשֶׂה שָׁלוֹם/בעשרת ימי תשובה: הַשָּׁלוֹם/ בִּמְרוֹמָיו
הוּא יַעֲשֶׂה שָׁלוֹם עָלֵינוּ וְעַל כָּל יִשְׂרָאֵל, וְאִמְרוּ אָמֵן. (קהל: אָמֵן)

From the second day of ראש חודש אלול *through* שמיני עצרת
(*in* ארץ ישראל *through* הושענא רבה), *the following psalm is said:*

תהלים כז לְדָוִד, יהוה אוֹרִי וְיִשְׁעִי, מִמִּי אִירָא, יהוה מָעוֹז־חַיַּי, מִמִּי אֶפְחָד: בִּקְרֹב
עָלַי מְרֵעִים לֶאֱכֹל אֶת־בְּשָׂרִי, צָרַי וְאֹיְבַי לִי, הֵמָּה כָשְׁלוּ וְנָפָלוּ: אִם־תַּחֲנֶה
עָלַי מַחֲנֶה, לֹא־יִירָא לִבִּי, אִם־תָּקוּם עָלַי מִלְחָמָה, בְּזֹאת אֲנִי בוֹטֵחַ: אַחַת
שָׁאַלְתִּי מֵאֵת־יהוה, אוֹתָהּ אֲבַקֵּשׁ, שִׁבְתִּי בְּבֵית־יהוה כָּל־יְמֵי חַיַּי, לַחֲזוֹת
בְּנֹעַם־יהוה, וּלְבַקֵּר בְּהֵיכָלוֹ: כִּי יִצְפְּנֵנִי בְּסֻכֹּה בְּיוֹם רָעָה, יַסְתִּרֵנִי בְּסֵתֶר
אָהֳלוֹ, בְּצוּר יְרוֹמְמֵנִי: וְעַתָּה יָרוּם רֹאשִׁי עַל אֹיְבַי סְבִיבוֹתַי, וְאֶזְבְּחָה בְאָהֳלוֹ
זִבְחֵי תְרוּעָה, אָשִׁירָה וַאֲזַמְּרָה לַיהוה: שְׁמַע־יהוה קוֹלִי אֶקְרָא, וְחָנֵּנִי וַעֲנֵנִי:
לְךָ אָמַר לִבִּי בַּקְּשׁוּ פָנָי, אֶת־פָּנֶיךָ יהוה אֲבַקֵּשׁ: אַל־תַּסְתֵּר פָּנֶיךָ מִמֶּנִּי, אַל
תַּט־בְּאַף עַבְדֶּךָ, עֶזְרָתִי הָיִיתָ, אַל־תִּטְּשֵׁנִי וְאַל־תַּעַזְבֵנִי, אֱלֹהֵי יִשְׁעִי: כִּי־אָבִי
וְאִמִּי עֲזָבוּנִי, וַיהוה יַאַסְפֵנִי: הוֹרֵנִי יהוה דַּרְכֶּךָ, וּנְחֵנִי בְּאֹרַח מִישׁוֹר, לְמַעַן
שׁוֹרְרָי: אַל־תִּתְּנֵנִי בְּנֶפֶשׁ צָרָי, כִּי קָמוּ־בִי עֵדֵי־שֶׁקֶר, וִיפֵחַ חָמָס: ◂ לוּלֵא
הֶאֱמַנְתִּי לִרְאוֹת בְּטוּב־יהוה בְּאֶרֶץ חַיִּים: קַוֵּה אֶל־יהוה, חֲזַק וְיַאֲמֵץ לִבֶּךָ,
וְקַוֵּה אֶל־יהוה:

קדיש יתום (*on previous page*)

After the regular service, the following psalm is read in a house of mourning during the שבעה *week. On those days on which* תחנון *is not said,* תהלים טז *(below) is substituted.*

תהלים מט לַמְנַצֵּחַ לִבְנֵי־קֹרַח מִזְמוֹר: שִׁמְעוּ־זֹאת כָּל־הָעַמִּים, הַאֲזִינוּ כָּל־יֹשְׁבֵי חָלֶד: גַּם־בְּנֵי אָדָם, גַּם־בְּנֵי־אִישׁ, יַחַד עָשִׁיר וְאֶבְיוֹן: פִּי יְדַבֵּר חָכְמוֹת, וְהָגוּת לִבִּי תְבוּנוֹת: אַטֶּה לְמָשָׁל אָזְנִי, אֶפְתַּח בְּכִנּוֹר חִידָתִי: לָמָּה אִירָא בִּימֵי רָע, עֲוֹן עֲקֵבַי יְסֻבֵּנִי: הַבֹּטְחִים עַל־חֵילָם, וּבְרֹב עָשְׁרָם יִתְהַלָּלוּ: אָח לֹא־פָדֹה יִפְדֶּה אִישׁ, לֹא־יִתֵּן לֵאלֹהִים כָּפְרוֹ: וְיֵקַר פִּדְיוֹן נַפְשָׁם, וְחָדַל לְעוֹלָם: וִיחִי־עוֹד לָנֶצַח, לֹא יִרְאֶה הַשָּׁחַת: כִּי יִרְאֶה חֲכָמִים יָמוּתוּ, יַחַד כְּסִיל וָבַעַר יֹאבֵדוּ, וְעָזְבוּ לַאֲחֵרִים חֵילָם: קִרְבָּם בָּתֵּימוֹ לְעוֹלָם, מִשְׁכְּנֹתָם לְדֹר וָדֹר, קָרְאוּ בִשְׁמוֹתָם עֲלֵי אֲדָמוֹת: וְאָדָם בִּיקָר בַּל־יָלִין, נִמְשַׁל כַּבְּהֵמוֹת נִדְמוּ: זֶה דַרְכָּם, כֵּסֶל לָמוֹ, וְאַחֲרֵיהֶם בְּפִיהֶם יִרְצוּ סֶלָה: כַּצֹּאן לִשְׁאוֹל שַׁתּוּ, מָוֶת יִרְעֵם, וַיִּרְדּוּ בָם יְשָׁרִים לַבֹּקֶר, וְצוּרָם לְבַלּוֹת שְׁאוֹל מִזְּבֻל לוֹ: אַךְ־אֱלֹהִים יִפְדֶּה נַפְשִׁי מִיַּד שְׁאוֹל, כִּי יִקָּחֵנִי סֶלָה: אַל־תִּירָא כִּי־יַעֲשִׁר אִישׁ, כִּי־יִרְבֶּה כְּבוֹד בֵּיתוֹ: כִּי לֹא בְמוֹתוֹ יִקַּח הַכֹּל, לֹא־יֵרֵד אַחֲרָיו כְּבוֹדוֹ: כִּי־נַפְשׁוֹ בְּחַיָּיו יְבָרֵךְ, וְיוֹדֻךָ כִּי־תֵיטִיב לָךְ: תָּבוֹא עַד־דּוֹר אֲבוֹתָיו, עַד־נֵצַח לֹא יִרְאוּ־אוֹר: אָדָם בִּיקָר וְלֹא יָבִין, נִמְשַׁל כַּבְּהֵמוֹת נִדְמוּ:

On those days on which תחנון *is not said, substitute:*

תהלים טז מִכְתָּם לְדָוִד, שָׁמְרֵנִי אֵל כִּי־חָסִיתִי בָךְ: אָמַרְתְּ לַיהוה, אֲדֹנָי אָתָּה, טוֹבָתִי בַּל־עָלֶיךָ: לִקְדוֹשִׁים אֲשֶׁר־בָּאָרֶץ הֵמָּה, וְאַדִּירֵי כָּל־חֶפְצִי־בָם: יִרְבּוּ עַצְּבוֹתָם אַחֵר מָהָרוּ, בַּל־אַסִּיךְ נִסְכֵּיהֶם מִדָּם, וּבַל־אֶשָּׂא אֶת־שְׁמוֹתָם עַל־שְׂפָתָי: יהוה, מְנָת־חֶלְקִי וְכוֹסִי, אַתָּה תּוֹמִיךְ גּוֹרָלִי: חֲבָלִים נָפְלוּ־לִי בַּנְּעִמִים, אַף־נַחֲלָת שָׁפְרָה עָלָי: אֲבָרֵךְ אֶת־יהוה אֲשֶׁר יְעָצָנִי, אַף־לֵילוֹת יִסְּרוּנִי כִלְיוֹתָי: שִׁוִּיתִי יהוה לְנֶגְדִּי תָמִיד, כִּי מִימִינִי בַּל־אֶמּוֹט: לָכֵן שָׂמַח לִבִּי וַיָּגֶל כְּבוֹדִי, אַף־בְּשָׂרִי יִשְׁכֹּן לָבֶטַח: כִּי לֹא־תַעֲזֹב נַפְשִׁי לִשְׁאוֹל, לֹא־תִתֵּן חֲסִידְךָ לִרְאוֹת שָׁחַת: תּוֹדִיעֵנִי אֹרַח חַיִּים, שֹׂבַע שְׂמָחוֹת אֶת־פָּנֶיךָ, נְעִמוֹת בִּימִינְךָ נֶצַח:

קידוש לבנה

קידוש לבנה, the Blessing of the New Moon, is said between the third day and the middle day of each month. If possible, it should be said at the end of שבת, under the open sky, and in the presence of a מנין.

תהלים קמח הַלְלוּיָהּ, הַלְלוּ אֶת־יהוה מִן־הַשָּׁמַיִם, הַלְלוּהוּ בַּמְּרוֹמִים: הַלְלוּהוּ כָל־מַלְאָכָיו, הַלְלוּהוּ כָּל־צְבָאָו: הַלְלוּהוּ שֶׁמֶשׁ וְיָרֵחַ, הַלְלוּהוּ כָּל־כּוֹכְבֵי אוֹר: הַלְלוּהוּ שְׁמֵי הַשָּׁמָיִם, וְהַמַּיִם אֲשֶׁר מֵעַל הַשָּׁמָיִם: יְהַלְלוּ אֶת־שֵׁם יהוה, כִּי הוּא צִוָּה וְנִבְרָאוּ: וַיַּעֲמִידֵם לָעַד לְעוֹלָם, חָק־נָתַן וְלֹא יַעֲבוֹר:

תהלים ח כִּי־אֶרְאֶה שָׁמֶיךָ מַעֲשֵׂה אֶצְבְּעֹתֶיךָ, יָרֵחַ וְכוֹכָבִים אֲשֶׁר כּוֹנָנְתָּה: מָה־אֱנוֹשׁ כִּי־תִזְכְּרֶנּוּ, וּבֶן־אָדָם כִּי תִפְקְדֶנּוּ:

Look at the moon, then say:

בָּרוּךְ אַתָּה יהוה אֱלֹהֵינוּ מֶלֶךְ הָעוֹלָם, אֲשֶׁר בְּמַאֲמָרוֹ בָּרָא שְׁחָקִים, וּבְרוּחַ פִּיו כָּל צְבָאָם, חֹק וּזְמַן נָתַן לָהֶם שֶׁלֹּא יְשַׁנּוּ אֶת תַּפְקִידָם. שָׂשִׂים וּשְׂמֵחִים לַעֲשׂוֹת רְצוֹן קוֹנָם, פּוֹעֵל אֱמֶת שֶׁפְּעֻלָּתוֹ אֱמֶת. וְלַלְּבָנָה אָמַר שֶׁתִּתְחַדֵּשׁ, עֲטֶרֶת תִּפְאֶרֶת לַעֲמוּסֵי בָטֶן, שֶׁהֵם עֲתִידִים לְהִתְחַדֵּשׁ כְּמוֹתָהּ וּלְפָאֵר לְיוֹצְרָם עַל שֵׁם כְּבוֹד מַלְכוּתוֹ. בָּרוּךְ אַתָּה יהוה, מְחַדֵּשׁ חֳדָשִׁים.

The following five verses are each said three times:

בָּרוּךְ יוֹצְרֵךְ, בָּרוּךְ עוֹשֵׂךְ, בָּרוּךְ קוֹנֵךְ, בָּרוּךְ בּוֹרְאֵךְ.

The following verse is said rising on the toes.

כְּשֵׁם שֶׁאֲנִי רוֹקֵד כְּנֶגְדֵּךְ וְאֵינִי יָכוֹל לִנְגֹּעַ בָּךְ
כָּךְ לֹא יוּכְלוּ כָּל אוֹיְבַי לִנְגֹּעַ בִּי לְרָעָה.

שמות טו תִּפֹּל עֲלֵיהֶם אֵימָתָה וָפַחַד, בִּגְדֹל זְרוֹעֲךָ יִדְּמוּ כָּאָבֶן:
כָּאָבֶן יִדְּמוּ זְרוֹעֲךָ בִּגְדֹל, וָפַחַד אֵימָתָה עֲלֵיהֶם תִּפֹּל.

דָּוִד מֶלֶךְ יִשְׂרָאֵל חַי וְקַיָּם.

Turn to three people and say to each:

שָׁלוֹם עֲלֵיכֶם.

They respond:

עֲלֵיכֶם שָׁלוֹם.

Say three times:

סִימָן טוֹב וּמַזָּל טוֹב יְהֵא לָנוּ וּלְכָל יִשְׂרָאֵל, אָמֵן.

שיר השירים ב קוֹל דּוֹדִי הִנֵּה־זֶה בָּא, מְדַלֵּג עַל־הֶהָרִים, מְקַפֵּץ עַל־הַגְּבָעוֹת: דּוֹמֶה דוֹדִי לִצְבִי אוֹ לְעֹפֶר הָאַיָּלִים, הִנֵּה־זֶה עוֹמֵד אַחַר כָּתְלֵנוּ, מַשְׁגִּיחַ מִן־הַחַלֹּנוֹת, מֵצִיץ מִן־הַחֲרַכִּים:

תהלים קכא שִׁיר לַמַּעֲלוֹת, אֶשָּׂא עֵינַי אֶל־הֶהָרִים, מֵאַיִן יָבֹא עֶזְרִי: עֶזְרִי מֵעִם יהוה, עֹשֵׂה שָׁמַיִם וָאָרֶץ: אַל־יִתֵּן לַמּוֹט רַגְלֶךָ, אַל־יָנוּם שֹׁמְרֶךָ: הִנֵּה לֹא־יָנוּם וְלֹא יִישָׁן, שׁוֹמֵר יִשְׂרָאֵל: יהוה שֹׁמְרֶךָ, יהוה צִלְּךָ עַל־יַד יְמִינֶךָ: יוֹמָם הַשֶּׁמֶשׁ לֹא־יַכֶּכָּה, וְיָרֵחַ בַּלָּיְלָה: יהוה יִשְׁמָרְךָ מִכָּל־רָע, יִשְׁמֹר אֶת־נַפְשֶׁךָ: יהוה יִשְׁמָר־צֵאתְךָ וּבוֹאֶךָ, מֵעַתָּה וְעַד־עוֹלָם:

תהלים קנ הַלְלוּיָהּ, הַלְלוּ־אֵל בְּקָדְשׁוֹ, הַלְלוּהוּ בִּרְקִיעַ עֻזּוֹ: הַלְלוּהוּ בִגְבוּרֹתָיו, הַלְלוּהוּ כְּרֹב גֻּדְלוֹ: הַלְלוּהוּ בְּתֵקַע שׁוֹפָר, הַלְלוּהוּ בְּנֵבֶל וְכִנּוֹר: הַלְלוּהוּ בְתֹף וּמָחוֹל, הַלְלוּהוּ בְּמִנִּים וְעוּגָב: הַלְלוּהוּ בְצִלְצְלֵי־שָׁמַע, הַלְלוּהוּ בְּצִלְצְלֵי תְרוּעָה: כֹּל הַנְּשָׁמָה תְּהַלֵּל יָהּ, הַלְלוּיָהּ:

סנהדרין מב. תָּנָא דְבֵי רַבִּי יִשְׁמָעֵאל: אִלְמָלֵי לֹא זָכוּ יִשְׂרָאֵל אֶלָּא לְהַקְבִּיל פְּנֵי
אֲבִיהֶם שֶׁבַּשָּׁמַיִם פַּעַם אַחַת בַּחֹדֶשׁ, דַּיָּם. אָמַר אַבַּיֵּי: הִלְכָּךְ צָרִיךְ
שיר השירים ח לְמֵימְרָא מְעֻמָּד. מִי זֹאת עֹלָה מִן־הַמִּדְבָּר, מִתְרַפֶּקֶת עַל־דּוֹדָהּ:

וִיהִי רָצוֹן מִלְּפָנֶיךָ יהוה אֱלֹהַי וֵאלֹהֵי אֲבוֹתַי, לְמַלֹּאת פְּגִימַת הַלְּבָנָה וְלֹא יִהְיֶה בָּהּ שׁוּם מִעוּט. וִיהִי אוֹר הַלְּבָנָה כְּאוֹר הַחַמָּה וּכְאוֹר שִׁבְעַת יְמֵי בְרֵאשִׁית, כְּמוֹ שֶׁהָיְתָה קֹדֶם מִעוּטָהּ, שֶׁנֶּאֱמַר:

אֶת־שְׁנֵי הַמְּאוֹרֹת הַגְּדֹלִים: וְיִתְקַיֵּם בָּנוּ מִקְרָא שֶׁכָּתוּב: וּבִקְשׁוּ אֶת־יהוה אֱלֹהֵיהֶם וְאֵת דָּוִיד מַלְכָּם: אָמֵן. בראשית א הושע ג

לַמְנַצֵּחַ בִּנְגִינֹת, מִזְמוֹר שִׁיר: אֱלֹהִים יְחָנֵּנוּ וִיבָרְכֵנוּ, יָאֵר פָּנָיו אִתָּנוּ סֶלָה: לָדַעַת בָּאָרֶץ דַּרְכֶּךָ, בְּכָל־גּוֹיִם יְשׁוּעָתֶךָ: יוֹדוּךָ עַמִּים אֱלֹהִים, יוֹדוּךָ עַמִּים כֻּלָּם: יִשְׂמְחוּ וִירַנְּנוּ לְאֻמִּים, כִּי־תִשְׁפֹּט עַמִּים מִישֹׁר, וּלְאֻמִּים בָּאָרֶץ תַּנְחֵם סֶלָה: יוֹדוּךָ עַמִּים אֱלֹהִים, יוֹדוּךָ עַמִּים כֻּלָּם: אֶרֶץ נָתְנָה יְבוּלָהּ, יְבָרְכֵנוּ אֱלֹהִים אֱלֹהֵינוּ: יְבָרְכֵנוּ אֱלֹהִים, וְיִירְאוּ אוֹתוֹ כָּל־אַפְסֵי־אָרֶץ: תהלים סז

Stand while saying עָלֵינוּ. *Bow at* °.

עָלֵינוּ לְשַׁבֵּחַ לַאֲדוֹן הַכֹּל, לָתֵת גְּדֻלָּה לְיוֹצֵר בְּרֵאשִׁית\
שֶׁלֹּא עָשָׂנוּ כְּגוֹיֵי הָאֲרָצוֹת, וְלֹא שָׂמָנוּ כְּמִשְׁפְּחוֹת הָאֲדָמָה\
שֶׁלֹּא שָׂם חֶלְקֵנוּ כָּהֶם וְגוֹרָלֵנוּ כְּכָל הֲמוֹנָם.\
(שֶׁהֵם מִשְׁתַּחֲוִים לְהֶבֶל וָרִיק וּמִתְפַּלְלִים אֶל אֵל לֹא יוֹשִׁיעַ.)\
°וַאֲנַחְנוּ כּוֹרְעִים וּמִשְׁתַּחֲוִים וּמוֹדִים\
לִפְנֵי מֶלֶךְ מַלְכֵי הַמְּלָכִים, הַקָּדוֹשׁ בָּרוּךְ הוּא\
שֶׁהוּא נוֹטֶה שָׁמַיִם וְיוֹסֵד אָרֶץ, וּמוֹשַׁב יְקָרוֹ בַּשָּׁמַיִם מִמַּעַל\
וּשְׁכִינַת עֻזּוֹ בְּגָבְהֵי מְרוֹמִים.\
הוּא אֱלֹהֵינוּ, אֵין עוֹד.\
אֱמֶת מַלְכֵּנוּ, אֶפֶס זוּלָתוֹ\
כַּכָּתוּב בְּתוֹרָתוֹ, וְיָדַעְתָּ הַיּוֹם וַהֲשֵׁבֹתָ אֶל־לְבָבֶךָ דברים ד\
כִּי יהוה הוּא הָאֱלֹהִים בַּשָּׁמַיִם מִמַּעַל וְעַל־הָאָרֶץ מִתָּחַת\
אֵין עוֹד:

עַל כֵּן נְקַוֶּה לְּךָ יהוה אֱלֹהֵינוּ, לִרְאוֹת מְהֵרָה בְּתִפְאֶרֶת עֻזֶּךָ\
לְהַעֲבִיר גִּלּוּלִים מִן הָאָרֶץ, וְהָאֱלִילִים כָּרוֹת יִכָּרֵתוּן\
לְתַקֵּן עוֹלָם בְּמַלְכוּת שַׁדַּי.

וְכָל בְּנֵי בָשָׂר יִקְרְאוּ בִשְׁמֶךָ לְהַפְנוֹת אֵלֶיךָ כָּל רִשְׁעֵי אָרֶץ.
יַכִּירוּ וְיֵדְעוּ כָּל יוֹשְׁבֵי תֵבֵל
כִּי לְךָ תִּכְרַע כָּל בֶּרֶךְ, תִּשָּׁבַע כָּל לָשׁוֹן.
לְפָנֶיךָ יהוה אֱלֹהֵינוּ יִכְרְעוּ וְיִפֹּלוּ, וְלִכְבוֹד שִׁמְךָ יְקָר יִתֵּנוּ
וִיקַבְּלוּ כֻלָּם אֶת עֹל מַלְכוּתֶךָ
וְתִמְלֹךְ עֲלֵיהֶם מְהֵרָה לְעוֹלָם וָעֶד.
כִּי הַמַּלְכוּת שֶׁלְּךָ הִיא וּלְעוֹלְמֵי עַד תִּמְלֹךְ בְּכָבוֹד
שמות טו כַּכָּתוּב בְּתוֹרָתֶךָ, יהוה יִמְלֹךְ לְעֹלָם וָעֶד:
זכריה יד ◄ וְנֶאֱמַר, וְהָיָה יהוה לְמֶלֶךְ עַל־כָּל־הָאָרֶץ
בַּיּוֹם הַהוּא יִהְיֶה יהוה אֶחָד וּשְׁמוֹ אֶחָד:

Some add:

משלי ג אַל־תִּירָא מִפַּחַד פִּתְאֹם וּמִשֹּׁאַת רְשָׁעִים כִּי תָבֹא:
ישעיה ח עֻצוּ עֵצָה וְתֻפָר, דַּבְּרוּ דָבָר וְלֹא יָקוּם, כִּי עִמָּנוּ אֵל:
ישעיה מו וְעַד־זִקְנָה אֲנִי הוּא, וְעַד־שֵׂיבָה אֲנִי אֶסְבֹּל אֲנִי עָשִׂיתִי וַאֲנִי אֶשָּׂא וַאֲנִי אֶסְבֹּל וַאֲמַלֵּט:

קדיש יתום

The following prayer, said by mourners, requires the presence of a מנין.
A transliteration can be found on page 1219.

A transliteration can be found on page 1219.

אבל: יִתְגַּדַּל וְיִתְקַדַּשׁ שְׁמֵהּ רַבָּא (קהל: אָמֵן)
בְּעָלְמָא דִּי בְרָא כִרְעוּתֵהּ
וְיַמְלִיךְ מַלְכוּתֵהּ
בְּחַיֵּיכוֹן וּבְיוֹמֵיכוֹן וּבְחַיֵּי דְכָל בֵּית יִשְׂרָאֵל
בַּעֲגָלָא וּבִזְמַן קָרִיב
וְאִמְרוּ אָמֵן. (קהל: אָמֵן)

קהל ואבל: יְהֵא שְׁמֵהּ רַבָּא מְבָרַךְ לְעָלַם וּלְעָלְמֵי עָלְמַיָּא.

אבל: יִתְבָּרַךְ וְיִשְׁתַּבַּח וְיִתְפָּאַר
וְיִתְרוֹמַם וְיִתְנַשֵּׂא וְיִתְהַדָּר וְיִתְעַלֶּה וְיִתְהַלָּל
שְׁמֵהּ דְּקֻדְשָׁא בְּרִיךְ הוּא (קהל: בְּרִיךְ הוּא)

לְעֵלָּא מִן כָּל בִּרְכָתָא / בעשרת ימי תשובה: לְעֵלָּא לְעֵלָּא מִכָּל בִּרְכָתָא/
וְשִׁירָתָא, תֻּשְׁבְּחָתָא וְנֶחֱמָתָא
דַּאֲמִירָן בְּעָלְמָא
וְאִמְרוּ אָמֵן. (קהל: אָמֵן)

יְהֵא שְׁלָמָא רַבָּא מִן שְׁמַיָּא
וְחַיִּים, עָלֵינוּ וְעַל כָּל יִשְׂרָאֵל
וְאִמְרוּ אָמֵן. (קהל: אָמֵן)

Bow, take three steps back, as if taking leave of the Divine Presence, then bow, first left, then right, then center, while saying:

עֹשֶׂה שָׁלוֹם/ בעשרת ימי תשובה: הַשָּׁלוֹם/ בִּמְרוֹמָיו
הוּא יַעֲשֶׂה שָׁלוֹם עָלֵינוּ וְעַל כָּל יִשְׂרָאֵל
וְאִמְרוּ אָמֵן. (קהל: אָמֵן)

All sing:

טוֹבִים מְאוֹרוֹת שֶׁבָּרָא אֱלֹהֵינוּ
יְצָרָם בְּדַעַת בְּבִינָה וּבְהַשְׂכֵּל
כֹּחַ וּגְבוּרָה נָתַן בָּהֶם
לִהְיוֹת מוֹשְׁלִים בְּקֶרֶב תֵּבֵל.

מְלֵאִים זִיו וּמְפִיקִים נֹגַהּ
נָאֶה זִיוָם בְּכָל הָעוֹלָם
שְׂמֵחִים בְּצֵאתָם וְשָׂשִׂים בְּבוֹאָם
עוֹשִׂים בְּאֵימָה רְצוֹן קוֹנָם.

פְּאֵר וְכָבוֹד נוֹתְנִים לִשְׁמוֹ
צָהֳלָה וְרִנָּה לְזֵכֶר מַלְכוּתוֹ
קָרָא לַשֶּׁמֶשׁ וַיִּזְרַח אוֹר
רָאָה וְהִתְקִין צוּרַת הַלְּבָנָה.

סדר הבדלה בבית

On מוצאי יום טוב that is not a מוצאי שבת, the first paragraph and the blessings for the spices and flame are omitted. At the end of יום כפור, only the blessing for the spices is omitted.

Taking a cup of wine in the right hand, say:

ישעיה יב הִנֵּה אֵל יְשׁוּעָתִי אֶבְטַח, וְלֹא אֶפְחָד
כִּי־עָזִּי וְזִמְרָת יָהּ יהוה, וַיְהִי־לִי לִישׁוּעָה:
וּשְׁאַבְתֶּם־מַיִם בְּשָׂשׂוֹן, מִמַּעַיְנֵי הַיְשׁוּעָה:
תהלים ג לַיהוה הַיְשׁוּעָה, עַל־עַמְּךָ בִרְכָתֶךָ סֶּלָה:
תהלים מו יהוה צְבָאוֹת עִמָּנוּ, מִשְׂגָּב לָנוּ אֱלֹהֵי יַעֲקֹב סֶלָה:
תהלים פד יהוה צְבָאוֹת, אַשְׁרֵי אָדָם בֹּטֵחַ בָּךְ:
תהלים כ יהוה הוֹשִׁיעָה, הַמֶּלֶךְ יַעֲנֵנוּ בְיוֹם־קָרְאֵנוּ:
אסתר ח לַיְּהוּדִים הָיְתָה אוֹרָה וְשִׂמְחָה וְשָׂשֹׂן וִיקָר:
כֵּן תִּהְיֶה לָּנוּ.
תהלים קטז כּוֹס־יְשׁוּעוֹת אֶשָּׂא, וּבְשֵׁם יהוה אֶקְרָא:

When making הבדלה for others, add:

סַבְרִי מָרָנָן

בָּרוּךְ אַתָּה יהוה אֱלֹהֵינוּ מֶלֶךְ הָעוֹלָם, בּוֹרֵא פְּרִי הַגָּפֶן.

Hold the spice box and say:

בָּרוּךְ אַתָּה יהוה אֱלֹהֵינוּ מֶלֶךְ הָעוֹלָם, בּוֹרֵא מִינֵי בְשָׂמִים.

Smell the spices and put the spice box down.

Lift the hands toward the flame of the הבדלה candle and say:

בָּרוּךְ אַתָּה יהוה אֱלֹהֵינוּ מֶלֶךְ הָעוֹלָם, בּוֹרֵא מְאוֹרֵי הָאֵשׁ.

Holding the cup of wine again in the right hand, say:

בָּרוּךְ אַתָּה יהוה אֱלֹהֵינוּ מֶלֶךְ הָעוֹלָם
הַמַּבְדִּיל בֵּין קֹדֶשׁ לְחֹל, בֵּין אוֹר לְחֹשֶׁךְ
בֵּין יִשְׂרָאֵל לָעַמִּים, בֵּין יוֹם הַשְּׁבִיעִי לְשֵׁשֶׁת יְמֵי הַמַּעֲשֶׂה.
בָּרוּךְ אַתָּה יהוה, הַמַּבְדִּיל בֵּין קֹדֶשׁ לְחֹל.

הַמַּבְדִּיל בֵּין קֹדֶשׁ לְחֹל, חַטֹּאתֵינוּ הוּא יִמְחֹל
זַרְעֵנוּ וְכַסְפֵּנוּ יַרְבֶּה כַּחוֹל וְכַכּוֹכָבִים בַּלָּיְלָה.

יוֹם פָּנָה כְּצֵל תֹּמֶר, אֶקְרָא לָאֵל עָלַי גּוֹמֵר
אָמַר שֹׁמֵר, אָתָא בֹקֶר וְגַם־לָיְלָה: ישעיה כא

צִדְקָתְךָ כְּהַר תָּבוֹר, עַל חֲטָאַי עָבוֹר תַּעֲבֹר
כְּיוֹם אֶתְמוֹל כִּי יַעֲבֹר, וְאַשְׁמוּרָה בַלָּיְלָה: תהלים צ

חָלְפָה עוֹנַת מִנְחָתִי, מִי יִתֵּן מְנוּחָתִי
יָגַעְתִּי בְאַנְחָתִי, אַשְׂחֶה בְכָל־לַיְלָה: תהלים ו

קוֹלִי בַּל יֻנְטַל, פְּתַח לִי שַׁעַר הַמְנֻטָּל
שֶׁרֹּאשִׁי נִמְלָא טָל, קְוֻצּוֹתַי רְסִיסֵי לָיְלָה: שיר השירים ה

הֵעָתֵר נוֹרָא וְאָיֹם, אֲשַׁוֵּעַ, תְּנָה פִדְיוֹם
בְּנֶשֶׁף־בְּעֶרֶב יוֹם, בְּאִישׁוֹן לָיְלָה: משלי ז

קְרָאתִיךָ יָהּ, הוֹשִׁיעֵנִי, אֹרַח חַיִּים תּוֹדִיעֵנִי
מִדַּלָּה תְבַצְּעֵנִי, מִיּוֹם עַד לָיְלָה.

טַהֵר טִנּוּף מַעֲשַׂי, פֶּן יֹאמְרוּ מַכְעִיסַי
אַיֵּה אֱלוֹהַּ עֹשָׂי, נֹתֵן זְמִרוֹת בַּלָּיְלָה: איוב לה

נַחְנוּ בְיָדְךָ כַּחֹמֶר, סְלַח נָא עַל קַל וָחֹמֶר
יוֹם לְיוֹם יַבִּיעַ אֹמֶר, וְלַיְלָה לְלָיְלָה: תהלים יט

סדר ספירת העומר

The עומר *is counted each night from the second night of* פסח *until the night before* שבועות.

Some say the following meditation before the blessing:

לְשֵׁם יִחוּד קֻדְשָׁא בְּרִיךְ הוּא וּשְׁכִינְתֵּהּ בִּדְחִילוּ וּרְחִימוּ
לְיַחֵד שֵׁם י״ה בו״ה בְּיִחוּדָא שְׁלִים בְּשֵׁם כָּל יִשְׂרָאֵל.

הִנְנִי מוּכָן וּמְזֻמָּן לְקַיֵּם מִצְוַת עֲשֵׂה שֶׁל סְפִירַת הָעֹמֶר. כְּמוֹ שֶׁכָּתוּב
ויקרא כג בַּתּוֹרָה, וּסְפַרְתֶּם לָכֶם מִמָּחֳרַת הַשַּׁבָּת, מִיּוֹם הֲבִיאֲכֶם אֶת־עֹמֶר הַתְּנוּפָה,
שֶׁבַע שַׁבָּתוֹת תְּמִימֹת תִּהְיֶינָה: עַד מִמָּחֳרַת הַשַּׁבָּת הַשְּׁבִיעִת תִּסְפְּרוּ
תהלים צ חֲמִשִּׁים יוֹם, וְהִקְרַבְתֶּם מִנְחָה חֲדָשָׁה לַיהוה: וִיהִי נֹעַם אֲדֹנָי אֱלֹהֵינוּ
עָלֵינוּ, וּמַעֲשֵׂה יָדֵינוּ כּוֹנְנָה עָלֵינוּ, וּמַעֲשֵׂה יָדֵינוּ כּוֹנְנֵהוּ:

בָּרוּךְ אַתָּה יהוה אֱלֹהֵינוּ מֶלֶךְ הָעוֹלָם
אֲשֶׁר קִדְּשָׁנוּ בְּמִצְוֹתָיו וְצִוָּנוּ עַל סְפִירַת הָעֹמֶר.

טז בניסן

1. הַיּוֹם יוֹם אֶחָד בָּעֹמֶר.

חסד שבחסד

יז בניסן

2. הַיּוֹם שְׁנֵי יָמִים בָּעֹמֶר.

גבורה שבחסד

יח בניסן

3. הַיּוֹם שְׁלֹשָׁה יָמִים בָּעֹמֶר.

תפארת שבחסד

יט בניסן

4. הַיּוֹם אַרְבָּעָה יָמִים בָּעֹמֶר.

נצח שבחסד

כ בניסן

5. הַיּוֹם חֲמִשָּׁה יָמִים בָּעֹמֶר.

הוד שבחסד

כא בניסן

6. הַיּוֹם שִׁשָּׁה יָמִים בָּעֹמֶר.

יסוד שבחסד

כב בניסן

7. הַיּוֹם שִׁבְעָה יָמִים
שֶׁהֵם שָׁבוּעַ אֶחָד בָּעֹמֶר.

מלכות שבחסד

כג בניסן

8. הַיּוֹם שְׁמוֹנָה יָמִים
שֶׁהֵם שָׁבוּעַ אֶחָד וְיוֹם אֶחָד
בָּעֹמֶר.

חסד שבגבורה

כד בניסן

9. הַיּוֹם תִּשְׁעָה יָמִים
שֶׁהֵם שָׁבוּעַ אֶחָד וּשְׁנֵי יָמִים
בָּעֹמֶר.

גבורה שבגבורה

כה בניסן

10. הַיּוֹם עֲשָׂרָה יָמִים
שֶׁהֵם שָׁבוּעַ אֶחָד וּשְׁלֹשָׁה
יָמִים בָּעֹמֶר. תפארת שבגבורה

כו בניסן

11. הַיּוֹם אַחַד עָשָׂר יוֹם
שֶׁהֵם שָׁבוּעַ אֶחָד וְאַרְבָּעָה
יָמִים בָּעֹמֶר. נצח שבגבורה

כז בניסן

12. הַיּוֹם שְׁנֵים עָשָׂר יוֹם
שֶׁהֵם שָׁבוּעַ אֶחָד וַחֲמִשָּׁה
יָמִים בָּעֹמֶר. הוד שבגבורה

כח בניסן

13. הַיּוֹם שְׁלֹשָׁה עָשָׂר יוֹם
שֶׁהֵם שָׁבוּעַ אֶחָד וְשִׁשָּׁה יָמִים
בָּעֹמֶר. יסוד שבגבורה

כט בניסן

14. הַיּוֹם אַרְבָּעָה עָשָׂר יוֹם
שֶׁהֵם שְׁנֵי שָׁבוּעוֹת בָּעֹמֶר.
מלכות שבגבורה

ל בניסן, א׳ דראש חודש

15. הַיּוֹם חֲמִשָּׁה עָשָׂר יוֹם
שֶׁהֵם שְׁנֵי שָׁבוּעוֹת וְיוֹם אֶחָד
בָּעֹמֶר. חסד שבתפארת

א באייר, ב׳ דראש חודש

16. הַיּוֹם שִׁשָּׁה עָשָׂר יוֹם
שֶׁהֵם שְׁנֵי שָׁבוּעוֹת וּשְׁנֵי יָמִים
בָּעֹמֶר. גבורה שבתפארת

ב באייר

17. הַיּוֹם שִׁבְעָה עָשָׂר יוֹם
שֶׁהֵם שְׁנֵי שָׁבוּעוֹת וּשְׁלֹשָׁה
יָמִים בָּעֹמֶר. תפארת שבתפארת

ג באייר

18. הַיּוֹם שְׁמוֹנָה עָשָׂר יוֹם
שֶׁהֵם שְׁנֵי שָׁבוּעוֹת וְאַרְבָּעָה
יָמִים בָּעֹמֶר. נצח שבתפארת

ד באייר

19. הַיּוֹם תִּשְׁעָה עָשָׂר יוֹם
שֶׁהֵם שְׁנֵי שָׁבוּעוֹת וַחֲמִשָּׁה
יָמִים בָּעֹמֶר. הוד שבתפארת

ה באייר, יום העצמאות

20. הַיּוֹם עֶשְׂרִים יוֹם
שֶׁהֵם שְׁנֵי שָׁבוּעוֹת וְשִׁשָּׁה
יָמִים בָּעֹמֶר. יסוד שבתפארת

ו באייר

21. הַיּוֹם אֶחָד וְעֶשְׂרִים יוֹם
שֶׁהֵם שְׁלֹשָׁה שָׁבוּעוֹת בָּעֹמֶר.
מלכות שבתפארת

ז באייר

22. הַיּוֹם שְׁנַיִם וְעֶשְׂרִים יוֹם
שֶׁהֵם שְׁלֹשָׁה שָׁבוּעוֹת
וְיוֹם אֶחָד בָּעֹמֶר. חסד שבנצח

ח באייר

23. הַיּוֹם שְׁלֹשָׁה וְעֶשְׂרִים יוֹם
שֶׁהֵם שְׁלֹשָׁה שָׁבוּעוֹת
וּשְׁנֵי יָמִים בָּעֹמֶר. גבורה שבנצח

ט באייר

24. הַיּוֹם אַרְבָּעָה וְעֶשְׂרִים יוֹם
שֶׁהֵם שְׁלֹשָׁה שָׁבוּעוֹת וּשְׁלֹשָׁה
יָמִים בָּעֹמֶר. תפארת שבנצח

י באייר

25. הַיּוֹם חֲמִשָּׁה וְעֶשְׂרִים יוֹם
שֶׁהֵם שְׁלֹשָׁה שָׁבוּעוֹת
וְאַרְבָּעָה יָמִים בָּעֹמֶר. נצח שבנצח

יא באייר

26. הַיּוֹם שִׁשָּׁה וְעֶשְׂרִים יוֹם
שֶׁהֵם שְׁלֹשָׁה שָׁבוּעוֹת
וַחֲמִשָּׁה יָמִים בָּעֹמֶר. הוד שבנצח

יב באייר

27. הַיּוֹם שִׁבְעָה וְעֶשְׂרִים יוֹם
שֶׁהֵם שְׁלֹשָׁה שָׁבוּעוֹת
וְשִׁשָּׁה יָמִים בָּעֹמֶר. יסוד שבנצח

יג באייר

28. הַיּוֹם שְׁמוֹנָה וְעֶשְׂרִים יוֹם
שֶׁהֵם אַרְבָּעָה שָׁבוּעוֹת
בָּעֹמֶר. מלכות שבנצח

יד באייר, פסח שני

29. הַיּוֹם תִּשְׁעָה וְעֶשְׂרִים יוֹם
שֶׁהֵם אַרְבָּעָה שָׁבוּעוֹת
וְיוֹם אֶחָד בָּעֹמֶר. חסד שבהוד

טו באייר

30. הַיּוֹם שְׁלֹשִׁים יוֹם
שֶׁהֵם אַרְבָּעָה שָׁבוּעוֹת
וּשְׁנֵי יָמִים בָּעֹמֶר. גבורה שבהוד

טז באייר

31. הַיּוֹם אֶחָד וּשְׁלֹשִׁים יוֹם
שֶׁהֵם אַרְבָּעָה שָׁבוּעוֹת
וּשְׁלֹשָׁה יָמִים בָּעֹמֶר.
תפארת שבהוד

יז באייר

32. הַיּוֹם שְׁנַיִם וּשְׁלֹשִׁים יוֹם
שֶׁהֵם אַרְבָּעָה שָׁבוּעוֹת
וְאַרְבָּעָה יָמִים בָּעֹמֶר. נצח שבהוד

יח באייר, לג בעומר

33. הַיּוֹם שְׁלֹשָׁה וּשְׁלֹשִׁים יוֹם
שֶׁהֵם אַרְבָּעָה שָׁבוּעוֹת וַחֲמִשָּׁה
יָמִים בָּעֹמֶר. הוד שבהוד

יט באייר

34. הַיּוֹם אַרְבָּעָה וּשְׁלֹשִׁים יוֹם
שֶׁהֵם אַרְבָּעָה שָׁבוּעוֹת
וְשִׁשָּׁה יָמִים בָּעֹמֶר. יסוד שבהוד

כ באייר

35. הַיּוֹם חֲמִשָּׁה וּשְׁלֹשִׁים יוֹם
שֶׁהֵם חֲמִשָּׁה שָׁבוּעוֹת
בָּעֹמֶר. מלכות שבהוד

כא באייר

36. הַיּוֹם שִׁשָּׁה וּשְׁלֹשִׁים יוֹם
שֶׁהֵם חֲמִשָּׁה שָׁבוּעוֹת
וְיוֹם אֶחָד בָּעֹמֶר. חסד שביסוד

כב באייר

37. הַיּוֹם שִׁבְעָה וּשְׁלֹשִׁים יוֹם
שֶׁהֵם חֲמִשָּׁה שָׁבוּעוֹת
וּשְׁנֵי יָמִים בָּעֹמֶר. גבורה שביסוד

כג באייר

38. הַיּוֹם שְׁמוֹנָה וּשְׁלשִׁים יוֹם
שֶׁהֵם חֲמִשָּׁה שָׁבוּעוֹת
וּשְׁלשָׁה יָמִים בָּעֹמֶר.
תפארת שביסוד

כד באייר

39. הַיּוֹם תִּשְׁעָה וּשְׁלשִׁים יוֹם
שֶׁהֵם חֲמִשָּׁה שָׁבוּעוֹת
וְאַרְבָּעָה יָמִים בָּעֹמֶר. נצח שביסוד

כה באייר

40. הַיּוֹם אַרְבָּעִים יוֹם
שֶׁהֵם חֲמִשָּׁה שָׁבוּעוֹת
וַחֲמִשָּׁה יָמִים בָּעֹמֶר. הוד שביסוד

כו באייר

41. הַיּוֹם אֶחָד וְאַרְבָּעִים יוֹם
שֶׁהֵם חֲמִשָּׁה שָׁבוּעוֹת
וְשִׁשָּׁה יָמִים בָּעֹמֶר. יסוד שביסוד

כז באייר

42. הַיּוֹם שְׁנַיִם וְאַרְבָּעִים יוֹם
שֶׁהֵם שִׁשָּׁה שָׁבוּעוֹת
בָּעֹמֶר. מלכות שביסוד

כח באייר, יום ירושלים

43. הַיּוֹם שְׁלשָׁה וְאַרְבָּעִים יוֹם
שֶׁהֵם שִׁשָּׁה שָׁבוּעוֹת
וְיוֹם אֶחָד בָּעֹמֶר. חסד שבמלכות

כט באייר

44. הַיּוֹם אַרְבָּעָה וְאַרְבָּעִים יוֹם
שֶׁהֵם שִׁשָּׁה שָׁבוּעוֹת
וּשְׁנֵי יָמִים בָּעֹמֶר. גבורה שבמלכות

א בסיון, ראש חודש

45. הַיּוֹם חֲמִשָּׁה וְאַרְבָּעִים יוֹם
שֶׁהֵם שִׁשָּׁה שָׁבוּעוֹת וּשְׁלשָׁה
יָמִים בָּעֹמֶר. תפארת שבמלכות

ב בסיון

46. הַיּוֹם שִׁשָּׁה וְאַרְבָּעִים יוֹם
שֶׁהֵם שִׁשָּׁה שָׁבוּעוֹת וְאַרְבָּעָה
יָמִים בָּעֹמֶר. נצח שבמלכות

ג בסיון

47. הַיּוֹם שִׁבְעָה וְאַרְבָּעִים יוֹם
שֶׁהֵם שִׁשָּׁה שָׁבוּעוֹת וַחֲמִשָּׁה
יָמִים בָּעֹמֶר. הוד שבמלכות

ד בסיון

48. הַיּוֹם שְׁמוֹנָה וְאַרְבָּעִים יוֹם
שֶׁהֵם שִׁשָּׁה שָׁבוּעוֹת וְשִׁשָּׁה
יָמִים בָּעֹמֶר. יסוד שבמלכות

ה בסיון, ערב שבועות

49. הַיּוֹם תִּשְׁעָה וְאַרְבָּעִים יוֹם
שֶׁהֵם שִׁבְעָה שָׁבוּעוֹת בָּעֹמֶר.
מלכות שבמלכות

הָרַחֲמָן הוּא יַחֲזִיר לָנוּ עֲבוֹדַת בֵּית הַמִּקְדָּשׁ לִמְקוֹמָהּ
בִּמְהֵרָה בְיָמֵינוּ, אָמֵן סֶלָה.

Some add:

תהלים סז לַמְנַצֵּחַ בִּנְגִינֹת, מִזְמוֹר שִׁיר: אֱלֹהִים יְחָנֵּנוּ וִיבָרְכֵנוּ, יָאֵר פָּנָיו אִתָּנוּ סֶלָה: לָדַעַת
בָּאָרֶץ דַּרְכֶּךָ, בְּכָל־גּוֹיִם יְשׁוּעָתֶךָ: יוֹדוּךָ עַמִּים אֱלֹהִים, יוֹדוּךָ עַמִּים כֻּלָּם: יִשְׂמְחוּ
וִירַנְּנוּ לְאֻמִּים, כִּי־תִשְׁפֹּט עַמִּים מִישֹׁר, וּלְאֻמִּים בָּאָרֶץ תַּנְחֵם סֶלָה: יוֹדוּךָ עַמִּים
אֱלֹהִים, יוֹדוּךָ עַמִּים כֻּלָּם: אֶרֶץ נָתְנָה יְבוּלָהּ, יְבָרְכֵנוּ אֱלֹהִים אֱלֹהֵינוּ: יְבָרְכֵנוּ
אֱלֹהִים, וְיִירְאוּ אוֹתוֹ כָּל־אַפְסֵי־אָרֶץ:

אָנָּא, בְּכֹחַ גְּדֻלַּת יְמִינְךָ, תַּתִּיר צְרוּרָה.
קַבֵּל רִנַּת עַמְּךָ, שַׂגְּבֵנוּ, טַהֲרֵנוּ, נוֹרָא.
נָא גִבּוֹר, דּוֹרְשֵׁי יִחוּדְךָ כְּבָבַת שָׁמְרֵם.
בָּרְכֵם, טַהֲרֵם, רַחֲמֵם, צִדְקָתְךָ תָּמִיד גָּמְלֵם.
חֲסִין קָדוֹשׁ, בְּרֹב טוּבְךָ נַהֵל עֲדָתֶךָ.
יָחִיד גֵּאֶה, לְעַמְּךָ פְּנֵה, זוֹכְרֵי קְדֻשָּׁתֶךָ.
שַׁוְעָתֵנוּ קַבֵּל וּשְׁמַע צַעֲקָתֵנוּ, יוֹדֵעַ תַּעֲלוּמוֹת.
בָּרוּךְ שֵׁם כְּבוֹד מַלְכוּתוֹ לְעוֹלָם וָעֶד.

רִבּוֹנוֹ שֶׁל עוֹלָם, אַתָּה צִוִּיתָנוּ עַל יְדֵי מֹשֶׁה עַבְדְּךָ לִסְפֹּר סְפִירַת הָעֹמֶר, כְּדֵי לְטַהֲרֵנוּ
ויקרא כג מִקְּלִפּוֹתֵינוּ וּמִטֻּמְאוֹתֵינוּ. כְּמוֹ שֶׁכָּתַבְתָּ בְּתוֹרָתֶךָ: וּסְפַרְתֶּם לָכֶם מִמָּחֳרַת הַשַּׁבָּת,
מִיּוֹם הֲבִיאֲכֶם אֶת־עֹמֶר הַתְּנוּפָה, שֶׁבַע שַׁבָּתוֹת תְּמִימֹת תִּהְיֶינָה: עַד מִמָּחֳרַת
הַשַּׁבָּת הַשְּׁבִיעִת תִּסְפְּרוּ חֲמִשִּׁים יוֹם: כְּדֵי שֶׁיִּטָּהֲרוּ נַפְשׁוֹת עַמְּךָ יִשְׂרָאֵל מִזֻּהֲמָתָם.
וּבְכֵן יְהִי רָצוֹן מִלְּפָנֶיךָ יהוה אֱלֹהֵינוּ וֵאלֹהֵי אֲבוֹתֵינוּ, שֶׁבִּזְכוּת סְפִירַת הָעֹמֶר שֶׁסָּפַרְתִּי
הַיּוֹם, יְתֻקַּן מַה שֶּׁפָּגַמְתִּי בִּסְפִירָה (*insert appropriate* ספירה *for each day*) וְאֶטָּהֵר
וְאֶתְקַדֵּשׁ בִּקְדֻשָּׁה שֶׁל מַעְלָה, וְעַל יְדֵי זֶה יֻשְׁפַּע שֶׁפַע רַב בְּכָל הָעוֹלָמוֹת, לְתַקֵּן
אֶת נַפְשׁוֹתֵינוּ וְרוּחוֹתֵינוּ וְנִשְׁמוֹתֵינוּ מִכָּל סִיג וּפְגָם, וּלְטַהֲרֵנוּ וּלְקַדְּשֵׁנוּ בִּקְדֻשָּׁתְךָ
הָעֶלְיוֹנָה, אָמֵן סֶלָה.

The service continues with עָלֵינוּ *on page 1169.*

קריאת שמע על המיטה

הֲרֵינִי מוֹחֵל לְכָל מִי שֶׁהִכְעִיס וְהִקְנִיט אוֹתִי אוֹ שֶׁחָטָא כְּנֶגְדִּי, בֵּין בְּגוּפִי בֵּין בְּמָמוֹנִי בֵּין בִּכְבוֹדִי בֵּין בְּכָל אֲשֶׁר לִי, בֵּין בְּאֹנֶס בֵּין בְּרָצוֹן, בֵּין בְּשׁוֹגֵג בֵּין בְּמֵזִיד, בֵּין בְּדִבּוּר בֵּין בְּמַעֲשֶׂה, וְלֹא יֵעָנֵשׁ שׁוּם אָדָם בְּסִבָּתִי.

בָּרוּךְ אַתָּה יהוה אֱלֹהֵינוּ מֶלֶךְ הָעוֹלָם, הַמַּפִּיל חֶבְלֵי שֵׁנָה עַל עֵינַי וּתְנוּמָה עַל עַפְעַפָּי. וִיהִי רָצוֹן מִלְּפָנֶיךָ, יהוה אֱלֹהַי וֵאלֹהֵי אֲבוֹתַי, שֶׁתַּשְׁכִּיבֵנִי לְשָׁלוֹם וְתַעֲמִידֵנִי לְשָׁלוֹם, וְאַל יְבַהֲלוּנִי רַעְיוֹנַי וַחֲלוֹמוֹת רָעִים וְהִרְהוּרִים רָעִים, וּתְהֵא מִטָּתִי שְׁלֵמָה לְפָנֶיךָ, וְהָאֵר עֵינַי פֶּן אִישַׁן הַמָּוֶת, כִּי אַתָּה הַמֵּאִיר לְאִישׁוֹן בַּת עָיִן. בָּרוּךְ אַתָּה יהוה, הַמֵּאִיר לָעוֹלָם כֻּלּוֹ בִּכְבוֹדוֹ.

When saying all three paragraphs of שמע*, say:*

אֵל מֶלֶךְ נֶאֱמָן

The following verse should be said aloud, while covering the eyes with the right hand:

דברים ו **שְׁמַע יִשְׂרָאֵל, יהוה אֱלֹהֵינוּ, יהוה | אֶחָד:**

Quietly בָּרוּךְ שֵׁם כְּבוֹד מַלְכוּתוֹ לְעוֹלָם וָעֶד.

דברים ו וְאָהַבְתָּ אֵת יהוה אֱלֹהֶיךָ, בְּכָל־לְבָבְךָ וּבְכָל־נַפְשְׁךָ וּבְכָל־
מְאֹדֶךָ: וְהָיוּ הַדְּבָרִים הָאֵלֶּה, אֲשֶׁר אָנֹכִי מְצַוְּךָ הַיּוֹם, עַל־לְבָבֶךָ:
וְשִׁנַּנְתָּם לְבָנֶיךָ וְדִבַּרְתָּ בָּם, בְּשִׁבְתְּךָ בְּבֵיתֶךָ וּבְלֶכְתְּךָ בַדֶּרֶךְ,
וּבְשָׁכְבְּךָ וּבְקוּמֶךָ: וּקְשַׁרְתָּם לְאוֹת עַל־יָדֶךָ וְהָיוּ לְטֹטָפֹת בֵּין
עֵינֶיךָ: וּכְתַבְתָּם עַל־מְזֻזוֹת בֵּיתֶךָ וּבִשְׁעָרֶיךָ:

תהלים צ וִיהִי נֹעַם אֲדֹנָי אֱלֹהֵינוּ עָלֵינוּ וּמַעֲשֵׂה יָדֵינוּ כּוֹנְנָה עָלֵינוּ וּמַעֲשֵׂה יָדֵינוּ
כּוֹנְנֵהוּ:

תהלים צא יֹשֵׁב בְּסֵתֶר עֶלְיוֹן, בְּצֵל שַׁדַּי יִתְלוֹנָן: אֹמַר לַיהוה מַחְסִי וּמְצוּדָתִי, אֱלֹהַי
אֶבְטַח־בּוֹ: כִּי הוּא יַצִּילְךָ מִפַּח יָקוּשׁ, מִדֶּבֶר הַוּוֹת: בְּאֶבְרָתוֹ יָסֶךְ לָךְ,
וְתַחַת־כְּנָפָיו תֶּחְסֶה, צִנָּה וְסֹחֵרָה אֲמִתּוֹ: לֹא־תִירָא מִפַּחַד לָיְלָה, מֵחֵץ

יָעוּף יוֹמָם: מִדֶּבֶר בָּאֹפֶל יַהֲלֹךְ, מִקֶּטֶב יָשׁוּד צָהֳרָיִם: יִפֹּל מִצִּדְּךָ אֶלֶף,
וּרְבָבָה מִימִינֶךָ, אֵלֶיךָ לֹא יִגָּשׁ: רַק בְּעֵינֶיךָ תַבִּיט, וְשִׁלֻּמַת רְשָׁעִים תִּרְאֶה:
כִּי־אַתָּה יהוה מַחְסִי, עֶלְיוֹן שַׂמְתָּ מְעוֹנֶךָ: לֹא־תְאֻנֶּה אֵלֶיךָ רָעָה, וְנֶגַע
לֹא־יִקְרַב בְּאָהֳלֶךָ: כִּי מַלְאָכָיו יְצַוֶּה־לָּךְ, לִשְׁמָרְךָ בְּכָל־דְּרָכֶיךָ: עַל־כַּפַּיִם
יִשָּׂאוּנְךָ, פֶּן־תִּגֹּף בָּאֶבֶן רַגְלֶךָ: עַל־שַׁחַל וָפֶתֶן תִּדְרֹךְ, תִּרְמֹס כְּפִיר וְתַנִּין:
כִּי בִי חָשַׁק וַאֲפַלְּטֵהוּ, אֲשַׂגְּבֵהוּ כִּי־יָדַע שְׁמִי: יִקְרָאֵנִי וְאֶעֱנֵהוּ, עִמּוֹ־אָנֹכִי
בְצָרָה, אֲחַלְּצֵהוּ וַאֲכַבְּדֵהוּ: אֹרֶךְ יָמִים אַשְׂבִּיעֵהוּ, וְאַרְאֵהוּ בִּישׁוּעָתִי:
אֹרֶךְ יָמִים אַשְׂבִּיעֵהוּ, וְאַרְאֵהוּ בִּישׁוּעָתִי:

יהוה מָה־רַבּוּ צָרָי, רַבִּים קָמִים עָלָי: רַבִּים אֹמְרִים לְנַפְשִׁי, אֵין יְשׁוּעָתָה תהלים ג
לּוֹ בֵאלֹהִים, סֶלָה: וְאַתָּה יהוה מָגֵן בַּעֲדִי, כְּבוֹדִי וּמֵרִים רֹאשִׁי: קוֹלִי
אֶל־יהוה אֶקְרָא, וַיַּעֲנֵנִי מֵהַר קָדְשׁוֹ, סֶלָה: אֲנִי שָׁכַבְתִּי וָאִישָׁנָה, הֱקִיצוֹתִי
כִּי יהוה יִסְמְכֵנִי: לֹא־אִירָא מֵרִבְבוֹת עָם, אֲשֶׁר סָבִיב שָׁתוּ עָלָי: קוּמָה
יהוה, הוֹשִׁיעֵנִי אֱלֹהַי, כִּי־הִכִּיתָ אֶת־כָּל־אֹיְבַי לֶחִי, שִׁנֵּי רְשָׁעִים שִׁבַּרְתָּ:
לַיהוה הַיְשׁוּעָה, עַל־עַמְּךָ בִרְכָתֶךָ סֶּלָה:

הַשְׁכִּיבֵנוּ, יהוה אֱלֹהֵינוּ, לְשָׁלוֹם. וְהַעֲמִידֵנוּ, מַלְכֵּנוּ, לְחַיִּים. וּפְרֹשׂ עָלֵינוּ סֻכַּת שְׁלוֹמֶךָ, וְתַקְּנֵנוּ בְּעֵצָה טוֹבָה מִלְּפָנֶיךָ, וְהוֹשִׁיעֵנוּ לְמַעַן שְׁמֶךָ. וְהָגֵן בַּעֲדֵנוּ, וְהָסֵר מֵעָלֵינוּ אוֹיֵב, דֶּבֶר וְחֶרֶב וְרָעָב וְיָגוֹן. וְהָסֵר שָׂטָן מִלְּפָנֵינוּ וּמֵאַחֲרֵינוּ, וּבְצֵל כְּנָפֶיךָ תַּסְתִּירֵנוּ, כִּי אֵל שׁוֹמְרֵנוּ וּמַצִּילֵנוּ אָתָּה, כִּי אֵל מֶלֶךְ חַנּוּן וְרַחוּם אָתָּה. וּשְׁמֹר צֵאתֵנוּ וּבוֹאֵנוּ לְחַיִּים וּלְשָׁלוֹם מֵעַתָּה וְעַד עוֹלָם.

בָּרוּךְ יהוה בַּיּוֹם, בָּרוּךְ יהוה בַּלָּיְלָה, בָּרוּךְ יהוה בְּשָׁכְבֵנוּ, בָּרוּךְ יהוה
בְּקוּמֵנוּ. כִּי בְיָדְךָ נַפְשׁוֹת הַחַיִּים וְהַמֵּתִים. אֲשֶׁר בְּיָדוֹ נֶפֶשׁ כָּל־חָי, וְרוּחַ איוב יב
כָּל־בְּשַׂר־אִישׁ: בְּיָדְךָ אַפְקִיד רוּחִי, פָּדִיתָה אוֹתִי יהוה אֵל אֱמֶת: אֱלֹהֵינוּ תהלים לא
שֶׁבַּשָּׁמַיִם, יַחֵד שִׁמְךָ וְקַיֵּם מַלְכוּתְךָ תָּמִיד, וּמְלֹךְ עָלֵינוּ לְעוֹלָם וָעֶד.

יִרְאוּ עֵינֵינוּ וְיִשְׂמַח לִבֵּנוּ, וְתָגֵל נַפְשֵׁנוּ בִּישׁוּעָתְךָ בֶּאֱמֶת, בֶּאֱמֹר לְצִיּוֹן מָלַךְ אֱלֹהָיִךְ. יהוה מֶלֶךְ, יהוה מָלָךְ, יהוה יִמְלֹךְ לְעוֹלָם וָעֶד. כִּי הַמַּלְכוּת שֶׁלְּךָ הִיא, וּלְעוֹלְמֵי עַד תִּמְלֹךְ בְּכָבוֹד, כִּי אֵין לָנוּ מֶלֶךְ אֶלָּא אָתָּה.

הַמַּלְאָךְ הַגֹּאֵל אֹתִי מִכָּל־רָע יְבָרֵךְ אֶת־הַנְּעָרִים, וְיִקָּרֵא בָהֶם שְׁמִי וְשֵׁם בראשית מח
אֲבֹתַי אַבְרָהָם וְיִצְחָק, וְיִדְגּוּ לָרֹב בְּקֶרֶב הָאָרֶץ:

וַיֹּאמֶר אִם־שָׁמוֹעַ תִּשְׁמַע לְקוֹל יהוה אֱלֹהֶיךָ, וְהַיָּשָׁר בְּעֵינָיו תַּעֲשֶׂה, שמות טו
וְהַאֲזַנְתָּ לְמִצְוֹתָיו וְשָׁמַרְתָּ כָּל־חֻקָּיו, כָּל־הַמַּחֲלָה אֲשֶׁר־שַׂמְתִּי בְמִצְרַיִם
לֹא־אָשִׂים עָלֶיךָ, כִּי אֲנִי יהוה רֹפְאֶךָ: וַיֹּאמֶר יהוה אֶל־הַשָּׂטָן, יִגְעַר יהוה זכריה ג
בְּךָ הַשָּׂטָן, וְיִגְעַר יהוה בְּךָ הַבֹּחֵר בִּירוּשָׁלָםִ, הֲלוֹא זֶה אוּד מֻצָּל מֵאֵשׁ:
הִנֵּה מִטָּתוֹ שֶׁלִּשְׁלֹמֹה, שִׁשִּׁים גִּבֹּרִים סָבִיב לָהּ, מִגִּבֹּרֵי יִשְׂרָאֵל: כֻּלָּם שיר השירים ג
אֲחֻזֵי חֶרֶב, מְלֻמְּדֵי מִלְחָמָה, אִישׁ חַרְבּוֹ עַל־יְרֵכוֹ מִפַּחַד בַּלֵּילוֹת:

Say three times:

יְבָרֶכְךָ יהוה וְיִשְׁמְרֶךָ: במדבר ו
יָאֵר יהוה פָּנָיו אֵלֶיךָ וִיחֻנֶּךָּ:
יִשָּׂא יהוה פָּנָיו אֵלֶיךָ וְיָשֵׂם לְךָ שָׁלוֹם:

Say three times:

הִנֵּה לֹא־יָנוּם וְלֹא יִישָׁן שׁוֹמֵר יִשְׂרָאֵל: תהלים קכא

Say three times:

לִישׁוּעָתְךָ קִוִּיתִי יהוה: בראשית מט
קִוִּיתִי יהוה לִישׁוּעָתְךָ
יהוה לִישׁוּעָתְךָ קִוִּיתִי

Say three times:

בְּשֵׁם יהוה אֱלֹהֵי יִשְׂרָאֵל
מִימִינִי מִיכָאֵל, וּמִשְּׂמֹאלִי גַּבְרִיאֵל
וּמִלְּפָנַי אוּרִיאֵל, וּמֵאֲחוֹרַי רְפָאֵל
וְעַל רֹאשִׁי שְׁכִינַת אֵל.

שִׁיר הַמַּעֲלוֹת, אַשְׁרֵי כָּל־יְרֵא יהוה, הַהֹלֵךְ בִּדְרָכָיו: יְגִיעַ כַּפֶּיךָ כִּי תֹאכֵל, תהלים קכח
אַשְׁרֶיךָ וְטוֹב לָךְ: אֶשְׁתְּךָ כְּגֶפֶן פֹּרִיָּה בְּיַרְכְּתֵי בֵיתֶךָ, בָּנֶיךָ כִּשְׁתִלֵי זֵיתִים,
סָבִיב לְשֻׁלְחָנֶךָ: הִנֵּה כִי־כֵן יְבֹרַךְ גָּבֶר יְרֵא יהוה: יְבָרֶכְךָ יהוה מִצִּיּוֹן,
וּרְאֵה בְּטוּב יְרוּשָׁלָםִ, כֹּל יְמֵי חַיֶּיךָ: וּרְאֵה־בָנִים לְבָנֶיךָ, שָׁלוֹם עַל־
יִשְׂרָאֵל:

Say three times:

תהלים ד
רִגְזוּ וְאַל־תֶּחֱטָאוּ
אִמְרוּ בִלְבַבְכֶם עַל־מִשְׁכַּבְכֶם, וְדֹמּוּ סֶלָה:

אֲדוֹן עוֹלָם אֲשֶׁר מָלַךְ בְּטֶרֶם כָּל־יְצִיר נִבְרָא.
לְעֵת נַעֲשָׂה בְחֶפְצוֹ כֹּל אֲזַי מֶלֶךְ שְׁמוֹ נִקְרָא.
וְאַחֲרֵי כִּכְלוֹת הַכֹּל לְבַדּוֹ יִמְלֹךְ נוֹרָא.
וְהוּא הָיָה וְהוּא הֹוֶה וְהוּא יִהְיֶה בְּתִפְאָרָה.
וְהוּא אֶחָד וְאֵין שֵׁנִי לְהַמְשִׁיל לוֹ לְהַחְבִּירָה.
בְּלִי רֵאשִׁית בְּלִי תַכְלִית וְלוֹ הָעֹז וְהַמִּשְׂרָה.
וְהוּא אֵלִי וְחַי גּוֹאֲלִי וְצוּר חֶבְלִי בְּעֵת צָרָה.
וְהוּא נִסִּי וּמָנוֹס לִי מְנָת כּוֹסִי בְּיוֹם אֶקְרָא.
בְּיָדוֹ אַפְקִיד רוּחִי בְּעֵת אִישַׁן וְאָעִירָה.
וְעִם רוּחִי גְּוִיָּתִי יהוה לִי וְלֹא אִירָא.

סדר הלל

On חנוכה, הלל שלם *is said.*
On ראש חודש, הלל בדילוג *is said.*

בָּרוּךְ אַתָּה יהוה אֱלֹהֵינוּ מֶלֶךְ הָעוֹלָם
אֲשֶׁר קִדְּשָׁנוּ בְּמִצְוֹתָיו וְצִוָּנוּ לִקְרֹא אֶת הַהַלֵּל.

תהלים קיג הַלְלוּיָהּ, הַלְלוּ עַבְדֵי יהוה, הַלְלוּ אֶת־שֵׁם יהוה: יְהִי שֵׁם יהוה
מְבֹרָךְ, מֵעַתָּה וְעַד־עוֹלָם: מִמִּזְרַח־שֶׁמֶשׁ עַד־מְבוֹאוֹ, מְהֻלָּל שֵׁם
יהוה: רָם עַל־כָּל־גּוֹיִם יהוה, עַל הַשָּׁמַיִם כְּבוֹדוֹ: מִי כַּיהוה אֱלֹהֵינוּ,
הַמַּגְבִּיהִי לָשָׁבֶת: הַמַּשְׁפִּילִי לִרְאוֹת, בַּשָּׁמַיִם וּבָאָרֶץ: ‹ מְקִימִי
מֵעָפָר דָּל, מֵאַשְׁפֹּת יָרִים אֶבְיוֹן: לְהוֹשִׁיבִי עִם־נְדִיבִים, עִם נְדִיבֵי
עַמּוֹ: מוֹשִׁיבִי עֲקֶרֶת הַבַּיִת, אֵם־הַבָּנִים שְׂמֵחָה, הַלְלוּיָהּ:

תהלים קיד בְּצֵאת יִשְׂרָאֵל מִמִּצְרָיִם, בֵּית יַעֲקֹב מֵעַם לֹעֵז: הָיְתָה יְהוּדָה
לְקָדְשׁוֹ, יִשְׂרָאֵל מַמְשְׁלוֹתָיו: הַיָּם רָאָה וַיָּנֹס, הַיַּרְדֵּן יִסֹּב לְאָחוֹר:
הֶהָרִים רָקְדוּ כְאֵילִים, גְּבָעוֹת כִּבְנֵי־צֹאן: ‹ מַה־לְּךָ הַיָּם כִּי תָנוּס,
הַיַּרְדֵּן תִּסֹּב לְאָחוֹר: הֶהָרִים תִּרְקְדוּ כְאֵילִים, גְּבָעוֹת כִּבְנֵי־צֹאן:
מִלִּפְנֵי אָדוֹן חוּלִי אָרֶץ, מִלִּפְנֵי אֱלוֹהַּ יַעֲקֹב: הַהֹפְכִי הַצּוּר אֲגַם־
מָיִם, חַלָּמִישׁ לְמַעְיְנוֹ־מָיִם:

On חנוכה:

תהלים קטו לֹא לָנוּ יהוה לֹא לָנוּ, כִּי־לְשִׁמְךָ תֵּן כָּבוֹד, עַל־חַסְדְּךָ עַל־אֲמִתֶּךָ:
לָמָּה יֹאמְרוּ הַגּוֹיִם אַיֵּה־נָא אֱלֹהֵיהֶם: וֵאלֹהֵינוּ בַשָּׁמָיִם, כֹּל אֲשֶׁר־
חָפֵץ עָשָׂה: עֲצַבֵּיהֶם כֶּסֶף וְזָהָב, מַעֲשֵׂה יְדֵי אָדָם: פֶּה־לָהֶם וְלֹא
יְדַבֵּרוּ, עֵינַיִם לָהֶם וְלֹא יִרְאוּ: אָזְנַיִם לָהֶם וְלֹא יִשְׁמָעוּ, אַף לָהֶם וְלֹא
יְרִיחוּן: יְדֵיהֶם וְלֹא יְמִישׁוּן, רַגְלֵיהֶם וְלֹא יְהַלֵּכוּ, לֹא־יֶהְגּוּ בִּגְרוֹנָם:
כְּמוֹהֶם יִהְיוּ עֹשֵׂיהֶם, כֹּל אֲשֶׁר־בֹּטֵחַ בָּהֶם: ‹ יִשְׂרָאֵל בְּטַח בַּיהוה,

עֶזְרָם וּמָגִנָּם הוּא: בֵּית אַהֲרֹן בִּטְחוּ בַיהוה, עֶזְרָם וּמָגִנָּם הוּא: יִרְאֵי
יהוה בִּטְחוּ בַיהוה, עֶזְרָם וּמָגִנָּם הוּא:

יהוה זְכָרָנוּ יְבָרֵךְ, יְבָרֵךְ אֶת־בֵּית יִשְׂרָאֵל, יְבָרֵךְ אֶת־בֵּית אַהֲרֹן: יְבָרֵךְ יִרְאֵי יהוה, הַקְּטַנִּים עִם־הַגְּדֹלִים: יֹסֵף יהוה עֲלֵיכֶם, עֲלֵיכֶם וְעַל־בְּנֵיכֶם: בְּרוּכִים אַתֶּם לַיהוה, עֹשֵׂה שָׁמַיִם וָאָרֶץ: ‹ הַשָּׁמַיִם שָׁמַיִם לַיהוה, וְהָאָרֶץ נָתַן לִבְנֵי־אָדָם: לֹא הַמֵּתִים יְהַלְלוּ־יָהּ, וְלֹא כָּל־יֹרְדֵי דוּמָה: וַאֲנַחְנוּ נְבָרֵךְ יָהּ, מֵעַתָּה וְעַד־עוֹלָם, הַלְלוּיָהּ:

On חנוכה:

תהלים קטז אָהַבְתִּי, כִּי־יִשְׁמַע יהוה, אֶת־קוֹלִי תַּחֲנוּנָי: כִּי־הִטָּה אָזְנוֹ לִי, וּבְיָמַי אֶקְרָא: אֲפָפוּנִי חֶבְלֵי־מָוֶת, וּמְצָרֵי שְׁאוֹל מְצָאוּנִי, צָרָה וְיָגוֹן אֶמְצָא: וּבְשֵׁם־יהוה אֶקְרָא, אָנָּה יהוה מַלְּטָה נַפְשִׁי: חַנּוּן יהוה וְצַדִּיק, וֵאלֹהֵינוּ מְרַחֵם: שֹׁמֵר פְּתָאִים יהוה, דַּלּוֹתִי וְלִי יְהוֹשִׁיעַ: שׁוּבִי נַפְשִׁי לִמְנוּחָיְכִי, כִּי־יהוה גָּמַל עָלָיְכִי: כִּי חִלַּצְתָּ נַפְשִׁי מִמָּוֶת, אֶת־עֵינִי מִן־דִּמְעָה, אֶת־רַגְלִי מִדֶּחִי: ‹ אֶתְהַלֵּךְ לִפְנֵי יהוה, בְּאַרְצוֹת הַחַיִּים: הֶאֱמַנְתִּי כִּי אֲדַבֵּר, אֲנִי עָנִיתִי מְאֹד: אֲנִי אָמַרְתִּי בְחָפְזִי, כָּל־הָאָדָם כֹּזֵב:

מָה־אָשִׁיב לַיהוה, כָּל־תַּגְמוּלוֹהִי עָלָי: כּוֹס־יְשׁוּעוֹת אֶשָּׂא, וּבְשֵׁם יהוה אֶקְרָא: נְדָרַי לַיהוה אֲשַׁלֵּם, נֶגְדָה־נָּא לְכָל־עַמּוֹ: יָקָר בְּעֵינֵי יהוה, הַמָּוְתָה לַחֲסִידָיו: אָנָּה יהוה כִּי־אֲנִי עַבְדֶּךָ, אֲנִי־עַבְדְּךָ בֶּן־אֲמָתֶךָ, פִּתַּחְתָּ לְמוֹסֵרָי: ‹ לְךָ־אֶזְבַּח זֶבַח תּוֹדָה, וּבְשֵׁם יהוה אֶקְרָא: נְדָרַי לַיהוה אֲשַׁלֵּם, נֶגְדָה־נָּא לְכָל־עַמּוֹ: בְּחַצְרוֹת בֵּית יהוה, בְּתוֹכֵכִי יְרוּשָׁלָםִ, הַלְלוּיָהּ:

תהלים קיז הַלְלוּ אֶת־יהוה כָּל־גּוֹיִם, שַׁבְּחוּהוּ כָּל־הָאֻמִּים:
כִּי גָבַר עָלֵינוּ חַסְדּוֹ, וֶאֱמֶת־יהוה לְעוֹלָם, הַלְלוּיָהּ:

The following verses are chanted by the שליח ציבור.
At the end of each verse, the קהל *responds:* הוֹדוּ לַיהוה כִּי־טוֹב, כִּי לְעוֹלָם חַסְדּוֹ.

הוֹדוּ לַיהוה כִּי־טוֹב	כִּי לְעוֹלָם חַסְדּוֹ:	תהלים קיח
יֹאמַר־נָא יִשְׂרָאֵל	כִּי לְעוֹלָם חַסְדּוֹ:	
יֹאמְרוּ־נָא בֵית־אַהֲרֹן	כִּי לְעוֹלָם חַסְדּוֹ:	
יֹאמְרוּ־נָא יִרְאֵי יהוה	כִּי לְעוֹלָם חַסְדּוֹ:	

מִן־הַמֵּצַר קָרָאתִי יָּהּ, עָנָנִי בַמֶּרְחָב יָהּ: יהוה לִי לֹא אִירָא, מַה־יַּעֲשֶׂה לִי אָדָם: יהוה לִי בְּעֹזְרָי, וַאֲנִי אֶרְאֶה בְשֹׂנְאָי: טוֹב לַחֲסוֹת בַּיהוה, מִבְּטֹחַ בָּאָדָם: טוֹב לַחֲסוֹת בַּיהוה, מִבְּטֹחַ בִּנְדִיבִים: כָּל־גּוֹיִם סְבָבוּנִי, בְּשֵׁם יהוה כִּי אֲמִילַם: סַבּוּנִי גַם־סְבָבוּנִי, בְּשֵׁם יהוה כִּי אֲמִילַם: סַבּוּנִי כִדְבֹרִים, דֹּעֲכוּ כְּאֵשׁ קוֹצִים, בְּשֵׁם יהוה כִּי אֲמִילַם: דָּחֹה דְחִיתַנִי לִנְפֹּל, וַיהוה עֲזָרָנִי: עָזִּי וְזִמְרָת יָהּ, וַיְהִי־לִי לִישׁוּעָה: קוֹל רִנָּה וִישׁוּעָה בְּאָהֳלֵי צַדִּיקִים, יְמִין יהוה עֹשָׂה חָיִל: יְמִין יהוה רוֹמֵמָה, יְמִין יהוה עֹשָׂה חָיִל: לֹא־אָמוּת כִּי־אֶחְיֶה, וַאֲסַפֵּר מַעֲשֵׂי יָהּ: יַסֹּר יִסְּרַנִּי יָּהּ, וְלַמָּוֶת לֹא נְתָנָנִי: ‹ פִּתְחוּ־לִי שַׁעֲרֵי־צֶדֶק, אָבֹא־בָם אוֹדֶה יָהּ: זֶה־הַשַּׁעַר לַיהוה, צַדִּיקִים יָבֹאוּ בוֹ:

אוֹדְךָ כִּי עֲנִיתָנִי, וַתְּהִי־לִי לִישׁוּעָה:
אוֹדְךָ כִּי עֲנִיתָנִי, וַתְּהִי־לִי לִישׁוּעָה:

אֶבֶן מָאֲסוּ הַבּוֹנִים, הָיְתָה לְרֹאשׁ פִּנָּה:
אֶבֶן מָאֲסוּ הַבּוֹנִים, הָיְתָה לְרֹאשׁ פִּנָּה:

מֵאֵת יהוה הָיְתָה זֹּאת, הִיא נִפְלָאת בְּעֵינֵינוּ:
מֵאֵת יהוה הָיְתָה זֹּאת, הִיא נִפְלָאת בְּעֵינֵינוּ:

זֶה־הַיּוֹם עָשָׂה יהוה, נָגִילָה וְנִשְׂמְחָה בוֹ:
זֶה־הַיּוֹם עָשָׂה יהוה, נָגִילָה וְנִשְׂמְחָה בוֹ:

followed by שליח ציבור קהל:

אָנָּא יהוה הוֹשִׁיעָה נָּא:
אָנָּא יהוה הוֹשִׁיעָה נָּא:
אָנָּא יהוה הַצְלִיחָה נָא:
אָנָּא יהוה הַצְלִיחָה נָא:

בָּרוּךְ הַבָּא בְּשֵׁם יהוה, בֵּרַכְנוּכֶם מִבֵּית יהוה:
בָּרוּךְ הַבָּא בְּשֵׁם יהוה, בֵּרַכְנוּכֶם מִבֵּית יהוה:

אֵל יהוה וַיָּאֶר לָנוּ, אִסְרוּ־חַג בַּעֲבֹתִים עַד־קַרְנוֹת הַמִּזְבֵּחַ:
אֵל יהוה וַיָּאֶר לָנוּ, אִסְרוּ־חַג בַּעֲבֹתִים עַד־קַרְנוֹת הַמִּזְבֵּחַ:

אֵלִי אַתָּה וְאוֹדֶךָּ, אֱלֹהַי אֲרוֹמְמֶךָּ:
אֵלִי אַתָּה וְאוֹדֶךָּ, אֱלֹהַי אֲרוֹמְמֶךָּ:

הוֹדוּ לַיהוה כִּי־טוֹב, כִּי לְעוֹלָם חַסְדּוֹ:
הוֹדוּ לַיהוה כִּי־טוֹב, כִּי לְעוֹלָם חַסְדּוֹ:

יְהַלְלוּךָ יהוה אֱלֹהֵינוּ כָּל מַעֲשֶׂיךָ, וַחֲסִידֶיךָ צַדִּיקִים עוֹשֵׂי רְצוֹנֶךָ, וְכָל עַמְּךָ בֵּית יִשְׂרָאֵל בְּרִנָּה יוֹדוּ וִיבָרְכוּ וִישַׁבְּחוּ וִיפָאֲרוּ וִירוֹמְמוּ וְיַעֲרִיצוּ וְיַקְדִּישׁוּ וְיַמְלִיכוּ אֶת שִׁמְךָ מַלְכֵּנוּ, ‹ כִּי לְךָ טוֹב לְהוֹדוֹת וּלְשִׁמְךָ נָאֶה לְזַמֵּר, כִּי מֵעוֹלָם וְעַד עוֹלָם אַתָּה אֵל. בָּרוּךְ אַתָּה יהוה, מֶלֶךְ מְהֻלָּל בַּתִּשְׁבָּחוֹת.

The service contiunues with קדיש שלם *on page 1053.*

סדר הדלקת נרות חנוכה

On each of the eight nights of חנוכה, the lights of the חנוכיה are lit: one on the first night, two on the second, and so on. On the first night, the rightmost branch of the חנוכיה is used; on each subsequent night, an additional light is added to the left. Each night, the new light is lit first, then the others, moving rightwards. If possible, the חנוכיה should be displayed near a window so that it is visible from the street.

The lights are lit using a separate flame known as the שמש. The lighting should be carried out as soon as possible after nightfall. On Friday night, it must be done before the beginning of שבת. Before lighting the חנוכה lights, say:

בָּרוּךְ אַתָּה יהוה אֱלֹהֵינוּ מֶלֶךְ הָעוֹלָם
אֲשֶׁר קִדְּשָׁנוּ בְּמִצְוֹתָיו וְצִוָּנוּ לְהַדְלִיק נֵר שֶׁל חֲנֻכָּה.

בָּרוּךְ אַתָּה יהוה אֱלֹהֵינוּ מֶלֶךְ הָעוֹלָם
שֶׁעָשָׂה נִסִּים לַאֲבוֹתֵינוּ בַּיָּמִים הָהֵם בַּזְּמַן הַזֶּה.

On the first night, add:

בָּרוּךְ אַתָּה יהוה אֱלֹהֵינוּ מֶלֶךְ הָעוֹלָם
שֶׁהֶחֱיָנוּ וְקִיְּמָנוּ וְהִגִּיעָנוּ לַזְּמַן הַזֶּה.

After lighting the first light, say:

מסכת סופרים פרק כ

הַנֵּרוֹת הַלָּלוּ אָנוּ מַדְלִיקִים
עַל הַנִּסִּים וְעַל הַנִּפְלָאוֹת וְעַל הַתְּשׁוּעוֹת וְעַל הַמִּלְחָמוֹת
שֶׁעָשִׂיתָ לַאֲבוֹתֵינוּ בַּיָּמִים הָהֵם בַּזְּמַן הַזֶּה
עַל יְדֵי כֹּהֲנֶיךָ הַקְּדוֹשִׁים.
וְכָל שְׁמוֹנַת יְמֵי חֲנֻכָּה הַנֵּרוֹת הַלָּלוּ קֹדֶשׁ הֵם
וְאֵין לָנוּ רְשׁוּת לְהִשְׁתַּמֵּשׁ בָּהֶם
אֶלָּא לִרְאוֹתָם בִּלְבָד
כְּדֵי לְהוֹדוֹת וּלְהַלֵּל לְשִׁמְךָ הַגָּדוֹל
עַל נִסֶּיךָ וְעַל נִפְלְאוֹתֶיךָ וְעַל יְשׁוּעָתֶךָ.

After all the lights are lit:

מָעוֹז צוּר יְשׁוּעָתִי לְךָ נָאֶה לְשַׁבֵּחַ
תִּכּוֹן בֵּית תְּפִלָּתִי וְשָׁם תּוֹדָה נְזַבֵּחַ
לְעֵת תָּכִין מַטְבֵּחַ מִצָּר הַמְנַבֵּחַ
אָז אֶגְמֹר בְּשִׁיר מִזְמוֹר חֲנֻכַּת הַמִּזְבֵּחַ.

רָעוֹת שָׂבְעָה נַפְשִׁי בְּיָגוֹן כֹּחִי כָּלָה
חַיַּי מֵרְרוּ בְקֹשִׁי בְּשִׁעְבּוּד מַלְכוּת עֶגְלָה
וּבְיָדוֹ הַגְּדוֹלָה הוֹצִיא אֶת הַסְּגֻלָּה
חֵיל פַּרְעֹה וְכָל זַרְעוֹ יָרְדוּ כְּאֶבֶן מְצוּלָה.

דְּבִיר קָדְשׁוֹ הֱבִיאַנִי וְגַם שָׁם לֹא שָׁקַטְתִּי
וּבָא נוֹגֵשׂ וְהִגְלַנִי כִּי זָרִים עָבַדְתִּי
וְיֵין רַעַל מָסַכְתִּי כִּמְעַט שֶׁעָבַרְתִּי
קֵץ בָּבֶל זְרֻבָּבֶל לְקֵץ שִׁבְעִים נוֹשַׁעְתִּי.

כְּרֹת קוֹמַת בְּרוֹשׁ בִּקֵּשׁ אֲגָגִי בֶּן הַמְּדָתָא
וְנִהְיְתָה לוֹ לְפַח וּלְמוֹקֵשׁ וְגַאֲוָתוֹ נִשְׁבָּתָה
רֹאשׁ יְמִינִי נִשֵּׂאתָ וְאוֹיֵב שְׁמוֹ מָחִיתָ
רֹב בָּנָיו וְקִנְיָנָיו עַל הָעֵץ תָּלִיתָ.

יְוָנִים נִקְבְּצוּ עָלַי אֲזַי בִּימֵי חַשְׁמַנִּים
וּפָרְצוּ חוֹמוֹת מִגְדָּלַי וְטִמְּאוּ כָּל הַשְּׁמָנִים
וּמִנּוֹתַר קַנְקַנִּים נַעֲשָׂה נֵס לַשּׁוֹשַׁנִּים
בְּנֵי בִינָה יְמֵי שְׁמוֹנָה קָבְעוּ שִׁיר וּרְנָנִים.

חֲשֹׂף זְרוֹעַ קָדְשֶׁךָ וְקָרֵב קֵץ הַיְשׁוּעָה
נְקֹם נִקְמַת עֲבָדֶיךָ מֵאֻמָּה הָרְשָׁעָה
כִּי אָרְכָה לָנוּ הַשָּׁעָה וְאֵין קֵץ לִימֵי הָרָעָה
דְּחֵה אַדְמוֹן בְּצֵל צַלְמוֹן הָקֵם לָנוּ רוֹעִים שִׁבְעָה.

הפטרה לעשרה בטבת

The blessings for the הפטרה *can be found on page 1061.*

ישעיה נה:ו–נו:ח

דרשו יהוה בהמצאו קראהו בהיותו קרוב: יעזב רשע דרכו ואיש און מחשבתיו וישב אל־יהוה וירחמהו ואל־אלהינו כי־ירבה לסלוח: כי לא מחשבותי מחשבותיכם ולא דרכיכם דרכי נאם יהוה: כי־גבהו שמים מארץ כן גבהו דרכי מדרכיכם ומחשבתי ממחשבתיכם: כי כאשר ירד הגשם והשלג מן־השמים ושמה לא ישוב כי אם־הרוה את־הארץ והולידה והצמיחה ונתן זרע לזרע ולחם לאכל: כן יהיה דברי אשר יצא מפי לא־ישוב אלי ריקם כי אם־עשה את־אשר חפצתי והצליח אשר שלחתיו: כי־בשמחה תצאו ובשלום תובלון ההרים והגבעות יפצחו לפניכם רנה וכל־עצי השדה ימחאו־כף: (ותחת) תחת הנעצוץ יעלה ברוש תחת הסרפד יעלה הדס והיה ליהוה לשם לאות עולם לא יכרת:

כה אמר יהוה שמרו משפט ועשו צדקה כי־קרובה ישועתי לבוא וצדקתי להגלות: אשרי אנוש יעשה־זאת ובן־אדם יחזיק בה שמר שבת מחללו ושמר ידו מעשות כל־רע: ואל־יאמר בן־הנכר הנלוה אל־יהוה לאמר הבדל יבדילני יהוה מעל עמו ואל־יאמר הסריס הן אני עץ יבש:

כי־כה | אמר יהוה לסריסים אשר ישמרו את־שבתותי ובחרו באשר חפצתי ומחזיקים בבריתי: ונתתי להם בביתי ובחומתי יד ושם טוב מבנים ומבנות שם עולם אתן־לו אשר לא יכרת:

ובני הנכר הנלוים על־יהוה לשרתו ולאהבה את־שם יהוה להיות לו לעבדים כל־שמר שבת מחללו ומחזיקים בבריתי: והביאותים אל־הר קדשי ושמחתים בבית תפלתי עולתיהם וזבחיהם לרצון על־מזבחי כי ביתי בית־תפלה יקרא לכל־העמים: נאם אדני יהוה מקבץ נדחי ישראל עוד אקבץ עליו לנקבציו:

סדר קריאת המגילה בפורים

Before the reading of מגילת אסתר, the קהל stands and the קורא says the following three blessings:

בָּרוּךְ אַתָּה יהוה אֱלֹהֵינוּ מֶלֶךְ הָעוֹלָם
אֲשֶׁר קִדְּשָׁנוּ בְּמִצְוֹתָיו וְצִוָּנוּ עַל מִקְרָא מְגִלָּה.

בָּרוּךְ אַתָּה יהוה אֱלֹהֵינוּ מֶלֶךְ הָעוֹלָם
שֶׁעָשָׂה נִסִּים לַאֲבוֹתֵינוּ בַּיָּמִים הָהֵם בַּזְּמַן הַזֶּה.

בָּרוּךְ אַתָּה יהוה אֱלֹהֵינוּ מֶלֶךְ הָעוֹלָם
שֶׁהֶחֱיָנוּ וְקִיְּמָנוּ וְהִגִּיעָנוּ לַזְּמַן הַזֶּה.

The מגילה is read. When the reading is completed, the scroll is rolled up and, if a מנין is present, the קורא continues:

בָּרוּךְ אַתָּה יהוה אֱלֹהֵינוּ מֶלֶךְ הָעוֹלָם
הָרָב אֶת רִיבֵנוּ, וְהַדָּן אֶת דִּינֵנוּ, וְהַנּוֹקֵם אֶת נִקְמָתֵנוּ
וְהַמְשַׁלֵּם גְּמוּל לְכָל אוֹיְבֵי נַפְשֵׁנוּ, וְהַנִּפְרָע לָנוּ מִצָּרֵינוּ.
בָּרוּךְ אַתָּה יהוה
הַנִּפְרָע לְעַמּוֹ יִשְׂרָאֵל מִכָּל צָרֵיהֶם, הָאֵל הַמּוֹשִׁיעַ.

The קהל says:

אֲשֶׁר הֵנִיא עֲצַת גּוֹיִם, וַיָּפֶר מַחְשְׁבוֹת עֲרוּמִים.
בְּקוּם עָלֵינוּ אָדָם רָשָׁע, נֵצֶר זָדוֹן מִזֶּרַע עֲמָלֵק.
גָּאָה בְעָשְׁרוֹ וְכָרָה לוֹ בּוֹר, וּגְדֻלָּתוֹ יָקְשָׁה לוֹ לָכֶד.
דִּמָּה בְנַפְשׁוֹ לִלְכֹּד וְנִלְכַּד, בִּקֵּשׁ לְהַשְׁמִיד וְנִשְׁמַד מְהֵרָה.
הָמָן הוֹדִיעַ אֵיבַת אֲבוֹתָיו, וְעוֹרֵר שִׂנְאַת אַחִים לַבָּנִים.

וְלֹא זָכַר רַחֲמֵי שָׁאוּל, כִּי בְחֶמְלָתוֹ עַל אֲגָג נוֹלַד אוֹיֵב.
זָמַם רָשָׁע לְהַכְרִית צַדִּיק, וְנִלְכַּד טָמֵא בִּידֵי טָהוֹר.
חֶסֶד גָּבַר עַל שִׁגְגַת אָב, וְרָשָׁע הוֹסִיף חֵטְא עַל חֲטָאָיו.
טָמַן בְּלִבּוֹ מַחְשְׁבוֹת עֲרוּמָיו, וַיִּתְמַכֵּר לַעֲשׂוֹת רָעָה.
יָדוֹ שָׁלַח בִּקְדוֹשֵׁי אֵל, כַּסְפּוֹ נָתַן לְהַכְרִית זִכְרָם.
כִּרְאוֹת מָרְדְּכַי כִּי יָצָא קֶצֶף, וְדָתֵי הָמָן נִתְּנוּ בְשׁוּשָׁן.
לָבַשׁ שַׂק וְקָשַׁר מִסְפֵּד וְגָזַר צוֹם וַיֵּשֶׁב עַל הָאֵפֶר.
מִי זֶה יַעֲמֹד לְכַפֵּר שְׁגָגָה, וְלִמְחֹל חַטַּאת עֲוֹן אֲבוֹתֵינוּ.
נֵץ פָּרַח מִלּוּלָב, הֵן הֲדַסָּה עָמְדָה לְעוֹרֵר יְשֵׁנִים.
סָרִיסֶיהָ הִבְהִילוּ לְהָמָן, לְהַשְׁקוֹתוֹ יֵין חֲמַת תַּנִּינִים.
עָמַד בְּעָשְׁרוֹ וְנָפַל בְּרִשְׁעוֹ, עָשָׂה לוֹ עֵץ וְנִתְלָה עָלָיו.
פִּיהֶם פָּתְחוּ כָּל יוֹשְׁבֵי תֵבֵל, כִּי פוּר הָמָן נֶהְפַּךְ לְפוּרֵנוּ.
צַדִּיק נֶחֱלַץ מִיַּד רָשָׁע, אוֹיֵב נִתַּן תַּחַת נַפְשׁוֹ.
קִיְּמוּ עֲלֵיהֶם לַעֲשׂוֹת פּוּרִים וְלִשְׂמֹחַ בְּכָל שָׁנָה וְשָׁנָה.
רָאִיתָ אֶת תְּפִלַּת מָרְדְּכַי וְאֶסְתֵּר, הָמָן וּבָנָיו עַל הָעֵץ תָּלִיתָ.
▸ שׁוֹשַׁנַּת יַעֲקֹב צָהֲלָה וְשָׂמֵחָה בִּרְאוֹתָם יַחַד תְּכֵלֶת מָרְדְּכָי.
תְּשׁוּעָתָם הָיִיתָ לָנֶצַח, וְתִקְוָתָם בְּכָל דּוֹר וָדוֹר.
לְהוֹדִיעַ שֶׁכָּל קֹוֶיךָ לֹא יֵבֹשׁוּ, וְלֹא יִכָּלְמוּ לָנֶצַח כָּל הַחוֹסִים בָּךְ.
אָרוּר הָמָן אֲשֶׁר בִּקֵּשׁ לְאַבְּדִי, בָּרוּךְ מָרְדְּכַי הַיְּהוּדִי.
אֲרוּרָה זֶרֶשׁ אֵשֶׁת מַפְחִידִי, בְּרוּכָה אֶסְתֵּר בַּעֲדִי.
אֲרוּרִים כָּל הָרְשָׁעִים, בְּרוּכִים כָּל יִשְׂרָאֵל, וְגַם חַרְבוֹנָה זָכוּר לַטּוֹב.

After the reading, the service continues with וִיהִי נֹעַם *on page 1162, then* וְאַתָּה *to* וַיְּאַדִּיר *on pages 1163–1164 are said. The* שליח ציבור *then continues with* קדיש שלם *on page 1165 (omitting the line* תִּתְקַבַּל*). The service continues with* וְיִתֶּן־לְךָ *on page 1166,* עָלֵינוּ *on page 1169, and* קדיש יתום *on page 1170.*

ברכת כהנים בארץ ישראל

In ארץ ישראל*, the following is said by the* שליח ציבור *during the* חזרת הש״ץ *when* כהנים *say* ברכת כהנים*. If there is more than one* כהן*, a member of the* קהל *calls:*

כֹּהֲנִים

The כהנים *respond:*

בָּרוּךְ אַתָּה יהוה אֱלֹהֵינוּ מֶלֶךְ הָעוֹלָם, אֲשֶׁר קִדְּשָׁנוּ בִּקְדֻשָּׁתוֹ שֶׁל אַהֲרֹן
וְצִוָּנוּ לְבָרֵךְ אֶת עַמּוֹ יִשְׂרָאֵל בְּאַהֲבָה.

The שליח ציבור *calls word by word, followed by the* כהנים*:*

במדבר ו יְבָרֶכְךָ יהוה וְיִשְׁמְרֶךָ: קהל: אָמֵן
יָאֵר יהוה פָּנָיו אֵלֶיךָ וִיחֻנֶּךָּ: קהל: אָמֵן
יִשָּׂא יהוה פָּנָיו אֵלֶיךָ וְיָשֵׂם לְךָ שָׁלוֹם: קהל: אָמֵן

The שליח ציבור *continues with* שִׂים שָׁלוֹם *below.*

The כהנים *say:*

רִבּוֹנוֹ שֶׁל עוֹלָם, עָשִׂינוּ מַה שֶּׁגָּזַרְתָּ עָלֵינוּ, אַף אַתָּה
דברים כו עֲשֵׂה עִמָּנוּ כְּמוֹ שֶׁהִבְטַחְתָּנוּ. הַשְׁקִיפָה מִמְּעוֹן
קָדְשְׁךָ מִן־הַשָּׁמַיִם, וּבָרֵךְ אֶת־עַמְּךָ אֶת־יִשְׂרָאֵל,
וְאֵת הָאֲדָמָה אֲשֶׁר נָתַתָּה לָנוּ, כַּאֲשֶׁר נִשְׁבַּעְתָּ
לַאֲבֹתֵינוּ, אֶרֶץ זָבַת חָלָב וּדְבָשׁ:

The קהל *says:*

אַדִּיר בַּמָּרוֹם שׁוֹכֵן בִּגְבוּרָה,
אַתָּה שָׁלוֹם וְשִׁמְךָ שָׁלוֹם.
יְהִי רָצוֹן שֶׁתָּשִׂים עָלֵינוּ וְעַל
כָּל עַמְּךָ בֵּית יִשְׂרָאֵל חַיִּים
וּבְרָכָה לְמִשְׁמֶרֶת שָׁלוֹם.

The שליח ציבור *continues:*

שִׂים שָׁלוֹם טוֹבָה וּבְרָכָה, חֵן וָחֶסֶד וְרַחֲמִים עָלֵינוּ וְעַל כָּל יִשְׂרָאֵל עַמֶּךָ. בָּרְכֵנוּ אָבִינוּ כֻּלָּנוּ כְּאֶחָד בְּאוֹר פָּנֶיךָ, כִּי בְאוֹר פָּנֶיךָ נָתַתָּ לָּנוּ יהוה אֱלֹהֵינוּ, תּוֹרַת חַיִּים וְאַהֲבַת חֶסֶד, וּצְדָקָה וּבְרָכָה וְרַחֲמִים וְחַיִּים וְשָׁלוֹם. וְטוֹב בְּעֵינֶיךָ לְבָרֵךְ אֶת עַמְּךָ יִשְׂרָאֵל, בְּכָל עֵת וּבְכָל שָׁעָה בִּשְׁלוֹמֶךָ.

בעשרת ימי תשובה: בְּסֵפֶר חַיִּים, בְּרָכָה וְשָׁלוֹם, וּפַרְנָסָה טוֹבָה, נִזָּכֵר וְנִכָּתֵב לְפָנֶיךָ, אֲנַחְנוּ וְכָל עַמְּךָ בֵּית יִשְׂרָאֵל, לְחַיִּים טוֹבִים וּלְשָׁלוֹם.

בָּרוּךְ אַתָּה יהוה, הַמְבָרֵךְ אֶת עַמּוֹ יִשְׂרָאֵל בַּשָּׁלוֹם.

The following verse concludes the חזרת הש״ץ*.*

תהלים יט יִהְיוּ לְרָצוֹן אִמְרֵי־פִי וְהֶגְיוֹן לִבִּי לְפָנֶיךָ, יהוה צוּרִי וְגֹאֲלִי:

ברכת המזון

שִׁיר הַמַּעֲלוֹת, בְּשׁוּב יהוה אֶת־שִׁיבַת צִיּוֹן, הָיִינוּ כְּחֹלְמִים: אָז יִמָּלֵא תהלים קכו
שְׂחוֹק פִּינוּ וּלְשׁוֹנֵנוּ רִנָּה, אָז יֹאמְרוּ בַגּוֹיִם הִגְדִּיל יהוה לַעֲשׂוֹת עִם־אֵלֶּה:
הִגְדִּיל יהוה לַעֲשׂוֹת עִמָּנוּ, הָיִינוּ שְׂמֵחִים: שׁוּבָה יהוה אֶת־שְׁבִיתֵנוּ,
כַּאֲפִיקִים בַּנֶּגֶב: הַזֹּרְעִים בְּדִמְעָה בְּרִנָּה יִקְצֹרוּ: הָלוֹךְ יֵלֵךְ וּבָכֹה נֹשֵׂא
מֶשֶׁךְ־הַזָּרַע, בֹּא־יָבֹא בְרִנָּה נֹשֵׂא אֲלֻמֹּתָיו:

Some say:

תְּהִלַּת יהוה יְדַבֶּר פִּי, וִיבָרֵךְ כָּל־בָּשָׂר שֵׁם קָדְשׁוֹ לְעוֹלָם וָעֶד: וַאֲנַחְנוּ תהלים קמה תהלים קטו
נְבָרֵךְ יָהּ מֵעַתָּה וְעַד־עוֹלָם, הַלְלוּיָהּ: הוֹדוּ לַיהוה כִּי־טוֹב, כִּי לְעוֹלָם תהלים קלו
חַסְדּוֹ: מִי יְמַלֵּל גְּבוּרוֹת יהוה, יַשְׁמִיעַ כָּל־תְּהִלָּתוֹ: תהלים קו

סדר הזימון

For the זימון *during the week of* שבע ברכות*, see page 1216. At a* ברית*, see page 1211.*

When three or more men say ברכת המזון *together, the following* זימון *is said.*
When three or more women say ברכת המזון*, substitute* חֲבֵרוֹתַי *for* רַבּוֹתַי.
The leader should ask permission from those with precedence to lead the ברכת המזון.

Leader רַבּוֹתַי, נְבָרֵךְ.

Others יְהִי שֵׁם יהוה מְבֹרָךְ מֵעַתָּה וְעַד־עוֹלָם: תהלים קיג

Leader יְהִי שֵׁם יהוה מְבֹרָךְ מֵעַתָּה וְעַד־עוֹלָם:
בִּרְשׁוּת (אָבִי מוֹרִי / אִמִּי מוֹרָתִי / כֹּהֲנִים / מוֹרֵנוּ הָרַב /
בַּעַל הַבַּיִת הַזֶּה / בַּעֲלַת הַבַּיִת הַזֶּה)
מָרָנָן וְרַבָּנָן וְרַבּוֹתַי
נְבָרֵךְ (במנין: אֱלֹהֵינוּ) שֶׁאָכַלְנוּ מִשֶּׁלּוֹ.

Others בָּרוּךְ (במנין: אֱלֹהֵינוּ) שֶׁאָכַלְנוּ מִשֶּׁלּוֹ וּבְטוּבוֹ חָיִינוּ.

**People present who have not taken part in the meal say:*

*בָּרוּךְ (במנין: אֱלֹהֵינוּ) וּמְבֹרָךְ שְׁמוֹ תָּמִיד לְעוֹלָם וָעֶד.

Leader בָּרוּךְ (במנין: אֱלֹהֵינוּ) שֶׁאָכַלְנוּ מִשֶּׁלּוֹ וּבְטוּבוֹ חָיִינוּ.
בָּרוּךְ הוּא וּבָרוּךְ שְׁמוֹ.

ברכת הזן

בָּרוּךְ אַתָּה יהוה אֱלֹהֵינוּ מֶלֶךְ הָעוֹלָם
הַזָּן אֶת הָעוֹלָם כֻּלּוֹ בְּטוּבוֹ
בְּחֵן בְּחֶסֶד וּבְרַחֲמִים
הוּא נוֹתֵן לֶחֶם לְכָל בָּשָׂר
כִּי לְעוֹלָם חַסְדּוֹ.
וּבְטוּבוֹ הַגָּדוֹל, תָּמִיד לֹא חָסַר לָנוּ
וְאַל יֶחְסַר לָנוּ מָזוֹן לְעוֹלָם וָעֶד
בַּעֲבוּר שְׁמוֹ הַגָּדוֹל.
כִּי הוּא אֵל זָן וּמְפַרְנֵס לַכֹּל
וּמֵטִיב לַכֹּל
וּמֵכִין מָזוֹן לְכָל בְּרִיּוֹתָיו אֲשֶׁר בָּרָא.
בָּרוּךְ אַתָּה יהוה, הַזָּן אֶת הַכֹּל.

ברכת הארץ

נוֹדֶה לְךָ, יהוה אֱלֹהֵינוּ
עַל שֶׁהִנְחַלְתָּ לַאֲבוֹתֵינוּ אֶרֶץ חֶמְדָּה טוֹבָה וּרְחָבָה
וְעַל שֶׁהוֹצֵאתָנוּ יהוה אֱלֹהֵינוּ מֵאֶרֶץ מִצְרַיִם
וּפְדִיתָנוּ מִבֵּית עֲבָדִים
וְעַל בְּרִיתְךָ שֶׁחָתַמְתָּ בִּבְשָׂרֵנוּ
וְעַל תּוֹרָתְךָ שֶׁלִּמַּדְתָּנוּ
וְעַל חֻקֶּיךָ שֶׁהוֹדַעְתָּנוּ
וְעַל חַיִּים חֵן וָחֶסֶד שֶׁחוֹנַנְתָּנוּ
וְעַל אֲכִילַת מָזוֹן שָׁאַתָּה זָן וּמְפַרְנֵס אוֹתָנוּ תָּמִיד
בְּכָל יוֹם וּבְכָל עֵת וּבְכָל שָׁעָה.

בחנוכה:

עַל הַנִּסִּים וְעַל הַפֻּרְקָן וְעַל הַגְּבוּרוֹת וְעַל הַתְּשׁוּעוֹת וְעַל הַמִּלְחָמוֹת שֶׁעָשִׂיתָ לַאֲבוֹתֵינוּ בַּיָּמִים הָהֵם בַּזְּמַן הַזֶּה.

בִּימֵי מַתִּתְיָהוּ בֶּן יוֹחָנָן כֹּהֵן גָּדוֹל חַשְׁמוֹנַאי וּבָנָיו, כְּשֶׁעָמְדָה מַלְכוּת יָוָן הָרְשָׁעָה עַל עַמְּךָ יִשְׂרָאֵל לְהַשְׁכִּיחָם תּוֹרָתֶךָ וּלְהַעֲבִירָם מֵחֻקֵּי רְצוֹנֶךָ, וְאַתָּה בְּרַחֲמֶיךָ הָרַבִּים עָמַדְתָּ לָהֶם בְּעֵת צָרָתָם, רַבְתָּ אֶת רִיבָם, דַּנְתָּ אֶת דִּינָם, נָקַמְתָּ אֶת נִקְמָתָם, מָסַרְתָּ גִבּוֹרִים בְּיַד חַלָּשִׁים, וְרַבִּים בְּיַד מְעַטִּים, וּטְמֵאִים בְּיַד טְהוֹרִים, וּרְשָׁעִים בְּיַד צַדִּיקִים, וְזֵדִים בְּיַד עוֹסְקֵי תוֹרָתֶךָ, וּלְךָ עָשִׂיתָ שֵׁם גָּדוֹל וְקָדוֹשׁ בְּעוֹלָמֶךָ, וּלְעַמְּךָ יִשְׂרָאֵל עָשִׂיתָ תְּשׁוּעָה גְדוֹלָה וּפֻרְקָן כְּהַיּוֹם הַזֶּה. וְאַחַר כֵּן בָּאוּ בָנֶיךָ לִדְבִיר בֵּיתֶךָ, וּפִנּוּ אֶת הֵיכָלֶךָ, וְטִהֲרוּ אֶת מִקְדָּשֶׁךָ, וְהִדְלִיקוּ נֵרוֹת בְּחַצְרוֹת קָדְשֶׁךָ, וְקָבְעוּ שְׁמוֹנַת יְמֵי חֲנֻכָּה אֵלּוּ, לְהוֹדוֹת וּלְהַלֵּל לְשִׁמְךָ הַגָּדוֹל.

Continue with וְעַל הַכֹּל.

בשושן פורים בירושלים:

עַל הַנִּסִּים וְעַל הַפֻּרְקָן וְעַל הַגְּבוּרוֹת וְעַל הַתְּשׁוּעוֹת וְעַל הַמִּלְחָמוֹת שֶׁעָשִׂיתָ לַאֲבוֹתֵינוּ בַּיָּמִים הָהֵם בַּזְּמַן הַזֶּה.

בִּימֵי מָרְדְּכַי וְאֶסְתֵּר בְּשׁוּשַׁן הַבִּירָה, כְּשֶׁעָמַד עֲלֵיהֶם הָמָן הָרָשָׁע, בִּקֵּשׁ
לְהַשְׁמִיד לַהֲרֹג וּלְאַבֵּד אֶת־כָּל־הַיְּהוּדִים מִנַּעַר וְעַד־זָקֵן טַף וְנָשִׁים בְּיוֹם אסתר ג
אֶחָד, בִּשְׁלוֹשָׁה עָשָׂר לְחֹדֶשׁ שְׁנֵים־עָשָׂר, הוּא־חֹדֶשׁ אֲדָר, וּשְׁלָלָם
לָבוֹז: וְאַתָּה בְּרַחֲמֶיךָ הָרַבִּים הֵפַרְתָּ אֶת עֲצָתוֹ, וְקִלְקַלְתָּ אֶת מַחֲשַׁבְתּוֹ, וַהֲשֵׁבוֹתָ לּוֹ גְּמוּלוֹ בְּרֹאשׁוֹ, וְתָלוּ אוֹתוֹ וְאֶת בָּנָיו עַל הָעֵץ.

Continue with וְעַל הַכֹּל.

וְעַל הַכֹּל, יהוה אֱלֹהֵינוּ
אֲנַחְנוּ מוֹדִים לָךְ וּמְבָרְכִים אוֹתָךְ
יִתְבָּרַךְ שִׁמְךָ בְּפִי כָּל חַי תָּמִיד לְעוֹלָם וָעֶד
כַּכָּתוּב: וְאָכַלְתָּ וְשָׂבָעְתָּ, וּבֵרַכְתָּ אֶת־יהוה אֱלֹהֶיךָ דברים ח
עַל־הָאָרֶץ הַטֹּבָה אֲשֶׁר נָתַן־לָךְ:
בָּרוּךְ אַתָּה יהוה, עַל הָאָרֶץ וְעַל הַמָּזוֹן.

ברכת ירושלים

רַחֶם נָא, יהוה אֱלֹהֵינוּ
עַל יִשְׂרָאֵל עַמֶּךָ
וְעַל יְרוּשָׁלַיִם עִירֶךָ
וְעַל צִיּוֹן מִשְׁכַּן כְּבוֹדֶךָ
וְעַל מַלְכוּת בֵּית דָּוִד מְשִׁיחֶךָ
וְעַל הַבַּיִת הַגָּדוֹל וְהַקָּדוֹשׁ שֶׁנִּקְרָא שִׁמְךָ עָלָיו.
אֱלֹהֵינוּ, אָבִינוּ
רְעֵנוּ, זוּנֵנוּ, פַּרְנְסֵנוּ וְכַלְכְּלֵנוּ
וְהַרְוִיחֵנוּ, וְהַרְוַח לָנוּ יהוה אֱלֹהֵינוּ מְהֵרָה מִכָּל צָרוֹתֵינוּ.
וְנָא אַל תַּצְרִיכֵנוּ, יהוה אֱלֹהֵינוּ
לֹא לִידֵי מַתְּנַת בָּשָׂר וָדָם
וְלֹא לִידֵי הַלְוָאָתָם
כִּי אִם לְיָדְךָ הַמְּלֵאָה, הַפְּתוּחָה, הַקְּדוֹשָׁה וְהָרְחָבָה
שֶׁלֹּא נֵבוֹשׁ וְלֹא נִכָּלֵם לְעוֹלָם וָעֶד.

רְצֵה וְהַחֲלִיצֵנוּ, יהוה אֱלֹהֵינוּ, בְּמִצְוֹתֶיךָ
וּבְמִצְוַת יוֹם הַשְּׁבִיעִי הַשַּׁבָּת הַגָּדוֹל וְהַקָּדוֹשׁ הַזֶּה
כִּי יוֹם זֶה גָּדוֹל וְקָדוֹשׁ הוּא לְפָנֶיךָ
לִשְׁבָּת בּוֹ, וְלָנוּחַ בּוֹ בְּאַהֲבָה כְּמִצְוַת רְצוֹנֶךָ
וּבִרְצוֹנְךָ הָנִיחַ לָנוּ, יהוה אֱלֹהֵינוּ
שֶׁלֹּא תְהֵא צָרָה וְיָגוֹן וַאֲנָחָה בְּיוֹם מְנוּחָתֵנוּ
וְהַרְאֵנוּ, יהוה אֱלֹהֵינוּ, בְּנֶחָמַת צִיּוֹן עִירֶךָ
וּבְבִנְיַן יְרוּשָׁלַיִם עִיר קָדְשֶׁךָ
כִּי אַתָּה הוּא בַּעַל הַיְשׁוּעוֹת וּבַעַל הַנֶּחָמוֹת.

בראש חודש:

אֱלֹהֵינוּ וֵאלֹהֵי אֲבוֹתֵינוּ
יַעֲלֶה וְיָבוֹא וְיַגִּיעַ, וְיֵרָאֶה וְיֵרָצֶה וְיִשָּׁמַע
וְיִפָּקֵד וְיִזָּכֵר זִכְרוֹנֵנוּ וּפִקְדוֹנֵנוּ, וְזִכְרוֹן אֲבוֹתֵינוּ
וְזִכְרוֹן מָשִׁיחַ בֶּן דָּוִד עַבְדֶּךָ
וְזִכְרוֹן יְרוּשָׁלַיִם עִיר קָדְשֶׁךָ
וְזִכְרוֹן כָּל עַמְּךָ בֵּית יִשְׂרָאֵל
לְפָנֶיךָ, לִפְלֵיטָה לְטוֹבָה, לְחֵן וּלְחֶסֶד וּלְרַחֲמִים, לְחַיִּים וּלְשָׁלוֹם
בְּיוֹם רֹאשׁ הַחֹדֶשׁ הַזֶּה.
זָכְרֵנוּ יהוה אֱלֹהֵינוּ בּוֹ לְטוֹבָה
וּפָקְדֵנוּ בוֹ לִבְרָכָה
וְהוֹשִׁיעֵנוּ בוֹ לְחַיִּים.
וּבִדְבַר יְשׁוּעָה וְרַחֲמִים, חוּס וְחָנֵּנוּ וְרַחֵם עָלֵינוּ, וְהוֹשִׁיעֵנוּ
כִּי אֵלֶיךָ עֵינֵינוּ, כִּי אֵל חַנּוּן וְרַחוּם אָתָּה.

וּבְנֵה יְרוּשָׁלַיִם עִיר הַקֹּדֶשׁ בִּמְהֵרָה בְיָמֵינוּ.
בָּרוּךְ אַתָּה יהוה, בּוֹנֶה בְרַחֲמָיו יְרוּשָׁלָיִם, אָמֵן.

ברכת הטוב והמטיב

בָּרוּךְ אַתָּה יהוה אֱלֹהֵינוּ מֶלֶךְ הָעוֹלָם
הָאֵל אָבִינוּ, מַלְכֵּנוּ, אַדִּירֵנוּ
בּוֹרְאֵנוּ, גּוֹאֲלֵנוּ, יוֹצְרֵנוּ, קְדוֹשֵׁנוּ, קְדוֹשׁ יַעֲקֹב
רוֹעֵנוּ, רוֹעֵה יִשְׂרָאֵל, הַמֶּלֶךְ הַטּוֹב וְהַמֵּיטִיב לַכֹּל, שֶׁבְּכָל יוֹם וָיוֹם
הוּא הֵיטִיב, הוּא מֵיטִיב, הוּא יֵיטִיב לָנוּ
הוּא גְמָלָנוּ, הוּא גוֹמְלֵנוּ, הוּא יִגְמְלֵנוּ לָעַד
לְחֵן וּלְחֶסֶד וּלְרַחֲמִים, וּלְרֶוַח, הַצָּלָה וְהַצְלָחָה
בְּרָכָה וִישׁוּעָה, נֶחָמָה, פַּרְנָסָה וְכַלְכָּלָה
וְרַחֲמִים וְחַיִּים וְשָׁלוֹם וְכָל טוֹב, וּמִכָּל טוּב לְעוֹלָם אַל יְחַסְּרֵנוּ.

בקשות נוספות

הָרַחֲמָן הוּא יִמְלֹךְ עָלֵינוּ לְעוֹלָם וָעֶד.

הָרַחֲמָן הוּא יִתְבָּרַךְ בַּשָּׁמַיִם וּבָאָרֶץ.

הָרַחֲמָן הוּא יִשְׁתַּבַּח לְדוֹר דּוֹרִים
וְיִתְפָּאַר בָּנוּ לָעַד וּלְנֵצַח נְצָחִים
וְיִתְהַדַּר בָּנוּ לָעַד וּלְעוֹלְמֵי עוֹלָמִים.

הָרַחֲמָן הוּא יְפַרְנְסֵנוּ בְּכָבוֹד.

הָרַחֲמָן הוּא יִשְׁבֹּר עֻלֵּנוּ מֵעַל צַוָּארֵנוּ
וְהוּא יוֹלִיכֵנוּ קוֹמְמִיּוּת לְאַרְצֵנוּ.

הָרַחֲמָן הוּא יִשְׁלַח לָנוּ בְּרָכָה מְרֻבָּה בַּבַּיִת הַזֶּה
וְעַל שֻׁלְחָן זֶה שֶׁאָכַלְנוּ עָלָיו.

הָרַחֲמָן הוּא יִשְׁלַח לָנוּ אֶת אֵלִיָּהוּ הַנָּבִיא זָכוּר לַטּוֹב
וִיבַשֶּׂר לָנוּ בְּשׂוֹרוֹת טוֹבוֹת יְשׁוּעוֹת וְנֶחָמוֹת.

הָרַחֲמָן הוּא יְבָרֵךְ אֶת מְדִינַת יִשְׂרָאֵל
רֵאשִׁית צְמִיחַת גְּאֻלָּתֵנוּ.

הָרַחֲמָן הוּא יְבָרֵךְ אֶת חַיָּלֵי צְבָא הַהֲגָנָה לְיִשְׂרָאֵל
הָעוֹמְדִים עַל מִשְׁמַר אַרְצֵנוּ.

A guest says:

יְהִי רָצוֹן שֶׁלֹּא יֵבוֹשׁ בַּעַל הַבַּיִת בָּעוֹלָם הַזֶּה, וְלֹא יִכָּלֵם לָעוֹלָם
הַבָּא, וְיִצְלַח מְאֹד בְּכָל נְכָסָיו, וְיִהְיוּ נְכָסָיו וּנְכָסֵינוּ מֻצְלָחִים
וּקְרוֹבִים לָעִיר, וְאַל יִשְׁלֹט שָׂטָן לֹא בְּמַעֲשֵׂה יָדָיו וְלֹא בְּמַעֲשֵׂה
יָדֵינוּ. וְאַל יִזְדַּקֵּק לֹא לְפָנָיו וְלֹא לְפָנֵינוּ שׁוּם דְּבַר הִרְהוּר חֵטְא,
עֲבֵרָה וְעָוֹן, מֵעַתָּה וְעַד עוֹלָם.

הָרַחֲמָן הוּא יְבָרֵךְ

When eating at one's own table, say (include the words in parentheses that apply):

אוֹתִי (וְאֶת אִשְׁתִּי / וְאֶת בַּעֲלִי / וְאֶת אָבִי מוֹרִי /
וְאֶת אִמִּי מוֹרָתִי / וְאֶת זַרְעִי) וְאֶת כָּל אֲשֶׁר לִי.

A guest at someone else's table says (include the words in parentheses that apply):

אֶת בַּעַל הַבַּיִת הַזֶּה, אוֹתוֹ (וְאֶת אִשְׁתּוֹ בַּעֲלַת הַבַּיִת הַזֶּה /
וְאֶת זַרְעוֹ) וְאֶת כָּל אֲשֶׁר לוֹ.

Children at their parents' table say (include the words in parentheses that apply):

אֶת אָבִי מוֹרִי (בַּעַל הַבַּיִת הַזֶּה), וְאֶת אִמִּי מוֹרָתִי (בַּעֲלַת הַבַּיִת
הַזֶּה), אוֹתָם וְאֶת בֵּיתָם וְאֶת זַרְעָם וְאֶת כָּל אֲשֶׁר לָהֶם

For all other guests, add:

וְאֶת כָּל הַמְּסֻבִּין כָּאן

אוֹתָנוּ וְאֶת כָּל אֲשֶׁר לָנוּ
כְּמוֹ שֶׁנִּתְבָּרְכוּ אֲבוֹתֵינוּ
אַבְרָהָם יִצְחָק וְיַעֲקֹב, בַּכֹּל, מִכֹּל, כֹּל
כֵּן יְבָרֵךְ אוֹתָנוּ כֻּלָּנוּ יַחַד בִּבְרָכָה שְׁלֵמָה, וְנֹאמַר אָמֵן.

בַּמָּרוֹם יְלַמְּדוּ עֲלֵיהֶם וְעָלֵינוּ זְכוּת שֶׁתְּהֵא לְמִשְׁמֶרֶת שָׁלוֹם
וְנִשָּׂא בְרָכָה מֵאֵת יהוה וּצְדָקָה מֵאֱלֹהֵי יִשְׁעֵנוּ
וְנִמְצָא חֵן וְשֵׂכֶל טוֹב בְּעֵינֵי אֱלֹהִים וְאָדָם.

At a meal after a ברית *add here* הָרַחֲמָן הוּא יְבָרֵךְ אֲבִי הַיֶּלֶד *on page 1212.*

הָרַחֲמָן הוּא יַנְחִילֵנוּ
יוֹם שֶׁכֻּלּוֹ שַׁבָּת וּמְנוּחָה לְחַיֵּי הָעוֹלָמִים.

בראש חודש: הָרַחֲמָן הוּא יְחַדֵּשׁ עָלֵינוּ
אֶת הַחֹדֶשׁ הַזֶּה לְטוֹבָה וְלִבְרָכָה.

הָרַחֲמָן הוּא יְזַכֵּנוּ לִימוֹת הַמָּשִׁיחַ וּלְחַיֵּי הָעוֹלָם הַבָּא
מִגְדּוֹל יְשׁוּעוֹת מַלְכּוֹ שמואל ב׳ כב
וְעֹשֶׂה־חֶסֶד לִמְשִׁיחוֹ, לְדָוִד וּלְזַרְעוֹ עַד־עוֹלָם:
עֹשֶׂה שָׁלוֹם בִּמְרוֹמָיו
הוּא יַעֲשֶׂה שָׁלוֹם עָלֵינוּ וְעַל כָּל יִשְׂרָאֵל
וְאִמְרוּ אָמֵן.

יְראוּ אֶת־יהוה קְדֹשָׁיו, כִּי־אֵין מַחְסוֹר לִירֵאָיו: תהלים לד
כְּפִירִים רָשׁוּ וְרָעֵבוּ, וְדֹרְשֵׁי יהוה לֹא־יַחְסְרוּ כָל־טוֹב:
הוֹדוּ לַיהוה כִּי־טוֹב, כִּי לְעוֹלָם חַסְדּוֹ: תהלים קיח
פּוֹתֵחַ אֶת־יָדֶךָ, וּמַשְׂבִּיעַ לְכָל־חַי רָצוֹן: תהלים קמה
בָּרוּךְ הַגֶּבֶר אֲשֶׁר יִבְטַח בַּיהוה, וְהָיָה יהוה מִבְטַחוֹ: ירמיה יז
נַעַר הָיִיתִי גַּם־זָקַנְתִּי, וְלֹא־רָאִיתִי צַדִּיק נֶעֱזָב וְזַרְעוֹ מְבַקֶּשׁ־לָחֶם: תהלים לז
יהוה עֹז לְעַמּוֹ יִתֵּן, יהוה יְבָרֵךְ אֶת־עַמּוֹ בַשָּׁלוֹם: תהלים כט

If ברכת המזון *was made on a cup of wine, then* בּוֹרֵא פְּרִי הַגָּפֶן *is said and the majority of the cup is drunk, after which* ברכה מעין שלוש*, below, is said.*

At the שבת*, during the week of* שבע ברכות*,* *turn to page 1217.*

ברכה מעין שלוש

Grace after eating from the "seven species" of produce with which ארץ ישראל *is blessed: food made from the five grains (but not bread); wine or grape juice; grapes, figs, pomegranates, olives, or dates.*

בָּרוּךְ אַתָּה יהוה אֱלֹהֵינוּ מֶלֶךְ הָעוֹלָם, עַל

After grain products (but not bread or מצה*):*
הַמִּחְיָה וְעַל הַכַּלְכָּלָה

After wine or grape juice:
הַגֶּפֶן וְעַל פְּרִי הַגֶּפֶן

After grapes, figs, olives, pomegranates or dates:
הָעֵץ וְעַל פְּרִי הָעֵץ

After grain products (but not bread or מצה*), and wine or grape juice:*
הַמִּחְיָה וְעַל הַכַּלְכָּלָה וְעַל הַגֶּפֶן וְעַל פְּרִי הַגֶּפֶן

וְעַל תְּנוּבַת הַשָּׂדֶה וְעַל אֶרֶץ חֶמְדָּה טוֹבָה וּרְחָבָה, שֶׁרָצִיתָ וְהִנְחַלְתָּ לַאֲבוֹתֵינוּ לֶאֱכֹל מִפִּרְיָהּ וְלִשְׂבֹּעַ מִטּוּבָהּ. רַחֵם נָא יהוה אֱלֹהֵינוּ עַל יִשְׂרָאֵל עַמֶּךָ וְעַל יְרוּשָׁלַיִם עִירֶךָ וְעַל צִיּוֹן מִשְׁכַּן כְּבוֹדֶךָ וְעַל מִזְבְּחֶךָ וְעַל הֵיכָלֶךָ. וּבְנֵה יְרוּשָׁלַיִם עִיר הַקֹּדֶשׁ בִּמְהֵרָה בְיָמֵינוּ, וְהַעֲלֵנוּ לְתוֹכָהּ וְשַׂמְּחֵנוּ בְּבִנְיָנָהּ וְנֹאכַל מִפִּרְיָהּ וְנִשְׂבַּע מִטּוּבָהּ, וּנְבָרֶכְךָ עָלֶיהָ בִּקְדֻשָּׁה וּבְטָהֳרָה. וּרְצֵה וְהַחֲלִיצֵנוּ בְּיוֹם הַשַּׁבָּת הַזֶּה

ראש חודש: וְזָכְרֵנוּ לְטוֹבָה בְּיוֹם רֹאשׁ הַחֹדֶשׁ הַזֶּה

כִּי אַתָּה יהוה טוֹב וּמֵטִיב לַכֹּל, וְנוֹדֶה לְּךָ עַל הָאָרֶץ

After grain products (but not bread or מצה*):*

וְעַל הַמִּחְיָה.
בָּרוּךְ אַתָּה יהוה, עַל
הָאָרֶץ וְעַל הַמִּחְיָה.

After wine or grape juice:

וְעַל פְּרִי הַגָּפֶן.*
בָּרוּךְ אַתָּה יהוה, עַל
הָאָרֶץ וְעַל פְּרִי הַגָּפֶן.*

After grapes, figs, olives, pomegranates or dates:

וְעַל הַפֵּרוֹת.**
בָּרוּךְ אַתָּה יהוה, עַל
הָאָרֶץ וְעַל הַפֵּרוֹת.**

After grain products (but not bread or מצה*), and wine or grape juice:*

וְעַל הַמִּחְיָה וְעַל פְּרִי הַגָּפֶן.*
בָּרוּךְ אַתָּה יהוה, עַל הָאָרֶץ וְעַל הַמִּחְיָה וְעַל פְּרִי הַגָּפֶן.*

*If the wine is from ארץ ישראל, then substitute גַּפְנָהּ for הַגָּפֶן.
**If the fruit is from ארץ ישראל, then substitute פֵּרוֹתֶיהָ for הַפֵּרוֹת.

בורא נפשות

After food or drink that does not require ברכת המזון *or* מעין שלוש *– such as meat, fish, dairy products, vegetables, beverages, or fruit other than grapes, figs, pomegranates, olives or dates – say:*

בָּרוּךְ אַתָּה יהוה אֱלֹהֵינוּ מֶלֶךְ הָעוֹלָם
בּוֹרֵא נְפָשׁוֹת רַבּוֹת וְחֶסְרוֹנָן עַל כָּל מַה שֶּׁבָּרָאתָ
לְהַחֲיוֹת בָּהֶם נֶפֶשׁ כָּל חָי.
בָּרוּךְ חֵי הָעוֹלָמִים.

סדר ברית מילה

When the baby is brought in, all stand and say:

בָּרוּךְ הַבָּא.

The מוהל *(in some congregations, all) say (in* ארץ ישראל *omit):*

במדבר כה וַיְדַבֵּר יהוה אֶל־מֹשֶׁה לֵּאמֹר: פִּינְחָס בֶּן־אֶלְעָזָר בֶּן־אַהֲרֹן הַכֹּהֵן הֵשִׁיב אֶת־חֲמָתִי מֵעַל בְּנֵי־יִשְׂרָאֵל, בְּקַנְאוֹ אֶת־קִנְאָתִי בְּתוֹכָם, וְלֹא־כִלִּיתִי אֶת־בְּנֵי־יִשְׂרָאֵל בְּקִנְאָתִי: לָכֵן אֱמֹר, הִנְנִי נֹתֵן לוֹ אֶת־בְּרִיתִי שָׁלוֹם:

The following verses, through אָנָּא יהוה הַצְלִיחָה נָא *are only said in Israel.*

תהלים סה המוהל: אַשְׁרֵי תִּבְחַר וּתְקָרֵב, יִשְׁכֹּן חֲצֵרֶיךָ

הקהל: נִשְׂבְּעָה בְּטוּב בֵּיתֶךָ, קְדֹשׁ הֵיכָלֶךָ:

The father takes the baby in his hands and says quietly:

תהלים קלז אִם־אֶשְׁכָּחֵךְ יְרוּשָׁלָםִ, תִּשְׁכַּח יְמִינִי: תִּדְבַּק לְשׁוֹנִי לְחִכִּי

אִם־לֹא אֶזְכְּרֵכִי, אִם־לֹא אַעֲלֶה אֶת־יְרוּשָׁלַםִ עַל רֹאשׁ שִׂמְחָתִי:

The father says aloud, followed by the קהל*:*

דברים ו שְׁמַע יִשְׂרָאֵל, יהוה אֱלֹהֵינוּ, יהוה אֶחָד:

The מוהל*, followed by the* קהל*, repeats each of the following three phrases:*

יהוה מֶלֶךְ, יהוה מָלָךְ, יהוה יִמְלֹךְ לְעוֹלָם וָעֶד.

תהלים קיח אָנָּא יהוה הוֹשִׁיעָה נָּא

אָנָּא יהוה הַצְלִיחָה נָא:

The baby is placed on the כסא של אליהו*, and the* מוהל *says:*

זֶה הַכִּסֵּא שֶׁל אֵלִיָּהוּ הַנָּבִיא זָכוּר לַטּוֹב.

The מוהל *continues:*

בראשית מט תהלים קיט לִישׁוּעָתְךָ קִוִּיתִי יהוה: שִׂבַּרְתִּי לִישׁוּעָתְךָ יהוה, וּמִצְוֹתֶיךָ עָשִׂיתִי:

אֵלִיָּהוּ מַלְאַךְ הַבְּרִית, הִנֵּה שֶׁלְּךָ לְפָנֶיךָ, עֲמֹד עַל יְמִינִי וְסָמְכֵנִי.

שִׂבַּרְתִּי לִישׁוּעָתְךָ יהוה: שָׂשׂ אָנֹכִי עַל־אִמְרָתֶךָ, כְּמוֹצֵא שָׁלָל רָב: שָׁלוֹם רָב לְאֹהֲבֵי תוֹרָתֶךָ, וְאֵין־לָמוֹ מִכְשׁוֹל: אַשְׁרֵי תִּבְחַר וּתְקָרֵב, יִשְׁכֹּן חֲצֵרֶיךָ תהלים קיט תהלים סה

All respond:

נִשְׂבְּעָה בְּטוּב בֵּיתֶךָ, קְדֹשׁ הֵיכָלֶךָ:

The baby is placed on the knees of the סנדק*, and the* מוהל *says:*

בָּרוּךְ אַתָּה יהוה אֱלֹהֵינוּ מֶלֶךְ הָעוֹלָם
אֲשֶׁר קִדְּשָׁנוּ בְּמִצְוֹתָיו וְצִוָּנוּ עַל הַמִּילָה.

Immediately after the circumcision, the father says:

בָּרוּךְ אַתָּה יהוה אֱלֹהֵינוּ מֶלֶךְ הָעוֹלָם, אֲשֶׁר קִדְּשָׁנוּ
בְּמִצְוֹתָיו וְצִוָּנוּ לְהַכְנִיסוֹ בִּבְרִיתוֹ שֶׁל אַבְרָהָם אָבִינוּ.

In ארץ ישראל *the father adds (some in* חוץ לארץ *add it as well):*

בָּרוּךְ אַתָּה יהוה אֱלֹהֵינוּ מֶלֶךְ הָעוֹלָם
שֶׁהֶחֱיָנוּ וְקִיְּמָנוּ וְהִגִּיעָנוּ לַזְּמַן הַזֶּה.

All respond:

אָמֵן. כְּשֵׁם שֶׁנִּכְנַס לַבְּרִית
כֵּן יִכָּנֵס לְתוֹרָה וּלְחֻפָּה וּלְמַעֲשִׂים טוֹבִים.

After the circumcision has been completed, the מוהל
(or another honoree) takes a cup of wine and says:

בָּרוּךְ אַתָּה יהוה אֱלֹהֵינוּ מֶלֶךְ הָעוֹלָם, בּוֹרֵא פְּרִי הַגָּפֶן.

בָּרוּךְ אַתָּה יהוה אֱלֹהֵינוּ מֶלֶךְ הָעוֹלָם, אֲשֶׁר קִדֵּשׁ יְדִיד מִבֶּטֶן, וְחֹק בִּשְׁאֵרוֹ שָׂם, וְצֶאֱצָאָיו חָתַם בְּאוֹת בְּרִית קֹדֶשׁ. עַל כֵּן בִּשְׂכַר זֹאת, אֵל חַי חֶלְקֵנוּ צוּרֵנוּ צִוָּה לְהַצִּיל יְדִידוּת שְׁאֵרֵנוּ מִשַּׁחַת, לְמַעַן בְּרִיתוֹ אֲשֶׁר שָׂם בִּבְשָׂרֵנוּ. בָּרוּךְ אַתָּה יהוה, כּוֹרֵת הַבְּרִית.

אֱלֹהֵינוּ וֵאלֹהֵי אֲבוֹתֵינוּ, קַיֵּם אֶת הַיֶּלֶד הַזֶּה לְאָבִיו וּלְאִמּוֹ,
וְיִקָּרֵא שְׁמוֹ בְּיִשְׂרָאֵל (פלוני בֶּן פלוני). יִשְׂמַח הָאָב בְּיוֹצֵא חֲלָצָיו
וְתָגֵל אִמּוֹ בִּפְרִי בִטְנָהּ, כַּכָּתוּב: יִשְׂמַח־אָבִיךָ וְאִמֶּךָ, וְתָגֵל משלי כג
יוֹלַדְתֶּךָ: וְנֶאֱמַר: וָאֶעֱבֹר עָלַיִךְ וָאֶרְאֵךְ מִתְבּוֹסֶסֶת בְּדָמָיִךְ, יחזקאל טז
וָאֹמַר לָךְ בְּדָמַיִךְ חֲיִי, וָאֹמַר לָךְ בְּדָמַיִךְ חֲיִי:

וְנֶאֱמַר: זָכַר לְעוֹלָם בְּרִיתוֹ, דָּבָר צִוָּה לְאֶלֶף דּוֹר: אֲשֶׁר כָּרַת אֶת־ תהלים קה
אַבְרָהָם, וּשְׁבוּעָתוֹ לְיִשְׂחָק: וַיַּעֲמִידֶהָ לְיַעֲקֹב לְחֹק, לְיִשְׂרָאֵל
בְּרִית עוֹלָם: וְנֶאֱמַר: וַיָּמָל אַבְרָהָם אֶת־יִצְחָק בְּנוֹ בֶּן־שְׁמֹנַת בראשית כא
יָמִים, כַּאֲשֶׁר צִוָּה אֹתוֹ אֱלֹהִים: הוֹדוּ לַיהוה כִּי־טוֹב, כִּי לְעוֹלָם תהלים קיח
חַסְדּוֹ:

All respond:

הוֹדוּ לַיהוה כִּי־טוֹב, כִּי לְעוֹלָם חַסְדּוֹ:

The מוהל *(or honoree) continues:*

(פלוני בֶּן פלוני) זֶה הַקָּטָן גָּדוֹל יִהְיֶה, כְּשֵׁם שֶׁנִּכְנַס לַבְּרִית, כֵּן יִכָּנֵס לְתוֹרָה וּלְחֻפָּה וּלְמַעֲשִׂים טוֹבִים.

The סנדק *also drinks some of the wine; some drops are given to the baby. The cup is then sent to the mother, who also drinks from it.*

All say עָלֵינוּ*, on page 1169, and* קדיש יתום *on page 1176.*

בִּרְכַּת הַמָּזוֹן לִבְרִית מִילָה

Leader רַבּוֹתַי, נְבָרֵךְ.

Others יְהִי שֵׁם יהוה מְבֹרָךְ מֵעַתָּה וְעַד־עוֹלָם: תהלים קיג

Leader יְהִי שֵׁם יהוה מְבֹרָךְ מֵעַתָּה וְעַד־עוֹלָם:

Leader then others נוֹדֶה לְשִׁמְךָ בְּתוֹךְ אֱמוּנַי, בְּרוּכִים אַתֶּם לַיהוה.

Leader בִּרְשׁוּת אֵל אָיֹם וְנוֹרָא
מִשְׂגָּב לְעִתּוֹת בַּצָּרָה
אֵל נֶאְזָר בִּגְבוּרָה
אַדִּיר בַּמָּרוֹם יהוה.

Others נוֹדֶה לְשִׁמְךָ בְּתוֹךְ אֱמוּנַי, בְּרוּכִים אַתֶּם לַיהוה.

Leader בִּרְשׁוּת הַתּוֹרָה הַקְּדוֹשָׁה
טְהוֹרָה הִיא וְגַם פְּרוּשָׁה
צִוָּה לָנוּ מוֹרָשָׁה
מֹשֶׁה עֶבֶד יהוה.

Others נוֹדֶה לְשִׁמְךָ בְּתוֹךְ אֱמוּנַי, בְּרוּכִים אַתֶּם לַיהוה.

Leader בִּרְשׁוּת הַכֹּהֲנִים וְהַלְוִיִּם
אֶקְרָא לֵאלֹהֵי הָעִבְרִיִּים
אֲהוֹדֶנּוּ בְּכָל אִיִּים
אֲבָרְכָה אֶת יהוה.

Others נוֹדֶה לְשִׁמְךָ בְּתוֹךְ אֱמוּנַי, בְּרוּכִים אַתֶּם לַיהוה.

Leader בִּרְשׁוּת מָרָנָן וְרַבָּנָן וְרַבּוֹתַי
אֶפְתְּחָה בְּשִׁיר פִּי וּשְׂפָתַי
וְתֹאמַרְנָה עַצְמוֹתַי
בָּרוּךְ הַבָּא בְּשֵׁם יהוה.

Others נוֹדֶה לְשִׁמְךָ בְּתוֹךְ אֱמוּנַי, בְּרוּכִים אַתֶּם לַיהוה.

Leader בִּרְשׁוּת מָרָנָן וְרַבָּנָן וְרַבּוֹתַי
נְבָרֵךְ (במנין: אֱלֹהֵינוּ) שֶׁאָכַלְנוּ מִשֶּׁלוֹ.

Others בָּרוּךְ (במנין: אֱלֹהֵינוּ) שֶׁאָכַלְנוּ מִשֶּׁלוֹ וּבְטוּבוֹ חָיִינוּ.

Leader בָּרוּךְ (במנין: אֱלֹהֵינוּ) שֶׁאָכַלְנוּ מִשֶּׁלוֹ וּבְטוּבוֹ חָיִינוּ.
בָּרוּךְ הוּא וּבָרוּךְ שְׁמוֹ.

Continue with ברכת המזון *on page 1200 until* בְּעֵינֵי אֱלֹהִים וְאָדָם *on page 1205.*
Then continue:

Someone other than the father says:

הָרַחֲמָן הוּא יְבָרֵךְ אֲבִי הַיֶּלֶד וְאִמּוֹ
וְיִזְכּוּ לְגַדְּלוֹ וּלְחַנְּכוֹ וּלְחַכְּמוֹ
מִיּוֹם הַשְּׁמִינִי וָהָלְאָה יֵרָצֶה דָמוֹ
וִיהִי יהוה אֱלֹהָיו עִמּוֹ.

Someone other than the סנדק *says:*

הָרַחֲמָן הוּא יְבָרֵךְ בַּעַל בְּרִית הַמִּילָה
אֲשֶׁר שָׂשׂ לַעֲשׂוֹת צֶדֶק בְּגִילָה
וִישַׁלֵּם פָּעֳלוֹ וּמַשְׂכֻּרְתּוֹ כְּפוּלָה
וְיִתְּנֵהוּ לְמַעְלָה לְמָעְלָה.

הָרַחֲמָן הוּא יְבָרֵךְ רַךְ הַנִּמּוֹל לִשְׁמוֹנָה
וְיִהְיוּ יָדָיו וְלִבּוֹ לָאֵל אֱמוּנָה
וְיִזְכֶּה לִרְאוֹת פְּנֵי הַשְּׁכִינָה
שָׁלֹשׁ פְּעָמִים בַּשָּׁנָה.

Someone other than the מוהל *says:*

הָרַחֲמָן הוּא יְבָרֵךְ הַמָּל בְּשַׂר הָעָרְלָה
וּפָרַע וּמָצַץ דְּמֵי הַמִּילָה
אִישׁ הַיָּרֵא וְרַךְ הַלֵּבָב עֲבוֹדָתוֹ פְּסוּלָה
אִם שְׁלָשׁ אֵלֶּה לֹא יַעֲשֶׂה לָהּ.

הָרַחֲמָן הוּא יִשְׁלַח לָנוּ מְשִׁיחוֹ הוֹלֵךְ תָּמִים
בִּזְכוּת חֲתַן לַמּוּלוֹת דָּמִים
לְבַשֵּׂר בְּשׂוֹרוֹת טוֹבוֹת וְנִחוּמִים
לְעַם אֶחָד מְפֻזָּר וּמְפֹרָד בֵּין הָעַמִּים.

הָרַחֲמָן הוּא יִשְׁלַח לָנוּ כֹּהֵן צֶדֶק אֲשֶׁר לֻקַּח לְעֵילֹם
עַד הוּכַן כִּסְאוֹ כַּשֶּׁמֶשׁ וְיַהֲלֹם
וַיָּלֶט פָּנָיו בְּאַדַּרְתּוֹ וַיִּגְלֹם
בְּרִיתִי הָיְתָה אִתּוֹ הַחַיִּים וְהַשָּׁלוֹם.

Continue with the appropriate הָרַחֲמָן הוּא יַנְחִילֵנוּ *on page 1205.*

סדר תפילה ליולדת

On entering the בית כנסת*, say:*

תהלים ה וַאֲנִי בְּרֹב חַסְדְּךָ אָבוֹא בֵיתֶךָ
אֶשְׁתַּחֲוֶה אֶל־הֵיכַל־קָדְשְׁךָ בְּיִרְאָתֶךָ:

תהלים קטז אָהַבְתִּי, כִּי־יִשְׁמַע יהוה, אֶת־קוֹלִי תַּחֲנוּנָי:
כִּי־הִטָּה אָזְנוֹ לִי, וּבְיָמַי אֶקְרָא:
אֲפָפוּנִי חֶבְלֵי־מָוֶת, וּמְצָרֵי שְׁאוֹל מְצָאוּנִי, צָרָה וְיָגוֹן אֶמְצָא:
וּבְשֵׁם־יהוה אֶקְרָא, אָנָּה יהוה מַלְּטָה נַפְשִׁי:
חַנּוּן יהוה וְצַדִּיק, וֵאלֹהֵינוּ מְרַחֵם:
שֹׁמֵר פְּתָאיִם יהוה, דַּלּוֹתִי וְלִי יְהוֹשִׁיעַ:
שׁוּבִי נַפְשִׁי לִמְנוּחָיְכִי, כִּי־יהוה גָּמַל עָלָיְכִי:
כִּי חִלַּצְתָּ נַפְשִׁי מִמָּוֶת, אֶת־עֵינִי מִן־דִּמְעָה, אֶת־רַגְלִי מִדֶּחִי:
אֶתְהַלֵּךְ לִפְנֵי יהוה, בְּאַרְצוֹת הַחַיִּים:
הֶאֱמַנְתִּי כִּי אֲדַבֵּר, אֲנִי עָנִיתִי מְאֹד:
אֲנִי אָמַרְתִּי בְחָפְזִי, כָּל־הָאָדָם כֹּזֵב:

תהלים קטז מָה־אָשִׁיב לַיהוה, כָּל־תַּגְמוּלוֹהִי עָלָי:
לְךָ־אֶזְבַּח זֶבַח תּוֹדָה, וּבְשֵׁם יהוה אֶקְרָא:
נְדָרַי לַיהוה אֲשַׁלֵּם, נֶגְדָה־נָּא לְכָל־עַמּוֹ:
בְּחַצְרוֹת בֵּית יהוה, בְּתוֹכֵכִי יְרוּשָׁלָםִ, הַלְלוּיָהּ:

The mother says:

בָּרוּךְ אַתָּה יהוה אֱלֹהֵינוּ מֶלֶךְ הָעוֹלָם
הַגּוֹמֵל לְחַיָּבִים טוֹבוֹת, שֶׁגְּמָלַנִי כָּל טוֹב.

All respond:

אָמֵן. מִי שֶׁגְּמָלֵךְ כָּל טוֹב, הוּא יִגְמְלֵךְ כָּל טוֹב, סֶלָה.

אָנָּא הָאֵל הַגָּדוֹל הַגִּבּוֹר וְהַנּוֹרָא, בְּרֹב חַסְדְּךָ אָבוֹא בֵיתֶךָ, לִזְבֹּחַ
לְךָ זֶבַח תּוֹדָה עַל כָּל הַטּוֹבוֹת אֲשֶׁר גְּמַלְתָּ עָלַי. אֲפָפוּנִי חֲבָלִים
וְצִירִים אֲחָזוּנִי, בַּצַּר לִי קָרָאתִי אֵלֶיךָ, וְשָׁמַעְתָּ מֵהֵיכָלְךָ קוֹלִי וְהָיִיתָ
בְּעוֹזְרִי, רִפֵּאתָ לְכָל תַּחֲלוּאַי, עִטַּרְתַּנִי חֶסֶד וְרַחֲמִים, עַד הֵנָּה עֲזָרוּנִי
רַחֲמֶיךָ, אָנָּא אַל תִּטְּשֵׁנִי לָנֶצַח. הוֹאֵל אֱלוֹהַּ, וּבָרֵךְ אֶת אֲמָתֶךָ, חַזְּקֵנִי
וְאַמְּצֵנִי, אוֹתִי וְאֶת בַּעְלִי, וּנְגַדֵּל אֶת

For a boy:

הַיֶּלֶד אֲשֶׁר יֻלַּד לָנוּ, לְיִרְאָתְךָ וּלְעָבְדְךָ בֶּאֱמֶת, וְלָלֶכֶת אֹרַח
מֵישָׁרִים. שְׁמֹר אֶת הַיֶּלֶד הָרַךְ בְּכָל דְּרָכָיו, חָנֵּהוּ דֵּעָה בִּינָה
וְהַשְׂכֵּל, וְתֵן חֶלְקוֹ בְּתוֹרָתֶךָ, וִיקַדֵּשׁ אֶת שִׁמְךָ הַגָּדוֹל, וְהָיָה
לָנוּ לְמֵשִׁיב נֶפֶשׁ בִּימֵי שֵׂיבָתֵנוּ. וַאֲנִי תְפִלָּתִי־לְךָ יהוה עֵת תהלים סט
רָצוֹן, אֱלֹהִים בְּרָב־חַסְדֶּךָ, עֲנֵנִי בֶּאֱמֶת יִשְׁעֶךָ:

For a girl:

הַיַּלְדָּה אֲשֶׁר יֻלְּדָה לָנוּ, לְיִרְאָתְךָ וּלְעָבְדְךָ בֶּאֱמֶת, וְלָלֶכֶת אֹרַח
מֵישָׁרִים. שְׁמֹר אֶת הַיַּלְדָּה הָרַכָּה בְּכָל דְּרָכֶיהָ, חָנָּהּ דֵּעָה בִּינָה
וְהַשְׂכֵּל, וְתֵן חֶלְקָהּ בְּתוֹרָתֶךָ, וּתְקַדֵּשׁ אֶת שִׁמְךָ הַגָּדוֹל, וְהָיְתָה
לָנוּ לִמְשִׁיבַת נֶפֶשׁ בִּימֵי שֵׂיבָתֵנוּ. וַאֲנִי תְפִלָּתִי־לְךָ יהוה עֵת תהלים סט
רָצוֹן, אֱלֹהִים בְּרָב־חַסְדֶּךָ, עֲנֵנִי בֶּאֱמֶת יִשְׁעֶךָ:

If the baby is brought to the בית כנסת*,*
the Rabbi says the following blessings over him/her:

יְבָרֶכְךָ יהוה וְיִשְׁמְרֶךָ: במדבר ו
יָאֵר יהוה פָּנָיו אֵלֶיךָ וִיחֻנֶּךָּ:
יִשָּׂא יהוה פָּנָיו אֵלֶיךָ, וְיָשֵׂם לְךָ שָׁלוֹם:

זימון לסעודת שבע ברכות

The leader takes a cup of wine in his hand and says:

Leader רַבּוֹתַי, נְבָרֵךְ.

תהלים קיג Others יְהִי שֵׁם יהוה מְבֹרָךְ מֵעַתָּה וְעַד־עוֹלָם:

Leader יְהִי שֵׁם יהוה מְבֹרָךְ מֵעַתָּה וְעַד־עוֹלָם:

דְּוַי הָסֵר וְגַם חָרוֹן
וְאָז אִלֵּם בְּשִׁיר יָרֹן.
נְחֵנוּ בְּמַעְגְּלֵי צֶדֶק
שְׁעֵה בִּרְכַּת בְּנֵי אַהֲרֹן.

Add the appropriate words in parentheses:

בִּרְשׁוּת
(אָבִי מוֹרִי / אִמִּי מוֹרָתִי / כֹּהֲנִים / מוֹרֵנוּ הָרַב /
בַּעַל הַבַּיִת הַזֶּה / בַּעֲלַת הַבַּיִת הַזֶּה)
מָרָנָן וְרַבָּנָן וְרַבּוֹתַי
נְבָרֵךְ אֱלֹהֵינוּ שֶׁהַשִּׂמְחָה בִּמְעוֹנוֹ וְשֶׁאָכַלְנוּ מִשֶּׁלּוֹ.

Others בָּרוּךְ אֱלֹהֵינוּ שֶׁהַשִּׂמְחָה בִּמְעוֹנוֹ
שֶׁאָכַלְנוּ מִשֶּׁלּוֹ וּבְטוּבוֹ חָיִינוּ.

Leader בָּרוּךְ אֱלֹהֵינוּ שֶׁהַשִּׂמְחָה בִּמְעוֹנוֹ
שֶׁאָכַלְנוּ מִשֶּׁלּוֹ וּבְטוּבוֹ חָיִינוּ.
בָּרוּךְ הוּא וּבָרוּךְ שְׁמוֹ.

Continue with ברכת המזון on page 1200, at the end of which say the שבע ברכות (on the next page) over a second cup of wine. The blessing, בּוֹרֵא פְּרִי הַגָּפֶן is said on the first cup of wine which is given to the bride and groom.

שבע ברכות הנשואין

בָּרוּךְ אַתָּה יהוה אֱלֹהֵינוּ מֶלֶךְ הָעוֹלָם
שֶׁהַכֹּל בָּרָא לִכְבוֹדוֹ.

בָּרוּךְ אַתָּה יהוה אֱלֹהֵינוּ מֶלֶךְ הָעוֹלָם
יוֹצֵר הָאָדָם.

בָּרוּךְ אַתָּה יהוה אֱלֹהֵינוּ מֶלֶךְ הָעוֹלָם
אֲשֶׁר יָצַר אֶת הָאָדָם בְּצַלְמוֹ, בְּצֶלֶם דְּמוּת תַּבְנִיתוֹ
וְהִתְקִין לוֹ מִמֶּנּוּ בִּנְיַן עֲדֵי עַד.
בָּרוּךְ אַתָּה יהוה, יוֹצֵר הָאָדָם.

שׂוֹשׂ תָּשִׂישׂ וְתָגֵל הָעֲקָרָה בְּקִבּוּץ בָּנֶיהָ לְתוֹכָהּ בְּשִׂמְחָה.
בָּרוּךְ אַתָּה יהוה, מְשַׂמֵּחַ צִיּוֹן בְּבָנֶיהָ.

שַׂמֵּחַ תְּשַׂמַּח רֵעִים הָאֲהוּבִים כְּשַׂמֵּחֲךָ יְצִירְךָ בְּגַן עֵדֶן מִקֶּדֶם.
בָּרוּךְ אַתָּה יהוה, מְשַׂמֵּחַ חָתָן וְכַלָּה.

בָּרוּךְ אַתָּה יהוה אֱלֹהֵינוּ מֶלֶךְ הָעוֹלָם
אֲשֶׁר בָּרָא שָׂשׂוֹן וְשִׂמְחָה, חָתָן וְכַלָּה
גִּילָה, רִנָּה, דִּיצָה וְחֶדְוָה, אַהֲבָה וְאַחֲוָה וְשָׁלוֹם וְרֵעוּת.
מְהֵרָה יהוה אֱלֹהֵינוּ
יִשָּׁמַע בְּעָרֵי יְהוּדָה וּבְחוּצוֹת יְרוּשָׁלָיִם
קוֹל שָׂשׂוֹן וְקוֹל שִׂמְחָה, קוֹל חָתָן וְקוֹל כַּלָּה
קוֹל מִצְהֲלוֹת חֲתָנִים מֵחֻפָּתָם וּנְעָרִים מִמִּשְׁתֵּה נְגִינָתָם.
בָּרוּךְ אַתָּה יהוה, מְשַׂמֵּחַ הֶחָתָן עִם הַכַּלָּה.

בָּרוּךְ אַתָּה יהוה אֱלֹהֵינוּ מֶלֶךְ הָעוֹלָם
בּוֹרֵא פְּרִי הַגָּפֶן.

RABBIS' KADDISH

Mourner: Yitgadal ve-yitkadash shemeh raba. (*Cong:* Amen)
Be-alema di vera khir'uteh, ve-yamlikh malkhuteh,
be-ḥayyeikhon, uv-yomeikhon,
uv-ḥayyei de-khol beit Yisrael,
ba-agala uvi-zman kariv,
ve-imru Amen. (*Cong:* Amen)

All: Yeheh shemeh raba mevarakh le'alam ul-alemei alemaya.

Mourner: Yitbarakh ve-yishtabaḥ ve-yitpa'ar ve-yitromam ve-yitnaseh
ve-yit-hadar ve-yit'aleh ve-yit-hallal
shemeh dekudsha, berikh hu. (*Cong:* Berikh hu)
Le-ela min kol birkhata
/*Between Rosh HaShana & Yom Kippur:* Le-ela le-ela mi-kol birkhata/
ve-shirata, tushbeḥata ve-neḥemata, da-amiran be-alema,
ve-imru, Amen. (*Cong:* Amen)

Al Yisrael, ve-al rabanan,
ve-al talmideihon, ve-al kol talmidei talmideihon,
ve-al kol man de-asekin be-oraita
di be-atra (*In Israel:* kadisha) ha-dein ve-di be-khol atar va-atar,
yeheh lehon ul-khon shelama raba,
ḥina ve-ḥisda, ve-raḥamei,
ve-ḥayyei arikhei, um-zonei re-viḥei,
u-furkana min kodam avuhon di vish-maya,
ve-imru Amen. (*Cong:* Amen)

Yeheh shelama raba min shemaya
ve-ḥayyim (tovim) aleinu ve-al kol Yisrael,
ve-imru Amen. (*Cong:* Amen)

Bow, take three steps back, as if taking leave of the Divine Presence, then bow, first left, then right, then center, while saying:
Oseh shalom/*Between Rosh HaShana & Yom Kippur:* ha-shalom/
bim-romav,
hu ya'aseh ve-raḥamav shalom aleinu, ve-al kol Yisrael,
ve-imru Amen. (*Cong:* Amen)

MOURNER'S KADDISH

Mourner: Yitgadal ve-yitkadash shemeh raba. (*Cong:* Amen)
Be-alema di vera khir'uteh, ve-yamlikh malkhuteh,
be-ḥayyeikhon, uv-yomeikhon,
uv-ḥayyei de-khol beit Yisrael,
ba-agala uvi-zman kariv,
ve-imru Amen. (*Cong:* Amen)

All: Yeheh shemeh raba mevarakh le'alam ul-alemei alemaya.

Mourner: Yitbarakh ve-yishtabaḥ ve-yitpa'ar ve-yitromam ve-yitnaseh
ve-yit-hadar ve-yit'aleh ve-yit-hallal
shemeh dekudsha, berikh hu. (*Cong:* Berikh hu)
Le-ela min kol birkhata
/*Between Rosh HaShana & Yom Kippur:* Le-ela le-ela mi-kol birkhata/
ve-shirata, tushbeḥata ve-neḥemata, da-amiran be-alema,
ve-imru, Amen. (*Cong:* Amen)

Yeheh shelama raba min shemaya
ve-ḥayyim aleinu ve-al kol Yisrael,
ve-imru Amen. (*Cong:* Amen)

Bow, take three steps back, as if taking leave of the Divine Presence, then bow, first left, then right, then center, while saying:

Oseh shalom/*Between Rosh HaShana & Yom Kippur:* ha-shalom/
bim-romav,
hu ya'aseh shalom aleinu, ve-al kol Yisrael,
ve-imru Amen. (*Cong:* Amen)

קורֵן ירושלים